SISSOUAN

OU

L'ARMÉNO-CILICIE

DESCRIPTION GÉOGRAPHIQUE ET HISTORIQUE

AVEC CARTE ET ILLUSTRATIONS

TRADUIT DU TEXTE ARMÉNIEN

PUBLIÉ SOUS LES AUSPICES

DE SON EX. NOUBAR PACHA

VENISE. — S. LAZARE

1899

SISSOUAN

OU

L'ARMÉNO-CILICIE

SISSOUAN

OU

L'ARMÉNO-CILICIE

DESCRIPTION GÉOGRAPHIQUE ET HISTORIQUE

AVEC CARTE ET ILLUSTRATIONS

TRADUIT DU TEXTE ARMÉNIEN

PUBLIÉ SOUS LES AUSPICES

DE SON EX. NOUBAR PACHA

VENISE. — S. LAZARE
1899

PRÉFACE

QUAND l'ouvrage qu'on va lire, parut en arménien et fut salué avec enthousiasme, par nos compatriotes, des savants étrangers nous manifestèrent le désir de le voir traduit dans une de leurs langues occidentales. Quatorze ans se sont écoulés depuis, et les temps sont bien changés ! Chacun connaît les tristes événements dont notre pays a été le théâtre, durant ces quatre ou cinq dernières années. Des faits inqualifiables ont renouvelé, pour ne pas dire surpassé, les horreurs y commises jadis par des barbares, de XII–V siècles. L'épée sanglante semble encore suspendue sur l'infortunée Arménie, si injustement torturée : le feu qui l'a envahie jette encore de blafardes lueurs sur mille endroits, peuplés hier encore de gens laborieux, aujourd'hui ruinés et déserts ; l'herbe nouvelle n'a pas encore recouvert les gouffres qui ont englouti des milliers d'innocentes victimes, de tout âge et de toute condition ; et les larmes amères des veuves et des orphelins coulent, coulent et ne tarissent pas !

Et comment dans de telles circonstances et dans une si triste incertitude, présenter à un public étranger des vues rétrospectives sur l'un des anciens territoires et l'une des dernières dynasties de cette même nation, si souvent ravagée par ses rapaces voisins ? Pourquoi évoquer du fond des siècles silencieux, le nom et l'histoire si peu connue de cette ARMENO–CILICIE ou de SISSOUAN ? Pourquoi réveiller les souvenirs de ces braves *Tacvors* et de leurs Barons féodaux, maîtres de plus de deux cents forteresses, échelonnées sur les rudes épaules du Taurus ? Pourquoi, enfin, faire revivre dans de si tristes temps, la mémoire des jours heureux de nos ancêtres, qui marchèrent, la tête haute et à pas égal, avec les peuples pleins de vie et d'activité du Moyen–âge latin ; avec lesquels ils eurent de si fréquentes relations, et conclurent tant d'alliances, de liens de parenté et de contrats de toute sorte ; dont les documents se conservent encore dans les archives des principales villes d'Europe, surtout en Italie, et qui fournissent de curieux détails sur ces souverains orientaux, amis sincères des princes de l'Occident, sur leurs ambassadeurs, les marchands et les agents, qui ont fréquenté tant de cours et des ports ? (*).

(*) On peut consulter là dessus le *Cartulaire*, indiqué dans notre Table bibliographique, et l'histoire de *Léon le Magnifique*, etc. Venise, S. Lazare, 1888.

Le lecteur comprendra bien que pour nous décider à publier un tel ouvrage, il a fallu une volonté autre que la nôtre; l'initiative, l'insistance et la générosité d'un noble protecteur, le Nestor des diplomates modernes, le vénérable vieillard Son Excellence NOUBAR PACHA : qui a voulu, avant de se retirer tout à fait du théâtre des affaires de ce monde, offrir à ses collègues et aux étrangers curieux, dans une langue qui leur fût familière, une partie, peut-être la plus intéressante, de l'histoire de sa nation. Nous espérons qu'étrangers et compatriotes sauront gré à notre Mécène. Je les devance pour ma part, et me fais un devoir de le remercier, en lui dédiant cet ouvrage.

Je dois pareillement exprimer toute mon affectueuse reconnaissance à mes dévoués Confrères et Collaborateurs, auxquels revient, à plus d'un titre, le principal mérite de cette publication. Leur long et patient travail s'est étendu non seulement à la traduction de ce volume assez considérable, mais aussi aux corrections et au pénible arrangement des Tables des noms et des matières.

Nous ne nous faisons cependant aucune illusion, et nous avouons en toute sincérité, que malgré toute la bonne volonté que nous y avons mise, notre publication laisse à désirer, soit pour le style, soit pour l'édition. Je laisse à la bienveillance du lecteur le soin d'imaginer d'un côté, que nous avons dû hâter l'impression de cet ouvrage, afin de le mettre le plus tôt possible, sous les yeux de son Mécène; de l'autre, toute la difficulté qu'il y avait à traduire un texte, dont l'ordre des idées et le style sont tout à fait différents de ceux auxquels sont habitués nos lecteurs occidentaux.

On remarquera aussi des variantes dans l'orthographe des noms propres, même entre le texte et les tables. Je dois aussi faire remarquer en particulier, que le son que l'on a voulu produire par le groupement des quatres lettres, *tche*, rendu en arménien par une seule et même lettre (ճ), a été remplacé sur la Carte qui accompagne ce livre, par le signe conventionnel : č.

Cependant, bien que moins correcte et moins riche dans son ensemble que l'édition arménienne, cette traduction a néanmoins l'avantage de contenir certaines corrections géographiques et des suppléments relatifs aux derniers événements historiques. Je crois encore devoir prévenir mes lecteurs, qui, peut-être auraient désiré que l'indication des sources de mes renseignements fût plus abondante: si j'ai omis de le faire en plusieurs points, c'est que quand j'écrivais en arménien et pour des Arméniens, j'ai cru inutile d'indiquer à mes compatriotes des ouvrages ou des manuscrits, qu'il leur eût été impossible de se procurer dans un pays tant soit peu dépourvu de ressources littéraires. Je crois cependant en avoir assez indiqué, et j'ai placé à la fin du volume, une petite liste bibliographique, avec les noms de quelques auteurs arméniens, les plus souvent cités dans le texte ou dans les notes.

Je laisse d'ailleurs à mes lecteurs le soin de juger à leur aise, aussi bien les défauts que les avantages de cette publication, telle qu'elle leur est livrée. Mais si en critiquant moi-même cet ouvrage, j'ai voulu être sincère, j'ose aussi avancer qu'il contient des renseignements nombreux et variés, qu'on chercherait en vain ou qu'on trouverait fort difficilement ailleurs, tant au point de vue historique que géographique, littéraire que religieux. Je ne veux pas plaider ma cause devant les savants, mon ouvrage ne s'adressant pas dans mon intention qu'à la généralité du public, grand et petit ; à ce public des quatre coins de la terre, qui par le moyen des journaux, des explorateurs, des commissaires, et surtout des proscrits, des fuyards et des orphelins, a appris et vu en tout ou en partie, se dérouler devant ses yeux, ce drame affreux, sanglant, incomparablement triste ; et cela dans une époque chantée comme l'une des plus grande de l'humanité, dans la clarté de ce XIX° siècle, qui en se précipitant sans retour dans l'abîme du temps, va se heurter contre le tertre immense de l'hécatombe arménienne ! Et qu'a-t-on fait, qu'a-t-on fait à cette vue allarmante ?

On regarde, on s'étonne ! on donne peut-être de timides conseils à des oreilles endurcies ; on jette quelques sous aux milliers de survivants dépourvus de tout moyen d'existence ; puis on retourne, par force de nature ou par habitude, aux amusements ordinaires, aux théâtres, aux bals, aux jubilés, aux expositions nationales et universelles ! Quel contraste entre ces scènes et celles de là-bas, que nous venons seulement de rappeler, ne pouvant et ne voulant pas représenter de nouveau ce qu'on sait déjà assez !

Ah ! quand je jette mes regards tour à tour sur l'état actuel de ce pays martyrisé, et sur ces peuples aisés, sans souci, avec leurs conducteurs en chefs, malgré tout le bon-vouloir et les aumônes élargies par des âmes charitables, — auxquelles grâces soient rendues pour toujours, — malgré tout cela, dis-je, il me semble entendre à travers ce morne silence, cette haute retenue, le reproche du Sauveur à ses disciples : « Quo modo non dum intelligitis ? Adhuc coecatum habetis cor » vestrum » ! ou peut-être encore mieux selon notre belle traduction arménienne : « L'étourdissement s'est-il saisi de vos cœurs » ? En considérant tout cela, je le confesse, je me sens étourdi moi-même sur tant d'étourdissements.... Ayant consacré dans ma paisible carrière, ma jeunesse et mes travaux, après Dieu, à toi, ma noble et patiente Patrie, je te lègue, au déclin de mes jours, mes vieux regrets... et l'espoir toujours jeune d'une mystérieuse renaissance !

Le 6 Janvier, 1899.

P. LÉONCE M. ALISHAN
MEKHITHARISTE.

SOUVENIR

DU SEPTCENTIÈME ANNIVERSAIRE DE L'AVÈNEMENT
DE LÉON LE MAGNIFIQUE
1199 — VI JANVIER — 1899

SISSOUAN

L'extrémité sud-est de l'Asie Mineure et l'une de ses plus vastes régions, est appelée par les anciens géographes CILICIE ; nous l'appelons SISSOUAN OU ARMÉNO-CILICIE. Placé aux confins de deux des anciennes parties du monde et non loin de la troisième, ce pays jouit d'une situation des plus admirables. Plusieurs sommités le recouvrent et son centre est formé par de vastes plaines. Il est entouré en outre par de hautes montagnes escarpées qui vont du sud-ouest à l'est. Elles partent des côtes mêmes de la grande mer Méditerranée dont la partie orientale forme, entre la Syrie et l'Asie Mineure, un vaste bassin, appelé *Golfe d'Issus* par les anciens, *d'Alexandrette* par les modernes, et connu au moyen âge sous le nom de *Golfe d'Arménie*. C'est de ce golfe sûr que partent les côtes de la Cilicie arménienne pour s'étendre vers l'occident sur une longueur de 250 milles, jusqu'au Golfe de Pamphylie, tout près de la ville de Satalie.

Notre roi Léon I étendit sa domination jusqu'à cette ville, mais ses successeurs ne surent pas conserver ces beaux parages qui s'étendent comme un amphithéâtre. A peine en purent-ils garder la moitié de la partie orientale, située autour du promontoire d'Anamour, point le plus méridional de toute l'Asie Mineure.

Une cinquième partie des côtes orientales de la Méditerranée appartient donc aux Arméniens comme limite naturelle; car les Monts Amanus forment un vrai rempart à cette partie maritime étroite et allongée, qui s'étend du nord-est au sud-ouest pour finir au promontoire appelé par les anciens *Caput Rhosicus* et par les Arabes, *Rass-el-Khanzir* (Tête de cochon).

Au nord et à l'est, les frontières des possessions arméniennes ont subi de continuels changements. Durant le règne de Héthoum Ier, tantôt elles s'étendirent jusqu'aux bords de l'Euphrate, près de Romcala, tantôt elles n'allèrent pas au delà de la vallée du Djihan. Cette vallée qui formait une région à part, appelée Marache ou Germanicia, tomba de temps en temps au pouvoir des Roupiniens.

En nous tournant du côté de l'occident, nous trouvons comme limite naturelle, le vaste amphithéâtre que forme la chaîne du Taurus, connue plus ordinairement de nos jours, sous le nom de *Montagnes Bulgares*. Cette chaîne a toujours été regardée comme la vraie ligne de frontière de la Cilicie; mais cela n'empêcha pas nos princes d'étendre leur puissance au delà de ces montagnes, sur les étroites vallées du Sarus et du Djihan, où se trouve actuellement la célèbre Zeithoun. Quelques Arméniens savants considèrent même comme appartenant à l'*Arméno-Cilicie*, non seulement cette région mais encore les rives occidentales de l'Euphrate. Au point de vue du pouvoir ecclésiastique, je suis d'accord: la juridiction du Catholicos de Sis, s'étendait de ce côté, mais ce pays ne dépendait pas des souverains de Sissouan.

Les frontières occidentales varièrent souvent, mais il conviendrait de leur donner pour limite habituelle, les Montagnes Bulgares, jusqu'à la mer. Sur ce point, les auteurs anciens ne sont pas tous d'accord : les uns placent les frontières occidentales de la Cilicie entre la forteresse de Corycus et la ville de Séleucie, d'autres les reculent jusqu'au promontoire d'Anamour; d'autres enfin les font encore aller au delà, jusqu'à Coracesium, l'Alaya des contemporains. De cette ville, on compte 200 milles jusqu'aux portes de la Syrie ou jusqu'aux extrémités du Golfe Arménien.

Longtemps on regarda aussi comme parties intégrantes de l'Arméno-Cilicie, les provinces d'Isaurie et de Lycaonie, qui s'étendent jusqu'à Laranda (Karamanie), et qui comprennent les villes de Tiana (Kilissé-hissar), de Nigdée et d'Héraclée ou Cibistra. Léon le Magnifique, dans l'espoir de s'en emparer plus tard, avait en effet fait entrevoir la conquête de ces villes aux chevaliers de la Croisade et, d'après S. Nersès de Lambroun, il serait parvenu à les subjuguer : « Le bras de Léon, dit-il,
» au temps de sa puissance, agrandit de beau-
» coup le territoire arménien. Il gouverna les
» Ciliciens et les Syriens et s'empara même de
» la Seconde Cappadoce, dont la capitale est
» Tiana ». Ce même auteur, dix années auparavant, écrivait déjà dans un autre mémoire que le roi Léon avait étendu sa domination sur les Syriens, les Isauriens et jusque sur leurs montagnes.

Nous pensons ces quelques lignes suffisantes pour donner au lecteur, une idée des bornes, soit de la Cilicie ancienne, soit de celle de nos souverains arméniens.

PHYSIOGRAPHIE

I. LES MONTAGNES. — La configuration du sol divise la Cilicie en deux parties bien distinctes. Depuis des temps immémoriaux, ces deux parties sont connues sous les noms de CILICIE DE PLAINE et CILICIE PIERREUSE. La première se trouve au sud-est du territoire cilicien; la seconde, formée par la vallée du fleuve Calycadnus ou de Séleucie, comprend la région occidentale. Le terrain de cette dernière n'est pas si élevé que la partie montagneuse septentrionale. Apre et escarpée au centre, elle est appelée pour ce motif Τραχεῖα ou Τραχεῶτις par les Grecs et *Cilicia Trachia* par les Latins. Le pays est coupé de plusieurs montagnes et collines isolées; on y rencontre aussi une chaîne de montagnes, distante de vingt kilomètres de la mer et s'étendant vers la plaine sur une longueur égale. Elle se dirige du nord-ouest au sud-est, passe devant *Coracesium* et va jusqu'au promontoire d'Anamour, appelé *Imbarus* par les anciens. Selon eux, près de la mer, s'élève la colline pierreuse de *Krag* (Κράγος) et, en face, entre Sélenti et Karatros, l'*Antikrag* (Ἀντικράγος). Quant à l'*Andricus mons* des anciens, il faudrait le chercher sur le côté oriental de l'Imbarus. Près de ce promontoire également, mais dans la région nord-est, se trouve l'*Arimactus* et d'autres montagnes sans célébrité. Ces sommités couvrent le pays jusqu'au fleuve de Séleucie. C'est sur la rive orientale de ce fleuve que s'élève la fameuse montagne d'*Arimes*, si fertile en légendes, montagne dont nous parlerons dans notre Topographie. Vers l'Orient, jusqu'aux frontières de la province de Tarsous, se trouvent çà et là quelques hauteurs qui vont insensiblement mourir à la plaine. — Mais les plus hautes et les plus fertiles montagnes de la Cilicie, sont celles du *Taurus*. D'un aspect imposant, elles couronnent la frontière septentrionale du pays et même une partie de la frontière orientale. En effet, cette longue chaîne de montagnes qui naît aux environs de la région de Lycie, va du sud-ouest au nord-est, sépare la Phrygie de la Pamphylie, traverse cette dernière région, passe par l'Isaurie et forme une limite naturelle entre la Cilicie et la Cappadoce [1]. — On trouve encore dans la Petite Arménie, un long bras de montagnes: l'*Antitaurus*, qui s'étend du nord-est presque jusqu'aux confins de Pontus, et un rameau plus court qui s'en détache sans interruption et se dirige vers l'est du golfe arménien; c'est le célèbre *Amanus*, situé entre la Cilicie orientale et la Syrie. Mais ce ne sont là que des ramifications du Taurus; le tronc principal de cette chaîne se dirige vers l'orient et divise la province du Djihan de celle de la Troisième Arménie. Il est coupé par le fleuve de l'Euphrate, parcourt la Quatrième Arménie (dans la Grande Arménie), traverse les contrées voisines de Aghtzenik, Cordjayk et Mogk, va jusqu'à Vaspouragan, aux limites orientales de l'Arménie, où il perd son nom de *Taurus*.

Non seulement dans ces régions éloignées, mais encore dans notre pays, on trouve des espaces plats. Bien que la plupart des sommités de ce massif colossal se dressent à pic, escarpées, sans présenter de plateaux comme les Alpes ou le Caucase, on y trouve cependant des gorges d'où coulent des rivières qui se perdent dans le Sarus, le Pyramus et le Djihan. Ces espaces libres offrent un chemin à ceux qui voudraient passer dans l'Asie occidentale du côté de la Syrie ou de l'orient: ce sont les gorges et les célèbres *Portes de la Cilicie, de l'Arménie et de la Syrie*. Nous en reparlerons sous peu.

Autrefois on ne donnait qu'un seul nom, à tout ce massif, long de 200 kilomètres: mais aujourd'hui, on divise le Taurus en trois branches qui portent chacune un nom particulier. Nous avons d'abord la chaîne des *Monts Bulgares*, la plus vaste des trois; elle forme la partie occidentale du massif et est comprise

---

1. Le géographe Aboulféda appelle les susdites montagnes de la côte, *Djébel-el Tarakimyne*, c'est-à-dire, Monts des Turcomans de Karamanie.

entre Laranda et Héraclée, au nord, et le reste du Taurus au sud. On les a ainsi appelés à cause des Bulgares exilés dans ces régions par les empereurs de Byzance. Viennent ensuite, au sud-ouest des précédents, les monts *Dumbélek*, (Tambourin), dont les principales sommités sont au-dessus de 7000 pieds, tels que *Gouglouk*, *Soumak*, etc; jusqu'à la vallée de Séleucie. Enfin, la troisième partie comprend les monts *Allah* ou *Ala*, entre Tiana et Nigdée à l'ouest, et le fleuve Sarus à l'est; le point culminant de cette branche est l'*Apisch-kar*. Les Monts Bulgares, sont les plus hauts de tous; ils surpassent de 2000 pieds les sommités les plus élevées des autres branches. Leur aspect est formidable: ce sont d'immenses rochers, massifs et nus, on n'y voit aucun pâturage, aucune végétation. A l'est se trouvent les cimes du *Kochan*, 9400 pieds de haut; un peu plus vers l'ouest, près du mont *Ghéik-tépé* (Sommet du Cerf, hauteur 10,000 pieds) on rencontre de larges passages qui conduisent à Héraclée. Beaucoup de ces rochers et de ces sommités ont des noms particuliers, tels que les monts *Karga* (9000 pieds) ainsi appelés à cause des nombreux nids de corneilles que l'on y rencontre. La plus haute cime du Taurus est celle du *Meddessize* (11,000 pieds). Cette montagne s'élève comme une immense pyramide ; sur son versant septentrional, à 2000 pieds environ du sommet, elle forme comme une muraille. Elle peut être regardée comme le type des montagnes de la Cilicie: toutes uniformément nues et escarpées, elles portent souvent à leurs sommets de vastes champs de neige. A 9000 pieds, la neige reste jusqu'aux mois de juillet et d'août; à la hauteur moyenne de 6000 pieds on voit déjà apparaître un commencement de végétation. D'abord ce n'est que dans les creux et dans les endroits où ne se rencontre pas le rocher. Plus on descend, plus la végétation devient luxuriante et cela d'une façon très sensible. Dans la zône comprise entre 6000 et 3000 pieds, on rencontre ordinairement des forêts, cependant l'orge mûrit jusqu'à 5500 pieds. Si nous partons de l'ouest nous rencontrons la région comprise entre 3500 et 6000 pieds, entièrement recouverte de forêts. Cette montagne établit le partage des eaux de la région du Cydnus. A une altitude de 8200 pieds se trouve l'étroit passage appelé *Kara-kapou* (Porte noire). Immédiatement après cette première sommité, nous avons le *Utch-tépé*, dont le point culminant se trouve à 10,000 pieds au-dessus du niveau de la mer. Cette montagne est au sud du Meddessize, auquel elle touche par son extrémité inférieure. Sur le versant de cette montagne à une altitude de 8600 ou pieds, remarque un riche pâturage, dont la forme rappelle une selle; c'est le *Kétchi-béli* (Flanc de chèvre).

Ensuite le *Kar-gölu* (Lac de neige), ainsi appelé à cause des petits lacs que l'on rencontre vers son sommet (h. 8800 pieds); le *Bache-Olouk*, 8200 p., en forme de pyramide; le *Dévé-tépé* (7100-6500) montagne verdoyante, à l'ouest du vallon des mines de plomb; et au sud, le coteau d'*Inék-tépé*. — La troisième sommité se trouve entre le fleuve Aghadjekisse et un autre affluent, qui porte d'abord le nom de *Ménévché-sou* et dont la source est à 8200 pieds. Entre cette dernière rivière et le mont *Kétchi-béli*, s'élève le *Bouzekaya* (Rocher glacial),8300 pieds. Les flancs de cette montagne sont couverts de neiges éternelles. C'est là que se trouve le chemin qui conduit aux mines de plomb, appelées *Ghulek-maghara*. Le chemin passe près du lac *Tchidem-gueuli*, (7300 pieds); on aperçoit de là, dans le fond, une éminence verdoyante, haute de 5500 pieds, c'est l'*Erdjé-ghédik*. Entre ce lac et son affluent, la rivière *Gousgouta*, on remarque plusieurs autres cimes: le *Délik-kaya* (Rocher troué), (9500 pieds), montagne très escarpée, le *Tach-olouk* (8100. p.) rocher isolé, en forme de pyramide; le *Tchayer-ghédik*, (8450 pieds); c'est là que l'on trouve à une altitude de 6250 pieds le col de *Karli-boghaze*. Au sud des Monts du vent, entre le Gousgouta et le Sarus, se trouve un cinquième groupe de sommets, moins élevés que les précédents et n'offrant aucune éminence remarquable. On peut en parcourir toute la série et redescendre jusqu'à la plaine en douze heures; le trajet direct ne dure que cinq heures.

C'est au milieu de ces montagnes que se trouvent les célèbres *Portes de la Cilicie*, appelées par les Arméniens *Gaban de Gouglag*. On pourrait, selon nos ancêtres, et parmi eux Nersès de Lambroun, les appeler les *Trônes de la Cilicie*. On y voit encore de nos jours des traces de forteresses, d'anciens châteaux et de tours, et plusieurs de ces ruines sont assez remarquables. Le grand nombre de montagnes et de vallons qui couvrent le pays, donnent à ces lieux l'aspect d'un labyrinthe. Il ne faudrait pas pour en sortir chercher un chemin du côté de la Grande Porte (de la Cilicie), mais de divers autres côtés. Les Turcs donnent à ces passages une infinité de noms, tantôt ils les appellent *portes*, *détroits*, *gorges*, tantôt *cols*, *tuyaux* ou *défilés*. Les plus connus de ces passages sont le *Kara-kapou*, au sud-ouest du chemin qui conduit à Dantzoud (Tensyt), et au château de *Gantzé*, le *Tache-olouk* et le *Karliboghaze*, et plus loin, le *Tchayer-ghédik*, l'*Erdjé-ghédik* entre la grande forteresse et les mines de plomb de Ghulek. Plus loin encore dans la vallée de Gousgouta, nous avons l'*Elmali-olouk*, puis *Tchathal-olouk* aux environs de Gouglag ; *Déghirmen-boghazi* et *Keupru-derbénde*, dans la vallée de *Kerk-ghétchide*, et d'autres encore qui ne peuvent donner passage libre qu'aux piétons ou aux troupeaux de moutons.

Entre les Monts Bulgares et Dumbélek, nous trouvons le défilé de *Kara-Kesmèze*, qui conduit par le ravin de *Pambouk* (coton) à la plaine de Tarsous. De l'autre côté, c'est à dire à l'ouest, on trouve aussi de nombreux passages. Un des plus connus est celui qu'un de nos historiens appelle *Col des Eglises (Eghéghetziatz-poghe)*. Le même auteur cite encore le *Col de Podande*, Ποδανδος passage à 18 ou 20 kilomètres au nord du grand *Col de Gouglag* d'où ils conduisent vers le sud. En avançant vers l'ouest, suivant le cours de la rivière Tchaked, affluent du Sarus, ce col traverse les monts Taurus et aboutit près d'Iconie.

Le premier de nos historiens qui le cite, Sébius appelle « *Défilé de l'entrée de la Cilicie*, » ce que les Grecs et les Romains appelaient *Portes de la Cilicie* ou *du Taurus*. D'autres leur donnent différents noms selon leur forme et leur grandeur. C'est ainsi que les orientaux appellent *cols* les passages les plus étroits et les plus courts, comme ceux d'Eghéghetziatz et de Molévon[1], et *conduits*, les plus longs, comme ceux que notre historien royal cite près de Manion et près de Laranda. L'historien arabe, Macrizie[2], se sert du mot détroit *derbende* ; il parle du détroit de Sis et d'un autre passage qu'il appelle *Détroit des Romains*, et qui semble être le col de Podande ou un autre col situé à l'ouest de ce dernier. Ce serait alors celui que les voyageurs récents nomment le *Carga-ghetchmèze* (Impasse aux corneilles) et qui se trouve au pied des monts Bulgares, vers Héraclée.

Tous ces cols et passages viennent se rencontrer dans les hauteurs de la Cilicie, ils sillonnent le pays à l'ouest et au nord. Il ne faudrait pas les confondre avec les passages remarquables qui aboutissent aux principales Portes de la Cilicie et de la Syrie, à l'est, dans d'autres montagnes.

ANTITAURUS ET AMANUS. — Sur la frontière septentrionale de la Cilicie, vis à vis de la chaîne des monts Allah-dagh, s'élève la chaîne de l'*Antitaurus*. Elle est coupée par les deux bras du fleuve Sarus, et s'étend encore à gauche de ce fleuve entre la Cappadoce à l'ouest, la région d'Albistan, et la Troisième Arménie à l'est. Les monts Antitaurus ne sont pas si hauts que ceux du Taurus. Une simple vue suffit pour s'en convaincre, et du reste l'hypsométrie a montré qu'ils atteignent à peine la moitié de ces montagnes gigantesques. On peut faire rentrer dans le groupe de l'Antitaurus les sommités qui s'en vont vers le sud entre Hadjin, Adana et Marache, et qui s'élèvent des deux côtés du fleuve Djihan et des vallées qui y aboutissent. Parmi ces sommités se trouve le *Kermès*, au sud du passage de Hadjin, près du fleuve *Göksoun*, (Cucusum) et le *Baradoun*, peut-être le même que le *Brid*, aux environs de Zeithoun.

La limite naturelle entre la Cilicie et la Syrie est formée par les monts *Amanus*, qui entourent le bord oriental du Golfe arménien et s'étendent vers le sud avec plusieurs sommités connues ordinairement sous le nom général de *Montagnes Noires* dites actuellement *Ghiavour-dagh*. Prise isolément, la partie méridionale qui forme le promontoire de Rassel-Khanzir, s'appelle *Djébel Moussa*, la partie nord *Ackma-dagh* et celle du milieu *Kezeldagh*. Tous ces monts ne sont pas très hauts, mais ils paraissent plus hauts que l'Antitaurus et peuvent atteindre de 6500 à 7000 pieds. C'est dans cette région que se trouvent les *Portes d'Amanus ;* on en compte jusqu'à trois et même davantage. La première, la plus occidentale, se trouve au nord d'Ayas ; les contemporains l'appellent *Kara-kapou* ou *Démir-kapou* ; quelques uns la regardent même comme la vraie *Porte de la Cilicie*. La deuxième est la propre *Porte des Syriens* près d'Issus, un peu au nord d'Alexandrette ; Macrizie[3] lui donne même le nom de cette ville. Actuellement, on l'appelle *Sakal-toutan*. Pendant la domination des Arméniens, on la nommait simplement : *La Porte*, et les Italiens, *Portella*. On lui donne encore d'autres noms ; mais nous en parlerons dans

---

1. Ce nom est cité dans la Chronique de notre Samuel d'Ani.

2. Makrizie, Traduction française, I, II. 60-65.
3. Makrizie, I. II, 63. II, 985.

notre topographie. La troisième est au sud de cette dernière, entre les villes Beylan et Baghras; elle est aussi connue sous le nom de *Baghras-béli* ou encore sous celui de *Porte d'Antioche*, à cause de la proximité de cette grande ville. Notre ancien géographe (Moïse de Khorène) dit, d'après Ptolémée: « La Cilicie a deux » portes pour passer dans la Syrie: *Malice* et » *Platan*; » (Μαλλος et Παλτος ou Πλάτος): les géographes contemporains prétendent trouver ces lieux un peu plus loin près des bords de la mer, le premier près de l'embouchure du fleuve Djihan, l'autre au delà des frontières de Sissouan, au bord de la Mer syrienne, en face de l'île Arados. A côté de ces passages naturels, nous pourrions citer encore la route artificielle au travers de l'échancrure des monts Bulgares. Elle monte jusqu'à Ghulek-maghara à une hauteur de 8000 pieds, passe par le gorge de Kochan à 9400 pieds et descend jusqu'à la porte de Gouglag.

En face de la chaîne des monts Amanus, entre les bords occidentaux du Golfe de l'Arménie et le fleuve Djihan, près de Messis, s'élèvent quelques monticules, appelés à cause de leur proximité à cette dernière ville: *Djébel-messis*. Le plus haut est connu sous le nom de *Djébel-el-nour* (Montagne de la lumière) 716 m. Au sud de ces monts et au sud-est de Messis, s'étend le rameau interrompu çà et là des monts *Duldul*. Ils se divisent en *Grands* et *Petits*. On dit qu'ils sont éruptifs, qu'ils jettent de la fumée et qu'on y entend des bruits sourds trois fois par an; mais les voyageurs savants ne s'y arrêtent pas. La plus haute sommité de ce massif peut atteindre 7000 pieds, la plupart ne dépassent guère 3000 pieds.

Toutes ces chaînes forment donc les montagnes de la Cilicie et comme nous l'avons dit, entourent le pays comme un amphithéâtre demi-circulaire, laissant presqu'entièrement libre la partie méridionale. Dans la Cilicie orientale, on voit bien des hauteurs et des rochers calcaires, mais tous sont plutôt bas et n'offrent rien de remarquable.

Nos ancêtres, bien qu'ils aient habité au milieu de ces montagnes hautes et nombreuses, ne nous en ont pas transmis les noms; ou du moins, je n'en ai que peu de connaissance. Je ne rencontre que deux ou trois de ces noms dans les monuments historiques. Ordinairement ils les englobent sous la dénomination générale de Taurus. Pourtant ils connaissaient bien et la situation et la hauteur de ces montagnes.

L'un d'eux, le prêtre Etienne Kouyner, (1290) dit en parlant de la forteresse de Lambroun: « Elle est située sur le versant de la premiè- » re terrasse des monts gigantesques du Tau- » rus ». Comme cette sommité est un peu moins haute que 4000 pieds, elle s'élève donc au tiers des plus hautes cimes qui avoisinent la capitale de la Cilicie. Le même écrivain, aussi savant qu'habile calligraphe, cite dans cette même contrée le mont *Armène*, près des passages presque inaccessibles de la forteresse de Lambroun, derrière laquelle, se trouvait dans un désert le couvent du même nom. Près de ces lieux se trouve aussi le mont de *Paparon* (Պապառոն), du nom du célèbre château, mentionné par son propriétaire, Sempad le Connétable, l'un des rares historiens de la dynastie cilicienne. Dans un mémorial de l'an 1330, on trouve encore un autre nom: le mont *Darghouche*, dont la situation n'est pas bien indiquée, mais il doit se trouver probablement du côté de Sis: car celui qui en parle, le diacre Vassil, habitait en cet endroit. Il n'en fait que rappeler quelques événements douloureux, avec un cœur emporté et des paroles pleines d'amertume, demandant que l'on se souvienne aussi de « sa tante Téophanie, qui fut massa- » crée sur le chemin du cimetière et martyri- » sée par d'abominables Arabes ».

II. HYPSOMÉTRIE. — Les hauteurs des montagnes et des autres lieux de la Cilicie n'ont pas encore été contrôlées d'une façon rigoureusement scientifique; on s'est contenté d'instruments ordinaires, de mesures proportionnelles et quelquefois même simplement de l'œil. Aussi est-il permis, jusqu'à un certain point, de mettre en doute le catalogue suivant que je rédige d'après les appréciations de Tchihatcheff et de Kotschy; ce dernier qui paraît se rapprocher le plus de l'exactitude, adopte comme mesure le pied viennois. Les initiales T e K serviront à distinguer ces deux auteurs, et, si quelquefois je me sers de la lettre B, cela indiquera le géologue ou le minéralogiste Béral, dont les mesures sont plus exactes.

	EN MÈTRE
Mersine K.	4
Tarsous K.	44
Messis K.	73
Adana K.	43
Sis (le couvent) K.	250
Tiana B.	900
Lambroun K.	1250

	EN METRE
Lambroun T.	1500
Gouglag, la forteresse T.	1600
» » B.	1204
» le village T.	1505
» » K.	1290
» les gorges T.	980
Bosanti (Podande) T.	1016
» » K.	852
» » B.	1540
Pont du Sarus K.	1416
Anacha T.	812
Tchifdé-khan B.	744
Mézarlouk-khan K.	693
Ghörumdjé K.	1296
Bournada T.	1678
Les sources du Cydnus T.	1650
Karli-boghaze maghara T.	1960
» K.	1982
Bulgare madène T.	2098
« K.	1615
Bulgare maghara B.	2600
Béréketli madène B.	1970
Arpa outchouroum, mines B.	1116
Ghulek madène T.	2111
Kezel-tépé madène T.	2500
Souné-déré K.	1583
Utch-tépé, vallée T.	3000
Kar-gölu T.	2500
Gousgouta T.	2200
Ousgouhan-béli K.	990
Hadjin, montagne T.	1900
Kerlan-boghaze T.	1378
Karasivri, pâturages K.	1512
Tchoche, montagnes K.	2384
Yelan, montagnes B.	1416
Nour-dagh K.	877
» selon d'autres	716
Mont Havdé	608

Kotschy a l'habitude d'indiquer en chiffres ronds en se servant, comme nous l'avons dit, du pied viennois, la hauteur des montagnes, des vallées et des sources.

	PIEDS VIENNOIS
Meddessize, mont	11000
Tchobau-kouyou	10800
Tchök-köprou	10500
Les monts Kochan, Ghéïk-tépé, Baymak	10000
Karga-daghlar, Karacache	9000
Ruseghiar-dagh	9600
Délik-kaya	9500
Le col du mont Kochan	9400
Kar-gölu	8800
Fontaine au mont Kezel-tépé	8500
» à Kétchi-béli	8600
Col du mont Tchayêr-ghédik	8450
Bouze-kaya (mont)	8300
Tache-olouk	8100
Hamzali-yayla	8000
Tchidem-gölu (lac)	7300
Dévé-tépé	7100
Koulé-Dadjigh	7000
Madène-tépé	6700
Fontaine à Ghulek maghara	6600
» à Gousgouta	6500
» Hüsseïn, à Gharli-boghaze	6250
Tansit-kalé	5800
Erdjé-ghédik	5500
Fontaine à Elmalek	5250
» à Souné-déré	4900
» à Anacha	4150
» à Gouglag	3200

III. FORMATION DES MONTAGNES. FOSSILES. — Autant que les explorateurs l'ont pu examiner, les montagnes sont entièrement de nature calcaire. La couche supérieure des sommets monolithes du massif présente l'aspect de calcaires brunâtres, cristalliformes, lisses, quelquefois blanchâtres ou encore semblables à des marbres veinés ou mouchetés, par endroits rouges et jaunes, mêlés d'agglomérations d'autres minéraux.

Vers le bas des montagnes, la masse calcaire est souvent coupée par des couches d'*ardoise* brillante, comme par exemple dans l'Acravassar (le Karga-bazar en turc). Même le sommet de cette montagne, surtout du côté occidental qui est le plus connu, est formé de la même matière, – *calcaire* et *ardoise* – avec un mélange de *silex* (Hornstein). Dans l'épaisseur des couches de *diorite* dont sont formés principalement le Kara-kapou et le Kara-tache, on trouve entremêlés des filets noirs et blanchâtres de calcaire et d'*argile*.

Au pied du Meddessize, et en quelques endroits sur son versant oriental, depuis le village de Dzag-kar (Roche trouée) jusque à Gousgouta, on trouve, au milieu des roches calcaires qui constituent la montagne, de l'ardoise argileuse, et dans quelques endroits de la *serpentine*.

Au nord-est des monts Bulgares, du Kezeltépé jusqu' à Bulgare–maghara, la serpentine et la diorite se trouvent en grande abondance.

Au nord du Bulgare – maghara, le massif est composé de minerais de *fer*, de *plomb* et d'*argent*. Près des mines de Bulgare-madène et de la vallée El-Kodja, de l'ouest à l'est, il se trouve des couches de *chlorures*, d'ardoise et d'argile de 800 pieds d'épaisseur; aux environs d'Ököze-ghédik, nous trouvons des couches d'argile et d'ardoise, mêlées avec du *talc*.

Le mont Hadjin-dagh et la montagne voisine, présentent des calcaires granulaires compactes et blancs, tachetés par endroits par des *oxydes* de fer rougeâtres.

Quoique les examinateurs disent n'avoir rencontré que très peu de coquillages fossiles, il est cependant probable que dans un examen minutieux, on trouverait que les couches basses du pied des sommets supérieurs et moyens soient entremêlées de petites nummulithes pétrifiées. Sur le versant sud des sommets moyens, surtout dans la région limitrophe des forêts, on trouve des couches d'argile et de *détritus*.

La partie haute de l'étage inférieur de ces montagnes surtout du côté de l'ouest, est formée de terrains tertiaires, traversés par des couches de *limons*, de *psammites* et de *calcaire*. Il en est de même des environs de Lambroun.

Au pied des très hautes montagnes, ainsi que dans les vallées de Gousgouta, d'Aghdjé-kissé et de Karli-boghaze, on trouve des couches de *myocène*. Mais dans les parties basses de la Cilicie Trachée, et surtout du côté de la plaine le sol est du terrain tertiaire, avec des couches d'argile jaune; il est en général fertile.

Texier regarde la matière constitutive des pics qui avoisinent Gouglag, comme plus ancienne et de formation antérieure à celle du reste du Taurus. On trouve au pied de ces pics des pétrifications analogues à celles que l'on rencontre dans les terrains secondaires; et dans les couches inférieures, il a trouvé des huîtres d'un demi-mètre de longueur (*Page 9. N 1*) on n'en trouve pas de semblables dans le reste de la Cilicie.

D'après cette courte annotation géologique, on voit qu'il n'y a pas de terrains essentiellement volcaniques, à part une seule exception, ainsi que nous l'avons fait remarquer à propos du Kezel-tépé. Bien que le Taurus ne soit pas non plus une chaîne éruptive, on trouve cependant, surtout dans les parties nord et sud de cette chaîne, des matières volcaniques. Je ne sais pas jusqu'à quel point on peut croire la tradition d'une éruption du Duldul, laquelle aurait duré trois jours.

Dans la partie occidentale et méridionale du Taurus, aux bords du golfe de Pamphylie près du village et de la montagne Délik-tache, on rencontre un trou dans le sol d'où sort presque toujours une flamme brillante. On a entouré ce trou d'un mur. Les Turcs appellent ce lieu *Yanar*, et y font rôtir leur viande. Mais le sol ne tremble pas; il n'y a donc pas une éruption proprement dite, et autour de ce trou on ne remarque même pas de matières volcaniques.

On pourrait peut-être trouver une faible preuve en faveur de l'existence d'anciens volcans, en se basant sur les eaux thermales dont parle un de nos auteurs du XIVe siècle: « En » Cilicie, dit-il, près de la forteresse de Haroun, » il y a des eaux thermales très utiles pour » diverses sortes de maladies»; puis il ajoute, chose incroyable! «ceux qui se rendent en cet » endroit et entrent dans l'eau, perdent la vue » dès le premier jour, et pendant trois jours » restent aveuglés, après quoi, ils recouvrent » la vue et guérissent de leur maladie.» Le même auteur rapporte un autre fait prodigieux que nous ne pouvons certifier, mais qui montre combien serait utile et intéressant un sérieux examen géologique de ces lieux. «Dans » ce même pays de Cilicie, écrit-il, non loin d'A- » nazarbe, près d'un village nommé Djourag, » se trouve le lac *Dzovig* (Petite mer). Si un » cheval ou un autre animal entre dans l'eau » de ce lac, à l'instant le sabot se détache et » tombe de même que la queue, la crinière » et les poils ».

Quelques sources *d'eaux thermales* jouissent encore actuellement d'une certaine renommée, comme par exemple celles d'*Ilidjé* dans les passages des montagnes, près de la jonction du Kerk-ghétchid et de son affluent le Tchiddé-khan. Macaire, patriarche d'Antioche, au XVIIe siècle, parle des eaux thermales du couvent de S. Jean Baptiste à Zeithoun, où de nombreux pélerins se rendaient pour obtenir leur guérison. Quelques uns de nos auteurs anciens se sont même attachés à décrire en détail le caractère merveilleux de ces eaux ainsi que les propriétés de celles du Cydnus. L'un d'entre eux dit que pour les podagres il est très bon d'y baigner leurs pieds, mais la plupart des autres auteurs considèrent comme très funestes les eaux fraîches de ce fleuve, ainsi que celles de la rivière de Séleucie.

Citons encore à propos des phénomènes géologiques et volcaniques, les violents tremblements de terre, et les éboulements qui eurent lieu en Cilicie. Le plus fameux et le plus remarquable fut celui de l'an 1269, raconté ainsi par un auteur contemporain: « Notre pays » fut ébranlé tout entier et en même temps » plusieurs régions des Turcs; et cela non seu- » lement pendant une heure ou deux, mais » les secousses se renouvelèrent durant un mois, » si bien que beaucoup de terres habitées furent » réduites en déserts; la forteresse nommée Sara- » vanti-kar (Rocher du Promontoire), s'écroula » et ensevelit sous les décombres la plupart des » habitants; Hamouss, perdit d'une mort préma- » turée la mère, ses enfants chéris et ceux qui » étaient auprès d'eux. L'illustre abbaye d'Ar-

événement: « En 718 il y eut une violente se- » cousse, qui se fit sentir en plusieurs lieux et » réduisit en ruines beaucoup de villages dans le » pays de la Cilicie, surtout près de la montagne » Noire. Le fort inexpugnable Saravantau fut » ruiné; tous les habitants périrent; de même » dans la sainte abbaye d'Arkagaghine, des prê- » tres et des religieux furent ensevelis sous les » décombres. La forteresse Téghin-kar (Pierre » jaune), et plusieurs autres lieux furent égale- » ment ruinés ».

Avant cela, l'an 1114 le 29 novembre (12 Maréri) une grande secousse avait eu lieu aux

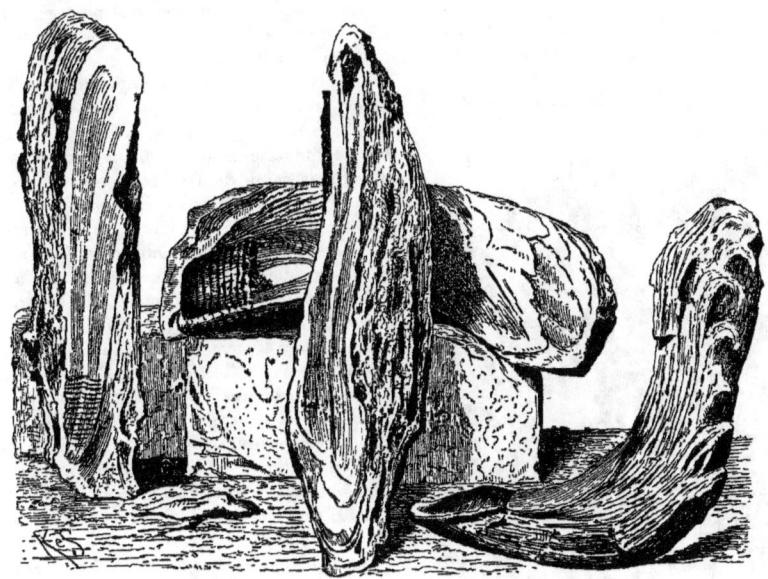

Huîtres pétrifiées des environs de Gouglag.

» kagaghine (Les Noisettes) et plusieurs oratoi- » res et monastères sous sa juridiction, s'écroulè- » rent aussi. Ce spectacle navrant arrachait des » plaintes à tous ceux qui en étaient témoins : » quelques uns sanglotaient, d'autres poussaient » des soupirs, d'autres criaient; et qui pourra ra- » conter l'indicible affliction qui pesa sur le pays » de la Cilicie? Dévastation des églises, perte des » prêtres, épuisement des peuples, et deuil incon- » solable à tous les âges ! .. Ce fut pendant le » printemps, au mois de mai .. en l'année 718 » de l'ère arménienne ». L'Historien de la Ci- licie complète en ces termes le récit de cet

environs de Djahan: « A Sis plusieurs édifices » s'écroulèrent, le nombre des morts fut aussi » considérable; et aux environs du Mont Noir » le désert des Basiliens devint le tombeau des » cénobites qui y célébraient l'office dans leur » chapelle ». L'historien vénitien Sanuto, l'ami des nôtres, rappelle aussi cet événement et rap- porte que 12 villages et 5 forteresses furent ruinés. Un autre de ses compatriotes en voyage dans ces mêmes lieux parle d'un grand tremble- ment de terre qui ravagea Tarsous, Adana et d'autres localités jusqu'à Mélitine (Malatia).

A une époque plus reculée on mentionne

d'autres grands tremblements de terre de côté d'Anazarbe; cette ville en fut même ruinée deux fois: la première au commencement de l'ère chrétienne, elle fut rebâtie par l'empereur Nerva. La deuxième sous le règne de Justinien au VIe siècle.

VI. PRODUITS MINÉRAUX — Les produits les plus connus de la Cilicie consistent surtout en minerais; quelques mines et certains terrains en sont assez renommés et d'une grande utilité. Notre savant docteur Thomas, écrivain du XIVe siècle, rappelle dans sa courte énumération des produits naturels de la Cilicie, le *vitriol*, le *soufre*, les eaux thermales, le *nitre*, la *poix noire* ou *blanche*, le *sel* et la *terre à cristal* (Սպտակհող). Je crois que le sel dont i

Yanar (page. 8)

parle était du sel minéral comme le sel de Coghbe, dans la Grande Arménie.

Aujourd'hui on ne connaît plus de salines dans la Cilicie; mais un édit de concession de notre roi Léon IV aux Vénitiens, datant de l'année 1333, nous en montre l'abondance à cette époque. Le roi par cet écrit les exempte de l'obligation d'acheter du sel et du froment: « Concedimus... quod per officiales nostros, » Veneti non cogantur ad recipiendum frumentum vel sal. » Cartulaire, pag. 194. La terre à cristal se trouvait dans les environs de Sis. Nos livres de médecine disent que « la meilleure qualité se trouve à Sis, » et

ailleurs encore « à Sis on trouve du sable, » on le fond dans le même endroit et en beau» coup d'autres. » Je ne sais si ces matières sont exploitées de nos jours autant que le sont le *Plomb* et le *Fer* et le peu d'*Argent* que l'on rencontre dans les mêmes roches éruptives.

Jusqu'à présent, on n'a pas rencontré dans ces montagnes des filons très importants, ni des couches régulières de métaux. On trouve plutôt de petits agglomérats isolés. Il est probable cependant que l'on découvrirait des filons réguliers et des couches métalliques assez considérables, si l'on creusait plus profond; car jusqu'ici on s'est contenté de ne piocher que superficiellement.

Nous trouvons dans les Monts Bulgares, trois mines principales d'où l'on tire surtout du plomb: le Bulgare-maghara, la mine de Ghulek, dont les fonderies sont au voisinage des Portes, et enfin la mine de Béréketly qui se trouve au nord-est des précédentes.

La première de ces mines, le Bulgare-maghara est derrière les montagnes, à 52 milles au sud-ouest des Portes de la Cilicie et à une petite distance de Lambroun. Elle se trouve à une hauteur de 4000 pieds au-dessus de la plaine. On y trouve surtout du *carbonate* de *plomb* terreux, mêlé à de la *galène*. Les gangues sont calcaires et contiennent un peu de *vert-de-gris* et d'argile rouge ferrugineux. Le plomb forme environ $1/5$ du minerai ou, plus exactement, les $21/100$. Sur 100 kilogr. de matière, on retire 428 grammes d'*argent* et 4 d'*or*. L'or formerait donc la $1/25000$ partie de la mine entière.

Bien qu'aujourd'hui la quantité d'or et d'argent retirée soit minime, il n'en fut pas toujours ainsi. Au moyen âge on en retirait assez pour pouvoir classer ces deux métaux parmi les produits naturels du pays. On dit même qu'on aurait découvert récemment de grandes veines argentifères non seulement près des Portes de la Cilicie, mais encore aux environs de Sis; mais qu'on les cache ou que l'on n'en veut pas user. Actuellement on exploite les cavernes situées entre le promontoire Garmir (Kezel-tépé) et le village Bulgaredagh. Ces cavernes occupent une étendue de 8 à 10 kilomètres. On en trouve encore d'autres abandonnées dans les montagnes du sud-est, dans la vallée du fleuve Tarbasse, aux environs des deux ponts appelés: Pont de bois et Pont blanc (Tahta-keupri et Ak-keupri).

A 30 kilomètres plus loin, mais dans la même direction près du passage d'Ak-dagh, se trouvent aussi des mines appelées Arpa-Outchouroumou, tout à fait semblables à celles de Bulgare-dagh. Ceci fait supposer que la matière minérale doit se trouver répandue sur toute la longueur du terrain qui sépare ces deux mines; mais on n'en a pas de preuves certaines. *Quela*, un des explorateurs, croit que cette couche minérale monte verticalement de cinq cents pieds; les cavités inférieures en effet, se trouvent à 300 pieds au-dessus de la vallée et les plus élevées se rencontrent à 800 pieds au-dessus du même niveau. Si l'on suppose à la couche une épaisseur moyenne de 0,20 mètre, toute la masse offrirait un volume d'environ 800,000 mètres cubes. Les ouvriers sont des Grecs, venus des mines de Gumuchehané. Ils travaillent plus ou moins comme bon leur semble et non d'après un plan, aussi si l'on n'y apporte pas un peu d'amélioration, le gouvernement n'en retirera que très peu de profit.

On ne trouve pas même de fonderie convenable, mais dans le village Bulgare-dagh il y a un peu plus d'une douzaine de fournaises. La dépense pour purifier 1000 kilos de minerai s'élève en moyenne à 100 fr; comme la valeur extraite est de 120 francs, le gain se réduit à une vingtaine de francs.

La deuxième mine de Ghulek qui paraît en tout semblable à la première, soit pour la qualité, soit pour la quantité des matériaux, est celle de Arpa-Outchouroumou près des passages de Podande et d'Ak-dagh. Au lavage on a cependant obtenu des résultats un peu inférieurs; le minerai ne donne que 16 % de plomb, 0,250 kg. d'argent et deux ou trois grammes d'or pour %. Il ne se trouve qu'un seul creuset à 1176 m. d'altitude, loin des habitations, ce qui ne permet aux ouvriers que six mois de travail, en se logeant dans des cabanes insuffisantes.

L'année 1863 une escouade de 34 ouvriers a pioché 21,000 kilos de minerai qui ont été raffinés dans les fonderies de Ghulek établies en 1837 par les métallurgistes autrichiens Russeger, Ginsberg et Szlabey [1]. Ces métallurgistes avaient ouvert une autre mine à l'ouest du village Ghulek-maghara, près du lac Tchidem ou Safran, mais, à cause des difficultés qu'offrait le terrain ils ont été obligés de l'abandonner au bout de quelques années.

La troisième mine est à Béréketli-madène à 1970 m. d'élévation, aux pieds du mont Abiche-kar, près du défilé Boghaze-madène et à 80 kilomètres au nord-est de Bulgare-maghara: cette mine ne contient que du plomb et encore en très petite quantité. Les creusets sont situés dans le village du même nom à 20 km. à l'ouest de la mine. Les matériaux y sont transportés à dos des mulets.

Le terrain de la mine a la couleur du plomb et du calcaire et s'étend sur une longueur de trois à quatre kilomètres. Le gisement du métal varie en épaisseur de 0,20 m. à 1 m. 50. On croit y trouver beaucoup de veines: pour cela on a fait cinq excavations où l'on ne peut travailler que durant trois ou trois mois et demi par année, en exploitant de 350 à 450,000 kg. de minerai qui donnent de 30 à 55,000 kg. de métal pur.

On a encore remarqué dans les mines situées aux pieds du mont Emlig, à 18 kilom. à peu près au sud, près du col d'Abiche-kar du minerai de cuivre appelé *Boze-madène*.

A la réduction, on a obtenu de 4 à 5 % de cuivre; mais ces mines ont été abandonnées. On n'a pas encore exploité sérieusement les montagnes Bulgares, sur le calcaire desquelles on aperçoit des veines bleues de carbonate et de petites masses de malachite.

C'est un français, le savant Béral, qui nous donne ces renseignements sur les mines des Monts Bulgares; mais son ouvrage date de 35 ans (1863-64). On peut croire qu'aujourd'hui les conditions du travail et la quantité des produits sont changées. Le gouvernement d'alors désirait ardemment commettre toutes les mines à une compagnie de savants explorateurs ou les louer pour une période de 90 ans.

A part le plomb, un peu d'argent et une moindre quantité d'or, on trouve d'abondantes mines de Fer au delà des propres confins des montagnes de la Cilicie, dans les vallées supérieures du Sarus et du Djahan, sur les Monts Kozan, près de Kharsante-oglou, à Farache et à Hadjin et des deux côtés du bras oriental du Sarus ou Saran-sou, et enfin dans les confins du territoire de Zeithoun. Le même savant (Béral) a découvert dans ces régions 12 mines de minerai de fer et plusieurs autres encore aux environs de Lambroun et dans le vallon de Déghirmen.

---

1. Kotschy appelle ce lieu *Bulgare-maghara* (Antre de Bulgare), et il ajoute qu'il y a des *Mines d'argent*. Béral qui est venu quelques années après ce voyageur, en examinant minutieusement tous les minerais, conclut que, ou ils sont tout à fait dépourvus de plomb, ou qu'ils en ont une très petite quantité.

Ces dernières mines offrent tout ce qu'il faut pour rendre fructueux le travail dans les mines de fer de la Cilicie: mais je ne connais pas exactement les conditions actuelles de ces mines, car je n'ai pas trouvé une description détaillée de ces lieux. Je sais seulement qu' elles contiennent du fer en assez grande abondance, qu' elles offrent assez de facilité pour le purifier et que le métal y est d'une qualité supérieure à celui de la Russie. On exploitait le fer en grand, sous la dynastie de nos princes. La convention de 1285 entre Léon II et le sultan d'Egypte Kélavoun en est une des preuves. Celui-ci exigeait de notre roi 10,000 fers-à-cheval munis de leurs clous, et ces fers blancs avaient une telle valeur que deux suffisaient pour acheter un enfant esclave.

Aux espèces de terrain que nous avons citées plus haut, il faut ajouter la *terre rouge* qu'on pioche dans les cavernes appelées Boya-ghara près des sources du Cydnus, entre Kartal-dagh (Mont de l'aigle) et les monts Kara-kapou. C'est une matière rougeâtre utilisée dans la peinture et qu'on porte à Adana et à Tarsous.

Il faut encore compter parmi les matières utiles, le charbon de terre, à la condition de savoir en tirer quelque profit. On en a découvert dans les territoires de Sis au nord du vallon de Mantache, et près du village Ghédigly, mais on ne l'a point exploité ; la même chose a eu lieu près du village de Toroglou au sud-ouest de Tarsous près de la montagne Hordoun. Les mineurs ont rassemblé 300 sortes de pierres et de métaux différents par ordre d'Ibrahim pacha.

Parmi ces échantillons on en trouve de très beaux et de très précieux. Je n'ai pas pu en trouver un catalogue détaillé, d'ailleurs il me serait pas facile pour tous ceux-là à comprendre ces noms scientifiques. Parmi les pierres de première utilité, je ne veux pourtant pas laisser de côté, celle que Pline mentionnait déjà il y a 2000 ans, la *Pierre à aiguiser* de la Cilicie [1]. Il la trouve même la meilleure de toutes, car on peut l'employer avec de l'eau et de l'huile, tandis que celles des autres contrées doivent être humectées seulement avec l'un ou l'autre de ces liquides.

V. FLEUVES DE LA CILICIE. — La multitude de montagnes ciliciennes offre aussi une multitude de fleuves, de rivières et de sources; mais, comme les chaînes de ces montagnes sont en général peu larges et ne sont pas trop chargées de neige, et que d'un autre côté, l'été est très chaud à cause de la situation climatérique, un grand nombre de sources et de ruisseaux tarissent, et les gués sont à sec une partie de l'année; néanmoins les principaux fleuves restent intarissables. Nous trouvons aussi des fontaines toujours jaillissantes dans certaines chaînes de montagnes, comme au Ghuzel-tépé, au Bulgare-maghara et dans les mines de plomb des Portes de la Cilicie.

Le plus ancien de nos géographes, Moïse de Khorène, d'accord avec les auteurs grecs, dit: « La Cilicie a six fleuves, savoir: L'Arimagdus, le Calycadnus, le Lamus, le Cydnus, le Sarus [2], et le Pyramis. » Remarquez qu'il part de l'ouest, du côté de la Pamphylie.

Le premier, l'*Arimagdus* ou Orymagdus, n'est pas bien connu; c'est le plus court et on doit le chercher parmi les nombreuses petites rivières à l'ouest du fleuve de la Séleucie, parmi ceux qui descendent des pentes méridionales des monts d'Isaurie et de Pissidie, traversent de petites vallées et se déversent dans la mer. Probablement l'Arimagdus est la rivière d'Anamour qui se jette dans la mer du côté oriental du promontoire de ce nom.

Le second fleuve est le *Calycadnus*, (Καλύκαθνος) aujourd'hui désigné sous le nom de fleuve de Séleucie, que beaucoup d'auteurs arméniens lui ont donné. Par la masse de ses eaux il est le troisième des fleuves de Cilicie. Il est formé par la réunion des ruisseaux des montagnes du Taurus qui se trouvent entre Pissidie et Isaurie, et dont le principal et le plus au sud, porte le nom de Gueuk-sou que plusieurs auteurs lui donnent; de la gauche, c'est à dire du nord, le Gueuk-sou reçoit la rivière *Bachlek-déré*, c'est au milieu de deux cours d'eau que se trouve la ville d'Erméneg. Du nord-ouest, il reçoit une rivière plus grande appelée *Bouzakdji*, près du hameau de Moute ; et à l'est de ce dernier affluent, une autre rivière, la *Sari-Kacak* [3] ; elle grossit les eaux du fleuve qui coule tout droit vers l'est. A Séleucie, il a une largeur de plus de 50 mètres. La vallée, que forme ce fleuve quoique très étroite à cause de la quantité de montagnes, est pourtant très fertile et même plus que les plateaux de la Cilicie Pierreuse. Le nom de ce fleuve est célèbre dans l'histoire, à

---

1. Plin., Hist. Natur. XXXVI, 47.
2. Nos manuscrits le nomment *Avros*.

3. Ces rapports sont d'après Pierre Tchihatcheff.

cause de l'accident funeste arrivé à Frédéric Ier empereur d'Allemagne; il s'y est noyé en prenant un bain, lors de son passage en 1190. Au moyen âge, les Byzantins nommaient ce fleuve, Σιδηροπόταμος (*Fluvium ferreum*); il aura été ainsi appelé à cause des mines de fer qu'on trouvait dans les montagnes avoisinantes.

Le troisième fleuve est appelé, *Lamas-sou* par les contemporains et *Lamos*, Λάμος, par les anciens; c'est le plus petit des six fleuves de la Cilicie. Son nom vient de celui d'un bourg situé au bord de la mer, et jadis c'était encore celui de la province qui formait la frontière orientale de la Cilicie Pierreuse.

Entre le fleuve Cydnus et celui-ci, on peut en citer quelques autres de moindre importance: le *Sarpa-tchaï*, le *Délidjé-sou*, le *Mézetly*, le *Guzel-déré* et d'autres encore plus petits.

Au fond du vaste golfe de l'Arménie, c'est à dire à son extrémité septentrionale, dans la province de Tarsous, se trouve l'embouchure d'un quatrième fleuve, appelé de nos jours *Tarsous-tchaï* à cause de sa proximité avec la grande ville. Les anciens le connaissaient sous le nom de Cydnus (Κύδνος). Au point de vue de la grandeur et du volume d'eau, ce fleuve n'occupe que le quatrième rang; mais il n'en est pas de même au point de vue de la célébrité. On pourrait même le placer au premier rang sous ce rapport, vu les nombreux mémoires où il en est question, surtout durant la domination des empereurs assyriens. Ses sources se trouvent dans les hautes régions des montagnes occidentales de la Cilicie, c'est à dire dans les Monts Bulgares, à l'ouest de Boya-maghara. Nous avons dit « ses sources », car ce fleuve à son origine, est formé de trois rameaux. Le plus important de ces trois cours d'eau, le rameau oriental, est appelé *Djéhennem-déré* (Val de l'Enfer). Il reçoit du côté de l'est, plusieurs petits affluents venant des environs des passages de la Cilicie, ce sont: le *Kerkidly*, *Aghadje-kissé*, le *Ménévché*, le *Gousgouta*, le *Ghulek-sou*. Le rameau occidental est formé de trois branches, dont l'une porte le nom de Ruisseau de Lambroun; c'est ce qui explique pourquoi, le rameau lui-même est appelé *Kalé-sou* (Eau de la forteresse). Les deux autres branches s'unissent avant leur jonction à la première. La plus petite est appelée Déli-tchaï, et on pourrait la considérer comme un affluent de l'autre, nommée *Déghirmen-déressi*, qui reçoit encore un autre ruisseau appelé *Pambouk-déressi* (Vallon de coton). Ce ruisseau a donné son nom à un village situé à quatre ou cinq milles au sud-ouest de Lambroun. Après la réunion de ses trois rameaux principaux, le fleuve Cydnus porte le nom de *Mézarlek* (Cimetière); ce n'est qu'à son entrée dans la plaine qu'il emprunte son nom à la ville de Tarsous. Le cours de ce fleuve n'est pas très considérable: on ne compte que 35 milles de sa source à la ville et, tout au plus, 10 ou 11 milles de la ville à la mer. Autrefois la mer s'avançait beaucoup plus vers la ville: quantité de bateaux y arrivaient chargés de marchandises. Même on avait construit à l'embouchure du fleuve un vaste port nommé Rhecma; mais ce port a disparu en entier: les alluvions charriées par le fleuve l'ont comblé peu à peu et en ont fermé l'entrée aux bateaux. Il est probable que ce fleuve a changé de direction, tout comme les deux autres grands fleuves, le Sarus et le Pyramis ont changé leurs cours et leur embouchure. Les anciens historiens arabes donnaient au fleuve dont nous nous occupons le nom de *Berdal*, c'est à dire *froid*. De nos jours encore le peuple dit que son eau est froide et l'on raconte l'histoire du bain d'Alexandre le Grand. Ce prince, paraît-il, aurait ressenti de violents frissons après s'être plongé dans ce fleuve. En réalité, ses eaux ne sont pas plus froides que celles des autres fleuves de la Cilicie. Si Alexandre ressentit un malaise après s'y être baigné, c'est que probablement il était en sueur au moment où il s'y est plongé. Ce fait est raconté dans l'ancienne traduction arménienne de la vie d'Alexandre. « En Cilicie, y est-il dit, » se trouve un fleuve appelé *Océanus*: l'eau » en est pure et claire; le roi désira s'y baigner. » Il se dépouilla de ses vêtements et entra dans » le fleuve; mais à sa sortie du bain, il dut se » faire soigner, car il se sentit pris de frissons » et d'un violent mal de tête. Il s'en suivit une » inflammation d'intestins. »

Les bateaux arrivaient encore à l'embouchure de ce fleuve, au commencement du XIIIe siècle, ainsi que l'historien des Roupiniens en fait foi. Il est à remarquer aussi que l'une des trois branches du rameau principal occidental du Cydnus, celle qui touche aux confins de Lambroun, était appelée par les Arméniens, le fleuve *Jéragry* [1].

---

1. Docteur Samuel, auteur de la vie de S. Nersès de Lambroun.

A une petite distance de l'embouchure du Cydnus, se trouve celle du plus grand de tous les fleuves dont nous avons parlé. C'est le *Sarus* (Σάρος) des anciens, le *Sihoun* ou *Saïhoun* des contemporains. Son cours s'étend beaucoup plus en avant dans l'intérieur que celui du précédent. Il a presque la même longueur, le même aspect dans son cours que le fleuve *Pyramis*, actuellement appelé *Djihoun*. Les véritables sources et le cours de ces fleuves à leur origine ne sont guère connus. Il est probable que le Sarus a deux sources, qu'il est formé à son origine par deux branches, séparées l'une de l'autre par cette partie du Taurus appelée Monts Kozan. Elles descendraient donc de régions lointaines, du côté septentrional et du côté oriental de la Ire Arménie ou de la Césarée, et du côté occidental de la IIIe Arménie et d'Alb'stan; en avançant vers le sud, elles se rapprochent et finissent par s'unir entre les villes de Sis et d'Adana, pour former le grand fleuve, appelé par les Turcs *Kezel-ermak*. A partir de cet endroit, le Sarus dévie légèrement du côté de l'ouest et se jette dans la mer à peu près à 25 ou 30 kilomètres au sud de la ville d'Adana. De ces deux branches, dont nous avons parlé plus haut, la plus grande et la plus longue probablement est celle qui vient de l'orient; c'est elle qui forme le Sarus proprement dit, même elle est nommée *Saran-sou* dans sa région supérieure. Elle traverse une vallée étroite, ayant à sa gauche, c'est à dire à l'orient, le mont allongé de Bimbougha et à sa droite, à l'ouest, d'autres sommités dont elle reçoit de nombreux affluents. C'est au bord de l'une de ces rivières, appelée Tzeghentchour par l'un de nos historiens, que se trouvait la forteresse de Ghisistra. L'autre branche, c'est à dire la branche occidentale, descend de l'orient du mont Argée. On l'appelle *Zamanti*, du nom de la ville principale du roi des Bagratides, exilé de sa patrie. Selon Ramsey, cette seconde branche du Sarus serait le fleuve *Garmala* des anciens. Comme l'autre, elle traverse une vallée étroite, entourée de sommités qui lui envoient plusieurs affluents, mais ce sont pour la plupart de petites rivières qui n'ont rien de remarquable et sont à peine connues.

Mais, une fois entrée dans la Cilicie, cette partie du fleuve change d'aspect : ses affluents deviennent plus nombreux et plus considérables. Après la jonction des deux bras du fleuve, ce dernier reçoit encore un assez gros affluent. Tous ces cours d'eau offrent cette particularité qu'ils ne viennent pas seulement du Taurus, mais de plus loin encore, derrière les montagnes, du côté occidental. Ou bien ils passent au travers de la montagne, ou bien ils forment de profondes vallées des deux côtés du mont Ak-dagh, situé entre la chaîne des Monts Bulgares et Ala-dagh.

Le premier affluent, qui est le plus au nord, s'appelle *Korkoun-tchaï*; à sa source il porte le nom de *Gueuk-sou* et il le garde tant qu'il descend le long des confins du district de Nigdée. Il reçoit près des mines Béréketlymadène une petite rivière appelée elle-même aussi *Béréketly*; un peu plus bas, il en reçoit une seconde nommée *Eödjémiche-tchaï*. C'est encore dans cette branche du fleuve que se jette le *Korkoun*, appelé aussi *Kara-sou* ou *Kara-bounar* [1] et *Kütchük-sou* [2].

Après la jonction de ses deux branches, (Saran et Zamanti) au nord d'Adana, le fleuve reçoit un affluent plus grand que les précédents, le *Tcaked-tchaï*, rivière qui dans sa région supérieure est connue aussi sous les noms de *Tarbasse* ou *Bozanti* (ancienne forme de Bodante), ou encore sous celui de *Ak-sou*, parce qu'elle passe sous les ponts Ak et Tahta-Keupri. Cette rivière est alimentée par d'autres petites, telles que le *Porsouck-tchaï*, le *Kamechely* le *Kezeldjé*, et une autre plus grande que ces dernières, le *Kerk-ghétchid* [3] près du pont Tahta; celle-ci reçoit avant de se jeter dans l'Ak-sou plusieurs affluents, (dont les deux principaux sont le *Kara-sou* et le *Chéker-bounar*), ainsi appelé à cause du fréquent passage des voyageurs. Ces deux derniers affluents s'unissent l'un à l'autre au nord-ouest d'Adana avant de se jeter dans le Kerk-ghétchid. Sur sa rive droite au sud, le Bodante a encore un autre affluent : l'*El* ou *Ali-hodja* [4], qui contourne au nord la haute chaîne de montagnes qui dominent la capitale de la Cilicie. Avant de s'unir au Bodante, cette rivière mêle ses eaux à celles du Bulgare-maghara.

---

1. Ainsi l'appelle Tchihatcheff.
2. C. Favre et B. Mandrot, Voyage en Cilicie. Paris, 1878.
3. Les voyageurs européens, soit qu'ils ne puissent pas bien prononcer ce nom, soit qu'ils ne l'aient pas entendu clairement, ont écrit *Querquétchide*; et le plus ancien d'eux, Paul Luc, écrit *Quirquigy*.
4. T. Ainsworth (dans son Travels and Researches in Asia Minor, Armenia. London, 1841) écrit : *Alayuga* (II. 73).

Le dernier des fleuves de la Cilicie, c'est à dire le plus à l'est est le *Pyramis*. C'est le plus grand de tous. Pyramis est le nom que lui donnaient les Grecs anciens (Πύραμος); Anna Comnène l'appelle, je ne sais trop pourquoi, *Ermon* (Ἑρμών); de nos jours il est connu sous le nom de *Djihoun* ou *Djihan*; les Arméniens l'appellent aussi: *Tchahan*; ce dernier nom est aussi celui de la province qui a pour capitale Marache. Cela vient de ce que les sources de ce fleuve se trouvent dans cette province, entre les vallées supérieures du Sarus et celles qui partagent les eaux de l'Euphrate près de la Troisième Arménie et de Komagène. Le fleuve Djihan a comme les autres plusieurs sources: on en distingue trois principales.

La branche moyenne vient du nord, c'est la rivière *Khourma*, probablement le *Carmalas* (Καρμάλας) de Strabon. Elle sort des monts de *Cataonie* et descend vers la Cilicie. La branche de droite est formée par le *Cocusus* (Ghôk-sou). Enfin la troisième, celle de gauche, appelée *Seughudly* (pleine de saules) descend des partages de l'Euphrate. Peut-être, faudrait-il voir dans cette rivière le fleuve *Paradisse* dont parle notre historien; il le place au voisinage du bourg de Gragga, près duquel Thoros Ier a fait loger les Grecs esclaves, après les avoir chassés de leurs forteresses [1]. Après la jonction de ses trois branches le Djahan passe auprès de la ville d'Albistan, se dirige vers le sud au travers des vallées et des montagnes, s'engage dans les étroits défilés du mont Akher, descend dans la direction de Marache. A partir de cette ville, la vallée s'élargit de plus en plus et le fleuve reçoit sur sa gauche, du côté de l'est, la rivière Ak-sou.

Sur sa droite il reçoit d'abord une rivière du territoire de Zeithoun, puis une autre de Gaban, vers le milieu de la plaine une troisième nommée *le Ruisseau de Sis*, dit aussi *Asmentzoug* ou mieux encore « Anzmentzoug » A partir de ce cours d'eau, il n'a plus d'affluent remarquable. Il coule paisiblement à travers la plaine de Messis jusqu'au rivage de la mer. Peu avant d'y arriver, il se dirige vers l'est et au sud-est d'Ayas, située près du promontoire de Kara-tache; il se jette dans le Golfe de l'Arménie, à une distance de vingt kilomètres à l'est de son embouchure primitive, qui était plus près de celle du Cydnus. De cet endroit, les bateaux remontaient autrefois le fleuve jusqu'à Messis, mais actuellement la mer s'est retirée, ou pour parler plus exactement les terrains d'alluvions charriés par les eaux ont couvert cet espace; c'est de cette manière que toutes les rades ont été comblées et détruites.

Aux environs du Golfe d'Arménie, du côté oriental du fleuve Djihan, il n'y a pas de cours d'eau important. La plupart des affluents ne sont que des ruisseaux ou torrents inconnus et sans nom; cependant on pourrait nommer le *Déli-tchaï*, le plus remarquable qui descend des Monts Amanus et coule vers la mer au nord de Bayas; c'est le *Pinarus* des anciens. Ils citent encore un autre ruisseau du nom de *Carsus*, que les géographes contemporains supposent être le même que le *Merkèze* ou *Merketz* se trouvant au sud du Déli-tchaï. Il faudrait chercher entre Ayas et le Golfe ce que Pline appelle le ruisseau *Chlorus* [2].

VI. PRODUITS VÉGÉTAUX. — Le terrain de la Cilicie, ou plutôt le terrain de la plaine cilicienne a été célébré de temps immémorial pour sa grande fertilité. Les Latins le nommaient « *Cilicia campestris* » ou « *Cilicia propria* ». Il comprend toutes les vallées inférieures des trois grands fleuves, Cydnus, Sarus et Pyramis. Cette plaine mesure 50 à 60 kilomètres environ pour la longueur de l'est à l'ouest et en largeur du nord au sud un tiers à peu près de cette distance. Le territoire, entre le fleuve Sarus et le Djihan, est présentement appelé *Tchoucour-ova* (Plaine profonde) à cause de sa dépression; les anciens le nommaient *Campus Alejus* (Champ Aléen). Ce terrain bas qui s'étend sur 1500 kilomètres carrés environ, a été toujours regardé comme une des parties les plus fertiles de la terre et selon notre géographe ancien, « il est fertile en tout comme la terre du Jourdain. » Suivant d'autres il est comparable à celui de l'Egypte arrosé par le Nil; car comme ce dernier, les fleuves de la Cilicie par leurs inondations, recouvrent la plaine de terrain gras, et cette couche féconde atteint plus de 25 pieds d'épaisseur.

Tempérées par les brises australes, les côtes de la mer fournissent avec une égale abondance et les productions nécessaires à la nourriture de l'homme et celles qui servent à flatter ses goûts. Notre docteur Thomas, citant les corps inorganiques du terrain, termine l'énumé-

---

1. Lebeau, *Histoire du Bas-Empire*, XIII. 290.   2. Pline, Hist. Nat. V. 22.

tion en disant, « et tant d'autres bons produits innombrables ».

Du règne végétal, il cite en passant les forêts de *Pins* et de *Cèdres*, et pour les plantes utiles à la nourriture de l'homme et à son habillement il dit textuellement : « Le terrain produit des Pommes, des Poires, des Prunes des Abricots, des Citroniers Bigaradiers, des Oranges, des Citrons, des Châtaignes, de Musa paradisiaca, du Coton, de la Soie, du Seigle et du Safran; la Rose, le Myrte, la Violette, la Caroube, l'Olive, le Sumac, l'Amande, la Datte, la Noisette, la Noix, le Coing, la Jujube, l'Orge et les Cornouilles dans les bois ». Il ne parle pas du Sésame, ni de la Canne à sucre qui réussissent dans les côtés les plus exposés au midi, ni non plus du Riz qui est un produit propre aux lieux marécageux. La Vigne, plante chère à tous, ne se trouve pas, et les explorateurs, même contemporains, ne la citent pas parmi les produits utiles qui, du reste, ont sensiblement diminué par suite du manque de culture et des continuelles déprédations, et ce terrain, si fertile jadis, est presque improductif actuellement. Autrefois on y cultivait la vigne : les mémoires des marchands durant la dynastie des Roupiniens en rendent témoignage ; mais cette culture ne se faisait pas sur une bien grande échelle comme les mêmes mémoires en font foi : car les Vénitiens et les Génois vendaient du vin sur les marchés arméniens. D'un autre côté, la proximité de Chypre produisant du vin excellent en grande quantité et les relations intimes de nos princes avec les Lusignans, maîtres de l'île, n'étaient guère faites pour rendre les Ciliciens soucieux, d'introduire la culture de la vigne chez eux, alors qu'ils en avaient en abondance chez leurs voisins. On trouve même chez les Chypriotes des mémoires sur les vignes arméniennes, dites ἀμπέλι τὸ Ἀρμένιας *Erminesques* selon les Français, c'est qu'elles étaient ou cultivées par les Arméniens ou à la manière des Arméniens.

Rappelons en même temps les raisins secs [1] vendus par nos Ciliciens. Parmi les auteurs anciens Pline parle du *vin cuit* de la Cilicie, qui était réputé le meilleur après celui de Crète. Vers le milieu de notre siècle un Anglais, Mʳ Barker a planté des ceps de raisin muscat; le succès couronna sa tentative. Il cite entre autre une espèce de raisin qui mûrit vers la fin de l'année. Il introduisait aussi le Pêcher et une espèce d'Abricotier dont le fruit a une peau très fine, puis le cerisier que nous ne trouvons point dans la liste du docteur arménien cité plus haut. En outre parmi les légumes il importa les artichauts, la pomme d'amour, les pois, auxquels le terrain est très favorable, mais le chardon et l'ivrée envahissent tout. Le même auteur mentionne comme faisant partie des légumes et des fruits d'agrément, le Melon, et, selon d'autres, la Pastèque. Notre médecin Assar les cite tous deux également. L'*Anchusa* (*Gotha* en arm.) est commun dans l'Arménie occidentale ; c'est une espèce de légume du genre des concombres et des melons. Au nombre des fruits succulents il ne faut point oublier la *Pastèque rouge* dont la couleur charme l'œil Pline rappelle la *Laitue* cilicienne à grandes feuilles frisées. La traduction latine en fait *Lactuca crispa*. Un autre produit d'une très grande importance, cité par le Docteur Thomas, est l'*Olive* dont la culture a été bien négligée par les Arméniens, puisque les Italiens vendaient de l'huile dans la Cilicie. Pourtant les oliviers sauvages ne manquent pas; mais ils restent rabougris et étouffés dans les épaisses forêts de pins. Il s'en trouve plus abondamment qu'ailleurs, et sur une étendue de plus de 100 kilomètres entre Tarsous et Séleucie ; les habitants n'en tirent aucun profit, puisqu'ils les ont laissés à l'état sauvage sans culture et sans greffe.

Si anciennement on citait la Soie comme produit artificiel, ce n'est pas l'élégant et précieux tissu, la vraie soie. Le *mûrier* croît partout; mais l'excessive chaleur empêche le bombyx d'atteindre son complet développement; il meurt en ne donnant que très peu de soie, dont on confectionne de grossières chemises.

Parmi les arbres fruitiers, le Docteur Thomas ne cite pas le *Figuier* ; on le trouve à l'état sauvage, et Pline l'Ancien en cite une espèce particulière dont les fruits naissant sous les feuilles se développent, tandis que ceux qui poussent après n'arrivent pas à maturité. Le *Dattier* n'est pas compté comme arbre produisant des fruits, mais autrefois (au Xᵉ siècle) il était signalé aux environs d'Anazarbe à l'état sauvage ; de nos jours à peine peut-on en trouver près d'Adana. Et en général on

---

1. « Uve passe d'Erminia. » Pegolotti, Chap. LXXIV. L'auteur, immédiatement avant ces mots, parle du *vin de coing* (vino di cotogno), dont il semble que les Arméniens auraient usé à défaut de la production des vignes. De là, on peut aussi conclure que la mention de coing par le Dʳ. Thomas est conforme à la vérité.

ne le rencontre que rarement en Syrie et en Cilicie.

Mais depuis longtemps, la plus importante des productions de ce dernier pays, est le *Coton* qui pourrait rivaliser avantageusement avec celui que rapportent les autres terres de qualité inférieure et serait une vraie richesse pour le pays, si on savait en régler le travail et si l'on modérait les impôts, qui actuellement sont très onéreux. Outre la dixième partie de la récolte due au gouvernement, un autre dixième passe à celui qui a cueilli le coton et un troisième dixième, à celui qui l'a purifié des semences. On fait monter à 20,000 quintaux la production annuelle du coton qui ordinairement est expédié à Trébisonde et à Erzeroum. L'historien Pegolotti qui écrivait sous le règne de nos derniers rois, préfère le coton d'Amanus à ceux de la Palestine, de Chypre, de Malte, de la Sicile, des Pouilles et d'autres pays.

Le *Blé* est une céréale des plus abondantes de notre patrie et des plus propres à la nourriture. La récolte moyenne du froment est au-dessus de 40,000 kilés — le kilé équivaut à 44 kilogrammes, et se vend à raison de 60 à 80 piastres (de 12 à 18 fr.). — Le meilleur froment est celui de Karamanie qui donne une farine blanche et fine, aussi coûte-t-il plus cher. La moitié du blé est exportée en Syrie. — D'après ce que dit Barker, on y récolte 150,000 kilés d'*Orge*, qui sert à faire du pain pendant la cherté du froment: le kilé se vend alors de 40 à 60 piastres. Le même motif fait monter le *Sésame* qui donne de 15,000 à 20,000 kilés de tourteaux et dont la production annuelle augmente de plus en plus, car il est d'un rapport assez grand. On récolte environ 40,000 kilés de *Lin* qui se vend une piastre l'occa (1 kil. 280 grammes). — Thomas cite encore la *Cire*, produit semi-végétal; elle se vend, vu sa qualité supérieure, 18 piastres l'occa.

Nous ne devons point oublier la *Scammonée* qui croît sur les monts Taurus et dont la résine est recherchée par les habitants de Laodicée. Le même Docteur mentionne d'autres végétaux que nous ne connaissons que par leurs noms, mais dont la plus grande partie doit être connue par les paysans.

Les anglais Barker et Ainsworth citent encore dans leurs traités, le *Pommier*, l'*Abricotier*, l'*Amandier*, devenu sauvage dans les rochers, le *Manna-asch* qui est peut-être considéré comme le *Sénevé* ou le *Carrubier* sauvage, et près d'Adana, des bois d'*Orangers* et de *Citronniers*.

Au nombre des végétaux utiles nous pourrions joindre les plantes médicales très nombreuses qui croissent abondamment sur les Montagnes Noires, surtout les *Jacinthes* et les Rubiacées. Le vieux savant arabe, Lockman, cueillait dans ces contrées différentes espèces d'herbes et de fleurs médicales. Dans le XIIe Livre, chapitres 35 et 36, Pline parle des végétaux utiles servant à la préparation des médicaments, comme le *Galbanum* et le *Styrax* qui se rencontrent principalement sur les Monts Amanus. Le même auteur préfère le *Glycyrrhiza* de Cilicie à ceux d'autres pays, (XXII. 11), et à toutes les autres, l'*Hysope* cilicienne des Monts Taurus, qui mêlée avec de l'huile guérit la teigne et les maladies pédiculaires. Nos traités arméniens médecine de louent fort l'*Absinthe* de Sis et de Tarsus.

On a parlé assez des arbres fruitiers, quant aux arbres à haute futaie que l'on rencontre partout en Cilicie, le principal ornement des bois est le *Cèdre* considéré comme le roi des forêts ciliciennes. Il pourrait à juste titre rivaliser avec les cèdres traditionnels du Liban et même il les surpasse en quantité.

Il y en a deux sortes; on les distingue par la couleur de leur feuillage: les uns sont d'un beau vert, les autres tirent sur le gris-sombre; ils croissent à plus de 5300 pieds d'altitude. Sans nous arrêter à énumérer tout ce qu'on en tire, nous dirons néanmoins que ces cèdres donnent une grande quantité de résine. Parfois on construit des bateaux avec du bois encore chargé de résine; elle sert à les enduire et empêche le passage de l'eau. Outre les cèdres, il y a encore plusieurs espèces de *Pins*, de *Chênes*[1] et parmi ces derniers les plus célèbres sont: le *Quercus Ballota* et *Quercus Coccifer*, renommés dans l'antiquité par le commerce qu'on en faisait en Cilicie. N'oublions pas deux autres espèces, le *Q. Aegylops* et le *Q. Infectoria*.

On trouve aussi plusieurs espèces de *Genévriers* dont la principale porte le nom de *Juniperus excelsior*. Il couronne la cime des montagnes de hauteur moyenne. Les monts moins élevés sont recouverts par des *Myrtes*, des *Lauriers*, des *Phlômes*, des *Styrax*, des *Cistus*, des *Jasmins*, et plus bas encore en s'ap-

---

1. Le gland de cet arbre se mange cuit comme la châtaigne.

prochant de plus en plus de la plaine, par l'*Oléandre* ou *Laurier-rose*.

On trouve encore de grands *Platanes;* mais, comme les habitants de ces endroits les dépouillent de leur écorce qu'ils envoient en Europe, ces arbres perdent leur beauté. N'oublions pas le *Smilax aspra* que les Romains recevaient de la Cilicie; il donne des résines, des grappes et des fleurs aromatiques toutes blan-

Quercus aegylops

ches; mais celles-ci n'étaient pas employées pour tresser des couronnes pour les sacrifices et pour les fêtes; Pline (XI. 63.) dit qu'une jeune fille prise d'amour envers le jeune Safran fut transformée en Smilax.

Les espèces de Pins et de Cèdres que nous n'avons fait qu'indiquer, sont très nombreuses en Cilicie: Barker cite le *Pinus Fenzlii*, qui se trouve même à 5000 ou 6000 pieds de hauteur, et le Platane cilicien *(Populus cilicia)* selon Kotschy sur des hauteurs de 4 à 5000 pieds dans les endroits argileux. Outre les platanes dont nous avons déjà parlé, il y a encore le *Quercus abietum* près des sources du Cydnus

à 4500 pieds au-dessus du niveau de la mer, le *Quercus Cedrorum Ky* et l'*Ibicis Ky* qui croissent jusqu'à 4800 pieds; le *Quercus Ungeri* près d'Anacha à 4000 pieds; le *Quercus Ehrenbergij* près de Gouglag et aux environs de Lambroun à 2500 pieds; le *Quercus Vallonea Ky* aussi sur la frontière de Lambroun à 3000 pieds de hauteur; le *Quercus Goedelij* près d'Anacha à 4000 pieds; le *Quercus Syriaca* à proximité du village Dorac; le *Quercus Pyrami Ky* aux environs d'Adana; le *Quercus Tauricola* de 3000 à 3500 pieds: le *Quercus Haas Ky*, près de Gouglag à 3800 pieds.

Bien que les noms de toutes ces espèces d'arbres puissent paraître étranges au lecteur, il pourra du moins comprendre par leur nombre, la richesse végétale du pays. Tous ces noms ont été contrôlés savamment et clairement expliqués par le Dr Kotschy (botaniste autrichien, mort en 1866) qui parcourut quatre fois la Cilicie de 1836 à 1863 en faisant des recherches sur ces montagnes et ces vallées. Il a trouvé outre ces espèces d'arbres, 820 nouvelles sortes de plantes de familles diverses, inconnues de son temps, et il en a publié les noms. Il indiqua pour chaque plante, le lieu de sa provenance et l'altitude à laquelle on la rencontrait; enfin, il composa une table sur laquelle les montagnes et les vallées furent indiquées avec la position, sur leur versants respectifs, de plus de 300 plantes et de lieux habités, suivant un ordre ascendant.

Il commence d'abord par les plantes qui croissent au bord de la mer, continue par celles des terrains marécageux et sablonneux, et en montant, il arrive à la plaine dépourvue de verdure mais en état de produire une luxuriante végétation. Il rappelle qu'à la mi-février, des espèces de Liliacées et de Renonculacées épanouissent leurs premiers bourgeons et au mois d'avril toute la nature jusqu'à la hauteur de 1000 pieds est émaillée de fleurs. La flore du mois de juin est semblable en tout à celle des bords de la Méditerranée: les espèces des plantes auxquelles convienne ce terrain sont très peu nombreuses[1]. Les plus remarquables par leur rareté sont les *Pistaches* de la Palestine, l'*Alnus orientalis* et le *Celtis tournefortii Lam.* A la hauteur de 1000 à 1200 pieds parmi les ondulations accidentées des collines et des vallées, nous trouvons au printemps, les *Myrtes*, les

---

1. De la même espèce sont celles qui suivent: Lagonychium Stephanianum MB., Glycyrrhizopsis flavescens Boiss., Nothobasis syriaca. — Kotschy, 369.

Lauriers-roses, et, un peu plus bas, des Térébinthes, quelques espèces de Platanes et de Pins. Entre 2 et 3000 pieds d'élévation, croissent les Pins et les *Pinastres (Pinus Carica* Don.); plus haut encore au-dessus de 3000 pieds s'élèvent les Cèdres du Liban et les Cèdres gris.

A la seconde zone des forêts, c'est à dire au point où commence la végétation alpestre, les arbres diffèrent quelque peu entre eux, variant en proportion des altitudes respectives; vers les 4000 et les 5000 pieds, les pins, les arbres résineux, croissent abondamment, et dans les vallées des hautes montagnes, les platanes et les genévriers; en général à cette altitude les plantes ont une couleur noirâtre; plus haut encore à 6000 pieds on trouve sur les rochers les pins Larix ou *Mélèze* (Pinus Laricio), les cèdres, et dans les places à terre plus molle, les sapins et les deux espèces de

Le D.ʳ Théodore Kotschy

genièvres, celle à haute futaie (*Juniperus excelsior*), et l'autre de moindre importance (*Juniperus fœtidissima*); enfin dans des endroits spacieux et dans les régions plus élevées, les pins rougeâtres. Sur les flancs des montagnes boisées, les cèdres arrivent jusqu' à 5000 pieds; on en trouve même sur les arrêtes larges jusqu' à 6000. De 6000 à 8000 se trouve la zone des herbes vert-émeraude à fleurs. En général les végétaux sont tous des plantes herbacées[1]. Les unes croissent sur des rochers, d'autres préfèrent des terres moins dures; mais à cette hauteur l'herbe n'est ni serrée, ni touffue, sans être toutefois trop rare. Les buissons et les ombellifères croissent dans les vallées et aux bords des eaux; les plantes ordinaires et celles dont la hauteur varie entre 3 et 4 pieds croissent vers les 6000 et les 7000 pieds d'altitude, ainsi que quelques espèces de *Senecio* et de *Cirsium*.

A partir de 8000 pieds, altitude équivalante à la hauteur moyenne des Alpes, on trouve d'abord les rochers, plus haut à 9000, quelques plantes dans les vallons, aux endroits humides, et dans les cavités du roc. Dans les terrains ardoisiers, croissent l'*Astragalus amœnus*, la *Potentilla*, l'*Androsace olympica* et diverses espèces de *Scorzonera, Saponaria, Heracleum pastinacea*; près des sources, le *Chamœmelum*, le *Crépis pinnatifida*, la *Poa bulbosa*, etc.

Sur les limites des neiges éternelles brille la belle Renoncule dorée (*Ranunculus demissa*), et dans les cavités rocheuses, la *Silene odontopetala*, l'*Arabis albida*, la *Saxifraga Ky*, la *Scrophularia*, le *Cresson* sans tige et d'autres semblables. Un peu plus haut à 10000 pieds on trouve attaché à la terre de *Silene Humilis*; quelques espèces d'*Astragale*, l'*Eunomia oppositifolia*, mais les plantes naturelles à ces lieux sont l'*Euphorbia densa*, la *Viola crassifolia*, l'*Erysimum Ky*, etc. Les plantes de ces altitudes ont cela de caractéristique que leur couleur tourne au blanc et au gris[2], réfléchissant ainsi la couleur plus ou moins cendrée des endroits où elles croissent. Parmi les plantes aquatiques, Pline cite[3] la *Nimphœa nelumbo* de Cilicie qui se trouve très nombreuse en Egypte et en Syrie. Le même auteur cite parmi les plantes odoriférantes, l'*Iris* ou le *Lys sauvage* dont la racine seulement possède un arome, et dont l'espèce la plus recherchée venait dans ce temps-là de la Pamphylie et surtout de la Cilicie; le *Safran* de Gorigos était aussi très estimé.

L'autre versant des Monts Bulgares, c'est à dire le côté sud-ouest est différent. Le terrain en est rehaussé de mammelons, de collines jusqu' à près de 4000 pieds; à partir de ce point commencent les forêts d'arbres à résine, dont la limite supérieure approche de 7000 pieds d'altitude.

Sur les flancs rocheux croissent les pins noirs, les sapins et les cèdres. Les espaces situés à 6500 pieds possèdent bien moins d'arbres que le côté méridional: c'est à peine si l'on y trouve quelques genévriers qui sont pourtant très

---

[1]. Tels sont, Tomasina, Heracleum platytaerium etc. Kotschy, 371.

[2]. En allemand, Lichtgraue.

[3]. Pline. XVIII. 30.

abondants au sud. Les herbes verdoyantes arrivent à la hauteur de 8400 pieds. Plus haut, au sommet du Ghusel-tépé à une élévation de 9000 pieds est la limite de la végétation alpine: à une hauteur supérieure les plantes ne se retrouvent plus que sur les chaînes australes, et les espèces varient avec la nature du sol. De ce nombre sont la *Plantago diuritica*, la *Senecio farfarœfolius*, l'*Intibas*, l'*Erysimum*, la *Diantus lactiflorus*, le *Linum empetrifolium*, la *Vicia hypoleucum*, la *Zosimia humilis* et beaucoup d'autres encore. Au-dessus de 10000 pieds, règnent les neiges éternelles: dans cette zone à cause des aspérités du sol et de la dureté des rochers, il n'y a que très peu ou pas d'herbe.

Je citerai quelques plantes des nouvelles familles qui seront plus tard indiquées dans les relevés topographiques. D'abord, dans la famille des liliacées, plusieurs espèces d'*Ornithogalum*; le botaniste autrichien en énumère cinq, parmi lesquelles celle qui croît dans les lieux bas, l'*Ornithogalum Hexapterum* (près du village Ghulek à la hauteur de 3000 pieds); à une altitude plus élevée à 8000 pieds, l'*Ornithogalum Aemulum*, sur les flancs du Bulgare-maghara; puis trois espèces d'*Asphodèles* dont une pousse à 8000 pieds d'altitude dans le Ghulek-maghara. Citons encore: de la famille des dipsacées, trois espèces de *Cephalaria*; de la famille des composées quatre espèces de *mille-feuilles*, croissant à une élévation qui varie de 3000 à 6000 pieds; trois espèces de *Pyretrum*, trois de *Senecio*, six de *Centaurea*, dont une appelée *Centaurea Chrysolopha* se trouve à la hauteur de 7500 pieds. De la famille des campanulacées, dix espèces de *Campanula*, dont l'espèce *C. Taurica* croît à 8800 pieds d'altitude sur le Bulgare-maghara. — De la famille des garances, quatre espèces croissant à une élévation de 4000-6000 pieds; — de la famille des *Eryngium* trois espèces (dans les lieux humides, sur le Bulgare-maghara); — de celles des labiacées plusieurs espèces dont deux se trouvent à Kétchi-béli à plus de 8000 pieds et trois espèces d'*Orties*. — De la famille des aspérifoliacées trois espèces d'*Alcana*, trois d'*Alsine*, quatre de *Verbascum* se trouvant à 8000 pieds d'élévation; trois espèces de *Scrophularia*, trois de *Linaria*; quatre de *Veronica*, dont l'une, la *Veronica glaberrima* pousse à 8400 pieds et une autre à plus de 10000 pieds.

De la famille des ombellifères, quatre espèces d'*Auricula leporis*; — de celle des pavéracées, trois espèces dont l'une, dans les vallons de Gousgouta, croît à la hauteur de 7800 pieds; — de celle des crucifères, quatre espèces d'*Arabis* et quatre d'*Alyssum*; l'*Alyssum Argyrophyllum* se trouve au sommet de la montagne Meddessize, à plus de 10000 pieds de hauteur, et à une altitude de 8000 pieds le *Thlaspi*, trois espèces d'*Aethionema* et trois d'*Isatis*. — Dans la famille de caryophyllées, on distingue trois espèces d'*Arenaria*, trois d'*Alsine* et six d'*Œillets*, parmi lesquels, celui qui a la tige plus courte pousse entre 8500 et 9500 pieds; treize espèces de *Silène* dont quelques uns, aux limites des Portes de la Cilicie poussent à 9500 pieds. — De la famille des hypericineæ, sept espèces, dont l'une se trouve sur

Astragalus Chionophilus

le sommet du Utche-tépé à plus de 10000 pieds. De la famille des rhamneæ, trois espèces; de celle des rosacées, cinq espèces de *Potentilla* qui croissent à plus de 10000 pieds. — De la famille des papillonacées, quatre espèces de *Trigonella*, onze d'*Astragalus*, dont les plus rares l'*Astragalus pelliger*, et l'*Astragalus Chionophilus* se trouvent à 100,00 pieds; trois espèces de *Vicia*, la *Vicia hypoleuca*, dans le Bulgare-maghara à 8000 pieds. — De la famille des iridées trois espèces de *Safrans*, parmi lesquels le blanc *(Crocus candidus)* près de Ghulek-maghara, à 6400 pieds, une autre espèce appelée du nom de Kotschy, dans les mêmes régions, entre 7000 et 8000 pieds.

Les auteurs grecs, disent que le safran croissait abondamment dans les cavernes de Corycus, mais on ne l'a pas trouvé à présent.

Le Docteur Thomas a-t-il connu toutes ces plantes ? Nous rappellerons volontiers avec les fleurs odoriférentes qu'il indique, d'autres non moins admirables : le rare et délicat *Leontopodium*, si fameux sur les Alpes en Europe sous le nom d'*Edelweiss*, et si recherché par les amateurs : il est mou, soyeux comme la laine et d'une douce blancheur. Il est formé par un certain nombre de pétales rayonnantes qui le font ressembler à une rosace. Le botaniste autrichien a trouvé près de cette même fleur, le *Vergissmeinnicht* [1] (ne m'oubliez pas), dans une cavité à la hauteur de 8000 pieds près de Tache-olouk, sur les monts situés entre les villages Délig-tépé et Karli-boghaze. Il déclare cette fleur la plus rare de toutes celles des montagnes qu'il a visitées. On a trouvé encore sur ces côtes dans les hautes vallées du fleuve Savrian, l'élégant et l'incomparable *Onoplantus-Orobanchus* d'une très belle couleur jaune. Cette plante a beaucoup émerveillé Tournefort et d'autres voyageurs curieux. Je ne doute point que notre Léon Ier le sage et glorieux monarque n'ait choisi de ces fleurs et de ces plantes pour les transplanter dans les jardins magnifiques de son palais, à Sis; son hôte, le chanoine allemand Willebrand fut dans l'admiration à la vue de ces jardins charmants dont il nous a laissé une fort belle description.

VII. APERÇU ZOOLOGIQUE. — Les plaines et les hauts plateaux de la Cilicie sont très fertiles et couverts de pâturages. Les habitants du pays, y construisent leurs demeures et les parcourent pendant plusieurs mois pour y faire paître leurs troupeaux. Dès premiers jours de mars, la plaine commence à se couvrir de verdure ; au mois d'avril les pâtres partent pour la montagne ; ils séjournent sur les premières hauteurs jusqu'à la moitié de juin, puis ils montent dans les régions moyennes de 7000 à 8000 pieds ; ils poussent quelquefois plus haut encore, au mois de juillet, avec les animaux sans lait. Les bergers sont accompagnés de leurs gros chiens qui soutiennent des combats avec les ours et les onagres et portent les provisions. Au mois d'août ils commencent à redescendre et conduisent leurs troupeaux aux alentours des villages, puis ils s'arrêtent jusqu'au mois d'octobre, puis se retirent vers les bords de la mer, où le climat beaucoup plus doux, leur offre d'abondants pâturages durant l'hiver. Ces pâtres retirent un grand profit du lait et du beurre de leurs animaux, et beaucoup de laine des brebis et des boucs qui sont très nombreux.

Parmi les animaux utiles le Docteur Thomas cite : le *Chevreuil*, le *Bélier sauvage*, la *Gazelle*, le *Buffle* : au dire des explorateurs contemporains, il ne mentionne que les meilleurs. Le bouc sauvage, *Capra aegagrus*, est aussi très répandu dans les montagnes de la Cilicie, il a une longueur de six pieds, court fort vite et il est très difficile à chasser : sa tête très grosse est ornée de deux cornes recourbées aux extrémités ; sa queue et sa barbe sont semblables à celles des chèvres ordinaires ; la couleur de sa peau et de son poil est grise ou brun-claire.

Le *Daim*, (*Cervus Dama*), dans les montagnes et la *Gazelle* dans la plaine se rencontrent en grand nombre [2]. On ne pourrait pas en dire autant du chevreuil [3]. Je ne puis pas l'affirmer, mais je crois que le bouc sauvage est un animal propre à ces lieux. Le zoologue Brandt après l'avoir bien examiné le classa entre le Mouflon (Ovis Musimon), et le Mouflon à manchettes, (Ovis Tragelaphus) et voulut l'appeler *Ovis Anatolica*. Ce que cet animal a de caractéristique, c'est l'applatissement de son front, beaucoup plus prononcé que celui du daim et de la gazelle, et la contiguité de ses cornes dont les racines sont presque jointes dans le crâne.

Pline le grand naturaliste ancien, parle des biches de la Cilicie, dans un passage notable (VIII 50). Il affirme que ces quadrupèdes pas-

---

1. Les savants et les amateurs de cette fleur se servent de ce nom allemand, quoique les Français aussi la disent *Pensez à moi*, *Ne m'oubliez pas*, *Aimez-moi*. Il existe, chez les Allemands, à propos de cette fleur, la tradition que voici : Un couple d'amants se promenant sur les bords du Rhin, le jeune amoureux cueillit des fleurs de l'espèce des Myosotis palustris, pour les offrir à son amante. Tout à coup il trébucha et tomba dans le fleuve. Ne sachant comment se sauver des courants du fleuve près de se noyer, il rassembla ses dernières forces et lança vers la fille les fleurs qu'il serrait dans sa main, en lui disant : Ne m'oubliez pas, *Vergiss mein nicht*. On dit que depuis ce temps-là, la jeune fille revient se promener le soir sur le bord du fleuve, traître à leur amour, et crie sans cesse : *Ne m'oubliez pas*.

2. Tchihatcheff, II. 760-1.

3. Barker, 346.

sent à la nage toute l'étendue de la mer qui sépare la Cilicie de l'île de Chypre, chacun appuyant le mufle sur la croupe de celui qui le précède; et que l'odorat leur suffit pour reconnaître qu'ils s'approchent de l'île.

Le Docteur Thomas ne compte pas les aumailles avec les animaux domestiques, quoiqu'ils soient excellents et bons lactifères. Ils sont de petite taille et d'un extérieur peu élégant, mais leur chair est exquise à cause de l'herbe grasse dont ils se repaissent. Les boucs et les béliers sont grands et fournissent une bonne laine; ces derniers ont la queue grosse dont on extrait une graisse utilisée pour la cuisine et qui remplace quelquefois le beurre. Actuellement cette espèce de bélier est appelée *Karaman*, du nom du lieu où on le trouve le plus. La laine du Karaman est précieuse et son commerce annuel monte jusqu'à 1000 quintaux; les deux tiers de cette laine sont noirs, le reste est blanc. On en fabrique un tissu fin; mais on n'épure pas complètement la laine; car si on lui fait subir toutes les opérations du lavage, elle diminue de 40 %; aussi les habitants ont garde de la faire.

Outre les habits qu'on confectionne, les Turcs utilisent la laine pour tisser le drap célèbre connu sous le nom de *Karaman*, étoffe garnie de matières végétales, dont ils font divers ornements. C'est pour ce drap qu'un Grec a été récompensé et diplômé à l'exposition universelle de Vienne [1].

Parmi les biches un voyageur cite encore la *Biche musquée* dans les hautes montagnes du Taurus. De longues cornes de quatre pieds, sans rameaux mais garnies de moulures à leurs racines ornent sa tête; sa peau est fine et bonne, elle est classifiée avec les biches au ventre musqué, que notre historien Moïse de Khorène cite dans le sud de la Grande Arménie.

On a trouvé, dans le genre du chevreuil, la *Capra ibex*[2]. Nous pourrions faire rentrer dans le même genre les chèvres à couleur noire, très renommées dans l'antiquité. Le commerce de leur laine était d'un grand rapport. Sous

Bélier de Karamanie

le règne des derniers rois arméniens, le tissu de ce poil était souvent acheté par les Italiens qui l'appelaient *Zambelloto* ou *Ciambellotti*.

L'agent des marchands de Florence nous informe qu'à la moitié du XIV siècle, la laine et le tissu de poils se vendaient au poids du rouleau qui pesait 15 occas. Il paraît que l'exportation des chèvres était défendue à cause de l'excellence des tissus; en effet la chèvre n'est jamais mentionnée, ni dans les donations que faisaient nos rois aux Italiens, ni dans le payement des taxes ou impôts que devaient débourser les armateurs et les commerçants [3].

Dans le moyen âge l'étoffe de poils de chèvre était la meilleure par sa finesse, et dans

1. D. E. Davis. 151.
2. Barker. 380.

3. Dans l'édit de Léon II aux Génois, en 1288.

l'antiquité, ce cachemire était célèbre par sa qualité forte et par son épaisseur; mais il est probable qu'on la tissait avec le poil d'une autre espèce de quadrupède ; c'est cette étoffe qui aurait donné son nom au cilice des moines latins ou occidentaux (cilicium). Pline rappelle seulement qu'on achetait les poils des chèvres sans en mentionner l'usage (XIII. 76).

Pour le cens du mouton, on payait au trésor royal quatre sous ; pour le gros bétail, cinq piastres; pour la peau, six sous ; de même pour la peau du buffle. Le Docteur Thomas classe cet animal parmi les animaux utiles et on voit souvent dans les lacs et les marécages de Tarsus et d'Adana quantité de buffles qui pataugent et se vautrent dans les eaux.

Jusqu'à présent le commerce des peaux de buffle et d'autres animaux sauvages a toujours été d'une grande importance pour le pays. Dans l'antiquité les cuirs brunis et tannés de Messis étaient très célèbres : on les appelait *Messissié*[1].

Parmi les bestiaux que Thoros II donna en cadeau à l'empereur Manuel et à ses soldats, l'historien cite des moutons, des buffles, des animailles, des sangliers et de très bons chevaux. Ces derniers, animaux superbes, ne sont pas nommés par le Docteur Thomas ; peut-être à cause de leur rareté. D'un autre côté on vendait des chevaux à l'étranger ; cela est prouvé par la concession de Léon II, et par la grandeur de la taxe qu'on payait ; pour le cheval et le mulet c'était quatre besans[2] et pour l'âne cinq monnaies nouvelles. Nous avons un autre témoignage de l'excellence et en même temps de la rareté de ces animaux dans le contrat que fit le roi avec le sultan d'Egypte l'année 1288, contrat par lequel le roi s'engageait à lui payer 25 chevaux châtrés et 25 des meilleurs mulets.

Les régistres de la cavalerie nous fournissent un témoignage incontestable de l'excellence des chevaux et des soins qu'on leur prodiguait: le roi Héthoum 1er avait assemblé 12000 chevaux, et avait fait traduire en arménien un livre arabe qui enseignait l'art du maréchal-ferrant.

Notre Docteur cite l'*Ours* et le *Léopard*, au nombre des animaux féroces ; nos contemporains[3] ajoutent la *Panthère*[4], dont la peau servait à faire des selles pour les grands dignitaires de Constantinople. Tchihatcheff présume qu'on pourrait trouver des *Lions* dans les montagnes d'Amanus[5]; souvent on voit des *Lynx* aux oreilles noires, des *Hyènes*, des *Renards* grands ou petits, gris ou noirs, et beaucoup de *Blaireaux* et de *Chiens-loups*. Ce dernier a été cité comme un animal étrange par le voyageur français Belon au XVIe siècle[6]. Les *Sangliers*, les *Chats sauvages*, les *Hérissons* et d'autres insectivores se rencontrent aussi fréquemment. Nous ne devons pas passer sous silence les *Chien* de bergers fort et robuste et les chiens de garde de couleur jaune-fauve.

Le gibier est très abondant : Thomas a cité seulement la biche et la gazelle. Un naturaliste moderne affirme avoir trouvé, dans les forêts qui bordent le Pyramus, deux espèces de gazelle et une nouvelle espèce de *Cerf*. Les biches et les gazelles parcourent ensemble les plaines couvertes de caroubiers et de buissons ; la chair de ces animaux est exquise. Dans une page de l'histoire de la Cilicie il est dit que le prince Thoros II avec son frère Meleh, allait à la chasse des bêtes féroces entre les villes de Messis et d'Adana.

L'ordre volatile est aussi fort abondant, le Docteur Thomas ne mentionne que le *Francolin*, le *Perdrix* aux pieds rouges, l'*Outarde*, la *Cicogne* et la *Caille* ; il cite encore le *Paon*, mais on n'en voit plus maintenant. Quant aux autres animaux nous n'en trouvons que des noms, sans aucune classification dans d'autres auteurs ; mais tous les disent en grande abondance. L'outarde arrive quelquefois dans la plaine en telle quantité que le ciel en est couvert comme par un nuage épais ; le même fait se renouvelle pour un autre petit oiseau dont nous ne connaissons pas le genre. Le francolin et la caille abondent aussi partout ;

---

1. Abulféda.
2. Dans le texte arménien, au lieu du nom de cette monnaie, on a mis le signe. θ. La version latine dit *Bissancios Stauratos*, IV. — On parlera plus bas des monnaies arméniennes.
3. Tchihatcheff, II, 612.
4. Barker, 376. — Tchihatcheff, II, 613.
5. Tchihatcheff, II. 603.
6. « Il y a une espèce de petits loups par la Cilicie et aussi généralement par toute l'Asie, qui emporte tout ce qu'il peut trouver des hardes de ceux qui dorment l'esté hor du Carabacara (Kervan-séray) C'est une beste entre loup et chien... Il ne va jamais seul, mais en compagnie, jusques à estre quelquefois 200 en sa trouppe, tellement qu'il n'y a rien plus frequent par Cilicie : pourquoi allant en compagnie font un cry l'un après l'autre comme un chien quand il dit *hau hau* ». — BELON, *Les Observations*, etc.

et, dans les forêts, le sauvage et gras *Coq de bruyère*. Jusqu'à présent on a trouvé le *Faisan* mais pas le *Paon*. Ce faisan, cité par le Docteur Thomas, semble être propre à ce pays.

Parmi les petits oiseaux, les *Tourterelles* sont si abondantes que M'. Barker affirme qu'on pourrait en attraper une centaine par jour; il y a encore beaucoup de *Merles* et d'autres passereaux. Une ancienne tradition raconte que Roupin, qui s'empara de Parzerpert et y fonda le royaume des Arméniens était bon chasseur d'oiseaux et de perdrix.

De même que les oiseaux terrestres les oiseaux aquatiques sont très abondants. Au nombre des oiseaux sauvages, nous connaissons le *Hibou*, l'*Aigle*, le *Vautour* commun, le vautour noir d'Égypte, (Perinopterus) et le vautour au cou dénudé, plus grand que le vautour rapace des Alpes (Lammergeyer). Il y a encore beaucoup de *Corneilles*, de *Pics* de diverses espèces, de *Faucons*, parmi lesquelles le *Chasse-oiseaux*, utilisé par les riches du pays pour chasser les petits oiseaux.

N'oublions pas ce qui a été rapporté par les historiens païens, au sujet des oiseaux séleucites tuant les sauterelles. Les anciens disent qu'en Séleucie il y avait un temple dédié à Apollon Sarpédonien, (Apollo Sarpedonium), où on rassemblait les oiseaux utiles pour détruire les insectes qui dévastaient les champs; mais à présent, ces oiseaux semblent avoir disparu avec leurs dieux; car, après la destruction du royaume des Arméniens, pendant le fléau des sauterelles, le roi de Chypre envoya des religieux arméniens, prendre au couvent de Saint Jacques du mont Massis, l'eau bénite qui a la vertu de chasser ces insectes. Il se trouve encore des *Loutres* et des *Tortues*, des reptiles; mais les amphibies ne sont pas si nombreux. Le *Serpent* noir surtout, appelé Aspic, se rencontre souvent dans la plaine.

Le Sarus et le Cydnus abondent en poissons communs: on en trouve d'autres espèces dans le fleuve Oronte des Syriens. Dans le Cydnus les poissons rouges sont en grande quantité. Le chanoine Willebrand raconte que près de la source d'un fleuve aux environs d'Anazarbe, on trouve des poissons en abondance durant les trois jours qui précèdent et qui suivent le dimanche des Rameaux. Pendant ces sept jours le peuple les pêche et les sèche en quantité. On voulut régler d'après ce phénomène le jour de Pâques: d'abord les Arméniens et les Latins ne furent pas d'accord; mais enfin le roi et son peuple consentirent à fêter les Pâques huit jours après ce fait; on affirmait que c'était un miracle de Saint Jean-Baptiste.

Il est incontestable que les insectes et les papillons sont nombreux, mais on ne les a pas bien examinés jusqu'à ce jour: durant le printemps on en trouve un grand nombre, mais pendant l'été ils diminuent. En collectionnant un petit nombre de ces insectes, M. Stocky a trouvé beaucoup d'espèces nouvelles, en moyenne 25 %: il les avait prises dans les vallées et dans les montagnes. Nous pourrions rappeler de l'ordre des hémiptères, deux espèces nouvelles de *Cigales*, qui durant le mois d'août remplissent l'air de leur bruit agaçant et monotone. Cet insecte a ses pattes antérieures transformées en ailes, elles sont d'une couleur jaune-clair et striées de raies noires; une autre espèce a les pattes semblables à des

Panorpa Coa

plumes. Sur les bords de la mer de Cilicie entre Mécarsus et Ayas, le capitaine anglais Beaufort a trouvé beaucoup de ces animaux et les a dessinés, il a cru reconnaître la *Panarpa Coa* des naturalistes, laquelle a été découverte pour la première fois dans Co île de l'Archipel.

VIII. CLIMAT. — Après avoir considéré la surface de la terre, sa configuration et ses divers produits, il nous reste encore à parler de son climat.

Vu la fertilité du terrain, l'abondance de toute espèce de produits, la situation géographique, il semble que la Cilicie soit un des coins du monde des plus tempérés et des plus salubres. Pourtant ce n'est pas la réalité; non seulement cette terre n'est pas un pays des plus salubres, mais elle est tout à fait malsaine dans sa partie plate loin des montagnes.

Il est évident que la longue négligence des habitants et les continuelles dévastations ont augmenté les terrains marécageux vers la mer et vers les fleuves. Les exhalaisons méphitiques qui s'en dégagent causent la fièvre jaune pendant l'été qui dure jusqu'à la moitié d'octobre. Dans les ouvrages anciens aussi nous trouvons des allusions à ces fièvres : bien que nos historiens et nos auteurs n'aient fait aucune observation à ce sujet, des étrangers, leurs contemporains, nous en parlent. Lorsqu'il fut question de former une croisade, aux XIII° et XIV° siècles, pour conserver la terre aux chrétiens et protéger les Arméniens, on a prit de grandes précautions pour ne pas y laisser habiter les étrangers ; et quelqu'un eut le courage de dire qu'au bout d'une année sur 4000 cavaliers il n'en restera que 500. Quand on en parla au Concile de Vienne, au commencement du XIV° siècle, Henri, roi de Chypre, écrivit au Pape Clément V, que le climat du pays était si malsain et si sujet à occasionner des maladies, que, durant l'été, les habitants s'enfuyaient vers les montagnes, et que ceux qui étaient obligés à demeurer dans la plaine étaient frappés par la fièvre et en mouraient souvent.

Peu auparavant, le Karaman, prince turcoman, écrivait, avant sa domination, ces sarcasmes au roi Héthoum : « Ayez encore un peu de patience, jusqu'à ce que vos terres soient purifiées par les vents d'automne, afin que pendant mon séjour je ne sois pas affaibli et incapable d'agir ». Naturellement l'air était plus insupportable aux visiteurs et aux étrangers, comme ils l'avouent, qu'aux naturels habitants [1]. Cependant il est sûr qu'alors le terrain était mieux entretenu et mieux cultivé. Les forêts et les bois y étaient nombreux, les marais et les marécages en très petit nombre, et, pourtant, l'air n'y était pas si malsain qu'aujourd'hui. D'un autre côté, il paraît étrange que l'air soit si mauvais, car en apparence on ne voit pour cause que les marécages ; mais d'autres attribuent l'infection de l'air à l'accumulation des mêmes eaux dans le sous-sol : car nous avons vu que la surface était formée des terrains d'alluvions charriés par les fleuves, dont l'eau en s'infiltrant cause une humidité continuelle, dont les vapeurs, durant les grandes chaleurs de l'été, provoquent la fièvre. Ce fléau se rencontre souvent dans les environs de Tarsus qui avait un grand nombre d'habitants dans les temps anciens. Actuellement on voit clairement les marécages, soit du côté de la mer, soit près des sources des fleuves ; même près d'Anazarbe, les marais et les bourbiers ne font pas défaut.

En vérité, autant le climat de la plaine est mauvais, autant celui des lieux élevés est agréable et sain ; ce n'est pas difficile à comprendre : sur les hautes montagnes on a de rigoureux hivers, tandis qu'à leurs pieds la neige n'arrive presque jamais. C'est un fait extraordinaire que de voir la blanche visiteuse s'y arrêter sur le terrain pour quelques jours. Vers la mi-février on y voit déjà une multitude de fleurs printanières.

L'année 1272, le jour de l'Epiphanie, il neigea dans toute la Cilicie jusqu'aux bords de la mer, et cela fut noté dans les annales de la Cilicie comme un événement extraordinaire. Sur les hautes montagnes même les influences de l'été se font sentir très vite. Les glaciers fondent rapidement, les fleuves débordent et bientôt les campagnes sont submergées. Ces inondations soudaines remplissent les étangs et les marais qui se dessècheront durant l'été.

Ces eaux stagnantes, pleines de matières en décomposition, exhalent durant les grandes chaleurs, des émanations qui corrompent l'air et forcent les habitants à déserter ces lieux pestilentiels. Il est certain que peu à peu par une irrigation soigneuse et patiente on pourrait assainir les cours des fleuves en les faisant aboutir directement à la mer. En multipliant les bois, en séchant les marais ou en les diminuant, on améliorerait les conditions climatériques, on développerait l'agriculture et on augmenterait la population.

Les pluies commencent dans ce pays ci au mois d'octobre; pendant l'été il ne pleut presque jamais. La clarté éblouissante d'un ciel sans nuages augmente la force des grandes chaleurs et dessèche les campagnes verdoyantes. Les grands arbres mêmes peuvent à peine supporter cette température excessive, qui, durant le jour, s'élève à l'ombre en moyenne à 25° Réaumur, et pendant la nuit n'est pas inférieure à 20°. Sur les terrains montagneux la neige commence à tomber vers les premiers jours d'octobre, obligeant les mineurs à s'abriter dans leurs quar-

---

1. Comme aussi un secrétaire vénitien écrivait au Doge d'alors: *Terra Armeniæ alienigenis est infirma*. La même chose écrit aussi l'historien Sanudo Torsello, l'ami des Arméniens.

tiers d'hiver jusqu' aux pluies du mois de mars qui fondent les neiges : le mois d'avril voit fleurir des milliers de fleurs qui durent jusqu'en juillet; pendant les derniers mois la chaleur augmente et pénètre dans le sol; alors seulement les plantes alpestres peuvent croître dans des endroits ombragés, où ne dardent point les rayons brûlants du soleil ; vers la moitié de septembre on jouit d' une température assez fraîche.

De la mi-octobre jusqu' au mois de mai les montagnes se recouvrent d'un blanc manteau; mais dans les vallées l'hiver et la neige durent deux mois de moins : beaucoup de sommets et de versants de ces hautes montagnes paraissent toute l'année couverts de neige, tandis que d' autres difficilement perdent leur couverture de neige, battus par les rayons brûlants du soleil.

Jusqu' à présent on n' a pas fait beaucoup d'observations météorologiques sur les diverses positions de la Cilicie, ou du moins nous n'en avons pas connaissance; exceptées celles du botaniste Kotschy, durant le mois de juillet 1853.

Cet auteur parle de l' influence qu' exercent les vents sur le degré de chaleur et de siccité de l'air. Il fit ses observations en été. Durant trois mois ce fut presque toujours le vent N. E. N. qui souffla. Assez souvent des tempêtes descendaient des hauts plateaux de la Karamanie avec une grande violence et raffraîchissaient l' air. Quelques fois aussi les vents brûlants du midi arrivent du côté de la mer et font monter le thermomètre, qui marque ordinairement 20^0 à 22^0, jusqu' à 26^0 ou 28^0 R. Les mêmes vents se font sentir dans la région des montagnes : ils y apportent la fièvre et les coliques; du moins cela arriva l'année où ce naturaliste faisait ses observations (1853). Pendant toute la durée de son séjour, c'est à peine s' il entendit une fois ou deux le vent du sud-est.

Comme nous l'avons déjà fait observer plus haut, les pluies commencent dans les plaines vers la fin de l'automne ; elles y sont très abondantes, et les routes publiques en souffrent beaucoup. Sur les hauteurs, c'est en automne et au printemps qu' elles sont les plus fréquentes. Dans la région des forêts elles sont quelquefois torrentielles. Au pied des chaînes des montagnes, l' eau tombe aussi en abondance et les chemins et les défilés deviennent impraticables.

Au-dessus de la zone des forêts la pluie est plus rare. Elle est remplacée par la rosée et par des sources qui jaillissent toujours. Cependant ces dernières ne sont pas très nombreuses. C'est sur les flancs septentrionaux des hautes montagnes qu' on en rencontre le plus et qu' elles sont les plus abondantes quant à leur débit. On en trouve aussi sur le versant sud de ces mêmes montagnes à la hauteur de 3800 à 4200 pieds.

HISTORIQUE

I. — APERÇU ETHNOGRAPHIQUE

Après avoir décrit les phénomènes naturels et énuméré les produits du terrain de la Cilicie, autant qu'il nous était possible, il convient, avant de commencer l'histoire du pays, de parler de ses habitants, de leur état civile et de leur nombre. Il est assez difficile de déterminer exactement ce dernier, d'abord, à cause du manque de statistique régulière dans chaque province, et ensuite, à cause de la vie nomade de certaines tribus indépendantes, qui habitent sous la tente, et forment la majorité des habitants et des propriétaires du pays.

Il est presque impossible de les compter même approximativement. Selon les statistiques ottomanes et celles des voyageurs européens, pour la province d'Adana, qui forme la plus grande partie du terrain que les rois arméniens avaient subjugué, le chiffre de la population atteindrait 150,000 habitants[1]; selon d'autres, il serait le double[2]. Ce nombre doit être inférieur à la réalité, surtout si nous devons croire d'autres écrivains, qui comptent 300 villages, dans la plaine seulement, avec une population totale de 300,000 habitants, laissant ainsi à part, plusieurs tribus nomades et montagnardes. Ce chiffre ne semble pas exagéré, surtout si l'on se rappelle la multitude des habitants au temps des rois arméniens. Des guerres ou des fléaux décimèrent presque continuellement la population, et pourtant, jusqu'au règne de Léon IV, ils purent y lever des armées et combattre avec succès contre les ennemis envahissants. Ce fut sous le règne de Héthoum Ier, que la population fut la plus considérable. Ce roi pouvait rassembler jusque à 12,000 cavaliers et 50,000 fantassins. On dit encore qu'il fit une expédition vers le pays de Karaman, avec cent mille hommes de guerre.

Laissant de côté le nombre des habitants passons à leur nationalité. Les *Turcs* tiennent le premier rang, non pas par leur nombre, mais parce qu'ils sont les maîtres du pays. Les *Turcomans* sont bien plus nombreux qu'eux, et ils habitent sous la tente et se divisent en plusieurs tribus, appelées par les Turcs *achirète*. En voici quelques unes dont les noms figurent dans la statistique de la province d'Adana: les tribus des *Hadjili*, des *Ménémindji*, des *Afchars*, etc; plusieurs autres sont mentionnées aussi dans la province d'Itchély, du côté de la Séleucie.

Parmi toutes ces tribus, la plus forte est celle des Afchars, originaire de la Perse. Ils ont habité longtemps entre Sis et Marache et ils étaient souvent en guerre avec les tribus voisines, dispersées dans la plaine de Sis, surtout avec la célèbre tribu des *Sarghant-oghlou*. Cette dernière, lors du voyage de Kotschy, en 1859, avait pour chef Mortaz-agha, qui offrit l'hospitalité au voyageur et lui fournit une escorte pour le protéger contre les Afchars.

Une autre tribu puissante, établie au nord de Sis, entre les deux branches du fleuve Sa-

---

1. Selon Barker.   2. Victor Langlois

rus, appelée *Kozan-oghlou*, (nom que portent aussi les territoires et les montagnes des environs), avait subjugué la ville de Sis.

Les chefs de ces tribus dominaient librement; le fils succédait au père. Tantôt elles étaient en guerre, tantôt la bonne harmonie régnait parmi elles. Ordinairement rebelles au gouvernement turc, elles étaient pourtant parfois vaincues et subjuguées et devaient payer un petit tribut.

Les *Arméniens* libres des environs de Zéythoun, de Hadjin, de Beylan et des Montagnes Ghiavour, menaient la même existence. Après les guerres qu'ils ont soutenue contre l'armée turque en 1866 et en 1895, ces Arméniens et les Turcomans ont été subjugués; cependant ils sont encore dirigés par leurs lois et priviléges propres; même peut-être il y en ait encore de complètement libres.

Plusieurs tribus à cause de leurs continuelles migrations, sont appelées *Youruk* (marcheurs) par les Turcs et *Tchoucour-Turcmen*, parce qu'ils passent l'hiver dans la plaine.

Il convient de rappeler la grande tribu *Rhamadan-oghlou* qui était considérée autrefois comme une principauté au centre de la Cilicie; mais il y a déjà quelque temps qu'on n'entend plus prononcer son nom.

Les Turcomans forment une même race avec les Turcs; ils sont d'une même souche mais de branche différente. La première émigration des Turcomans date de l'invasion des Seldjoucides dans l'Asie Mineure au XI° siècle; c'est à cette époque que commença la dynastie des Sultans turcs d'Iconie, presque contemporaine à celle de nos Roupiniens, 1075-1080. Il est très probable que d'autres émigrations ont eu lieu du côté de l'orient dans les siècles suivants: ces derniers émigrés s'unissant à ceux déjà établis, se dispersèrent et se répandirent partout, avant la domination turque. L'historien des Roupiniens rappelle que vingt ans avant leur domination, sous le règne de l'empereur Michel VI (1056-57), les Turcs sont venus et se sont emparés d'Attalie, d'Oudje [1] et d'Iconie; mais selon un autre historien, cette émigration n'aurait eu lieu qu'un siècle plus tard, à l'entrée de l'empereur Manuel dans les terres du sultan. Les Turcomans sortant d'Oudje s'élancèrent sur l'arrière-garde de l'armée de l'empereur et massacrèrent 12,000 hommes. Le district d'Oudje est probablement le même que l'Itch-éli, ainsi appelé jusqu'à présent: c'est la vallée fluviale fécondée par le Cydnus, habitée par plus de dix tribus de Turcomans, ayant leurs résidences respectives et inscrites dans les archives statistique du gouvernement ottoman.

Notre historien rappelle l'excursion du turcoman Saroum sur le hameau de Cracca l'année 1258. Quelques années après commencèrent les invasions de la tribu *Karaman* de la famille des Ismaélites, (c'est à dire des Turcomans), qui, s'introduisant dans les royaumes d'Iconie et de l'Arménie, s'empara de quelques unes de leurs provinces. Bien que repoussés par les Arméniens, les descendants de cette tribu se fortifièrent pourtant et s'emparèrent des territoires compris entre la Cilicie et l'Iconie. Nous parlerons de cette tribu dans la topographie de Laranda.

Les *Kurdes* ont une grande affinité avec les Turcomans; dans la Cilicie ils sont d'une même race; ils n'habitent pas sous la tente comme les Turcomans, et ne sont pas toujours errants; ils ont des habitations stables de même que ceux des Monts Amanus. La date de leur entrée dans ce pays est restée douteuse; on les rencontre à la fin du IX° siècle sur les places fortes des Monts Taurus, au temps de l'empereur Basile Ier [2], et dans la Cilicie à la fin du XII° siècle (1187-96), échappant ainsi à la guerre acharnée qu'ils avaient déclarée aux Turcs sur les frontières de la Mésopotamie, au dire des historiens syriaques [3].

On trouve encore des *Kezelbaches*, sectaires semblables aux Yézidys, vers les côtés montueux des sources du Cydnus, mais ils paraissent peu nombreux. Entre Anazarbe et Messis habitent des Kurdes-Arméniens qui semblent être un mélange de ces deux peuples; ils sont mauvais et très sauvages. De même la tribu de *Bozan* paraît être dérivée des Arméniens; ils habitent les montagnes Noires et descendent dans les champs et les verdoyantes prairies de Messis et d'Anazarbe. Tous ces Turcomans, ces Kurdes, ces Arméniens-Kurdes, et les peuplades semblables, sont des pâtres; durant l'été ils habitent les plateaux et les parages élevés, où ils errent çà et là, passant leurs jours sous la tente; à l'approche de l'hiver ils descendent dans la plaine; très peu d'en-

---

1. L'historien Vartan (LXXX) rappelle que les Turcs d'Oudje, en 1190 pendant un mois, à l'aide des fils du Sultan Kelidje-aslan, luttèrent contre l'empereur Fréderic, sur les frontières d'Iconie, et furent vaincus.
2. Lebeau, Hist. du Bas Empire, XIII, 292.
3. Michel le Syrien, en 1187.

tre eux restent dans les cabanes sur des lieux élevés des montagnes.

Il y a encore des *Arabes* nomades, des *Ansari*, ou *Nossaïri*; plusieurs de ces tribus viennent du côté d'Adana, et après la récolte s'en retournent en Syrie.

Par le nombre de ses représentants la na-populations du moyen âge et des usurpateurs de l'empire byzantin.

Quoique privés des richesses de leurs ancêtres, les Arméniens ont gardé en tout point la primauté sous le rapport de la civilisation. Comme le chiffre de la population de la Cilicie n'est pas connu exactement, de même celui

Les habitants de Taurus

tion arménienne occupe le deuxième rang, mais elle passe en première ligne pour la race et l'ancienneté de ses traditions. Laissant de côté les montagnards, dont le nombre ainsi que les mœurs nous sont inconnus, les campagnards arméniens sont les descendants des po-des Arméniens; pourtant, sans exagération, on pourrait compter, en prenant encore les districts de Hadjin, Zéythoun et des Monts Amanus, (que nous avons considérés comme ne faisant point partie de la Cilicie), plus de 150,000 Arméniens.

II. — ADMINISTRATION ET DIVISIONS ACTUELLES DU PAYS

D'après les conventions civiles et géographiques, la Cilicie ancienne a perdu aujourd'hui son antique dénomination et s'appelle, *Province d'Adana*. La ville d'Adana est restée prospère et florissante, d'abord par suite de la décadence des autres villes, ensuite par sa position centrale respectivement aux autres localités, ce qui y facilite la surveillance des autres places. La Cilicie Pierreuse de nos ancêtres, et la vallée du fleuve Cydnus ou de Séleucie, composait autrefois une province à part appelée *Itch-éli* ou *Itchil;* maintenant elle est réduite à former un district de la province de la Karamanie. Le côté occidental, qui autrefois faisait partie de la Pamphylie, forme à présent une province à part sous le nom d'*Alayé*, comprenant les districts suivants :

I. ALAYÉ

Alayé
Ac-Séki.
Ménoughat
Ebradi
Sener.
Douchembé

II. ITCHIL

Erménég.
Caratache et Arghadi.
Sélindi.
Bélkéï-Bazardjek.
Anamour ou Mahmourié.
Ghulnar ou Chéléndré.
Bélkéï-Bouzaghadje.
— Yorgan.
— Kérinné
Séléfké.
Efkaf.
Bélkéï-Djébél.
Ziyné.
Moude.
Sary-Kavak.
Kéchli-Kibitan.
Sinanly, et 11 achirets de Turkmans.

Département d'Adana.

I. ADANA

Adana et Boudaghly.
Dindarly-Kébir.
Dindarly-achaghi.
Sary-tcham.
Kara-kechla.
Karadjalar.
Sis.
Achiréti-Hadjili.
Messis, Ayas et Bréndi.
Kara Issaly.
Achiréti Ménéméndji.
Kar séthi.

II. TARSOUS

Tarsous.
Alvanly.

Oulache.
Ghuyouktchély.
Kouche-témér.
Némroun bélkéssi.
Késsi.
Kassoun ou Koussoun.
Gulég.

III. AZIR

Azir et Kanak.
Djérid.
Tadjirly.
Alousse.
Achiréti-kayaly.
Payasse.
Mén ou Méssen.

IV. BILAN

Bilan et Baghrasse ou Télék.
Iskéndéroun.

Cette province reste hors de la Cilicie et est divisée en plus de trente districts, tribus ou peuplades, qui habitent sous la tente. Nous indiquerons seulement les populations des premiers, qui sont comptés par les Arméniens comme faisant partie de la Cilicie ; aussi nous les contenons dans notre topographie.

V. MARACHE

Zéythoun.
Hadjin.
Fernousse.
Yénidjé-kalé.
Endéroun.
Bazardjouk.
Kars Zulcadrié.
Djébél-kouzan Sarely.

D'après ce tableau, sous les règnes des Léons et des Héthoumiens, la Cilicie se trouvait enclavée dans les provinces d'Adana, de Karaman et leurs sept arrondissements ; mais d'après la division ottomane on compte plus de soixante districts et tribus ; je ne saurais indiquer la position géographique de la plus grande partie de ces lieux, ne les trouvant pas indiqués ni sur les cartes, ni dans les livres des voyageurs. Il est donc impossible de se conformer aux données topographiques actuelles ; en outre, mon intention étant d'exposer l'histoire arménienne, j'estime plus convenable de m'en rapporter aux divisions établies par nos ancêtres.

Mais avant de parler de la domination arménienne, je juge qu'il vaut mieux d'exposer d'abord, en abrégé, l'histoire antérieure des faits civils dans ce même pays.

III. — LA CILICIE AVANT LES ROUPINIENS

Au fond du golfe que forme la Méditerranée dans sa partie orientale, à la jonction des terres habitées par deux grandes familles des peuples, les Sémites et les Japhétites, se trouve la contrée qui a été ensuite le théâtre de l'autonomie arménienne. Elle était bien connue dans les premiers temps, comme toutes les provinces de l'Asie Mineure, particulièrement à cause de sa position par rapport aux races primitives ; elle est comme la ligne de démarcation des états de ces deux familles susdites et même de la troisième, celle de Cham, se trouvant non loin de l'Egypte. Il n'y a pas de doute que ce pays ait eu des relations civiles et commerciales avec ces divers peuples limitrophes.

La *Cilicie* est citée par les Livres saints des Juifs, de même que par les auteurs grecs les plus anciens : cependant les savants diffèrent dans leurs assertions et ne sont pas d'accord sur l'origine de la tribu autochtone et sur le nom de la contrée. Dans les poèmes homériques les Ciliciens (Κίλικες) ont leur part, mais le poète les place non dans la Cilicie actuelle de l'Asie Mineure, mais dans la *Myssie* aux environs de Troie ; cela fait croire qu'une colonie serait sortie de là et qu'elle fût établie sur le rivage de la Méditerranée.

Mais d'autres croient, selon la fable, que le premier habitant fut un certain *Cilice* ou *Cilix*, fils du héros Agénor, roi de Phrygie et frère de Cadmus et de Phénix.

Laissant de côté les fabuleuses inventions grecques, les savants contemporains trouvent l'origine de ce nom dans le mot hébreux *khilkim*, signifiant pierre, dénomination tirée de la constitution calcaire de cette région ; d'autres le font venir du mot *khalék*, signifiant et pierre et partie de butin. Cette dernière hypothèse pourrait bien s'accorder avec les habitudes et les occupations du peuple cilicien, célèbre par ses pillages, ses brigandages et surtout ses irruptions qui datent des temps les plus reculés, et qui pour cela était compté parmi les peuples les plus barbares. Un vieil auteur grec a dit qu'il y avait trois peuples grossiers dont le nom commence par K ; les Cappadociens, les Crétois et les Ciliciens : « Καππάδοκος, Κρήτις, Κίλικες, τρια κάππα κάκιστα ». Quoi qu'il en soit, nous trouvons gravé sur les monnaies des gouverneurs perses de la Cilicie durant le règne des Akéménides, le nom grec ΚΙΛΙΚΙΟΝ, et les savants croient lire dans les inscriptions cunéiformes le mot *Kilacou*. Dans le grec on trouve aussi le mot Κάλιξ ou Κάλικα du même son et de même signification que l'hébreu ; en outre, comme nous avons vu, le nom ordinaire de la partie occidentale du terrain signifie pierreux. Quelques uns enfin supposent que ce nom ordinaire dérive du grec Κίλιξ qui veut dire buffle ; il est vrai que ces animaux sont très nombreux dans le pays, comme l'a remarqué le docteur Thomas ; on sait que la ville de Tarsus, capitale de la Cilicie, avait pour symbole sur ses armoiries et ses monnaies un taureau.

La première de toutes ces hypothèses paraît la plus convenable à cause de la structure pierreuse de la région. De plus, cette étymologie hébraïque est préférable ; puisque les savants affirment maintenant que le peuple cilicien est d'origine sémitique, mais qu'ensuite les habitants se sont confondus avec les populations japhétiques limitrophes ; l'expression hébraïque ne donne pas une explication à double sens comme le mot grec. Chez les Latins même le caillou est appelé silex. Comme certains cailloux frottés avec une autre substance de plus grande résistance produisent du feu, les Grecs ont dit que PYRODES, FILS DE LA CILICIE, obtint du feu en frottant deux cailloux ensemble.

Ce peuple n'avait, à l'origine, aucune relation de race avec les Arméniens, mais bien des rapports de commerce à cause de leur voisinage. Hérodote affirme deux ou trois fois que les Ciliciens et les Arméniens sont limitrophes, ayant seulement le fleuve Euphrate pour ligne de démarcation. Ce père des historiens cite une chose étrange; il dit encore qu'avant la venue des Ciliciens le peuple qui habitait ce pays s'appelait *Hypachéen*[1], Ὑπαχαιοί.

Quoique l'histoire ancienne de la Cilicie ne soit pas connue avant la domination des Assyriens, et qu'elle soit aussi peu certaine quant au fait qu'elle fût subjuguée par des Amazones, on peut affirmer sans crainte que les peuples de ce pays n'étaient ni si rudes, ni si barbares que l'ont voulu les historiens anciens. En effet la situation de cette contrée, la mer qui baigne sa frontière méridionale et la met en communication avec beaucoup d'autres peuples de la Méditerranée, les Portes des montagnes qui sont des débouchés vers l'orient et l'occident, tout cela a dû faire de ce pays l'un des coins les plus cultivés de l'Asie Mineure. Le grand concours des différents peuples par terre, et son commerce par mer, la firent regarder comme le modèle et la mère de la célèbre Tyr. Tarsus était son port de trafic; elle jouissait de la renommée d'être la première parmi toutes celles qui se livraient au commerce; ainsi que, comme on a dit, tout navire qui servait au transport de marchandises était nommé *Vaisseau* de *Tarsus*. Plusieurs personnes savantes croient que la ville de Tarsus, dont il est parlé dans les livres saints, aux temps de Salomon et des rois de Judée, se trouvait en Espagne, ou sur les côtes de l'Arabie, ou de l'Afrique; mais elles admettent en même temps le progrès et le commerce de Tarsus cilicienne et interprètent dans le même sens la parole du Psaume XLVII, 7. « In spiritu vehementi conteres naves Tharsis. »

L'époque de la domination des Assyriens sur la Cilicie reste inconnue, cependant on la fait remonter à mille ans avant J. C., car il est incontestable que Sardanapale, vivant au IXe siècle avant Jésus-Christ, habitait dans les environs de Tarsus.

L'histoire sainte et divers historiens étrangers, rappellent la conquête de la Cilicie et les exploits qui rendirent célèbres les derniers rois d'Assyrie, tels que Salmanasar, Sennachérib et Nabuchodonosor. Dans le livre de Judith il est dit que le général Holopherne « vint » vers les grandes montagnes situées à gauche » de la Cilicie supérieure et occupa entière- » ment cette contrée jusqu'aux frontières de » Japhet[2] ». Cela montre clairement qu'il passa les deux portes d'Amanus et de Cilicie et s'avança jusque dans la Lydie. Ce qui précède fait croire à quelques auteurs, que parmi les nations subjuguées ou vassales, il y en avait, comme la nation arménienne, qui se révoltaient souvent contre les empereurs de Ninive, auxquels succédèrent les Babyloniens et les Persans. Durant la domination de ces derniers, les Ciliciens avaient leurs propres rois autonomes cités souvent sous le nom de Syennesis[3], qui paraît être la dénomination du règne ou une marque d'honneur et non pas un nom de personne. Darius, fils d'Hysdaspe, selon les nouvelles divisions territoriales des provinces, plaça la Cilicie dans le quatrième rang, en l'obligeant à payer cinq cents talents d'argent et à fournir 360 chevaux.

Quand il entreprit son expédition en Grèce, ses généraux, Datis et Artafernés, se rendirent dans les plaines d'Alayé, levèrent des recrues, formèrent dans Mallus une escadrille de six cents trirèmes, et embarquant toutes les troupes et les chevaux, se dirigèrent vers l'Jonie.

De même, Xerxès (484 av. J. C.) prit aux Ciliciens cent bateaux et une troupe de soldats; ceux-ci portaient des casques d'une autre forme que les siens, de petits boucliers de peaux d'animaux, des casaques de laine et ils étaient armés de deux lances et d'une épée. Durant le règne d'Artaxerxés-Longuemain, il est célèbre dans l'histoire, la révolte de son frère Cyrus le Jeune. Ce prince, passant les Portes de la Cilicie, vint à Tarsus, obligeant

---

1. S. Jérôme dans son commentaire de l'Épître aux Galates (I. 21), donne une étymologie de ce nom tout à fait différente de celle que nous venons de dire. Il dit: « Cilicia quippe interpretatur *assumti*, sive vocatio *lamentationis* ».

2. Judith, II, 13-5.

3. Tel est le nom du roi qui, en 618 av. J. C., fut médiateur entre Crésus, roi des Lydiens, et Darius roi des Mèdes. Tel aussi se nomme le roi qui régna aux temps de Darius et de Xerxès. quoiqu'il s'appelle aussi fils d'*Oromédon*. Le roi qui régnait aux temps de Cyrus le Jeune, et dont la femme s'appelait Epyaxa, portait aussi le même nom. D'après quelques auteurs, ce dernier nom signifie en hébreux, *prince*, *noble* ou *grand*.

le satrape de ce pays à lui fournir l'argent pour les besoins de son armée; ce dernier lui donna même une troupe de soldats pour venir en aide aux insurgés et aux Grecs contre les Perses; mais ces derniers furent vainqueurs; ils subjuguèrent alors toute la Cilicie.

Dans les annales historiques, aussi le passage d'Alexandre le Grand par les Portes de Cilicie (333 a. J. C.) est demeuré célèbre. Ce prince repoussa les soldats de la garde persane, et sauva la ville de Tarsus du pillage et de l'incendie. Les Perses voulaient en effet se venger de la révolte des Ciliciens et de leur alliance avec les Grecs. C'est dans cette ville qu'en prenant un bain dans le fleuve Cydnus, Alexandre fut pris subitement d'un frisson qui mit sa vie en danger. A peine guéri, ce grand conquérant s'avança jusqu'à Issus, où il rencontra Darius, et après une bataille décisive, l'empire d'Asie passa sous les mains du puissant Macédonien.

Après la mort d'Alexandre, la Cilicie tomba tour à tour au pouvoir de Philotas, Philoxène et Plistarque, qui étaient les lieutenants généraux d'Antigone, l'un des principaux capitaines grecs. Ce dernier à peine mort, la Cilicie tomba au pouvoir des Séleucides, dont le royaume avait été fondé par Nicanor Séleucus. Ceux-ci fondèrent des villes auxquelles ils donnèrent des noms grecs, entre autres, Séleucie, Antioche, Epiphanie: introduisirent et répandirent la langue et la religion attiques. Durant le règne du petit fils de Nicanor, Antiochus Théos, les Ptolémées d'Egypte s'emparèrent de la Cilicie (245 av. J. C.) et l'occupèrent jusqu'au temps où elle fut délivrée par Antiochus le Grand (233 av. J. C.), qui la peupla, comme les autres parties de l'Asie Mineure, de colonies juives. C'est de l'une de ces colonies que naquit l'apôtre des Gentils, saint Paul.

Pendant le règne d'Antiochus Epiphane, le pays se révolta, mais l'ordre fut en peu de temps rétabli: il y eut encore une sédition durant le règne d'Antiochus, fils de Démètre, provoquée par Triphon qui fut tué en défendant la forteresse dans laquelle il s'était enfermé. Quelque temps après, un conquérant plus puissant, Rome, s'empara de cette contrée; laquelle, en 103 av. J. C., fut déclarée province de l'empire romain; comme aussi après au temps de Sylla, en 92 av. J. C. Mais le fameux Mithridate roi de Pont, aidé par le célèbre Tigrane d'Arménie, (qui avait été élu roi par les Syriens et qui étendit son pouvoir sur la Cilicie), révolta le pays (69 a. J. C.). Tigran ayant détruit la ville maritime de Solis, conduisit les habitants dans sa capitale, Tigranocerte. Pendant que les alliés combattaient les Romains, les Ciliciens se révoltèrent et par leur piraterie firent beaucoup souffrir les navigateurs; jusqu'à ce que le grand Pompée, obligé de marcher contre eux, à la tête de 120,000 hommes et d'une flotte de 500 bateaux, les battit, dispersa ou anéantit leurs innombrables navires, et tranquillisa ainsi tout le pays.[1]

C'est alors qu'il rebâtit la ville de Solis, l'appela Pompéiopolis, et y laissa comme gouverneur son lieutenant Longinus Cassius. Sur ces entrefaites, la Cilicie fut déclarée province de Rome qui la divisa d'abord en Cilicie Pierreuse et en Cilicie Plane. A ces deux divisions on ajouta l'Isaurie, la Pamphylie, la Pisidie et la Lycaonie. Les gouverneurs étaient des proconsuls qui se succédaient tous les ans: parmi ces gouverneurs on remarque Cornelius Lentullus, Appius Claudius Pulcher, et le célèbre orateur Tullius Cicéron, (48-47 avant J. C.).[2] Ce dernier, partit du Latium avec 12,000 guerriers et plus de 2600 cavaliers, débarqua à Tarsus; et, avec plus de prudence que d'adresse et de courage, soumit les brigands qui infestaient les Monts Amanus: il rasa quelques forteresses qu'il cite, mais dont les noms nous ont échappés et sont inconnus de nos jours.

De là, lui même le dit, il se dirigea vers Pindenissus, qu'on suppose être maintenant la ville de Sis ou Kara-Sis, dans la patrie des Ciliciens libres, Eleuthero-cilicum: car ce peuple était libre jusqu'alors. Il assiégea cette ville qui résista deux mois et finit par tomber entre ses mains. Durant la guerre civile entre Pompée et César, les Ciliciens se déclarèrent partisans du premier; mais César vainqueur à Pharsale, enrôla les Ciliciens pour refournir son armée.

Après la chute de Pompée, les gouverneurs des provinces ciliciennes furent nommés par les Romains; ces gouverneurs avaient sous leur autorité les rois de Cilicie et des provinces

---

1. Avant Pompée Servilius, dit Isauricus, avait déjà combattu contre les pirates, de 78 à 75 av. J. C.
2. D'après quelques uns, Cicéron vint dans ces lieux 51-50 av. J. C. Le consul orateur raconte, dans ses lettres, les principaux actes de son administration.

limitrophes des Monts Amanus. A cette époque Tarcondimus Ier était souverain de ces pays ; il eut pour successeur Philopator 1er, Tarcondimus II, et Philopator II, qui mourut vers l'an 16 ou 17 de l'ère chrétienne.

Lorsque l'empire fut divisé, la Cilicie échut à Antoine, (41 av. J. C.) qui en offrit une partie (36 av. J. C.) à Amyndè, roi de Galatie, et l'autre part à Cléopâtre, son amante et à son fils Ptolémée. Peu de temps après, les adversaires d'Antoine s'introduisirent dans la Cilicie sous la direction de Labienus qui fut défait, ainsi que ses partisans, par Venditius, substitut d'Antoine ; les Arméniens et les Parthes conduits par Barzaphran Rechedouni, eurent le même sort. Celui-ci avait fortifié les passages et les défilés, par où devaient passer les

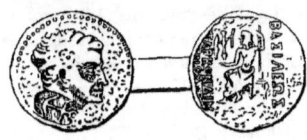

Monnaie de Tarcondimus II.

légions romaines, par des forteresses et des barricades ; mais les ennemis renversèrent tout, battirent complètement l'armée orientale qui se dispersa ; Barzaphran fut tué dans la mêlée. A l'avénement d'Auguste (30 av. J. C.), le roi Tarcondimus II fut destitué comme partisan d'Antoine et remplacé par Philopator II. Le territoire de cette province fut déclaré partie de la Présidence de la Syrie. Il fut gouverné ainsi par ses rois particuliers, jusqu'à l'empereur Vespasien, qui abolit le pouvoir indigène et annexa cette province à l'empire romain.

Pendant que ces guerres se faisaient, que ces révoltes étaient réprimées, la ville de Tarsus, sagement gouvernée et bien dirigée dans la voie du progrès, brillait par l'éloquence disciplinée de ses orateurs et par ses philosophes. Il n'est pas improbable du reste, que Saül n'y puisa ses premières notions, qui, avec la grâce du Saint-Esprit, en firent plus tard le sage et prudent Apôtre Paul.

Au point de vue politique cependant il y avait souvent des révoltes et des questions épineuses entre les indigènes et les Romains : ainsi, l'an 36 de notre ère, les montagnards de la Cilicie se révoltèrent et s'enfermèrent en se fortifiant dans Cadra et Dauara ; mais Marc Tribellius arriva de Syrie à la tête d'une légion de quatre mille combattants, assiégea les rebelles et par son blocus les contraignit à se rendre, faute de vivres. Une seconde fois (en 52) la rébellion éclata plus menaçante. Les insurgés sous la conduite de Trosophore, se fortifièrent sur les montagnes inaccessibles ; souvent ils descendaient dans la plaine en commettant toutes sortes de rapines et de dévastations, détruisant les moissons et les cultures ; ils arrivèrent même à battre l'armée romaine. Antiochus, alors roi de Cilicie, parvint à saisir par ruse Trosophore qui fut condamné à mort, ce qui mit fin à l'insurrection. Au roi Antiochus succéda Polémon qui se maria avec Bérénice, veuve d'Hérode, devant lequel fut jugé l'apôtre Saint Paul. Il se convertit à la religion de cette femme, mais une fois que celle-ci l'eut abandonné, il retourna au culte des idoles.

Sous la domination romaine, la Cilicie goûta assez longtemps un certain repos qui dura jusqu'à l'année 117, année où l'empereur Trajan, de retour d'une expédition contre les Arméniens et les Parthes, mourut dans la ville de Sélinounte. C'est à la mort de ce prince que cette ville changea son nom contre celui de Trajanopolis. Son successeur, l'empereur Adrien, dans la visite qu'il fit dans les provinces de l'empire, aura probablement passé dans la Cilicie, car on trouve des monnaies et des inscriptions des différentes villes qui les lui ont offertes. Vers la fin du IIe siècle, l'année 194, l'empereur Sévère battit et défit dans un grand combat l'armée de Niger, son adversaire, le tua avec vingt mille de ses guerriers, dans la plaine renommée d'Issus, où beaucoup de sanglantes et de terribles batailles furent livrées, avant et après celle que nous venons de nommer, et même par les Arméniens comme nous le verrons dans la suite. Profitant des circonstances et des troubles qui semaient la discorde parmi les empereurs de Rome, après la seconde moitié du IIIe siècle, Sapor Ier, roi de Perse, envahit la Cilicie et conduisit plusieurs de ces habitants comme esclaves dans son royaume. Après lui, Odénath, roi de Palmyre, et sa femme, la célèbre Zénobie, s'érigèrent en maîtres du pays pour quelque temps ; mais survint l'empereur Aurélien qui battit les usurpateurs et conquit le pays en 275. Quelques années après, l'empereur Probe chassa Florien de la Cilicie et fit son entrée triomphale dans Tarsus. Pendant les dernières années de l'empereur Dioclétien, ses deux collègues dans l'autorité impériale, Maximien et Licinien se disputèrent le pouvoir et finirent par recourir aux armes qui favorisèrent le dernier. Durant la domination de ces deux tyrans beaucoup de chrétiens de la Cilicie furent persécutés par les cruels gouverneurs, et nombre d'entre eux obtinrent la palme du martyre : ainsi Claude, et les deux frères Aster et Névon, en 285 ; Vonipace, le *procureur* de la dame Aglaë, en 307 ; Zénob, évêque d'Ayas et sa sœur en 303 ; Tatien Toulas de Zéphyrium et les martyrs Taracossiers en 307 ; le gouverneur du pays était alors Térentius Ciliciarches. La religion chrétienne s'était introduite du temps même des apôtres et avait pris de profondes racines dans la Cilicie. Beaucoup d'églises s'y étaient fondées, ayant chacune un évêque à leur tête ; il s'était formé ainsi une province ecclésiastique comptant de nombreux érudits et savants ; même aussi on y trouvait des sectaires, tels que Diodore de Tarsus et son disciple le célèbre Théodore de Mopsueste, qui entretenait des relations avec les Arméniens illustres de son temps. Cependant, les erreurs dont il était imbu amenèrent la rupture de ces relations, et il fut réfuté par notre patriarche S. Isaac.

Outre l'institution des églises et la foi confessée par les martyrs, les solitudes des montagnes du pays furent des asiles sûrs pour les anachorètes. « Nous voyons partout, écrivait saint Nersès » de Lamproun, dans son exégèse, des cellules, » des maisons de prière que nos ancêtres ont » fondées dans les montagnes et dans les caver- » nes ; mais nous n'avons pas été dignes de leur » paix et de leur fermeté dans la construction » des sanctuaires, nous qui sommes fils des trou- » bles des derniers temps [1] ». Pourtant pendant sa vie même et après lui, beaucoup de monastères florissants s'élevèrent dans le pays.

Sous le règne de Constantin le Grand, pendant qu'il publiait de nouvelles lois civiles et religieuses, la Cilicie fut divisée en trois provinces : La Ire *Cilicie*, ayant pour capitale Tarsus, gouvernée par un Consul, Consularis ; La IIe *Cilicie*, capitale Anazarbe, gouvernée par un Praeses ; enfin la IIIe *Cilicie*, *Pierreuse* ou *Isaurie*, dont la ville principale était Séleucie, ayant un gouverneur. Quant à la division ecclésiastique, la première province comptait cinq sièges épiscopaux, la deuxième neuf et la troisième vingt-quatre.

Les principales villes libres étaient : Tarsus, (libera et immunis); Anazarbe Cesarea et Métropolis ; les villes libres secondaires étaient Mopsueste, Séleucie, Corycus et Ayas; la ville de Sélinus, changée en Trajanopolis, jouissait probablement des mêmes droits que les villes nommées ci-dessus.

Dans le premier siècle, on enrôlait une troupe de soldats ciliciens qui portait le nom de *Cohors Cilicicum*. Cette troupe a été donnée, au dire de Moïse de Khorène (III 6), par l'empereur Constance, à Managihre Rechedouni qui fut envoyé en Mésopotamie contre les Perses.

C'est dans ce temps que fut rédigé l'Itinéraire ou le célèbre Voyage de Bordeaux à Jérusalem, dont les distances des villes sont calculées en milles romains (1482 m.), et dans lequel tous les logements, hôtelleries, relais, etc., sont indiqués avec une très sévère précision : en voici la Table :

De Chusa à Sasima	12
Antavale	16
Tiana	18
Faustinopolis	12
Cona ou Caena	13
Opodando	12
Pylas (Portes de Cilicie)	14
Mopsucrène, Monsvérine	12
Pargais ou Pargas	13
Adana	14
Mansista (Mamestia)	18
Tardequia	15
Catavolo	16
Baie	17
Alexandria Scabrosa	16
Pictanus ou Platanus	9
Pagrius (Paghras)	8
Antiochia	16
En total	251

Pendant que Constance marchait contre Julien son adversaire, il tomba malade et mourut peu après en 361, dans la ville de Mopsucrène près de Tarsus. C'est dans cette dernière ville de Tarsus, renommée alors, que fut enterré Julien (363) qui voulait y établir la capitale de son-empire. Pendant le règne de ces deux empereurs on cite comme gouverneurs de la Cilicie, Procopius (348), Maxime (358) et Mémorius (365).

---

1. Dans le commentaire du psaume LXXI.

L'empire romain s'affaiblissant de jour en jour par les invasions des Huns, les Isauriens et les montagnards ciliciens profitèrent de l'occasion propice pour se révolter. L'empereur Zénon, qui était de leur nombre, forma une garde toute composée de Ciliciens. Mais Anastase, son successeur, après avoir dissous ce petit corps, renvoya les soldats dans leurs foyers. Cette action indigna les Isauriens qui élurent son frère pour empereur, formèrent une armée de plus de 170,000 hommes, et marchèrent sur Constantinople; ils furent mis en déroute par les Goths et les troupes d'Anastase.

Sous le règne de Justinien, des hordes, dirigées par Khosroés Anoucherévan, firent des incursions en Cilicie comme le témoigne l'historien Sébéus. Le grand Bélisaire purgea le pays de ces hordes dévastatrices; mais au commencement du VII⁰ siècle le petit-fils de Khosroés, Khosroés II Abrouèze, fit de nouveau des incursions en Cilicie. Sébéus raconte que ce dernier prince s'avança jusqu'au fond de la Cilicie près des Portes, et que les Grecs battirent son armée et lui tuèrent plus de huit mille hommes ; mais l'armée persane se réorganisant, s'empara de Tarsus et de tous les pays habités par les Ciliciens. Les commandants grecs ne pouvant résister aux Perses, l'empereur Héraclius s'embarqua en personne pour Alexandrette en 622 et dispersa l'armée persane dans les champs ciliciens. A son retour de Perse (625) il extermina près du pont d'Adana les derniers restes de cette armée.

A partir de cette époque un adversaire terrible devait surgir contre l'empire romain : les Arabes. Les provinces asiatiques tombèrent une à une en leur pouvoir, et une des premières fut la Cilicie. Quoique durant deux siècles, la lutte entre les deux empires se fit plusieurs fois sur le territoire envahi, les Grecs ne surent pas rester longtemps maîtres de cette dernière province. Les Sarrasins firent une grande incursion au commencement du IX⁰ siècle : l'émir El-Mamoun s'empara de quinze villes (829). Cet illustre conquérant mourut d'indigestion pour avoir bu trop d'eau froide du Cydnus et mangé une trop grande quantité de dattes. Son frère Moutassim l'égala dans ses conquêtes. En marchant sur Amorium, ville de Phrygie, contre l'empereur Théophile, il ravagea toute la province, capturant plus de 30,000 esclaves qu'il emmena à Tarsus. A partir de cette époque, la Cilicie avec toutes ses provinces resta sous la domination arabe sans aucune contestation ni protestation. L'empereur Basile I⁰ʳ parvint à la reconquérir pour quelque temps (de 875 à 950 à peu près). Dans les guerres qu'il y eut durant ce période, l'empereur Nicéphore Phocas, et surtout Jean Zemeschghig, eurent beaucoup de peine à chasser les envahisseurs ; la ville d'Adana fut reprise après un long siège qui coûta la vie et la liberté à plus de 200,000 personnes qui s'y étaient enfermées. La ville de Tarsus aussi fut assiégée et réduite par la famine ; les Arabes alors se soumirent. Durant un siècle à peu près, les Byzantins restèrent maîtres de la Cilicie sans être nullement contrariés par les Arabes dont la force s'affaiblissait de plus en plus par les factions et les divisions intestines. Mais un autre peuple menaçant et destructeur s'avançait vers l'orient : les Scythes. C'est de cette race barbare que sortirent les Seldjoucides, qui, durant la première moitié du XI⁰ siècle, envahirent toute la Grande Arménie et s'avancèrent jusqu'au territoire des Ardzerouniens, et, durant la seconde, s'emparèrent d'Ani, et de plusieurs autres villes de la Grande Arménie et pénétrèrent jusqu'en Asie Mineure. Dans cette dernière contrée, le sultan Suleïman fonda en 1072 le royaume des sultans de Nicée, puis celui d'Iconie, en y joignant, après l'avoir subjuguée, une partie de la Cilicie avec la ville de Tarsus, gouvernée alors par l'ordre de l'empereur de Byzance par les Arméniens Abelgharibs Ardzerouniens.

De grandes révolutions s'accomplissaient alors. Les Turcs infestaient le pays, et les Européens s'agitaient pour la délivrance des Lieux saints. La guerre sainte se prêchait partout ; les armées des Croisés se formaient et se dirigeaient vers l'Asie Mineure, en particulier vers la Cilicie. Tandis que les Arméniens se réfugiaient dans la Cappadoce, les Croisés s'avançaient insensiblement, guidés par nos Ciliciens, qui, unis aux armées chrétiennes, auraient pu soumettre facilement les populations musulmanes et subjuguer tout le pays de la plaine ; mais les empereurs de Byzance, et spécialement Alexandre Comnène, jaloux des succès des Croisés, cherchèrent à brouiller les chefs de la Croisade, le pieux Tancrède et le valeureux Baudouin, qui se disputaient la ville de Tarsus, ville que ces empereurs avaient prise sous leur protection. Les successeurs d'Alexandre Comnène, Jean, mort près d'Anazarbe en 1143, et Manuel, s'efforcèrent d'attirer sous leur juridiction les chefs chrétiens ; ils y réussirent, mais pour peu de temps : car une grande partie de la nation arménienne se retira sur les montagnes Taurus et s'y fortifia partout. Pendant plus d'un siècle elle eut à combattre trois ennemis puissants qui se présentèrent tour à tour pour lui contester la possession du pays : les Grecs, les Turcs et les Francs. Mais après des efforts inouïs elle parvint, sur le déclin du XIIe siècle, à s'établir définitivement sur la Cilicie, à laquelle elle imposa son nom, l'autorité de ses princes et la légitimité de sa dynastie, comme on le verra dans l'article suivant.

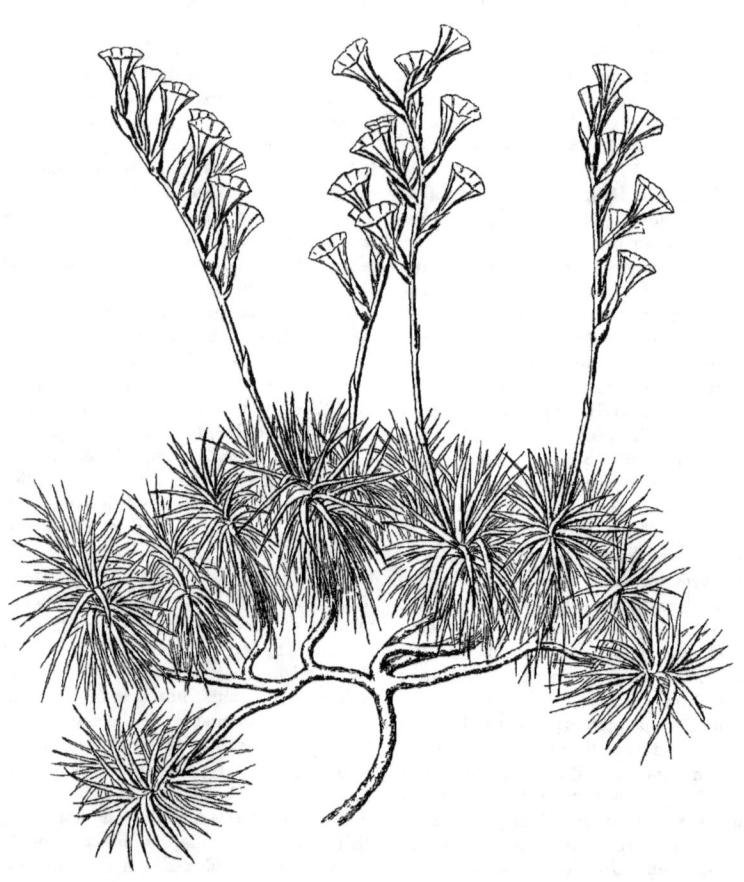

Acantholimon venustum

IV. — CONQUÊTE DE LA CILICIE PAR LES ARMÉNIENS

Les personnes qui ont quelque notion de l'histoire d'Arménie connaissent la fin tragique du dernier roi des Bagratides, Kakigh, événement aussi repoussant qu'affreux. Chacun de leur propre côté, les Arméniens et les Grecs, étaient animés d'un esprit de trahison mutuelle qui ne faisait qu'enflammer la haine et les désirs de vengeance. Les Arméniens voulaient une revanche surtout depuis la prise par trahison de la ville d'Ani, leur capitale. La différence de mœurs et surtout de religion augmentait encore ces haines. Ajoutons à cela l'éloignement du pays du centre du gouvernement impérial, et partout la difficulté de réprimer les abus du pouvoir. D'autre part la faiblesse du gouvernement, son impuissance à conserver les provinces soumises qui se trouvaient entre Lycandon et la Cappadoce, tout cela était bien fait pour donner de la hardiesse aux meneurs de la rébellion. Mais comme tous les Arméniens, habitants de ces lieux, n'étaient pas d'accord avec les Bagratides et leurs partisans, ceux-ci comprenant qu'ils n'avaient pas assez de force à opposer à la multitude des Grecs, et se voyant de plus délaissés par leurs compatriotes, se retirèrent dans les forteresses et dans les cavernes des montagnes. De ces refuges, ils cherchaient à infliger des pertes à leurs ennemis ou à se soustraire à leurs poursuites. Après des rencontres partielles et des vengeances particulières, dans le but de venger le meurtre de Kakigh, l'un des plus fidèles partisans de ce dernier, Roupin, abandonnait, l'année 1081 le pays de Zamantie, patrimoine de Kakigh, et se retirait dans une place forte située au sud-ouest de la Phrygie, et devenait le chef de la dynastie arménienne qui prit le nom de *Roupinienne*, et après un siècle de brigues devint une dynastie royale.

On a des données historiques certaines sur la personne de Roupin depuis son avénement et sur sa famille jusqu'à la sixième génération ; ses descendants s'unirent par des mariages avec les *Héthoumiens*, qui leur succédèrent sur le trône tout en conservant jusqu'à la fin le nom de Roupiniens, pour les membres de la famille royale. Mais il y a d'épaisses ténèbres sur l'origine de ce personnage, sa manière de gouverner et sur sa capitale. Les historiens en parlent confusément, surtout ceux qui étaient loin du théâtre des événements : ils ont mélangé le certain avec l'incertain, la réalité avec l'invention personnelle.

Beaucoup d'entre eux affirment que Roupin était un intime allié des Bagratides et du dernier roi Kakigh ; un autre dit « qu'il était sol- » dat des Bagratides et de la même race que » lui » : un troisième dit « qu'il était de la fa- « mille royale et parent de Kakigh le Grand » ; puis enfin un dernier va jusqu'à affirmer qu'il était « frère de Kakigh ». La plus vraisemblable de ces affirmations nous paraît être celle du premier, qui le dit « soldat du Ba- » gratide, lié avec sa famille » et descendant de la maison des Ardzrounis. Cet historien écrivait sous le règne de Léon II, fils de Héthoum, et assure que « notre roi Léon unit en »parenté ces deux familles royales[1] » ; et le Docteur Vahram qui se trouvait dans la cour de ce prince, est d'accord avec lui. Cependant d'autres historiens judicieux en parlant de Rou-

---

1. Selon Michel le Syrien, « Les dits Roupiniens, étaient de la famille des deux dynasties des nobles et fiers rois, les *Haïcaniens* et les *Sénékérimiens*, unis entre eux par des liens de parenté. »

pin,[1] le font venir du pays de Sassoun et descendre des anciennes familles Sanassoun et Ardzerouni. De mon côté je crois et je suis persuadé que Roupin, chef des princes de Sissouan, selon les traditions les plus fidèles, était l'allié de Kakigh et qu'avant la mort de ce dernier, il a été reconnu maître de la forteresse de Gossidar, dont l'emplacement exact nous est inconnu, mais qui ne devait pas être loin des possessions de Kakigh, car l'historien dit, que, « Lorsque Roupin apprit la » mort de ce dernier, il se transporta avec toute » sa famille[2] vers la Phrygie et alla habiter le » village de Colomozole (inconnu de nos jours) » dans les montagnes, où se trouvaient beau- » coup d'Arméniens. Roupin le Grand en les » appelant tous auprès de lui, se rendit fort » par leur adhésion et assura la possession des » pays montagneux, en expulsa les Grecs et ré- » gna à leur place. Enfin, après avoir vécu une » vie pieuse, il mourut dans la paix du Sei- » gneur et fut enseveli dans le couvent de Cas- » talon, laissant pour successeur son fils Cons- » tantin ».

Selon ce témoignage, Roupin régna d'abord à Gossidar, puis à Colomozole et non pas toujours à Gossidar au dire des autres historiens. Après le meurtre de Kakigh, emmenant avec lui une grande partie de ses hommes, il se rendit maître de la forteresse de Gossidar, où il fonda son domaine et l'étendit sur les pays montueux de la Phrygie. Le lieu habité par Roupin Ier et Roupin II est donc certainement indiqué, mais ces noms ou leurs places nous ne sont pas bien connus. Nous pouvons cependant indiquer ces lieux comme le pays d'origine de la dynastie de Roupin: mais il n'a jamais subjugué Partzer-perte, et n'a jamais étendu sa domination dans la plaine cilicienne, comme le fait supposer par des exagérations un écrivain qui habitait d'autres pays et était un ami intime de Saint Nersès de Lamproun.

Les chroniqueurs indiquent l'année 1095 comme la dernière du règne de Roupin, c'est-à-dire quinze années après la fin de Kakigh, date à laquelle commence la dynastie des Roupiniens. C'est donc en 1080 que commença le règne des huit Roupiniens, de cinq générations successives, comme on le voit dans le tableau suivant :

1080 Roupin I.
1093 Constantin, fils du précédent.
1100 Thoros I, fils de Constantin.
1129 Léon I, frère de Thoros, jusqu'à 1137.
1145 Thoros II, fils de Léon I.
1169 Meleh, frère de Thoros II.
1175 Roupin II, fils de Stéphané, frère de Thoros II.
1187 Léon II, frère de Roupin II.
1199 Le même nommé Léon I roi 1219.

Comme tous ces personnages étaient d'une même famille, on distinguait en chacun d'eux la même nature, le même caractère impérieux et quelquefois d'une brusquerie qui allait jusqu'au sauvage, par ses efforts pour secouer le joug grec, non content de vivre librement selon les habitudes nationales et religieuses. Quelquefois ils opprimaient aussi les princes qu'ils avaient réduits à l'état de vassaux, leur faisaient souffrir toutes sortes de vexation, ou les expulsaient pour étendre de plus en plus leurs domaines, autant que pouvait se faire selon la configuration du pays, jusqu'au voisinage d'un chef plus fort qu'eux mêmes.

De cette manière nos trois premiers princes réussirent à reculer les frontières de leurs états jusque sur les montagnes et les pays d'alentours. Le quatrième, Léon Ier, voulant s'avancer jusqu'à la plaine, perdit tout.

On aurait pu croire éteinte la flamme de l'indépendance allumée par Roupin; mais les quatre successeurs de Léon, non seulement reconquirent de nouveau les territoires perdus, mais en ajoutèrent des nouveaux, soit du côté des montagnes, soit du côté de la plaine. Par le moyen des armes ou par la ruse, par la force ou par le génie, ils parvinrent à chasser complétement les Grecs, conclurent des traités de paix avec eux, se reconnaissant réciproquement leurs possessions. Enfin, par des mariages ils s'allièrent avec les Latins et arrivèrent à agrandir leur état jusqu'aux bords de la Méditerranée.

De tout ce que nous venons d'exposer jusqu'ici, on voit bien que la domination des conquérants arméniens s'étendait au delà même des confins de la Cilicie proprement dite ; et nos historiens nationaux, en nous donnant le récit des faits historiques, sous ce même nom ancien comprennent tous les territoires qui étaient

---

1. Par exemple, Mékhitar d'Airivank.
2. L'historien Hethoum dit aussi: «Après lui (Kakigh), Roupin, son parent, alla habiter dans les alentours de Gossidar, de là il se rendit dans le village de Goromozol où il mourut ». Vahram dit à peu près la même chose.

soumis à l'autorité des rois arméniens. Quelquefois cependant, au lieu du nom de Cilicie, on donnait au pays le nom de sa nouvelle capitale. C'est ainsi que le fait notre géographe arménien : « La Cilicie, dit-il, c'est *Sis* et les » provinces qui confinent à l'Asie » ; il veut probablement dire à l'Isaurie. Les étrangers, ainsi que les Arabes et les Syriens, donnent aussi quelquefois à la Cilicie le nom de sa capitale. Aboulpharadje dit clairement : « Bilad-» el-Sis ou Biladi-Sis ». Le catholicos Grégoire Degha, a ajouté à *Sis* la terminaison *ouan*, peut-être pour la rime de ses vers, et il a fait *Sissouan*. C'est ainsi qu'il écrit : « Du mont » Taurus, ils entrèrent dans la contrée de » Sissouan ».

J'ai regardé comme sacré, ce nom de Sissouan, employé par le grand Catholicos, et voilà pourquoi je l'ai placé en tête de cette étude topographique. J'aurais pu employer aussi, celui de Arméno-Cilicie, comme l'ont fait les Grecs ses contemporains « Ἀρμενοκιλικία ».

Une fois la domination des Arméniens fermement établie sur toute la contrée, les étrangers commencèrent à lui donner le nom d'*Arménie* ou *Pays des Arméniens*, indifféremment, (Armenia, Terra Armeniorum), et les Arabes la désignaient sous le nom de « Bilad-el-Armén ». A cette époque la Cilicie arménienne, qui avait un seigneur ou roi arménien, était beaucoup plus connue au dehors que la Grande Arménie, qui était aux mains des étrangers. Quelques uns de ceux qui avaient connaissance de ce dernier pays, donnaient à la Cilicie, le nom de « *Petite Arménie* », ignorant que la « *Petite Arménie* », proprement dite, est située à droite et à l'ouest de l'Euphrate et au nord de la Cilicie.

Les gouverneurs de la Cilicie Trachée étaient appelés *Seigneurs des montagnes*. Ainsi l'historien juif Benjamin de Toudel, dans le récit de son voyage en Cilicie, durant le principat de Thoros II, donne à ce dernier le titre de *Roi des Montagnes*. Les Latins de même employoient les termes « *De montanis* » pour désigner le chef des Arméniens.

L'historien Bromton dit en parlant de Frédéric Barberousse, qu'il passa au pays de Roupin montagnard, le mot est en français : « in » terram Rupini *de la Montagne*. » Ne laissons pas non plus de côté le témoignage de Bernard de Pietrobourg qui dit : « *Rupinus de Monte* » et appelle le pays, *Terra Roupini de la Montaine*. De même Clément III, en 1187 ou 1188, adressa une lettre, « A Léon le Montagnard » comme le traduit Nersès de Lambroun en arménien.

A cette époque, Léon n'avait pas encore été proclamé roi, mais l'aigle de Lambroun avait déjà prévu sa destinée future : « Léon le Ba-» ron, dit-il, n'était alors que Seigneur de la » Cilicie, de l'Isaurie et des Montagnes ». En 1196, il écrit encore : « Léon règne sur les » provinces de la Cilicie et de la Syrie...... » et de la Seconde Cappadoce, dont la capi-» tale est Tiana. »

Il est certain que Roupin I⁽ᵉʳ⁾, chef et fondateur de la dynastie des Roupiniens, a subjugué d'abord la région montagneuse qui se trouve du côté de la Phrygie, comme l'écrivent les historiens et comme l'attestent les mémoires contemporains. Willebrand, le savant chanoine allemand, qui avait été l'hôte de Léon et le témoin oculaire de quelques événements de son règne, dit d'une façon très précise, que Léon avant son couronnement s'appelait Seigneur des Montagnes ou des Montagnards : Leo *de Montanis* ; ce ne fut que plus tard qu'il reçut le titre de Roi des Arméniens.

Un autre nom fut encore donné au pays de Sissouan par les Arabes ; ils l'appelaient *Terre des Passages*, à cause des nombreux cols et routes des montagnes.

Ce furent les étrangers qui commencèrent à donner au pays le nom de ses conquérants ; les uns disent par exemple : « On a laissé le » nom de Cilicie et on appelle la contrée Pays » de Thoros ». L'historien juif, cité plus haut, écrit qu'il est entré dans la principauté de Thoros, roi des montagnes, et le docteur Vahram signifie la même chose en vers :

Lorsqu'en laissant le nom de Cilicie
On l'a appelée, Terre de Thoros.

Les historiens arabes remplacèrent le nom de Thoros par celui de Léon, le plus célèbre des princes de cette dynastie. La Cilicie se trouve désignée dans leurs écrits sous les noms de Biladi Livoun ou Bilad-iben-Livoun-el Armani. Ce sont les mêmes termes que l'on trouve dans les annales de Matthieu d'Ourha (an 1112). Léon étendit sa domination au delà des frontières de la Cilicie proprement dite. Si ces frontières ne se sont pas maintenues, à l'ouest, jusqu'à Atalia, dans le golfe de Pamphylie, et, au nord-ouest, jusqu'à Héraclée et Tiana, Léon a cependant possédé ces contrées pendant un certain temps. Au nord, il est allé jusqu'à Césarée, et, à l'est, il a conquis les pays de Rhossous et de Baghras, c'est-à-dire toute la région qui borde le golfe d'Ayas, jusqu'aux Montagnes Noires, y comprises, lesquelles s'appelaient alors Monts Amanus. Ces dernières frontières restèrent intactes pendant un demi-siècle, même sous les successeurs de Léon. Mais celles de l'occident et du nord, qui se trouvaient hors des remparts naturels du pays, furent peu à peu occupées par les Turcs et les Karamans. Nous avons déjà cité le passage où Benjamin de Toudel, voyageur juif, étend les frontières du pays sous le règne de Thoros II, en commençant de Corycus jusqu'à la ville de Douguia, probablement Antioche. Selon Willebrand qui se trouvait dans la Cilicie l'an 1211, au temps de la puissance de Léon, il fallait deux jours pour traverser en largeur le pays des montagnes, et seize pour le traverser en longueur, probablement de l'est à l'ouest jusqu'aux bords de la mer. Enfin, Pegolotti déclare que, durant la première moitié du XIV° siècle, les frontières du royaume arménien s'étendaient d'Ayas jusqu'à Gobidara, dont la situation reste inconnue.

Les Grecs, de maîtres des Arméniens qu'ils étaient, en devinrent bientôt les sujets, et non seulement eux, mais encore les Turcs et les Arabes. Ces derniers, soit par représailles soit par terreur, furent éloignés du territoire et chassés des forteresses qu'ils occupaient depuis longtemps ; les Syriens et les Latins eurent presque le même sort, (le mot latin est pris génériquement pour désigner tous les peuples européens qui participèrent aux croisades et qui s'emparèrent de diverses villes de la Cilicie.) D'autres peuplades, et surtout les Turcomans vagabonds, sujettes du gouvernement des Roupiniens, n'eurent pas la faculté de rester librement dans le territoire arménien ; elles furent ou subjuguées, ou par la loi de féodalité mise en vigueur, tolérées par des traités et par des concessions.

Il paraît que les Roupiniens eurent plus de difficultés à soumettre leurs compatriotes que les étrangers. Les Arméniens, rebelles ou fugitifs, avaient émigré en Cilicie avant la conquête, et les plus nobles d'entre eux, placés par les Byzantins comme surintendants ou gouverneurs des forteresses, jouissaient presque d'une indépendance absolue. Ils opposèrent une résistance acharnée aux Roupiniens; mais ces derniers, Léon le Grand surtout et son partisan le baron Constantin, à force de ruse et d'habileté, parvinrent à les soumettre. En épousant la princesse Zabel, fille du roi Léon Ier, Constantin unit les Héthoumiens avec la famille royale. Ils ne formèrent donc plus qu'une seule et forte puissance qui rendit la paix au pays.

L'établissement de la famille des Héthoumiens dans la Cilicie est antérieur à la conquête du pays par Roupin. Son chef Ochine, en sortant des voisinages de Gandzag (Ghendjé), d'un endroit appelé : *Les eaux des Forêts* ou des *Cèdres*, vint en Cilicie l'an 1071, avec son frère Halgam, sa mère, et sa famille. Il y trouva Abelgharib Ardzerouni, qui fut plus tard gouverneur de la ville de Tarsus par ordre de l'empereur. Abelgharib était fils de Hassan descendant de Khoul (sourd) Khatchig, l'un des princes de Sénacherib, roi de Vaspouragan, avec lequel il avait émigré vers Sébaste. Il parvint à un tel degré de puissance qu'il devint le gouverneur de presque toute la Cilicie, qu'il avait soustraite aux Turcs.

Ochine, en s'alliant avec celui-ci, hérita de son pouvoir et de ses propres possessions qui s'étendaient sur la ville de Tarsus et les deux forteresses, de Baberon et de Lambroun, les principales du pays ; surtout cette dernière, qui résista plus longtemps que toutes les autres au siège du roi Léon, qui employa, pour la soumettre, plus de ruse et de fraude que de fortes attaques.

Halgam, de même que son frère Ochine, fut nommé gouverneur des marches occidentales maritimes, où l'on retrouve un siècle après, sous le règne de Léon, un de ses descendants, portant le même nom que lui et gouverneur de la forteresse d'Anamour et d'autres encore.

A ces deux gouverneurs, il faut ajouter aussi le prince Bazouni qui régnait dans une autre région de la Cilicie montueuse. Quelques historiens[1] l'ont cru frère d'Ochine et de Halgam ; les premiers chroniqueurs n'indiquent ni son origine ni l'étendue de son territoire. Matthieu d'Edesse dit seulement : « Les prin- » ces qui régnaient sur les Montagnes Taurus » étaient, Constantin fils de Roupin, les princes » Bazouni et Ochine. Ces princes envoyèrent » des vivres nécessaires à l'armée de la pre- » mière Croisade ».

Il y avait encore une puissante famille ap-

---

1. C'est ainsi que le rapporte l'auteur moderne de notre histoire, Tchamitchian, mais je ne sais à quelles sources il a puisé. Est-ce dans des documents antiques ou n'est-ce que son opinion personnelle?

pelée Nathanaël, mais le lieu de son origine et l'époque de son arrivée dans le pays, nous sont également inconnus. La forteresse d'Ascourse était en son pouvoir et son territoire s'étendait jusqu'à celui de Héthoum. La renommée du général Khatchadour, (qui peut être était parent d'Abelgharib), devança son arrivée dans ce pays; il était prince d'Antioche de Cracca, ville de l'Isaurie, ou de la Cilicie pierreuse, où des Arméniens habitaient depuis des temps très reculés. Sous le gouvernement de Khatchadour en 1069, les Turcs envahirent le pays d'Iconium et s'avancèrent jusqu'en Cilicie; mais les Arméniens en leur dressant des embûches et des surprises, dans les passages des monts de Séleucie, les battirent, les dispersèrent et s'emparèrent de leur immense butin. Les mêmes faits se renouvelèrent sous le règne de son frère Thoros. Ce prince donna en mariage sa fille Arta à Baudouin, frère de Godefroy, chef de la Ire Croisade, lui promettant pour la dot de sa fille 60,000 pièces d'or[1], dont 17,000 furent payées lors de la célébration du mariage. Baudouin étant élu roi de Jérusalem, sa femme, jadis princesse montagnarde, fut élevée jusqu'aux fastes du trône. Ce prince, quelques années après, répudia lâchement sa malheureuse femme; mais, pressé par la crainte et l'approche de la mort, il se repentit, la rappela et renvoya son amante. Ainsi dès leur arrivée en Orient, les Occidentaux entrèrent en relations avec les Arméniens et ils ne tardèrent pas à se rendre réciproquement sympathiques. Les bouillants et preux chevaliers croisés s'unissaient aux belles Arméniennes et contractaient par le mariage des alliances étroites[2]. Lorsque ces princes arméniens eurent obtenu la couronne royale, ils invitèrent les filles princières d'occident à s'unir aux grands du pays. L'union du sang de deux souches de Japhet produisit le caractère et les mœurs semi-latins des Arméniens de Cilicie, qui se familiarisèrent avec les lois et les coutumes occidentales, comme au reste chacun le sait Il ne faudrait pas croire cependant que, si les mœurs des Occidentaux se propageaient dans la société arménienne, les habitudes et les traditions nationales fussent par contre oubliées et délaissées. Comme preuve de cette dernière assertion, je trouve que des enfants, fidèles à la nationalité de leur mère, prirent en tout les habitudes maternelles et s'appelèrent Léon, Héthoum, Thoros, etc. Même les coutumes orientales furent introduites en Europe. Les enfants d'un père latin étaient nourris dans le palais maternel, y croissaient, et parvenaient ainsi aux dignités souveraines. La langue parlée des Occidentaux était comprise et parlée par les Arméniens, de même, mais plus rarement, la langue arménienne était parlée par les croisés. Cette familiarité avec les langues et les coutumes du pays, rendit l'accès du trône facile aux Lusignans, vers la moitié du XIVe siècle. Ces princes étaient arméniens par leur mère et successeurs présomptifs du trône. Nous en parlerons plus longuement dans la suite.

Tandis que les Arméniens témoignaient aux

---

1. On prétend qu'il tarda bien à payer le reste. Un chroniqueur latin ajoute que Thoros avait imposé pour condition à Baudouin de laisser croître sa barbe, ce à quoi ce dernier consentit. Un an après, Baudouin voulant obtenir une partie de ce que lui devait son beau-père, lui envoya dire qu'il avait beaucoup de créanciers qui le contraignaient à se faire raser la barbe. Thoros lui écrivit bien vite de ne pas faire cet affront à sa fille et lui envoya immédiatement trente-trois mille besants d'or. — (Jacques de Vitry, 74).

2. C'est vers cette époque que Gabriel, gouverneur arménien de Mélitine, donna à l'autre Baudouin (de Bourg), d'abord comte d'Edesse et ensuite roi de Jérusalem, sa fille Marcille ou Morphie, dont naquirent quatre filles. L'aînée Mélissinde, fut donnée en mariage à Foulque, comte d'Anjou, qui succéda à Baudouin II sur le trône de Jérusalem. Mélissinde, après la mort de son mari, n'en resta pas moins souveraine de Jérusalem et comme telle lança des édits en 1160, sous le règne de son fils Baudouin III, à qui succéda son frère Amaury Ier. Celui-ci avait épousé Agnès, fille de Josselin II, lui-même fils de la fille de Constantin Ier, et de Josselin Ier. De son mariage avec Agnès, Amaury eut un fils, Baudouin IV, qui naquit en 1160, et mourut en 1185, sans laisser de fils. Deux ans après, la ville sainte fut prise par les Sarrasins et le royaume de Jérusalem finit en fait sans finir de nom. Parmi ses rois nominaux un des premiers et le plus fameux, Jean de Brienne, avait épousé la fille du premier roi arménien, Léon le Magnifique. Ainsi donc toutes les reines de Jérusalem furent ou arméniennes ou de sang arménien.

La famille de Baudouin, gendre du prince arménien, est citée dans les *Lignages d'Outremer*, ouvrage qui fut traduit par un écrivain arménien presque contemporain, qui paraît être l'historien Héthoum. Voici ce qu'il y est dit (selon le texte arménien): « Le second roi de Jérusalem fut Baudouin de
» Bourg leur parent (des Bouillon). Il épousa la fille
» d'un prince arménien qui se nommait Gabriel le
» Baron et qui commandait Mélitine. Le nom de sa
» femme était Morphie. Elle lui donna quatre filles
» dont voici les noms: Mélisanthe, Alice, Hodiarde
» et Djiavié ou Djoié. Mélisanthe devint l'épouse de
» Foulques, comte d'Anjou; Alice devint la femme du
» prince d'Antioche: Hodiarde, celle du comte de Tripoli. Djoié se fit religieuse et on lui bâtit un
» couvent qui s'appelle St. Lazare de Béthanie. »

Latins leur estime et leur affection, se présentaient à eux avec des cadeaux, leur ouvraient les portes de leurs forteresses et de leurs châteaux ; ces derniers étaient loin de répondre à leurs gentillesses. La froideur entre ces grands se changea en mépris lorsque ceux-ci enlevèrent aux Musulmans la ville d'Antioche et les côtes de la Syrie. Les Latins, fiers des succès qui leur assuraient la paix du côté du dehors, méprisèrent la valeur arménienne, et profitant de leur force supérieure, ils chassèrent les Arméniens des villes et des forteresses dans lesquelles ils commandaient, et les dépouillèrent de leurs richesses. La dévastation s'étendit au delà même des confins de la Cilicie, jusqu'aux bords du fleuve Euphrate, rendant ainsi au désespoir ceux auxquels ils devaient de la reconnaissance. Constantin et le valeureux Vassil le Voleur, dans la crainte d'avoir à subir le même sort, vinrent protéger les Arméniens : mais ce fut peine perdue ; les Croisés s'enfermèrent dans leurs places inexpugnables qui rendaient inutiles les efforts des empereurs mêmes. Constantin mourut en paix, plein de gloire, loué et pleuré de tous[1]. Sa mort avait été, dit-on, présagée quelque temps auparavant par la chute de la foudre qui tomba sur sa demeure, ainsi que le rapportent religieusement quelques historiens[2].

Thoros Ier, (1100-1129), fils et successeur de Constantin, hérita du trône, du courage et de la sagacité de son père. Ce prince fut honoré par les Grecs qui l'appelèrent Protosebastos, d'après le témoignagne de Matthieu d'Edesse. Cette dignité était le plus grand honneur auquel un homme pût songer à la cour de Byzance. Je ne sais ni à quelle époque ni pour quels motifs ce titre lui fut décerné ; mais son principal mérite est d'avoir vengé dans le sang des Grecs, le meurtre de Kakigh. Au moyen de ruses et d'embuscades il se saisit des Mantaléens et de leur forteresse de Guentrosgave, la rasa complètement, en fit esclaves tous les habitants qu'il obligea à venir s'établir sur les bords du fleuve Paradis dans la Cracca Intérieure. Ensuite il les dépouilla de tous leurs trésors cachés, parmi lesquels se trouvait l'épée du dernier roi des Bagratides. De nos jours encore existe un village du nom de Paradis situé aux frontières de la Phrygie et de la Galatie. C'est là que le géographe Ramsay trouva en 1872, sur une pierre de délimitation, l'inscription suivante : Finis Cæsaris.

Ceux qui voudraient s'informer davantage sur ces faits et connaître mieux les circonstances de cette lutte, pourront lire l'ouvrage de Matthieu d'Edesse où ont puisé d'autres historiens[3].

---

1. Un antique auteur de Mémoires, raconte en peu de mots sa vie. Il dit : « Constantin (fut) un homme brave et juste. Il fut aimé par le plus grand nombre des habitants du pays (Cilicie), avec les bras desquels il s'agrandit jusqu'au littoral (?) du Taurus ; il s'empara de cette région. D'abord il occupa le château de Vahgah, d'où il s'élança à la conquête d'autres points de la plaine et des châteaux-forts. Il défit les Grecs à maintes reprises. S'étant allié aux soldats francs de la garnison d'Antioche contre les Ismaélites, et ayant déployé une vaillance extraordinaire, il émerveilla l'armée de ces braves, dont il reçut le titre de Comte et de Marquis. Après avoir mené une existence de conquérant et avoir eu deux fils, Thoros et Léon, il mourut en bon chrétien. »

2. Matthieu d'Edesse entre autres, et, surtout l'historien royal, qui dit : « Avant qu'il (Constantin) ne mourût, on vit un fait extraordinaire. Un feu, semblable à la foudre, vint jaillir sur le château de Vahgah. Il frappa un plat d'argent qu'il rejeta de l'autre côté de l'édifice, sous sept autres plats. On disait que c'était un présage de la mort de Constantin. Il mourut pendant cette année-là, après s'être confessé en digne chrétien, et fut enterré dans le saint monastère de Castalon. »

3 « Dans la même année fut vengé le sang innocent » de Kakigh par le meurtre des trois fils de Mantalé. » Ces derniers possédaient une redoutable forteresse » près de Tzoughentchour Գուղբենչուր (Rivière aux poissons), qui dominait le pays des Kamirs (la Cappadoce). Ce fort s'appelait Guendrosgave. Le premier de ces frères avait de l'amitié pour Thoros, fils de Constantin et seigneur de Vahgah. Tous les trois avaient promis à ce dernier de lui donner ce château, car il se trouvait sur la frontière et ils étaient beaucoup inquiétés par les Turcs. Thoros alla leur rendre visite en ami, mais escorté de ses soldats. S'étant arrêté dans un lieu voisin, il leur envoya dire qu'il les y attendait. Un des trois frères, prenant avec lui des présents (qu'il voulait offrir à Thoros) se rendit auprès de celui-ci et lui présenta une magnifique épée et de riches vêtements. Après qu'ils eurent mangé et bu, Thoros lui rappela sa promesse de lui céder le château. L'autre, reniant sa promesse, lui répondit : « Nous ne pouvons pas vous abandonner notre propriété patrimoniale. » Quand Thoros vit qu'il avait été trompé par eux (les trois frères), il dit à celui qui était venu : « Lève-toi, garde tes présents et va-t'en. Dorénavant prenez garde à moi ». Thoros s'en retourna chez lui, laissant l'autre là ; mais il revint en secret pendant la nuit ; il plaça ses fantassins en embuscade autour du château-fort et se tint plus loin avec sa cavalerie. Le matin arrivé, chacun se rendait à ses affaires. Quand ils aperçurent les soldats en embuscade, ils revinrent sur leurs pas et s'enfuirent au château ; les soldats de Thoros les y poursuivirent. Arrivés au château, les Grecs en fermèrent la porte intérieure contre les

A l'arrivée des Croisés (1101), Thoros se hâta de descendre des montagnes à la tête de nombreuses troupes, et alla offrir ses services au brave Tancrède, qui tenait en son pouvoir les villes de la plaine; puis en 1103, il rendit inutiles les efforts du général Boutoumite envoyé par Alexis Comnène, qui, ne pouvant nuire aux montagnards, alla s'emparer de Marache. L'année suivante, lorsque le prince d'Antioche et Josselin se rendirent maîtres de cette ville[1], Thoros acheta du gouverneur général une précieuse image de la Sainte Vierge qui y était fort honorée.

Il faut supposer qu'il y avait deux de ces images de la Vierge, car Thoros en aurait trouvé une dans les trésors des Mantaléens, qu'il plaça ensuite dans Anazarbe, deuxième ville de la Cilicie, comme gage de son triomphe et comme Protectrice de son trône et de sa maison. Après avoir défendu son pays du côté des montagnes, il descendit dans la plaine, et s'y installa définitivement en maître, en chassant les Grecs qui la possédaient. Il plaça alors l'image de la Vierge dans le château d'Anazarbe, où il construisit une chapelle dans laquelle il plaça solennellement ce tableau: comme cela se trouve dans l'inscription de la chapelle, ainsi que le rapporte l'historien. Maintenant tout est en ruines, il ne reste plus que quelques lignes de l'inscription; mais cela suffit pour attester la piété et la bravoure de Thoros. L'église fut intitulée du nom des Saints Généraux martyrs.

La piété et la probité de Thoros lui avaient attiré l'estime et la vénération de son entourage. Non seulement il bâtit un grand nombre d'églises et de monastères qu'il dota généreusement, mais encore il jeta les fondements de nombreux hospices qui devaient servir d'abri à tous les nécessiteux sans distinction de nationalité. « De cette manière il se fit aimer et respecter et se rendit célèbre parmi » toutes les nations limitrophes, qui, laissant » de côté le mot *Cilicie*, donnèrent à la contrée » le nom de *Pays de Thoros* ». Un de ces monastères porte le nom de Machghévor, mais le plus célèbre est le monastère de Trazargue où Thoros fut enseveli, après l'inhumation du moine docteur Méghrig, son premier précepteur. Tous les princes du sang après lui furent inhumés dans cette enceinte consacrée. Ce fut donc ce prince qui, le premier, fonda le royaume de Sissouan et bâtit un cimetière pour ses rois. Ses descendants qui s'étaient même dispersés dans les villes de la plaine, s'appelaient encore les Montagnards ou Princes des Montagnes. Il plaça en eux toute sa confiance; ce qui fut comme la base de son royaume naissant, se contentant en même temps des frontières qu'il possédait. Ainsi il laissa libre le brave Tancrède, de marcher contre les armées impériales, qu'il battit en diverses rencontres et s'empara de Tarsus et de plusieurs autres villes. Il chassa l'un après l'autre les généraux impériaux, au nombre desquels se trouvait un certain prince Arsacide, noble

---

» fantassins, mais ils n'eurent pas le temps de fermer la porte extérieure. Les soldats de Thoros emportèrent la porte et mirent le feu dans le château. Les habitants, épouvantés, ouvrirent bien vite la porte de l'autre côté et se mirent à se sauver. Les soldats de Thoros firent prisonniers les fuyards, s'emparèrent du château et coururent annoncer (leur victoire) à Thoros. Il en fut émerveillé, arriva joyeux et entra dans le fort. Il commença à réclamer tous les trésors; car l'or et l'argent de toute la province y étaient entassés. Thoros cria aux fils de Mantalé: Apportez-moi le glaive et les vêtements royaux de Kakigh! Ils les lui apportèrent. Thoros, à leur aspect, se mit à fondre en larmes et tous soldats pleurèrent avec lui. Thoros, furieux, s'écria: Où est le trésor? Ils s'obstinèrent à ne pas le lui dire. Alors on commença à les torturer. L'un d'eux se précipita du haut du fort et se tua. On recommença les tortures sur l'aîné qui dit insolemment à Thoros: Toi tu es un Arménien, mais nous, nous sommes princes grecs, que diras-tu à notre souverain? Thoros, exaspéré, lui répondit: Et vous, qui avez tué un homme puissant et sacré roi, qui venait se réfugier humblement auprès de vous, comme un père près de ses enfants, qui vous aimait, et que

vous avez assassiné, Kakigh, que direz-vous à la nation arménienne? Thoros, la rage au cœur, se leva, et s'emparant du manche d'un marteau, se jeta sur lui. En sanglotant, il se mit à le frapper jusqu'à ce qu'il l'eut tué. Alors Thoros rendit grâces au Seigneur qui l'avait jugé digne de venger le sang de l'innocent Kakigh, massacré perfidement. Le père de son père, Roupin, était des princes du roi Kakigh; Ensuite il (Thoros) s'empara d'un grand nombre de trésors d'or et d'argent et de toutes les provisions. Il emmena avec lui à Vahgah, le troisième frère et laissa une garde au château ».

1. En 1100, selon Matthieu d'Edesse, il y avait un certain Thathoul, ministre à la Cour de l'Empereur, prince des princes, homme brave, qui avait courageusement repoussé Bohémond quand il était venu pour s'emparer de cette ville. Les historiens byzantins disent qu'en 1103, Boutoumite s'était rendu maître de cette ville et qu'il l'avait remise au général Monastre. D'où nous pouvons conclure que la ville de Marache tomba dans les mains des Francs entre 1100 et 1103. Lorsqu'elle fut reprise par ces derniers, notre historien Matthieu d'Edesse ne donne plus le nom de son gouverneur d'alors, il l'appelle seulement le prince des princes.

chevalier, qui avait montré beaucoup de bravoure, avec Alexis, contre Robert Guiscard l'Avisé, sur les côtes d'Italie et de Grèce. Alexis fut obligé par traité d'abandonner au prince d'Antioche, la partie orientale de la Cilicie, les Montagnes Noires et leurs alentours, citées textuellement dans le traité de cession, à l'exception du territoire que tenaient les princes arméniens Thoros et Léon. Cette partialité pour ces derniers est expliquée par les bonnes relations de l'Empereur avec les petits-fils de Roupin, comme avec les Héthoumiens et les Asgouraciens. Il était nécessaire à Thoros de s'attirer les bonnes grâces de l'empereur, car il était en lutte continuelle avec les Turcs et les Perses qui avaient deux ou trois fois infesté les territoires d'Anazarbe. En 1107, ils envahirent le pays pour la première fois en passant par les forteresses du Taurus ; mais lorqu'ils eurent outrepassé les limites des possessions de Vassil le Voleur, ils furent terriblement battus par ce dernier. Il est probable que Thoros les ait poursuivis par derrière.

Quelques années après, ils firent une nouvelle incursion dans le territoire d'Anazarbe, ravageant et pillant tout. Comme leur armée était très nombreuse, Thoros n'osa pas leur livrer bataille, et ils purent s'en retourner impunément dans leur pays avec un grand butin.

Trois années après cette razzia, les Turcs dévastèrent de nouveau les frontières du royaume des Roupiniens. Deux princes associés à cette famille, Tigrane et Ablassath, qui étaient du nombre des hommes de Vassil le Voleur, tombèrent dans une bataille. La coopération de Thoros à cette dernière lutte n'est pas mentionnée dans les chroniques.

Une année plus tard (1114), un grand tremblement de terre ravagea la Cilicie, dans la direction du nord-est. La ville de Sis, qui devait devenir peu après la capitale du royaume des Roupiniens, fut à moitié détruite.

On cite encore un autre trait de la vie de Thoros, qui se rapporte à cette époque; mais il faudrait en connaître les causes pour le juger justement. Le fils de Vassil le Voleur, qui portait le nom de son père, était venu auprès de Léon, frère de Thoros, pour épouser leur sœur. Thoros se saisit du jeune prince et le remit dans les mains de Baudouin, comte d'Edesse. Celui-ci avait attaqué plusieurs fois le jeune Vassil, mais en avait toujours été repoussé. Mais après cette trahison, il put s'emparer de tout son territoire et renvoya le brave jeune homme les mains vides. Ce dernier après être resté quelque temps chez son beau-frère Léon, partit pour Constantinople.

Thoros reçut chez lui l'année suivante Abelgharib, prince de la ville de Bir, fils de Vassag le Bahlave, qui, attaqué par Baudouin, avait dû lui abandonner sa capitale et toute sa province [1]. Ce même Baudouin agit de la sorte envers les princes de la vallée de l'Euphrate; il sema le désaccord parmi eux. Matthieu d'Edesse en racontant toutes ses perfidies, l'appelle, ainsi que son peuple : « Ingrat à tous les bienfaits. »

La maison des Roupiniens devint ainsi de plus en plus puissante et influente, grâce à la finesse et à la politique de Thoros. Son frère cadet, Léon, qui lui succéda, eut tout autant de courage et de bravoure que lui, mais fut loin de l'égaler dans son habileté politique. Thoros avait eu un fils, appelé Constantin, qui devait lui succéder, mais il fut empoisonné avant la mort de son père. Les historiens ne font que citer ce fait, sans en donner la date, ni aucun détail. Léon, au reste, du vivant de son frère, avait eu la juridiction d'une partie du territoire, du côté oriental, probablement de la partie qui se trouvait entre les possessions des princes de Marache et d'Antioche. Il avait montré beaucoup de courage dans la guerre, soit qu'il eût à combattre pour son propre compte, soit qu'il le fît pour ses alliés, les Latins. Il s'était distingué aussi dans la campagne qu'il avait entreprise en 1112 pour aider Roger, prince d'Antioche, à envahir la ville d'Azaz, alors au pouvoir de l'émir d'Alep. Il fut placé à la tête de la troupe arménienne, et parvint à refouler l'émir dans la ville. Il repoussa toutes les sorties des assiégés et les força bientôt à capituler, moyennant certaines conditions. Non seulement Léon eut la gloire d'avoir pris la ville, mais il sut la garder en son pouvoir [2].

---

1 Thoros ne protégeait pas seulement ses compatriotes, il protégeait aussi les étrangers qui venaient se réfugier auprès de lui. On donne, pour exemple, Palac, de ceux après le puissant prince d'Alep, qui fut vaincu par Maksoud, le sultan de Konieh, et vint chercher un refuge près de Thoros. (Aboul-Faradjy l'an 1122).

2. Mathieu d'Edesse raconte ce fait plus longuement: « Après cela, Roger invita à la guerre les » soldats arméniens. Il fit venir Léon et lui dit: Tu

L'historien Vahram, après avoir raconté ce siège, ajoute : « La nation persane fut dans » l'admiration ; mais le Turc trembla et le nom- » ma (Léon) nouvel Astiage [1] ».

Une fois appelé à gouverner les domaines de ses pères, Léon s'élança dans la vaste plaine cilicienne, disent les historiens grecs, comme un lion féroce qui sort de son antre. Il frappait à gauche, à droite, combattant tour à tour les Turcs, les Latins et les Grecs ; leur ravissant leurs richesses et leur territoire. Cependant il lui arriva bien aussi quelquefois d'être battu par eux et de devoir leur céder même une partie de son héritage paternel. Au commencement, comme nous l'avons déjà dit plus haut, il fut l'allié des Grecs ; et même, il fut en si bons rapports avec eux qu'il donna sa fille en mariage à Isaac, frère [2] de l'empereur Alexis ; comme dot, il lui céda les villes de Messis et d'Adana. Mais des difficultés ayant surgi entre eux, Isaac fit alliance avec le sultan Maksoud. Léon, irrité, attaqua alors les Grecs, s'empara des villes de Mamestie et de Tarsus, la capitale. Il arriva même tout près des rives de la Méditerranée. C'est alors, qu'ayant eu un différent avec le jeune prince d'Antioche, Bohémond II, il s'allia avec Zanghi, l'émir féroce d'Alep. Non seulement Bohémond fut complètement battu, mais il perdit encore la vie dans la bataille.

Avant ou après cette dernière guerre il paraît que Léon attaqua les Turcs du nord ; en revanche, le puissant émir Danichmand-el-Ghazi II (1131) s'avança vers les terres de Léon. Celui-ci lui promit de ne plus sortir de son propre domaine et le Turc se retira. Mais Léon foulant aux pieds sa promesse, les attaqua une seconde fois. Peu après, il parvint à enlever aux Grecs le reste de leurs possessions et leurs places fortes, en Cilicie.

En 1136, il réussit à s'emparer de la fameuse forteresse de Sarvanti-kar, qui appartenait aux Latins ; de là leur colère contre Léon. Les Antiochéens, s'allièrent avec le roi de Jérusalem contre lui. Léon leur répondit par un traité avec son neveu Josselin II, comte d'Edesse. Ce fut le point de départ d'une guerre acharnée qui troubla la paix des chrétiens et causa beaucoup de ravages. Un grand nombre des esclaves furent emmenés des deux côtés.

La paix était à peine conclue que déjà Léon s'engageait dans une autre guerre contre Baudouin, maître de la ville de Marache. Il est difficile de dire qui fut vainqueur : l'historien royal et Sempad, les seuls qui mentionnent cette rencontre, n'étant pas d'accord. L'un dit que Baudouin fit subir de grandes pertes à Léon, l'autre affirme le contraire ; peut-être cette contradiction est-elle la faute d'un copiste. Toutefois ce qu'il y a de certain, c'est que même dans le cas d'une défaite pour Léon, il resta libre. Trois mois après, il fut attaqué frauduleusement par le prince d'Antioche qui parvint à s'emparer par ruse de sa personne ; mais la lutte entre les deux princes ne dura pas longtemps. Ayant ouï dire que les Grecs devaient les attaquer tous deux, le prince d'Antioche jugea plus utile pour lui de rendre la liberté à son prisonnier et de conclure avec lui une alliance défensive. Mais de peur d'être trahi par Léon, il prit quelques uns de ses enfants en otage, garda la ville de Sarvanti-kar, celles de Messis et d'Adana et exigea en plus une rançon de 60,000 piastres pour la personne du prince arménien qui fut ainsi libéré après deux mois de captivité.

Léon accepta ces conditions, gardant l'espoir de reconquérir un jour tout le territoire fertile qui formait la frontière orientale de ses états. En attendant une occasion fa-

---

» viendras combattre demain ; nous allons mettre les
» soldats arméniens à l'épreuve. Alors le grand sei-
» gneur arménien réunit tous ses soldats qui se trou-
» vaient au camp. Tous entourèrent le brave guerrier
» du Christ, Léon. Celui-ci les encouragea l'un après
» l'autre. Le lendemain les Sarrasins vinrent à la
» rencontre des Francs ; le prince des Arméniens
» acharna ses hommes contre les Turcs ; il excita leur
» courage et ils se précipitèrent contre les Infidèles.
» Il (Léon) rugit comme un lion, et, avec ses soldats,
» donna un choc terrible contre les ennemis, qu'il
» mit en fuite et (poursuivit) l'épée dans les reins,
» jusqu'à la porte de la ville et en tua beaucoup. Il
» les assiégea et les tint si serrés dans la ville qu'ils
» ne purent faire une sortie pour combattre ses hom-
» mes. Léon, le prince des Arméniens, se fit un nom

» glorieux ce jour-là et reçut des louanges des sol-
» dats francs. De ce jour, Roger admira les guerriers
» arméniens. (Léon) serra de si près la ville d'Azaz,
» qu'après un combat cruel, il la força de se rendre
» et s'en empara tranquillement. Il ne fit aucun mal
» à sa personne et permit à ses habitants de sortir en
» toute sécurité.

2 Vahram.

3. C'est de cette manière que je comprends ce que rapporte Aboul-Faradjy le syrien ; mais on peut comprendre tout le contraire dans la traduction latine de cet historien. Isaac fut le beau-père de Léon ; mais, comme celui-ci avait déjà des fils, parvenus à un certain âge, et qui lui étaient nés de la fille de Baudouin de Bourg, on ne peut pas le croire gendre d'Isaac.

vorable de revanche, il tourna ses armes du côté occidental, pénétra dans la Cilicie Pierreuse et vint même en assiéger la capitale, la grande et forte Séleucie.

A cette époque la dynastie des Comnènes occupait le trône de Byzance. Ils n'étaient irréprochables ni dans leur caractère ni dans leur conduite: mais ils avaient un esprit très vif et surtout une grande ardeur pour la défense et la conservation des territoires, que leur avaient laissés leurs prédécesseurs. L'empereur régnant était Jean. Il nourrissait contre le prince d'Antioche et contre les Arméniens une profonde inimitié; car il se regardait comme le maître légitime des terres qu'ils avaient envahies. Une fois la paix établie à l'intérieur de son empire, il rassembla une forte armée, arma une flotte et vint débarquer en Cilicie. Léon, dès qu'il en fut averti, leva le siège de Séleucie et s'empressa de fortifier sa résidence et ses forteresses.

L'empereur de son côté s'avançait rapidement vers le cœur de la Cilicie. Les villes de Tarsus, Mesis et Adana, alors sous la domination des Antiochéens, capitulèrent devant l'empereur et lui livrèrent lâchement leurs défenseurs. Mais la capitale de Léon, Anazarbe, bien fortifiée et bien défendue, lui opposa une grande résistance. L'empereur tenta de s'en emparer par ruse. Il envoya devant son armée, ses alliés turcs, pensant que les Arméniens épargneraient leurs anciens alliés. Mais les assiégés faisant une sortie, tombèrent sur cette avant-garde et la forcèrent de se replier, après lui avoir infligé de grandes pertes. Les Grecs accoururent au secours des Turcs et les Arméniens furent obligés de rentrer dans la ville. Les Grecs s'occupèrent activement des travaux du siège. Ils formèrent des bastions, amenèrent des béliers et des balistes; mais, malgré tous leurs efforts, ils ne purent causer aux assiégés autant de pertes et de dégâts que ceux-ci leur en faisaient subir. Leurs balistes étant plus puissantes, ces derniers lançaient des pierres massives qui brisaient les béliers des ennemis et écrasaient leurs soldats, ou bien encore, au moyen de lances ardentes, ils faisaient éclater des incendies dans leur camp.

Pendant qu'une moitié des assiégés était ainsi occupée, l'autre faisait de vigoureuses sorties. Ils s'élançaient hors de la ville en poussant de grands cris, renversaient et massacraient tout ce qui leur opposait quelque résistance et, mettant le feu aux machines, les réduisaient en cendres. Les Grecs souffraient beaucoup; un grand nombre des leurs avaient été massacrés; mais ce qui les exaspérait le plus, c'étaient les injures et les sarcasmes des assiégés. Cela les excitait à outrance et enflammait en eux le désir de la vengeance. Leurs machines étant pour la plupart hors d'usage, ils cessèrent les assauts pendant quelques jours.

Ils fabriquèrent alors de nouveaux engins de guerre et les recouvrirent d'argile, trempée d'eau, afin de rendre inutile les lances ardentes. Quoique ces dernières ne fussent pas l'obstacle le plus terrible et que les sorties réitérées des assiégés fussent beaucoup plus à craindre, les Grecs parvinrent cependant à ruiner, à coups de bélier, une partie des murailles; mais quelle ne fut pas leur surprise de rencontrer une seconde muraille interne mieux munie et mieux défendue encore que la première. Les Arméniens se défendirent avec acharnement; ils infligèrent de grandes pertes aux assiégeants. Mais ils durent enfin céder sous le nombre et furent forcés de se rendre. L'empereur se montra généreux envers des ennemis si braves. Non seulement il leur accorda la vie sauve, mais il leur laissa encore tous leurs biens. Il se montra beaucoup plus sévère pour la place forte de Vahgah, dernier abri de Léon et dernier refuge de la maison des Roupiniens. Irrité de la résistance que lui opposaient les défenseurs de cette forteresse, l'empereur fit serment de ne pas partir avant de l'avoir conquise, d'y rester plusieurs hivers s'il le fallait, et même jusqu'à sa mort. Il leur fit savoir qu'en cas de soumission volontaire, il les épargnerait, si non, ils seraient tous massacrés.

Les assiégés refusèrent de capituler, préférant mourir plutôt que de rendre une place forte presqu' inexpugnable. Ils s'encouragèrent les uns les autres et se préparèrent à résister. L'un des plus ardents était un chevalier du nom de Constantin: il était d'une taille de géant. Souvent il montait sur une tour bâtie sur un rocher à pic, et de là il insultait l'empereur et son armée et invitait les ennemis à un combat singulier. On lui envoya un soldat macédonien, appelé Eustrate, armé d'une longue épée, et d'un épais bouclier. Celui-ci attendit au pied de la muraille. Dès que Constantin l'aperçut, il descendit du rempart avec mépris et s'avança vers lui, comme un nouveau Goliath. Le combat commença; Constantin frappait de grands coups; son adversaire les parait courageusement et se couvrait habilement de son grand bouclier. Encouragé par les applaudissements des siens, il essaya à plusieurs reprises de porter un coup d'épée au géant. Enfin il parvint à fendre son bouclier, et pendant que les Grecs annonçaient leur victoire par des cris de joie, Constantin tourna le dos, s'enfuit dans la forteresse et ne reparut plus. Les assiégés indignés de la lâcheté de celui qui était regardé comme l'un des plus braves de leurs chefs, le livrèrent à l'ennemi et entrèrent en négociations pour capituler. Constantin fut chargé de chaînes et envoyé à Constantinople; mais délivré, une nuit, par ses serviteurs, il attaqua ses gardiens, les tua et parvint à s'enfuir; cependant il fut repris et livré de nouveau à d'autres gardiens.

Léon, de son côté, se retirait à pas lents au milieu des montagnes ; protégé par le terrain, il put soutenir la lutte assez longtemps. Enfin, assiégé dans un défilé très étroit, après avoir consommé toutes ses provisions, il fut obligé, bon gré mal gré, de se rendre et de se livrer à l'ennemi avec sa femme et trois de ses fils : Thoros, Roupin et Stéphané. Le quatrième, Meléh, se trouvait alors chez Josselin. En voyant enfin son implacable ennemi en son pouvoir, l'empereur ressentit une joie indicible. Il le fit charger de chaînes et l'envoya avec sa famille à Constantinople. Parmi le butin qui accompagnait ce convoi, se trouvait la célèbre image de la Vierge, dont nous avons déjà parlé [1]. Léon fut tout d'abord emprisonné; mais au bout d'une année, on lui laissa un peu plus de liberté et on finit par lui permettre d'entrer au palais, où il mangea de fois à autre avec l'empereur. Mais le jeune prince Roupin, son fils, ne tarda pas à avoir des envieux et à tomber victime de leurs calomnies. Accusé par eux auprès de l'empereur, celui-ci lui fit crever les yeux et le malheureux prince succomba aux douleurs (1139). L'empereur alors craignant la vengeance de Léon, l'emprisonna de nouveau. Tout cela accabla si tristement le cœur de ce lion captif, qu'il mourut peu de temps après. Il aurait prédit, à ce que l'on raconte, que Thoros, son fils, réussirait à s'échapper, à reconquérir plus tard la Cilicie et à étendre sa domination non seulement du côté de la plaine, mais encore de la mer [2]. La vie de Léon avait été courte ; mais sa réputation fut si grande, que les Turcs donnèrent au territoire sur lequel il avait régné, le nom de « Pays de Léon ».

La Cilicie resta durant sept années sans prince indigène. L'empereur Jean, dispersa toute l'armée arménienne et envoya 12,000 soldats grecs pour garder les villes et les places importantes. Il avait l'intention de faire un royaume de la Cilicie, de la Pamphylie et de l'Isaurie, d'y ajouter même Antioche et de placer sur ce trône son fils cadet Manuel. Après la mort de Léon il fit un voyage en Cilicie (1142) en compagnie de ce jeune prince. Il y revint encore l'année suivante (1143). Comme il chassait aux environs d'Anazarbe, il fut blessé par une flèche empoisonnée et mourut en désignant son fils Manuel pour son successeur. Ce dernier, après avoir repris aux Turcs quelques forteresses et y avoir placé des garnisons grecques, s'en revint à Constantinople avec les restes de son père.

Il avait à peine quitté la Cilicie, que Bohémond, prince d'Antioche, envahissait déjà le territoire qui avoisine cette ville. Les places les plus fortes, dans les montagnes : Vahga, Gaban et d'autres, étaient déjà depuis une ou deux années, occupées par l'émir Mélik-Ahmad–Danicheman [3] (1138-1139).

Après avoir cessé d'exister pendant sept années sous l'autorité des princes Roupiniens [4], la Cilicie se releva de ses ruines et bientôt une

---

1. Parmi les villes connues dont l'empereur s'empara, les Grecs en citent quelques-unes tout à fait inconnues, entre autres: Périclyton, Περικλυτόν, et Kolonia, Κολώνια. — *Ephrem-Le Moine*.
2. Voici ce que l'on prétend que Thoros aurait dit à son père : « J'ai vu dans mon songe qu'un homme » m'offrait un pain avec un poisson dessus. Je le pris » et je t'en donnai aussi. Le père, émerveillé, devina » la signification du songe de son fils : Tu régneras » encore, lui dit-il, sur le pays de la Cilicie que nos » ancêtres ont acquis par la force, et tu étendras ton » domaine jusqu'à la mer ; c'est ce que le poisson » veut dire. Mais moi je ne le verrai pas. »
3. Beaucoup de chroniqueurs le citent, entre autres, notre Héthoum, qui dit : « l'année 587 (1138), vint Ahmad-Mélik qui arracha des mains des Grecs différentes possessions de Léon : Vahga, Gaban et la Montagne-Rouge. »
4. L'historien Sempad dit seulement : « Trois ans » resta pris notre pays par des étrangers », c'est-à-dire par les Antiochiens et par Mélik-Ahmad. Sempad croit ou que cette domination des étrangers eut lieu plus tard, ou que Thoros revint plus tôt en Cilicie. D'après les plus fidèles historiographes, Thoros ne rentra dans le pays qu'en 1144 ou 1145. Pourtant il paraît que Stéphané s'évada et revint avant cette époque. On ignore comment il opéra son évasion. L'historien royal parlant quelque part de ces deux princes, Thoros et Stéphané, dit qu'ils s'enfuirent en cachette. Vartan (LXXIII) dit de même et ajoute qu'ils s'en revinrent ensemble mais plus tard, en 1151.

ère de liberté nouvelle et plus belle que jamais brilla pour ce pays. Un des survivants des prisonniers de Constantinople, le fils aîné de Léon, Thoros II, fut tiré de prison par l'empereur, touché de compassion par les malheurs de cette famille et aussi gagné par les grâces du jeune prince. C'était, paraît-il, un fort beau jeune homme, plein d'ardeur, mais modeste, poli et très instruit. Il était très versé dans la connaissance des livres saints et fort habile dans l'interprétation des textes difficiles, chose que nos historiens considèrent comme le signe d'un esprit prophétique. Les traits de son visage étaient aussi pleins d'élégance et d'attrait, — bien qu'il fût « d'un teint brunâtre » et qu'il eût un menton un peu long ; sa » figure était belle et imposante, ses cheveux » frisés, et plein de grâce ». — Ce portrait cité par l'historien de la famille royale est assurément celui d'un témoin oculaire. Quoi qu'il en soit, les œuvres accomplies plus tard par le jeune prince, attestent bien qu'au courage de son père, il unissait la prudence de son oncle, dont il portait le nom ; et ces deux qualités se trouvaient en lui dans une plus grande mesure encore que chez ses prédécesseurs. C'est pourquoi, il est regardé comme le second fondateur de la maison des Roupiniens. Il surpassa tous les autres princes de cette famille, à l'exception du roi Léon Ier.

Les événements remarquables du règne de Thoros sont nombreux et variés : on pourrait même en faire un roman. Mais la mesure de notre travail ne nous permet pas d'entrer dans des détails trop minutieux.

Il existe plusieurs traditions variées au sujet de la mise en liberté du jeune prince, et les historiens se trouvent assez embarrassés à ce sujet. Quelques-uns croient qu'il revint dans sa patrie, deux ou trois années après le retour de l'empereur Jean à Constantinople : d'autres affirment, et il paraît plus vraisemblable, qu'il parvint à plaire à une princesse byzantine, et aurait ainsi obtenu sa liberté et plus tard celle de sa patrie. Cette princesse lui aurait fourni en outre des provisions pour son voyage, et même une lettre déclarant son authenticité. Thoros s'enfuit secrètement, s'embarqua pour Chypre, et après des efforts sans nombre put débarquer enfin sur les rives de sa patrie.

Il se fit connaître tout d'abord à un prêtre, et par son intermédiaire, à un évêque syrien, du nom d'Athanase. Celui-ci se conduisit à l'égard du prince, comme s'il eût été arménien : il lui céda même son cheval, et lui donna douze hommes pour l'escorter. Thoros se mit en route et vit bientôt le nombre de ses compagnons augmenter rapidement ; beaucoup de ses partisans l'ayant reconnu, vinrent en effet se joindre à son escorte. Le jeune prince de son côté, tantôt se faisait connaître, tantôt gardait l'incognito. Avec une grande habileté, doublée d'une grande prudence, il parvint à gagner à sa cause les plus habiles parmi les prêtres et les laïcs. Avec l'aide de Dieu, il ne devait pas tarder à reconquérir le royaume de ses ancêtres, « au sein duquel, » disent les historiens, il ressentit un grand » attrait pour les montagnes de ses pères et » un grand désir de revoir le lieu de sa » naissance. » Il commença par arracher des mains de l'étranger la forteresse inexpugnable de Vahga, après quoi, il reconquit l'une après l'autre les places fortes de Hamouda, Simanaglas, Ariudz-pérte et plusieurs provinces.

Les montagnards arméniens du Taurus, qui étaient restés dans le pays, l'aidèrent beaucoup, comme nous l'apprend un mémorial, dans lequel nous trouvons en outre que la prise de Vahga lui assura la domination sur toute la Phrygie et que peu après il était maître d'Anazarbe et de toute la plaine. Ayant été informés de ces événements, ses deux frères, Stéphané et Meléh, qui se trouvaient auprès de Nouréddin, vinrent se joindre à lui. C'étaient deux vaillants guerriers ; peut-être égalaient-ils leur frère aîné en bravoure, mais ils étaient loin d'avoir autant de prudence ; s'ils lui rendirent plusieurs fois des services importants, ils furent aussi quelquefois un obstacle à ses plans.

Dès que Thoros se vit solidement établi sur le trône, il pensa à mettre en ordre les affaires de sa maison par le mariage (1149-1150). Dans ce but il se rendit, dit-on, à Raban, pour demander à Josselin II, son parent, la main de sa fille [1]. Il n'avait avec lui que douze cavaliers et un petit nombre de soldats ; il fut attaqué en chemin par les Turcs. Il par-

---

1. Selon Michel le Syrien. Selon d'autres, Thoros se serait marié avec la fille du bailli Thomas qui était fils de la tante de Thoros. Ces deux assertions peuvent être vraies, mais il faut supposer que Thoros, aussitôt après la mort de sa première femme, en aurait pris une seconde, ou bien qu'il n'ait réusi à prendre la première.

vint cependant à les battre complètement et arriva à destination sain et sauf [1].

Après son mariage, il recommença ses conquêtes. Il prit d'abord le bourg Til-Hamdoun, qui était près d'Anazarbe, sa résidence ; puis, en 1157, il reconquit Messis, et s'empara même de son gouverneur, le duc grec Thomas. Lorsque l'empereur Manuel apprit ces faits, il était occupé à d'autres guerres : ne voulant pas laisser perdre un pays qui avait coûté tant de sacrifices à son père, et à la conquête duquel il avait lui-même coopéré, il envoya son cousin Andronic contre Thoros. Andronic était un prince de mœurs plus ou moins dissolues, méchant et dangereux. Quelques seigneurs arméniens les princes de la Cilicie occidentale s'unirent à lui, c'étaient sujets des Grecs, les Héthoumiens, et les Natanaëls, maîtres des forteresses de Babéron et de Partzer-pérte. Devenu plus fort par leur assistance, Andronic, avec douze mille soldats, vint assiéger Thoros dans Mamestia. Plein d'orgueil et de présomption, le général grec envoyait des messages pleins de sarcasmes à Thoros, l'invitant à se rendre et à subir le même sort que son père infortuné.

Mais Thoros n'attendait qu'une occasion favorable pour faire une sortie. Profitant d'une nuit pluvieuse et troublée par la tempête, il sortit soudain de la ville et fondit, au milieu des ténèbres, sur le camp des Grecs. Ceux-ci furent battus complètement ; quelques-uns s'enfuirent, le plus grand nombre furent faits prisonniers. Thoros renvoya le bas peuple après leur avoir enlevé leurs armes, et garda les chevaliers et les nobles. Parmi ceux-ci se trouvaient : Ochine, gouverneur de Lambroun et père de saint Nersès ; Basile, gouverneur de Partzer-pérte, et Tigran, gouverneur de Pragana. Sempad, gouverneur de Babéron, frère d'Ochine (et aïeul du père du roi Constantin), mourut dans le combat qui s'engagea devant la porte de la ville.

Ochine promit pour sa rançon 40,000 piastres : la moitié fut payée comptant ; comme garantie pour le reste, il laissa en otage son jeune fils Héthoum. Ce jeune prince sut gagner les bonnes grâces de Thoros qui lui donna sa fille en mariage et renonça aux 20,000 piastres que lui devait Ochine. Tous les autres princes arméniens imitèrent Ochine, et moyennant une rançon plus ou moins forte, purent recouvrer promptement leur liberté. Les Grecs pensèrent pouvoir y réussir tout aussi facilement ; ils prièrent Thoros de fixer le prix de leur rançon selon leur mérite. Mais celui-là leur répondit avec ironie : « Pensez-vous que si vous aviez » du mérite, je vous eusse attrapés ? » Les Grecs se montrèrent vivement offensés de ces paroles ; ils n'en payèrent pas moins une forte rançon. Dès que Thoros eut reçu cet argent, il le distribua à ses soldats, sous les yeux des Grecs, en disant, qu'il agissait ainsi afin que ceux-là « missent plus d'ardeur encore à les » rattraper, si jamais l'occasion s'en présenterait » une seconde fois ».

L'empereur voyant qu'il n'était pas si facile de vaincre Thoros, ne pouvant marcher contre lui en personne et n'ayant pas assez de confiance dans les siens, excita contre le jeune prince arménien le sultan d'Iconie, Maksoud, prince renommé pour sa valeur guerrière. Non seulement il lui donna beaucoup d'argent, mais il promit de lui en donner davantage encore. De 1153 à 1155 le sultan passa trois fois la frontière avec des forces considérables ; mais il n'aboutit à rien. La première fois, il trouva les défilés des montagnes gardés par Thoros, qui l'attendait sur les hauteurs ; il lui offrit la paix et s'en retourna. La seconde fois, il confia son armée à Yakoub ; mais ce général ne sut pas rencontrer Thoros ; il vint se heurter à l'armée des chevaliers francs et de Stéphané. La bataille se livra près d'Antioche [2] : les Turcs furent

---

1. Le même Michel dit que les Turcs écrasés par Thoros étaient au nombre de 3000. Il dit aussi qu'avant cet exploit, Thoros avait envahi « le pays de la » Cappadoce et avait marché sur les Turcs et qu'il » s'en était retourné avec un grand nombre de prisonniers, chargé de butin, et avec un nom glorieux. »

2. L'historien d'Edesse (Mathieu) s'exprime ainsi : « Le sultan envoya un des grands princes de son fils » Mélik, qui se nommait Yakhoub. C'était un homme » méchant et cruel. (Le sultan) lui donna une armée » forte de près de 3000 hommes pour aller dévaster » Antioche. Après qu'ils (Yakhoub et son armée) eurent passé le lieu appelé Les Portes, tout-à-coup, » comme si le ciel les envoyait, les chevaliers francs » et le frère du généralissime, Stéphané, se jetèrent » sur eux et les écrasèrent. Yakhoub fut transpercé » d'une lance qui lui atteignit le foie. Il jeta un grand » cri et mourut. » Vartan dit de même, mais plus brièvement (LXXIII) ; « Aghoub, leur chef, voulut se » rendre. A la tête de 3000 hommes, à Anazarbe, vers » la province d'Antioche, mais Stéphané, frère de » Thoros, fondit sur eux et les écrasa tous. Les cris » des mourants furent entendus jusqu'au camp (d'A- » ghoub), où tous frémirent et s'enfuirent sans reprendre haleine. Le sultan n'eut que le temps de se sauver et de se réfugier dans son repaire ».

complètement battus. La troisième fois le sultan envoya une armée plus nombreuse encore que les précédentes, avec la mission de ravager et de détruire tout. Elle vint camper devant Til, afin d'en commencer le siège. Les chevaliers et Stéphané, frère de Thoros, y étaient déjà entrés pour la renforcer. Mais ce furent moins les armes qu' un événement providentiel qui amena la retraite des ennemis. Une épidémie vint décimer et les soldats Turcs et leurs chevaux. De plus la pluie commença à tomber en grande abondance, et il y avait fréquemment des tempêtes terribles, des orages et des ouragans qui déracinaient les plus gros arbres, et c'était pendant l' été. Ce contraste effraya les Turcs ; ils crurent à un signe du ciel et ils s' en retournèrent. Le Sultan Maksoud mourut quelques mois plus tard.

L' empereur ayant échoué de ce côté, imagina un autre stratagème. Il excita contre Thoros la plupart des occidentaux : les Antiochiens et les Templiers surtout. Les Grecs qui se trouvaient en Cilicie, se joignirent à eux. Une bataille acharnée eut lieu près d'Alexandrette. Des deux côtés le nombre des morts fut considérable. La victoire était indécise, lorsqu'une nouvelle troupe de Templiers arriva au secours des alliés. Thoros, sentant que ses forces ne lui permettraient pas de résister beaucoup plus longtemps, proposa la paix à ses adversaires. Il consentit[1] dans ce but à leur laisser les forteresses qui avoisinaient le territoire d' Antioche, et qui étaient alors en son pouvoir.

Lorsque Renaud, prince d'Antioche, chef des alliés, vit que les Grecs le trompaient et qu'ils ne lui donnaient point les récompenses promises, il changea de politique. Il fit avec Thoros une alliance contre eux. Comme il possédait une flotille, il opéra une descente sur les côtes de Chypre ; cette île se trouvait dans ce temps sous la domination des Grecs. Il ordonna alors un massacre aussi cruel qu' indigne. Selon quelques chroniqueurs arméniens[2], Thoros aurait participé à cet acte barbare et même l'aurait suggéré. Cependant, l' historien très scrupuleux des occidentaux, Guillaume de Tyr, qui raconte en détail ce massacre, ne parle que de Renaud, et un peu plus loin il parle de Thoros en termes très élogieux. S' il y eût réellement un prince arménien de mêlé à cette affaire, ce fut probablement l' un des frères de Thoros, Meléh ou Stéphané. Ce dernier nourrissait une haine très vive contre les Grecs et cherchait à leur nuire en toute occasion. Il agissait sans aucun ordre de Thoros, et souvent contre sa volonté. Ainsi, l' an 1157, il réunit une troupe d' aventuriers et pénétra sur les terres du sultan, avec lequel Thoros avait conclu un traité de paix. Il parvint à s' emparer de Goguisson et de Bertousse. Une telle conduite excita au plus haut degré la colère du sultan, qui vint en personne reprendre Cucusus. Thoros, de son côté, s'empressa de lui rendre Bertousse. Stéphané n'en continua pas moins son expédition. Il chercha à s' emparer de Marache, mais ne réussit pas. Alors il se dirigea sur Béhésnie : c'était un bourg bien fortifié, mais les habitants, ayant eu à souffrir de leur gouverneur, avaient eux-mêmes appelé Stéphané. Tandis qu' il s'avançait vers cette place, le gouverneur en fut informé ; il fit arrêter les traîtres et les précipiter des murailles de la forteresse. La plupart des habitants effrayés, s' enfuirent et vinrent se réfugier auprès de Stéphané. Celui-ci les fit camper dans la plaine d'Anazarbe ; mais la plupart moururent, car la chaleur qui régnait dans ces lieux était insupportable. Thoros, justement irrité de la conduite de son frère, le fit prendre et jeter en prison, et ne l' en délivra qu' au bout de dix mois. Peut-être était-ce déjà Stéphané qui, en 1155, avait fait des incursions aux environs d'Alep, dans les états de Nouréddin, quoiqu' un mémorial arménien les attribue à Thoros : « Le pieux » et grand prince Thoros, vint jusqu' à Alep, » s'empara de beaucoup de places et de forte- » resses, les réduisit en ruines et s' en retourna » victorieux dans sa résidence . »

Thoros se vit une seconde fois obligé d'entrer en campagne contre les Grecs . Il occupait la plus grande partie de la Cilicie, ainsi que la province d' Isaurie ; l'empereur Manuel ne pouvait plus le supporter. Il lui opposa successivement trois généraux. Le troisième, Andronic dit Euphorpène, familier de l' empereur, vint assiéger Tarsus (1156-1157). Thoros arriva avec ses alliés, les Antiochiens, battit les

---

1. Guillaume de Tyr (XVIII,10) dit que Renaud, repoussa Thoros, après lui avoir infligé de grandes pertes.
2. Entre autres, Sempad et Matthieu d'Edesse.—Michel le Syrien, bien qu'il dise que ces massacres furent commis du consentement de Thoros, prétend que ce fut Renaud qui les commit.

Grecs, qui perdirent plus de 3000 des leurs; le reste eut à peine le temps de prendre la fuite et de se réfugier sur les vaisseaux qui les avaient amenés. Le roi de Jérusalem, Baudouin IV, qui devait épouser la fille de l'empereur, les aida à rentrer dans leur patrie. L'empereur, dès qu'il fut débarrassé de la guerre de Sicile, vers la fin de l'année 1158, rassembla une nouvelle armée et vint débarquer à Atalie, afin de se venger de ses deux ennemis, Thoros et les Antiochiens. Thoros abandonna Tarsus, conduisit sa famille dans une forteresse inaccessible, appelée Dadjeguikar, puis se retira dans les montagnes avec sa troupe, changeant continuellement de place. L'empereur ne le pouvant surprendre, se contenta de soumettre le pays environnant et résolut de passer l'hiver dans la ville de Tarsus. Le prince d'Antioche vint alors de lui-même faire sa soumission, comme un condamné. Il remit à Manuel son épée dégainée et obtint sa grâce par l'intermédiaire du roi de Jérusalem. Comme un vassal à l'égard de son suzerain, il reçut l'empereur à Antioche avec une grande pompe (1159). C'est là que le roi de Jérusalem et les principaux chevaliers intercédèrent auprès de l'empereur en faveur de Thoros; lui représentant que c'était un prince très noble, courageux et magnanime, très nécessaire pour la défense des chrétiens, libéral et doué des plus belles qualités. Thoros se présenta en personne, et plus que leurs paroles, son maintien vaillant et noble servit à calmer la colère de l'empereur. Lorsque, quelques jours plus tard, Thoros lui envoya des chevaux et des vivres pour son armée, la réconciliation sembla complète. Il paraît qu'alors Thoros fut nommé *sébaste* et institué par décret spécial, et comme un des grands de la cour impériale, au gouvernement du pays; et même, dans cette occasion, l'empereur lui offrit un sceau d'or, selon le témoignage du D.' Vahram.

Mais cet accord parfait ne dura pas longtemps; dès que Manuel se fut éloigné, Thoros reprit l'offensive. Thoros, dit-on, aurait accompagné l'empereur jusqu'au port où il devait s'embarquer, tout comme les autres princes. Mais sur des soupçons fondés ou faux, quelques-uns d'entre eux l'auraient accusé de machinations contre l'empereur. Alors Thoros, craignant d'être conduit dans les prisons de Byzance et d'y subir le même sort que son père, s'enfuit durant la nuit et vint s'enfermer dans la forteresse de Vahga. Lorsqu'il fut certain du départ de l'empereur, il attaqua et reconquit bientôt Anazarbe, Messis et les villages d'alentour [1].

Alors il se mit à veiller avec plus de circonspection, chercha à augmenter de plus en plus ses forces militaires et à se faire craindre et respecter de ses voisins. Il était en paix avec le prince d'Antioche, et étroitement lié avec le vaillant roi de Jérusalem, Baudouin III, dont la mère était une Arménienne. Il marcha avec ce dernier contre Nouréddin pour venger le prince d'Antioche, Renaud. Celui-ci s'était en effet engagé imprudemment dans une guerre contre Nouréddin, avait été pris dans une embuscade, conduit en esclavage et depuis seize ans se trouvait emprisonné. Mais, Baudouin III étant mort prématurément, au commencement de l'an 1162, Thoros ne voulut pas continuer seul la guerre et se retira.

L'année suivante, ou déjà dans le courant de cette même année, (1162), Thoros se trouvant tout à fait libre, fit un pèlerinage aux Lieux-Saints. Lorsqu'il vint présenter les félicitations d'usage à Amaury, frère et successeur de son ami Baudouin, ce prince lui fit une réception royale. Ces marques d'estime et de sympathie de la part du nouveau roi, décidèrent Thoros à conserver fermement l'amitié qui l'unissait à ces vaillants chevaliers. Il promit de rester pour toujours l'allié du roi de Jérusalem et des Croisés, et, — ce qui mérite d'être remarqué, — s'engagea d'envoyer à Amaury une armée de trente mille soldats, et lui en donna quinze mille immédiatement. Ceci est un témoignage important de sa force et de l'étendue du territoire soumis à son sceptre. Il resta l'allié des rois de Jérusalem, jusqu'aux jours où quelques membres du clergé, sans prévoyance ou excités par la cupidité, exigèrent de Thoros qu'il leur livrât la dîme; alors ils se privèrent sottement des plus grands bienfaits qu'ils pouvaient recevoir de lui.

Un voyageur célèbre, le juif Benjamin de Toudel, visitait presque à cette époque le

---

1. Vahram lui aussi parle de cela comme ayant eu lieu bien avant. Un auteur de mémoires dit de même, mais cet auteur n'est pas contemporain. D'après ce qu'ils rapportent l'un et l'autre, on serait tenté de croire que Manuel serait venu deux fois en Cilicie pour faire la guerre à Thoros, et qu'il y serait venu soit avant, soit après l'époque où eut lieu la grande bataille près de Messis, et que suivirent de près les invasions du sultan de Koniéh.

royaume de Thoros (1163-1164). Il parle de la puissance du roi et de l'étendue de ses possessions. Il en place le commencement des frontières, du côté du sud-ouest, au château de Coricus, et la fin, à la ville de Douguime ou Douguia, qui certes n'est pas la ville d'Eudoxie, mais quelle ville est-ce? on ne l'a pas encore vérifié. Peut-être aura-t-on écrit Douguia pour Antioche, car l'écrivain ajoute que cette ville se trouve à la frontière du territoire des Tocarmas, c'est-a-dire des Turcs.

Bientôt une nouvelle ligue se forma contre Nouréddin. Les chevaliers latins, le nouveau prince d'Antioche, Bohémond III, et son frère Raymond, prince de Tripoli, s'unirent avec le duc grec Constantin Calaman, gouverneur de Tarsus. Ils invitèrent Thoros, qui venait de rétablir Bohémond sur le trône en le délivrant des mains de son ambitieuse mère qui l'avait dépossédé, de se joindre à eux. Tous ces princes réunis, attaquèrent Nouréddin sur les frontières de Tripoli et le vainquirent. Le sultan, furieux de cette défaite, rassembla une armée formidable et s'avança contre eux. Thoros conseilla alors à ses alliés de ne pas courir à sa rencontre mais de se retrancher chacun dans son territoire; ce qu'il fit lui-même. Ils ne voulurent pas l'écouter; ils livrèrent bataille, et furent battus complètement (10 Août 1164). Tous les chefs furent pris et conduits dans les prisons du sultan, où se trouvaient déjà Renaud et Josselin III. Seul, Meléh, frère de Thoros, parvint à se sauver, aidé par une tribu de Turkomans qui étaient ses amis. Thoros pria instamment Nouréddin de délivrer les prisonniers; sur son refus, il attaqua la place de Marache, battit les Turcs et obligea même l'ambitieux conquérant à lui demander la paix. Thoros y consentit mais à condition que les prisonniers fussent mis en liberté contre rançon. Le prince d'Antioche paya pour la sienne cent mille besants d'or.

La fin du règne de Thoros fut marquée de plusieurs événements douloureux pour lui, la plupart dus à l'intrépidité irréfléchie de ses frères. Stéphané, comme nous l'avons déjà dit, était un ennemi implacable des Grecs; il les vexait de toutes les manières possibles, s'efforçant sans cesse de leur reprendre toutes leurs conquêtes. Il parvint à se rendre maître des Monts Noirs, ce qui irrita les Grecs à un si haut point que pour s'en venger, ils n'hésitèrent pas à commettre un acte plus cruel encore que celui des Mantaléens. Ils chargèrent le gouverneur de la forteresse de Hamousse d'inviter Stéphané, comme par amitié. Celui-ci se rendit à cette invitation sans le moindre soupçon; les Grecs s'emparèrent alors de sa personne et lui firent souffrir une horrible mort: ils le jetèrent dans une chaudière pleine d'eau bouillante (1165), sans égards, comme le dit un historien, ni pour ce vaillant soldat, ni pour eux-mêmes [1]; car ils auraient bien dû prévoir que les frères de la victime, justement irrités, useraient de représailles envers eux. Ils se vengèrent en effet très cruellement sur des Grecs innocents. Le plus coupable fut le duc de Hamousse qui en livrant traîtreusement Stéphané à ses ennemis, fut la cause de tous ces massacres. Le Catholicos de Syrie (Michel), contemporain de ces événements, fait monter jusqu'à dix mille le nombre des morts; mais il est probable qu'il comprend dans le nombre, non seulement les victimes des massacres qui accompagnèrent les incursions, mais encore ceux qui tombèrent dans les luttes auxquelles elles donnèrent lieu. Andronic Comnène, ce prince aussi efféminé que lâche, après un emprisonnement de douze ans ayant recouvré sa liberté, s'empressa de venir prêter main-forte aux Grecs; d'autant plus qu'il avait à venger son ancienne défaite. Il rassembla de nombreuses troupes, qu'il déguisa, par dérision, en bêtes sauvages. Thoros dissimula habilement ses troupes dans les forêts; puis fondit tout à coup sur cette bande d'hommes qui semblait un troupeau de bêtes; en massacra un grand nombre et dispersa le reste. Cependant dans la mêlée, Andronic réussit à donner un coup si violent au bouclier de Thoros, qu'il le fit tomber de cheval; Thoros se releva d'un bond; mais Andronic sans perdre temps s'enfuyait déjà lâchement vers Antioche. Peut-être est-ce dans cette même campagne que les Grecs attaquèrent la forteresse de Partzerpérte, sous les murs de laquelle ils furent également battus par Thoros, qui leur prit un grand nombre de prisonniers. Vahram et un autre chroniqueur racontent ce siège comme ayant eu lieu lors de la première guerre avec

---

1. Quelques-uns prétendent que ce fait eut lieu en 1163 ou 1164, mais l'historien royal dit que ce fut en 1165. C'est, du reste, ce qu'exige l'ordre du cours des événements du principat de Thoros.

les Grecs, à l'arrivée de l'empereur Manuel en Cilicie[1]. Quoi qu'il en soit, l'autre Andronic, surnommé l'Euphorpène, pria le prince d'Antioche d'intervenir pour mettre fin aux représailles de Thoros et de Meléh.

C'est à cette occasion qu'une querelle éclata entre Thoros et les Héthoumiens, partisans des Grecs. Ochine, à ce que l'on dit, aurait excité, contre Thoros, une bande de maraudeurs turkomans. Ceux-ci auraient alors, dans une razzia, enlevé cinq cent jeunes filles. Thoros, débarrassé de ses ennemis étrangers, tourna aussitôt ses armes contre Ochine et vint dévaster les alentours de la forteresse de Lambroun. De deux côtés on se prépara à une guerre acharnée, bien que depuis la bataille de Maméstie, Héthoum et Thoros fussent liés par des liens de parenté. Mais dès que le bruit de la guerre se répandit au dehors, Nersès de Cla, frère du Catholicos Grégoire, accourut et parvint à rétablir la paix entre les deux adversaires.

Thoros venait à peine de renouer des relations amicales avec son parent, qu'il faillit être la victime de son propre frère, le seul qui lui restait, l'impétueux Meléh. Celui-ci, secondé par une bande d'aventuriers, conçut le projet d'assassiner son frère un jour qu'ils se rendaient ensemble à la chasse entre Messis et Adana. Thoros averti à temps du complot, fit saisir le traître. Après lui avoir reproché sa trahison en présence de ses soldats et de ses princes, il lui fit remettre des provisions, des armes et de l'argent, et le chassa du pays. Meléh retourna à la cour de Nouréddin et parvint à recouvrer les bonnes grâces du sultan.

Ainsi Thoros, guerrier aussi brave que prudent, après avoir apaisé tant de rébellions et soutenu tant de guerres, légua à sa famille, si non toute la Cilicie, au moins la plus grande partie de ce pays. Il lui en rendit la possession plus sûre en faisant des Templiers et des Hospitaliers ses amis. Occupé de guerres et de luttes politiques pendant la majeure partie de son règne, il parvint néanmoins à relever le bien être de ses états et de son église. Enfin il cacha sous l'habit des religieux la splendeur de sa gloire et l'éclat de ses armes triomphantes, qui avaient fait de lui l'un des personnages les plus célèbres de notre histoire.

Il mourut en 1169. Ce fut le premier des princes souverains inhumés parmi les Docteurs (Vartabieds), dans le cimetière du célèbre monastère de Trazargue.

Ce prince laissa en pleine prospérité le pays de ses pères. Un auteur de courts mémoires sur les actes des Roupiniens, qui écrivait vers la fin du XIIIe siècle, ajoute, après avoir loué la haute intelligence de Thoros: « Il a commenté nombre de passages obscurs des » saintes écritures, et nous conservons encore » ces commentaires ». — Que nous serions heureux, si nous les possédions à l'heure actuelle !

Thoros avait laissé le trône à son fils Roupin, encore tout jeune. Il lui avait donné comme régent et bailli, un chevalier, nommé Thomas, que quelques-uns ont prétendu être le propre beau-frère de Thoros ; mais il est plus probable qu'il était son neveu, le fils de sa sœur. C'était un des plus nobles seigneurs d'Antioche. Thoros avait toujours eu pour lui la plus grande confiance, et c'est avec lui et un certain Georges, qu'il s'était enfui dans les montagnes lorsque l'empereur avait envahi la Cilicie.

A cette époque pourtant, Thoros avait encore son frère, Meléh. Ce prince apparaît comme une lugubre figure dans l'histoire de sa famille et dans celle de son pays. Resté seul en Cilicie, durant la captivité de ses frères, il avait grandi comme un vagabond, privé de toute noble éducation, au milieu des Sarrasins. Une partie de sa jeunesse se passa à la cour de Nouréddin. Lorsqu'il fut chassé de son pays par son frère, à la suite du complot dont nous avons parlé, il retourna chez les Sarrasins et reçut alors la seigneurie de la province de Couris. Mais, avant cet événement, il avait passé certain temps chez les Templiers, dont il acquit l'intrépidité et la vaillance, mais il y développa en même temps son caractère indocile et présomptueux. Il fut expulsé de l'ordre ou il le quitta de son plein gré, ce qui fit croire à quelques-uns qu'il renia sa foi et se fit musulman ; mais ce n'est pas probable. Quoi qu'il en fût, il ne se conduisit guère en chrétien: il n'aima jamais à avoir des relations avec ceux-ci, persécuta et tourmenta également le bas peuple, la noblesse, les bourgeois et le clergé.

---

1. C'est comme nous l'avons dit plus haut, avant que Manuel fût venu pour la première fois en Cilicie. Lors de cette première guerre, Partzer-pérte n'était pas encore aux mains de Thoros.

Lorsqu'il apprit la mort de Thoros, il partit avec une petite armée que lui donna son protecteur Nouréddin, et vint s'emparer par force de l'autorité de son frère. Le bailli Thomas n'eut que le temps de se sauver à Antioche. Quant au jeune Roupin qu'on avait cru mettre en sûreté à Romcla, sous la protection de Saint Nersès Chenorhali, il fut assassiné brutalement par des malfaiteurs. Furent-ils soudoyés ou non par Meléh? je l'ignore.

Le règne de ce tyran dura six ou sept ans au milieu des troubles. Il fut exécré des Arméniens et devint l'épouvante des étrangers. N'ayant aucun égard pas plus pour ses amis que pour ses ennemis, il ne prit pour lois que sa volonté et ses caprices. Il n'avait peur de personne, car il se sentait soutenu par Nouréddin qu'il affectionnait comme un frère. Il fit battre monnaie à son nom et à celui de Nouréddin. Allié à son autre puissant voisin, le sultan de Koniéh, il était tranquille et sûr de tous les côtés [1].

Comme on peut le supposer, il songea d'abord à tirer vengeance de l'humiliation qu'il avait essuyée, en se voyant chassé du pays. « Alors, » dit l'historien, il se vengea de tous ses adversaires, leur prit tout ce qu'ils possédaient, » et les fit jeter en prison après les avoir enchaînés. Sur son ordre les évêques furent » pris et on leur arracha les dents. Où il soupçonnait qu'il se trouvait de l'or et de l'argent, » il allait le dérober. Il entassa de cette façon » des trésors immenses et s'enrichit en dépouillant les innocents. C'était un être sauvage, au caractère malicieux et cruel. Tous » le haïssaient et voulaient s'en débarrasser, » mais ils ne purent en trouver l'occasion » favorable. » On nous permettra de passer sous silence ses actes d'immoralité.

Le roi de Jérusalem et les autres princes avaient envoyé auprès de l'empereur Manuel un grand personnage, le Comte Etienne de Blois. Il devait passer sur les terres de Meléh; ce dernier en fut informé, il se mit en embuscade près de Messis, le surprit, le dépouilla complètement et le laissa libre après lui avoir donné toutefois la plus pitoyable monture. Du reste, Meléh avait l'habitude de dépouiller de même tous les pélerins qui passaient par son pays. Comme il avait une haine profonde contre les Templiers, dont il avait jadis revêtu l'habit, il les chassa tous de la Cilicie, après s'être emparé de toutes les possessions qu'ils avaient jusqu'aux frontières d'Antioche. Il ne se fit aucun scrupule d'envahir la principauté d'Antioche, surtout après que le bailli Thomas s'y fut réfugié. Le prince d'Antioche marcha contre lui, sollicité du reste par quelques princes arméniens. Mais avant qu'ils ne fussent en face l'un de l'autre, le roi de Jérusalem entra en question comme réconciliateur et envoya coup sur coup ses ambassadeurs pour conjurer Meléh de signer la paix. Ce dernier ne voulut pas l'écouter; alors le roi de Jérusalem envahit la plaine du territoire de Meléh, avec d'autres alliés, car il n'osait pas s'aventurer dans les montagnes et il avait peur du Montagnard. Aussitôt Meléh fit avertir Nouréddin de l'invasion; les alliés eurent peur de l'intervention du sultan et s'en retournèrent chacun chez soi. Meléh à son tour, enhardi, songea alors à faire une invasion dans les possessions du roi de Jérusalem; mais les chevaliers Hospitaliers accoururent et arrêtèrent sa marche, c'était en 1172. Implacable ennemi des Grecs, Meléh tourna alors ses armes contre eux. Il les chassa de toutes les villes qui étaient encore sous leur domination et se rendit maître de Tarse, d'Adana et de Messis, ou pour mieux dire de toute la Cilicie.

L'empereur Manuel, furieux de ce qu'après tant de peines il ne pouvait parvenir à garder la Cilicie, envoya contre Meléh trois généraux célèbres qui, auparavant, avaient été les gouverneurs de quelques-unes de ces villes: Michel Vrana, Constance Euphorpène et Constance Calaman le jeune. Meléh se hâta de marcher à leur rencontre, vers la fin de 1172 ou au commencement de 1173; il avait probablement avec lui des troupes que lui avait fournies Nouréddin. Il écrasa les Grecs et revint chargé de butin et emmenant de nombreux prisonniers. Il en envoya une partie, entre autres trente officiers, au Sultan: celui-ci les offrit au Califfe de Bagdad. Cette victoire de Meléh fut considérée par le Sultan comme une des plus grandes de ses propres victoires.

Il ne restait plus que très peu de châteaux en Cilicie au pouvoir des Byzantins. L'un de ces châteaux était Lambroun. Il appartenait au plus obstiné, au plus acharné rival de la maison des Roupiniens. Meléh ressentait autant de haine pour les seigneurs de Lambroun qu'il en avait ressenti pour les Grecs. Il en voulait surtout au Sébaste Héthoum d'avoir

---

1. Le Beau, XVI, 405.

répudié sa femme, fille de Thoros, après la mort de celui-ci. « Meléh, profondément irri- » té, alla (en 1173) assiéger Lambroun avec » une forte armée, et cerna ses habitants.... » il lui fit cruellement souffrir par les armes » et par la famine. » Meléh aurait encore fait plus de mal à ce château, s'il avait pu le réduire par la famine ; mais l'archevêque Grégoire Degha ou le Jeune [1], dont on affirme que Meléh était le beau-frère, le supplia d'accorder la paix.

Deux ans après ce siége, 1175, Meléh mourut assassiné. Ne pouvant plus le supporter et las de sa tyrannie, les princes et la milice des Arméniens formèrent un complot et le tuèrent à Sis. Ce fut le premier des princes de cette dynastie arménienne qui mourut assassiné.

Il fut inhumé au couvent de Medzkar (Grande Roche) qu'il avait fait bâtir. Ce qui prouverait que les sentiments religieux n'étaient point tout-à-fait éteints dans ce sombre cœur. Cependant la date exacte de la construction de ce monastère n'est pas connue.

Roupin II, qui succéda à Meléh, ne voulut pas laisser impuni l'assassinat de son oncle. Cet attentat était, malgré tout, un crime de lèse-majesté. A force de ruse, il finit par connaître et retrouver les auteurs de ce délit, qui, du reste, se vantaient comme des bienfaiteurs de la nation. C'était Tchahane et l'eunuque Aboulgharib. On leur attacha une pierre au cou et on les jeta dans un fleuve.

Ce Roupin était le fils de Stéphané, frère de Meléh et de Thoros. Sa mère Ritha, fille de Sempad, seigneur de Babéron, l'avait sauvé avec son frère cadet, Léon, des mains de Meléh le tyran, et l'avait conduit elle-même auprès de son frère Pagouran, à Babéron. C'est là que Ritha les éleva, dit l'historien qui prodigue des éloges à la mère et aux deux enfants : « Elle était pieuse et sage, cette femme, et » craignait Dieu. » Pour son frère, le seigneur de Babéron, il dit : « C'était un prince » bon et généreux, affable pour tous, aimé de » Dieu et des hommes. »

Après la mort de Meléh, sur la demande des princes du pays, Pagouran leur envoya Roupin, muni de « beaucoup de présents d'or » et d'argent », et agit comme s'il ne voulait plus se souvenir que Sempad, son père à lui, avait été tué jadis dans un combat contre Thoros, l'oncle des jeunes princes Roupin et Léon.

Roupin fut reçu par les princes arméniens au milieu des acclamations et des démonstrations de joie. « Car, dit l'historien, c'était un « jeune homme affable et généreux, à l'aspect « noble ; il avait trente ans ; il était exercé dans « le maniement des armes, habile à lancer des « flèches. Il commença par distribuer à tous « des présents. Ayant réuni les trésors de « Meléh, il les distribua à tort et à travers. « Il s'attira la bienveillance de tous en don- « nant des festins somptueux. Partout où il « alla avec ses soldats, il arrêta la résistance « de ses ennemis. C'est ainsi qu'il se rendit « maître de Messis, d'Adana et de Tarse. » On voit clairement de ce passage, que ces villes de la Cilicie étaient retombées au pouvoir des Grecs. Non pas que Meléh les eût laissé échapper de ses serres, mais il les avait redonnées de plein gré, par traité, au prince d'Antioche. On en donne l'assurance formelle quant à la ville de Tarse. Comme cette ville était trop éloignée de la capitale pour être facilement défendue, les Antiochéens la revendirent à Roupin en 1182, mais à un prix très élevé. Depuis lors, elle resta toujours aux Arméniens ; les Grecs durent abandonner l'espoir de la reprendre, aussi ils quittèrent la contrée sous la conduite de Kyr-Isaac, leur gouverneur. Selon les uns, ce Kyr-Isaac se rendit alors à Chypre ; d'autres affirment que ce fut autrepart ; d'autres enfin qu'il resta à Tarse ou tout au moins dans une des villes des provinces appartenant aux Arméniens. Les historiens contemporains disent de cet Isaac qu'en 1183, il marcha contre le sultan de Koniéh, mais que Roupin arrivant avant son voisin, et allié le sultan, repoussa Kyr-Isaac, le défit, s'en saisit et voulut le remettre entre les mains du sultan. Celui-ci refusa de le recevoir ; alors Roupin, le livra au prince d'Antioche, avec lequel il s'était brouillé et cela amena leur reconciliation [2]. Kyr-Isaac était parent de Roupin ; il avait épousé la fille de Thoros.

Après bien des années, le vieil ennemi des Arméniens, le lâche Andronic, leur déclara

---

1. Je suppose que c'est ce que veut dire un auteur de mémoires contemporain : « C'est pour cela qu'il » (Grégoire Degha) alla vers les deux gouverneurs » (աշխարհ), pour les engager à faire la paix. Ils le » laissèrent passer et le conduisirent dans l'imprena- » ble château de Romcla. »

2. Bernard. Petrobnrg. — Le Beau VI, 351.

une nouvelle guerre. Ce tyran occupait le trône impérial; c'était en 1185. Il manda une ambassade secrète au fier Kurde Salahéddin et l'engagea à s'emparer de la principauté de Koniéh et de celle de la Cilicie. Mais avant d'avoir pu mettre son projet à exécution, Andronic fut tué par ses sujets, et la conquête de la Cilicie sortit pour toujours de la pensée des Byzantins.

Une fois affranchis de la suzeraineté des Grecs, les Héthoumiens, seigneurs de Lambroun, devinrent princes indépendants dans la Cilicie. Roupin en voulait à ces derniers. Il suivait l'exemple de ses ancêtres. Dès le commencement de son principat, il vint attaquer leur château qu'il assiégea pendant trois ans et qu'il réduisit à la famine. Il ne put s'en rendre maître, d'autres affaires étant survenues.

Vers la fin de 1180, le puissant Salahéddin, après la conquête de Koniéh, avait tourné ses armes contre *le pays de Roupin*. C'est ainsi qu'on appelait alors la Cilicie. Les historiens arabes, prétendent que Roupin avait permis à une peuplade turkomane de venir paître leurs bestiaux sur son territoire et qu'ensuite il les dépouilla. Salahéddin entra donc dans le pays des Arméniens, mais quand il vit combien les montagnes étaient fortifiées, il s'arrêta dans la plaine. Il porta la dévastation de côté et d'autre. Roupin supposant que le musulman avait envie de s'emparer de l'un des châteaux où il avait enfermé ses richesses, le fit abattre. Mais avant qu'on eût eu le temps d'emporter les trésors, les Sarrasins arrivèrent et s'en emparèrent. Roupin consentit à ce que le butin, qu'il avait prit aux Turkomans, leur fût restitué avec les prisonniers qu'il leur avait faits et éloigna de cette façon le grand conquérant[1].

A cette époque, en 1181, Roupin contracta des liens de parenté avec les Latins, en épousant la fille de Humfroi, seigneur de Karak ou Crak et de Toron. Il se rendit en personne à Jérusalem et y fit célébrer magnifiquement ses noces. Il revint avec sa femme, dont il eut deux filles, Alice et Philippine, qui devinrent célèbres par la suite, surtout la première qui fut cause de longs démêlés politiques sous le règne de Léon, et encore après. Roupin, par son mariage, rendit plus étroite l'amitié des Latins et des Arméniens[2]. Plusieurs des princes latins, qui avaient été en guerre avec le roi de Jérusalem ou qui étaient mal avec lui, se réfugièrent auprès de Roupin.

Celui-ci, en paix maintenant avec tous et aimé de tous, se laissa aller à d'indignes passions. C'est « pour mieux les satisfaire, dit-on, « qu'il se rendit à Antioche où le prince Bohé- « mond le fit mettre en prison en 1185 », selon les coutumes barbares du temps qui permettaient d'attenter à la vie de ses voisins et même de ses amis. Bohémond exigea de Roupin qu'il lui livrât la contrée qui confinait à sa principauté, située sur la rive gauche du fleuve de Tchahan. Roupin écrivit alors à son oncle Pagouran et à son frère Léon, de envoyer, comme otages, sa mère et d'autres grands personnages arméniens. Il ne fut remis en liberté, qu'après avoir encore livré au prince d'Antioche quelques châteaux que celui-ci avait exigés: Til, Sarouantikar et Djigher, et lui avoir donné en outre mille besants d'or comme rançon.

Les otages furent renvoyés. Peu de temps après Roupin redevint maître de ces contrées, soit par lui-même, soit à l'aide de Léon. On prétend que l'acte du prince d'Antioche avait été commis à l'instigation des Héthoumiens, seigneurs de Lambroun, car Roupin ne cessait point de harceler ces derniers. Roupin était encore en captivité lorsqu'il fit passer secrètement l'ordre à son frère Léon, de ne point abandonner le siège de Lambroun et de cerner étroitement le château, comme il le fit lui même à son retour, pour se venger. Mais il ne persévéra pas dans ces sentiments de haine terrible, car, en 1187, à l'approche de sa mort il s'en repentit et se fit pardonner des Héthoumiens, les mauvais traitements qu'il leur avait fait endurer.

Roupin remit son sceptre à son frère Léon qu'il chargea aussi de l'éducation de ses filles. Il lui conseilla paternellement de bien gouverner le pays qu'il avait agrandi et qu'il espérait lui voir agrandir encore et consolider. Roupin avait reconnu la haute intelligence et la vaillance de Léon. Ensuite, suivant l'exem-

---

1. C'est ce que racontent les historiens arabes: El-Atir, Abouféda et autres.

2. Ce ne furent pas seulement des relations civiles, mais encore des relations religieuses qui commencè-

rent entre eux dès l'époque de Roupin; car le pape Lucius III, en 1184, écrivit une lettre à notre Catholicos Grégoire Degha.

ple de son oncle Thoros, il revêtit l'habit religieux, et renonçant entièrement au monde, mourut en paix. Il fut enterré dans le cimetière de Trazargue [1].

La Cilicie, surtout la plaine de cette province, après bien des évolutions et des bouleversements, après avoir été occupée tantôt par les Grecs, tantôt par les Arméniens, les Francs et quelquefois même les Sarrasins, allait trouver une paix complète sous Léon et ses successeurs, pendant près d'un siècle entier ; quant aux montagnes, elles furent toujours leur possession incontestée. Léon recula les frontières de son pays au-delà de la Cilicie et de l'Isaurie. Alors les antiques divisions grecques de l'Asie Mineure durent se modifier au gré de l'autorité des Arméniens ; elles durent changer de noms malgré elles, et nous citerons ceux qui nous paraissent les plus authentiques.

Nous voudrions connaître la manière d'administrer des premiers princes Roupiniens dont nous avons relaté les actes, soit civils, soit militaires. Nous voudrions savoir au juste en quoi consistait l'autorité qu'ils avaient sur les nobles et les bourgeois arméniens, et quels hommages ils en recevaient. Nous manquons de documents à ce sujet ou plutôt nous n'en avons que très peu. Ceux qui nous sont parvenus, c'est-à-dire les lettres qui ont été adressées à ces princes, nous apprennent qu'on leur donnait le nom de *Prince* [2], auquel on ajoutait les épithètes de *Grand* et *Pieux*. Nous n'avons pas trouvé chez les contemporains, la dénomination de *Baron*. Cependant nos derniers auteurs contemporains ont attribué à leurs ancêtres ce titre, qui était donné également aux princes européens de leur temps. Il avait été introduit par les européens. Les premiers occidentaux qui connurent les Roupiniens les ont appelés souvent les *Montagnards*. Quelquefois aussi, *Princeps*, ainsi que le dit Guillaume de Tyr, l'historien des croisades, en ajoutant presque toujours : *Potentissimi*. Il donne souvent ce dernier titre à Thoros II, à Meléh [3] et à Roupin [4]. Quelquefois aussi cet auteur les qualifie de *Très-grand* et de *Satrape*. Aussi, il dit pour Roupin [5] *Rupino Armeniorum Satrapæ potentissimo*. Il emploie les mêmes termes pour tous les princes arméniens et turcs.

Le traducteur français ou celui que l'on appelle le continuateur d'Eracle, donne seulement le nom de Seigneur aux princes Roupiniens. Ainsi il dit : « Rupin, Seigneur d'Erménie » ou bien *Sire :* « Thoros, qui Sire estoit d'Erménie [6]. »

Nos souverains les plus fidèles à l'empereur, — comme nous l'avons déjà dit, — furent honorés du titre de *Sébaste* et plus tard de celui de *Protosébaste* [7]. Les seigneurs de la Cilicie furent réputés liges non seulement de l'empereur, mais aussi des princes d'Antioche et lui devaient hommage. La cause en est que les Croisés qui eurent d'abord sous leur autorité les villes de la Cilicie, donnèrent ensuite ces villes aux princes d'Antioche. Les princes en furent effectivement les maîtres, surtout de la ville de Tarse. Cette coutume subsistait encore à la mort de Roupin II, et même au commencement du règne de Léon, qui s'affranchit de ce joug importun et se reconnut seulement vassal de l'empereur d'Occident.

On ne mettra pas en doute que les souverains de la Cilicie se soient montrés véritablement grands. Nous avons pour en témoigner leurs liens de parenté avec les rois d'Occident et les grandioses dots qu'ils faisaient à leurs fils et à leurs filles. On a vu aussi quelles énormes rançons ils donnaient pour recouvrer leur liberté.

Les sources de leur richesse étaient d'abord les butins pris à l'ennemi et les rançons des prisonniers qu'ils faisaient ; en second lieu les impôts que devaient acquitter leurs sujets. On ignore quel était le mode de perception

---

1 Roupin paraît être mort le 6 mai 1187, car, dans une nécrologie royale, il est dit qu'il est mort au commencement du mois de mai. A propos de cette date du 6 mai, il est écrit : « Mourut le brave et victorieux Baron Roupin, le parent du Roi Kakig. » On sait d'ailleurs que Roupin est mort le premier mai.

2. En arménien *Ichekhan;* c'est ainsi que sont appelés, dans les mémorandum de nos livres écrits en 1137: Léon I. en 1155: Thoros II. en 1182: Roupin II. en 1198: Léon II. — Un autre historiographe, écrivant en 1217, sous le règne de Léon, appelle le frère de celui-ci, *Roupin le Grand*.

3. Guillaume de Tyr, XVIII, 10, 17, 23 ; — XX, 25 ; — XXII, 24.

4. Ibid. XX, 26.

5. Ibid, XXII, 24.

6. Hist. d'Eracle, XXV ; 19.

7. Le *Protosébaste* était le plus haut titre de la cour de l'empereur, mais il n'avait aucune charge. Il portait un bonnet d'or et une tunique verte.

de ces impôts. Enfin, c'était les droits de péage que l'on devait payer pour passer les montagnes ou les rivières. Ces ressources s'accrurent sous les rois leurs successeurs et emplirent les coffres du trésor de l'Etat. Ces richesses furent employées au maintien du pays, dans ses fréquents bouleversements, ainsi qu'aux jours d'envahissement par les ennemis.

Nous croyons nous être suffisamment étendu sur la conquête de la Cilicie par les Arméniens, sur la puissance de la famille des Roupiniens jusqu'à l'avénement de Léon-le-Magnifique, qui donna tant d'éclat à cette province chancelante, et qui en fit un royaume sûr, et lui appropria le nom d'Arménie.

Ces renseignements sur les différents noms et sur les variations des frontières sont suffisants; mais, je n'ai trouvé dans aucun livre, pas même noté en passant, comment et en combien de provinces ou de districts était divisée la Cilicie.

En considérant le petit nombre de villages, de hameaux et de lieux habités, la Cilicie paraîtrait pauvre en noms topographiques; et même dans les quelques livres qui nous restent de l'antiquité, on trouve mentionnés plus de couvents et de forteresses que d'endroits habités. Il est vrai que sous le nom de forteresse on pourrait comprendre aussi bien le village ou le lieu habité, surtout dans les montagnes; mais malgré cela la plus grande partie du pays est formée par la plaine, facile à être habitée. Si, donc, comme nous l'avons rapporté ailleurs, même de nos jours le nombre des villages s'élève à 300; combien en devait-on compter dans les anciens temps? Il est très regrettable que pour la plupart de ces villages, les noms anciens soient perdus; tout au plus en connaît-on encore une ou deux douzaines. Quant aux provinces, actuellement objet de nos recherches, le nombre mentionné est tellement grand, qu'il surpasse, on pourrait dire, celui des villages; mais leur exacte étendue territoriale, ainsi que la situation de quelques-unes, nous sont inconnues. La recherche des différents diocèses serait encore le moyen le plus exact pour découvrir la division des provinces, quoique les diocèses, selon la coutume d'alors, ne soient guère autrement indiqués que par le nom de la résidence de l'évêque. Cette résidence était ordinairement un couvent. Cependant quelquefois on trouve mentionné avec le couvent, la ville la plus proche; ce qui indiquerait que la juridiction temporelle de l'évêque ne s'étendait pas seulement sur les domaines du monastère, mais qu'il gouvernait encore tout son diocèse qui formait une province.

DIVISIONS ADMINISTRATIVES

DE L'ARMÉNO-CILICIE SOUS LES ROUPINIENS.

Suivant la marche des faits que nous avons exposés jusqu'à présent, je trouve les noms et les divisions de trente provinces. Les voici, en commençant du côté de l'ouest.— SÉLINONTE: le nom de cette province ne se rattache à aucun événement de l'histoire politique; mais elle est désignée comme siége épiscopal arménien, déjà avant la conquête des Roupiniens, à la fin du X° siècle. — La SELEUCIE: que nous pourrions appeler aussi l'ISAURIE du vieux nom de la province, car les évêques portaient indifféremment le titre d'évêque de Séleucie ou d'Isaurie; mais comme cette province est très vaste, elle devait être assurément subdivisée en districts ou petites provinces. En pénétrant dans la Cilicie proprement dite, nous trouvons à l'est de la Séleucie, le diocèse et la province de TARSE, qui était la première et la plus avancée de toutes les provinces. Les étrangers et les Arméniens la regardaient plutôt comme un département. Elle avait pour chef ecclésiastique un métropolitain qui étendait sa juridiction sur plusieurs évêques. Au point de vue politique, déjà durant la domination des Assyriens, Tarse était la principale ville de la Cilicie. — LAMBROUN: qui n'était à l'origine qu'une simple forteresse, se développa rapidement sous le règne des Arméniens, tant au point de vue politique qu'ecclésiastique, et finit par recevoir comme prince gouverneur, un archevêque. Un écrivain de mémoires de la fin du douzième siècle, attribue à la forteresse de Lambroun l'hégémonie sur les provinces extérieures dont les gouverneurs étaient alors les frères du célèbre Nersès; à cette même époque, Héthoum, leur aîné, était prince de Lambroun. Au nombre de ces provinces extérieures, il faudrait ajouter aussi la partie haute de la Cilicie, ou du moins la partie sud-ouest du plateau des Passages et des Portes de la Cilicie.

La province de PARTZER-PÉRTE, dont le territoire touchait à celui de Lambroun, est aussi considérée par Jean, frère du roi Héthoum, comme faisant partie de la haute Cilicie; elle avait un évêque. A côté se trouve MOLÉVON dont le territoire s'étendait en partie vers la plaine; car dans un mémoire est cité tout simplement le nom de la *Plaine de Mouloun*. Elle était assez vaste et selon le même auteur, « l'évêque de » la province du château de Molévon et d'une » partie de celle de Partzer-pérte, était aussi » recteur du célèbre couvent de Kernère. »

Entre Partzer-pérte et Sis se trouvaient les deux diocèses d'ANDRÉASSANK et de MÉDZKAR, qui devaient être assez vastes. Au nord-est de ces deux provinces, se trouve donc le territoire de la province de SIS[1], la capitale du pays. Cette ville dépendait d'abord, au point de vue ecclésiastique, d'un évêque, résidant au monastère de Trazargue; mais elle devint bientôt le siège du Catholicos.

La vallée de Tchahan, située à l'est de Sis, au sud de Zéithoun et au sud-ouest de Mara-

---

1. Un des écrivains habiles, nommé le D.ʳ Jean, dit lui-même, qu'il était «du pays de Cilicie et de la province de Sis,» en 1335.

che, mériterait d'être bien connue; mais elle l'est très peu. Il faut l'attribuer à sa position dans les montagnes et aussi aux Turkomans jaloux de leur liberté, ainsi qu'à leurs semblables. Nous ne savons ni le nom ancien de ce pays, ni celui du diocèse dont il faisait partie. Probablement c'est dans cette région que devait se trouver, au moins en partie, le canton de TZAKHOUD, où s'élevait le célèbre monastère *Aguér*, construit par Léon-le-Grand. Tchahan n'est mentionnée nulle part comme formant un diocèse à part; peut-être faisait-elle partie de la province de Sis. On trouve bien le nom d'un évêque résidant dans le pays, mais il est probable qu'il n'avait pas de diocèse. Au nord de Sis s'étend le territoire de HADJIN; on pourrait le regarder peut-être comme ne faisant pas partie de la Cilicie proprement dite; cependant, selon notre propre vue, il nous semble qu'il lui appartient; et c'est ce pays même, à ce qu'il paraît, qui dans le temps de nos rois d'Arménie était appelée *Harkan* et possédait un siège épiscopal.

Au nord-est de cette province on rencontre celle de ZÉITHOUN ET OULNI, qui n'est connue que depuis peu; peut-être même ce territoire faisait-il partie de celui de Hadjin; nous ne trouvons pas la mention de Zéithoun, dans l'histoire des Roupiniens. Elle appartient plutôt à la région de Marache ou de Germanig; on pourrait aussi admettre qu'elle formait le district ZAMENTAV OU ZAMENTI, des deux côtés du fleuve Sarus et sur le plateau des montagnes Khozan-oglou. Dans la partie la plus habitée de ce district résidait un évêque arménien.

En revenant au sud de la province de Sis, un peu du côté de l'orient, on rencontre ANAZARBE, autrefois la plus célèbre des villes, après Tarse. Saint Nersès de Lambroun en parle avec enthousiasme et lui donne le nom de pays d'Anazarbe: « Eh! qu'allons nous dire » pour Anazarbe et Sis et pour les pays com- » pris dans leurs territoires et soumis aux Ar- » méniens? » (Commentaire de la Messe.) Bien que le mot pays doive se prendre ici dans un sens très restreint, il est bon de rappeler cependant que le diocèse d'Anazarbe était grand et vaste. Même, sous la domination des Grecs, cette dernière ville servait de résidence à un archevêque. Sous le règne de la dynastie arménienne, l'évêque demeurait dans le couvent de Gasdaghon. L'historien de la Cilicie mentionne déjà en 1110, un des cantons d'Anazarbe: « Les guerriers turkomans, dit-il,

» se rassemblèrent, pénétrèrent dans le pays » d'Anazarbe et ils massacrèrent les chrétiens » du canton de *Marbay* ». Ceci est probablement emprunté à Mathieu d'Edesse, qui parle du même fait un peu différemment: « Ils en- » trèrent dans le territoire d'Anazarbe et dé- » pouillèrent toute la contrée, y compris » Marbas. » Cependant, Matthieu d'Edesse, douze ans avant, fait mention d'un autre pays au lieu d'Anazarbe. En faisant le récit de l'arrivée de la Ire Croisade, il dit comment, par lettre spéciale, les princes des Croisés en donnèrent avis, « Au Grand prince des Arméniens, Constantin, fils de Roupin, Seigneur du mont Taurus, dans le *territoire* de GOBIDARA, en *Maraba*, qui avait subjugué plusieurs provinces. » Selon ces paroles, on devrait chercher Marba ou Maraba au nord-ouest, au delà même de la Cilicie, dans le territoire de la Phrygie, où, nous avons dit, Roupin et Constantin ont tout d'abord régné. A la suite, Gobidara devint siège épiscopal. Cependant ces deux citations de Matthieu d'Edesse, la place et la position de Marba ou Maraba restent indécises, et on a besoin de nouvelles recherches. Dans le présent on cite un village du nom de Maraba dans le district d'Elbistan, au nord du faubourg qui porte le même nom; mais cet endroit ne s'accorde avec aucune des deux provinces susmentionnées.

Le territoire qui s'étend un peu à l'est, au sud et du côté gauche du fleuve Tchahan, formait probablement le canton de TIL-HAMDOUN. Ce nom est souvent employé pour désigner une forteresse, construite entre le fleuve Tchahan et les Monts Amanus. On pourrait se servir du nom de ces montagnes ou de celui des MONTAGNES NOIRES, pour désigner la partie nord-est de la Cilicie qui regarde le Golfe de l'Arménie. La partie nord-est de la côte, située entre le golfe et les Monts Amanus, formait la province appelée DJEGHÉR, et avait pour chef-lieu Bayas. La partie méridionale était appelée autrefois ARASSOUS, du nom du célèbre hameau maritime; actuellement tout le district s'appelle encore *Arassous*. — Les bords orientaux du golfe devaient assurément porter le nom de la ville et du port célèbres d'AYAS, qui posséda un siège épiscopal sous la domination des Arméniens et sous celle des Grecs, dépendant, au point de vue ecclésiastique, du métropolitain d'Anazarbe; son territoire s'étendait jusque sur les montagnes de Messis ou de Gébel-en-Nour.

A l'ouest de ces montagnes devait se trouver la province de MESSIS (MOPSUÉSTIA comme l'appelaient les anciens), l'une des principales villes de la contrée. Sous les Grecs, Messis n'avait pas d'évêque propre, elle dépendait du siége d'Anazarbe; mais sous les Arméniens elle devint l'un des principaux archevêchés du pays. La résidence archiépiscopale se trouvait au couvent d'Arkagaghin.

Une des provinces principales et des plus vastes était celle d'ADANA ; de nos jours encore elle surpasse toutes les autres. Au temps des Arméniens, Adana n'était pas si avancée et n'était le siége que d'un évêché.

Adana et, aux alentours, Tarsus, Messis, Anazarbe et Sis sont donc les provinces principales qui occupaient le centre de la Cilicie de plaine. Ce sont les seules qui soient vraiment connues. Y en avait-il d'autres? je ne le sais.

On trouve cependant mentionnés d'autres diocèses et on pourrait supposer d'autres partages politiques dont les divisions exactes nous restent inconnues. Ces siéges cités sont, MACHEGHEVOR, au pied des Montagnes Noires; PERTOUSSE et ENGOUZOUD, qui paraissent devoir être placés entre Sis et Partzer-pérte; MACHARTE? SANVÉLANTZ OU SANVELNATZ (évêché), peut-être vers la mer; enfin les siéges des évêques HOHANIENTZ et PHILIPPIENTZ qui nous restent tout à fait inconnus.

En tête de toute cette énumération, nous aurions pu citer une partie très étendue du territoire de Léon, que gouvernait par acte féodal le prince Sir Adan. Ce dernier fut même chargé de l'éducation de la fille de Léon, Zabel, future héritière du trône. La province portait le nom de « PAYS DE SIR ADAN ». Léon avait la seigneurie de cette terre, selon l'historien de la Cilicie, et « de beaucoup de forteresses » et de provinces de la Séleucie jusqu'à Ca- » lonoros; » il percevait même un impôt de tous ceux qui passaient par son territoire. Lui même le déclare dans son édit aux Génois, l'an 1215; d'où l'on voit clairement que le domaine de Léon s'étendait de la Séleucie à l'ouest jusqu'à Alaya, ainsi que nous le reverrons dans la topographie. Ajoutons à toutes ces provinces et districts, ceux de TIANA, ARACLIE, LARANDA (Karaman) et quelques parties de la Pamphylie et de l'Isaurie, qui étaient sous la domination de nos princes, et nous aurons ainsi plus de trente provinces ou cantons. Chacune d'elles n'avait pas toujours une grande étendue; souvent même elles n'étaient formées que par une forteresse et les terrains d'alentour. On découvrirait probablement d'autres noms en consultant d'autres livres et de nouveaux mémoires. Mais ce qui exigerait un grand travail et serait bien difficile, pour ne pas dire impossible, ce serait de déterminer leur confins et leur étendue. Nos auteurs anciens nous ont en effet laissé fort peu de renseignements en ce qui concerne la partie montagneuse du pays, et les nouveaux n'y ont rien ajouté.

Vu le peu de certitude de nos connaissances sous ce rapport, nous sommes contraints à adopter, comme lignes de partage, les divisions naturelles du pays, et celles-là aussi, dans la mesure où elles nous sont connues. Nous partagerons donc la Cilicie, suivant sa configuration, en quatre grandes parties : La Cilicie montagneuse, la Cilicie de plaine, la Cilicie pierreuse, et la Cilicie maritime.

Je me guiderai d'après les vallées des fleuves, pour établir la division des provinces, du moins autant que faire se peut, et je serai, pour plusieurs d'entre elles, obligé de conjecturer leurs divisions d'après les noms de leurs forteresses et de leurs monastères. On trouve mentionnés, dans l'édit de Léon-le-Grand, les noms d'environ cinquante villages et hameaux, mais l'original étant perdu, on ne peut trop se fier aux exemplaires latins qui ont beaucoup de variantes, comme nous le ferons voir dans la topographie. Dans les temps anciens, il était facile de déterminer les limites des provinces, car elles étaient séparées les unes des autres par des croix, des obélisques ou des plantations de grands arbres, ainsi que nous le lisons dans le même édit. Combien d'exactitude et d'ordre régnait alors dans ce pays où l'on ne rencontre plus de nos jours que confusion et ravage !

LES FORTERESSES

En ce qui concerne les forteresses de la Cilicie, nous sommes un peu mieux renseignés; non pas que nous ayons des données plus certaines sur leurs positions respectives, mais on trouve davantage de noms. La configuration de la Cilicie et de ses montagnes se prête naturellement à la construction de forteresses; ainsi la nature et l'industrie, rivalisant ensemble, ont ajouté des forteresses aux forteresses, et cela depuis la plus haute antiquité. En bâtissant des châteaux-forts, on n'avait pas seulement pour but de se défendre contre les ennemis du dehors, mais encore de se protéger contre ceux du pays, les brigands, qui ravageaient les terres et pillaient leurs voisins, suivant le caractère des Ciliciens primitifs. Parmi ces bandits, il en est un qui est resté très célèbre : c'est le fameux Triphon, qui, dit-on, aurait habitué les Ciliciens à cette vie de meurtres et de brigandage, alors qu'il était en guerre avec les rois des Séleucides. Ce même Triphon est mentionné dans les livres des Machabées. Ce fut également dans ces forteresses que se réfugiaient les Libres-Ciliciens dont parle Cicéron, se faisant une gloire de les avoir subjugués et d'avoir ruiné leurs principales forteresses.

Les Grecs sentirent aussi la nécessité d'entretenir ces places pour se défendre et pour chasser les Turkomans. Après les Grecs, les Arméniens augmentèrent encore le nombre des forteresses et restaurèrent les anciennes. C'est grâce à ces forteresses qu'ils purent résister pendant plusieurs siècles, aux ennemis implacables dont ils étaient environnés. Elles leur ont aussi permis d'offrir à leurs amis, aux premiers Croisés, un abri sûr et inexpugnable. Les historiens, et même ceux d'occident, rendent témoignage de ce que nous avançons. Les ennemis, à la vue de ces si fortes, perdaient tout espoir de s'en emparer et s'en retournaient sans les attaquer. Nous avons déjà vu l'empereur Manuel, exciter Maksoud, Sultan d'Iconie, contre les Arméniens : « Apai-» sez ma colère contre la nation arménienne, » lui mandait-il, en détruisant leurs forteresses » et en les exterminant. » Le sultan voulut suivre ce conseil : il vint assiéger Anazarbe, avec des forces considérables ; mais ce fut en vain ; il dut se retirer sans avoir pu se rendre maître de la place. Salahéddin même, le grand conquérant, renonça à une incursion à la vue des fortifications qui couvraient les montagnes de Roupin. Ce fut la confiance qu'il avait dans ces places fortes, qui, douze années plus tard, donna à son frère Léon, l'audace de répondre durement aux envoyés du sultan orgueilleux qui réclamait son obéissance. L'un des successeurs de ce dernier, parmi ceux des sultans d'E-gypte, qui, plusieurs fois avaient eu l'occasion de se faire une idée de la solidité de ces forteresses, s'étant lié d'amitié avec le roi des Arméniens, lui faisait écrire : « Que le Seigneur dissipe tous » les artifices malicieux que le mauvais esprit » pourrait former contre lui (Léon) ; qu'il con-» serve son pouvoir sur toutes les forteresses de » son pays dont la principale est Sis. [1] »

L'historien syriaque affirme que Léon avait subjugué soixante-douze forteresses. Sempad déclare qu'une partie de ces places fortes avaient été sous la domination des sultans d'Iconie et « il (Léon) les inquiéta, les pressa » beaucoup, leur prit des forteresses et ravagea » leur pays. » Quant aux forteresses qui se trouvaient entre les mains des Grecs, Léon les acheta à prix d'argent.

Une partie de ces châteaux-forts dépendaient immédiatement du roi ; les autres étaient, par acte féodal, ou laissés à leurs anciens maîtres avec plus ou moins de liberté, ou donnés par le roi à qui bon lui semblait. L'historien de la Cilicie, auquel a beaucoup emprunté Sempad le Connétable, cite par leurs propres noms quarante-six gouverneurs de cinquante-neuf forteresses, à l'époque du couronnement de Léon, c'est-à-dire au commencement de l'an 1199. Mais parmi les noms de ces forteresses, il en est que nous voyons là pour la première et dernière fois. Dans son énumération, l'historien place ces châteaux selon leur situation géographique. Il commence à l'est, aux frontières du royaume et au bord du Golfe de l'Arménie ; puis tournant un peu à l'ouest, il passe du nord dans la Cilicie montagneuse, dans la vallée de Galygadnus et termine aux rives du golfe de Pamphylie.

Dans ce nombre de presque soixante forteresses, celles qui se trouvent plus près de la mer, sont appelées par l'historien Vartan, *Forteresses de mer*. Le nombre de tous ces châteaux dut aller en augmentant dans la suite. Moïse de Khorène dit dans sa géographie, qu'une des particularités les plus remarquables de la Cilicie, c'est d'avoir un grand nombre de villes et de forteresses ; l'un des copistes ajoute que le nombre des places fortes allait jusqu'à 365. Et même Léon Machéras, l'historien de l'île de Chypre, du XV° siècle, qu'on ne serait pas tenté de le supposer ami des Arméniens, dit, quelquepart, dans son ouvrage, « que les Arméniens étaient maîtres de 200 » forteresses et villes, qu'ils ont complètement » perdues à cause de leur jalousie et de leur » inimitié. [2] »

Nous donnons ici, par ordre alphabétique, les noms de ces forteresses ; nous les avons tirés de nos historiens et encore d'autres livres ; nous marquons d'un astérisque celles qui sont citées par les étrangers orientaux et occidentaux.

---

1. Cartulaire. 235.

2. Chronique de Chypre. p. 293.

LES FORTERESSES

Aïjoudab ou Youdabe, Թուտապ.
Alar.
* Alénkache [1].
Amouda.
Anamour.
Ané.
Antouchedza ? Անդուշտա.
Arékni ou Arékine.
Antréassantz-perte (Fort des André).
Ariudz, Արիծ.
Asdros ou Adaros, Ադարոս.
Asgourasse, Ասխուրաս.
Babéron ou Papéron, Պապեռոն.
Baghras, Պաղրաս.
Balapol, Պալապոլ.
Baudanté (Bozanti).
* Belil ou Billeli.
Binag.
Bodrom ou Boudrom, Պուտրոմ.
* Boudbaïs.
Bounar.
Bragana, Pragana.
Calononoros, Կալնոնոռոս.
Chahab ? Շահապ.
Chégad ? Շեկատ.
Choghagan, Շողական.
Choubla, Շուպլա.
* Chouk ou Youk-mérzéban.
Dadjgui-kar, Տաճկի-քար.
Davouthi, Դավթյ բերդ.
Dimidoubol (l'imitopolis).
Djandji, Ճանճի.
Djeguère, Ճկեր.
Djerdjoum, Ճրճում.
Èngouzoud.
* Er-Roub.
Farkhnotz ou Farkhnik, Ֆարխնոց.
Fornos ou Fernouss, Ֆոռնոս.
Gaban.
Gaïdéni château, Կայտեն.
Gantchi, Կանչի.
Gasdaghon (Castalon).
Gobidar.
Gorigos (Coricus).
Gotrate, Կոտրատ.
Govara.
Govas.
Gouba.
Goudaph ou Goud, Կուտ, Կուտափ.
Gouglag.
Goumardias.
Guéma-teghiag (Château de Ghem), Գեմայ դղյակ.
Guisdram, Կիստրամ.
Guizisdra.
Hamousse.
Haroun.
Jamenga-perte, Ժամնկայ բերդ.
Jermangan-perte, Ժեռմանկան բերդ.
Kantzé, Կանձէ.
* Kenoug ? ou Keinuk.
Khalèndjakar, խալնճաքար.
Khentzorovid, խնձորովիտ.
* Kirpis ?
* Koumpét-por.
* Lachian ?
Lagravéni, Լագրավենի.
Lamas.
Lambroun.
Lavzad, ou Lozade, Լավզատ.
Lévon-cla ou Lévoni-perte.
Maghva, Մաղվա.
Manache.
Manavghade, Մանավղատ.
Manion.
Marniche, Մառնիշ.
Mazod-khatche, Մազոտ խաչ.
Médz-kar, Մեծքար.
Midizon.
Mikaël-cla, Միքայէլկլայ.

---

1. Les noms marqués d'un astérisque, ne sont pas cités par nos auteurs, mais par les étrangers.

* Modrig.
Mokhrod, (Cendreux) Մոխրոտ.
Molévon.
Mountas.
Mourantine, Մուտանտին.
Naghlon, Նաղլոն.
* Nédjim ou Nédjmié.
Neghir. Նղիր.
Nort-perte (Château-neuf), Նորբերդ.
Nor-perte (autre), Նոր բերդ մեւս.
Partzer-perte, Բարձր բերդ.
* Pazéï-perte, (nom traduit du latin).
* Peri-kalé.
Pertgan-perte, Բերդկան բերդ.
Pértousse, Բերքուս.
Ranan ou Roran ? Ռոռան.
Sarvantav ou Sarvanti-kar, Սարւանդաւ.
Séleucie.
Sempada-cla, Սմբատակլայ.
Sév-avérag, Սեւ աւերակ.

Sig, Սիկ. Սկյ բերդ.
* Sih-ul-hadide.
Simana-cla, Սիմանակլայ.
Sinid, Սինիտ.
Sivil, Սիվիլ.
Saint Sophie, Ս. Սոփէ.
Tarbessag, Տարբսակ.
Tchelganotz, Ջլկանոց.
Tchofré-cla (château de Joffrois), Ջոֆրէ-կլայ.
Téghin-kar, (Roche-jaune), Դեղին-քար.
Til de Hamdoun, Թիլ Համտնոյ.
Til-Sabeau ou Telbas-perte, Թլպաաց բերդ.
Tornega-perte, Թոռնկայ բերդ.
Trizive ?
Toukar, Տուքար.
Vahga, Վահկա.
Vanér, Վանէր.
Védé, Վեդէ.
Véresgui ou Vorguis, Վորկիս.

Un historien grec, peu après l'extinction du royaume arménien de Cilicie, atteste que les Arméniens possédaient plus de 200 forteresses.

La plus grande partie de ces forteresses se trouvaient dans les montagnes, comme l'attestent encore de nos jours les nombreuses ruines qu'on y rencontre. Les étrangers qui visitent ces régions sont frappés de la quantité de ruines de forteresses, de châteaux et de tombeaux. Généralement on connaît plutôt les noms des forteresses qui se trouvent vers la plaine que de celles des montagnes, mais la plupart de ces noms sont modernes. On n'est donc pas sûr si ces forteresses sont du nombre de celles que nous avons citées ou si elles en sont différentes Voici quelques-unes de ces places-fortes, dont les noms sont plus ou moins récents: *Anacha*, dans la région des montagnes; *Yelan-kalé* ou *Chahi-Méran* (Forteresse des serpents), au nord-est de Messis; un peu plus loin *Kourd-kaléssi* ; *Toumlou-kalé*, entre Messis et Anazarbe ; *Tchordan-kaléssi*, au sud de Boudroum, et au pied des Monts Amanus ; *Toprak-kalé*, au nord-ouest de Tchordan et au nord d'Issus; *Gueval-oghlou* ou *Moscou?* au sud de Messis, sur le versant des montagnes qui entourent cette ville; *Kabour-kalé; Younna-kalé? Andal-kalé*, à l'est de Sis ; *Koum-kalé*, à l'est de Kars-bazar. Aux bords de la mer, *Hakmouh-kaléssi*, près de Soli ; *Ak-kalé*, entre Lamos et Ayache ; *Issantchy*, près d'Antioche de Gracque ; et beaucoup d'autres forteresses, vers la mer, qu'on peut voir en côtoyant le rivage, et qui portent les noms des villages voisins. On cite encore *Yanifa, Zavardjik, Kutchuk-kalé*, entre Oulache près de Tarsus et le passage de Gouglag ; *Kétchy-kalé*, près de Bérékétly-madén ; *Gucezlér*, près du passage de Gouglag.

LES DIOCÈSES ET LES MONASTÈRES

Comme on le voit, d'après la multitude des forteresses, le pays, au point de vue administratif, était selon l'usage féodal morcelé en un grand nombre de parties; mais, au point de vue géographique, toutes ces forteresses étaient circonscrites dans le peu de provinces que nous avons indiquées, ainsi que nous le reverrons dans la topographie. Au point de vue ecclésiastique, notre historien nous fournit les noms de quatorze évêques et y ajoute encore ceux de deux archevêques, ceux de Jérusalem et d'Antioche; mais ces derniers ayant leurs sièges hors de la Cilicie, nous n'avons pas à nous en occuper.

Il est certain que le nombre des diocèses n'augmenta pas durant les premières années du règne des Roupiniens. Ils étaient peu nombreux mais vastes; ce ne fut que plus tard, lorsque les villages et les monastères se multiplièrent, que les diocèses furent morcelés et leur nombre augmenté. Si ces divisions avaient eu lieu déjà de son temps, notre historien n'eût pas manqué d'en faire mention, lui qui semble préférer les évêques aux princes laïques. Nous avons du reste un témoignage de plus : c'est celui d'un contemporain, l'évêque latin de Crémone, Sicard, qui assistait en 1203 à la remise des mitres et des bâtons pastoraux de la part du Pape Innocent III, par la main de son nonce, le cardinal Pierre. Il raconte que le nonce les remit à quatorze évêques, en présence de Léon et du Catholicos. Dans les deux siècles suivants, XIII° et XIV°, il paraît que les sièges épiscopaux aient été augmentés, soit dans la Cilicie proprement dite, soit dans les états voisins, exception faite pour la province de Marache. Voici les différents sièges d'après les noms qui nous sont parvenus.

ARCHEVÊCHÉS

Sis, dont le siège était au couvent de Trazargue.

Tarsus	à Melidje.
Lambroun	à Sghévra.
Anazarpe	à Casdalon.
Maméstie	à Arcagaghine.

ÉVÊCHÉS

Adana.
Ayas.
Les Philippiens, Փիլիպպանեց.
Médz-kar.
Partzer-perte . . . Agnér.
Gaban . . . Arékni.
Dzamentave.
Gobidar.
Séleucie.
Engouzoud.
Harkan.
Molévon . . Kernér.
Macheghévor.
Pertousse.
Sanvélna, ou Savéline.
Les Hovannissiens, Յովհաննէից.
Macharte.[1]
Tiana.

On pourrait ajouter encore l'évêché de *Chypre*, dont le siège se trouvait à Leucosie, et qui avait des relations continuelles avec nos rois de Sissouan. La ville de *Sélinonte*, possédait aussi, paraît-il, un évêque depuis le X° siècle; mais cette ville n'est mentionnée dans aucun acte datant de la domination des Roupiniens. — Dans les conciles de Sis et d'Adana, on cite deux autres sièges épiscopaux: ceux de *Ourthel* et de *Rauran*[2]; mais ces noms sont douteux, on ne les rencontre que dans cette occasion seulement, et on ne saurait déterminer s'ils se trouvaient en Cilicie ou ailleurs.

Quant aux monastères arméniens de la Ci-

---

1. Ce lieu n'est pas seulement inconnu, mais aussi douteux; car il n'est mentionné qu'une fois seulement dans l'histoire du concile de Sis, l'an 1307. Quant au nom *Machart* que cite *Tchamtchian* dans son Histoire (III. 134), on doit le lire *Mèdzkar*; car dans le texte latin (d'où il l'a tiré), on trouve *Mathekar*, c'est-à-dire, *Médz-kar*.
2. Au nombre des évêques du premier concile de Nicée, sont cités, selon la traduction de nos ancêtres, les évêques de Cilicie :

Théotoros	venu	de Tarse
Amphon	»	d'Epiphanie
Narcisse	»	de Néroniade
Moïse	»	de Gasdabla
Nighedésse	»	de Palavide.

licie à cette époque, leur liste qui suivit celle des forteresses, en compte soixante. Malheureusement, les positions de plusieurs, pour ne pas dire de tous, nous sont inconnues : voilà leurs noms.

Agnér ou Agank, couvent de la Sainte Vierge.
Antoul, Hermitage.
Antriassank, communauté.
Arakélotz, couvent des Apôtres peut-être c'est le même qu' Agnér.
Arékni ou Arékine, couvent.
Ariki, couvent dans les montagnes Noires.[1]
Arméni, ermitage.
Arkagaghin.
A . . . . ermitage.[2]
Basiliens, *Բարսեղեանք*. ermitage dans les Montagnes Noires.
Belertzi ou de Belour, ermitage.[3]
Calou, ermitage *Գալու*, *Գայլոյ* (du loup).
Kémertzekér, *Գեմրձեկեր*.
Kérmaghpiur, *Գերմաղբիւր*.
S. Georges, sur les hauteurs de la Cilicie.
S. Georges, dans les montagnes Noires.
La Sainte Vierge, à Zeithoun.
Saint Sauveur, à Zeithoun.[4]
Engouzoud, *Ընկուզուտ*.
Turketi, couvent de la Sainte Vierge.
Lissangan ou Lissanig, *Լիսանկան*.

Khedjguedor, *Խճկտոր*, peut-être le même que celui d'Arkagaghin.
Khorine, couvent ou ermitage.
Gampig, ermitage, près de Molévon.
Gantchi, couvent, S. Etienne.
Castalon, siège du diocèse d'Anazarbe.
Cracca, *Կրակկա*.
Tzoro-vank (couvent du vallon).
Saint Mamas.[5]
Macheghévor, *Մաշկևոր*.
Médz-kar ou Médz-aïr.
Miaghetzér, *Միակեցեր*.
Melidje, *Մլճ*.
Movsisnotz, (des Moïsiens).
Saint Jacques, couvent de Hadjine.
Hohanantz (des Jean).[6]
Hovanissi, (de Jean) ermitage sur le mont Arméni.
Chapir
Choukrhravantor ?
Chougher, *Շուղր* ⎫
Baghagtziag   ⎬ dans les Montagnes
Barlaho   ⎪   Noires
Karachitav   ⎭

Macédonius venu de Maméstie
Taracoundes »   d'Aegias
Evsiukios »   d'Alexandrie
Narcisus »   d'Elinopolis.

Quand dans la suite l'Isaurie s'unit à la Cilicie, celle-ci eut trois Métropoles (Tarse, Anazarbe, Seleucie), divisées en une cinquantaine d'évêchés grecs. Au temps des Croisades, vers la fin du XIIe siècle, les Latins notaient dans les deux Cilicie les évêchés suivants :

I° CILICIE.
Tarsus
Sébaste
Mallos
Tine ou Thina
Corichos
Poderade

II° CILICIE.
Epifanie
Alexandrie

Irinopolis (Parva)
Cambrisopolis
Flavias
Rhosos
Castavali
Ægeas
Sisie.

1. Cité par Mathieu d'Edesse.
2. Les autres lettres du nom étaient effacées dans le manuscrit.
3. Je ne puis vérifier la situation de ce couvent, que le mémoire d'un bréviaire (écrit en 1324) appelle, *Désert Pelertzi* (de la colline) ; mais comme dans le même mémoire est cité aussi le roi Léon IV, on peut en conclure qu'il se trouvait en Cilicie. Un des abbés du concile de Sis tenu en 1342, est nommé dans la lettre écrite en latin, *Johannes abbas de Pelor*.
4. Je n'ai pas trouvé ces deux noms cités avant le XVIe siècle.
5. Ce nom n'est cité que dans un édit de Léon II.
6. Ce dernier n'est cité que comme un évêché.

LES MONASTÈRES

Poghossagan, ermitage de S. Paul, à Sis?
Tchevalga, Ձրալկա, ermitage.
Ramanos, ermitage.
Cirorin,[1] ainsi écrit en latin.
Sainte Vierge, ermitage de Saghir.
Sanvilantz.[2]
Simanagla, couvent.
Sissernoude.[3]

Sghévra, couvent.
Sghévra, ermitage.
Vartgou–vank. (couvent de Vartig).
Perdjér, couvent.
Pilibossiank.
Kéléghacan? couvent, Թեղեղական.
Saint Carabied de Fernouss.

On mentionne encore trois monastères syriens, dans les villes de Sis et de Messis. Nous ne trouvons aucun nom de couvent de religieuses; pourtant leur existence n'est pas douteuse: l'histoire de la famille de Saint Nersès de Lambroun en fait foi. La mère et les deux sœurs de ce Saint reçurent l'habit religieux de ses propres mains. De plus, dans les modèles d'épîtres composés dans la Cilicie et pour les Ciliciens, on trouve les adresses ou dédicaces suivantes: « A la vierge solitaire, qui marche » infailliblement dans la voie de la vérité, aime » le Christ et hait le monde, se nourrit de » sainteté, se pare de pureté et vit comme » une solitaire sainte et une servante mortifiée; » à la pieuse et honorable vierge N. N. »

Comme nous achevons cette introduction par des souvenirs religieux, qu'il nous soit permis de rapporter ici une prédiction assez curieuse sur l'avenir, et sur les faits qui s'accompliront à la fin du monde; prédiction que nous trouvons chez un écrivain arménien. Est-ce une traduction ou une production nationale? je n'en sais rien. Cette prédiction concerne l'Antéchrist. Selon notre écrivain, l'Antéchrist après avoir parcouru différents pays arriverait en Cilicie : « Alors l'injuste » tyran (l'Antéchrist) rassemble ses soldats, » se met en marche et arrive dans la région » méridionale du pays des Ciliciens, y pose » son camp, etc, etc ».

---

1. Dont le supérieur était Carabiet, qui se trouva aussi au concile de Sis, en 1342. Je ne sais pourquoi le P. Tchamtchian prend ce lieu pour Médz-kar.

2. Ce nom aussi est cité comme un évêché.
3. Je crois qu'on doit lire ainsi le latin Sisernot (de Chiches).

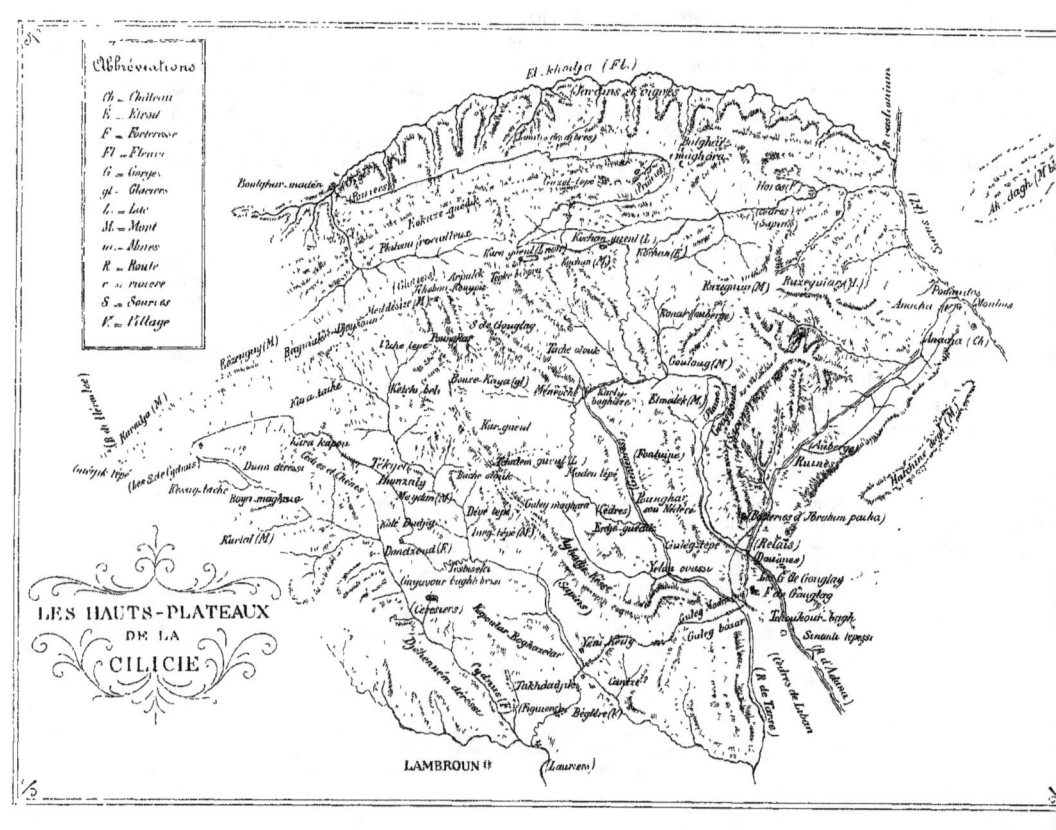

TOPOGRAPHIE

I. — LA CILICIE MONTAGNEUSE

Le territoire montagneux de la Cilicie était appelé par nos ancêtres : « *Les Trônes de la Cilicie* ». Il commençait dans la partie nord-ouest de la province de Tarsus, dont la partie était comprise dans la plaine. La frontière entre les anciennes provinces de Tarsus et de Lambroun n'est pas bien indiquée. Il est probable qu'elle était formée par la vallée du fleuve qui est appelée actuellement Déghirmén-déréssi, (Vallon du moulin). Je laisse cela à un examen ultérieur et je passe immédiatement à la description d'une curiosité naturelle qui se trouve dans cette partie du pays. C'est une grotte souterraine, carrée, avec un plafond en voûte. Elle se trouve sur les flancs d'un rocher marmoréen, à la droite du fleuve et à une distance de trois heures de chemin en montant, soit à peu près dix kilomètres, de distance de la ville de Tarsus. On descend dans la grotte par un escalier. C'est un lieu de pèlerinage pour les mahométans. D'après une tradition analogue à celles des chrétiens sur les Sept Dormeurs d'Ephèse, ils prétendent que cette grotte renferme les corps de sept saints personnages, et ils la regardent comme l'un des plus augustes parmi leurs lieux sacrés. Chaque année, ils y égorgent un grand nombre de brebis, les mangent en cet endroit même et en distribuent une partie aux pauvres.

Ce lieu est mentionné dans le Coran, et il y est dit qu'à l'entrée de la grotte obscure où reposaient ces personnages, il y avait un chien qui veillait jour et nuit et chassait ceux qui voulaient y pénétrer. Les interprètes de ce passage du Coran ne sont pas d'accord sur le nombre des dormeurs; les uns opinent pour trois, d'autres pour cinq, d'autres enfin pour sept, toujours sans compter le chien. La vérité, selon eux, ne serait connue que d'un très petit nombre de personnes, et surtout, il faut se garder de demander des renseignements aux chrétiens. Actuellement les mahométans donnent à ce rocher le nom de *Djébel-el-Kéhfe* ou *Ashab-el-Kéhfe* (Montagne ou Habitants de la Caverne); ils y ont construit une petite mosquée grâce à la générosité des sultans Abd-ul-Médjid et Abd-ul-Aziz, qui en ont payé les frais. De grands arbres servent d'abri aux pèlerins et aux voyageurs. Quelques musulmans racontent une autre légende sur cette grotte : Quatre ou sept géants, disent-ils, descendus de Lambroun pour venir réclamer les impôts aux habitants de Tarsus, entrèrent dans cette caverne. Après avoir mangé et bu, ils s'y endormirent et restèrent plongés dans leur sommeil pendant 150 ou 200 ans. A leur réveil ils furent surpris de voir les grands changements qui avaient eu lieu. Par ordre du roi régnant, — qui avait exterminé la tribu des géants, — ils furent obligés de rester dans cette caverne jusqu'à leur mort; un troupeau de brebis fut alloué à leur entretien. Les infortunés dormeurs passèrent leurs dernières années à creuser de leurs mains leurs propres tombeaux.

Non loin de cette grotte des Dormeurs, près du village que V. Langlois nomme *Garboulji*, on trouve beaucoup de tombeaux taillés dans le rocher; mais plusieurs sont déjà à moitié ruinés.

Entre Tarsus et la grotte El-Kéhfe, vers l'est, se trouve le village *Kezel-bache*, et un peu plus haut, celui d'*Oulache*. On remarque à côté de ce dernier les ruines d'un vaste bâtiment en briques et un lac creusé dans le rocher. Les historiens turcs mentionnent ce lieu sous le nom de *Oulache-yourde*. Selon eux un régiment de l'armée de Bayazet II aurait passé par là, en 1487, pendant que les autres descendaient des montagnes et des environs de Tarsus : ils marchaient contre le prince Karaman. D'après ces mêmes historiens, la région montueuse située entre Tarsus et les monts Bulgars, se nommait *Arsal*. — A une distance de quatre heures d'Oulache, après avoir passé entre les montagnes par les défilés, les rochers et les buissons, on découvre de grandes ruines désolées, restes silencieux et délaissés de couvents et d'églises.

On voit dans ce pays beaucoup de ces ruines, et on remarque que partout s'élevaient côte à côte, comme des alliées, les forteresses et les temples, asiles de la prière. Dans les parties moins accidentées et plus plates, au pied des parois de rochers ou à la lizière des forêts, on trouve encore des lieux habités.

De ce nombre sont les deux villages de *Tchander*, l'inférieur et le supérieur, ou le petit et le grand Tchander. Ils se trouvent à une distance de six heures de Tarsus, au nord-est, et de deux heures de la grotte El-Kéhfe. On y trouve encore des habitantions d'Arméniens. Le petit Tchander est bâti dans une échancrure de la vallée large et profonde. Le grand est situé à une heure de distance, sur le plateau de la montagne : il sert de séjour estival aux habitants du village inférieur. Un peu plus loin, au bord du vallon creusé par la rivière du Moulin, s'élève une colline pierreuse, au milieu d'autres monticules moins élevés et unis ensemble. Cette place est très escarpé et presque inaccessible; elle domine tous les environs, et comme il n'y a pas de hauteur qui la surpasse du côté méridional,

on peut la voir, avec la forteresse qui couronne son sommet, des bords mêmes de la mer, du côté de Tarsus et de Pompéiopolis. Le château-fort qui la domine, porte le nom de *Tchander-kalé*. On y trouve une inscription relative à Sempad le Connétable, frère du roi Héthoum Ier, où il est déclaré : « Maître du » château paternel ». Il ne serait pas impossible que ce château fût le fameux *Babéron* ou *Papéron*, dont on parle si souvent dans les chroniques. Ce brave et modeste généralissime possédait un grand nombre de forteresses; mais sa principale résidence était celle de Babéron, et tous les mémoires disent qu'elle était très forte et presqu'inaccessible ; ce qui concorde avec la position de *Tchander-kalé*. Dans l'histoire des Byzantins, la résidence du Connétable est appelée Ραπούειου ou Παπύριον. Sous le règne de l'empereur Zénon, on y conservait un trésor, et la place était estimée dans l'Isaurie. Tchander-kalé est inaccessible de trois côtés; c'est seulement du côté nord-est que l'on peut y pénétrer. On y arrive par une citerne ; car l'ancien chemin, le seul qui y conduisait, est devenu impraticable et la porte principale qui regardait l'ouest, est ruinée. Cette citerne se trouve dans une grotte, sur la gauche en montant, en bas de la forteresse. Elle est très grande : on y descend par un escalier de vingt-cinq gradins : à la droite s'en trouve un autre, taillé verticalement dans la pierre noire ; il compte 142 gradins. Après un petit détour, par une quinzaine d'autres gradins, on arrive dans une tourelle qui était probablement un corps-de-garde : c'est du moins l'opinion de l'unique archéologue qui nous en ait laissé des informations, le Père Clément Sibilian. Il a visité ces lieux (l'année 1875, 28 et 29 octobre) en compagnie de l'anglais Sir Ancketill. Le P. Sibilian s'est basé, pour porter de jugement, sur la position et la forme des fenêtres. Un peu plus haut se trouve le sommet de la colline formant une plate-forme ovale de cinq cents mètres de long sur trois cents de large. Elle est aride, couverte de décombres et de buissons. Les ruines principales du château et de l'église sont à l'ouest, l'entrée se trouve au nord. On y remarque deux chambres surplombant un rocher en précipice . Dans l'une d'elles on trouve encore un siège taillé dans la pierre, et selon le témoignage d'Ancketill, on voit sur une cheminée de jolies sculptures. « A beautifully-carved stone, chim- » ney-piece in fine preservation. Traces of

» fresco painting are visible on the walls of
» the interior, and the masonry is of admirable
» workmanship, especially the stonework of
» the door. » Sur le plateau on trouve encore
une autre citerne, creusée dans le roc, avec un
peu plus de 10 mètres de profondeur, sur 15
de longueur ; elle n'est murée que d'un côté
seulement. Maintenant, à part ces quelques restes, on ne trouve plus rien debout, sauf une
partie de la voûte de l'église. La hauteur et la
hardiesse des constructions, la beauté des
sculptures que l'on distingue encore sur la
porte, les restes de peintures sur les murs et
leur position effroyable, nous indiquent non
seulement la solidité du bâtiment, mais encore
l'art et l'adresse des constructeurs et la richesse des princes du lieu. — La première fondation de cette place est assurément antérieure à
l'établissement des Arméniens dans le pays ;
elle doit remonter aux Grecs de Byzance, ou
à d'autres peuples plus anciens. Mais dans
l'histoire des premiers on n'en trouve aucune
mention avant le XIe siècle, quand elle était
déjà au pouvoir d'une famille arménienne. Ce
fut l'une des rares et principales possessions des
Arméniens avant la fondation du royaume des
Roupiniens, du vivant de Kakig, dernier roi
des Pacratides, vassal des empereurs de Constantinople. Nous trouvons la mention de Babéron dans l'excellent mémoire du D^r. Samuel,
sur l'Interprétation des Psaumes, - œuvre de
Saint Nersès de Lambroun : « L'un des princes
» arméniens, Abelgharib (fils de Hassan, fils du
» général Khoul-Khatohig), de la famille de
» Vasbouragan, fut envoyé en Cilicie par
» l'empereur Alexis, comme son intime et comme une personne prudente et capable dans les
» affaires de la guerre. Il avait pour mission
» de gouverner Tarsus et Maméstie. Celui-ci
» trouva, au pied des monts Taurus, deux
» places fortes, dominant la ville de Tarsus,
» dont l'une s'appelait Lambroun, et l'autre,
» Babéron ; elles étaient entourées par des
» villages et des hameaux. Abelgharib choisit
» Babéron pour y déposer ses trésors. Il y
» bâtit une vaste église et y fit creuser un ca-
» veau funéraire pour lui et pour sa famille....
» Abelgharib y fut enterré »

Abelgharib doit avoir été nommé prince de
Tarsus déjà par les prédécesseurs d'Alexis,
car le règne de ce dernier n'a commencé
qu'en 1081. Or, avant cette date, Kakig
avait déjà rendu visite à Abelgharib, à Tarsus, dans le but d'obtenir pour son fils cadet
la main de la fille de ce prince. Ou bien cette
proposition ne réussit pas, ou, selon d'autres,
Abelgharib se brouilla avec son futur gendre
et le fit jeter en prison. Kakig s'en retourna
tout courroucé dans ses terres, où il mourut
tragiquement l'an 1079. — Abelgharib n'avait
pas d'enfants mâles ; il désigna, comme son
successeur Isaac, l'un de ses nobles vassaux.
Ce jeune seigneur était le gendre d'Ochin,
fondateur de la maison des Héthoumiens ou
Seigneurs de Lambroun. Abelgharib avait déjà
donné à Ochin, qu'il regardait comme son
ami intime, cette forteresse, avec le droit de
la transmettre à ses descendants, quand celui-ci
vint d'Artzakh. Cependant rien de certain nous
indique quand et lequel des Héthoumiens a
gouverné cette place pour la première fois. La
seule chose que l'on connaisse sûrement c'est
qu'ils y étaient déjà dans la première moitié du
XIIe siècle. A cette époque, Babéron était gouverné par Sempad frère d'Ochin II, père de
Saint Nersès et petit-fils d'Ochin Ier. Ce même
Sempad fut tué l'an 1151 dans une rencontre
près de l'entrée de Mopsuéste alors que, allié aux
Grecs, il combattait contre Thoros II, le Roupinien. Son fils Pagouran lui succéda. Nous avons
déjà parlé de ce prince et de sa sœur, la princesse Ritha, qui avait été mariée à Stéphané,
frère de Thoros. Nous avons aussi vu comment, lorsque le tyran Meléh arriva au pouvoir, celle-là se réfugia avec ses fils, Roupin (II) et
Léon (1er. roi), chez son frère Pagouran, à Babéron. Après avoir enduré sept années de tyrannie, les princes arméniens se défirent de Meléh
et demandèrent le jeune Roupin à Pagouran.
Celui-ci le leur envoya « avec d'immenses trésors d'or et d'argent ». Il ne se montra pas
moins généreux lorsque le second de ses neveux monta à son tour sur le trône. Même,
selon certains mémoires, il était présent à
la cérémonie du sacre de ce dernier (1199).
A la mort de Pagouran, le château de Babéron passa à son frère Vassag, qui le laissa
à son fils le célèbre Constantin, père du roi
Héthoum qui remit ce château, comme patrimoine, avec la dignité de général, au
célèbre Connétable Sempad (1208-1276). Le
nom de cette forteresse reste plus strictement
lié avec le nom de ce Connétable, qu'avec celui
d'aucune autre personne. Sempad fut le personnage le plus illustre de tout le royaume des
Arméniens, après Léon-le-Grand et Constantin, son père. Aussi glorieux que son frère,
le roi Héthoum Ier, il le surpassa en valeur
et en science littéraire, témoin l'Histoire du
royaume de ses concitoyens, l'Accommodement

des Codes de lois de Mékhitar Koche, la traduction des Assises d'Antioche, sa lettre écrite à son beau-frère, le roi de Chypre, les livres qui ont été copiés sur son ordre, parmi lesquels nous trouvons ses propres mémoires en prose et en vers. L'an 1241, il écrivait, dans un recueil des Prédicaments d'Aristote et de Grégoire de Nysse :

> .... En les rassemblant
> Je les ai disposés convenablement,
> Moi, pécheur et malheureux,
> Pauvre soldat et misérable.
> Mon nom est Sempad l'Arménien,
> Maître et Baron de Babéron,
> Frère du roi Héthoum,
> Généralissime de l'armée arménienne.

Il eut aussi entre ses mains le manuscrit de S. Nersès de Lambroun, le livre des Scholies de Cyrille et de S. Denis, et il écrivit au bas de l'une des pages : « Mon Seigneur » Dieu J. C. ayez pitié du Connétable Sempad». De même dans la préface de la traduction des Assises : « Moi Sempad, serviteur de Dieu » et Connétable des Arméniens, fils de Cons- » tantin et frère du pieux roi Héthoum, maître » de Babéron, etc... » Nous retrouvons également les mêmes énumérations de titres dans la préface des Codes, qu'il mit en ordre l'an 1265. Quelques années après (1269) il écrivit en vers, dans un livre du Missel, la longue et importante déclaration suivante, à laquelle ses héritiers ont ajouté quelques phrases :

> Gloire à Dieu,
> Créateur de tout être.
> Il est seul, et il ne peut y en avoir un autre,
> Seigneur et maître immuable.—
> J'écris à la date arménienne
> Sept cent dix-huit (1269),
> Moi, Sempad l'Arménien,
> Serviteur et poussière du Christ,
> Moi, généralissime de l'armée arménienne,
> L'aîné de mon père Constantin,
> Frère du roi Héthoum.
> J'ai respecté et aimé
> Ma mère la sainte Eglise ;
> Tout ce qu'on y lit
> Dans une année entière,
> Je l'ai recueilli ici.
> Celui qui possède ce livre
> N'a plus besoin d'en avoir d'autres.
> Mais il faut encore écrire
> Quand j'ai entrepris et achevé,
> Avec ordre, ce recueil divin.
> Il fut commencé dans ces temps mauvais,
> Où l'Egyptien vint à Mari
> Et tua Thoros, le fils du roi,
> Et plusieurs autres avec lui.
> Il mit le feu à Sis et à Messis,
> Et à tout ce qu'il y avait de maisons.
> Il fit conduire en esclavage Léon, fils aîné
> De Héthoum, le grand roi des Arméniens,
> Et le fit emprisonner
> Dans la ville d'Egypte.
> Mais comment pourrai-je décrire
> Les ravages et les ruines,   (l'esclavage !
> Et dire le nombre de ceux qui furent réduits à
> Tout cela survint sur le pays à cause des péchés.
> Si je voulais écrire tout,
> Combien de papier et de place ne faudrait-il pas !
> Mais par la merci du Christ,
> A la date mentionnée plus haut,
> Pendant que je terminais les Epîtres
> A l'aide de l'écrivain Cyriaque,
> Léon, le fils du roi, fut délivré ;
> Il rentra dans sa famille et dans sa résidence.
> J'ai écrit ce livre de mes propres mains,
> Afin que l'on se souvienne
> Du misérable pécheur impénitent,
> Le Connétable Sempad ;
> De mon père Constantin
> Et de ma mère Dame Alize ;
> De mes frères et sœurs, de leurs familles :
> De même de mes fils
> Héthoum, Ochin et Constantin
> Et de leur mère Théphano.
> S'il s'en trouve de ceux qui aient pitié de nous,
> Et qui disent avec bonté un Miserere,
> Qu'à ceux-là le Seigneur, pour tous généreux,
> Donne toute espèce de biens
> Dans la vie présente et future.

Ce mémoire nous fait donc connaître le nom de sa mère, de sa femme et de ses fils. L'un des deux derniers, Ochin ou Constantin, dut hériter du château de Babéron, Héthoum étant mort, son père vivant encore, l'an 1270. Sempad avait eu encore un fils du nom de Vassil et connu aussi sous la dénomination de *Tatar*, à cause de sa mère dont la main avait été accordée à Sempad, par le Khan Mankou, alors que notre Connétable avait été chargé d'une ambassade auprès de ce dernier par son frère Héthoum Ier. Vassil fut aussi conduit en esclavage en Egypte, avec Léon, fils du roi (1266), et il s'en revint en même temps que ce dernier ; mais il mourut peu de temps après son frère Héthoum, avec lequel, selon une chronique, il se promenait encore en grande pompe, le jour de Pâques 1264. Les corps des deux jeunes princes furent inhumés tous deux dans le même caveau de leur famille au couvent de Melidje. Leur père, le vaillant Sempad, homme plein de mérites, eut une fin digne de sa vie. Après avoir, pendant cinquante ans, exercé glorieusement les fonctions de généralissime, il mourut dans une

guerre contre les Sarrasins. Il les repoussa près de Sarvantave, les força de reculer jusque vers Marache ; mais là, « à la fin de la ba-
» taille son cheval le heurta contre un arbre ;
» le général, déjà vieux, ne put supporter ce
» choc. Il se fit conduire à Sis et quelques
» jours plus tard, après une bonne confession,
» il rendit son âme à Dieu et s'endormit
» avec ses pères, en J. C. » C'était[1] au mois de mars, l'an 1276 ; il avait soixante-neuf ans.

Les Arméniens regardèrent sa mort, non seulement comme celle d'un héros, mais encore comme celle d'un confesseur de la foi et d'un saint. Les chroniques ne mentionnent pas le lieu de sa sépulture. Probablement il fut inhumé dans le couvent de Melidje, là où reposaient déjà deux de ses fils. Un mémoire de 1198, appelle ce monastère : « La sépulture des gou-
» verneurs du château-fort de Babéron. »

Nous avons supposé que l'un de ses deux fils Ochin ou Constantin, hérita dudit château de Babéron ; mais nous n'en avons aucune preuve certaine. Il est probable que Léon, un autre de ses fils, mentionné comme Connétable l'an 1289, posséda aussi cette forteresse, ainsi que le fils de ce dernier Sempad II, Connétable l'an 1320. Mais quelques années après, l'an 1296, le gouverneur de Babéron était Thoros, frère de Héthoum II. Il est donc certain qu'à cette époque, la cour s'était emparée de la forteresse. Cela est vérifié du reste par les archives du Vatican. Léon IV au début de son règne, avec le consentement du régent Héthoum, seigneur de Neghir, en fit cadeau à son beau-père Ochin, seigneur de Gorigos, fils de l'historien Héthoum. Cet Ochin avait épousé Jeanne, la reine douairière ; Léon en lui donnant cette forteresse avait posé pour condition qu'elle retournerait aux mains du roi si Ochin n'aurait pas d'enfant mâle de Jeanne. Cet engagement avait été envoyé au pape Jean XXII, afin qu'il y donnât plus de poids en le ratifiant de son côté. Le Pape demanda des renseignements à ce sujet à Pierre, patriarche de Jérusalem, dans une lettre datée du 17 mars, 1323. Il lui ordonnait d'examiner et d'étudier la question, afin qu'il y put donner une solution. Un an et demi plus tard (9 août, 1324), le Souverain-Pontife écrivait de nouveau à Basile, archevêque de Tarse, et, à propos de la mort de la reine Jeanne, lui ordonnait d'examiner ce qu'on lui avait écrit, et s'il jugeait convenable de ratifier le contrat. Dans la lettre latine le château est appelé *Castrum de Baberon* ou simplement *Baberon*.

Lorsqu'Ochin fut mis à mort par ordre de Léon (1329), la cour confisqua la forteresse. Depuis lors on ne trouve plus aucune mention de cette forteresse dans aucun livre. Elle aura subi le sort de tout le pays d'alentour. Tombée aux mains des Sarrasins, elle aura été ruinée soit par eux, soit par le temps.

De toutes les inscriptions qui nous restent de Sempad, la mieux écrite et la mieux conservée, est celle de l'église de la forteresse de Tchander, en caractères haut-relief. Elle se trouve sur la muraille extérieure, à gauche de la porte. La partie inférieure a plus ou moins été effacée, rongée par les buissons et les plantes grimpantes qui l'ont longtemps recouverte. Cette inscription date de l'an 1256 ou 1251, et elle mérite d'être examinée de nouveau :

Il a été construit ce temple, demeure
De la Trinité une,
Divine maison et autel,
Asile de la prière et piscine de purification
Pour les péchés de ceux qui croient
Et viennent demander ici le remède qui purifie.—
Parmi ceux-ci (se trouvent): le roi de l'Arménie
Héthoum, mon frère glorieux. (difice
J'ai réussi à poser la pierre angulaire de cet é-
C'est avec beaucoup de dépenses et de piété.
Mon nom est Sempad l'Arménien,
Maître de ce château paternel
Et Connétable militaire.
Je supplie tous
De prier ensemble,
De se souvenir de mes parents . . . . .
De Constantin, le grand prince,
De son frère, de ses fils, de ses alliés.
Et celui qui récompense généreusement
. . . .
A la date de
De la famille noble des Roupiniens
. . . . . cela ;
Vous qui me rappelez après ma mort.

Il n'est fait allusion à aucun siége, ni à aucune prise de Babéron dans l'histoire. La

---

[1]. La mort de Sempad rapportée brièvement par l'auteur de ces mémoires, se trouve traitée longuement et dans un style assez éloquent dans un autre auteur. Malheureusement ces mémoires ne nous sont pas parvenus en entier, car les dernières feuilles de ce livre sacré, sont malheureusement tombées ; Sempad l'avait fait écrire et orner d'enluminures, mais selon le témoignage de l'auteur, il ne parvint pas à voir ce travail achevé.

position de cette forteresse la garantissait mieux que tout autre chose. Cependant on trouve dans une chronique que l'an 1245, pour se venger de Héthoum, qui avait livré aux mains des Tartares, sa femme et sa fille réfugiées auprès de lui, Kay Khosrov, sultan d'Iconie, vint attaquer Babéron: « Guidé par » le baron Constantin, seigneur de Lambroun, » il entra dans la forteresse de Babéron en y » descendant par la montagne et incendia tout, » après quoi, il alla mettre le siège devant » Tarse. » S'il faut interpréter à la lettre ce dernier texte, la position de Tchander ne correspondrait pas à celle du vieux Babéron, puisque le P. Sibilian déclare que Tchander est bâti sur une cime ronde et isolée des autres.

Il reste donc à examiner cette place, et éclaircir encore la question; peut-être la découverte d'une nouvelle inscription fera-t-elle connaître la vérité. Quoi qu'il en soit, si l'ancien Babéron n'est pas le Tchander actuel, il ne devait pas être bien éloigné de ce lieu, ni non plus de Tarsus. Le siège des évêques de cette dernière ville était le couvent de Melidje, et c'est dans ce même couvent, comme nous l'avons vu, que se trouvaient les tombeaux des seigneurs de Babéron. Ce couvent *Melédje* ou *Melidje* était l'un des plus célèbres du pays de Sissouan. L'époque exacte de sa construction est encore inconnue; mais il est certain, que c'est l'un des plus anciens monastères du pays. Il est même probable qu'il fut fondé par Abelgharib lui-même, comme semble l'indiquer l'une des pièces mentionnées plus haut. dans laquelle il est dit, qu'après avoir pris possession de Babéron, Abelgharib y construisit une grande église, pour en faire le tombeau de sa famille. Or les documents postérieurs ont montré que c'est dans ce même couvent que se trouve le caveau des seigneurs de ce château; de plus cela est mentionné dans un manuscrit précieux. un livre des Evangiles, de l'an 1198, qui fut écrit « dans » le couvent célèbre de Melidje, placé sous la » protection de la Sainte Mère de Dieu, et » lieu de sépulture des maîtres du château-fort » de Babéron. » Le copiste déclare encore que cette année-là le supérieur du couvent, — en même temps archevêque de Tarse et successeur immédiat de S. Nersès de Lambroun, — était Etienne. Il n'y a pas à en douter, Abelgharib, Sempad, Pagouran et les autres seigneurs de Babéron, ainsi que quelques-uns de leurs alliés, auront été enterrés dans ce cloître, tous comme Héthoum et Basile, fils de Sempad le Connétable, et aussi ce dernier, avec Léon, son frère cadet, y aura également été inhumé. Ce prince mourut encore jeune, enlevé par une mort prématurée (1258) alors que tout était préparé pour son mariage. « Il n'attendait que le vent du nord » pour faire voile vers Chypre où se trouvait sa fiancée. « On » porta son corps au couvent de Melidje qui » est près de Babéron et on l'y inhuma. »[1] —

Parmi les faits historiques peu nombreux, rapportés par les historiens sur Babéron, il en est un de fatal: c'est la prise et l'esclavage du maître du château. Des Turcs venus d'Iconie, parvinrent à s'emparer de sa personne et tuèrent trois ou quatre de ceux qui étaient avec lui, d'après l'écrit le continuateur de la chronique commencée par un historien de la ville d'Ani.

A la fin du XIII° siècle et au commencement du suivant, le supérieur du couvent était Etienne, fils d'Ambagoum ou Baghé (†1301). Etienne, avant d'entrer dans les ordres, avait été marié et avait eu plusieurs enfants, ensuite il fut archevêque de Tarse. L'aîné de ses fils, ou du moins le plus connu, s'appelait Sire Grégoire; il a noté en marge d'un rituel le jour de la naissance et de la mort de plusieurs personnes de sa famille[2]. Son père, Etienne, mourut le 6 Juin, 1320, comme l'inscrit Grégoire en y ajoutant d'autres détails. C'est dans ce même rituel que nous trouvons ajoutée

---

1. Ce sont les paroles de notre historien royal.
2. Par exemple: « En 742 de l'ère arménienne (1293). le 25 mars, le mercredi. Zablouné. ma fille et la servante de J. C., à la fleur de son âge rendit son âme à Dieu. comme une offrande sans tache. Que Dieu fasse miséricorde à elle et à vous qui vous souvenez d'elle dans vos prières ».

« En 751 de l'ère arménienne (1302), le 11 février, » dimanche de la Septuagésime. Nersès. mon tendre » fils en Christ, rendit son âme à Dieu. comme une » offrande sans tache. Qu'il soit digne de la miséri- » corde de J. C., par vos saintes prières ». De la même manière il indique le jour de la mort de son père, le 7 septembre, an 750 de l'ère Arm. Et puis il ajoute: « Le 30 courant, le diacre Mardiros mon frère, » rendit son âme au Christ », etc. Il indique même les jours de naissance, en ajoutant qu'en 1318, son aîné, à l'âge de 21 ans et de 7 mois, engendra son fils aîné Nersès le 29 octobre, et qu'arrivé à l'âge de 22 ans et de cinq mois, il engendra son second fils nommé Djoian-Jean, et il souhaite que Dieu « donne » au frère et à ses fils une vie sans épreuves, et qu'il » leur fasse voir leurs arrière-petits-fils ».

par Etienne, la formule de la bénédiction des navires. Sire Grégoire, faisant allusion à ce passage, écrit : « Et nous croyons que ce fut un » don de Dieu, une inspiration du Saint-E-» prit ; car cette prière manquait dans le Rituel. » N'effacez pas son nom (le nom d' Etienne) » de ce livre afin que nous en recevions la » récompense de Dieu. »

Ce fut encore sur l' ordre d' Etienne que fut copié le *Hadjakhabatoum* (Stromates) de Saint Grégoire l' Illuminateur. Le copiste fait l' éloge de l'Archevêque : « Notre maître bien-» heureux, supérieur du couvent de Melidje, » l'Archevêque Etienne, donna ordre de copier » cela . . . il le fit placer parmi d'autres livres » du couvent. (Ce saint père) a encore ajouté » beaucoup d' autres objets au couvent de Me-» lidje. Que sa mémoire soit bénie ». L' un de ces livres est le *Prokhoron*, c'est-à-dire la vie de Saint Jean l' Evangéliste, qui se trouve maintenant au Musée Britannique. Ce manuscrit fut écrit en l' an 1307, par le prêtre Constantin, « au couvent de Melidje sous la protec-» tion de la Sainte-Vierge et des autres Saints, « près du château inaccessible de Babéron.[1] »

Au sud-ouest de Tchander, à une distance d'une heure ou un peu plus les montagnes qui surplombent le torrent qui forme la Vallée de Moulin, *Déghirmen-déréssi*, se resserrent et laissent à peine un étroit passage pour poser le pied. Sur un plateau pittoresque se trouvent les ruines d' un autre couvent. On voit encore les restes de chambres creusées dans la pierre ; on y arrive par un petit corridor d' une largeur de 10 pieds seulement. On retrouve également les murs de la chapelle, dont les trois côtés n' offrent aucun passage ; ce n' est seulement que du côté du nord qu'on y pouvait arriver. Ce lieu est appelé par les musulmans *Kilissé-boghazi* ou *Kétchi—boghazi*, (Col de l' Eglise ou de la Chèvre.)

C'est sur l' extérieur du pan de mur qui reste encore debout, que se trouve gravée l'inscription du Régent Constantin ; elle compte 17 lignes. Vu la difficulté de ces lieux escarpés, le P. Clément Sibilian n' a pu l' étudier qu'au moyen d' un télescope. Il a consacré plus de 12 heures à ce travail pendant deux jours et a copié ce qui suit :

« Ce temple du Saint Sauveur et cet ermitage fut bâti par ordre du Régent Constantin et à ses frais, pour sa maison de prière, selon l' ordre du Seigneur : « *Celui qui ne prend pas sa croix et ne me suit pas, n' est pas digne de moi ; ou,* » *Celui qui aime son fils ou sa fille plus que* » *moi, n' est pas digne de moi* » Celui-ci (Constantin) mit plusieurs fois sa personne en péril de mort pour le pays et la sûreté des églises. Selon la maxime, « *le bon Pasteur donne sa vie* » *pour ses brebis*, et selon Saint Paul, *Dieu a* » *tant aimé le monde qu' il a donné son fils* » *unique* » ; aussi, selon la volonté du Saint-Esprit, Constantin s'est offert pour les fidèles. « Il a aimé à rentrer en lui-même et à s'entretenir avec Dieu, selon qu' il a été dit : « Je confesserai mes fautes et me repentirai de mes péchés » : Et aussi, il est bon de demeurer silencieux et seul en sa maison, de s' humilier jusqu'à la terre, car il y a de l' espérance.

« Constantin avait cinq fils et trois filles ; il fit régner avec l'aide de Dieu l' un de ses fils sur les Arméniens, le glorieux, l' aimable, le vertueux Héthoum. Le second de ses fils, Basile archevêque . . . . . du royaume ; le troisième Sempad fut généralissime ; le quatrième, Ochin, bailli, et le cinquième, Léon, prince des princes. Sa fille Marguerite à l'âge de douze ans fut préparée . . . . . du royaume.

« Il maria Sthéphanie avec le roi de Chypre et la troisième, avec le bailli de Chypre qui était gouverneur de Beyrouth et de Joppé. Moi Thaddée, le dernier parmi les Docteurs, ai été élevé par le roi Héthoum. Celui-ci ordonna à moi infime, de commencer cet ermitage pour sa personne, afin qu' il pût sortir de cette vie mondaine et prendre soin de son âme.

« Et moi volontiers j' ai accompli ce qui m'a été ordonné et le monastère a été bâti. Or, je vous prie tous, pour l' amour de Dieu, vous qui rencontrez ce couvent sur votre route ou qui y habitez, souvenez-vous dans vos prières du sus-dit Prince des princes, Constantin, père du Roi, de ses fils et de ses parents et avec eux de moi mesquin qui ai eu beaucoup de peines, quoique les dépenses fussent payés par le roi ; car le lieu offrait beaucoup de difficultés et moi j'étais faible, et de mauvaise santé ; mais

---

[1]. Souvent celui-ci prie (le lecteur) de se souvenir de son neveu Thoros, « défunt à la fleur de son âge, » ou bien, « enlevé de cette vie, par une mort prématurée, pour passer à celle qui est éternelle ». Ailleurs il cite son père, le prêtre Constant, du même nom et de la même condition que lui, sa mère Valourtch, sa sœur Chahantoukhte, son oncle, le moine Grégoire, et sa mère spirituelle, Théphanoue.

pour l'espérance et la résurrection, je travaillais de bon gré ; je vous supplie de ne pas m'oublier, moi solitaire, vous qui êtes dans cet ermitage ... et le Seigneur Jésus aura pitié de vous tous; Amen. »

La date de l'érection du couvent n'existe pas; elle eut pourtant été si nécessaire pour l'histoire, pour connaître avec plus de certitude ce qui concerne les parents et surtout les enfants de Constantin, père du roi. Il faut thoum et de ses autres frères était Dame Alize, fille de Héthoum de Lambroun, frère de saint Nersès. On trouve encore les noms d'autres fils de Constantin, peut-être frères utérins de Jean : ce sont le Sire Licus, qui, l'an 1256, se trouvait père de trois filles et d'un garçon nommé Sire Léon ; *Vassag*, Seigneur de la forteresse de Giandje, envoyé en otage en Egypte l'an 1268, pour la délivrance de Léon, fils du roi. Enfin *Constantin*, seigneur de Neghir, grand-père

MANACHE. — *Ruines d'une église, d'après un dessin de V. Langlois*

supposer que cette inscription fut composée durant les premières années du règne de son fils Héthoum, alors que Constantin n'avait pas d'autres fils que ceux qui y sont mentionnés, ou que, s'il en avait, ils étaient encore en bas âge. Qu'il ait eu d'autres enfants que les huit mentionnés plus haut ce n'est pas douteux car nous connaissons son fils *Jean*, évêque, baptisé sous le nom de Baudouin: lui-même déclare être frère consanguin du roi Héthoum, ayant eu pour mère Béatrix, tandis que la mère de Hé- du roi Constantin II, est appelé « fils de Cons- » tantin le premier Baron ».

Au point de vue topographique, on peut se contenter de savoir que sur ce lieu raboteux se trouvait jadis le *Couvent du Saint-Sauveur*, établi sur les ordres et aux frais du roi, par le D^r. Thaddée, élevé par les soins du roi Héthoum. Mais nous ne savons rien sur les successeurs de Thaddée ; il ne nous reste aucun mémoire provenant de ce couvent. En tous cas, il est certain que ce monastère et celui du Saint-Sauveur à Sghévra ne doivent pas être confondus; ce dernier est plus ancien que celui qui nous occupe.

Le R. Davis, trouve indescriptible la beauté splendide de ces lieux: « The natural beauty of this spot, - dit-il - is beyond all description. Below the rock a river flows, the banks of which are covered with plane and walnut trees, and a carpet of grass. The river, again, is inclosed on both sides by enormous rocks of great hight, full of natural caves, and covered, with pine trees, which shoot up at all angles. The brilliant colours of the rocks, red, scarlet, yellow, purple and gray; here distinct, there blended and running into each other, add greatly to the beauty of the scene. »

Avant de quitter ces lieux, et l'histoire de ceux qui furent leurs maîtres et surtout celle de Sempad le Connétable, il est bon de rappeler, que le château portant le nom de ce dernier, *Sempada-gla* (Château de Sempad), ne devait pas être bien loin d'ici. Dans son recueil des œuvres d'Aristote, dans l'introduction, dont nous avons cité le commencement, Sempad a encore écrit quelques lignes après la dernière de celles que nous avons rapportées:

De même, je jetai sur un pan naturel
Un château imprenable, inexpugnable,
Et je lui donnai mon nom:
Sempada-gla, puissante forteresse.

D'après ces quelques lignes, unique renseignement qui nous soit parvenu, il est clair que Sempad fit élever lui-même et entièrement cette forteresse, et, qu'à l'instar de Babéron, elle se trouvait dans un endroit élevé et escarpé. L'abondance des épithètes: *inexpugnable, imprenable, puissante*, indique suffisamment l'excellence de la position dont elle devait jouir. A part les quatre vers cités ci-dessus, on ne trouve plus aucun renseignement, avons-nous dit, sur cette place; on rencontre bien encore une ou deux fois son nom dans les manuscrits,

Le château-fort de Lambroun

mais sans explication. C'est ainsi qu'elle est citée, de même que Babéron et cinq autres châteaux, comme faisant partie des possessions de Sempad, en 1265; puis en 1320, de celles de son petit-fils, - du même nom et également Connétable, Sempad - II, fils de Léon.

Au sud-est de ces lieux qui ont besoin d'être explorés davantage, on indique maintenant le village *Garmrakingh*; mais je ne connais rien de particulier ni sur ce village, ni sur ses habitants. Au nord de cette localité se trouve *Manas* ou *Manaz*[1], village ancien, d'une quarantaine de maisons. On rencontre aux environs de ce dernier village plusieurs ruines d'églises, d'une architecture gracieuse. On trouve dans l'une d'elles, cinq colonnes assez bien conservées; en observant la forme de l'autel et de l'abside, on y reconnaît le style des églises primitives. Tout près de là, on a creusé dans le rocher des citernes carrées; elles sont recouvertes de grandes pierres polies. C'est là que les habitants du village viennent encore actuellement puiser de l'eau. Il y avait encore au sud du même village une autre église, aujourd'hui ruinée de fond en comble. On remarque au milieu des décombres des tombeaux de pierre avec des couverts prismatiques à chevrons, ce qui fit supposer à Mr Langlois que ces tombeaux étaient byzantins ou romains.

Pour moi, les puits et la proximité du lieu avec les autres forteresses, mentionnées par l'historien des Roupiniens, son nom même indique que ce village n'est autre que *Manache*, dont le maître était un certain Héthoum, non le frère de Saint Nersès de Lambroun, mais leur contemporain. Toutefois dans l'histoire je ne trouve aucun fait se rapportant à lui, ni même son nom, si ce n'est une seule fois lors du couronnement de Léon à la fin du XIIe siècle.

A trois heures au nord-ouest de Manache se trouve le bourg de *Sari-kavak*, dans une vallée plaine, entourée de montagnes qui, en forme de pic, s'élèvent les unes sur les autres et s'étendent également dans la direction du nord-ouest. On remonte la vallée en longeant la rivière *Kalé*, affluent de la rivière de Tarsus. Cette rivière fertilise et raffraîchit les pâturages de Nemroun, auxquels on arrive après trois heures de marche.

NEMROUN n'est autre que la fameuse forteresse de Lambroun. On rencontre aussi quelquefois l'abréviation de ce nom, *Lamron*. C'est, peut être, pour les Arméniens, après Sis, la place la plus célèbre de la Cilicie, et à laquelle se rattachent le plus de souvenirs glorieux. Elle se trouve à l'ouest d'un village qui porte son nom et dont le territoire forme actuellement sous l'administration ottomane un district à part, appelé *Nemroun Belkési*.

Nous avons déjà dit au commencement de la description de Babéron, que vers la fin du XIe siècle, Abelgharib Ardzrouni rencontra cette place presque inaccessible sur sa route, et s'en appropria; puis il la donna plus tard à son compagnon d'armes, son fidèle et intime ami, le prince Ochin qui l'avait suivi depuis l'Arménie. Il était venu d'Artzakh (dans la Grande Arménie, l'an 1073 « avec toute sa famille, et trouvant ce lieu inaccessible inhabité, il le reconstruisit autant que possible, et aménagea tout d'abord, à l'extrémité de la forteresse, une chapelle pour les reliques du saint et premier Apôtre; (car Abelgharib y déposa lui-même une relique du grand prince des apôtres, Pierre, que conservaient les Arméniens; il ordonna de servir dévotement ce saint Apôtre, dans ce même château et de le regarder comme le patron de la *forteresse et de toute la province.*) » C'est sous les murs de cette place qu'Ochin, allié de l'empereur Alexis, eut un combat singulier avec un géant franc et le vainquit. Ochin bien que blessé, il parvint à terrasser son adversaire et à l'assommer. C'est alors qu'il reçut le titre de Στρατηλάτης et la principauté de Tarsus. Cela porte à croire que les Grecs, dès les temps les plus anciens, avaient reconnu la position avantageuse de ce lieu et y avaient élevé une citadelle.

Son nom même semble indiquer une origine grecque; déjà Moïse, le Docteur, élève de Georges de Sghévra, a dit que « le nom grec de cette forteresse, traduit en Arménien, veut dire brasier. » Ce mot existe-t-il en grec avec cette signification, je ne puis l'affirmer, mais ce qui est certain, c'est que nous trouvons dans cette langue, l'adjectif λαμπρός, qui signifie clair, brillant. Dans l'histoire des Byzantins je n'ai pas trouvé de mémoires faisant allusion à la forteresse, ni rencontré son nom. Les historiens latins du moyen âge écrivent *Lambro*; et, dans les routiers romains, datant

---

1. Langlois écrit *Manoz*, Favre et Mandrot, *Manas*.

du règne des Antonins, est écrit *Nampiro*. Ce mot latin correspond assez à celui de *Nemroun* que l'on use aujourd'hui.

Durant les guerres des Grecs et des Arabes, je crois que cette place fut délaissée et abandonnée: reconstruite plus tard, elle devint peu à peu, tant par sa belle construction, que par la solidité de ses murs, l'une des premières de la Cilicie.

Ochine, dont la famille était une des plus nobles, fut forcé par les Roupiniens et obligé de reconnaître leur autorité. Mais bientôt sa famille s'unit par des alliances à celles de ses vainqueurs, et, lorsque la maison mâle de ces derniers se fut éteinte, la couronne royale passa à un descendant d'Ochine, à Héthoum Ier, qui avait épousé Isabelle, fille et héritière de Léon Ier. [1]

Ochine, souche des Héthoumiens et premier seigneur de Lambroun, «qu'il fortifiait autant « que possible, vivant en paix et sans épreuve » dans ce château-fort inaccessible, devint l'ami » des empereurs grecs et reçut d'eux la dignité » de Sébaste et beaucoup de présents. » Quel était au juste, à cette époque, l'état de la forteresse de Lambroun, je ne le sais pas positivement, mais nos historiens lorsqu'ils en parlent usent encore davantage des épithètes *forte, inaccessible, imprenable;* quelquefois même, ils disent une forteresse absolument imprenable. L'un d'eux en parlant du *mont Armén* ou *Arméni*, dit « qu'il se trouve à l'est de Lambroun,

---

1. Les ouvrages qui traitent de la généalogie des Héthoumiens et qui se trouvent chez nous, sont les suivants: — Un long *Mémoire du D^r. Samuel* sur le Commentaire des Psaumes fait par St. Nersès de Lambroun. Un autre *Mémoire* pareil au premier *sur le missel arménien*, écrit aux jours de Léon II. La chronique de Malachie le Clerc — auteur du XVIIe siècle — et encore quelques autres mémoires. En outre, les célèbres *Lignages d'Outremer*, en partie traduits en Arménien nous offrent de précieux détails; nous jugeons à propos de les produire ici, en remarquant toutefois, que l'auteur de cet ouvrage se trompe quand il dit que le père de Roupin II et de Léon II était Meléh, tandis qu'il devrait dire Stéphané.

CIT DIT DES ROIS D'ERMENIE

Thoros de la Montaigne fu sire d'Ermenie, et moru sans heir, et escheut Ermenie au Melih son frère: lequel Melih ot deus fis, Rupin et Sanon [1]. Rupin esposa Isabeau, la fille Hanffroy dou Thoron, et orent deus filles, Aalis et Phelippe. Aalis esposa le prince Beimont et ot un fis qui ot nom Rupin, que l'on appelait le Prince Rupin, et esposa Helvis, la fille dou roy Emeri de Chipre si com est dit, et orent deus filles, Eschive et Marie. Eschive moru; Marie esposa Phelippe de Monfort, sire de Sur. Phelippe, l'autre fille Rupin de la Montaigne, esposa Pacre [2], et orent un fils Constans, qui moru.

Puis la mort de Rupin de la Montaigne, Livon son frère se saisit de la terre et se fit coroner á roy, et fu le premier roy d'Ermenie et esposa Sebille, la fille dou roi Eimeri de Chipre et de la royne Isabeau, et orent une fille qui ot nom Isabeau. — Après la mort du roy Livon, la dite Isabeau espousa Phelippe, le fis dou prince Borgne, lequel valut mout poi, et le tuerent li baron d'Armenie; puis esposa la royne Ysabeau d'Ermenie Heïton, le fis Constans, qui estoit conestable et bail d'Ermenie, et orent deus fis et cinq filles: Livon, Thoros, Sebille, Femie, Ritta, Isabeau, Marie. Sebille esposa le prince Beimont d'Antioche, Femie esposa Julien le sire de Saïette, Ritta esposa le sire de la Roche, Marie esposa Gui de Ibelin, Ysabeau moru, Thoros fu occis de Sarrasins.

Livon fu roy après la mort de son pere, esposa Guiran, la fille au seignour dou Lambron, et orent sept fis et trois filles [3]: Heïton, Thoros, Semblat, Constans, Horses [4], Rupin que il nomerent Alinah, Oïsim, Ysabeau, Ritta et Jefanon [5].

Puis la mort du roy Livon, Heïton son fis ot la seignorie et ne se vost coroner, ains vesti abit de Menours, et dona la seignorie a Thoros son frere; puis li toli et li dona a Semblant, son autre frere et fu coroné du royaume d'Ermenie.

Thoros esposa Marguerite, la fille du roi Hugue de Chipre, et ot un fis, Livon; Isabeau esposa Amauri le fis du roy Hugue de Chipre, si com vous avez oy [6]; Ritta esposa le fis de l'empereur de Constantinople; Jefanon morut.

Le dessusdit Semblat fit tuer Thoros son frere, puis Heïton le fit prendre, et dona la seignorie a Constans, son frere; puis fit il prendre Constans, et manda Semblat et Constans en Constantinople; là morut Constans, et il donna la seignorie a Livon son neveu, qui fu fis Thoros et de Marguerite, la fille dou roy Hugue de Chypre, come a esté dessus dit.

---

1. Lisez Livon.
2. Lisez Lascre. C'est Théodore Lascaris, empereur de Nicée.
3. Léon eut quinze enfants et non seulement dix; dans ce nombre on doit compter les jumeaux qu'il a eu trois fois, comme on pourrait voir dans la liste du tableau généalogique.

4. Lisez Nersès.
5. On devra lire Théfano.
6. Les Lusignans, rois d'Arménie, descendent de ces derniers.

» de cette forteresse inaccessible, bâtie sur
» l'un des premiers gradins du Taurus: de ce
» château-fort qui, enveloppé dans une gran-
» deur majestueuse, du haut de la montagne
» domine la ville de Tarsus ».

C'est bien en effet à l'est de Lambroun qu'il faut placer le mont Arménà; la haute sommité qui s'élève au nord-ouest de la forteresse porte un nom turc qui, traduit en arménien, signifie à peu près « Croupe de bœuf ».

Près de Lambroun se trouve un plateau distance de 12 à 16 heures de la forteresse, et le chemin est bordé d'arbres fruitiers. Les Turcs ont donné à la contrée qui s'étend entre la forteresse et la montagne de la « Croupe du bœuf », le nom de *Ghiavour bahdjéssi* (Jardin des infidèles). Cet espace est parsemé de plantations, de maisons de bois, et de cabanes pour ceux qui y demeurent pendant l'été. Peut-être les plantations furent-elles faites et ordonnées par les premiers seigneurs aisés du château, car on affirme même à présent, au

Vue des maisons d'été de Lambroun

d'une assez grande étendue, à une altitude de 1250 mètres au-dessus du niveau de la mer. Il est recouvert de belles prairies, de pâturages et d'ombrage, et sert de résidence d'été aux habitants de Tarse et d'Adana. Ces deux dernières villes se trouvent à une dire d'un voyageur européen, qu'elles datent du temps des Croisés. On trouve aussi en cet endroit un petit lac.

Au milieu de ce plateau s'élève à pic un rocher calcaire, taillé et poli comme un mur par la nature et par les hommes[1]. Ce n'est

---

1. Aucher Éloy qui, en 1834, vers le 15 du mois d'avril, visita cet endroit, lui donne le nom de Nebrod, et dit : « Le village est situé sur un plateau élevé entouré de montagnes qui conservent la neige une par-

que du côté de l'ouest qu'on peut le gravir, par un escalier artificiel, très difficile, qui conduit au sommet, où se dresse superbement la forteresse trois fois glorieuse. De son côté sud, elle regarde Tarse, la capitale ; de l'est, la Cilicie Trachée, les Portes ou les Gorges de la Cilicie ; enfin au nord et à l'ouest elle est protégée par les hauts remparts du Taurus, qui se dressent comme de formidables murailles. A ces pieds croissent en abondance, des cèdres, semblables à ceux du Liban, aux tons bruns et verts.

Les murailles épaisses sont encore debout en partie. On entre par cinq grandes portes à larges voûtes, sur lesquelles sont sculptées des figures de lions héraldiques portant sur la tête une couronne royale, et à leur côté on voit une croix travaillée par de menus ornements. En pénétrant dans la forteresse, on aperçoit les restes de tours carrées et d'un édifice oblong construit en belles pierres de taille, lequel est divisé dans sa longueur en trois compartiments. Les salles du château sont voûtées et les murs percés de fenêtres ogivales. Ce monument est purement arménien, ce que confirment les lettres arméniennes, gravés sur beaucoup de pierres entrées dans sa construction. Les tours sont percées de petites ouvertures circulaires communiquant entre elles ; dans les embrasures de ces meurtrières, on voit les traces des feux qui ont dû servir probablement à faire des signaux, comme autrefois on avait l'habitude de les employer en stratégie. Une fort belle tour octogone, bien voûtée et recevant le jour par de petites fenêtres ménagées dans l'épaisseur des murailles, est au sud-est de la forteresse. La salle basse de cette tour était la chapelle du château.

Ces derniers détails nous viennent de V. Langlois qui a visité ces lieux en 1852-1853 ; mais ni lui, ni d'autres explorateurs n'ont mentionné aucune inscription mémorable, alors que nos princes, pendant trois siècles d'un règne glorieux, devraient en avoir laissé beaucoup. Peut-être en découvrira-t-on dans l'avenir, par des fouilles et des recherches plus minutieuses. Seule une grande croix, transportée de ce château à Tarse, datée de l'an 1297, porte sur son piédestal cette inscription :

« Aie pitié de ton serviteur, Grégoire, » qui l'a construite. Amen. » —

Et aux angles : « Mon Dieu Seigneur J. C. 1297. Amen. »

Et plus haut il semble que l'on ait ajouté plus tard : « Aie pitié de ton serviteur Jean Gaspar. »

A défaut d'inscriptions, nous placerons ici quelques notes extraites des chroniques et des mémoires sur Lambroun. Ce château-fort ne s'est rendu qu'une seule et dernière fois ; mais dans quelles conditions et à quelle époque ? nous ne le savons pas ; car la capitulation n'est indiquée que d'une façon très vague. Notre chroniqueur parlant des seigneurs de Lambroun, dit :

« Ochine eut pour successeur, son fils Hé-
» thoum, qui fut également honoré du titre
» de *Sébaste* par l'empereur Alexis. Après que
» les Latins, venus en Orient, eurent pris Jé-
» rusalem, la cité sainte, (1098-9), le Sébaste eut
» à soutenir plusieurs attaques de leur part
» pour défendre le château son patrimoine ;
» mais avec l'aide de Dieu et du saint apô-
» tre Pierre, il sortit victorieux de ces épreu-
» ves, s'enrichit et fut comblé d'honneur par
» Jean, roi des Grecs ». Ce dernier est Jean Comnène, fils et successeur de l'empereur Alexis, qui occupa le trône de Byzance de 1118 à 1143. Comme le dit ce passage, dès l'arrivée des Croisés dans ces lieux, ils s'efforcèrent de ravir aux Grecs les châteaux et les terres qui leur appartenaient. Suivant leur exemple, les princes Roupiniens descendirent peu à peu du nord au sud. Les Héthoumiens et les autres seigneurs, vassaux des Grecs, eurent donc à lutter contre leurs compatriotes Arméniens et contre les étrangers. S'ils purent leur résister, ils le durent à l'excellente position de leurs forteresses de Lambroun, de Babéron, d'Asgourse, et d'autres. Si elles n'avaient pas été bien défendues par la nature et par leurs fortes murailles, ou si l'art de diriger les sièges avait été plus avancé, elles seraient tombées infailliblement au pouvoir des Latins et peut-être les Léo-

---

tie de l'année : au milieu du village est un monticule que l'on dirait fait de main d'homme : au sommet, on voit de vieilles tours qui paraissent être du moyen âge. Ce point devait être important ; car il paraît qu'autrefois c'était la seule route pour se rendre à Constantinople ». — Aucher Éloy. II° partie, p. 78.

niens n'auraient-ils plus eu le bonheur de régner sur toute la Cilicie.

Le même mémoire, d'où nous avons tiré ces considérations, nous apprend que : « Héthoum
» avait de nobles fils et des filles qui parvin-
» rent sous ses yeux à l'âge de puberté. Il
» maria quelques-uns de ses enfants avant sa
» mort, mais non son fils aîné Ochine qui ne se
» maria qu'après avoir succédé à son père. Hé-
» thoum laissa le château de Babéron à son se-
» cond fils Sempad ; il maria l'une de ses filles
» avec Basile, frère de Grégoire, Catholicos des
» Arméniens et petit fils de Grégoire Magistros
» de Betceni. Ochine, qui succéda à Héthoum,
» reçut également de l'empereur Manuel le
» titre de sébaste; il accumula des trésors et
» s'enrichit beaucoup. » — Basile parvint à
» lui faire épouser la fille de son frère Zo-
» ravar, la princesse Chahantoukhte. Ochine eut
» de cette princesse d'abord une fille (Ma-
» rie), puis en 1151, un fils auquel il donna
» le nom de Héthoum, et en 1152, notre père
» spirituel », c'est-à-dire saint Nersès de Lambron, et enfin trois autres fils Abirad, Chahenchah, Grégoire et deux autres filles, Talitha et Chouchan ou Suzanne.

La fidélité d'Ochine comme lige de l'empereur lui valut des richesses et des honneurs,
mais aussi l'inimitié des Roupiniens. C'était
alors le brave Thoros II qui gouvernait la Cilicie. Revenu de Constantinople, où il avait
partagé la captivité de son père, il reconquérait
peu à peu tout le domaine de ses pères. Pour
mieux résister au jeune envahisseur, Ochine
s'allia aux Grecs. Les Nathanaël, ses parents,
et d'autres seigneurs, imitèrent son exemple.
Joints à 12,000 cavaliers commandés par Andronic, ils vinrent assiéger Messis ; mais ils
furent vaincus par Thoros. Sempad, frère d'O-
chine et Seigneur de Babéron, fut tué dans la
bataille ; Ochine, fait prisonnier, dut promettre
40,000 pièces d'or pour sa rançon. Il en paya
la moitié immédiatement, et comme garantie
pour le reste de la somme, il donna, comme
otage, son fils Héthoum, à peine âgé de
deux ans.

L'enfant n'avait pas encore reçu le baptême ;
Thoros le fit baptiser et se chargea de son
éducation. Sa figure éveillée, son intelligence
plurent tant à Thoros qu'il lui donna sa fille
en mariage avant même qu'il eût atteint l'âge
de puberté, et le renvoya libre chez son père,
estimant comme dot de sa fille les 20,000 pièces
d'or qui lui étaient encore dues.

Ochine entra encore plus d'une fois en lutte contre Thoros ; mais je ne sais pour quels motifs ; ce fut probablement à l'instigation de l'empereur Manuel qui excitait tous les princes d'alentour contre Thoros. Mais comme ce dernier était fort et puissant, et surtout très vaillant, Ochine ne s'avança jamais seul contre lui. Il s'allia plus d'une fois aux Turcs ; même une fois il les conduisit jusqu'à Adana, s'empara de la ville et y fit un grand carnage. L'historien, qui du reste ne raconte pas tout, dit qu'on enleva 500 vierges. Thoros fut extrêmement irrité de cette action ; il envahit le territoire de Lambroun (l'an 1165). « Il y eut
» une grande confusion et beaucoup de sang
» versé jusqu'à ce que le Catholicos Grégoire
» eut envoyé son frère Nersès-le-Gracieux, le
» sage et prudent archevêque, avec la mission de
» réconcilier les deux adversaires. Nersès obéit
» avec joie et accomplit avec succès sa difficile
» mission ; il réussit si bien depuis ce jour
» les deux princes restèrent unis d'un lien in-
» dissoluble ». C'est Saint Nersès de Lambroun lui-même qui nous raconte ces faits. Enflammé de tendresse filiale, il accuse Thoros d'avoir été « parjure à sa promesse d'obéissance faite
» à l'empereur (1159) ; tandis qu'Ochine était
» resté fidèle au roi des Grecs ». Après la réconciliation, « Ochine, accompagna le saint
» archevêque à sa résidence ; il lui donna les
» marques du plus profond respect devant toute
» sa famille et ses amis les plus intimes ; l'ar-
» chevêque les bénit tous ainsi que le château et
» toute la province ». Ochine était le neveu du saint archevêque par alliance. C'est pourquoi S. Nersès de Lambroun ajoute encore : « Il
» s'empressait amoureusement chez ses pa-
» rents ; car la fille de son frère était l'épouse
» légitime d'Ochine. »

Quelques années après cette réconciliation — nous n'avons pas la date exacte, mais ce dut être avant 1175) — Ochine, « dans une vieil-
» lesse avancée, se reposait chez le Seigneur,
» entouré de ses frères et de ses enfants, après
» avoir désigné comme successeur son fils aîné
» Héthoum. »

Ce dernier eut à peu près le même talent et le même savoir que son saint frère Nersès ; l'historien l'appelle « un homme sage, sa-
» vant et très lettré. » Quelques-uns de ses ouvrages nous sont parvenus. Déjà leur père, Ochine lui-même, était lettré ; comme témoignage de sa science littéraire nous avons un manuscrit de la vie de Saint Jean Chrysostome, traduite par le Catholicos Grégoire le Martyrophile.

Dans un manuscrit précieux[1] Héthoum porte le titre de *Suprême Prince des princes*. Il resta possesseur de Lambroun jusqu'aux premières années du XIIIᵉ siècle ; sa domination fut accompagnée de divers événements politiques assez graves. D'abord après la mort de son beau-père Thoros-le-Grand, et probablement après la mort d'Ochine, « il se divorça et renvoya sa femme ; ce qu'il n'eut jamais osé faire du vivant de
» Thoros. Cet acte irrita vivement Meléh (frère
» et successeur de Thoros), il vint assiéger Lam-
» broun, et fit beaucoup souffrir, par son blocus,
» les habitants de la forteresse qui manquaient
» de vivres. Cela ne fit que rallumer la haine et
» les anciennes rancunes qui séparaient les Rou-
» piniens et les Héthoumiens[2]. » Roupin II successeur de Meléh vint également assiéger Lambroun et l'inquiéta pendant trois ans sans toutefois parvenir à la prendre. Les Lambrouniens, ainsi que le raconte Vahram, gagnèrent sur ces entrefaites le prince d'Antioche ; celui-ci les débarrassa de leur ennemi en s'emparant de sa personne par un stratagème déloyal. Mais ce fut alors Léon, frère de Roupin qui vint attaquer Lambroun pour venger cette trahison :

« Léon son frère s'enflamma
« Et avec ses soldats enhardis,
« Tenant ses forces sur pied,
« Il fit beaucoup souffrir Lambroun de la faim ».

Durant les dernières années du règne de Roupin et au commencement de celui de son frère Léon, la paix régna entre les deux familles ; elle dura vingt ans environ : aussi Héthoum avec ses frères et plusieurs autres seigneurs, vassaux de Babéron, assista au couronnement de Léon. Héthoum était un prince prudent et pacifique, comme l'atteste une notice renfermée dans un évangéliaire de l'an 1193, écrit sur l'ordre et aux frais de Saint Nersès, son frère.

Après la mort de ce dernier un acte de trahison vint de nouveau désunir les deux familles. Pour agrandir sa puissance, ou excité par une cause que nous ne connaissons pas, mais que l'historien Cyriaque appelle rébellion, Léon « pensa arracher (aux Héthoumiens)
» les ailes de leur orgueilleuse fierté. Il parla
» avec Héthoum de choses qui lui plurent : — Je
» voudrais, lui dit-il, avoir avec toi des liens
» de parenté et d'affection plus étroites, et
» donner pour épouse à ton fils aîné Ochine,
» la fille de mon frère Roupin. — Héthoum
» reçut avec joie cette proposition. Léon fit
» alors commencer les préparatifs du mariage à
» Tarse (1201). Héthoum y vint avec toute sa
» famille et de nombreux cadeaux. Léon alors
» s'empara traîtreusement de leurs personnes et
» envoya des troupes qui se rendirent maîtres
» de Lambroun, sans combat. Il jeta Héthoum
» en prison, mais il le délivra au bout de quel-
» que temps et lui donna en compensation un
» grand nombre de villages et le combla d'hon-
» neurs ; Héthoum de son côté, le servit fidèle-
» ment[3] ». Mais Léon, toujours soupçonneux, le fit rejeter en prison quelque temps plus tard. Héthoum, dégoûté du monde et d'honneurs qui mettaient sa vie dans des troubles continuels et dans une fatigue perpétuelle, y renonça de plein gré et prit dans la prison l'habit religieux. Son oncle le Catholicos Abirad, ayant appris ces faits, se rendit immédiatement vers le roi et l'exhorta à la réconciliation. Alors « le roi s'en alla en personne à la prison, à Vahga. Là, les deux princes se demandèrent mutuellement pardon. Le roi délivra son prisonnier et lui donna l'abbaye de Trazargue ; Héthoum y resta jusqu'à la fin de sa vie. A sa prise d'habit, il changea son nom contre celui d'Elie[4]. Il mourut entre les années 1212 et 1218 ; car l'an 1210, Léon l'envoya en ambassade au pape Innocent III et à l'empereur Othon, afin de régler les affaires de sa succession et accroître l'éclat de sa couronne.

Durant son voyage, Héthoum, occupa ses loisirs à traduire du latin, une Chronologie des empereurs et des papes de Rome. Il resta auprès d'Othon un an et trois mois, comme il l'écrit lui-même : « J'y demeurai un an et
» trois mois ; l'empereur nous renvoya à no-
» tre roi chargés de cadeaux. Il nous remit une
» couronne royale d'un très grand prix, gar-
» nie de pierres précieuses et de grandes per-
» les. Nous l'avons portée à notre roi qui la
» reçut avec une grande joie, et s'en servit
» pour couronner Roupin, fils de sa nièce et
» de Raimond prince d'Antioche, l'an 1211 le
» 15 août, jour de l'Assomption de la Sainte-
» Vierge. Ce prince régna ainsi avec Léon sur
» les Arméniens par la grâce de Dieu. »

---

1. Ce manuscrit est un Evengile écrit pour l'église de Saint Sauveur du Couvent de Sghévra, et fut offert gracieusement à notre Couvent de Saint Lazare, par Nicolas Hovouviantz de Constantinople.

2. Chronique de l'histoire abrégée des Roupiniens.
3. Cela suivant l'histoire de Cyriaque, XXXI.
4. D'après l'historien des Roupiniens.

Après que Léon se fut emparé de Lambroun, » il fit serment, (si nous voulons prêter foi au » récit de l'historien Cyriaque), de ne plus don- » ner cette forteresse à aucun prince vassal; » mais d'en faire l'apanage de la couronne; car, » disait-il, les seigneurs de Lambroun se rebel- » lèrent toujours à cause de l'excellence de ces » fortifications. Léon garda donc la forteresse » sous sa dépendance immédiate et y logea sa » mère Ritha, la Dame des Dames ».

Un des parents des seigneurs de Lambroun, le prêtre Nersès, neveu du grand Saint Nersès de Lambroun, écrit en gémissant : « A la qua-

Après que Héthoum se fut retiré du monde, ses fils se partagèrent le patrimoine que Léon leur avait laissé; l'aîné Ochine, n'est pas mentionné dans ce partage; il est probable qu'il était mort prématurément. Constantin, second fils de Héthoum fut fait prisonnier en combattant contre le sultan d'Iconie (1217); mais il put racheter sa liberté et ce fut même Léon qui paya sa rançon. Après la mort de ce dernier, le grand prince Constantin, seigneur de Babéron; fut bailli et régent du royaume; pour avoir l'assistance et l'aide de Constantin fils de Héthoum, il lui donna la forteresse de Lambroun,

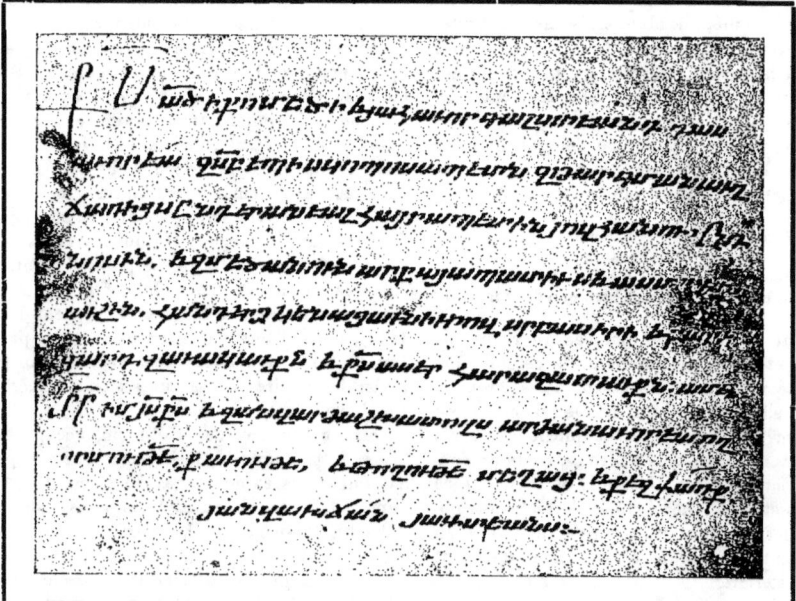

Fac-simile, tiré d'un manuscrit qui traite de Saint Jean Chrysostome, écrit pour Ochine le Sébaste.

» trième année (1205) de la prise de son frère » Héthoum, prince dévot et pieux, de toute sa » famille, et de la spoliation de notre propre » habitation, du château de Lambroun, des » biens des religieux angéliques du couvent » de Sghévra... je n'ai plus d'autre conso- » lation pour mon âme affligée et malheureu- » se que de copier le plus précieux des ou- » vrages de mon oncle, le Commentaire de la » Messe et des prières ».

patrimoine des Héthoumiens, et le désigna pour Couronneur de son fils (Héthoum Ier roi des Arméniens). Mais Constantin, suivant l'habitude de ses pères, se révolta contre son neveu le roi Héthoum. Alors, le régent Constantin et son fils le roi Héthoum, travaillèrent beaucoup, mais en vain, pour le ramener à l'obéissance. Le prince révolté s'allia au sultan d'Iconium et persista dans sa rébellion. Mais lorsque ce dernier eut été défait par le roi des Tartares, Héthoum conquit tous les villages et tout le territoire de Lambroun, et il ne resta à Constantin que cette forteresse. Alors il envoya des messagers au roi pour lui demander la paix; il lui offrit de lui livrer ses enfants pour le service de sa cour, et ne posa pas d'autre condition que celle de rester dans sa forteresse. Le roi refusa ses propositions. Constantin envoya encore une seconde fois, puis une troisième fois des messagers; mais le roi et le régent persistèrent dans leur refus. Alors Constantin se rendit à Iconium et emmenant avec lui un renfort de soldats du sultan, il fondit sur les domaines du roi Héthoum, alors que les troupes de ce dernier étaient rentrées dans leurs foyers. Il dévasta plusieurs villages, ravagea les campagnes, brûla, tua, fit esclaves ou massacra, pour se venger, un grand nombre de chrétiens. Héthoum rassembla ses soldats, marcha contre le rebelle, l'attaqua avec une grande bravoure et massacra presque toute son armée; Constantin put à peine échapper avec un petit nombre de ses hommes. Battu sept fois par le roi, il se retira dans sa forteresse et n'osa plus se hasarder ni à droite ni à gauche. [1]

C'était pour lui un grand honneur que d'avoir été couronneur du roi; aussi Constantin, mentionnait-il ce titre dans ses lettres officielles. Il nous reste une pièce d'un édit par lequel il donnait aux Hospitaliers le village et la forteresse de Govara, l'an 1233, forteresse qui devait être assez éloignée de Lambroun, dans la vallée du Tchahan; la signature de cet édit est en vieux français : « Constantin, seigneur de » Lambruns et sers de Deus, et *meteor de la* » *couronne des Ermines.* »

Nous savons que sous la suzeraineté du sultan, avant l'affranchissement complet de son

Fac-similé, tiré d'un évangile écrit pour Saint Nersès de Lambroun.

---

1. Cyriaq. Chapitre XXXVI. — Le Croniqueur, suivant de Samuel d'Ani, écrit de ces faits en abrégé : « Constantin de Lambroun se rebella du Roi Héthoum et se réfugiant auprès du Sultan Khiatadine, il enrola des soldats et entra dans la Cilicie; il fut vaincu.

royaume, Héthoum, lui fournissait un contingent de 300 archers ; le seigneur de Lambroun de sa part en fournissait 29 dès que le sultan les lui demandait. Nous pourrions approximativement, en nous basant sur le rapport de ces nombres, conjecturer que le domaine et la force du roi des Arméniens surpassaient dix fois celle des seigneurs de Lambroun. Sous la conduite de ce même Constantin, les troupes du Sultan firent une incursion dans les terres du roi Héthoum. Ils descendirent, l'an 1245, des hauteurs qui avoisinent Babéron, et après avoir brûlé et ruiné les environs de Tarse, ils vinrent mettre le siège devant cette ville. Mais ils furent bientôt repoussés par les troupes du roi et de son frère Sempad. Une nouvelle incursion eut lieu l'année suivante, et eut la même issue. Ces différentes campagnes doivent faire partie probablement des sept incursions de Constantin, dont parle Cyriaque. En considérant toute cette inimitié de la part de Constantin, on dirait qu'il aspirait au trône des Arméniens ; car on ne saurait croire que ce prince agissait par pure obéissance à l'empereur de Byzance. Bien que dans les environs de Lambroun, les Grecs proprement dits et les Arméno-Grecs selon le rit, fussent beaucoup plus nombreux que dans les autres parties du pays, l'empereur avait déjà abandonné, depuis longtemps, tout espoir de reconquérir la Cilicie.

Après avoir donné et reçu tant de coups et avoir été la cause de tant de sang versé, Constantin mourut « frappé par l'épée », l'an 1250, comme l'indique un chronologiste, sans en mentionner la cause. Cet événement n'est pas raconté non plus en détail dans l'histoire de la dynastie de Cilicie, d'où notre chroniqueur semble avoir puisé son récit. Constantin finit par tomber probablement dans les mains du bailli ou des partisans de ce dernier, et fut tué comme traître.

Après sa mort les hostilités cessèrent de part et d'autre. Héthoum IV (des seigneurs de Lambroun), frère de lait du roi des Arméniens, succéda à son père Constantin. L'une des filles de cet Héthoum, Ghir'-Anna, devint la femme de Léon, frère aîné de Héthoum Ier de la dynastie des Roupiniens. Une autre fille du nom d'Alice, épousa Philippe Ibelin, sénéchal de Chypre.

Ce Héthoum avait encore un frère, Ochine, seigneur de la forteresse de Marniche et maréchal du royaume de l'Arménie, dès l'an 1277. Il mourut en 1294 et fut remplacé dans ses fonctions par son fils *Héthoum*. Après la mort de ce dernier en 1307, la charge de maréchal passa à son frère Sempad, seigneur de Pinag et d'Asgouras, qui mourut en 1314.

Quant à la mort de Héthoum IV, seigneur de Lambroun, elle n'est mentionnée nulle part ; mais elle doit avoir précédé, celle de son frère Ochine ; car il est dit dans une chronique contemporaine de ces événements, que l'an 1285, « le seigneur de la forteresse de Lambroun » était Héthoum II, fils aîné du roi Léon II, et, par sa mère, petit fils de Héthoum, seigneur de Lambroun. Ce dernier n'ayant pas eu d'enfants mâles, du moins l'histoire n'en mentionne aucun, Héthoum, le roi hérita peut-être tout à fait légitimement par droit de succession maternelle, de cette fameuse forteresse, qui devint ainsi l'apanage incontestable de la famille royale.

Vers cette époque, la sœur du roi Héthoum, Ghir Marie, comtesse de Joppé, qui était venue chez ses parents pour les consoler (1263), mourut à Lambroun et fut enterrée à Sghévra.

Au commencement de son règne, Héthoum II déposa le Catholicos Constantin II et le garda en prison à Lambroun durant un certain temps. C'est dans cette même forteresse que fut emprisonné aussi, pour plus de quatre ans (1306-1310), Henri, roi de Chypre. Son frère Amaury était parvenu à le renverser du trône pour régner à sa place, aidé en cela par les Arméniens, avec lesquels il avait des liens de parenté : Amaury était en effet, le beau-frère d'Ochine et d'Alinac, ayant épousé leur sœur Zabloun.

Après Alinac, le dernier seigneur de Lambroun connu est le généralissime des Arméniens, Constantin, fils de l'historien Héthoum, seigneur de Coricos et cousin du roi Léon II, qui fut tué avec son frère Ochine l'an 1329, par ordre de Léon IV.

Ainsi en commençant par Ochine de Gantzagh, durant deux siècles et demi, nous ne trouvons que neuf seigneurs-gouverneurs de Lambroun. A partir de cette époque l'histoire se tait ; nous ne trouvons plus aucun acte historique qui fasse mention de l'existence de ce château, ni de son abandon, ni de sa ruine. Il dut être délaissé vers le milieu du XIVe siècle, alors que les Egyptiens, les Turkomans et les Caramans, infestèrent le royaume de Léon, avant que le port d'Ayas eut été fermé et occupé par le sultan d'Egypte.

Ce n'est que par un acte de générosité d'une femme pieuse que nous venons en connaissance de ce fait. En effet elle a écrit sur la magnifique copie des Evangiles des Seigneurs de Lambroun ce qui suit : — « Souve-
» nez-vous de moi, Fimie, épouse de Vahram.
» Quand la Forteresse de Lambroun fut ravagée, cet Evangile fut emmené en esclavage à Ayas. Moi, Fimie, je l'ai acheté pour l'amour
» de Jésus-Christ. »

Nous sommes heureux de posséder actuellement ce précieux monument sacré dont nous offrons ici une fidèle représentation en couleurs, en ajoutant une notice détaillée sur le plus célèbre de ses possesseurs, qui est:

SAINT NERSÈS DE LAMBROUN

SURNOMMÉ L'AIMABLE

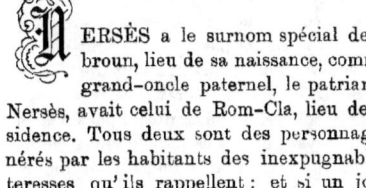

NERSÈS a le surnom spécial de Lambroun, lieu de sa naissance, comme son grand-oncle paternel, le patriarche S. Nersès, avait celui de Rom-Cla, lieu de sa résidence. Tous deux sont des personnages vénérés par les habitants des inexpugnables forteresses qu'ils rappellent : et si un jour les ruines de ces châteaux doivent disparaître, leur souvenir n'en restera pas moins dans les archives de la postérité, grâce à la mémoire de ces deux illustres patriarches.

Après Grégoire l'Illuminateur et Isaac le Parthe, c'est le Catholicos de Cla qui fut leur égal sur le siége patriarcal; mais comme évêque, notre Lambrounien les surpasse tous, du moins sous la dynastie des Arméno-Ciliciens. A partir de lui, personne ne l'égala dans le haut rang où il s'était élevé ; et dans toute l'Arménie, personne, dans une vie de quarante-six ans, n'a montré un ensemble de tant de vertus et de mérites. [1]

Nersès naquit de famille noble et de mœurs très pures; il était doué de riches talents très précoces, d'une âme fervente, d'un cœur plein de sagesse et de connaissance dans les sciences théologiques et contemplatives. Versé dans diverses langues et dans les lettres, habile dans l'éloquence et la rhétorique, il a laissé des idées profondes et délicates dans ses homélies et dans ses hymnes, des inspirations divines dans ses Commentaires des Psaumes et de la Messe: des désirs et des implorations ardentes à Jésus, et il serait difficile de trouver dans notre langue, des expressions plus touchantes et plus divinement sublimes.

Pour toutes ces prérogatives et pour d'autres, on lui a très convenablement décerné, le surnom d'*Aimable* de son vivant même, comme on a donné celui de *Chrysostome* à Saint Jean d'Antioche, et celui de *Gracieux* à Saint Nersès de Cla. Je ne sais pas qui a été le premier à lui décerner ce surnom, mais qui que ce soit, qu'il ne reste pas sans récompense devant Dieu ni devant la nation! N'oublions pas qu'avec lui il faudrait aussi louer son illustre élève le Docteur Samuel de Sghévra. Celui-ci l'année 1190, copia du manuscrit original de son maître les Commentaires des Psaumes. Persuadé de la célébrité de Saint Nersès, prévoyant, comme par inspiration, sa grande renommée dans les temps à venir, il a ajouté au commencement du volume l'abrégé de la

---

[1]. Son plus fidèle ami, son disciple et serviteur, Khatchadour, jure au nom de Dieu, que personne qui que ce soit ne saurait égaler Nersès: et il est parfaitement justifié jusqu'à nos jours.

vie du saint homme, encore dans son vivant, afin qu'il n'y ait, pour celui qui le jugerait dans le progrès des temps, aucun doute sur son origine, sur le lieu de sa naissance et surtout sur la qualité de sa personne. Comme nous ignorons, dit-il, la vie de Moïse de Khorène, de David et de Grégoire de Nareg, « j'ai
» pensé de rappeler en abrégé sa vie, qui est
» jusqu'à présent de 38 ans ; et nous souhai-
» tons que le Seigneur nous l'accorde encore
» pour plusieurs années, avec un bon pastorat
» et une sage surveillance, sur la sainte com-
» munauté (de Sghévra) et sur son troupeau
» de fidèles. Et . . . . si cet arbre qui est planté
» au courant des eaux de la sainte écriture,
» produit par la grâce de Dieu d'autres fruits,
» que le Seigneur donne de la force à ses di-
» sciples plus jeunes, pour recueillir le tout
» dans un livre, racontant aux postérieurs la
» continuation de sa vie ».

Hélas ! les souhaits du pieux biographe ne devaient par se réaliser ; car devant le Seigneur, Nersès devait terminer dans peu le cours de sa vie. En effet huit années après il expira dans la force de son âge. Dans cet espace de temps il travailla tant, fit de telles œuvres et laissa tant de glorieux souvenirs, qu'à peu de personnes il fut possible de l'égaler même dans une longue vie. Non seulement Samuel, mais d'autres personnages distingués ont reconnu, dès son enfance, les dons et les grâces sublimes de l'illustre Saint ; « et plusieurs d'entre
» eux se demandaient attentivement, ce que
» deviendrait plus tard cet enfant ? » comme le rapporte un de ses plus chers compagnons, Grégoire de Sghévra, qui, écrivant sept années plus tard le panégyrique du Saint, témoigne, « qu'un de ses intimes et de ses plus fervents
» amis l'a déjà loué avant lui. » Il n'y a aucun de nos personnages des plus illustres qui aient attiré comme lui l'attention, le cœur et la plume des autres hommes durant sa vie et après sa mort. Son nom et sa réputation étaient si répandus qu'il fut obligé, pour sa justification personnelle, de le confesser devant le roi Léon : « Je jouis, dit-il, d'une bonne réputation
» chez les Latins, les Grecs et les Syriens, et
» *je demeure en Arménie*. [1] »

Ses admirateurs enthousiasmés avaient grandement raison de lui donner ce tribut. Car qui, à l'âge de seize ans, s'est-il élevé à la dignité du sacerdoce aussi dignement que lui ? A cet âge il commença à écrire les premiers Commentaires des Saints Livres, qui forment le plus grand mérite de ses ouvrages. Sept années plus tard il fut institué inspecteur, c'est-à-dire archevêque du grand diocèse de Tarsus (1175). Il est aussi distingué, dans les mémoires de ces temps, avec le titre de *Docteur universel*. Durant l'année suivante, il acheva son incomparable Pastorale ; je veux dire les *Commentaires de la Messe* qui est non seulement la première et la préférable de toutes ses œuvres, mais peut-être le premier parmi les écrits de ce genre écrits en arménien. Sous un autre point de vue, ses volumineuses Interprétations des Psaumes, apostillées avec beaucoup de sens, et avec d'abondants et touchants passages, ne sont pas de moindre valeur : il les a écrites à l'âge de 26 à 28 ans (1178-1180) ; c'est, à vrai dire, l'ouvrage d'un esprit éclairé, d'une haute expérience et d'une âme mystique. De sa part le vieux moine Samuel ne le pouvait autrement comprendre qu'en lui attribuant, après Dieu, « l'assurance
» d'un savoir et d'une science incompréhen-
« sibles ». Qui de nos érudits de ce temps, aurait pu composer et prononcer après lui les admirables homélies sur l'*Ascension* de J. C. et la *descente* du Saint-Esprit ! au concile national de toute l'Eglise arménienne à Rom-Cla (1179), le fameux *discours d'ouverture*, l'un de ses chefs d'œuvres ! Ce fut alors une preuve palpable non seulement de sa haute éloquence, mais encore de ses grâces angéliques ; on croyait entendre une voix surnaturelle. Il était si bien rempli des dons célestes,

---

1. Pendant que je m'occupais à écrire mes réflexions sur Nersès, un auteur français relativement aux faits des Croisés écrivait ainsi : Ce Prélat est une des plus grandes figures, sinon *la plus considérable*, de l'histoire religieuse des principautés latines d'Orient, par le rôle qu'il remplit et se faisant, parmi les Arméniens, le propagateur des doctrines, institutions, coutumes et idées importées en Syrie par les Francs, en même temps qu'il travaillait, de tout son pouvoir, à amener l'union des diverses Églises d'Orient. Devenu, à vingt-trois ans, archevêque de Tarse, sa charité et sa tolérance en firent le médiateur entre les diverses Églises Orientales : Grecs, Latins, Syriens écoutèrent sa parole avec avidité, et tous lui témoignèrent, non moins que ses compatriotes, la plus vive admiration, ainsi qu'un profond respect, et, par allusion au siège qu'il occupait, l'avaient surnommé le *Nouveau Saint Paul*. Une *Lettre* adressée par lui au roi Léon II nous est parvenue ; c'est un des documents les plus curieux et les plus propres à bien faire juger la situation religieuse, sociale et politique qui s'opérait, parmi eux, sous l'influence de ces derniers. — E. REY, *Les Colonies Franques en Syrie*, (1883), page 85.

qu'étant le plus jeune parmi les vieillards vénérés dans le concile, il en devint l'âme, la voix et l'inspirateur, comme nous le verrons encore dans d'autres circonstances.

On est frappé d'étonnement quand on examine ses divers ouvrages qui se montent maintenant à une cinquantaine, grands et petits, soit de sa composition, soit des traductions du latin, du grec et du syrien ; sans compter les copies des divers livres saints, ou les annotations et les solutions à la marge des livres. [1] Nous le voyons de nos propres yeux et voici une pièce tirée d'un des manuscrits écrits de

le Gracieux, le premier de nos écrivains du XIIe siècle, vers la deuxième moitié de ce même siècle, paraissait notre Nersès de Lambroun. Dans la poésie, ce dernier ne peut pas égaler son prédécesseur, mais dans l'éloquence et dans les sciences théologiques il nous semble qu'il le surpasse par son érudition et par la connaissance de différentes langues et d'autres sujets : et je crois même qu'il excelle sur tous les écrivains nationaux.

Après avoir considéré Saint Nersès dans sa vie littéraire, passons à sa vie active. Nous le trouvons partout, dans les villages, dans les er-

Fac-simile, tiré du manuscrit autographe de Saint Nersès de Lambroun.

sa propre main, de l'ouvrage profondément théologique des *Scolies* de Saint Cyrille ; il y a ajouté en marge des explications et des réflexions lors qu'il n'avait que 21 ou 22 ans.

Lorsque la mort vint surprendre Saint Nersès

mitages, dans les couvents et dans les capitales. Il est élu et appelé par les particuliers et les savants, par le clergé et par la cour ; et, dans diverses questions le roi et le Catholicos l'envoient à l'empereur des Allemands,

1. De ce nombre sont la Concordance des Evangiles de Saint Ephrem, que Saint Nersès de Lambroun a écrite de ses propres mains, l'an 1195 : — Les Scolies de Saint Cyrille et de Saint Denis l'Aréopagite ; des homélies de Saint Athanase, et un autre livre probablement écrit de ses mains. Dans la grande bibliothèque de Paris on conserve le livre des Evangiles, en grec et en face l'arménien, écrit de même par

lui avec ce mémoire : « Nersès humble évêque de Tarse, » travailla avec amour à ce livre, qu'il trouva en » grec et le traduisit en arménien ; j'espère trouver » lieu dans les prières de ceux qui jouiront de ce livre. » Avant ces livres est la copie de ceux de Saint Cyrille avec des annotations aux marges, écrits l'an 1175, avec le même modèle et la même forme qu'on voit dans la figure du fac-simile ci-dessus.

dit pour Nersès de Cla, qu'après l'Illuminateur, Nersès[1] et Sahag, il fut, comme le premier, un second Nersès angélique, qui succéda au siège patriarcal de ses pères, ajoute : « C'est de sa parenté, ou plutôt de son école, » que se leva et brilla après lui, par une doc- » trine illuminée et une vie toute pure, son » neveu, élevé par ses propres soins, notre » saint et bienheureux père Nersès : qui a mé- » rité qu'on lui attribue, comme au fils de Zé- » bédée, le beau surnom de « Bien-aimé ».

De tout cela nous sommes obligés à conclure que selon le désir prématuré de ses parents, le Seigneur lui fit le don d'un génie et d'une capacité non communs, et l'on pourrait dire de lui, selon notre Jean d'Otzoun,[2] qu'il était un enfant d'un esprit vif et intelligent et déjà dans son bas âge « il méditait et pénétrait » de toute sa volonté, ce qui était surnaturel » et divin. Lorsqu'il entendait parler des maî- » tres érudits et savants des alentours ou des » pays lointains, il y courait promptement » comme un oiseau léger et intelligent, volant » sur les prés de l'ancien et du nouveau testament » etc.... Peut-être Nersès pouvait-il trouver dans les monastères célèbres une nourriture suffisante pour son esprit, mais pas assez pour le rassasier. Il fréquentait pendant sa vie, et dans ce même but ses compatriotes et les étrangers savants ; et c'est lui qui fut le premier à ouvrir la voie de traduire du latin[3]; déjà dès son enfance par les soins de sa mère, il s'était instruit dans la langue grecque. Il fit beaucoup de traductions de ces deux langues; mais, sans doute il a plus lu que traduit. Il est aussi très probable qu'il était versé non seulement dans le syrien, mais aussi dans l'hébreu, et toutes ces connaissances furent des sources de sa science et de son excellence.

Mais plus que ces dons qui luisaient par éclat, il en eut d'autres intérieurs qui le poussaient à l'avancement, et c'étaient les exercices de vertu, une conduite toute pure, et l'amour de la prière. Il ne s'épargnait pas les mortifications du corps, se restreignant même dans la nourriture nécessaire et dans son sommeil, doublant ainsi le temps de sa courte vie. Selon les témoins oculaires, le serviteur qui chaque jour lui portait à manger, retrouvait le jour suivant les mets intacts, ou à peu près, sur la fenêtre où il les avait placés : le saint homme souvent ne se contentait que de quelques légumes. Il n'avait ni table ni lit ; « Il ne » se couchait pas, dit son biographe, ni pen- » dant le jour, ni pendant la nuit. Durant la » journée il s'occupait à la prière, à la lec- » ture des livres saints, à l'instruction et aux » bonnes œuvres ; pendant la nuit il payait le » tribut d'un peu de sommeil sur une chaise, » et aussitôt éveillé il se mettait à la priè- » re...... il lisait souvent, il apprenait tou- » jours, et écrivait sans cesse le jour et la » nuit. » Il est à propos de dire que le temps qu'il gagnait en sacrifiant son sommeil, il le passait dans les méditations et dans des explications des livres saints. A ce point, Grégoire, son panégyriste, fait une bonne réflexion lorsqu'il dit : « Si je passais outre tous ses dons célestes, celui de la grâce de commentateur suffirait pour étonner les lecteurs[4] » : et après : « Si » quelqu'un désire comprendre les profondeurs » inscrutables du Seigneur, qu'il le lise (qu'il » lise Nersès). ».[5]

Ainsi, l'objet des désirs et des efforts du Saint, était non seulement de pénétrer dans le sens des écritures saintes, mais encore de les communiquer à d'autres, surtout aux prêtres et aux moines. Il écrivit pour les premiers les *Commentaires de la Messe*, les *Réflexions sur la foi* et *sur les ordres de l'Eglise*, qui sont généralement unies avec celles de la Messe, et les Canons de diverses Bénédictions qui manquaient dans le Rituel arménien ».

Il traduisit du latin les *Livres des Ordres* de l'Eglise latine, les *Lois de l'Eglise Romaine* et les *traités des cinq patriarcats* de Nil, dit le *Doxopatrios*, de la fin du onzième siècle. Pour les moines, il a assemblé et développé les

---

1. Nersès I le Grand, l'arrière-petit-fils de S. Grégoire l'Illuminateur; il occupa le siège patriarcal de 365 à 367. Nersès (IV) de Cla ou le Gracieux, précisément 200 ans après lui, 1165-1173.
2. Jean (IV), le Patriarche philosophe, 718-29.
3. Nous sommes heureux de savoir par une lettre d'Innocent II, dont l'original est inconnu, que le grand oncle de notre Lambrounien, Nersès IV le Gracieux, connaissait aussi le latin.
4. Dans ses Commentaires sur les 12 Prophètes il cite plus de 50 fois le texte hébreu ; mais peut-être aussi qu'il puisait ces remarques dans les commentaires de S. Ephrem qu'il avait sous les mains et qu'il confrontait avec ceux de S. Cyrille ; c'était en 1190-1.
5. Les Livres commentés par S. Nersès et parvenus à nous, sont, La Genèse, les quatre livres de Salomon, les douze Prophètes, Daniel, les Psaumes (l'un de ses chefs d'œuvres) ; l'Evangile de S. Mathieu, en abrégé, les Epîtres Catholiques, l'Apocalypse de l'apôtre S. Jean, l'Oraison dominicale, les Paraboles de N. Seigneur, le Credo.

Vies des Pères; il traduisit les *Dialogues du Pape Saint Grégoire*, les *Règles de saint Benoît* et les *Constitutions particulières* du Couvent, rédigées par le P. Berenger, du même ordre[1].

Il veillait avec soin sur la conduite des moines, lui qui aimait dès son enfance à se retirer dans les solitudes des monts de la Cilicie, près des cours paisibles des eaux du Cydnus et du Jéragri(?). Il obtint la fortune touchante et rare de consacrer par ses propres mains et de vouer au Seigneur celle qui lui donna le jour et qui l'avait donné à Dieu depuis son enfance. Il la régénéra spirituellement en l'introduisant, avec ses deux sœurs, Dalitha et Suzanne, sous un même toit religieux comme une paire de colombes ou de tourterelles, dont les prières ferventes durant sa vie, et les soupirs après sa mort, montaient de dessus son tombeau vers le ciel.

Il a composé pour l'office de l'église et pour les personnes dévotes, outre les différents commentaires des Livres Saints, aussi une interprétation du *Bréviaire*[2] et *des prières de l'Eglise*; il a résolu les questions et les doutes sur des passages difficiles des saints Pères, comme ceux de saint Denis et de Saint Grégoire de Nareg, ainsi que d'autres questions théologiques, difficiles même aux savants. Au nombre de celles-ci sont celles qui regardent le Baptême des catéchumènes, l'Extrême-onction, et la vigile de Pâques. De plus, il a composé des Vies et des Martyrologes des Saints.

Il a écrit pour les évêques ses confrères, son *grand discours d'ouverture* dans le Concile de Rom-Cla et la *Cause des Epîtres* pour l'union des Arméniens et des Grecs, à la demande de Héthoum son frère; son *Message* à Constantinople (1197) un peu avant sa mort, où il parla aux Docteurs grecs si éloquemment, d'un cœur et d'un esprit si droit, et, en même temps si animé par un zèle patriotique, qu'ils lui cédèrent dans diverses questions avec des applaudissements mérités. Comme unique moyen d'union il proposait aux Grecs quelques conditions; il consterna et ferma la bouche à ceux qui ne voulaient pas se plier, ni s'éloigner un tant soit peu de certaines de leurs coutumes qui étaient non seulement contraires aux Arméniens mais aussi aux Romains. Nersès retourna sinon avec profit, ce qui ne dépendait pas de lui, du moins avec la victoire de son rigoureux raisonnement et avec les éloges de ses contradicteurs mêmes.[3] Il s'en retourna mécontent et affligé pour leurs mœurs orgueilleuses, comme il le dit lui-même, dans un mémoire, les ayant trouvés ignorant tout à fait la correspondance qui, dans les temps anciens, avait eu lieu entre les deux nations sur ces questions religieuses; puis il ajoute, qu'ils étaient très grossiers dans leurs paroles, « difficiles et atta-
» chés à la matière à la manière des Juifs, ne
» voulant pas servir Dieu par le renouvellement
» de l'Esprit mais par antiquité de ce qui est
» écrit. Tout affligés dans notre vouloir spiri-
» tuel, nous sommes retournés remplis de confu-
» sion et désespérés de leur sagesse supposée. »
Il faut juger que c'est pour ces mêmes besoins spirituels qu'il a fait la traduction des épîtres des papes Lucius III et Clément III, dirigées au Catholicos et au roi Léon, et dont les originaux manquent dans les archives du Vatican. Ajoutons encore les Epîtres adressées pour éclairer les esprits et les opinions de quelques-uns, comme celles au moine Oscan, à Jacques le Syrien, et celle au roi Léon, contre les accusations des moines de Haghpade. Cette dernière pièce est très souvent citée et on peut la comparer à l'apologie personnelle de Cicéron.

Nous pourrions encore ajouter à tout cela ses traductions des restes des Ecritures Saintes et d'autres livres qui s'y approchent, telles que l'Apocalypse de Saint Jean et son Commentaire par André, évêque de Crète; l'Epître de l'apôtre Barnabé que nous indique sa remarque personnelle au-dessous de la marge d'une copie de l'original grec[4] qu'on conserve au

---

1. Voir, Benedictinum Statutum Monasticum, a Magistro Berenger concinnatum; a Sancto Narsete Lambronensi olim ex latina in armeniam linguam conversum, et recens latinæ fidei rursus redditum S. Lazari, 1880.
2. Le livre de la vie des Saints dit: « il commenta » aussi les prières de l'église ».
3. Après la solution du concile, selon les paroles d'un Arménien, « Un religieux savant vint à S. Ner-
» sès lui dire: Tu as reçu de grands louanges de la
» part des métropolites, des clercs, des princes et de
» tout le peuple en général. Assurément celui qui
» entre en guerre connaît la violence de son coup,
» mais les assistants le voit plus encore, ainsi que
» nous avons été présents à ta victoire sur l'ennemi.
» De même les princes répétaient avec admiration:
» un seul homme a été la grandeur de toute l'As-
» semblée. »
4. Dans le Code grec, N°. 859 du Vatican, on trouve entre autres, la lettre de S. Barnabé; à la fin de laquelle notre S. Nersès a écrit de ses propres mains:
« J'ai traduit, moi Nersès, cette lettre en langue ar-
» ménienne, dans la ville royale, pour la gloire de
» Jésus-Christ, notre Dieu. Qu'il soit à jamais béni!
» Amen. »

Vatican. Pourtant la traduction arménienne n'a pas encore paru.

Il a encore, fait pour des personnes civiles et politiques, des traductions des *Codes* des empereurs grecs, Léon, Constant et d'autres[1]; leurs *Lois civiles* et *militaires*, dont il se servait témoignage de celui qui a écrit un abrégé de sa vie ; on croit que c'est le Commentaire du livre de Saint Grégoire de Nysse. Il a encore d'autres traductions, et, combien n'y en aura-t-il pas de perdues! S'il ne pouvait entreprendre une traduction ou un ouvrage, il

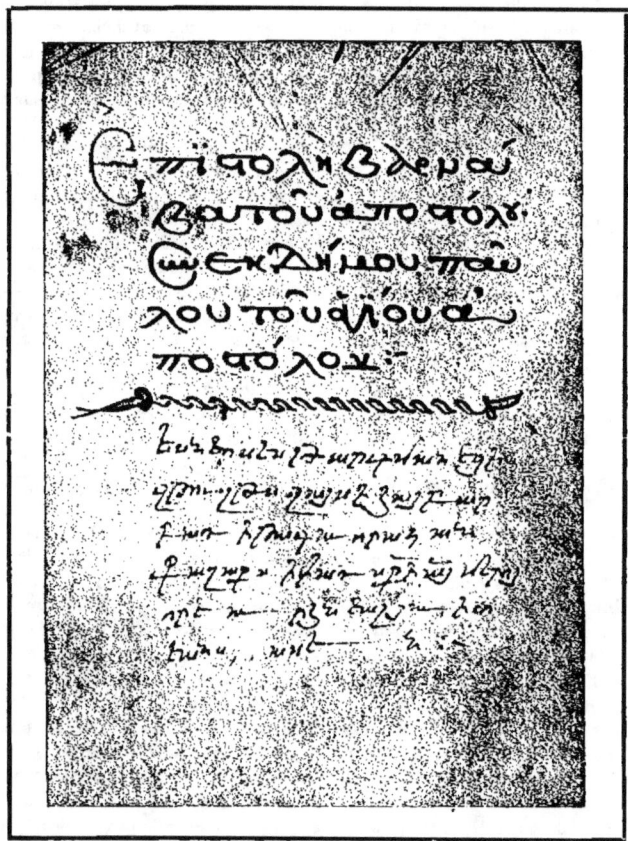

(*Voir page 95 — note 4*)

pour exhorter les soldats arméniens[2]; l'*Ordre de la Bénédiction des rois et des empereurs*, traduit du latin: le livre d'*Anatomie* selon le chargeait d'autres personnes de le composer ou de le traduire.

Non moins qu'à ses travaux littéraires il

---

1. Cette compilation des lois « écrit Nersès — je l'ai traduite du livre grec, moi humble évêque de Tarse en 1196, dans le nouveau château de Loulou.
2. Lui-même écrit à la fin des lois: « Moi Nersès » humble traducteur et compilateur de la constitu- » tion des soldats: je voudrais avec cela exciter la » vigilance des militaires ».

faut prêter foi, sans aucun doute, sur ce qu'attestent ses biographes, pour tout ce qu'il a fait pour les réformes du clergé et des constructions des églises et leurs décorations, en y ajoutant encore les descriptions des images et des mystères de la rédemption. Il remit à leur place les ornements des églises qui avaient été supprimés d'une manière ou d'autre. Il dépensa pour chacune de ces deux œvres, l'embellissement littéraire et ecclésiastique, le tiers des 30,000 besants d'or, sans en compter beaucoup d'autres, que pour cette fin il avait reçus de son père Ochine, dans ses premières années[1].

Non seulement il augmenta les ornements des temples du Seigneur, mais encore il multiplia le nombre des églises, — si nous pouvions interpréter ainsi les paroles vagues de l'historien Cyriaque, qui, peut-être, avait visité ces bâtiments : — « Il construisit, dit-il, des églises magnifiques dans le couvent qui s'appelle Sghévra, près de l'inaccessible forteresse de Lambroun ». Il distribua une autre partie des 30,000 besants d'or, à ses chers amis, les pauvres, comme à des personnes plus intimement attachées au Christ et à lui ; il ne se contenta pas seulement de cela, mais il leur donnait tout ce qui lui tombait entre les mains. Il prit l'habitude de distribuer le mercredi et le vendredi, à la porte de la cathédrale de Tarse, du pain et de fèves, à trois cents indigents, qui arrivaient quelquefois au nombre de quatre cents, comme il en parle dans son épître à Léon et comme d'autres personnes le rapportent.

Faut-il pénétrer, après tout ce que nous venons de dire, à la profondeur de son cœur, au centre du foyer de son amour pour Dieu ! à cette charité ardente qui jetait de si vifs éclats dans toutes ses œuvres, dans ses paroles et sur son visage ! Je me confonds lorsque je cherche à me pénétrer dans ce foyer sacré, pour en donner quelques explications : et je crois impossible qu'un tel personnage, qui se mortifia et macéra son corps, qui dédaigna tout bien-être du monde, et qui en même temps aima tout le monde, n'ait pas été converti effectivement à l'image de Dieu, et ne soit pas devenu tout saint, tout ange. Et si tout ce que nous avons dit jusqu'à présent n'est pas suffisant pour convaincre, ni même les témoignages de ses biographes[2], qui nous en ont fait part, il suffit de se rapporter au respect des étrangers, qui surpassait, peut-être, celui de ses compatriotes, et qui honoraient dans la personne de Saint Nersès un second Paul de Tarse. Nous avons en outre le témoignage de l'adroit et intelligent roi Léon, qui le proposait au siège de catholicosat, et même sa propre confession involontaire pour ses travaux, son estime et sa réputation ; confession qu'il fut obligé d'insérer dans son épître au roi, afin de rompre une fois le silence, l'indulgence et les prières qu'il adressait pour ses calomniateurs insensés des couvents de Haghpat et d'Ani, qui le persécutaient de loin par de noires calomnies et qu'ils faisaient parvenir jusqu'au roi. Nersès se vit contraint, pour faire connaître son état au prince, de lui déclarer, non seulement l'ignorance de ces contradicteurs, mais encore leurs mœurs corrompues[3].

Mais plus qu'à tout cela il faut se rapporter à ses contemplations, à ses admirations : il affectionne particulièrement les exemples

---

1. Au nombre des livres copiés pour Nersès, outre ceux que nous avons déjà cité, nous devons marquer un recueil de 34 discours de St. Jean Chrysostome, qui se conserve aujourd'hui à Etchmiadzin (N°. 887).

2. Un auteur d'un abrégé de sa vie, qui semble avoir été témoin oculaire ou un de ses parents, et dont je répète quelquefois les paroles en lui appropriant le nom de *son biographe*, pose de la sorte le titre de son ouvrage : « Panégyrique et souvenir de notre bienheureux » et Saint père Nersès, érudit universel, docteur très » savant et archevêque de Tarse ». Cela fut trouvé dans un livre d'histoires des Saints ; dans d'autres livres d'un auteur on traite en abrégé sa vie, mais son caractère est passablement bien rédigé ; on dit : « Il était humble et affable, sans parure, miséricordieux, aimant la solitude et la prière ; sa dévotion lui causait une abondance de larmes ». — Grégoire de Datève qui dans plusieurs points avait des vues différentes de celles du Saint, le surnomme pourtant, *Le Grand Nersès*.

dans le Commentaire des Psaumes, et il en prend des passages dans son interprétation de Mathieu.

3. Peut-être ces paroles et ces satires à quelques-uns paraîtront un peu dures dans la bouche de Nersès, contre le Doudéorti et Basile l'évêque d'Ani, et de leurs semblables. Mais qu'ils se rappellent, ainsi que nous détracteurs de notre Saint, l'exemple du Sauveur : il supporta tout avec patience et résignation, mais non point les hypocrites et ceux qui travaillaient à tromper les simples de cœur, sous une frauduleuse apparence de zèle ; ces loups qui s'étaient déguisés en agneaux : il les reprit et les menaça de grands châtiments ; et quoique il menaça le feu éternel à ceux qui osaient donner aux autres les épithètes de fous et d'aveugles, lui-même par les mêmes paroles les décrala, fous et aveugles. Nous connaissons déjà assez et nous connaîtrons plus encore la sainteté et la mansuétude de Nersès, mais jamais suffisamment l'arrogance de ses ennemis. Le Catholicos Grégoire Degha

et les écrits des personnes d une vie toute pure, édifiante, angélique, comme Saint Jean l'Evangéliste et Saint Grégoire de Nareg : c'est vraiment le cas d'affirmer ici que chacun aime ses semblables : et encore plus à ses paroles, à ses désirs tout divins, qui lui échappaient assez souvent de sa plume, et qui ne sont que des saintes saillies. En vérité, un saint et un grand saint seul pouvait dire et écrire franchement : « J'ai soif de toi, ô Jé-
» sus ; je te désire ardemment ; j'ai soif de
» boire des deux ruisseaux de ton côté et
» m'enivrer de leurs sources : je suis ravi par
» ton amour ; je soupire de voir ta face !...
» Mon âme languit de ton ineffable amour...
» je m'anéantis quand je te regarde !... Quand
» viendrai-je à te voir ! ». Et d'autres semblables aspirations. Grégoire de Sghévra l'ayant entendu plusieurs fois le répéter avec des soupirs, écrivait : « Nersès s'écriait, de fait, en
» les écrivant: Quand viendrai-je à te voir !... »

Ainsi l'amour vers J. C. faisait couler des yeux de son bien-aimé Nersès, des ruisseaux continuels. Une personne qui l'aimait le plus, son serviteur et son disciple, *Khatchadour*, les appelle *Torrents de larmes ; gémissements continuels, des sources intarissables !* « Et qui est
» qui voyant ses torrents de larmes, ne re-
» cueille pas de fruits des biens impérissables ?
» Qui regardant la forme de ses signes sensi-
» bles, ne se transporterait à la vue des Sé-
» raphins immatérielles ? Car la splendeur
» pudique et l'éclat éblouissant de son visage,
» déclarait qu'il se trouvait en présence de
» Dieu ; et les larmes qu'il versait doucement,
» inspiraient aux spectateurs la passion du
» Sauveur et la science de la Croix ». [1]

Autant son amour grandissait, autant le torrent de ses larmes devenait plus abondant : et « quelques-uns disent, qu'on avait l'habi-
» tude, pendant qu'il offrait le saint sacrifice
» de la Messe, de mettre un linge sur sa poi-
» trine... et que le diacre l'essuyait deux ou
» trois fois ». [2] O admirable éponge d'amour divin ! Nersès lui-même témoigne trois fois dans sa lettre au roi Léon, qu'il restait devant Dieu « en versant sans cesse des larmes » ; et puis : « illuminé de plus par la magnificence
» divine, je verse des larmes devant Dieu le
» Père ». Il a encore beaucoup d'autres passages dans le Commentaire des Psaumes qui laissent apercevoir la ferveur de cet amour, qui se traduisait par ces larmes : et nous concluons par ses brèves paroles : « Ce n'est pas celui qui
» craint Dieu, ni celui qui le contemple qui
» peut voir Dieu, mais celui qui l'aime ». Combien devait être attrayant et admirable le sourire du miroir extérieur de son cœur, c'est-à-dire, l'aspect de son visage ! et combien « ce doux modèle faisait apercevoir son
» attouchement à l'amour véritable » [3] !

Mais autant la charité est douce pour l'âme, autant elle est un tourment pour le corps de la personne vertueuse. Et comment le couvercle matériel de celui qui portait dans son âme une si grande dévotion et le feu d'un tel amour, aurait-il pu persister longtemps ? Ainsi du bien-aimé Nersès ne pouvait-on espérer une longue vie, tant désirée par nous. « Avec tant de ver-
» tus, disait à propos, Grégoire de Sghévra,
» de jour en jour Nersès jaillissait comme une
» source, s'avançait comme un fleuve, s'é-
» tendait comme une mer » ! Mais enfin il fallait qu'il arrivât dans peu à l'embouchure, pour se précipiter de toute sa force, dans l'immense océan de la Divinité.

Nersès, qui avait passé une vie sublime, devait avoir aussi une fin sublime ; il l'avait pressentie, comme par une révélation d'en haut. Ce signe était une douleur légère qui devait délier les liens de sa vie. Et comme en tant de rapports il fut semblable à Saint Jean Crysostome, dans l'ardeur de son cœur, dans la ferveur de son âme, dans la fécondité et dans la force de ses paroles et de ses écrits, dans l'interprétation des livres saints, dans la longanimité magnanime et dans l'indulgence envers ses détracteurs et ses calomniateurs, il lui fut encore semblable dans l'accomplissement des lois de la mort. « Il se remplit, — dit son

---

avait déjà déclaré la hardiesse et l'entêtement de l'un d'eux (Doudéorti), dans son épitre aux religieux de Haghpat, et après lui l'historien Cyriaque plus clairement. Il s'était à peine sauvé, par la fuite, de la punition que voulait lui infliger le sénéchal Zacharie. Pour Basile d'Ani, Nersès affirme clairement ses mauvaises inclinations ; il paraît que non seulement il avait des mœurs dépravés, mais encore il aspirait au siège du catholicosat, comme l'avait fait d'avance l'autre Basile, évêque de la même ville d'Ani. Leurs œuvres et leurs paroles ignominieuses contre Nersès ne font qu'augmenter de plus sa gloire et sa perfection ; car la vie des Saints et des personnages pieux semblerait défective, si elle manquait de persécutions et de souffrances.

1. Grégoire de Sghévra.
2. Le biographe cité, p. 92, note Ire.
3. Le même Grégoire Sghévra.

» biographe, — d'une joie ineffable ; revêtit les
» vêtements sacrés et offrit le saint sacrifice,
» et après s'être communié du mystère vi-
» vifiant et expiatoire, dont il ne s'était ja-
» mais désisté, il appela ses frères, leur parla
» de sa mort ; et après avoir brièvement répété
» ses conseils à ses fils bien-aimés, il les exhorta
» à y rester fermement fidèles.... Et tandis
» que ceux qui étaient présents pleuraient et
» gémissaient avec une douleur excessive, en
» entendant ce touchant adieu, il éleva ses
» yeux vers le ciel, d'où il ne les avait ja-
» mais abaissés... et d'un visage gai, et d'une
» joie qui lui faisait couler les larmes, il dit:
» O Jésus, je remets mon âme dans tes mains.
» Et à l'instant son âme pure s'envola dans
» le sein du Dieu qu'il avait toujours si ar-
» demment désiré. » Il est juste d'ajouter ici,
que ce n'est pas lui qui eut peur de la mort,
mais plutôt la mort qui eut peur de lui ; lui
qui disait et écrivait d'avance (Comment. Psaume CVI): « Personne ne descend de l'amour
» à la peur, mais de la peur on s'élève à l'a-
» mour ». Selon les assertions d'un biographe contemporain, Nersès avait toujours Jésus-Christ présent : il était le but de ses aspirations et comme son archétype ; et selon un
» autre : « Il fut placé au milieu comme un mi-
» roir pour tout le monde par Celui qui a créé
» tous les hommes. » Et son neveu également
appelé Nersès, également écrivain et élevé par
ses soins, s'écrie emporté d'amiration : « O ad-
» mirable force de l'Esprit Saint, qui souffle où
» il veut, donnant aux siens sans mesure, ce
» qui est propre à lui-même ».

Ce même prêtre Nersès, son élève, portait
dignement le nom et l'esprit de son oncle ;
après la mort duquel il devint le disciple de
Grégoire de Sghévra, et sur ses instances ce
dernier écrivit le panégyrique du Saint. Tous
deux témoignent d'accord que les personnes
honnêtes et pieuses ne tardèrent pas à célébrer le jour glorieux de sa mort, qui tomba
le 14 juillet, 1198. C'est la seule personne
dans l'ordre de l'épiscopat arménien, qui soit
indiquée dans le calendrier parmi les défunts
de la famille royale: « Aujourd'hui se reposa
» en J. C. le *Saint Père* Nersès de Lambroun,
» l'archevêque ; » et parmi les soixante défunts
dont les noms sont inscrits dans ce livre, (Ménologe), il est le seul à qui soit attribué le
titre de saint.

La seule consolation et la seule joie qui
resta à tant de personnes désintéressées et
pieuses qui avaient été témoins oculaires du
saint homme et qui avaient entendu sa voix,
fut le souvenir de la sainteté et des œuvres
de celui qui, durant sa vie même, parmi les
nombreuses grâces dont il avait été enrichi,
avait encore possédé le « don des *mira-*
» *cles* .... entre autres celui, de chasser les
» démons, et de guérir les malades » ; comme
le témoignent son biographe contemporain et
Grégoire de Sghévra.

Cependant si la sainteté de Nersès causa de
la joie à tous ceux qui étaient présents, sa
mort les laissa tous accablés d'une grande
douleur : ils se voyaient privés d'un grand
saint et d'un grand écrivain, et restaient
abandonnés comme des orphelins. Qui pourrait mettre en doute ou décrire l'affliction et la consternation de ses parents, de
ses proches et de ses disciples, et de sa mère Chahantoukhte, qui, (peut-être), vivait encore, cependant la dernière mention qui en soit
faite dans l'histoire remonte à huit années
avant la mort de son fils. Une chose aussi
nous semble extraordinaire, c'est que ses admirateurs nous font un récit très court, ou
passent sous silence les cérémonies qui se
firent à ses funérailles. Grégoire de Sghévra
seulement nous a laissé ce qui suit : « On lui
» paya le tribut légitime : les prêtres le con-
» duisirent au lieu du repos en chantant des
» psaumes et des bénédictions sacerdotales. Ce-
» lui qui était devenu le temple de la très
» Sainte Trinité avec une pureté éclatante, on
» le remettait avec de grands honneurs dans
» un tombeau dans le temple du Seigneur ; on
» plaçait le Saint dans le sanctuaire des Saints,
» et on fixait sa fête au quatorze juillet de
» chaque année ».

Le neveu de Saint Nersès nous informe que
le lieu de son repos fut à Sghévra ; mais il
paraît aussi qu'une partie de ses restes sacrés
fut offerte au sanctuaire de Tarsus ; car on
faisait ainsi aux personnes illustres et à celles
qu'on aimait et qu'on vénérait, et qui tour à
tour avaient habité dans ces deux lieux: c'est
ainsi qu'on le fit aussi avec le roi Léon.

J'ignore le nom de celui qui a prononcé
le panégyrique le jour de ses funérailles ou
de l'anniversaire de sa mort, mais certainement ce fut dans les premiers jours du deuil
que son serviteur et son disciple Khatchadour
composa ses *lamentations* rimées en langue vulgaire, qui sont profondément touchantes, surtout par ses exclamations au commencement
et à la fin de ces lignes, inimitables et uniques
en leur genre, dans notre littérature armé-

nienne. Je ne doute pas qu'on lira avec attention et avec plaisir et attendrissement ces paroles touchantes. Oui, tous ceux qui l'auront connu devront aimer le bien-aimé Nersès de Lambroun; et pourrait-on ne pas l'aimer quand on à un esprit et un cœur !

LAMENTATIONS

SUR SAINT NERSÈS ARCHEVÊQUE DE TARSE

Prononcées par le Ministre Khatchadour son élève.

» Am! Oh! je laisse de côté la peur, j'oublie la honte,
» Je rends honneur à mon étincelant Maître.
» Je lui paie le tribut de m'avoir nourri.
» Je m'en souviens et j'y reviens par esprit.
» Lorsque je me suis rappelé de mon Maître, mon appui,
» Ma lumière s'est éteinte, ma force m'a abandonné.
» Mon esprit et mon âme sont confundus.
 » Je me rappelle mon maître dans le Scikiron (?)
» Je me rappelle mon maître dans Grégoire de Nareg. [1]
» Je me rappelle mon maître devant la lampe:
» Je me rappelle mon maître dans l'église:
» Je me rappelle mon maître dans la sacristie:
» Je me rappelle mon maître dans sa chasuble
» Je me rappelle mon maître devant le saint autel
» Je me rappelle mon maître durant la sainte messe.
 » C'est à vous que je parle, (prophètes) de l'Ancien Testament,
» Venez, pleurons ensemble, vous n'êtes plus bons à rien.
» Viens, Salomon, toi qui ne sers à rien;
» Viens, Daniel, toi qui es délaissé;
» Viens, Genèse, pleure toi qui as été fermée;
» Viens, David, qui n'as pas été vaincu (?)
» Je prends saint Jean, fils du Tonnerre, pour compagnon de mes larmes,
» Viens, enlève la Vision et conserve-la [2],
» Il n'y a plus le Maître qui l'interprète,
» Mais pleure et plains moi malheureux que je suis,
» Car j'ai perdu un Maître semblable à toi.
» Tu as vu amèrement ton Maître sur la Croix,
» Moi, j'ai vu amèrement mon Maître sur le siége.
» Tu as entendu amèrement le « J'ai soif »,
» Moi, j'ai entendu amèrement le jour de la confusion.
 » Vous qui pleurez, (auteurs des) épîtres catholiques,
» Venez, soyez les compagnons de mes pleurs;
» Nous n'avons plus le maître qui nous les fasse comprendre,
» Ni un autre écrivain qui les renouvelle.
» Viens, ô apôtre de Tarse (S. Paul)
» Prends, et recueille les discours que j'ai entendus.
» Viens Athanase, compagnon de mes pleurs,
» Ce sont vos oraisons de la Messe.
» Mais mon maître vigilant ne paraît point;

---

1. Allusion au Commentaire des Prières élégiaques de S. Grég. de Nareg.
2. Commentaire de l'apocalypse de S. Jean.

» Plus de Commentaires, plus d'explication,
» On n'entend plus le Prédicateur illuminé :
» On ne trouve plus un maître comme toi.
» Plus de personne qui s'enflamme de tes paroles ;
» Tes ailes vigilantes ne s'étendent plus ;
» Tes yeux veillants ne se tournoient plus,
» Les torrents de larmes n'en descendent plus.
» On n'entend plus tes gémissements touchants.
 » Je crie au couvent qui n'a plus de pasteur :
» Il a besoin d'un pasteur vigilant ;
» Par Dieu ! j'ai écrit cela (sans en douter).
» Qui que ce soit, personne ne deviendra comme lui.
 » Mon maître était vigilant partout,
» Il était versé et pratique dans toute science ;
» Il était saint de vie et non négligé.
» Dans sa conduite il était pur comme Moïse ;
» Par son cœur, compatissant comme Paul ;
» Aimant les pauvres comme Jésus.
» Nersès était une couronne dans l'église,
» Il encourageait tous vers le bien.
» Nersès ne condescendait pas aux indolents :
» Il était doux et paisible pour le bien des éveillés.
 » Nersès veillait pendant la nuit,
» Il passait toute la nuit sans dormir ;
» En récitant les prières nocturnes selon les règlements :
» Ensuite il mettait en ordre ce qu'on devait faire.
» Il méditait, après quoi il rédigeait par écrit ;
» Au point du jour, il commençait l'office de la Messe.
» Nersès était un fléau contre le vice,
» Aucune mauvaise pensée n'a jamais pénétré en lui,
» Il était tout à fait joyeux durant la messe ;
» Indulgent et obligeant envers tous les frères.
 » Nersès avait une source intarissable dans sa tête excellente :
» Il s'attendrissait sans cesse envers tous,
» Il pleurait sans cesse pendant la Messe.
 » Nersès se confiait dans l'amour de Jésus,
» Il ouvrait l'église aux pécheurs ;
» Il se souvenait des paroles du Sauveur,
» Je suis venu pour les pécheurs.
 » Nersès, soigneux pour les veuves,
» Etait un refuge pour les orphelins,
» Pour les riches un modèle de bien,
» Pour les pauvres un hôtel de repos.
» Hélas ! pour la pensée qui cessa ;
» Hélas ! pour la plume qui devint inutile ;
» Hélas ! pour le discours qui manqua ;
» Hélas ! pour le visage qui se flétrit ;
» Hélas ! pour la parole qui fut dissoute.
» Hélas, pour nous ses serviteurs qui sommes restés orphelins.
 » O toi, mon maître, tu as trouvé celui que tu as désiré ;
» Toi, mon maître, tu es arrivé près de Celui que tu souhaitais ;
» Toi, mon maître, tu as recueilli ce que tu as semé.
» Toi, mon maître, tu vois Celui pour lequel tu t'efforçais ;
» Toi, mon maître, tu fus donné à qui tu était dédié,
» Toi, mon maître, tu te repose, car tu as travaillé !

» Je te prie ô toi mon bon Maître,
» Moi, ton serviteur élevé par tes mains:
» Moi, qui ai écrit ces paroles plaintives.
» Je sais que tu es à présent près de Jésus :
» Prie avec ferveur, en l'adorant, pour moi ;
» Fais des prières avec instance
» Que je retourne à la terre ; la vie ne m'est plus nécessaire »

Après avoir dédié à Saint Nersès de Lambroun ce petit chapitre, tribut de reconnaissance, tournons une dernière fois les yeux sur les restes du château qui l'a vu naître, et reste caché dans l'histoire pendant trois siècles et demi, jusqu'aux nouvelles exploitations faites dans les derniers temps par Langlois et autres. J'ignore les événements qui y ont eu lieu depuis la moitié du XIV° siècle jusqu'à la fin du XVII°. Les Mahométans ont appelé et appellent encore ce château la *Forteresse des Géants*, soit à cause de son éminente position et de ses fortifications, soit à cause d'exploits traditionnels ; ou mieux encore des souvenirs glorieux de ses premiers Seigneurs, et surtout de l'immortel Nersès. Au mois de janvier, l'année 1706, le voyageur français Paul Lucas, qui avait parcouru plusieurs des territoires, vint à Tarse. Il examina du côté de la plaine, cette grande forteresse, qu'il trouve à trois lieues loin de la ville, et il écrit plein d'admiration: « Il y a en bas de la ville (Nemrod) « trois grands gradins, du côté d'où l'on » voit la porte; ils sont de trente à quarante pieds de hauteur chacun ! et sont » faits sans doute à proportion des jambes » de ceux qui les montaient — (sans doute il » écrit ceci par plaisanterie) : — c'était par là » que les Géants descendaient dans la plaine. Ce qu'il y a de certain, c'est que les » portes que j'ai vues de mes propres yeux, » ont plus de cent pieds de haut chacune; et » que les bâtiments que l'on remarque sur la

Vue des portes de la Forteresse de Lambroun.

» montagne, sont d'une grandeur absolument » prodigieuse..... Ces monuments sont des » plus merveilleux de l'antiquité. L'on voit, » dans ce qui paraît être la ville, des tours qui » surpassent encore infiniment les autres édifices par leur hauteur : jamais je n'en avais » vu de si élevées ».

A une petite distance des autres édifices de Lambroun le P. Sibilian, le dernier visiteur de ces places, a vu une tour carrée plus grande, ou si l'on veut un grand édifice qui a la forme d'une tour, appelée *Sinab-Kalé*. C'est comme un donjon isolé, à la partie supérieure duquel on avait disposé une chapelle ; la partie inférieure était un lieu de refuge. Je ne peux pas concevoir à quoi servait cet édifice dans les temps anciens, ni quel était son nom : pourtant il était compté dans l'apanage de Lambroun. Près de ce château-fort et entre la forteresse il y avait une autre place habitée, située au nord-est de la montagne Armén, nommé *Hovani-acarag*, c'est-à-dire Villa de Jean. Il y avait là certainement un couvent de solitaires, car ce lieu est parfois appelé *Lieu de silence* et aussi *Ermitage*, quelquefois du nom de Jean, ou du nom de la montagne Armén. Ainsi, Etienne Kouyner, célèbre miniaturiste et intelligent écrivain, lorsqu'il copiait en 1290, un évangile, écrivait : « Dans une chambre de l'ermitage, au flanc nord de la montagne qui s'appelle Armén ». Ce même écrivain, qui est cité trois fois dans l'ermitage d'Armén, est cité encore d'autres fois dans les limites de ce dernier, comme dans le couvent de Sghévra et ailleurs ; sa patrie était *Gaïdzaron*, localité inconnue. Il était l'un des écrivains les plus savants de son temps : quelques-uns des livres qu'il a copiés ou composés sont parvenus jusqu'à nous. On trouve mentionné en 1271, un noble chevalier, qui porte le même nom, *Sire Kouyner* ; peut-être était-il parent ou frère d'Etienne.

Sghévra était pour Lambroun ce que le couvent de Melldje était pour Babéron : c'est-à-dire non seulement le tombeau des seigneurs de la grande forteresse, mais encore le principal sanctuaire et couvent de la province. L'origine de la fondation et les fondateurs de Sghévra nous sont inconnus, mais sa splendeur remonte au baron Ochine Ier, qui en fit son séjour. Peut-être a-t-il été bâti par les Grecs et ces derniers lui ont donné ce nom, si toutefois, ce nom contient une signification spéciale. Autant l'emplacement du château-fort nous est connu à présent, autant celui du couvent reste ignoré ; le témoignage des contemporains nous fait savoir tout simplement qu'il était « près de la » forteresse », à côté de la Villa de Jean, que nous avons mentionnée plus haut, au nord-est de la forteresse. Il y avait là deux monastères : l'un était proprement le *cloître*, l'autre *l'ermitage*. Dans le premier, par ordre d'Ochine II, père de S. Nersès, on avait élevé une grande église en honneur de la Mère de Dieu ; c'est là que Nersès fut installé, par son père, comme supérieur. Cependant il faut croire qu'Ochine l'ait construit avant sa domination, ou ait restauré et orné l'édifice de son père ou de son grand'père ; car pendant que son fils Sempad-Nersès suçait le lait, « il eut une dangereuse » maladie, et ses pieux parents le portèrent et » l'offrirent à la toute-glorieuse et très-sainte » Vierge Mère de Dieu, dans le temple consacré à son nom, dans le couvent de Sghévra.... où, dès son premier âge, il s'exerça, » avec les autres frères, dans les sciences littéraires, selon le désir de ses parents ».

Après la mort du père du Saint, son frère aîné, Héthoum le Sébaste, aux premiers jours de la consécration de Nersès à l'épiscopat (1175), « avait construit avec une grande ma» gnificence un sanctuaire dans le couvent de » Sghévra ; et après l'avoir orné de différentes » peintures, il reçut son frère Nersès, qui sor» tait de l'ermitage comme un époux, et que » la sagesse divine rendait beau comme la lune, » et dont la science brillait comme le soleil, et » la pureté de sa vie était l'admiration de tous. » Nersès, disons nous, fut reçu et posé à la » droite de la Reine (du temple), tout paré et » tout embelli. C'était la fête de l'Assomp» tion : on le fit asseoir sur le trône épiscopal, » et il donna la bénédiction à tout le peu» ple ; puis se levant, il offrit le sublime sa» crifice de la sainte Messe. A partir de cet» te époque (1175) il prit soin des souffran» ces du peuple ; il disposait en bon ordre ce » que son père avait légué au couvent[1] ».

C'est, sans doute, dans ce jour solennel, où il donna sa première bénédiction, qu'il aura prononcé d'une voix suave, son charmante « *Panégyrique sur l'Assomption de la Très-sainte* » *Vierge*, se regardant comme son *serviteur* » *particulier*, car ses parents l'avaient voué à la » *Mère de Dieu* ». Il commence ainsi « ... Je » me fais un devoir, le jour de la fête de la » Sainte Vierge, d'offrir les prémices de mes » paroles, comme une vigne plantée de ses » mains, parmi les milliers de tiges, dans ce » saint temple du Seigneur ».

Près de cette dernière église, qui était la principale, il y en avait deux autres ; celle du Saint-Sauveur et celle de la Sainte-Croix. La première est citée du vivant de notre

---

1. Ce sont les paroles de Samuel de Sghévra ; témoignage rapporté plusieurs fois dans le mémoire des Commentaires des Psaumes.

Saint et de son frère, qui firent écrire, « en l'honneur et gloire de la sainte église de Saint-Sauveur, ce livre divin (Évangile) dans le couvent de Sghévra », l'an 1193. Nous l'avons déjà mentionné à la fin de la topographie de Lambroun : le copiste parlant des deux frères, dit : « Ils embellirent avec des ornements ce pieux couvent, *la sépulture de leurs pères;* et pour comble de magnificence, ils ordonnèrent à moi Constantin, qui étais leur fils adoptif, de le perfectionner (l'évangile) à l'aide de ma plume et de l'orner avec des couleurs... Maintenant, je prie, souvenez-vous durant la sainte Messse, de mon maître ment aux lettres, mais aussi dans l'art de copier des manuscrits, et de les orner de belles enluminures. Dans ce même monastère, où se trouvaient les tombeaux des seigneurs de Lambroun, étaient aussi ceux des moines : c'est le vieux Samuel même qui nous le dit, quand il exprime son désir d'être enterré au milieu d'eux, par les mains de son bien-aimé archevêque Nersès : « Que mes pauvres **restes** soient posés ici, dans le tombeau, par sa bénédiction, et que je repose avec *mes saints pères,* auxquels je m'approche par la vieillesse qui pèse déjà sur moi ».

Pendant que Samuel écrivait le Commen-

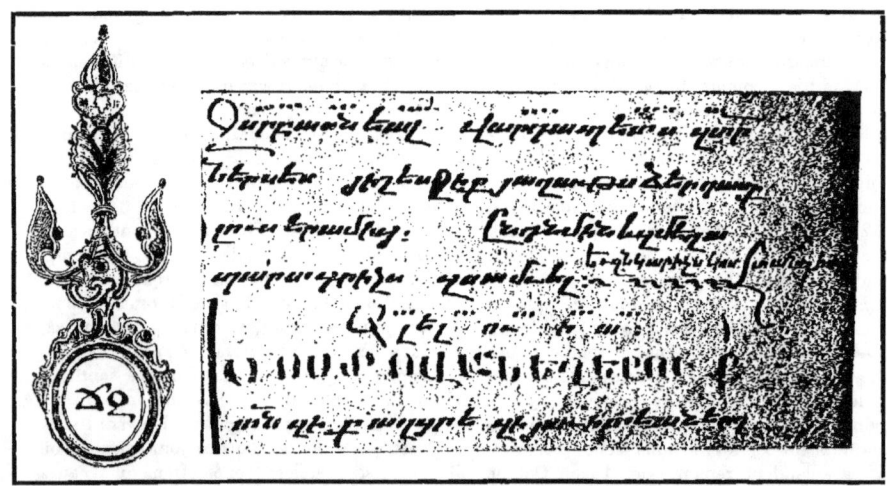

Fac-similé, tiré du manuscrit des Commentaires des Psaumes.

» Nersès, qui, avec foi et charité a fait orner ce livre de la parole de Dieu, ainsi que de Héthoum le Seigneur dominant ». L'adroit écrivain et brave dessinateur ne peut pas laisser de côté son travail digne de louanges ; il ajoute : « Souvenez-vous aussi du service, que par le talent qui m'a été accordé de Dieu, j'ai, moi infime, rendu à ce livre divin ». Cinq années après, en (1198), « dans ce couvent célèbre de Sghévra, devant le saint *Signe* (la Croix *miraculeux* et dans le *temple du Sauveur* », un autre artiste écrivait l'évangile de Babéron, pareil au premier et peut-être mieux orné. Cela montre qu'on travaillait alors dans les monastères avec un grand soin, non seule-

taire des Psaumes et les mémoires sur Saint Nersès, et que Constantin ornait de dessins le saint évangile du Saint-Sauveur, paraissaient sur la scène le poète plaintif *Khatchadour,* serviteur du docteur bien-aimé, et le docteur *Georges,* qui a rassemblé et composé les Vies des Saints Pères, sous la direction du docteur commun Nersès, l'an 1192. « Dans cet ouvrage, dit-il, les vies et les paroles des Saints Pères ont été recueillies, de différents exemplaires, dans le couvent de Sghévra, et réunies dans un volume sous la protection du temple de notre Seigneur Dieu et *Sauveur* J. C., de la Sainte *Mère de Dieu* et du *Saint Bois* vivifiant, par l'ordre de notre vénérable frère,

» le pieux *Khatchadour*, qui m'obligea, moi
» Georges, son confrère, malgré ma faiblesse,
» à porter à bonne fin ce livre, objet de ses
» ardents désirs ; … et par la grâce de Dieu, je
» l'ai fait sous la direction spirituelle de mon
» Seigneur Nersès, le *Saint* archevêque, qui est
» maintenant supérieur de ce célèbre et saint
» couvent. Il gouverne Tarse, la capitale, avec
» des provinces de la Cilicie. Ce *saint homme*
» *de Dieu* non seulement lisait les livres sacrés
» et les expliquait, mais encore avec un grand
» amour il les rassemblait ; et ce frère Kha-
» tchadour, qui servait de plein gré cette per-
» sonne pure, écoutait ses paroles, imitait sa
» conduite et sa ferveur ; comme lui, son sei-
» gneur et maître, il chercha et acquit, autant
» qu'il put, des livres manuscrits et, par ses
» conseils et ses exhortations, il fit écrire en-
» core ceci.

Ce prêtre Georges était sûrement l'un des personnages les plus distingués du couvent ; car, non seulement il est appelé Docteur par Samuel, mais il lui a décerné aussi le titre de Précepteur. Il fut envoyé par ordre de Léon le Magnifique, avec Saint Nersès de Lambroun, à la rencontre de l'empereur des Allemands ; et ces deux personnages seuls échappèrent à l'incursion des Ismaélites, qui massacrèrent tous leurs compagnons : après, ils continuèrent leur voyage.

Le Samuel que nous venons de citer, est le même vieillard qui a écrit, à la fin de la copie des Commentaires des Psaumes, la vie de Saint Nersès de Lambroun, et peut-être aussi dans ce même lieu, notre saint auteur a repris la continuation de son Commentaire des Proverbes de Salomon, l'an 1197 ; car, lui-même y ajoute : « J'ai commencé l'examen du fonds de
» ce livre sacré, trois années avant (1194)…
» et cette année, 1197, étant parti pour Cons-
» tantinople, j'ai demandé au patriarche leurs
» livres explicatifs des Proverbes et de Job :
» en les lisant j'ai trouvé que ce que la grâce
» du Saint-Esprit avait produit en nous, n'é-
» tait pas différent, et que mon explication
» s'accordait en tout avec la leur. En retour-
» nant chez moi, j'ai béni le Seigneur en l'a-
» dorant ; et j'ai pris courage pour continuer
» mes examens, moi, Nersès, qui suis (vile)
» cendre, et inspecteur de Tarse, de nom plu-
» tôt, puisque j'habite en repos dans le cloître
» de Sghévra ».

Le beau mémoire de la copie des Commentaires de la Messe et la dédicace qu'en a faite à sa sœur Marie, le neveu de notre Saint, le jeune prêtre Nersès[1], font voir qu'il était bien digne de son oncle. A la mort de celui-ci, il écrivait ou faisait copier le Commentaire de la Messe, « dont une partie, par le
» frère Avédik, pieux serviteur de Dieu, du
» monastère d'*Anabad* ; l'autre partie dans le
» cloître de Sghévra, par les mains d'un clerc
» de l'église de *Zoravark* (les SS. Généraux) ».
On croit que cette église était celle de *S. Georges*, comme nous le verrons ci-après. Avec une affection qui mérite d'être remarquée, le neveu de Saint-Nersès s'écrie : « Que les dignes
» docteurs mes contemporains, soient mention-
» nés devant le Seigneur ; tous mes amis et nos
» bienheureux docteurs, qui furent les nour-
» riciers de nos âmes, *Grégoire* et *Basile*[2],
» que nous fréquentons maintenant pour les
» études ; qui dans nos besoins suppléent le
» Saint dont nous sommes privés. Ils brillent
» dans ces temps obscurs et illetrés, comme
» des astres pendant la nuit. Souvenez-vous
» aussi du prêtre *Basile* qui nous a nourri l'es-
» prit et nous a instruit par le moyen de la
» tablette ; de même aussi de nos coétudiants
» et de nos condisciples *Jean* et *Barthélemi*,
» et de toute notre famille[3] ».

Le Docteur Grégoire, qu'il a mentionné plus haut, est le même personnage célèbre, qui a obtenu la dénomination de Sghévrien, parce qu'il habitait dans ce couvent ; pourtant par sa naissance il est du bourg de Lambroun, et c'est pour cette raison qu'il est aussi appelé Lambrounien ou de Lambroun. Il cohabitait avec Saint Nersès ; par sa science et par sa sagesse il est le grand person-

---

1. Son père n'est pas cité, mais nous le présumons d'une famille noble.
2. Ce Basile a laissé la trace de son écriture avec ce petit mémoire, à la fin du livre des Scolies de S. Cyrille, que nous avons cité en parlant des manuscrits autographes de S. Nersès de Lambroun : « En 1175 » fut composé ce livre divin par Nersès, souvenez-vous » de Basile, après l'auteur du livre ».
3. Quoiqu'il ne nous soit parvenu que des débris de mémoires et non pas d'ouvrages de ce jeune Nersès, mais ils nous montrent suffisamment sa piété, ses pensées profondes et son noble amour ; et comme nous avons présumé que son oncle s'était pourvu du savoir auprès de Nersès le Gracieux, de même j'estime que son neveu s'est illuminé par les soins de Nersès de Lambroun ; ils ont ainsi formé une admirable triade des Nersès.

nage après lui; Nersès le jeune, son disciple, outre les témoignages cités plus haut, ajoute: C'était un personnages prudent et « versé, » dès son enfance, dans l'ancien et le nou- » veau Testament ; ... il ne lui manquait » rien pour être égal en tout point à Nersès ». Le roi Léon qui était un profond connaisseur des hommes, honora Grégoire après Nersès, en lui commettant la traduction en arménien de la lettre grecque, « de Vahan ou » Jean archevêque de Nicée, adressée à la » Béatitude de Zacharie, le Catholicos des » Arméniens », comme le dit Grégoire d'A- navarze dans son Ménologe, en l'appelant, « Grégoire de Sghévra, le *saint et le grand* doc- » *teur* des Arméniens ». A ce même Grégoire, notre roi Léon confiait ses secrets les plus intimes, ceux-là même qu'il ne pouvait manifester qu'à Dieu: ainsi lorsqu'il dut paraître devant le Juge de l'univers, « il appela ce saint doc- » teur, lui confessa ses fautes et reçut la » sainte communion des mains du même doc- » teur, en bénissant le Seigneur ».

L'année suivante, 1220, mourut le Catholicos Jean; lors l'élection de son successeur, les princes ne furent pas d'accord ensemble; quelques-uns ayant à leur tête Constantin, Seigneur de Lambroun et neveu de Saint Nersès, voulurent élire Grégoire: mais le sort favorisa Constantin de Partzer-pert.

Nous avons vu plus haut, que le jeune Nersès obtint de Grégoire de Sghévra, après beaucoup d'instances, (1205), le Panégyrique du Saint. C'est un sermon où éclate sa grande érudition, une élocution claire avec beaucoup de bon sens, bien qu'elle soit inférieure au style élevé de Saint Nersès. Nous devons faire le même jugement pour ses autres écrits, tels que le Sermon pour le *Vendredi saint*, et un autre sur la *Résurrection du Seigneur*. Ces discours tournent en grande partie sur les Saintes Femmes qui apportaient de l'huile pour oindre le corps de Jésus; il y introduit des passages pleins d'esprit, en concordant les quatre évangiles, qui paraissent en désaccord entre eux. Il distingue les unes des autres les cinq Maries, et réfute l'opinion de ceux qui affirmaient que la Sainte Vierge était allée aussi au tombeau de Jésus.[1] En tout cela plus que sa rhétorique, il montre un sage discernement dans ses pensées et une grande simplicité de langage.

Beaucoup de personnes connaissent aussi sa longue Prière « de la part de tout le genre » humain », comme lui même le dit dans un passage[2], sur les diverses dispositions de Dieu envers l'homme. Il montre encore ici une grande clarté de langue et d'esprit.

Ses réflexions sur la vie de Saint Grégoire de Nareg, sont un effet de son amour pour la prière, dans laquelle ce grand Saint était toujours plongé. Grégoire a encore composé une *Prière* à réciter durant la *Sainte Messe*; une autre dédiée à la *Sainte Mère de Dieu*, sur la demande d'un prêtre nommé *Pierre*. Il la commence ainsi: « Sainte Vierge, trois- » fois-bénie, temple du Très-Haut »; il la continue se remémorant de la Passion de Jésus-Christ; et lorsqu'il arrive au souvenir du *Stabat Mater*, il change soudain sa prose en vers, terminés par une même désinence et dont voici la traduction:

Et Toi qui fus près de la Croix
De la Passion de mon Jésus,
Et entendis le « J'ai soif »
Que dit ton Fils unique!
On lui donna le vinaigre à boire
Et le fiel à goûter.
Il fut attaché avec des clous,
Et blessé avec une lance »... etc.

Son hymne la plus connue et la plus célèbre dans notre église arménienne, est celle qu'il composa en doubles distiques, selon le nombre des trente-six lettres de l'alphabet, *sur la Naissance de Saint Jean-Baptiste*, chantée pour la première fois en 1198; c'est une preuve éclatante de son génie d'invention. L'hymne commence de cette manière: « Astre précur- » seur de l'Orient du soleil de justice... ». Le grand nombre des lettres asméniennes l'aident à considérer sous plusieurs aspect le Saint Jean, le plus *grand saint* parmi les fils des femmes, et de le louer, du commencement de sa naissance jusqu'à sa mort; par laquelle il fut, « Précurseur de la seconde descente » du Seigneur aux places inférieures de la

---

1. Nersès de Lambroun aussi fut de cet avis, quand il écrivit son premier discours sur l'Assomption de la Sainte Vierge.
2. Dans cette prière en plusieurs endroits il change la prose en vers, suivant le style de Nersès de Lambroun; il se réduit ainsi à faire une composition forcée et affectée; quelques idées mêmes le sont aussi.

» terre ; porteur de la bonne nouvelle aux
» âmes dans les enfers » ; il n'oublie pas les dernières circonstances de la vie et de la mort de Saint Jean :

« Dans l'assemblée du festin d'ivresse le jour des fêtes natales du funeste (Hérode),
» Toi, tourterelle du désert, qui naquis en tressaillant de joie,
» La fille d'Hérode, en dansant, demanda ta tête ». [1]

Après Grégoire de Sghévra et avant Georges, au milieu du XIIIe siècle, *Mekhitar*, docteur de Sghévra, obtenait de la réputation par sa science et par sa modestie. Il fut jugé par le Catholicos Constantin et le roi Héthoum comme l'homme le plus digne et le plus capable d'aller dans la ville de S. J. d'Acre en messager et en homme savant, chez Guillaume II archevêque de Tyr et Légat du pape Urbain IV. Celui-ci y était arrivé en 1263 et était très véxé de ce que le Catholicos des Arméniens ou son vicaire, ne fussent venus lui faire la visite d'usage. Lorsque Mekhitar arriva, le prélat latin le reçut avec une froideur mal retenue ; mais une fois remis de son ressentiment il disait à Mekhitar : « J'ai entendu dire que tu es
» regardé comme un savant par tes compa-
» triotes, peut-être nous pourrions profiter de
» ta présence », et il répétait : « Tu es un hom-
» me sage, comme je te l'ai dit ; tu me ré-
» ponds à tout ce que je te demande ».

Mekhitar lui répondit humblement selon les convenances, mais avec précaution, et comme il dit lui même : « Dans ce même jour il y
» avait un grand conseil chez le Légat : là se
» trouvaient le préfet, qui s'appelait Joffroi,
» et qui était un homme aimant la paix ; le
» Maître des Templiers, et le Commandeur des
» Hospitaliers, et tous les seigneurs des pays ri-
» verains d'Antioche (à l'exception du Prince),
» et tous les avocats. » Ils se mirent à disputer sur la primauté de l'apôtre Saint Pierre ; et quoique Mekhitar parlât avec beaucoup d'érudition et de connaissance des Saints Livres, pourtant tenu par des préjugés, il ne voulait pas céder là où il le fallait. Après cette question il tâcha d'exhausser le Catholicos sur les patriarches, en attribuant la cause à ce que le mot Catholicos a une étendue universelle plus que celui de patriarche, et que ce dernier est le chef d'une ville ou d'une province, tandis que le « Catholicos des Arméniens est
« le chef de toute une nation. »

Après cela dans son rapport qu'il présenta au roi Héthoum, sur la demande de Jacob évêque de Gasdalon, il ajouta un autre chapitre contre les Grecs, sur les sièges patriarcaux et spécialement pour celui de Constantinople. C'est l'unique ouvrage de Mekhitar de Sghévra qui nous soit parvenu. Comme homme habile il accompagna le roi Héthoum dans un de ses voyages, probablement à cause de ses connaissances des langues.

Jusque vers la fin du XIIIe siècle je ne trouve aucun autre mémoire sur le couvent de Sghévra, sinon la sépulture de Marie, sœur du roi Héthoum, devenue comtesse de Joppé par son union avec Jean Ibelin, seigneur de Joppé. Ce sera, sans doute, pour se consoler de la mort de son père, le régent Constantin, qu'elle vint à Lambroun et elle y mourut, l'année 1263,[2] « laissant deux garçons et trois
» filles » portant des noms arméniens. Il paraît que ces enfants, Ochine et Héthoum, aient vécu à la cour arménienne, puisque Rémount, fils de ce dernier, fut sénéchal des Arméniens.

Le second personnage savant, le Docteur *Georges de Sghévra*, brilla vers le milieu du XIIIe siècle. Il parcourut différents couvents de la Grande Arménie, afin d'enrichir son livre, le *Donabadjar* (Notices sur les fêtes). Il dit lui-même en parlant de son livre, qu'il fut écrit « dans un pays lointain, par Georges, jeune
» incapable, venu de Lambroun, forteresse
» inaccessible de la Cilicie, au pied de la
» grande montagne du Taurus. Il n'entreprit
» point cet ouvrage avec une témérité pré-
» somptueuse, ni en se donnant pour un hom-
» me *habile* dans l'écriture ; ... mais il le
» fit sur l'ordre de Grégoire archevêque de
» Bedjeni, dont il avait été comblé de bien-

---

1. Grégoire en cela fut devancé par son précepteur S. Nersès, qui avait écrit dans son Commentaire d'Amos : « Le Pauvre Jean, la tourterelle du désert, fut donné par Hérode comme prix des bottines de Hérodiate, pour sa danse ».

2. La même année, son frère, l'archevêque Jean, écrivant le mémoire d'un évangile, dit pour la comtesse : « La bienveillante Cala-Marie, Comtesse Japhoun, offrit à moi, son frère cadet, le parchemin de cette copie. »

» faits, et sur les instances pressantes des fils
» de ce dernier, (en religion) les prêtres Vartan
» et Grégoire, dont lui-même avait été chargé
» de l'éducation.... Il fut aidé dans son tra-
» vail par son compagnon d'exil et précepteur,
» le prêtre Jean.... Mais nous n'avons pas pu
» travailler toujours dans le même lieu et sans
» interruption. Nous avons été obligés de nous
» transporter d'un endroit à un autre ; nous
» avons dû changer nos projets et même nos ha-
» bitudes... Nous avons d'abord habité le cou-
» vent célèbre de Virab,... pour nous instruire
» auprès de Vartan, grand docteur et person-
» nage bien fervent... De là, nous avons passé
» chez le grand prince du nom Kourd ; nous
» l'avons suivi à Saghmossavank (couvent) et y
» sommes restés avec lui. C'est là que nous
» avons achevé notre premier volume de ce
» saint livre. Comme le Docteur fut encore
» obligé de changer de lieu pour enseigner,
» dans l'endroit où voudrait le guider la di-
» vine Providence, nous nous transportâmes
» avec lui au couvent de Téghénik ; ce cou-
» vent célèbre, cet habitation angélique, où
» Dieu demeure ; c'est là que nous avons ter-
» miné ce que nous nous étions proposé, ayant
» trouvé bon accueil auprès de l'affable et
» du chaste prêtre Serge, qui nous soigna et
» nous servit de bon gré ; etc ».

Le Vartan, dont il est question plus haut, est le célèbre docteur et précepteur Vartan dit l'Oriental, historien et commentateur du Pentateuque et duquel Georges fut le digne disciple.

Quand notre écrivain parle de son incompétence dans l'art d'écrire, c'est au point de vue graphique qu'il faut l'entendre, comme copiste et imagier[1] ; cependant il devait avoir bien réussi dans d'autres livres, puisqu'à son retour à Sghévra, il fut prié par un certain Constantin, (peut-être celui qui devint Catholicos dans la suite), et plus tard, par le prêtre Etienne Kouyner, de copier l'œuvre du D.r Aristaguès, de l'étendre et de le compléter.

Parmi tous les ouvrages de Georges de Sghévra, le plus connu et le plus estimé, c'est son commentaire des prophéties d'Isaïe. Comme il n'y a aucune déclaration, aucune date,

ni au commencement ni à la fin du livre, nous citerons ici les paroles de ceux qui l'ont copié du vivant de l'auteur. L'un d'eux, le prêtre Jérémie, écrit l'an 1295, que le roi Héthoum (1289-1307), « Voyant que
» de ces grands docteurs qui avaient inter-
» prété Isaïe, l'un, — Saint Ephrem, — l'avait
» fait brièvement, mais avec des paroles plei-
» nes de sens, et l'autre, – le divin Jean Chry-
» sostome - avait écrit avec trop d'abondance, le
» roi Héthoum, dis-je, cet illustre prince, eut
» l'intention de réunir leurs commentaires en
» un seul ouvrage....... Dans ce but, il s'a-
» dressa au docteur Georges, qui était alors
» bien avancé dans les vertus et instruisait a-
» vec assiduité de nombreux élèves, et lui en-
» joignit l'ordre pressant d'entreprendre ce
» travail. Le saint prêtre obéit, et en vrai
» prédicateur, s'aidant des travaux du D.r
» Sarkis (Serge), il réunit les commentaires des
» illustres docteurs, en fit un résumé qu'il
» copia de sa propre main et qu'il remit à
» Héthoum. »

Dans les premiers chapitres Georges s'est inspiré des commentaires de Saint Cyrille ; mais dans tout le reste de l'ouvrage, il suit ceux de Saint Ephrem et de Saint Jean Chrysostome. Quelquefois il unit à leurs réflexions, les remarques d'un certain Serge, qui s'était occupé avant lui du même travail, mais j'ignore quel est ce personnage. Lorsqu'il arrive aux paroles d'Isaïe: « Qui a cru, Seigneur ? » il cite avec abondance les paroles de son maître, le docteur Grégoire, et le met presqu'au niveau des deux illustres Saints Pères. Mais rarement il se sert des écrits de S. Grégoire le Théologien, et encore moins de S. Basile ou de S. Athanase.

Parmi les autres ouvrages écrits par Georges, un des plus célèbres, est, l'Art de l'écriture. Un de ses disciples nous affirme qu'il composa aussi des Hymnes pour les grandes fêtes et pour les Saints. On trouve en effet plusieurs hymnes en acrostiche, dont les premières lettres de chaque strophe forment le nom de *Georges*, mais il ne faudrait pas croire qu'elles appartiennent toutes à ce savant docteur, car on en trouve déjà dans un manus-

---

1. Pendant que Georges s'occupait dans son pèlerinage à écrire en prose et en vers, il apprit les désastres de sa patrie, l'invasion des Egyptiens, le combat malheureux de Mari, avec une série d'autres funestes événements ; ainsi il insera le mémoire suivant: « Hélas ! la douleur de mon cœur me contraint d'interrompre l'histoire ; car l'année passée (1266), pendant que j'étais en train d'écrire ce livre, le sultan d'Egypte avec une grande armée... comme par la colère de Dieu, pénétra dans le territoire de la Cilicie » etc. ; et il résume l'événement en quinze autres lignes.

crit de l'an 1241, époque antérieure à celle où Georges commença à écrire

Un des disciples de Georges, le D.ʳ Moïse, écrit, en parlant de son maître: « Il écrivit, » avec beaucoup d'ordre, des Règles et des » Conseils pour la Confession, au profit des » prêtres ignorants. Il composa plusieurs pré- » faces pour les livres de la Bible, et en fit le » résumé des chapitres. Il écrivit des Panégyri- » ques en l'honneur des Saints, de brèves inter- » prétations des Actes des Apôtres, à la deman- » de de l'évêque Jean, frère du roi..... Il fit » aussi des hymnes intitulées *Laudate pueri*, » un recueil de maximes et d'exemples utiles » tirés de la Bible. »

Le Commentaire abrégé des Actes des A- pôtres, dont parle ici Moïse, mérite aussi de figurer parmi les meilleurs ouvrages de Geor- ges. En voici la dédicace : « Au Seigneur Jean » évêque et frère du roi, (Héthoum), qui a » demandé ce bref commentaire »; et plus loin il ajoute : « Voici, ô mon père théophile et sei- » gneur, que ta demande pressante et *ton vi-* » *sage* vénérable m'ont comblé de crainte.... » car tu m'as ordonné, toi-même en personne, » en m'expliquant ta volonté, de résumer en en- » tier en gardant les mêmes idées, les longues » et riches interprétations d'Ephrem et de Jean » Chrysostome. C'est avec crainte que je me » suis lancé sur les traces de ces Saints — » aussi je demande grâce pour mon arrogan- » ce — pour réunir en une seule œuvre leurs » profondes et sublimes interprétations, ... pour » les accorder comme en collier de perles pré- » cieuses, ou comme des fleurs odoriférantes » et incorruptibles, avec lesquelles je puisse » faire une couronne d'*espérance* pour votre » tête auguste..... Que mon pauvre ouvrage » soit récompensé par Dieu, et qu'il m'ac- » corde le pardon de mes péchés ». Cet ou- vrage est d'autant plus précieux que nous ne possédons pas les textes primitifs des interpréta- tions étendues de S. Ephrem et de S. Jean Chry- sostome. Chaque fois qu'il cite leur texte, il indique leur nom en marge; on y trouve aussi quelquefois ceux de S. Nersès de Lam- broun, de S. Grégoire le Théologien, des deux Cyrille, de S. Nersès le Gracieux et d'un cer- tain Cyriaque. L'ouvrage est divisé en 55 chapitres, et à la fin de chaque chapitre se trouve une courte exhortation.

A la demande du même personnage, l'évê- que Jean, Georges, écrivit encore, l'an 1283 : le « Panégyrique de S. Jean, l'Evangéliste théologue. »

Tous ces ouvrages suffisent pour prouver le talent et l'intelligence de Georges, talent que son oncle Grégoire, supérieur du couvent, avait deviné dès l'enfance du jeune homme et s'était efforcé de développer.

Un signe de la grande réputation et de l'estime dont jouissait Georges, c'est que la date de sa mort est inscrite, avec celle des personnages illustres, dans la chronique com- mencée par Samuel d'Ani : « Cette même année, » l'an 1301, y est-il inscrit, le vertueux et » saint docteur Georges de Sghévra, se reposa » dans le Seigneur ».

L'un de ses disciples, Moïse, qui écrivit un panégyrique sur le bienheureux abbé et doux docteur Georges de Lambroun, indique d'une façon plus exacte encore, le jour de sa mort: « Il vécut en vrai chrétien et se reposa dans » le Seigneur, le mercredi, onze janvier, l'an » 1301. »

Nous pouvons dire que Georges a fermé la série de nos auteurs célèbres; nous ne trou- vons plus après lui que Jean d'Erzinga et Basile, dit le Macheghévor, qui furent ses imi- tateurs

Dans son discours Moïse, fait une longue énumération des titres honorifiques de son maître. Non content de cela, il y ajoute encore une lamentation en vers. La poésie de Moïse vaut mieux que sa prose; mais elle est loin de s'élever au génie simple et sublime qui éclate dans les lamentations de Khatchadour, au sujet de la mort du plus illustre des Lam- brouniens Au milieu de ses vers Moïse inter- cale quelques lignes de prose, afin de traduire ses regrets personnels: « Hélas! et moi, quel » père n'ai-je pas perdu ! quel précepteur ! quel » conseiller et quel consolateur !. O père vénéré, » tu ne m'envoies plus ta parole et ton écriture » précieuses ; je ne reçois plus de loin de tes » joyeuses nouvelles.... ». L'orateur reprend de nouveau la suite de ses vers et termine ainsi : « Cet écrit est pour le bienheureux doc- » teur appelé Georges; ce ne sont point des » paroles fausses ou ambiguës; mais toutes » justes et certaines, pour exhorter ceux qui » doivent venir après nous, et pour la gloire » du Seigneur trois fois Saint. Amen. »

Moïse oublie de citer un ouvrage de Geor- ges, très utile pour les fidèles et qui ne laisse pas non plus d'être une preuve de son talent, de son art de vérsificateur, et de son habileté en prosodie. Je veux parler de son « Choix et » confirmation des mots et des airs de nos » hymnes ». Les érudits arméniens auront sans doute remarqué que dans plusieurs antiphonaires du commencement du XIVᵉ siècle, on trouve une annotation indiquant que les hymnes sont écrites selon le meilleur texte, et qu'elles ont été tirées d'un certain recueil, appelé *Khelguetsi*; quelques-uns affirment que l'auteur de ce recueil fut *Grégoire, le premier maître* de Sis et un *copiste habile, surnommé Khoul* (le Sourd). Or Arakel, évêque de Siunik, dans ses Explications des Définitions de David l'Invincible, atteste que, le texte vérifié de nos hymnes est celui contenu dans « l'exemplaire de Kheloug (Petit sourd) corrigé par le Grand docteur Georges, le même qui a commenté les prophéties d'Isaïe à la demande du roi Héthoum à Sis... » il ajoute plus loin : « Afin que l'art de la prosodie soit uni à celui du chant, comme nous le trouvons dans l'exemplaire de Khoul, que le docteur Georges a fixé. » La version la plus juste de ces paroles est d'admettre que Khoul s'est occupé de la partie musicale et que Georges a adapté les paroles à ces airs vérifiés. Quant à Georges a-t-il travaillé avec Grégoire (le Sourd), ou bien a-t-il fait le travail seul après lui, je ne le sais pas, car je n'ai trouvé aucun autre passage relatif à Khoul. [1]

Tous ces éloges d'auteurs contemporains, nous prouvent que Georges devait être très versé dans l'art grammatical, dans l'art de diviser les paragraphes et de mettre la ponctuation, surtout dans les copies de l'Ecriture-Sainte : et, l'incomparable D.ʳ Sargavak mis à part, aucun de nos auteurs anciens ne le surpassa en cela. Nous possédons dans la bibliothèque de notre couvent une Bible écrite selon cet art grammatical, très élégante et très artistique, copiée 20 années après la mort de Georges, sur le manuscrit original ou du moins sur une copie de ce manuscrit, exécutée sous les yeux et sous la direction de Georges.

Parmi les titres honorifiques de Georges on trouve très souvent ceux de *Chef des docteurs*, de précepteur [2] et de conseiller. Fut-il jamais directeur du couvent ? C'est peu certain ; même il est probable qu'il ne le fut pas. L'an 1285, en effet, le directeur du monastère était un certain *Minas* ; après lui ce fut Constantin II de Rome-Cla, qui avait renoncé bon gré ou mal gré à la dignité de Catholicos, en 1290.

Ce dernier ayant appris la nouvelle fatale de la ruine du siège patriarcal de Rome-Cla, et la destruction des objets sacrés, fit construire, pour la consolation de son âme et pour conserver une partie des reliques saintes, un reliquaire d'argent. Il y renferma des restes précieux de plus de soixante Saints, y inscrivit leur nom et composa pour chaque Saint quelques vers mystiques. C'est également aux environs de ces temps là (1296) qu'entra en religion un jeune prêtre du nom de *Pierre* (neveu et disciple du prêtre *Etienne*). « Ce dernier » était du pays des Lycaoniens, d'Iconium, » la fameuse capitale ; il préféra la vie paisi- » ble du cloître à la modeste vie séculière, et » il se rangea au nombre des vénérables solitai- » res de notre saint couvent. Il y resta long- » temps et vieillit dans le service de Dieu et » de son église... ».

Un autre personnage illustre de cet époque fut le D.ʳ *Marc* de Sghévra qui assista au concile de Sis, en 1307. Enfin, on trouve encore le nom d'un certain clerc *Etienne*, qui écrivit la vie des Saints pour le *pieux, vénérable, divin*, etc... vieux solitaire Abraham. Il écrivit ces vies « au couvent de Sghévra, à l'om- » bre sainte et salutaire de la Croix et sous » la protection de la sainte Mère de Dieu ».

Tout ces faits montrent clairement que ce couvent était habité et très florissant au commencement du XIVᵉ siècle, quoiqu'il eût été incendié en 1279, — comme l'écrit le continuateur des Chroniques de Samuel d'Ani. Ces quelques mémoires sur le couvent de Sghévra nous montrent aussi qu'il dut surpasser toutes les autres maisons religieuses de Sissouan. Comment en eut-il été autrement ? puisqu'il eut pour protecteurs les sébastes de Lambroun et pour directeur, l'illustre Saint Nersès, la fleur de sa famille, dont l'œuvre fut continuée par des docteurs aussi célèbres que les Grégoire et les Georges.

LE RELIQUAIRE DE SGHÉVRA

Nous avons indiqué dans quelles circonstances, Constantin II le Catholicos, fit exécuter un Reliquaire, ou comme il l'appelle

---

[1]. Le plus ancien Hymnaire de Khelig qui me soit connu est daté de 1309. Il est aussi appelé dans une copie, Hymnaire de *Khoul Baba*.

[2]. Parmi ses élèves est aussi mentionné le Docteur Mardiros, en 1303.

quelquefois lui-même, une *demeure de repos* pour les reliques des Saints. Cette précieuse pièce d'orfévrerie, est l'une des rares merveilles archéologiques, qui nous soient parvenues de l'Arménie du moyen-âge ; il est curieux qu'elle ait échappé aux pillages des incursions, dont ce pays a été si longtemps le théâtre. Actuellement[1] les antiquaires de l'Europe s'émerveillent devant une photographie de ce reliquaire, laquelle figure dans une exposition d'antiquités à Leyde. On a découvert récemment ce précieux monument de l'art arménien du moyen-âge, alors qu'on le croyait détruit depuis plusieurs siècles.

C'est le Catholicos lui-même qui nous indique l'époque de la construction du Reliquaire, les circonstances qui l'y ont amené et la matière dont il est fait. Il a renfermé tout cela dans 104 vers octosyllabiques, et il les a fait graver sur le revers de la couverture d'argent qui contenait les reliques. Le tout comprend 43 lignes très compactes, car les vers sont écrits les uns à la suite des autres, sans revenir à la ligne, et ne sont séparés que par des points. Voici la traduction littérale de ces vers.

Dans l'année sept cent de l'ère arménienne,
Y ajoutant encore quarante ans,
Puis deux encore sur toute cette somme ;
Tout cela complait la date[2] :
Moi Constantin, homme entreprix,
Qui suis indigne serviteur du Seigneur :
J'ai été élevé à Rome-Cla.
Où se trouvait le grand siége des Arméniens,
Et où le digne chef
Etait assis sur le trône patriarcal,
Le père de tous les Arméniens
Et le représentant de Jésus ;
Successeur de la troupe de S. Grégoire
L'Illuminateur de l'Arménie :
Duquel ont commencé et sont arrivés jusqu'à nous,
Les saints Catholicos.
Ils ont été aussi mes protecteurs,
Me soignant avec leur paternelle tendresse.
Là-bas, au dessus de mes mérites,
Me fut confiée la dignité
De m'asseoir sur le siége de l'inspection,
Avec mon bâton de pasteur.
Or, par la faveur divine
Et selon que les événements ont disposé,
Sous le règne du pieux Héthoum,

Qui était instruit dans les choses sacrées,
J'ai été élevé au siége éminent
De la direction du couvent de Sghévra ;
Je fus institué inspecteur de cette grande maison
Et de son propre diocèse.
Mais plût à Dieu qu'ici eût fini
Le récit de mon histoire.
Hélas ! quel grand malheur
Qui a touché toute la nation arménienne !
Un an avant cette date
Rome-Cla fut prise ;
Les habitants naturels de ce lieu
Furent emmenés en esclavage ;
Les églises à la ressemblance céleste
Furent foulées aux pieds par les infidèles,
Et les objets sacrés et divins,
Furent profanés par les mains des impurs.
Les saints livres théologaux
Furent éparpillés avec mépris ;
Les saints patriarches et leurs reliques attachés,
Furent emmenés esclaves en terre arabe.
Hélas ! hélas ! mille fois hélas !
Pour la grande calamité qui nous surprit.
Je suis accablé de douleur à la pensée des saints objets
Au milieu desquels j'ai été élevé depuis mon enfance ;
Ma pensée y revient toujours.
Je reste abimé dans le plus triste deuil.
Mais m'ètant etabli à Sghévra,
Mon grand desir me poussa
De placer ces reliques dans un etat de repos ;
Dans l'espoir d'obtenir pour moi un grand bien,
Et pour soulagement de mon chagrin,
Qui tourmente toujours ma pensée.
Or, cette magnifique châsse
Qui sert pour contenir des saintes reliques,
Je l'ai faite executeur merveilleusement
D'argent pur et precieux,
Entrelacé avec de l'or flamboyant ;
Embelli avec d'admirables ornements
D'une structure trè élégante,
Entremêlé avec des pierres précieuses,
Semblable à l'éphod d'Aaron.
Que pour les saints restes ici recueillis
Ceci puisse servir de lieu de repos.
Comme un monument raisonnable
Pour la divulgation de la victoire des Saints.
Les reliques Saintes qui furent placées ici
Et qui sont au dessus de toutes les choses matérielles,
Sont des remèdes pour les souffrances,
Et un grand secours pour le genre humain ;
Elles chassent les esprits malins,
Et invitent les anges pour nous garder.
Et moi m'appuyant sur cela,
J'ai fait exécuter ce modeste sanctuaire,

---

1. Treize ans avant cette traduction.

2. 1298 de notre ère.

Comme offrande agréable aux Saints ;
Et comme un bon souvenir de moi,
Aussi bien que de mes parents,
Et de toute ma nation entière :
Que je donne comme un don sacré
Pour la gloire de la rédemption du Sauveur,
Dans le temple de sa sainteté,
Du saint Sauveur de Sghévra.
Que Dieu le conserve pour longtemps
Dans une solidité inébranlable :
Et qu'il prenne toute l'Arménie
Dans son sein paternel !
Or, j'exprime ici mon désir,
Et je parle en suppliant,
En m'adressant à tout le monde,
En les priant ardemment.
Vous qui voyez ce Reliquaire
Et qui approchez des trésors qui y sont renfermés :
Que par vos ferventes prières
Et par vos sollicitations suppliantes,
Héthoum, roi de la nation arménienne,
Soit couronné avec les Saints dans le paradis ;
Et pour les bienfaits qui j ai reçus de lui,
Qu'il en puisse recevoir la récompense. « Amen ».

Le fond du reliquaire est formé par une planche de bois, couverte de lames d'argent doré, d'une longueur de 0,63 m. sur 0,35 m. de large et sur 0,075 de profondeur. Tout le dos de la planche est occupé par l'inscription, dont les lettres mesurent 0,015 m. de grandeur.

La face du reliquaire a deux portes à deux battant. La première de ces portes se trouve dépouillée de tous ses ornements à la partie extérieure, recouverte actuellement d'un papier doré ; mais la surface intérieure est encore garnie d'une lame d'argent ornée de figures et de lettres. La seconde porte qui cache la niche interne, est également doublée d'argent travaillé, comme nous l'examinerons plus bas.

Le sujet principal représenté sur les deux battants de la porte extérieure, est l'Annonciation de la Vierge. Sur le battant gauche (en faisant face au reliquaire) se trouve l'ange Gabriel, comme le témoigne au reste une inscription. Au-dessus et au-dessous de l'ange se trouvent des médaillons : le premier représente S. Jean, le second le roi David. La bordure est couverte d'inscriptions avec des lettres en relief. Chacune de ces inscriptions se rapporte au caractère du saint. Ainsi celle de S. Jean, porte : « *Voici l'agneau de Dieu, qui ôte* » *les péchés* » : celle de l'ange Gabriel : « *Ave,* » *le Seigneur est avec toi ; tu es bénie entre tou-* » *tes les femmes ; voici que l'Esprit-Saint vien-* » *dra en toi* » ; enfin celle de David : « *E-* » *coute, ô ma fille, et vois ; basse tes oreil-* » *les* ». — Sur l'autre battant celui de droite, la figure centrale représente la Vierge, assise sur un siège sans dossier. Autour de l'auréole sont inscrits ces mots : « *Mère de* » *Dieu* », et autour de la bordure : « *Voici je* » *suis la servante du Seigneur, qu'il me soit* » *fait selon tes paroles* ». Il y a également deux médaillons ; celui du haut représente Saint Etienne : il tient un encensoir de la main droite et porte de la gauche une pierre sur laquelle se trouve gravé son nom. Tout autour du bord du médaillon sont écrites les paroles du Saint : « *Je vois les cieux ouverts et le Fils de l'hom-* » *me à la droite de Dieu* ». — Le médaillon inférieur représente le roi Héthoum, en manteau, dans l'attitude de prière ; l'inscription du médaillon contient le nom et les titres du personnage : *Héthoum, roi des Arméniens*. Une autre inscription gravée à partir du cercle du médaillon, comme si elle sortait de la bouche du roi, et continuée sur la bordure de la porte, contient la prière du roi, composée de quatre vers :

Intercédez pour moi, Mère de Dieu,
Auprès de votre Fils né merveilleusement,
Afin qu'il se réconcilie
Avec Héthoum son serviteur.

La partie supérieure des panneaux, actuellement sans inscriptions, devait pourtant en porter ; il semble même qu'on en distingue encore quelques traces.

La seconde porte interne est plus ornée et contient sourtout beaucoup plus d'inscriptions que la précédente. Le panneau gauche a pour motif principal l'image de Saint Grégoire l'Illuminateur ; dans les deux médaillons, Saint Pierre et Saint Eustache. Sur le panneau droit, en face de Saint Grégoire, Saint Thaddé, avec la main levée pour bénir ; puis dans le médaillon, Saint Paul à la tête allongée, avec l'épée : au dessous Saint Vartan, le célèbre général arménien, portant également une épée dégainée. Sur la bordure des panneaux se trouvent gravées, de chaque côté, huit couples de vers. D'un côté, les premières lettres de chaque vers forment le nom de *Héthoum roi*, de l'autre, celui de *Constantin*.

L'inscription commence en haut, sur la bordure du milieu, sur le panneau droit, au dessous de la petite croix que l'on y remarque. Elle indique les noms de tous les Saints dont il y avait des reliques dans le reliquaire. Au-dessus de cette deuxième porte, en dehors, se trouvent également deux médaillons. Celui de gauche représente, S. Hypéric; celui de droite qui ne porte aucun nom, doit représenter assurément saint Pierre, comme l'indique la forme de son front et la clef qu'il porte en main. Pourquoi deux fois l'images de saint Pierre ? Il doit y avoir eu certainement une confusion de la part de l'artiste ou de l'un des graveurs. En effet ce médaillon devait assurément faire pendant à celui de Saint Paul, et l'autre, bien qu'il porte l'inscription « Saint Pierre », représente un autre personnage, comme l'indique sa mine et sa mise princière, et devait se trouver en face de Hypéric. Ce doit être saint Varus, comme cela est indiqué dans une relation du reliquaire.

Un peu au-dessous de ces deux médaillons qui ornent le frontispice, on trouve d'un côté le nom de S. Serge et de l'autre celui de S. Baccus. Enfin chaque côté du reliquaire est orné de neuf images de Saints indiqués par leurs noms.

Sur l'un des côtés

S. Jacques   S. Isaïe (prophète)
S. Judas   S. Elie (prophète)
S. Thomas   S. Denis, le Théologue
S. Simoun   S. Chrysostome

Sur l'autre côté

S. André   S. Moïse
S. Philippe   S. Siméon
S. Barthélemi S. Nicolas
S. Simon   S. Ignace
               S. Basile

Voilà tout ce qui reste actuellement de ce célèbre reliquaire, dépouillé non seulement des ornements et des pierres précieuses dont l'avait orné le Catholicos, mais encore des reliques des Saints. Par les noms qui nous sont restés, nous pouvons conclure que des reliques précieuses et rares n'y manquaient pas; par exemple, celles des Prophètes. Non contents d'en avoir enlevé tous les ornements précieux, les profanateurs de ces reliques ont encore ruiné quelques inscriptions; ils ont été plus loin encore, après avoir tout dispersé, ils ont cloué les fermetures internes avec la pièce de bois qui forme le fond du reliquaire et sur laquelle se trouvaient, si non toutes, du moins la plus grande partie des reliques. Il y a un demi-siècle on voyait encore sur la face interne une plaque d'argent portant l'image de Jésus crucifié, sur laquelle étaient fixées les reliques. La croix portait à sa partie supérieure l'inscription ordinaire : Jésus de Nazareth, Roi des Juifs.

Selon les indications d'un mémoire, — trou-

Image de Jésus crucifié qui existait sur une plaque d'argent.

vé dans les archives du Vatican, et dont on ignore la date précise, — les reliques des Saints étaient disposées tout autour et leurs noms souscrits; mais à l'époque où fut rédigé ce mémoire, les noms de plusieurs se trouvaient déjà en partie effacés ou détruits. Du côté droit du crucifix on pouvait encore lire en haut:

Jean   Thomas
Jacques   Barthélemi.

Du côté gauche en haut on ne voyait plus de lettres, et en bas on lisait ces noms:

Thomas	Cyriaque
Philippe	Jacquovic
Eustrade	Jacques l'Intercis
Vartan	Mercure
Artémis	Vahan
Christophore	Andrée le Général

Du côté gauche on ne voyait plus que trois noms, sous le bras du crucifix.

Grégoire. Phéphon (Fébronie?) Jacques.

sonnages: le Catholicos Constantin et le roi Héthoum II.

L'époque de sa translation en Italie, et les événements qui l'amenèrent nous sont tout à fait inconnus. Fut-il apporté par les religieux de Sghévra eux-mêmes dans leur fuite, lors de l'invasion et de la conquête de Sissouan par les Egyptiens? Fut-il envoyé comme présent par nos princes aux occidentaux? Fut-il arraché des mains mêmes de ceux qui avaient pillé le couvent? Autant d'hypothèses possibles. Nous ne savons pas même en quel endroit il fut déposé premièrement, si ce fut à Rome ou ailleurs.

S. Vartan — voir. p. 112.

Sous le piédestal de la croix était gravé le nom d'Etienne. Je ne crois pas que ce soit le nom du Protomartyr, je pense plutôt que c'est le nom de l'artiste, car nous ne trouvons, à part cela, aucune marque ni aucun témoignage relatif à l'auteur et au lieu où fut construit ce reliquaire. Il est probable qu'il fut construit — si non à l'étranger — dans le diocèse de Sghévra ou à Sis, sous la surveillance de deux pieux et honorables per-

C'est au commencement de notre siècle, en 1828, qu'un diplomate arménien, M.r Asdouadzadour (Dieudonné) Papazian, le trouva dans le couvent des Dominicains de Bosco, près d'Alexandrie, en Piémont. Il constata que ce couvent avait été bâti durant le Pontificat de Pie V (1566–72), et que ce même pape leur avait envoyé beaucoup de livres, de vases sacrés et d'ornements d'église; parmi lesquels on peut supposer aussi le reliquaire de Sghévra[1].

---

1. Papazian avait déjà fait dessiner et publier les figures. Quant au mémoire et aux autres inscriptions, il les fit publier au couvent de S. Lazare en 1828, le 6 avril. De même il avait préparé en langue ita-

Avant de nous éloigner de Lambroun et de Sghévra, il convient d'examiner avec un peu plus de détail, si c'est possible, les traces de la vie de Saint Nersès de Lambroun, dont l'influence fut si grande et si heureuse.

Outre les deux monastères dont nous avons parlé en détail, il dut y avoir aussi des couvents de religieuses, et c'est probablement dans un de ces derniers que se retira Chahantoukht, la mère de notre Saint, ainsi que le rapporte un contemporain, le chroniqueur Samuel : « *Chahantoukht* se consacra au Sei- » gneur, et reçut l'habit religieux des mains » de son fils Saint Nersès, ainsi que ses deux » filles *Chouchan* et *Talitha*, qui la suivi- » rent dans sa vie de mortification et sa retraite, » afin de se consoler durant la vie de leurs » fils et frères, de se sauver ainsi que leurs » ancêtres du royaume des ténèbres, et de ga- » gner le paradis de J.-C. dans la gloire des » Saints et la félicité éternelle. »

Dernièrement on a constaté qu'il y avait réellement à Sghévra un monastère de religieuses, et assurément la solitude où habitait Saint Nersès, devait se trouver aux environs, mais plus retirée « dans les montagnes,

Héthoum II. roi des Arméniens. — *voir p. 112.*

lienne la description du reliquaire, ainsi que de quelques autres antiquités arméniennes; mais il gardait tout cela en secret, dans l'attente de trouver le moment favorable pour la publication. Quand en 1853, j'ai eu l'occasion de le voir à Turin et d'obtenir de lui un exemplaire de ces figures, tout en me les donnant il me recommanda de ne point rendre publique la chose. Après sa mort tous ses écrits furent déposés dans la bibliothèque royale de Turin, et c'est ainsi que l'existence du précieux reliquaire tomba dans l'oubli. Il paraît que lorsque en Italie les couvents furent supprimés et que les religieux furent dispersés, ce reliquaire tomba dans des mains avares qui le dépouillèrent de ses ornements. Il est probable que les reliques des Saints furent enlevées par les religieux mêmes, afin qu'elles ne tombassent aux mains des pro-fanateurs. C'est Basilewsky, le riche amateur d'antiquités, qui l'acheta à Paris, en 1880.

C'est par une heureuse coïncidence, que lorsque j'avais à peine terminée la description du couvent de Sghévra, M.r A. Carrière, bibliothécaire de l'Ecole des langues orientales à Paris (et en même temps successeur de Dulaurier comme professeur de la langue arménienne), me demanda des renseignements sur le couvent de Sghévra et sur le mémoire de ce reliquaire, dont il m'annonçait la découverte, et même temps il me donnait avis qu'il allait publier une notice, en y ajoutant une traduction française du mémoire de Constantin. L'intention de M.r A. Carrière était d'envoyer tout ceci, et encore d'autres de ses écrits, au Congrès des antiquaires qui allait se réunir, dans la même année, (1883), dans la ville de Leyde,

» dans les lieux déserts..... et le couvent où
» il demeurait portait le nom de la *Vierge
» de Saghir*, sur le cours du fleuve de *Jéra-
» ghir*, près de l'église consacrée à *Saint Geor-
» ges*. Là, dans une étroite cellule, il travail-
» lait incessamment, lisant nuit et jour, et cé-
» lébrant la messe... Il restait dans cette so-
» litude avec *Jean* son père spirituel, et trou-
» vait à ces pieux exercices plus de charme
» qu'à n'importe quoi ». Il y revint de nouveau après avoir été consacré évêque, et après
son séjour en Chypre, où il s'était rendu pour
se perfectionner dans la langue grecque et
dans l'art oratoire. Mais sa mère et ses frères le ramenèrent par force.

» Comprenant qu'il ne pouvait agir autre-
» ment, il revint dans sa première solitude
» de Saghir et rentra dans sa cellule, avec
» son précepteur Jean. Ils s'asseyaient quel-
» quefois l'un à côté de l'autre, à examiner
» le sens des psaumes ; et après la solution
» des difficultés, celui-ci le priait de résumer
» leurs entretiens par écrit et de les laisser
» pour l'avenir afin qu'on pût en retirer des
» fruits. Alors, selon la volonté de Dieu et
» pour obéir à son précepteur, Nersès écrivit
» leurs examens des Psaumes. Il commença
» son commentaire à l'âge de 26 ans et le
» finit à 29 ans ». C'est un très gros volume.
Ce couvent de Saghir ou de Saghrou, doit sans
doute être le même que celui de *Saint-Georges*.
Nous en avons comme témoignage, non seulement les paroles de Samuel, qui place ce monastère près de l'église dédiée à ce Saint, mais
encore les quelques lignes que Saint Nersès a
écrites pendant l'année 1179, dans le manuscrit
de sa traduction et du commentaire de l'Apocalypse. Il acheva ce dernier ouvrage avec la coopération de Constantin, métropolitain de Hérapolis à Rome-Cla, et il alla « le corriger selon

» l'art des grammairiens, et le placer au cou-
» vent de Saint-Georges, dans les montagnes du
» Taurus, en Cilicie Trachée, aux *frontières* de
» la Pamphylie ». Ceci nous montre qu'il faut
chercher franchement le couvent de Saint-
Georges à l'ouest de Sghévra et de Lambroun,
entre cette dernière forteresse et la région des
hautes montagnes.

C'est là que notre Saint conçut le plan et
rassembla les matières de son premier chef-
d'œuvre, le *Commentaire de la Messe*, dont le
mémoire final nous dit, qu'il fut « écrit en
» l'an 1177, au couvent de Saint-Georges,
» dans les montagnes du Taurus, aux fron-
» tières de la Pamphylie, sous le patriarcat
» de Grégoire IV et la seigneurie de Héthoum
» le Sébaste ».

C'est probablement à propos de ce couvent
de Saint-Georges que, longtemps après la mort
de notre Saint, surgirent des difficultés qui
demandèrent l'intervention du Pape Jean
XXII, comme l'indique un bref de ce dernier
au roi Léon IV, daté du 28 Avril 1326. Il
paraît que les prédécesseurs de Léon, avaient
donné ce couvent comme bénéfice à un autre couvent placé également sous le vocable
de saint Georges, mais appartenant aux
Grecs ou aux Latins. Ce monastère, connu
aussi sous le nom de couvent de *Mangana*,
se trouvait près de Nicosie en Chypre. L'évêque de Nicosie ayant eu un différend avec
Germaine, abbé de ce couvent, avait proposé
au roi de remplacer ce dernier par Macaire :
sur quoi Léon avait confié à celui-ci le couvent de Saint-Georges près de Lambroun.
Macaire, lors des incursions des Tartares,
s'était enfui emportant tous les ornements
sacrés ; ce dont le roi fut fort irrité ; il remit
à un autre la direction du couvent ; mais
comme Germaine, et les moines (de l'ordre

---

en Hollande. Nous étant donné mutuellement des informations sur ce sujet, M.' Carrière publia son ouvrage
sous le titre : — « Inscriptions d'un reliquaire ar-
» ménien, de la collection Basilewski, publiées et tra-
» duites par A. Carrière. » Il fut inséré dans le livre intitulé — « Mélanges Orientaux, » — que les professeurs de l'Ecole des langues publièrent (p. 169-213)
et présentèrent au Congrès de Leyde.

En même temps le savant directeur de la bibliothèque de Turin, Vincenzo Promis, rédigea toutes les
notices préparées par notre Dieudonné Papazian, et
les publia, avec les figures du reliquaire, dans l'ordre
des mémoires de l'Académie royale de Turin, sous
le titre,« Reliquario armeno già esistente nel Convento
del Bosco presso Alessandria in Piemonte. Brevi cenni
di Vincenzo Promis, 1883. »

Enfin le tour est à nous de publier nos recherches
avec les figures des portes du reliquaire, que les susdits professeurs firent photographier, et dont l'éditeur
Ernest Leroux a eu l'obligeance de nous donner autant d'exemplaires que nous en avons désiré. La figure,
comme on peut le présumer en considérant les mesures exposées plus haut, est réduite à un tiers de sa
grandeur naturelle ; les deux figures, celles de Vartan
et de Héthoum, sont dans leur grandeur réelle, d'où
on pourrait s'imaginer la grandeur du reliquaire.
Quant à la figure du crucifix, que nous avons tirée
des dessins de Papazian, elle est plus petite que les
reproductions photographiques.

*Saint Nerses de Lambroun
étudiant dans la solitude des Montagnes Ciliciennes.*

de S. Basile) à Mangana, se réclamaient des chartes et des donations des rois d'Arménie, le Souverain-Pontife exhorta le jeune roi Léon, de restituer le couvent de Saint-Georges de Lambroun aux moines de celui de Saint-Georges de Mangana. Je ne sais pas comment fut terminé ce différend. — Non loin de Lambroun on cite encore un autre monastère dit ermitage de *Tchevlig*; mais je n'ai trouvé aucune notice sur ce dernier. Je fais tous mes vœux pour qu'un examinateur plus fortuné explore ces lieux et même encore une fois tout le district de Lambroun.

Parmi les derniers voyageurs, il en est un qui cite un village nommé *Djoua*, entre Manas et Lambroun, mais plus proche de cette dernière. Il convient aussi de mentionner la forteresse *Tchelganotz*, dont nous ne pouvons que citer le nom, car la position nous en est inconnue. Tout ce que nous savons sur ce château c'est que les seigneurs de cette place, *Héthoum* et son frère *Constantin*, tombèrent dans une bataille contre les Egyptiens, l'an 1322. Nous connaissons actuellement deux villages dont le nom se rapprocherait de celui de la forteresse; ce sont les villages de *Tchelganly*, l'un, entre Adana et Messis, l'autre, dans la région des montagnes.

On rencontre encore le nom d'un autre monastère aux environs de Lambroun, dans le mémoire d'un manuscrit écrit l'année de la mort de Saint Nersès, en voici le texte : « Cela fut écrit sous la protection de la Mère » de Dieu, et sous la direction des pieux frè- » res *Avédis* et *Jean*, dans le monastère qui » est dans la province de Lambroun et qui » s'appelle dans la langue vulgaire *Kémer-* » *tzeker* ». Je crois que ce doit être le même couvent que celui qui est mentionné sous le nom latin de *Quemerquecon*, dans les actes du concile de Sis, l'an 1342, et dont le supérieur était alors un nommé Léon. Le P. Tchamtchian croit que ce couvent est également celui qui figure sous le nom arménien de *Kermaghpiour*, dans l'histoire du concile d'Adana, de 1316.

Enfin pour achever l'énumération des lieux de la province de Lambroun et de la Cilicie Pierreuse, dont nos ancêtres nous ont laissé les noms dans leurs écrits, il ne faut pas oublier la forteresse de Loulou, l'une des plus fortes de la contrée, à l'ouest de Lambroun, un peu vers le nord. On rencontre le nom de ce château : Loulou, *Loulon*, Λουλον, dès le IX⁰ siècle. Les historiens byzantins le posent près de la ville de Tarse, à proximité des retranchements des montagnes de la Cilicie et de l'Isaurie, et, selon Saint Nersès sur un plateau commandant l'entrée de la Porte de Cilicos. Les Arabes appelaient cette forteresse Loulels. Il est probable qu'elle tomba pour la première fois entre leurs mains à la fin du VIII⁰ siècle ou au commencement du IX⁰; ils la perdirent bientôt. En 832 l'émir El-Mamoun et ses fils Motassem et Abbas, l'assiégèrent pendant cent jours sans pouvoir s'en rendre maîtres; sur quoi ils confièrent les opérations du siège à un autre individu; mais les paysans, souffrant de la faim, s'unirent aux assiégés, assaillirent les assiégeants, et furent assez heureux de faire prisonnier le nouveau commandant des Arabes et de mettre en fuite ses soldats. L'empereur Théophile aussi de son côté les poursuivit. Mais ils revinrent bientôt : l'émir força l'empereur à reculer et s'empara de la forteresse. Ce fait est raconté aussi par l'Arménien Vartan, qui ajoute : « Mamoun » s'empara de la forteresse très forte de Lou- » lou et resta près de sept années dans les » terres des Grecs ».

Cette place eut à soutenir un grand nombre de sièges; tour à tour aux mains des Grecs et des Arabes, elle souffrit beaucoup, fut détruite et rebâtie plusieurs fois. Restaurée dans la seconde moitié du IX⁰ siècle, durant le règne de Michel III, elle servit de poste d'observation à des gardiens chargés de signaler par des feux l'arrivée des Arabes. Leurs signaux étaient répétés par les gardiens de l'observatoire du mont Argée, aux environs de Césarée et de là par d'autres gardiens de montagne en montagne jusqu'à Constantinople. On comptait huit de ces postes depuis Loulou jusqu'à la colline de Saint-Auxence, qui était la dernière station et près de la capitale. C'est de là qu'on avertissait l'empereur dans son palais de Byzance[1].

Lorsque Loulou se trouvait aux mains des Arabes, c'est de là qu'ils partaient pour leurs incursions en Cilicie. L'empereur Basile, ainsi que le rapporte Constantin Porphyrogène, fit tous ses efforts pour la leur reprendre, car les

---

1. Entre Issame et la colline de Saint Auxence; les autres quatre observatoires sont appelés Equials (?), Mamante, Circus, Mokillus.

frontières de la Petite Cappadoce allaient jusque là. Après trois années de lutte 875-8, il y parvint enfin et, selon l'historien Cétrénus, la prise de cette place amena la capitulation de *Mélvous*, peut-être Molévon.

Au commencement du XII⁰ siècle, Loulou ainsi que d'autres parties de la Cilicie, dépendait du Prince d' Antioche, en vertu d' un traité passé avec l'empereur Alexis [1] l'an 1108. A partir de cette époque je ne trouve plus aucun acte relatif à ce château, dans l'histoire des empereurs de Byzance. Comme la puissance des Emirs allait en s'affaiblissant, cette place ne fut plus regardée comme aussi nécessaire qu' aux siècles précédents.

On rencontre encore quelquefois son nom dans nos historiens arméniens: ainsi S. Nersès l' an 1195, trois siècles après l' époque où nous retrouvons pour la première fois le nom de Loulou, dit que « cette place tombait en ruines et
» que l' un de mes frères, *Chahenchah*, la rendit de
» nouveau habitable et rebâtit plus solidement
» cet édifice, que les Grecs avaient élevé et que
» les Ismaélites avaient détruit. Ainsi la puissance de Léon I s' agrandit et il put étendre
» la domination de son sceptre jusque sur la
» seconde Cappadoce dont la capitale était Tiana, s'emparant et reconstruisant cette forteresse pour la gloire de Dieu et la sûreté
» des chrétiens ».

Vingt ans plus tard, durant la vieillesse et la dernière maladie du roi, Keykaous, sultan d' Iconie, vint assiéger Gaban, sans parvenir toutefois à prendre cette forteresse. Il s'empara par contre de Constantin, neveu de S. Nersès, et d'un autre Constantin, qui fut dans la suite, Régent du royaume, et les amena prisonniers. Leur captivité dura un an et demi; le roi Léon livra au sultan quelques places, entre autres la forteresse de Loulou, et obtint ainsi la délivrance des prisonniers. Cet acte est le dernier que nous trouvons dans notre histoire arménienne relativement à Loulou. Nous pouvons croire cependant qu' à l' extinction du règne des sultans, pendant les incursions des Tartares, les gouverneurs arméniens, s'emparèrent de nouveau de ce château, car les Tartares leur laissaient les places frontières.

Soixante ans environ après la suppression du royaume des Arméniens, elle était encore debout. Nous en avons la preuve dans le récit de voyage d' un gentilhomme français, Bertrandon de la Broquière, qui visita cette région. Après avoir passé par Gaban et les vallées des monts de l' ouest, il s'avança jusqu'à Laranda, et vint voir en passant la forteresse de Loulou qu' il appelle *Lève*. Selon son témoignage, le prince de Karamanie y avait établi une douane et en avait confié la garde à un Grec. Le voyageur français paya deux ducats; on lui ouvrit les portes de la forteresse et il passa plus loin. Quarante ans plus tard, les Turcs faisant la guerre contre les princes Karamans, Mustapha, fils du conquérant Méhémed II, et Ahmed pacha, assiégèrent cette forteresse, qu' un voyageur vénitien d'alors appelle une ville très forte, « una città
» fortissima nominata Lula ». Les gardiens de la place n' étant pas habitués aux coups de feu, se rendirent tout tremblants et eurent beaucoup d' humiliations à subir de la part de Mustapha, qui, après avoir placé une garnison turque dans la forteresse, repartit pour Iconie [2].

Ce même voyageur vénitien mentionne une autre forteresse du nom d' *Asers*, au delà de Loulou, avant d'arriver à Héraclée. Elle devait être comme la précédente l' une des forteresses principales et célèbres du royaume des Arméniens, laissées à ceux-ci comme les autres, par les Grecs de Byzance. Asers est sans doute un nom déformé, il doit correspondre au nom arménien d' *Asgouras*. L' histoire de cette forteresse, avant l' établissement de la dynastie roupinienne, est assez analogue à celle de Babéron ou de Lambroun. Elle servait de demeure à la famille des Nathanaël, qui vécurent en bons rapports avec les Héthoumiens. De quel pays était originaire cette famille ? Je ne puis le préciser. On dit qu' elle était venue de l' Orient, tout comme les Héthoumiens. En tout cas comme ces derniers, les Nathanaël restèrent attachés aux empereurs grecs et leur rendirent de nombreux services; ainsi ils s'allièrent à eux contre Thoros. Ils prirent part à la fameuse bataille de Mamestie, furent faits prisonniers, ainsi qu' Ochine et les généraux grecs, et furent rachetés en même temps qu'eux, comme nous avons déjà rapporté ailleurs. La famille des Nathanaël dut s'éteindre assez vite, tout comme celle d' Abelgharib; leur château passa aux mains des Héthoumiens. Déjà dans les premières années du règne de Léon, le gouver-

---

1. Suivant Anne de Comnène dans l'Alexiade, XIV. 2. Angiolello, presso Ramusio, II. 66.

neur d'Asgouras était un Héthoumien, nommé Vassag, père de Constantin (qui fut régent) et qui depuis 1165 en était le maître. On trouve encore une fois dans l'histoire le nom de cette forteresse, mais beaucoup plus tard, en 1316. Elle appartenait alors à *Sempad le maréchal* qui était en même temps seigneur de la forteresse de Binag. Mais nous n'avons aucune donnée certaine sur sa position ; c'est encore une découverte qui reste à faire pour nos successeurs.

En tournant à l'est, nous passons dans la vallée du *Kalé-sou,* affluent du fleuve de Tarse, le Cydnus. La jonction de ces deux cours d'eau n'est du reste pas très éloignée de Lambroun. A un kilomètre au nord-est de cette bourgade, se trouve un pont de bois sur le fleuve, qui porte à cet endroit le nom de *Djéhénnem-déréssi* (Fossé de l'Enfer), à cause de l'aspect sauvage du vallon qui va peu à peu en s'élargissant et finit par prendre, à cause de sa beauté, le nom de *Djenneth-déréssi* (Fossé du Paradis). Ces lieux sont très pittoresques. Les eaux claires et murmurantes sont pleines de poissons dorés ; un chemin verdoyant, bordé de différentes espèces d'arbres, nous conduit à Lambroun. On y voit des chênes, des *Phyllirea*, des lauriers, des oliviers, des *Heracleum* colossaux, des *Cirsium* de la hauteur d'un homme, d'autres plantes à haute futaie et des buissons d'une forte végétation. Mais ce qui est encore plus remarquable, ce sont les restes des plantes antédiluviennes, pétrifiées ; on en rencontre même tout près de Lambroun. Les géologues les ont trouvées analogues à celles que l'on a découvertes en Istrie.

A une petite distance des rives du fleuve se trouve le petit village de *Phékiler,*[1] ou *Begler*, dont les habitants sont pour la plupart bergers ou vignerons. Les autres, voués à l'industrie de la sculpture sur bois, fabriquent des vases, des meubles, des crosses de fusil et d'autres choses semblables.

La partie de la vallée du Cydnus qui se trouve à l'est de ce dernier village, c'est-à-dire sur sa gauche, est étroite et buissonneuse, les bois sont presque tous formés par des plantes épineuses ; mais du côté droit du village elle devient plus vaste ; les arbres ont des feuilles plus larges et plus vertes ; on y trouve des chênes en assez grande quantité, mais peu de cèdres ; ce n'est qu'à partir de la plaine de *Ghiavour bahdjéssi* que ces derniers deviennent nombreux, on en voit de deux couleurs, pareils à ceux du Liban.

A une distance d'environ deux milles du village, on rencontre les ruines d'une petite forteresse, sur la gauche du fleuve. Elle est perchée sur un plateau de 6300 pieds d'altitude. Les voyageurs européens l'appellent *Dansid-kaléssi* ; peut-être ce nom correspond-il au mot arménien Dandzoud (poireux), mais nous n'avons jamais trouvé dans aucun manuscrit la mention d'un château de ce nom. Il y a quarante ans, il ne restait déjà plus qu'une tour avec quelques restes d'aqueducs, et la plus grande partie des murailles avaient éboulé dans le fleuve. L'orge est beaucoup cultivé dans cette région, mais les sangliers y accourent et font des ravages ; on y trouve aussi des chamois et des cerfs.

Le propriétaire de ces terres s'appelait alors Hadji Hamzali ; il avait encore des pâturages et des lieux de plaisance à deux milles de distance, au nord, sur le plateau du mont *Meydan,* à une altitude de 7,600 pieds. Entre ce plateau et le château de Dandzoud, se trouve une source du nom de *Pounar-kouké-dadjïg*, près de laquelle des pierres taillées et quelques pans de muraille en ruines, marquent la place d'un ancien aqueduc et d'une citerne.

On trouve dans ces lieux de fort belles plantes alpestres, entre autres du safran blanc et cendré. Les civettes (Viverra sarmatica) ont fait leur repaire des souterrains et des creux de rochers qui se trouvent aux alentours. On y entend aussi souvent le cri des choucas au bec blanc. Les naturalistes y ont découvert sous les pierres, de nouvelles espèces d'insectes de l'ordre des coléoptères. De nos jours, les ruines du château et les environs s'appellent *Dadjig*. Ce doit être dans ce lieu que Thoros II, pendant la guerre contre l'empereur Manuel, cacha sa famille et ses richesses : « Prenant avec lui sa femme et tous » ses trésors, emmenant aussi les notables de » sa cour, leurs femmes, leurs enfants et tous » leurs biens, il vint, nous dit un historien, se » retrancher dans la roche qu'on appelle *Dadjig* ». Pourtant auparavant, jamais ce lieu

---

1. Kotschy écrit Begler et il le place à gauche, à l'est du Cydnus, mais Favre et Mandrot le posent à droite, à l'ouest de Cydnus, et l'écrivent Facular Koï.

n' est mentionné ni comme habitable, ni comme fortifié.... — « Thoros avec ses guerriers ne se » fixa lui-même dans aucune place ; il errait » avec ses cavaliers dans les lieux difficiles et » boisés, espérant dans la miséricorde du Très-» Haut ». Comme auparavant, de même après ces événements le nom de ce lieu ne reparaît plus dans nos livres ; l' historien de la Cilicie, en faisant des deux noms un seul, nous le présente sous celui de *Dadjgui-kar*.

A une petite distance de la source de Dadjig, au nord et au pied du plateau de Meydan, se trouve le village *Hamzali*, et un peu plus loin, celui de *Thékéli*. C' est à deux kilomètres au nord-ouest de cette dernière localité que débouche le défilé de *Kara-kapou* (Porte noire), passage étroit qu' Ibrahim-pacha, durant la guerre contre la Porte et dans sa retraite, rendit impraticable, en y faisant ébouler une partie des rochers. Mais, dès que la guerre cessa, les bergers débarrassèrent le passage pour leurs troupeaux. Bien qu' ils soient couverts de broussailles et de buissons d' osiers sauvages, ces lieux laissent cependant un petit passage à ceux qui pour aller à Héraclée et à Tarse, doivent franchir le Taurus. — A deux milles à l'ouest de ce passage, à l'est de la montagne *Kessig-tache* ou *Kessig-dagh* (8000 p.) et au sud des monts Akrave (Corbeaux), près d'une caverne entourée de montagnes rougeâtres de 2000 p. plus hautes que les monts Akrave, s' ouvre la vallée profonde de *Davan-déréssi*, à une altitude de 5000 pieds au dessus du niveau de la mer. Le côté nord-ouest de cette vallée est assez plat, mais il est couvert de pins et de cèdres. C'est dans cette vallée ombreuse que jaillit la source principale du célèbre Cydnus, le fleuve de Tarse. Elle sort des rochers calcaires à un endroit appelé par les Turcs *Ermakgueuzy* (Oeil de rivière). Elle pénètre dans la vallée par une gorge très étroite et de là, traversant une roche calcaire de quinze mètres de long, d'une largeur de quelques pouces, elle se jette d'abord, d'une hauteur de vingt [1] mètres, dans un bassin de 3 ½ pieds de profondeur, et de là, accrue, elle coule en grande abondance dans la vallée, humectant la surface des rochers et les entourant d' une mousse olivâtre *(Cinclydatus fontalis)*. Cette rivière a encore un cours souterrain, mais durant une partie de l' année seulement. Peu à peu elle prend un cours plus rapide et entre, au sortir de la vallée, dans le territoire de Lambroun, vers le sud-est ; puis de ce dernier dans celui de Tarse, grossie peu à peu par les torrents et les rivières qu' elle reçoit des montagnes.

Aux premiers jours d' automne de 1853, lorsque Kotchy y séjournait, la température de l'eau dans le bassin était de 5° R. On n'y trouve aucun poisson, mais on y rencontre des plantes que l' on ne voit pas dans les autres parties du Taurus, comme les rosiers, les érables, les chênes, les houblons, les sorbiers, etc. Les chamois et les boucs sauvages y viennent brouter souvent.

Parmi les plantes que l' on trouve vers les sources du Cydnus, Kotschy cite une jolie fleur de la famille des Composées, la *Stæhlina apiculata*, dont la tige, longue de deux pieds, a plus d'un pouce d' épaisseur. Il mentionne aussi la *Ferula pachylopa*, jaunâtre, de trois pieds de haut ; la *Cotoneaster Numularia*, la *Potentilla speciosa ;* une nouvelle espèce de *Saxifraga ;* la *Gypsophila pilulifera*, déjà citée par Tchihatchef et dont il donne une esquisse ; la *Silene odontopetala*, le *Hieracium pannosum* le *Pyrethrum* argenté, la Lavande St. *(Lavandula stœchas)* ; le Lamier *(Lamium galeopsis)*, le Serpolet, dans les anfractuosités des rochers ; et, plus au fond des cavités, le *Senecio megalophron* d' une hauteur de 3 p ; le *Hedysarum Onobrychis* le *Charthamus lanatus*, le *Tussilago farfara*, etc.

Le Cydnus forme aux environs de Tarse plusieurs cascades remarquables, très visitées. Parmi les visiteurs célèbres, nous pourrions citer la princesse italienne Belgiojoso [2], qui

---

1. Devis, l' explorateur Anglais, évalue la hauteur de la cataracte à peine à trente pieds, c'est-à-dire presqu' à la moitié.
2. Cristina Trivulzio, Principessa di Belgiojoso, née en 1808, m. à Milan en 1871. Elle fut célèbre soit dans les lettres (par ses nombreux ouvrages, plutôt en français), soit par son ardeur patriotique durant la révolution italienne contre l'Autriche (1848-49). Emportée par l'amour de la liberté, elle enrôla même un bataillon de volontaires et se mit à leur tête. Lorsque la Lombardie fut forcée de se soumettre, elle s'enfuit et voyagea en orient, à Constantinople, en Asie Mineure et en Syrie ; elle s'établit à la fin près de Viranchéhir, au sud d'Angora, et nous laissa des renseignements sur ces lieux. Lorsque l'Italie fut pacifiée, elle retourna dans sa patrie, et continua à publier des ouvrages politiques. Son ouvrage « Asie Mineure et Syrie. Souvenirs de voyage », nous a offert quelques sujets à ajouter à nos recherches. Le livre de la Princesse Belgiojoso a été réimprimé deux fois, en 1859 et en 1861.

parcourut la Cilicie et visita ces lieux le 8 novembre 1852. Elle était accompagnée de plusieurs Européens, entre autres d'un jeune français, Edmond Peyron qui, en face de ces cascades, pour chanter la gloire antique de Tarse et la beauté de son fleuve, improvisa les quelques vers suivants :

Ruines de la splendeur antique,
Restes d'un temps plus fortuné,
Tarsous ! ô cité prophétique,
Où l'apôtre Saint Paul est né ;
Il ne reste plus de ta gloire

Elle seule ici peut nous rendre
Le souvenir des jours fameux,
Où l'on vit le jeune Alexandre
Arrêté sur ces bords ombreux :
Quand le Cydnus aux eaux cachées
Par sa fraîcheur sut l'attirer.
Toujours ses deux rives penchées
Dans son cristal vont se mirer !
Sur ses bords les lauriers-roses,
Les orangers aux doux parfum,
Mêlant leurs fleurs fraîches écloses
Donnent un sourire à chacun ;
Et plus loin son onde écumante

Cascade du Cydnus.

Que des tombeaux ensevelis ;
Tu ne connais pas la mémoire
De tes héros du temps jadis !
Et le temps, de sa main cruelle
Chaque jour à tes monuments
Arrache une pierre nouvelle,
Attache une plante à tes flancs.
Ainsi la nature envieuse
Détruit les travaux des humains,
Pour s'établir insoucieuse
Sur les chefs-d'œuvre de leurs mains.

Roulant sur les rochers fameux,
Se précipite frémissante
À travers l'horizon brumeux !
Un palmier surgit dans la plaine,
Pour achever ce beau tableau ;
Et le Taurus étend sa chaîne
Formant un superbe rideau :
C'est un spectacle magnifique
Qui s'offre à nos yeux enchantés,
Et des ombres du temps antique
Ces lieux sont encore fréquentés !

Mais je préfère à ces vers les réflexions plus efficaces de notre Aimable Nersès de Lambroun. Il visita sans doute plus d'une fois ces lieux, et c'est aux beautés du Cydnus qu'il devait faire allusion, quand, sur les bords du torrent de Jéraghir, il écrivait son commentaire sur le 11° verset du psaume CIII. « Qui emittis » fontes in convallibus, inter medium montium » pertransibunt aquæ. » — Sources, n'est pas » pris ici dans le sens de petits surgeons d'eau, » écrit-il, mais bien dans celui de grandes » sources qui en se multipliant, deviennent » des fleuves. C'est l'ordre de Dieu qui les envoie » dans les vallons et les gorges, au milieu » des montagnes. Ce n'est pas une chose insi- » gnifiante que cette marche des fleuves, mais » une merveille digne de toute notre admira- » tion. Quand nous voyons que tant de grandes » et hautes montagnes sont déchirées et parta- » gées pour donner passage à des cours d'eau » si petits et si faibles, nous avons une preuve » que le monde est une créature; car s'il n'avait » pas été créé, quand les eaux auraient-elles » pu par elles-mêmes se creuser un passage » au travers de ces montagnes? C'est Celui qui » les a créés, qui les a lui-même coupées, et il » a fait couler les eaux merveilleusement dans » les montagnes afin d'y célébrer sa Provi- » dence. »

Les sources des bras secondaires du Cydnus, ne sont pas très éloignées de la source principale ; elles ne sont qu'à une douzaine de kilomètres du côté est, entre les monts Kara-tache et Utch-tépé et au sud des plus hauts pics du Taurus. Les voyageurs récents de la Cilicie[1] appellent *Kirkitly-sou* l'affluent ou bras secondaire du fleuve, que Kotchy appelle *Kiavitly-déré*. Parmi les sources de ce cours d'eau, ce dernier en indique une entre le Passage du Bœuf et le Dévé-tépé (Pic du chameau), sous le nom de *Tesbisséki* (?). Il séjourna dans ces lieux vers le 19 Septembre 1853. Il donne à la partie supérieure de la rivière le nom de *Kapoudjouk-déré*[2] et à la partie inférieure ceux de *Kapoulou et Boghazly-déré*. Ces deux noms sont bien en rapport avec les gorges et les étroits défilés qui coupent les montagnes du côté de l'est du fleuve, dont les rives rocheuses atteignent 100 pieds de hauteur. C'est par ce vallon étroit que les Yuruk Turcs ou Kurdes transportent, sur le dos de leurs bêtes de somme, le bois des cèdres qu'ils vont couper dans la montagne. On les appelle *Tahtadji* (bûcherons), et on donne le même nom au village qu'ils occupent à droite du fleuve, à un mille au nord-est du moulin et du pont du Cydnus.

Dans ces gorges étroites la végétation est assez forte ; à part les buissons, on trouve encore des *Cratægus andrachine*, des chênes, des pins (*Pinus Brusia*) l'*Ulmus campestris*, le Laurier, et la *Fontanesia*. Dans les anfractuosités croissent beaucoup de plantes ombrageuses. Le fond du vallon est très rocailleux et difficile aux piétons. A l'entrée de la forêt des cèdres, à une altitude de 3,500 pieds, la gorge est si étroite que les rameaux des arbustes qui la bordent des deux côtés, s'entrelacent. Ces arbustes sont une variété des *Ostria carpinifolia*, semblable à celle que l'on trouve à Baaden, en Autriche. Au delà de ces plantes, sur un terrain rocailleux, croissent les sapins à aiguilles courtes, dont plusieurs ont cent pieds et plus de haut. Ils sont d'une forme plus élégante que les sapins des Alpes, et d'une couleur un peu argentée. Il y a encore des forêts de pins résineux, des *Taxus baccata* de la grosseur d'un homme, et qui allongent, au milieu des anfractuosités, leurs branches lourdes de fruits ; dans certains endroits ces derniers arbres sont recouverts de vignes sauvages.

La longueur du vallon équivaut à cinq heures de marche ; il est très resserré par endroits, c'est à peine si une bête de somme peut y passer. Profond comme un précipice, bordé de deux murailles de rochers couverts de lierre, il ressemble quelquefois à l'entrée d'une grotte. Les bûcherons s'efforcent de le rendre peu à peu plus praticable. Pour transporter les cèdres qu'ils ont abattus dans la montagne, ils les coupent en billots de trois à quatre mètres et les chargent d'un côté et de l'autre de leurs bêtes.

Au delà du vallon, à l'est, presque au bord du fleuve, vis à vis de *Tahtadji*, on a construit un village que les Turcs appellent *Yenghi-keuy* ; il y a au sud de ce dernier, un hameau, appelé Ghensine (?), du nom d'un village qui le domine, à l'est, sur un plateau de 3,800 pieds d'élévation.

Entre ce débouché du vallon, dont nous venons de parler, et la vallée plus large du fleuve des Portes de la Cilicie, s'étendent beau-

---

1. Favre et Mandrot sur la carte géographique. 2. Il écrit Kapudschihik Tschere.

coup de propriétés couvertes de vignes et de prairies; mais à proximité des cours d'eau, le terrain trop détrempé par les débordements, ne produit que des roseaux; il y en a diverses espèces, entre autres une espèce de canne à sucre sauvage.

En cet endroit les forêts de pins sont épaisses, de même que celles des *Lotus arborea*, ou *Diospyros*; on y trouve diverses espèces de chênes, de térébinthes et des platanes, à l'ouest.

Le village et le hameau de Ghensine, doi-la croissance des chênes et des lotus dans les fentes des murs. Du côté ouest de ce château, dans la direction de Lambroun, s'étend une forêt de chênes aux noix de galle et de châtaigniers, et on voit encore des *Fontanesia* sur le bord des vignes autrefois cultivées. C'est là que se reposaient, dans des cabanes de bois, les bûcherons Turcs, lors du passage de Kotschy. Ils avaient avec eux plus de 120 bêtes de somme, (9 sept. 1853). Ce voyageur dit avoir aperçu dans ces lieux sur les rochers élevés qui bordent la route, des vautours à tête

Ancienne construction près de Baïrambly.

vent leurs noms à une forteresse, à l'ouest de la vallée, non loin de Tahtadji. Ce château, garanti naturellement à l'est par la courbe de la vallée, avait de fortes murailles, dont on retrouve encore quelques pans, surtout sur le bastion septentrional; il y a même quelques restes de voûtes en pierre de taille. Mais le tout a été ruiné complètement, non seulement par le temps et la violence, mais encore par blanche; on lui assura qu'il y en avaient de très grands, capables d'emporter des agneaux et des chevreaux.

La position et la solidité des murailles de la forteresse, montrent qu'elle ne devait pas être une place secondaire au temps du règne des Arméniens. Le nom actuel de Ghensine me paraît une corruption de *Kantzé-teghiag*, château dont il est parlé dans le mémoire d'un

manuscrit du Missel, de l'an 1335. Voici ce qu'y a écrit le copiste, Siméon : « A cau-
» se des malheurs des temps et à cause du
» grand nombre de mes péchés, la nation de
» Karaman a envahi cette année la Cilicie
» et y a fait beaucoup de ravages. Je me
» suis réfugié dans le château qu'on appelle
» Kantzé, au pied des monts Taurus. C'est
» dans ce lieu que j'ai écrit la première partie
» de ce livre ; je l'ai terminé dans un village
» appelé Maucheréphi, près de l'église de Saint
» Cyriaque... Mais ce livre a été écrit aux frais
» du solitaire pénitent Alexis, qui est le prêtre
» du village, qui l'a fait écrire en souvenir de
» son âme... et de son père Amirchah..... qui
» l'acheta avec son propre argent, et le laissa
» à l'église du village Khozguerde, dédiée au
» Saint-Esprit ». Un peu plus haut Siméon
avait dit : « Les prêtres vénérables du village
» de Khozguerde, Basile et Jean et leurs com-
» pagnons, m'ont engagé beaucoup à écri-
» re ce livre ». Siméon qui avait écrit et orné
le manuscrit avec des fleurs, fait aussi mention de sa sœur Djohar, et il ajoute enfin :
« (Souvenez-vous) des religieux chastes, Gré-
» goire, l'acquéreur de ce livre, et Héthoum,
» son frère qui est mort en J.-C. ».

A quatre heures de marche de Tarse, une demi-heure après avoir passé le village de Baïramly, on rencontre un plateau boisé sur lequel s'élève l'arc d'une grande porte, élevé selon la tradition par Constantin le Grand lorsqu'il alla en pèlerinage à Jérusalem. Ce qui reste formait sans doute la partie la plus importante d'une grande construction. A partir de là, on trouve un chemin pavé qui conduit aux Portes de la Cilicie ; sur un rocher qui borde la route on voit encore les traces d'une inscription latine presque effacée relative à Marc Aurèle.

Dans la direction du nord-est, le pays est couvert de collines ; c'est au pied de ces collines, à une distance de 5 heures de Tarse, que commence la route militaire, ouverte par Ibrahim-pacha, durant la campagne égyptienne. Cette route s'engage dans une gorge profonde, bordée de rochers dont les sommets sont couronnés d'anciennes forteresses en ruines, dont les principales sont *Yanipha-quechela*, *Zavardjek* et *Kutchuk-kalé* (Petite forteresse).

La rivière qui descend des Portes de la Cilicie traverse une vallée plus large que celle de Kantzé. Elle en est séparée par un long rameau de monticules qui se détache des Monts Bulghares et arrive jusqu'aux Portes. Les principales sommités de ce rameau sont : l'*Utch-tépé*, la plus haute, (10,000 pieds), au sud le *Méddésiz*, le *Bouze-dagh*, le *Kétchi-béli* (8,600 pieds) ; le *Kar-gueuly* (8,800), le *Bache-olouk* (7,200), auprès duquel se trouve un passage long et étroit, semblable à un gros tube. Il y a là un hameau ou une hôtellerie. Après cette dernière montagne on en trouve encore deux assez élevées, le *Dévé-tépé* (7100) et l'*I-neg-tépé* : la sommité qui vient après cette dernière celle du milieu, est couverte d'une forêt de sapins et de pins noirs qui s'étend jusqu'à la vallée de Kantzé. A cet endroit la rivière n'a pas de nom particulier ; à son origine elle est appelée *Ménévché-sou* (Eau violette) ; on pourrait lui donner ce nom pour toute son étendue. Ses sources sont marquées jusqu'à la hauteur de 8200 pieds [1].

La bourgade de *Karli-boghaz maghara* se trouve à une altitude de 6,300 pieds ; ses environs sont très rocailleux et la végétation n'est pas riche. On y voit paître les boucs et les chevreuils. Lors des explorations de Kotschy (le premier jour de juillet 1853) une petite colonie arabe campait en cet endroit ; leur chef s'appelait Hassan Agha et ils avaient dressé 10 tentes. Il y avait près de là une citerne, au bord de laquelle on voyait dix petites cavernes ; c'est là qu'ils mettaient le lait de leurs bêtes ; des chiens de garde veillaient à l'entrée de ces cavernes non seulement pour en chasser les loups, mais aussi les ours à longues griffes et à museau pointu. Comme les troupeaux paissaient depuis longtemps dans ces lieux, la plus grande partie de la flore avait été consommée ; cependant on pouvait encore, du peu qui restait, s'imaginer la grande abondance et la variété des plantes alpestres.

On y trouve plusieurs variétés d'Acanthes fort jolies (*Acanthus hirsutus*), l'*Ebenus* ; la *Saxifraga* qui enveloppe les rochers comme des coussins : les *Eremurus caucasicus* y croissent aussi en abondance, ils atteignent jusqu'à deux mètres de haut ; leurs fleurs sont d'un jaune rougeâtre : les montagnards en récoltent les racines, les font sécher et vont les vendre à Tarse. Six ans après son premier

---

[1] Ses sources sont appelées *Souyoun-gueusi* (l'œil de l'eau) suivant les cartes topographiques de Kotschy.

voyage, Kotschy revint visiter ces lieux, mais dans une saison moins chaude (le 5 juin 1859). Selon ses désirs et sa prévoyance, il trouva beaucoup plus d'espèces de plantes et de fleurs.

A un demi mille au nord de Karly-boghaze, à une altitude de 8,100 pieds, se trouve le passage de *Tache-olouk-kapoussou* (Gorge ou Canal en pierre). Le botaniste autrichien s'engagea dans cet étroit passage: le chemin, d'abord très difficile, devint peu à peu plus aisé. Il trouva à la limite des neiges, une belle giroflée d'une nouvelle espèce, de couleur jaune. Cette plante est appelée par les Turcs, Jacinthe des neiges. Il cueillit dans les fentes des rochers une jolie variété de *Leontopodium*, le *Ne-m'oubliez-pas*, dont nous avons parlé dans notre introduction, et une autre plante plus rare, le *Gnaphalium leucopilinum*. A une altitude de 8,000 pieds, il trouva près d'une source la primevère bleue, la spergule[1] à grande fleur, et un grand nombre de joncs. Il remarqua près de la rivière Manouchag la grassette (Pinguicula) et la gentiane printanière[2] de couleur de résine. Il cite encore les noms de quarante autres espèces de plantes qu'il récolta soit sur le bord des vingt sources qui coulent dans ces lieux, soit à l'entrée des cavernes.

Parmi les insectes, il ne rencontra que fort peu d'espèces nouvelles et également très peu de lézards. Quant aux oiseaux, il parle des grands aigles et des vautours des montagnes, et des troupes de petits oiseaux, qui vivent dans les neiges.

Les hôtes naturels de ces lieux sont les boucs et les chevreuils; on en voit de tous côtés auprès des champs de neige; mais ils sont très difficiles à chasser; il en est de même pour la perdrix Cet oiseau est appelé par les Turcs *Our-keklig*. M.ʳ Kotschy l'a aperçu dans le creux des rochers des hautes montagnes; il a aussi rencontré sur les plateaux élevés des coqs de bruyère.

Sur le flanc de la montagne Aïdzou-gaban (Détroit des chèvres) à une hauteur de 8,000 pieds, on trouve une grande pelouse qui, durant la floraison, se couvre de lys et de safran; alors aussi les plus hauts sommets du côté nord de la montagne se couvrent de verdure. Tout ce côté du plateau est bordé par un rocher noirâtre de nature volcanique; du côté sud s'ouvrent plusieurs vallées où les bergers dressent leurs tentes.

Sur les pentes gazonnées de l'Aïdzou-gaban, M.ʳ Kotschy, cueillit parmi d'autres fleurs (le 3 juillet 1853), de jolies anémones grisâtres (*Anemone blanda*), des Fritillaires impériales dorées, des *Gagea tauricola*, des *Hermodactylus cruciflorus*, de jolies tulipes (*Tulipa pul-*

Acanthus hirsutus.

chella); il récolta aussi plusieurs bulbes de safran. Il appelle le côté méridional de cette montagne un parterre de fleurs où se répandent les abeilles sauvages. On trouve aussi dans les fentes des rochers la *Saponaria pu-*

---

1. Selon Kotschy, en allemand, Natternknöterich.   2. Suivant le même botaniste, Sommerenzian.

millo, et sur les bords des torrents l' *Ajuga*, l'*Alyssum*, le *Serpillifolium*, la *Congystila*, arbuste à la couleur argentée, et la silénée. Parmi les herbes qui poussent sur les îlots du fleuve on trouve diverses espèces d'Astragales (*Astragalus Pelliger, Astr. Chienophilus*) et l'Androsacée (Arabis androsacea).

Parmi les plantes à haute tige il mentionne le pédiculaire *(Pedicularis jucunda)*; l' *Onosma versicolor*, le *Salvia oreades* et le *Salvia molucella*.

Le même botaniste cite encore plusieurs espèces de labiées, aux fleurs odoriférantes, et le trèfle rouge oriental.

Du côté du nord au pied de la montagne croissent la *Jurinea depressa* et l' *Ornithogalum*; dans le creux des rochers, l'herbe-aux-poux *(Pedicularis caucasica)* le cresson, le lépidier et le *Lamium nepetæfolium*; et dans les endroits ombragés quelques *Viola crassifolia*. Sur ce versant Kotschy a également récolté beaucoup d'autres espèces de plantes, ainsi que sur les rives du fleuve près de *Karli-boghaze* et sur les ravines et les rochers du *Tacheolouk*. Il avait déjà exploré ces lieux dix-sept ans auparavant (1836). Dans ces hautes régions les bestiaux ne paissent qu'au gros de l'été; à l'approche de l'automne ils redescendent peu à peu jusqu'à la limite des forêts; ils y restent jusqu'à la mi-octobre, époque à laquelle ils rentrent dans leurs parcs.

Parmi les oiseaux qu'il a rencontrés dans les bois sur ce versant de la montagne, il cite deux espèces de geais et des pies. Il n'y avait que très peu de passereaux à cause du manque d'eau; on ne trouvait également les insectes qu'en petit nombre et près des sources; il les faisait chercher par les enfants arméniens et turcs. Dans les creux des rochers on a même découvert une sorte de rat sauvage d'une espèce tout-à-fait nouvelle [1].

Une petite rivière appelée *Aghadj-kessé?* forme une vallée descendant du sud de *Karli-gueul* et de *Bache-olouk* dans la direction d'un étroit passage à une altitude de 7,200 pieds. Après un parcours de 5 kilomètres, cette rivière se jette dans le fleuve Manouchag près d'un lieu appelé *Yelan-ovassi* (Champ de serpents). Cet endroit est distant de deux kilomètres au nord-est de la forteresse des Portes de Cilicie; il doit son nom, dit-on, au grand nombre des sapins trop serrés que l'on trouve dans la vallée. Les cèdres y sont aussi nombreux; on en voit beaucoup sur le plateau, à une hauteur de 6,200 pieds; il y a aussi deux espèces de genièvres.

Un chemin en zig-zag coupe la montagne et les rochers qui sont entre *Karli-gueul* et *Tchidem - gueul*, c'est-à-dire, le lac de Safran. Ce chemin conduit aux grandes mines de plomb de *Gulek-maghara* ou *Kouyou maghara*, à l'est du mont *Ziaret*; il conduit également par des sinuosités au bord du fleuve Manouchag, vis-à-vis de la source et du hameau de *Nédéré-sou*, qui se trouvent sur la rive gauche du fleuve, à une altitude d'au moins 5,000 pieds. En cet endroit le chemin côtoie le fleuve et s'appelle *Erdjé-ghédik* du nom d'une montagne rocheuse qui se trouve aux environs. La montagne où sont les mines, porte plus particulièrement le nom de *Madén-tépé*, elle est située au sud du lac safran et à une hauteur de 7,300 pieds. L'exploitation de ces mines de plomb fut entreprise par des géologues autrichiens, en 1836; ils l'abandonnèrent après quelques années. Ils firent un nouvel essai, mais sans obtenir de meilleurs résultats.

M.r Kotschy a trouvé les rives du fleuve Manouchag très fertiles et très riches en productions végétales. Il cite parmi les fleurs deux espèces rares et inconnues et deux Orchidées, parmi lesquelles l'*Orchis Comperiana Stec*. Dans les environs de Nédéré il a trouvé la *Ranunculus villosus* H., la belle serpentaire de Dioscoride avec des fleurs rouges, la renouée sauvage et le millefeuilles à petites fleurs. Dans les lieux boisés, la *Gundélia* de Tournefort, dont les graines sont usées quelquefois pour remplacer le café, le *Daphne Collina*, le *Senecio Megalophron*, la sauge à grandes feuilles bleuâtres, l'origan sauvage (Nepeta). Dans les lieux moins élevés le melilot, l'églantine (*Rosa glutinosa*), la tanaisie argentée (*Tanacetum*), l' erynge, l'anthemis dorée et plusieurs autres.

Aux environs des mines de plomb on trouve des fumeterres (Fumaria Vaillantii), la *Parlatoria brachycarpa*, l' *Anchusa Barrelieri*, le *Scandix brachycarpa*, la *Potentilla micrantha*, le *Chenopodium Botrys*, le poirier (*Pyrus salicifolia*), le sorbier, la rose-églantine et d'autres espèces, le cotonéastre, la *Scabiosa Web-*

---

[1]. Die vielen Kinder... brachten verschiedene Insecten und selbst eine höchst interessante in Hohlen wohnende Spitzmaus. — KOTSCHY, 99.

biana, la véronique orientale, le cresson, la *Scutellaria orientalis*, le *Helichrismum*, le *Thymus rigidus*, la campanule *(Campanula involucrata)*, l'œillet, etc. Sur les rochers où se trouvent les mines de plomb, on peut cueillir l'*Anagallis*, l'*Arenaria Ledeburiana*, le silène rempant, la cuscute élégante, la primevère *(Primula auriculata)*. etc. La plus grande partie des plantes citées ont été récoltées par le savant naturaliste, durant les années 1836 et 1853; elles sont à présent conservées dans la collection botanique de Vienne.

Parmi les animaux sauvages que l'on rencontre aux environs des mines et de Nédéré, le plus important est le sanglier; on le trouve surtout près des sources et dans les bois de chênes.

A l'est du fleuve Manouchag, il y en a un autre qui lui est presque parallèle, c'est le fleuve *Gulék*, que nous pourrions appeler le vrai fleuve de la Cilicie, ou de Gouglag, car il est appelé aussi *Gulék-sou* (Eau de Gulék). Selon Kotschy il porte dans sa partie supérieure le nom de *Gousgouta*. La vallée qu'il forme est large et séparée des affluents occidentaux du Sarus par la longue chaîne des *Rusghiar-dagh* (Montagnes des vents).

Ce fleuve paraît sortir du nord-ouest des monts *Kochan*, 10,000 p. et *Tcheuk* ou *Tcheuké*(?) — *ghedik* 10,500. Au nord-est de ces montagnes et au nord du fleuve, on trouve à une altitude de 8,000 pieds un petit lac. C'est le lac Kochan. Il est formé par les eaux provenant de la fonte des neiges. Il est très profond à certaines époques de l'année; mais durant l'été il diminue beaucoup, jusqu'au point presque de se dessécher. On y trouve des crabes rouges aux grands yeux bruns. Vers l'est de ce lac et au haut du Kochan il y a un col qui monte jusqu'à 9,400 pieds. Le chemin commence à l'est du lac, puis il tourne et en côtoie le côté nord, il passe aussi à côté d'un autre lac plus grand appelé Lac Noir, *(Kara-gueul)* situé au nord du mont *Tcheuké-kœpri*. Cette même route sert aussi à relier la partie nord-ouest des mines de plomb de Bulghar maghara avec la région supérieure de la vallée du Sarus. Une fois dans cette vallée elle tourne à l'ouest, longe les hautes montagnes du nord et la rivière El-Khodja, affluent du Sarus, et, mène aux autres grandes mines appelées Boul-

ghar madéni; ensuite du col de Kochan, elle descend en zigzag du côté sud d'une hauteur de 9,400 pieds, dans la vallée de Gousgouta, où les deux rivières s'unissent. Près de la jonction de ces deux cours d'eau, le Sarus et l'El-Khodja, on trouve une source appelée Gouloug (?) à une altitude de 6,500 pieds. Mr Kotschy y passa le 26 Juin 1853; à quatre heures après-midi la température de l'eau jaillissante était de 20° R. Il trouva parmi les plantes, l'arbuste *Munbya conglobata*, à fleurs jaune d'or, et la *Saxifraga*. Quelques jours plus tard (14 juillet 1853) le même naturaliste entreprit l'ascension du Kochan dans le but d'y herboriser. Arrivé vers le sommet de la montagne il fut surpris par une violente tempête.

« A la montée du Kochan, - dit-il, - nous dû-
» mes prendre garde particulièrement à nos che-
» vaux, afin qu'ils ne fussent pas renversés par
» le vent qui faisait rage aux angles des sinuo-
» sités du chemin, lesquelles s'avançaient sou-
» vent jusque sur le bord extrême d'un pré-
» cipice de plusieurs toises de profondeur.
» Sur les plus hauts sommets, le vent soufflait
» avec une extrême violence, c'était un bruit
» qui ressemblait à un tonnerre continuel. Les
» bergers de Kezel-tépé déclarèrent l'ascen-
» sion très dangereuse et téméraire par un
» temps pareil. Ce n'était qu'à grande peine
» que nous nous tenions debout sur le ver-
» sant sud-ouest, et les chevaux qui déjà
» n'avançaient qu'avec peine, ne pouvaient
» se tenir sur la hauteur de la montagne:
» effrayés par l'impétuosité de la bourrasque,
» ils se cabraient dans la ravine, au lieu de
» suivre le chemin. La récolte des plantes que
» nous avions laissée pour le retour, nous dû-
» mes malheureusement l'abandonner. Le vent
» soufflait toujours sur nous avec une violence
» si terrible et les rafales étaient parfois si
» soudaines, que nous étions obligés fréquem-
» ment de nous coucher et de nous tenir à
» la rampe pour ne pas être emportés par
» la bourrasque. Durant plus de deux heures
» nous dûmes lutter contre l'ouragan, dont
» le mugissement résonnait encore dans nos
» oreilles longtemps après que nous fûmes
» redescendus dans le calme de la vallée. Ce
» ne fut qu'à la nuit noire, à dix heures,
» que nous arrivâmes au poste de la douane[1] ».

---

1. Beim Ersteigen der Koschan mussten wir besonders Sorge tragen, dass die Pferde nicht von tobenden Sturmwind umgeweht wurden, welcher an den Kanten der Krümmungen wüthete, deren mehrere bis auf den äussersten Saum einer mehrere Klafter tief abschüssigen Wand hinausgreifen. An den höchst ge-

A un mille à l'est de sa jonction avec l'El-Khodja, le Gousgouta forme une chute et tourne vers le sud dans la direction des Portes de la Cilicie, qu'il traverse et entre dans la plaine. Sur sa rive droite, au milieu du coude qu'il forme en allant de l'est vers le sud, est situé, sur une hauteur de 5,300 pieds, le bourg d' *Elmalik* (Pommier) ou *Elmali-olouk*[1]. Ce nom turc nous rappelle un nom arménien: *Khentzorovid* (Vallée des pommes). C'était probablement l'ancien nom de ce bourg fortifié, mais ce nom ne se rencontre qu'une seule fois dans nos anciens manuscrits. C'est

Euphorbia.

dans une histoire du concile d'Adana de l'an 1316 que nous le trouvons. Le seigneur de ce lieu, un nommé *Ligos*, avait assisté à ce concile. Mais comme il y a encore un autre village également appelé Elmali par les Turcs, dans le vallon de Querk-ghétschid, je ne sais auquel des deux je dois attribuer le nom Khentzorovid des anciens.

A partir du coude du fleuve, jusqu'au pied de la Forteresse de la Cilicie, la vallée est assez large; elle est ombragée par de nombreux sapins, des pins et des cèdres. Une partie de la forêt, près la chute, a été incendiée au commencement de ce siècle. Cinquante ans plus tard on voyait encore des traces de l'incendie et à peine quelques arbres échappés à l'incendie, y croissaient encore. Notre naturaliste y trouva deux espèces de souchet (Larus). Les animaux y étaient peu nombreux, à cause du manque d'eau. Parmi les oiseaux il y avait surtout des pies et des merles: parmi les quadrupèdes des cerfs, des boucs, des ours, les traces de sanglier, des loups, des chacals et des souris sauvages. Au reste, dans tout le vallon, la végétation est peu abondante, soit dans la région supérieure de la vallée, soit dans la partie inférieure, aux environs de la forteresse. Dans cette dernière partie on trouve le laurier des collines, haut d'un pied, le marrube *(Marrub. heteropodum)* et le *Galium coronatum*. Au milieu des cailloux du lit du fleuve, on trouve dans les endroits découverts le *Vincetoxicum tmoleum*. Dans la région supérieure de la vallée, le *Marr. velutinum Sibth.* L' Euphorbe blanche argentée, l' *Helichrysum* oriental à fleurs jaunes d'or, l' *Anthyllis* rouge, la saponaire à tige rougeâtre, et dans quelques endroits le *Phlomis armeniaca*, la cuscute et la sauge argentée. A mesure qu'on s'élève les espèces de végétaux changent. A la limite des neiges, on trouve une belle renoncule jaune *(Ranunculus demissus)*.

Au delà du village Elmalik, il y a beaucoup

---

legenen Abhängen brauste der Wind mit fürchterlicher Gewalt, mit einem Getöse, welches einem fortwährenden Donner nicht unähnlich war. Die Hirten von Gisyl-deppe erklärten den Uebergang über den Koshan an einem solchen Tage für ein bedeutendes Wagniss. Nur mit grosser Anstrengung erhielten wir uns auf der Südwestseite aufrecht auf den Beinen, und die Pferde, welche schon früher kaum vorwärts gebracht werden konnten, waren auf der Höhe des Joches nicht zu erhalten, sie rutschten, durch die mächtigen Windstösse erschreckt, das Gerölle hinab, ohne der nächsten Krümmung des Weges zu folgen. Auch das Einsammeln von Pflanzen, welches für den Rückweg aufgespart worden war, musste leider gänzlich unterlassen werden; denn der Wind wüthete stossweise so heftig und überfiel uns oft so plötzlich, dass wir uns häufig niederlassen und am Gerölle festhalten mussten, um nicht fortgerissen zu werden. Ueber zwei Stunden hatten wir mit der Gewalt des Sturmes zu kämpfen, dessen Gebrüll in den Höhen noch lange, als wir uns schon im stillen Thale befanden, in unseren Ohren ertönte. Erst in finsterer Nacht, um 10 Uhr, gelangten wir zu der Wache am Zollhause. — Kotschy, Reise, 131.

1. Kotschy écrit Almalolugh.

de cèdres et, près des Portes de la Cilicie, on a remarqué une nouvelle espèce de sapin, atteignant jusqu'à 40 pieds de hauteur. Ce sapin a beaucoup de ressemblance avec celui de l'Himalaya. Son cône, semblable à celui du cèdre, mais trois fois plus grand, atteint jusqu'à 12 pouces de longueur. On trouve encore d'autres cèdres élégants, à deux ou trois heures de chemin, vers le nord au delà des Portes auxquelles nous touchons.

Les Portes de la Cilicie, si célèbres dans l'histoire ancienne, qu'elles semblent presque avoir été toute la Cilicie, jouèrent aussi un rôle Ali, gouverneur d'Egypte. C'est le principal et pour ainsi dire, l'unique passage pour se rendre de l'est, de la Syrie et des contrées avoisinantes, vers l'ouest, dans l'Asie Mineure, dans la Thrace et de là en Europe. Aussi, sont-elles le chemin le plus pratique et le plus praticable pour les commerçants et les voyageurs ordinaires, aussi bien que pour les guerriers. Bien que ce passage soit fréquenté depuis des milliers d'années et par tant de voyageurs de différentes nationalités, ces lieux ne sont cependant pas assez bien connus au dehors, et toutes les mesures qu'indiquent les anciens,

Passage de Gouglag — Pilæ Ciliciæ.

important au temps de nos Roupiniens, à qui elles offraient à la fois un refuge assuré et une barrière contre leurs ennemis. Ce qui fait l'importance stratégique de ces lieux, ce ne sont point les forteresses qu'y ont élevées les hommes, mais c'est la façon dont la nature a fortifié elle-même ce pays. Dès la plus haute antiquité ces lieux furent hautement appréciés par les grands maîtres de l'art militaire, et ils n'ont cessé de l'être depuis les Assyriens jusqu'aux conquérants de nos jours, comme pendant la guerre des Turcs contre Méhémmed et même nos contemporains, sont loin d'être d'accord. Une des causes de leurs divergences c'est que, outre la vraie grande Porte de la Cilicie, il y en avait encore d'autres, du moins deux passages ou cols, qui conduisaient vers l'ouest aux frontières de la Lycaonie. Pourtant il n'y a pas à douter, et tous devraient reconnaître, que la vraie grande Porte, le passage gardé par la Forteresse ou détroit de la Cilicie, les *Pylæ Ciliciæ* des anciens, se trouvent dans l'étroit espace compris entre le Gousgouta (propre *fleuve de la Cilicie*), et son affluent

17

le Manouchag ; espace qui ne compte guère plus d'un kilomètre de largeur, et de trois kilomètres de long.

La hauteur du fleuve au-dessus du niveau de la mer est de 3,500 à 4,000 pieds en cet endroit. Ce qui contribue surtout à rendre le passage si étroit, ce sont les amas de pierres et de blocs de rochers entre le fleuve et les monticules qui le bordent, dont le principal, le *Gulek-tépé*, au nord de la Porte, est haut de 5,000 pieds ; sur un autre rocher à pic, d'une égale hauteur à peu près, mais du côté de l'ouest, s'élève, depuis des temps immémoriaux, la célèbre *Forteresse* de la Porte. Les Turcs appellent *Gulek-kalé* le château - fort, et *Gulek-boghaze* le passage, que nous nommons *Passage de Gouglag*, et *Forteresse des Portes*. De la forteresse jusqu'au bord du fleuve propre de la Cilicie, vers l'est, l'espace libre est un peu plus d'un kilomètre ; mais à partir du pied du mont rocheux qui porte la forteresse, le passage qui forme alors la véritable porte de Cilicie, va en se rétrécissant de plus en plus jusqu'à ne compter que 8 ou 10 mètres de largeur, laissant à peine un passage pour le fleuve ; de sorte que pour passer on est obligé d'escalader les rochers de l'ouest. C'est peut-être à cause de cette étroitesse et des difficultés qui en résultent, qu'un historien des Croisades a donné à ces lieux le nom de *Porte de Judas* [1]. Quoi qu'il en soit, de la possession et de la sauvegarde de ce petit coin de terre ont dépendu durant des siècles, la fortune et la tranquillité de tant de peuples, parmi lesquels la nation arménienne joua aussi son rôle important.

La longueur de tout le défilé est évaluée à 75 milles environ. Des frontières de l'Iconie il se dirige vers le sud jusqu'à *Mézarlik-khan*, considéré comme l'ancien *Mopsucrène*, à l'entrée de la plaine d'Adana. Cependant la plupart des auteurs anciens et modernes n'attribuent au défilé des Portes qu'une longueur de 40 milles, parce qu'ils ne considèrent que l'espace compris entre le bourg de Mézarlik-khan et Podande. Pendant la domination romaine, et plus tard sous celle des Byzantins, ces deux places déterminaient la frontière des provinces de l'*Arménie* (la Seconde Cappadoce) et de la Cilicie. Mopsucrène, actuellement *Mézarlik*, est à une distance de 8 milles au sud-ouest de la Porte, et 18 milles au nord-ouest de Tarse. Autrefois, c'était une petite ville assez importante par sa position. Ce qui la rendit célèbre, ce fut la mort de l'empereur Constance II, l'an 361. C'est à partir de cette localité que le chemin commence à monter ; il s'engage peu à peu dans les bois de cèdres et est bordé d'une végétation sous-alpine. Le prêtre anglican Davis, qui fit, l'an 1875, une excursion depuis Adana jusqu'à la Forteresse de Gouglag, en allant d'abord de l'est à l'ouest, puis au nord, mentionne, dans l'ordre suivant, quelques-uns des villages et des bourgs qu'il a rencontrés sur sa route. [2] Il passa d'abord au village de *Zeitine* dont il trouva les habitants attaqués par la fièvre ; de là, à *Kazik-bache*, village formé par quelques pauvres cabanes construites avec de la terre ou de l'argile. Il évalua à deux heures de marche la distance de ce lieu à Tarse ; les environs du village lui parurent assez bien cultivés et verdoyants. A partir de cet endroit, il s'engagea dans les défilés des montagnes, traversa plusieurs cimetières et arriva à *Mélémendji*. Un peu plus loin se trouve une halte d'où l'on jouit d'une fort belle vue, nommée *Yarameze-Cheshmé*. Cette station est très fréquentée par les voyageurs à cause de la source dont elle a pris le nom. C'est par là que passent presque toutes les caravanes des marchands ; bien que le terrain soit très accidenté et montueux, on y voit cependant des champs de blé. Notre voyageur, en continuant sa route, remarqua à une demi-heure du chemin une vieille forteresse appelée *Dorak* (?), et d'autres ruines moins importantes. Le chemin, en côtoyant une petite rivière bordée d'oléandres, conduisait au passage rocailleux de Gouglag, dont la première station est *Gueuslug-khan*. C'est là que notre voyageur passa sa seconde nuit, (le 2 Juin). Il arriva ensuite après un trajet de deux heures au milieu des montagnes, à *Tchatal-tschéchemé*. Cette dernière localité possède deux sources où les caravanes abreuvent leurs chameaux ; et à une heure et demie au delà, il mentionne encore la station de *Sarimachik-khan* et une source. En cet endroit un Grec avait ouvert une auberge et il y cultivait un peu de tabac. C'est à partir de ces lieux que commence le plus étroit des défilés.

A un kilomètre au sud de la forteresse de Gouglag, s'élève une colline rocheuse d'une hauteur de 4,000 pieds au-dessus du niveau de

---

[1]. Voir, Ritter, Erdkunde. XI, 168.

[2]. Davis, Life in Asiatic Turkey, p. 200-208.

la mer. Elle est appelée *Anananli–tépéssi*, et elle est couronnée par d'anciennes fortifications en ruines. Entre cette colline et la forteresse, le terrain est recouvert de vignes et de jardins fleuris. Au milieu de ces jardins, se trouve le village de *Tchoukour–bagh* (Vigne creuse), composé de trente à quarante familles turques. Kotschy y séjourna quelques temps; plus tard vint le naturaliste Haberhaver, son compatriote, pour y recueillir des insectes et des papillons. Ce village set considéré comme une partie de celui de *Gulek*, qui se trouve vis-à-vis, à l'ouest, au bord du Manouchag, et porte le nom de *Kalé–kueuy*, à cause de son voisinage de la forteresse. Gulek est habité par les Arméniens, par quelques Grecs et par les Turcomans. Il y a environ une centaine de maisons; elles sont toutes construites sur la pente de la montagne; à l'extrémité du village s'élèvent l'église des Arméniens et la mosquée des Turcs; ils vivent ensemble en assez bonne harmonie, au dire des voyageurs. Au reste, une partie des Arméniens, aurait, dit-on, apostasié, il y a un siècle et demi, et aurait embrassé la religion musulmane, pour échapper aux persécutions d'un pacha, nommé Hassan. Le seigneur de la place était alors *Mélémendji-oghlou*. La rue du marché, nommée *Gulek-bazar*, est regardée comme un quartier à part; c'est une espèce de faubourg formé par des magasins, qui, au nombre d'une vingtaine de chaque côté, bordent la rue pavée, large de 7 mètres et longue de 200. Cette rue est presque entièrement couverte par les corniches des toits qui font saillie; les passants sont ainsi à l'abri de la pluie. Les boutiques des artisans ordinaires sont au rez-de-chaussée; les cafés, les pharmacies, les magasins d'orfévrerie se trouvent au premier étage. Le marché est très fréquenté, car ce village est le principal centre de la Cilicie Thrachée, et le lieu d'arrêt des caravanes, soit à l'aller soit au retour. Les habitants sont actifs et industrieux; les Turcomans sont pour la plupart bergers ou vignerons. Autant que le permet le terrain rocailleux, tous les lieux labourables sont couverts de vignes et de plantations; le reste du terrain est garni de térébinthes, de styrax et de platanes; un peu plus haut que le village, commencent les forêts de pins, de chênes, de sapins et d'autres espèces semblables. Au nord de la place du marché, au bas de la colline, jaillit une source d'eau froide et agréable au goût. La fraîcheur de cette eau et de celle de deux petites rivières qui coulent dans le voisinage, assainissent et rafraîchissent l'air de cet endroit et en font un séjour des plus agréables de la Cilicie. On a à l'ouest du village, construit un pont sur le fleuve Manouchag, qui relie le village à la route de Kantzé qui mène au pont du Cydnus (Djéhennem-déréssi) et aboutit à Lambroun et à Tarse.

Un géographe turc dit que, l'an 1522 un vizir du nom de Méhémmed, fit construire un caravansérail près de la forteresse de Gouglag; je crois qu'il devait se trouver dans ce village. C'est en effet à un demi-kilomètre au nord-est de cette localité, que se dresse le rocher qui porte à son sommet la plus fameuse des forteresses qui défendent les Portes de la Cilicie, le célèbre château de *Gouglag*, ainsi qu'on l'appelait au temps des Arméniens. Les flancs de la colline rocheuse étant couverts de cèdres, l'aspect du château n'en est que plus altier; il surplombe les passages étroits d'une hauteur de 1,500 pieds et commande l'entrée des Portes. La colline est formée par des roches calcaires, disposées par couches vers le sommet, mais mélangées à la base. On y trouve une quantité de coquilles pétrifiées univalves ou bivalves, surtout de la famille des Echinites; il y a aussi diverses espèces de coraux C'est vers l'ouest qu'on en trouve le plus, surtout sur le susdit *Anananli-tépé*. On rencontre aussi beaucoup d'ossements pétrifiés dans les rochers.

L'espace compris entre la colline rocheuse et les Portes est très escarpé, rude et rocailleux; il est recouvert de grands blocs de rochers, entassés pêle-mêle. Le chemin qui est maintenant au fond du vallon, se trouvait autrefois à 3 ou 4 pieds plus haut. L'endroit le plus étroit a tout au plus 7 ou 8 mètres de large et une longueur de 85 pas; à cet endroit des rochers de 5 à 6 mètres de hauteur forment une muraille naturelle des deux côtés. Le côté ouest du défilé est bordé par un plateau couvert de pierres, qui est à une hauteur de 300 pieds; le côté est, tout couvert de blocs de rochers et de pierres, est impraticable. Dans cet espace resserré souffle toujours un vent frais. Les deux pics les plus élevés qui bordent ce passage étroit, ont environ 700 pieds de hauteur. Sur la paroi du rocher de l'ouest on voit encore les restes en bas-relief d'un ancien autel sculpté dans le roc. On y découvre aussi les traces de deux inscriptions mais tout à fait illisibles; quelques-uns ont voulu y voir des caractères grecs, d'autres des lettres cunéiformes, d'autres enfin, parmi lesquels V. Langlois et Davis, ont cru y reconnaître des lettres latines et y déchiffrer le nom de l'empereur Adrien. Ils ont également cru retrouver le portrait de cet empereur dans la figure humaine sculptée sur l'autel. On y voit également les débris d'une colonne, que Davis a considérée comme un signal de mesure itinéraire.

La forteresse de Gouglag est à présent presque entièrement ruinée. Quelques pans de murs et des tours démantelées, voilà tout ce qui reste de ce château fameux, qui a vu le passage de tant de nations et qui a subi tant de des caves, et une cour ornée d'une colonnade.

Quant aux constructions fortifiées, c'est à peine s'il en reste quelques indices. L'arc de voûte de la grande porte est encore debout. On y arrive par une soixantaine d'escaliers gigantesques, taillés dans le roc, et dont les marches, longues et basses, ont environ un pied et demi de large. De nos jours ces escaliers sont battus par un torrent qui s'y précipite d'une hauteur de 3 $\frac{1}{2}$ mètres. L'entrée de la forteresse est ombragée par deux noyers séculaires. Près de ces arbres, disent les habitants, il y avait une église transformée plus tard en mosquée, et qui devait exister encore il y a un siècle ; mais on n'en voit pas le moindre

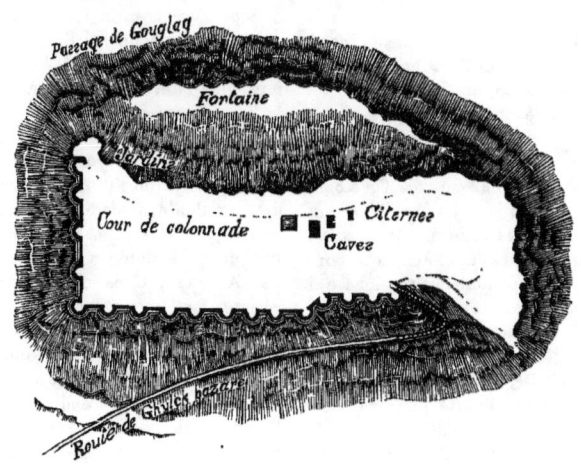

Plan de la Forteresse de Gouglag.

dominations différentes, parmi lesquelles celle des Arméniens fut remarquable. Comme on peut le voir sur la vignette, cette forteresse est longue et carrée, les bâtiments se dirigent de l'ouest à l'est. Du côté de l'ouest et du sud, il y a encore des restes de tours rondes. Au centre de l'enceinte fortifiée on voit les ruines de plusieurs maisons qui formaient un petit village, habité encore au commencement de ce siècle par quelques familles turcomanes. Il y a aussi deux citernes creusées dans le roc, vestige à présent. Les murailles de l'ouest, les mieux conservées, dénotent une construction assez grossière ; la partie supérieure est construite en pierres polies d'une belle forme. Le château proprement dit mesurait 300 pas en longueur, et 100 dans sa partie la plus large. Sa circonférence est de 1000 pas. Du côté du nord-ouest tout est absolument ruiné ; vers le centre, on trouve encore quelques bastions à demi ruinés. Le donjon se trouve à l'ouest sur un avancement à pic du rocher. L'intérieur en est complètement ruiné; on y voit les traces d'incendie.

Les rochers du nord-est semblent avoir été garnis de remparts, et la forteresse devait être aussi inabordable de ce côté. Il y a sur ce versant de la colline une fontaine et quelques pâturages. Du côté du nord, le rocher est creusé de cavernes, de citernes, et de caves, peut-être de magasins; le plus grand a deux rangs de colonnes et un vestibule. Les habitants du lieu appellent cette grotte artificielle « le marché », mais plus probablement ce n'était qu'une citerne. Le côté sud-est, surplombe un précipice de 1,500 pieds de profondeur. Ce n'est donc que du côté de l'ouest que la forteresse est accessible, et comme elle couronne une sommité isolée, à mi-hauteur des montagnes des alentours, elle était tout à fait imprenable avant l'invention des canons.

A un quart d'heure de chemin au nord des Portes, on trouve la douane et la poste. A une demie heure de là, en face, au pied de la colline qui porte le château, vers l'ouest, se trouvent les mines de *Gulek-madén;* c'est là que l'on raffinait le plomb argentifère, apporté des mines du mont Boulghar-madén. On a coupé le rocher du côté du nord pour livrer un passage aux ouvriers des mines. On a aussi ouvert, du côté du sud-est, un chemin qui conduit à Lambroun. Les principales stations qui bordent cette route sont : *Kétchin* (·) à proximité des mines; *In-kueuy* à un demi-kilomètre à l'est; de là, le chemin se dirige vers le sud, passe à *Eféler*, village à 3 kilomètres d'In-kueuy; il est habité par des Turcomans qui ont pour principale industrie la fabrication de vases en bois. A trois kilomètres environ, plus en aval, on trouve un moulin à eau, et, en continuant d'avancer, dans la direction du sud-ouest, on arrive au bout d'environ trois quarts d'heure à *Bochelar*, puis à *Télchén;* la distance de ces deux localités est d'un mille. De Télchén à Lambroun, il n'y a plus que 4 kilomètres.

Voilà tout ce que nous connaissons aujourd'hui des lieux qui avoisinent la célèbre forteresse de Gouglag et le passage renommé des *Portes de la Cilicie*, l'un des plus parfaits qui existent au point de vue stratégique. C'est probablement par ces défilés que passèrent les grandes armées des Assyriens et des Egyptiens, et après eux des Perses. Le premier des passages que nous connaissons est celui de l'armée de Cyrus le Jeune, lors de sa révolte contre son frère Artaxersès II. (400 avant J. C.) Xénophon, son allié et chef des Dix-mille, a rendu plus célèbre encore ce défilé en le citant dans son Anabase. Mais à cette époque ce lieu n'était qu'un simple passage resseré, il n'était pas fortifié; les mots « τὰ ἄκρα » employés par l'historien, semblent n'indiquer qu'un simple défilé entre les montagnes, et comme la remarque Ritter, il ne se sert pas du mot Πύλας expression employée plus loin pour désigner les Portes Syriennes.

Lorsque Cyrus arriva dans cette région, après avoir traversé l'Iconie, Syennesis, roi de Cilicie, occupait le sommet des montagnes; mais à l'approche de Cyrus, il abandonna sa position et se retira dans les montagnes des Portes Syriennes, qu'il abandonna également plus tard.

Un fait à remarquer, c'est qu'à l'époque de cette guerre, la femme de Syennesis, la princesse Epiache ou Epiaxa, se trouvait auprès de Cyrus; celui-ci l'envoya par un chemin plus court d'Iconium à Tarse. Ceci prouve que le passage de l'ouest entre Héraclée et Soli, dans les montagnes Boulghars, était déjà connu alors. On croit généralement qu'une partie de l'armée d'Alexandre a passé par ce dernier défilé; mais le héros macédonien avec le gros de son armée, passa par celui de Gouglag dont il délogea les Perses, commandés par Arsanès. Ceux-ci auraient pu résister facilement aux Grecs, et dans un passage si étroit, une poignée d'hommes résolus auraient pu sauver la fortune de Darius, ou du moins retarder sa chute.

Au temps de la domination romaine, vers la fin du deuxième siècle, les Portes Ciliciennes servirent de refuge à l'un des usurpateurs du trône, Pescenius Niger. Celui-ci fortifia ces lieux afin de résister aux troupes de Septime Sévère; mais ses travaux de fortification furent ruinés par la violence des torrents, et ses soldats défaits par ceux de son adversaire qui était de beaucoup le plus fort.

Dans notre siècle encore d'importantes fortifications furent élevées dans ces lieux, durant les années 1839 et 1840, pendant l'insurrection de Méhémmed-Ali, gouverneur d'Egypte, contre la Porte. Ibrahim Pacha, après avoir défait les troupes turques, fit commencer les travaux de fortifications. Par des éboulements artificiels, il ferma plusieurs défilés; puis, ne pouvant construire ses fortifications dans le défilé des Portes, (car le retrécissement de ces lieux ne lui eût pas permis de déployer ses troupes comme il l'entendait et eût rendu le feu de son artillerie trop plongeant), il fit construire des bastions à une demie-heure plus au nord, près du village de *Tékir*,[1] à une altitude de 3,000 pieds environ au-dessus du niveau de la mer. Il confia la direction des travaux à un ingénieur polonais, le colonel Schultz, appelé par les Turcs Yousouph-agha.

La ligne des retranchements s'étend sur une longueur de plus de deux milles; elle va du sud-est au nord-ouest. A l'extrémité sud une tour, dans une position très élevée, devait servir de poste d'observation. Ibrahim fit aussi établir sur la cime d'une colline une route bordée de fortifications, qui fut nommée *Tabia*. Entre la tour et cette route il fit élever diverses constructions militaires, des tranchées, des blockhaus et des bastions. Il munit la place de 120 pièces d'artillerie de divers calibres. Il rendit ainsi ce passage aussi redoutable que son armée, et confirma le dicton des Turcs :

> Celui qui ne craint pas le Boghaze
> Ne craint pas Dieu.

Mais tous ces travaux furent inutiles pour celui qui les avait fait élever. On sait comment les puissances européennes intervinrent et obligèrent les Egyptiens à renoncer à leur campagne (1840). Ibrahim se retira ; il fit enlever une partie des canons que l'on avait eu tant de peine à monter au milieu de ces rochers et il abandonna le reste qui fut transporté par les Turcs.

Lorsque la guerre éclata entre les Russes et les Turcs, en 1853, ceux-ci ruinèrent le plus possible ces fortifications, et ils emportèrent tout le matériel de guerre qui y avait été abandonné. De nos jours on peut cependant remarquer encore parmi les décombres, les emplacements et la destination des diverses fortifications.

La nature s'est plu à parer de ses plus belles fleurs ces lieux redoutables ; tous les voyageurs admirent la beauté pittoresque de ce passage, la clarté de l'air, la fraîcheur de l'eau, et la richesse des plantes. Un voyageur anglais (Ainsworth) qui y passa le 30 novembre 1839, après avoir parlé de la position stratégique et des derniers travaux des Egyptiens, donne les détails suivants sur la flore de ces lieux : « It would also be impossible for any
» traveller to ride the whole length of this pass,
» without being much struck with its varied
» beauties.... till the Golek Boghas contains
» by far the most numerous and varied points
» of bold and massive mountain scenery of
» any of the passes. The superior height of
» the mountains, and the gigantic scale of
» the scenery of the Alps, does not allow of
» their being fairly compared with the chain
» of Taurus, in every aspect inferior to them ;
» but the able illustrator of the former (M.^r
» Brockedon) would also find much that would
» be highly worthy of his pencil in the Go-
» lek Boghas. The differences of elevation
» between the two will no doubt be hereaf-
» ter ascertained, but it will be more difficult
» to decide upon their peculiar claims to dist-
» inction. There are in the Golek pass open
» spaces like the Vallais, but in the Vallais,
» on each side, are long continuous moun-
» tain ranges, which ultimately (especially
» to a pedestrian) become monotonous, while
» in the Golek, mountain succeeds to moun-
» tain to the right and left, and vast se-
» micircular precipices support broken gla-
» ciers piled one upon another in such prof-
» use confusion and inimitable grandeur, that
» it is impossible to tear oneself from a scene
» which, wherever one turns, presents new
» wonder. In its more rocky, craggy scene-
» ry, the Golek is, as far as I have seen,
» quite unrivalled: such a succession of fallen
» masses, rocky projections, and steep cliffs, will
» not admit of description, nor would they be
» represented by the Trosachs[2] ten times magn-
» ified. I need not mention the vegetation
» or the habitations of men, as adding to the
» peculiarities of these scenes: but one thing
» is deserving of notice: the lammergeyer or
» the condor of the Alps, is rarely seen by the
» traveller, except at height at which its size
» and strength can only be conjectured ; but
» the great bare-necked vulture, which repres-
» ents in Taurus the condor of the Andes and
» the lammergeyer of the Alps, and is a
» larger bird than the lasser, may be some-

---

1. Suivant la Nouvelle Arménie (livre en arménien) p. 360 : « C'est un village situé à la distance d'un jet de flèche du château de Gulek, et bâti sur un plateau. Les Européens l'écrivent *Tékiche* ; il semble être le même que celui qu'Edib appelle *Tékirli yaïlak* (pâturages de Tékirli).

2. Montagnes d'Ecosse, célèbres par la beauté de leurs panoramas.

» times seen in dozen together, waiting till
» some surely shepherd's dogs have had fill of
» a newly-killed animal, and they are never
» wanting amidst their favourite crags ».[1] —

La végétation très abondante sur tous les points, est surtout riche et remarquable dans la partie méridionale. On trouve sur les bords de la vallée, des pins à longues aiguilles et des platanes à longues feuilles; les vallons sont couverts de chênes toujours verts, d'ifs, de platanes, de lauriers, de sycomores, de cognassiers, de pampres et de vignes sauvages, à l'ombre desquels croissent l'arroche bleuâtre et le safran jaunâtre. Dans les vallons plus retirés on trouve les myrtes, les cornouillers, les oliviers sauvages, les jujubiers, et, sur les bords de toutes les petites rivières, l'oléandre.

Sans parler d'une infinité de plantes et de fleurs plus petites, dont M.r Kotschy cite minutieusement les noms, nous rappellerons cependant l'*Arum maculatum* : V. Langlois, l'a trouvée merveilleusement belle; il en parle avec admiration dans la relation de son voyage en Cilicie.[2]

Après avoir examiné dans notre histoire tout ce qui y est dit sur la position de la Forteresse de la Cilicie et tous les faits politiques qui s'y rattachent, je puis affirmer que les lieux appelés par les étrangers Portes ou Passages de la Cilicie (Pylæ Ciliciæ), correspondent à la forteresse et aux *Passages de Gouglag* des Arméniens. Le rang important qu'occupait cette forteresse parmi les autres, la mention qu'en fait Sempad le Connétable, ainsi que la mention faite dans l'édit de Léon II, accordé aux Génois (1288), où il est parlé des deux douanes, comme des principales, celles d'Ayas et de Gouglag, enfin le témoignage d'un voyageur français, qui visita ces lieux peu de temps après l'extinction du royaume des Arméniens, tout prouve cette assertion.

Comme les Roupiniens possédaient déjà la plupart des passages des montagnes, du moins les principaux, dès la seconde moitié du XI° siècle, il est probable que celui de Gouglag se trouvait aussi en leur pouvoir. S'ils n'avaient pas encore fortifié ni établi de garde à la place qui constitue les Portes proprement dites, la partie supérieure du passage étroit que les Arméniens et les voyageurs européens appelaient « Col de Podande », était déjà en leur pouvoir.

C'est à un de ces importants défilés en possession de nos ancêtres que fait allusion Mathieu d'Edesse, lorsqu'il rappelle le passage du Taurus par la grande armée des Croisés, commandés par l'immortel Godefroi. Selon lui, le nombre des soldats, cavaliers et fantassins, s'élevait à 200,000; et il dit qu'ils traversèrent « le territoire de Bythinie et de Camirk (Cappadoce) et arrivèrent aux *Passages difficiles des monts Taurus;* l'armée franchit ces défilés étroits qui conduisent en Cilicie, passa à Trovada (Anazarbe) et arriva enfin à Antioche. »

Cela n'indique pas bien clairement quels étaient ces passages difficiles. En comparant les divers récits des anciens chroniqueurs européens, des examinateurs sérieux ont fini par conclure que la grande armée passa d'Iconium à Héraclée. Après s'être reposée quelques jours dans cette ville, la plus grande partie des Croisés se seraient avancés vers le nord-est, auraient passé par *Mariza*, puis par *Alphia*, place forte dont ils s'emparèrent, et y mirent comme gouverneur un prince arménien, nommé *Chemavon* (Siméon), puis se dirigèrent vers Césarée, passèrent dans une ville inconnue de nos jours et citée par les historiens sous le nom de *Plastentia* : quelques auteurs croient que c'est Comana; de là ils arrivèrent à *Coghisson* (Cucussus), et, selon les chroniqueurs, furent de nouveau obligés de franchir avec beaucoup de peines, des montagnes « diaboliques et exécrables » et des vallons profonds, pour arriver à Marache. Ces vallons sont probablement ceux que forme la vallée du fleuve Djahan, et la montagne raboteuse qu'ils eurent à escalader, doit être celle qu'on appelle aujourd'hui *Akher-dagh*.

---

1. W. AINSWORTH, Travels and Researches, Tom. II, 79-81.

2. « C'est principalement dans cette région que j'ai remarqué une admirable plante particulière à l'Asie Mineure et qui mérite une mention spéciale. La tige de cette plante de 3 à 4 pieds, est couronnée par un calice de couleur pourpre, en forme de cornet, dont l'angle supérieur s'allonge et retombe comme la manche d'un kaftan. De la corolle s'élance, en guise de pistil, un dard quadrangulaire, semblable à une lame d'épée, d'un violet presque noir et long d'un pied environ. L'extérieur des étamines, la tige et les feuilles finement découpées et frisées sont d'un vert clair moucheté de brun comme la peau d'une couleuvre. Les Turcs nomment cette plante *Ilan-otou* (Herbe de serpent); son nom scientifique est *Arum maculatum*. C'est une plante employée en médecine. » — V. LANGLOIS, Voyage dans la Cilicie, p. 368-9.

Une fois à Marache, ils avaient devant eux deux routes : ils pouvaient se rendre directement à Antioche ou bien passer par Anazarbe. Selon nos chroniqueurs orientaux, c'est cette dernière qu'ils choisirent. Mais ce qu'il importe de savoir, c'est que le corp principal ne passa pas par les Portes de la Cilicie, mais par des passages bien connus dans les montagnes du canton de Djahan, non loin de Zeithoun.

Avant que le gros de l'armée des Croisés eût quitté Antioche de Pisidie, deux corps de troupes s'en détachèrent, l'un sous les ordres de Tancrède [1] l'Audacieux, l'autre, sous la conduite de Baudouin de Bourg, le rival de Tancrède. Selon le témoignage des chroniqueurs latins, ces deux troupes choisirent un chemin plus court, mais plus difficile que celui du reste de l'armée : passant le vallon de *Bodrentrotte*, elles pénétrèrent dans la Cilicie et vinrent dans la province de Tarse.

Notre historien de la Cilicie ordinairement d'accord avec les chroniqueurs latins, ne mentionne pas cette séparation ; mais il dit que, sur le conseil des princes arméniens, une multitude innombrable passa le défilé de Podande, puis se rendit à Adana et à Anazarbe, et enfin, dans la grande Antioche.

Il est donc probable qu'une partie de l'armée des Croisés, sous les ordres de ces deux chefs nobles et valeureux, Baudouin et Tancrède, aura traversé le passage de Podande et les Portes de la Cilicie. Ces faits eurent lieu durant la seigneurie de Constantin, fils de Roupin, l'an 1097. Je crois qu'ensuite, l'ancienne forteresse de la Porte, ainsi que celles de Lambroun et de Babéron, furent abandonnées et peut-être même ruinées. Mais, lorsque la domination des Arméniens se fut étendue sur toute la Cilicie, le château de *Gouglag* reprit son rôle important et figura parmi les principales forteresses du pays. Un siècle après le passage des premiers Croisés, sous le règne de Léon, le seigneur de Gouglag était Sempad, probablement de la famille des Héloumiens, peut-être même le frère du régent Constantin. Dans ses mémoires, l'historien Conuétable parle à deux reprises différentes du château et du défilé de Gouglag. C'est à propos des incursions de Key-Khosrou, sultan d'Iconium, les années 1245 et 1246. Guidées par le Baron Constantin, seigneur de Lambroun, propre neveu de Saint Nersès, les troupes du sultan avaient pénétré dans la Cilicie par le territoire de Babéron. Pour rentrer dans leur pays, elles voulurent passer par le défilé de Gouglag qui leur était connu. Ainsi fut fait ; « mais le roi » Héthoum, le régent et Sempad le Connéta- » ble, les poursuivirent. Arrivés dans un lieu » appelé *Maïdzar*, les ennemis en grand nom- » bre, firent volte-face ; mais les Arméniens » encouragés, parvinrent, avec l'aide de Dieu, à » les disperser et à en massacrer un grand » nombre, chassant le reste jusqu'à Podande. »

L'année suivante (1246), le sultan rassembla de nouveau une grande armée ; elle franchit le défilé de Gouglag, vint assiéger Tarse et ne se retira qu'après une longue résistance et d'après un traité de paix.

Nous avons déjà rappelé l'édit de Léon II en faveur des Génois, (1288). Cet édit prouve que, dès les premiers temps de la domination arménienne, on avait déjà établi un octroi dans ces lieux. Voici par exemple les taxes que l'on payait pour la soie, à Ayas et à Gouglag (l'ancien traducteur latin écrit Gogulac) : « Pour la charge d'un chameau, 25 » pièces d'argent neuf[2] ; pour la charge d'un » mulet, 19 pièces ; pour celle d'un âne, 16, » etc ». La taxe variait avec la nature et la qualité des marchandises.

Sous le règne d'Ochine, au commencement du XIV° siècle, le seigneur de Gouglag était son frère Alinakh, ainsi que nous l'apprend un mémoire[3]. A partir de cette époque, il n'est plus fait mention de Gouglag dans aucun manuscrit arménien. Comme nous l'avons fait remarquer plus haut, nous trouvons quelquefois le mot Gaban (passage étroit) qui sera confondu plus d'une fois avec le Gaban de Djahan, et souvent, il est vraiment impossible de savoir duquel de ces deux châteaux-forts il s'agit. Voici ce qu'écrivit Bertrandon de la Broquière qui passa par le château de

---

1. At Tancredus nemorum devia, montium ardua, Cilicum flumina prætervolanda eligit. — *Raoul De Caen*. — D'autres historiens aussi parlent presque de la même manière.
2. La monnaie neuve des Arméniens d'alors pouvait valoir un peu moins d'un demi-franc. Aujourd'hui la douane du gouvernement turc pour la charge d'étoffe ou de laine d'un chameau, ou pour une charge de légumes, fait payer la taxe de sept piastres : pour les matières plus fines, un peu plus.
3. Dans la chronique des Arméniens par Jean Dardel, nouvellement découverte, nous trouvons rapporté le siège de Sis, dernier refuge de Léon V, mais de Gaban nous ne trouvons aucune mention.

Gouglag, cinquante-sept ans après la suppression du royaume des Arméniens.

» Nous partîmes donc, tous les deux, de très
» bonne heure, et nous montâmes sur les hau-
» tes montagnes où le château de *Cublech* [1]
» est situé; c'est le plus haut château que
» je sache. On le voit de loin à deux jour-
» nées de distance; cependant quelquefois nous
» lui tournions le dos, à cause des détours de
» la montagne, et même quelquefois nous le
» perdions de vue, restant caché derrière les
» cimes de ces hauteurs. On ne peut entrer
» dans le pays du Karaman qu'à pied et
» en traversant la montagne sur laquelle le
» château est bâti. Le passage est étroit, et
» en quelques endroits il a été perforé au
» ciseau; cependant il est partout dominé par
» le château. Celui-ci, le dernier que les
» Arméniens aient perdu, appartient aujour-
» d'hui au Karman; il l'eût pour sa part
» après la mort de Ramedan. Ces montagnes
» sont couvertes de neige perpétuelle; elles
» n'ont qu'une route pour les chevaux, quoi-
» que on voie quelques vallées éparses entre elles.
» Elles ne sont pas sûres à cause des Turco-
» mans qui les habitent; cependant durant les
» quatre jours que j'y voyageais, je n'ai re-
» marqué pas même une habitation.

» En quittant les montagnes d'Arménie pour
» entrer dans le pays du Karaman, il y a en-
» core d'autres montagnes à traverser. Sur
» l'une de ces dernières existe un passage
» gardé par un château appelé *Lève* [2], où l'on
» paye un droit de péage au Karaman. Ce
» droit était affermé à un Grec; lequel en
» m'observant, comprit à mon aspect que
» j'étais un chrétien, et m'arrêta. Si on
» m'eût forcé de rebrousser chemin on m'au-
» rait tué; car on m'assura après, qu'avant
» que j'eusse franchi une demi-lieue de che-
» min, on m'eût coupé la gorge, la caravane
» étant déjà très loin. Heureusement mon Ma-
» meluk corrompit le Grec, qui, en considé-
» ration des deux ducats que je lui donnai,
» nous ouvrit le passage. Au delà il y a
» le château d'*Asers*, et plus loin encore le
» château d'une ville appelée Araclie (Ere-
» gli) » *.

De Loulou, Bertrandon passa à Asgouras

et de là, à Héraclée, Laranda, Iconium, etc; il doit avoir suivi le chemin des montagnes et du château-fort de Podande; car s'il avait suivi le chemin qui s'engage dans la montagne à l'ouest de Gouglag, comme on l'écrit dans les topographies, il aurait été directement à Laranda; il ne serait pas dirigé vers le nord et n'aurait pas passé par les montagnes de Loulou et d'Asgouras, puis à Héraclée pour revenir à Laranda, au sud.

De tous les voyageurs qui ont écrit la relation de leur voyage en Cilicie, je n'en trouve qu'un seul qui fasse mention de ces passages situés du côté de l'occident, et qui se trouvent pourtant indiqués sur plusieurs cartes géographiques. Au commencement du siècle, M.ʳ Corancez écrivait ainsi: « Ce passage étroit,
» est dominé par un château qui appartient
» aujourd'hui à un aga indépendant; il est
» bien connu des Tartares qui le redoutent,
» à cause des extorsions auxquelles ils y sont
» très souvent soumis. »

Actuellement le village de Gouglag, n'est habité que par des mahométans descendants des chrétiens; à ce qu'ils disent, la forteresse, jusqu'à la prise de Chypre par les Turcs, serait restée aux mains des chrétiens qu'ils appellent encore Génois: un général arménien au service du sultan les aurait assiégés inutilement pendant six semaines, sans même pouvoir les réduire par la famine. Enfin il aurait monté sur les hauteurs du nord-ouest et aurait bombardé la forteresse et incendié la forêt, s'emparant ainsi de la place.

Une petite rivière qui vient du nord, des montagnes qui séparent les affluents du Cydnus de ceux du Sarus, passe entre la tour et les bastions élevés par Ibrahim-pacha, et va se jeter dans la rivière de Gouglag près des habitations et de la douane. Près de la source de cette rivière, il y a une ancienne station, au nord de la tour, et plus loin, à l'est du passage, on voit les ruines d'un grand bourg, peut-être celui de l'ancienne forteresse de Gouglag.

Non loin de là se trouvait la forteresse de *Trizici*? Δριζύβιον, où l'empereur Nicéphore Phocas établit sa famille, l'an 963, pendant qu'il marchait contre les Arabes.

---

1. Gulek Boghaze.
2. Sans doute Loulou.

* A défaut du texte français, qui nous manque, ce passage a été traduit de l'anglais.

Les vallons occidentaux du Sarus

Les chaînes des hautes montagnes de la Cilicie Trachée séparent les vallées du Cydnus, au sud, de celles des affluents occidentaux du Sarus, au nord. L'espace qui, au nord de la chaîne, s'étend jusqu'aux confins che des mines cachées, y ont ouvert plusieurs passages étroits et difficiles, semblables à ceux qui avoisinent la grande Forteresse de la Cilicie.

Dans cette région la végétation est moins abondante, mais le sol est plus riche en minerai. Sous la domination romaine, les passages de ces montagnes étaient déjà fréquentés,

Forteresse d'Anacha et ses environs (par Langlois)

des provinces d'Iconie et de Marache, n'est qu'un vaste labyrinthe de pics et de gorges. La nature, par les rivières qui descendent des montagnes, et les hommes, durant leur recher- ainsi que nous l'indiquent les noms des hameaux et des villes cités dans les anciens itinéraires, où sont marquées les routes qui, de Césarée ou d'Iconium, menaient à Tarse. Nous

ANACHA. — MONTAGNE — FORTERESSE ET VILLAGE

rappellerons chacun de ces lieux selon l'ordre topographique, en commençant d'où nous en sommes restés, c'est-à-dire dans la vallée du Cydnus, vers le nord des Portes de la Cilicie.

C'est un peu plus haut que la station de Tékir et les fortifications d'Ibrahim pacha, que se séparent les vallées, d'abord parallèles, du Cydnus et du Sarus. La partie supérieure du défilé, entre Gouglag et Podande, appartient au bassin du Sarus. Cette partie est arrosée par une petite rivière qui descend du sud, traverse et longe le défilé parallèle et se jette dans le fleuve, entre la longue montagne d'*Anacha*, qui borde sa rive droite, et la montagne *Armadjique*,[1] qui se trouve sur la rive gauche, c'est-à-dire à l'ouest de la rivière. C'est au pied de ces montagnes que s'allonge l'étroit défilé des Portes. Il y a encore non loin de là un col, connu sous le nom de *Bélémédji-Boghaze* ou *Bélamalig*, du nom d'une montagne au pied de laquelle il se trouve; cette sommité est située entre les montagnes *Anacha* et *Ak-dagh*; plusieurs auteurs l'ont longtemps regardée comme un volcan éteint.[2]

De même qu'auprès de la Forteresse des Portes, on trouve aussi ici sur les montagnes calcaires qui avoisinent le château et dans le creux du vallou, beaucoup de coquilles pétrifiées, des *Echinalampas*, des *Montivaultia*, et des crustacés semblables à ceux que l'on trouve dans les Indes.

A une heure de Podande, sur le sommet de la montagne escarpée d'Anacha, s'élève à une altitude de 4,000 pieds, la forteresse du même nom *Anacha-kaléssi*. Elle est en face du mont Ak-dagh du côté d'ouest, et à une hauteur de 1,750 pieds au dessus du niveau du fleuve. Ses murailles sont faites de pierres noires et polies, comme à Gouglag; on y arrive par un sentier taillé dans le roc au milieu des pins. Pour pénétrer dans l'enceinte, on passe deux portes, dont l'une est à l'extrémité nord du précipice. Sur un rocher isolé suspendu au-dessus du précipice qui domine la forteresse, on voit encore beaucoup de petites croix sculptées. Les voyageurs européens y voient un souvenir du passage des Croisés; les Turcs disent aussi de leur côté, que ces croix furent sculptées par les Génois. Cette forteresse était vaste, et son enceinte était allongée selon la forme du sommet de la montagne. La plupart des murailles sont encore debout; on n'en trouve point du côté de l'est et du sud qui, rendus déjà inaccessibles par la nature, n'avaient pas besoin d'être fortifiés par la main des hommes. Se basant sur le genre des constructions et sur la forme des murailles flanquées de tours, V. Langlois a attribué aux ruines actuelles une origine byzantine.

Au commencement de ce siècle ces murailles étaient encore dans un fort bon état, ainsi que les quatre grosses tours ou pyramides, les portes de fer, six bastions, des greniers et des conduites d'eau, creusées dans le roc. Un aqueduc aboutissait autrefois dans la forteresse, un autre dans les jardins, et tous deux amenaient l'eau des montagnes qui se trouvent du côté sud. A une petite distance du pied de la forteresse, vers le nord-ouest, sur un plateau couvert de vergers et de jardins, se trouve le village d'*Anacha*, habité par des Turcs et des Arméniens. On y voit les ruines d'une ancienne habitation et d'une grande église que l'on dit bâtie par une reine ou par la fille d'un roi, à son retour d'un pèlerinage à Jérusalem. Il y a près de ces ruines une fontaine dont l'eau est excessivement fraîche, pendant l'été.[3]

Assurément la forteresse d'Anacha-kaléssi, joua un rôle important au temps des Arméniens, mais nous ne trouvons un tel nom dans aucun manuscrit. J'ai rencontré dans mes recherches la mention d'une forteresse nommée *Antauchedzi* (?), mais selon l'ordre de citation ce château devait se trouver plutôt du côté de la mer. J'indique toujours les noms de toutes les forteresses que nos auteurs ont mentionnées, chaque fois que j'y suis amené par la topographie, soit que je fusse certain de leur position, soit qu'il n'y eût que des probabilités. Il en est cependant quelques-unes dont je n'ai pas parlé, car il m'a été tout à fait impossible de découvrir dans quelle partie de la Cilicie elles se trouvaient. Ainsi par exemple le Château Michel, *Mikaël-gla*, dont le seigneur Rémount assista aux conciles de Sis et d'Adana (1307 et 1316). Ce Rémount était sénéchal des Arméniens, et la date de sa mort (17 Janvier) est mentionnée dans le mémorial de la cour. Il était par son père Héthoum,

---

1. Cela suivant la carte topographique de Béral. V. Langlois l'appelle Allah-tépéssi.
2. Selon Davis, 215.
3. En 1853, le 10 septembre, la température atmosphérique était de 20° R., celle de l'eau de 8° 1|2. On y voit une autre source près de la mosquée, elle est encore plus froide, 2' 1|2 R.

petit fils de Marie, sœur du roi Héthoum Ier et de Jean Ibline, comte de Jaffa.

Près de l'endroit où le défilé tourne du sud à l'ouest, au pied oriental du mont Armadjik, sur un espace étroit entouré de montagnes, est bâti le village de *Bosanti*, sur une petite rivière du même nom. On y a établi une douane.

Ce village était assez connu au temps des Byzantins, et même jadis sous la domination romaine. C'était l'une des principales stations de la grande route qui reliait l'Asie Mineure à la Syrie. On l'appelait déjà alors Podande, Ποδανδός, Ποδενδός ou Ποδανδεύς, selon les latins *Podandos*. Au moyen âge les chroniqueurs latins firent subir à ce nom plusieurs altérations : tantôt c'est *Podando, Poduando* ou *Opodanda*; tantôt *Botentron, Budrente, Bothrembrot, Botrantos* ou *Botrentroch*. Enfin les orientaux l'ont appelé *Bodoundoun* et *Badendoun*. Selon l'ancien itinéraire, il est distant de Faustinopolis (aujourd'hui Pasmakdji) de 23 milles romains. Anciennement Podande et Loulou étaient considérés comme marquant la frontière de la Petite Cappadoce.[1]

A cause de sa position élevée qui le faisait ressembler à une roche tarpéienne, Podande était regardé comme un lieu d'infamie. Ainsi Saint Basile dans ses épîtres le compare aux profondeurs sales du Khéada de Laconie, où l'on précipitait les criminels, et aux abîmes pestilentiels de Charon[2]; car il ne faut pas oublier qu'à l'époque où le Saint écrivait, la discorde régnait au milieu du Sénat de Césarée à cause de la division en deux du diocèse de la Cappadoce, et une partie des membres s'étaient enfuis et réfugiés à Podande. Ce fait indique aussi qu'à cette époque Podande devait être une ville importante et assez forte. L'empereur Valence, après avoir partagé en deux le diocèse de Cappadoce avait du reste choisi cette ville pour l'une des capitales; plus tard il la remplaça par Tiana.

Lors des luttes des Byzantins avec les Arabes, au commencement du huitième siècle, le général de ces derniers, Mo-lim, s'empara de Podande après avoir pris Tiana (708). Michel le Syrien qui raconte la prise de la ville de Podande, mentionne auparavant celle de la forteresse *Djerdjoum* (Ջրաձում,) dont nous ne pouvons indiquer la position exactement. Supposant que cette forteresse devait se trouver aux environs de Podande, nous avons cru bon d'en rappeler ici au moins le nom. C'est à Podande que mourut le grand Emir Al-Mamoun, l'an 833, et il fut enterré à Tarse. Quarante ans plus tard, (876) durant le règne de Basile Ier, son général André le Scythe battit sur ces lieux, les Arabes et leur infligea de grandes pertes: ceux qui purent échapper se réfugièrent à Podande. Le vainqueur fit recueillir les os des ennemis tombés dans la bataille et en fit ériger un trophée.

Un autre fait à rappeler dans les annales de Podande, c'est que l'empereur Jean Zimiscès y passa peu avant sa mort (976-7) et il admira la richesse des pâturages et la beauté des troupeaux.

Parmi les historiens arméniens, il n'y a que Sempad qui parle de ce lieu et il l'appelle *Boudanté* (Պուտանդէ); il raconte qu'il poursuivit les soldats du sultan d'Iconie, depuis Maïdzar jusqu'à *Podande* et qu'il en massacra un grand nombre (1245), ainsi que nous l'avons déjà rappelé.

De nos jours, on voit encore les traces des anciennes maisons de Podande et les restes d'un pont fortement construit, qui fut ruiné par Ibrahim pacha, pendant la guerre qu'il soutint contre le sultan de Constantinople. Actuellement, tous les habitants du bourg sont Arméniens.

A partir de là, le passage prend le nom de « Col de Podande » : il commence par tourner à l'ouest, puis revient en partie vers l'est jusqu'au bord du fleuve Korkoun. Le passage est bordé de montagnes des deux côtés, sur une longueur de six kilomètres. A 5 ou 6 kilomètres à l'est de Podande, sur le versant de la montagne, à une altitude de 1,460 mètres, il y a un village ou une station du nom de *Gueubèze*[3], duquel je n'ai aucune notice. Ce même village est à la même distance du mont Ak-dagh du côté de l'ouest. C'est au pied de cette montagne dans la direction du nord-est jusqu'au fleuve Korkoun, à une altitude de

---

1. Constantin Porphyrogène. Les Thèmes I. Μικρὰ δὲ Καππαδοκία... καταλήγει δὲ πρὸς ἀνατολὰς μέχρις αὐτῆς Ποδανδοῦ καὶ τοῦ φρουρίου τοῦ καλουμένου Λούλου καὶ αὐτῆς Ποδανδοῦ.

2. Ὅταν δὲ Ποδανδὸν εἴπω, τὸν Κεάδαν με οἴου λέγειν τὸν Λακωνικόν, ἤ, εἴ που τῆς οἰκουμένης εἶδες βάραθρον, αὐτοφυὲς, ἀδῇ καὶ Χαρώνειά τινα προσαγορεύειν αὐτομάτως ἐπῆλθεν, ἀέρα νοσοποιὸν ἀναπνέοντα, τοιούτῳ τινὶ ἔοικός νόμισον καὶ τὸ Ποδανδοῦ κακόν. — S. BASIL. Ep. 74.

3. Kotschy, dans les Mittheilungen de Petermann, Vol. IX, p. 352.

1,174 mètres, que s'étendent les mines de plomb d'*Arpa-outchouroume*. La sommité qui a la forme d'une pyramide tronquée s'appelle le Mont Blanc (6,000 pieds). Le versant occidental est gypseux et calcaire, le versant nord-est, schisteux et porphyréen. Sur l'arête qui les sépare s'étend une veine de plomb sur une longueur de trois à quatre kilomètres. Il n'y a qu'un seul chantier important; mais on a aussi ouvert deux fosses à la cime de la montagne. Le minerai contient, avec le plomb, un mélange d'argile et de fer.

De là, la route va d'abord dans la direction du nord; mais à une lieue de Podande, elle tourne à l'ouest, passe au pied sud-ouest du mont *Karendja* (Fourmi), côtoie la rive droite du fleuve qui vers sa source s'appelle *Tarbas* et dans sa partie inférieure *Tchaked*, et aussi *Ak-sou*.[1] On a jeté sur ce fleuve un pont à une seule arche en ogive de 13 mètres de long; il est en face des fortifications élevées sur les roches calcaires: on l'appelle *Ak-kueupri* (Pont-blanc): il sépare les deux provinces d'Adana et d'Iconium; autrefois, et encore dans la première moitié du siècle présent, sous la domination de Méhémed-Ali, la ligne de frontière était formée par le passage de Podande[2]. On trouve près de là, dans la montagne sur la rive droite du fleuve, des carrières d'un marbre assez joli, mais de peu de dureté. Il y a également à peu de distance de ce pont une source, appelée par les Turcs à cause de la bonne qualité de son eau: *Chéker-pounar* (source-sucrée). C'est dans l'espace compris entre le pont et Podande que se trouvaient autrefois le campement et les pâturages des Turcomans de la tribu *Ramazan-oghlou*. Les environs, ainsi que tout le col de Podande, ont un aspect grandiose qui rappelle celui de Gouglag. Il y a là aussi des rochers abrupts et escarpés, aux flancs desquels poussent des sapins, des cyprès et quelques chênes. Le bois que l'on coupe dans ces lieux, est transporté à Adana.

A quatre kilomètres à l'ouest de ce premier pont *Blanc*, il y en a un autre en bois appelé *Tahta-kueupri* (Pont de bois). Ce pont repose sur des fondements en pierre, et il se trouve tout près d'un autre plus ancien. Du même nom de Tahta-kueupri s'appelle également une station importante sur la route de la forteresse de Gouglag

Un autre chemin qui se dirige vers l'est, conduit au fleuve Korkoun, le traverse, monte vers le nord-est, passe au milieu des mines *Bose-madén*, puis changeant de direction monte au nord vers les mines de *Béréketli*.

Non loin du Pont de bois, on voit sur un rocher les traces d'un édifice, peut-être d'une forteresse, qui doit, selon Edib, s'appeler *Sandekly*. Du pied des murailles de ces ruines coule une petite rivière. Egalement près de ce pont, le fleuve de Podande reçoit deux affluents. Sur la rive gauche, vers le nord, la rivière *Kuerk-guétchid* (Quarante gués), grossie elle-même de deux autres rivières, celles de Faustinopolis et d'*Eudjélé*, sur lesquelles nous reviendrons plus tard. Sur la rive droite, au sud du pont il reçoit la rivière *Horos* ou *Oros*, qui donne son nom au village bâti à deux kilomètres environ au sud du pont et à une distance de quatre kilomètres à l'ouest de Podande. Ce village se trouve à une hauteur de 3,500 pieds; il est entouré de vignes, de jardins et de vergers. Les bois de sapins et de cèdres qui couvrent les flancs de la montagne, commencent tout près du village. C'est à partir des vallons d'Horos, vers le sud, que s'élèvent les plus hautes cimes de la Cilicie Trachée. Les sommités calcaires du *Kesel-tépé* (8,500 pieds) sont au nord de la vallée d'Horos. Aux pieds de la même montagne sont situées les sources de la rivière, à peu de distance des lacs Kara-gueul et Kochan. Les flancs et les arêtes de ces montagnes sont couverts de toutes espèces de plantes et d'arbres sauvages. Attiré par la richesse de la végétation, le botaniste Kotschy visita deux fois ces lieux. Il passa sur ces hauteurs la nuit du 19 au 20 juillet 1853. Sur les cimes les plus élevées il ne trouva que des plantes à tiges fort basses, ayant à peine deux doigts de hauteur; seul l'*Alopecorus angustifolius Sibth*, atteignait une hauteur de trois doigts. Mais la couleur des fleurs de ces plantes minuscules était d'une rare beauté. Il recueillit, pour les envoyer à Vienne, plus de trois cents espèces de fleurs et de racines; parmi lesquelles nous pouvons citer le beau *Lamium eriocephalum*, la *Gentiana Boissieri* et la *Viola crassifolia*. Il y vit

---

1. Edib, écrivain turc, appelle Kerk-guétchid le fleuve jusqu'au pont Blanc; après sa jonction avec Karasou, il cite la rivière Tchaked. Près de ce fleuve en 1487 les soldats du sultan d'Egypte battirent les Zulkadriens et les Turcs leurs alliés.

2. Ritter, Erdkunde, XIX, p. 263.

aussi le coq de bruyère, (*Tetraogallus*) que les indigènes appellent *Our-kéklik*. Les pâturages qui s'étendent entre le sommet de la montagne et les mines de Boulghar-maghara sont très beaux (altitude de 6,000 à 7,500 pieds).

Ces mines de Boulghar sont renommées dans le pays, surtout à cause de l'argent qui se trouve mélangé au plomb et à la gangue. Aussi on voit tout autour des chantiers un grand nombre d'habitations où les ouvriers viennent passer l'été ; mais l'hiver, ils sont obligés de redescendre dans la vallée.

Kotschy visita ces mines les premiers jours d'août, 1853. En examinant la nature du terrain qui environne les chantiers, il trouva que le calcaire en formait la majeure partie. On avait taillé dans le rocher rougeâtre un escalier. Quant au sol des mines proprement dites, il est aussi rougeâtre et on y trouve mélangé avec le plomb, de l'argent et un peu d'or ; mais le minerai se trouve surtout sous forme de sidérite noire. Des mines, le sol va en s'abaissant jusqu'à l'ouest du Kesel-tépé (Pic rouge) et jusqu'au mont Méddéssiz qui est la plus haute sommité de la Cilicie Trachée. Il est presqu'entièrement recouvert de neiges et de glaciers, et forme deux vallées qui s'étendent derrière une chaîne de montagnes. A l'est de ce pic s'étendent sur un espace d'une lieue et demie, de fertiles pâturages qui sont regardés comme les meilleurs de toute la région du Taurus. Dans ces lieux les plantes des montagnes abondent ; Kotschy[1] cite entre autres l'*Androsacea armena* Dub ; le *Phlomis Armeniaca* W., et aussi la renoncule dorée à courte tige et des chardons de diverses couleurs. Un peu plus bas, dans les pâturages, il a trouvé l'*Orobanche epithymum* D, l'*Astragalus minor*, la *Koeleria cristata*, le *Polygonum aviculare* et le *Polygonum Olivieri;* et encore plus bas, dans les lieux marécageux, la camomille ronde, la germendre des marais, une espèce de lin et la gracieuse *Gentiana Boissieri*, etc.

Vers l'ouest du Pont de bois, à une distance de trois kilomètres, sur la rive gauche du Podando dans une caverne, se trouvent les thermes d'*Elidja*[2]. Les eaux sortent d'un plateau schisteux situé au pied de la montagne porphyréenne. Ces thermes étaient déjà connus du temps des Romains. Dans leur célèbre Itinéraire Peutingerien ce lieu est mentionné avant la station de Podande, et les eaux thermales sont appellées « *Aquæ calidæ* » ; les fameux bains aussi y sont signalés, dont les eaux sont très propres à guérir plusieurs maladies, ainsi que le remarquent du reste les derniers visiteurs. Un explorateur français, Belon, qui y passa en 1548, a trouvé une grande analogie entre ces bains et les thermes de Clermont, soit pour la qualité de l'eau, soit surtout pour la place de la source et de la grotte naturelle creusée dans le rocher. Mais un autre explorateur, Davis, dans un voyage beaucoup plus récent, leur trouve une ressemblance avec les thermes d'Aix-la-Chapelle. Actuellement le bâtiment a des bains bâtis en arcades, et mesure quarante pieds de long sur vingt-quatre de large ; le bassin a jusqu'à six pieds de profondeur. La température de l'eau est de 33° R. Elle est insipide, inodore et ne laisse aucun dépôt. Durant la guerre d'Egypte, les Turcs avaient élevé aux environs des barricades et des bastions pour mieux résister à Ibrahim pacha, qui avait établi les siens non loin d'eux. Près de l'endroit où le fleuve Podande reçoit la rivière *Eleudjélé* ou *El-Khodja*, à une distance d'un peu plus d'un kilomètre au sud-ouest, on trouve à une altitude de 744 mètres, une ancienne station appelée *Tchifté-khan*. Paul Lucas qui écrivait au commencement du XVIII° siècle, l'appelle *Chefete-camp*. Ce nom de Tchifté-khan (double khan) lui vient sans doute de ce qu'en cet endroit se trouvaient deux khans.

Le général allemand, Fischer, qui fortifia ce vallon pour la défense des Turcs contre l'armée égyptienne, fit aussi jeter un pont sur le fleuve, car de ce lieu jusqu'au pont de Ak-kueupri, il eut été difficile de trouver un gué. Le vallon ne mesure que 110 à 200 mètres de largeur. Les Turcs livrèrent bataille entre Tchifté-khan et le Pont de bois, le 15 octobre 1832, sous la conduite d'Ali, pacha d'Iconium, et de Sadik, pacha de Tarse. Ils durent se retirer dans leurs retranchements, vers les casernes d'Oulou-kechela ; ils en furent encore délogés et se virent obligés de se replier sur Iconium.

La rivière qui passe près de Tchifté-khan et mêle ses eaux à celles du Tarbas, est ap-

---

1. Le botaniste Kotschy donne (pag. 176-183) une longue nomenclature des plantes de ces hauteurs comprises entre Kochan et Kezel-tépé, et les mines de Boulghar maghara et de ses environs du côté nord.

2. Ainsworth (II, 73) en y passant le 27 novembre 1833, essaya cette eau, et la trouva thermale.

pelée par les uns, du nom de la principale montagne de la Cilicie Trachée, *Boulghar*; par d'autres, *Alagouga* ou *El-khodja*, du nom de deux petits villages appelés *Eleudjéli*, *Supérieur* et *Inférieur*, il semble qu'ils sont les villages *Aladjali*, ou bien *Hadji-Ali* ou *Ali-hodja*. Comme cette rivière descend presque directement des hauteurs, son cours est très rapide et elle forme plusieurs cascades; elle coule au milieu d'un [terrain formé d'argile et de calcaire jaune, coupé çà et là par des blocs de por-

l'on trouve près de là, sur un rocher les restes d'un édifice singulier qui doit remonter à une haute antiquité, et à un peuple inconnu; on y remarque encore les traces d'une inscription, dont les caractères paraissent plutôt symboliques. Une chose à remarquer c'est que les Grecs d'alentour qui travaillent dans les mines, parlent plutôt le grec ancien que le moderne.

La vallée du fleuve est étroite et longue; très haute et très rocailleuse du côté de l'ouest, elle va en s'inclinant vers l'est. Dans

Ruines d'une église dans le village d'Aladja.

phyre, de serpentine ou d'amphibolithe. Elle se jette dans le Tarbas à un peu plus d'un kilomètre au nord de l'embouchure de la rivière Horos.

C'est probablement dans l'un des villages ci-haut mentionnés, l'*Aladja* de V. Langlois, que se trouvent les restes magnifiques d'une église byzantine: car il ne dit pas suffisamment où se trouve Aladja. Le même voyageur ajoute que

sa plus haute partie elle est dépourvue de toutes espèces d'arbres; par contre les plantes alpestres n'y manquent pas, et Kotschy en aurait pu cueillir s'il n'était arrivé dans ces lieux un peu trop tard pour la floraison, (4 août, 1853). Tchihatchef qui y passa dans une saison moins avancée, dit y avoir trouvé le *Sedum olympicum*. La partie inférieure et moyenne de la vallée est buissonneuse. Les arbustes croissent jusqu'à la hauteur de 7,000 pieds et les grands arbres jusqu'à 6,500.

Ce qu'il y a de plus remarquable dans cette vallée, ce sont les mines de *Boulghar-madén* près des sources du fleuve où il y a aussi le village, nommé *Boulghar-dagh*, à une altitude de 1,483 mètres. Ce village est à l'est de la chaîne dont il porte le nom; il est distant de 14 heures de Tchifté-khan, 30 de Podande, 36 d'Arpa Outchouroumou, 52 de la Forteresse de la Cilicie, et enfin de 110 de Tarse.

Dans ces mines, comme dans la plupart de celles de cette région, le minerai contient du charbon et se trouve soit dans le rocher calcaire, soit dans de l'argile rouge ferrugineuse. On dit que le plomb se trouve très abondant dans les couches profondes, mais jusqu'à présent on n'a exploité que la superficie. En 1866,

de forêts, ni même d'arbres isolés aux environs, on est obligé d'apporter d'assez loin le bois de cèdre ou de sapin nécessaire pour les besoins des mines. Les habitants de ces lieux le convertissent en charbon: comme dans les autres mines, la plupart des ouvriers sont des Grecs. En 1876 le chef des ouvriers était un certain Kantardji Giorgi: il affirmait au voyageur Davis que les dépenses du gouvernement pour les mines de plomb et d'argent s'élevaient à 24,000 livres turques, mais que le rendement en était de 50,000; qu'un gramme d'argent raffiné revenait à 16 centimes environ, et que pour le même prix on obtenait une *oque* de plomb.

Les alentours de ces mines offrent aussi un spectacle des plus grandioses, car à la distance de cinq à six kilomètres s'étend la chaîne des

Inscription (hétéenne)? en relief près du village d'Aladja (pag. 143)

il y avait treize mines, sur un espace de huit kilomètres; mais on croit qu'autrefois les puits d'extraction s'étendaient jusqu'à Tchifté-khan, et même jusqu'au Pont de bois. Ces mines ne se trouvent pas toutes à la même hauteur; la moins élevée se trouve à 300 mètres au-dessus du fond de la vallée, la plus haute en est à 800 mètres. Celle qui est la plus proche du village est à une altitude de 2,096 mètres. On ne travaille dans ces mines que du mois de mai jusqu'à la fin de septembre; l'hiver y est excessivement rigoureux, surtout près du Pic-Rouge, où se trouvent deux puits d'extraction plus riches et dans une position plus élevée que les autres. Comme il n'y a plus

Monts Boulghars, dont les hauts sommets sont tout couverts de neige. La plaine qui n'est que la vallée du fleuve, est d'un aspect très agréable; elle est assez fertile et les maisons y sont éparpillées au milieu des bosquets de cèdres et des prairies. Les montagnes paraissent inaccessibles du côté du versant nord qui fait face aux mines; mais du côté du sud, on peut monter jusque sur le pic de *Méddésize*, la plus haute des cimes. On y arrive en côtoyant Gulek-maghara, Karli-gueul, Bache-olouk, Kétchi-béli et les trois sommets de l'Utch-tépé. C'est par là que monta Kotschy (29-30 juillet 1853). Avant lui, l'officier Rousseger avait déjà suivi le même chemin, lors de son ascension: ce dernier trouva de la neige encore un peu plus bas que 2,000 mètres; certaines parties étaient entièrement gelées, surtout près de la source du fleuve. Sur le sommet formé d'une roche calcaire toute coupée, et qui se trouve au sud du massif, Kotschy trouva une plante qu'il appelle *Heldreichea*; un peu plus bas, à une altitude de 11,000 pieds, il remarqua dans les creux des rochers, l'astragale pelliculeux, l'*Ajuga Chia*, et l'eunomie rouge. L'*Alyssum argyrophyllum* est la plante qu'il rencontra à la plus haute altitude.

Inutile de dire que la vue dont on jouit de la cime de ces montagnes, est vaste et grandiose. A l'est de la dernière sommité dont nous venons de parler, il y en a une autre qui s'appelle *Tchoban-kouyou* (puits du berger), et qui s'élève au-dessus de l'arête commune, comme une pyramide aiguë de 300 pieds de hauteur: de ce sommet on peut voir Tarse.

A côté de ce dernier se trouve le mont *Arpalik* d'une hauteur de presque 11,000 pieds. Du côté sud on ne voit que des précipices qui se succèdent les uns aux autres jusqu'à la plaine et au bord de la mer. Au sud du mont Méddésize s'élève le *Utch-tépé* d'une hauteur de 10,000 pieds; son arête est plane et rocheuse. On remarque à sa droite un rocher abrupt appelé *Tèk-kaïa* (pic isolé) où se réfugient les boucs, et, à sa gauche, le *Tache-olouk*; puis il y a les montagnes et les monticules, que nous avons mentionnés dans les vallées des affluents du Cydnus, auxquels font suite des bois et des forêts, enfin en bas la vaste plaine et la mer. De ces hauteurs, avec une longue-vue, et même avec de bons yeux, on peut apercevoir l'île de Chypres, comme une bande noire. Du sud-ouest de Méddésize on entrevoit les forêts de Lambroun et plus à l'ouest, un lac. Du côté du nord, on voit d'abord des précipices et des abîmes épouvantables, des vallées gelées ou couvertes de neige, exposées sans cesse à des tempêtes mugissantes. C'est à peine si l'on voit çà et là quelques rares rochers noirs sortir du blanc tapis de neige. Au delà de ces cimes neigeuses on découvre des hauteurs ondoyantes entièrement nues et rudes, avec des formes bizarres, sur lesquelles les traces des torrents ne manquent pas. Ces torrents doivent former des cascades qui rendent sans doute le spectacle admirable et ravissant durant la fonte des neiges: mais pendant l'été lorsque la chaleur excessive y règne et que les eaux viennent à diminuer, le paysage devient aride et semble désert. Il n'y a plus rien de gracieux que la montagne au Pic rouge et les confins des mines de Boulghar. Parallèlement à cette chaîne de montagnes, s'en élève une autre dont les cimes sont un peu moins hautes, (7-8,000 pieds). Ce massif s'étend de l'est à l'ouest, sur une longueur de six heures de chemin, et une largeur d'une heure. Lorsqu'on regarde de là vers l'ouest dans la direction d'Héraclée, on entrevoit comme des taches noires, les vignes et les jardins du bourg de Bor, et vers le nord les sommités blanches d'Argée de la Cappadoce, et deux lacs. Au nord-est s'étendent avec les montagnes Boulghar, les monts Ala-dagh, dont la sommité principale est le mont *Abiche*, à l'ouest duquel commence le territoire des mines Béréketly, avec des vignes et des jardins.

Parmi les hôtes sauvages de ces lieux, Kotschy mentionne les aigles et les vautours sur les hauteurs du Méddésize, et le pic, dans les anfractuosités des rochers. Parmi les plantes il en énumère plusieurs espèces: ainsi sur les limites de la neige la *Calamintha florida*, dont l'odeur est exquise et la couleur rouge vif; dans les cavités rocheuses, le pavot persan (*Papaver persicum Lindley*), dont la tige atteint jusqu'à trois pieds; le nerprun ou l'alaterne à feuille aiguilliforme (*Rhamnus cornifolia*); deux espèces, d'*Acantholimon* (*Acanth. Venustum*); dans les cavités du côté méridional du mont, l'origan (*Nepeta cilicia*), l'arenaria (*Arenaria Kotschyana*) et la *Munbya conglobata*; sur les côtes et sur les plateaux, la *Scorzonera cilicica* et l'*Agropyrum repens*, le ptérocéphale, le *Hieracium pilosella* et la scabieuse. Près des sources croissent la myosotis microcéphale, l'origan, la potentille, la petite renoncule, etc. Sur les rochers du nord du Utch-tépé, le pyrèthre à fleurs épanouies, le silène, (deux espèces: *Silene odontopetala* et *S. fruticulosa*), l'omphalode (*Omphalodes Luciliæ*), la potentille (*Potentilla speciosa*), etc. Sur les parties pierreuses et couvertes de torrents du Méddésize, le pois *Cicer pimpinellæfolium*), le scrophulaire (*Scrophularia libanotica*), etc. Dans les anfractuosités croissent le serpolet, la *Veronica pectinata*, l'euphorbe drue, l'*Hypericum crenulatum*, jusqu'à une altitude de 9,500 pieds.

Nous pensons cette énumération suffisante; revenons au passage de *Gaban*, dans la vallée du Tarbas, où au nord du village des mines de Boulghar, se trouve un autre bourg portant le nom même de *Tarbas*. C'est un nom arménien (cour, palais), et ce lieu doit assuré-

19

ment contenir des souvenirs des temps anciens. Nous avons déjà dit que le fleuve porte le nom de Tarbas à sa source, il le change plus bas à Bozanti et à Tchaked. A l'est de ce dernier bourg passe le chemin qui conduit de Boulghar-dagh aux villes de Tiana et de Nigdée: ensuite il se dirige vers le nord et traverse la route de Gaban, laquelle conduit de Podande à Iconium par Héraclée. Dans la direction de cette dernière ville, à l'ouest de Tarbas, on rencontre les villages *Emirler* et *Kila-kueuy*.

Non loin de là, s'élèvent les monticules *Yelan-dagh* (Monts des serpents). Ils s'étendent de l'est à l'ouest, sur une longueur de 8 kilomètres. Le village de *Yelan* est bâti au pied de ces Monts à une altitude de 1,100 mètres. A l'extrémité occidentale de ces mêmes monts, sur la gauche de la route, se trouve le célèbre bourg turc, appelé *Oulou-kechela*, à une demi-lieue plus à l'ouest que le village *Porsouk*. Les noyers abondent aux environs de ce bourg, qui est la dernière station faisant partie de la province d'Adana, c'est-à-dire de la Cilicie proprement dite près des sources du Tarbas. Une fois ce village dépassé, on arrive sur le territoire d'Héraclée dans la province d'Iconie. Oulou-kechela est à la même distance d'Héraclée que de Tchiftékhan, environ douze mille, espace que l'on peut parcourir en neuf heures, selon Edib. Ce dernier ajoute que dans ce village se trouvaient deux auberges et une mosquée et que le nombre des maisons est assez considérable. L'une de ces auberges portait le nom de Méhémedpacha. Il semble que ce soit le même logement que décrit le voyageur allemand Niebuhr, il y a environ 130 ans (1766). Il attribue à cette construction une longueur de 250 pieds et autant à ses parties latérales. Il énumère plusieurs chambres, des greniers, une mosquée, des bains et 12 écuries voûtées. Les habitants sont tous Turcomans.

Le voyageur français Paul Luc, passa dans ce village avant Niebuhr, au commencement du XVII° siècle. Il écrit le nom du village *Ouloucouchela*. Moltké qui visita ces lieux en novembre de 1838, admirait la construction de cette auberge, et la regardait comme la plus vaste et la plus belle de toutes les hôtelleries du gouvernement ottoman. Selon lui, on y peut abriter un escadron de cavalerie. Depuis plusieurs siècles on n'y a fait aucune restauration, mais tout est encore solide et en assez bon état. La grandeur et la solidité de cet édifice montrent que le nombre des marchands qui fréquentaient autrefois ces lieux était très considérable, tandis que, de nos jours, c'est tout au plus si l'on rencontre de temps en temps deux mulets chargés de raisin ou de charbon. Dernièrement encore l'explorateur Davis, admirait la solidité et l'élégance de cet édifice: il l'attribue à un architecte italien, peut-être tombé aux mains des Turcs. Pendant un certain temps, il a été question de faire arriver dans ce lieu un chemin-de-fer.

En 1873, une grande famine désola ces lieux; le nombre des habitants diminua considérablement: tandis qu'avant cette disette on y comptait environ 400 familles, il n'y en a plus que 100 maintenant. On dit que plus de 1,000 hommes moururent dans le village et dans les environs, et qu'on perdit plus de 300 bêtes à cornes, 300 chevaux, 20,000 chèvres et brebis.

A l'est de ce bourg sur le bord de la route, on rencontre, au dire d'Edib, un lieu appelé *Kiafir-sindy*, nom qui signifie « Défaite des infidèles ». Il y aura eu autrefois une bataille entre les Chrétiens et les Turcs.

Edib mentionne encore près de ces lieux une forteresse, sur le sommet de la montagne; il l'appelle *Ghelick*, et affirme que cette place fut conquise par les Turcs durant le règne de Méhémmed II, l'an 1467-8. Les historiens turcs de leur côté disent qu'à cette époque, leurs connationaux s'emparèrent d'une forteresse dans les passages de la Cilicie, et de plusieurs autres encore de différents côtés. Ils ajoutent, qu'ils les enlevèrent aux Arméniens qui vexaient les passants par des douanes et des péages. Il ne faudrait pas croire toutefois que cette forteresse soit celle des Portes de la Cilicie, car Edib distingue cette dernière l'appellant *Doulek*. Les voyageurs plus récents ne mentionnent pas de forteresse dans ces lieux; mais ils en citent une, un peu plus à l'est et la nomment *Ali-hissar-kaléssi*. Au nord de cette dernière forteresse, se trouve le village *Kalékueuy* (Village de la Forteresse). Il est bâti au pied de la montagne.

La Vallée de Kerk-Ghétchid

Ainsi que nous l'avons indiqué plus haut, le fleuve Tarbas ou Tchaked, reçoit sur sa rive gauche (côté nord), non loin du Pont de bois, la rivière Kerk-ghétchid, qui n'est autre que la réunion de deux ou trois petites rivières qui naissent du côté nord de la Porte de la Cilicie Trachée. Cette rivière est appelée Kerk-ghétchid (Quarante passages) à cause des nombreuses petites gorges qu'elle forme au milieu des rochers ; mais la profondeur des vallons est très petite, et ces gorges sont impraticables et ne sauraient servir de passages, bien que le nom paraisse indiquer le contraire. Sous cette vue ce nom conviendrait plutôt au fleuve Tarbas ou Tchaked, et nous trouvons qu'aussi le pèlerin de la Mecque (Edib) donne ce nom de Kerk-ghétchid au fleuve Tarbas ; mais, à présent, c'est bien à son affluent, qui se trouve sur sa rive gauche, que l'on donne ce nom.

Il y a dans la vallée de Kerk-ghétchid une station, appelée *Ovadjek*, (Petite plaine) ; elle se trouve à une altitude de 1,178 mètres: son nom lui vient du petit plateau où elle est bâtie. Ce plateau est bordé du côté du nord par des monticules qui ressemblent aux monts Yelan-dagh ; ils sont du reste situés directement au nord de ces derniers.

Près du bourg d'Ovadjek, le Kerk-ghétchid, reçoit plusieurs petits affluents : tels que la rivière *Porsouk*, au sud des monts Yelandagh, et une autre plus petite qui vient des environs de Tiana, et dont le cours est d'environ 8 kilomètres. Cette rivière reçoit elle même un affluent, tandis qu'elle traverse, en venant du nord, l'espace qui sépare Tiana et les mines de plomb de Béréketly. On pourrait appeler ce dernier affluent, ruisseau de *Pachemakdji*, bourg qui se trouve à près de six kilomètres au nord de la jonction des deux cours d'eau. Ce nom de Pachemakdji ne serait-il pas une corruption de *Faustinopolis* ? On voit auprès de ce bourg les restes de vastes constructions anciennes. De plus, selon les Itinéraires romains, cette ville se trouvait dans cette région. Marc Aurèle l'avait ainsi appelée en souvenir de sa femme. Il fit, disent les historiens, transformer en une ville et habiter par une colonie, un village de peu d'importance. Après quelque temps cette nouvelle cité fut insérée dans la Seconde Cappadoce, elle devint le chef-lieu d'un diocèse, appelé Φαυστινόπολις ou diocèse de Φαυστινοπολεῶς par les Grecs.

Sur le grand chemin qui conduisait de Cappadoce à Cilicie, les empereurs avaient fait établir un relais dans cette région. Cette ancienne station devait se trouver sur l'emplacement du village actuel de *Imrakhor*, qui est à une demie-heure du précédent, du côté de l'est.

La Vallée du Korkoun

Le dernier des affluents occidentaux du Sarus est la rivière Korkoun, qui est plus à l'est que les autres que nous venons de mentionner. Quelques-uns appellent cette rivière *Kara-sou* d'autres *Kara-bounar* (Source noire),[1] pour mieux indiquer qu'elle sort des montagnes de ce nom. La source est à 1,690 mètres d'altitude. Si ces montagnes, nommées aussi *Kerk-bounar-dagh*, ne sont pas les mêmes que celles que certains voyageurs appellent *Utchkapou* (Trois portes), elles doivent être au moins parallèles à cette dernière chaîne. Elles forment une partie de la frontière sud-est du district de Tiana, qu'elles séparent de la Lycaonic et de la Cilicie. Des monticules et des collines coupent en deux la vallée du Korkoun, dont la partie principale, celle de l'ouest, appartient en propre à la rivière Korkoun; tandis que la partie qui reste à l'est doit être considérée comme appartenant à l'un de ses affluents, la petite rivière *Eudjémiche* ou *Adjémiche*. Le chemin qui longe cette dernière rivière, va dans la direction du nord-est et aboutit à Césarée: celui du Korkoun conduit, du côté du nord, dans la direction de Tiana, du côté du sud, il tourne un peu à l'ouest, entre dans le vallon de Kerk-ghétchid, et aboutit au chemin de la forteresse, près du Pont de bois. Sur chacune de ces deux routes, qu'il serait plus exact d'appeler des passages étroits, on a bâti des khans (hôtelleries), établi plusieurs des fontaines et construit des moulins à eau.

Le premier des khans, dans la région sud de la vallée du Korkoun, se trouve au pied du mont *Karendja* et s'appelle *Yossounlou-khan*. De ce khan part la route qui côtoie la rive droite de la rivière et aboutit à *Méléméndji-khan*[2] ou *Kamechely*[3], station située à une dizaine de kilomètres du pied oriental du mont Kezel-dagh ; il y avait là, il y a quelques années, 12 petites maisons en bois, dispersées au milieu des noyers et des platanes. La ré-

---

1. Edib et Tchihatchef.
2. Suivant Fischer.

3. Suivant Béral.

sidence du gouverneur (kaïmakan) de la tribu d'Afchar, s'appelait Méléméndji-oghlu; la tribu comprenait selon Tchihatchef, 1,500 tentes, sans compter les familles qui habitent vers les montagnes du Kozan.

En 1875, selon la relation d'un voyageur, un riche Arménien d'Adana construisit dans ces lieux plusieurs habitations ou des établissements. Tout près de là, dans un vallon, sur la droite, se trouve une église qui est un lieu de pèlerinage pour les Arméniens. [1]

Près du khan de Méléméndji, il y a un pont; ainsi le chemin qui était d'abord à l'ouest du fleuve, sur la rive droite, passe à l'est sur la rive gauche, où se trouve le village *Solalik*, et un peu au loin une rivière descendant du mont *Kourd-sivri* se mêle aux eaux du Korkoun; près du confluent de ces deux rivières, on a construit un grand moulin.

A gauche du fleuve, il y a le grand bourg de *Béréketly*, à 1,270 m. d'altitude: la princesse Belgiojoso le nomme la ville *Médème*; elle y vint en 1852 et logea chez le directeur des mines. [2] En face de ce bourg, mais sur la rive droite du fleuve, se trouvent les mines, connues sous le nom de *Béréketly-madén* ou *Esghi-madén*. Elles se trouvent distantes de 15 heures de marche environ des mines des Monts Boulghars (64 kilomètres). L'*Eunly-sou*, affluent du Korkoun dans cette région, s'appelle aussi, à cause des mines, *Béréketly-sou*; pourtant les mines sont à une assez grande distance du vallon d'Eudjémiche (vingt kilomètres environ). Dans toute cette région, jusqu'aux sources du fleuve au nord, aux montagnes Kerk-bounar à l'ouest, et aux sommités qui s'élèvent du côté de l'est, on ne trouve aucun lieu remarquable. On n'y voit que les restes encore peu explorés de la forteresse de *Kétchi-kalé*; à une dizaine de kilomètres au nord de Béréketly [3].

La Vallée d'Eudjémiche

Près du confluent de la rivière Korkoun et de son affluent Eudjémiche, commence le chemin étroit qui mène à Césarée et dont nous avons déjà parlé plus haut. On rencontre au bord de ce chemin d'abord, un moulin à eau, à un kilomètre de la jonction des deux rivières; à un kilomètre plus loin le *Badje-derbend-khan*, nom qui démontre bien le rétrécissement du passage, est la douane qu'on y a établie: lors du voyage de Kotschy, les employés étaient des Arméniens. Kotschy visita ces lieux dans son troisième voyage en 1859; il y passa la nuit du 3 au 4 juin. Près du pont il y avait un mur, c'est là que les passants s'arrêtaient pour payer la taxe.

A une demi-heure du pont, on rencontre une série de collines ardoisières, au pied desquelles le botaniste trouva la centaurée, (*Centaurea eriphylla*), l'origan, l'Esparchette (*Onobrychis*).

Si du pont de la douane, qui se trouve à une altitude de 4,200 pieds, on redescend le long du fleuve, on rencontre un autre pont au bout de trois heures de marche. Ce dernier est à une altitude de 3,850 pieds, et porte le nom de *Badje-madén-khan-Dervichly*, et traverse la rivière Eudjémiche que Kotschy nomme *Gumucheli-sou*. A dix kilomètres du khan où se trouve établie la douane, il y en a un autre, appelé *Kaïa-alty-khan* (Sous la roche). Les itinéraires indiquent une fontaine entre ce khan et Béréketly, puis une autre au bord du chemin et au nord du même khan, et un peu plus loin d'autres encore, mais à une certaine distance de la route. Sur la rive gauche du fleuve, vers les dernières fontaines, dans le vallon, on voit un grand village, appelé *Bayan-déréssi*;

---

1. Davis, 201. Toutefois la position de Méléméndji n'est pas en concordance suivant les deux explorateurs; l'un le pose au nord des passages de Gouglag sur sa carte, l'autre au sud; peut-être présument-ils deux lieux distincts.

2. « Médèm, ville bien connue dans l'empire turc pour ses mines de plomb. Je logeai chez le directeur des mines, qui en est en même temps l'entrepreneur, et qui m'accompagna dans ma visite à ses fourneaux. C'étaient des fourneaux primitifs s'il en fut jamais. Le minerai était jeté dans de grands trous au milieu d'un feu d'enfer, d'où le plomb liquéfié sortait par de petits canaux creusés dans la terre, et venait tomber et se refroidir dans une cavité pratiquée au dessous du fourneau. Il y a plusieurs mines çà et là dans la montagne, et la plus grande partie n'en est pas exploitée. En voyant la quantité de plomb que les fours vomissaient perpétuellement, le petit nombre d'hommes occupés à l'en tirer, et la simplicité extrême des moyens employés, je me dis que la spéculation devait être bonne pour l'entrepreneur, » etc. — BELGIOJOSO, Asie Mineure.

3. Nous lisions dans un journal de 1890, que: « Le directeur du musée de Berlin, M. Homann, avait entrepris, il y a deux ans, des fouilles à Djébéli-Béréket, district dépendant du vilayet d'Adana. Le ministère des travaux publics a accordé une nouvelle autorisation à M. Homann pour la continuation des fouilles encore pendant une année. »

à trois kilomètres de ce dernier on rencontre le bourg d'*Eynerli*, et un peu plus loin, au nord-ouest, celui de *Badem-kueuy*. On arrive alors aux frontières du district de Nigdé, en Karamanie, qui est séparé de la Cilicie par les monts *Utch-kapou*.

Au sud-est, le petit vallon de Bayan est traversé par un passage qui conduit du bourg de Béréketly aux mines du même nom. Ce passage s'engage dans la vallée Eudjémiche et entre les montagnes Abiche-kar; c'est comme une ramification du chemin étroit appelé *Boghaze-madén*, qui se trouve à une altitude de 1,400 mètres, et en ligne droite, à six kilomètres à l'est du village cité ci-dessus. De Badém-kueuy le chemin tourne au nord et arrive, après une distance de six ou sept kilomètres, à Abiche-kar.

Là se trouvent les mines de plomb *Esghi-madén* sur un plateau de 1,970 mètres de hauteur, dans un terrain calcaire bleuâtre. Les veines que l'on a découvertes, s'étendent sur une longueur de deux kilomètres. Sur le plateau elles ont une direction horizontale, mais sur les côtés, elles sont inclinées, et ont une épaisseur de 0,20 à 0,50 m. On a établi cinq chantiers, mais le lieu étant très élevé on n'y peut travailler que trois ou quatre mois seulement, et le profit que l'on en retire est minime. Pourtant il est probable que si l'on creusait aussi des puits d'extraction sur les côtés du plateau, on retirerait beaucoup plus de métal. Le minerai est semblable à celui des mines des monts Boulghars, seulement il contient un peu moins d'argent et davantage de plomb. On en extrait par an 40 à 50 mille (oques 51-64,000 kilogr.). A huit kilomètres au sud de ces mines, à l'est d'Abiche-kar et au nord-est du mont *Emlig*, il y en a d'autres appelées *Boz* ou *Poz-madén*, qu'on n'a pas encore bien exploitées. Le minerai contient surtout du fer; on y trouve aussi un peu de cuivre. Selon quelques examinateurs ce dernier métal formerait le 5 % du minerai.

Limites des Montagnes Ala-dagh

Nous avons vu que la chaîne moyenne des montagnes ciliciennes s'appelait *Ala-dagh* (signifiant montagne élevée ou émaillée de diverses fleurs), pour quelques-uns c'est l'*Allah-dagh*, qui s'étend, sans interruption, comme une muraille ou un boulevard, avec les contreforts occidentaux du Sarus qui se continuent sur une longueur de 75 kilomètres. Pour la largeur, ces montagnes n'a que de cinq à six kilomètres; pourtant au nord-est elle s'élargit doublement, tandis qu'au sud-ouest elle se rétrécit et forme le côté le plus étroit.

Quelques-uns estiment à vue d'œil que la hauteur de ces montagnes égale celle des Boulghars; d'autres la croient un peu inférieure: mais quoiqu'en disent et les uns et les autres, le pic *Abiche-kar* qui est à l'extrémité nord-est de la chaîne, est considéré comme le plus haut sommet de toutes les montagnes du Taurus, hautes de 11,000 pieds.

En 1859 le célèbre botaniste des Monts Boulghars, Kotschy, affirme que les côtes inférieures de l'ouest des montagnes Ala sont couvertes de cèdres aux feuilles aculéiformes, de hêtres larix et de cèdres du Liban; dans les pâturages sont dispersés les nombreux troupeaux des bergers des tribus turcomanes.

La plupart des montagnes de cette chaîne qui a beaucoup des pics saillants, ne sont dans aucun point au-dessous de 7,000 pieds de hauteur [1].

Kotschy, qui les a parcourues, se plaignait que l'itinéraire du voyage, qu'il s'était tracé, ne lui permît pas de mieux examiner la flore encore inconnue de ces lieux. Il croyait aussi riche en nouveautés le côté oriental du district de Karsand-oghlou, et le territoire occidental de la mine Béréketly. A l'ouest de la chaîne s'étendent des vallées longues et étroites, des collines vraiment pittoresques formant de petits vallons qui séparent la vallée de Korkoun. Le côté oriental est plus vaste; il est séparé de la vallée du Zamanti par une série de montagnes basses; à leur pied, du côté de l'ouest, coulent des cours d'eau qui descendent des pentes orientales des hautes montagnes Ala-dagh et forment un gué dans le fleuve au sud du Zamanti.

Près d'une autre rivière sont dispersés dans des vallons les vignobles des villages peuplés par des Afchars, dont le principal est *Karsand-oghlou*, formé de trente à quarante familles et situé sur la ramification orientale des monta-

---

[1] « In der Reihe der kantingen und zackigen Formen trit mehrmals die Pyramiden und Kegelform in den mächtigsten Spitzen hervor. Besonders schön ist der nördliche Theil, welcher in regelmässigeren Formen sich zu einem imposanten Gebirge erhebt. Dieser Gebirgzug dürfte in seinen Vegetationsverhältnissen von jenen des Bulgar Dagh sich bedeutend unterscheiden. etc. — Kotschy, 124 ».

gnes. Plusieurs habitants de cette tribu d'Afchars ou Turcomans étaient féroces et armés; leur chef attaqua Tchihatchef lors de son passage (20 juillet 1853); mais impressionné par ses firmans et par ses prières, il le laissa libre. La même année aussi V. Langlois voyageait en Cilicie; il affirme que cette tribu de Karsandly se compose de 1300 tentes, possédant plus de 90,000 brebis, chèvres ou bœufs, et 350 chameaux.

A une heure de distance au nord du village, près d'un affluent de cette rivière, existe un village grec appelé *Ghiavour-kueuy*, riche en vignobles, ayant à ses côtés un chemin difficile à franchir et parfois périlleux à cause des chutes continuelles des pierres qui se détachent des montagnes et encombrent le chemin. Le séjour des Grecs[1] indique la présence des mines qu'accuse le terrain rougeâtre et mélangé de minerai, s'étendant vers le nord, au delà de la rivière Kilerdji qui coule un peu plus loin que celle qui est nommée précédemment, formant elle aussi un petit vallon étroit.

Les passages de la petite vallée de *Hadjiman* sont de même très difficiles à franchir. Les montagnes sont boisées de hêtres droits ou aussi de larix, parmi lesquels croissent des pins, mais on ne voit pas de cèdres: sur les plateaux poussent de grands genièvrier *(Yuniperus excelsa)*. A partir de ce point la vallée qui est entre la chaîne d'Ala-dagh et l'espace rocailleux et d'un rouge sombre du Zamanti, commence à se rétrécir. Sur la droite de cette vallée, un peu plus loin existe un autre bourg d'Afchars éloigné d'une heure et demie de chemin au nord de Hadjiman. Ses pâturages portent le nom de *Barzama*, ainsi que le village situé à trois heures de ce lieu, sur les bords du cours d'eau.

En montant de ce côté, après une heure et demie de route, on rencontre un pont en pierre sur la rivière, qui est la plus au nord de toutes celles qui sont connues de ce côté des montagnes Ala-dagh, où la chaîne se termine par la haute pointe d'Abiche; du côté de l'est au loin il y a le lac *Bingul-gueul*[2]. Au nord-ouest, sur une ramification de ces montagnes, il y a un village appelé *Délik-tache* (Pierre trouée) situé à près de huit kilomètres à l'est des mines de plomb d'Eghi-madén, celles-ci s'étendent dans la vallée sur un espace d'une douzaine de kilomètres, entouré par des sommets à pic. D'après Tchihatchef les mines des métaux argentifères, qui se trouvent près de ce village sont à une hauteur de 2,500 mètres. Un peu plus au loin vers le nord, se trouve l'extrémité des montagnes Ala; parmi lesquelles et la chaîne des montagnes d'Antitaurus, - qui est la plus célèbre et la plus grande et qui s'étend dans la même direction, du sud-ouest au nord-ouest, - il y a la montagne *Kermeze* et d'autres encore, dans une position parallèle, c'est-à-dire de l'ouest à l'est, sur les frontières de Farache et de Hadjine, où les provinces de Cappadoce et de Marache, qu'elles séparent du territoire de la Cilicie.

Mais il est temps que nous consultions les archives de nos pères (les historiens arméniens) pour savoir à quel district ou province appartenaient les lieux que nous avons décrits, depuis Lambroun et Gouglag jusqu'ici.

Molévon

L'ordre et la classification des forteresses selon les historiens de l'Arméno-Cilicie et selon d'autres mémoires, montrent que les territoires situés entre les seigneuries de Lambroun et de Partzerpert, étaient appelés durant le règne des rois arméniens: Districts ou *Cantons du Château de Molévon*; certes, ils tiraient leur nom de la grande et inaccessible forteresse de Molévon, château qui comme Lambroun et Babéron revenait des Grecs.

Sa situation est même indiquée par la statistique ecclésiastique; car Jean, le Frère du roi, est appelé évêque des «Districts dépendants du château-fort de Molévon, et d'une partie de Partzerpert». Ainsi Molévon devrait être limitrophe avec cette dernière du côté de l'ouest. Cependant il ne faudrait pas confondre Molévon avec Meloun; cette forteresse était située dans la plaine, tandis que Molévon doit être celle que les Grecs appelaient Molovon ou Mouloun, sur les flancs des montagnes. Les Latins, qui changeaient plusieurs fois les noms arméniens selon leur prononciation

---

1. L'Arménien Mourad d'Alep, qui a composé une statistique abrégée de la Cilicie en 1840, ou peu avant, désigne seulement 40 familles arméniennes dans ce village; toutefois ce dénombrement semble avoir été fait avant la guerre égyptienne, durant laquelle les Grecs vinrent pour exploiter les mines.

2. Selon Kotschy; mais qui, probablement, devrait être écrit *Bin-gueul* (Les mille Lacs).

ou pour les traduire dans leur propre langue, l'appelèrent *Molévon, Mons Livonis* et par déclinaison *Montis Livonis*. Les Arabes l'appelaient حصن الملون, Hesn el Meloun.

Au commencement du règne de Léon 1ᵉʳ, le Seigneur de cette forteresse et des environs était un certain Աճառուս, *Ajarus*. Son nom nous le fait supposer grec; c'était, fort probablement, un descendant d'une ancienne famille grecque mais soumise ou ligé à la domination arménienne, comme plusieurs autres seigneurs grecs et latins gouverneurs des districts et des forteresses. Après lui il n'est mentionné que Sir Léon, seigneur de Molévon, qui, au commencement du règne de Léon II, osa projeter une rébellion: s'unit-il au puissant prince Abelgharib; mais il fut pris avec ce dernier et remis entre les mains de Fervané général des Tartares et gouverneur de l'Asie mineure (1271).

Probablement après cet événement Molévon aura été confisquée, comme diverses autres forteresses. Durant le règne d'Ochine, au commencement du XIVᵉ siècle, son frère Alinakh possédait la seigneurie de Lambroun, de Gouglag et de Molévon qui en faisait partie. De même, parmi les évêques de Molévon nous ne connaissons que les noms de deux ou trois; *Jean*, Frère du roi, que nous avons déjà mentionné, de 1260 à 1290, *Nersès*, qui en 1316 prit part au concile d'Adana, et *Mekhitar*, qui fut plus tard Catholicos.

Nous pouvons considérer Molévon sous deux aspects: comme un château-fort des montagnes de la Cilicie, et comme un domaine dans la plaine; c'est-à-dire que la forteresse dominait la plaine du haut des flancs des montagnes que nous avons décrites plus haut, et les vallons des affluents du Sarus. On pourrait dire plus simplement que la forteresse était située dans la vallée montueuse de Korkoun, où, probablement le village de la tribu des *Mélémendji*, citée précédemment, porte jusqu'à présent le nom de Molévon, étrangement estropié. Non seulement sa position vers la plaine confirme ce que nous avons avancé, mais encore nous avons le témoignage d'un visiteur impartial qui nous rapporte les affirmations des habitants. Ils lui disaient qu'à la distance de deux heures et demie dans les montagnes, il se trouvait des ruines appelées *Esghi-tache* (Vieille pierre).

Il est probable que le passage entre la chaîne Ala-dagh et les dernières hauteurs de Boulghar, où nous avons mentionné les stations, soit le *Col de Molévon* Մոլեվոնի լեռնանցք, comme l'ont nommé les Arméniens et comme le cite aussi Samuel d'Ani dans les appendices de sa Chronique. Il dit que les Egyptiens, après la prise de la ville de S. Jean d'Acre, s'emparèrent du Col de Molévon; et cela indique qu'ils ne purent faire aucun dommage à la forteresse.

Un second lieu qui vient confirmer notre assertion, c'est la mention d'un couvent situé près de la forteresse, comme le rapporte un mémoire, dans un manuscrit du nouveau testament, on y lit ces vers:

> Dans le *Château de Molévon*,
> Au *couvent* qui s'appelle *Gampig*;
> Sous la protection de la *S. Vierge*,
> Et des apôtres *Pierre et Paul*,
> Et de la *Sainte Croix* miraculeuse:
> Qu'elle nous soit gardienne!
> Ce fut sous le règne de Léon.

« Or, souvenez-vous du gardien du couvent » de Gampig, le révéré et chaste prêtre *Jean* » qui fit écrire cela avec un grand désir; » etc. Je n'ai pas trouvé mentionné dans d'autres livres ni ce couvent Gampig ni le *Vanér*, ni d'autres qui étaient bâtis aux environs.

La célèbre forteresse de Molévon fait parler d'elle vers la fin du XVᵉ siècle dans les histoires des Turcs dont les écrivains l'appellent *Molén* ou *Molvané*. C'était un lieu florissant sous le règne de Bayézid II: pendant sa guerre contre les Egyptiens, les seigneurs de ces lieux qui paraissaient avoir été des Turcomans, se soumirent volontairement aux Turcs, mais les Egyptiens les subjuguèrent de nouveau (1487). L'année suivante Ali pacha, beglerbeg de Roumélie, leur ravit la forteresse de Molévon avec celles de Lambroun et de Gouglag. Avec ces forteresses sont citées encore la *Hodja-kalé*, entre les montagnes Ala-dagh et Utch-kapou, puis la *Alénkache* ou *Alnakache*, qui devait être située entre Gouglag et Molévon.

Parmi les lieux que nous avons cités, j'estime digne de mention spéciale, *Kerner*, Կերներ, le siège épiscopal. Cet endroit est tantôt appelé *Solitude*, tantôt *Communauté sainte* de plus comme symbole de sa grandeur et de sa renommée, on lui ajoute les épithètes de « célèbre et saint couvent de Kerner. »[1] Il est ordi-

---

[1] Ce sont les paroles de Jean, Frère du roi, qu'on trouve dans les mémoires des manuscrits écrits par lui-même ou qui ont été écrits pour lui.

nairement placé dans le « Haut-plateau de la Cilicie » (Ղ--Հք Կիլիկիոյ); quelquefois cependant on le place dans la « Cilicie Trachée dans » la province appelée Partzerpert », et près de la forteresse de ce nom.

Les districts de Molévon et de Partzerpert étant limitrophes, une partie de cette dernière fut ajoutée à la première pour en former l'apanage du Frère du roi, l'évêque Jean ; en conséquence Kerner en faisait partie étant le siège de l'évêché de Molévon : quant à l'évêque de Partzerpert, je crois qu'il résidait au monastère d'Andréassank.

Actuellement la position de Kerner nous est inconnue, mais nous avons le témoignage du géographe Vartan sur la grandeur et la renommée de ce lieu. Ce savant ne cite que quatre monastères comme les principaux de la Cilicie, c'est-à-dire : Trazarg, Arkagaghine, « la *sainte communauté de Kerner* » et l'ermitage de *Guéverna*, (que l'on doit lire sans doute et écrire *Sghévra*). Le Frère du roi, en faveur duquel le couvent de Kerner fut honoré, écrit en 1263d dans son évangéliaire, en louant la sainteté du lieu : « Dans le saint ermitage de Ker-
» ner, sous la protection de la sainte et divine
» *Croix* qu'on appelle de *Gaïdène*, et de notre
» mère la *Sainte Sion* ». Tous les mémoires de Kerner ou sont cités par Jean, ou parlent de lui ; après lui c'est une seule fois dans l'histoire des Patriarches de la nation, qu'on en fait mention en citant le Catholicos Mekhitar qui, avant 1341, était « l'évêque de Kerner ». Or, comme tous les souvenirs de ce lieu sont concentrés sur le Frère du roi, l'évêque Jean, qui fonda ou illustra ce couvent en même temps qu'il en fut l'une des personnes les plus actives de son temps et de sa famille, je crois bien de citer ici tout ce que nous savons sur sa vie.

Il était, comme lui-même le dit, (nous avons plusieurs livres écrits par lui et pour lui), « fils
» du pieux et vénéré Constantin, Prince des
» princes, Régent des Arméniens et frère du
» brave roi Héthoum » ; et, comme il l'écrit ailleurs, il était consanguin mais pas utérin. Nous n'avons pas la certitude si c'est sa propre mère ou sa nourrice, *Béatrix*, qu'il appelle quelquefois sa mère : car dans l'ordre du sens de ses paroles, il demande d'abord pardon à Dieu pour son âme et pour ses parents, selon le corps et selon l'âme : « Car, dit-il, ils ont
» travaillé avec de grands soins pour moi, la
» trois fois bénie religieuse *Rip (simée)* et ma
» petite mère *Biotr* ». L'inscription même de l'église de Babéron de l'an 1241 (v. pag. 77) pourrait nous le faire déduire : car Jean n'y est pas compté au nombre des fils de Constantin ; ainsi nous pouvons faire l'une de ces deux suppositions : ou Béatrix a été la seconde femme de Constantin et il aurait eu d'elle ce fils et d'autres, ou Jean était déjà né avant cette date, mais à cause de son âge impubère, il n'est pas compté parmi ces frères adultes qui occupaient déjà des charges dans le gouvernement. Si nous considérons la date de son ordination épiscopale et une poésie écrite par lui en 1254-6, deux circonstances qui exigent un certain âge, nous sommes obligés de lui attribuer un âge assez avancé ; mais comme nous avons vu des génies précoces, (tel que celui de Saint Nersès de Lambroun), nous laissons à l'avenir la découverte de la date de sa naissance. Par contre, nous savons avec certitude, selon son témoignage, qu'il eut des précepteurs dès son bas âge, qui l'instruisirent avec de grands soins. Parmi ces maîtres on cite son intrépide père, ses frères remarquables par leur talent, le roi Héthoum, le connétable Sempad et Basile, archevêque de Trazarg. Jean lui-même écrivait de ce dernier l'an 1263, en souhaitant et en priant qu'on se souvienne du « Très ho-
» norable archevêque, le frère du roi des Ar-
» méniens, le père de mon âme et le bienfai-
» teur de mon corps, Basile, dont les bienfaits
» prodigués à son pupille sont au dessus de
» l'expression de la parole et de la pensée ». Il paraît qu'il fut instruit par lui dans le célèbre couvent de Trazarg.

A son baptême Jean avait été appelé *Baudouin* Պաղտին (Baghdin), en arménien, comme le rapporte, l'an 1259, l'historien de sa maison : « A
» la Pentecôte, dit-il, un grand congrès eut
» lieu dans la ville de Tarse, et quelques jours
» après on ordonna évêque *Baudouin*, frère du
» roi, qui fut nommé *Jean*. » Lui-même nous dit dans un mémoire (l'an 1286), qu'autrefois il s'appelait Baudouin. Son premier mémoire et son premier ouvrage, qui est un signe de son esprit cultivé dans son bas-âge, c'est un poëme sur le « Roi Héthoum pendant qu'il allait en Tartaries ». La première lettre des vers de chaque strophe forme son nom et le sens correspond à l'interprétation suivante :

« Ce chant est dédié à Héthoum, roi des
» Arméniens, et fut composé par Jean son frère
» cadet » ; et il commence ainsi :
» Trinité Sainte, Dieu sans commencement,
» incréé ».

Dans la sixième strophe il rapporte que :
» Les Arméniens, autrefois païens, domi-
» naient sur beaucoup de nations ; mais ce-
» pendant le Seigneur nous délivra de l'escla-
» vage de l'âme, en nous conservant encore no-
» tre royaume... On n'entendait plus ni la voix
» d'actions de grâces ni celle de la prière, mais
» on restait muet... (c'est pourquoi) nous avons
» été l'opprobre de toutes les nations... et ven-
» dus à des maîtres cruels et féroces. Mais toi,
» Seigneur indulgent, tu ne nous as pas aban-
» donnés. Tu as conservé du feu un tison, et tu
» l'as orné de feuilles. Tu nous as nourris dans
» l'abondance et dans le repos. Tu nous as don-
» né un Roi en le couronnant de tes mains. Tu
» nous le donnas, Seigneur, à la place avec sa
» conduite et ses paroles ; il s'appelait Héthoum,
» et avec ton amour ardent il s'enflammait
» de charité. Comme toi brave berger, il sacri-
» fia sa personne pour les besoins de sa nation,
» afin que ce petit troupeau pût être sauvé.
» Que ton Esprit saint et bon le seconde en
» tout, qu'il l'excite à faire des efforts pour
» réussir dans son entreprise : qu'il couronne
» sa noble tête. Que celui-ci comme une co-
» lombe de bonne augure, arrive au secours
» des personnes affligées, » etc.

Après, changeant de style, il prie le Fils
de Dieu : « Fils du Très-Haut et Amour im-
» muable, augmente ton amour pour ton indi-
» gne troupeau ; avec le souffle de ton Esprit
» et de toi-même, qui es le bras droit de ton
» Père, protège notre roi Héthoum ; donne-lui
» la grâce comme à Daniel ; ramène-le com-
» me Zorobabel ;.... Remplis-nous de joie, ô
» Sainte Trinité, par la vue de notre désiré
» roi, accorde-nous la grande paix, etc. »

Ensuite il prie la Sainte Vierge en disant :
« Si tu veux, ô Sainte Vierge, tu le peux ; et
» notre Dieu et ton Fils s'en réjouira ; dai-
» gne-toi accepter notre prière, ô temple du
» Verbe de la vie ; toi qui as été éprouvée
» dans ce monde, sauve-nous qui sommes dans
» l'épreuve ; veille sur nous qui sommes épars,
» et unis-nous ainsi à Dieu unique, » etc.

De la précocité de ce génie, on pourrait
présager un développement très grand ; quoique
que nous n'ayons aucun de ses ouvrages des
plus importants, néanmoins les quelques hymnes et les quelques mémoires qui nous restent
de lui nous sont une preuve de la richesse de
son talent. Je ne crois pas devoir taire ce qu'a
dit de lui un certain Mekhitar dans un de ses
manuscrits : « O toi vénérable, qui considères
» les profondeurs divines, qui expliques les sens
» incompréhensibles, qui pénètres dans les pro-
» fondeurs de Dieu, qui racontes selon le Ver-
» be divin ce que tu as recueilli sous le voile
» de ton corps ; ô toi, Seigneur et Docteur
» célèbre et spirituellement notre père et notre
» guide, accepte ces quelques lignes de l'indi-
» gne Mekhitar, ton humble serviteur, et sou-
» viens-toi toujours de lui, » etc.

Sans doute c'est aussi à ce Jean qu'écrivait avec tant de respect le célèbre Docteur
Georges de Lambroun, en lui offrant, compilé
en un seul volume, le Commentaire des Actes
des Apôtres : « Voici, ô mon vénéré père et
» seigneur : ta demande obligeante et ta face
» respectueuse m'ont rempli de crainte, » etc.
Il met comme titre de son livre l'intestation
suivante : « Au Seigneur Jean, Frère du roi,
» qui a demandé cet abrégé ; évêque des dio-
» cèses et des châteaux de Molévon, et d'une
» partie de Partzerpert, et supérieur vénéré
» du célèbre monastère de Kerner. »

Parmi les ouvrages de Jean nous connaissons ses Chants sur la Sainte Vierge, dont les
premières lettres de chaque strophe forment
ces mots : « Le Docteur Jean, Frère du roi des
» Arméniens a dit cette hymne en l'honneur
de la Vierge Marie, mère de Dieu. »

Dans un autre petit cantique, les lettres initiales de chaque strophe correspondent à ce
sens : « Jean, que tu es malheureux ! » et continue de cette manière :

Quand je pense au jour terrible,
Tremblent mes os, que je sois fils de la perdition :
Mon âme est pleine d'angoisse et se consume d'anxiété.

Mais tout cela ne suffit point pour justifier
la grande renommée de Jean pour sa science et pour ses ouvrages, qui lui valurent le
titre de *Rabouni, grand Docteur,* comme il est
écrit dans le mémoire d'une Bible copiée en
1270 ; lui-même le fait connaître en disant :
Moi Jean évêque et *Docteur*. Il est appelé
de même encore dans une excellente copie
des livres de Salomon et de Job, écrite en
partie de sa propre main et le reste par
d'autres ; il nous atteste dans le mémoire,
qu'il a offert ce livre pour consoler sa nièce
Fimie, dame de Sidon, fille du roi Héthoum.
Il a écrit aussi des poésies en vers à la même
dame, dont les premières lettres de chaque
strophe forment le sens suivant : « *Moi Jean
le dis* »: après il fait mention des enfants de
sa nièce, avec une tendre affection : « Souve-
» nez-vous en J.-C., de la princesse du sang

» Fimie, celle qui est pleine de sagesse et
» ornée de toutes les vertus; celle qui aime
» Dieu et qui est la servante de tous ses ser-
» viteurs. Souvenez-vous encore de ses fils *Ba-
» lian* et *Jean* et de l'affable et gracieuse

*Fac-simile, — tiré du Manuscrit
de Salomon et de Job.*

Margroun (Marguerite) »,[1] etc. On doit à Jean beaucoup d'autres livres écrits de ses propres mains ou par son ordre et par ses soins[2]; ceux-là même qui nous sont parvenus réellement, ou que nous connaissons seulement de nom, nous le montrent comme une personne qui aime la lecture et tient compte du temps. L'un de ses premiers écrits est un évangile[3], pour lequel il dit (en 1263): « Avec un grand
» soin et grand amour je l'ai fait écrire....
» par les soins du prêtre écrivain Thoros,
» et le manuscrit fut orné de figures par di-
» verses personnes, dans le saint couvent de
» Kerner »; après quoi il ajoute un souhait chaleureux pour son frère et roi, Héthoum;
« Car ce roi, dit-il, après les premiers, a soigné
» et soigne le salut des chrétiens; non seule-
» ment il s'efforce de protéger les nombreux
» habitants du pays de Cilicie contre les incur-
» seurs qui ravagent tout, mais encore tous les
» chrétiens qui écoutent ses conseils », etc.

Le mémoire d'un autre Evangéliaire écrit de ses propres mains l'an 1280, est plus important et convient beaucoup plus au but géographique que nous sommes proposé. Il commence d'abord par montrer la cause qui le fit écrire et débute élégamment: « Nos pères et nos frè-
» res en J.-C., qui par leur mort s'unirent à
» la mort de l'Immortel ainsi qu'à la gloire de
» sa couronne, ceux qui l'ont hérité, qui l'ont
» contemplé et qui l'ont copié... J'ai écrit
» ce livre de mes propres mains... l'an 1280,
» moi, Jean, évêque et humble serviteur de
» mon Dieu Jésus-Christ, et votre très hum-
» ble serviteur ». Après quelques phrases il ajoute: « Bénie soit l'âme de mon père Cons-
» tantin. Je fus visiteur du saint monastère de
» Kerner dans les Hauts-plateaux de la Cilicie,
» dans la province de Partzerpert, pendant que
» mon père dominait sur ce château, et moi, le
» cadet, sur le couvent, où j'habitais comme
» dans un port paisible et sûr. Je me réjouis-
» sais toujours à la vue de mon vénérable
» père, m'instruisant dans les saints livres.
» J'ai vu le bourg qu'il avait fait construire
» en son nom en l'appelant *Constantnotz*, (sé-
» jour des Constantins); il fut rempli de fidèles
» en J.-C., de diacres et de prêtres vertueux;
» et me réjouissant avec eux, je me chargeai
» d'écrire pour eux ce saint Evangile avec mes
» mains pécheresses; je l'ai écrit et je l'ai
» terminé avec l'aide du Seigneur, malgré la
» confusion des affaires et les offices.... bien
» et magnifiquement relié, comme on peut le
» voir; je le donnai au village de Constant-
» notz qui était d'abord appelée *Garmir-que-*

---

1. Comme son oncle Jean, le frère de Fimie l'héritier du trône, Léon II, offrait aussi à sa sœur bienaimée, un magnifique Evangéliaire, écrit par l'ordre du Catholicos Constantin en 1249, dans lequel il est déclaré plus amplement, qu'en 1263, « La glorieuse princesse de la ville de Sidon, issue du sang impérial, dame Fimie, fille du pieux roi Héthoum, à cause des guerres affreuses, avec ses filles et ses fils revint dans le territoire de la Cilicie, chez son père et ses pieux frères Léon et Thoros. » Comme dame Fimie était très affligée des malheurs qui lui étaient survenus, son frère Léon lui offrit ce livre de la parole divine pour sa consolation.

2. On mentionne une Bible conservée à Etchmiadzin (N. 219), écrite par Jean en 1288; une autre (N. 149) encore écrite pour lui l'an 1270; et un Evangéliaire (N. 223) en 1287.

3. Autrefois ce livre était conservé dans la famille noble d'Abro de Smyrne; je ne sais pas s'il s'y trouve encore.

» *dagueni* (des Bonnets-rouges).... Mais il a
» été écrit dans des temps très tristes ; car ce
» fut la troisième fois... qu'on incendia tou-
» te la Cilicie ;.... et le roi Léon mon maître
» très-chrétien et mon neveu, réunit et con-
» sola le reste du peuple, comme un père cha-
» ritable réunit ses propres enfants ». Ces
Garmir-quedagueni sont probablement la tribu
persane appelée *Kezel-bache* (tête-rouge), nom
qui est connu jusqu'à présent dans la Petite
comme dans la Grande Arménie ; mais cette
tribu n'est pas justement d'origine persane,
mais une secte étrangère, même aux Turcs.

Deux années auparavant en 1278, Jean avait
écrit, et en partie à l'aide d'une autre personne, un second Evangéliaire — qui se trouve
maintenant dans la bibliothèque royale de
Munich, on y trouve l'inscription suivante :
« Au pieux prince le baron Sempad, fils du
» feu prince, le baron Constantin et de sa
» feue mère Chahandoukht, et de feu ses
» frères, les barons Pagouran et Constant [1].
» Cet évangile fut écrit par Jean le vénéré
» et pieux archevêque du monastère de Ker-
» ner ».

Un dernier livre copié par trois personnes,
mais sous la direction de Jean, l'an 1286,
c'est le Commentaire des évangiles de Saint
Luc et de Saint Jean, de l'Apocalypse, et le
mémoire sur la mort de saint Jean l'évangé-
liste (Dormitio Johannis), fait par saint Nersès
de Lambroun. Dans ce manuscrit, Jean se donne le titre d'*Archevêque*, tandis qu'ailleurs il se
nomme évêque. En même temps, il y écrit à
propos de son père : « Au prince vieillard, au
» père du roi, au Baron des Arméniens, au bien-
» heureux Constantin, qui s'appelle *Mozon* ».
C'est la seule fois que nous entendons parler
du nom de Mozon [2]. Il paraît que Vartan de
Partzerpert était l'un des copistes du manuscrit ; car il y a dans le livre un mémoire
écrit par lui-même, dans lequel il appelle
Jean son précepteur. Trois ans après la copie
de ce livre, c'est-à-dire l'an 1289, mourut
Jean [3], selon la brève annotation d'un chro-

niqueur, après la mort de tous ses frères
consanguins. Le lieu de la sépulture de Jean
n'est pas cité ; probablement c'est le couvent
de Kerner. Après Jean le siège de Kerner
fut occupé, comme nous avons mentionné, par
Nersès, l'an 1316, et par Mekhitar en 1341.
Ce dernier personnage très honnête, nommé
Հռոմիկ, *Romain* (on ne sait pourquoi), par son
adversaire, Nersès Balientz, vécut dans des
temps de troubles. Les Egyptiens faisaient
la guerre au dehors ; à l'intérieur les Arméniens s'armaient les uns contre les autres,
pour la question de la succession au trône,
que les Lusignans réussirent à gagner. Ajoutons à ces luttes fatales, les débats pour la religion et pour les rites. Tout cela mettait en
grand péril aussi bien le royaume d'Arménie et
le siège patriarcal que la nation elle-même :
ce qui obligea les Arméniens à faire abdi-
quer le Catholicos Jacques et élever à sa place
(1341-42) l'évêque de Kerner, Mekhitar. Celui-
ci fut obligé par le roi et sur les exhortations du
Pontife Romain, dès le commencement de son
patriarcat, de réunir à Sis un concile, composé d'une trentaine d'évêques et d'une vingtaine de prêtres, docteurs ou abbés. On y rédigea une réponse longue et très soignée, pleine d'un esprit prudent et calme, contre plusieurs accusations absurdes réunies en 117 articles contradictoires à l'instigation de Nersès Balientz ; articles dont une grande partie
excite l'aversion de celui qui les lit. Le catholicos Mekhitar fut obligé d'écrire deux ou trois
fois au Pape sous la forme d'une réponse pour
mieux expliquer ses paroles et celles du concile, afin de rejeter les accusations et les erreurs qu'on leur avait imputées. Il écrivit
avec calme et droiture en séparant le blé de
l'ivraie, de plus ses seules actions suffisaient
pour le classer parmi les personnages vertueux et éminents. Il paraît qu'il mourut l'an
1355, avant d'avoir obtenu une réponse favorable et la solution des questions pendantes. Il
fut le dernier des catholicos distingués et un
des derniers, à avoir des relations importantes

---

1. Ces princes étaient des grands de la cour et même issus de la famille royale, comme le témoigne l'Historien royal. S'il appelle Sempad un grec, comme il appelle aussi quelques autres princes Arméniens, c'est à cause du rite religieux. Sempad encore jeune garçon en 1263, selon notre historien, se signala par son grand courage dans la bataille de Manion contre Karaman ; il fut très loué, et le roi, ainsi que le père du roi, l'honorèrent avec beaucoup de présents, et lui permirent d'aller voir sa mère et ses frères.

2. Un écrivain nouveau lit ce nom Moghon.
3. Le pur nom de Jean sans aucune autre épithète, ainsi que d'autres mémoires civiles du chroniqueur, indiquent très probablement le frère du roi ; quoique le D^r. Moïse, le commentateur du bréviaire, en fasse naître quelque doute, car il dit qu'en 1293 mourut *Jean, le grand Docteur* qui lui avait demandé le commentaire du livre ; je ne peux pas affirmer si c'est le même ou un autre.

avec le siège de Rome. Nous espérons que l'avenir fera plus de lumière sur ces temps et sur les actes de ce Mekhitar.

Avant de nous départir des confins de Kerner, nous avertissons les futurs explorateurs, que la Sainte Croix de *Gaïdén*, ou *Gaïdine*, que nous avons citée plus haut, n'est pas simplement une relique de la Sainte Croix, mais comme le fait supposer aussi la parole *sous la protection*, c'est une église, ayant à côté une certaine demeure, autre que celle de Kerner. Ajoutons que 70 ans avant ces faits (1193), un copiste d'un évangile plus ancien, nous cite le *Château-fort* de *Gaïdén*, et tout près, le *Couvent de Saint Paul*, où il copiait l'évangile en parole. Il faut donc conclure que ces lieux, c'est-à-dire Kerner, *Gaïdén* ou *Gadén* (on croit maintenant que ce dernier est au nord de Vahga) et le couvent ou ermitage de Saint Paul, étaient l'un près de l'autre et mériteraient d'être mieux examinés.

PARTZERPERT

Près des limites du district de Molévon, comme nous l'avons montré, est le territoire de *Partzer-Pert*, (Haut château) dans la Cilicie Trachée, comme l'a dit notre Jean, Frère du roi, et comme l'affirme le géographe Vartan. Ainsi nous jugeons nécessaire de considérer cette place après celle de Molévon. D'abord ces lieux doivent leur célébrité à une forteresse qui fut intitulée *Partzer* (élevé, haut) à cause de sa situation; peu à peu par l'établissement et l'extension du règne des Arméniens, les dépendances de ce château s'étendirent et finirent par former un district et un diocèse. L'historien Michel le Syrien affirme que le château de Partzerpert garde au sud de la plaine de la Cilicie et vers la mer Méditerrannée.

Son nom fait présumer que la forteresse devait être très haute et bien fortifiée, et méritait d'être placée par son antiquité au nombre des plus célèbres du pays. Ce château-fort leur serait à préférer en ce que, (si on devait prêter foi à ce que dit l'historien Cyriaque pour Roupin le chef des seigneurs de Cilicie): celui-ci après la mort de Kakig, « alla vers » les frontières de la Cilicie, accompagné d'un » autre personnage, pour chasser des perdrix ; » là s'élevait une forteresse appelée Partzer- » pert, et dont l'évêque était un Grec: Rou- » pin fit connaissance avec ce dernier.... » Un jour que tous les serviteurs de l'évê- » que étaient absents de la forteresse pour » leurs affaires, ce dernier était resté seul » avec un jeune homme. Le chasseur (Rou- » pin) s'approcha de la forteresse pour faire » lever des perdreaux; à peine l'évêque l'eut- » il aperçu qu'il l'invita à sa table. L'étran- » ger ne voulut point accepter l'invitation » qui lui était faite. Alors l'évêque alla chez » lui sans aucun homme de service... ils se » mirent à table; cependant le vin étant venu » à manquer, l'évêque envoya le compagnon » du chasseur à la forteresse pour en prendre ». Celui-ci ne trouvant au château qu'un seul serviteur, « monta sur le mur de la forteresse » et avisa son maître qu'il s'était emparé » de la place. Le chasseur voyant le moment » propice, étrangla l'évêque et entra dans la » forteresse et s'y fortifia; ensuite il aug- » menta peu à peu ses possessions », etc.

Tout cela paraîtra, peut-être, plutôt une invention qu'une histoire réelle; pourtant nous devons supposer qu'un prince arménien, si non Roupin, ou un contemporain de ce dernier, se soit emparé de Partzerpert; car nous avons déjà dit plusieurs fois, que des historiens véridiques affirment qu'au commencement Roupin a dominé sur les côtés des montagnes de la **Phrygie**, d'abord vers les forteresses de Gossidar et de Gormozole; la position de ces dernières est incertaine, mais le nom de Phrygie nous indique qu'elles doivent être loin des Hauts-plateaux de la Cilicie, tandis que Partzerpert est à l'est de Molévon et au nord-ouest de Sis; et comme il paraît, elle devait être située dans la vallée de l'affluent occidental du Sarus, c'est-à-dire du Zamanti. Cette place si célèbre, et connue par les historiens Turcs sous le nom de *Bersberd*, est aujourd'hui presqu'oubliée : en effet, on ne la trouve indiquée sur aucune carte géographique. Mais il est naturel de dire, comme l'atteste l'historien syrien Aboulfaradj, — qui a eu des rapports avec la cour des rois arméniens, et y a même demeuré, - que la susdite forteresse fut l'entrepôt de leurs trésors, comme elle fut aussi en plusieurs occasions leur lieu de refuge: c'est là que se réfugia Thoros Ier, quand l'empereur Emmanuel vint l'attaquer, comme le dit l'historien : « L'a- » yant assiégé dans le fort appelé Partzer- » pert, le brave Thoros assaillit la masse des » Grecs, en tua un grand nombre et ramena » prisonniers dans le fort une foule de princes

» grecs qu'il rendit à prix d'or à l'empereur
» Emmanuel (1157-58), puis il partagea la riche
» rançon entre ses fantassins. » Mais il semble qu'à ce propos les historiens confondent deux actions concernant Thoros, c'est-à-dire les deux siéges que les Grecs mirent devant Sis et Partzerpert où se trouvait Thoros. Dans la première action qui eut lieu vers 1151-52, *Vassil*, seigneur de Partzerpert, fut aussi fait prisonnier avec les princes arméniens de Lambroun et les *Natanaëliens*, qui se trouvaient dans les rangs des Grecs. De Vassil nous ne trouvons dans l'histoire aucune information; il paraît pourtant qu'il soit le descendant d'une noble famille arménienne. Quant à la forteresse de Partzerpert, probablement après le dernier siége elle sera tombée sous l'autorité de Thoros quoiqu'on n'en trouve plus aucune mention jusqu'à la fin du XII° siècle, époque à laquelle un certain *Georges* en était le seigneur ou le gardien.

Il est certain aussi que le fort de Partzerpert, comme celui de Lambroun, avait à ses pieds un village où naquit, vers la fin du XII° siècle, le Catholicos Constantin Ier, qui occupa le siége patriarcal durant quarante-sept ans et qui mourut dans un âge très avancé; et comme il est appelé par quelques-uns de *Mavrian*, il est très probable qu'il ait existé près du fort un village portant ce même nom. Cette personne vénérable prit soin particulier de son pays natal, comme on peut le constater par ce qu'il a fait à l'égard du couvent *Andréassank* duquel nous parlerons dans la suite.

Ce Catholicos est l'un des trois personnages de génie, qui, dans ce même temps ont beaucoup travaillé par leur sage administration à conserver le royaume de Sissouan dans la force et dans la gloire; et cela durant des temps périlleux, au milieu des questions épineuses et difficiles. Ces trois hommes sont le Roi Héthoum, 1225-70, son père Constantin, 1219-63, et le dit Catholicos Constantin Ier, 1221-67.

Comme durant le gouvernement de Héthoum et de son père eurent lieu beaucoup d'affaires politiques à la cour, de même de nombreuses affaires religieuses eurent lieu durant le pontificat de Constantin, qui eut beaucoup de relations avec les diverses églises, et sut traiter avec elles avec beaucoup de prudence.

Le père du roi aussi possédé, je ne sais depuis combien de temps, comme sa propre possession et sa résidence cette forteresse de Partzerpert, comme nous l'a dit Jean son fils, et il avait fait bâtir aux environs, le village de Constantnotz. Le roi Héthoum aussi y alla, à peine était-il retourné de la Tartarie, l'an 1256; « Constantin son père, ses fils et ses fil-
» les s'y trouvaient déjà et ce fut une grande
» joie commune ». Il paraît que le vieillard prudent et actif résidait dans cette forteresse et la gardait à cause de ses remparts, la considérant comme l'une des portes du territoire. Cette prévoyance se vérifia après peu de temps: l'année du désastre fatal où la ville de Sis fut ruinée et incendiée. Cependant les Egyptiens ne purent s'emparer ni de la forteresse, ni de celle de Partzerpert, comme le fait entrevoir l'historien Héthoum, dans sa chronique, en disant que l'incursion des Egyptiens n'arriva que jusqu'à Partzerpert.

Vers la fin du XIIIe siècle, ce lieu fut témoins d'un fait barbare, semblable en quelque manière à celui qui avait eu lieu à Molévon, où l'on avait crevé les yeux de Héthoum II, par ordre de son frère, le roi Sempad; de même ici on eut la barbarie d'étrangler avec la corde d'un arc, Thoros, leur second frère, le 23 juillet 1299.

Ce fut vers ce temps que se rendit illustre le D^r. Vartan de Partzerpert, et comme nous l'avons dit plus haut, il était élève de Jean, Frère du roi. Nous ne possédons aucun ouvrage en son nom, pas même le livre « Sur l'élo-
» quence » que mentionne Jacques Nalian, écrit dans un style bizarre et de composition obscure, mais il appelle l'auteur un personnage érudit et sage. Dans le même temps un autre écrivain, dont on ne cite pas le nom, copiait en 1299, près de la forteresse inaccessible de Partzerpert, le commentaire de Job fait par Isichius, accompagné du commentaire d'un chapitre du même livre fait par saint Grégoire de Nareg. Ce fut dans cette même forteresse que le roi Ochine tint prisonnier Henri, roi de Chypre.

Pendant le règne de son fils Léon IV, Partzerpert était sous la domination des seigneurs de Neghir, qui étaient de la famille royale, et comme l'on peut croire, le seigneur de ce temps, le maréchal Baudouin, résidait dans cette place, d'où il fut envoyé, avec son secrétaire Basile, par le roi, en 1335, au sultan d'Egypte pour s'entendre sur les conditions de la paix; mais l'émir d'Alep, Altounbougha, l'attrapa par fraude et le fit mettre en prison où il mourut après sept mois. Son fils aîné Constantin, lui succéda dans la seigneurie de Partzerpert; ce prince était du côté maternel fils de Mariune, fille de Léon, fils du Connétable Sempad, et fut ensuite roi des Arméniens (1344-1363). Il écrivit de sa main dans le Missel de son bisaïeul maternel, le grand Connétable : « A la date des Arméniens » 787 (1338), au mois d' août, naquit dans Par- » tzerpert, le jour de la fête de la Mère de » Dieu (l'Assomption), mon fils aîné Ochine ».

Cette forteresse est appelée *Pharsipée* par le célèbre voyageur anglais Mandeville qui voyageait en Orient vers la moitié du XIV° siècle, l'appelant ville, sous la seigneurie de *Cruk* (?) prince riche et bon chrétien. Il est à croire que Partzerpert resta sous la domination de Constantin durant son règne. Après lui, le royaume des Arméniens ne dura que peu de temps, et il ne nous reste plus de cette forteresse aucun mémoire national. Il paraît pourtant qu'elle resta encore sur pied et dans sa force sous des princes arméniens intrépides ; de ce nombre furent encore d'autres forteresses inaccessibles du Taurus et de la Cilicie Trachée, qui ne furent enfin subjuguées que par les Egyptiens, les Karamans ou les Zulkadriens. L'un de ces derniers, Chahsouar, pendant l'année 1467, dit un mémoire, subjugua une grande partie de la Cilicie, des villes et des forteresses, parmi lesquelles celle de Partzerpert. Quelques historiens turcs affirment que Partzerpert se trouvait encore après cette date dans les mains des Arméniens, et ce fut en 1485 qu'ils s'en rendirent maîtres ; car, ajoutent-ils, non seulement les Arméniens vivaient en liberté, mais encore ils forçaient les passants de leur côté. Jusqu'au XVIII° siècle le village de Partzerpert était habité, et ne fut abandonné qu'ensuite, par l'effroi des brigands qui infestaient cette région ; pourtant il était toujours recherché pendant la saison chaude pour son air frais et salubre.

Nous avons mentionné dans la topographie de Molévon, dans la partie de l'administration ecclésiastique, que l'évêque de Molévon Jean, Frère du roi, gouvernait encore une partie de Partzerpert. Au commencement du XIV° siècle on cite *Etienne*, évêque de Partzerpert, durant les conciles de Sis et d'Adana (1307-1316) : après lui, vers l'année 1342, au concile de Sis, durant le patriarcat de Mekhitar, l'évêque de ce lieu se nommait *Basile*.

Il me paraît que ce district et le diocèse d'*Andréassank* soit le même ; car tandis que la célèbre forteresse n'est pas mentionnée parmi les diocèses avant l'épiscopat du Frère du roi, celui d'Andréassank est cité ; et pendant le couronnement de Léon vers la fin du XII° siècle, son évêque s'appelait Georges ; même durant l'épiscopat de Jean, l'an 1264, l'autre moitié de Partzerpert, avait pour évêque le « pieux et le plein de grâce

Fac-simile du manuscrit écrit par ordre du Catholicos Constantin, pour le couvent d'Andréassank

» apostolique, Paul », comme l'appelle le Catholicos Constantin ; il semble que l'évêque Siméon lui succéda, celui même qui est cité l'année 1269 dans le même couvent. — Il faudrait chercher aussi dans les territoires de Partzerpert le couvent de *Khatchadour*.

Les auteurs des mémoires témoignent, comme celui qui a écrit l'évangile de l'an 1269, que nous avons cité [1], que le célèbre couvent d'*Andréassank* était près de l'inaccessible forteresse de Partzerpert; et quant à l'église et ses reliques il ajoute : « A la porte de notre » *divine mère Sion* et de la divine et vivifiante » *Sainte Croix* ».

Le Catholicos Constantin accorda au couvent d'Andréassank, un évangéliaire bien orné, qu'il avait fait copier en 1244 et peindre par un certain Cyriaque, dans Rome-cla ; il y inscrivit le mémoire suivant :

« Cet écrit est de moi, Constantin, servi» teur de Dieu et par sa grâce Catholicos de » tous les Arméniens. J'ai donné au couvent » d'Andréassank, à l'évêque plein de grâce » apostolique, *Paul*, avec le consentement de » notre neveu le prêtre *Thoros*, cet Evangile » que j'ai fait écrire à mes frais et fait orner » de différentes sortes de fleurs de diverses » couleurs et d'ornements dorés, puis lié d'une » reliure d'or et d'argent, et cela pour mon » souvenir, et en mémoire de mes parents. »

Il ajoute : « Chaque année à l'octave de la » fête de la Sainte-Croix on célébrera cinq » messes, l'une pour mon père *Vahram*, une » autre pour ma mère *Chouchan*, la troisième » pour mon frère, le prêtre *Georges*, père de » *Thoros* ; la quatrième pour mon second frère » *Grégoire* et enfin la cinquième pour le fils » de celui-ci, *Grégoire*. Personne ne transpor» tera cet évangile hors du couvent ; qui mé» prisant cet ordre le transportera ailleurs, » tombera sous la réserve. Ce fut l'année » 714 (1265) ». [2]

Nous avons vu dans d'autres mémoires plus anciens, vers la fin du XIIe siècle, que le couvent d'Andréassank était un siège épiscopal ayant pour évêque Georges ; ce qui donne à entendre que ce couvent était assez ancien peut-être fut-il fondé avant la domination des Roupiniens sur ces lieux. Mais le fut-il par les Arméniens ou les Grecs ? je ne le sais pas. C'est vers ces côtés du mont Taurus que fut exécuté le martyre du Saint général André et de son armée, dont la fête est célébrée par toutes les églises le 19 août, selon notre ménologe et de quelques autres. Dans la martyrologie de ce Saint on mentionne plusieurs autres lieux dignes d'être certifiés ; pourtant jusqu'à présent ils sont restés inconnus, soit à cause de la corruption des noms, soit à cause de la classification désordonnée que l'on peut voir, du moins dans les manuscrits que nous possédons. Or, il est écrit dans notre traduction pour ces saints martyrs, qu'ils sortirent de Tarse et « en voyageant vers les » territoires du Taurus ;... ils arrivèrent à » *Tarmeliné* vers *Exon*, et dressèrent leurs » tentes à l'endroit appelé *Gapsorius* et *Ga» raphathon*, dans des lieux escarpés, dans une » vallée entre les montagnes, arrosée par un » petit ruisseau. Seleucus qui les poursuivait, » les rejoignit dans les *détroits de Gapsor*, où » il les assiégea. » Mais la traduction latine dit : « Exiit in locum qui dicitur *Taxanite*... porro » Andreas cum et loco *Taxanite* discessisset, » totum montem Taurum peragravit usque ad » fines regionis quæ *Tamalme* dicitur ; cum ve» nisset autem ad *Castellum* quod dicitur Or» chesum, in Armeniorum provincia, situm pro» pe Melitinensium illustrem metropolim, per» venit inde ad *Chausorii* et *Charavatinensium* » regiones.... Tum persecutor ille (Seleucus) » celeriter venit ad locum qui » dicitur *Capsurius*. Celeberrimus autem mar» tyr una cum fidelissimis suis militibus secum

---

1. Evangile, dont l'écriturée a été commencée dans le couvent Macheguévor et terminée, ici au couvent d'Andréassank.
2. Ce mémoire en forme de bulle du Catholicos Constantin, et un autre mémoire, indiquent de la manière suivante la généalogie de sa famille, jusqu'à quatre générations. Les petites croix indiquent ceux qui sont morts avant l'année 1252.

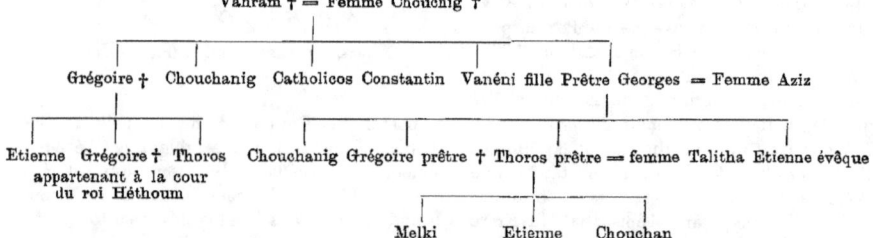

» versantibus properavit ad eam regionem, quæ
» dicitur *Androcaloni*, et in Tauri montis an-
» gustias se dejecit. Causam vero quare An-
» gustiæ vocentur, ejus loci figura declarat.
» Duo enim montis juga vicissim sibi apposita,
» ac paulatim coeuntia, fere inter se copulan-
» tur : sed flumine præterfluente distincta an-
» gustias quasdam efficiunt, quæ fere inviæ
» sunt: hiatum vere præcipitem inter se ha-
» bent, magnum illum quidem, et vel iis qui
» ipsum adspiciunt, terribilem. Hac de causa
» ejus loci situs talem appellationem accepit. »

Dans tel endroit furent donc martyrisés ces héros, et une fontaine jaillit à la place de leur supplice. Pierre, évêque de Tarse, accompagné d'autres personnes, vint voir « les reliques de
» la *sainte armée*, et les réunit dans un lieu se-
» cret, après quoi ils retournèrent chacun chez
» soi. » Pourtant l'original affirme qu'ils ne retournèrent pas dans la Cilicie, car le général Seleucus, leur persécuteur, cherchait à les attraper ; ils allèrent en Isaurie : ce qui fait présumer que ce lieu doit être entre la Cilicie Trachée et l'Isaurie, ou au nord-ouest des montagnes. Nos martyrologes posent le lieu de leur supplice près de Vahga.

Les noms de ces lieux ont une désinence plutôt arménienne que grecque, et nous pourrions presqu'affirmer, que les Arméniens y aient établi leurs habitations dès le III° siècle ; et ce que nous avançons n'est pas étrange, car ces lieux ne sont pas bien loin du district *Coc*, Կոկ ou *Cocussus*, Կոկիսոն, où un siècle plus tard le grand Chrysostome trouva, dans son exil, un vaste pays habité par des Arméniens qui avaient aussi leur évêque.

J'aimerais mieux que les premiers noms fussent prononcés *Karavad* ou *Karabad* et *Havtzor* ou *Cabtzor*, et prétendre que l'auteur du martyrologe fût un Arménien qui écrivait en grec, et dont l'écrit traduit du grec en arménien, les noms des lieux soient corrompus. On pourrait encore croire que l'étroit passage de *Khozetzor* Խոզձոր en arménien, soit le même que Chausorius. En vérité, l'étroit passage près du couvent d'Andréassank, était ainsi appelé, selon le témoignage de notre historien de la Cilicie : il affirme, que l'année 1272, « le roi
» Léon (II) fit construire une forteresse, près
» de la montagne Taurus en face des *conservatoires* (des restes) du brave général André, à
» la distance d'une demi heure de chemin, pour
» garder ce district et *la route célèbre de Kho-
» zetzor*. Il acheva cette construction en une
» seule année et la nomma » ..... Il est à re-
gretter que dans le manuscrit la place du nom soit restée vide ; de même n'est pas mentionnée distinctement la province pour la garde de laquelle fut bâtie la forteresse ; mais on pourrait croire, que ce soit ou celle de la montagne même du Taurus ou les conservatoires d'André, ou bien que tous les alentours de la forteresse soient appelés par le même nom.

Ainsi je veux croire que le nom de la forteresse soit *Léon-cla* (Forteresse de Léon) ; et non seulement c'était convenable de donner le nom du constructeur à cette forteresse, comme on avait donné au Sempada-cla, le nom de l'oncle du roi, et comme aussi on avait fait avec d'autres, mais encore parce qu'avant ce temps nous ne trouvons pas cité une forteresse de ce nom, et on devrait la citer si Léon le Grand, ou son grand père le Baron Léon, eussent élevé une telle forteresse. D'un autre côté un mémoire du commencement du XIV° siècle (1302), affirme que Partzerpert et Léon-cla étaient limitrophes. Mais il ne faut pas confondre ce Léon-cla avec Léon-pert, construit par Léon le Grand ; un chroniqueur le témoigne en disant : « Il (Léon) fit élever beau-
» coup de forteresses et de châteaux-forts,
» dont l'une de ces forteresses porte le nom de
» Léon-pert, que les Sarrasins appellent *Lem-
» pert* ; c'était une forteresse avancée, mais à
» présent elle se trouve inhabitée, son église
» abandonnée était sous le vocable de Saint
» Basile. » Cette forteresse fut subjuguée avec d'autres l'année 1467.

Nous verrons dans la topographie du district de Zeithoun que son village Alabozan jusqu'à présent est appelé « les Andréassank, » par les Arméniens.

L'*Ermitage Khorine*, un des plus célèbres monastères de la Cilicie, se trouve plus près de Léon-cla que de la forteresse de Partzerpert, et qu'un mémoire de 1322 l'affirme également en ces termes : « aux limites des forte-
» resses inaccessibles de Léon-cla et de Par-
» tzerpert ».

La construction de ce couvent est attribuée par notre historien Tchamtchian à Constantin, père du roi. Nous pourrions l'estimer comme le restaurateur, si nous devions prêter foi à ce qui est écrit dans notre Martyrologe, à l'égard de Georges Meghrig, « qui a établi la
» vigile du dimanche dans Trazarg, ainsi que
» dans le couvent de Khorine qui est dans le
» territoire des Ciliciens, à Sis ». Probablement cette place fut illustrée durant le XIII°, siècle pendant lequel, dans les dernières années de

Héthoum Ier, *Basile* et *Asdouadzadour* (Dieudonné), son frère, dans leur recueil des Sermons, in-folio, rapportent, que le premier supérieur et le premier fondateur de ce couvent fut *Etienne*; et d'après leur recommandation pour le saint repos de son âme, il faut croire qu'Etienne était déjà mort depuis quelque temps. Il paraît qu'après lui le supérieur du couvent fut *Basile*, qui fit un présent du livre et mourut peu après. Le principal mémoire du livre manque, mais la grosseur de son volume et quelques annotations en forme de mémoires, montrent que pour en achever la copie, il a fallu des années. Après Basile, le supérieur du couvent et le possesseur du livre fut *Erianus*, et avec lui *Pierre* qui est aussi appelé supérieur. Sous leur direction vivait le moine *Jean*, qui était gardien du monastère et aidait au copiage du livre.

Avec eux sont mentionnés : le prêtre *Dieudonné* qui, prêtait de grands secours en toute manière; le prêtre *Basile*, qui contribuait avec son argent à la copie du livre, l'évêque *Diratzou*, oncle et précepteur du copiste, et son frère le religieux *Arakel*, qui avait été autre fois supérieur du même couvent; le vieillard *Constantin*, *hospitalier*; les économes *Thoros* et *Grégoire*; le jeune *Vart*, jardinier, et beaucoup d'autres prêtres, de religieux et de diacres; au nombre desquels se trouve aussi *Hiba*, la sœur spirituelle du copiste et la mère du diacre *Khatchadour*, et une autre femme nommée *Chenorhavor*, qui n'ayant dans sa pauvreté qu'un animal nouveau-né, l'offrit comme un secours. Un mémoire de 1302, que nous avons mentionné plus haut, nous informe, que le couvent était sous la protection de la *Sainte Vierge*, de la *Sainte Croix*, de *Saint Grégoire* et d'autres Saints. Le copiste se nomme *Thomas de Rome-cla*, qui s'était réfugié dans ce lieu, et plein de chagrin écrivait le livre des Lettres échangées pour l'Union des Eglises arménienne et grecque, pendant que les Egyptiens s'emparaient du siège du Catholicos et faisaient un grand massacre, n'épargnant ni ses parents, ni ses frères et sœurs.

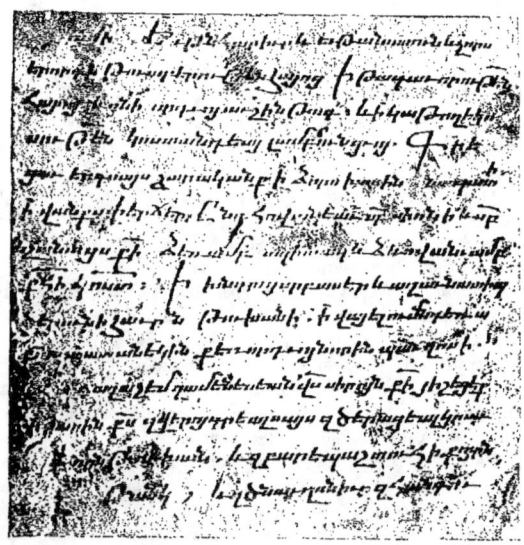

Fac-similé, tiré de l'Hymnaire, écrit à Pérdjère, l'an 1325[1].

---

[1]. Voici la traduction du texte contenu dans ce fac-similé : « En 774 de l'ère arménienne (1325), durant le règne de Léon (IV), roi des Arméniens et fils du roi Ochine; et sous le catholicosat de Constantin de Lambroun, fut écrit cet Hymnaire, au vallon de l'ermitage Khorine, dans le couvent

Avant lui et après Erianus, le supérieur du couvent fut *Constantin Bronacordze* (tisserand en poils de chèvres), de Césarée, qui fut élevé à la dignité de catholicosat, à la veille du jour de Pâques, le 13 avril, 1286 ; mais quatre ou cinq ans plus tard, en 1290, il fut obligé de donner sa démission. Il se dépouilla de ses vêtements patriarcals, et les ayant pliés, il les déposa sur une table d'argent; après quoi « il fit apporter un cilice, vêtement » très grossier de poils noirs, pour sa tête fit » faire une calotte de la même matière ; puis » après avoir pris congé de tout le monde, » il quitta l'évêché, seul et en silence ». Il se sera probablement retiré dans le monastère de Khorine, qu'il habitait avant d'être supérieur de Sghévra, où nous l'avons vu avec son Reliquaire. Ce fut de ce dernier lieu qu'il le rappela au siége de catholicos, qu'il tint longtemps encore, de 1307-1323.

Durant son patriarcat eurent lieu les célèbres conciles de Sis et d'Adana (1307-16) : parmi les noms des assistants on trouve celui de *Basile*, supérieur du couvent de Khorine. Après lui, l'année 1319, le prêtre *Constant*, qui s'appelle indigne et incapable prêtre, fut supérieur du couvent, mais il paraît qu'il se soit démis aussi. La même année il mit en ordre le manuscrit du Rituel du Connétable Sempad, à la demande du maréchal Baudouin, héritier du livre, et réduisit les jours des fêtes de Noël et de l'Annonciation selon les jours des mois latins, d'après les ordres des conciles susmentionnés.

Après tout ce que je viens de rapporter, je trouve encore une fois le souvenir de ce monastère, l'année 1315, avec celui d'un autre couvent, appelé *Pérdjèr* ou *Bérdjèr*: ce nom lui est attribué par le diacre Khatchadour, qui a copié un évangile dans ce lieu, l'an 1299, pour le prêtre Sarkis, frère du moine Paul ; il y cite les églises de *Sion* et de *Sainte-Croix*.

Dans le même livre nous trouvons écrit le mémoire suivant qui commence comme ci-après : « Ayez pitié, Seigneur, de *Constant* le » *Héthoumien*, et de tous les bons fidèles ». Parmi les membres du concile de Sis de l'an 1342, se trouvait *David*, abbé de *Pérdjèr*, que le latin dit : « David Abbas de Perger ». Constantin, le Père du roi, a non seulement construit ce couvent de Pérdjèr, mais encore un autre appelé *Miaguetzer* (des solitaires), situé aux environs de l'ermitage de Khorine, et dont le supérieur semble être *Étienne*, celui qui prit part au concile de Sis ; mais dans le latin, le couvent est cité sous un nom inconnu, *Quessedain* (?). Je n'ai trouvé aucun souvenir de ce lieu, pas plus que du couvent de *Lissangan*, (Լսանկան ou peut-être Լսանկկն), dont la fondation est attribuée, par notre P. Tchamtchian, à Constantin, le Père du roi ; on ne sait pas pourtant s'il est loin où près de Partzerpert. La version latine de l'histoire du susdit concile donne à cette place le nom de *Lisernat*, qui pourrait correspondre au mot arménien *Lissernag* (petite cheville).

Un autre couvent dans ces confins, non seulement plus renommé que ceux-ci mais encore que celui de Khorine, s'appelait le couvent d'*Aganz* ou d'*Aguener*. Plusieurs le mentionnent, mais ils n'indiquent pas sa situation ; seulement l'un des derniers écrivains, l'an 1326, affirme qu'il est situé dans le district de *Tzakhoud* (Broussailleux). Ce dernier est encore cité par l'historien de la Cilicie; puisqu'il dit que l'empereur Jean-Alexis, l'an 1137 s'empara « d'Anazarbe, de Vahga, d'Amaïk, » de *Tzakhoud* et d'autres châteaux-forts ». Ainsi il paraît que Tzakhoud soit à l'ouest d'Aguener ; car le même historien pose le village d'*Aguener* « au pied de Partzerpert », et le Tzakhoud doit être limitrophe, ainsi que Molévon. L'historien Cyriaque dit pour ce couvent qu'il « était limitrophe », et je crois qu'il veut dire vers les frontières du royaume des Arméniens. Sans doute le couvent d'Aguener tirait son nom du village voisin, et tous deux probablement sont ainsi nommés à cause des sources d'eau qui jaillissaient là-bas dans les environs. En arménien *aguen* signifie *source*, et même bijoux, pierre précieuse. Notre prévoyant roi Léon Ier préférait ce monastère à tous ceux qu'il avait fondés partout dans son royaume et que, selon Cyriaque, il les fournissait

---

de Perdjèr, sous la protection de Sainte Sion et de la Sainte Croix du Christ; par *Constant*, prêtre de nom et d'habit seulement : sur la demande du pieux et chaste vieillard, le prêtre *Thoukhan*, pour l'usage de son jeune neveu, Paul. Or, je prie tous, pour l'amour de Jésus-Christ, de vous souvenir en Jésus-Christ du susdit bon vieillard, le religieux Thoukhan, et de sa pieuse sœur *Thang* (la Précieuse), et de ses parents, morts en Jésus-Christ, de son père *Antzrev* (Pluie), et de sa mère, et de toute sa famille.... Souvenez-vous aussi de son autre neveu, le doux et affable Cyriaque, et de moi Constant, misérable esclave et copiste de ceci ; et soyez indulgents envers moi ; car ma capacité ne me permettait pas de faire davantage : je l'ai copié d'un excellent exemplaire ».

abondamment du nécessaire. Aussi notre historien mentionne ce couvent seulement en particulier, en citant son nom, et il dit : « L'un de » ces couvents (bâtis par Léon) est le *célèbre* » Aguener[1]: on y suit encore à présent les mê- » mes règlements que Léon y a établis ; les » moines observent le jeûne toute la semaine, » ils ne le rompent que le samedi et le di- » manche, en mangeant du poisson…. Léon » aimait beaucoup ce monastère à cause de » son bon ordre et des ardentes prières qu'on » y faisait ». Cette préférence est certifiée par corps, préféré ainsi entre tous les couvents que ce prince avait élevés près des forteresses et dans l'étendue des territoires de son royaume. Ce lieu, ou ses habitants, avaient un charme particulier pour attirer et soulager les cœurs des grands. Car, après Léon, ce fut Héthoum 1er, son gendre, aussi magnanime que lui et qui eut un règne long et glorieux, mais à la fin il souffrit la douleur la plus cruelle : car son armée fut défaite, l'un de ses fils tué et l'autre, l'aîné, traîné en esclavage : « Héthoum fut abattu, dit l'historien,

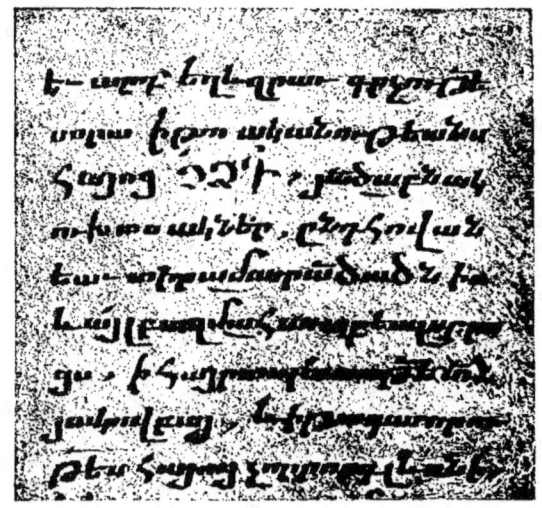

Fac-similé tiré du Rituel écrit dans le Couvent d'Aguener, en 1336.

une preuve irréfragable : en effet, Léon voulut être enterré dans ce saint lieu… « Lorsqu'il » arriva au village de *Mervan*[2] il y séjourna » quelque peu, car son corps s'affaiblissait » par les douleurs. »… A sa pieuse mort « on » transporta son cœur et ses entrailles à Ague- » ner et son corps à Sis ».

Si ce couvent n'avais pas eu d'autre mérite, cette préférence du roi suffirait pour sa gloire ; il avait attiré le cœur du monarque de son vivant, et à sa mort, il devint lieu de repos de son » par le poids des douleurs qui lui survinrent » soudain ; il ne put se consoler, ni se donner » du courage que lorsqu'il vint au célèbre cou- » vent des moines, à Agantz. Il y passa quelques » jours, ranimé et consolé par l'harmome qui » « régnait parmi les frères, et sur ces entrefaites « le Turc évacua ses terres. » Combien étaient profonds et pitoyables les soupirs de Héthoum devant l'urne qui portait le cœur du grand Léon; assurément, selon la pensée de l'écrivain[3] : « seulement Dieu et lui-même connaissaient

---

1. L'écrivain Vahram dit le même : il fonda la célèbre communauté qui est appelée du nom d'Aguener.
2. Ce village de Mervan ne devait pas être très loin du couvent ; peut-être c'est le même que celui de Mavrian, cité à la page 148, comme patrie du Catholicos Constantin Ier. Les Byzantins l'appellent aussi château de Mavrianon et le disent situé près de la forteresse de Loulou. L'empereur Nicephore le traversa dans son incursion vers Adana.
3. L'historien l'abbé Malachie.

» le feu qui brûlait son cœur ». Il paraît qu'un destin mystérieux avait poussé Héthoum près du cœur desséché de son prédécesseur, son beau-père, pour y unir le sien après un dernier battement. Héthoum mourut le 27-8 octobre de l'année 1270, dans le village d'Aguener, mais on ne l'enterra pas là : on transporta son corps à Trazarg. Ce roi pieux avait prévenu sa mort, en faisant ses adieux au monde avant cette heure suprême ; car il avait renoncé à tout en prenant l'habit religieux, pendant qu'il se trouvait encore orné de la pourpre. Ainsi sous l'humble nom de *Macaire*, qu'il adopta à son entrée en religion, il cacha celui de Héthoum, dont la renommée par un règne de cinquante ans, l'avait rendu célèbre en Orient et en Occident. C'est ainsi que les derniers restes de ces deux rois célèbres, qui illustrèrent leur pays pendant quatre-vingt-cinq ans, s'unirent ensemble dans une obscure solitude, qui nous reste actuellement inconnue. Aussi d'autres personnes de la noblesse devenues illustres, après eux, restent cachées dans le même lieu et dans le même silence : parmi ces dernières il en est une qui excella ; ce fut le maréchal Baudouin, Prince des princes, qui, pour le bien et la paix de son pays, subit le martyre dans les prisons d'Alep. On transporta en 1336, les restes de son corps et on les déposa dans le paisible reposoir du couvent d'Aguener.

On cite, dès le temps de Léon-le-Grand (1215), les églises de ce monastère sous les noms titulaires de *Sainte Mère de Dieu* et les *Saints Apôtres* ; c'est alors qu'un prêtre, nommé *Pierre*, frère de *Siméon*, qui avait copié les discours de Saint Ephrem, mentionne : « *Thoros*, le pieux, le vénérable et le saint moine, » supérieur du couvent d'Agantz ». Il l'appelle, *trois fois béni*, et le monastère *très célèbre* ; d'où nous pouvons présumer que le couvent était fondé depuis quelque temps, car cette même année était la vingthuitième du règne de Léon.

Pendant les dernières années du règne de Héthoum, un littérateur mentionne la découverte de la traduction du discours de Saint Jean Chrysostome (ou de Théophile) sur notre Saint Illuminateur, et il dit : « Sa renommée, comme celle d'un » roi couronné, s'était répandue, dans le couvent » d'Aguener, devant le bienheureux et saint père » *Etienne* ; celui-ci envoya des copistes et ordon» na de l'écrire et de le déposer dans le temple » de la Sainte Vierge, à la gloire du Saint Illu» minateur et en souvenir de son âme ».

Un autre mémoire écrit de sa propre main, (1273), parle de son amour pour l'étude ; il dit : « Moi, indigne serviteur, Etienne, abbé du » couvent d'Agantz, je fis écrire l'histoire » de Michel, patriarche des Syriens », etc. Celui qui avait copié le livre, prie le lecteur de dire : « Que Dieu ait pitié de l'abbé E» tienne, supérieur de la sainte communauté » d'Aguener, et de tous ses trépassés », etc. Nous devons être bien reconnaissants envers Etienne, qui a fait écrire, dans la même année (1273), la biographie de Saint Nersès le Gracieux ; l'auteur de cet ouvrage, qui a voulu tenir son nom caché, nous fait savoir que c'était alors la 101° année de la mort du grand Catholicos.

Dans ce monastère d'Aguener se trouvait, comme membre agrégé, Jean, le Frère du roi : car on mentionne un évangile écrit de ses propres mains, en 1287, dans ce même couvent. Vers la fin du XIII° siècle, l'an 1293, nous trouvons écrit un bref mémoire d'un autre Jean, » ainsi : « Le docteur *Jean Djelouze*, le jour » de sa mort, a donné ce livre saint, le Com» mentaire des Psaumes, au couvent d'Aguener, » en souvenir de son âme ; que le Christ Dieu » lui donne le repos éternel. » Ce même docteur a écrit une poésie touchante sur le Saint Illuminateur.

Non seulement alors, mais encore dans la suite, le monastère d'Aguener fut illustré par l'étude des lettres ; car Grégoire d'Anazarbe cite en particulier ce couvent dans son épître à Héthoum II (1306), dans laquelle il lui conseille, d'appeler les « savants évêques et » les pères d'*Aguener*, et de leur ordonner » qu'ils aillent montrer ce livre dans leur cou» vent à toutes les personnes pieuses, par» faites et sages ».

C'est alors (1307) que dans le concile de Sis sont mentionnés, l'abbé *Sarkis d'Aguener* et le Docteur *Vartan*. Quelques années plus tard, (1313), un certain *Grégoire*, religieux du même couvent écrivait les Hymnes de Saint Ephrem, en ajoutant ce bref mémoire, qui nous est intéressant : « Cette même année nous avons » commencé la construction de cette *forteresse* » qui est à *Kardizguenotz*. » Nous ne savons pas certainement quelle est cette forteresse, mais le plus intéressant est le nom de ce lieu : est-ce une fabrique de papier qu'il veut signifier ? car *Kardèze* en arménien veut dire papier. Le même Grégoire, en copiant, l'an 1325, le Commentaire des Epîtres de Saint Paul par Saint Jean Chrysostome, appelle le monastère, « un

» couvent très célèbre qui porte le nom *Des* » *Apôtres* et *d' autre nombreux martyrs* », et il cite *Vartan* supérieur du couvent d'Aguener, un vieux docteur éclairé, puis l'abbé *Etienne* et toute la confraternité ; de plus il mentionne les siens, son père *Vahram* et ses quatre frères. L'année suivante (1326), un autre copiste, celui du livre de prières Nareg, dit *Séraphin* fils de Nersès, mentionne un autre sanctuaire dans le district de Tzakhoud, en disant : « Dans » le célèbre et saint couvent d'Aguener, sous » la protection de la Sainte Vierge, de Saint » Jacques et d'autres Saints ». Dans le même livre, quelque part dans la marge, nous trouvons ces mots : « Et moi la *Dame des dames* » qui mourus en Jésus-Christ, je fis écrire ce » livre, à ma mémoire, à celle de ma mère et de » mon époux : vous qui lisez, daignez en vous » souvenir dans les prières de la messe. »

Cette Dame des dames paraît être Mariune, mère du roi Constant, qui mourut l'an 1352 ; en effet il lui convenait de ne pas s'éloigner du tombeau de son mari, le maréchal Baudouin. Le prêtre Séraphin est mentionné l'an 1329 par le copiste Grégoire, qui en écrivant le commentaire de l'évangile de Saint Mathieu, fait par Saint Chrysostome, prie de se souvenir de « toute la confraternité d'Aguener, de- » meure des anges ; de nos pères spirituels, du » vieux docteur *Vartan* et des vénérés Pè- » res *Etienne*, *Grégoire*, *Constantin* et *Thoros*. » Tous ensemble après nous avoir fait tant » de grâces, ils remplirent le désir de mon » cœur en m'accordant l'exemplaire que j'ai » copié.... Digne de mémoire est encore le » prêtre *Vartan*, qui l'avait copié étant acca- » blé par des souffrances, et ayant à côté trois » autres exemplaires, et ainsi il nous a facilité » la tâche que nous nous étions proposée ». Il cite beaucoup d'autres pères, parmi lesquels le prêtre *Jean* et son frère le diacre *Mardiros* qui relia le livre, les pères spirituels, le *moine Grégoire* et le prêtre *Mardiros* qui étaient neveux du prêtre *Samuel* qui a été martyrisé ; il dit d'avoir obtenu d'eux beaucoup de grâces dès son enfance, et surtout à présent pendant qu'ils lui donnèrent leur maison où il se repose sous leur encouragement. Il y ajoute encore le prêtre *Etienne*, le cellerier *Basile*, le prêtre *Garabiet* qui orna le livre de fleurs. Dix années après ce dernier mémoire nous trouvons dans l'Histoire des conciles, *Jean* comme supérieur d'Aguener, qui y fut présent avec d'autres, pendant le patriarcat de Mekhitar. Après ces faits, Aguener, aussi comme tant d'autres illustres couvents, reste caché, et disparaît avec toutes ses disciplines et ses productions littéraires, avec les bénéfices et le cœur de Léon le magnifique, et les ardents soupirs de Héthoum.[1]

Il paraît que non loin des églises de ce grand couvent, il y avait un sanctuaire dédié aux Martyrs, et en particulier à *Saint Thoros* dit *du vallon*, selon le même prêtre Grégoire, qui copiait dans ce lieu l'an 1329, le livre du Commentaire de Saint Mathieu, que nous avons maintenant dans les mains, et dont voici la date à laquelle il a été écrit : « Ce livre fut » écrit, (selon l'ère arménienne) l'an 778 (1329), » durant le règne de Léon (IV), le Théophile, fils » d'Ochine, et durant le patriarcat de Jacques,

Fac-simile du mémoire du Commentaire de Saint Mathieu.

» sous la protection du magnifique sanctuaire » appelé St. Thoros du vallon, à la gloire » de Jésus-Christ, notre Dieu, qui est béni

---

1. Dans le Catalogue des manuscrits d'Etchmiadzine sont mentionnés d'autres livres écrits à Aguener, parmi lesquels l'Histoire d'Agathange N.° 1614.

» dans toute l'éternité. Ainsi soit-il. Que Jé-
» sus-Christ ait pitié du prêtre *Garabiet* qui a
» orné les marges de ce livre, et de tous ses
» parents ».

Ce sanctuaire n'était pas seulement une église isolée, mais encore il y avait un couvent, car *Thoros*, son supérieur, est cité dans le concile de Sis l'année 1307. On lui attribuait le nom de *Philosophe* qui à cette époque signifiait un brave musicien, étant très versé dans l'art de la musique. Plusieurs autres, portant le même nom (Thoros), sont cités comme braves dans cette branche d'étude. Nous trouvons, dans un mémoire de l'an 1334, mentionné ce *couvent du vallon* sans le nom du Saint; ainsi qu'un autre couvent du nom de la *Sainte Croix*.

Nous trouvons encore les noms d'autres églises, de la *Sainte Vierge* et de *Sainte Sion*. Pendant la seconde moitié du XIII° siècle, avant les personnages que nous avons cités, se présente le nom de *Jean*, prêtre du monastère du Vallon; un autre prêtre *Etienne*, copiait dans le même couvent, les exhortations de Saint Jean Chrysostome, écrites pour le Catholicos Jacques 1er (1268-86).

Non loin du voisinage d'Aguener existait, je crois, aussi le couvent de *Turkety* (nez tordu); car quelques personnes qui sont rappelées dans le couvent d'Aguener, de 1313-1329, sont citées encore dans un livre de Saint Jean, qui avait été copié dans ce couvent de Turkety l'an 1314: comme *Basile*, l'économe, les Pères spirituels *Grégoire* et *Jean*, et le copiste *Constantin*. Ce dernier ajoute d'autres personnages, comme *Sir Thoros*, frère de Jean et de Grégoire, et il place ce dernier comme supérieur du couvent, et l'autre, son frère, comme gardien. Constantin écrivit le livre sous leur ordre; les églises qu'il cite sont celles de la Sainte *Mère de Dieu*, du *Saint Sauveur* et de la *Sainte Croix*. Grégoire, supérieur, assista au concile de Sis, l'an 1310, mais lors de celui d'Adana, l'an 1316, le supérieur se nommait *Haïrabiet*.

Je veux insérer ici une tradition merveilleuse se rapportant à une forteresse située près de Partzerpert, et appelée *Pharsipée* suivant la légende. Il y avait, dit-on, un milan sur un joli juchoir, et une nymphe très belle le gardait soigneusement. Elle accordait à celui qui prenait soin de cet oiseau et le gardait incessamment durant trois ou sept jours, toutes espèces de biens terrestres, selon les désirs de son cœur: mais celui qui manquait de soins pendant ces jours-là ou qui s'endormait, il mourait, et même disparaissait. Ce fut une fois un pauvre qui veilla scrupuleusement durant les jours fixés, et il demanda en récompense de la richesse, ce qui lui fut accordé par le moyen du commerce; il fut si riche qu'il était incapable à compter même la millième partie de ses trésors. Un chevalier de l'ordre des Hospitaliers y veilla aussi, et comme c'était l'usage, présenta à la nymphe une bourse qu'elle remplit d'or, tout en prévoyant qu'une telle abondance d'or serait dangereuse pour lui et pour son ordre, et en effet sa prévision se réalisa.

Un des rois d'Arménie (Ermeny), homme excellent, et de grand cœur et brave cavalier, étant venu lui aussi veiller, vers la fin du temps prescrit, la nymphe lui demanda ce qu'il désirait avoir; le roi lui répondit en ces termes: « Je n'ai plus besoin de grandeur, car
» ce que je possède est déjà de trop; je suis
» maître de vastes terres, je mène une vie
» paisible, et pour compléter mon bonheur
» je n'aspire qu'à toi. — Tu m'as demandé,
» reprit la nymphe courroussée, tu m'as demandé fort maladroitement, ce que tu ne pourras pas posséder; car ma promesse est de
» donner des biens terrestres, et moi je ne
» suis point de ce monde, je ne suis qu'un esprit, un habitant des cieux ». Et comme le roi insistait encore, la nymphe prenant un ton menaçant lui dit: « Puisque je n'ai pas pu te détourner de ton inutile et audacieuse pensée,
» je donnerai ce que tu n'as pas désiré non
» seulement à toi, mais encore à tes descendants jusqu'à votre neuvième génération.
» Apprends maintenant, ô prince, que tu seras
» accablé de guerres et d'ennemis qui envahiront ton royaume et tu te verras exposé
» aux dernières extrémités ». Si tôt dit, si tôt fait, continue le naïf chroniqueur; le roi d'Arménie et son pays perdirent leur grandeur et leur tranquillité; tous deux devenant vassaux des Sarrasins.

L'auteur et le rapporteur de ce récit est *Jean Maundeville*, explorateur anglais de la première moitié du XIV° siècle. Comme on sait, après avoir erré pendant longtemps dans beaucoup de pays à peine connus, il poussa ses explorations jusqu'au pays des Tartares, en écrivant ce qu'il voyait et même ce qu'il ne voyait pas, et beaucoup pour l'avoir ouï dire. Il rapporte ceci en décrivant le chemin qui conduit de Trébizonde à Erzeroum, et il ajoute toujours avec la même naïveté, que « ce chemin n'est pas celui qui doit conduire
» aux villes susdites, mais qu'il a rebroussé

» chemin désirant voir ce lieu merveilleux ». Selon ces détails on pourrait appeler cette forteresse *Sparrow-kawk*, forteresse du milan ou du faucon.

Selon l'ordre de nomenclature de l'historien royal, entre Partzerpert et Molévon doit être *Gobidara* ou *Copitar*. Mathieu d'Edesse qui est le premier qui en parle, dit : « Constantin, fils » de Roupin, tenait la montagne de Taurus dans » le *territoire* de *Gobidara*, dans *Maraba* » (?). Un historien nous présente Gobidara non comme une forteresse mais comme un vaste territoire, dont *Maraba* ou *Marba* ferait partie. Ailleurs, il met ce pays aux limites d'Anazarbe : « cette année, 1100, dit-il, les Turcs » levèrent des trouppes, et entrant dans Ana- » zarbe ils pillèrent et dépouillèrent tout le » pays, y compris *Marba* ». Le même désastre est ainsi décrit par l'historien royal : « Ils » entrèrent dans Anazarbe et massacrèrent » les chrétiens de la province de Marba ». Selon le premier historien, Gobidara et Anazarbe sont un même pays, et Marba ou Maraba n'est qu'un district d'Anazarbe.

Ainsi nous pouvons dire justement qu'au onzième siècle et au commencement du règne des Roupiniens, Anazarbe et Gobidara étaient deux vastes cantons limitrophes, le premier à l'est et le second au nord-ouest. Constantin, fils de Roupin, s'empara de Gobidara, pendant que son père s'était rendu maître d'une autre forteresse presque d'un même nom, *Gossidar* ou *Gavsidar*. Et il faut que ce soient deux places distinctes, car nous trouvons toujours cette distinction dans les possessions de Roupin.

Gossidar, selon les témoignages des historiens, est située vers le nord, en dehors de la Cilicie, sur les frontières de la Phrygie. Laissons-la pour le moment et cherchons à retrouver l'emplacement de Copitar. Heureusement, plusieurs années après la publication du présent ouvrage en arménien, tout récemment nous est parvenue une note sur ces contrées, écrite par un auteur du commencement du siècle dernier, Avédik de Diarbékir : « Copitar (Կո- » պիտար), dit-il, est directement à l'est de Sis ; » on le nomme maintenant *Guéok-déré* (Vallon » bleu) : et ailleurs : La forteresse de Copitar, » que les Turcs appellent *Guéok-déré* ».

Ce fut l'un des premiers territoires dont s'emparèrent les Roupiniens, qui étendirent leurs conquêtes du nord au sud. L'italien Pegolotti étend leurs confins d'Ayas jusqu'à Co-

pidar ; dans son manuscrit est écrit *Colidara*. Il paraît par ces citations, que c'était une des plus anciennes forteresses de la Cilicie, peut-être construite par les Grecs. C'était une grande forteresse sur une place inaccessible ; ainsi elle est restée inprenable jusqu'à la fin du règne des Roupiniens ; elle a eu même une durée plus longue ; et maintenant encore elle n'est probablement pas entièrement ruinée. Le géographe Vartan en montre la grandeur, lorsqu'en parlant de nombreuses forteresses de la Cilicie, il ne cite par leurs propres noms que les forteresses de Gobidara et de Partzerpert, non loin de Molévon.

Un siècle s'écoule après le règne de Constantin Ier, jusqu'à ce que nous rencontrions le nom de cette place, et cela dans un fait douleureux : dans cette forteresse fut emprisonné le jeune Catholicos Grégoire V., parce qu'il n'écoutait point les conseils de ses évêques plus âgés, et gouvernait avec trop d'imprudence. On l'accusa devant Léon Ier, qui n'était pas encore couronné roi. Celui-ci envoya alors Jean, évêque de Sis, à Rome-cla, siège du patriarche, pour cette affaire. Jean se saisit, avec fraude, du Catholicos et l'enferma dans Gobidar (1194). Dans ce récit la forteresse est posée sur un rocher, et l'historien Orpélian, l'appelle *Rocher de Gobidara*. Les habitants de Rome-cla conseillèrent au prisonnier de s'évader, et ils lui préparèrent un cheval ; « il les écouta comme un enfant, et » au moyen d'un linge il se hasarda, pendant » la nuit, à se laisser glisser du haut de la » forteresse. Le linge se déchira, et dans la » chute il trouve une mort instantanée ». On lui donna pour cela le surnom de *Précipité du rocher* (Քարափէջ). Un écrivain contemporain raconte brièvement ce fait et appelle la forteresse *Château de Gobidar*. A cette époque le seigneur de la forteresse était *Constantin*, qui est mentionné plus tard durant le règne de Léon. Je ne connais pas ses successeurs, jusqu'au XIVe siècle ; c'est dans le concile de Sis (1307) que paraît *Ochine*, seigneur de la forteresse. Gobidar n'était pas seulement le siège d'un prince, mais encore elle avait un évêque qui résidait probablement dans un couvent ; pourtant nous ne trouvons ni le nom du couvent ni celui de toute autre construction. De Gobidar on ne connaît qu'un seul évêque ; c'est précisément *Siméon*, cité dans le même concile de Sis. Après cent soixante ans, lorsque Chah-Souar s'empara de Sis, l'an 1467, les habitants se réfugièrent dans la forteresse de Gobidar.

Les Vallées du Zamanti et du Sarus.

S'il est une région de la Cilicie peu connue, au point de vue historique et géographique, c'est bien la partie centrale du nord de ce pays, c'est-à-dire le territoire qui s'étend au nord-est de Partzerpert et à l'ouest de la province de Djahan; en d'autres termes, la contrée située au nord des Monts Ala-dagh et de l'Antitaurus.

Jusqu'à présent on n'a pas pu établir d'une manière certaine, jusqu'où s'étendait de ces côtés la domination de nos Léon et de nos Roupin. Je crois que Roupin Ier a d'abord conquis *Gossidar* et *Goromozol* ou *Golmozola*. De là, son fils Constantin, étendit sa domination sur le territoire de Vahga, qui est à l'extrémité septentrionale de la Cilicie. C'est du moins, le lieu que nos historiens regardent comme la première possession des Arméniens dans le pays de Sissouan.

Laissant à la postérité la question du pays qui a été le théâtre des gestes du fondateur de la dynastie arménienne en Cilicie, nous donnerons quelques détails sur cette portion de terre, comprise entre les deux cours d'eau parallèles, qui sont regardés comme les sources du Sarus. Ces deux rivières descendent du nord de la Cappadoce: leur cours est presque toujours parallèle, et leur distance n'est guère de plus de vingt kilomètres en moyenne, même, en quelques endroits, elle n'est que de quinze ou moins encore. Elles sont séparées par une série de montagnes, coupées de gorges et de vallées et dont quelques-unes font partie de la chaîne de l'Antitaurus. Dans la chaîne qui va du sud au nord, en se tournant un peu vers l'orient, on trouve de nombreuses sommités : la plus méridionale est appelée *Ghédim-béli* (?); celle qui forme le centre du massif, *Kozan, Kouzan*, ou *Kouzoun-dagh*, nom qui lui vient de la puissante tribu des Turcs ou des Afchars. Quelques auteurs même voudraient appeler du nom de Kozan, toute la chaîne de l'Antitaurus. Un massif important, celui du *Kérmèze*, se détache de la chaîne principale et s'étend vers l'est dans la vallée de Djahan. Le point culminant a 10,000 pieds d'altitude.

Au nord du mont Kozan s'étendent, séparés par des vallées, les monts *San-dagh, Bey-dagh*, et *Kezel-dagh;* les cimes des deux derniers ont une altitude, de 1,800 mètres, selon Tchihatchef, qui dit, que lors de son passage (12 juillet 1848), leur sommet méridional était tout couvert de neige. Il y trouva des coquillages fossiles.

Vers le milieu de la chaîne s'élève un autre massif parallèle, du nom de *Katran-dagh*. Entre ces deux sommités, dans une profonde vallée, passe le ruisseau *Aléous*, qui est un affluent du bras oriental du Sarus.

Le plus grand massif qui soit parallèle aux monts Kozan, est celui des monts *Binboughu*. Ce massif s'étend vers l'est, sur une longueur de 35 kilomètres environ : le sommet méridional porte le nom de *Madén-dagh*. Les monts Kozan et Bimbougha forment ensemble les monts Antitaurus qui s'étendent entre la Deuxième et la Troisième Arménie, jusqu'au fleuve Aléous. Le bras occidental du Sarus est plus court que celui de l'est, et s'appelle *Zamanti* : il vient du mont *Kalé-dagh*, au nord-est de la Césarée, dans la vallée *Touron* ou *Touroun-ovassi;* sa source se trouve à une altitude de 2,000 mètres; il descend vers le sud-ouest dans des vallées qu'il parcourt avec une grande rapidité. Avant d'arriver au pied des monts Ala-dagh, près du bourg de Farache, il reçoit plusieurs affluents, dont les principaux sont le *Korkoun* et le *Tchaked;* puis, se tournant vers l'est, il entre dans la plaine où, entre Sis et Adana, il se joint au bras oriental. Celui-ci qui est le principal, s'appelle *Saran-sou* ou *Saris;* sa source se trouve au nord-est de celle du Zamanti, au pied du mont *Khanzir-dagh*, presqu'à trois kilomètres au sud du cours de la rivière Aléous, à l'endroit appelé *Tcheralik*. Entrant dans l'étroite vallée que forment les deux chaînes parallèles qui constituent l'Antitaurus, il coupe le massif du *Kérmèze*, en s'ouvrant un passage au sud de Hadjine; il reçoit sur la rive droite, la petite rivière *Aléous* ou *Kutchuk-sou*, qui elle même a un affluent, l'*Ouroumlou*. Ce bras reçoit plusieurs autres affluents peu importants; le plus au nord, est la rivière de Hadjine qu'on appelle aussi *Tchatal-gueuze*. A son entrée dans la plaine, il change de nom : il prend celui de *Sihoun*. Il passe à peu de distance à l'ouest de Sis, puis reçoit peu après le Zamanti, parcourt toute la plaine de la Cilicie et va se jeter dans la mer, à l'est de l'embouchure du Cydnus. Le Sarus est le plus long des fleuves de la Cilicie; son cours a presque 300 kilomètres, dont la première moitié se trouve en dehors de la Cilicie.

Sur la rive gauche de ce fleuve, à l'ouest du mont Ghédim-béli, se trouvent les pâturages des Afchars, appelés *Sarkant*-oghlou, le village se nomme *Tahta-kueupru*, peut-être à cause du pont de bois qui se trouve en cet endroit sur un petit affluent du Zamanti.

Les principaux villages que l'on rencontre dans la vallée du Zamanti, jusqu'au bourg de Farache sont ceux de *Kalé-keuy-Cheikhly* (du nom d'une forteresse), *Bahdjédjig*, *Tipi-déréssi*, *Yéni-keuy*, *Afchar-keuy* ; ce dernier est le principal des villages ou des stations de la tribu des Afchars. Dans la statistique ottomane, on trouve la mention d'un autre petit village du nom d'*Achiréti-Afchar*.

sur la pente escarpée d'un vallon, à une altitude de 3,300 pieds ; on y compte environ 250 cabanes. Ce village est le siége d'un *mudir* (administrateur).

La plupart des habitants sont des Grecs, de mauvais caractère, au dire des Afchars leurs voisins. En tous cas, ils ne firent qu'une médiocre réception à Tchihatchef qui y passa deux fois, (25 septembre 1848 et 23 juillet 1853). La présence des Grecs dans ces lieux indique l'existence de filons métalliques ; on y trouve en effet des mines de fer. Les Grecs

Dianthus mutabilis.

Près de ce village, Tchihatchef a trouvé des chalefs, des alaternes (*Rhamnus petiolaris*), et des vignobles. Le chef des Afchars Sarkandly lui fit une bonne réception et lui donna même une lettre de recommandation pour le présenter au grand chef de sa tribu et à celui de la tribu de Kozan, nommé Tchaderdji Méhémmed-bey.

Le plus important des villages de la rive droite du fleuve, est celui de *Farache*. C'est le chef-lieu du district de ce nom ; il est bâti

appellent leur village *Farassoni* (Φαρασσόνι), mais dans les ouvrages littéraires on trouve le nom de *Farassa*, (Τὰ φάρασσα). C'est aussi le nom que l'on donne à l'église de ce lieu, église dédiée à deux frères *Prik-Yéchou*, et *Jonan*, martyrisés en Perse, au commencement des persécutions de Sapore, (le 24 ou 29 décembre, 327). On célèbre leur fête le 29 mars. Neuf autres Saints, entre autres *Nersès et Sempad*, furent martyrisés en même temps qu'eux : l'histoire de leur martyre fut écrite par un témoin oculaire, Isaïe, fils d'Abad, du village d'Arzen-arzun, dans la province d'Aghetzenik dans la Grande Arménie. Quand et comment leurs reliques furent-elles transportées dans cette province, on ne saurait le dire. Les Grecs ont une grande dévotion pour ces Saints syriens.

Ces habitants de Farache, parlent la langue hellénique et non le grec vulgaire ; ils se vantent d'être les descendants des Grecs péloponésiens. Sur une colline rocheuse, près de Farache, s'élève une forteresse à double enceinte ; en face se dresse un autre rocher, sur lequel on trouve dans une caverne un oratoire dédié à la Sainte Vierge. On y arrive au moyen d'un escalier en bois. Au commencement de ce siècle on y citait plusieurs autres sanctuaires ; ils doivent exister encore de nos jours et être un objet de vénération pour les Farachiens. A deux heures de Farache, près d'un pont, il y a une chapelle dédiée à Saint Jean Chrysostome. A l'est du fleuve, à une heure de distance, on trouve un autre sanctuaire et un couvent de la Présentation de la Sainte Vierge. Longtemps en ruines, ce monastère fut, dit-on, restauré en 1774. Parmi les plantes sauvages des alentours de Farache et de Hadjine, Tchihatchef mentionne l'œillet changeant (*Dianthus mutabilis*).

L'autre et le principal affluent du Sarus est, comme nous l'avons dit, le *Saran* Ce nom lui vient de la longue montagne *Sarran*, au sud-est de Tomarza, près de Césarée. La rivière *Aléous* ou *Alavs* passe entre ces montagnes et le mont Katran, et se mêle au Sarus à une petite distance de la ville de Hadjine. Sur les rives de l'Aléous on trouve les villages de *Djemnig*, probabelement *Jamnig* et de *Yaïladjik*, à une altitude de 1,400 mètres. Avant sa jonction avec le Sarus, l'Aléous reçoit l'*Ouroumlou* ou *Roumlou*, ainsi appelé du nom d'un village qu'il traverse ; ce nom indique qu'il fut autrefois la demeure des Grecs. Mais nous y trouvons dans la moderne statistique ottomane 255 Arméniens et 937 Turcs[1]. C'est là que campa pendant quelque temps Ismaïl-pacha, lorsqu'il vint au secours de Kourd-Derviche-pacha pour l'aider à réprimer la révolte des Kozans.

On trouve un peu plus loin le village d'*Ouroum-nahiéssi*[2], appelé aussi par quelques auteurs *Khoromzé* ou *Gueurumdjé*[3]. Ce village a dû être fondé par les mineurs grecs : on y comptait en 1859 une cinquantaine de maisons. L'altitude est de 4,100 pieds ; il est entouré d'arbres fruitiers et de cèdres. On y trouve sous un bosquet de chênes une source abondante.

Lors de son voyage d'exploration (11 au 18 mai 1853), Kotschy trouva ces lieux émaillés d'une élégante floraison printanière. On y voyait surtout des violettes, des jacinthes et des tubéreuses ; toutes ces fleurs croissaient jusqu'à la limite de la neige. Il cite en particulier l'orobanche, l'anoplante, (*Anoplanthus Biberst*), l'orobe (*Orobus variabilis*) et la *Camelina albiflora*.

Tout l'espace qui s'étend entre le village Ouroum-nahiéssi et le bourg de Bélén est couvert de vignes et de buissons. Près de ce dernier bourg on voit les traces de quelques couvents ruinés, dont les noms ne sont pas connus par les habitants. Ceux-ci avaient même oublié leur langue maternelle et parlaient le turc. Ils portaient le même vêtement que les musulmans, hormis le turban bleu. Ils traitaient cependant avec familiarité les habitants arméniens du village d'*Akhardjé*, qui se trouve à une heure de chemin, vers l'ouest. Ce village est également à une heure de distance de Bahdjédjig.

Au nord de ces villages s'élève le mont *Tchoche*. Il est dirigé de l'ouest à l'est ; son point culminant est à 7,500 pieds. Du côté du midi, les arbres croissent jusqu'à 6,600 pieds ; ce sont pour la plupart des hêtres, des genévriers et des cèdres. Vers le sommet, Kotschy trouva des fumeterres, des géums, des renoncules (*Ran. napellifolius*), des joubarbes olympiques, des lamiums, des pyrèthres, *Eunomia iberidea*, des *Haplophyllum*. On a trouvé encore près de ces plantes des tulipes panachées, des jacinthes, (*Hyacintha orientalis*), et la belle *Iris iberica*.

Sur le versant du nord-est, on voit des maisons de campagne et les pâturages du Gueurumdjé. Au nord de cette montagne, s'élève le mont *Baker* (mine de fer) ; au nord-est se trouve le petit village *Sapan-déré*, et près de la source de l'Ouroumlou, le bourg de *Kermèz*, à près de 20 kilomètres au sud-ouest de Hadjine. Tout près de ce bourg, sur un terrain raboteux, s'é-

---

1. De même Tchihatchef, lors de son passage dans ces lieux, en 1849, ne cite que les Arméniens seuls.
2. Suivant la carte topographique russe.
3. Suivant Fischer.

lève un rocher, au haut et dans les cavités duquel les Grecs ont bâti un de ces couvents, qu'on appelle μετέωρα ou μετέορος, en signe de leur hauteur. De telles constructions n'ont aucune porte, aucune entrée; les moines, en petit nombre, et d'une vie pauvre et très rude, descendent une corbeille, et au moyen d'une corde, ils tirent leurs compagnons ou les visiteurs qui ne leur semblent pas suspects. Il y a quelque trente ans ce couvent a été visité par un voyageur Français, (M. Drée).

Près de ces lieux, il y a un autre bourg du nom de *Bahdjédjig*, appelé aussi quelquefois *Ghiavour-keuy*; les habitants sont des Grecs. de *Naghechig*, Նաղշիկ, et au sud de ce dernier, sur la rive droite du Sarus, le bourg de *Tchidémé* à une altitude de 1,923 mètres. Le chemin qui conduit à ce village est bordé de bois de cèdres. Tchihatchef qui y passa au mois de juillet, y trouva pourtant toutes les maisons couvertes de peaux de brebis, à cause du froid. A l'est de ce dernier village, plus près du Sarus, se trouve *Yérébakan*. Tchihatchef y logea le 28 juillet, 1853: *Tchaderdji Méhémmed-bey*, le terrible chef des Kozans, lui offrit l'hospitalité; il lui donna même une escorte pour le protéger jusqu'à Hadjine. Le village comptait en 1853, 80 maisons d'Arméniens.

Médéora — Couvent grec, dans les rochers des monts Kermèze.

La position de ce village est très belle; il est entouré de peupliers: l'altitude en est de 1,690 mètres.

Plus à l'est, vers la rivière Aléous, se trouve *Kueutune*, village où fut tué en 1865, Youssouf, l'un des chefs rebelles de la tribu des Kozans. Quelques mois après sa mort, on le déterra, et ses os furent transportés près de la mosquée du village. Selon la statistique ottomane, on compterait dans ce village 500 Turcs et une vingtaine d'Arméniens.

Nous pouvons encore mentionner les villages Entre ces deux derniers villages s'élève une colline rocheuse, couronnée d'une forteresse, munie d'une enceinte et de tours. Au pied de cette colline se trouve un autre village du nom de *Kalé-déréssi* (Vallée de la forteresse). Le même voyageur y comptait 40 maisons d'Arméniens.

Près de la jonction du Sarus et de son affluent la rivière Aléous, on trouve sur la droite, près d'un pont de bois, le village *Bélén*, formé d'une trentaine de maisons (1853). C'était alors la résidence d'été du chef de la tribu des

Afchars. Quant au gouverneur spécial de cet endroit, qui résidait dans le haut château du village, c'était alors Ali-bey. Il eut pour successeurs son fils Eumer-agha, et le fils de ce dernier Ahmed-agha, qui se soumirent à Derviche-pacha, en 1865.[1]

Cette dernière localité doit sûrement avoir une importance historique. On l'appelle aussi *Guernichène* ou *Gournichène*, Կռնիչէն, Կուռնիչէն, dans quelques cartes géographiques russes ; il serait intéressant de découvrir l'origine de ces noms purement arméniens.

Un village célèbre, sur la rive gauche de l'Aléous, c'est celui de VAHGA, Վահկա, ou *Vaca* Βακα, selon les Grecs, et *Féké* ou *Vaka*, selon les Turcs. Il est bâti au pied d'un mont rocheux, isolé : c'est une place fortifiée tant par la nature que par l'art[2]. Les habitants sont pour la plupart des Arméniens ou des Afchars. Mourad d'Alep, y comptait 100 maisons d'Arméniens, en 1840 ; Bardizbanian[3] en comptait 200 en 1863 : Tchihatchef qui y passa en 1853, y trouva 150 maisons entre les Arméniens et les Afchars. Actuellement, selon les dernières informations de la Compagnie cilicienne, il y aurait 300 maisons d'Arméniens. Ce lieu est un de ceux que nos ancêtres conquirent les premiers ; ils s'y sont établis et y sont demeurés jusqu'à nos jours. Nos historiens et nos chroniques disent que Constantin, fils de Roupin, s'empara d'abord de la forteresse de Vahga et de plusieurs autres lieux en 1097[4]. Thoros, son fils et son héritier, fit transporter à Vahga les trésors des princes grecs Mandaléens lorsqu'il s'empara de la forteresse où avait été tué Kakig, roi des Bagratides. Nous avons rapporté ailleurs (p. 48) comment l'empereur Jean Comnène se rendit maître de Vahga.

Un historien byzantin (Cinnamus) dit qu'en même temps que de Vahga, l'empereur s'empara d'une autre place fortifiée qu'il appelle Καπνιοχέρτι. On ne sait trop quelle peut être cette forteresse : c'est peut-être Gaban.[5]

Lorsque Thoros, fils de Léon, s'échappa de prison (1145), il s'empara, après Vahga, d'une autre forteresse que nos historiens appellent *Ariudz* (lion), mais dont je ne connais point la position. Ce même Thoros reconquit peu à peu, par les armes, la partie de la plaine, recherchant les villes florissantes pour y établir sa domination et s'éloignant de plus en plus de Vahga. Son frère Meléh le Tyran, qui lui succéda, quitta Vahga et choisit Sis pour résidence.

Durant le règne de ces deux princes vivait un personnage lettré, *Enoch* de Vahga, qui suivait le rite grec, méprisant les traditions de sa nation. Après avoir injurié les Grecs, il s'était mis de leur côté et même vivait avec eux, comme l'affirme Saint Nersès de Lambroun, dans sa lettre au moine Oscan ou Houssig.

Les successeurs de Meléh, ses neveux Roupin II et Léon, établirent leurs résidences dans les villes de Tarse ou de Sis : sous leur règne le château de Vahga servit de prison pour les hauts personnages. Léon y emprisonna Héthoum, frère de Saint Nersès. Nous avons déjà raconté comment ce Héthoum prit l'habit religieux et fut remis en liberté par Léon. Ce dernier emprisonna encore à Vahga, sa première femme dont il avait à se plaindre.

A part ces quelques faits, nous ne trouvons plus dans l'histoire que Vahga ait depuis servi comme résidence royale ou princière. Au XIII° siècle on trouve plusieurs chroniqueurs originaires de Vahga, entre autres les prêtres *Etienne* (1280) et *Thoros*. Dans la première moitié du XV° siècle (1430-1438), s'est illustré le Catholicos, Constantin de Vahga.

Il paraît qu'à cette époque une famille de cette place, famille sacerdotale (et même, selon une tradition, de descendance royale), s'appropria des saintes reliques du siège patriarcal (les bras droits des Saints, Grégoire l'Illuminateur, Nicolas, Sylvestre et Barsam), et les conserva de génération en génération, comme un

---

1. Histoire de Hadjine, par l'évêque Pierre.
2. L'historien grec Nicétas affirme cela dans la vie de Jean Porphyrogène. Ἐφ' οὕπερ ἡ μὲν φύσις τὴν πέτραν ἀνέστοκεν, ἡ δὲ τέχνη τείχη περιέβαλε καὶ ἐκράτυνεν.
3. Tous deux écrivains arméniens modernes.
4. C'est ainsi qu'écrit le continuateur de la chronique de Mekhitar d'Ani : « Il s'empara aussi du célèbre » teau de Vahga, où il établit son siége, et de là il » se rendit maître de plusieurs autres lieux ». Toutefois quelques historiens en parlant de la manière dont ce château fut pris, affirment que ce fut par une surprise. Durant la grande foire du lieu, Constantin envoya des hommes déguisés comme des négociants, qui, au milieu du public, dégainant tout-à-coup leurs épées cachées sous leurs habits, s'élancèrent dans la forteresse et s'en emparèrent.
5. Dulaurier aussi est de la même opinion, et il veut lire *Gabnitz-pert*, ce qui signifierait château de Gaban ou château des liens, peut-être mieux encore, Forteresse des passages étroits.

héritage Cette famille fut appelée *Atchebaniank*, « Gardienne des bras saints », ainsi que nous le verrons dans le mémoire des Catholicos de Sis. Quant aux églises de Vahga, nous n'en trouvons qu'une de mentionnée, dans un manuscrit du XIV° siècle ; c'est l'église de la *Sainte-Croix*.

Pourtant, selon notre P. Luc Indjidjian, il devait y avoir à Vahga plusieurs églises, sous les vocables des *Saints Archanges* et des *Saints Thoros, Minas* et *Georges*, et aussi un monastère dédié à *Saint Jean*, situé à l'une des extrémités du village. On y voyait en outre les ruines d'un couvent, dont l'église était sous le vocable de la *Très-Sainte-Vierge*. Ce couvent avait été bâti, dit-on, par le Catholicos Nersès. Actuellement on n'a pas de donnée certaine sur ces monuments. C'étaient assurément une de leurs ruines que virent en ces lieux, en 1836, les explorateurs autrichiens venus pour y étudier le pays dans un but géographique ou pour y rechercher des mines. Lorsque Vahga est mentionné pour la dernière fois dans notre histoire, c'est à propos de sa prise par Chah-Souar, le Zulkadrien, en 1467.

Il ne faut pas oublier non plus de mentionner aux environs de Vahga, le monastère de *Castalon*, le patrimoine des fils de Roupin, à Vahga, l'une de leurs places les plus importantes. Depuis l'extinction de la dynastie des Roupiniens jusqu'à nos jours, ce lieu semble être resté tout à fait inconnu. Avant leur domination c'était sans doute un simple couvent ; ils le choisirent pour leur tombeau. Selon le témoignage de Mathieu d'Edesse, ce lieu « était près de la forteresse « de Vahga, dans les montagnes du Taurus. » Le D^r. Vahram, dit à propos de Constantin, seigneur de cette forteresse :

« C'est ici qu'il mourut en J. C.,
Et fut mis à côté de son père Roupin.
Il fut enterré dans le couvent
Qui porte le nom de Castalon. »

Quelques années après la mort de Constantin, (1099), on enterra dans ce couvent un moine nommé *Marc*, (1105), qui, retiré dans les monts de *Coc*, (Կոկ, Կոկաց լառն), s'était, dit-on, nourri d'herbes pendant 65 ans.

Ce dernier couvent de Castalon servit-il de résidence aux évêques d'Anazarbe, ville bien éloignée de Vahga, il est difficile de le croire. Pourtant l'historien royal dans sa chronique cite vers la fin du XII° siècle, en termes très clairs l'Abbé « *Constantin*, archevêque » d'Anazarbe et supérieur de Castalon. » Plus tard on trouve le nom d'un certain *Jacques*, évêque de Castalon vers le milieu du XIII° siècle, qui exhorta Mekhitar de Sghévra à écrire une notice sur les sièges patriarcaux. Je n'ai pas pu établir, si le siège d'Anazarbe était situé dans ce couvent lointain, ou bien dans un autre du même nom, situé près de la même ville. En effet, dès les temps anciens on connaissait deux villes du nom de *Castavala* (Καστάβαλα) ; dont l'une presqu'au centre de la Cilicie et siège du métropolitain d'Anazarbe, est citée dans l'énumération des sièges patriarcaux. Le village actuel de *Kastal*, à 6 ou 8 kilomètres au sud d'Anazarbe, et à l'ouest d'*Osmanié*, marquerait l'emplacement de cette ville : Osmanié, au dire de quelques savants, s'appelait autrefois *Hérapolis*. L'autre ville de Castavala était située au pied des montagnes du Taurus, non loin de Tyana, à l'endroit où se trouvent actuellement les ruines d'un village que les Turcs appellent *Késtughine*. On trouve encore en cet endroit des débris de grandes colonnes et des pierres funéraires taillées en croix. Il y a tout près un couvent désert appelé *Vénk*, par les Turcomans Foursakh ; Վանք en arménien signifie couvent.

Au sud de Vahga, le Sarus reçoit un petit affluent, près du village Bélén. Le fleuve contourne ensuite le mont *Kérès* ou *Kirèze* ; sur ses rives se trouvent plusieurs villages dont l'un porte le nom du mont Kérès ; un autre, près de la même montagne, s'appelle *Thapan* ou *Thapan-oghlou*: il est situé sur le chemin public qui va de Sis à Hadjine. On voit encore dans ce dernier village des restes de bastides, ouvrage des Kozans, qui campèrent dans ces lieux lors de leur révolte contre les Turcs, en 1865.

La dernière statistique ottomane donne pour Thapan, 267 Arméniens et 726 Turcs. Près de ce village on cite à l'ouest le village de *Thénkerli*, et au sud, ceux de *Thokmali* et de *Tachekueupru* (Pont en pierre).

Dans le Sarus se jette encore une autre rivière, un peu plus en amont ; elle est bordée de platanes, et Kotschy voudrait l'appeler « Rivière des platanes ». Il cite à propos de cet endroit plusieurs espèces de plantes communes et des pins d'Alep. Au milieu des platanes et des vignes, il trouva sur la rive droite de la rivière, un village aux maisons dispersées. Près de là, s'élève la montagne calcaire d'*Osgouhan* ou *Osguihan* (Ոսկուհան, ոսկիհան, (mine d'or). Elle est entourée d'un terrain rouge brique, dans lequel pousse la scorzonère qui y atteint deux pieds de haut. Les paysans donnent à cette plante le nom de *Kara-richan*. On y voit encore des collines rocheuses d'un aspect volcanique.

A huit kilomètres de Thapan, au nord de Bélén et de Vahga, sur la rive droite du fleuve, on trouve le village appelé *Gulluchène*. C'est là que fut capturé Youssouf le Kozan, en 1865, pendant qu'il excitait les villageois à la rébellion, il fut trahi et livré par eux.

A l'est de ces villages et du fleuve, se trouve le bourg de *Houd* ou *Koud*. En 1836, c'était la résidence d'été du chef de la tribu afchare de Karsandli, le bey Samour ou Samara ; mais pendant l'hiver il habitait dans le bourg de Bélén ; lors du voyage d'exploration de l'officier géologue Rousseger (11 août, 1836), il se trouvait à Houd. Le voyageur Téxier qui avait visité ces lieux quelques jours auparavant (le 22 juin), loue la fertilité du sol, la richesse de la végétation, surtout des pins et des sapins. Il y trouva aussi des pétrifications de coquillages. Il dit avoir passé par un petit vallon étroit, dont l'entrée était gardée par une *forteresse* : lors de son passage plusieurs parties des anciennes constructions étaient encore debout. Actuellement cette place est complétement ruinée.

Ce qui fait surtout la renommée de ce pays, ce sont ses *mines*. On trouve du fer dans toute la partie qui est couverte de calcaire, de serpentine et d'ardoise ; elle s'étend de Houd jusqu'aux frontières de la province de Sis, des deux côtés du fleuve. Aussi cette vallée est appelée *Baker-ovassi*, (Vallée du fer). Les habitants en exploitent les minerais depuis les temps anciens. Ces mines étaient exploitées aussi au temps de la domination arménienne, et nos princes payaient pour cela un tribut aux Egyptiens, qui s'élevait chaque année à 1,000 tables de fer, plus des clous et autres objets. (Traité entre Bibarse et Léon II, en 1282)

En 1836, vers la mi-août, deux géologues autrichiens, Ghensberg et Slabey, conduits par Rousseger, examinèrent ces lieux : le minerai se trouvait surtout en abondance près de *Kouléli*, village au sud de Houd, où l'on voyait encore à cette époque, d'anciennes ruines, près de Vahga, de Bélén, de *Inek-tépéssi*, du hameau de *Féyline*, de Ouroum-nahiéssi et d'*Akharcha*. Passant au sud de Farache, ils en trouvèrent près de *Tipi-déréssi*, et enfin sur la rive droite du Zamanti, entre ce fleuve et la chaîne des monts Ala-dagh, où s'élève le mont *Baker-dagh*.

Le baron Léon possédait plusieurs forteresses dans cette région, parmi lesquelles, outre celles de Tzakhoud et de Vahga, devait se trouver celle du *Garmir-liaren* (Mont-rouge), mentionnée par nos historiens. Ce mont Rouge est peut-être la montagne que les Turcs appellent de nos jours, Kezel-dagh, (ce qui signifie de même, Mont rouge), et qu'il ne faut pas confondre avec le Kezel-tépé (Pic rouge). Peu importe que le mont Garmir ait fait partie du domaine de Léon ou non, il nous suffit de savoir qu'il était déjà connu comme un lieu de refuge du temps des Roupiniens. Les seigneurs de ces différentes forteresses s'occupèrent non seulement d'élever des fortifications contre les ennemis du dehors, mais bâtirent encore des sanctuaires et des écoles ; ainsi il faudrait encore chercher dans les environs du mont Garmir, le *Couvent* du même nom.

Cela est confirmé par Etienne Orpélian dans sa lettre au Catholicos Grégoire d'Anazarbe, dans laquelle il dit : « Pendant que moi » humble, je me trouvais chez votre magnifi- » cence, les *moines de la Montagne Garmir*, nous » ont ennuyés par leurs accusations », (ils attribuaient à Grégoire une inclination exagérée envers les Latins), « et le roi (Léon II) et tous » le concile prêtant foi à de telles accusations, » ne voulurent pas vous oindre à la dignité de » catholicos, vous, qui étiez l'élu du Saint Es- » prit », l'an 1286, après la mort du Catholicos Jacques.

Hadjine et ses Environs.

Actuellement, la principale ville de la vallée du Sarus est HADJINE, chef-lieu d'un district du canton de Maraché, dans la province d'Adana, au sud-est de la montagne *Tchamlek*. Cette ville est à une altitude de 1,400 mètres, près de la rivière *Tchatal-gueuze*, qui s'appelle aussi *Eau de Hadjine* et traverse le vallon d'*Obroukh*. La ville a une position très pittoresque, car elle est située au centre d'une chaîne de montagnes en amphithéâtre. Elle est entourée d'une riche végétation, d'arbres sauvages, de vignes, de muriers, et même d'oliviers. Parmi les fleurs sauvages, on indique une espèce d'œillet (*Dianthus oculatus*) qu'on trouve surtout vers les limites de Cocussus : un voyageur français dit qu'on ne peut conserver en bon état la nuance de la couleur de cette fleur, lorsqu'on la presse dans un herbier, car le fard qui la recouvre se dissipe comme la poussière des ailes du papillon.

Les souvenirs relatifs à la fondation de cette ville me restent inconnus ; je n'ai trouvé dans aucun livre son ancien nom. Je ne sais à quelles sources a puisé notre historien Tchamtchian pour assimiler Hadjine avec *Harkan*, dont on cite seulement deux évêques au commencement du XIVe siècle : *André*, l'an 1307, et *Etienne*, l'an 1311 ; mais nous ne trouvons à côté du mot Harkan aucun nom de ville ni

Cependant ces rudes voisins portèrent plus d'une fois leur tyrannie jusqu'à occuper, pendant la saison de l'hiver, les maisons des habitants de la ville, leur enlevant même leurs biens ; mais d'autres fois de crainte de forcer ces vigoureux Arméniens de s'unir avec d'autres tribus ennemies, ils les traitaient avec un peu plus de douceur. Aussi les habitants de Hadjine, malgré les nombreux événements dont leur pays fut le théâtre, réussirent-ils à conserver une administration propre et spéciale, sous la direction de personnes qu'ils choisissaient eux-mêmes ; un lieutenant exacteur seulement, en-

HADJINE.

de couvent. Un écrivain moderne considère la ville de Hadjine comme marquant l'emplacement de l'ancienne *Badinon*. Je laisse cette vérification à d'autres explorateurs ou à ceux qui habitent le pays. Cette ville a conservé une certaine liberté plus longtemps que toutes les autres villes de l'Arméno-Cilicie. Quoique la tribu de Kozan-oghlou l'ait tyrannisée avec sévérité, elle lui céda souvent, ayant peur que les habitants de Hadjine ne voulussent passer sous le joug des Turcs et ne devinssent leurs ennemis.

voyé par le chef des Kozans, résidait parmi eux, chargé de la perception des tributs.

Après la dernière révolte des Kozans et des Arméniens de Zeithoun, le gouvernement Ottoman résolut de les subjuguer entièrement, l'an 1865 ; alors les habitants de Hadjine se mirent secrètement d'accord avec les généraux turcs, Derviche-pacha et Ismaïl-pacha, pour se mettre à l'abri de la vengeance des montagnards ; ainsi rassurés, ayant à leur tête leur évêque même, *Pierre Melkonian* et leurs notables, ils s'unirent aux troupes turques pour chasser et subjuguer les rebelles. Les Turcs préservèrent la ville de l'incendie dont la menaçait la tribu turcomane des *Varchags*. La première fois les Turcs établirent comme gouverneur de Hadjine, Hadji-bey de la tribu des Kozans, en récompense de sa soumission volontaire. Lorsque Youssouf-bey, chef de la même tribu, se révolta, les Turcs ôtèrent tout pouvoir à Hadji-bey, craignant qu'il ne se mît d'accord avec Youssouf. Il fut remplacé par un autre personnage dont la fidélité n'était pas suspecte.[1]

Suivant la dernière statistique du gouvernement ottoman, on compte à Hadjine et dans ses alentours 12,000 habitants arméniens, et seulement 200 Turcs; dans tout le district de Hadjine, y compris aussi la ville, le nombre des Arméniens était de 13,000 et celui des Turcs et des Circassiens nouvellement établis, de 5,682. En 1840, selon le témoignage d'un Arménien, on comptait à Hadjine 2,000 familles arméniennes; selon un autre 2,500 en 1854; enfin un troisième en trouvait 3,000 pendant l'année 1863. Le voyageur français Téxier qui passa dans cette ville en 1836, le 22 juin, comptait 2 à 3,000 familles arméniennes, 3-4 maisons turques et une mosquée à l'extrémité de la ville. Tchihatchef, lors de son premier passage à Hadjine, le 13 juillet 1849, a trouvé 2,000 maisons arméniennes et 190 turques; en repassant quatre ans après, le 30 juillet 1853, il compte seulement 1,500 maisons d'Arméniens et 30 de Turcs; peut-être s'étaient-ils dispersés à cause des troubles qui régnaient à cette époque. Hadji-bey, chef de la tribu Varchag des Afchars, s'était mis en guerre contre Youssouf-bey, gouverneur de Hadjine et son allié Tcherkèze-bey; durant les cinq jours que Hadji-bey passa à Hadjine, il saccagea le couvent de *S. Jacques* et ravagea tous les environs; d'un autre côté Youssouf le gouverneur, tourmentait les moines et réclamait de l'argent et des vivres. Un voyageur français qui entra d'abord à Zeithoun, vint à Hadjine le 2 juillet 1864 et fit une visite à Youssouf; il le peint comme une personne de belle taille et parlant peu; lorsqu'il lui demanda s'il était vrai, ainsi que l'évêque arménien le lui avait rapporté, que le gouverneur de Hadjine pouvait enrôler 10,000 soldats, il répondit que oui, mais en y comptant les Arméniens aussi. L'année suivante Youssouf-bey fut trahi; d'abord arrêté par un officier de Derviche-pacha et d'Aroutiun Boyadjian, il parvint a s'enfuir, mais il fut repris et exécuté.

Les habitants de Hadjine s'occupent d'agriculture ou sont forgerons; d'autres se sont adonnés aux arts et au commerce. Ils ont trois églises très simples[2] et sans aucun ornement, selon la description du voyageur français, dont l'une est dédiée à *S. George*, une autre à la *Sainte Mère de Dieu*; cette dernière, suivant la tradition, fut bâtie, par Thoros, le prince royal, ou peut-être par l'ancien Baron Thoros.

Au nord de la ville s'élève le couvent de *S. Jacques*, entouré de fortes murailles; il fut restauré l'an 1554 par l'évêque *Khatchadour*; c'est le premier évêque de Hadjine qui me soit connu. Je trouve après dans un court mémoire de l'an 1607, la signature de l'un de ses successeurs: « *Moi, Moïse* de *Hadjine* évê-
» *que* »; probablement il veut dire « évêque » de Hadjine », et non qu'il y soit né. Tel était aussi cent ans après *Jean* de Hadjine, qui depuis fut catholicos de Sis (1719-36). Au commencement de ce siècle son évêque s'appelait *Pierre* (1806), après lui *Sarkis* (1820?) et après *Paul*; durant les derniers événements de la soumission des Kozans, l'évêque *Pierre Calendérian* († 1886) se rendit célèbre. Ce dernier eut pour successeur *Nicolas Kazandjian* qui ne fut pas moins célèbre.

Trois écoles élémentaires ont été fondées à Hadjine par les soins d'une Société arménienne, dans ces derniers temps. Le voyageur français qui passa à Hadjine l'an 1865, fait mention de ces écoles et d'un jeune professeur du nom Nazareth, qui connaissait plusieurs langues, et il parlait aussi français et lui montra un petit livre d'école dans cette même langue[3].

---

1. L'Évêque Pierre qui a écrit en abrégé l'histoire de l'émancipation de Hadjine, indique par ordre, un à un, les premiers gouverneurs qui se succédèrent annuellement. Tels sont: Sali effendi, le noble Hussein effendi, Sali effendi Kerkitli, le noble Bayazid, Békirbeg et Ghalib-beg.

2. « Les vastes hangars qui servent d'églises sont misérables. De grosses poutres soutiennent la toiture; quand la charpente menace ruine, on l'étaye... Le sol n'est recouvert que de quelques tapis usés jusqu'à la corde et de nattes tressées grossièrement, par des hommes ou des femmes pl is zélés qu'habiles. Quelques tableaux figurant des Saints impossibles grimacent çà et là sur les murailles humides: un fauteuil en bois sculpté pour l'évêque, quelques tabourets pour les religieux, un maître-autel sans ornement et quelques verroteries grossières composent tout l'ameublement des églises ». — LÉON PAUL.

3. En 1883, dans la nuit du 14 Juillet, (pendant qu'un incendie détruisait presque la moitié du couvent

A trois ou quatre heures de chemin au nord-est de Hadjine, se trouve la montagne *Madén*, reliée à la chaîne des monts Binbougha et formant comme un rameau à leur sud-ouest; on y trouve d'anciennes mines d'argent, que les Turcomans exploitaient avant la soumission des Kozans.

En face de cette montagne, à l'ouest, s'élève le mont *Dédé-dagh*, au pied duquel s'étend la vallée de la rivière Roumlou ; à sa gauche, sur le chemin public qui conduit à Césarée, dans le village *Kazeklar*, on voit des ruines. Au sud se trouve le village *Maghara* près d'une rivière du même nom, où demeuraient, selon la statistique ottomane, 400 Arméniens, 875 Turcs et 465 Circassiens nouvellement fixés.

Ismaïl-pacha y posa d'abord son camp pendant sa marche vers Sébaste — contre les Kozans, été de 1865 ; — de là il le transféra à Roumlou, qui est au bord de la grande route et se trouve à gauche de la rivière du même nom.

Tchihatchef mentionne non seulement les villages que nous avons cités plus haut dans la vallée de Roumlou, mais il en ajoute d'autres, parmi lesquels *Yamanly*, qu'il place dans le district de *Dallar*, qui faisait autrefois partie de la province de Marache; mais la récente statistique ottomane le place dans celui de Hadjine. Dans ce district de Dallar, il y a un village du même nom; les habitants ont des maisons à moitié souterraines, où ils se retirent pour passer la saison d'hiver; tous les alentours sont raboteux et privés de routes.

Dans le district de Hadjine, les Arméniens citent le village *Nor-pert* (fort neuf) avec 30 maisons d'Arméniens et 20 de Turcs de la tribu *Adjém-oghlou*.

Les Turcomans affirmaient qu'à 15 ou 18 milles au nord-est de Dallar, près du fleuve Maghara, il y avait le château-fort de *Tchert* ou *Tchert-kaléssi*; c'était un vaste emplacement couvert de ruines de forteresses, de palais et d'églises; Texier pensait que c'étaient les ruines de la ville de Comana [1].

Après le grand incendie de Hadjine qui eut lieu en 1883, un nouveau village surgit à *Chardéréssi*, à une journée de marche à peu-près au nord de la ville; on y compte 150 maisons. Je crois trouver dans cette direction la ville *Léante*, Λεαντοΐς, qu'on dit située à 18 milles romains de distance au sud de Comana, sur le chemin qui conduisait à Anazarbe par les monts Taurus [2].

Comme je viens de mentionner souvent la tribu turcomane des Kozans, je crois à propos de rappeler ici que cette tribu occupait dès les temps anciens le centre de la vallée du Sarus et la montagne, à tel point qu'on regardait la région qu'ils habitaient comme un district à part dans la province de Marache, district connu sous le nom de *Djébel-Kouzan-Sarely*. Cette tribu était non seulement rebelle et autonome, mais encore redoutable tant pour le gouvernement que pour les voyageurs. Un de leurs chefs avait soumis avec d'autres districts, les petites communautés de Hadjine et de Zeithoun, et leur avait laissé une demi-liberté. On croit généralement que vers le XIII° siècle, le fondateur de cette tribu, nommé *Kouzan*, s'établit dans ces lieux avec six compagnons et avec l'ancêtre des Ottomans. Ils venaient de la province d'*Utch-ok*, (Trois arcs ou lances) [1], qui faisait partie du territoire des Turcs orientaux ; traversant l'Euphrate, ils s'avancèrent à l'ouest dans l'Asie Mineure et s'établirent sur les frontières du sultanat d'Iconium et du domaine arménien de Sissouan. L'un d'eux s'appelait *Varchag* ou *Varsak*, son nom passa à sa tribu; un autre, *Uzère*, donna son nom au district d'*Uzerlik*; leur chef s'appelait *Yurkère*, de lui sortirent les *Yuruk*; son fils *Ramazan* fut le chef d'une tribu puissante, celle de *Ramazan-oghlou*. Les membres de cette tribu demandèrent au roi des Arméniens la liberté de paître leurs troupeaux dans ses plaines et sur les montagnes; elle leur fut accordée. Peu à peu ils y fixèrent leurs demeures; et lorsque la puissance des princes arméniens se fut affaiblie et que la population eut diminué, les Turcomans et les Afchars d'un côté, les Karamans qui professaient la même religion que les sultans

---

de St. Lazare à Venise), un autre incendie très grand éclatait à Hadjine et réduisait en cendre les trois quarts de la ville ; 1500 maisons et une grande partie des magasins furent détruits. Les rues de la ville étaient très étroites, les maisons se touchaient presque, ce qui facilita la propagation de l'incendie. Le gouvernement alors ordonna d'élargir les rues en abattant nombre de maisons. De sorte qu'une grande partie des habitants de Hadjine fut obligée de se transférer ailleurs. On choisit, dit-on, un emplacement dans la vaste plaine qui conduit à Marache et à Césarée, plaine qui porte le nom de *Foulad-pounar*.

1. Texier, Asie Mineure, 584.
2. Ptolémée, V. VII, 7.

d'Egypte et étaient les ennemis des Arméniens, de l'autre, se partagèrent le territoire. Une de ces parties obtint une entière liberté, les autres payèrent un tribut aux sultans d'Egypte. Enfin vers la fin du XVᵉ siècle, les Turcs réussirent à s'emparer d'une partie du territoire, et lorsqu'au commencement du XVIᵉ siècle, ils supprimèrent le sultanat d'Egypte, ils formèrent de toute la Cilicie une frontière de leur domaine. Mais, plusieurs tribus des Turcomans, retirées dans les vallées et sur les montagnes, gardèrent jusqu'à nos jours une liberté relative. On les appela *Dérébéghi* (seigneurs des vallons).

Plusieurs fois la Porte tenta de les soumettre complétement; mais elle n'y réussit à peu près que ces dernières années. L'influence de la politique européenne s'étendant dans ces côtés, la sûreté des voyageurs devenait indispensable : le gouvernement se vit obligé de régler autant que possible l'administration civile de ces contrées. Les montagnards profitèrent de la dernière guerre d'Egypte pour reprendre une plus grande liberté. Durant cette campagne, ils s'unirent tantôt aux Egyptiens, tantôt au Turcs. Mais la guerre terminée, et l'Egypte s'étant soumise, les Turcomans furent aussi obligés, du moins en apparence, de se soumettre à l'autorité des pachas; mais ils ne manquèrent pas, chaque fois que l'occasion leur parut favorable, de refuser le payement des tributs et même de courir aux armes. C'est surtout de 1852 à 1859 que les Européens firent des voyages d'exploration dans ces lieux, (Texier, Langlois, Tchihatchef, Kotschy, les officiers autrichiens et d'autres). A cette époque *Méhémmed-Tchaderdji*, grand chef de la tribu des *Kozans*, dominait en maître sur les monts Kozan-dagh; ses frères qui étaient en grand nombre, étaient maîtres des territoires voisins. Ainsi *Youssouf* commandait aux *Afchars* établis dans le territoire de Hadjine; *Eumèr-bey* était maître du district de Bélén; le district de *Sarkandoghlou*, non loin de celui de Bélén, avait pour chef *Mourtaz-agha*. La forte tribu des *Yuruks* occupait les environs de Sis. Le chef des *Varchaks* était *Hadji-bey*, et la tribu de *Karsand-oghlou*, établie entre les monts Ala-dagh et le Zamanti, était gouvernée par *Samara-bey*. Dans le voisinage de cette tribu, du côté de l'est, se trouvait le lot de *Moustapha-agha*, et près de ce dernier celui de *Tékéli-oghlou*.

Nous avons cité, à l'ouest de ces districts, entre les monts Boulghars et Ala-dagh, la tribu *Mélémendji*, et un peu plus loin à l'est, sur les Monts Noirs, nous verrons dans la suite les *Turcomans*, dont le chef, à l'époque dont nous parlons, était *Osman-bey*; avec les Mélémendji errait une autre tribu terrible nommée *Haïuc*, qui paraît être d'origine arménienne, et qui, mélangée avec une autre race, a produit les Arméno-Kurdes. On y trouvait, et on y trouve encore, d'autres tribus avec leurs chefs propres. Après la soumission de Zeithoun (1862-3), elles aussi furent soumises au gouvernement turc par Derviche-pacha. Celui-ci subjugua ensuite les monts Noirs (1865), puis il marcha contre les Kozans du côté de Sis, pendant qu'Ismaïl-pacha les attaquait du côté nord-est; ce dernier fut guidé par une troupe d'habitants de Hadjine, à la tête desquels marchaient l'évêque *Pierre* († 1886) et l'évêque d'Alep *Nicolas Kazandjian*, qui fut après élu Catholicos. Les Kozans surpris sans préparatifs de guerre, n'ayant pas de forces suffisantes pour résister à des troupes régulières, et abandonnés par les Arméniens, furent obligés de se soumettre les uns après les autres au Sultan. Hadji-beg, se soumit le premier, puis Ahmed-agha, fils d'Eumer, seigneur de Bélén, et à la fin Youssouf-beg, qui, fait prisonnier deux fois, fut enfin condamné à mort. Les autres furent envoyés en exil dans des provinces lointaines. Le pays ainsi conquis, on établit des Kaïmakams (administrateurs) dans les différents districts, sous l'autorité des gouverneurs des provinces de Marache et d'Adana.

La grossièreté et la barbarie des Kozans nomades ne réussirent pas à empêcher le charme et l'attraction qu'exerçait la flore de ces contrées; aussi plusieurs botanistes courageux y pénétrèrent en secret, ne fut-ce que pour y jeter un coup d'œil. Quelques-uns trouvèrent grâce devant ces tyrans et obtinrent de visiter le pays et de cueillir des fleurs. C'est ainsi qu'ils purent indiquer plusieurs espèces de plantes, dont voici les noms de quelques-unes : *Ranunculus Palæstinus, R. Cuneatus, Erysimum thyrsoideum, Er. Smyrneum, Er. Alpestris, Hesperis violacea, Hes. flava, Alyssum strictum, Draba diversifolia, Thlaspi densiflorum, Æthionema Iberideum, Hypericum latifolium, Barbarea plantaginea, Haplophyllum myrtifolium,* etc, etc.

Mais la connaissance purement physique de ces lieux ne nous suffit pas; ce que nous voudrions savoir et pouvoir affirmer, c'est s'il existe des mémoires et des souvenirs nationaux qui se rattachent à cette région : de plus, il reste à éclaircir si l'extinction de la dynastie des Bagratides, et en même temps le commencement de la fortune des Roupiniens, eurent pour théâtre ces lieux ou un autre territoire? et c'est ce dernier point surtout qui nous intéresse; en un mot nous voudrions découvrir dans ces régions la forteresse fatale où Kakig II, fut traitreusement fait prisonnier; forteresse que le brave et courageux Thoros réussit à reprendre plus tard des mains des traîtres. Ce lieu est désigné par deux noms différents: *Ghizistra* ou *Ghizistré*, et *Guendroscavi;* nous trouvons le premier de ces noms dans Mathieu d'Edesse et dans Sempad; mais Mathieu, dans un autre chapitre de son histoire, alors qu'il mentionne la prise de la place par Thoros, use du second nom. Ce même nom est encore employé ordinairement dans les mémoriaux du commencement de la dynastie des Roupiniens; nous le rencontrons dans l'historien royal, dans Héthoum, dans la chronologie de Samuel, et dans d'autres mémoires. Comme des deux côtés les auteurs affirment ces noms, nous pensons que ce lieu avait deux noms ou que son nom fut modifié, ou encore plus justement que l'un de ces noms désignait la forteresse et l'autre le village. Il est en tous cas certain que la forteresse portait le nom de *Guendroscavi* qui a pu subir quelque altération. Parmi les Grecs, ce nom n'est point cité, quoique Ptolémée mentionne *Ghizistra* (Κύζιστρα) parmi les villes de la Cappadoce, à une latitude, de 39° 20', et quoique selon l'Itinéraire Peutingérien, elle soit située entre Césarée et Tyana; le nom de Ghizistra n'est pas exact, nous verrons dans la suite qu'on devrait mieux le changer en celui de *Gubistra*. Les auteurs arméniens, quoiqu'il en soit du nom, placent cette forteresse dans la plaine d'Ardjias, qui avoisine le mont Argé, ou « près » d'Ardjias ». L'historien royal et Sempad précisent davantage, en disant que Guendroscavi est une forteresse solide près de *Tzeguentchour* (Eau de poisson) qui regarde sur le territoire de la Cappadoce; et Mathieu fait remarquer que par Tzeguen-tchour il ne faut pas entendre seulement une rivière de ce nom, mais tout un district, puisqu'il dit : « près » du territoire appelé Tzeguen-tchour ».

Nous ne connaissons actuellement aucun lieu, ni aucune rivière de ce nom. Il y a bien dans cette région la rivière *Balekli-sou* (Eau poissonneuse), mais elle est plus au nord-est du côté de Gurune, tandis que la forteresse que nous cherchons était près de la plaine d'Ardjias au sud-ouest. Il serait ridicule d'admettre, comme l'ont fait quelques auteurs, que cette forteresse fût bâtie dans la plaine, d'autant plus que Mathieu dit, « qu'elle était for- » tifiée par sa terrible hauteur », et du haut de la montagne regardait la Cappadoce. Héthoum semble nous donner les meilleures indications : dans ses mémoires chronologiques, il place cette forteresse dans la province de *Licanton*. Ce nom, que l'on trouve aussi écrit *Lucanton*, était celui d'une province au temps de la domination byzantine. Il est dérivé de *Lycanitis*, ancien nom de cette même province. Mais les géographes contemporains restent dans l'indécision, lorsqu'il s'agit d'en fixer la position exacte : les plus versés la placent à l'extrémité nord-est de la Cilicie, ce qui s'accorde mieux avec les indications de Héthoum; même ceux qui veulent la regarder comme une partie de la Cappadoce ne sauraient avoir tort : car nos historiens ne les contredisent pas quand ils disent que cette forteresse du côté du nord regardait le territoire des Kamirs (Cappadocéens), et qu'elle avait au sud les lieux que nous venons de décrire. Ces mêmes historiens affirment en outre que Guendroscave ou Ghizistra était située près du domaine paternel de Thoros, c'est-à-dire de Vahga, et ils regardent la position de cette forteresse comme le motif de la promesse que les frères Mandaléens firent à Thoros, de lui céder leur place, d'autant plus qu'elle était toujours menacée par les Turcs.

Je passe sous silence leur trahison et la mort pitoyable de Kakig, le dernier de sa dynastie. Son cadavre fut pendu au haut des murailles de la forteresse pour mieux le faire voir aux Arméniens et les irriter davantage. L'un de ces derniers, *Panig* de Chirag, parvint à ravir le corps de l'infortuné monarque et l'enterra dans le couvent de *Bizou*. Trente ans plus tard le petit fils de Roupin, Thoros Ier, tirait vengeance des traîtres : il s'empara de la forteresse et des seigneurs du lieu, et prenant tous les trésors qui s'y trouvaient entassés, il les emporta dans sa résidence, à Vahga, puis dans d'autres places fortes. Il établit une garnison dans Ghizistra; mais peu après il fit détruire cette place et envoya les « habitants s'établir au » bord du fleuve *Paradisse* ; ces lieux s'appellent actuellement *Cracca* ».

D'après les mentions que nous avons cités de Ghizistra, on voit qu'elle était située sur une hauteur. En effet il est dit que les soldats de Thoros « couraient sur les pentes qui avoisinent la forteresse ». Elle était munie de deux enceintes : les Grecs dans leur fuite devant Thoros ne purent fermer que *les portes de l'enceinte intérieure*. Les soldats de Thoros mirent le feu à tout ce qui était renfermé dans la première enceinte. Les habitants tout effrayés ouvrirent la porte qui était du côté opposé et prirent la fuite. Près de la forteresse il y avait un rocher, du haut duquel l'un des trois frères Mandaléens se précipita et mourut ainsi misérablement.

Nous connaissons donc actuellement la proximité des deux forteresses de Ghendroscavi et de Vahga ; il nous reste à préciser autant que possible l'étendue des domaines de Roupin Ier, et à découvrir sa résidence. Elle devait être dans ces régions, puisqu'il fut enterré à Castalon : cependant les historiens nous indiquent deux résidences, d'une manière confuse, sans nous donner aucun détail explicatif. Les uns disent que Roupin possédait la forteresse de *Gossidar*, même avant la mort de Kakig ; un autre dit qu'après la mort de ce dernier seulement, Roupin s'empara de Gossidar, y installa le siège de son pouvoir et conquit peu à peu les régions qui touchent aux montagnes de la Phrygie. Un troisième dit que ce prince possédait d'abord Gossidar, et qu'après il s'avança du côté de la Phrygie et se rendit maître du village de *Colmozol*.

Le Docteur Vahram est tout à fait confus ; il dit :

« Roupin, fuyant sur les montagnes du Taurus,
» Descendit vers les côtés de la Phrygie.
» Il s'élança sur un village appelé
» Cormozole et y fixa sa demeure ».

Un autre, dans un abrégé de l'histoire des Roupiniens, daté de la fin du XIIIe siècle, dit sans nommer aucun lieu : « Il (Roupin) partit » de l'est, arriva aux environs de Tarsus, sur » les hauteurs de la Cilicie, s'empara de ces » lieux et y étendit peu à peu sa domina- » tion ». Tout cela ne nous donne aucune idée exacte de la position de la forteresse de Gossidar, ni des conquêtes de Roupin.

Nous pourrions supposer Gossidar sur les frontières de la Phrygie. De là Roupin aurait fait diverses incursions vers les monts Taurus et se serait enfin établi dans le village de Golmozol. Il y aurait trouvé des partisans et des compatriotes arméniens et, avec leur aide, aurait subjugué peu à peu et définitivement la région des montagnes.

Selon la relation d'un voyageur moderne, Colmozol nous est connu et s'appelle main-

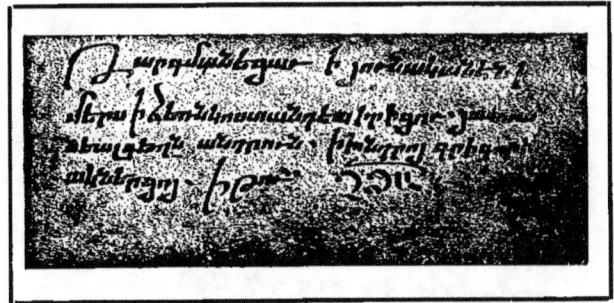

Fac-simile, tiré d'un Rituel écrit à Antroun, en 1332.

tenant *Corumza-ghala*. Les explorateurs allemands écrivent *Korumsze*, *Gorumse* ou *Korumsa*.

Quant aux vallées des deux affluents du Sarus, aux environs de Hadjine et même d'un peu plus haut et à l'est, au delà d'Argée et de Césarée, jusqu'à la source du Zamanti, elles n'ont été que peu explorées. En conséquence nous sommes obligés d'attendre des explorateurs plus heureux des éclaircissements plus étendus.

Un lieu intéressant où il serait utile de faire des recherches, c'est celui duquel le bras occidental du fleuve reçoit son nom. C'est un bourg ou une forteresse appelée *Zamentave* par nos historiens. Il fut donné par un empereur byzantin au roi de Cars Kakig, en échange de son patrimoine dans la Grande Arménie. Nous n'avons pas à nous occuper ici de savoir si cette place était située près de Césarée ou d'Amassie, comme l'ont pensé quelques-uns ; qu'elle soit près ou éloignée, elle reste toujours hors des limites de la Cilicie et du domaine proprement dit des rois arméniens de Sissouan. Nous ne pouvons pas dire de même pour la forteresse de *Ghizistra*, dont le Seigneur *Licus* au XIV° siècle, est mentionné parmi les membres assistants au concile de Sis.

Avant de quitter ces lieux, nous croyons devoir mentionner comme digne d'examen ultérieur, le district d'ENDÉROUN, faisant partie, suivant les statistiques ottomanes, de la province de Marache ; sa situation n'est pas bien connue, il paraît cependant n'être pas loin de Hadjine. Dans les livres de nos écrivains, ce district est mentionné sous le nom du village d'*Androun* (Ալնրունն), et nous en avons déjà parlé dans la description d'Aguener. Il est situé peut-être dans la vallée de Djahan, et appartient à la province de Marache, où il y a une rivière du même nom.

Les annales administratives ottomanes d'Alep (Salnamé) (1885-1886), placent Endéroun à 19 heures de Marache, dans un terrain fertile, et près d'un mont boisé du même nom. Ces mêmes annales désignent *Gaban* comme principal village du district ; elles indiquent encore sept forteresses construites par les Grecs sur les monts et dans les bois, savoir : *Azemanéti*, *Ak-kalé*, *Kherache* ou *Khyrache*, *Ladjig*, *Arpalik*, *Zig* ou *Sig* et *Mériemchil*. A ce département appartient encore le grand district de BOULANEK, situé à gauche de Djahan, au nord et au pied des montagnes Amanus et non loin du mont *Duldul* ; peut-être dans les temps anciens a-t-il fait partie de la Cilicie. Son chef-lieu est un hameau du même nom, où l'on comptait 80 maisons d'**Arméniens**.

Ruines d'une église à Anazarbe.

II. — LE REVERS DE LA CILICIE MONTAGNEUSE

Avant de nous introduire dans la vallée de Djahan et de nous éloigner de la Cilicie Montagneuse, je crois nécessaire de jeter un coup d'œil vers le nord-ouest, sur les confins de TYANA. Ce pays n'appartenait pas proprement à la Cilicie, pourtant Léon le soumit à sa puissance. Il était limitrophe de la Cilicie septentrionale et des vallées du Sarus, situées au nord-ouest, et séparé par les monts Utch-kapou du côté des mines de fer Béréketly-madén et de Faustinopolis. Ce territoire était considéré comme l'extrémité sud-ouest de la Seconde Cappadoce, et s'avançait entre la Cilicie et la Lycaonie et il était appelé du nom du lieu principal, *Province de Tyana* (Τυανῖτις, Tyanitis). Selon l'administration ottomane, il forme aujourd'hui un des districts du département de Karaman ; il porte le nom de *Nigdé*, seulement dans sa partie sud-ouest il prend le nom d'*Eréglie* et forme un district d'Iconium, dans le département de Karaman. La position de ce territoire aux confins de la Cilicie, favorisait son incorporation avec ce pays ; ce qui arriva en effet durant le règne glorieux de Léon. Mais comme sa position naturelle le reliait plutôt au sultanat d'Iconium, il ne resta pas longtemps sous la domination arménienne. Cependant les Arméniens ne le quittèrent jamais totalement ; car Tyana était devenue un des diocèses de leur patriarcat.

TYANA — NIGDÉ

Le lieu le plus proche de ceux que nous venons d'étudier, est la forteresse de *Kétchi-kaléssi*. Ce château est à dix kilomètres au nord du village Béréketly-madén, au nord-est du mont Kerk-pounar ; il est peut-être plus propre de la Cilicie que de la Cappadoce. On y arrive du village des mines par un chemin étroit qui conduit du nord-ouest à Nigdé, et du nord-est à Névchéhir, traversant plusieurs villages, parmi lesquels celui d'*Esghi-gumuche* (Vieil argent), près de la source de *Gumru-tchaï*. Cette rivière sortant des monts Utch-kapou, descend au nord, se dirige vers l'ouest, traverse Nigdé, Bor et Tyana, après quoi elle change son nom en *Kezeldjé*, ou peut-être se mêle avec un ruisseau du même nom et se jette dans le lac *Ak-gueul* (Lac blanc). Le nom du village *Esghi-gumuche* indique des mines d'argent délaissées ; on y voit des ruines d'anciennes constructions et des débris de colonnes de marbre.

Entre les monts Utch-kapou au sud et l'*Adirmoussan* au nord, se trouve le bourg NIGDÉ, chef-lieu de ce district. Peu de voyageurs l'ont visité. Je crois bon et utile d'insérer ici la description qu'en fait notre P. Luc Indjidjian : « Nigdé est construit dans
» un lieu délicieux, ayant de l'eau en abon-
» dance, près du ruisseau Kezel-ermak ; il était
» appelé anciennement *ville de Dradé* (?) men-
» tionnée par Ptolémée. Ce bourg, situé au nord-
» est d'Iconium, est à quatre stations de dis-
» tance de cette dernière ville, et à deux d'E-
» réglie (Héraclée) au nord ; il est entouré de
» fortes murailles en pierre. Au centre de la
» ville s'élève sur un rocher, une large for-
» teresse ancienne, et dans la forteresse un
» donjon ou deuxième forteresse, où logent
» le gouverneur et la garnison ; plusieurs mai-
» sons et une mosquée sont renfermées dans
» l'enceinte. Les habitants de la ville sont
» des Turcs, des Arméniens et des Grecs, qui
» tous ont leurs propres églises. Les Turcs
» ont onze mosquées dans la ville et dans la
» forteresse, dont l'une avec une grande école,
» a été bâtie par le sultan Seldjoukide Alay-

» éddin Iᵉʳ; une autre par Sonkour-beg; il y en
» a encore une qui porte le nom de Hassan-
» tchélébi. La ville a de grands et magnifiques
» bains et des marchés; elle est entourée d'un
» faubourg assez vaste, récemment construit.
» Les vignes et les jardins y abondent, et
» l'on y cultive toute sorte de végétaux et de
» fruits. En face de la ville s'étend une vaste

Τὰ Κάδηνα. En 1838-40 un voyageur, y comptait 900 ou 1000 maisons turques, 40 arméniennes, et 30 grecques; un autre qui avait visité la ville peu avant, dit y avoir trouvé en tout 5,000 habitants.

Le bourg est entouré de plusieurs villages, parmi lesquels est remarquable *Kaya-bachi* (Cap de roche), peut-être ainsi nommé à cause

Tombeau dit de la princesse Fatma, près de Nigdé.

» plaine, espèce de parc, qui sert de lieu de
» promenade et d'amusement publique; on y
» voit ça et là, des cours d'eau et des endroits
» ombragés de platanes. Sur les collines a-
» lentour on aperçoit des souterrains qui res-
» semblent à des catacombes ».

Les érudits contemporains croient que Nigdé est située sur l'emplacement de l'ancienne

des nombreux tombeaux en pierre qu'on y trouve. Il en est un surtout d'une fort jolie architecture, tout en marbre, en forme de pyramide octogonale. On le croit de la princesse Fatma, fille du Sultan Ahmed Iᵉʳ, qui mourut durant son pèlerinage à la Mecque; cependant la finesse de l'art et sa ressemblance avec les monuments des Seldjoukides, nous le font considérer comme datant d'une période beaucoup antérieure à celle d'Ahmed (1603-1617).

Le même P. Indjidji dit qu'au sud de Nigdé « à trois heures de chemin, se trouve *Utch-ka-
» poulou* (à trois portes), haut plateau situé en-
» tre trois montagnes; on y admire différentes
» fleurs, des jacinthes, des pavots, des lys et
» d'autres. Ordinairement les Turcomans pas-
» sent ici l'été, et font des fromages exquis
» qu'ils conservent dans des outres ».

Nous pourrions ajouter aussi que, dans ce même plateau nos pères élevaient des chevaux. Ce doit être dans la partie nord-est de cette région qu'habitait *Pampalus* ou *Palmatius*, dont parlent les anciens itinéraires romains. Ce personnage était propriétaire des chevaux de poste dans le relais du village d'*Andabalis* ou *Andavilis* [1], et se vantait d'avoir un plus grand nombre de chevaux que l'empereur Vespasien, son contemporain.

Ce petit village était à 16 milles romains de Tyana, soit 12 milles actuels, comme l'affirme l'Itinéraire; il est au nord-est de Nigdé et s'appelle *Esghi-Antaval*, (Antaval l'ancien), car il y en a un *Nouveau* plus près de la ville, au pied des montagnes. Mais même dans l'ancien on ne trouve aucune marque d'antiquité, à l'exception d'une église à demi détruite, sous le vocable de Saint Constantin.

On cite encore les villages, *Aghios Nicolas* (S. Nicolas), *Yelanli Panaïa* (Vierge aux serpents); ce dernier est aussi appelé *Firmassoun* ou *Freng-déréssi* (Vallon des Francs), peut-être en souvenir des Croisés.

A l'ouest de la ville il y a encore des villages grecs; au nord le *Keirdunus* (?); au nord-ouest un grand village qui porte un nom arménien, *Aravan l'ancien*; cette épithète d'ancien, nous fait supposer qu'il doit y avoir deux villages de ce nom; il possède une église sous le vocable de S. Théodose, les habitants sont des Grecs.

Un peu plus loin qu'Aravan on trouve *Ferdék*, beau village habité par des Grecs, à une altitude de 1,318 mètres. C'est actuellement la résidence de l'évêque de Tyana; puis *Burdunuz* ou *Ordunuz*; Բրդունզ, dans la même direction; puis au nord, *Limoussoun* et *Adirmoussoun*; à l'est de ces derniers au pied du mont du même nom, *Dilmoussoun*, *Dinéghi* joli village grec; enfin *Ghermèyèn*, *Valissa*, *Matala*, *Ghulludjé*.

Un autre grand bourg dans cette province, au sud-ouest de Nigdé, c'est le charmant village de BOR ou BOUR, entouré de vignes et de jardins, qui étaient très bien cultivés avant l'incursion du turcoman Tchapan-oghlou, au commencement de ce siècle. Après cet événement, les habitants d'un village voisin, situé sur une hauteur, changèrent le cours de l'eau en faveur de leur terrain, et diminuèrent ainsi la fertilité du territoire de Bour. Dans divers quartiers et surtout au cimetière, on trouve de nombreux débris de colonnes de marbre, apportées sans doute de Tyana; sur l'une de ces colonnes nous lisons :

† ΜΝΙΜΗ ΤΩ ΦΙ
ΛΟΧΡΙϹΤΩ ϹΤΡΑΤ
ΙΩΤΩ ΘΕΟΔΩΡΟΥ
ΟΥΟΚϹΤΟΠΝΑϹΙΑ
ΝΕϹΙΠΟΙΗϹΙ

En *souvenir du soldat Théodore, le Christophile; le... construisit*. Le dernier nom qui paraît être celui du personnage qui a fait ériger le monument, semble être d'un étranger plutôt que d'un grec.

Bor est habité par des Turcs qui ont plusieurs mosquées, et par des Grecs qui ont une église et une école; ceux-ci appellent le lieu *Poros*, Πόρος. Au commencement du siècle présent il y avaient ici des fabriques de poudre et presqu'une centaine de mortiers à broyer, mais à présent on n'y trouve que des tisserands et des teinturiers.

Sur les confins de Bor et de Nigdé on voit, dans la plaine, une série de tumulus élevés par l'ordre de Sémiramis, suivant la tradition populaire. Les villages principaux aux environs de Bor, sont *Sazala* au nord, entre Bor et Nigdé, puis *Okdjoular* (Fléchiers), *Kisléné* (?), etc.

Dans les temps anciens la ville principale de cette province était TYANA (Τὰ Τυάνα), construite sur une colline, selon la tradition, par Sémiramis ou du moins par un autre roi des Assyriens; on croit avoir retrouvé les ruines de cette ville dans des restes de constructions près du bourg *Kilissé-hissar*, à trois milles au sud-ouest de Bor, dans un lieu fertile, près de la rivière Kezeldjé.

---

1. « Mansio Andavilis: Ibi est villa Pampali, unde veniunt equi curules ». — C'est ainsi qu'écrit l'Itinairaire de Jérusalem.

Tyana, comme Andaval, était l'un des relais de la grande route qui conduisait de Sardes de la Lydie, aux passages de la Cilicie et à Tarse la capitale. Cyrus le Jeune traversa cette ville, comme l'indique Xénophon, qui l'appelle Δάνα; Alexandre le Grand et les armées romaines y passèrent aussi. Quelques auteurs anciens écrivent *Thoana*[1], comme si la ville devait sa fondation à *Thoas*, roi du Taurus ou des Thraces. Elle fut encore nommée *Eusébia du Taurus*, et regardée comme une ville sacrée, à cause d'un grand temple dédié à Jupiter, et situé près d'une fontaine sacrée, qui prend sa source dans un petit lac ou bassin à une lieue au nord-est de la ville. Le lac a une centaine de pieds de longueur sur 50 de largeur; son eau est toujours bouillonnante, mais jamais elle ne déborde; il est entouré de pierres de taille massives, dont une grande partie ont été enlevées afin de former un canal pour les moulins; les Romains aussi avaient construit ici un grand aqueduc en marbre, pour conduire l'eau dans la ville, il n'a pas moins de sept milles de longueur; cinquante voûtes restent encore debout; les plus grandes et les plus hautes sont près de la ville, les plus petites, près de la colline, d'où coule continuellement une source qui se déverse dans un bassin de 40 à 50 pieds de longueur; ce lac est appelé maintenant *Kezlar-gueul* (Lac aux filles).

Un peu à l'ouest, au pied des collines, une autre source sort d'une cavité des rochers, de 30 pieds de diamètre à peu près; l'eau, après avoir parcouru une voie souterraine de 40 à 50 pieds, reparaît au dessus du sol et forme un petit lac, sur les bords duquel on a établi des écluses et des barrages pour pouvoir, paraît-il, régler l'arrosage des champs.

On trouve dans le bourg et aux alentours des ruines et des restes de constructions, des débris de marbre, et d'autres pierres rares, des fondements de temples et des colonnes polies. Texier en trouva une de style dorique de sept mètres de hauteur. L'anglais Hamilton qui visita ces lieux en 1837, parle de fabriques de nitre, que notre P. Indjidjian citait déjà 30 ans auparavant: on dit qu'on en prépare annuellement 40,000 ocques.

Le côté sud du bourg est marécageux et humide, inondé par plusieurs ruisseaux et sources, d'une eau noirâtre et bourbeuse. A 5 ou 6 kilomètres loin de la ville on voit d'autres sources amères, et dans une plaine, un lac de 40 pieds de diamètre, contenant une eau amère et trouble, bouillonnante et jaillissante, surtout au centre, d'où une colonne d'eau, d'un pied et demi de diamètre, s'élance, avec un grand bruit, à une hauteur de quelques pieds; l'eau qui ne déborde jamais, a une odeur de soufre et elle est très froide. On considère cette source comme la source sacrée d'*Asmabéon*, si célébrée par les anciens, qui sur ses bords avaient bâti un temple à Jupiter. A une petite distance de cette source, s'élève dans la plaine une colline où l'on trouve des veines de plâtre et d'albâtre: on remarque sur l'un de ses versants un autel de marbre et sur le sommet, une large cavité. On voit encore sur des collines voisines des cavernes creusées dans la roche, anciens sépulcres, qui furent transformés en chapelles par les chrétiens.

Durant les premiers siècles, Tyana était un des sièges de l'archevêché de Césarée; mais vers le milieu du IVe siècle la province fut partagée en deux, et Tyana devint un archevêché indépendant de la Seconde Cappadoce. Saint Basile le Grand n'était pas content de cette division et il s'en plaignait. Elle fut en effet plus tard la cause de plus d'une querelle.

Tyana obtint une grande célébrité au Ier siècle de notre ère à cause de la naissance, des prédictions et des faux miracles d'*Apollonius l'imposteur;* les païens voulaient en faire un antagoniste de N. S. Jésus-Christ, et Philostrate écrivit au long sa biographie fabuleuse.

Laissant de côté ces fables, nous préférons insérer ici le passage que Saint Nersès de Lambroun avait écrit sur notre Léon le Grand, deux années avant sa mort (1196). En mentionnant la forteresse de Loulou, que le roi avait récemment bâtie: « La main de Léon, » dit-il, par cette forteresse étendit les confins » de l'Arménie et domina sur la Seconde Cap» padoce, dont la capitale était Tyana; il » érigea cette nouvelle forteresse à la gloire » de J. C., et comme un boulevard pour les » chrétiens ». Je ne puis pas affirmer sûrement si le siège épiscopal des Arméniens y était déjà établi alors ou s'il ne le fut qu'après;

---

1. Peut-être ne serait-il pas hors de propos de présumer que cette ville fut d'abord dédiée à Diane, en renversant le nom latin ou en le lisant de droite à gauche: *Anaïd*, nom de la déesse en arméno perse.

il est pourtant certain qu'au commencement du XIVe siècle l'évêque de Tyana se nommait *Nersès*, et après lui, l'an 1341, l'évêque *Grégoire* se trouva présent au concile de Sis durant le catholicat de Mekhitar.

On trouve des ruines analogues à celles de Tyana, dans le village *Karadja-eurèn* (Ruines noires) au sud-est de cette ville ; mais je ne sais rien de précis là-dessus.

Au sud-est de ce dernier et à l'ouest du mont *Kerk-bounar* se trouve le village de *Boghaze* (Gorge), nom qui indique le défilé qui est entre Tyana et l'entrée de la Cilicie.

tard, la population s'élevait à 2,000 âmes : mais la moitié périrent par la famine durant l'hiver très rigide de 1873-4. Les vallées et les collines qui avoisinent ce village sont renommées pour leurs fleurs et les parfums qu'elles exhalent au printemps.

ÉRÉGLI OU HÉRACLÉE — CYBISTRA

La partie sud-ouest de l'ancienne province de Tyana forme le district actuel d'Erégli

Cratère de la montagne Karabounar.

L'espace compris entre Tyana et Héraclée, au nord des montagnes Boulghars, est peu connu : *Tchayan*, paraît être l'un des plus grands villages sur le chemin qui relie ces deux villes. A cinq kilomètres au nord de ce dernier village se trouve l'hôtellerie *Tekké*. Un voyageur européen en 1833, comptait dans Tchayan, 200 maisons et 1,000 habitants ; quarante ans plus

qui fait partie de la province d'Iconium ; à cause de sa position ce lieu avait, dans les temps passés, successivement appartenu à l'un des trois ou quatre pays de Lycaonie, de Cilicie, de Cataonie ou de Cappadoce. Les Romains le placèrent dans la Cappadoce, lorsqu'ils partagèrent tous ces pays en dix provinces ; plus tard ils en formèrent une onzième avec les districts des villes de *Castabala*, Καςτάβαλα et de Cybistra, (Κύβιστρα), près du Taurus. Les contemporains regardent *Cybistra* et *Héraclée* comme une seule et même ville. Notre intention n'est pas de préciser tout ceci, mais nous le citons simplement, parce que cette partie du pays fut ajoutée au domaine des souverains arméniens de Cilicie. Ils conservèrent à la ville son nom d'*Araglée*; mais elle ne resta pas longtemps dans leurs mains : cependant la partie orientale de la province demeura plus longtemps attachée au royaume de Sissouan. Le côté est de cette région a pour confins les montagnes Boulghars, dont les bras s'étendent vers le nord-est et forment le partage des eaux du Sarus ; au nord se trouve le district de Nigdé, à l'ouest elle est entourée par les montagnes Karadja, auprès desquelles, en commençant du grand lac Touzla-gueul (lac de sel), s'élève le cône tronqué d'un volcan éteint, affectant la forme d'un museau bizarre. A ses pieds s'étendent des carrières de sel gemme, que les habitants de *Karabounar*, village voisin, viennent exploiter. Du côté du sud, d'autres bras des montagnes Taurus la séparent de la province de Karaman proprement dite, ou de Laranda. Un autre bras isolé des Monts Boulghars à l'ouest des villages *Darbas*, *Emirler* et *Kilakeuy*, s'étend à l'ouest, sur une longueur de 20 kilomètres à peu près, et porte selon les uns le nom de *Kapakli*, selon d'autres, celui d'*Ibrizdagh* ; il est à peu près parallèle à la grande chaîne du Taurus et forme ainsi avec cette dernière une étroite vallée parcourue par le fleuve d'Aragli dans la même direction, du sudest au nord-ouest. Cette rivière appelée par les Turcs *Khodja-tchay*, traverse la ville, du sud à l'ouest et se jette dans le grand lac *Akgueul*, qui reçoit encore la rivière *Kezeldjé* ou *Kezel-ermak* de Nigdée et de Tyana. Au côté droit de Kezeldjé et des monts Kapakli, passe une autre rivière appelée *Kirlune? boghazi!* (selon Tchihatchef), et qui tournant vers le nord, va se mêler au Kezeldja ou à d'autres cours d'eau.

Le conquérant Léon, avant ou après son couronnement, s'empara entre autres, « des villes, » d'Héraclée et d'Isaurie, et acheta avec ses » trésors plusieurs forteresses et châteaux », comme le rapporte un mémoire. Il acheta encore après quelque temps la ville de Césarée.

Il ne laissa probablement pas de si tôt reprendre Héraclée ; car, lorsque le sultan Kaïkaouz vint se venger de lui, « pour la grande force, » comme dit l'historien Sempad, qu'avait ac» quise le roi Léon, qui s'était emparé d'Héra» clée et de Laranda », les historiens ne mentionnent pas que Léon lui ait abandonné dans cette circonstance, la ville d'Héraclée, mais ils citent la forteresse de Loulou et d'autres encore ; mais il est certain que son successeur Héthoum ne la possédait pas, quoiqu'il eût dans la vallée plusieurs châteaux. Lorsque ce dernier revint du pays des Tartares, au mois d'octobre, 1256, « il rassembla ses trou» pes, dont les forces s'élevaient dit-on à cent » mille hommes et il assaillit la *Province des* » *Grecs* (Հունաց Աշխարհին) au pied du mont Tau» rus, près de la ville d'Araglie, dans le *Col* » *d'Eghéghtzik* et à *Mourandine* ; ils s'emparè» rent de nombreux bestiaux et de moutons, » de chevaux et de mulets, d'esclaves et de » trésors, et s'en retournèrent joyeusement et » chargés de dépouilles, dans leur pays ». Certes le sultan d'Iconium ne pouvait supporter tant de pertes : chaque fois que l'occasion lui semblait favorable, il attaquait les frontières de Héthoum, vers le pied des montagnes. Comme les hostilités ne finissaient pas des deux côtés, Héthoum recourut à l'arbitrage des terribles Tartares pensant fixer définitivement les confins. Il se rendit auprès de Houlaghou-khan, ayant avec lui des juges compétents ; c'était l'an 1263 : « ceux-ci l'accompagnèrent jusqu'à » Héraclée, où vint aussi le sultan d'Iconium, » Roukneddin. Après une entrevue de quel» ques jours, ils fixèrent les conditions de la » paix et ils se jurèrent amitié, après quoi » chacun s'en retourna chez soi ». [1]

On rapporte que l'an 1276-7 les Turcomans attaquèrent et dépouillèrent ici une caravane de marchands et en tuèrent quatrevingts ; l'un d'eux était le procureur de la famille Issaberd Khaziri et portait avec lui la somme de 120,000 deniers ; de toute la caravane, seulement quatre personnes purent se sauver.

La ville d'Héraclée, appelée par les Arméniens *Araglie*, par les Turcs *Éréglie*, est bâtie sur une colline plate, à une altitude de 1,038 mètres ; elle est d'une élégance naturelle, toute verdoyante au milieu de vignes et de platanes, mais elle n'a pas des monuments remarquables.

---

1. L'historien de la Cilicie, auteur arménien de la fin du XIIIe siècle.

La ville compte 1,000 familles turques et 50 arméniennes, d'après ce qui fut rapporté au voyageur anglais Hamilton, qui y passa la nuit du 5 août 1837, sous une tente, ayant trouvé les maisons très misérables et les rues très sales. Il n'y mentionne que les mosquées, et le pont de bois; mais le panorama de la ville lui sembla si beau que dans son admiration il l'appelle « *d'un aspect anglais* », (english-looking scenery). Quinze ans après, un autre anglais, Ainsworth, visita ce lieu, et y trouva 800 maisons turques et 50 arméniennes [1]; il logea chez une famille arménienne; comme curiosité, il ne mentionne, que le petit marché public. [2]

A peu près à la même époque Moltke, officier allemand, si célèbre depuis, passa par la ville et il en admira beaucoup l'aspect; il la trouva comme ensevelie sous les arbres aux pieds des montagnes, desquelles descendait un ruisseau, dans une vallée pittoresque. Ce cours d'eau, après avoir traversé pendant deux heures les prairies, acquiert un goût amer et se perd dans un marais. [3]

Soixante dix années avant ces voyageurs, l'allemand Nieburh y comptait 1,700 familles. Après lui, l'espagnol Ali-bey mentionne avec éloges les fruits de ses jardins et surtout les poires. Il y a quatre siècles (1432), Héraclée fut visitée par le français Bertrandon, qui affirme y avoir vu des restes de murailles et de forteresses, et sur la vaste plaine, coupée de nombreuses collines, des villages turcomans dispersés.

Le dernier voyageur qui me soit connu est l'anglais Davis; il apprit du docteur de ce lieu (Saleh effendi de Tripoli) que les familles turques s'élevaient de 650 à 700, et qu'elles comptaient 3,000 âmes; quant aux Arméniens ils arrivaient au nombre de 150; pourtant un autre lui a affirmé que les Arméniens formaient 50 familles, mais que les Grecs étaient peu nombreux. Davis ne laisse pas sans éloge le curé des Arméniens, que les Turcs mêmes respectaient.

Autant les environs d'Araglie sont fertiles et abondent en plantes fructifères et en bois, autant les lieux un peu éloignés offrent un aspect stérile: le côté du sud et de l'est est montueux et plein de sapins; le côté nord-ouest est marécageux et inculte, mais plein de toutes sortes de fleurs de diverses couleurs brillantes et d'une admirable beauté, surtout de fleurs rouges et dorées [4]. Le côté nord-est est renommé pour ses sources sulfureuses à la distance de dix kilomètres de la ville aux pieds de petites collines de 60 ou 70 pieds de haut, formées de masses gypseuses et calcaires, et près desquelles les Turcomans ont bâti des huttes où ils s'abritent en été, pendant qu'ils font paître leurs troupeaux. Du côté nord-ouest de ces collines, il y a une tranchée de 2 à 300 mètres de longueur, d'où jaillissent une dixaine de sources bourbeuses, dont les eaux se réunissent d'abord dans des bassins ou des fosses: ailleurs s'évaporant, elles forment des dépôts côniques sur le terrain, et s'infiltrant cherchent une issue pour se délivrer. L'eau fait entendre un bruit souterrain, des bulles montent à la surface qui est recouverte par endroit d'une vapeur subtile: elles ont une saveur salée et sulfureuse. L'aspect de la surface du terrain et la position des sources changent peu à peu: celles qui apparaissaient au sud-est, sont taries, à présent on en trouve au nord-ouest. Les bassins ou les puits ont une forme semi-circulaire; selon la forme du terrain, le dépôt de la fange, s'élève quelquefois à deux ou trois pieds de hauteur, mais il y en a encore plusieurs de plus petite dimension, de deux ou trois pouces. Il paraît étrange que ces masses étant déposées l'une près de l'autre possèdent un goût différent; quelques unes sont salées, d'autres sulfureuses, et plusieurs sont sulfureuses et boueuses ou gypseuses: elles ont encore une différence de chaleur; les unes sont froides, les autres ont 30° R. et si on les agite, elles écument. Les habitants du lieu appellent ces eaux *Kukurdlu* (sulfureuses). Près de l'ou-

---

1. Un autre voyageur, en 1833, indique à Héraclée de 5 à 600 maisons, et 3,000 habitants, en grande partie Arméniens.
2. We were lodged in an armenian house, the tenants of which were not inhospitable. — AINSWORTH. Tom. II, 71.
3. Langten wir zur Eregli an, einem unter Baümen begrabenen Städtschen am Fusse der Gebirge, von denen ein prächtiger Bach in einem romantischen Thale herab rauscht, der aber schon nach zweistün-digen Laufe in der Ebene bitter und salzig wird und sich in einen Sumpf verlauft ». — MOLTKE, Briefe, 322.
4. The flowers were truly wonderful in quantity and colour. There were flowers of various tints of red and yellow, eight to ten species at least, and amongst them some of the most brilliant red or yellow that can be conceived. There were flowers of crimson, orange and scarlat, mauve, pink and lake; it was a veritable flower garden. Yellow trefoil and clover grew in the greatest profusion. — DAVIS, 265.

verture de la tranchée, les torrents ont déposé des masses de formes bizarres, et dans quelques parties on trouve des tubes de sel formés par déposition lente ; l' eau traverse ces tubes très fragiles. On remarque encore à la surface des eaux des globules un peu durs formés par des bulles d' écume entourées de matières fangeuses. Durant l' évaporisation de l' eau ils s' unissent avec d' autres plus durs et glissent sur l' eau. Ces globules ont d' abord l' écorce tellement subtile qu' ils volent en éclats au moindre choc : mais peu à peu elle se durcit par suite de dépôt, et ils tombent au fond de l' eau pour ne plus former qu' une masse ; quelques-uns de ces globules restent vides au dedans : ils ressemblent aux bouillons des termes d' Alacheguierd dans la Grande Arménie. N' oublions pas une autre colline isolée ou il y a une grande caverne, au fond de laquelle on affirmait entendre le bruit d'un torrent ; mais Hamilton n' y a rien entendu. Tous ces phénomènes indiquent évidemment un volcan, dont le centre sera sans doute le mont *Karadja*, au nord-ouest à l' extrémité de la plaine d' Héraclée, à dix heures de chemin des sources sulfureuses.

Les recherches des géographes et des voyageurs de nos jours affirment que la ville d'Héraclée est la même que *Cypistra*, qui était un siége épiscopal de la Cappadoce dans le canton de Cataonie, entre la Cilicie, la Cappadoce et la Lycaonie.

Cicéron, chargé du gouvernement des contrées de la Cilicie, choisit cette ville pour sa résidence d' hiver, et le campement de l' armée qui devait maintenir l' ordre intérieur et en même temps préserver le pays contre les attaques des Arméniens alliés avec les Parthes. Il la dit située à l' extrémité de la Cappadoce, non loin du Taurus : « In Cappa-
» docia extrema, non longe a Tauro, apud
» oppidem Cybistra castra feci ». [1]

Les hagiographes regardent Cupistra, « ville » des Arméniens », comme le lieu d'origine de Saint Jean du Puits [2] ; mais d'autres écrivains le font venir de Césarée en Phénicie.

Laissant de côté l' examen détaillé de la ville, nous mentionnerons les villages du district. Nous partirons du sud-ouest, des sources du fleuve *Khodja* et de sa vallée, qui n' est pas loin des affluents de Sarus et des mines de Boulghar-madén. N'ayant rien de précis sur les villages indiqués dans les cartes, je citerai seulement *Sinanté* [3], nom qui paraît grec et d' une origine ancienne. Trois milles plus loin se trouvent les ruines du village *Zanapa*, où naquit, selon nos ménologes, Saint *Doulas* ; après avoir été soumis à d' horribles tortures, celui-ci fut noyé dans le fleuve, deux chiens retirèrent son corps du fleuve et le gardèrent, jusqu' au moment où les fidèles l' enlevèrent et l'enterrèrent avec honneur. D'autres pourtant affirment que ce Saint naquit dans *Zéphyre*, ville de la Prétoriade, au bord de la mer, et siége du préteur Romain [4]. Les ruines de Zanapa méritent d'être bien examinées. — Au nord-ouest de ce village, à un mille de distance au pied du mont Kapaklou (recouvert), est situé un petit village appelé *Tchifdlik* (campagne); à deux milles à l' ouest de ce lieu, au pied d'un monticule isolé, on voit les ruines du village *Tont*, au sud duquel on trouve des moulins, au bord d' une rivière. — A une lieue de distance, dans la direction du sud-ouest, au pied des monticules et à quatre mille au sud-est d'Héraclée, se trouve le village de *Bardala*, l'ancien *Baratta*, *Baratensium*, nom qui fait allusion aux forêts de pins que l' on trouve aux environs de Cypistra, où vivait l' anachorète *Chryssus*. Ce fut lui qui ensevelit Saint Jean du Puits, dans une citerne dont le fond, selon la légende, s' éleva pour recevoir les corps, puis s' abaissa spontanément. — A cinq milles au nord-est de Bardala, et un peu plus au nord-est de Tchayan, est situé le village *Kouzoundja*, au pied des collines.

Maintenant passons sur la rive gauche du fleuve, et suivons son cours vers la ville. Nous trouvons indiqués les lieux *Tchakal-keuy*, *Djédéssi ?* et *Verneg*, à une demi-lieue au sud-est de Zanapa, où les montagnes très proches des bords du fleuve laissent à peine un passage étroit. Aux pieds des montagnes rougeâtres près d'un ruisseau limpide et poissonneux, se trouve le village *Ibrize*, construit en briques, à une lieue à l' ouest de Verneg et à une et demie de la rivière : ce village qui compte 700 habitants turcs, a donné son nom aux montagnes environnantes appelées, Ϋβρις, par les Grecs. On trouve en ces lieux, à l' entrée du vallon, sur une

---

1. Cicéron, lettre à Caton XV, IV.
2. Les Bollandistes donnent la vie du Saint, à la date de 30 Mars : « De S. Johanne in Putos, Eremita in Armenia. »

3. On connait une ville et un évêché du nom de Σιάνδον, dans la Pisidie.
4. Dans la Hagiographie de l' empereur Basile (juin 15), Doulas est appelé prince de la Cilicie.

paroi de granit rougeâtre et polie, une image sculptée semblable à celles de l'Assyrie, à environ dix pieds au-dessus du niveau du ruisseau. Elle est grossièrement travaillée mais non entièrement dépourvue d'art; gravée en relief de 4 ou 5 pouces; on y voit deux figures, la plus grande mesure près de 20 pieds de haut; la petite environ 12; elle est aussi accompagnée d'une sorte d'inscription figurée en signes ou lettres, qui ne ressemblent pas aux hiéroglyphes égyptiens, mais plutôt à ceux qu'on appelle maintenant *hétéens*. On voyait encore une autre inscription sous l'image en relief mais presqu'effacée; les villageois affirmaient qu'il y en avait d'autres encore plus bas, qui ne se voyaient, que lorsque le cours de l'eau s'abaissait. En considérant les fruits qui sont dans les mains de la plus grande des deux figures, les grappes de raisin et les épis de froment, un voyageur a cru y découvrir l'image du dieu de l'Eté ou de la nouvelle année, (Ամանոր) des Arméniens; mais je veux croire qu'ils devaient avoir des dieux plus jolis que celui-là, alors qu'ils fêtaient ces jours si solennellement. Un voyageur suédois (Water) avait vu et mentionné cette image l'an 1736, près des sources du ruisseau qui jaillit du mont Ardoust, et qu'on appelait l'image *Abrize*, corruption du nom *Abrinus* ou *Aprinus*, nom du propriétaire de la place. L'anglais Davis, fait provenir ce mot du persan *ab–ryze*, qui veut dire pompe à eau [1]. On trouve dans la mosquée du village des chapiteaux et une colonne de marbre, dont on ne connaît pas la provenance.

Image sculptée en bas-relief à Ibrize.

[1]. Water écrit en notes: « Il me paraît plus naturel que ce soit les Karamans qui lui aient donné ce nom, qui est purement persan, et signifie dans cette occasion celui qui verse de l'eau ».

Sur la cime du mont, en un lieu escarpé, on voit une chapelle élégante à demi-ruinée, avec des fresques sur ses murs et à côté d'elle, deux petites constructions comme des monastères. Peut-être que le village *Esghi-Assan* aura des traces d'antiquités: il est dans un coin du mont près d'un ruisseau, à une lieue au sud-est d'Ibrize, et à une demie au sud de Verneg. – De même, à une lieue de distance à l'ouest d'Ibrize, est situé le village *Dédé-Kébir*, dans un vallon près d'un autre ruisseau, ainsi que d'autres encore. — Plus près de la ville, à 3 milles au nord-ouest de Bartal, se trouve le village *Béli-aghadj*; et au nord d'Héraclée, à une distance de 6 ou 7 milles, est situé sur la route, le bourg principal: *Bektik*. Avant l'hiver de 1873-4, on y comptait 400 familles; plus de la moitié moururent par suite de la famine qui fit périr également un grand nombre d'animaux, 30,000 brebis et boucs et 3,000 autres bestiaux.

Tous ces villages sont renommés pour leurs vignes et leurs jardins fertiles; de même aussi les vallées et les collines sont célèbres pour leurs nombreuses espèces de fleurs de vives couleurs et pour toutes sortes d'arbres, parmi lesquels on cite les hêtres d'une grandeur remarquable, où nichent les rossignols au chant harmonieux.

Dans les vallons, le ruisseau le plus grand des côtes septentrionales du Taurus, est celui qui est le plus à l'est et qui se jette dans le fleuve Khodja, après avoir traversé les villages qui sont entre Tchacal-keuy et Esghi-Assan. A gauche de ce ruisseau, au sud du village *Kara-Youssouf*, au haut d'une montagne, on aperçoit les ruines d'une forteresse qu'on appelle *Mintas-kalessi*; mais je ne trouve aucune allusion récente à ces ruines dans les relations de voyage. Cependant nos écrivains anciens nous en donnent des informations importantes. Notre historien royal, qui fut peut-être témoin oculaire de ce qu'il raconte, nous informe que toutes ces contrées étaient soumises à l'autorité des sultans d'Iconium durant le règne de Héthoum Ier; mais l'un des princes de ce dernier, du nom d'*Ochine*, et de rite grec, s'empara secrètement de cette forteresse que l'historien appelle *le château de Mountas*. Le sultan (ou son fils Rouknaddin) entra dans une grande fureur et envoya, l'an 1259, une grande armée pour assiéger la forteresse, où s'était réfugiée une grande multitude de chrétiens des alentours. Un des assiégés, un brave, réussit à sortir de la forteresse et par des voies secrètes passa les montagnes, parvint en Cilicie, et apporta au roi Héthoum la nouvelle alarmante; « Le roi ordonna de rassembler ses
» gens d'arme, et se mettant à leur tête il par-
» vint jusqu'aux confins de la forteresse. Il a-
» vait apporté avec lui la Sainte Croix qu'on
» désignait sous le nom de *Cossidar*, et un grand
» miracle eut lieu. Dans la nuit pendant que
» l'armée marchait en secret, on vit apparaître
» comme un grand flambeau qui précédait le
» roi. Lorsqu'ils s'approchèrent de la forte-
» resse, en marchant sur la neige, (c'était le
» mois de juillet, les montagnes sont donc très
» hautes), le général Léon, surnommé *Abelhas-
» sanantz* qui commandait l'avant garde, ren-
» contra sur son chemin une troupe de soldats
» des avant-postes ennemis: l'attaque eut lieu;
» les hommes du sultan furent défaits, s'enfui-
» rent et se retirèrent à Araglie: l'armée ayant
» entendu les cris et le bruit des chrétiens,
» accourut, et le combat s'engagea en plein
» front de part et d'autre. Les chrétiens alors
» commencèrent à s'embarrasser. L'officier
» renommé, *Vahram* de *Hamousse* fut entouré;
» les ennemis appuyant sur lui leurs lances
» de quatre côtés, le poussaient de ci de là
» sans pouvoir le renverser. Ce que voyant,
» Sempad (le Connétable), frère du roi, le
» plus brave soldat et général en chef, prit
» une lance et s'élança sur eux, il en ren-
» versa plusieurs, délivra Vahram son gen-
» dre, et repoussa les ennemis jusqu'à leur
» camp. Ce fut alors que fut visible la puis-
» sance de la Sainte Croix. A la vue de la
» fuite de leurs ennemis, les chrétiens s'en-
» couragèrent, et en les attaquant leur firent
» subir une grande perte; le reste de l'armée
» plein de honte, dut se retirer à Iconium, au-
» près de son sultan. Le roi Héthoum re-
» cueillit un grand butin et retourna en Ci-
» licie avec tout le bagage de l'ennemi. Quant
» à toute cette multitude qui s'était réfugiée
» dans le château, il la fit sortir, et la fit con-
» duire dans ses états ».

Un contemporain ajoute que le roi Héthoum vainquit plusieurs fois le sultan, et lui prit plusieurs forteresses, telles que, outre l'inaccessible Mountas, *Manion* et *Sig* et d'autres encore.

Tout ce que nous avons dit jusqu'à présent suffirait pour illustrer ce lieu, même s'il n'y avait pas d'autres notices à y ajouter. Laissant de côté l'examen de toute la plaine d'Héraclée du côté du nord et de l'ouest, je citerai seulement à l'extrémité du lac *Ak-*

gueul au nord-est, le village *Har-khan*, à cause de la ressemblance de ce nom avec celui de *Harcan*, qui était le siège d'un évêque arménien au XIVᵉ siècle, et que quelques-uns croient être la ville de Hadjine de nos jours. Cela mériterait d'être vérifié, surtout parce que les mémoires arméniens mentionnent l'évêque d'Iconium, mais non d'Héraclée laquelle pourtant devait en avoir un ; peut-être portait-il le nom, non de la ville, mais du siège où il résidait, si en vérité ce lieu méritait d'avoir un évêché.

De Har-khan, en suivant la dernière excursion de Héthoum que nous venons de mentionner, et en laissant de côté plusieurs stations, je considère comme digne d'examen le lieu remarquable que l'historien royal appelle *Col des Eglises* (Փող Եկեղեցւոց), connu actuellement sous le nom de *Madén-chéhir* (Ville des mines), ou plus ordinairement *Binbir-kilissé* (Mille et une églises); c'est un groupe de 60 ou 70 maisons. Il est à une petite distance du côté sud-ouest du lac *Ak-gueul* (lac blanc), et presqu'à la même distance au nord de la montagne *Kara-dagh*, montagne isolée, haute de 8,000 pieds. On y arrive non pas par le chemin public, mais par un chemin qui côtoie le bord du lac, en passant par des lieux marécageux, et des pâturages, par une ville ruinée, et le village *Tchorla*, enfin par un vallon étroit où croissent des amandiers sauvages et des pêchers, sur une longueur de 3 ou 4 milles. Notre historien raconte que Héthoum avec une grande armée fit une invasion dans trois places ou districts : dans les environs d'Héraclée, dans le *Col des Eglises*, et dans la *Mourandine* (Մուռանդինի) : dans cette dernière localité il y avait aussi une forteresse du même nom, qui en 1265 est citée parmi les possessions de Sempad le Connétable.

Actuellement on voit dans ces lieux les ruines d'une trentaine ou d'une quarantaine d'églises de style byzantin, grandes et petites, de différentes formes, en granit rouge et gris, des tombeaux, des monuments et des caves souterraines. L'emplacement de la ville est au nord de la vallée s'inclinant un peu vers l'est; à l'extrémité on voit l'une à côté de l'autre, trois petites églises en ruines; et tout près d'elles vers l'ouest, se trouvent deux cimetières, l'ancien et le nouveau, où l'on voit de grands tombeaux; mais les pierres de quelques-uns sont renversées. Un peu à l'écart il y a une enceinte carrée, flanquée d'une tour à chacun de ses angles. Celle du sud-ouest a été convertie en église. On y voit de même des sépulcres, des caveaux et des puits où l'on descend par des escaliers. Un peu plus loin au nord, il y a une grande église avec une jolie façade et plusieurs fenêtres ; à côté s'élève une chapelle octogone et des monuments superbes, mais sans inscription. A un mille de distance de ces édifices, on rencontre les restes d'une plus grande église, dont le plafond est tombé, mais dont les colonnes étaient encore debout en 1837 ; cette église aussi avait une chapelle octogone à son côté nord; on y a trouvé cette courte inscription ΕΥΧΗΝ ΗΣΙΟΥ ΤΙΒΕΡΙΟΥ, *Don d'Issi ? de Tibère*, l'unique qu'on connaisse dans toute cette ville.

L'anglais Hamilton qui explora ces lieux en détail (8 août 1837), déclare que cette ville ruinée n'est que la ville de *Lystra* mentionnée dans les Actes des Apôtres (XIV, 6, 20) ; Davis admet aussi cette opinion ; il visita ces ruines presque 40 ans (1875) plus tard, et remarqua encore sur les collines voisines d'autres ruines et de grandes citernes.

Mourandine, la troisième place que Héthoum toucha dans son invasion, ne doit pas être très éloigné des deux premiers dont nous avons parlé ; il me semble qu'on devrait la placer, à cause de son voisinage et la ressemblance de son nom à *Bournada*, déjà mentionné par nous, au pied de la montagne Kapaklou, (p. 189).

LES HAUTES VALLÉES DU FLEUVE DJAHAN

GABAN OU CAPAN

Parmi les fleuves de la Cilicie, le plus grand, le *Djahan* ou *Thoan* des Arméniens, Չահան, le *Djihoun* des Arabes, le *Pyramis* des auteurs anciens, parcourt la partie orientale du pays et forme peut-être la vallée la plus vaste. Son cours n'est pas aussi long que celui du Sarus; cependant il est si tortueux que, sous le rapport de la longueur, il doit surpasser ce dernier; en tous cas il est plus large à son embouchure et on pourrait naviguer dans toute sa partie inférieure. Ses sources sont entre les monts Antitaurus à l'ouest, et les limites des provinces de Sébaste au nord, et de Mélitène à l'est; ces régions sont les moins explorées de l'Asie Mineure. Comme ces lieux sont situés hors de la Cilicie, nous laissons leur examen; il nous suffit de savoir que le fleuve Djahan se forme de trois affluents, dont le moyen et le plus septentrional descend des montagnes de l'Antitaurus ou de Binbougha et s'appelle *Khourma-sou*; le second, appelé *Seugudlu*, est regardé comme le propre fleuve; il vient de l'est d'Albisdan, et un peu au dessous de la ville, du côté du sud-ouest, il reçoit le premier; ainsi grossi, il s'avance encore quelque peu pour s'unir au troisième, qui porte le nom de *Geok-sou*, c'est-à-dire le ruisseau de Cocussus.

Formé de ces trois branches, le fleuve tourne quelque peu à droite et à gauche, arrive jusqu'aux limites de Marache, où il reçoit sur la rive gauche le ruisseau *Ak-sou*; puis, il tourne au nord-ouest dans la Cilicie de Plaine et reçoit sur sa droite la rivière de Sis et d'autres petites. Vers la fin de son cours il revient vers l'est et aboutit au Golfe d'Ayas, un peu au sud de cette ville; pourtant dans les temps anciens s'avançant à l'ouest il se jetait dans la mer tout près de l'embouchure du Sarus; et même il se mélait avec ce dernier, comme nous l'avons mentionné dans la partie physiographique.

Quoiqu'une bonne partie de la vallée du Djahan soit hors de la Cilicie, nos rois se sont pourtant emparés de quelques districts montueux entre le Sarus et le Djahan, nous donnerons donc sur leur compte les quelques renseignements que nous possédons. Ces lieux, comme les environs des sources du fleuve, n'ont pas été explorés; ils s'étendent au nord de Sis, à l'est de Hadjine, au sud de Cocusson, à l'ouest ou à la droite du fleuve et d'Albisdan et de Marache. Les districts arméniens sont, en nous dirigeant du sud au nord: GABAN, FERNOUZ et OULNI OU ZEITHOUN. Ce dernier n'est connu sous aucun nom durant le règne de nos rois de Sissouan; probablement parce qu'il se trouvait dans le territoire des seigneurs de Marache; mais comme près de lui sont situées les places de *Fernouz* et d'*Arékine*, et que ces places sont mentionnées par nos historiens, il faut supposer que tous les trois appartenaient aux Arméniens; d'autant plus que selon les vues de nos nationaux contemporains, il paraîtrait hors de propos de les séparer de la Cilicie. Quoiqu'il en soit, nous ne connaissons ces lieux que fort médiocrement, aucun explorateur ne les ayant visités en détail, bien qu'en général, depuis la soumission des montagnards Kozans, l'accès en soit devenu facile.

De ce que nous venons de dire on pourrait concevoir que si même cette région supérieure des hautes vallées de Djahan faisait partie du domaine de nos rois, je ne sais pourtant sous quel nom était-elle désignée alors ni la province à laquelle elle appartenait; ce qui me paraît le plus probable c'est qu'elle était comprise dans la province de Gaban, et peut-être en

25

partie dans celles de Coc ou Cocussus, d'Albisdan et de Marache, qui sont hors de la Cilicie, sans aucun doute. Comme il m'est impossible de vérifier ce dernier point, je crois mieux réunir tous ces lieux sous le nom de: *la province de Gaban*, qui formait déjà un évêché. A présent la statistique ottomane mentionne séparément les districts de *Fornos* ou *Fernouz*, et de *Zeithoun*, et d'autres lieux voisins qui me sont entièrement inconnus [1]. Dans la statistique patriarcale, datant d'une vingtaine d'années, au nom de Zeithoun sont ajoutés ceux des localités qui appartenaient à Albisdan et à d'autres; en voici la série:

VILLAGES	HABITANTS		Heures de distance de Zeithoun
	Arméniens	Mahométans	
Zeithoun	17,600	240	
Béchén	40	480	3
Kétmén		164	4
Sari-guzél, ou Kurédjig	60	560	5
Kabak-tépé		480	8
Kandil		160	10
Tchifdlik		280	9
Kurtul ou Kurtéli		400	8
Alichar	40	990	10
Karamanly		400	9
Baïtémour	24	800	11
Karatoute	16	790	11
Eridjék ou Essén-déré		400	7
Tombak		360	11
Malatia		280	9
Soïssali		320	10
Thanour		240	5
Hadji-déré	320	160	4
Deunghel		160	6
Tchoukour-hissar		400	12
Fernouz	2,400		6
Mekhal ou Avakal	2,800		3
Alabache ou Arékine	3,200	40	5
Féng ou Khébi	144		3
Alabozan ou Andréassank	56		4
Deuniklèr ou Donighenk		240	3
Mourtadlar ou Ghaledjénk	280		2 1/2
Yézidler ou Avakénk	160		2
Egléndjénk ou Tékyé-mahalléssi	320		1 1/2
	27,460	8,344	

ZEITHOUN OU OULNI

Des trois districts que nous avons mentionnés, selon la dernière statistique ottomane, le plus à l'est et au nord c'est celui de Zeithoun; celui de Fernouz est à l'ouest, et celui de Gaban, au sud. Tous les trois sont formés d'un terrain montueux inégal, avec des vallons étroits et raboteux. Ainsi, grâce à la configuration de leur pays, les habitants ont pu vivre dans une certaine sûreté et conserver leur liberté, en se réfugiant dans les places fortes formées par la nature. Les montagnes qui sont indiquées sur des cartes géopographiques et qui séparent les confins de Hadjine et de Coc, sont le *Koche-dagh* au nord-ouest de Zeithoun, le *Kandil-dagh* du même côté, au pied duquel il y a, près du village Bentoukh, un lac très riche en sangsues, aussi l'a-t-on appelé *Suluglu-gueul*. Au sud-ouest de ce lac s'élèvent les deux montagnes, la *Grande* et la *Petite, Tchavdar*, la dernière est au sud de l'autre, et touche au mont *Tozlou*; entre ces montagnes et le lac s'étendent des pâturages et des maisons de campagne appelées *Khnekhoze* (Խնէխոզ). La montagne que l'on voit au sud-ouest est le *Kezel-dagh*, qui sera peut-être l'ancien mont *Garmir* des Arméniens. Au sud-est de cette dernière sommité s'élève le *Saghdaly*, d'où sort le ruisseau *Sève aghpure* (Source noire), qui se dirige vers Zeithoun; non loin du Saghdaly, au sud-ouest c'est le mont *Tchoukhourlouk*, en arménien *Dzovk* (les mers); puis dans la même direction et au nord-ouest de Gaban, un peu plus loin s'élève la grande montagne *Asdouadzachén* (Construite par Dieu).

Toutes ces montagnes sont à l'ouest de Zeithoun un peu vers le nord; du côté de l'est, entre Albisdan et Marache, on trouve les monts *Alichèr, Éngouzég* ou *Anguedzeg* (écrit sur quelque carte *Én-yuksék*, en turc: le plus haut); et du côté du sud le *Kawkirt*; enfin au sud-ouest de ce dernier, près de Zeithoun, sur les confins de Marache, le *Khopoug*.

La haute et célèbre montagne, *Brid* ou *Bérit*, est la sommité principale de la chaîne qui se trouve au nord de Zeithoun; elle n'est pas assez loin de la ville. Plus au nord, on

---

1. Cette statistique doit avoir été dressée dans les années 1878-80.

trouve encore les monts *Yédi-kardache* (sept frères). Dans le mémoire d'une bible, laissée par le catholicos de Sis, Garabied d'Oulni, au couvent d'Angora, qui dépendait de son siége, on trouve l'explication du nom de cette montague. Selon l'éthymologie, *Brid* veut dire *froid*. Cette montagne, à laquelle on suppose une hauteur de 10,000 pieds, est en effet toujours couverte de neige, ce qui est la cause de la fraîcheur de l'eau de la rivière, qui prend sa source sur cette sommité et descend, au sud vers Zeithoun, s'unit d'abord avec l'*Aghadjar*, en un lieu appelé *Kavourma*, et traverse un étroit vallon. Célèbre par sa conformation naturelle et ses produits, le mont Brid est à la fois un magasin de vivres et une retraite fortifiée pour les habitants de Zeithoun. Il renferme de riches mines de fer, et le sol fertile abonde en plantes alpestres dont les espèces varient selon l'exposition des lieux et leur altitude, comme le remarque le savant allemand Haussknecht. L'an 1865, il en a trouvé plus de 200 espèces, parmi lesquelles quelques-unes étaient encore inconnues et furent appelées *Bridéennes*, du nom de la montagne, ou reçurent le nom de l'explorateur, ou de la province de Cataonie, selon l'opinion du botaniste. Prenant en considération le grand nombre de ces plantes et la nouveauté de plusieurs d'entre elles, afin de ne pas charger de trop mon texte avec une longue nomenclature, j'ai cru bien faire d'ajouter dans les annotations une liste que j'ai dressé d'après la *Flore Orientale* du savant botaniste Boissier, à qui Haussknecht avait envoyé son herbier. [1]

---

1. La première édition du livre de M.ʳ Edmond Boissier, parût à Bâle, en 1866; elle n'était pas encore achevée lors de la publication de notre ouvrage en arménien; peut-être dans la dernière partie de son livre trouverait-on indiquées encore d'autres plantes qui croissent sur la montagne Brid; l'altitude des endroits où croissent ces plantes est indiquée en pieds parisiens.

Ranunculus demissus major.
Papaver caucasicum.
Arabis sagittata.
Cardamine uliginosa.
Barbarea minor, 8000'.
Erisimum thyrsoideum.
— gelidum Armeniacum.
— alpestre.
Hesperis thyrsoidea.
— campicarpa, 8000'.
Cochlearia sempervivum, 7000'.
Anchonum helychrysifolium, 9-10,000', selon Tournefort, *Hesperis Armena helycrisifolio flore luteo*.
Alyssum condensata.
— peltarioides.
— eriophyllum.
— Haussknechtij.
Thlaspi Haussknechtij, 9-10,000'.
Aethionema coridifolium.
— schistosum.
— lignosum.
— speciosum.
Isatis frigida.
— Aucheri.
— corymbosa.
Fumana aciphylla.
Draba Natolica.
Ptilotrichum cyclocarpum, 9000'.
Heldreichia buplevrifolia, 9000'.
Polygala anatolica, 6000'.
Dianthus Haussknechtij, 6000'.
— Muschianus major, 8000'.
Gypsophila libanotica, 8000'.
Silene capitellata.
— pruinosa.
— arguta.
— odontopetala.
— commutata.
— dianthifolia, 6-9000'.
Alsine dianthifolia.
— juniperiana.
— erythrosepala, 8-9000'.
Arenaria rotundifolia.
— drypidea.
— Tmolea.
— acerosa, 7-10,000'.
Paronychia capitata.
Erodium micropetalum, 8000'.
Acer Hyrcanicum tauricolum, 6-7000'.
Tunica stricta, 6000'.
Lepyrodiclis holosteoides, 8000'.
Genista albida Montbreti, 6000'.
Trigonella glomerata.
Trifolium pratense majus.
— arvense.
Anthyllis vulneraria stenophylla, 8000'.
Coronella Cappadocica, 7000'.
Astragallus Haussknechtij, 9-10,000'.
— Berytius.
— melanocarpus, 8-10,000'.
— nanus, 8000'.
— fraxinifolius, 7000'.
— pennatus, 8000'.
— cymbostegis.
— hilaris.
— oleifolius.
Hedysarum erithroleucum, 9-10,000'.
Onobrychis sativa montana.
— cornuta.
— alpestris hypoleuca.
Pyrus eleagrifolia.
Cotoneaster vulgaris integrifolia.
Rosa glutinosa.
— tomentosa, 8000'.
Spirea ulmaria.

Le catholicos Garabied que nous avons cité plus haut, indique les noms des trois montagnes, qui entourent de près la ville de Zeïthoun. L'une s'appelle *Barzenga* ou *Bérzénghian;* elle est fendue en deux, l'une de ces deux parties s'appelle *Mavoulou* et s'élève du côté est de la ville, près du couvent de la Sainte Mère de Dieu; la seconde s'appelle *Aïradz* (brulée), et s'étend au nord, près des vignes de Zeïthoun; et la troisième, nommée *Ganguerod*, est située à l'ouest. Les habitants du pays croient qu'elle fut ainsi appelée, à cause des artichauts que les compagnons de Saint Etienne d'Oulni y cueillaient; le mot arménien Կանգռռուռ signifie, en effet, lieu des artichauts.

Les noms de ces montagnes semblent leur assigner une origine volcanique, de même que les eaux thermales et minérales que l'on trouve à l'est de Zeïthoun. La dernière montagne, dont nous avons supposée la situation à l'ouest, nous rappelle la montagne *Gonguernade* (Կոն֊ կռռնատ) dans le district de Coc (Կռկ); Mathieu d'Edesse écrit *Goncanag:* c'est là que durant 65 ans, *Marc*, le solitaire arménien ou syrien, (qui mourut à Castalon), passa sa vie dans la prière et la mortification. La puissance de ses « prières, avait fait sourdre, dit-on, deux sour- » ces aux alentours »; et on dit même qu'il prédit la reprise de Jérusalem par les Sarrasins, après la conquête par les chrétiens. Comme l'historien d'Edesse pose l'endroit dont nous parlons, dans le district de Coc et près de Maraché, il doit être sans doute à la frontière de ces deux provinces, où est situé Zeïthoun; ainsi nous pouvons admettre que Zeïthoun était compris dans le district de Coc.

Sur une carte qui a été publiée dernièrement, nous voyons indiqué une haute montagne sans nom au sud-est de Cocussus, à deux ou trois lieues de distance, et au nord du village de Gantchi; peut-être cette montagne est-elle la même que Gonguernade, droit à l'ouest, peu loin de Zeïthoun. Je mentionne aussi ici la ville ou la place forte de *Longhinach*, Լռնգինակ, à cause de la ressemblance de son nom avec Gonguernade. La position de Longhinach nous

Rubus cæsius.
— tomentosus, 7000'.
Geum urbanum.
Potentilla Kotschyi.
Agrimonia repens.
Alchemilla vulgaris major.
Epilobium origanifolium, 7000'.
Umbilicus Pestalozzæ, 8000'.
— Libanoticus.
— aizoon, 7-9000'.
Sedum album, 8000'.
— tenellum, 8000'.
— Laconicum.
Saxifraga Kotschyi, 8000'.
Eryngium Billardieri, 6-8000'.
Bupleurum baldense ænum.
Pimpinella tragium.
Carum Burgæi Cataonicum.
Grammosciadium Haussknechtij, 6000'.
Anthriscus macrocarpa.
Hippomarathrum crispum, 6000'.
Prangos Uechtritzii, 7000'.
Cnidium conifolium, 7000'.
Ferulago pauciradicata.
Johrenia Berytea, 7-9000'.
Peucedanum depauperatum.
Heracleum humile.
— pastinaca, 9000'.
Pastinaca glandulosa, 7000'.
Viburnum opulus.
Lonicera orientalis, 7000'.
Crucianella exasperata, 7000'.
Asperula glomerata capitata, 7000'.
— stricta latibractea, 8000'.
— involucrata.
Galium orientale elatius.

Galium cornigerum, 8000'.
— coronatum, 8000'.
Valeriana alliariæfolia.
Cephalaria stellipilis.
Inula germanica.
— Montbretiana.
— acaulis, 8-9000'.
Helichrysum Pallasij chioniphilum, 9-10,000'.
Achillea adorata.
— compacta.
— Armenorum, 9-10,000'.
Chamæmelum monticolum, 8000'.
Pyrethrum fruticulosum, 8000'.
— Kotschyi, 9000'.
— Balsamita, 6-7000'.
— Cilicicum, 5-6000'.
— densum.
— argenteum, 8-9000'.
Pyrethrum Cappadocicum.
— Cadmeum.
Doronicum maximum.
Senecio jurinefolia, 9-10,000'.
Gundelia Tournefortij, 8000'.
Echinops viscosus.
— Heldreichij.
Cousinia eriocephala, 8000'.
Onopordon polycephalum, 6-7000'.
Yurinea Anatolica, 6000'.
— depressa, 9000'.
Phæopappus rupestris, 7000'.
— Kotschyi.
Centaurea mucronifera.
Leontodon hastile, 9000'.
— asperum.
Scorzonera Jacquiniana alpina, 8000'.
Tragopogon buphtalmoides humile, 6000'.

est restée inconnue : là dominait autrefois le franc *Bernard* surnommé l'*Etranger* (*Extraneus*). Le même lieu est indiqué encore par Anna Comnène dans son Alexiade, comme une ville de la Cilicie ; elle l' appelle Λογγινιάδα, et elle fut, dit-elle, subjuguée avec les villes de Tarse, d'Adana et de Messis, par *Monaster*, général de son père Alexis, l' an 1104. Près de Zeithoun, au nord-ouest, s' élève encore la montagne *Solakh*, où l' on voit une immense grotte avec des stalactites. De nombreuses rivières descendent des montagnes qui entourent la ville, l'une s'appelle *Sève-tchour* (l'Eau noire) et descend de la montagne *Saghdaly* ; on a jeté plusieurs ponts sur cette rivière qu' on désigne sous les noms de *Sève-aghpure, Tchoukhour, Kaba-kéchiche, Aghpurove*, près de Zeithoun. Une autre, l' *Aghadjarghi*, prend sa source sur la montagne Brid ; son pont principal s' appelle *Gharsi*. D'autres ponts encore ont été jetés des deux côtés de la ville, et ils sont surmontés par de grandes croix en fer pour leur protection : l' un de ces derniers s' appelle Վարդապետի կամուրջ (le pont du maître ou du Docteur.

La ville de *Zeithoun* est située sur un haut plateau ; mais comme elle est dominée par les cimes de hautes montagnes, elle semble s' élever au milieu d' un vallon ; cependant elle a une altitude de 3,500 pieds. Le plateau est assez vaste pour contenir des vignes et des plantations de figuiers et de coton, signes d' un climat tempéré, d' une bonne culture et du progrès du pays. Le Catholicos Garabied en a décrit sa position l' appellant *Petite ville* : « Zeithoun, dit-il, est bâtie entre les trois mon-
» tagnes voisines de Barzinga, d' Aïradz et de
» Ganguerode, enfoncée dans un vallon fertile,
» où le terrain produit des vignes, des oliviers,
» des grenadiers, des figuiers, etc : il produit
» encore du coton et de la soie ; il y a aussi
» des mines de fer. La villette se désaltère dans
» l' eau douce et murmurante du petit ruisseau
» qui descend de la montagne Brid, dont le nom

Tragopogon brevifolium, 6000'.
Taraxacum montanum.
— officinale alpinum, 8000'.
— integrifolium, 9000'.
Lactuca Cataonica.
Hieracium pannosum.
— præaltum, 7-8000'.
Campanula telephoides, 8-9000'.
— podanthoides.
— stricta genuina.
— — libanotica, 9000'.
— — jasionefolia, 6000'.
Podanthum virgatum, 5-9000'.
Primula auriculata, 8000'.
Convulvulus Cataonicus, 5000'.
— cochlearis, 7000'.
Onosma mutabile, 6-9000'.
— Armenum, 7000'.
Paracaryum Reuteri, 6-10,000'.
Mattia cespitosa.
Verbascum subnivæ, 8-9000'.
— cheiranthifolium.
— alyssifolium, 6000'.
— eriorrhabdon.
Scrophularia Scopolij Tmolea, 7000'.
Veronica cinerea.
— chamæpytis.
Odontites Aucherij, 7-8000'.
Pedicularis Cadmea, 9-10,000'.
— comosa acmodonta, 8000'.
Phelipea arenaria, 8000'.
— cælestis.
— lavandulacea.
Origanum vulgare viride.
Nepeta leptantha, 7000'.
— aristata, 7000'.
Salvia grandiflora.
— Cataonica, 3-4000'.

— Haussknechtij, 7-8000'.
— verbascifolia, 7000'.
— crassifolia.
— Russelij, 3500-6000'.
Marrubium cephalanthus, 6-8000'.
Marrubium faucidens.
Stachys Balansæ, 6000'.
— lavandulæfolia.
Phlomis capitata.
— linearis.
Teucrium procerum.
Acantholimon venustum.
— Lycaonium, 8-9000'.
— Armenum.
— Kotschyi.
— echinus, 8-9000'.
Plantago carinata, 6000'.
Noea Tournefortij.
Rheum ribes, 7000'.
Rumex angustifolia, 7000'.
— acetoselloides.
Daphne oleoides, 8-9000'.
Thesium ramosum.
— impressum, 8000'.
— Tauricolum, 7000'.
Pilostyles Haussknecthij.
Euphorbia Szovitsii, 8000'.
— herniariæfolia.
Quercus Libani.
Orchis angustifolia, 8000'.
Gladiolus imbricatus, 7000'.
Ornithogalum tenuifolium.
Allium ampeloprasum leucanthum.
Allium glumaceum, 7900'.
— chlorurum, 9000'.
Evermurus spectabilis, 8000'.
Scirpus setaceus.
Carex cilicicum, 8000'.

» veut dire froid, à cause de la neige éter-
» nelle qui couronne sa cime. Cette ville pos-
» sède, à l'est, au pied de la montagne Bar-
» zenga, le superbe couvent de la Sainte Vierge
» bâti par les Apôtres; et un peu en avant, au
» sud, la *plaine* fertile, qui a l'eau thérapeu-
» tique de *Tchermoug*, et la belle église du
» Sauveur ».

Le produit le plus remarquable du terrain est sans doute le fer, dont les mines principales sont, comme nous l'avons dit plus haut, dans la montagne Brid. Les mineurs amassent d'abord le minerai au pied du mont Saghdaly, et en automne ils le transportent dans leurs fonderies et dans leurs usines. Ce métal, depuis une époque très reculée, a toujours été pour les habitants une garantie de travail, de subsistance, d'activité et d'une certaine liberté; non seulement ils le vendent, mais encore ils s'en servent pour se fabriquer leurs armes. Dès leur enfance ils s'exercent au maniement des armes et les portent jusqu'à leur vieillesse. En cas de guerre ou d'attaque, tous les hommes de 16 à 60 ans s'enrôlent. Plusieurs fois ils ont combattu contre les mahométans du voisinage; d'autres fois ils se sont alliés avec eux contre l'oppression des gouverneurs. Tantôt ils leur obéissaient leur payant un tribut; tantôt ils se déclaraient sujets du seigneur des montagnes Kozan, qui dans la première moitié de notre siècle s'était emparé des districts du voisinage de Hadjine et de Sis, les tyrannisait et exigeait un tribut: pourtant les habitants le payaient pour sauvegarder leur liberté.

L'origine du nom *Zethoune* Զէթուն, comme il est écrit dans les livres, nous reste inconnu; par habitude générale on dit à présent *Zeithoun*; nous ne pouvons pas attribuer ce nom à l'olivier, (car zeithoun en turc signifie olive) ni même à la tribu des *Dzaïthounik*, Ծաղթունիք. Nous ne connaissons pas non plus l'origine de cette communauté libre, ni les événements historiques qui s'y rattachent dans les premiers siècles. Il s'est passé pour Zeithoun le contraire de ce qui eut lieu pour les autres pays arméniens. Pour ces derniers nos livres nous donnent le récit de la splendeur et des événements des anciens temps; tandis qu'ils laissent dans l'obscurité l'histoire des temps actuels: de Zeithoun on ne connaît pas l'origine, mais on connaît très bien l'état présent. Selon la tradition encore en honneur chez les Zeithouniens, leurs ancêtres seraient originaires du bourg ou du village voisin d'*Ané* ou *Ani*, cité dans nos auteurs comme une place forte.

Il est presque sûr et même historique, qu'après la suppression du royaume de Sissouan, quelques seigneurs, maîtres des forteresses des montagnes, conservèrent leur liberté, comme dans les places fortes des Portes de la Cilicie, et surtout dans la région de Gaban. Un écrivain de mémoires qui vécut, un siècle environ après l'extinction du royaume des Arméniens, écrit que lui-même descendait de la famille de *Héthoum*, le dernier généralissime des Arméniens; lequel continua à lutter contre les Egyptiens, même après que Léon V eut été emmené en captivité: il ajoute que *Zarmanouhi*, la courageuse femme de ce général, avait elle-même fait prisonnier le fils du sultan, qu'un traître nommé Grégoire, le délivra et tua même Héthoum le général; Zarmanouhi, effrayée, « s'enfuit alors
» dans les montagnes de Cocussus et d'Oulni,
» et elle y passa cinq ans; après quoi elle réunit
» 300 montagnards et avec son fils (*George*)
» s'empara de Gaban, et délivra le peuple pour
» soixante-cinq ans, du joug des Turcs. Les
» exploits de Zarmanouhi, de Héthoum son
» mari, et de ses fils, sont écrits dans les livres
» de mémoires du couvent de St. Garabied et
» de celui de St. Etienne à Gantchi et dans
» celui du couvent de Fernouz; comme encore
» y sont écrits tous les événements, les com-
» bats, le grand tremblement de terre, la grande
» famine et la peste ». L'auteur de ce mémoire qui se dit « descendant de Héthoum et de
» Zarman, » est un nommé D^r. *Cyriaque* (1473), qui était frère du D^r. Jean, prêtre de Gantchi; ce dernier était le père de Héthoum et de Léon. De la même famille descendaient aussi ceux qui en 1557 ont restauré le livre, dans lequel se trouve écrit le mémoire de ce D^r. Cyriaque, et qui sont: le D^r. Luc, supérieur de Zeithoun ou de St. Garabied, et son frère le prêtre *Mathieu*, père de *Sarkis* et de *Léon*.

On devrait chercher dans les couvents de ces régions les mémoires et les documents des églises; on y découvrirait peut-être quelques renseignements sur les faits accomplis dans ces contrées, surtout depuis le XVe siècle jusqu'à nos jours.

Mais un souvenir beaucoup plus ancien et plus sacré que tous les autres se rattache à ces lieux: c'est le martyre de *Saint Etienne d'Oulni*, de sa mère et de ses 36 compagnons, originaires de différentes régions; plusieurs étaient de Cocussus, où demeuraient les parents mêmes de ce saint, *Lazare et Marie*, qui étaient originaires d'Antioche;- et c'est à Cocussus même que naquit notre Saint et qu'il fut élevé. Pendant la persécution de Julien, lorsque le juge Socrate vint à Cocussus, les fidèles s'enfuirent et s'établirent dans ces régions montagneuses. Etienne, ou *Somnas* son compagnon, l'un des deux, allait sur le plateau de la montagne pour y ramasser des chardons, (on peut concevoir par là la nature et la hauteur du lieu); trahis par un berger, ils furent arrêtés et conduits au tribunal du juge, qui, de Cocussus était arrivé à la forteresse « qui s'appelle à présent *Gantchi* ». Cette dernière expression du mémoire ou de notre écrivain Grégoire, (dont le texte grec traduit en arménien au XI° ou XII° siècle[1], a été trouvé à Constantinople), nous fait comprendre qu'anciennement les Grecs appelaient cette place d'un autre nom. La mère du Saint et les vierges furent jugées et martyrisées à l'entrée d'un vallon au pied de la montagne; quant à Saint Etienne et à ses compagnons, le juge ordonna de les conduire près du torrent et de les tuer. On les emmena au lieu du martyre, dans un vallon profond, à quelque distance du lieu où les vierges avaient été martyrisées. On les voulut d'abord brûler, mais leurs corps restant intacts, on les passa au fil de l'épée. Les fidèles vinrent relever les corps et ils construisirent dans ces lieux trois églises, l'une sur le lieu du martyre des saintes vierges, elle fut appelée Cathédrale (կաթողիկէ); la seconde en l'honneur des compagnons de Saint Etienne, et la troisième pour recevoir les reliques du Saint; elle fut placée sous le vocable de son nom et bâtie devant la *fontaine* miraculeuse qui jaillit pour le salut des malades, et fut la cause qui peupla ce lieu désert.

Comme le père du Saint était déjà mort et avait été enterré (selon quelques-uns sur le mont *Asdouadzachèn*, à l'ouest de Gaban), il ne doit pas être compté au nombre des 36 martyrs que notre église fête avec une hymne particulière, dont la dernière strophe dit: « Tu
» as été choisi par le Saint-Esprit pour la
» joie de l'Eglise, et tu as éclairé les enfants
» de Thorgom, (les Arméniens); aujourd'hui les
» fidèles se réjouissent et célèbrent la fête de
» ta victoire; prie le Seigneur qu'il nous accorde la vie éternelle ».

Probablement le grand Chrysostome qui était encore en bas âge lors du martyre de Saint Etienne, durant son exil à Cocussus, aura visité l'église du Saint, qui était fils de l'un de ses compatriotes, (Lazare d'Antioche). Nous avons une biographie de ce grand Docteur, écrite l'an 1328, « dans le saint, *magnifique* et *célèbre* couvent de *Saint Etienne d'Oulni* et de ses 34 compagnons ». L'écrivain Etienne, mentionne encore le *supérieur* et le *directeur* du couvent « de ces saints et braves » martyrs », le P. *Thoros*, le gardien *Constantin*, l'économe *Basile*, et une dixaine de religieux, qu'il nomme séparément.

Le nom d'*Oulni* n'est cité ni dans ce mémoire, ni dans le martyrologe ancien ni dans le nouveau; il paraît que c'est le nom du lieu du martyre de ces Saints; pour quelques-uns c'est l'ancien Fernouz, pour d'autres, Zeithoun.

Mais quelle est l'origine de ces noms, *Oulni* et *Zeithoun?* La date la plus ancienne du nom de Zeithoun que j'aie rencontrée dans les manuscrits se rapporte à deux de ses évêques, qui ont vécu vers le commencement du XVI° siècle, ou plutôt dans la seconde moitié du XV°; car ces personnages, pour se trouver évêques dès l'année 1526, devaient avoir un certain âge. Naturellement la fondation de Zeithoun ou l'établissement de la colonie Arménienne doit être plus ancienne, et je suis d'opinion qu'elle doit être même très ancienne. Après ces deux évêques (voir la liste ci-dessous), et après d'autres sans doute, je trouve dans l'année 1586, *Jean*, un de leurs successeurs, qui avec trois ou quatre autres évêques signa une lettre de témoignage, adressée au Pape Grégoire XIII, pour l'élection du D[r]. *Azarie* à la succession de Khatchadour, Catholicos de Sis. Dix ans plus tard (1596) je retrouve le nom de Zeithoun dans un livre d'Ordination des clercs, écrit pour l'évêque *Jacques* « dans le *couvent* de *Zeithoun*, près de l'église de la *Sainte Vierge*, pendant le supériorat de l'archevêque *Dèr Dzéroun*. Dans un mémoire, ce couvent est appelé *Karavedag* (de quatre sources). Ce même couvent et le rectorat d'Oulni, qui est situé au pied du mont Barzenga, sont appelés par le Catholicos Garabied, *fondé par les Apôtres*, ce qui prouve leur antiquité; il serait intéressant de chercher des renseignements dans les archives de Sis, s'il en reste encore.

A la fin du XVI° siècle et au commence-

---

1. La vie des Saints dans laquelle nous lisons le récit de ce martyre est écrite avec des lettres d'anciennes formes et paraît être un ouvrage du XII° siècle.

ment du XVIIe, on trouve plusieurs fois le nom du prêtre *Vahan* de Zeithoun mentionné comme un excellent calligraphe ; il eut plusieurs élèves, dont l'un, le clerc *Hagopig*, était aussi « du bourg de Zeithoun » ; il s'était retiré à Sébaste et pour chasser sa tristesse, s'occupait à copier des livres : il se souvient avec gratitude de ses professeurs et de « son » frère de lait *Alexis* », qui l'aida dans la » titude ; mais mon compatriote de Zeithoun, » le pèlerin diacre *Arakel*, qui était un commerçant, me conduisait dans sa chambre et » me consolait, en me donnant à manger et » à boire, et il me disait : Mon frère, ne vous » tourmentez point, car je vous délivrerai de » ce monde cruel et difficile ». [1]

Vahan, écrivait encore en 1625 : « Dans » le bourg de Zeithoun, sous le patronage du

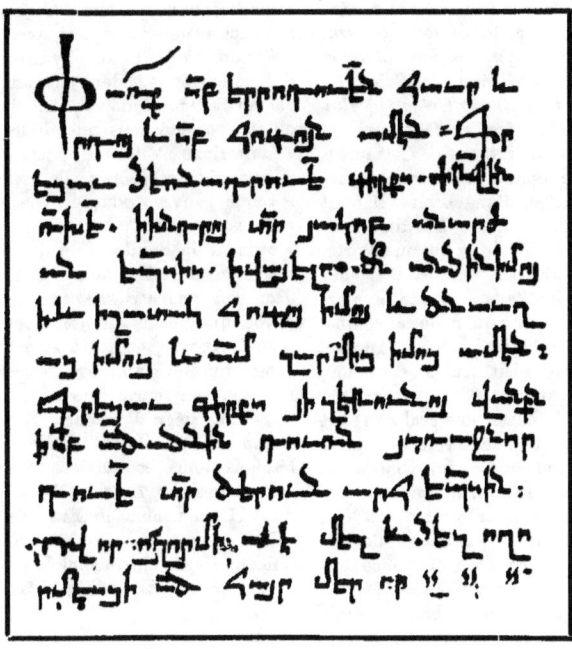

Fac-simile, tiré d'un livre d'Ordination, écrit à Zeithoun, en 1596. (pag. 199).

copie des livres. Dans un de ses manuscrits de 1608 il dit : « J'étais étranger et triste de » cœur... personne ne me prêtait assistance, » je pleurais toujours et j'étais dans l'incer- » saint général *Serge* et de tous *nos autres* « *temples* et objets sacrés, pendant la direc- » tion de notre province par l'archevêque *Meguerditch* (J. Baptiste) et par l'évêque *Var-*

1. Car il dit : J'entendais les gémissements navrants de notre ville Germanice, qui est Marache, où régnait la famine avec cherté des provisions : six drachmes de pain coûtaient un *para* et mes enfants y demeuraient, et il n'y avait ni qui venait ni qui partait. Sous de semblables calamités je copiai l'hymnaire d'un exemplaire bon et excellent ». etc.

2. Traduction du fac-similé : « Gloire à la Sainte » Trinité, au Père, au Fils et au Saint-Esprit. Ainsi » soit-il. Ce livre d'Ordination a été écrit en 1045 » (1596) ; à la demande de moi, Jacques, évêque indigne ; pour mon propre usage et en souvenir de » mon âme et de mes parents et de toute ma famille. » Amen. Ce livre fut écrit dans le couvent de Zeithoun, près de l'église de la Sainte Vierge, durant » le supériorat de l'archevêque Der Dzéroun. Qu'à » celui qui dira : « Que Dieu lui soit miséricordieux », » qu'à celui-là Dieu accorde miséricorde pour vous » et nous. Notre père qui ».

» *tan* et du D.ʳ *Khatchadour*, assisté de tous nos
» autres frères qui servent dans notre couvent ».
Il n'oublie pas non plus son père *Avédis*, ni sa
mère *Zemrouth* (Emeraude), ni ses frères, l'évêque *Dér Nersès* et les prêtres Etienne et
Constantin.

Vahan eut encore un autre élève, un certain
Johan qui, l'an 1629, « sous le patronage de la
» *Sainte Vierge* et de *Saint Grégoire* » a écrit un
recueil d'hymnes religieux. Dans un autre livre
copié l'an 1634, et sous la direction du même
archevêque *Meguerditch*, on trouve mentionnées
huit églises à Zeithoun : celles du saint *Général
Serge*, des *Saints Archanges*, de *Saint Jacques
de Nisibe*, de la *Sainte Vierge*, de *Saint Garabied* (le Précurseur), de *Saint Grégoire l'Illuminateur*, des *Saints Barsam* et *Théodore*.

Le D.ʳ *Garabied*, qui fut après Catholicos
d'Etchmiadzine, parle plus longuement de soi-
même dans le mémoire d'une Bible. Il était
né à Zeithoun, l'an 1661, de Mardiros surnommé *Tahoug* et de Marie, « qui me porta,
» dit-il, sept mois dans son sein, et j'ai sucé
» son lait pendant sept ans ». Après la mort
de ses parents, ayant appris qu'un de ses compatriotes avait été élu évêque au siège d'Ancyre,
il alla chez lui, s'instruisit sous sa direction,
fut ordonné prêtre par lui (1681), et reçut également de ses mains le bâton doctoral en (1684
et 1687). Il aida beaucoup son protecteur pour
la restauration du couvent, et fut chargé de
plusieurs députations ; enfin il fut envoyé chez
le catholicos Nahabied pour y être ordonné
évêque et pour devenir le successeur de l'évêque d'Ancyre. Il succéda en effet à ce dernier et régit le siège plus de 30 ans (1694-
1726) : au dire de Lazare de Djahoug, c'était
un personnage « d'un aspect superbe et ma-
» jestueux ».

Durant son long épiscopat il restaura ou
construisit beaucoup d'églises et de couvents
à Ancyre, les enrichit de toute sorte d'ornements et en outre d'un grand nombre de livres,
qu'il légua et confia aux soins de son disciple, le D.ʳ *Moïse*, avec lequel en 1705, il fit
un pèlerinage à Jérusalem, à Rome-cla et dans
sa patrie, pour y voir son frère Etienne. Il
y demeura quatre mois à cause des troubles
de cette époque et des périls du voyage. Son
compagnon et son successeur, le D.ʳ *Moïse*,
écrit : « Nous avons fait notre pèlerinage à
» Zeithoun en accomplissant notre vœu dans
» l'église du *Saint Sauveur*, dans le couvent de
» la *Sainte Vierge*, et dans l'église du disci-
» ple *Ananie*, où l'on conserve son bras droit,
» de même qu'au tombeau de notre maître
» (l'évêque Etienne). Nous avons passé dans
» cette région 120 jours, effrayé par les Tur-
» comans qui rugissaient comme des lions au-
» tour de nous. Enfin, par une voie secrète
» nous arrivâmes au couvent de Hadjine, au-
» près du Catholicos Jean ».

A la mort du Catholicos Asdouadzadour, Garabied d'Oulni fut élu à Constantinople pour
son successeur et se rendit, avec un édit royal,
à Etchmiadzine (1726) ; il y mourut après avoir
occupé le siège pendant cinq ans, (1730). Voici
comment il parle de sa patrie dans le mémoire
qu'il a ajouté dans une Bible : « Avant elle
» était riche et dans l'opulence, à présent à
» cause de nos péchés elle est humiliée et de-
» venue pauvre ; pourtant elle possède encore
» les sept églises, dont la plus grande est
» celle de la Sainte Mère de Dieu, outre le
» couvent du même nom. » Il mentionne le D.ʳ
Jean son compatriote, personnage austère et
dévot, qui pendant trente ans fut son coadjuteur à Ancyre, et qui à sa mort, lorsque Garabied fut élevé au siège de catholicos, laissa
beaucoup de fournitures ecclésiastiques et de
livres au siège d'Angora. Sis aussi eut des
Catholicos qui étaient natifs d'Oulni, parmi
lesquels nous connaissons *Siméon* (1539), et
son successeur *Lazare* (1545), puis *Khatchadour* II, surnommé le Musicien (1560-1584).

Les évêques ou les archevêques de Zeithoun,
qui ont siégés au couvent de la Sainte Vierge,
sont, outre ceux que j'ai mentionnés plus
haut :

1526 Nersès
1534 David
1586 Jean
1596 Dzéroun
1625-34 J. Baptiste
1664 Grégoire
1666 Moïse
1720 Garabied
. . . . . .
1800 Jean
1806 Pascal
1808 Michel
1817 Jacques Bosdanian [1]
1821 Paul

---

1. Selon d'autres écrivains, son prédécesseur s'appelait également Jacques et était surnommé *Beche-dian*. Après la mort de Bostanian se succédèrent sans interruption les évêques et les docteurs suivants :

1823 Jacques *Barmaghi-kessig*
1826 Madathie
1828 Mardiros
1867 Sarkis[1] Koulighian
     Grégoire D.ʳ Apardian
     Isaac D.ʳ Keutcheghian
     Etienne D.ʳ Aghdjabeghian
1883 Garabied Keutcheg

La ville de Zeithoun est divisée en quatre quartiers, deux supérieurs et deux inférieurs. Au nombre des églises on en a ajouté une, celle des *S. S. Pierre* et *Paul*. Lors de la restauration de l'église de S. Jacques on a découvert le tombeau d'un religieux nommé *Gabriel*, qui avait fait construire l'ancienne église, moitié en bois. Dans la petite église de *Saint Jean*, se conserve le grand patron, le *Palladium* de Zeithoun : c'est un évangile, appelé l'*Evangile de Basile;* je ne sais quand il fut écrit ni si ce Basile est le prince surnommé le *Voleur* ou un autre. On donne une grande validité au serment prêté sur cet évangile : on lui attribue aussi une grande puissance dans les périls et dans les combats.

Hors de la ville, à la distance d'une heure et demie du couvent de la Sainte Vierge, au sud-est de la vallée *Ilidjé*, où sont les eaux thermales, s'élève le superbe couvent du *Saint Sauveur*, appelé par quelques-uns de *Saint Jean Baptiste*. Dessous le maître-autel de l'église jaillit une source d'eau froide, qui s'écoule dans des bassins près de la porte du temple; selon la tradition du pays, c'est l'apôtre Barthélemie qui a fondé l'église et fait jaillir l'eau. A un quart d'heure du couvent vers la ville, est érigée une chapelle dédiée à *Sainte Chatherine*, qu'on suppose l'une des compagnes de Saint Etienne d'Oulni; peut-être est-ce là la place où les Saintes Vierges, leurs autres compagnes, furent martyrisées.

Sur différents autres points, on trouve encore des sanctuaires; comme celui du tombeau de *Saint Elie*, sur un monticule à une heure du couvent; sur une autre montagne près de la ville on trouve un ancien ermitage. Une chapelle s'élève entre le pont de *Kars* et les vignes de Zeithoun; elle est placée sous le vocable de *Saint Jacques*, qui était, dit-on, cordonnier à Marache, il y a un siècle, et qui fut étranglé pour sa foi par un gouverneur nommé Ibiche.

Ce grand nombre d'églises, de sanctuaires, de couvents et de livres écrits à Zeithoun, confirment le témoignage du catholicos Garabied d'Oulni, à l'égard du développement intellectuel et religieux des Zeithouniens; contrairement aux affirmations de certains critiques modernes, qui ont prétendu que le progrès de ces braves gens, abrités au milieu des formidables boulevards de la nature, dont leur pays est entouré, ne consistait que dans l'exercice de la force musculaire et dans le maniement des armes.

Si leur communauté a pu durer jusqu'à nos jours, avec un système de gouvernement tout spécial et paternel, c'est une preuve du bon sens, des traditions et des règlements qui leur ont été transmis par leurs ancêtres. En effet, ils sont gouvernés par un conseil de quatre de leurs notables, qui résident dans la ville même, mais ils ont dans chaque village leurs représentants appelés *kiahia*. Dans les conseils d'intérêt général, leur évêque a la présidence. Cependant il faut avouer que les événements de ces derniers temps ont eu leur contre-coup sur les Arméniens de Zeithoun. La rivalité et les troubles suscités par la haine des Turcomans et des Afchars, qui parfois se faisaient la guerre entre eux, et d'autres fois se battaient contre les gouverneurs ottomans de la Cilicie et de Marache, les colonies sauvages des peuples barbares, comme de nos jours celle des Circassiens, la guerre des Egyptiens contre les Turcs, la tyrannie exercée par les frères Kozans sur les territoires d'alentour, toutes ces circonstances ont troublé et harassé le peuple d'Oulni; mais elles n'ont pas pu le décourager tout-à-fait. L'accord entre la commune de Zeithoun et la Porte était, je ne sais depuis quelle époque, de payer à la caisse du gouvernement, 60,000 piastres en temps de tranquillité. Pourtant s'il arrivait quelque révolte, ils refusaient de payer n'importe quelle somme : c'est ce qui est arrivé en 1819; ils s'étaient révoltés : le catholicos Guiragos qui se trouvait à Constantinople, fut accusé de connivence avec eux : il parvint à se justifier, mais il refusa de prendre la responsabilité du tribut dû par les Zeithouniens

Jean de Tcharsandjak
Pascal Dʳ. Der-David
Serge évêque Khantkarian
Jean évêque Euksuzian

Sarkis évêque Koulighian, etc.
1. Celui-ci, à cause de son âge très avancé, avait donné sa démission et demeurait dans le couvent, et il vivait encore à l'époque où j'écrivais mon livre (1882)

à la sublime Porte, car il ne se fiait pas à la soumission de ses compatriotes. Pendant les guerres d'Ibrahim pacha (1830-40), ils se coalisèrent avec d'autres peuplades des montagnes pour lui faire opposition. Après cet événement, les Kozans surexcités, commencèrent à menacer sérieusement les Zeithouniens, qui cependant, par quelques petites concessions suggérées par la prudence, réussirent à les appaiser. En 1862 eurent lieu les fameux événements dont les causes ne sont pas bien connues. On a émis diverses opinions, mais ce n'est point ici le lieu de les discuter; je citerai seulement celle qui me paraît la plus probable.

Pendant l'été de cette même année eut lieu une querelle et un combat entre les habitants turcs du village *Kértmèn* ou *Kurdmèn*, au pied de la montagne du même nom, à 12 kilomètres à l'est de Zeithoun. Le motif de la querelle regardait la culture et la moisson d'un terrain; ceux qui eurent le dessous demandèrent assistance au village voisin *Béchén* ou *Kissir*: mais quand ceux-ci arrivèrent, la plupart des habitants de Kertmèn, laissant de côté leur querelle intestine, s'unirent pour chasser les nouveaux venus; là-dessus il y eut du sang répandu. Les Béchéniens en se retirant s'adressèrent aux Arméniens du village *Alabache*, qui est au sud de Zeithoun: le chef du village *Garabied* et son aide *Jacques*, accoururent, accompagnés d'un petit nombre de gens armés, pour terminer le différend; mais les Kertméniens s'y opposèrent, les esprits s'échauffèrent et il en résulta un combat, dans lequel il y eut plusieurs morts des deux côtés; les Arméniens perdirent Jacques, mais ils furent vainqueurs et chassèrent l'ennemi dont ils dévastèrent, peut-être, quelques propriétés.

Les Turcs incapables de se mesurer avec les Arméniens, et voulant se venger, envoyèrent dire au gouverneur de Marache, que les Arméniens sans aucun motif massacraient les croyants de l'Islame; les Béchéniens de leur côté envoyèrent un message pour défendre et justifier les Arméniens. Mais les mahométans, surexcités par la première ambassade, et surtout les bachibozouks, crièrent vengeance. Le gouverneur Aziz-pacha, pour contenter la populace embrassa son parti et s'empressa de réprimer la prétendue révolte. Un corps de 5 à 6,000 hommes, réguliers et bachibozouks, se mit alors en marche; le village d'Alabache fut attaqué et réduit en un amas de cendres, tous ceux qui tombèrent entre leurs mains furent massacrés; mais la plupart des habitants, s'étaient déjà réfugiés à Zeithoun. La ville s'alarma; les notables se réunirent en conseil: l'ordre fut donné de courir aux armes, et de se hâter pour défendre les confins du pays contre les hordes qui s'avançaient le fer et le feu à la main. Pendant ce temps Aziz-pacha lui même passa le fleuve Djahan; il arriva au village *Tchakerdéré*, groupe de 150 maisons, qu'il détruisit, puis s'avançant jusqu'au village d'Alabache, il en chassa les défenseurs et les villageois accourus à leur aide, et incendia le reste des habitations, après quoi il vint camper dans la vallée d'*Ilidjé*, près du couvent du Saint-Sauveur. Dans cette enceinte sacrée, on trouva trois ou quatre solitaires et une vieille femme; à l'instant ils furent massacrés, peut-être à l'insu du pacha-général. En même temps on tua un chien que les soldats jetèrent sur les cadavres de ces infortunés, puis ils s'occupèrent à démolir les moulins et les usines des forgerons.

Ceci fait, Aziz envoya un message aux Zeithouniens, les engageant à se soumettre, à consigner leurs armes, à donner des otages et à payer une amende; mais les Arméniens se méfiant n'acceptèrent pas ces propositions. Ils occupèrent les passages, bien résolus à résister, et même se mirent en embuscade. Aziz alors ordonna l'attaque; ses soldats se précipitèrent, pendant que les cannons leur ouvraient le chemin. C'était le 26 août; les Zeithouniens se défendirent en désespérés; ceux qui étaient en embuscade agirent de leur côté. Bientôt le terrain fut jonché de cadavres; la résistance fut telle qu'Aziz ne pouvant plus avancer s'embarrassa: et enfin, après quatre heures de combat, sa déroute fut complète; la panique fut telle, que le camp fut abandonné avec armes et bagages, cannons et munitions, sans compter huit cent cadavres. Ces braves bachibozouks tout terrorisés dans leur fuite précipitée et hors de haleine, ne s'arrêtèrent que quand ils se virent bien en sûreté sous les murs de Marache, où bientôt se replia toute l'armée, avec le gouverneur Aziz.

Mais pendant leur fuite ils n'épargnèrent rien; ils massacrèrent plusieurs personnes inoffensives sur le chemin, entre autres un religieux dans le couvent de la Sainte Vierge, et ailleurs plusieurs autres encore. Avant qu'Aziz eût entrepris de nouveaux massacres, il fut destitué et remplacé par Achir-pacha qui arriva avec un corps de soldats réguliers. Des experts furent envoyés en même temps pour examiner la cause des troubles, et après beaucoup de négotiations et des procès, les notables de Zeithoun furent obligés à se rendre à Constantinople. Voici leurs noms : *Asdouadzadour Yéni-dunia*, *Mardiros* ou *Nazareth Sourénian*, *Lazare fils de Chour* ou *Chorvayan* et *Meguerditch Hagopian*. Après de longs pourparlers, grâce à l'entremise des ambassadeurs des puissances européennes, et en particulier de celui de la France, ainsi qu'à la protection du primat ou du patriarche des Arméniens catholiques, que les Zeithouniens avaient implorée, les notables furent remis en liberté, et le gouvernement ottoman résolut d'établir à Zeithoun un gouverneur et un collecteur pour ramasser les impôts, sous la suprême autorité du gouverneur de Marache, comme auparavant.

Pour prévenir de nouveaux troubles et pour soumettre entièrement la ville de Zeithoun, le gouvernement turc érigea une caserne fortifiée au sommet du mont au sud-ouest de la ville, et établit un service télégraphique jusqu'à Marache. Dans le même temps les Kozans furent entièrement subjugués et l'administration de cette partie de la Cilicie fut transformée de fond en comble. Des confusions et des troubles eurent encore lieu l'an 1872; plusieurs Zeithouniens furent arrêtés, parmi lesquels Nicolas, évêque de Fernouz, qui fut arrêté à Marache. L'ordre et le calme régnèrent de nouveau, et les règlements et dispositions de 1862-3 continuèrent à être en vigueur. Depuis cette époque, les voies de communications furent améliorées dans ces régions montagneuses. Le catholicisme y pénétra mieux, et en 1879, la Société Arménienne de Constantinople fonda à Zeithoun des écoles pour les deux sexes.

Après, comme avant ces faits, les abus des gouverneurs et des représentants du gouvernement qui devaient surveiller les Zeithouniens, les incursions de leurs voisins, les Circassiens et les Kozans, poussèrent plusieurs fois nos Arméniens à protester et même à prendre les armes, tant contre les tribus indociles que contre leurs supposés protecteurs. C'est ainsi que pendant l'été de 1876, un acte inqualifiable du gouverneur turc suivi du meurtre d'un domestique arménien, excita à tel point la juste indignation des compatriotes de ce dernier, que le notable *Babig Yenidunia*, surnommé le *Pacha*, se mit à la tête de quelques centaines de citoyens (le 15 juin), prit d'assaut le palais du délinquant, et le brûla avec la mosquée. Ayant capturé le gouverneur et son aide de camp, il les envoya honteusement au vali de Marache; puis, pour punir ces étrangers trop fanfarons, il ravagea quelques-uns de leurs villages. L'année suivante, pendant que le vali marchait contre les Kozans, Babig, assisté par le fougueux évêque de Fernouz, Nicolas, battit une troupe des soldats réguliers et irréguliers : mais la soumission des Kozans le força à se retirer avec une poignée de ses hommes vers les montagnes d'un accès difficile ; l'évêque guerrier à la tête de quelques autres combattants fut surpris et capturé. Les Turcs rentrèrent alors à Zeithoun et rebâtirent la résidence du gouverneur. Une commission fut chargée par le gouvernement d'examiner la cause des troubles : mais c'est surtout la modération du vali Dadâ-pacha, qui les appaisa. Babig et sa troupe purent rentrer dans leurs foyers (1878-9).

Dix années après ces événements, un malheur naturel occasionna de nouveaux troubles. En 1890 la petite vérole éclata à Zeithoun et y fit de grands ravages ; 400 enfants en furent victimes : mais la cause d'une si grande mortalité fut attribuée à l'imprudence, volontaire ou non, du médecin délégué par le gouvernement. La douleur des parents de ces innocents moissonnés, et les intrigues d'une société dite des *Aimants* ou *Chéris*, Սիրականք, causèrent un nouveau soulèvement : on attaqua de nouveau la résidence du gouverneur, et on battit dans diverses petites rencontres, des détachements de troupes régulières. Le vali Salih-pacha partit à la hâte de Marache, et réussit à étouffer encore cette fois la révolte : une partie des insurgés se retira vers les montagnes, les autres se soumirent; parmi ces derniers se trouvaient de nouveau l'évêque Nicolas, et un autre prélat, l'évêque *Garabied;* ils furent éxilés à Alep.

Quant aux derniers événements (1895-6) et aux faits d'armes des Zeithouniens, les journaux du monde entier, les uns à demi, les autres à haute voix, en ont suffisamment parlé. Les malheurs inouïs de presque toute l'Arménie turque et de l'Asie Mineure, en commençant par les horribles massacres de Sassoun, si non excités, du moins nullement ou très faiblement réprimés par les gouverneurs de ces contrées, devaient nécessairement allarmer les cœurs des Zeithouniens, déjà mécontents des traitements de leurs surveillants. Toute la ville et les communes arméniennes voisines reprirent leurs vieux fusils; cette fois ayant à leur tête non seulement quelques-uns de leurs concitoyens, mais encore des jeunes hommes instruits et exercés en Europe, accourus de loin pour les secourir et les guider. Après avoir délibéré et dressé plusieurs plans, le 24 octobre 1895, ils hissèrent le drapeau de la révolte: le 27 du même mois, ils chassèrent la troupe de la garde ; le 30 ils assiégèrent et prirent la caserne fatale, en la privant de l'eau potable: 300 soldats turcs prisonniers furent distribués et nourris dans les maisons de la ville; on permit à 400 autres personnes de leurs familles ou de leurs serviteurs d'aller où ils voulaient: tous les vivres, les munitions et surtout les armes, les fusils martini, furent pillés et permirent aux Zeithouniens de continuer la guerre et de soutenir un siège d'environ deux mois. Après avoir en procession générale remercié Dieu dans leur célèbre couvent de la Sainte Vierge, et encouragés par la bénédiction du clergé, entre autres d'un prêtre centenaire D.r *Isaac*, les chefs mirent en ordre leurs petites troupes; et dès le lendemain même (31 octobre) ils battirent, après quatre heures de lutte acharnée, une troupe régulière près du village *Tchoukourova*. Le 15 novembre ils défirent aussi les réguliers et irréguliers à *Androun*, dont ils prirent ce bourg et délivrèrent plusieurs prisonniers; ils firent de même à *Yenidjé-kalé*, où se trouvaient deux Pères Franciscains emprisonnés, un autre Père du même ordre fut tué par les Turcs. Le 18 du mois, ils délivrèrent aussi les assiégés de Gaban et des villages environnants, dont les habitants se réfugièrent à Zeithoun. Ainsi cette ville se trouva peuplée de 15,000 âmes de plus qu'en temps ordinaire, et ne tarda pas à se voir à court de vivres et de munitions de guerre.

Les premiers jours de décembre le vali Remzipacha, qui avait rassemblé une armée de 50,000 hommes, sans compter les Circassiens bachibozouks, s'avança vers Zeithoun, qu'il assiégea de trois côtés, le 16 de ce même mois. Le même jour les Arméniens repoussaient l'ennemi, après un combat acharné, près de Fernouz. Quelques jours après (19 Novembre), un corps de soldats turcs réguliers, de 6 à 8,000 hommes, sous les ordres du colonel Ali-bey, assiégea le village de Saban, dont les habitants prirent aussitôt la fuite. Mais une poignée d'Arméniens, gens braves et résolus, guidés par un de leurs quatre chefs, et par le prêtre Barthélemie, se jetèrent contre ces Turcs, et arrêtèrent leur marche près du défilé de ce même lieu (Saban). Cependant les Turcs ayant pour eux le nombre, eurent l'avantage, et les Arméniens furent enveloppés et dispersés. Leur chef et le prêtre Barthélemie restés seuls, tous deux à cheval, réussirent à forcer les lignes turques et à se sauver à Zeithoun, malgré la grêle de balles qui les poursuivait. — Groupés dans cette ville, les Arméniens, après de nouvelles processions pour se recommander à leurs saints patrons, attaquèrent les assiégeants le 18-20 du mois de décembre et en tuèrent plusieurs milliers. Le 24 ils brûlèrent et abandonnèrent la caserne, dont quelques jours après s'emparèrent les Turcs, qui commencèrent alors à bombarder la ville: mais les 900 boulets qu'ils lancèrent, ne causèrent que des dégâts insignifiants et n'intimidèrent point les habitants. C'est plutôt le manque de munitions de tout genre et l'épidémie qui s'en suivit, qui porta le dernier coup à la ville. Les chefs de l'insurrection réussirent à faire parvenir à Marache une personne déguisée qui en rapporta bientôt la nouvelle, qu'une commission y était arrivée de la part des grandes puissances européennes avec le consentement de la sublime Porte, pour arranger la question Zeithounienne. En effet, après quelques pourparlers, le 3 février, 1896, les quatre chefs de l'armée arménienne se rendirent au camp des Turcs, où se trouvaient déjà les consuls délégués des dites puissances; en quelques jours furent discutées et établies les conditions de la paix et de l'amnistie : les Zeithouniens étaient obligés de restituer les fusils martini et les autres armes enlevées à la caserne ; les quatre chefs et guides de la révolte devaient quitter le territoire de l'empire ottoman, (ce qu'ils firent bientôt). Le gouvernement de sa part consentit, grâce à l'intercession des consuls, à ne pas obliger les Zeithouniens de rebatir eux mêmes la caserne, et à leur donner pour gouverneur ou caïmacam, un chrétien. En effet, quelques mois plus tard pendant le courant de l'année 1896, un Grec y fut envoyé en cette qualité.

Selon le tableau statistique que nous avons rapporté plus haut, le nombre des habitants de Zeithoun s'élève à plus de 17,000 ; par conséquent il doit y avoir au moins 2,000 maisons. Quelques-uns prétendent cependant, que, comme il y a quarante ans, aujourd'hui même le nombre des maisons ne surpasse pas 1,000 ; d'autres le font monter à 1,500 ; enfin un Arménien, en 1863, y comptait 5,000 maisons. C'est ainsi qu'on ne peut se faire une idée du nombre de la population des villages qu'en se basant sur des calculs probables.

En 1884, le 22 septembre, un grand incendie éclata à Zeithoun qui dévora 500 maisons et 100 magasins. Plus tard, en 1887 un autre incendie plus terrible éclata, le 8 août, qui causa presque la ruine de la ville.

Pendant que je m'occupais de la topographie de ces lieux montueux, de Djahan et en particulier du district de Zeithoun, comme je l'ai dit plus haut, je n'avais pas rencontré un voyageur européen qui eût visité et décrit cette région. Au moment où je finissais mon ouvrage, je trouvai le récit de voyage d'un explorateur Français, *Léon Paul*, qui, comme il le dit lui-même, est le premier explorateur qui soit entré à Zeithoun. C'était en 1864; il y passa trois jours (27-9 juin) sous la conduite et la responsabilité du D.ʳ *Grégoire Apardian;* celui-ci, quelques années auparavant, avait été à Paris et avait trouvé grâce devant l'empereur Napoléon et bon accueil auprès d'autres personnages. L'écrivain ne fait pas une description scientifique du pays et de tout ce qu'il y a vu; il décrit en touriste; il parle de la familiarité des Zeithouniens, et de la bonne réception qu'ils lui firent, et donne beaucoup de détails sur leur mœurs et sur leur industrie, et quelques mots sur la configuration du pays.

Je pense qu'on lira avec plaisir le récit des principales aventures de ce vaillant explorateur européen. Léon Paul se mit en route avec ses compagnons, ses domestiques et deux soldats que le gouverneur de Maraché voulut bien lui donner pour escorte. Il avait à sa suite un jeune Arménien de seize ans, qui connaissait l'arménien, le turc, l'arabe, ainsi que le français et l'italien. Il passa les montagnes à pic qui séparent Maraché de Zeithoun. Comme sa petite troupe se reposait au bord d'un torrent à l'ombre d'un platane, 12 cavaliers montagnards bien armés se firent voir sur le haut plateau; mais comme ils avaient leurs fusils sous le bras, on les reconnut pour des Zeithouniens amis. Ces gens aussitôt qu'ils nous aperçurent, dit notre voyageur, se hâtèrent de venir nous apporter les saluts et l'invitation des notables de Zeithoun. Ils étaient envoyés par eux pour rencontrer et escorter ces hôtes, dont ils étaient honorés. Tous ces montagnards étaient jeunes, le plus âgé n'avait pas plus de vingt-cinq ans; tous avaient l'air ouvert, aimable, distingué: nous avions de la peine à nous figurer qu'on risquât quelque danger à passer au milieu d'eux sans escorte. Les Zeithouniens étant réputés habiles tireurs, leurs invités voulurent les mettre à l'épreuve; ils posèrent une petite pierre à la distance de 200 mètres et promirent un *médjidié* (4 frs.) à celui qui la toucherait; personne ne parvint à atteindre exactement le but, pourtant toutes les balles passèrent très près; et l'on n'eut qu'à admirer la manière toute particulière de tirer des Zeithouniens. « Ils grimpent comme des
» chats sur un arbre, se cachent dans le feuil-
» lage, appuient le canon de leur arme sur
» une branche et visent avec assez de pré-
» cision.

» Rien de plus beau que leur pays. De
» grands pins, des platanes énormes, des chê-
» nes verts reposent délicieusement les yeux;
» des ruisseaux qui serpentent, des torrents
» qui se précipitent, des sources limpides et
» glacées étanchent la soif et maintiennent
» les défilés dans un état de verdure perma-
» nente, malgré l'ardeur dévorante du soleil ».

Ils portaient tous un fusil en bandoulière et marchaient en avant. Ils s'avançaient ensemble en masse; arrivés au bord d'un ruisseau impétueux, tous, à l'exception des deux chefs, se dépouillèrent de leurs vêtements et se jetèrent dans l'eau, s'efforçant de se surpasser en vitesse; ils poussaient des cris joyeux et se débattaient dans les eaux impétueuses du ruisseau comme dans leur élément naturel. Le soleil descendait derrière les montagnes, et il faisait une brize assez fraîche mais agréable, sans causer aucune sensation pénible de froid. L'escorte des Zeithouniens tirait de temps en temps, des coups de fusil en l'honneur des étrangers.

Cependant le chemin devenait de plus en plus difficile, et à un détour, quelques cavaliers se firent voir tout à coup, leur chef dirigeait son cheval fougueux avec une grande adresse. Son costume consistait en une veste longue de couleur rouge, ornée de ganses bleues, et en un large pantalon blanc qui ondulait au souffle du vent; son visage brûlé du soleil, paraissait encore plus noir par le crépuscule. Il avait la mine d'un chef, et réellement il était l'un des plus puissants membres et des plus braves guerriers de la république, le prince *Khosroyan*. Il s'approcha de ses hôtes avec une élégance vraiment princière; une multitude de citoyens le suivaient, et en signe d'honneur on déchargeait sans cesse des coups de fusil. « Le
» mauvais état des chemins nous causaient
» mille ennuis; ajoutez à cela pour comble, les

» saluts incessants qu' on était obligé d' offrir
» au peuple qui nous prodiguait ces signes
» d'honneur, nos bras étaient lassés de ces
» mouvements réitérés ». Les coups de fusil
se succèdaient sans interruption du haut de
la montagne, d' où le D.r Apardian descendant,
après avoir salué le voyageur, posa sa main
sur le cou de son cheval et le conduisit au milieu du crépuscule. Soudain des ombres parurent sur une montagne basse, qui fut tout à
coup illuminée, et dix cavaliers descendirent
rapidement de ses pentes en déchargeant
leurs fusils. Après avoir souffert une heure
entière, dans des impasses terribles, ils entrevirent quelques maisons de l' autre côté du
vallon ; enfin ils parvinrent au couvent de
la Sainte Vierge, après un voyage de 12 heures. « Je regrette de ne pouvoir donner qu'une
» bien pâle idée de notre réception. J'entends
» encore à l' heure qu' il est, l' écho de la montagne, reproduisant les coups de feu tirés
» en notre honneur avec un roulement semblable à celui du tonnerre : mon seul regret,
» avant de m' endormir, est, de ne pouvoir dessiner quelques-uns des sites qui nous ont
» charmés ».

A peine eurent-ils monté l' escalier que les
princes, les prêtres, les chefs des soldats et
les officiers vinrent saluer leurs hôtes, et s'assirent tous ; l' évêque, (probablement l' évêque
Sarkis), parut d' un caractère affable et gai,
et posa plusieurs questions ; et lorsque la table fut servie avec du riz et du lait, l'évêque prit sa place, en disant : « Cela nous fermera la bouche ». Le français voyant le *loche*[1]
fin pour la première fois, crut que c' était la
serviette, et en même temps il cherchait du
pain, mais on l' avisa que ce n' était pas seulement du pain, mais que cela remplaçait encore la fourchette et la cuillère.

Il décrit la ville perchée sur la pente accidentée de la montagne, et dont les maisons sont
étagées comme les degrés d' un escalier. Les
chemins raboteux et tortueux obligent le voyageur à marcher avec forte précautions, s'il
veut en sortir sain et sauf. Il fait monter le
nombre des habitants à 20,000 ; la plupart
travaillent aux forges et à la préparation du
fer : les montagnes leur fournissent le minerai en abondance. On voit dans la ville un
petit nombre de Turcomans, auxquels un gouvernement libéral a permis de se fixer.

Les églises sont misérables et les tableaux
qui y figurent n' ont aucune valeur artistique.
Khosroyan lui en montra un où une énorme
tête de saint Jean Baptiste était sur une petite assiette, soutenue par deux petits anges
fort laids ; à part cela, pas la moindre trace
d'art. Les églises dans la ville sont au nombre
de cinq, pareilles à de vastes hangars, en grande
partie en bois ; à toute cette laideur s'ajoute
celle des grosses billes en verre, rouges et
bleues, qui sont suspendues au moyen de pièces de corde liées grossièrement. Quinze prêtres, dont quelques-uns résident dans les couvents, désservent les cinq paroisses.

Les Zeithouniens ont leur *Palladium*, l'évangile du parjure Vassile. Au moment où ce
dernier prêtait un faux serment sur ce livre
vénéré, il fut, dit-on, frappé d' un coup de
poignard par une main invisible, et le sang
du criminel jaillit sur le manuscrit ; aux grandes solennités, on le tire de son étui pour
l' exposer à la vénération des fidèles.

Les grandes cloches des Européens sont
inconnues des Zeithouniens ; elles feraient crouler les misérables églises tremblantes des Arméniens du Taurus : au lieu de cloches ils
usent d' une espèce de crécelle. L' écrivain
décrit l'instrument et déclare que ceux qui les
frappent ont assez d'art et d'adresse, pour en
tirer des sons mélodieux.

On remarque à Zeithoun six grands noisetiers célèbres. Selon Khosroyan, des incurseurs
circassiens entrèrent dans ce pays où il n' y
avait que des femmes et des enfants ; soudain
les arbres furent couverts de jeunes gens, qui,
pendant la nuit, massacrèrent les pillards et
ensevelirent les cadavres sous de grandes masses rocheuses et élevèrent dessus une croix
de fer. Le Français demanda au chef s' il
n' avait pas peur de nouvelles incursions. Celui-ci avec un sourire, lui montra le rocher, et
lui dit : « Il y a encore assez de place là-dessous ». Le voyageur, dans ses promenades d'exploration, rencontra au nord-ouest de la ville
les chemins que les torrents des montagnes
se sont creusés à travers les rochers dont
les blocs massifs sont troués en plusieurs
points pour livrer passage aux eaux, qui tantôt se précipitent avec un grand bruit, tantôt s' écoulent avec un doux murmure. La
profondeur des abîmes donne le vertige aux
personnes les plus vigoureuses, et notre voya-

---

1. *Loche* ou *Lavache*, լօշ, լաւաշ, espèce de pain, plat et mince.

geur s' étonna du courage qu' il avait eu de passer dans de tels lieux pendant la nuit, alors qu' il eut pu y être écrasé plusieurs fois. Au bord du fleuve on a établi des bains à découvert, pour les femmes, et personne, disait le prince, ne les regarde de mauvais œil, car elles sont nos femmes, nos sœurs et nos filles.

Le voyageur trouva les Zeithouniens de mœurs fort douces et affables, et dit qu' on ne saurait leur reprocher un assassinat, ayant le vol pour mobile. Ils sont, ajoute-t-il, si réguliers qu' ils n' y a pas de prisons chez eux ; lorsqu' un Zeithounien commet un crime on l'exile: si après un certain temps il retourne en montrant du repentir, on l'oblige à aller s'enfermer dans un couvent pour faire pénitence durant quelque temps et à distribuer des aumônes selon sa fortune. Les hommes travaillent le fer ; les femmes sont occupées principalement à l' élevage des vers-à-soie ; les enfants fréquentent les écoles jusqu' à l' âge de dix ans, ils y reçoivent une éducation élémentaire, conforme au savoir de leurs maîtres. Quant à la religion, les Zeithouniens se montrent tolérants envers les Turcs, mais inexorables envers les renégats: en 1845 ils écorchèrent et brûlèrent un prêtre qui avait apostasié, et ils racontaient ce fait avec le plus grand sang-froid.

Lorsqu' ils veulent introduire un nouveau règlement ou amender quelqu' autre qui est en vigueur, les Zeithouniens assemblent les prêtres et leur déclarent leur intention ; ceux-ci à leur tour font assembler les vieillards et leur communiquent la demande du peuple : alors les vieillards examinent la question et décident ce qui leur paraît bon.

Le pouvoir exécutif dépend de quatre notables, qui sont choisis ou parmi la noblesse de la tribu ou parmi les plus éclairés par leur intelligence ; ils écoutent les vieillards avec respect et exécutent selon ce qu' ils jugent convenable ; c'est le patriotisme qui les fait placer à la tête du peuple, auquel appartient le plein pouvoir de démettre ses chefs s' ils tombent dans des fautes graves. En temps de guerre c' est aux princes qu' incombe le droit de rassembler tous les hommes en état de porter les armes ; la levée en masse comprend de 7 à 8 mille combattants de seize à soixante-cinq ans, armés à leurs frais.

Enfin notre voyageur parle d' un chant national ou de guerre de ces montagnards, que V. Langlois avait traduit et publié ; le Dr Apardian montra à notre voyageur, avec un certain orgueil, un de ses ouvrages.

Après deux jours, (le 29 juin), nos voyageurs voulurent partir de Zeithoun le matin de bonne heure, pour se rendre à Hadjine ; mais il leur fut impossible de trouver des gens d'escorte, à cause des dangers qui pouvaient résulter de l' inimitié des Circassiens. Ils crurent devoir se plaindre de cette lâcheté devant Khoroyan. Le prince garda le silence, mais mettant la main sur l' épaule du plaignant, il regarda en arrière, et aussitôt se présentèrent quatre hommes armés de fusils et de pistolets, avec leurs vêtements retroussés, pour courir plus librement. — « Vous pouvez à présent » partir, leur dit-il, avec confiance ; ces hom- » mes vous serviront de guide ». — Lorsqu' ils voulurent passer au prince de l' argent pour récompenser les hommes qui étaient venus à leur rencontre: « Ce serait une injure pour eux, » dit-il, ils ne l'accepteront pas ». Puis, comme on le priait avec instance de l'accepter comme aumône pour les pauvres, le prince prit l'argent et le passa à l' évêque.

Les quatre jeunes hommes se mirent en marche, après avoir jeté un regard de mépris sur les gardes qui accompagnaient les voyageurs, et quelques minutes après ils se mirent à chanter un de leurs chants de guerre, qui inspira même à nos chevaux, dit l' écrivain, une ardeur fougueuse.

Presque tout le chemin était en pente ; à droite s' élevaient de hauts rochers abrupts et à gauche on ne voyaient que des cimes couvertes d' arbres et se perdant dans les nuages. Aucune description ne pourrait rendre la beauté de la nature dans cette région, où la main de l' homme n' avait fait aucun changement ni aucun travail ; elle est telle que Dieu l' a créée. Là s' élèvent de hauts cèdres, des platanes à larges feuilles, des chênes déracinés et renversés sur le sol, n' attendant que le jour où ils serviront à allumer le feu, et des peupliers vieillis, qu' un orage doit renverser pour qu' on en puisse faire des ponts rustiques sur le torrent. « Toutes ces hauteurs et ces cavités étaient verdoyantes, arrosées de plusieurs sources d' eau ; et le bruit des cigales seulement interrompait le silence sublime qui régnait dans ces places ; le soleil paraissait se jouer de nous à travers l' épais feuillage des arbres ; le ciel azur qui s' étendait sur notre tête, remplissait le cœur de reconnaissance envers celui qui y habite et qui est notre protecteur.

Après quatre heures de chemin, les voyageurs arrivèrent dans une place toute boisée, où coulait un ruisseau clair et bruyant, et où s'élevait d'un côté le tronc d'un cèdre sec, qui impressionna fortement notre voyageur, et lui suggéra des réflexions morales qui durèrent pendant toute la descente du chemin, jusqu'ils fussent arrivés dans une plaine; là ils rencontrèrent des Circassiens, tous armés et la faulx sur l'épaule; les Zeithouniens les regardèrent fixement d'un air farouche, mais aucun accident fâcheux ne se produisit; des deux côtés on se croisa tranquillement, et peu après les voyageurs arrivèrent aux portes de Cocusson; mais les jeunes hommes ne voulant pas y entrer, se dirigèrent vers le village arménien *Kiradji-oghlou*. Les gardes voulaient aller loger dans la ville; mais comme il y avait à craindre que leurs coreligionnaires excités par leurs paroles n'assaillissent les Zeithouniens, les voyageurs les obligèrent par des prières d'abord, ensuite par des menaces, à renoncer à leur intention; l'un d'eux cependant résistant à tout conseil, réussit à s'échapper et à prendre la course vers la ville; mais l'un des Zeithouniens le coucha promptement en joue et l'obligea de revenir sur ses pas.

Les voyageurs continuant leur chemin, arrivèrent dans les tentes des Arméniens, où ils trouvèrent un bon accueil; pour les honorer on leur offrit des laitages. Le jour suivant de bonne heure (30 juin), ils se dirigèrent vers la plaine, où l'on voyait des cigognes blanches et des bœufs à larges cornes. Deux heures après, ils étaient en face des montagnes et furent obligés de passer à travers des chemins très difficiles, étroits et escarpés, ayant à peine une largeur de 26 centimètres, mais les montagnards qui les guidaient, couraient comme des chevreuils, et regardant continuellement les voyageurs ils leur criaient et leur indiquaient la direction, jusqu'à ce qu'ils fussent enfin arrivés aux bords du fleuve. Les rives parurent admirablement belles à notre voyageur, et il regrette de n'avoir pas pu prendre quelque vue. Nous laissons de côté la description qu'il en fait, car il n'indique pas distinctement la position des divers lieux ni leur distance; il paraît pourtant que c'était entre Cocusson et Hadjine, où ils arrivèrent pendant la nuit, après avoir traversé, en montant et en descendant, les passages difficiles des montagnes, et les gardes se plaignaient amèrement; car ils avaient marché pendant 14 heures, hormis les quelques heures de repos; ils passèrent la nuit dans un couvent de Hadjine. Le lendemain (1 juillet), les Zeithouniens se séparèrent des voyageurs, après leur avoir baisé la main, ainsi que celle du recteur de Hadjine (que l'écrivain appelle patriarche, peut-être le catholicos était-il dans cette ville ces jours-là). Ils retroussèrent leurs vêtements, prirent leurs fusils sur l'épaule, et après avoir, pour une dernière fois, jeté un regard de mépris sur les gardes, s'éloignèrent à pas accélérés à travers les montagnes de Hadjine, en laissant les voyageurs pleins d'une reconnaissante admiration pour ces intrépides enfants du Taurus, « toujours en train, toujours obligeants », comme le dit lui même l'écrivain.

II. GABAN

Selon le tableau statistique, le principal village après Zeithoun est *Alabache*, où il y a plus de 3,000 habitants arméniens. Nous ne donnons cependant ce chiffre que sous réserve: car durant les troubles de 1861, on n'y comptait, selon quelques journaux, que 44 maisons, mais peut-être ne parlent-ils que des maisons ruinées. La grandeur et la primauté de ce village sont indiquées par son ancien nom *Arékine* ou mieux *Arékni*, comme le nomment encore aujourd'hui les Zeithouniens. Nous savons même par l'historien royal, que l'année du sacre de notre roi Léon Ier, (1198-9), le couvent d'*Arékni* était le siége de *Grégoris*, archevêque du diocèse de Gaban. Il tenait le deuxième rang parmi les quatorze évêques mentionnés: pourtant ce siége ou ce couvent, n'est cité que cette seule fois.

Après plusieurs siècles de silence, Macaire, patriarche d'Antioche, qui se dit arménien et qui vers la fin du XVIIe siècle (1695) a écrit en arabe son voyage de Maraché à Zeithoun[1], dit qu'il a d'abord rencontré sur une colline plate, le couvent de *Saint Garabied*, devenu à cause des eaux thermales, un lieu de pèlerinage pour les malades. Selon le même auteur ce couvent était en

---

4. Il ne faut pas oublier que lorsque Macaire arriva à Zeithoun, les soldats de Hassan-pacha avaient saccagé et ravagé tout le territoire de cette ville; c'est pourquoi il n'y trouva aucune provision, ni viande ni œufs, ni fromage, mais seulement un peu de vin. Je ne saurais dire quelles autres cruautés avait commises ce Hassan, n'ayant pas sous les yeux l'ouvrage de Macaire.

face de Zeithoun; probablement c'est le couvent du village de Fernouz, car l'écrivain ne mentionne pas le nom du village.

Dans les livres de nos auteurs nous ne trouvons pas une forteresse de ce nom; quoique l'Arabe Aboulféda dans son histoire de la prise de Mélitène par les Egyptiens dont il était l'un des chefs, (fin d'avril 1315), mentionne parmi les prisonniers un certain *Chéikh-Mandou*, seigneur de la forteresse d'*Arékni*, qui s'était uni avec les officiers des Tartares, pour espionner et surprendre les Turcs; mais il paraît que c'est une autre forteresse sur les limites de l'Euphrate. Le couvent d'Arékni et celui du *Saint Sauveur* paraissent être un seul et même couvent, au voisinage duquel se trouve le village de *Vartavéroun*, dont on ne trouve aucune mention dans les livres.

Laissant cela à l'examen d'autres explorateurs, mettons-nous à la description de GABAN où nous a conduit le nom d'Arékni que nous venons de citer; Gaban donc est indiqué sur les cartes au sud-ouest de Zeithoun et assez loin dans la vallée de la rivière, (près de laquelle se trouvent les villages turcs *Thamour* et *Deunguel*); cette rivière se mêle avec celle de Fernouz, et toutes deux, un peu plus bas, s'unissent avec l'eau de Zeithoun.

Le nom de ces lieux en indique leur nature; en effet, *gaban* en arménien signifie passage étroit et difficile, serré par des portes; les Turcs l'appellent *Guébène*; il domine les passages étroits des montagnes, semblables aux passages de la Porte de la Cilicie. Ils devaient être très fréquentés dans les temps anciens, mais je ne trouve pas même le nom d'un seul explorateur moderne qui ait passé par là, ni même qui en mentionne le nom. Il est certain que nos premiers princes s'étaient emparés de cet important passage. Roupin II en 1182, donna à Léon le Magnifique, son frère, le fief de Gaban, célèbre pour la solidité de sa forteresse, les passages cités et les eaux qui l'avoisinaient. Ce fief étant en effet près du fleuve Djahan et d'un de ses affluents, les voyageurs et les marchands étaient forcés de passer par là, et les maîtres du lieu y avaient établi une douane.

Ce fief fut donné plus tard au prince franc *Tancrède*, par Léon, alors que ce dernier succéda à son frère; Tancrède assista à son couronnement. Lorsque Léon en 1215, rétablit par un édit l'exemption du tribut pour les Génois, il fit exception pour le passage du Djahan, près de Gaban, dont le seigneur était alors un prince *Léon:* « Excepto *Passagio* quod » *Dominus Leo de Cabban* habet in flumine » quod vocatur Jahan ».

Deux années après, Key-kaouz Izzéddin, sultan d'Iconium, assiégea Gaban; Léon envoya ses soldats et ses cavaliers contre lui: « Ils descendirent de la montagne à *Chogha-* » *gan*; le sultan attaqua violemment la forteresse, mais le Baron Léon, seigneur de » Gaban, et d'autres princes qui s'y trouvaient » assiégés, sortirent de la forteresse, atta- » quèrent l'ennemi, le battirent, le chassè- » rent et incendièrent les balistes; ainsi, com- » me de braves soldats, ils se délivrèrent. Le » sultan pensa de faire descendre de ses soldats » dans la plaine; le matin ils arrivèrent donc » à Choghagan, qui s'appelle *Izdi*; le Baron » Constantin le Connétable, alla à leur ren- » contre et se battit contre eux. Les ennemis » étaient en grand nombre, le Baron Adan » ne soutint pas les arméniens avec ses sol- » dats; ils furent vaincus. On fit prisonnier, » Constantin, le Connétable des Arméniens, » fils de l'oncle du roi Léon, et le Baron » *Constantin* fils de Héthoum, seigneur de » Lambroun, son beau-père, ainsi que *Ghir* » *Sag* (Isaac), seigneur de Sig, *Azil d'Auxence*, » et d'autres princes et chevaliers; les soldats » arméniens subirent une grande perte, et » tout fut emmené au sultan à Gaban. Le » sultan se contenta de ce qu'on lui avait » apporté et ne s'empara pas de Gaban; il » retourna dans sa capitale, fit incarcérer les » prisonniers et les chargea de fer. Ils y restè- » rent un an et quatre mois »; jusqu'à ce que Léon les eût délivré en donnant comme rançon quelques forteresses, comme nous l'avons déjà mentionné ailleurs.

Après ces événements je ne trouve aucun fait relatif à Gaban, jusqu'à la fin du XIII° siècle, durant la seigneurie du prince Constantin (II), fils du prince Léon (II) Les évêques mêmes de Gaban, ne sont pas mentionnés pendant cet intervalle; voici les noms de ceux qui le sont avant ou après cette époque.

1193 Nersès
1198 Grégoris
1307-14 Basile
1317-8 Jacques
1342 Nersès

Il est presque certain que Gaban resta sous la domination de nos princes jusqu'à l'extinction de leur royaume; mais il n'est pas certain que Léon V s'y soit réfugié avant de se rendre aux Egyptiens ; ces faits ont plutôt eu lieu à Sis. La forteresse de Gaban, selon le mémoire d'un général de la famille de Héthoum, cité plus haut, resta aux mains de la femme de ce dernier, la princesse Zarman, et demeura au pouvoir des Arméniens jusqu'à la moitié du XVe siècle.

Actuellement nous connaissons trois lieux de ce nom ; l'un, le grand village de *Gaban*, composé de 400 maisons d'Arméniens et d'une église, à l'ouest du village de *Bendoukh* ; le second, un petit village dont, ainsi qu'on le rapporte, 20 maisons seulement appartiennent aux Arméniens et le reste aux Turcs ; le troisième est situé au fond du vallon, au pied de la montagne, c'est la forteresse si célèbre de *Gaban*, entre Fernouz à l'est et la montagne Asdouadzachène à l'ouest, près du village *Kerk-gueuze*, où n'habitent que 10 familles d'Arméniens. L'église de Gaban est dédiée à Saint Georges.

Reste à découvrir dans la région de Gaban, cette place *Choghagan* qui est citée à propos du siège de Gaban par le sultan ; il devait y avoir aussi une forteresse importante ; car vers la fin du XIIe siècle, on y trouve comme maître un prince latin, ou d'un nom latin, *Godefroi*, contemporain de Tancrède. C'est lui-même peut-être, ou son petit fils, qui mourut l'an 1256, et dont parle notre historien royal en disant : « Le prince *Godefroi* qui était de la » Cilicie, fait eunuque artificiellement, chrétien » de nation, mourut en bon chrétien ». L'historien Sempad donne à ce lieu le nom d'*Izdy* ; peut-être pourrait-on l'identifier avec le village de *Yézidler*, déjà cité dans la liste, habité par des Arméniens, qui l'appellent *Avakénk* ; toutefois ce dernier village est situé plus près de Zeithoun que de Gaban.

Au sud de Zeithoun, à quatre ou cinq heures de distance, s'élève le village d'*Andréassank* du nom d'un notable du village, qui s'était rendu célèbre, mais les Turcs l'appellent *Alabozan* ; je ne sais pourquoi on l'identifie avec *Khébi*, appelé *Féng* par les Turcs. Le village d'Andréassank ne compte guère plus de 56 habitants et ne peut être qu'une station. Non loin de Khébi on voit *Saint-George* qui est un lieu de pèlerinage. C'est aussi un peu plus haut au nord-est de Zeithoun que se trouve la montagne de *Chembeg*, au pied de laquelle les Arméniens avaient remporté une grande victoire sur leurs ennemis. A quelques heures de distance il y a un passage étroit nommé *Santough* (Սանդուղ), qui se prolonge jusqu'au couvent du Saint-Sauveur.

Parmi les villages cités dans la liste on peut compter comme faubourg de Zeithoun, à cause de sa proximité, celui d'*Egléndjénk*, ou *Ghalédjenk*, comme aussi *Téké-mahaléssi* et *Mourtadlar*. Un autre village remarquable par sa grandeur et le nombre de ses habitants est appelé par les Turcs *Mekhal* ou *Moughal*, et *Avakal* ou *Avak-gal* par les Arméniens, dont il est habité ; selon la dernière liste ottomane sa population était de 2,800 âmes ; les anciennes listes n'y indiquaient que 100 ou 200 familles ; il est à l'ouest de Chembeg et au sud de Zeithoun ; son église est dédiée à Saint Serge.

Il y a d'autres villages encore qui se trouvent dans cette région, mais auxquels ne se rattache aucun ancien souvenir ni aucun événement remarquable. Tels sont, d'abord dans la vallée de Zeithoun, *Sari-guzél*, à l'est duquel près du fleuve Djahan s'étendent les campagnes d'*Ekizdjé-tchifdlig*. Au nord de ces lieux et au sud de la montagne Brid, se trouvent les mines de fer. Au delà de la montagne vers le nord près d'un petit vallon appelé *Essén-déré*, nous trouvons le village d'*Erédjik* ; puis, près d'un affluent du fleuve Djahan, le village de *Thombak* à l'extrémité du vallon ; à l'ouest d'Erédjik, le petit village de *Kamechedjik*, et au sud-ouest le bourg de *Fendouk* avec les pâturages des Turcs, aux pieds des montagnes *Tchavdar*. Non loin de Zeithoun, à gauche du fleuve, est situé le bourg de *Yézidler*, entre les couvents et le village de *Mourtadlar* ; à l'est, *Ilidjé*. Enfin sur la rive droite du fleuve, au sud de Zeithoun, est indiqué le petit village de *Simaze*.

III. Fernouz ou Fernousse

Le territoire propre de Fernouz comprend la vallée du ruisseau qui, descendant de l'ouest, du côté des montagnes de Coc, se mêle avec les ruisseaux de Gaban et de Thanour, et ainsi grossi se jette dans celui de Zeithoun. Au milieu du vallon, sur la rive gauche, c'est-à-dire au nord, se trouve l'un des plus grands ou des plus populeux villages du district de Zeithoun ; c'est *Fernouz*, ou *Fernousse*, *Fornos* selon nos ancêtres, qui est actuellement, d'après la division ottomane, le chef-lieu d'un district particulier, et est appelé *Fernouz-Khejod*, afin de

le distinguer de l'ancien *Fernousse*, aujourd'hui peu populeux et situé plus haut, vers le nord-ouest sur la montagne *Séghi-guédik*, où devrait se trouver aussi une forteresse. Plusieurs parmi les habitants des alentours considèrent ce dernier comme l'ancien village d'*Oulne* ou d'*Oulni*. Cette place qui est mentionnée au commencement du règne de Léon Ier, parmi les forteresses où résidaient des princes, avait alors pour gouverneur un nommé *Abelgharib*. Durant le règne des successeurs de Léon elle n'est plus mentionnée; mais à la fin du XIVe siècle ou au début du XVe, les Arméniens s'en rendirent maîtres sous la conduite de l'héroïque Zarman, dont la bravoure est célébrée par les mémoires des archives du couvent de Fernouz; ce monastère appelé *Saint-Garabied*, est situé au nord du village; le supérieur en était, en 1557 le Dr *Luc* de la même famille héthoumienne que Zarman. Notre P. Indjidjian place ce village très loin de Zeithoun, à une distance de deux journées: « Il est situé, dit-il, au bord d'un petit
» ruisseau; sur la rive opposée s'élève la mon-
» tagne toute couverte de chênes; le couvent
» de Saint Etienne d'Oulni est construit sur
» cette montagne, distant d'une heure de
» Fernouz. De l'autre côté et au bas de la
» montagne, est érigée la chapelle dans laquel-
» le se trouve le tombeau du Saint; c'est un
» lieu de pèlerinage, même pour les Turcs, à
» cause des miracles qui s'y sont opérés. A
» l'un des angles du tombeau jaillit une source
» d'eau douce; et au dehors même de la cha-
» pelle il y a une autre source d'une eau ex-
» cellente ».

Un très joli hymnaire arménien sur parchemin, admirablement bien enluminé, écrit dans le village de Fernouz l'an 1578, par le prêtre *Marcaré*, mentionne ce lieu, désigné aussi par Basile, élève de Marcaré, à la fin d'un évangile copié par Jean, le Frère du roi, (Hóthoum Ier): « A Saint Garabied, dans le vil-
» lage de Fernousse, durant le patriarcat du
» catholicos Azarie, de l'archiépiscopat de
» Khatchadour, de l'épiscopat de Jacques et
» de Thoros ».

Actuellement le couvent de Saint Garabied sert de résidance à un évêque; mais je ne sais pas depuis quand on a érigé ce couvent en siége épiscopal; il n'y en a aucun mémoire dans les siècles antérieurs. Dans ces derniers temps (1875) l'évêque *Nicolas Davidian* (appelé Etienne alors qu'il était supérieur dans ce couvent), a été assez célèbre; il fut arrêté avec de nombreux Zeithouniens, accusé de rebellion, et emprisonné d'abord à Maraehe, puis transféré à Constantinople. Dans le creux d'un rocher, non loin du couvent, près d'une source, on a taillé une grande croix; c'est-là que l'on célèbre la cérémonie de la bénédiction de l'eau le jour de l'Epiphanie; on a surnommé la source, le *Fleuve du Jourdain*.

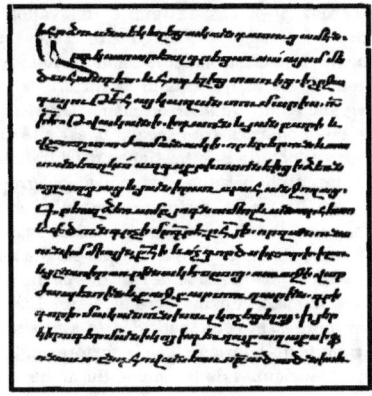

Fac-similé, tiré d'un hymnaire écrit à Fernouz[1] *l'an 1578.*

Aux environs de Fernouz sont situés, à l'ouest, le village *Bentoukh*, dans la vallée formée par les deux fleuves (de Fernouz et de Gaban), on y compte 150 familles arméniennes; au sud-ouest *Chevelghi* ou *Chibilghi*, 200 familles arméniennes et peu de Turcs. Ce

---

1. Traduction du fac-similé ci-dessus.
Or, l'écriture de ce livre, dont les paroles sur les grandes cérémonies sont pleines d'inspiration de l'Esprit-Saint, fut terminé dans le cours de l'ère arménienne 1027; durant un temps mauvais, plein d'amertume et de souffrances; dans lequel le peuple chrétien se trouve agité et vacillant à cause des infidèles et des collecteurs injustes.

Il fut écrit de la main de Marcaré, prêtre pêcheur, misérable et sans aucun art; qui porte le nom seul de prêtre sans en avoir les bonnes œuvres. Il fut (copié) du bon et excellent exemplaire de Sis, (écrit) par le premier et brave écrivain Grégoire surnommé le Sourd, dans la terre de Germanicée, et dans le bourg de Fernousse; sous la protection de la Sainte Vierge, etc.

même Chevelghi, après sa prise par le baron Léon (1138-9), excita la convoitise du sultan Mélik-Mahmoud ou Ahmad, mais les fortifications de la place la préservèrent de l'occupation et le sultan fut obligé de s'en retourner dans son pays. Au sud de ce village on voit *Yénidjé-kalé* (forteresse nouvelle); nos écrivains arméniens, cités plus haut, lui attribuent l'un, 400 maisons d'Arméniens, un autre 200, et un troisième plus récent, 300. C'est ici que dernièrement les Franciscains latins avaient érigé un couvent.

Non loin de Fernouz, au sud-est, à la droite du fleuve, on trouve les villages, *Théménlik* ou *Thélémélik* avec 16 maisons d'Arméniens; au sud-ouest de ce dernier, *Thahdali*, et plus loin, dans la même direction *Dikili-tache*, (obélisque), 50 maisons d'Arméniens.

GANTCHI. — A l'extrémité du vallon de Fernouz, est situé le village turc *Tchoukourhissar* ou *Tchoukour-hassar*, selon les habitants du lieu. C'est là qu'étaient la forteresse et le bourg ancien de *Gantchi* ou même *Gaïntchi*, et selon les modernes *Gantchoug*. Il est cité dans le martyrologe de Saint Etienne d'Oulni. Dans une liste alphabétique des noms géographiques, on lit: « La forteresse Gantchi est si- » tuée sur les limites de Cocussus des Ar- » méniens, entre le Cocussus qui est dit aussi » *Cocsou*, et Fernouz ». Près de ce lieu on montre la place du martyre de Saint Etienne et des vierges, et la chapelle dédiée au Saint. A l'extrémité du bourg s'élève la forteresse, l'une des plus anciennes de Sissouan, du moins selon les mémoires: un prince du nom *Achod* y résidait à la fin du XIIe siècle; après lui et plusieurs autres, la place fut occupée par *Ochine*, le frère du roi Héthoum Ier, comme le dit son frère Sempad l'historien, et il y mourut l'an 1265. Un autre Ochine, peut-être le petit fils du susdit, possédait cette forteresse à la fin du XIIIe siècle; il a écrit une lettre en vers composée de trente-huit lignes [1], adressée: « Au Seigneur Grégoire, évêque d'Ana- » zarbe », qui fut après Catholicos. La lettre commence ainsi:

« Ma gloire en J.-C., l'espérance de mon humble âme:
Chef vénéré, qui nous fut donné ici bas à la place du grand chef (Jésus)...
Toi, Seigneur Grégoire, évêque d'Anazarbe,
Avec cette lettre, agrée les saluts d'Ochine, ton fils obéissant ».

Ochine avait prévu l'exaltation de Grégoire à la haute dignité de patriarche des Arméniens, et il est probable qu'il lui aura écrit cette lettre, entre 1293 et 1294, après que le catholicos Etienne eut été mené en captivité, à la prise de Rome-cla. Ochine ajoutait à la lettre une bague, et il écrivait:

Que cet *anneau*, qui t'arrivera au nom du Seigneur,
Soit comme félicitation du présage que tu seras invité à devenir pasteur et maître du royaume des Arméniens.
L'*or* en forme de cercle, sera un symbole de ton peuple,
La *pierre précieuse* sera un emblème de ta pureté [2] ».

Gui ou *Guidon*, frère du bailli Ochine, était le maître de Gantchi l'an 1320; il fut blessé dans une bataille contre les Egyptiens aux environs d'Ayas, et en mourut.

Probablement Gantchi est la même que *Hanga* et *Hange*, indiquée dans l'histoire des Conciles comme une grande forteresse, *Castrum magnum*. Pendant le règne de Léon IV, des querelles surgirent sur des questions de rit

---

1. Le P. Tchamtchian affirme que cet Ochine était fils d'Ochine, fils de Constance, Seigneur de Lambroun. Je ne saurais dire avec certitude quel est l'auteur de ces lignes; car en ce temps là on trouve plusieurs princes du même nom: comme, par exemple, Ochine frère du roi, Ochine généralissime et Sénéchal qui fut tué en 1307 avec Héthoum II, par Bilarghou, et Ochine fils de Héthoum l'historien, petit fils d'Ochine le frère de Héthoum Ier. Ce dernier me paraît être celui qui a envoyé des cadeaux avec une adresse en vers; car son frère Guiautin après lui fut seigneur de Gaban.

2. Environ cette époque, 1293, lorsque Héthoum II eut repris pour la deuxième fois les rênes du gouvernement, les princes, selon le chroniqueur Malachie, formèrent un complot contre lui. A la tête des Barons conspirateurs, était, dit-il, Héthoum seigneur de Corcos et son frère Ochine, seigneur de Gantchi. Selon que je sais, le seigneur de Coricos était alors le célèbre historien Héthoum, fils et père, et non pas frère, des deux Ochines. Quant à Héthoum et Ochine, les deux frères de ce temps, ils étaient arméniens, du côté maternel seulement, étant fils de Marie, sœur de Héthoum Ier, et de Jean Ibelin; ils vivaient probablement en Cilicie.

et de religion (1336); un certain zélateur, nommé Nersès Balon, vint alors à Gantchi, et il eut l'audace d'écrire au Catholicos Jacques, que, durant la messe d'un prêtre du nom de *Diraghi* ou Cyriaque, un autre prêtre docteur avait lu l'anathème contre le célébrant, devant une multitude de peuple qui était accourue aussi de la bourgade de *Chahap (Villa Sahap)*, et cela pendant l'élévation de la sainte hostie; et l'anathème fut lancé pour la seule cause que le célébrant avait montré au peuple le très saint sacrement. Le catholicos se hâta, d'envoyer Basile de Mamestie, évêque d'Iconium, avec son propre secrétaire, pour examiner le fait. Ceux-ci dès leur arrivée, assemblèrent cinq évêques, douze prêtres et des témoins, et après plusieurs interrogations et recherches, on trouva que l'accusation était fausse et tout-à-fait inventée. Sur quoi Nersès et son neveu, qui avait soutenu l'acte d'accusation, eurent beaucoup de peine à échapper à l'indignation du peuple, qui voulait les lapider.

Le récit de ce conflit religieux indique indirectement que la forteresse de Gantchi avait encore sous sa dépendance la bourgade du même nom, comme cela avait lieu pour les forteresses principales, où résidaient leurs seigneurs. Près de cette forteresse il y en avait une autre avec sa bourgade, la susmentionnée *Chahap*, qui est d'abord qualifiée comme une villa et citée plus loin avec Gantchi, comme forteresse: « Populi dictorum castrorum ».

Aux environs de Gantchi, comme aussi près *Ghoumarsik?*, village habité par des Turcs, on voit des grottes, qui autrefois servaient de demeures aux solitaires; elles contiennent, dit-on, des inscriptions grecques et des croix sculptées en relief.

Je crois que la haute montagne *Asdouadzachèn*, au nord-ouest, sépare le territoire de Gantchi de celui de Cocussus; toutes les montagnes qui sont de ce côté sont désignées sous le nom général de montagnes de Gaban. Le nom *Asdouadzachèn* (qui signifie construit par Dieu), démontre qu'il devait y avoir aussi des habitations ou du moins quelque couvent; car, on trouve un livre, écrit l'an 1331, dans lequel on lit: « Sous la protection de ce couvent, *construit par Dieu*, et *de la vivifiante Sainte-Croix* ».

Près de Gantchi, devait être située aussi la forteresse remarquable de *Djandji* (de la mouche); car dans la liste des seigneurs qui étaient présents au couronnement de Léon Ier, on trouve cet ordre, selon le rang de chacun: Pertousse, Gantchi, Fernousse, Gaban, Djandji, Choghagan, Mazod-khatch, etc. A part ces deux dernières, toutes les autres sont dites se trouver dans ces régions; par conséquent Djandji devait aussi être située près d'elles. Le seigneur de cette forteresse lors du grand événement du dit couronnement, était un certain *Constantin*; soixante-dix ans plus tard, le maître de Djandji était *Basile* ou *Vassag*, fils de Constantin le Père du roi, et frère non utérin de Héthoum Ier. Ce dernier envoya Constantin avec d'autres personnes en otage au sultan d'Egypte, en échange de son fils Léon, à l'arrivée duquel Héthoum devait donner la liberté à Songhour, personnage bien-aimé du sultan. Dans l'évangile désigné sous le titre de *Royal*, conservé à Jérusalem dans le couvent de Saint Jacques, Constantin est peint avec son frère Héthoum et son père Vassag.

A quelque distance de Gaban on trouve une autre forteresse, appelée de nos jours *Mériém-chir*[1], elle est à présent abandonnée et cachée dans les creux des montagnes boisées. Moltke en parle dans ses lettres et l'appelle *Mariantschil*; Texier lui donne le nom de *Tschinchin-kalé*, nom qui se rapproche de celui de Djandji. Texier au mois de juin, 1836, partant de Cocussus se dirigea vers le sud, par un chemin tout escarpé, et après cinq heures de marche arriva au milieu d'un campement turcoman. Le chef du lieu Osmanbey, lui dit que dans le voisinage il y avait une forteresse remarquable, qui avait appartenu autrefois à un puissant prince génois; qui, après avoir longtemps lutté contre plusieurs beys mahométans, marcha contre la ville de Marache, d'où il ne retourna plus. Cette forteresse se trouvait à une heure de distance de ce campement, dans une vaste vallée sur un rocher escarpé et d'une forme pyramidale, où l'on ne voyait pas même les traces d'un sentier; d'un côté c'était un vallon, de l'autre le cours torrentiel d'un ruisseau; toute la cime du rocher était bien fortifiée avec une forte muraille, et à ses pieds les oliviers sauvages et les genièvriers formaient des bois. Après bien des efforts, en se traînant, Texier put

---

1. En turc ou persan ce mot signifie *Lait de Marie;* la cause de cette appellation m'est inconnue.

enfin gagner les remparts. A cause de la forme irrégulière du sommet, on l'avait ceint d'une double muraille; le voyageur, réussit à pénétrer par une fente au milieu de ces deux remparts élevés. Il y vit une vaste place bien fortifiée, garnie tout autour de corridors et de chambres, dont un grand nombre avaient une entrée souterraine, probablement taillée dans le roc; l'une devait avoir servi sans doute de citerne. A l'une des extrémités de la forteresse on voyait les restes d'une église à moitié ruinée: il n'y trouva aucune inscription. Le style de l'édifice en voûtes ogivales, était tout-à-fait différent de celui des constructions d'Anazarbe, et conséquemment Texier ne put le juger arménien mais occidental, peut-être ouvrage des Croisés; bien qu'il soit difficile de croire que les Croisés aient demeuré dans des lieux si retirés. L'écrivain artiste a pris le croquis de cette forteresse, que nous reproduisons ici.

Dans le district de Zeithoun et dans la vallée propre de Djahan, il y a encore plusieurs villages, dont l'un porte le nom d'*Alichér*; il est dominé au sud-est par la montagne du même nom qui est couverte de pâturages. Au sud-est de cette montagne, il s'en élève une autre appelée *Eungouzég*, haute de 8,000 pieds. C'est sur les flancs de cette dernière qu'étaient situées, je crois, la forteresse et la bourgade *Eungouzoud*. Dans la liste des forteresses, avant les susmentionnées, on trouve indiquées celles d'*Eungouzoud* et de *Tornega*; la première était un siége épiscopal, dont l'évêque, lors du couronnement de Léon, était *Mekhitar*, et le gouverneur, le prince *Baudouin*. La seconde n'a d'autre souvenir que son simple nom dans la liste des forteresses, et elle ne devait pas être loin de ces régions; le seigneur qui la gardait, dans ce même temps, s'appelait *Etienne*.

La forteresse de Djandji.

Au sud de la montagne Eungouzég, et au nord de la montagne Akher, qui forme la frontière de la province de Marache, s'élève la forteresse *Pertousse*; elle est située presqu'à distance égale de l'une et de l'autre de ces deux montagnes, et à une lieue de *Beythimour*. Au temps du royaume arménien, ce devait être une place d'une certaine importance, puisqu'il y résidait un évêque, et que la forteresse était gouvernée par un prince; les environs s'appelaient *Neviragan* (sacrés) selon qu'il est écrit dans Mathieu d'Edesse, ou bien *Noriragan*: mais il nous semble en-

core mieux d'écrire, selon l'historien royal, *Nougragan*. Au commencement de la domination des Roupiniens, Pertousse était au pouvoir du prince Vassil le Voleur. Celui-ci, lors de l'incursion des 12,000 soldats persans, (il semble qu'il devrait dire des Turcs d'Iconium), l'an 1107, « se hâta d'assembler
» la troupe arménienne ; et ces soldats, in-
» trépides comme des aigles et comme de
» jeunes lions, se jetèrent sur l'ennemi, et
» après une lutte longue et acharnée, rempor-
» tèrent une grande victoire. Les ennemis tour-
» nèrent le dos, et dans leur fuite précipitée
» ils furent poursuivis, l'épée dans les reins,
» et furent massacrés en grand nombre. On
» en fit beaucoup de prisonniers ; le butin qu'ils
» avaient fait fut repris ainsi que tout ce monde
» qu'ils emmenaient captifs.... parmi les pri-
» sonniers se trouvaient cinq de leurs chefs,
» que les vainqueurs conduisirent à Késsoun,
» rendant grâce à Dieu [1] ».

Après la mort de Vassil et la captivité du prince Léon, des étrangers s'emparèrent de leurs territoires. Lorsque Thoros, fils de Léon, se fut échappé de Constantinople, et eut recouvert peu à peu son patrimoine, son frère Stéphané, sans aucun ordre de Thoros, entreprit une invasion téméraire ; il s'empara de Marache et de Cocussus et força Pertousse à se soumettre volontairement, promettant d'épargner la vie des habitants. Mais, ayant appris que ceux-ci se croyant hors de danger, menaçaient d'appeler les Turcs à leur aide et de dévaster le pays, Stéphané, « s'a-
» dressa aux ecclésiastiques et leur demanda
» conseil. Ceux-ci lui dirent tous : S'ils te me-
» nacent, tu es libre de ne faire aucun cas de
» ton serment. Alors Stéphané envoya ses
» soldats qui les massacrèrent tous ; la nou-
» velle se répandit parmi les Sarrasins ; ce qui
» amena de nouvelles inimitiés, contre les chré-
» tiens ». Khelidje-Aslan, sultan d'Iconium, entra bientôt en campagne, l'an 1157, au mois de juillet : sur quoi, « Thoros ordonna de res-
» tituer Pertousse au sultan, pour la seule fin
» d'obtenir la paix : Stéphané n'était pas de
» cet avis ; il l'avait arrachée des mains de ce
» prince, personnage impitoyable, qui haïssait
» les chrétiens, et qui fut tué par ce même
» Stéphané ? [2] ».

Les Arméniens peu après s'emparèrent de nouveau de Pertousse, à ce qu'il paraît ; car à la fin du XIIe siècle on y trouve comme seigneur un certain prince *Léon* et son fils *Grégoire* ; il y résidait même un évêque du nom d'*Etienne*. Dix ans plus tard, (1208), pendant le désaccord qui eut lieu entre le roi Léon et le catholicos Jean, destitué par le roi, suggéra au sultan d'Iconium Khusrevchah, de s'emparer de Pertousse. Le sultan non seulement prit la ville, mais encore s'empara de Grégoire, seigneur de la forteresse et fils de Léon. Les Arméniens ne purent pas reconquérir Pertousse, dont le nom ne se rencontre plus dans notre histoire.

A l'ouest de Pertousse et à l'est du fleuve Djahan, on indique une grande caverne, je ne sais de quelle nature ; mais elle nous conduit à un autre lieu important ayant presque le même nom, et situé, d'après les récits des écrivains anciens, entre les régions de Djahan et celles de Sis et d'Anazarbe. Je ne sais pas quel était son nom sous le rapport civil, mais selon la division ecclésiastique, il appartenait au diocèse appelé *Medz-kar*, du nom du couvent où résidait l'évêque. A l'époque du couronnement de Léon, l'évêque se nommait *Asdvadzadour*, (Dieudonné). Le nom du lieu montre qu'il était montueux, avec des rochers ou des cavernes ; probablement il y avait aussi une forteresse, bien que nous ne la trouvions pas citée dans la liste des forteresses. Ce lieu était renommé autrefois pour les tombeaux et le dépôt des reliques des trois martyrs, *Taracus* d'Isaurie, *Probus* de Pamphilie et *Andronic* d'Ephèse ; jugés à Tarse et torturés à Mamestie, ils furent enfin décapités à Anazarbe, l'an 304. Selon le martyrologe arménien, leurs corps furent envoyés à Iconium ; mais cela ne s'entend probablement que d'une partie ; car le catholicos Grégoire d'Anazarbe, qui connaissait à fond ces lieux et ces faits, témoigne, que « les fidèles déposèrent
» les reliques de ces Saints dans la grande *caverne*
» qui est à Medz-kar, avec de grandes honneurs,
» dans des tombeaux précieux ». Cela est confirmé encore par les paroles de l'ancien martyrologe grec, d'où l'a pris aussi le texte latin : « In monte *in pietra concava* condiderunt ». Ce qui montre que les reliques furent déposées dans une grotte qui fut nommée *grande caverne*, et du nom de laquelle le couvent aussi

---

[1]. Mathieu d'Edesse, an 556 de l'ère arménienne, (1108).

[2]. L'historien des Roupiniens.

fut nommé Medz-kar (grande pierre). Sous le règne de Constantin le Grand, dès que les persécutions eurent cessé, le tombeau de ces martyrs fut honoré et leur fête fut établie dans l'église arménienne, le 11 octobre. On a composé en leur honneur une hymne, dont voici la dernière strophe: « Par leur prière, Seigneur, aie pitié » de ceux qui vénèrent leurs reliques; unis » aux chœurs célestes, nous fêtons leur mémoire » avec grande réjouissance: reçois-nous dans » tes demeures célestes ».

En prêtant attention au style de l'hymne, nous pourrions admettre qu'elle fut composée même avant le XII° siècle, et que les Arméniens qui fêtaient ces Saints, déjà habitaient dans cet endroit. Pourtant l'histoire nous affirme que le couvent de Medz-kar fut construit au milieu du XII° siècle, par le prince Meléh: et lorsque celui-ci fut tué par les Arméniens à cause de ses mœurs dépravées (1175), on l'enterra dans ce couvent; comme le rapporte, dans ces deux vers, le docteur Vahram: « Il fut tué par ses pro-» pres soldats, et fut enterré dans le couvent » de Medz-kar ».

Ce couvent fut l'un des plus glorieux, parce que le roi Léon II, qui aimait les lettres, y établit des prêtres savants, pour l'instruction des enfants. Léon, y faisait aussi copier des livres saints et utiles, et les envoyait même aux Arméniens émigrés dans les pays lointains.

Nous trouvons encore la mention du couvent et du siége de Medz-kar dans les actes du concile de Sis, l'an 1307. On trouve dans la liste des supérieurs du couvent, *Thoros*, et parmi les docteurs, *Grégoire*. Dans un autre concile, sous le patriarcat de Mekhitar (1342), se trouvait *Basile*, instructeur à Medz-kar; probablement le mot latin *Mageguar* dans le document, indique ce même lieu. Les patriarches Jacques et Grégoire d'Anazarbe figurent aussi parmi les supérieurs de Medz-kar. L'église du sanctuaire était dédiée à la Très Sainte Mère de Dieu.

Non loin des forteresses que nous avons mentionnées, et dans la vallée moyenne du Djahan, on mentionne encore d'autres forteresses, parmi lesquelles nous pouvons citer *Ané*, lieu d'où sont originaires les Zeithouniens, dont le seigneur était *Hery* (Henri). — *Mazodkhatch*, dont le seigneur s'appelait *Siméon*, à la fin du XII° siècle. En 1261, le gouverneur de cette même forteresse était un certain *Grégoire*, qui perdit le pouce de la main droite dans un combat contre les Karamans.

Nous recommandons à l'examen des explorateurs *Khalidj* et *Amaïk*, dont l'empereur Jean Porphyrogène s'empara alors que le prince Léon fut emmené en captivité. Ces deux noms doivent désigner des districts plutôt que de simples forteresses; car l'historien de ces faits dit: « Porphyrogène, empereur des Grecs, » prit *Khalidj*, Anazarbe, Vahga, *Amaïk*, Tza-» khoud et leurs autres forteresses ».

L'*Amaïk* n'est pas celui connu aux habitants duquel Saint Nersès le Gracieux a écrit; car ce dernier lieu formait un district dans la Mésopotamie; quant au nôtre, on le doit chercher peut-être, selon Aboulféda, près du lac d'Antioche. Notre historien nous fait présumer qu'*Amaïk*, ainsi que les autres lieux qu'il mentionne, était une bourgade ou une forteresse; Aboulfaradj me semble même confirmer cette opinion, lorsqu'il appelle *Emay* l'un des villages qui furent ruinés en 1269, par le tremblement de terre, dont le centre d'action paraît avoir été sur les rives du fleuve Djahan, où furent ruinées aussi les forteresses de Sarvantave et de Hamousse: lieux, dont nous nous approchons, en quittant les régions montagneuses du Taurus et les Hauts Plateaux de la Cilicie pour descendre dans la plaine ou la Cilicie Champêtre.

Mais avant de quitter ces hautes régions de la Cilicie, où s'élèvent encore ça et là les formidables forteresses médioévales, qu'y ont laissées nos princes, une force presqu'irrésistible m'oblige à m'y arrêter encore un moment, pour y chercher l'emplacement d'un lieu du plus haut intérêt pour tous ceux qui ont le sentiment du sublime, de la religion, de la piété. Ce lieu, nous l'avons mentionné plusieurs fois dans ces dernières pages de notre description: c'est *Cucuse*, *Cocusos* des Latins, Κουκουσους des Grecs, *Gheoksoun* des Turcs, enfin Կոկիսոն des Arméniens. Ceux-ci furent, je crois, les premiers à lui donner ce nom: car ils citent aussi dans ces lieux une terre ou district du nom de *Kok*, ou province des *Cocs*, Կոկաց գաւառ; qui, je crois, était comprise dans la Kataonie des Grecs Les noms arméniens, en se déclinant, prennent au pluriel, un *s* final; les Grecs et les Latins semblent y conformer leurs terminaisons en *os* et *us*, les Turcs suivirent leur exemple; et *Cocs*, Կոկս, devint *Cocusos*; nous l'appelerons, selon les écrivains modernes, Cucuse.

Le lieu en question est plus au nord que tous ceux que nous venons de décrire. Il n'est pas très loin de Zeithoun, au nord-ouest; de

Gaban et de Fernousse au nord ; il est compris dans la même vallée du Djahan, vers ses sources. Nos premiers Roupiniens l'avaient fort probablement sous leur domination. Au XIII⁰ et au XIV⁰ siècle on y trouve des évêques arméniens : d'ailleurs Théodoret au V⁰ siècle dit que Cocusus est une ville d'Arménie, petite et déserte. Quant aux Grecs ils y avaient aussi leur évêque dès le IV⁰ siècle. Cependant il ne semble pas que Cucuse ait jamais joué un rôle éclatant dans aucun temps, si ce n'est qu'elle fut une station sur la grand'route, qui, du fond de la Cilicie et des pays limitrophes, conduisait à Césarée et au delà. Les Romains y établirent une forteresse et un poste de garnison, pour garder la route et préserver les villes avoisinantes des incursions des Isauriens et d'autres peuplades barbares, qui trop souvent infestaient les pays d'alentour. Comme telle, la station de Cucuse sous les Romains et les Byzantins, devaient être assez fréquentée, mais surtout par des commissaires et des hommes d'armes entretenus par le gouvernement ; car la ville en elle-même était pauvre, dénuée de tout ce qui pouvait procurer un médiocre bien-aise ; elle n'avait pas même un marché pour les objets de première nécessité. La contrée, pittoresque et agréable dans la belle saison, est affreuse et presque inhabitable durant l'hiver, très rigoureux, à cause de l'altitude du terrain sur lequel se trouve bâti le bourg (plus de 4,000 pieds au dessus du niveau de la mer). Ajoutez à cela les moeurs et les coutumes des habitants étrangers, la société de ces gens de garnison rudes et grossiers, le vacarme de leurs armes, le bruit des trompettes guerrières, les alarmes soudaines, souvent au milieu de la nuit, causées par la vue réelle ou imaginaire des barbares, arrivés pour tenter un assaut. Certes, aucun homme bien avisé ne voulait choisir un tel lieu pour en faire son séjour. Cependant c'est dans cet endroit, l'un des plus infimes du vaste empire d'Orient, que l'imbécilité d'un souverain, la haine implacable de l'impératrice, son épouse, l'intrigue de leurs ministres et la honteuse envie des chefs de l'Eglise, exilèrent, pensant étouffer sa voix, le plus grand orateur de la chaire chrétienne, l'incomparable Chrysostome. A l'avoir reçu dans ses sombres murailles, cette pauvre ville, presque inconnue jusqu'alors, a gagné une réputation glorieuse, un nom immortel, tandis que les ennemis acharnés du grand homme perdaient leur gloire et leur honneur.

Rien de plus touchant que les *Lettres* nombreuses envoyées par le grand exilé aux amis qui lui étaient restés fidèles, et en particulier à sa chère diaconesse, la vertueuse et inconsolable Olympias, dont l'âme après de longues années d'épreuves, alla rejoindre celle de son père spirituel, dans la série des saints, tandis que leurs corps ramenés des lieux de leur exil, reposèrent côte à côte, sous les coupoles de la grande église des Apôtres à Constantinople. Dans ces Epîtres, Jean se montre tantôt abattu par la tristesse du paysage ou par la rigueur du climat de son lieu d'exil, lieu horrible, sauvage et dénué, comme il le dit et répete souvent. (Let. XIII, XIV, XXIV, LXXXVIII, CIX, CXI, CXXI, CLXIII, CLXXXVIII, CCXVI). Ἐν Κουκουσῷ καθήμενοι τῷ πασης τῆς καθ'ημας ἡ οἰκουμε.ης ἐρημήμ-τατω χορίω » ; tantôt ravi (sans doute sous l'influence du beau temps), à tel point qu'il ne saurait imaginer une meilleure place : parce qu'il y trouve les douceurs, la paix de l'immense tranquillité de la plus complète des solitudes, et le soulagement de son corps : ἡσυχία, γαλήνη, ἀπταγμοσύνη πολλή, σοματος ευρωστία. Ces derniers mots disent assez combien sa santé avait souffert de ce long voyage des bords du Bosphore jusqu'à Cucuse, voyage qui ne dura pas moins de soixante-dix jours ; durant lequel, tourmenté par la fièvre, l'illustre exilé, fut souvent obligé de s'arrêter des journées entières dans de misérables masures. En arrivant à Cocusus Chrysostome n'y trouva pas seulement la réconfortation de son corps, mais bien aussi et encore plus celle de son cœur : car des personnes charitables le reçurent à bras ouverts et le soignèrent comme s'il avait été un membre de leur propre famille. L'évêque grec, Adelphe, voulut lui abandonner sa résidence, qui, paraît-il, n'était pas assez vaste pour tous les deux. *Dioscore*, noble et riche docteur arménien, bien longtemps avant, avait eu la même intention. Connaissait-il Saint Jean, ou la renommée lui avait-elle seule appris le nom de celui qu'on appelait *Bouche d'or* ? je ne le sais : mais il l'avait déjà invité à venir chez lui, alors que ce dernier se trouvait encore à Césarée. Il avait fait réparer et meubler à neuf sa maison, qu'il céda aussitôt à son hôte illustre ; quant à lui il se retira dans sa maison de campagne. Jean accepta cet offre généreux d'hospitalité, remerciant l'autre (l'évêque) de sa bonté fraternelle. A l'exemple de ces deux notables, petits et grands, rivalisèrent pour subvenir aux besoins de l'illustre exilé. Quelle différence entre cette généreuse réception de Jean, et celle faite par l'empereur Arcade ou par Théophile le patriarche d'Alexandrie, et leurs partisans !

Chrysostome appelle Dioscore son seigneur ; O' δεσπότης μου Διοςχορος ; il donne aussi le même titre à l'évêque Adelphe. Il demeura en maître chez ce brave Arménien, durant tout le temps qu'il passa à Cocuse, et le paya largement ; non pas d'or périssable, mais de l'or qui sortait de sa bouche ; et nous en

entendu parler de ses hautes vertus, et il avait recommandé à ses évêques de faire bon accueil à l'illustre exilé, pour le cas où il aurait à traverser leurs diocèses. Pendant que celui-ci se trouvait à Cucuse chez Dioscore, un évêque arménien, ami de ce dernier, pria son hôte Jean, d'illustrer par son éloquence le grand Illuminateur, dont on allait célébrer la principale fête. Chrysostome accepta, et accomplit sa tâche en vrai Chrysostome.

Dans la collection de ses nombreux ouvrages, se trouve un panégyrique en l'honneur de no-

Saint Nersès[1]

Saint Jean Chrysostome

avons un témoignage ainsi qu'on va le voir.

A cette époque, l'Arménie, la Grande Arménie, avait encore un roi à elle : hélas ! le dernier roi Arsacide ! De la même souche sortait un illustre patriarche arménien, l'un des plus distingués par sa sainteté et son savoir, l'immortel traducteur de la Bible arménienne, le grand Saint Isaac, arrière petit fils de l'apôtre des Arméniens, Saint Grégoire l'Illuminateur. Si ce patriarche ne connaissait pas personnellement Chrysostome, il avait sans doute

tre Saint Apôtre. Monfaucon doute de l'authenticité de ce discours, ne le trouvant pas à la hauteur d'un orateur si illustre : et il ne se méprend pas. En effet, le panégyrique, inséré dans les œuvres du saint orateur, peut fort bien avoir été composé par un autre, par exemple par un docteur arménien, avant l'invention de l'alphabet de sa nation, c'est-à-dire avant le V° siècle. Mais nous avons encore un autre panégyrique en arménien, plus élégant, plus fécond, attribué à Saint Jean

---

[1]. La vignette que nous présentons ici sous le nom de Saint Nersès, a été prise dans un recueil remarquable d'Iconographie arménienne, du commencement du XVI° siècle (1511) ; composé probablement pour servir de modèles aux enlumineurs des manuscrits. Celle du Chrysostome est tiré d'un Missel arménien, écrit en 1444. Inutile de dire que la majeure partie de ces figures sont en couleurs.

Chrysostome, et vraiment tout empreint du caractère et du génie de sa haute éloquence. Notre catholicos Nersès le Gracieux, avant son patriarcat, en 1141, avait découvert l'original grec dans un vieux manuscrit en fort mauvais état, et traduit en langue classique arménienne, se faisant aider dans sa version par un grammairien grec, nommé Abraham. Nous l'avons traduit en latin et publié, il y a déjà une vingtaine d'années [1].

Ce discours contient des pages dignes de celui à qui il est attribué. On ne peut pas le lire sans se sentir touché ; la péroraison est pleine d'une vibrante éloquence ; surtout quand l'orateur adresse ses adieux au Saint qu'il célèbre, et se sent forcé de comparer son état actuel, ses persécutions et ses souffrances, à celles du confesseur arménien. « Je vous prie, s'écrie-t-il, de ne point vous » éloigner de nous ; dans votre visite spi- » rituelle, ne nous oubliez pas ;... afin que » nous aussi nous puissions supporter jusqu'au » bout avec patience, ces quelques peines qui » nous accablent ; et le souvenir de ce que » vous avez enduré, fera notre force dans nos » souffrances... Car moi aussi je sens épuisée » la vigueur de mes membres, affaibli que je » suis dans mon corps et accablé de tribula- » tions. Ce n'est que pour obéir à l'amour » de vos connationaux, et sur la terre même » qui dépendait de votre juridiction, que j'ose » vous rendre, avec un cœur ardent et enflam- » mé, le tribut de mon affection (ce discours). » Car moi aussi je suis à l'heure où je dois » me préparer à achever l'oblation de moi- » même. Je vais bientôt quitter cette vie » douloureuse et aller rejoindre le Christ. » J'espère que là-haut nous nous rencontre- » rons, vous et moi, dans une céleste et dé- » licieuse rencontre, et y habiterons ensemble, » pour toujours héritiers des promesses bien- » heureuses. Puisse notre Seigneur Jésus-Christ » nous accorder à tous ces grâces ! etc ». [2]

C'est sans doute, si non la dernière, du moins une des dernières oraisons de Saint Jean Chrysostome. C'est le chant du cygne de cet incomparable Père de l'Eglise !...

Car, voilà déjà que les Isauriens sortis de leurs tanières, envahissent les monts et les plaines ; ils entourent, ils assiègent Cucuse. Tout le monde s'enfuit de côté et d'autre, et Chrysostome aussi : mais il ne sait où ni comment s'échapper. Après avoir erré longtemps dans les bois et les cavernes, il se réfugie enfin à Arabissus à quelque douze kilomètres de Cucuse. Mais la haine réveillée de ses persécuteurs civilisés, plus atroce que la fureur des barbares, le poursuit sans quartier, ni indulgence. Sans égards à la mauvaise saison, ses bourreaux veulent le chasser jusqu'aux frimas de Pityonte, sur les bords du Pont Euxin.

Mais le présage du panégyriste va s'accomplir ; l'holocauste est tout prêt. Usé par la fatigue et la maladie, brisé par les mauvais traitements de ses conducteurs, à peine arrivé ou plutôt traîné à Comane, dans la Seconde Arménie, Chrysostome se voit au bout du long et cruel martyre de son double pèlerinage. Il ordonne de préparer sa tombe près de celle d'un autre confesseur (Saint Basile d'Amasie), ne cessant de répéter les paroles qu'il aimait à avoir sur les lèvres : « Bénie » soit la volonté de Dieu en tout et pour » tout ». Avant d'expirer il unit effectivement, pour la dernière fois, avec son bien aimé Jésus-Christ, en célébrant lui-même la messe de son requiem !..

Jamais peut-être un tel génie, une vie si

---

1. Beati Johannis Chrysostomi Oratio panegyrica de vita et laboribus Sancti Gregorii Illuminatoris, Patriarchæ Armeniæ, cujus originalis Textus desideratur ex antiqua armeniaca versione in latinam linguam translata, 1877. S. Lazari.

2. Les Arméniens ne vénèrent et ne fêtent pas seulement Saint Jean Chrysostome comme un grand Docteur, mais ils l'aiment et le regardent presque comme l'un des leurs. Si un Syrien et une Grecque lui ont donné le jour, ce fut un Arménien, (Mélite, archevêque d'Antioche), qui l'initia à la lumière de la vie immortelle. Saint Jean Chrysostome a du reste été dans plus d'un cas en étroites relations avec les Arméniens ; le plus curieux, c'est qu'on a été jusqu'à lui attribuer l'invention des caractères arméniens, — ce qui est plus que douteux, — bien que l'illustre Docteur soit représenté dans la grande salle de la bibliothèque du Vatican, parmi les inventeurs d'alphabets.

Mais le plus certain, le plus glorieux, l'immortel lien de Chrysostome avec l'église et la littérature arménienne, c'est l'incomparable traduction de ses œuvres en langue pure classique, traduction qui égale l'original, surtout dans les Commentaires sur l'Evangile de Saint Mathieu, les Epîtres de Saint Paul et diverses homélies et discours. La Bouche d'or a vraiment trouvé un écho digne d'elle dans l'arménien. Quelques-unes des plus ferventes prières de notre liturgie sont adoptées de la sienne : elles se répètent chaque jour dans notre église durant la sainte messe, et le divin esprit qui les inspira, emporte vers lui au plus haut des cieux le cœur du célébrant.

sainte, un cœur si ardent de charité pour ses amis et ses ennemis, pour les justes et pour les pécheurs, n'a souffert aussi considérablement de l'ingratitude humaine ; et cela non pas de la part des païens et des barbares, ni au cours des persécutions des Césars de la Rome ancienne, mais en pleine paix de l'Eglise et à la fleur de la Rome nouvelle !

Quelques-uns de mes lecteurs me reprocheront peut-être de m'être laissé égarer par tels souvenirs dans cet ouvrage géographique. Mais en arrivant sur des points semblables de la terre, en parlant de contrées où se sont accomplis des faits dont le souvenir fait frissonner tout cœur sensible, je ne sais comment il serait possible d'agir autrement ? On me le pardonnera surtout, si l'on saurait qu'au moment où j'écrivais ces lignes, j'avais auprès de moi une relique du bras du saint et admirable Chrysostome. O bras sans prix ! qui dans tes gestes suivais les battements du cœur et la variante harmonie de cette Bouche d'or, de cet incomparable orateur universel ! Bras, qui révélais son âme, quand il allait prononcer et distribuer la bénédiction pastorale et la paix chrétienne, Εἰρήνη ὑμῖς ! Bras, qui traçais promptement le signe du pardon sur les fronts de ses ennemis aveuglés. Puisse celui dont tu nous rappelles la mémoire bénie, tracer encore du haut du ciel ce même signe de rédemption, sur les pays qu'il a parcourus en un si triste voyage ; dompter la foule insensée des nouveaux Isauriens de nos jours ; et adoucir les lourds travaux et la vie incertaine des malheureux qu'ils oppriment !

P. Salvatore Lilli, Franciscain.

Né (9 juin, 1853) à Cappadocia, bourg d'Abbruzze Ultérieure: massacré, avec neuf Arméniens ses adhérents, dans le vallon Mudjuk-deréssi, près de Yénidjé-kaléssi, le 22 novembre, 1895. — Voir p. 205.

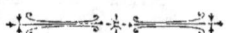

Victor Langlois, en costume de voyage lors de son exploration en Cilicie.

II.

CILICIE DE PLAINE OU CHAMPÊTRE

Tout l'espace moyen du territoire de Sissouan n'est qu'une immense plaine concave, laquelle s'étend des chaînes des montagnes jusqu'aux bords de la mer, et depuis Tarse, à l'ouest, jusqu'aux monts Amanus, à l'est.

Cette plaine était appelée concave dès les temps anciens par les Grecs (Πεδιάδα); de nos jours aussi les Turcs l'appellent *Tchoucour-ova* (Plaine cave). Trois fleuves principaux, le Cydnus, le Djahan et le Sarus, descendant des montagnes, arrosent et inondent le terrain et vont se perdre dans la mer. Toute cette vaste plaine n'est pas également plate sur toute son étendue; elle contient encore des parties montagneuses, surtout vers le nord-est. Mais ces hauteurs, se trouvant séparées des grandes chaînes de montagnes que nous avons déjà décrites dans notre topographie, sont comme perdues dans la plaine qui s'étend entre elles, les entoure, et en forme comme des espèces d'ondulations éparses ou d'îles. Exception faite pour les alentours du Golfe d'Arménie, ces lieux, qui sont entre les montagnes de Messis et d'Amanus, n'appartiennent donc plus en propre à la Cilicie montagneuse. Strabon donne comme limites de la Cilicie de plaine : à l'ouest, les villes de Soli et de Tarse; à l'est, Issus, qui est à l'extrémité du golfe cité; au nord, il y comprend même la partie de la Cappadoce[1] qui est près des montagnes du Taurus.

La Cilicie de Plaine est assez vaste et fertile; pourtant à cause de la chaleur excessive et de l'insalubrité de l'air, les habitants y sont peu nombreux; aussi les explorations ont elles été rares dans cette région et n'ont guère eu d'autre but que de visiter quelques villes et leurs alentours. Les cartes géographiques nous représentent ces vastes étendues vides, comme s'il n'y avait là que des déserts, et ne nous indiquent rien de plus que les anciens mémoires de nos livres; aussi, ne connaissons nous d'autres divisions dans cette plaine que celles des villes.

C'est suivant ces divisions et celles des vallées des fleuves, que nous nous efforcerons de régler notre topographie. Nous commencerons donc du nord-est, où nous nous sommes arrêtés; d'abord (I) dans la *Vallée du fleuve Djahan*; nous examinerons à sa droite les districts de *Karsi-Zulkadrié* et de *Sis*, à sa gauche *Til de Hamdoun*; au milieu de la vallée, *Anazarbe* et *Messis*; puis (II) la *Vallée du Sarus* et *Adana*, ville actuellement la plus importante et chef-lieu de la principale province; enfin nous parlerons (III) de la *Vallée du Cydnus* et de l'ancienne métropole *Tarse*.

---

1. (Κιλικία) Πεδιὰς δ' ἡ ἀπὸ Σόλων καὶ Ταρσοῦ μέχρι Ἰσσοῦ, καὶ ἔτι ὧν ὑπέρκεινται κατὰ τὸ πρόσβορον τοῦ Ταύρου πλευρὸν Καπ ἄδοκες· Αὕτη γὰρ ἡ χώρα τὸ πλέον πεδίων εὔπορεῖ καὶ χώρας ἀγαθῆς. — STRABO. XIV, V, 1.

I. — VALLÉE DU DJAHAN

RIVE DROITE DU DJAHAN JUSQU'À ANAZARBE.

Le grand fleuve Djahan, reçoit au sud d'Anazarbe le ruisseau *Saouran*, qui, descendant du sud des districts de Zeithoun et de Fernousse, reçoit lui aussi le *Kalé-sou* (eau de la forteresse), puis vers l'est de la ville d'Anazarbe, le ruisseau de Sis. Au nord-est de la vallée, et au nord des monts Amanus, vers Marache, s'élèvent les Grands et les Petits monts *Duldul* ou *Hadji-Duldul*: on leur attribue une hauteur de 10,000 pieds, quoiqu'on ne les ait pas encore bien explorés.

Dans la partie supérieure de la vallée se trouve le district de Karsi-Zulkadrié, comptant environ 700 maisons; il est formée de plusieurs villages, dont le principal s'appelle *Kars-Bazar*: c'est une bourgade près d'un affluent du Saouran. L'origine du nom Kars m'est inconnue; mais le mot Zulkadrié, indique clairement la tribu des Turcomans du même nom; ils s'étaient emparés, lors de l'affaiblissement et de la chute du royaume des Roupiniens, de la partie orientale du pays avec Marache et Albistan. Cette tribu fonda une principauté puissante et étendit son domaine jusqu'aux confins de Césarée; elle prospéra pendant un siècle et demi, luttant continuellement contre les autres tribus musulmanes et même contre les Egyptiens; elle fut enfin subjuguée par le puissant Sélim Ier, l'an 1515.

Les Européens appelaient *Alidouli* ou *Aladouli* le territoire occupé par ces Turcomans; les Arméniens donnaient à la tribu le nom de *Doulghadir*, Սուլղատիր, et ils mentionnent même leur chef Hassan-beg, qui, l'an 1465, avait fait une incursion jusqu'en Géorgie; et encore Chah-Souar Ier, qui, l'an 1467, selon une chronologie, « marcha contre le sultan » d'Egypte, et fit sur ses terres de grands ra- » vages; il chassa grand nombre de Turcomans, » appelés *Abanér*; après leur avoir fait tout » le mal possible, il s'empara de Vahga... » incendia (Sis) et prit Adana et Tarse », etc. Plusieurs forteresses, couvents et églises, furent détruits et rendus déserts par ce même Chah-Souar; mais après deux ans de succès et de conquêtes, il fut pris par le sultan d'Egypte et pendu. Après la mort du dernier prince (Alibeg) et de l'extinction de la puissance des Zulkadriens, Sélim établit comme gouverneur de la province un prince de la même tribu, et c'est ainsi que nous trouvons mentionnés les Zulkadriens jusqu'à la fin du XVIe siècle.

Le bourg Kars-bazar occupe la place d'une ville ancienne et remarquable; on y voit des ruines, des marbres, des colonnes, des chapiteaux et d'autres pièces, qu'on découvre en creusant un peu le terrain. Il y a encore les ruines d'un couvent et d'une petite église, que les Turcs ont convertie en mosquée; ces édifices semblent avoir été bâtis avec les restes d'anciennes constructions. Le couvent et le temple ensemble mesurent 44 pas de long et 23 de large; ils sont construits entièrement avec des pierres de taille de diverses dimensions, ayant des deux côtés, des corridors et plusieurs portes voûtées en ogive. Tout à côté on voit une autre construction de style ogival, mais plus grande, bâtie aussi avec des restes antiques, et des pierres de différentes dimensions. Sur les murs des maisons et des édifices publics, on trouve des pierres sculptées en bas-relief, des bases de colonnes, des pierres sépulcrales, avec des inscriptions grecques. Autour de la cour de la maison du gouverneur, 25 ou 30 colonnes sont encore debout, mais plus ou moins brisées; sur le fleuve on entrevoit les traces de l'ancien pont. La plupart des habitants du bourg sont mahométans; parmi le petit nombre des Arméniens, en 1875, une vingtaine étaient protestants, selon Davis. (p. 154-6.)

A sept ou huit kilomètres au sud de *Kars-*

bazar, et à la même distance d'Anazarbe, il y a un gué sur les rives du Djahan et un village de Circassiens. Il paraît que les autres villages et les khans de cette tribu, nouvellement établie dans la Cilicie, se trouvent tous dans cette région. Près de Karsbazar au bord du fleuve, il y a une bourgade de 50 maisons et une ancienne forteresse situées sur la cime conique d'un rocher, et confondues sous le même nom de *Hémétié-kaléssi*. C'est très probablement la forteresse remarquable d'*Amouda*; car les historiens arabes affirment qu'elle est située dans cette gorge du fleuve Djahan, sur sa rive droite, au nord. De même Willebrand qui avait visité Léon le Magnifique, confirme que le fleuve passe au pied de la forteresse, *Amoudan*, selon lui, à deux milles d'Anazarbe, au lieu de douze.[1] Langlois n'aura pas prêté attention à ces témoignages, car il assimile Amouda avec la forteresse *Thoumlou-kalé*, qui est au sudouest d'Anazarbe, dans la campagne, loin du fleuve. La position d'Amouda nous est encore indiquée à propos des conquêtes de Thoros II, à son retour de la captivité; car il fit son entrée dans la Cilicie du côté de la Syrie, et rencontrant son frère Stéphané, il s'empara d'abord d'Amouda, après de Vahga et ensuite des autres forteresses: c'est ainsi que nous le rapporte le Docteur Vahram:

« D'abord il (Thoros) prit Amouda,
» Et par elle, il s'empara des autres ».

Les autres historiens le confirment.

Vers la fin du XIIe siècle, le seigneur du château s'appelait *Simon*[2], un des barons assistants au couronnement de Léon. En 1212 au mois d'avril, ce roi fit don de cette forteresse, et des possessions qui en dépendaient, aux chevaliers Teutoniques.

Voici le chrysobulle, publié par V. Langlois dans son « Cartulaire de la chancellerie ro » yale des Roupiniens », avec quelques-unes de ses notes, auxquelles nous ajoutons les nôtres.

De castro Amudam et casale sibi adheren[te] et casalibus *Sespin* et *Buquequia* et *Ayim*, cum pertinenciis suis et libertatem [omni]modam tam per mare quam in terra, que dedit rex Leo Hermenie domui, in toto dominio suo. — LXXXII].

In nomine Patris et Filii et Spiritus Sancti, Amen. Sicut apostolica testatur auctoritas, qui parce seminat, parce et metet, et qui seminat in benedictionibus, de benedictionibus et metet vitam eternam. Proinde ego Leo, Dei et Romani imperii gracia, rex Armenie, filius Stephani de potenti et magnifico genere Rupinorum, notum facio omnibus hominibus presentibus et futuris; quod de bonis mihi desuper concessis et collatis, pro amore Dei et imperii Romani, sub cujus potestatis gracia rex sum constitutus, et pro salute anime mee, progenitorum meorum omnium, venerabilibus et religiosis fratribus sancte domus Hospitalis Teutonicorum, vicem Machabeorum pro defensione domus Israel gerentibus, de quorum sum confraterninate et in quorum beneficiis ac oracionibus particeps effici cupio atque bonorum meritorum suorum exigencia ad captandam illorum sinceram dilectionem et mutuam benivolenciam; regali ex munificencia mea claro corde, bono et puro animo, dono et concedo amodo in perpetuum per optima et amplissima cusalium et terrarum tenimenta, eo quod arbitror tam preclaram elemosinam inibi bene fore collocatam. In primis, famosum castellum *Amudam* nomine, et casale inferius sibi adherens nominatum cum pertinenciis et divisionibus ipsius signatis in hunc modum: a parte *Simonaglaïn*[2], tendit usque ad antiquum adaquarium[3], ubi duo sunt arbores salices et modo factus est laccus; dehinc usque rostrum de rocha media juxta gastinam que est de territorio *Adidy*. A gastina illa superius ascenditur usque ad *Quilli*[4] quod dicitur latine *meta de Gammassa*. Alia diviso inter Gammassa et Amudayn tendit ad cavam, ubi est arbor dicta *chaisne spinosa*[5] et abbacia *Chalot*[6] et agger *vinee* de *Mechale*, et extenditur meta usque

---

1. Peut-être y avait-il XII, dans l'original, et le copiste par mégarde aurait écrit II.
2. Celà est traduit de l'arménien, on le voit bien : car Simonaclaïn est le cas génitif du nom, comme Amoudaïn qui vient après. — Note de l'Ed.
3. Cet antique réservoir recevait l'eau de la montagne par l'un des aqueducs qui se voient encore aujourd'hui près d'Anazarbe (*Voyage en Cilicie*, page, 437).
4. Il est évident que ce mot est altéré; car les Arméniens pour désigner dans leur langue, la borne ou la limite, emploient les expressions լեռ, սահման, etc.
5. Le chêne-houx, *quercus ilex*.
6. Les pasteurs dont il est ici question, sont sans doute, des nomades qui campaient dans la plaine d'Adana, et qui appartenaient à l'une des tribus turkomanes qui, plus tard firent la conquête d'une partie de la Cilicie, sous le commandement d'El-Rhamadan-oglu.

viam. Alia divisio inter *pastores*[1], et Amidain tendit usque ad collem, ante quem collem, sunt duo rubi salvatici et arbor morarius; de hinc tendit usque ad gastinam dictam *Dagie* et extenditur usque ad *Zamga*[2]; de hinc usque ad lacum *Heliha* et *Ioh*; et inter Ioh et *Ramam* est quedam cava divisa.

Item aliud casale nomine Selpin[3], cum pertinenciis et divisionibus ipsius signatis. A parte *Baari* extenditur usque ad crucem; de hinc usque ad cavam et usque ad turonum de *Sabue* et usque ad agger de *Bezequi*. Inter Selpin et Baari et *Abedi* et *Rasel-aïn*[4] est divisio quedam petra, scilicet *nigra*[5] et *pertusum vulpis* et extenditur usque ad curbam Iohannis Turci, ubi est gastina; de hinc usque ad curbam de *Moqun* et usque ad *Iudapus*[6]. Hec infra situm est ipsum casale Sespin. Ex parte Alasines extenditur usque ad arborem morarium furcatum et usque ad flumen Iohan et ad jungum (?) *den Dieu* et ad ecclesiam de *Judapus*, et ad turonum platum et Petram Nigram et fractum[7] arvoltum et usque ad laccum, ubi domus fuit Iohannis Cordin et viam cruciatam, ubi est crux de petra. Hinc est recta via de Amudain ad *Tractic*[8] et postea ad flumen

Item aliud casale nomine *Buchequia*, cum pertinenciis et divisionibus ipsius signatis, sicut dominus Michael ipsum tenuit. Ejusdem et Selpin territorium jungitur.

Item in territorio Meloni, aliud casale nomine *Cumbethfor*[9] cum pertinenciis et divisionibus ipsius signati. A parte orientis extenditur sicut vadit via usque ad petram inter Cumbethfor et *Tetimec*, et sunt infra petre pro metis fixe et subter carbones[10]; de hinc extenditur usque ad metas petrarum fixas ex parte Vancun[11] et carbones subter; a parte occidentis inter Cumbethfor et casale dictum *Beleguinos*, quod habitant villani de *Arenc* et est Sancte Marie de *Turri*, sunt mete petrarum fixe et subter carbones; de hinc extenditur usque ad columpnam marmoream. A parte septemtrionis, versus *Casseriam* sunt mete fixe et subter carbones et vadit usque ad turonum. A meridie, extenditur usque ad metas de *Bagnigun*, ubi crux est posita et usque ad rocham et infra sunt petre fixe et carbones subter. A parte *Abraainain* et Casserie sunt petre fine et carbones subter; et in medio petrarum fixarum est crux de petra.

Item aliud casale nomine *Ayun* cum pertinenciis et divisionibus ipsius signatis. A parte *Calasie*, est crux de petra et carbones subter supra viam que ducit ad Vancun. A parte orientis, extenditur ad Pertusum vulpis, et est ibi crux de petra; de hinc extenditur usque ad ovile et in medio sunt mete de petra quinque et carbones subter. A parte Vangum, usque ad aliam crucem de petra que fixa est juxta gastinam supra viam, et in capite vie est alia petra et via ibi dividitur.

His ita assignatis, item dono et concedo amodo in perpetuum eisdem fratribus plenam libertatem per terram, per mare, per totum regnum meum et per totam terram omnium mihi subjacencium et obediencium, in civitatibus, in castellis, in villis, in casalibus, in montibus, in planis, in portibus, vendendi et emendi ad opus domus sue omnia victualia et queque sibi necessaria, et eciam equitaturas libere, quiete, pacifice sine contradicione, sine omni drictura, sine contrarietate et sine exactione aliqua. Predicta vero omnia, castellum et casalia cum terris et pertinenciis et divisionibus signatis, cum aquis et molendinis et cum omni jure eisdem pertinenti, dono preditis fratribus sancte domus Hospitalis Theu-

---

1. Ceci est douteux : je crois que *pastores* cache un nom propre. — Note de l'Ed.

2. Probablement c'est le fort Jamnig, ⟨arm.⟩, v. p. 64. — Note de l'Ed.

3. *Sespin*. Notre chroniqueur de la Cilicie cite un lieu du nom de *Sépin*. — Note de l'Ed.

4. Cette localité porte un nom arabe qui n'est nullement altéré, راس العين et qui signifie : tête ou origine de la source.

5. Petra Nigra semble être la traduction du nom arménien, ⟨arm.⟩. — Note de l'Ed.

6. On trouve citée, dans l'histoire ottomane, une forteresse de la Karamanie du nom *Mokan* ou *Meucano*, de laquelle s'empara Guédik-Ahmed, et marcha ensuite vers Loulou. — Note de l'Ed.

7. ou epunctum.

8. *Traccic*, Tractic, parait être l'arménien ⟨arm.⟩ (Drakhtig) petit jardin. — Note de l'Ed.

9. Le cazal de Cumbethfor est mentionné par Willebrand, dans son *Itinéraire*. Il dit, qu'après avoir quitté Manistère (Missis), il traversa Cumbethfor, où se trouve un cazal appartenant aux Teutons ; et que de là il arriva à Tursolt (Tarse) : « *ab hinc transeuntes Cumbetefor, ubi domus est et mansio bona hospitalis Alemanorum, venimus Tursolt* ».

10 L'usage d'enfouir du charbon au pied des bornes en pierre ou en bois, est encore fréquent en Orient ; c'est un moyen employé pour éviter que l'humidité ne détruise la base des matériaux qui servent à indiquer les bornages.

11. En arménien ⟨arm.⟩, couvent. Il s'agit peut-être ici de Vaner, ⟨arm.⟩, le *Vanerium* des chartes. Le château de Vaner et ses dépendances faisaient partie du territoire de Melon.

tonicorum, libere, quiete, pacifice amodo in perpetuum, sine calumpnia et sine contradictione aliqua omnium hominum mortalium qui sunt et erunt sub potestate et dominio meo. Iusuper precipio omnibus hominibus meis, qui sunt et qui erunt, ne de cetero habeant potestatem vel ausum super hec omnia, que caritative ac hereditario jure ad possidendum, dono predictis fratribus, sicut continetur in presenti pagina, nec possunt aliquot servicium seu tributum, seu angariam, seu exactionem aliqua, ab ipsis fratribus modo quolibet extorquere; immo teneantur eos amare, honorare et venerari per omnia et in omnibus sicut decet religiosos viros persone mee ac heredum meorum et tocius regni mei amatores. Quicquid continetur in presenti pagina, dono predictis fratribus amodo in perpetuum, ut dictum est, libere, quiete, pacifice, secundum legem et consuetudinem Francorum. Pro quibus confirmandis presens scribi jussi privilegium, propria mea manu litteris rubeis signatum, et regali sigillo meo aureo corroboratum et sigillatum. Factum est autem hoc privilegium incarnationis dominice anno $m^0 cc^0 xij^0$, mense aprilis.

Les donations de Léon furent confirmées par une bulle du pape Innocent III, (le 27 février de l'année suivante, 1213). Willebrand d'Oldenbourg, noble chanoine cité plus haut, après un séjour d'un mois à la cour de Léon, alla demeurer chez les Chevaliers Teutons à Amouda (Ad *Amodanam* ou *Adamodanam);* il raconte un fait merveilleux concernant le fleuve Djahan. Ce fleuve, dit-il, se précipite torrentiellement des montagnes arméniennes, effleure les pieds de la forteresse, et durant sept jours (avant et après le dimanche des Rameaux), il lance de sa source une grande quantité de poissons assez suffisante pour nourrir toute la province, et cela par l'intercession de Saint Jean-Baptiste.

Les Chevaliers restèrent maîtres d'Amouda, plus d'un demi-siècle comme le témoigne aussi une lettre patente de Guillaume, patriarche de Jérusalem, qui transcrivit encore tout le chrysobulle de Léon (après l'an 1263), en mentionnant le sceau d'or du roi. Quelques années plus tard, durant la grande et désastreuse incursion des Egyptiens (1266), après que Léon II fut fait prisonnier et emmené captif, et que son frère Thoros fut tué dans la bataille de Maré, les vainqueurs enhardis, marchèrent en avant, subjuguèrent toutes les forteresses au sud ou à gauche du Djahan, et, passant le gué du fleuve, ils assiégèrent la forteresse d'Amouda et la forcèrent à se rendre. Il y avait 2,200 réfugiés : tous les hommes furent massacrés; les femmes et les enfants emmenés en captivité. Les Egyptiens firent une autre incursion en 1298, au mois d'avril; passant ce même gué près d'Amouda, ils infestèrent le pays par des razzias.

En face de la forteresse, à gauche du fleuve, les voyageurs modernes, Favre et Mandrot, placent le village arménien *Hémédié;* ils passèrent par là, le 30 avril, 1874, mais ne pouvant traverser le gué du fleuve, à cause d'une crue extraordinaire, ils examinèrent les ruines de la forteresse et la bourgade qui s'étend à ses pieds à l'ouest, et qui occupe un vaste terrain. Ils disent que ce château-fort est situé à une grande hauteur, presqu'à la cime d'un des derniers contreforts de l'Antitaurus. Le fleuve Djahan coule au pied du château, puis tourne au nord-ouest et peu après, au sud-ouest. Mais Davis, qui séjourna dans ce village le 18 mai 1875, le pose, ainsi que la forteresse, sur la droite du fleuve; et pour cette dernière il affirme que c'est une construction vaste, ayant un château carré et un donjon de la même forme au sud-ouest; au nord-est se trouvait un enclos fortifié avec une porte voûtée en ogive et une petite tour. La colline rocheuse rougeâtre sur laquelle la forteresse était bâtie, paraissait très escarpée, mais elle n'était pas très haute; elle était par endroits couverte de champs et de verdure.

Parmi tous les lieux qui sont mentionnés dans l'édit de Léon, il y en a deux d'assez connus, *Simanacla* et *Calote*, ꝗᴀᴊᴘᴜᴜ. Le premier était l'une des quatre anciennes possessions de Thoros II; il était situé près d'Anazarbe; nous connaissons cela non seulement par l'édit royal et les paroles de Willebrand, mais surtout par un témoignage un peu plus ancien, celui de Saint Nersès de Lambroun 1179, qui nous fait savoir non seulement qu'il y avait une forteresse, mais qu'à côté de cette dernière il y avait aussi un couvent: « Je vins, dit-il, au cou-
» vent de *Simanacla*, près d'Anazarbe, où l'on
» trouve beaucoup de livres écrits en grec;
» y ayant recherché minutieusement, j'ai trouvé
» ce livre des Règles de Saint Benoît, qui me
» causa une joie immense... l'ayant pris avec
» moi je me suis rendu au siège patriarcal ». Le seigneur de cette forteresse, lors du couronnement de Léon, mérite d'arrêter un instant notre attention, soit pour son nom, soit pour sa personne; il s'appelait *Sirouhi*: ce nom en

arménien s'applique à la femme [1]; ainsi le gouverneur paraît avoir été une femme; un cas analogue n'est pas remarqué pour d'autres forteresses. Par contre un siècle après (1335), nous trouvons ce même nom Sirouhi, appliqué à un homme, maître de la forteresse *Davouth* ou *Davoutha*, et dont la femme s'appelait Marie. Le traducteur latin de l'édit de Léon, ajoute à la terminaison du nom de Simanacla l'article ն (n) de la déclinaison arménienne et il l'écrit au nominatif: *a parte Simanaglain*.

Le nom de Simanacla n'est plus mentionné dans les chroniques durant tout un siècle; on le retrouve à la fin du XIIIe et au commencement du XIVe siècle, lorsque *Héthoum*, fils d'Ochine de Lambroun et maréchal des Arméniens, était le maître de ce même château.

Le nom de son couvent et les manuscrits grecs qu'on y a découverts, nous font supposer qu'avant la domination des Arméniens, les maîtres et les constructeurs du couvent et de la forteresse étaient des Grecs.

Vient ensuite le couvent *Calote*: il me semble qu'on devrait écrire *Caïlot* ou *Caïlou*, et qu'il doit être le même que celui de *Calou* ou *Caïlou*. Je le trouve dans les mémoires de deux hymnaires, écrits en 1325 et en 1336, par le prêtre *Siméon*, dans la « de- » meure de Dieu, le couvent appelé Calou, » sous la protection de la *Sainte-Vierge*, et » d'autres Saints de ce lieu ».

Le chroniqueur de la Cilicie nous donne un important renseignement sur ce lieu, en disant qu'il fut fondé par Léon le Grand.

Tous les autres lieux mentionnés dans l'édit de Léon[3], me sont presqu'inconnus, et même leurs noms sont douteux. Parmi les villages accordés aux chevaliers Teutoniques, le chrysobulle cite *Buquequia* ou *Bucona* ou *Buchona*, dont le propriétaire était un certain *Michel*. Deux Michel sont mentionnés au couronnement solennel de Léon; mais leurs châteaux paraissent avoir été à l'ouest de la Cilicie et assez éloignés de ces lieux. Parmi les noms de forteresses citées dans l'édit et qui ont une certaine analogie avec d'autres, on peut citer: *Judapus*, qui paraît être le château *Goudaphe* (Գուտափ), cité dans la liste des châteaux, après Ané et avant Engouzoud; donc tout près de Zeithoun. Son maître portait le nom d'*Abelgharib*, maréchal des Arméniens, à la solennité du couronnement; dans un édit de Léon on cite aussi l'église du lieu. Cela prouve

Fac-simile, tiré d'un Hymnaire écrit dans le couvent de Calou [2].

---

1. D'après le nom on pourrait croire qu'il descend de la famille de la première Sirouhi; ainsi la forteresse, son patrimoine, ne devrait pas être située loin de Simanacla; peut-être c'est le même lieu que celui de Δαзουθα qui est mentionné par les Byzantins, dans l'histoire des faits de Nicéphore Phocas.

2. Traduction du fac-similé ci-dessus:
« Ce livre de musique, qui est intitulé *étude graduelle*, fut écrit en 785 (1336-7) de l'ère arménienne; régnant sur les Arméniens le théophile et pieux Léon, fils du roi Ochine, qui mourut dans le Christ Dieu, et pendant le patriarcat du Seigneur Jacques; dans le saint ermitage qui est appelé de Kalou, sous la protection de la Sainte Vierge et d'autres Saints qui sont (vénérés) dans ce lieu; de la main de Siméon, prêtre indigne, et plein de péchés ».

3. L'ancien original du chrysobulle de Léon est conservé dans les archives royales de Berlin, où furent transportés les archives de l'ordre Teutonique. Un autre exemplaire ancien se conserve dans les archives de Venise (dans les *Pacta secreta, Senato* V. C.). Il est inséré dans la bulle de Guillaume patriarche de Jérusalem (1263-70), et fut copié du texte original de Léon; Guillaume déclare de l'avoir vu intact, avec le sceau d'or portant l'effigie du roi. A cause de quelques variantes dans les mots et les noms propres de l'édit, nous reproduisons la bulle de Guillaume: Notum facimus universis, quod nos vidimus et inspeximus diligenter *Privilegium* Domini *Leonis* Serenissimi Regis Armenie, vera bulla aurea pendenti Sigillum, non abolitum, non cancellatum, non rasum, nec in aliqua parte sui viciatum. Bulle vero

que ce bourg devait avoir une certaine importance ; je crois que le nom de *Gout*, (Գութն), employé par Sempad, est une erreur de copie. De même, *Turonus de Sabuhe* sera très probablement la forteresse *Telsabo*, c'est-à-dire *Thil-Sabo* qui est citée dans la liste, immédiatement après Thil, c'est à dire Thil de Hamdoun. Dans la chronique de Sempad (d'après l'imprimé) on trouve *Telbasso*; pourtant le meilleur manuscrit de cet historien porte *Telsebo*, et indique Thoros comme seigneur du lieu. Je n'ai découvert nulle part ailleurs ce nom. Le traducteur latin déclare que *turonus*[1] indique une position naturelle de la terre, que l'arménien ou l'arabe appellent *til*, et qui signifie colline ou amas de terrain.

Plusieurs années avant le règne de Léon, Bohémond prince d'Antioche, (1172), avait accordé à Josselin le Jeune, seigneur d'Edesse, quelques-uns de ces lieux mentionnés avec plusieurs autres. « *Caveam* et *Abbaciam Granacherde*, et Casale *Cavee Livonie*, *Bagfala*, et *Saigum*, et quantumque terre Guillelmi de Croisi tenebam et habebam; scilicet, *Sefferie*, *Bequoqua*, *Vaquer*, *Cofra* ».

A quatre ou cinq kilomètres d'Amouda, à l'est, s'élève la forteresse à demi-ruinée de *Boudroun* ou *Boudroum-kaléssi*, écrit *Modroum*, (Մոտրում), par Avédik de Tigranaguerte ; elle est au pied des montagnes, au bord du fleuve, sur un rocher élevé, que les visiteurs français

talis erat aspectus: ab una parte ymago regia, sedens super solium regale, habens in caput diadema in medio signatum signo Crucis, etin manu dextra tenens sceptrum, et in sinistra lilium: ab parte vero altera similitudo leonis coronati, qui quasi dextero pede elevato lignum Crucis tenebat: circumscripto autem ex uterque parte scripta erat, ut putamus, literis armenicis ». — Laissant de côté le commencement et la fin du chrysobulle, nous transcriverons ici la partie moyenne qui a rapport à notre topographie, en indiquant en même temps les différences qui existent entre ces deux exemplaires, dont le second, (celui de Venise), n'était pas connu par V. Langlois, pendant qu'il publiait chez nous le Cartulaire des rois Roupiniens.

... Dono et concedo a modo in perpetuum... In primis, famosum castellum Amudam nomine, et casale inferius sibi adherens nominatum, cum pertinenciis et divisionibus ipsius signatis in hunc modum: A parte *Simanaglaïn* tendit usque ad antiquum *adaquarium*, ubi duo sunt arbores salice et modo factus est laccus; dehinc usque rostrum de rocha media juxta gastinam que est de territorio *Adidy*. A gastina illa superius ascenditur usque ad *Quilli*, quod dicitur latine meta de *Gammassa*. Alia divisio inter Gammassa et Amudayn tendit ad cavam, ubi est arbor dicta *chaisne-spinosa* et abbacia *Chalot* et agger vinee de *Mechale*, et extenditur meta usque viam. Alia divisio inter pastores et Amidain tendit usque ad collem, ante quem collem, sunt duo rubi salvatici et arbor morarius; de hinc tendit usque ad gastinam dictam *Dagie* et extenditur usque ad *Zamga*[1]; de hinc usque ad lacum *Heliâ et Ioh*, et *Ramam* est quedam cava divisa. Item aliud casale nomine *Selpin*[2], cum pertinenciis et divisionibus ipsius signatis. A parte *Baari* extenditur usque ad crucem ; de hinc usque ad cavam et usque ad turonum de *Sabuhe* et usque ad agger de *Bezequl*. Inter Selpin et *Baari* et *Abedi* et *Rasel-aïn* est divisio quedam, Petra scilicet *Nigra* et *Pertusum vulpis*, et extenditur usque ad curbam Iohannis Turci, ubi est gastina ; de hinc usque ad curbam de *Moqun* et usque ad *Iudapus*. Hec infra situm est ipsum casale Sespin. Ex parte *Alasines*[3] extenditur usque ad arborem morarium furcatum, et usque ad flumen Iohan et ad

jungum (?) *den Dieu*, et ad ecclesiam de Judapus, et ad turonum platum et Petram nigram, et fractum arvoltum et usque ad laccum, ubi fuit domus Iohannis Cordin, et viam cruciatam, ubi est crux de petra. Hinc est recta via de Amudain ad *Traccic* et postera ad flumen. — Item aliud casale nomine *Buquequia*[4], cum pertinenciis et divisionibus suis[5] signatis, sicut dominus Michael ipsum tenuit. Ejusdem et Sespin territorium jungitur. — Item in territorio Meloni, aliud casale nomine *Cumbetfor*, cum pertinenciis et divisionibus ipsius signatis. A parte orientis extenditur sicut vadit via usque ad petram inter Cumbethfor et *Tetimec*, et sunt infra petre pro metis fixe et subter carbones ; de hinc extenditur usque ad metas petrarum fixas ex parte *Vancum*[6] et carbones subter ; a parte occidentis inter Cumbethfor et casale dictum *Belegiunos*[7], quod habitant villani de *Arench* et est *Sancte Marie de Turri*, sunt mete petrarum fixe et subter carbones ; de hinc extenditur usque ad coloumpnam marmoream. A parte septentrionis, versus *Casseriam* sunt mete fixe et subter carbones et vadit usque ad turonum. A meridie, extenditur usque ad metas de *Bagnigun*, ubi crux est posita et usque ad rocham, et infra sunt petre fixe et carbones subter. A parte *Abraainain* et Casserie sunt petre fixe et carbones subter, et in medio petrarum fixarum est crux de petra. — Item aliud casale nomine *Ayun* cum pertinenciis et divisionibus ipsius signatis. A parte *Calasie*, est crux de petra et carbones subter, supra viam que ducit ad Vancum. A parte orientis, extenditur ad Pertusum vulpis, et est ibi crux de petra: de hinc extenditur usque ad ovile et in medio sunt mete de petra quinque et carbones subter. A parte *Vangum*[8], usque ad aliam crucem de petra que fixa est juxta gastinam supra viam, et in capite vie est alia petra et via ibi dividitur.

1. Zainga 4. Buchequia. 7. Beleguinos.
2. Sespin. 5. Ipsius. 8. Nangum.
3. Alasinez. 6. Vingun.

1. Le mot *turonus* qui se trouve souvent dans les écrivains latins du moyen âge, selon Ducange signifie *monticule entassé*.

comparent au pic St. Michel d'Aiguille, près du Puy, en France. Au pied de la montagne, non loin de l'ermitage de *Saint Ramanus*, se trouve un village abandonné appelé *Bodraum*, dans le mémoire du rituel écrit l'an 1338. Je n'ai pas trouvé mentionné ce nom dans aucun autre lieu.

L'espace entier dans toute son étendue au pied sud-est du rocher sur lequel est bâti le fort, est garni de tombeaux creusés dans le rocher, à fleur de terre, et entremêlés de tombes en maçonnerie solide, de caveaux et de plusieurs sarcophages. Tous ces sarcophages ont été enlevés de leurs bases en roche native ou en maçonnerie, puis renversés et brisés en morceaux; pas un ne reste à sa place, pas un n'a été laissé entier. Il y avait aussi quelque deux colonnes immédiatement au pied du fort; des parties de cinq autres restent encore. L'une des colonnes entières possède un tasseau pour porter un buste ou une statue, le seul exemple de bon goût qu'on y voie. De la rangée de colonnes du sud restent encore huit colonnes complètes, et deux sans leurs chapiteaux, ainsi que les parties de seize ou dix-huit autres. Le reste de la colonnade, entièrement réduit en pièces, gît au milieu de tas de pierres énormes, des débris de l'architrave et des chapiteaux; parmi ces derniers on en trouve peu qui ne soient pas brisés. Les matériaux employés étaient la pierre à chaux, la roche récente, le conglomérat, qui sont très communs dans toute la contrée. Il n'y a point de marbre, mais quelques colonnes en granit, près

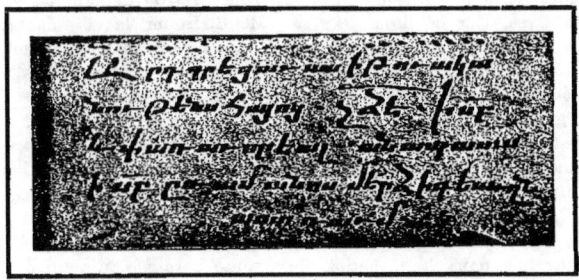

Fac-similé, tiré d'un hymnaire écrit dans l'ermitage de Saint Ramanus, en 1338. [1]

ques piédestaux funèbres, comme ceux de l'Isaurie. La ressemblance générale de ces ruines avec celles de Pompéiopolis, semble prouver que cette ancienne ville existait déjà au temps des Antonins, mais d'autres ruines prouvent qu'elle fut ensuite reconstruite et plus tard encore restaurée de nouveau durant les premiers siècles de l'ère chrétienne, comme on le voit par les ruines de deux grandes églises près de la colonnade. Il semble qu'une double rangée de colonnes traversait toute la ville, comme à Pompéiopolis; elle ne commençait pas loin du pied de la colline, grimpait toute la pente et s'étendait à une certaine distance derrière le sommet: sa direction est presque de l'est à l'ouest. De la rangée qui se trouve du côté du nord ne restent debout du sommet du tertre. Davis n'y vit point de monolithes; les fûts sont de 2 de 3 ou de 4 pièces. Les chapiteaux sont corinthiens, moins ornés que ceux de Pompéiopolis, mais les bases sont ioniques et placées sur une plinthe basse. Le diamètre des fûts était en moyenne de 2 ½ pieds, leur hauteur de 20 ½ pieds; les deux rangées étaient séparées par une distance de 16 pas, et la longueur entière de la colonnade était à peu près de 290 mètres. Chaque rangée devait compter, autant que Davis put l'établir, soixante dix-sept colonnes et la partie au bas de la colline semblait avoir appartenu à quelque bâtiment; parce qu'un vrai mur solide, maintenant au niveau du sol, unit leurs bases. L'Agora semble avoir été juste au sommet de la colline et dans la ligne de la

---

1. Traduction du fac-similé:
« Or, ceci fut écrit en 787, è. a. (1338), dans le saint et glorieux ermitage de Saint Ramanus, près du village de Baudroum ».

colonnade, sur une plate-forme légèrement élevée au dessus du niveau de l'allée et maintenant couverte d'énormes blocs de pierre. D'un côté de cette plate-forme part une ligne de piédestaux carrés par intervalle, avec des ouvertures de passage entre eux. La colonnade semble s'être étendue au delà derrière le sommet de la colline, mais il est difficile de la tracer; des morceaux de colonnes sont dispersés dans toutes les directions. Au sommet de cette colline et au sud de la colonnade se trouvent les ruines d'une église; elle possède une abside avec trois fenêtres à plein cintre, et doit avoir eu un dôme, car les pierres sont taillées de manière à s'attacher à la courbe intérieure. Cette église a été construite des ruines de la vieille cité, car quelques-uns des chapiteaux de la colonnade ont été employés pour les fenêtres; et un entablement orné d'oves et d'abaques entoure l'abside et sert d'appui aux fenêtres. Sur la ligne de l'église à l'est, se trouve un bâtiment de briquetage romain paramenté à l'ouest de grandes pierres taillées; et au-dessous du bâtiment se trouve une grande voûte à plein cintre, dont l'entrée est du côté du sud.

A une distance d'environ 180 mètres, au sud, se trouve une autre église qui est à peu près une copie de la première. Du côté du nord de l'église une autre ligne de colonnade partait autrefois dans la direction du E. N. E. au O. S. O. La rangée du nord est entièrement disparue: de la rangée du sud, il ne reste plus que les débris de sept colonnes, mais les bases sont encore à leur place originale.

L'amphithéâtre se trouve à l'extrémité est de la ville, la façade donne du côté du sud. La scène n'existe plus, il n'en reste que quelques pierres. Il n'y a point de sculptures excepté un ou deux masques défigurés. Davis compta de la terre jusqu'au diazoma, 14 rangées de sièges; d'autres sont probablement ensevelies sous la terre; les rangées au dessus du diazoma sont à peu près toutes déplacées ou détruites. Deux passages voûtés partant du dehors conduisent au diazoma, et il y a plusieurs escaliers. Ceux-ci sont simplement des gradins creusés dans la pierre; la hauteur de chaque siège est de 1 pied 3 pouces, et la rangée immédiatement au dessous du diazoma avait un dossier; la largeur de la scène est près de 44 pas, la profondeur de l'orchestre près de 36.

Au sud du théâtre, à 140 mètres, existent les ruines d'un bain et d'une arène. Davis ne trouva qu'une moitié d'inscription grecque et il ne réussit pas à déchiffrer le nom de la ville. La forteresse ne fut pas examinée, et Davis la croit une construction arménienne, sinon de l'empereur Justinien. Elle est construite de pierre à chaux jaune grisâtre avec des blocs taillés, provenant des ruines de la ville. Elle repose sur un arc-boutant en saillie de la montagne voisine; de trois côtés le rocher est tout-à-fait escarpé comme une énorme plaque d'ardoise grise noire. Elle est séparée de la montagne à son quatrième côté par une profonde crevasse creusée dans la roche native. Au sud-est s'élève une tour ronde qui surplombe l'extrémité supérieure de la colonnade; du même côté se trouvait la porte du château, qui semble presqu'impraticable pour les hommes et bien plus pour les chevaux.

Bent, autre explorateur anglais moderne, pensa retrouver dans les ruines des environs de Bodroum, la ville de *Castabala Hierapolis*.

Je ne sais pas dans quel district devrai-je placer le territoire qui s'étend de Kars-Bazar à l'est jusqu'aux frontières de Marache, et qui se trouve au sud de Zeithoun et de Gaban: toute cette contrée semble en effet inconnue aux voyageurs. Pourtant après avoir tracé la topographie de ces lieux, j'eus dans les mains la relation du voyage de Davis, qui se rendit de Marache à Sis, en suivant une route parallèle au cours du fleuve Djahan sur la rive droite; comme il était le premier qui nous fît connaître ces lieux, je jugeai à propos de suivre son chemin et sa description.

Or, Davis passa le pont de Djahan (qui se trouve à quelques kilomètres au nord de son affluent Ak-sou, à peu de distance de Marache), et traversant la longue chaîne des montagnes *Hadji-bel*, aux cônes tronqués, il pénétra dans la plaine, couverte de buissons, de prairies, et de plantations de frênes: les habitants étaient peu nombreux. Il semble qu'une chaîne de montagnes s'étend en ligne parallèle au Djahan de l'est à l'ouest, au sud de Zeithoun; car des ruisseaux, presque l'un à côté de l'autre, (quelque part à la distance de 200 ou 300 mètres), viennent se jeter dans le fleuve, formant ainsi des petites et étroites vallées. Lors de la fonte des neiges ou à l'époque des grandes pluies ils se changent en torrents, descendent des cimes des montagnes chargées d'alluvions, les déchargent ensuite dans le fleuve et forment ainsi plusieurs marais et marécages, au travers desquels on ne passe que difficilement.

Le voyageur appelle le premier des ruisseaux *Kursoulou*, et à sa jonction avec le grand fleuve, il pose le petit village arménien, *Tchaïrlan-Tchiftlik ?* où il passa la nuit, le 3 mai 1875. Dans cette région il trouva beaucoup d'oiseaux, des troupes de perdrix et de passereaux, et un chat sauvage; il attribue leur présence à l'abondance des eaux. Les habitants du village étaient extrêmement pauvres, et celui qui lui avait offert l' hospitalité ne connaissait pas même l' existence du café. Sur le ruisseau on avait jeté un pont haut et large, d'une seule arche.

Près du lieu où le ruisseau se jette dans le Djahan, commence un sentier étroit se dirigeant vers la cime de la montagne *Hadji-bel*, au pied de laquelle est situé le village et la forteresse de *Deunghel*, le *Dounkalé* ou *Douncalot* de Davis. L' étroit passage de Hadji-bel est très escarpé et rocailleux, et le grand nombre de pointes de rochers, de cailloux anguleux qui recouvrent le sol et forment comme des écueils, rendent difficile la marche, tant pour monter que pour descendre; du chemin qui est à l' ouest on descend dans une vallée boisée arrosée par un ruisseau qui se forme dans le défilé. Le paysage des alentours est d' une beauté magnifique et grandiose; pourtant ces localités sont privées d' habitants, ce qui obligea le voyageur de passer la nuit sous la voûte d'une petite grotte, au milieu du bois (4 mai 1875), près du ruisseau *Sari-toprak-sou* (eau de terre jaune).

A l' est, où ce ruisseau forme un angle avec le Djahan, les mémoires indiquent l' emplacement d' un *Anabad* (ermitage); il est probable que les recherches y découvriront l' un des couvents de solitaires arméniens, et peut-être, l' un des plus remarquables. Le passage qui conduit de ce ruisseau à l' ouest est très raboteux et irrégulier : il aboutit à un terrain argileux et flasque, sur lequel il est non moins difficile de marcher. On trouve sur ces rochers des coquilles pétrifiées et des pierres brûlées de diverses couleurs, grosses comme une tête. Plus en avant s' élèvent des chaînons de monticules rocheux, fendus et extrêmement crevassés; tout couverts de chênes et d' autres arbres, comme aussi le terrain plat l' est de buissons et de pâturages, mais privé de tout arbre fruitier et de légumes; il suffirait pourtant d' un peu de culture pour les y faire prospérer.

A dix kilomètres d' Anabad à l' ouest, sur la pente d'une colline rocheuse et au bord d'un petit ruisseau, il y a un village arménien que le voyageur anglais appelle *Sourandji-Oushara ?* Les femmes de ce village qui fournirent au voyageur du lait et du pain, lui parurent courageuses, fortes et bien formées. Malgré leur pauvreté elles portaient beaucoup de parures, de grands bracelets d' argent, des coiffures ornées de monnaies d'or, des boucles d'oreilles et des ceintures brillantes, de cuir rouge ou jaune ou vert, garnies de gros boutons d' argent avec une grosse agrafe au milieu [1].

Un peu plus loin un ruisseau, *Andrén-sou*, se jette dans le Djahan, et presqu'au bout de la plaine on voit les ruines d' une petite église et d' un château : peut-être c' est le même que l' ancien *Antroun*, que nous avons cherché dans la région de Hadjine.

Plus loin encore, à quelques kilomètres de distance à l' ouest, un ruisseau plus grand, appelé *Kaïche*, se jette dans le grand fleuve, laissant à sa gauche, à l' est, le village *Adjemli;* on dit que les alentours sont infestés par les serpents. Le voyageur anglais passa la nuit (5-6 mai 1875) dans ce village, chez une famille arménienne, composée de trois frères mariés. Il décrit la maison, construite en pierre, vaste et élégante, mais sa façade étant tournée vers le sud, pendant l' été le séjour n' y était pas agréable; des fenêtres on avait une vue magnifique sur les Montagnes Noires et sur celles plus proches, les montagnes *Durbun*, (télescope), hauts de 10,000 pieds, et dominant le fleuve Djahan à gauche. Sur le mur de la maison, Davis remarqua une pierre avec une inscription grecque; on l' avait transportée du village voisin, situé à l' ouest. L' inscription indiquait les noms des bienfaiteurs de l'église de Saint Jean, érigée la 15ᵉ année du règne de l' empereur Maurice, l' an 596, sous l' épiscopat de Pierre; le diocèse reste inconnu.

Au sud du village Adjemli, près de l' union

---

[1]. The women of the hamlet gathered round us, and brought some milk and a little native bread. They were tall and good-looking, somewhat masculine in manner, and, in spite of their poverty, wore many ornaments, large silver armlets, gold coins hanging at their temples, and belts of bright red or yellow or green leather, studded with large knobbs of silver, and with a great silver clasp in front. The hair was plaited in a number of tails, secured at the end with silk, with small silver coins attached. — DAVIS, 113-4.

du Kaïche au Djahan, on voit le village *Takhtaly*, à l'ouest celui de *Bahadourlou*, habité par des Turcomans. Les environs de tous ces lieux sont couverts de buissons, mais en avançant vers l'ouest, on voit les gros arbres des forêts, et au milieu d'eux, sur le dos d'une montagne, les ruines considérables d'une grande forteresse, appelée de nos jours *Koum-kalé*, (Fort de sable).

A une demi-heure de distance, au nord d'Adjemli, on a jeté sur le ruisseau Kaïche un pont à quatre arches, deux grandes et deux petites. Un peu plus à l'ouest, un ruisseau clair entre dans le Djahan au milieu d'une allée de grands chênes, de bosquets d'arbres fruitiers et de buissons divers. Cette région est pauvre en oiseaux, en insectes et en fleurs, à cause du manque d'eau.

A une certaine distance du pont dont nous venons de parler, à droite du fleuve, Davis indique sur sa carte Newpet, *Norpert;* mais il ne le mentionne pas dans sa topographie, car il n'y pénétra pas. Je ne saurais affirmer si le Norpert de ce voyageur est le même que le village Norpert, qu'un écrivain arménien place dans le district de Sis, et un autre encore dans celui de Hadjine, dans lequel district nous l'avons placé nous aussi (p. 177). Comme le même auteur cite aussi le village arménien Adjemoghlou près de ce lieu, il s'en suivrait que les deux Norpert ne sont qu'une seule et même chose.

2. — RIVE GAUCHE DU DJAHAN. — THIL DE HAMDOUN

L'espace du territoire de la vallée à gauche, c'est-à-dire au sud et à l'ouest du Djahan, au nord du Golfe des Arméniens, à l'ouest des montagnes Amanus, a eu ses fastes dans notre histoire nationale, comme nous l'indiquent les noms des forteresses et des constructions, et l'histoire des nombreuses incursions des Egyptiens, qui s'en rendirent maîtres durant la dernière époque de la dynastie des rois arméniens. Jusqu'ici ce territoire a peu tenté l'esprit aventureux des explorateurs, aussi ne trouve-t-on que très peu de renseignements soit sur la configuration du sol, soit sur les bâtiments. La mention de l'étrange source thermale de Haroun, dont nous avons parlé dans la physiographie (p. 8), semble nous indiquer le siège d'intéressants phénomènes géologiques, que la proximité des montagnes Duldul confirment.

De nos jours on n'indique dans cette contrée que le ruisseau *Ara*, qui, descendant des montagnes Amanus, coule d'abord parallèlement au fleuve Djahan, dans la direction du sud, puis, tournant de l'est à l'ouest, se jette dans ce même fleuve, à quelques lieues de l'embouchure du Saouran. Il paraît que c'est le même ruisseau qu'on nomme *Yalbouze*, ou *Yarbouze*, du nom d'une bourgade située dans un défilé de l'Amanus, entre Osmanié et Islahié, et qui parcourt les gorges des montagnes *Biléli* et *Dévricheli*. Parmi les constructions on désigne les emplacements de cinq ou six villages sans nom, et deux champs de ruines.

Selon les annales de nos pères, ce territoire s'appelait THIL, du moins en partie, à cause du grand bourg ou de la ville de ce nom, qui, conjointement avec le nom *Hamdoun*, s'appelle souvent *Thil de Hamdoun*, et plusieurs fois séparément *Thil* ou *Hamdoun*, tant pour signifier le bourg que le district, qui probablement s'étendait au nord-ouest jusqu'aux confins d'Anazarbe. Dans ce même district de Thil étaient comprises, outre Hamdoun, la célèbre forteresse de *Hamousse*, la ville de Haroun, et vers le sud, la forteresse bien remarquable de *Saravani-kar*. Il faut aussi ajouter au nombre des forteresses, les châteaux de *Govara* et de *Nédjmié*, *Nédjim* ou *Noudjey;* mais ce dernier n'est mentionné que par les historiens arabes, peut-être par corruption d'un nom arménien; cependant son emplacement est sans aucun doute dans ces lieux. A part les susdites forteresses, l'édit de Héthoum en mentionne encore d'autres dans le district de Haroun : ce sont, selon le texte latin, *Lalyan, Mautrig*, *Sève-averag-pert* (ruine noire) ; chacune d'elles, comme nous le verrons peu après, avait sous sa dépendance, des villages, des couvents et des stations.

Les historiens témoignent que les Egyptiens se rendirent maîtres de quinze forteresse de la région du Djahan, soit par la force, soit par contrat avec les Arméniens : les plus remarquables étaient Haroun et Hamdoun, qui avaient de vastes terrains habités. L'un des derniers explorateurs, Davis, mentionne une forteresse ruinée appelée *Keupek-kalé* (fort du chien) près du passage étroit de Dévricheli, sur un rocher à précipice, à la hauteur de quatre ou cinq cents pieds [1].

Le fort de *Hamdoun* semble avoir eu la suprématie sur tous les autres de cette région, et il est cité dans notre histoire avant les autres. Le mot Thil indique qu'il était bâti sur une colline, ayant le hameau à ses pieds, près d'une petite rivière, non loin du Djahan, تل-حمدون. Ce fut le prince Thoros qui pour la première fois parmi les Arméniens, s'empara de Thil, l'an 1151 ; peut-être est-ce dans cette même campagne qu'il fit prisonnier le duc Thomas, et qu'il battit, près de Messis, Andronic, l'autre duc et gouverneur de la Cilicie, accouru au secours du premier. Quelques années après, se trouvant dans l'incapacité de délivrer Thil des mains de Thoros, l'empereur Manuel excita Massoud, sultan d'Iconium, contre notre prince. Le sultan organisa deux expéditions ; ses soldats, arrivant battus et couverts de confusion du côté d'Antioche, l'an 1154, voulurent profiter de l'absence de Thoros et traverser la frontière ; mais « une maladie, qu'ils appellent *dabakh*, sévit » sur leurs chevaux et en fit périr la plus » grande partie. A la vue de ce désastre, » les officiers turcs prirent la fuite ; un grand » nombre coupèrent les jarrets des chevaux » et des mulets, jetèrent leurs armes pour » se sauver plus rapidement, et, traversant » des *vallées boisées* et des *lieux impraticables*, ils s'égarèrent. Dès que Thoros fut de » retour avec ses hommes, ils virent le service » inattendu que le Tout-Puissant leur avait » rendu, en inspirant la terreur à leurs enne- » mis et les mettant en fuite, sans qu'ils » eussent eu besoin de recourir aux armes » ou au combat corps à corps ; et ils en re- » mercièrent Dieu ».

Cependant l'année suivante, (1155) le sultan Massoud vint en personne à la tête de ses troupes et « attaqua Thil de Hamdoun... » Par une dérogation à l'état habituel de » l'atmosphère, dans le mois de juin, des té- » nèbres épaisses se répandirent : les nuages » comme des montagnes, s'entrechoquaient » avec des éclats de tonnerre, des éclairs en- » flammés embrasaient toute la voûte céleste, » et un vent plus violent que jamais, déracinait » même les arbres. Effrayés par ce spectacle » de terreur, tous se pressaient éperdus dans » l'église. Enfin le Seigneur eut pitié de ses » créatures ; au bout de trois jours il arrêta ce » fléau. Pour la seconde fois le sultan Massoud » s'en retourna chez lui ignominieusement [2] ».

Trente ans après (1185), Roupin II, le neveu du courageux Thoros, fut pris traîtreusement par le prince d'Antioche, et il fut obligé de céder pour sa rançon Thil et d'autres lieux. Peu de temps après, cette place tomba de nouveau sous la puissance de son frère Léon Ier. Le seigneur du lieu s'appelait alors *Robert* (1198), il eut peut-être pour successeurs son fils Josselin, chambellan des Arméniens ; celui-ci, en 1218, fut envoyé par Léon en Hongrie, en compagnie du roi des Hongrois André, afin de ramener en Cilicie le fils de ce dernier, à qui on voulait faire épouser Zabel, jeune fille de Léon ; mais cela ne réussit pas. Quelques années auparavant (1212), Willebrand, à son retour de Sis et d'Amouda passa

---

1. At about the middle of the Pass, on a rock with precipitous sides from 400 to 500 feet high, and cut off by deep gorges from the surrounding heights, was a ruined fort, Keupèk-kalesi (Dog-castle), perhaps one of the many robber holds destroyed by the governement troops a few years ago. — Davis, 84.

2. Paroles de l'historien de la Cilicie. Mathieu d'Edesse aussi rapporte, que le 27 mai de la même année, 604 de l'ère des Arméniens, il tomba une grêle terrible, et le 5 ou le 7 juin, eut lieu une extrême obscurité ténébreuse... et par le choc des nuages l'un contre l'autre et le bruit du tonnerre, on croyait entendre le fracas de deux montagnes dures comme des diamants, qui se frappaient l'une contre l'autre, et l'éclat de la foudre silonnait la voûte céleste. Il n'y avait pas d'endroit sur le ciel où l'on ne remarquât des éclairs mêlés au vent. Personne n'osait porter ses yeux aux terribles commotions qui avaient lieu sans interruption.

par Thil qu'il appelle Thila, forteresse très forte[1], dont il attribue la propriété à une personne de la noblesse. Il raconte encore naïvement au sujet d'une montagne située près de Thil et nommée Montagne de la Fortune[2], que si quelqu'un passe pendant six semaines de suite dans le jeûne et dans les mortifications, et après avoir communié s'approche de cette montagne, il y trouve la fortune sans faute, comme cela s'est réalisé pour plusieurs. Parmi ces fortunés, il a vu de ses propres yeux un soldat d'Antioche, qui, après avoir accompli les cérémonies prescrites, y avait trouvé une serviette (quoddam manutergæum), qui lui fournissait tout ce qui pouvait être nécessaire pour sa famille et ses hôtes; et il ajoute: Que nous serions heureux si une telle merveille venait encore aujourd'hui à l'aide des indigents! « Utinam etiam » hujusmodi minister hodie vitæ succurreret in- » digentiæ »!

Aboulféda, l'historien arabe, affirme que Thil n'est pas seulement un château, mais encore une ville pleine de jardins. C'est là que fut pris Philippe d'Antioche, époux de Zabel (1225), et il y mourut en prison. Héthoum Ier, son héritier fortuné et digne époux de Zabel, célébra dans cette même ville, avec grande solennité, la fête de l'Epiphanie (1265), pendant qu'il y avait assemblé les notabilités et un grand nombre de soldats, afin de porter secours au général tartare, à Bir, vers les bords de l'Euphrate. Cette solennité fut, sinon pour Héthoum, du moins pour Thil, la dernière fête de sa magnificence et de sa gloire. L'année suivante, lorsque la fortune du roi commença à décliner, et que son fils héritier eut été fait prisonnier, et l'autre tué, il se vit obligé d'abandonner au vainqueur la ville de Thil avec d'autres, afin de délivrer son aîné Léon (II), et d'assurer de la sorte les frontières de son pays.

Son fils, puis ses petits fils, reprirent plusieurs fois aux Egyptiens la ville de Thil avec ses environs; plusieurs fois de même ces derniers disputèrent ces lieux aux Arméniens et s'en emparèrent, comme dans les années 1273-75, 1278. Durant le règne de Sempad, l'an 1294, les Egyptiens firent une grande incursion, dit le chroniqueur, et s'emparèrent, avec Thil, de la moitié de la Cilicie. Dans le traité de paix de Boundoukhedar avec Héthoum, on voit aussi que plus d'une fois les Egyptiens avaient prétendu occuper le côté oriental de la Cilicie jusqu'au fleuve Djahan, et qu'ils le conservèrent de 1294 jusqu'à 1300. Ce fut alors que Khazan khan, marcha contre le sultan; le gouverneur de cette région était à cette époque Hassan-Timour-Gurdji, qui, selon les historiens arabes, s'enfuit à Damas, en compagnie du prince des Arméniens. Après la grande bataille de Hémes et la défaite des Egyptiens, les Arméniens se rendirent de nouveau maîtres de Thil de Hamdoun et des districts qui en dépendaient. Mais quand les Tartars cessèrent de se faire craindre, les Egyptiens se hâtèrent de tirer vengeance. D'abord ils n'eurent pas de succès (1302); la seconde fois (1304) ils assiégèrent la forteresse, où s'étaient abrités plusieurs fugitifs du voisinage; ceux-ci furent enfin obligés de capituler (le 17 juin); parmi eux se trouvaient six princes, seigneurs de forteresses. Le roi des Arméniens ne voulut pas se porter garant, disent les historiens arabes, pour des princes qui avaient violé sciemment les traités et cessé de payer le tribut: alors le général qui était le gouverneur d'Alep, les fit décapiter, à l'exception de *Romanus* ou *Roumag* qui se fit mahométan; il était le maître du fort *Hamia*, peut-être Hamousse ou *Nédjime*. Mais quelque temps après, les Arméniens s'emparèrent de nouveau de Thil, et les Egyptiens marchèrent contre cette ville l'an 1320, année où mourut le roi Ochine; cependant la reprise du château n'est pas mentionnée. A Ochine succéda Léon IV qui fit un traité de paix pour 15 ans; il est probable que dans cette circonstance les Egyptiens exigèrent entre autres le district de Thil qui leur fut cédé. Dans un autre traité de l'an 1337, il est dit clairement que le même Léon laissa aux Egyptiens ce côté du fleuve Djahan, avec cinq forteresses, y compris Ayas; cette fois-ci encore le nom de Thil est omis, et même depuis ce temps son nom n'est plus mentionné dans notre histoire. Cependant après l'extinction même du royaume des Arméniens, ce lieu garda une certaine importance: car un géographe turc du XVIIe siècle parle du château et des fortifications de Thil et de ses jardins.

Le fort de *Hamousse*, comme nous l'avons

---

1. Venimus ad Thilam, quod est castrum bonum cujusdam nobilis. — WILLEBRAND.

2. Quidam mons satis amænus, quem montem de Aventuris appellant. — Id.

indiqué, est à l'est de Thil de Hamdoun : probablement il fut pris par Thoros II en même temps que cette dernière place. On trouve dans un mémoire que l'an 1165, un Grec, duc de Hamousse, tua Stéphané; d'un autre côté l'historien royal affirme seulement que Stéphané « fut livré traîtreusement par l'inique » duc des Grecs du territoire des Ciliciens, » devant Hamousse ». Ce dernier château finit cependant par tomber sous la domination arménienne, et à la fin du XIIe siècle le seigneur de la forteresse était un certain *Arévkouyn*; après lui, l'an 1259, elle eut pour maître un certain *Vahram*, gendre du connétable Sempad. C'est ce même Vahram, qui faillit périr dans la bataille de Mountas, comme nous l'avons déjà dit ailleurs, et fut sauvé par son courageux beau-père. Hamousse fut pris l'an 1266 et dévasté par les Egyptiens; et ce qu'ils ne purent pas ruiner, fut détruit trois ans plus tard (1269), par un grand tremblement de terre. Mais il paraît que, comme les autres châteaux, Hamousse aussi fut restauré; car les Egyptiens en 1337 l'avaient exigé dans le nombre des cinq forteresses. Si l'historien allemand Weil lit bien le nom, le fort *Houmey-masa*, cité par les historiens arabes, serait le même que Hamousse.

La dernière année du royaume des Arméniens, il est fait mention d'un *Léon* de Hamousse, qui fut envoyé en députation auprès de Léon V, le dernier roi.

La première et la principale de toutes les forteresses de cette contrée, c'était *Haroun*, écrit en latin *Haronia, Haronie*, tantôt *Aronie, Airone*. Construite probablement par le calife Haroun-al-Rachid : elle était située dans la région sud-ouest du Djahan, non loin des districts Djegher et Ayas. A la fin du XIIe siècle le maître de ce château portait le nom de *Léon*; après lui c'est *Godefroi* ou *Jeofroi*

qui en est le maître; il fit ensuite partie du domaine royal. Héthoum Ier, avec le consentement de la reine Zabel, accorda, par un édit spécial, cette forteresse et ses dépendances, aux Chevaliers Teutoniques. Ceux-ci, comme nous l'avons vu, avaient déjà reçu de Léon le château d'Amouda avec d'autres villages et possessions, en signe de gratitude pour leurs services et pour leur promesse de défendre le royaume des Arméniens. C'est pourquoi, dit-on, Héthoum et la reine Zabel leur étaient liés, comme un frère et une sœur, et leur avaient accordé la forte et belle ville de *Haronia*. Ce sont le grand maître *Hermann* et le commandeur Littold, qui reçurent la donation.

Ne possédant pas l'original arménien, nous publions ici la traduction contemporaine latine.

De civitate Haronia cum suis pertinentiis, que dedit Domui (Teutonice) [1] *Eython, Rex Hermenie.*

Voluntate beneficii Dei Patris et gracia Domini nostri et Salvatoris (a) Jhesu Christi et beneplacito Sancti Spiritus, ego Eython, Christi Dei fidelis Rex Armenie, filius Costantini stirpis regie, et Elisabeth (b) Regina ejusdem, filia quiescentis in Christo Leonis Regis. Notum facimus vobis, qui nunc estis et qui post futuri estis, quod dedimus, ut petiit, Dei habitaculo domui Hospitalis Alemannorum, per manus sancti et religiosi Magistri Fratris *Hermanni*[2] et dilecti Dei Comendatoris Fratris *Lutoldi* (c), nominatam et speciosam civitatem *Haroniam* cum sui dispositione confinii, sicut est contiguum et separatum, secundum quod Dominus Gaufridus (d) habebat, quando Haronie dominus erat; quod nominamus singillatim cum abbaciis, casalibus, gastinis, terra, aqua, molendinis, prodiis, montibus, collibus et fructiferis planis, et omnibus

---

1. Le dos du manuscrit de Venise porte cette note : « Rescriptum Privilegij Regis Armenie super bonis Baronio » : mais je crois que c'est par erreur qu'on a écrit Baronie au lieu d'écrire Haronie.
2. Hermann de Salza turingien, était le quatrième chef de l'ordre des chevaliers Teutons; il devint le premier par ses mérites, ayant accompli beaucoup d'actes de bravoure et de bonté durant les trente années de sa direction (1210-1239). Dans les premières années (1212) s'étant rendu à Antioche et en Arménie, il obtint de Léon en donation, le château d'Amouda; pendant ses dernières années (1236), étant de nouveau retourné à Sissouan, il reçut de Héthoum le

château de Haronia. Il avait acquis encore d'autres possessions en plusieurs lieux de la Syrie, et il y avait fondé des maisons pour les chevaliers de son ordre, comme il l'avait fait en Occident. Il jouissait de la sympathie et de l'estime du Pontife romain, ainsi que de l'empereur Frédéric II, et il faisait tous ses efforts pour les réconcilier. Il passa ses dernières années en Italie et mourut dans la ville de Salerno.
a. Dans l'exemplaire de V. Langlois ou de Berlin, ces deux mots : « et Salvatoris », manquent.
b. Dans l'exemplaire de V. Langlois, Ehelisabeth.
c. Id.   Id.   Littoldi.
d. Id.   Id.   Gofridus.

fructibus et pertinentiis et possessionibus. Quia vidimus sanctam et religiosam Domum Hospitalis Alemannorum impletam et refertam omni bonitate in omnibus et per omnia cruce signatam et militantem contra inimicos crucis Christi, et per ipsum vincentem in adversarios in preliis, et ornatam et confortatam in servicio infirmorum, et semper sibi provident in dona pauperum, et receperunt nostrum regnum (a) in veram fraternitatem et sororitatem. Modo autem amplius conjuncti sumus, non ficto amore set verissimo vinculo, sicut confitentur nobis servare et tueri regnum nostrum ab omni parte, sicut veri fratres et inseparabiles amici, secundum mandatum Christi Dei nostri, quod est diligere invicem, et in hoc discipulos ejus fieri ; sicut sancte Domus Alemannorum fratres perficiunt omnem legem scriptam et christianam, et pro transitoria vita voluerunt et emerunt immortalem et eternum regnum Dei, sicut scriptum est : « Ubi ego sum, illic et minister meus erit » ; et iterum : « Ubi duo vel tres congregati fuerint in nomine meo, ibi ego sum in medio eorum ». Propter hoc, sanctam domum istam Dei habitaculum appellamus et volumus ipsorum participes fieri in omnibus hiis bonis, et dedimus eisdem supra nominatam civitatem Haroniam cum terra sibi contigua et separata, cum suo confinio, sicut dispositum est, et nunc recordamur per partes sigillatim : Civitatem Haroniam, cum molendinis, abbaciam *Ovide*, abbaciam *Sancti Mamas*, abbaciam *Sougre*[1], casale *Lalyan* (b), casale *Costinos*, casale *Goustgenache* (c), casale *Gausquigne*, casale *Cherrare*, casale *Chacorin* (d), cum suo molendino, casale *Cainchequice* (e), *Aguechemoin ;* castine, *Sanctum Danielem, Davenim, Saargague, Sanctum Thoros, Cievaverac pirt, Quiang Thelague* (f), *Mautrigue Pert, Guenecch, Hachoudage* (g), in quo sunt regis rustici et unus

rusticus domini Michælis d'*Andraple*, et alii regis ligiorum hominum rustici, et domini Baugdin (h) *Emerance* (i). Illos rusticos si volunt fratres dimittere in sua terra, dabunt sicut ante erat costitutum, ut darent medietatem redditum qui dicuntur armenice *engague*[2] Haronie, et cetera dominis suis. Sin autem accipiet unusquisque suos rusticos et exibit de suo loco (k), et remanebunt illa loca cum suis rebus integre, et erit terra in mandato fratrum, secundum quod est intra eorum confinium.

Igitur predictam civitatem et terram pretaxatam quam nominatim recolimus et per confinia distinximus, dedimus angelice legionis fraternitati Hospitali Alamannorum in perpetuam et permansuram hereditatem, qui nunc sunt et qui post futuri sunt. Non ergo habeat aliquis potestatem in tota regione Armenie de subditis nostris, neque magnus, neque parvus, sancte Domui et spirituali fraternitati, vim vel molestiam facere, neque de confinio, neque de pertinencia minuere ; sed sit Hospitalis Alemannorum supranominate et distincte terre, auctoritas ex nostro magnifico mandato. Propter hoc, ergo dedimus nostrum gratuitum *Privilegium :* et ut majorem habeat firmitatem, manu regia subscripsimus et sigillavimus aureo sigillo nostro.

Datum januario mense , $xx^a ij^a$ die, anno Armenorum DCXLXXXV° (l), indictione ix^a, per manus *Manuelis* Cancellarii.

Pendant que cette partie de la Cilicie était encore sous la domination des princes d'Antioche, l'un des villages, appelé dans leur édit *Churar*, qui paraît être le *Cherrare* du chrysobulle de Héthoum , fut conféré par ces princes aux Chevaliers Teutoniques en 1149 et en 1163. Plus tard ceux-ci reçurent encore

---

1. On pourrait le prendre pour Chougher Շուղր ; mais ce n'est pas le célèbre couvent situé au sud d'Antioche.
2. L'impôt foncier que les sujets payaient au gouvernement, pendant la dynastie des princes de Sissouan, s'élevait à la cinquième partie des revenus annuels, comme l'affirme aussi Sempad dans son livre des lois, (Ch. I.). En effet, *Engague*, en arménien Ընգակ, *Hengag*, signifie la cinquième partie. Langlois pense que le mot du texte arménien devrait être *yeg* (եգ), signifiant les revenus ou les rentes du gouvernement ; mais cela n'est pas admissible.
a. L'exemplaire de Langlois, — negocium.
b. Id. de Venise, — Loulian.

c. Dans Langlois, manque — Goustgenache.
d. Exemplaire de Venise, — Cachorin.
e. Id. — Cainthequece.
f. Id. Langlois, — Quiang, Telagre,
   Id. Mautrigue, Port.
g. Id. Id. — Hachoudagre.
h. Id. Id. — Baudin.
i. Id. de Venise, — Hemarance.
k. Id. Langlois. — exibit de loco.
l. Dans l'exemplaire de Venise la date est mal marquée et presque effacée. Ce qu'écrit Langlois DC et quadragesimo octagesimo V°, est étrange et privé de sens, car on doit le lire 600 et 40 et 85.

le hameau d'*Agamir* en face de Thil et les villages *Gadire* et *Oupli?* avec toutes leurs dépendances [1]. Dans le chrysobulle du prince sont cités en même temps que Thil, Haroun et Mamestie, aussi le district de *Cafardan* et son village de *Mouserat* [2], ce qui est une raison de supposer que ces lieux se trouvaient dans cette même région. De même il faudrait chercher non loin d'ici *Levonia*, ainsi appelée du nom du Baron Léon, et qui fut accordée aux chevaliers Teutoniques [3], l'an 1167, par le Prince Bohémond III. Le grand nombre des noms indiquent que les cinq autres forteresses principales, comme les deux plus célèbres, Amouda et Thil de Hamdoun, avaient aussi sous leur dépendance plusieurs villages et possessions dans cette région; mais aujourd'hui nous n'en connaissons presque pas même un avec des données certaines, soit ancien, soit moderne.

Je ne sais combien de temps la forteresse de Haroun resta aux mains des Teutons, probablement autant que le château d'Amouda ou un peu plus; car les Egyptiens exigeaient de notre roi, Haroun avec d'autres forteresses, et ils l'obtinrent enfin l'an 1337. Il est rapporté que plusieurs années auparavant (probablement en 1273), Léon II fit une expédition de ce côté, contre les maraudeurs égyptiens, il les surprit près de Haroun et les chassa.

Il nous reste de rechercher, au sud-est de Haroun, une autre forteresse célèbre, du nom de *Saravan* ou *Saravani-kar*, *Sarvantave* ou *Saravanti-kar*, selon les meilleurs manuscrits; ordinairement c'est sous ce dernier nom que les auteurs arabes la citent, et l'appellent *Servend-kiar*, سروندکار. Le géographe turc connaissait ce lieu et le plaçait dans un vallon sur un rocher abrupt, mais à tort au nord; car alors il serait sur la rive droite du Djahan. Le beau nom arménien indique sa position et sa nature: comme Baudrom, Sarvante est situé sur un haut rocher, rude et escarpé: c'est l'un des châteaux les mieux fortifiés et les plus pittoresques du pays. Mais qu'il fut élevé par les Arméniens ou par les étrangers, probablement ce fut dans une époque antérieure à la domination des Roupiniens; au commencement du XIIᵉ siècle il se trouvait au pouvoir de Tancrède, le Chevalier ardent et belliqueux. A cette époque (1101) le comte Raymond de Saint-Gilles, de retour d'Occident, avec une armée de Croisés, fut défait par le sultan des Sarrasins et presque tous ses hommes furent massacrés, grâce à la trahison des Grecs; il s'empressa de s'enfuir à Antioche, mais Tancrède « le char- » gea de chaînes et l'envoya à la *ville de Sar-* » *vantave* (selon Mathieu d'Edesse). Quelques » jours après, le patriarche des Francs qui » résidait à Antioche, et d'autres prêtres en- » core, intercédèrent auprès de Tancrède en » faveur du comte et obtinrent sa délivrance ».

Notre historien royal rappelle ce fait, en donnant le nom de Sarvanti-kar à l'endroit de la prison, sans le désigner sous le nom de forteresse ou de ville; si à cette place était annexée une bourgade, comme il est probable, c'était au pied du rocher qu'elle devait se trouver: d'un autre côté sa position au sommet du rocher la rendant naturellement forte, n'exigeait pas de grands travaux de la part de l'homme. Le Baron Léon en 1135, réussit à l'arracher des mains des Occidentaux; « il en résulta un grand trouble entre Léon » et les Francs », dit notre historien; ce qui causa une grande effusion de sang de part et d'autre. Cependant l'année suivante Bohémond, le prince d'Antioche, réussit à se saisir de Léon; il demanda pour sa rançon entre autres lieux, le château de Sarouanti-kar, et le laissa libre. Cinquante ans plus tard, (1185) Roupin son neveu, fut de même saisi par le Prince d'Antioche et ne put être délivré qu'en lui cédant le même fort. Mais ce lieu ne resta pas pour longtemps sous le domaine du prince d'Antioche; car nous trouvons que Léon le Magnifique, au commencement de son règne (1187), attaqua avec un petit nombre de soldats les maraudeurs turcomans, et après avoir tué Rustème leur conducteur, « il pour- » suivit les fuyards et les massacra jusqu'à » Sarouanti-kar ». Pendant son couronnement, le seigneur de la forteresse était *Sempad*, le frère du régent Constantin, de la famille des Héthoumiens. Son fils, *Djofri*, surnommé

---

1. In terra Aronie casale Churar cum suis pertinenciis... Ante Tilium gastinam nomine Agamir, cum pertinenciis suis. Casale Gadir... Casale... Uplie, cum pertinenciis suis. — PAOLI.

2. In terra Cafardan casale Muserat, cum pertinenciis suis. — PAOLI.

3. *Levoniam* quidem cum divisis suis. — Id.

le *brave soldat*, lui succéda; il mourut au mois de décembre 1261, après avoir marié quelques années auparavant, *Constantin*, son fils aîné et successeur, avec Ritha la fille du roi Héthoum. Il désirait lui-même se marier avec Sibil, la veuve du roi Léon, mais Constantin, le bailli, son oncle, y mit opposition. A Constantin succéda *Ochine*, son frère, peut-être après son autre frère *Sempad*. On ne cite aucun héritier de ces deux princes, à part *Zabel*, fille d'Ochine, qui fut donnée en épouse à Thoros, fils de Gui d'I-belin, noble franc et de Marie, fille du roi Héthoum.

Durant la seigneurie de Constantin eut lieu un événement mémorable à Saravan. Les Egyptiens avaient fait une incursion, l'an 1266, après la bataille désastreuse de Mari, mais ils ne purent pas s'emparer de Saravan; ils se rendirent maîtres cependant de Hamousse et la ruinèrent. C'est en ce même temps qu'eut lieu un épouvantable tremblement de terre, qui détruisit entre autres le fort de Saravani-kar; « il se fendit en deux et se renversa, » enterrant sous ses ruines tous les habitants, » excepté quelques-uns[1] ». Il paraît pourtant qu'on la restaura immédiatement; car il en est question dans le traité de Constantin avec les chevaliers Allemands, dont nous avons l'original de l'an 1271; leurs possessions, comme nous l'avons vu, s'étendaient jusqu'à Haroun et aux alentours, c'est-à-dire, jusqu'aux frontières de Saravan. Cette frontière était marquée par une colline du nom de *Sève-bourdj*, (Tour-Noire), au sommet de laquelle se trouvaient une croix et un poirier. Les chevaliers avaient établi tout près une douane, pour imposer les passants : cela était une cause d'inimitié avec les habitants de Saravan. Constantin persuada aux chevaliers de transporter leur douane un peu plus en deçà ou au delà de Sève-bourdj, et par les signatures de Sempad son frère et d'autres nobles, il fit valider l'acte des conditions. Ce fait nous fait voir que ce lieu appartenait aux seigneurs de Saravane, qui avaient accordé aux chevaliers par faveur d'y poser la douane. Comme ce traité est l'unique dont l'original arménien soit conservé, tous les autres étant perdus, nous publions ici la traduction française. L'original se trouve dans les archives de Venise.

✠ Au nom du Père et du Fils et du Saint-Esprit. Je fais savoir à vous tous qui aurez connaissance de cette Charte, que nous Constantin, serviteur de Dieu, et fils du Baron Djofré, et Seigneur de Sarvanti-kar; nous sommes venus au coteau de la Tour-Noire, où se trouvaient la Croix et le poirier; nous et le très-grand Maître des Hospitaliers Allemands, le frère Jean[2] : et sur le susmentionné coteau où étaient la Croix et le poirier, ils avaient bâti leur maison pour leur péage; ce qui se faisait contre notre consentement, et était cause de beaucoup de querelles entre eux et nous. C'est pourquoi nous vîmes, nous et le sus-nommé Maître, au lieu susmentionné, au coteau de la Tour-Noire, où étaient la Croix et le poirier, et nous avons convenu nous et le Maître et ses...., qu'ils établiront leur douane à la Tour-Noire, s'ils veulent dans l'intérieur de la Tour même, ou s'ils veulent en dehors près de la Tour, et qu'ils percevront leurs droits de péage de la route, de la même manière qu'ils ont fait jusqu'au jour où nous avons écrit cet Acte : et que sur l'emplacement de cette maison, qu'ils avaient bâtie, (ce à quoi nous ne consentions pas), près du poirier et près de la Croix, sur le coteau, ils ne construiront point là de maison, ni eux, ni leurs Commandeurs à venir.

Et nous avons donné notre Charte et la signature de notre propre main au très-grand Maître et à sa maison, afin qu'elle soit durable pour toujours.

Cela fut écrit l'an 720 de la grande Ère Arménienne. Confirmé par le témoignage du très-noble prince notre frère le Baron Sempad, et les très-honorables Chevaliers, Sir Gosdantz, et Sir Renald, et Sir Couyner[3]. Cela fut écrit dans la petite Ere, le 15 Juin, et 14 de l'Ere.

PAR CONSTANTIN.

---

1. C'est un chroniqueur contemporain qui dit ceci. Quant aux autres lieux nous en avons déjà parlé plus au long dans la pysiographie.
2. Dans la liste des Commandeurs des chevaliers Allemands, on ne trouve pas ce nom de *Yan*, mais on trouve celui de *Anno* ou *Hanon* Sangershausen; les Occidentaux croient que celui-ci resta toujours en Allemagne; toutefois d'après les paroles de l'édit authentique, on peut croire qu'il ait été en 1271 en Orient, et dans la Cilicie, ou qu'il y ait laissé son lieutenant appelé Yan.
3. Tous ces honorables chevaliers paraissent être

C'est dans la région de Saravante que Sempad, le vieux généralissime et connétable des Arméniens, réussit à battre les Egyptiens une dernière fois l'an 1276 ; et c'est dans cette même bataille qu'il fut blessé mortellement et mourut couvert de gloire.

Malgré les répétitions nous croyons devoir encore dire, que les Egyptiens devenant de jour en jour plus forts, tandis que les Arméniens s'affaiblissaient, exigèrent, avec les châteaux mentionnés plus haut, aussi ceux de Sarouanti-kar et de *Govara* ou *Gouvaira*. Le seigneur de ce dernier n'est pas mentionné dans la liste de ceux qui se trouvaient présents à la solennité du couronnement de Léon. Je crois que ce Govara n'est autre que la forteresse de *Gouvaira*, que Constantin, seigneur de Lambroun et neveu de Saint Nersès, accorda, l'an 1233, aux Hospitaliers. Le chrysobulle, écrit en français, se conservait autrefois dans un couvent de leur pays, aujourd'hui il ne s'y trouve plus. En réalité ce lieu est assez loin de Lambroun, mais Constantin pouvait l'avoir obtenu par héritage ; la découverte du chrysobulle vérifierait peut-être cette supposition et permettrait de le distinguer de Sghévra, avec lequel on pourrait le confondre facilement.

Govara est tout près du fleuve Djahan, nous le connaissons par le continuateur de l'historien Sempad, lorsqu'il dit en parlant de la cavalerie des Egyptiens, l'an 1322 : « La cava- » lerie qui se trouvait en présence de Govara, » avait jeté un pont de bateaux sur le fleuve ». Un prêtre, nommé David, copiait un livre, l'an 1335, « dans cette forteresse inaccessible de » Govara, sous la protection de la Sainte » Vierge » : ce sont ses propres paroles.

A part ces forteresses qui ne sont connues que par les mentions des manuscrits, nous en trouvons dans ces mêmes régions, à l'est des sources du ruisseau Ara, au pied des montagnes Amanus, deux autres qui portent des noms turc : *Tchardak* et *Topra* ou *Toprak-kaléssi*. La première est plus à l'est et plus près des montagnes Amanus, sur un haut sommet couvert de pins ; dans quel état se trouve-t-elle actuellement, je l'ignore ; à ses pieds, nous trouvons le village du même nom.

A un kilomètre à l'ouest de cette forteresse, après la soumission des montagnards des Monts-Noirs, on a bâti un village qu'on appelle *Osmanié*, et selon d'autres *Asmanié* : il est habité par des Circassiens et des montagnards de l'Amanus. Il compte environ 150 familles, dont cinq seulement sont arméniennes ; chez une de ces dernières logea Davis, le 28 avril 1875. Le village est pourvu d'un marché. A cause de l'abandon des alentours on y voit souvent des bêtes féroces, surtout des loups, pendant l'hiver, et il y a quelques années, un léopard y avait déchiré un homme et quatre enfants.

L'autre forteresse *Toprak* (Château de terre) est beaucoup plus à l'ouest, près du fleuve, sur un plateau conique, à la hauteur de 80 mètres, construite avec des roches éruptives, des basaltes noirs, provenant de la colline d'origine volcanique. Du sommet de ses murailles on aperçoit au nord une vaste plaine s'étendant presque jusqu'au pied des montagnes Taurus, et bordée à droite et à gauche par les montagnes de Messis et d'Amanus ; enfin au nord-ouest on découvre les murailles d'Anazarbe et de Sis. Le fort n'est pas entièrement ruiné ; il a double enceinte, l'intérieure est assez bien fortifiée ; on y voit un donjon dont les étages à grandes arcades, sont garnis tout autour de petites chambres voûtées ; dans la cour il y a une citerne, plus en bas des greniers et des écuries. La colline est complètement buissonneuse et pleine de serpents : à ses pieds on voit les restes de l'ancien hameau ; un minaret de la mosquée construit de pierres noires volcaniques, est encore debout. On y remarque en outre des débris de colonnes et une abaque corinthienne de marbre blanc. Probablement c'est l'une des forteresses mentionnées dans le chrysobulle de Héthoum.

Entre ce fort au sud et Yelan-kalé au nord se trouve le village *Djamili*, au bord du Djahan, ainsi appelé à cause de son haut minaret qu'on voit d'assez loin. Ce furent des paysans qui construisirent ce minaret ; ils furent en compensation exemptés de l'obligation de la dîme. Près de la colline Toprak il y en a un autre village du nom d'*Azizli*, à l'entour duquel on trouve des tombeaux avec des chiffres romains.

Arméniens. Le titre honoraire *Sir* ou *Sire* était adopté par l'aristocratie arménienne du royaume de Cilicie. Le nom Cosdantz Կոստանց s'y rencontre souvent : Couyner Գույներ, est le surnom d'une famille ; à l'époque où fut passé cet Acte vivait un prêtre, Etienne Couyner ou Couyn-Yéritzantz, Գույն երիցանց dont nous possédons quelques manuscrits. Le nom de Renald, *Erenaghd* Էրենաղդ, n'est pas arménien.

Un peu plus loin, au nord-ouest d'Osmanié, entre le ruisseau *Carpouze* ou *Yalbouze* à l'est, et la grande chaîne de l'Amanus, il y a un étroit passage ou défilé, appelé *Dévricheli* ou *Dévriche-béli*; c'est un passage assez difficile, et dans l'endroit le plus resserré s'élève un fort à demi ruiné, appelé par les Turcs *Keupék-kalessi* (fort du chien). Ce passage conduit du nord à un autre défilé appelé *Billéli-béli*, qui passe près d'une sommité du même nom; la vallée s'étend plus au loin et à son extrémité se trouve un village appelé *Bahdjé*, de 150 habitants environ, selon Davis, tous protestants arméniens, à part quelques mahométans. Les alentours du village construit près de l'union des deux vallons du ruisseau Yalbouze, ont un aspect sombre et grandiose, grâce aux formes tourmentées que prennent les rochers et les arbres.

Davis qui, en 1875, de la bourgade Osmanié se rendit à Marache, en traversant les passages des monts Dévricheli et Billéli, a laissé une belle description de ces rochers raides et escarpés. Si par hasard, dit-il, une pierre venait à se détacher, elle tomberait perpendiculairement dans la rivière (Yalbouze), d'une hauteur de plusieurs centaines de pieds. On a, du haut de ces défilés une vue superbe sur les monts Ghiavour-dagh: ils sont tout couverts de cèdres; la vallée est également riche en pins, en chênes et en autres espèces d'arbres. Le ruisseau, d'une eau limpide et claire, forme tantôt un courant rapide, tantôt des cascades sur de grandes masses de marbres rouges et verts; ici il enlace des racines rondes d'arbres noueux et séculaires, là il reste ferme comme un lac paisible, et de tous côtés la vallée lui apporte de petits ruisseaux.

De çà et de là sont dispersées des cabanes, avec peu de terrains cultivés sur des pentes presqu'inaccessibles, du côté du ruisseau. Davis estime les habitants de ces lieux plus heureux que ceux de l'Europe, dans les mêmes conditions; ils sont pauvres, dit-il, mais se contentent de peu, ils sont sobres, simples modestes et pieux.

Après avoir marché quatre heures à travers le défilé, Davis remonta le cours du ruisseau et de son affluent à 3,500 pieds de hauteur. Après il se tourna à l'est et parvint au village arménien *Kizel-aghadj Odoussou*? et descendit chez le principal des Arméniens appelé Thoros Tchakerian, dont les propriétés et les vignes étaient à *Hovdou*? Davis se plaint de ce que le gouvernement n'avait pas donné d'emploi public à un personnage si habile. Il mentionne encore un maître ou instituteur et des élèves, signe évident qu'il y avait une école dans ce lieu. Des abaques des colonnes de marbre blanc, apportées d'Anazarbe, indiquaient la construction future d'une église.

En continuant à avancer de ce côté vers le nord on arrive aux frontières de Marache, située encore dans la vallée du Djahan.

SIS

L'affluent occidental du fleuve Saouran descend du nord des confins de Hadjine et de Vahga, et de l'est des montagnes qui séparent les deux grandes vallées des fleuves Sarus et Djahan; après il court vers le sud et tournant à l'est, un peu au nord d'Anazarbe, se mêle au Saouran. Le district de Sis comprend, si non toute la vallée, du moins toute la partie supérieure de ce ruisseau qui coule directement du nord au sud: il est appelé ordinairement du nom de la ville de Sis, pourtant on l'appelle aussi *Déli-tchaï* (ruisseau fou) à cause de sa course précipitée à travers le petit et étroit vallon appelé *Mantache-déréssi* ou *Méntéché*; nom que l'on devrait aussi donner au cours d'eau; d'autres l'appellent *Sempos* ou *Sembos*, et d'autres *Kessig-tchaï*. Cependant tous ces noms représentent plutôt différents cours d'eau, qui s'unissent et ne forment qu'un seul fleuve[1], lequel coule vers la plaine et baigne le pied occidental du rocher, sur lequel s'élèvent la ville et la forteresse de Sis.

---

1. D'après ce que rapporte Davis, plusieurs sources doivent exister sur les montagnes du côté septentrional de Sis, d'où elles descendent au sud dans le fleuve Djahan; car, quand il se rendait de Sis à Adana, en deux heures il eut à traverser en trois grandes rivières, qu'il appelle *Déli-tchaï*, *Pounghar-tchaï*, et *Idam* (du nom d'un village), et plusieurs autres petits ruisseaux. — « The number of springs in the mountain » range to the north of Sis, must be very great; for we » crossed no less than three large streams and several » brooks in the course of morning, all flowing south- » wards toward the Jeihaan. At 10 A. M. we crossed » Deli Tchai, at 10. 30 A. M. another stream equally » large, the Kara Pongar Tchai; at 11 A. M. the » brook of Idam, near the village of the same » name ». — DAVIS, 157.

Du côté oriental de la montagne descend aussi une petite rivière, l'*Alaphar?* ainsi appelée du nom du village *Alaphar* ou *Antzmentzoug*, nom vulgaire qui indique les circuits ou les zigzags de ce cours d'eau. On y avait jeté un pont, selon la tradition, et le courageux Libarid ordonna, l'an 1369, de le garder avec précaution contre les incursions des Egyptiens. Ce fut la nonchalence du dernier roi Constantin qui fut la cause de grandes pertes et de la mort de ce général. Après l'extinction du royaume des Arméniens, pendant les années 1450-60, un certain Grégoire, fils de Baudouin et frère de Léon, restaura ce pont, et, selon le chroniqueur, posa une inscription sur la grande voûte.

Le district de Sis est limité au nord par Hadjine, au nord-est par Gaban et Zeithoun, à l'est par Kars, au sud par Anazarbe, enfin à l'ouest par un district inconnu, séparé de la vallée du Sarus par des montagnes : ces dernières portent le nom de Montagnes de Sis, mais leur étendue nous est inconnue, ainsi que leur jonction avec les branches du Taurus ou de l'Antitaurus.

Mais, quelle que soit leur situation, c'est à cause d'elles que le côté septentrional de cette région a l'aspect montueux et ondulé, mais peu haut; le côté méridional est encore plus bas et forme le commencement de la grande plaine de la Cilicie, qui s'appelait *Plaine de Sis* du temps des rois Arméniens, Սիսայ Դաշտ.

Cette plaine fut plusieurs fois dévastée par des incursions, et le sang des innocents s'y mêla à celui des coupables. Quoiqu'elle soit fertile sur toute son étendue, elle n'est pas bien cultivée vers le voisinage des grandes villes: même elle n'est pas boisée, et elle présente des parties entièrement incultes, et couvertes çà et là de chênes. Le côté septentrional est montueux et couvert de grands arbres. Parmi les plantes communes nos livres de médecine mentionnent une espèce de roseau utile, et ajoutent: « A Sis on trouve la meilleure » espèce de nèfle qui est jaune ; pourtant la » meilleure est celle de Damas » : cette plante selon Boissier est la *Celsi parviflora* ou *Erigeron trilobium*. Ces lieux montueux méritent un examen spécial ; on y doit trouver sans doute des passages étroits et des défilés. Les historiens, mêmes turcs, citent le défilé de Sis, *Derbéndi-Sis*, دربند سیس ; de même le *Kara-boghaz* (défilé noir) : je ne sais pas si c'est le même que le précédent ou un autre ; enfin le *Kourdlou-bel* (sentier du loup). Plusieurs monts sont couverts de chênes, de frênes, de pins et de peupliers, d'autres ne sont qu'argileux : de leurs pentes descendent des torrents jusque près de la source du fleuve où s'élève la montagne *Hordoun*, haute de 2,300 pieds, au sud de laquelle, et à une distance de six heures de Sis, se trouve le village arménien *Mantache* ou *Méntéché*, et qui est, avec son église, abandonné aujourd'hui. Là fut probablement enterré le prêtre Eliazar, grand père des *Atchbahiens*, selon ce que dit le Catholicos Ephrem[1], membre de cette même famille. Près de ce village s'élevait la grande hôtellerie qui était couverte et comme ensevelie parmi des *Cissus orientalis*. (Kotschy, 8 mai, 1859).

On trouve aux alentours des traces de houille et des minerais de fer et d'argent ; ici on devrait chercher la *terre à cristal* mentionnée par le docteur Thomas. Aux environs de Sis, vu le manque de culture et d'arbres, les rayons du soleil dardent leur chaleur sur la roche et y rendent insupportable le séjour pendant l'été. Pourtant au temps du royaume des Arméniens c'était tout le contraire ; car, Léon, si sage et prévoyant, ne pouvait pas choisir pour sa résidence et sa cour un lieu qui fut dépourvu de toute condition de bien-être et de luxe. Les désastres et la dévastation de la ville et de son district, la dépouillèrent même de sa magnificence naturelle.

Dans ses jours de prospérité Sis, avait devant elle une plaine bien cultivée et pleine de constructions, où croissaient les orangers et les citroniers, pourtant rares en Cilicie. La ville était située sur le versant nord-est d'une éminence argileuse rouge et escarpée, au sommet de laquelle s'élevait la forteresse inaccessible par sa seule position, sans compter les murailles qui garnissaient les pentes de la montagne, et se prolongeaient, du nord au sud, sur une longueur d'un kilomètre. La hauteur du mont ne dépasse pas mille pieds[2]. Les premiers habitants et les maîtres du territoire avaient donc compris l'excellence de la position de ce lieu et avaient fortifié et embelli la ville. Dans son nom, plusieurs écrivains ont cru à tort

---

1. D'après une tradition, le tombeau de ce dernier se trouve dans l'église de Mantache.

2. Selon Hogarth, le palais de Sis est à 755 pieds anglais d'altitude.

retrouver celui d'*Issus*, et ils ont même voulu l'identifier avec le lieu de la bataille décisive d'Alexandre contre Darius. D'autres savants contemporains ont estimé la ville de Sis la même que la *Pindenissus* de Cicéron, refuge fortifié des Ciliciens Libres, que ce consul orateur assiégea pendant 47 jours, et réussit à prendre le 17 décembre, (48 ans avant Jésus-Christ). Pourtant aucune preuve convaincante ne vient à l'appui de ces assertions; d'autant plus que les écrivains plus modernes identifient la localité de Sis avec *Fla-*

ville nous paraît une marque de sa grande antiquité. Nous trouvons son nom Σίσαν pour la première fois dans un écrit du V° siècle : dans la Vie de Siméon le Stylite, écrite par Théodoret ; et dans les anciennes chroniques latines des diocèses de Jérusalem et d'Antioche, au VI° siècle, l'un des évêchés de la province d'Anazarbe est appelé Sis, et le nom y est donné avec plusieurs variations, *Sysia*, *Sisia* ou *Sisya*. Texier croyait voir dans Sis des ruines romaines [1], comme le font présumer les restes du pont jeté sur le fleuve Déli-tchaï [2]. Ainsi il faut rejeter la

Sis, capitale du royaume arménien de Cilicie.

vias ou *Flaviopolis;* et cependant il nous semble que cette dernière était près d'Ouchak, où on a trouvé des monnaies romaines. D'autres l'ont cru *Augusta Bryelica* située dans le district Bryelice et appelée *Augusta Sisia*. Il n'est pas certain que Sis ait été fondée par les Roupiniens : le nom monosyllabique de cette

tradition d'un historien arabe, selon laquelle un eunuque du calife Haroun-el-Rachid aurait bâti la ville de Sis vers la fin du VIII° siècle, et l'aurait appelée *Sisié*. Car dès le commencement du même siècle la ville de *Sis* était déjà connue par les Byzantins avec le même nom, et l'an 703 Azibe ou Yezid, fils de

1. « Des ruines romaines encore importantes prouvent qu'une ville existait déjà à cette place du temps de l'Empire Romain ». — TEXIER, ASIE MINEURE, 583.
2. Favre et Mandrot, 50.

Khouné, l'assiégea et la ruina, après l'avoir prise ; pourtant Héraclès, général de l'empereur, réussit à l'en chasser. Théophane en racontant cet événement donne à la ville le nom de Σίσον κάστρον, forteresse de Sis ou Sisson ; mais les orientaux l'appellent *Sis* et écrivent comme nous سيس. Au commencement du IXe siècle (809), selon la tradition des Arabes, les habitants de Sis se réfugièrent dans les montagnes, mais après la restauration de la ville par les Arabes, les Arméniens laissant de côté *Khalal ?* leur ville magnifique, vinrent habiter dans Sis ; ainsi toute la partie orientale du territoire jusqu'à Alep porta le nom de Sis, et elle contenait 360 bourgades fortifiées, et 26 forteresses inaccessibles [1]. Avant la domination des Roupiniens dans cette contrée, l'an 1114 (13 novembre) la ville de Sis fut ruinée par un tremblement de terre, qui ébranla la partie orientale de la Cilicie jusqu'au delà d'Antioche, de Marache et de Raban. Beaucoup d'hommes et de femmes furent ensevelis sous les décombres, selon le témoignage du chroniqueur Mathieu d'Edesse, qui nous fait supposer qu'alors la ville était en pleine prospérité et comptait un grand nombre d'habitants.

Selon Dardel, ce fut le prince Thoros Ier qui, parmi les Arméniens, s'empara le premier de Sis ; Thoros II, vint s'y établir ensuite ; et selon le témoignage de nos historiens, « Meléh, son frère (1175), à cause de ses mœurs » dépravés, fut tué par ses princes dans la » ville de Sis, *nouvellement construite* ». Dans le manuscrit ancien de l'historien royal les mots *nouvellement construite*, manquent.

Mais le vrai restaurateur de Sis c'est Léon Ier, qui déjà avant son sacre avait entrepris de fortifier et d'embellir ce lieu ; cependant à cette époque les murailles de la forteresse, si non de la ville, étaient déjà bâties en grande partie ; car, lorsque Rostom le Turcoman envahit, en 1187, le territoire arménien, il est dit, « qu'il s'avança jusqu'à Sis et campa » devant la ville, à *Ravine* [2], et couvrit la » surface du pays par la multitude de ses » soldats ». Il est certain qu'il n'osa attaquer la capitale ; Léon ne lui en laissa du reste le temps : il l'assaillit avec une petite troupe, et, après l'avoir tué, mit son armée en déroute.

Quelque temps après, le même Léon défit une seconde fois les Sarrasins sur les confins de Marache ; il s'empara de tout le butin qu'ils avaient ramassé, et le porta « dans » Sissouan l'inaccessible », selon les vers du catholicos Grégoire Degha, († en 1193): il est donc clair qu'avant cette date la ville était construite et fortifiée suffisamment, avec son château. Car lorsque, vingt ans plus tard, (1211-2), le chanoine Willebrand d'Oldenbourg, vint à Sis comme messager, avec l'ambassadeur du duc d'Autriche, et y demeura un mois chez notre roi, il admirait l'élégance et la beauté de diverses constructions et il écrivait [3] : « C'est la ville capitale du seigneur roi, où de-» meurent des personnes riches et en très *grand* » *nombre*. Elle est privée de remparts ; aus-» si au lieu d'une ville je pourrais l'ap-» peler un bourg, si un archevêque arménien » n'y résidait ; on y trouve aussi des Grecs » qui obéissent à leur patriarche. Pourtant au » sommet du mont, au pied duquel s'élève » la ville, il y a un château bien fortifié ; et » comme le disent les Arméniens il apparte-» nait au roi Darius qui fut vaincu par Ale-» xandre.... Il faut savoir encore que le sei-» gneur roi se prépara près de cette ville des » lieux de plaisir et des jardins délicieux, dont » je me sens incapable de décrire les magni-» ficences ». Je laisse de côté sa longue description de la fête solennelle de la bénédiction des eaux, qui eut lieu sur les bords de la rivière de Sis le jour de l'Epiphanie.

Il convenait à Léon de mettre en ordre et de fortifier ce château célèbre avant d'entreprendre d'autres constructions ; il le fit en effet et le château devint un lieu de refuge, jusqu'à la fin du règne de ses successeurs, et le dernier abri du royaume : et si ce lieu fut livré aux ennemis, il ne le fut ni par la peur, ni

---

1. Belazori, Histoire des conquêtes des Arabes.
2. Je ne connais pas l'étymologie de ce mot : cependant, selon un de nos auteurs, il signifie le stade.
3. « In die vero, hoc est in festo Epiphaniæ.. per-» venimus Sis.. Hæc est capitanea civitas Domini » Regis, infinitos et divites fovens inhabitantes ; nul-» lis munitionibus cingitur : unde potius eam villam » quam civitatem nuncuparem, si sedem archiepisco-» palem Hormenorum in se non haberet : in qua e-» tiam Græci suo obediunt Patriarche. Castrum vero » habet super se situm in monte, valde munitum ; a » cujus pede ipsa civitas ordinate et gradatim di-» scendere videtur : et, ut dicunt, hæc aliquando a » Dario rege, quem Alexander devicit, possidebatur... » Illud etiam scitote, quia Dominus Rex juxta hanc » civitatem hortum deliciarum sibi præparavit ; ad » cujus delicias describendas meam confiteor insuffi-» centiam ». — WILLEBRAND.

par la famine, mais par la pusillanimité des princes. Cette ville avait offert, durant deux siècles, le spectacle de grandes victoires et de faiblesses fatales ; elle fut pour quelques-uns une source de gloire et de grandeur, et pour d'autres un lieu d'humiliation et de deuil : car son château servit plusieurs fois de prison pour les criminels, et pour des personnages illustres. Ainsi, en 1193, Léon y emprisonna Bohémond III, prince d'Antioche. Quoique vernement. Elle était petite, mais il y régnait plus d'énergie et plus d'éclat que dans les plus anciennes et les plus grandes villes de la Cilicie : du moins elle les surpassait par ses bons réglements et ses excellentes disciplines, ainsi que par ses goûts plutôt européens. Nous pouvons donc sans hésitation la qualifier comme le centre suprême de l'union de deux politiques, d'orient et d'occident ; et nous pouvons dire le même au point de vue re-

Montagne et Forteresse de Sis, d'après une photographie des explorateurs Favre et Mandrot.

Léon, ait aussi célébré dans les autres villes principales de son royaume, comme à Tarsus, des fêtes royales, et y ait aussi reçu les ambassadeurs et les messagers des princes d'Orient et d'Occident, ainsi que les envoyés des républiques commerçantes et des villes d'Italie, cependant le centre permanent de toutes les solennités était Sis, où se trouvait proprement le siége de la cour. Ainsi on pourrait nommer Sis le cœur du pays et du gouligieux : car c'est pendant le règne de Léon, à la fin du XIIe siècle, qu'eut lieu, d'une manière ferme et manifeste, le pacte d'union des Arméniens avec la grande église de Rome, d'où notre roi reçut l'étendard de S. Pierre en signe de son alliance et de sa royauté. Les trente années de règne de ce grand roi ne furent pas suffisantes pour achever les magnifiques constructions publiques de sa ville ; il laissa le soin de l'achèvement à ses successeurs connus ou inconnus, (à sa fille Zabel et à Héthoum I⁰ʳ futur époux de la même). Les princes arméniens avec un sentiment de reconnaissance pensèrent d'inhumer les restes de Léon à Sis, que son affection avait tellement embellie. Mais comme Léon avait manifesté le désir d'être enterré dans le couvent d'Agner, on y transporta ses entrailles. Quant au corps, on le déposa dans l'église qu'il avait fait élever lui-même ; ou bien comme dit le Dʳ. Vahram,

« Une partie de son corps fut transportée à Sis,
Et on y éleva un temple ».

Combien était magnifique et élégant le *Palais* des rois, on peut s'en faire une idée en se rappelant la magnificence de Léon et sa libéralité ; puis le long règne pacifique et heureux de Héthoum (40 ans) ; enfin, toute cette longue période de constructions et de développement de la capitale, pendant quatre-vingts ans de suite, du commencement de la domination de Léon (1187) jusqu'à l'an 1266 : année où la ville subit le premier choc et la dévastation par les Egyptiens. Ces derniers, après la bataille de Mari et la prise du prince Léon, l'héritier du trône, « se présentèrent devant Sis :
» en quelques jours ils s'emparèrent de la ville,
» et après avoir mis le feu aux principales
» maisons, allumèrent un incendie général ;
» les morts et les captifs furent très nombreux.
» Enfin ils attaquèrent la forteresse, qui eut
» beaucoup à souffrir, mais les assiégés résis-
» tèrent héroïquement et refusèrent de se ren-
» dre : les Egyptiens furent obligés de se re-
» tirer, portant le feu et le fer dans la partie
» montueuse et dans la plaine et ravageant
» tout [1] ».

La résistance de la forteresse au milieu de ces désastres montre bien l'excellence de sa position et de ses murailles : mais, hélas ! quoique la ville fut rebâtie et embellie deux ou trois fois, elle ne put plus regagner son éclat primitif. Quel dommage que nous n'ayons pas eu alors un historien arménien, comme Sempad, ou un étranger comme Willebrand, pour nous léguer la description et l'énumération des édifices de Sis, de ses palais, de ses églises et des autres places importantes. Les historiens du temps ne nous ont laissé qu'une peinture des ruines et des lamentations. Parmi ces historiens contemporains, l'un qui avait vécu à la cour royale, mais qui n'était pas originaire de la Cilicie, le Dʳ Vartan, surnommé le *Grand*, en parlant de Semelmot, le général des Egyptiens, dit : « Il entra soudain dans la con-
» trée et s'emparant de Sis, la capitale, il la
» brûla avec les églises ; il réussit encore à
» trouver le *souterrain des trésors*, et il se les
» appropria : on dit que dans un seul réservoir
» il y avait plus de six cent mille pièces d'or [2] ».
Un autre historien, Malachie, ajoute : « Ils
» incendièrent la ville de Sis, qui était la ré-
» sidence du roi des Arméniens ; et l'église
» magnifique de la cour (*Sainte Sophie*) fut
» brûlée par du bois qu'on y jeta. Ils dé-
» molirent encore les tombeaux des rois [3]. Ils
» massacrèrent grand nombre de chrétiens, et
» amenèrent en captivité les habitants de plu-
» sieurs villes et villages ».

Comme nous ne possédons point les mémoires des contemporains sur les édifices de Sis, nous empruntons ici une page de la « *Nouvelle Arménie* » du P. Indjidjian, publiée il y a quatre-vingt-dix ans : il y raconte ce qu'il a entendu par des témoins oculaires et des vieillards : « L'ancien *palais* des rois roupiniens,
» ou comme on l'appelle, le *Tarbas*, est un é-
» difice circulaire, construit avec de grosses pier-
» res de taille, ayant chacune une grandeur de
» trois ou quatre toises, cimentées ensemble
» avec du plomb. L'édifice a trois portes, au
» nord, à l'ouest et au sud ; le côté de l'est
» est pourvu de trois grandes fenêtres, dont
» la moyenne est ronde : sur chaque porte on
» voit des sculptures et des ornements en bas-
» relief exécutés avec art. On peut monter par
» une des portes sur la terrace du palais, la-
» quelle par sa grande hauteur domine sur
» tous les alentours. Maintenant toutes ces
» constructions sont délaissées, et les Sarra-
» sins emportent le plomb pour leurs besoins ;
» ils transporteraient même les pierres si c'é-
» tait possible.

» A l'ouest du palais on voit renversées
» sur le sol trois ou quatre colonnes de mar-
» bre noir. A un jet de pierre, jaillissent deux
» sources, dont l'eau douce de la première est

---

1. Ainsi écrit l'historien de la Cilicie.
2. Si le nombre est exacte, la somme devait être considérable, eu égard à la valeur matérielle de l'or ; car six ou sept millions de francs de cette époque équivalent à quatre fois autant de nos jours.
3. Le roi Léon étant l'unique qui soit mort durant ce temps, ces tombeaux doivent être ceux des princes de famille royale.

» amenée dans le palais par une conduite sou-
» terraine ; l'eau de la seconde est amère.
» La *prison* se trouve dans l'enceinte des mu-
» railles, mais séparée des autres constructions.
» On y voit une grande caverne taillée dans le roc,
» près du ruisseau Asmentzoug ; elle peut con-
» tenir presque 2000 personnes ; les habitants
» l'appellent *Guverdjinlik* (colombier), parce que
» d'innombrables colombes sauvages y ont
» fait leur nid. Devant la caverne il y a une
» muraille épaisse avec une petite porte, qui
» seule donne accès à la caverne ; et devant
» la porte s'étend un espace plat, où plusieurs
» trous laissent pénétrer la lumière dans les
» souterrains. On dit que ce fût la prison pri-
» mitive de Sis ou, plus vraisemblablement, la
» cachette des trésors, mentionnée par Vartan ».

Les annales de Sis, au XVIIe siècle, donnent diverses significations au mot *Tarbas ;* d'abord ils lui attribuent la signification de cathédrale, comme on le voit dans le passage suivant : « Léon bâtit à Sis une grande, magnifique et » célèbre cathédrale en voûte… et maintenant » quelques Sissiens l'appellent Tarbas ». On donnait encore le nom de Tarbas à un don-jon qui dominait les alentours, et regardait vers l'est ; ainsi la chronique dit : « Léon » construisit une maison pour sa résidence, » qui est à présent en ruine : elle a des fenê-
» tres et s'appelle Tarbas, et regarde l'est ».

De nos jours on ne trouve du palais royal que quelques débris ; la partie circulaire est disparue ; il ne reste que la partie carrée des murailles où l'on a construit dernièrement une maison pour la résidence du Catholicos, en se servant en partie des pierres de la construction ancienne. La forteresse célèbre est assise sur un rocher, au sommet duquel on arrive, après une heure de marche pénible : elle est maintenant abandonnée et déserte, pourtant elle est encore debout en grande partie. En raison de la forme du rocher, les murailles sont irrégulières, elles sont flanquées de tours et de bastions. Elle se trouve divisée en trois parties, assises sur les trois principaux sommets du rocher, mais liées entre elles par des remparts. Du côté sud se trouvait le vrai château ou le donjon ; sur l'une des parois intérieures de la salle on voit une inscription mutilée :

Dans l'ère des Arméniens … du roi Héthoum …

A côté du donjon se trouve un escalier donnant accès à une citerne, où se recueille l'eau de pluie, et à quelques pas de là est la porte qui conduit à des lieux souterrains. Sur le deuxième sommet on remarque les ruines d'une chapelle ; et sur le troisième, un petit réservoir d'une eau excellente qui reste intarissable ; on lui attribue la vertu de guérir beaucoup de maladies.

Cette forteresse était tellement estimée par les rois d'Arménie à cause de sa position, qu'un des derniers rois (Constantin II) en avait fait graver l'image sur sa monnaie d'or, avec cette devise [1] :

LA FORTERESSE DE SIS EST LE ROI

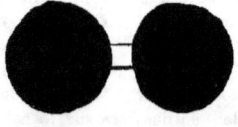

Monnaie en or du roi Constantin II.

---

[1]. Le roi Constantin Ier, fils de Léon II, régna peu de temps ; le dernier Constantin vécut alors que la domination des Arméniens marchait vers sa ruine. Il est donc probable que Constantin II, fils du maréchal Baudouin (1345-65), fit battre cette monnaie dans le but de mieux faire voir son mépris pour ceux qui le considéraient comme un tyran ; il aura voulu leur montrer que le vrai roi et le boulevard du royaume c'était le château de Sis, et qu'ils devaient respecter, plus que sa personne même.

Il est à regretter que nous n'ayons ni la figure juste et détaillée, ou plutôt le plan des constructions de la forteresse de Sis, ni le dessin des voûtes dont l'appareil à bossage, selon Texier, ne le cède en rien ou l'élégance aux plus beaux ouvrages grecs. Les portes du château étaient bien sculptées et devaient être colossales ; car les annales nous disent qu'à la prise de Sis par Ramazan, « Les portes énormes de la forteresse » de Sis et des murailles furent transportées ; » l'une devint la porte du château d'Adana » et l'autre de celui de Garmoundj ». A l'extrémité sud de la ville est situé l'*ancien palais du catholicos* : il paraît avoir d'abord servi d'archevêché, car Etienne d'Orbel l'appelle « *maison de l'archevêché* près de la vil- » le de Sis ». Il est clair qu'après la prise et la ruine de Rome-cla, le siége du catholicos fut transféré à Sis, pendant le règne de Héthoum II, en 1294 ; et Grégoire d'Anazarbe, son ami intime, occupa le premier la résidence nouvellement établie, et qui devait être digne de la majesté royale. Le royaume des Arméniens était, il est vrai, affaibli et languissant, et Héthoum II, s'était adonné aux pratiques et aux austérités de la vie religieuse ; cependant ce prince n'oublia pas qu'il était roi et ne fut pas moins magnanime que son grand père. Sous ses successeurs l'église patriarcale, dédiée à *Saint Grégoire l'Illuminateur*, fut, avec le palais royal, ruinée par les Egyptiens, ainsi que les demeures des religieux.

En 1734, le catholicos Lucas les réédifia à nouveau ; ce fut son père, le prêtre Houssig de la famille des Atchbahiens, qui ayant trouvé grâce devant le grand vizir, obtint la permission de les restaurer. L'église de Saint Grégoire avait trois autels : on l'a transformée dernièrement en école.

Le corps du catholicos Lucas a été inhumé devant l'autel de droite, dans cette même église, et on y lit l'inscription suivante, selon la transcription de V. Langlois.

Ceci est le tombeau de Sa Sainteté le Catholicos Lucas le Cilicien, chef suprême des Arméniens, qui se reposa en 1186 grand' Ère,... du mois... le jour de samedi.

Forteresse de Sis, d'après une photographie de Favre et Mandrot.

Dans la cour devant l'église, on remarque une série de sépulcres étroits, rangés l'un à côté de l'autre ; ce sont les sépultures d'autres patriarches, dont voici les inscriptions.

A. Ceci est le tombeau de Jean
    Patriarche de la Cilicie ;
    Il était du village de Hadjine.

Il mourut dans l'année
Mil cent soixante-dix.
Dans le mois de Décembre (1721).

B. Dans ce tombeau repose le révéré Mikaël, le grand, l'excellent ;
Celui-ci fut sublime et fut surnommé (fils) de Houssig.
Il se reposa en paix dans le Seigneur, en 1207 (1758).

C. Ceci est le tombeau du chaste seigneur
   Le catholicos Théodore,
   Qui était de la famille des Atchbah,
   Elu entre dix mille personnes.
   Il fit de grands efforts
   Pour restaurer ce saint siége.
   Il brilla par sa conduite pure
   . . . .
   Il mourut l'an mil
   Et deux cents, plus quarante, (1791).

Au commencement de ce siècle (1810), le catholicos Guiragos Ier, transporta le siége du patriarcat sur le vaste emplacement du palais royal, que nous avons décrit. Le bâtiment est entouré d'une forte muraille, construite sur la pente et affectant la forme triangulaire. Il compte plusieurs étages ; l'un, dont la façade est découverte, sert de demeure au catholicos. Un deuxième plus élevé, ayant aussi la façade découverte, renferme une vaste salle qui sert pour le conseil ; elle est chargée d'ornements, mais avec de peu d'élégance. Le catholicos Guiragos, en restaurant l'église de *Sainte Sophie*, l'a dédiée à Saint *Grégoire l'Illuminateur*. C'est là que se trouve maintenant le siége en marbre du patriarche ; il a été fait à Sis. Sur la porte principale se trouve une inscription avec le nom du catholicos restaurateur ; la voici :

   Je suis la porte d'entrée à la lumière céleste,
   A la lumière du banquet glorieux ;
   Car c'est ici que l'on verse le vin pur,
   Que l'on immole l'agneau immortel.
   Fondée par la colonne de la grâce,
   Construite à neuf de toutes pièces :
   Tant moi que mon édifice,
   Fûmes fondés par les mérites et par l'ordre sublime
   De sa Sainteté Der Guiragos,
   Le patriarche plein du Saint-Esprit.
   Dans l'année arménienne 1259, le 10 de mai,
   Ce saint édifice fut reconstruit,
   Ainsi que les autres salles et les murailles ;
   Par les grands efforts de celui qui les accomplit,
   Dans la date marquée par les lettres arméniennes.
   De celui qui a travaillé tant d'années,
   Du brave et zélé vicaire
   De l'illustre Patriarche Guiragos :
   De l'évêque, Seigneur Elie,
   Dont le pays natal est Kharpert :
   Il vaut la peine qu'on se souvienne.

A cause de ces constructions, le patriarche Guiragos fut accusé, par des calomniateurs, d'élever des fortifications ; regardé de plus comme partisan des Zeithouniens, il fut pris et conduit à Constantinople ; mais par l'entremise des Arméniens de cette ville, il fut remis en liberté et retourna à son siége (1819). Trois ans après un rebelle, Khozan-oghlou, lui fit boire du poison, dont il succomba; il fut enterré dans l'église qu'il avait bâtie.

Dans le trésor de ce temple, les moines conservent plusieurs reliques, dont les principales sont les dextres de Saint Grégoire l'Illuminateur, de Saint Nicolas, de Saint Silvestre et de l'ermite Barsame. Depuis plusieurs siècles, comme nous l'avons dit ailleurs, on avait confié la conservation de ces reliques à une famille qui fut appelée *Atchbahiane* (conservateurs des dextres); cette famille a donné, au XVIII° siècle, plusieurs catholicos au siége patriarcal.

Un tabernacle en argent massif doré et un magnifique vase pour les huiles saintes, aussi en argent massif doré, sont des donations faites au monastère par la noble famille Duz-oghlou de Constantinople. De même, un ancien pallium en soie rouge, brodée de plusieurs croix et plusieurs figures, fut apporté d'Alep, probablement l'an 1634, pour l'évêque Jacques; sur les extrémités on lit ces deux inscriptions brodées en lettres d'or.

« Il fut exécuté en l'année 1083 de notre ère. Pour ceux qui y ont travaillé, dites : Que Dieu ait pitié d'eux. Amen. —

Ce pallium fut broché dans la ville d'Alep, pour l'usage du brave Docteur Dom Jacques; auquel que le Seigneur concède d'en jouir avec bonheur. Amen. —

Outre les donations anciennes on en trouve aussi de plus récentes, comme les cadeaux de Nicolas Ier, empereur de Russie, et ceux de quelques autres visiteurs; car aussi de savants explorateurs visitèrent ce lieu: Kotschy y passa le 6 mai 1858. On dit qu'une grande partie des trésors du siége furent volés ces dernières années, avant l'avènement au patriarcat du dernier catholicos, Meguerditch.

Le siége de Sis fut, durant 150 ans, le siége général et légitime du patriarche de tous les Arméniens (1292-1441), et dix-huit patriarches s'y succédèrent. Durant leur patriarcat jusqu'à la moitié du XIV° siècle, il y eut des relations et correspondances fréquentes, des accords et des désaccords avec le siége suprême de Rome, des doutes et des questions relativement à la foi et aux rits. Quelques docteurs arméniens de l'orient, poussés par diverses motifs résolurent de supprimer ces relations, pensant ainsi faciliter l'administration spirituelle de la nation, qui se trouvait en grande partie dans l'Arménie proprement dite; ils érigèrent en siége suprême le couvent d'Etchmiadzine : ainsi le pouvoir spirituel fut partagé en deux.

Depuis cette époque, pendant quatre siècles et demi, 45 patriarches se sont succédés à Sis sans interruption, en commençant de Grégoire Moussabeg, durant le patriarcat duquel eut lieu la séparation, jusqu'à nos jours ; en voici la liste :

1440. Grégoire Ier Moussabéghéntz.
144?. Joseph[1].
1447. Garabied de Sis.
1460. Etienne de *Saratzor*, † 1477.
1478. Jean Ier d'Antioche.
1489. Jean II de Thelgouran.
1525. Jean III de Kilisse, surnommé la Foudre (Կայծակն).
1539. Siméon Ier d'Oulni ou de Zeithoun.
1545. Lazare d'Oulni, oncle de Siméon.
1548. Thoros Ier, ou Théodore Thorsan, de Sis.
1551. Khatchadour Ier, surnommé Tchorig.
1560. Khatchadour II ou Khatchig le Musicien, d'Oulni.
1584. Azarie de Djoulfa,[2] † 1601.
1586. *Diradour*[3]. *

---

1. Le clerc Malachie le place dans la liste des catholicos de Sis. Le même ne cite, après Etienne, que deux catholicos du nom de Jean.
2. Cet Azarie après plusieurs aventures fâcheuses, se rendit à Rome, où il mourut. De même Mathieu Sari qui, pendant le martyre du prêtre Comidas, (1701), ayant eu peur, avait failli dans la confession de la foi, se réfugia aussi à Rome et y mourut à l'âge de 92 ans.

3. Diradour fut l'adversaire d'Azarie ; Léonard, le nonce du Pape, qui l'a connu, témoigne qu'il était l'un des plus savants docteurs de la Cilicie, et qu'il était évêque de Divrig, (*Daradur Mortabittovartabied*, nom signifiant docteur-in *Diunghir*); d'après sa relation imprimée. Cet Azarie Ier écrivit une épître en faveur de l'union avec l'Eglise de Rome.
* Les noms portant un astérisque indiquent les catholicos qui ne furent pas reconnus légitimes.

1588. Jean.*
1601. Jean IV d'Aïntab.
1602. Pierre de Gargar.
1627. Minas de Garin (Erzeroum).
1633. Siméon II de Sébaste ou l'Oriental.
1648. Nersès de Sébaste.
1654. Thoros II de Sis.
1658. Khatchadour III Minderdji, de Sébaste.
1663. *David d'Alep* ou *le Gargaréen*.*
1679. Isaac Méykhanédji.
1683. Azarie Ghatrami, de Gargar.
1689. Grégoire II d'Adana, surnommé *Bidzag* (la guêpe).
1691. Asdvadzadour Narine, de Sassoun.
1694. Mathieu Sary, de Césarée.
1701. Pierre d'Alep.
1719. Jean V de Hadjine.
1727. Grégoire III, Oughourli, de Césarée.
1730. Jean VI (Der Adam), de Hadjine.
1734. Lucas de Sis, (Atchbah).
1737. Mikaël, frère de Lucas.
1757. Gabriel, frère de Lucas et de Mikaël[1].
1771. Ephrem Ier de Sis, neveu des trois précédents.
1784. Théodore III de Sis[2].
1801. Guiragos (Cyriaque) Ier neveu de Théodore.
1822. Ephrem II, nommé catholicos à l'âge de 18 ans ; donna sa démission en 1833.
1833. Jean VII.
1846-8. Mikaël II.
1853. Cyriaque II[3].
1866. Cyriaque III ou Nicol, le dernier des Atchbah[4].
1871. Meguerditch, *Kéfsizian*, de Marache † 1895.
1895. Grégoire Aléatien.

Comme nous avons cité plusieurs fois la famille des Atchbah, il est bon de rappeler ici que le catholicos Ephrem en écrivant l'histoire des patriarches des Arméniens, a eu soin de donner des détails particuliers sur ses ancêtres; mais il se trompe lorsqu'il affirme que le chef de sa famille était l'évêque Jean, frère de Héthoum II et fils de Léon II : ces derniers n'eurent ni fils, ni frère de ce nom; il ne peut pas non plus être question à l'égard de l'évêque Jean, frère de Héthoum Ier ; car celui-là ne s'était pas marié ; et d'ailleurs Ephrem aussi le déclare. Il se trompe encore lorsqu'il dit que 300 ans s'écoulèrent de Jean, chef de la famille des Atchbah, jusqu'à Minas († 1613), arrière petit-fils de ce même Jean. Celui-ci a dû vivre non pas au commencement du XIVe siècle mais au XVIe, ou du moins vers la moitié du XVe. Nous donnons à la page suivante l'arbre généalogique de cette famille, jusqu'à la dixième génération : les derniers descendants de cette famille me sont inconnus.

Quelque erreur doit s'être glissée dans cet arbre, car je trouve ce mémoire autographe de l'an 1741 : « Moi serviteur de Dieu et de » tous ses Saints, natif de Sis, fils des Atch- » bah, moi Docteur *Eléazar*, et mon père » *Der Meguerditch*, nous vînmes dans la gran- » de ville de Césarée, dans l'église de la » Sainte Vierge. Ce fut l'an 1190, (1741), le 15 » du mois de septembre, le jour de la Sainte » Croix. Amen ». Peut-être cet Eléazar fut-il effacé de l'arbre généalogique; car pendant longtemps il fut cause de grands troubles et même de la mort du Catholicos Mikaël.

Durant le règne des rois Arméniens, lorsque le siège patriarcal fut établi à Sis, la ville avait déjà un évêque ou archevêque. Celui-ci fonctionnait comme grand aumônier de la cour, et parfois il remplissait la charge de secrétaire du royaume. Les évêques de Sis que je connais sont les suivants :

1193-8. Jean (devenu plus tard Catholicos).
1261. Thoros, archevêque, secrétaire royal.

---

1. Il fut tué par les montagnards, l'an 1770, le 10 septembre, comme écrit Ephrem son neveu et son successeur, à la fin de son commentaire de Jonas.
2. Si ce Théodore est mort en 1791, comme on le relève de l'inscription sépulcrale, il s'en suit, que Guiragos lui aura succédé avant le XIXe siècle.
3. Je ne connais pas précisément l'année de son élévation à la dignité de catholicos.
4. Il abdiqua et mourut en 1880.

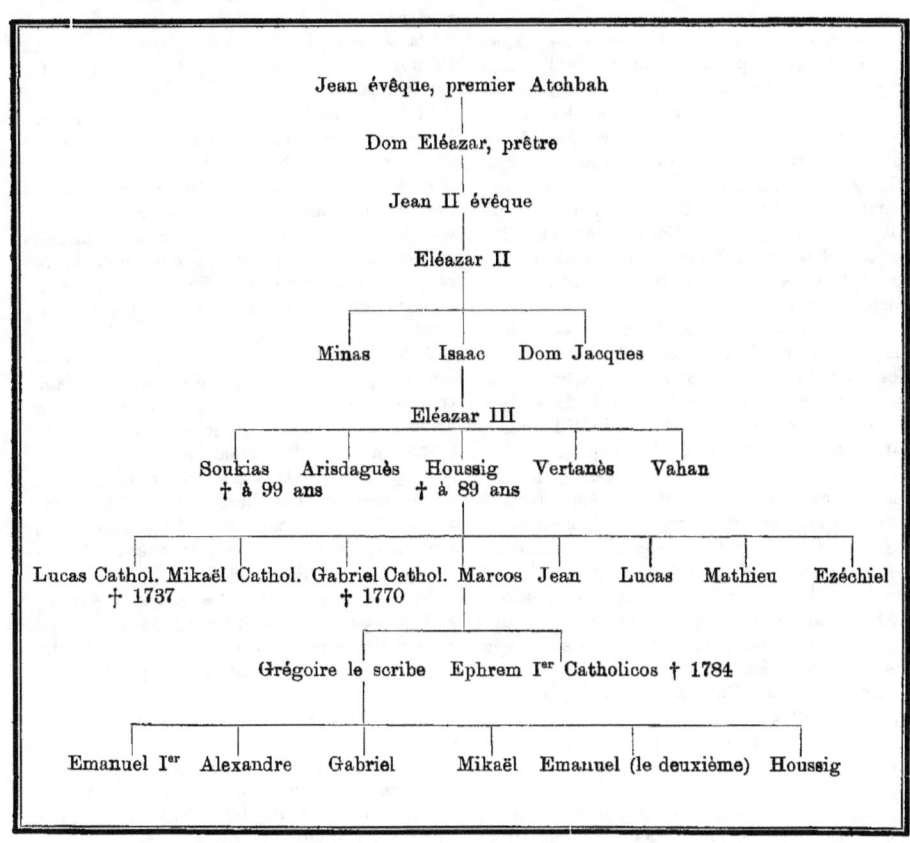

Arbre généalogique de la famille Atchbah.

1267. Jacques.
1301. Jean.
1307-14. Constantin.
1320. Constantin de Lambroun (plus tard Catholicos).
1342. Basile.
1372. Jean, archevêque.

Sis étant le siége du patriarche des Arméniens, c'est là que devaient avoir lieu les conciles; en effet, sans parler des assemblées diocésaines, c'est là qu'eurent lieu les grands conciles de la nation, auxquels assistèrent plusieurs fois, avec les docteurs et les supérieurs des couvents, les rois et les princes; comme cela eut lieu en 1290 pour la destitution du catholicos Constantin; en 1291 pour l'élection de Grégoire d'Anazarbe; et pour d'autres questions religieuses, dans les années 1307, 1332, 1342-3, 1363.

Non seulement les Arméniens avaient leur siége suprême dans la capitale de Sis, mais les étrangers, qui étaient nombreux en Cilicie, y avaient aussi leurs évêchés et leurs églises.

Nous avons cité le témoignage de Willebrand, qui mentionne dans cette ville un siége patriarcal grec, tandis qu'il aurait dû dire un simple archevêché. Les Latins de même avaient des évêques, non seulement à Sis, mais encore dans d'autres villes. Léon Ier fut obligé de les expulser lors d'un différend qu'il eut avec eux pour le château de Gastime et la question d'Antioche; mais ils y revinrent quelque temps après. Au commencement du XIIIe siècle Léon accorda aux Génois et aux Vénitiens de construire des églises dans la ville de Sis, et dans quelques autres encore.

Les Syriens aussi avaient leur siége patriarcal, qui fut fondé par *Ignace*, ami de Héthoum Ier; ce même Ignace bâtit le patriarcat en 1244, et *Issa*, le célèbre médecin d'Edesse, éleva une église dédiée à *Barsame*. Les Syriens avaient encore une autre église sous le vocable de la *Sainte Vierge;* toutes les deux ne subirent aucun dommage durant la dévastation de Sis, l'an 1266. Ajoutons à ces deux églises, un couvent, appelé *Guiechat* ou *Gujechat*, dans la traduction latine des œuvres d'Aboulfaradj. Un moine qui connaissait, l'arabe, délivra le lieu par ses prières. Un autre couvent *Paxemati* ou *Parxemati*, appartenant aussi aux Syriens, fut brûlé et restauré de nouveau; l'an 1275, 25 moines y demeuraient quand les Egyptiens le détruisirent ainsi que les précédents. Le patriarche des Syriens avait aussi un petit monastère dans un faubourg de la ville.

Les Turcs ne purent bâtir que dans ces derniers temps une mosquée à Sis. Au commencement du XIVe siècle Bilargou, général des Tartares, demanda, dit-on, la permission d'en construire une, mais Héthoum II n'y consentit pas, et ce refus, à ce que l'on dit, fut la cause de l'inimitié du Tartare, qui tua Héthoum, et son neveu, le jeune roi Léon III, par trahison.

Si les étrangers élevaient des temples et érigeaient des évêchés dans Sis, comment les Arméniens si pieux, nombreux et riches, n'en auraient-ils pas construit? mais malgré cela le nom de plusieurs d'entre elles nous est inconnu, et même nous n'en trouvons aucune trace Nous sommes donc obligés de rapporter tout simplement ce que nous trouvons indiqué dans les mémoires des manuscrits.

Avant que Léon eût commencé ses constructions, on y comptait très peu d'églises, très peu de sanctuaires et sans aucun mérite artistique. C'est ce que nous fait comprendre Saint Nersès de Lambroun, qui se plaint, de cette pénurie: « D'Anazarbe et de Sis....
» que devrons-nous dire? écrit-il. Elles sont
» sous la domination des Arméniens, avec
» plusieurs contrées, et cependant les voilà sans
» direction religieuse, et elles n'ont pas le
» Christ pour pasteur; elles sont sans églises,
» et privées de toute splendeur; car les évê-
» ques demeurent dans les couvents », etc.
Il écrivait cela dix ans avant l'avènement de Léon.

Après cet avènement on trouvait à Sis les églises suivantes:

1. Une église sous le vocable d'Etchmiadzine, (peut-être la cathédrale construite par Léon), ou église de la *Sainte-Vierge*, dans laquelle fut inhumé le corps de ce roi.

2. La grande église dédiée à *Sainte Marine*, où fut copié un évangile, en 1222.

3. *Sainte Sophie*, qui avait le premier rang comme église royale et métropolitaine. Suivant l'exemple de Justinien, les princes régnants de cette époque, dédiaient au nom de la divine Sagesse, le plus beau temple de leur cour. C'est ainsi que Héthoum, digne successeur de Léon le Grand, poussé par sa piété, fit construire à grands soins, près de son palais, cette magnifique église à plafond plat, comme le dit dans une Chronique son neveu également ap-

pelé *Héthoum*. A cause de son clocher, selon notre Père Indjidji, « cette église est appelée par les Turcs *Tchangly-kilissé*. La forme de l'église est longue, la voûte repose sur 4 colonnes ; le toit est ruiné, mais les murs, les autels et toutes les autres parties de l'édifice, sont formées par d'énormes pierres de taille, soudées les unes aux autres avec du plomb, comme on le voit aussi dans les anciennes constructions de Jérusalem. Le maître-autel est surmonté d'une coupole, et des deux côtés de ce dernier, il y a deux autres autels de même construction, au dessus desquels se trouvent les gynécées, dans chacun desquels il y a deux autres autels. Au dessus de ces autels, et tout autour sur les murs, sont sculptés en grandes lettres les noms des rois Héthoum, Léon et d'autres. On peut monter de l'église au *clocher*, qui est haut et carré, et à toit plat, ayant deux fenêtres de chaque côté ; il est encore parfaitement bien conservé, mais n'a plus de cloches. A l'église est jointe une *chapelle* ». Sainte Sophie était l'un des plus magnifiques temples des Arméniens ; c'est là que furent célébrées avec de grandes solennités, les premières et les dernières fêtes nationales, en présence des deux chefs suprêmes, du roi et du catholicos.

Plusieurs fois les étrangers mêmes assistaient à ces solennités ; nos mémoires rapportent entre autres qu'une fois Constantin, le père du roi, y conduisit, avec son fils Héthoum, le patriarche d'Antioche, qui célébra la sainte messe avec le catholicos et se communia avec Constantin. Les Egyptiens, en 1266, incendièrent avec la ville de Sis, aussi cette magnifique église de Sainte-Sophie, comme le mentionnent distinctement les historiens contemporains. Le patriarche Guiragos restaura aussi ce temple, en 1824. L'arcade du sanctuaire est ornée de porcelaines ; le support du crucifix est en marbre avec des bas-reliefs de style italien, mais sans élégance, comme aussi les chapelles supérieures ; devant l'autel sont dressés deux chandeliers, montés sur des lions de bronze. Le siège royal en marbre, est aussi remarquable : il est orné de sculptures qui représentent des lions et des aigles. Dans la partie du nord-ouest se trouvent les tombeaux des catholicos.

4. L'église de *Saint-Serge*, l'une des plus anciennes de Sis, est petite et obscure : il ne reste de l'édifice ancien que la voûte du chœur, tout le reste a été restauré en bois dans ces derniers temps.

5. *Sainte-Ripsimé* ; est mentionnée dans le mémoire écrit sur un reliquaire en argent, en 1269 :

... (De Sis, capitale de toutes les villes,
Sous le patronage de la très-sainte
Ripsimé, l'admirable !)

6. *Saint-Jacques*, où l'an 1274 le prêtre Grégoire fit écrire des hymnaires ou graduels à Garabied le scribe, fils du *chevalier Thoros*.

7. L'église du *Saint-Esprit*, « qui fut res- » taurée en cette année (1280), avec de belles » pierres taillées par des artistes, sous la di- » rection d'Etienne de Vahga, et aux frais et » ordre du docteur *Sosthenès* ; celui-ci était » un personnage versé dans l'interprétation » de l'Ecriture-Sainte, de l'Ancien et du Nou- » veau testament, et il excellait dans les ma- » tières philosophiques ; durant le règne mê- » me de Léon, et sous le patriarcat de Jac- » ques, personne ne le surpassa sur ce point, » hormis le grand docteur Vahram ».

8. L'église de la *Sainte-Croix*, où furent écrits plusieurs livres au XIIIe et au XIVe siècles ; ce qui fait supposer qu'elle était une des principales églises de la ville ; les personnages dont on y fait mention, sont *l'archidiacre Pierre*, l'an 1319, le prêtre *Constantin*, fils de Pierre et de Tacouhie, et père de la Dame des Dames, qui mourut en 1323.

9. L'Eglise de *Saint-Simon*, où le prêtre *Diradour* a écrit des graduels, en 1280.

10. L'église de la *Sainte-Vierge*, dont le chœur seulement est ancien, tout le reste a été restauré dernièrement ; sur une colonne noire on voit des croix sculptées et on y lit le nom de *Saint Constantin*.

11. *Saint-Nicolas*, qu'on trouve mentionné en 1374, avec les églises de la *Sainte-Croix*, du *Couvent* du *Vallon* et celle de *Vahga*.

12. *Saint-Etienne*, qui est surnommé *l'église du Connétable*, selon l'écrivain d'un manuscrit du rituel de l'an 1345 : deux siècles après, l'an 1560, un certain Vahram fils du prêtre Léon, y écrivait l'hymnaire intitulé « Les Trésors ».

13. *Saint-Mercure*, maintenant en ruines, près des murailles de la ville.

14. *Saints-Pierre* et *Paul*, tout en ruines ; je ne l'ai pas trouvée citée dans les manuscrits.

15. *Saint-Athénogène*, je crois que c'est la même que la *Sancta-Etennacine*, mentionnée dans la relation latine du concile de Sis de 1342 ; le curé de l'église à cette époque s'appelait Jean.

Outre ces églises qui se trouvaient dans la ville même, on mentionne encore le *Couvent de Maître Paul*, au sud de Sis ; c'est là que l'on conservait la Sainte Croix de Vanig ou Vango, et le dextre de saint Grégoire l'Illuminateur.

16. L'église de *Sainte-Anne*, mère de la Sainte Vierge, construite en 1422, avec le couvent, par le catholicos Paul[1], selon le mémoire d'un écrivain contemporain.

17. Une petite église construite par la reine Zabel, est l'une des plus anciennes et antérieure à celle de Sainte Marine ; à l'intérieur de la coupole il y avait une inscription : l'église a été détruite depuis par un tremblement de terre ; le lieu est désigné sous le nom d'*église de la reine*.

18. L'église de la *Sainte-Vierge-des-Trois autels*, (peut-être c'est la même que celle du N.º 10), le temple préféré de *Garabied*, chambellan du roi Ochine et de son fils Léon IV : où souvent il allait prier ; il y fit placer l'évangile relié en or, qu'il avait fait écrire et relier en Italie, à Pérouge (1314) ; il y avait ajouté d'autres présents encore, dont il ne restait que l'évangile et une croix, pendant que celui qui nous a transmis ces informations, désservait l'église.

19. L'Eglise du *Saint-Illuminateur*, parmi les trésors de laquelle se conservait la croix du catholicos Jacques II : c'était un don que la reine Mariune, mère de Constantin II, avait fait au catholicos Constantin VI.

20. *Saint-Basile*, bâtie par Léon le Grand, elle avait été ruinée comme toutes les autres, vers la moitié du XVIIe siècle.

21. *Saint-David*, où l'on cite un évangile, l'an 1291, qu'un certain Mikaël fit écrire « pour l'usage de son fils Garabied, prêtre » vertueux, saint et dévot ».

22. *Saint-Jean* : c'était une église ou une chapelle, où se conservaient les quatre dextres, à la fin du XVIe siècle.

23. Une église dite *cathédrale*, construite par Basile, fils de Constantin le Bailli, qui, dit-on, était très charitable et avait offert à l'église grand nombre de fournitures, des évangiles, des habits et d'autres objets.

Le nonce Léonard de Sidon qui en 1587 visita Sis, y trouva sur pied douze églises et chapelles, outre les deux principales, celle du Saint-Sauveur et celle de Sainte-Sophie. Sans doute celle du Saint-Sauveur est celle que nous avons marquée sous le N.º 1 (Etchmiadzine).

Léonard trouva ces deux dernières églises grandes et hautes, et bâties comme des forteresses. On aurait pu les restaurer, dit-il, facilement, mais les Arméniens ne le faisaient pas par peur des Turcs. Il mentionne aussi les ruines des palais du roi et de la reine, et donne en outre des renseignements sur l'étendue de la juridiction du catholicos de Sis ; elle s'étendait sur 24 diocèses archiépiscopaux et épiscopaux, 20 couvents, 100 moines, 300 prêtres, et grand nombre de diacres et de clercs. Le Catholicos possédait quantité de fournitures ecclésiastiques, grand nombre d'évangiles et d'autres livres saints, mais peu de Bibles. Tout était soigneusement gardé par des prêtres choisis par le peuple. Le catholicos était élu par 12 évêques des diocèses avoisinants du siège patriarcal.

---

1. Le chroniqueur contemporain parle avec beaucoup d'éloges du catholicos, et il témoigne que, ce dernier « restaura de nouveau le siège de la capitale » de la Cilicie et suivit les traces de ses ancê» tres... il érigea le couvent de *S. Paul* au sud de Sis » sous la protection de la Sainte-Croix de Vango et » du dextre de S. Grégoire l'Illuminateur, et de Sainte » Anne, mère de la Sainte Vierge, et l'église porte le » nom de *Sainte Anne*... » Avec le catholicos est mentionné aussi son frère Arakel et le fils de celui-ci, Grégoire évêque de Hassenkef, et d'autres encore : on peut le voir dans l'arbre généalogique suivant :

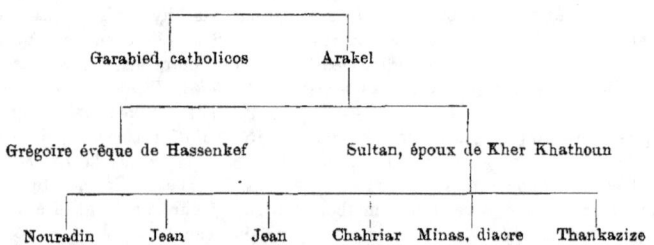

Parfois c'étaient les chefs du peuple qui proposaient à la cour la personne qui leur semblait la plus apte à remplir ce poste, après quoi on prenait le consentement des évêques; quelquefois encore le catholicos lui-même, par cause de son âge avancé, désignait personnellement son successeur; comme le fit alors le catholicos Khatchadour en choisissant Azarie pour son successeur. Il l'établit d'abord supérieur de l'église de Sainte-Sophie. Sous la juridiction du catholicos de Sis se trouvait encore, dit-il, l'archevêque de Jérusalem.

Je ne sais pas s'il y avait aux alentours de Sis d'autres couvents et d'autres lieux de piété et de bienfaisance; toutefois il y a de grande probabilité en faveur de cette hypothèse; nous en avons même la confirmation sur une plaque de marbre qui fut découverte dans le champ d'un Turc, du côté de la muraille orientale du patriarcat; le Turc brisa la pierre par fanatisme, toutefois l'inscription restera comme un mémoire vénéré de la munificence de la reine Zabel, fille de Léon. Le chroniqueur de la Cilicie dit : « La reine Zabel éleva à Sis, un *hôpital* ayant au milieu une *piscine*, dont la porte de l'ouest regarde la forteresse de Sis. On l'appelle à présent *Marasdan*, elle est tout en ruines ; l'eau ne jaillit plus, mais sa place est évidente. Ce lieu est plein de tombeaux et encore maintenant on y enterre ; dans son enceinte ne manquent pas les pauvres, les indigents ni les zingares, aussi bien que les caravanes, qui en passant, y font halte. Sur la porte on a trouvé cette inscription :

La construction de cet hôpital fut terminée
par ordre de la pieuse reine Zabel, à sa grande gloire,
dans l'ère des Arméniens 690 (1241).

Un certain Jacques, gardien de l'église du Saint-Illuminateur, vers l'an 1632, rapporte exactement la même inscription ; il l'avait copiée, au moyen d'une échelle, et appelle ce lieu *Marasdan*, ce qui signifie, je crois, observatoire, du mot arabe *marsad* et *mérassed* Si la pioche a découvert par hasard, après six cents ans, le souvenir d'une telle entreprise, combien de témoignages glorieux des œuvres de nos rois et de nos reines ne restent cachés sous la terre foulée par un peuple croupi dans l'ignorance ! Durant tant de siècles les fils ont succédé à leurs pères, les élèves à leurs maîtres, sans songer à transmettre à leurs descendants les inscriptions de tant de temples et d'édifices bâtis par leurs ancêtres ; ils ont poussé l'insouciance à un tel degré que nous sommes obligés de recourir aux copies mal faites et insuffisantes d'étrangers, qui ne connaissent pas à fond notre langue, et de les passer dans notre topographie.

Les débris de cette pierre cassée confirment le témoignage des chroniqueurs sur la générosité de Zabel et sa charité envers les malades et les pauvres. Sa fille Fimi, princesse de Sidon, ne lui fut pas inférieure sous ce rapport. Après la vente de ce dernier territoire (Sidon), elle retourna chez son père et ses frères, et consolait sa tristesse en consolant les autres ; selon un chroniqueur contemporain : « elle était compatissante envers tous, surtout envers ceux qui souffraient d'une maladie ».

Après les églises et les lieux de bienfaisance, nos recherches devraient tomber sur les sanctuaires de l'étude dans la ville royale de Sis ; mais je ne trouve dans les livres aucun souvenir précis concernant les établissements d'éducation et les écoles ; il est pourtant hors de doute qu'il dut y en avoir dans les couvents, surtout dans ceux de Medz-kar et de Trazarg, où les lettres et la musique firent de grands progrès. Cette opinion est confirmée par l'histoire du couvent de Sghévra et d'autres encore, comme nous l'avons déjà vu, et comme nous le verrons ci-après.

Au commencement du siècle dernier, le Catholicos Ephrem mentionne à Sis une école qu'il appelle Institut de Saint Nersès de Lambroun ; je ne sais pas quand elle fut fondée : c'est d'elle que sortit le Catholicos Lucas, un des Atchbah. Les historiens et les quelques mémoires qui nous sont parvenus, témoignent de l'amour des Héthoumiens pour les lettres, surtout de Léon II et de ses fils. Pendant le règne du dernier de ces princes, Ochine, évêque de Sébaste, vint à la cour, l'an 1320 : le roi voulant lui faire un cadeau, l'évêque

choisit quelques livres, et écrit : « Je suis en-
» tré dans les *armoires de la maison*, où se trou-
» vaient amassés les Saints *Testaments* » ; il en
choisit un évangile peint en diverses couleurs
et orné de figures.

Les nobles doivent aussi avoir eu leurs bi-
bliothèques, et les plus lettrés parmi eux auront sans doute fondé des écoles pour les enfants. Le grand nombre de manuscrits exécutés dans les couvents des alentours de Sis
et dans la ville [1] même, (comme nous l'indiquent aussi les mémoires des églises), et les
louanges décernées dans ces manuscrits aux
lettrés de Sis, nous sont un motif de satis-
faction ; plusieurs fois, surtout dans les antiphonaires, nous voyons indiqué que « les originaux
» étaient des meilleurs exemplaires des *premiers*
» *savants* et des *premiers maîtres* de Sis ».
Parmi ces premiers maîtres qui ont étudié et
vérifié la musique des hymnes, il convient de
placer au premier rang, comme l'attestent les
mémoires, le célèbre prêtre *Grégoire*, surnommé
Khoul (le Sourd), d'où l'exemplaire lui-même
est appelé *Khelguetzi*, comme nous l'avons dit
ailleurs. Ce prêtre était connu comme « pre-
» mier maître et brave copiste » ; je ne saurais préciser la date à laquelle il a vécu, mais
il est certain que c'est au temps de la dynastie de nos rois.

Au XIIIe siècle, surtout durant le règne de
nos quatre premiers rois, notre pays traversa
une période de tranquillité et de progrès.
Passionnés pour les études et la magnificence
de leur royaume, ces princes contribuèrent de
toute leur puissance aux réformes intellectuel-
les ; plusieurs livres utiles et nécessaires furent écrits, grâce à leur générosité, et distribués non seulement dans le territoire de la
Cilicie, mais encore aux couvents de l'Orient,
et même en Occident, où les Arméniens avaient
formé des colonies et bâti des couvents et
des églises, je veux dire en Italie.

De hauts personnages, illustres par leur
science et par leur dignité ecclésiastique, accouraient d'Orient en Cilicie, pour y nourrir
leur esprit et y chercher des livres ; quelques-
uns y venaient à découvert, d'autres ca-
chaient leur haute position, pour poursuivre,
comme de simples étudiants, avec plus de liberté, le cours de leurs études. Ainsi firent

le célèbre *Mekhitar Koche*, l' *historien Vartan*,
auteur de plusieurs livres, qui demeura longtemps dans la cour du roi, et composa une
grammaire pour le passetemps de Héthoum et
de Zabel. Son compagnon d'étude, le Docteur
Guiragos, autre historien, termina aussi dans
la Cilicie son Ménologe, trois ans avant sa
mort, (1271).

Un autre auteur qui imita les premiers et
les surpassa même, fut le Dr *Jean d'Ezinga* ;
il fréquentait la cour et les couvents pour
des questions littéraires. Dans les grandes
solennités religieuses et civiles, on l'invitait
dans les églises et à la cour, pour y prononcer
des discours et des panégyriques : c'est ainsi
qu'une fois il prêcha dans la ville royale de
Sis, « Sur le mystère de l'Incarnation et le
» Baptême de Notre Seigneur ». En 1283 il
parla à l'occasion de la fête dans laquelle furent armés chevaliers les fils du roi (Léon II),
Héthoum et Thoros, et d'autres enfants des
princes, et des personnes attachées au service
de la cour.

Jean Orbélian, archevêque de Sunik, rapporta de Sis un bon exemplaire de l'Histoire
des Saints, et d'autres rapportèrent de la
Cilicie différents livres.

Citons encore parmi les personnages lettrés, contemporains de ces derniers, un certain Jean, qui se plaignait de n'avoir pas
trouvé dans la Grande Arménie, assez de ressources pour pousser ses études, selon le désir
de son coeur ; il vint également en Cilicie
durant le règne de Héthoum Ier et dit lui-
même : « Je me suis rendu de nouveau au
» lieu des *savants* et des *lettrés*, au territoire
» de la Cilicie, dont le protecteur est Jésus-
» Christ, et c'est lui-même qui la garde sous
» son bras droit ».

Après ces témoignages nous en avons encore plusieurs autres à propos du séjour des
étrangers dans la capitale de l'Arméno-Cilicie. Les gouvernements d'Occident, eurent
de fréquentes relations avec nos princes qui
leur accordèrent de nombreux privilèges dont
nous possédons les édits. Tout cela néces-
sitait l'étude et la connaissance des langues ; aussi trouvait-on à la cour des interprètes et des secrétaires pour les langues
latine, française, italienne, arabe, turque ou

---

[1]. Un historien poète qui conte en vers les faits de Nicol, évêque des Arméniens de Pologne, dit : « Les » évangiles écrits en lettres d'or, tous ces livres rares » et précieux transportés à Love, (Lemberg), reliés en » argent, étaient sortis des trésors de Sis ». L'historien Arakel rapporte qu'il y avait plus de mille manuscrits.

tartare[1]. Nous connaissons les noms de quelques-uns d'entre eux, par des signatures qu'on rencontre au bas des édits ; par ex. pour la langue latine : *Bavon*, en 1214 ; pour la langue française : *Jouffroy*, en 1271 ; *Paumier*, en 1307 ; *Nicole de Bars*, en 1321 ; etc. Quelquefois ces interprètes étaient des Arméniens versés dans les langues étrangères. Léon le Grand avait même ordonné, dès les premières années de son règne, d'ouvrir un cours de latin dans les écoles et d'y exercer les enfants, dès leur douzième année et même avant ; on ne peut douter que plusieurs de ses successeurs, sinon tous, aient suivi son exemple.

Les Assises d'Antioche, (traduites du français en arménien), par Sempad le Connétable, et la Lettre qu'il a écrite de la Tartarie à son beau-frère, le roi de Chypre, indiquent clairement l'usage de la langue française à la cour, comme le prouvent aussi les fréquentes alliances des familles royales ou princières des pays occidentaux avec les nôtres, leurs usages et leurs lois, adoptées dans les tribunaux et à la cour de Sis. De même les noms des principaux ministères étaient tirés, plutôt des langues étrangères que de l'arménien.

Ces quelques détails suffiront pour donner au lecteur une idée de la prospérité intellectuelle et morale de notre capitale, au XIIIe et au XIVe siècle. Que ne pouvons nous donner des détails aussi précis sur les édifices de la ville, élégants et magnifiques sans doute, quoique nous n'ayons plus pour en juger maintenant que des décombres et des ruines.

Nous croyons aussi bon d'indiquer ici quelques événements importants qui eurent lieu à Sis. Signalons dans la période qui s'écoula des constructions de Léon aux améliorations apportées par Héthoum Ier, durant l'interrègne qui précéda son avènement au trône, (1219-5), l'*assassinat* du régent *Sir-Adan*, par les brigands Hachichi ; la tentative du prince Roupin, petit fils de Léon II, pour s'emparer du trône ; son bannissement, comme aussi celui de Philippe, époux de Zabel. Plus tard, durant le long règne de Héthoum, les grandes solennités de toute sorte qui furent célébrées à Sis, non seulement par les Arméniens, mais encore par les étrangers, ainsi que les élections des catholicos syriens à Sis ; par exemple celle d'Ignace II : celui-ci l'an 1263 consacra Grégoire Aboulfaradj, historien très savant, métropolite des Orientaux (Syriens).

Durant sa splendeur sous le règne de Héthoum, et sous celui de son fils Léon, plusieurs ambassadeurs européens, religieux ou laïcs, séjournèrent à la cour. L'un d'eux le dominicain *Brocart*, vers le milieu du XIIIe siècle, demeura un mois dans le palais royal. Il rapporte qu'à la cour se trouvaient cinq ou six officiers tartares, car Héthoum s'était déclaré leur vassal. Il fait monter le nombre des officiers chrétiens de la maison du roi presqu'à 500, ce qui montre la grandeur et la richesse de la cour. Il indique encore le grand nombre des eunuques, dont plusieurs étaient réduits à cet état pour punition de leurs délits ; une quarantaine de ces eunuques étaient au service de la Reine.

Mais toutes ces fêtes, toutes ces solennités cessèrent après le sac de Sis par les Egyptiens, en 1266. Ce que ceux-ci laissèrent debout fut détruit peu après par le grand tremblement de terre qui acheva la ruine de la ville. Après ces malheurs, Sis ne recouvra jamais sa gloire primitive quoiqu'elle eût été soigneusement restaurée.

Les grandes ruines que les Egyptiens avaient amoncelées à Sis, avaient en même temps ébranlé la tranquillité de la ville ; et neuf ans après (1275), ils l'attaquèrent une seconde fois et incendièrent de nouveau les édifices ; seulement, comme nous l'avons rappelé, ils ne réussirent pas à s'emparer de la forteresse, où s'étaient réfugiés les habitants. Selon une chronique, les Egyptiens firent tous leurs efforts « pour » prendre la forteresse ; un prêtre se présenta » devant leur armée et tua l'un de leurs sultans, mais lui aussi fut tué à son tour ». Je ne sais pourquoi l'auteur ne donne pas le nom du prêtre et ne dit pas non plus comment il s'y prit pour tuer son adversaire, ni comment il fut tué lui-même. — « Les Egyptiens revinrent » l'année suivante, 1276, à Sis, mais le Seigneur ne leur accorda pas le succès ; ils » furent battus par le roi Léon, qui remporta » sur eux une grande victoire ; la plupart » périrent, les autres s'enfuirent dans leur » pays ». C'est dans cette bataille que le

---

2. Nous ne croyons pas nous tromper en supposant qu'il y avait même des interprètes pour les langues des nations encore plus lointaines, comme les Ethiopiens ; car l'historien Héthoum, dans son exhortation pour la délivrance de la terre sainte, suggère au Pape d'écrire aussi une lettre au roi des Ethiopiens et de l'envoyer au roi des Arméniens, pour qu'il en fasse faire la traduction.

connétable Sempad, en poursuivant l'ennemi, fut, par accident, blessé mortellement, ainsi que nous l'avons déjà raconté. A partir de cette époque, pendant un siècle, tant que le royaume des Arméniens dura, malgré les nombreuses invasions que firent les Egyptiens et les Turcomans, en ravageant partout le pays, nous ne trouvons aucun mémoire qui fasse mention d'un nouveau sac ou d'une nouvelle ruine de Sis; elle redevint prospère, autant que possible, durant le règne de Héthoum II: le patriarche des Arméniens, vint s'y établir, et les élections des catholicos et des rois y furent célébrées avec de grandes solennités.

Parmi ces fêtes, le sacre du roi Sempad, en 1296, est raconté en détail par un contemporain: « Dans la capitale magnifique, dit-il,
» s'assemblèrent les fils du roi, et les princes
» du sang, d'autres princes, ainsi qu'une grande
» multitude de bourgeois et de gens du peuple;
» c'était le jour de l'Epiphanie. Le célébrant,
» le catholicos Grégoire, assisté par plusieurs
» évêques et par tout le clergé, porta en pro-
» cession la dextre de Saint Grégoire l'Illumi-
» nateur et les Saints Evangiles, puis conféra à
» Sempad, par l'imposition des mains, le titre
» et l'onction de roi. Toute l'assemblée applau-
» dit à la cérémonie, et chacun se réjouit selon
» sa condition. Que le Seigneur nous conserve
» Sempad en paix et pour de longues années,
» toujours victorieux contre les ennemis de la
» croix de J.-C »!

Mais hélas! la discorde et la jalousie vinrent diviser la famille du roi, et mêmes ses frères, pour la succession à la couronne. Enfin Héthoum, l'aîné, fit monter sur le trône, son neveu, Léon III, avec qui il fut tué par le général tartare Bilarghou. Ce dernier voulait aussi s'emparer de la capitale, mais Ochine, frère et oncle des assassinés, « se hâta de se ren-
» dre dans la forteresse de Sis; il y rassem-
» bla les princes, et une grande multitude de
» soldats, battit l'ennemi, et le chassa hors du
» pays (1308) ».

Dix ans après, Tamour-dache pénétra en Cilicie et la dévasta; « il assiégea durant
» trois jours la ville de Sis, mais le Seigneur
» le frappa de terreur, lui et ses soldats et
» il dut se retirer ».

Un demi-siècle plus tard, après une série d'événements de peu d'importance, l'agonie de la capitale, ou plutôt du royaume des Arméniens, était proche. Avant le dernier coup mortel (entre les années de 1366 et 1369, époque des plus obscures dans l'histoire arménienne, mais un peu éclairci dernièrement), le trône de Cilicie fut occupé par Constantin III, (qu'on dit petit fils de Léon IV, peut-être du côté de sa mère), mais en réalité fils du Baron Héthoum, (je le crois seigneur de Neghir). Il avait succédé à Constantin II, fils du maréchal Baudouin. « Les Ismaëlites (les
» Turcomans?), ayant à la tête Chahar-o-
» ghlou, passèrent par les défilés d'Antzmen-
» tzoug et attaquèrent Sis; ils tuèrent *Libaride*
» le brave commandant des Arméniens... Une
» seconde fois Chahar marcha contre Sis, in-
» cendia la ville et y séjourna vingt jours; ce
» fut alors qu'un boisseau de froment se vendit
» jusqu'à cinq cents piastres ».

Ce brave commandant Libaride, devait être, comme son nom l'indique, d'origine étrangère: car ce nom appartient à la famille d'Orbels (de Géorgie); mais, quelle que soit son origine, sa mort dut être héroïque, car les poètes l'ont célébrée plus encore que les historiens. Ainsi, Jean le Catholicos, natif de Thelgouran, raconte dans son poème, les diverses péripéties de la bataille: l'attaque de 60,000 Turcs sous la conduite d'un certain *Mantchag*, la faute calculée ou involontaire des Arméniens, la mauvaise défense du pont de leur refuge, les noms de la famille de Libaride, etc.

Peut-être les paroles d'un autre poète inconnu et populaire, sont-elles encore plus touchantes que celles du Thelgouranien; c'est ainsi qu'il chante le héros:

Tu es Saint, ton âme est pure:
Le Seigneur t'avait élu du haut du ciel
Tu fus la gloire des chrétiens;
O toi brave Libaride, grand et puissant.

Tu égalais Samson par ta force;
Quand tu ceignais la cuirasse,
Les ennemis tremblaient terrifiés.

Tu sacrifias ta vie pour l'église,
T'opposant toi seul contre mille.
Ton épée perça plusieurs cœurs;
O toi brave Libaride, grand et puissant.

Du territoire de Sis astre éclatant,
Tu étais toujours prêt,
Les ennemis te redoutaient comme la mort.
O toi brave Libaride, grand et puissant.

A ce moment fatal qui t'arriva,
Personne n'accourut à ton aide:

Ta personne fut teinte de rouge.
O toi brave Libaride, grand et puissant.

Le catholicos, les docteurs,
Tous les prêtres ensemble,
Versèrent des larmes abondantes et sincères.
O toi brave Libaride, grand et puissant.

A présent, le vent du nord,
Sarkis, (Serge) te rappelle [1] ;
Tu étais la colonne de salut
Pour nous Arméniens ; —
O toi brave Libaride, grand et puissant.

Dans la nuit de ces temps obscurs, brillent à côté de Libaride, deux autres astres lumineux: le brave *Héthoum* et sa femme *Zarmantoukht*: « Il tua, dit-on, aux temps du dernier » Constantin, le capitaine des Egyptiens, le » brave *Eumer*, sur le champ de bataille d'A- » dana... il y remporta une grande victoire; » ce fut aussi lui qui dans la plaine de Sis, mit » à mort Ali, l'autre général des Egyptiens, » durant le règne du dernier Léon [2] ». Cet Héthoum, comme nous l'avons vu, mourut par la trahison d'un Arménien, séduit par un prince étranger des environs de Gantchi ; il laissa comme successeur et continuatrice de ses exploits, son héroïque femme, Zarmantoukht.

La dernière fête solennelle à Sis, eut lieu l'an 1374, le 26 juillet, lorsque Léon V, son dernier roi, y arriva, après avoir traversé comme par miracle les armées des Turcomans et des Egyptiens, qui occupaient les passages connus et assiégeaient la ville à distance. Le catholicos accompagné de tout le clergé, de toute la noblesse et du peuple, alla au devant de lui, et au son des chants et aux accords d'instruments de musique, Léon fut introduit dans la capitale tout illuminée ; il arriva juste à temps: car quelques-uns, après la mort ou le meurtre de Constantin (mois d'avril 1373), se voyant sans chef, et en pleine anarchie, nourrissaient déjà la pensée de laisser la ville aux Egyptiens.

Quelques jours après, Léon choisit 150 braves cavaliers, et les envoya jusqu'au bord de la mer pour en ramener sa femme et sa mère. Ces cavaliers réussirent à force de ruse et d'adresse, à les amener d'abord à Anazarbe, puis à Sis. Léon vint à leur rencontre avec une grande multitude, et organisa une fête magnifique, pour leur entrée dans la ville. Deux mois après (24 sept.), dans la grande église de Sainte Sophie, ils reçurent l'onction royale, d'abord dans le rite latin, puis dans le rite arménien, des mains du catholicos même, avec une imposante solennité, et ils furent proclamés rois et reine des Arméniens. Le même jour Léon récompensa son aide de camp français, *Sohier Doulcart*, qui était venu avec lui, et que plus tard devait être aussi son compagnon de captivité. Léon le fit chevalier et maréchal des Arméniens, et l'unit en mariage avec *Rémi* (Ripsime ? ou Fimi), sœur du roi Constantin III ; elle avait été auparavant femme de son oncle Bohémond.

Hélas ! de tristes événements, dus à la division des princes, succédèrent bientôt à ces fêtes joyeuses. Les uns, et le roi était de leur avis, voulaient à tout prix conserver et délivrer Sis ; les autres voulaient la passer aux Egyptiens. Ces derniers depuis quelques années s'étaient emparés de toute la Cilicie de plaine, et ils tenaient de loin l'entrée et la sortie de la ville. Ils s'étaient déjà engagés par pacte de laisser libre entrée aux provisions dans la ville, pourvu que les habitants leur payassent un tribut. Davoud-beg et Abou-békir étaient leurs deux chefs. Pendant que Léon, en vertu de ce traité, cherchait de se faire reconnaître comme roi par ces derniers, des traîtres excitèrent Davoud contre le roi, les trompant tous les deux en même temps, (le beg et le roi), en leur faisant croire qu'ils se tendaient des pièges mutuellement.

Léon réussit à signer un traité de paix avec Davoud, mais Abou-békir n'y adhérant pas, vint assiéger la ville, et le gouverneur d'Alep, Achik-Thimour, ou Aïchékhour-mélék de Merdin, vint le renforcer avec une forte armée, durant trois mois, d'après les insinuations des traîtres. Léon, ne pouvant pas résister à un ennemi si fort, avec une troupe aussi faible que la sienne, ni défendre la vaste ville (de la longueur d'une lieue au dire de son historien), préféra y mettre le feu lui-même, plutôt que de la laisser saccager à l'ennemi, et il se retira dans la forteresse.

---

1. Il paraît que c'est le nom du poète.
1. D'après l'histoire de Jean Dardel, récemment découverte ; on ne trouve pas le récit d'un événement pareil, dans nos historiens.

Mais il fut contraint à se réfugier dans le château supérieur, qu'il avait réussi à délivrer des mains des traîtres rebelles, par l'adresse d'un religieux dominicain, compagnon de l'évêque latin qui avait sacré le roi. Cependant Léon ne put résister longtemps; il avait été blessé dans la guerre; les princes et le clergé même l'avaient délaissé, et ils s'étaient rendus aux Egyptiens: il ne lui restait plus que quelques serviteurs fidèles.

Léon, après avoir reçu une lettre dans laquelle l'émir lui garantissait la vie sauve, descendit de la forteresse et se rendit auprès de ce dernier; il lui remit les clefs de la place et le reste du trésor royal; c'était vers la mi-avril de 1375. Il fut emmené captif d'abord à Alep et de là en Egypte, au Caire, où se trouvait le sultan. Il était accompagné de sa femme et de sa petite fille, de la reine Mariam, femme du roi Constantin III, et de son ami, le fidèle Sohier.

Un chroniqueur arménien de cette époque écrit: « L'an 1375, Dieu fit sentir sa colère
» à la ville de Sis; la forteresse fut assié-
» gée du mois de septembre jusqu'au seize
» avril [1]; elle se rendit le vendredi; la famine
» n'y avait rien laissé à manger, on n'y trou-
» vait plus un grain de froment: le chat, l'â-
» ne... furent mangés par les assiégés... Qui
» pourrait se faire une idée du mépris et des
» insultes faites à la croix; les livres saints
» furent mis en pièces, les autels détruits ».
Un autre dit plus en abrégé: « Les églises
» et les livres saints tombèrent en captivi-
» té ». Un troisième, l'évêque Zacharie, qui
fut témoin oculaire de ces désastres, écrit
d'un accent douloureux et touchant: « La
» ville de Sis fut prise et moi.... j'y étais
» présent. Mais les lamentations et les cris
» déchirants dont furent témoins mes propres
» oreilles, qui pourrait les décrire? j'ai vu
» de brillantes pierres précieuses, des soleils,
» des étoiles et des lunes (tous les personnages
» de la noblesse et du peuple) renversés par
» terre » ! Paroles profondes et significatives
qui peuvent remplacer les longues lamentations
et les lugubres descriptions, que le temps ou la
stupeur produite par les événements, n'ont pas
permis de nous transmettre. On les pourrait
parfaitement sculpter sur la pierre sépulcrale de la fortune de Sis, dernière capitale des Arméniens, et sœur cadette d'Ani.

Le but final du sultan d'Egypte étant simplement de conquérir la ville de Sis, de l'annexer à ses domaines, et de ne plus la laisser dans les mains des Arméniens, il ne la ruina donc pas entièrement. Il se contenta de la laisser piller par ses soldats, puis il y établit un certain *Yaghoub-chah*[2] comme gouverneur: quelques-uns appellent *Ak-Bougha* ce premier gouverneur, auquel en succédèrent d'autres, sous la dépendance des sultans. Pendant un certain temps le pays n'eût plus à souffrir des incursions des Sarrasins. En 1389, l'un de ces gouverneurs *Mélik-Eumer* tyrannisa cruellement les Arméniens, et, je ne sais pour quel motif, tua le catholicos Théodore et seize barons avec lui.

Ce fut peut-être la cause de la grande émigration des habitants de Sis et de la Cilicie au delà des mers, quelques-uns disent jusqu'aux rivages d'Italie[3]. Un chroniqueur rapporte entre autres que: « Les Ciliciens se ras-
» semblèrent en grand nombre autour du ca-
» tholicos Garabied; car, par suite de la pré-
» sence de Ramazan et des guerres qui se
» renouvelaient sans cesse, ils souffraient beau-
» coup; et voyaient de leurs propres yeux
» la dévastation de leur patrie et l'augmen-
» tation des infidèles », 30,000 familles passèrent la mer: il les cite même par leurs
noms, ainsi: « le jour de mardi partit le Ba-
» ron *Garabied, petit-fils* du roi *Constantin*;
» et mercredi le Baron *Assel-beg*, et leurs prê-
» tres *Jean, Vahan, Grégoire* et *Etienne*. Il
» ne resta à Sis de la noblesse et des princes,
» des barons et de la famille royale, ni hom-
» mes, ni femmes; tous partirent avec leurs
» familles et parents. Et après que les riches
» et les princes s'en furent partis, les pau-
» vres et les indigents qui étaient dépourvus
» de moyens et ne pouvaient quitter la ville,
» livrèrent Sis à l'ennemi, le 6 juin ».

En 1415, dans une lettre adressée au doge de Venise, le sultan Ebou-Nasser, lui promit d'accorder libre accès à Sis, pour les commerçants de la république et il écrivit même au gouverneur de Sis, à propos de ce privilège;

---

1. Cet événement eut lieu en 1375, le vendredi 6 avril, et non pas le 16: car, en ce cas, ce ne serait plus un vendredi, mais un lundi.
2. Weil, histoire des Califes.
3. Le clerc Malachie rapporte, en 1402: « Dans ce » temps, après la suppression du royaume des Arméniens de Sis, les princes royaux et les nobles arméniens, et un grand nombre du peuple, se réunirent, et s'embarquant partirent pour le pays des Francs ».

d'où ressort clairement non seulement l'autorité du sultan sur la ville de Sis, mais encore le passage des commerçants italiens dans la capitale des Arméniens, leurs anciens alliés [1].

Vers la moitié du XV° siècle, après l'établissement du siége du catholicos à Etchmiadzine, le catholicos de Sis Garabied restaura son palais épiscopal ainsi que plusieurs églises ; un chroniqueur parle de lui en termes très élogieux en le citant comme l'émule des anciens Pères de l'Eglise arménienne.

Un demi-siècle après, Sis fut de nouveau ruinée et dévastée ; d'abord par l'émir Eumer, qui paraît être de la famille de celui que nous avons cité ci-dessus. Quelques années plus tard (1467), Chah-Souar Zulkadri « voulut s'emparer du catholicos de Sis et de
» la forteresse : il l'attaqua avec une armée
» de cavaliers, le 2 juin, et après avoir essayé
» de l'incendier, il alla s'emparer d'Adana
» et de Tarse. Il revint une seconde fois
» assiéger la forteresse de Sis, et y mit le
» feu. Le Baron Tchakam se trouvait dans
» la forteresse. Les chrétiens livrèrent bataille et tuèrent un grand nombre d'ennemis ;
» mais le 3 décembre, ne pouvant plus nous
» soutenir, nous rendîmes la place. En 1468
» Chah-Souar se rendit de nouveau dans le
» territoire de Damas, y enleva mille familles
» turques et les força de s'établir à Sis ».

« Le prince de Damas vint à son tour attaquer Chah-Souar ; celui-ci marcha à sa
» rencontre. Les Turcs de Sis s'unirent aux
» Chahiens, le 14 du mois de mai, et livrèrent bataille : ils capturèrent les chevaux
» et les mulets du Baron de la forteresse ; et
» le Baron prit les chrétiens et les mit en
» prison au fond des oubliettes.... Et nous
» autres citoyens tous nous abandonnâmes nos
» maisons et nos biens. Les Turcomans Varchag, saccagèrent la ville et ils en emportèrent un grand butin, et les vases sacrés
» des églises. Il m'est impossible de décrire tout le ravage qu'ils causèrent. Nous
» autres nous vîmes dans la forteresse de
» Gobidara ».

En 1461, « Les Turcs de Sis se rendirent
» secrètement chez le catholicos Garabied
» pour y conférer ; ils assemblèrent les Turcs
» et les Arméniens de Sis, et tous ensemble
» firent un traité et se jurèrent mutuellement
» de capturer Mélik-Eumer. Le jour après ils
» se rendirent tous à la porte inférieure du
» palais. Quelques-uns des plus hardis montèrent sur les murs, et par la petite porte
» entrèrent dans le palais, Chrétiens et Turcs
» tous ensemble. Mélik-Eumer fit un trou dans
» la muraille et reçut les Turcomans dans le
» palais. Ceux-ci et les habitants de Sis se
» livrèrent bataille ; et (ceux de Sis) tuèrent parmi les Turcomans un homme de
» distinction. Alors ces derniers s'étant irrités,
» attaquèrent la cavalerie des habitants de
» Sis, et les ayant mis en fuite, ils tuèrent
» deux chrétiens et blessèrent d'autres avec
» des flèches. Quelques-uns en fuyant entrèrent dans la forteresse et jetèrent du haut
» de la muraille deux grosses pierres. Ce que
» voyant les Turcomans se retirèrent, entrèrent
» dans la ville et pillèrent quatre maisons
» turques, et celles du fils de Baudouin, et de
» Léon, et de Grégoire et plusieurs autres.
» Ensuite ils entrèrent dans le saint siége,
» dans le palais patriarcal du catholicos Garabied, et ils pillèrent le couvent, le saint
» chrême et tous les objets sacrés ».

Les paroles de ces deux écrivains nous montrent clairement que les Arméniens non seulement étaient encore en grand nombre à Sis, mais qu'ils y avaient de nobles représentants, et qu'ils jouissaient d'assez de liberté et de considération ; ils pouvaient même prendre les armes et combattre. Mais cette dernière dévastation suivie de l'incendie, fut plus terrible que celle qui était arrivée lors de l'extinction du royaume arménien. Les Egyptiens parvinrent à reprendre Sis des mains du barbare ; mais peu de temps après, en 1487, s'étant rendu très forts, sous la conduite de Khalil-pacha, les Ottomans l'enlevèrent aux Egyptiens ; le gouverneur de la ville était alors un certain *Sibeg* ou *Yeche-beg* [2]. Le pays jouit enfin de la paix, par la suppression du sultanat d'Egypte et de la domination des Zulkadriens, des Karamans et des Ramazans ; pourtant les incursions des tribus sauvages et indisciplinées causèrent plus d'un dommage à la ville de Sis. Ainsi, selon les mémoires de l'an 1527, « Kaurseddin Djélal vint
» à Sis ; les habitants se réfugièrent dans la
» forteresse ; il y eut de grandes dévastations ;
» mais enfin le Seigneur délivra la ville de Sis

---

1. Consulter Archives de Venise. Commemoriali, **X** N.° 210.

2. Hammer, I. — Georges (Arménien), Histoire des Ottomans.

» des mains de l'impie Kauerseddin ». Selon les chroniques d'Arakel, l'an 1598, *Lavant-Satherdji* saccagea et dévasta Sis, la ville des Ciliciens. Le catholicos Ephrem nous raconte un peu plus au long cet événement : « Sa-
» thourdji, à la tête d'une grande armée, mar-
» cha d'Anteb... contre Sis, à cause des re-
» belles appelés Softas, et commandés par
» Mohdi-oghlou : ce dernier pensait s'empa-
» rer de la ville par la force. Mais à l'ap-
» proche de Sathourdji, il s'enfuit de Sis, et
» les habitants, sans s'inquiéter de leurs biens
» ni de leurs meubles, prirent par les mains
» leurs enfants et leurs familles et s'enfuirent
» avec empressement. Tous les biens des parti-
» culiers et des églises furent pillés ». Quelques années après (1605) un certain « *Davil* assiégea
» la ville de Sis avec 1,500 fantassins; les habi-
» tants, surpris par la terreur, se réfugièrent
» dans la forteresse ; autant de fois les enne-
» mis voulurent donner assaut, autant de fois
» ils durent reculer pleins de confusion et de
» honte, et tous leurs artifices furent vains..
» Ils assiégèrent la ville pendant trente jours,
» sans réussir à la prendre ; enfin les misérables
» s'en retournèrent sur leurs pas et se dissi-
» pèrent comme une nuée... Cependant les
» habitants de Sis, dominés par la peur et
» craignant une deuxième fois le retour de
» cette bête féroce, se réfugièrent à Adana ».

Après l'extinction de la domination armé-nienne, l'administration intérieure de Sis, même sous les Egyptiens et les Turcs, paraît être restée longtemps dans les mains des Ar-méniens, et à l'instar de Zeithoun, elle était régie par quatre chefs, d'après le nombre des quatre intendants qui assistaient auparavant le roi. Et dans l'épître que les évêques armé-niens envoyèrent à Rome l'an 1585 pour l'é-lection d'Azaria leur patriarche, nous trou-vons les signatures de ces quatre chefs de Sis : « Le prince *Messer-chah*, intendant de Sis...
» le prince *Libaride*, intendant de Sis, le prince
» *Hanouz*, intendant, *Boudakh-Meghdissi*, fils de
» *Gharib*, prince de Sis ».

Dans les archives des pays étrangers on trouve mentionnés des commerçants arméniens, citoyens de Sis et contemporains des susdits personnages, qui voyageaient à l'étranger pour affaires de commerce : on en trouve surtout à Venise et à Messine. Sur les colonnes de marbre de la basilique de Saint Marc à Venise, on voit gravés les noms de plusieurs Sissiens, entre autres celui d'un Sarkis[1], dès l'an 1543 ou 1556.

De nos jours le nombre des familles ou des habitants de Sis est incertain ; l'un des derniers visiteurs opine pour 4 ou 5,000 ha-bitants en tout ; parmi les Arméniens quel-ques-uns font monter le nombre des familles arméniennes à 100, d'autres à 300 ou 400, voire même 700. Enfin un dernier écrivain en 1882, nous donne le chiffre de 500. Hogarth, le dernier visiteur, compte à Sis 3,500 habi-tants, presque tous Arméniens.

Les maisons sont plates et échelonnées en amphithéâtre sur la pente du mont, surtout du côté est. Elles sont entourées de cyprès et de sicomores. Durant l'été la plus grande partie des habitants abandonnent la ville à cause de la chaleur excessive et vont habiter les lieux frais ; les religieux aussi se retirent à Vahga[2].

Quel développement et quel grand nombre d'habitants devait avoir autrefois Sis, la ca-pitale de Léon et de Héthoum, on peut le supposer ; mais il est difficile de s'en faire une idée exacte, par son état présent. De nos jours la ville et toute sa région sont dé-sertes, inhabitées et mal connues ; sur les car-tes géographiques rien n'est marqué, et dans les livres des explorateurs aucune mention ! Ainsi je ne puis qu'errer à tâtons autour des montagnes de Sissouan pour indiquer les quel-ques restes des lieux habités ; et je ne puis même garantir l'exactitude de leurs positions et des noms.

A une heure de la ville, au nord-est, sur le versant d'une colline dénudée, on trouve les vestiges du village appelé *Ghiavour-keuy*, au dire de Langlois, au milieu duquel on aper-

---

1. Parmi les Sissiens qui se sont établis à Veni-se, les derniers que je connaisse, sont : *Alexandre*, fils de *Bab* (1629), *Sépher* fils de Baptiste (1620), qui faisait le commerce des peaux de buffles et de mou-tons ; *Khatcher* (1634). Vers la moitié du XVIIe siècle au nombre de ceux qui avaient fait des dons au cou-vent d'Angora, est mentionné un certain *Iskénder* de Sis.

2. C'est ainsi qu'on l'avait rapporté à Nouantel, ambassadeur de France, en 1673 : « Sis... estoit seu-
» lement habités huit mois de l'année, et les habi-
» tants l'abandonnoient les quatre autres, à cause
» d'excessives chaleurs qu'il y fait, et se retiroient
» dans une autre, qui en est à une journée, où l'air
» est plus rafraischi ». - *Journal d'* ANT. GALLAND, I. 3.

çoit les ruines d'une petite église, dont les murailles étaient intérieurement décorées de peintures à fresque. Il trouva quelques fragments de dalles sépulcrales, brisées par la chute des pierres dans l'intérieur de l'église ; sur l'un de ces fragments il aperçut une inscription française à demi-effacée.

Je] han Fort qui trépassa le m...

Un autre fragment porte ce qui suit :

N de M.CCC.LXI de Christ. Que Die...

Enfin sur un troisième fragment :

Ci—gît Dame Marie de Canc.

Il est évident que ces pierres sépulcrales recouvraient les restes de quelques-uns des Français qui passèrent dans ces lieux, durant le règne des derniers rois. Peut-être seraient-ils venus s'établir dans cette région, et nos rois leur auraient accordé cette place comme cimetière. C'est probablement le même lieu que décrit le P. Indjidji dans sa Géographie : « En face de Sis, dit-il, à une heure
» et demie, sur une montagne rocheuse s'é-
» lève l'église ruinée, dont il ne reste que les
» murailles d'une hauteur d'un mètre, et les
» fondements qui reposent, à certains endroits,
» sur la roche même. A l'intérieur de l'église
» on voit encore la place des autels, et à la porte
» se trouvent deux pierres noires volumineu-
» ses ornées de croix sculptées. Aux alentours
» on voit les traces des murailles d'un cou-
» vent, et au dehors à l'ouest, une fontaine
» d'eau douce ». Ce couvent, lui dit-on, était le célèbre ermitage d'*Arkagaghin* (des Noisettes) construit sous les Roupiniens. « Ces
» ruines étaient restées longtemps ignorées au
» milieu d'un bois de chênes ; mais au temps
» de Mikaël, patriarche de Sis, qui occupa le
» siége, l'an 1737, quelques religieux ayant
» lu que le monastère était situé en face de
» Sis, se mirent à la recherche, parcourant
» toute la montagne couverte déjà de forêts de
» chênes. Après des fatigues inouïes, ils finirent
» par le découvrir dans la partie la plus touf-
» fue de la montagne, tout recouvert de buis-
» sons et de plantes. Alors le catholicos donna
» l'ordre de débarrasser des arbres l'église et
» le monastère ; on y érigea un autel, puis
» on y célébra la messe en grande solen-
» nité, devant un public nombreux. L'un des
» religieux qui avait travaillé à la découverte,
» me raconta de sa bouche tous ces détails ».

Mais Arkagaghin était le siége de l'évêque de Messis et devait se trouver aux environs de cette dernière ville qui est assez loin d'ici ; il n'est donc pas probable qu'Arkagaghin fût aux environs de Sis.

Les nouveaux explorateurs citent à quelques lieues de la ville, dans la vallée du fleuve, le château de *Turris-kaléssi*, nom que je ne saurais identifier avec aucun nom arménien si ce n'est celui de Thoros ; il en est de même pour la forteresse d'*Andal* ou *Andil-kalé*, selon Langlois *Anton-kaléssi*, située à une heure et demie au nord-est de Sis, sur la cime d'une montagne ; et pourtant Favre dit que ce château se trouve à une journée de distance de la ville.

Je crois que ce doit être *Antoul* (Անդուլ); car un ermitage de ce nom est mentionné l'an 1238 : « Le pieux roi Héthoum et la dé-
» vote reine Zabel en firent leur résidence
» d'été ». C'est là que vint les visiter le D.ʳ Vartan, surnommé l'Oriental, et qui, à leur demande, rédigea des exercices grammaticaux. C'est aussi là qu'un certain chantre, *Grégoris* de Sis, copia un évangile pour le vénéré prêtre *Grégoire* et son disciple *Paul*.

Dans le voisinage on trouve un autre château *Kara-Sis*, sur la montagne du même nom ; il paraît avoir été un fort remarquable. Les géologues autrichiens trouvèrent la montagne de structure plutonique et cristalline. Quelques savants européens croient que ce château était l'ancien *Cadra*, et qu'*Andal-kalé* était le *Davara*, (peut-être le Turris cité plus haut). Ce fut dans ces places naturellement fortifiées, que la tribu des *Clètes* Ciliciens se retrancha au premier siècle de l'ère chrétienne, refusant de payer le tribut aux Romains. Cependant certains historiens pensent que ces Clètes ou Clétiens, habitaient la Cilicie Pierreuse, vers les plages de la mer.

Dans la même direction, et près de ces forts, se trouve le village *Ghédikli*[1], près duquel, dans un terrain d'alluvion, on trouva des traces de houille, mais peu abondantes. Un peu au nord de Ghédikli, on indique le village de

---

1. Ce village et d'autres encore sont indiqués sur une carte russe.

Marache; on montre un autre village de ce nom au pied des monts qui séparent la vallée du fleuve Sarus, au nord-est de la province de Sis. Egalement au nord et plus près de cette ville, on trouve: *Tchokhakh*[1], et à une heure plus loin un autre village du même nom; ainsi on les appelle *Tchokhakh supérieur* et *Tchokhakh inférieur*. Un Arménien compte dans ces deux villages, 200 familles arméniennes; un autre n' en trouve que la moitié.

Selon Texier, les montagnes qui séparent les deux provinces de Sis et de Hadjine sont majestueuses et les plus admirables de toutes celles qui bordent le Djahan. Ce fleuve est ici étroit comme un ruisseau, mais il dévale avec la force d'un grand torrent, au milieu des pentes et des rochers à pic. Les montagnes sont couronnées de pins et de platanes. Les habitants trouvent ici un lieu de plaisir et de délassement durant les grandes chaleurs. A l'ouest de Sis on indique les villages suivants: *Douzakhan*, à une lieue de la ville; et un peu plus loin *Tcharad*; et au sud le village de *Bedjig*.

A cinq ou six heures de Sis, au nord-ouest, on trouve le village de *Mossoula* par où passèrent, en 1836, les explorateurs anglais Chisnay et Ainsworth, et, au nord de cette localité, le village de *Kabak-tépé*. — Au sud-ouest de Sis, *Thouroundjlou*, *Beuyuk-keuy*, *Thoulan*; entre ces deux derniers villages, un château en ruine et d'autres localités inconnues. De ce côté, à deux heures et demie de Sis, Davis aperçut une colonne sur pied, d'autres cassées, des sarcophages taillés dans le roc et des pierres coupées en forme de gradins; et le long du chemin jusqu'à la ville, il entrevit les ruines d'anciens villages. De même, de ce côté jusqu'à l'extrémité de la plaine de Sis et plus près d'Adana, le P. Indjidji indique *Malkhederly*, village des Afchars; et vers l'est de Sis, à la frontière du territoire de Marache, le village de *Kabourgali*, enfin près du *Sembos*, un vaste champ couvert de roseaux, et dominé, du côté du nord, par un château construit sur un rocher. Un voyageur moderne indique le Sembos comme un ruisseau affluent du Savroun, qui est peut-être un affluent du fleuve de Sis ou le fleuve lui-même; il ajoute qu'il jaillit du mont *Boudjak*, qui est sans doute le mont *Bedjig* déjà cité. Mais en vérité c'est à une heure au nord d'Anazarbe, que le Sembos et le Savroun se mêlent ensemble, et à trois heures au sud qu'ils se jettent dans le Djahan.

Je n'ai fait que répéter ici les courtes indications des explorateurs contemporains; nous ne trouvons presque rien qui nous soit parvenu du moyen âge concernant les environs de Sis qui devaient être si importants. Ces lieux réveillent aussi dans notre mémoire de tristes faits.

Selon l'historien royal, après la dévastation de Sis par le fer et le feu, en 1266, les Egyptiens ne réussissant pas à prendre la forteresse, marchèrent contre « une place où il y avait
» des grottes, et où dans les temps anciens s'é-
» levait un château du nom de *Guéma*, et une
» autre appelé *Béguen-kar* (Rocher brisé). Dans
» ce lieu s'étaient retranchées un grand nom-
» bre de familles, hommes, femmes et enfants.
» A la vue d'une armée si formidable, les as-
» siégés perdirent tout courage, et ne furent
» même plus capables de se servir de leurs
» armes. Les barbares enhardis, massacrèrent
» cruellement toute la multitude: on dit que
» 10,000 personnes furent tuées le même jour;
» ceux que l'épée épargna furent emmenés
» en captivité ».

TRAZARG

Après la capitale, le lieu le plus renommé devait être la résidence de l'archevêque de Sis et son patrimoine; ce lieu qui ne pouvait pas être loin de la ville, était le fameux couvent de *Trazarg*, qui surpassait les autres couvents du territoire non seulement par le rang et la haute renommée du siège, mais encore par son ancienneté et par sa discipline. Aussi sommes-nous étonnés et douloureusement peinés de n'en point connaître exactement la situation. Personne, parmi les voyageurs ou les habitants du territoire, ne mentionne ce lieu, si non le Père Indjidji, qui écrit: « Du couvent de Trazarg il reste une
» église, dans un vallon, au milieu des bois,
» à une journée à l'ouest de Sis, et à deux
» jours d'Anazarbe. Un ruisseau passe à ses
» pieds, et on voit encore les ruines du célèbre
» monastère. On trouve à Trazarg un arbre
» qui donne un fruit d'une couleur jaune, ap-

---

1. Tchokat, sur la carte russe.

» pelé *Ourgoumil*, et des noisetiers en abon-
» dance, comme à Sis ».

Les Occidentaux avec une naïve simplicité ont traduit le mot arménien Trazarg par *Trois-arcs*, et en latin, *Abbas Trium Arcium*, comme nous le montre la signature latine de Jean (plus tard catholicos), archevêque de Sis en 1201, et de Léon le Grand, dans son premier édit en faveur des Génois ; on trouve aussi écrit en latin : *Abbatia de Tresarco*. L'époque de la fondation du couvent nous est inconnue ; probablement elle est antérieure à la domination des Roupiniens. Thoros Ier en fut le restaurateur au commencement du XIIe siècle, avec le concours de deux docteurs savants, disciples et coadjuteurs du patriarche Grégoire le Martyrophile; l'un était *Georges Meghrig* du village d'*Analure* de Vaspouragan (dans la Grande Arménie) ; il passa une vie mortifiée durant 50 ans, ne se nourrissant que de pain, et passant ses nuits dans les veilles pieuses : « il fut un exemple
» pour un grand nombre de gens, et un père
» pour tous les Arméniens, selon Mathieu d'E-
» desse ; il y rassembla une multitude d'ana-
» chorètes de Jésus-Christ, et il y établit l'or-
» dre et la discipline des premiers Pères … Il
» leur donna par écrit, les règlements qu'on
» a conservés jusqu'à nos jours ».

Il avait établi le même ordre aussi dans le monastère de Khorine, et, comme on le présume par les paroles de plusieurs historiens, les religieux y menaient une vie d'une grande austérité, entièrement voués à la prière ; c'est pourquoi le nom de cette maison est toujours accompagné des épithètes les plus louangeuses, comme le *grand*, le *saint hermitage*, le *célèbre*, le *remarquable*, l'*illustre*, l'*habitation des anges*. Ce fameux docteur Georges, au tempérament doux, mourut en 1114, âgé de 70 ans, et fut enseveli dans ce couvent. Il accomplit une œuvre importante pour notre Église : il mit en ordre le Missel, en y ajoutant des fêtes avec des leçons appropriées, sur l'ordre et avec l'approbation du susdit patriarche Grégoire le Martyrophile. Un calendrier indiquant les fêtes des Saints, écrit en 1287, dit dans sa préface, à l'égard de la liste des fêtes de ces Saints :
« Cet ordre a été introduit dans l'église ar-
» ménienne, d'après le choix fait par les doc-
» teurs du célèbre couvent de Trazarg ».

Treize ans après (1127) à côté du tombeau de Georges, on enterrait son compagnon, « le
» fondateur des règles du couvent de Trazarg [1],
» le Dr *Guiragos* ; il imita les premiers saints,
» approfondit le sens des Saints Testaments de
» Dieu, et par ses études sérieuses, arriva à la
» compréhension des passages difficiles de l'An-
» cien et du Nouveau Testament…. Ce monas-
» tère fut appelé *Tombeau des Saints Docteurs* ». Parmi ces derniers il faut citer, en 1162, « *Ba-*
» *sile* le docteur glorieux plein de grâce divine,
» très intelligent, craignant Dieu, et très ardent
» dans la mortification et la prière ; versé dans
» les écritures saintes ; il était le protecteur
» et le refuge des affligés ». Ce Basile étant le confesseur de Baudouin, comte de Marache et de Kessoun, composa une oraison funèbre et trouva des accents sublimes pour pleurer sa mort. Le comte, contre son conseil, s'était allié avec Josselin et avait trouvé la mort durant l'assaut d'Édesse. Basile montre dans ce discours sa tendresse pour son affectionné Sir Baghdin (Baudouin), comme il l'appelle ; le cadavre n'ayant pu être retrouvé, Basile le nomme « le
» perdu introuvable ». Il décrit habilement son ardeur dans l'armée et dans la bataille, vertu qui elle aussi enflamme l'enthousiasme de l'orateur : « Hélas ! s'écrie-t-il, son tombeau ne
» s'élèvera dans aucun lieu ! un seigneur pa-
» reil, maître d'une multitude de soldats, un
» prince si célèbre sera confondu parmi les
» morts ! on ne trouve point parmi les vi-
» vants ; les cloches n'ont point sonné pour
» lui … de son vivant il n'eut point de re-
» pos … et maintenant à sa mort il dispa-
» raît sans trace, sans souvenir ».

Ce couvent de Trazarg fut de même le lieu de sépulture de plusieurs personnages illustres, de rois, de patriarches et de docteurs. Trois *Thoros*, seigneurs de la contrée, y furent inhumés : les deux premiers étaient des Roupiniens, deux barons courageux. Le premier y fut enterré en 1129 et le second en 1169 ; l'un fut le restaurateur de ce lieu et l'autre le régénérateur de tout le territoire. Le troisième était de la famille des Héthoumiens ; roi malheureux et peu fait pour son époque, petit-fils de Héthoum Ier, il fut étranglé avec une corde par son frère Sempad (en 1298), et inhumé dans ce lieu. De même le jeune et l'ardent Baron, Roupin II, surnommé le *Montagnard*, le frère de Léon le Grand, (1186), trouva ici son tombeau. Ajoutons en-

---

1. C'est ainsi que l'appelle le chroniqueur Samuel d'Ani.

core le magnanime Héthoum Ier (1270) qui gouverna longtemps notre nation, (durant 45 ans). Proclamé roi dès son enfance, ayant l'appui du talent et de la vigueur indomptable de son père et tuteur Constantin, le Bailli, et de son frère Sempad le Connétable, il s'affermit sur le trône, agrandit son pouvoir de plus en plus et brilla tant en Orient qu'en Occident, comme une forte colonne posée sur les fondements de Léon le Grand. Après une vie riche de gloire, mais aussi abreuvée d'infortunes, il se retira dans ce couvent, quelques temps avant sa mort. « Il se fit religieux, fut appelé Ma-
» caire, et il rendit son âme au Seigneur dans
» la plus grande piété ». Dix-huit ans aupa-

Le roi Héthoum Ier, d'après une monnaie.

ravant la reine la plus glorieuse et la plus digne d'admiration de Sissouan, *Zabel*, fille de Léon, à la main de laquelle aspirèrent plusieurs princes royaux, s'y reposait pour toujours († le 22 janvier 1252), après avoir embaumé sa vie des plus nobles vertus. Dans ce même lieu fut encore enterré le jeune *Stéphané*, fils de Léon II, délivré dès son âge d'innocence, il échappa aux désastres que ses cinq frères causèrent en voulant s'emparer par force de la couronne. Ses deux frères cadets et jumeaux, le brave *Alinakh* qui périt dans les eaux du Cydnus, sous les coups des pieds de son cheval arabe (1317), et le roi *Ochine* (1320), furent aussi enterrés dans ce même monastère.

Parmi les personnes du clergé également inhumées à Trazarg on peut citer : le ca-

tholicos magnanime *Grégoire Degha*, de la famille des Bahlaves (le 25 mai 1193), qui y fut enterré en grande pompe par le glorieux Nersès de Lambroun et par l'assistance du grand roi Léon. Deux ans après (1195) eurent lieu les funérailles du jeune catholicos *Grégoire Karavège* (le Précipité), inhumé près du tombeau du roi Héthoum. On y enterra aussi *Jean VII*, le Catholicos « au caractère magnanime », l'homme au grand cœur, qui ne craignit pas de s'opposer à Léon, dont le naturel fougueux ne souffrait guère d'être contrarié. Jean sut, selon l'historien, mettre obstacle à ses « ma-
» nèges secrets et évidents ». S'étant réconcilié avec le roi, il fut transféré de son siège de Romcla, à Trazarg en 1218, et, succédant à Héli-Héthoum, qui avait pris l'habit religieux dans ce monastère, en avait été élu supérieur (1200), et probablement aussi y avait été enterré. De même il paraît que *Basile*, frère du roi Héthoum dont on parle avec beaucoup de louanges, et qui avait été élu supérieur du couvent et archevêque de Sis, fut inhumé dans ce même couvent le 19 avril, 1275. On y enterra encore le vieux Catholicos *Constantin* Ier de *Partzerpert*, en 1267, et après lui *Constantin* III de *Lambroun*. Lors de l'enterrement de ce dernier on ouvrit le tombeau du premier, « et
» on n'y trouva que le pluviale à demi consu-
» mé, les cordons du pallium en bon état,
» le bâton pastoral et les cheveux : des osse-
» ments on ne voyait plus aucune trace. On
» rendit alors grâce au Seigneur qui rend
» glorieux ses Saints » !

Parmi les autres personnages inhumés dans ce couvent, citons *Padloun*, nom qui peut nous paraître étrange dans ce lieu: son histoire est du reste assez curieuse. C'était le petit-fils de l'émir persan gouverneur d'Ani ; « il avait
» entendu dire que sa grand'mère Gada,
» de la famille royale des Pacratides, était
» chrétienne ; la lumière de l'amour de J.-C.
» s'alluma dans son esprit et dans son cœur ;
» il alla au mont de Saint Grégoire l'Illumina-
» teur, y reçut le baptême, s'y fit religieux
» et y demeura quinze ans... menant une vie
» de grande mortification... après il se ren-
» dit à Trazarg, où il mourut en J.-C.[1] », l'an 1130.

Plusieurs autres personnages de la famille royale et du clergé reposent aussi dans cette terre abandonnée et dans ces tombeaux de Tra-

---

1. D'après le Dr Vartan l'historien.

zarg, l'un des plus illustres et des plus mystérieux cimetières des grands seigneurs Arméniens. C'est pourquoi les mémoires et les historiens du temps l'appellent le caveau et « l'enceinte sépulcrale de nos rois, de nos » reines et de nos patriarches ». Heureux si leurs restes sacrés n'ont pas été profanés par des mains impies et sacrilèges ! Qu'ils restent donc cachés et à l'abri des buissons touffus et des forêts du Taurus, sous la garde du signe de la paix, de la Sainte Croix, avec les restes glorieux des magnifiques églises et des palais somptueux de Sissouan ! Il faut espérer qu'un meilleur temps renaîtra, que de nouveau descendra la rosée, bénite sur ces fleurs fanées, et que des cendres de ces tombeaux éclatera un rayon de vie pour ceux qui aiment leurs ancêtres, et leur gloire éteinte, jadis si brillante ! Transportons-nous de cette nécropole de Trazarg, symbole de la mort, vers les lieux qui se rattachent à l'immortalité : aux églises.

L'une de ces églises était sous le vocable de *Saint-Thoros*, mais la principale était dédiée à la Sainte Vierge, comme l'indique le mémoire de l'évangile écrit en 1217, sous le règne de Léon le Magnifique, « dans le » célèbre et renommé monastère de Trazarg, » sous la protection de la Sainte Vierge et » dans la demeure de notre Sauveur Jésus ». Peut-être y avait-il dans l'église un autel ou une croix dédiée au nom du Sauveur. Ce livre[1] est écrit avec la coopération du prêtre Grégoire « pour le religieux *Thoros*, » surnommé *Korkatsi*, qui vivait retiré dans » une cellule étroite, forcé de garder le lit à » cause de sa vieillesse bien avancée. Cependant quoique vieilli de corps et très avancé » dans l'âge, la providence et la bonté de » Dieu lui avaient donné la force et le cou» rage de persévérer dans l'observation des » saints préceptes et dans la lecture des livres » saints. Il regardait cet évangile comme une » consolation pour sa vieillesse, comme un » trésor impérissable, une perle sans prix pour » son âme souffrante pour les vanités de ce » monde malheureux. Mais quand il fut sur le » point de mourir et de s'unir à Jésus, l'es» pérance de tous les hommes, il légua cet » évangile à son neveu *Pierre*, également prê» tre, afin qu'il le gardât comme un patri» moine propre et un souvenir pour lui et » pour ses parents ».

Un siècle avant, en 1113, un autre évangile avait déjà été copié dans ce même couvent, par *Georges*, par ordre du grand docteur *Guiragos*, l'ordinateur des règles du monastère. On trouve aussi dans ce manuscrit la mention de l'église de la Sainte Vierge. Un autre évangile encore écrit par *Thoros* en 1182, et enluminé par le prêtre *Khatchadour*, est conservé maintenant au British Museum. L'écrivain ou le brave enlumineur nous a laissé, en témoignage de son travail, cette naïve exclamation : « O saint livre, tu connais mes fa» tigues ! » Le supérieur du monastère s'appelait alors *Samuel ;* il paraît avoir été aussi l'évêque du diocèse. Dix ans auparavant (1173), l'écrivain Thoros mentionne déjà cet abbé.

Hymnaire écrit à Trazarg, en 1313[2].

Samuel doit avoir eu pour successeur, comme supérieur et comme évêque, *Jean*, plus tard catholicos ; durant son catholicat, le supérieur du monastère fut *Héthoum-Héli*, frère de Saint Nersès de Lambroun. Après lui le même Jean catholicos reprit pour quelque temps la direction du couvent. Puis ce fut *Basile*, qui au commencement de son gouvernement, en 1220, copia une partie des livres prophétiques[3]. En 1241 nous trouvons dans un livre distinctement mentionné « le supérieur,

---

1. Ce livre précieux, ainsi que plusieurs autres, fut détruit par les habitants de Tiflis, qui avaient un différent avec le propriétaire, Chirmazanian Kaloust, homme de lettres, qui en même temps était leur maire.

2. Traduction du fac-simile.
« Ce livre de musique, qu'on appelle graduel, fut é» crit en 762 de l'ère (arménienne), dans le saint et re» nommé ermitage de Trazarg ; par le grand pécheur » qui porte faussement le nom d'écrivain ; sous la » protection », etc.

3. Basile écrit de lui-même dans la même année, 1220 : « Moi Basile, évêque, le dernier des hommes et

» le *grand* Basile, frère du roi Héthoum ». L' écrivain du livre (hymnaire) un certain *Jean* de la Grande Arménie, ne trouvant pas dans sa patrie, comme il le déclare lui-même, « un lieu de lettres et de musique, à » cause du manque de culture intellectuelle, » vint au milieu des personnes lettrées et » des *philosophes* de la Cilicie, dont le gardien » protecteur est J.-C ... Il chercha longtemps » un exemplaire de rhétorique, et finit par en » trouver un très bon d' un certain *Joseph*, » musicien, très versé dans cette matière, jus-» qu' à ne pas trouver son égal ».

Après Basile, frère du roi († 1275), je ne trouve pas mentionnés d' autres supérieurs de ce couvent, sinon le catholicos *Constantin* III, appelé aussi Constantin de *Trazarg*.

Au commencement du XIVᵉ siècle (1301), on cite *Jean*, évêque de Sis, qui était probablement supérieur de Trazarg avant *Constantin*. Celui-ci, en 1321, dans l' édit de Léon IV en faveur des Vénitiens, ajoute à sa signature, non seulement le titre d' archevêque de Trazarg, mais encore celui de chancelier du royaume des Arméniens.[1]

Le dernier mémoire et souvenir de Trazarg qui me soit connu, est un évangile. Je l' ai sous les yeux : ce manuscrit fort bien écrit et bien enluminé, fut copié en 1332, d' après un excellent exemplaire, par *Thoros de Romcla*, pour le prêtre *Sarkis*, fils de Mardiros et de la Dame Mama.

Dans la liste des évêques de Sis, mentionnés plus haut, il faut ajouter *Basile* en 1342. Il assista au concile convoqué par le catholicos Mekhitar. Enfin, l' évêque *Jean* est mentionné comme dernier parmi tous ces évêques, en 1372. Le Pape Grégoire XI, dans son épître à Philippe, prince de Tarente, parle de cet évêque et l' annonce comme ambassadeur envoyé par la reine des Arméniens[2].

En résumé de ce que nous avons dit, les supérieurs de Trazarg, en même temps archevêques de Sis, se succédèrent dans l' ordre suivant :

† 1113. Georges Meghrig.

1113–27. Guiragos, le Docteur savant.
1173–1182. Samuel.
1198. Jean Medzaparau (le Magnanime) plus tard catholicos.
1200. Héli–Héthoum, de Lambroun.
1218. Jean, (le catholicos), pour la deuxième fois.
1220. Basile.
1241–1275. Basile, frère du roi.
1294. Thoros.
1295. Constantin.
1301. Jean.
1323. Constantin (III, catholicos).
1341. Basile.
. . . . .
1372. Jean.

Assurément outre l' archevêque, il y avait aussi un supérieur ou directeur immédiat dans le monastère ; ainsi en 1325 le supérieur du monastère était *Haïrabied*, prêtre vénéré et savant ; il était assisté de son frère *Soukias*, prêtre célibataire. D' après leur conseil et exhortation, un certain *Grégoire*, fils du religieux *Mikaël* et neveu du prêtre Sarkis, copia un évangile. L' inscription de ce manuscrit mérite d' être signalée : l' auteur après avoir dit qu' il fut écrit dans le célèbre monastère de Trazarg, sous la protection de la Sainte Vierge et *d' autres Saints* vénérés dans ces lieux, demande, par trois fois, qu' on se souvienne des religieux et des officiants, tant morts que vivants, du *monastère de la Fosse*, qui, selon le contexte, semble être le même que celui de Trazarg ; puisqu' il prie de nouveau de « se » rappeler des bons pères du saint monastère » de la Fosse, de *Haïrabied* et de tous ses frères, » et de tous les habitants de la Fosse, les prê-» tres et les religieux ». D' où il suit que Trazarg portait un double nom, et à cause de sa position s' appelait aussi la Fosse, ou bien qu' il était partagé en deux, comme c'était alors l' habitude dans les monastères célèbres de séparer les solitaires des religieux vivant en

---

» vil entre tous, ... j'ai écrit ce livre de la Bible, en » 1221 durant le patriarcat de Jean et la domina-» tion des princes Arméniens ; la même année mou-» rut Léon, roi des Arméniens ; sous l' ombre du » couvent de Trazarg ... ».

1. « Par la main dou Reverent pere en Christ Der » Constantin, par la grace de Dieu Arcevesque de » Trasarc, aujordhui Canceller dou Royaume d' Erme-» nie ». — *Charte de Léon IV*.

2... « Venerabilem fratrem Joannem Archiepisco-» pum Sitiensem, præfatæ Reginæ (Armeniæ Mariæ) » nuncium, latorem præsentium (literarum), audivi-» mus, et audiri fecimus diligenter », etc. — Epist. Greg. XI. — *Avinione, 22 Jann., 1372*.

communautés; la Fosse en ce cas devait être l'ermitage.

Dans le mémorial[1] d'un autre livre il est encore fait mention de ce couvent de la Fosse où il est dit qu'il contient quelques religieux seulement; mais comme je n'ai pas vu le manuscrit et que j'ignore sa date, je ne puis rien ajouter. Mais nous possédons encore sur ce lieu un mémoire plus ancien datant de la moitié du XIII° siècle. Le catholicos Constantin écrit dans un évangile : « Je l'ai fait copier pour moi en » que j'avais fait écrire pour moi, en ma mé- » moire et en celle de mon neveu, le prêtre » *Thoros* », etc.

Ce monastère, si célèbre, portait encore un autre nom ou épithète : il s'appelait *Avak-Vank* (le *Grand monastère*); comme nous l'atteste l'écrivain Thoros, en 1173, après avoir cité le supérieur Samuel, il ajoute : « Dans le » couvent de Trazarg, appelé Avak-Vank ».

Parmi les dignitaires du monastère, nous pouvons en citer un, dont le nom est men-

Fac-simile, tiré d'un évangile écrit à Trazarg, en 1331.[2]

» 1254, d'après un excellent exemplaire et je
» l'ai orné d'or et d'argent; et ayant visité le
» monastère de la Fosse, j'ai réuni tous ses
» membres afin qu'ils n'aient qu'un seul but
» et une vie commune; ils reçurent des
» règlements selon leur pouvoir; je m'unis
» avec eux et leur fis le don de cet évangile,

tionné dans les Archives d'Angleterre : *Thoros le Musicien*, ou maître de chapelle de Trazarg. Il fut envoyé en ambassade avec *Baudouin* (maréchal, père du roi Constantin II), par l'ordre de Léon III et de son régent et oncle Héthoum II, en 1307, à Edouard II roi d'Angleterre et à d'autres princes. Edouard, avant

1. Ce manuscrit porte le N.° 258, des manuscrits d'Etchmiadzine, (d'après un catalogue).
2. Traduction du fac-simile :
... « Fut copié d'un bon exemplaire, en 780 de
» l'ère (arménienne), sous le règne de Léon, et le
» catolicat du Seigneur Jacques, dans l'ermitage de
» Trazarg qui ressemble au ciel, par la grâce de

» Jésus; à qui soit rendu gloire. Amen.
« O! souvenez-vous en Jésus-Christ, du condamné
» pour ses péchés, du relieur de cet évangile, Grégoire,
» et de ses parents et de tous ses compatriotes; et
» que J.-C., se souvienne de vous, lui qui est béni
» pour toute l'éternité ».

d'avoir appris la triste nouvelle de la mort de Léon et de son oncle, leur écrivait quelques mois plus tard une lettre, pour leur accuser la réception de leur missive et de leur ambassade. « Litteras vestras de credentia, per » discretos viros, *Theodorum Cantorem Abbatiæ* » *de Tresarco*, Dominum *Baudivinum* filium » domini de Negrino, consobrinum vestrum, et » dominum *Leonem*, milites familiares vestros » et nuncios speciales... recepimus[1] ». Si Thoros, dans cette ambassade, a la préférence sur ses deux compagnons, c'est qu'il était un personnage érudit, habile diplomate, et versé dans les affaires de la cour. C'était probablement lui que l'on appelait le *Thoros Thaprontz*, l'archiprêtre de la cour, dont la mort est ainsi indiquée dans les mémoires de la maison du roi : « Ce même jour rendit son âme à J.-» C., le *savant*, *l'homme de talent*, le *musi-*» *cien* Thoros, l'archiprêtre Thaprontz, en » 1342, le 27 décembre ; que N. Seigneur J.-C., » ait pitié de son âme » !

Digne de mémoire est aussi la personne qui a orné et doré deux évangiles écrits en 1325, et en 1331 ; nous avons ce dernier entre les mains ; il est dans un état de parfaite conservation. Le pieux artiste qui copia et enlumina ces deux ouvrages était un religieux du nom de *Sarkis*, fils du prêtre Grégoire et d'Hélène ; nous en reproduisons ici une page de cet évangile pour donner une idée de son habileté et de son talent. Il vaut la peine de remarquer dans le dessin, la *croix* sur l'oriflamme de la tour, et la construction du *château* en forme de temple. Nous avons ajouté en marge de la page quelques ornements du même livre. Au pied de l'image de S. Luc, on voit l'imagier avec cette note : « Souvenez-vous de l'indigne prêtre Sarkis qui a décoré cet » évangile, et de ses parents ».

Nous possédons encore d'autres livres qui rendent témoignage de l'adresse et du succès de Sarkis dans l'art de l'enluminure et de la dorure. Ces livres furent sauvés des mains des barbares et partant de la perte éternelle. Citons d'abord :

1.º Un évangile, écrit en 1334 par Grégoire, le copiste du premier évangile de 1325, et enluminé par Sarkis qui se dit « Indigne » prêtre qui a orné et doré le saint livre ».

2.º Les *Assises* d'Antioche et les Institutes de Sempad le Connétable, écrites et ornées de miniatures en 1331, par l'ordre de Léon IV, dont le portrait se trouve dans une vignette.

3.º Une *Bible*, écrite en 1319 par un écrivain habile : le frontispice est orné d'or par Sarkis. Son habilité et sa réputation sont affirmées par Etienne, évêque de Sébaste. Celui-ci était venu pour rendre hommage au roi Ochine, il reçut sur sa demande un évangile, mais l'ouvrage était inachevé : « On y voyait, dit-» il lui-même, la main d'un artiste intelligent, » d'un bon calligraphe, et d'un habile ima-» gier ; mais il ne l'avait pas terminé.... » c'est pourquoi je me mis à la recherche » d'un brave imagier, et je trouvai le chaste » prêtre Sarkis, surnommé *Bidzag*, très habile » dans l'art d'imagier. Je lui donnai 1300 » piastres ; il consentit, et après avoir travaillé » avec grand soin, il compléta le reste des » images dorées qui manquaient dans l'évan-» gile. Je l'ai reçu comme de la part de Dieu, » et je me réjouis en moi-même ».

Nous n'avons qu'à être reconnaissants envers l'évêque qui nous a fait connaître le surnom de Sarkis : celui-ci ne l'a jamais ajouté dans les mémoires des livres que nous connaissons ; de même il ne parle pas non plus de sa condition de prêtre, ni de ses parents. Mais le contexte, les dates, surtout la ressemblance des dessins et des physionomies, nous confirment l'identité de l'auteur. Selon Grégoire, copiste des deux évangiles de 1325 et de 1334, Sarkis est son oncle d'après la généalogie suivante :

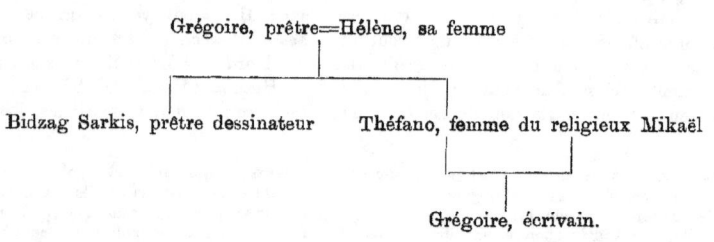

1. Rymer. Fœdera, I. IV, 110.

Sarkis fait remarquer qu'avant l'achèvement de l'évangile de l'an 1325, ses parents et sa sœur étaient déjà morts. « J'ai beaucoup travaillé » dit-il, pour dorer et orner les Concordances, » les évangiles, les arcades, et les lettres inicia- » les, tout cela me donna beaucoup de peine ».

Tous ces mémoires nous ont démontré clairement que le monastère de Trazarg était l'un des plus célèbres, et que les lettres y fleurirent surtout du commencement du XIIe siècle jusqu'à la moitié du quatozième. Sa longue durée comme son ancienneté, montrent qu'il surpassait presque tous les autres cou-

ANAZARBE

La vaste plaine qui s'étend des deux côtés du fleuve de Djahan, forme la province, désormais déserte, d'Anazarbe ; elle s'étend au sud et à l'est du district de Sis, au nord de Messis, — dont elle est séparée par la rivière Ara, — et à l'ouest de Thil de Hamdoun.

A deux lieues des ruines d'Anazarbe, le Djahan reçoit le Saouran et la rivière de Sem-

Vue de la ville d'Anazarbe, d'après V. Langlois

vents de Sissouan. Nous pouvons même présumer le grand nombre de livres qui doivent avoir été écrits à Trazarg et dans le couvent succursal de *Saint Thoros ;* la plupart ont disparu comme des feuilles de l'automne qu'une tourmente disperse et fait disparaître, à part quelques-unes qui se sauvent dans un coin abrité. Nous devons regarder comme de rares et précieux débris les fac-similés des mémoires que nous avons publiés dans nos pages.

bosse. La ville est bâtie dans l'angle que forme leur jonction. La province n'est pas seulement arrosée par ces trois fleuves, elle est de plus très marécageuse, et l'air est souvent empesté d'exhalaisons méphitiques. Le sol est cependant en général très fertile, comme dans les autres plaines ciliciennes.

Je ne trouve aucun mémoire ni sur la configuration, ni sur les produits du sol de cette province, à part ceux que j'ai déjà cités dans la topographie générale, comme le fait curieux qui concerne le village de Djourag et dont il est question déjà sous la domination de nos princes ; on voyait près de ce village un « lac fameux ; car aussitôt qu' un cheval, ou » un autre animal, y entrait, il perdait sa » queue et ses poils ; de même les sabots se » détachaient comme s' ils avaient été arra- » chés. Cependant si les animaux ne faisaient » que de boire de cette eau, ils ne souffraient » aucun mal ». Je ne saurais dire le cas qu' on doit faire de cette assertion, cependant elle nous fait connaître que même dans le XIVᵉ siècle, il y avait dans ces régions des étangs, et qu' ils s' agrandirent encore plus lorsqu' ils furent abandonnés par les habitants ; qui durent s' enfuir devant les incursions des barbares et la tyrannie des peuples nomades et des Turcomans vagabonds, auxquels s' a- joutèrent dernièrement les Circassiens. Au moyen âge cette province était pourtant re- nommée comme l' une des plus fertiles de la terre. Edrisi, le géographe arabe du XIIᵉ siè- cle, la compare au terrain paradisiaque de Damas.

Dans la vaste solitude inhabitée que les affluents du Djahan, cités plus haut, forment entre eux, s' élèvent, comme en un désert, les restes de la ville d'Anazarbe ; autrefois c'était une des plus grandes villes, la deuxième après la capitale, et la province qui en dépendait, comprenait un nombre considérable de bourgs et de villages. Disons de plus, qu' elle fut com- me l' un des plus grands théâtres du monde et le séjour d' une grande diversité de peuples ; aujourd' hui il y règne un silence absolu, selon les lois inexorables du temps et de la fortune. Un grand rocher calcaire, haut de 200 à 300 mètres et long d' une lieue, s' étend du nord au sud et surplombe les rivières citées. Par en- droits il est très resserré, jusqu' à n' avoir qu' u- ne quinzaine de mètres de large. C'est sur cette cime abrupte que s' élève l' un des châteaux les plus forts de la Cilicie.

A ses pieds, à l' ouest, se trouvent les rui- nes de la ville avec des murailles carrées. Texier compare la situation de ces lieux à celle de la ville et de la forteresse de Van.

Il pense qu' Anazarbe fut fondée par Sémira- mis, ou du moins par un prince oriental, comme son nom semble l' indiquer. En effet, dans la langue sémitique ou arabe عين زربة aïn-zarba signifie « source jaune ». Les Grecs veulent découvrir le nom d' Anazarbe dans leurs récits fabuleux ; toutefois, dans leurs au- teurs anciens on ne rencontre pas le mot anazarba, Ἀνάζαρβας ou Ἀναζαρβος ; et cepen- dant la ville existait déjà[1] et s' appelait se- lon quelques-uns Kynda, Κύνδα. L' empereur Auguste ayant été très bien reçu par les citoyens d' Anazarbe, dota la ville de son titre, en l' appelant Cesarea ; et pour la distinguer d' autres villes de ce nom, on disait Cœsarea ad Anazarbum. On essaya aussi de lui don- ner le nom de Diocesarea, mais le nom ancien prévalut. Plusieurs auteurs et mê- me des Arméniens ont écrit indifféremment Anazarba ou Anavarza, mais il est plus juste d' écrire, d' après l' étymologie arabe : Anazarbe, et c' est ainsi que nous l' écrirons.

L' historien Mathieu d' Edesse attribue à cet- te ville encore un autre nom assez étrange ; il dit, je ne sais trop pourquoi, « Trovada, » (Troie), qui est Anavarza ».

Cette ville inconnue dans les temps reculés, ne commença à devenir célèbre qu' à par- tir de la domination romaine. Après la con- quête de la ville, l' empereur y envoya un gouverneur, par ordre duquel furent marty- risés, durant les persécutions, les trois Saints Tarasiens, chantés par un de nos anciens poè- tes ecclésiastiques :

« D' abord torturés à Tarse
» Et puis encore à Mamestie,
» Furent martyrisés à Anazarbe
» Les trois élus du Seigneur ».

Selon notre poète, l' un des martyrs était jeune, l' autre vieux et le troisième dans l' âge mûr.

Anazarbe semble avoir été le jouet des mal- heurs : quatre fois elle fut ruinée par des tremblements de terre ; après la dernière de ces catastrophes, elle ne fut plus capable de se relever.

Le premier de ces tremblements de terre

---

1. Suivant Suidas, les anciennes monnaies de la ville, comme celle que nous reproduisons, portent l' inscription : ANAZAPBEΩN. L' image de la personne qui se baigne, est le sym- bole du fleuve Pyramis, près duquel 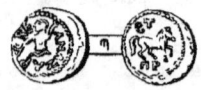 la ville est bâtie. Cette monnaie fut frappée en 180 de la date des Grecs ou d' Alexandre, ce qui est indiqué par les lettre ΠΡ, au-dessous du cheval au trot, comme on le voit sur le re- vers de la monnaie.

eut lieu sous le règne de l'empereur Nérouas qui fit restaurer la ville; le second, sous le règne de l'empereur Justinien, en 525; ce prince la releva également de ses ruines et lui donna son nom, en l'appelant *Justinianopolis;* le troisième arriva quelque temps après; l'empereur Justin la rebâtit et changea ce nom en celui de *Justinopolis.*

Anazarbe s'honore d'avoir été la patrie du grand médecin *Dioscorite,* qui vécut dans le premier siècle de notre ère, la date exacte n'est pas connue. C'est là que naquit également, dans le IIe siècle, *Oppianus,* le poète de la Chasse.

Dès le commencement du IIIe siècle Anazarbe est appelée Métropole, comme on le voit sur la monnaie de bronze, battue durant le règne de l'empereur Valérien (253-260). Sous le règne

Monnaie d'Anazarbe, sous l'empereur Valérien

de Théodose II, (en 444), elle fut déclarée la principale de toutes les villes de la IIe Cilicie[1]. Notre géographe (Moïse de Khorène) établit aussi cette distinction : « Il y a la I^e et la » IIe Cilicie, dit-il..., dont les capitales sont » Tarse et Anazarbe, ayant sous leur autorité » plusieurs provinces et châteaux ». Ainsi encore, plusieurs siècles plus tard, Saint Nersès de Lambroun : « Anazarbe et Sis et les pays » qui en dépendent » ; indiquant par là l'accroissement et la prospérité de la ville. Anazarbe eut aussi à souffrir de l'avidité des conquérants; elle fut attaquée par les Arabes et les Grecs, comme nous l'atteste notre historien Mathieu d'Edesse.

Suivant les historiens arabes, elle fut conquise pour la première fois, au VIIIe siècle, par Haroun-el-Rachid, qui y fit venir des colonies de la Perse et des Indes. Après lui ce fut l'émir Mutassem, dans la première moitié du IXe siècle ; puis Mutévakkel l'an 860. L'empereur Basile Ier eut le bonheur de la délivrer en 880, et après avoir chassé le général Abdellah, il abattit quelques châteaux des environs dont les noms sont altérés, mais nous les citerons quand même : ce sont *Caissous* (Καίσους), *Catassamas* (Κατασάμας) ou *Cassaman* (Κασάμαν), *Carban* (Καρβάν), *Artala* (Αρταλα) ou *Artabas,* *Robam* (Ροβὰμ) *Endelekhonis* (Ενδελεχώνης) ou *Eremosykea* (Ερημοσυκέα).

Vers la moitié du Xe siècle, les émirs d'Egypte, s'emparèrent de ces lieux, « mais Arabig, » (les Arabes) les en délogea avec succès », comme le dit Mathieu d'Edesse. Ce même historien ajoute qu'en 962 l'empereur Nicéphore conquit, avec d'autres villes, « la célèbre Ana» varze, et fit un grand massacre de Turcs, » jusqu'à la porte d'Antioche ». Selon les Grecs, l'empereur s'empara alors de cinquante-cinq châteaux, et quelques années après, en 965, de vingt autres places.

Ses successeurs, les empereurs Zimiscès et Basile II, assurèrent pour quelque temps la paix à cette grande ville et aux districts environnants ; mais, durant le règne de Théodora (1054-58), la ville tomba de nouveau aux mains des mahométans, et les habitants furent massacrés ou emmenés en captivité. Les Grecs la reprirent bientôt, mais le temps des transformations des royaumes était proche. Vers la fin du XIe siècle les Croisés accoururent dans la Cilicie, et leurs troupes, dit l'historien Mathieu, passèrent d'Anazarbe à Antioche. Ce fut presqu'à cette même époque, au commencement du XIIe siècle, que cette grande et célèbre ville devint la résidence de la famille de nos Roupiniens, après que Thoros Ier l'eut enlevée aux Grecs, dès les premières années de son règne. Ce prince y transporta avec les trésors des frères Mantalé, « la précieuse *Image* de la Sainte » Vierge, qu'il avait enlevée aux Grecs, et » qu'il déposa dans le château d'Anazarbe ; » il y érigea un temple célèbre et il y plaça » l'image, comme c'est indiqué dans les écrits » et dans l'inscription relative à la construc» tion du temple ». Vahram le Docteur nous le confirme dans son poème, où il ajoute encore le nom de l'église :

---

1. Κιλικίαν δευτέραν ἀπομερίσας ἀπὸ πρώτης ἐποίησεν ἐπαρχίαν, δοὺς δίκαιον μητροπόλεως Ἀναζάρβῳ τῇ πόλει. — MALALA.

Il (Thoros) s'empara d'Anazarbe
Et y construisit le grand temple,
En le dédiant à la gloire des *Généraux*;
Il y déposa l'Image de la Sainte Vierge,
Comme l'attestent les inscriptions.

Puisque nous sommes arrivés à ce fait important, arrêtons-nous un instant pour examiner le *Château* et l'*Église*. Les Arméniens affirment que ces deux constructions furent l'œuvre de Thoros Ier : en effet c'est lui qui le premier arracha Anazarbe des mains des Grecs, et ce fut lui aussi qui le premier fut honoré du titre de *Protosébaste*.

L'église d'Anazarbe.

Le *Château* couronne le rocher au sud-est de la ville ; cet emplacement fut fortifié dès les temps anciens, et suivant les paroles de Strabon et de Plutarque, on pourrait l'identifier avec *Quinta*, la trésorerie des Macédoniens. Cette place fut sans doute restaurée lors des incursions des Arabes, et Thoros et Léon, son fils, la fortifièrent encore davantage. Jusqu'à la construction des remparts de Sis, ce château fut la première des forteresses et comme le gardien du territoire des descendants de ces deux princes. De trois côtés il est presque inaccessible et se trouve sur un rocher de 700 pieds de haut. On y arrive par un sentier difficile et escarpé. Il se compose de deux enceintes, et est mieux conservé que tous les autres châteaux du territoire. Les murailles et les tours sont plus hautes que dans les autres forteresses ; à l'ouest, les tours sont semi-circulaires et à bossages. Langlois attribue ces constructions aux Byzantins, et les autres parties aux Arméniens. La forme et les aspérités du roc sur lequel la forteresse est assise, ont mis les constructeurs dans la nécessité de lui donner des contours irréguliers. Dans la première enceinte se trouve l'église à demi-ruinée des *Généraux, (Saint Georges et Saint Théodore)* ; quatre piliers carrés en supportaient la voûte ; l'un de ces piliers est renversé, mais la toiture existe en partie. Les murailles intérieures de cette chapelle sont ornées de peintures à la fresque, assez bien conservées. Sur l'arc de l'une des portes latérales de cette église, on lit le mot ΕΥΛΟΓΕΟC. Autour de l'édifice et à la hauteur du toit on remarque une inscription de Thoros, en grandes lettres majuscules : son état de mutilation ne permet pas de la déchiffrer entièrement, mais du côté sud on peut encore lire :

Par la volonté de la très-Sainte Trinité, moi, Théodos... Sébaste, fils de Constantin... fils de Roupin, j'ai construit cette église...

L'inscription du côté est, peut être unie a celle-ci, par la préposition « pour »,

Le salut de mon âme, et en mémoire de mes parents, et durant la vie... par l'intercession...

Celle du côté nord est presqu'entièrement mutilée ; enfin on lit au côté ouest :

Souvenez-vous de Théodos, de mon fils Constantin, dans vos saintes et dignes prières, en J. C. notre Seigneur,... dans l'année...

Le pavé de l'église est défoncé ; Langlois y croit enterrés les premiers princes Roupiniens ; il base cette opinion sur l'inscription, mais cela manque de fondement. On voit les débris d'une plus grande église à mi-chemin du rocher qui conduit de la ville au château ; la partie inférieure de cet édifice était creusée dans le roc, et la supérieure formée par des pierres énormes ; on y voit trois fenêtres à plein-cintre et des colonnes d'ordre ionique. Les violents tremblements de terre ont déplacé la plus grande partie des pierres[1]. Le chemin qui conduit au château est taillé dans le rocher, et de chaque côté on aperçoit des sarcophages. A l'extrémité orientale des remparts, ce rocher a été coupé artificiellement au commencement du règne de Léon le Magnifique, en 1187 ; en face la montagne est couronnée par le *château* ou la *citadelle* qui portait alors le nom de *Cla*, selon l'appellation des Arabes. On ne pouvait y arriver qu'au plus précieuse de toutes celles qui nous sont parvenues du pays de Sissouan ; la voici :

L'an 636 de l'ère arménienne, le soleil s'obscurcit à un tel point que les étoiles furent visibles ; le Turc s'empara de la sainte ville de Jérusalem. La même année, Roupin, fils de Stéphané, mourut, et sur

Château d'Anazarbe, d'après une photographie des explorateurs Mandrot et Favre.

moyen d'un pont-levis, et comme depuis très longtemps il n'y en a plus, le lieu est comme inaccessible. Une inscription est restée sur le donjon dans un état intact, peut-être grâce à sa position inaccessible ; on est cependant parvenu à la déchiffrer avec habileté, et on admire, avec la grandeur de l'édifice, l'audace du constructeur. Cette inscription est sans contredit la le trône lui succéda le pieux Léon ; ayant sous sa domination la Cilicie avec les montagnes du Taurus et les Montagnes Noires, et les bords de la mer, jusqu'à Atalie. La seconde année de son règne, il se mit à élever ce *Cla* d'A-

---

1. Je ne sais pas si la figure que nous donnons à la page 275 représente celle-ci ou celle des Généraux.

nazarbe, qui est métropole. Il fendit ces rochers avec des fers encore plus durs, et sur des fondements solides, construisit les murailles avec de pierres massives, et les cimenta avec du fer et du plomb. Tout fut exécuté dans l'espace d'un an.

La construction et son inscription sont deux documents authentiques, qui se vérifient l'un l'autre et concordent en même temps pour rendre témoignage de la grande puissance et du génie de Léon. Dans l'intérieur du château, il y a, dit-on, des inscriptions arméniennes et latines, mais ce n'est pas encore vérifié [1].

Avant la construction de cette forteresse, de Thoros Ier jusqu'à Léon, durant 80 ans, bien des événements eurent lieu à Anazarbe et dans les alentours. D'abord, selon notre historien royal, en 1107, « douze mille
» Persans franchissant le Taurus, dévastèrent
» le territoire d'Anazarbe, et s'en allèrent en
» traversant la plaine de Marache, emportant
» avec eux un grand butin et de nombreux
» captifs ». Une seconde fois en 1110, « Les
» soldats turcs entrèrent dans le pays d'Ana-
» zarbe, et massacrèrent les habitants de la
» province de *Marba*; le prince des Armé-
» niens Thoros, fils de Constant, n'eut pas le
» courage d'aller les combattre. Ils retournè-
» rent dans leur pays [2] ». Quelle partie de cette province portait le nom de *Marba*, je ne saurais le dire [3]. Il y a bien un village appelé *Maraba* près d'Albistan; mais le territoire d'Anazarbe ne pouvait guère s'étendre jusque là.

Après ces événements Thoros régna paisiblement et jouit d'une grande renommée; il passa douze ans à Anazarbe, où se réfugia en 1117, à cause de l'avidité des princes francs qui le faisaient souffrir, le grand prince arménien Abelgharib, fils de Vassag, seigneur de Bir.

Sous le règne de Léon, frère et successeur de Thoros, en 1137, l'empereur Jean Alexis Porphyrogène, (comme nous l'avons dit ailleurs), marcha en personne contre ce prince et après un siège de trente-sept jours, s'empara d'Anazarbe et de tout le territoire de Léon; il réussit même à se saisir du prince et de sa famille qu'il emmena avec lui à Constantinople, où Léon resta jusqu'à sa mort. L'empereur mourut d'une manière imprévue quelques années plus tard (le 8 avril 1143), aux environs d'Anazarbe, pendant qu'il campait dans la vallée près de la montagne appelée par les Grecs Χοράκεων φωλία [4], (Nid des corbeaux). « Il était à la chasse, et poursuivait un sang-
» lier; il voulut lui décocher une flèche; mais
» il se blessa lui-même à la main gauche
» avec sa flèche empoisonnée, et quelques jours
» après il mourut des suites de cette blessure.
» Les princes après avoir extrait ses entrailles
» et les avoir ensevelies à l'endroit qui s'ap-
» pela *Kaghertig* [5], transportèrent son corps em-
» baumé à Constantinople ». Manuel son fils et son successeur, qui l'accompagnait à la guerre, jeta les fondement d'un monastère là où son père avait expiré, et s'empressa de retourner à Constantinople. Quelques années plus tard, Thoros II réussit à échapper des prisons de Byzance, et une des premières places qu'il soumit, ce fut Anazarbe qui devint depuis lors le siège du grand Baron des Arméniens; cependant il paraît que les Grecs s'en seraient emparés encore une autre fois, sous le règne de l'empereur Manuel. Cela est indiqué par Nersès de Lambroun, lorsqu'en parlant de la première prise d'Anazarbe par l'empereur Alexis, il dit (dans son Commentaire de la Liturgie): « Les princes armé-
» niens construisirent des églises à Anazarbe,
» et les Grecs conquirent la ville une et deux
» fois, et établirent des évêques dans l'église
» des Arméniens, et ordonnèrent au peuple de
» payer la dîme à cette église. Toutefois les
» princes arméniens s'étant de nouveau em-
» parés de la ville, chassèrent l'évêque des
» Grecs, et laissèrent l'église sans culte ni ser-
» vice; état dans lequel elle se trouve encore à
» présent ». Nersès écrivait cela durant l'anarchie et la confusion causé par Meleh, l'indigne frère de Thoros, et au commencement de la domination de leur neveu Roupin II. Quand à ce dernier succéda son frère, Léon le Grand, tout changea de fond en comble, aussi bien le

---

1. Davis, 149, les dit *italiennes*, selon qu'il l'avait entendu dire.
2. Tout cela d'après notre historien royal.
3. Al-Harizi juif, qui a écrit son itinéraire pendant la domination des Roupiniens, cite une ville du nom de Maraba, entre Alep et Saroudje. Voir aussi ce que nous avons dit sur Maraba à la page 167.
4. Ephrem le Moine, dans son épopée, vers 4011.
5. C'est ainsi que notre historien de la Cilicie appelle ce lieu.

pays que la ville ; non seulement le sommet du rocher fut couronné par ce château inaccessible, mais encore toute la ville fut embellie par diverses constructions et reliée au château par de forts remparts. Elle devint si puissante, si élégante et si glorieuse, que Léon ajouta à son blason le nom d'*Anazarbe*, ou bien il y fit figurer l'image du château, comme nous l'affirme Willebrand : « Venimus *Navarsam*, » quod est castrum optimum in alto monte » situm, quod natura in media planicie illius » terræ ad totum commodum Domini Regis » ordinavit, a quo Rex ipse signum suum *Navarsa* solet proclamare. In pede hujus montis » sita fuit quædam civitas, cujus auctoritatem » magnam fuisse, quidam mirabilis aquæductus, » illuc super altas columnas ad spatium duorum » milliariarum productus, hodie contestatur ». Près de cet aqueduc, il y a, dit-on, une église dédiée à *Saint Grégoire le Thaumaturge*. La légende raconte que, comme ce saint, s'enfuyait à cheval, la montagne s'entrouvrit pour lui livrer passage, et empêcher qu'il ne tombât dans les mains de ses persécuteurs. Lorsque la ville de Sis obtint la primauté par sa splendeur et par ses fortifications, Anazarbe ne fut point laissée de côté ; son château bien fortifié, protégeait non seulement ceux qui s'y réfugiaient, mais encore lors des incursions des ennemis, il avertissait les forts du voisinage, en allumant des feux. En 1279, un certain Bizar, général égyptien, vint assiéger Anazarbe pendant dix jours, mais ne pouvant la prendre, il ravagea les alentours.

Parmi les constructions de la ville, durant le règne des princes arméniens, nous ne trouvons citée que l'église *de l'Image de la Sainte Vierge;* mentionnée une seconde fois en 1285. Il paraît que cette image était différente de celle du château de Guentrosgave, laquelle, dit-on, fut transportée à Constantinople par l'empereur Alexis, avec le Baron Léon, qu'il avait fait prisonnier.

Comme sous la domination des Grecs, de même sous celle des Arméniens, Anazarbe fut un siège archiépiscopal : les archevêques mentionnés dans l'histoire sont les suivants :

1174-79. Jean.
1198. Constantin.
1263. Jacques.
1293. Grégoire (plus tard catholicos).
1307-14. Jean.
1326. Jacques (plus tard catholicos).
1342. Etienne.

Grégoire surpassa tous les autres en renommée ; il est connu sous le nom de *Grégoire d'Anazarbe;* lorsqu'il était encore évêque du diocèse et supérieur du couvent de *Medz-kar*, on le désignait sous ce dernier nom. C'est à lui qu'Ochine, seigneur de Gantchi, écrivit une lettre en vers et fit don d'un anneau, comme nous l'avons déjà rappelé, page 213.

Son érudition et la pureté de sa vie ne suffirent pas à mettre d'accord les Arméniens avec l'église de Rome, pour les questions concernant les rits et les fêtes. Sous ce rapport, l'intervention violente des rois fut bien plutôt nuisible qu'avantageuse, et refroidit les relations de plusieurs avec le catholicos, qui était pourtant digne de la plus grande confiance, et mérite d'être regardé comme le dernier des Pères de l'Eglise arménienne.

L'ouvrage le plus important qui nous soit parvenu de lui c'est le *Ménologe*, Histoire des Saints, des trois églises, arménienne, latine et grecque, rédigée probablement avant son élévation au trône patriarcal. Le jour de sa consécration, sur sa demande, le célèbre docteur Jean d'Ezenga, fit le discours dans l'église d'Anazarbe : il choisit pour texte ces mots des Psaumes, « Ta science fut admirable »; et fit l'éloge de Grégoire, charmé de son savoir et de ses vertus, comme il le dit :

« Ton visage gai et angélique, tes paroles » douces et agréables, les fleurs de tes ver» tus variées et parfaites qui croissent au » jardin de ton cœur, la sagesse des frères » et des enfants, qui admirent tes talents et » ton amour pour la science, ainsi que tant » de bienfaits qui ont été cause de ma ré» jouissance, m'obligent d'obéir aux règles » de convenance et à l'obligation des ordres » imposés, et me font un doux plaisir de pou» voir rendre un service devant cette illustre » assemblée ».

Outre plusieurs panégyriques, Grégoire a inséré dans le Ménologe, un sermon de la Toussaint qu'il avait composé sur la demande de Héthoum II, son Mécène, la cinquième année de son règne (1293).

L'amitié mutuelle de ces deux personnages et leur coopération dans les questions ecclésiastiques sont bien connues. Grégoire n'étant pas arrivé à rassembler un concile pour régler ces questions, communiqua ses pensées par écrit, en forme de lettre en langue vulgaire, à Héthoum, lui expliquant tout ce qu'il jugeait convenable, ce fut comme son testament spirituel. Les évêques présents au concile de Sis en 1307, après l'avoir reçu de plein gré, mentionnent Grégoire avec grande révérence et tendresse, et lui attribuent le nom de *Père Bienheureux*.

Parmi les autres ouvrages de ce vénérable catholicos, il en est d'assez distingués, comme ses *Hymnes*, qui forment une série d'une quarantaine de canons, pour les fêtes anciennes et nouvelles, et qui pour la plupart sont en vers. Ces hymnes n'ont pas en vérité le style sublime des cantiques de nos premiers auteurs; pourtant les pensées délicates n'y font pas défaut; elles sont simples, mais attrayantes, et d'une élégante composition. Souvent les premières lettres des strophes sont en acrostiches et forment son nom ou celui de ceux qui les lui ont demandées : *Constantin* (en 1299-1305), et plus souvent *Héthoum*, ou *Jean*, son nom de religieux.

Il a composé entre autres trois hymnes pour la fête de Noël et trois pour l'Epiphanie, séparant ces deux fêtes l'une de l'autre, à l'exemple des Latins. Le canon placé à la tête de ces hymnes me paraît très remarquable et élégant; c'est comme le prélude et la préparation de la veille de Noël; je crois qu'il vaut la peine d'en donner ici la traduction.

L'Annonciation de la Sainte Vierge.
(Iconographie arménienne, v. page 219).

Canon de la veille du glorieux Noël de Notre Seigneur.

« Prépare-toi Bethléem ! toi qui jadis n'étais qu'un hameau de bergers, voilà que maintenant tu deviens la reine des villes de l'univers.

« Tu n'es plus la moindre des villes de la Judée, ni plus petite que Jérusalem ; mais tu es grande parmi les princes de Juda, ô maison d'Ephrata !

« Le Verbe qui est du Père, sans commencement ; celui qui, existait avant le nombre des jours, voici qu'il sort de toi pour nous guider, nous, le nouvel Israël.

« Prépare-toi, ô Bethléem : tu vas succéder à l'Ephrata ! Voici qu'un nouveau roi David naît en toi et redevient enfant.

« Regarde, ô Bethléem ; aujourd'hui, au lieu du paradis, la grotte devient un nouveau ciel, et la crèche un trône suprême.

« Toi aussi, prépare-toi ô grotte ; et toi ô crèche avance pour recevoir le roi de la gloire, le roi infini, le roi sans bornes.

« Préparez-vous aussi, ô bergers ; laissez de côté vos chalumeaux, et chantez avec les anges ; annoncez la grande nouvelle !

« Soyez prêts et avancez, ô prophètes, présentez ce que vous avez prédit ; parlez du Dieu qui se plaît à naître comme un homme.

« Préparez-vous, ô chœurs des anges, pour exalter la sainteté sur la terre ; dressez-y un trône : votre maître naît dans une grotte.

« O toi, notre Seigneur, tu t'humilies, et tu te laisses enregistrer au recensement ; Roi, tu t'appauvris ; maître, tu te ranges parmi les serviteurs.

« Tu viens pour faire un nouveau recencement, pour annuler le régistre du péché : pour nous délivrer, nous, qui sommes asservis, et nous inscrire dans les cieux.

« Tu viens à Bethléem te faire inscrire avec Joseph ; Seigneur, tu viens, assis sur un nuage léger, cachant la gloire de ta nature.

« O Fils de David, Seigneur des cieux, tu viens à Bethléem avec Joseph, pour te faire enregistrer au cens, avec ta mère, la Vierge !

« Toi, Seigneur, tu naît, d'une vierge dans la grotte, comme un enfant ; pour nous rajeunir, nous, qui sommes vieillis, et pour nous conduire au paradis, nous qui en étions éloignés.

« O, notre Seigneur, tu deviens un enfant, pour déjouer le serpent perfide ; et tu t'appauvris pour enrichir la pauvreté de notre nature.

« C'est pourquoi nous te bénissons, toi qui est né, et nous t'adorons ; nous venons au devant de toi avec foi, ô Lumière, qui étais avant le soleil.

« Toi, la fontaine d'Eden, tu nous ouvres aujourd'hui le paradis.

« Prépare toi et réjouis toi, ô Vierge, le Christ s'incarne en toi ».

Parmi les passages de ses autres hymnes, où la noblesse se joint au sentiment, citons cette apostrophe qu'il a placée dans son hymne dédiée à Saint Jean Chrysostome.

« Les rayons du feu de ta charité ne furent
» pas éteints par le torrent des grandes eaux.
» Ni les rois ne purent te vaincre, ni les souf-
» frances infinies, abattre ta vie. La mort n'a
» pu réduire ta bouche en silence, ni le cou-
» vercle du cercueil voiler ton éclat. O voix !
» qui harcelais les oppresseurs ! ô toi, qui sa-
» crifiais ta personne pour sauver les veuves » !

Le siége des évêques d'Anazarbe était établi à *Castalon* ; nous avons déjà parlé du célèbre monastère de ce nom, près de Vahga ; il ne doit pas être question ici de ce dernier, qui eut été trop loin de la ville, mais peut-être de celui que nous appelons à présent *Castal*, qui est un village à douze kilom. au sud-ouest de la ville, près du fleuve Djahan, sur un terrain marécageux, où croissent des roseaux qui servent de repaires aux sangliers. Ce pourrait bien être dans ce lieu que l'empereur Jean Alexis se blessa mortellement.

Après la translation du siège royal à Sis, le nom d'Anazarbe n'est mentionné que très rarement dans l'histoire. Et c'est vers le commencement du XIVe siècle (le 17 novembre 1307), que notre attention y est attirée par un sinistre événement ; l'assassinat par trahison, durant un dîner, du jeune roi Léon III et du grand régent, son oncle Héthoum II, par le barbare Bilarghou, général Tartare. Héthoum avait refusé de lui accorder en mariage une princesse royale, ou de lui laisser construire une mosquée à Sis. Cela servit de prétexte au cruel tartare pour commettre l'assassinat.

De même, « au pied ou dans le village du
» château d'Anazarbe », eut lieu un autre cruel massacre, qui nous rappelle les carnages de Nakhdjavan et de Khram, dans la Grande Arménie, durant les premières incursions des Arabes, ou les massacres ordonnés

par Bougha, qui voulait exterminer les familles nobles des Arméniens. Non moins de 40 princes furent tués à Anazarbe, parmi lesquels Ochine sénéchal et connétable.

Quelques années après ce cruel événement, en 1314, on trouve la mention d'une église de la « Sainte-Mère des lumières, la très Sainte » *Marie, Mère de Dieu :* durant l'épiscopat de » notre seigneur l'évêque *Jean* », avec lequel sont aussi mentionnés des prêtres et les désservants de l'église. Dans cette église paraît avoir été enterrée la pieuse et charitable dame *Marioun*, mère du roi Constantin, femme du maréchal Baudouin, et fille du petit-fils du grand Connétable Sempad, morte le 27 juillet 1352.

Après l'extinction du royaume des Arméniens, lors de la grande incursion de Chah-Souar le Zulkadrien (1467), la ville d'Anazarbe fut aussi dévastée. Depuis lors nous ne trouvons plus de traces dans les livres, ni de la ville, ni de sa ruine et de son abandon. — Ses murailles sont restées sur pied jusqu'à présent ; l'enceinte intérieure surtout est bien conservée. Elle est en forme d'hémicycle ou de polygone du côté de l'ouest, et se termine sur le rocher vers l'est ; elle est munie de 56 tours carrées, distantes de 35 m. les unes des autres. Elles son bâties avec de grandes pierres de taille, enlevées à des constructions plus anciennes. La porte orientale est encombrée et laisse à peine un passage étroit ; deux autres portes se font face au nord-est et au nord-ouest ; la quatrième porte qui fait face à l'ouest, a un caractère monumental : elle ressemble à un arc de triomphe à trois arcades ; la façade mesure 22 m. 50 de large ; elle a 5 m. 60 d'épaisseur ; la grande arcade du milieu a 3 m. 75 de hauteur, les arcades latérales ont 3 m. 50 ; un couloir de deux mètres de largeur, pratiqué dans l'épaisseur du mur, fait le tour des remparts. Entre les portes sont des colonnes corinthiennes accouplées, de 6 m. 50 de hauteur, elles sont en granit, portées par un soubassement qui règne tout autour de l'édifice. — Selon Texier, le style général de cette architecture paraît la faire remonter au second siècle de notre ère (ou même au temps de Nerva).

On voit encore les fossés au pied des murailles et, à droite de la grande porte, au pied du roc, le *Théâtre* et la *Palestre ;* le circuit de l'arène de la palestre est taillée dans le roc. En face de la porte se trouvent *l'arc de triomphe* et les traces d'une colonnade comme à Pompéiopolis et à Boudroum. Un peu plus haut que le théâtre on rencontre des sarcophages et des monuments taillés dans le roc, dont quelques-uns sont couronnés d'autels. Au milieu de la ville se dressent les ruines de quelques églises dont l'une assez grande. — Au centre, sur le chemin raboteux, s'élèvent 20 maisons construites par Nicolas Aslan, syrien, de Tripolis, qui acheta une partie de l'emplacement de la ville, prit l'autre en location du gouvernement, et se mit à les cultiver.

Bas-relief portant une inscription grecque, près d'Anazarbe.

Les deux grands *aqueducs*, au nord-ouest de la ville, sont remarquables. L'un mesure presque 20 kilomètres, l'autre 12. Ils sont tout en pierres de taille et en arcades, d'une hauteur de 8 mètres. Evidemment l'eau venait de différentes sources ou ruisseaux ; l'un prend l'eau presque aux sources de la rivière de Sembos, près du village Boudjak, à 6 heures de la ville au nord ; l'autre à 2 heures seulement au nord-ouest près du village de *Hamam*. Il y a un autre aqueduc souterrain qui amenait l'eau du nord-ouest, d'une source nommée *Allah-bounar*. En face des arcades de l'aqueduc, sur un rocher à 300 mètres de la grande porte de la ville, il y a un bas-relief avec une inscription grecque à moitié effacée. Quelques-uns ont pensé voir dans les figures de gauche les 3 Parques, et dans celles de la droite les chasseurs des vautours ou les Harpies.

Nous avons mentionné dans la topographie de la ville quelques lieux indiqués par nos historiens aux alentours d'Anazarbe, comme *Kaghertig*, le château de *Simana-cla* et son monastère ; nous ajouterons encore *Toubni*, cité par l'historien royal, qui nous dit à propos de Stéphané (père du roi Léon Ier), que « les habitants du fort de Behesni s'étant » réfugiés sous sa protection, en 1157, il les « fit transférer et habiter avec leurs femmes » et leurs enfants, dans la plaine d'Anazarbe, » à Toubni (Սոււքնի), où ils moururent ».

Les nouveaux villages du district d'Anazarbe et des environs, me sont inconnus et rien n'est marqué sur les cartes excepté le village *Hadjiler*, au nord, à une heure de la ville, près d'un petit ruisseau, sur lequel est jeté un pont. Au nord-est de ce village il y en a un autre appelé *Tcheurégli*, c'est probablement le même que nous avons cité (page 273) sous le nom de *Djourag*.

A l'ouest, dans l'espace compris entre le Sarus et le Djahan, on indique comme affluents de ce dernier quelques rivières, dont le cours est incertain. L'une s'appelle la *Paltala*, elle est formée par diverses sources ; on y a jeté un pont qui s'appuie au flanc de la montagne ; le long de ses rives se trouvent les villages de *Saïguetche?* ou *Saïtcha*, et de *Soïsoum*. La Paltala se jette dans le Djahan au nord de Kastala. L'autre rivière vient du sud et coule parallèlement à la Paltala : on peut la nommer *Khan-déréssi*, car non loin de la source, à proximité du Sarus, on voit une hôtellerie de ce nom, aux pieds d'un mamelon qu'on appelle *Khan-déré-tépéssi* et sur les flancs duquel se trouvent les tombeaux des montagnards massacrés dans les combats de Derviche-pacha.

Un autre carnage semblable à ce dernier y eut lieu il y a 900 ans ; car, je crois que ce mamelon doit être la célèbre *Colline du sang*. Après le combat acharné qui se livra près de la ville d'Adana, l'an 963, entre les Sarrasins et Jean Zimiscès, 5,000 cavaliers arabes laissant de côté leurs chevaux se réfugièrent sur cette rude colline. Assiégés par les Byzantins, ils ne voulurent pas se rendre et préférèrent se laisser massacrer héroïquement. Leur sang coulait comme un ruisseau dans le camp impérial ; et la colline fut appelée *Colline du sang*, Βουνός αἵματος. Cette victoire, bien qu'elle fût due en partie à la trahison[1], illustra le nom de Zimiscès et l'éleva au trône impérial.

Entre cette colline au nord, et Saïguétche au sud, on indique au pied de la montagne, des hôtelleries ou des villages, *Butch-el-Kandel?* et *Tchil-khan :* le nom de ce dernier est assez conforme à celui du fort *Tchelganotz*, dont le seigneur *Héthoum* fut tué, avec plusieurs autres princes et soldats, après la bataille de 1322, alors qu'il fut poursuivi par les Egyptiens, des confins d'Ayas jusqu'à Messis[2].

Tous ces territoires portent aujourd'hui

Thoumlo.

dans leur ensemble le nom de district de *Sari-tcham* (Pin jaune), probablement à cause des forêts de pins. Ils appartenaient aux Turcomans Sarkand-oghlou, qui y séjournaient et l'hôtellerie Tchil-khan s'appelait de leur nom.

---

1. Cédrénus, éd. de Bonne, page 360-1. Comme Joan s'y était rendu par ordre de l'empereur Nicéphore, notre historien d'Edesse au lieu de mentionner celui qui avait été envoyé, cite le mandataire comme acteur, et dit : « Il s'empara d'Adana et de » Messis et de la célèbre Anazarbe, et massacra un » grand nombre d'Arméniens... Le roi Nicéphore » s'en retourna victorieux, emmenant avec lui un » grand nombre de captifs et un immense butin ».

2. Nous avons mentionné cette forteresse dans la topographie du village de Djoua (p. 117), mais sous réserve ; il semble plus probable qu'elle se trouve dans cette région, quoiqu'on trouve aussi mentionné un district avec un nom qui s'en rapproche beaucoup. Ce district est situé au delà des Montagnes Noires et du district Boulanique, et s'appelle *Tchelkanli*.

C'est là qu'habitait autrefois leur chef Mortaz-agha ; le botaniste Kotschy logea chez lui le 4 mai 1859. Comme flore remarquable de ces lieux, il cite : le *Scandix Balansæ*, l'*Orchis sacra* et l'*O. Flagrans*, et d'autres espèces inconnues ; puis sur les bords sablonneux des rivières, l'*Anchusa hibrida*, l'*Alyssum hirsutum*, l'*Alsine tenuifolia* ; et sur les pentes humides des plus puissantes forteresses de Sissouan : son nom actuel *Thoumla* ou *Thoumlo*, ou mieux encore *Thoumlou-kaléssi* cache le nom ancien. Jusqu'à présent elle n'a pu être classée parmi celles qui sont mentionnés vers la fin du XII° siècle. Les chambres en arcade du château de Thoumlo et une chapelle, restent encore debout. Langlois croit y retrouver

Vue de Mamestie ou Messis, d'après Langlois.

des monticules la *Vinca narbonensis*, et différentes espèces d'*Aroideæ*.

Dans l'espace isolé du district d'Anazarbe, à l'ouest du Djahan, au nord et au sud des deux affluents cités, et à l'est des montagnes qui les séparent, presqu'au milieu de ce terrain inculte, s'élève un mont rocailleux et escarpé, dont le sommet est couronné par l'une l'*Adamodan* de Willebrand. Ce lieu fut examiné en 1874 par Favre et Mandrot, mais ils ne nous en ont laissé aucune description ; Kotschy[1], qui y vint herboriser le 15 mai 1859, et qui indique l'*Orchis saccata* ne fait que citer le château.

---

1. « *Tumla Gala*, eine felsige Anhöhe auf einer weiten, blumenreichen Steppe. Das mächtige Kastell, welches die Höhe krönt, stamt noch aus der Zeit, als die Armenischen Könige zu Sis residirten ». Kotschy.

MAMESTIE OU MESSIS

Mamestie ou *Messis* est l'une des trois principales villes de la Cilicie de Plaine; elle occupe la partie sud-est du territoire, et a pour confins, au nord, Anazarbe; à l'ouest, la province d'Adana et la région peu connue du Djahan et du Sarus; au sud, la vaste plaine que des montagnes, dont la chaîne commence à l'angle du golfe d'Ayas (où s'élève le mont *Djébel-Havdé*, haut de 608 mètres) et se divise en deux rameaux, s'étendant l'un, au nord-est, jusqu'aux bords des Montagnes Noires, l'autre, au nord-ouest, jusqu'au célèbre (Château des serpents) Chahi-Maran, que nous croyons limitrophe de cette province et de celle d'Anazarbe. La partie moyenne de la chaîne occidentale (près de Messis), peut-être la plus haute dans toute la chaîne, s'ap-

Le Djébel-Nour.

jusqu'à Ayas, à l'est, les montagnes qui bordent le côté nord-ouest du Golfe des Arméniens, et s'appellent du nom de la ville *Djébel-Missis* (Montagnes de Messis). Dans toute sa longueur du nord au sud, la province est arrosée par le cours tortueux du Djahan. La rive droite, c'est-à-dire la partie ouest, forme une vaste plaine, indiquée sur les cartes comme un lieu désert et inculte, sans habitations. La rive gauche, plus étroite, est mieux connue à cause des montagnes que nous venons de citer. Ce sont plutôt des monticules

pelle *Djébel-el-Nour*, جبل النور (Mont. de la lumière), 716 mètres. Cette montagne est célèbre parmi les orientaux à cause de ses nombreuses plantes médicinales : le grand médecin Lokman y a, paraît-il, fait des recherches. La chaîne occidentale, plus longue, entoure les plages d'Ayas et s'appelle *Amiran*, nom qui tire probablement son origine du château *Chahi-Maran*. Selon certains auteurs, la plaine ou la vallée qui se trouve entre ces deux rameaux, se nomme *Arik*.

Après le naturaliste arabe, ce fut le botaniste autrichien Kotschy, qui explora le Mont de la Lumière, en 1859, aux derniers jours d'avril (24-6), du côté de l'ouest de Messis; il déploya sa tente sur la première pente, sous les figuiers et les grenadiers, là où se trouvait autrefois le jardin d'un riche propriétaire turc du nom de Hadji-effendi. Deux sources arrosaient ce lieu de délices; Kotschy trouva magnifique le spectacle que présentaient à cette saison les plaines désertes d'Adana, s'étendant vers l'ouest; elles étaient couvertes de mille fleurs différentes. Les Turcomans y avaient planté leurs tentes noires et, çà et là, de minces filets de fumée blanche montaient dans l'air. Aux alentours se trouvaient les enclos des bœufs et des buffles qui faisaient retentir l'air de leurs mugissements, et le grand fleuve déroulait silencieux ses ondes tortueuses aux pieds des monticules. Le jour suivant dès le matin (25 avril), voulant monter plus haut Kotschy passa au milieu des bois de chênes, de térébinthes, de mirthes et d'autres espèces d'arbres; après une heure et demie de traversée, il entrait dans un bois épais de chênes, au delà duquel les arbres diminuaient et donnaient lieu à une grande prairie toute en fleurs. Une demi-heure après, il trouva un marais plein de roseaux, à côté d'une source. Il s'y arrêta pour observer attentivement ces lieux, qui s'étendaient au sud du côté de la mer jusqu'à la montagne *Djiafar-dédé*, et plus loin à l'ouest, il voyait les collines d'Adana et au milieu, le grand village *Akdaména;* au nord, l'ancienne et la nouvelle Messis, et plus loin les petits villages de *Kapoulou*, de *Réga*, de *Dourak*, et d'autres encore, au milieu des vignes fertiles et des champs parés de fleurs magnifiques. La source se trouve à 2,000 pieds au-dessus du niveau de la mer, et le sommet du mont paraissait de 1,000 pieds plus haut encore. Kotschy eut le caprice de gravir ces pentes abruptes, et trouva dans les cavités une chapelle arménienne; épuisé de fatigue, les vêtements déchirés, il parvint, en tournant à l'ouest, sur une cime circulaire, d'où se dévoilaient clairement à ses yeux, à l'est, les montagnes Amanus, au sud la vallée *Djiafar-dédé* et *Hadji-Begtache;* et plus près le mont *Séki* et le *Dandi*, dont le sommet a la forme d'un plateau où l'on remarque les restes de plusieurs constructions anciennes.

A deux heures de la montagne Nour, au nord-est, s'élève le mont *Harémi;* à une heure de distance il s'unit à un pic rocheux; plus loin on aperçoit *Chahi-Maran* et *Thoumloukalé.* Kotschy après avoir examiné tous ces lieux, traça le plan de la montagne et descendit à la source citée; près de celle-ci s'élevaient une chapelle et un ermitage, qui était un lieu de pèlerinage pour le lundi de Pâques. La côte occidentale de la montagne jusqu'à la hauteur de 800 pieds est aride et escarpée; plus bas le sol est calcaire, mais on n'y a pas trouvé de coquilles pétrifiées. Entre autres animaux quadrupèdes, on rencontre des sangliers: parmi les oiseaux, surtout des coqs de bruyère; mais les oiseaux chanteurs y font défaut. La flore, sans correspondre tout-à-fait à sa renommée, est cependant assez riche, mais il n'est pas vrai qu'on y trouve toutes les espèces des plantes thérapeutiques, comme on l'a prétendu. Kotschy pensait encore plus riche la flore du versant sud-ouest, mais il n'osa pas s'y aventurer, de peur des Turcomans Bozan. Parmi les espèces qu'il recueillit, il indique l'*Arum Dioscoridis*, l'*Anthriscus silvestris*, le maceron, une espèce de *Crocus*, près de la source, et au pied de la montagne, l'Orobe, la Bisaille, le Ceresier *Mahaleb*, le *Cyclamen Cilicium*, l'Orchide, l'Olivier, le Laurier, le Fragon. - Quelque part il a trouvé le Sumac, le *Rhamus Alaternus*, le Pourpier, l'*Ophrys*, le *Gladiolus*, et d'autres. Dans les régions plus hautes il a rencontré près des sources, des Anémones, la Tulipe, surnommée *Oeil de Christ*, le *Symphytum*, la *Gagea*, la *Polygala supina*, la Garance, le *Lythospermum*. - Dans les cavités des roches il cite le Fenu grec, l'*Ysatis*, l'*Ajuga*, l'Origane sauvage, le *Lamium*, l'*Onosma congesta*, la *Lavandula Stœchas*, l'*Asplenium*, la Scille, le *Ranunculus Malabailæ*, le *R. myriophyllus*, la *Rosa centifolia*, la Garance à feuilles dures, et d'autres.

Edib, le pèlerin de la Mecque, mentionne avec admiration la fleur de Jacinthe du Djebel-Nour et l'excellente *Mandragore*. Paul Lucas qui passa par ces lieux en 1704, parle aussi de la célébrité des plantes médicinales du mont Djebel-Nour, et traduit ce dernier nom par *Mont des fleurs.*

A deux lieues au nord de la montagne Nour et à six à l'est d'Adana, sous la même latitude, à droite du fleuve Djahan qui est au nord, est située l'antique MOPSUESTE. Ce nom vient de deux mots grecs, Μόψου ἑστία, ce qui signifie autel de Mopsus[1]; car selon la mytho-

---

1. D'autres donnent l'étymologie latine *Mopsi ostia* ou *Mopsi vates*, c'est-à-dire les augures de Mopsus.

logie grecque, Mopsus, fils d'Apollon et de la pythonesse Mandou, se rendit en Cilicie, après la guerre de Troie, et s'arrêta d'abord à Mallus, où il éleva un autel ou un temple pour les augures. Après son combat avec Amphiloque, dans lequel tous les deux périrent, on éleva ici même un temple à sa mémoire. Ainsi on remarque sur plusieurs monnaies frappées dans cette ville, la figure d'un autel, comme on peut le voir dans notre figure. Au moyen

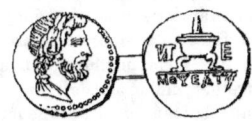

Ancienne monnaie de Mamestie.

âge le nom de la ville fut abrégé en *Mamestie*, et souvent encore en *Messis*, nom qu'on lui donne de nos jours. Les Arabes l'appelaient *Méssissah*, مصيصة, les Turcs *Missis*, مسيس. Les Occidentaux altérèrent encore davantage ce nom; leurs chroniqueurs l'écrivaient *Mamistra, Mampsysta, Mansista, Mamysta, Malmistra, Manustra, Manustria, Mamistria*, etc. Des auteurs plus anciens écrivent simplement *Mopsus*. Cicéron, qui y séjourna pendant qu'il allait à Tarse, fut peut-être le premier à se servir du mot Mopsuestia[1]. Un siècle après, la ville était placée par les Romains au nombre des villes libres, comme l'indiquent les monnaies de bronze qui, avec le mot grec αυτονομου,

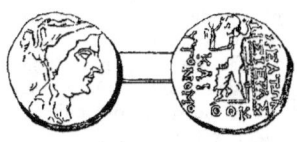

Monnaie de Mopsueste sous les Romains.

autonome, portent d'un côté l'image des fortifications de la ville et de l'autre, l'image de Jupiter victorieux. La même liberté est attestée par l'inscription de l'empereur Adrien, qui y fit plusieurs constructions, d'où on l'appela : *Hadriana Mopsuestia*.

Dans une inscription grecque trouvée dans la ville, Messis est accompagnée de grandes épithètes, comme *sainte, libre, inviolable, indépendante, amie* et *alliée des Romains*. ΤΗΣ ΙΕΡΑΣ ΚΑΙ ΕΛΕΥΘΕΡΑΣ ΚΑΙ ΑΣΥΛΟΥ ΚΑΙ ΑΥΤΟΝΟΜΟΥ, ΦΙΛΗΣ ΚΑΙ ΣΥΜΜΑΧΟΥ ΡΩΜΑΙΩΝ.

L'un des plus anciens événements historiques qui s'y rattachent est le passage de Séleucus, fils d'Antiochus Grypus, l'an 94 avant Jésus-Christ, après sa défaite par Eusèbe de Cilicie; il fit souffrir la ville par de graves impositions; les habitants poussés à bout par sa tyrannie, mirent le feu à son palais, et il y périt dans les flammes.

Aux premiers temps du christianisme, Mopsuestie ne fut qu'un siège épiscopal, mais plus tard elle fut élevée au rang de siège métropolitain. L'un de ses premiers évêques fut *Saint Auxence*, d'abord soldat, martyrisé durant le règne de Licinius en 316. Au V° siècle, l'évêque *Théodore*, renommé par sa science et sa doctrine erronée, est connu généralement sous le nom de *Théodore* de Mopsueste.

Nestorius, son disciple, devint encore plus tristement célèbre que lui par sa funeste hérésie. Avant que l'erreur de Théodore ne fût publique, nos saints pères Traducteurs étaient en bonnes relations et en correspondance avec lui; c'est probablement, sur la demande de Saint Mesrobe qu'il écrivit, contre la fausse doctrine des Persans, et peut-être notre Yeznig, profita-t-il de ce livre. Mais quand l'hérésie de Théodore fut condamnée par les Pères du concile d'Ephèse, ces derniers prévinrent les Arméniens des erreurs de ses livres, et notre catholicos, Saint Isaac, leur envoya une épître, les rassurant à ce propos.

Comme les autres villes de la Cilicie, Mamestie devint aussi une occasion de disputes entre les Byzantins et les Arabes; ces derniers à la fin du VII° siècle s'emparèrent de la ville. Selon le chronologiste arménien (Samuel d'Ani), en 692 « les Mussulmans forti-
» fièrent Mamestie, c'est-à-dire Messis, par
» de fortes murailles et y placèrent comme
» gouverneur un certain Abderahim ». Jusqu'à la moitié du X° siècle, la ville resta sous

---

1. « Cum castra haberem in agro Mopsuestiæ ».

la domination des Arabes, plus longtemps qu'elle ne le fut ensuite sous celle de nos Roupiniens. L'empereur Nicéphore, s'en empara deux fois, en 962 et 965, et depuis lors les Arabes perdirent du terrain.

Au commencement du règne des Roupiniens, le seigneur de Messis était *Abelgharib*, fils de *Khatchig Ardzerouni*, établi comme gouverneur de la Cilicie sous l'autorité des empereurs Les Croisés s'emparèrent de Messis dès leur première entrée en Cilicie. Peut-être le hardi Tancrède s'en empara-t-il arbitrairement. Voulant l'arracher des mains de ce dernier, le prince Baudouin, plus hardi et plus téméraire que Tancrède, lui livra bataille devant la ville ; la victoire resta à Baudouin ; mais les deux princes s'étant reconciliés le jour suivant, la ville demeura au pouvoir de Tancrède qui l'annexa à Antioche. A cette époque, selon le témoignage de l'évêque de Tyr, l'historien des Croisés[1], Mamestie était l'une des plus célèbres villes de la Cilicie par ses fortifications, par le nombre d'habitants et par son éclat. Elle retomba, paraît-il, sous la domination de l'empereur ; car Tancrède réussit à s'en emparer une seconde fois, en 1106. Le gouverneur était alors un Arménien, nommé *Asbiéd*, personnage célèbre par son courage et sa bravoure, mais dégradé par la débauche ; Tancrède attaqua la ville du côté du fleuve, avec 10,000 soldats arméniens et francs, et obtint ainsi la victoire. Quand les Roupiniens eurent augmenté leur puissance, ils disputèrent Messis aux Antiochéens ; Thoros II à la fin parvint à la soumettre à son autorité avec la plus grande partie de la Cilicie ; Messis fut une des premières villes dont il s'empara, il y fit prisonnier le duc Thomas. C'est encore dans Messis que Thoros fut assiégé en 1152 par Andronic parent de l'empereur, qui en l'insultant et en l'injuriant l'invitait à sortir, afin qu'il se laissât enchaîner et conduire à l'empereur à Constantinople, comme nous l'avons déjà rapporté ailleurs. Thoros irrité, « fit une brèche dans la » muraille pendant la nuit, et se jetant sou- » dain comme un lion sur les ennemis, les passa » au fil de l'épée... Ses soldats se contentèrent » de dépouiller ces lâches Grecs et les laissè- » rent aller... ainsi Thoros conquit Messis et » sans trop de peine toutes les provinces[2] ».

Il est certain que Meléh, frère et successeur de Thoros, s'empara aussi de Messis ; car, comme nous l'avons déjà dit, c'est près de cette ville, qu'en 1171, il tendit un piège au comte Etienne pendant qu'il se rendait comme ambassadeur du roi de Jérusalem auprès de l'empereur Manuel. Au commencement de son règne, Léon Ier (1188) donna Messis à *Héthoum*, fils de Tchordouanel de Sassoun, en le mariant avec Alise, fille de son frère Roupin ; de même il donna à Chahen-chah, frère de Héthoum, la ville de Séleucie. La position favorable de Mamestie et son voisinage à la mer, devait en faire une ville commerciale, d'autant plus que l'embouchure du fleuve Djahan était autrefois moins encombrée, ce qui permettait aux bateaux de l'approcher aisément. Aussi les républiques de Gênes et de Venise reçurent de Léon le privilège d'y établir des maisons de commerce : ce n'est qu'à partir de ce moment que la ville devint florissante ; car, lorsque Willebrand visita ces lieux en 1211-2, la ville ne comptait encore qu'un petit nombre d'habitants, quoiqu'elle fût fortifiée par des murailles et des tours. Après le grand tremblement de terre de 1114, elle fut certainement restaurée. Le plus beau temps pour Mamestie fut le long règne de Héthoum Ier ; et peut-être la fête la plus solennelle qui y fût jamais célébrée fut celle donnée par ce prince, lorsque son fils aîné Léon âgé de vingt ans y fut armé chevalier. A cette solennité il invita ses deux gendres, Bohémond prince d'Antioche et Julien seigneur de Sidon, avec leurs femmes (Sibil et Fimie) et sa sœur Marie, comtesse de Jobbé, « et tous ses amis (Français) ; il réunit » aussi tous les ordres du clergé. Cette fête » joyeuse eut lieu le 17 novembre 1256. Le roi se » réjouit grandement avec son père Constant, » avec toute sa famille et tous les assistants[3] ». Cependant Messis qui avait vu la magnificence, et la joie de Héthoum dans cette fête, vit aussi son grand deuil dix ou onze ans plus tard, quand son fils Léon fut fait captif, et qu'un autre de ses fils, Thoros, eut trouvé la mort dans le combat de Mari (1266). « Le » fier Egyptien qui obtint la victoire,

« Incendia Sis et Messis,
» Et tous les villages entre ces deux ».

---

1. « Erat autem Mamistra una de nobilioribus ejusdem provinciæ civitatibus, muro et multorum incolatu insignis, sed et optimo agro et gleba ubere et amænitate præcipue commendabilis ». — GUL. TYRENSIS.
2. Notre historien de la Cilicie.
3. Le même historien.

Pourtant la ville de Messis ne fut pas ruinée, jusqu'à rendre impossible la célébration de la plus grande fête annuelle des Arméniens. Vers la fin de cette même année (1267), le roi magnanime « envoya une invitation générale » pour le Nouvel an et la fête de l'Epiphanie, » à tous les princes, tant à ceux qui étaient » voisins, qu'à ceux qui étaient éloignés, les » priant de s'assembler dans la ville de Mes- » sis pour la fête de la bénédiction des eaux. » Tous les grands du royaume se réunirent : » alors le roi leur ordonna de venir s'asseoir » cria : Si tous sont ici présents, où sont donc » Léon et Thoros ? A ces mots tous les prin- » ces s'émurent, et versèrent des larmes, se sou- » venant de ces charmants fils de leur maître, » dont l'un était captif des mahométans, et dont » l'autre avait été massacré par les mains des » barbares. Tout le monde pénétré de douleur » versait des larmes, non seulement les prin- » ces, mais encore les prêtres et les docteurs » de l'église... il n'y avait personne qui pût » leur offrir des consolations ; l'affliction rendait » tout le monde perplexe. Toutefois le sage

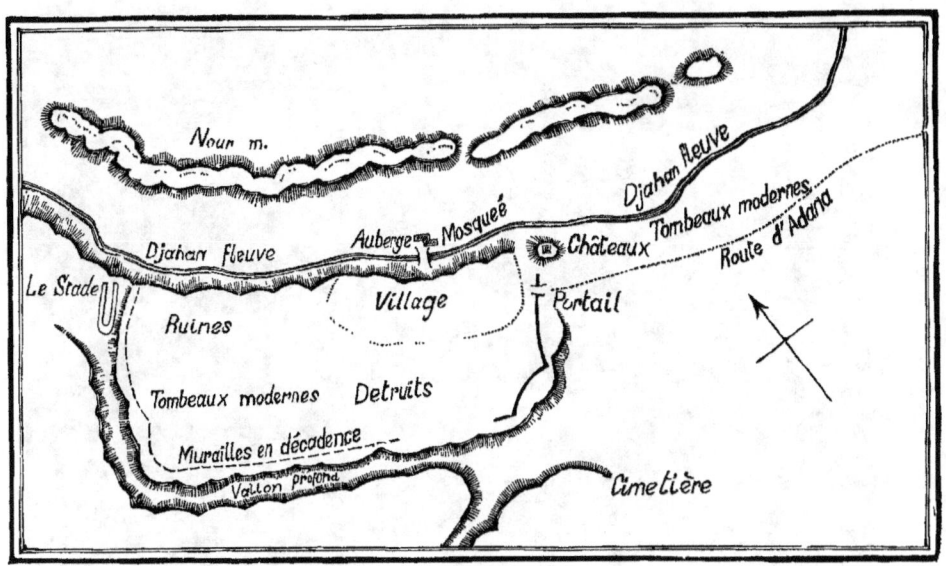

Plan de la ville de Mamestie.

» devant lui. Quand tous eurent pris leur pla- » ce, le roi dit à ses gens : Il en manque en- » core d'autres, appelez-les. On lui répondit : » O saint roi, tous sont ici présents devant » vous. Mais le roi insista, leur commandant » d'appeler les princes, et les barons qui n'é- » taient pas venus au rendez-vous. Les ser- » viteurs embarrassés ne pouvaient compren- » dre ce que leur maître voulait dire. Alors » les princes dirent au roi : Ceux que tu as » ordonné d'appeler, sont tous ici, personne » ne manque. Le saint roi d'un cœur excité » porta ses regards de côté et d'autre, et » d'une voix vibrante, les larmes aux yeux, » et magnanime roi Héthoum reprit possession » de lui-même, et se tournant vers les assis- » tants il adressa des paroles de consolation aux » princes, aux prêtres et aux docteurs », etc. Il leur indiqua encore le moyen de pouvoir délivrer Léon de la captivité du sultan d'E- gypte, et il y réussit.

Cependant avant le retour de Léon, une dernière fête solennelle fut donnée par Hé- thoum à Messis, qui devint, à ce qu'il pa- raît, la capitale, après la ruine générale du pays et de la ville de Sis. La même année (1268) Héthoum rassembla un grand concile national, « *dans la capitale de Messis*, et dans

» ce concile fut élu Catholicos le digne et
» vénéré docteur Jacques, le 12 février, pre-
» mier dimanche du carnaval ». A cette occasion est mentionnée *Saint-Sarkis*, l'église
paroissiale où fut célébrée solennellement l'ordination du catholicos. Outre *Saint-Sarkis*, je
trouve encore mentionnée, en 1297, l'église de
Saint-Thoros; et l'église de *Saint-Etienne*[1], en
1315, date à laquelle Mamestie continue à
être appelée capitale.

Willebrand nous raconte, qu'en 1212, on
ruiné en 1274 par le sultan Bendoukhtar, selon
un chroniqueur; mais d'après le Connétable,
« le sultan dévasta le *Cantara* (acqueduc) de
» Messis et poursuivit son chemin jusqu'à
» Coricus ». Ce pont est remarquable par son
antiquité: construit par l'empereur Constant,
fils de Constantin le Grand, il fut restauré par
Justinien. Malgré de nombreuses vicissitudes
il est resté debout avec ses neuf arches, en
pierres de taille: à ses deux extrémités se
trouvent des bas-reliefs anciens; sur l'un, on

Pont de Messis.

lui montra à Messis le tombeau de *Saint-Pan-
taléon*, et il nous affirme que *Saint-Servatius*
était de cette même ville; il cite encore près
de Messis, un château, patrimoine du monastère de *Saint Paul*.

Une des plus remarquables constructions
publiques était le grand *Pont* de Messis,
distingue une tête de bœuf, sur l'autre, une
inscription latine, souvenir d'un soldat de la
XVIe légion. Cinq de ses arches renversées
par le torrent, en 1737, ont été reconstruites.
En 1832, les Turcs dans leur guerre contre les
Egyptiens, ruinèrent l'une des arches pour
empêcher le passage de leurs ennemis; on la

---

1. Cette église est aussi mentionnée par un certain prêtre Guiragos, qui y avait écrit un Hymnaire, pour son fils spirituel, le prêtre Jacques.

restaura plus tard avec du bois; et c'est l'unique passage lors de la crue des eaux du Djahan, pour tous ceux qui veulent se rendre de Marache aux plages de la mer. La largeur du fleuve dépasse ici 430 pieds.

Par sa proximité à la frontière du royaume des sultans d'Egypte, Messis était très en butte aux périls de la guerre, et ce n'est que grâce à ses formidables murailles qu'elle put supporter longtemps plusieurs sièges. En 1322, les Arméniens subirent une cruelle défaite sous les murs de cette ville; plusieurs de leurs princes tombèrent dans la bataille, entre autres, *Héthoum* seigneur de *Tchelganotz*, son frère *Constantin*, *Ochine*, fils du connétable, *Vahram Lodigue*, « 21 chevaliers et beaucoup » d'hommes du peuple ».

A cause de ces alarmes et de ces continuelles vexations, le siége de l'évêque latin, qui, depuis le règne de Léon le Grand était établi à Messis, fut transféré à Ayas, en 1320, par ordre du Pape Jean XXII. Quant aux archevêques arméniens de Mamestie, que nous connaissons, en voici la liste:

1175-1206. David, plus tard catholicos.
1215. Jean, le docteur[1].
1266. Sion.
1306. Constantin.
1316. Jean.
1332. Etienne.
1342. Basile.
1363-70. X. X...

Les mémoires historiques de Messis que nous possédons, n'arrivent pas jusqu'à ses derniers évêques; et même cette ville n'est pas mentionnée parmi celles qui furent subjuguées par Chah-Souar, en 1467. Vers le milieu du XVᵉ siècle, en 1432, le Français Bertrandon trouva Messis à demi-ruinée; il l'appelle *Misse-sur-Jehan*; il y vit beaucoup d'églises en ruine, le chœur de la plus grande restait debout, mais les Musulmans l'avaient transformée en une mosquée. Le pont, autrefois en pierre, était alors en bois; la moitié de la ville, (celle qui se trouve sur la rive gauche du fleuve), n'était qu'un amas de ruines; l'autre moitié entourée de murailles, était habitée par trois cents familles turcomanes. Edibe, le pèlerin de la Mecque, affirme qu'en 1682, le pont unissant les deux châteaux ou les hameaux, était en pierre; l'un de ces châteaux était celui de Messis, l'autre, à l'est, s'appelait *Kiafir* ou *Koufrebina*, c'est-à-dire village des infidèles; à l'extrémité occidentale du pont on voyait les ruines d'une école; en face, un château, la mosquée, une hôtellerie et une caserne.

Ce lieu était regardé comme l'un des sept khans des pèlerins, et le tombeau des cinq prophètes. Ici était établie la douane dont parle Paul Lucas, qui cite aussi (1704) le pont de pierre formé de neuf arches. Le voyageur Otter trouva ce pont impraticable trente-deux ans plus tard (1736), à cause de la ruine des arches moyennes. Aux bords du fleuve on voyait les débris de magnifiques colonnes et de constructions, qui attestaient l'antique splendeur de la ville.

Trente ans après (1766) le voyageur Niebuhr trouva le pont restauré à nouveau et le bourg dans un état florissant. Il y trouva un évêque ou catholicos, puisqu'il parle d'un patriarche. Comme on le voit d'après ces mémoires, parmi les ruines de Mamestie, les plus remarquables sont celles du pont, plusieurs fois reconstruit, ruiné et restauré. Nous n'avons que de très rares débris des autres constructions anciennes de Mamestie: telles sont les bases des colonnes d'un temple dédié au Dieu-soleil, à l'ouest de la ville; à peu de distance du fleuve, des débris de palais, et à côté, des traces de voûtes souterraines. Sur le versant méridional de la colline qui domine le village actuel, sont les restes d'un aqueduc romain; il est construit moitié en pierres de taille, moitié en briques. Tout près de là et de chaque côté de l'ancienne voie romaine, on distingue les restes d'une nécropole, creusée à même dans les rochers, et une borne milliaire en granit, sur laquelle est gravée une inscription, constatant que l'empereur Alexandre Sévère, fit construire la route. On trouve aussi grand nombre d'inscriptions funéraires grecques; les pierres sur lesquelles elles sont gravées ont été transportées dans ces lieux de différents en-

---

[1]. Peut-être qu'à part celui-ci, il y eut un autre évêque latin du nom de Jean, élu dans la même année, et qui avait apposé sa signature au chrysobulle de Roupin, Prince d'Antioche. Dans la série des évêques latins, on en trouve un nommé Guillaume, en 1245. — Paoli, I, 258.

droits de la ville et des cimetières[1]; et on y trouve un bloc de marbre d'un monument avec une inscription grecque, comme on peut le voir dans la figure que nous reproduisons ici. Au sud de Messis, non loin du pont, on voit sur la colline les ruines d'un château, des murailles et des tours. Aboulféda le géographe arabe, à la fin du XIIIᵉ siècle et au

Monument grec à Messis.

commencement du XIVᵉ, cite une haute mosquée à Messis, et parle des célèbres pelisses ou des peaux préparées, qu'on appelait *Méssissié*.

Le village actuel de Messis est à la droite du fleuve sur la colline, et compte 150 ou 200 familles, dont les trois quarts sont arméniennes; on y voit encore une petite église; quant aux anciennes, il n'y en a pas une seule qui soit restée debout; les mosquées aussi sont en ruine, les minarets écroulés: et la célèbre capitale d'autrefois, l'ancienne Mamestie, n'est plus qu'un monceau de ruines et ressemble à une vaste nécropole.

Près de Messis, il y a, nous dit le chroniqueur, un champ appelé *Arek-yazisi* (plaine maigre); ainsi nommé selon les traditions musulmanes, à cause de Bibars Bendoukhdar, (plus tard Sultan): il avait été acheté comme esclave à Brousse, et on l'emmenait en Egypte; comme il était malade et très *maigre*, son compagnon de cheval se débarassa de lui et l'abandonna dans ces lieux.

Un autre lieu plus remarquable dans le district de Messis, et dont il subsiste encore quelques traces, c'est le *château Chahi-maran* شاه مران ou *Cheykhi-méran*, appelé aussi *Yelan-kaléssi*: Château des serpents ou Roi des serpents; il est à présent tout en ruines. La tradition populaire rapporte que les serpents se rassemblaient dans ce lieu où pour s'y faire la guerre, ou bien parce que leur chef y résidait. Selon d'autres, il y aurait eu dans ce château un homme monstre à la tête de serpent, qui, voulant ravir la fille du roi, fut étranglé dans les bains de Tarse[2]. On trouve en effet parmi ces ruines des serpents et des lézards, mais leur nombre ne semble pas plus considérable qu'ailleurs. Selon une autre tradition, conservée par les Turcs, un charmeur de serpents du nom de *Cheykh-Imran*, choisit ce lieu pour sa demeure, et dès lors les serpents y accoururent en grand nombre. Jacques Nalian (patriarche arménien) cite près de Messis, le château *Chah-Merdan-kaléssi*, sur le sommet de la montagne: ce serait alors la forteresse inaccessible d'Anazarbe; quelques-uns pourtant le placent dans le vallon, près d'Adana.

Quoi qu'il en soit, le château qui nous occupe est à sept lieues au nord de Messis, et couronne un rocher calcaire, séparé de la chaîne des montagnes par le fleuve Djahan; le rocher reste à la droite; à ses pieds on remarque les traces d'un grand bourg et d'une église à demi-ruinée: ces ruines sont un signe éloquent de l'importance de ce lieu: il est dommage que je n'aie pu en vérifier ni le nom ni les faits historiques. Sur le versant est du rocher on voit l'entrée du château, des fortifications et des constructions en forme de porte, qui vont jusqu'à la porte principale; à côté de cette dernière s'élèvent deux tours rondes couronnées de lions ailés. Les murailles extérieures ont une hauteur de 40 m. Elles sont formées de pierres de taille énormes; l'aspect en est vraiment formidable, mais l'intérieur n'a rien de remarquable. Le côté oriental est fortifié par un rocher escarpé de la même hauteur que les murailles extérieures. A droite de la porte, on monte par un escalier à la grande tour; à une petite distance à gauche sont les citernes creusées dans le roc; à l'ouest se trouvent trois tours semi-circulaires; le côté nord est couronné par une haute tour carrée et on y monte par un escalier construit dans le rocher. De même à l'est

---

1. V. Langlois les a publiées dans le récit de son voyage, p 453-7; cependant nous n'avons pas cru devoir les reproduire, car elles ne se trouvent pas dans leurs positions primitives, et de plus n'ont aucun rapport avec notre histoire nationale.

2. D'après V. Langlois qui l'avait entendu dire.

il y a des constructions en forme de remparts, dominant les parois du rocher. On y remarque encore une grande chapelle creusée dans la pierre, mais il semble qu'elle ait été abandonnée inachevée. L'explorateur de ce château a deux Chahi-maran, un *Grand* et un *Petit*. Kotschy qui visita ce lieu en 1859 (le 29 avril), aperçut sur les fentes de très jolis orchis, mais il ne put se livrer à l'examen de ces lieux, étant pressé pour le retour, et de plus obligé

Chahi - Maran.

lui trouva une grande ressemblance avec celui d'Anacha, et le style des constructions, l'emploi de l'argile et des briques, n'indiquent pas une grande ancienneté.

Un de nos historiens, qui a vécu au commencement du XVIIIe siècle, affirme qu'il y a de fuir les Kurdes, errant aux alentours et nourrissant une inimitié contre les Turcomans de Sarkand-oghlou et la tribu de Bozan.

Parmi les habitants de ces lieux, et ceux qui y vivent en nomades, il est à remarquer une tribu de race noire répandue dans deux villages, vers les pentes occidentales des montagnes de Messis : ce sont de bonnes gens de belle et bonne complexion. L'époque de leur établissement dans cette région n'est pas certaine, mais les derniers explorateurs[1] croient que ces habitants ont émigré de l'Egypte avec l'armée d'Ibrahim pacha. Outre cette tribu on trouve encore des Circassiens dans plusieurs villages autour du mont de Chahimaran, au nord, au sud et à l'est ; leur centre principal est *Ismaël-beg*, village situé à l'extrémité d'un rameau du Djahan, sur la rive gauche. Les maisons en sont dispersées sur une lieue et plus. On y trouve quelques magasins, un khan et une mosquée, dont la haute tour blanche se peut voir de très loin. On a jeté un pont de bateaux pour traverser la rivière. Une autre partie des habitants descendent de la tribu tartare Nogha, ils ont les cheveux rouges, les pomettes saillantes et d'épais sourcils ; ils cultivent surtout le coton. Un Français y avait établi une fabrique pour dépurer les grains, et il adoucissait ainsi le caractère de ces émigrés, qu'il trouvait plus traitables que les Circassiens : ceux-là, disait-il, bien qu'ils n'aient aucune crainte de Dieu, redoutent pourtant le diable, tandis que ceux-ci ne craignent ni Dieu ni diable.

A quelques heures vers l'est, entre les châteaux Chahi-maran et Thoumlou, on en trouve un autre, appelé *Kourd-kaléssi* (château du loup), ou *Kourd-koulaghi* (oreille du loup). A vrai dire ce n'est pas un château, c'est plutôt un grand khan fortifié, construit, dit-on, par le Sultan Mourad III, vers 1580, pour servir de lieu de halte aux caravanes ; il peut abriter 2,000 voyageurs, avec leurs bagages et animaux ; il est formé par des murailles de 30 pieds de hauteur. Bien que les pierres de taille employées à la construction soient massives et très solides, cet édifice tombe en ruines par suite d'un trop long abandon. Selon notre historien, ce même sultan y aurait fondé une petite ville et un bourg nommée *Yénichehir* (Ville neuve). Le même auteur cite au nord de ce lieu un pont appelé *Ghournaze*, probablement sur le Djahan.

Au sud-est de Messis, il y a un autre endroit remarquable, sur la pente de la montagne Djeb-el-Nour ; c'est *Djafar-dédé*, lieu de pèlerinage pour les Turcs. Cette contrée est toute boisée par des chênes, des térébinthes, des tamaris et des platanes, sur une longueur de 25 à 30 kilomètres ; au sud elle touche presqu'aux plages de la mer, et s'appelle *Bouze-aghadj* ou *Boze-aghadj*. Toute la pente de la montagne du côté du sud est couverte de gros chênes ; au pied de la montagne on voit un grand nombre de tombeaux ; les morts des villages voisins sont apportés ici, car on considère ce lieu comme sacré. Au sommet de la montagne, sur un rocher escarpé, se voient les restes d'un grand château.

Les canards et les oies sauvages abondent dans les marécages du fleuve : les sangliers mêmes y trouvent un repaire.

Entre le Djeb-el-Nour au sud, et le Havdé au nord, on aperçoit plusieurs villages récemment bâtis. Au nord, à gauche du fleuve Djahan, s'élève le fort *Guéval-oghlou* ; il est bâti au sommet d'un rocher isolé, entre les deux montagnes citées ; je ne sais pas son nom ancien, peut-être faut-il le regarder comme Κάβαλα, le *Kabala*, mentionné dans l'histoire des faits de Mithridate ; quelques-uns l'ont jugé le même que Kastabala. De nos jours, les Circassiens l'appellent *Moscou*, peut-être en souvenir des Moscovites qui les chassèrent de leurs montagnes.

A quelque distance à l'ouest de ce château, le fleuve Djahan reçoit un affluent qui vient de l'ouest des montagnes qui séparent les provinces d'Adana et de Messis. On doit chercher à la droite du Djahan deux villages aux noms arméniens : *Davtichèn* et *Terkichèn*, (Դավթիչէն, Թրքիչէն), qui sont indiqués sur les cartes géographiques. Langlois et Bouthovski le numismate, pensent que le dernier de ces villages occupe l'emplacement de la ville de *Séleucie sur le Pyramis*.

Je crois qu'il faut chercher le (couvent) siège épiscopal de Messis et ses dépendances, dans un coin du bois que nous avons mentionné, ou sous les lieux ombrageux des montagnes. Ce monastère, l'un des plus célèbres de Sissouan, devait sans doute son nom aux arbres au milieu desquels il était construit ; on l'appelait *Arkagaghin* (monastère des noisetiers). Le P. Indjidji, d'après le rapport de quelques religieux du monastère de Sis, supposait Arkagaghine, près de cette dernière ville ; nous avons cité dans notre to-

---

[1] Favre et Mandrot (p. 45), qui contredisent en plus d'un point ce que rapporte V. Langlois ; ce dernier dépeint en effet ces tribus comme cruelles et sauvages.

pographie le monastère dont il parle ; mais nous ne partageons point son avis. La position d'Arkagaghine, de même que celle du couvent de Trazarg, encore plus célèbre, nous est resté cachée et inconnue et pourtant un docteur du nom Gabriel, (si je ne me trompe, religieux du couvent de Sis et frère du savant docteur Sarkis), écrivait encore dans ce même monastère vers l'an 1772, mais il n'en indique pas la position. Un de nos chroniqueurs du XV° siècle, le place à l'ouest de Gobidar et le regarde comme un patrimoine des Gobidaréens, mais nous n'avons pas eu la chance de vérifier ce point. L'époque de la fondation de ce monastère n'est pas certaine ; il est mentionné pour la première fois vers le milieu du XII° siècle, par le docteur Vahram, à propos du transport des restes de Stéphané, père de Léon le Grand, (1167) :

Sa dépouille mortelle fut déposée dans le tombeau,
Dans le monastère appelé Arkagaghine.

Il était connu vulgairement sous le nom de *Khedjeguedor*, ԽԷճկոր, corruption de *Hadjegadar*; d'où nous pouvons déduire que son église était dédiée à la Mère du Seigneur ; car cette épithète (Propice) est toujours attribuée à la Sainte Vierge. Ce nom se trouve dans le mémoire de l'inhumation du Catholicos Grégoire Abirad, en 1208. Celui-ci était venu de Romcla à Sis, pour demander au roi Léon la délivrance de Héthoum Héli ; il mourut quelque temps après et « fut enterré à Saint Khe» djeguedor, qu'on appelle monastère d'Arka» gaghin ».

Le supérieur du monastère alors était *David*, archevêque de Mamestie ; celui-ci est placé en première ligne parmi les évêques cités à la fête du couronnement de Léon ; d'où il suit que, ou Mamestie était encore la capitale des Arméniens, ou que David fut élevé quelques années après sur le siège du catholicos, alors que le roi eut destitué le catholicos Jean. David, nommé catholicos, garda encore deux ou trois ans la direction du monastère, (1206-8), et il est appelé David d'Arkagaghine. Un religieux du nom de *Paul*, probablement contemporain de David, ayant cherché le pané-

gyrique de Chrysostome ou de Théophile sur Saint Grégoire l'Illuminateur, traduit par Théophiste, le « trouva dans le saint monas» tère d'Arkagaghine... et le déposa dans » le glorieux et saint ermitage d'Arkagaghine, » qui était devenu comme une capitale reli» gieuse ».

Dans la moitié du XIII° siècle, en 1266, le prêtre *Thoros*, parent du catholicos Constantin Ier, écrivit sur ses ordres un évangile, et il en « fit don au monastère d'Arkagaghine, » par l'entremise de l'évêque *Sion*, et je de» mandais, dit-il, que la messe de la Saint» Etienne fût célébrée pour mes parents, pour » le catholicos, et pour moi ».

Ce monastère souffrit beaucoup du grand tremblement de terre en 1269 ; et c'est plutôt aux dégâts de ce monastère qu'à ceux d'autres endroits, que pense un contemporain lorsqu'ils, s'écrie[1] : « De quelle ma» nière puis-je exprimer ma douleur ? Et » ce qui est encore plus douloureux, le mo-

Fac-simile, tiré de l'Hymnaire écrit dans le couvent d'Arkagaghine.[2]

» nastère renommé d'Arkakaghine et toutes » les *maisons de prière* et les *couvents* qui » étaient sous sa juridiction, tous sans ex» ception furent ruinés. Là on voyait une » scène douloureuse et on n'entendait que » des soupirs, des cris de douleur et des la» mentations, et... nous en avons été témoin

---

1. Grégoire, qui a écrit un évangile dans le couvent des Andréassank.
2. Traduction du fac-simile. — « Mais il fut copié » de bons et authentiques exemplaires qu'avaient ré» glés les premiers maîtres de musique du saint et

» renommé couvent d'Arkagaghine. Je supplie qu'on » veuille être indulgent pour les erreurs et pour l'é» criture grossière ; car notre capacité n'allait pas » au delà ».

» oculaire ». Je ne puis affirmer avec certitude si Arkagaghine fut restauré, car je ne trouve aucun mémoire avec une date précise, je crois pourtant qu'il le fut. Les tristes lamentations du chroniqueur eurent bientôt leur fin, les douces mélodies ne firent jamais défaut dans ce saint monastère. Je ne sais pas les noms des hommes de talent qui y ont composé ces chants mélodieux ajoutés au recueil d'hymnes du bréviaire arménien. On trouve plusieurs exemplaires de ces chants copiés dans divers monastères du territoire de Sissouan, tous ornés d'enluminures en couleurs et de dorures et d'une fort belle exécution. Ils étaient composés par des religieux musiciens du couvent même. Sans doute ils se dédièrent à cette étude aux temps les plus heureux de leur pays, dans leur calme solitude, et sous l'ombrage de leurs noisetiers. Plusieurs de ces hymnes portent différents signes musicaux, et à la marge de la page chacun est marqué d'une épithète distinctive; ces noms forment une série de plus de soixante-dix.

Jean d'Ezenga prononça probablement dans ce monastère son discours sur le psaume C: (Ad te clamavi), comme il avait encore fait des discours dans diverses églises et monastères de la Cilicie sur l'invitation des supérieurs.

Dans l'histoire des Croisés et dans les archives des princes latins d'Orient, on trouve plusieurs faits relatifs à Mamestie, du temps où ce district n'était pas sous la domination des Roupiniens, mais opprimé par des princes plus puissants et avides de gloire. Parmi ces derniers nous pourrions rappeler Baudouin et Tancrède, qui, comme nous l'avons vu, à peine arrivés sur ce terrain se battaient déjà l'un contre l'autre sous les murailles de la ville.

Près de Mamestie se trouvait un lieu appelé par les Arabes *Merdj–el–Dibadje*, et par les Latins *Pratum Palliorum*, (Prairie des tuniques), où en 1133 Bohémond II, prince d'Antioche, livra bataille à Rédouan, émir d'Alep. Bohémond fut vainqueur, mais il mourut de ses blessures.

On mentionne encore un village du nom de *Sarata*, que les Antiochéens avaient offert aux Hospitaliers. Bohémond III confirma cette donation à deux reprises, en 1149 et en 1163.

Par un chrysobulle antérieur, Cécile, princesse de Tarse, sœur de Baudouin II, roi de Jérusalem, avait offert au monastère de la Sainte-Vierge, qui se trouvait dans le vallon de Josaphat, près de Jérusalem, divers villages du territoire de Mamestie, entre autres *Joacheth?* avec toutes ses dépendances, et *Oessi?* au delà du fleuve Djahan, (dans le chrysobulle on trouve *Joannes*).[1] Nous rencontrons dans les mémoires de nos livres, un monastère appelé *Djokhath*, nom qui pourrait dériver de Joachet, d'où nous vient un évangile écrit en 1250, durant le règne de Héthoum Ier et le catholicat de Constantin: ce couvent appartenait aux Syriens, et servit de résidence à leur catholicos; on le trouve mentionné encore au commencement du XIVe siècle.

---

1. « Ego Cecilia Domina Tharsensis, scilicet soror
» Regis Jerosolimorum... dono et concedo..., casalia
» in territorio Mamistre, quorum nomina sunt hec,
» *Joacheth*, scilicet cum omnibus appendiciis suis; ter-
» ram quoque duarum carrucatarum in *Tilio*. Aliud
» etiam casale nomine *Oessi*, quod est ultra flumen,
» quod vocatur Joannes », etc. D'autres villages encore y étaient peut-être indiqués; mais je n'ai trouvé que ceux-ci, copiés par un prêtre italien, qui a écrit l'histoire de la ville d'Adana, en 1842, sous ce titre: ADANA, città dell'Asia Minore. Monografia del Sacerdote NICCOLO MAGGIORE. — Palermo, 1842.

II. — LA VALLÉE DU SARUS

ADANA

Le fleuve Sarus avec ses deux affluents le Sihoun et le Tchaket, parcourt d'abord quelques lieues du nord au sud, puis il tourne vers le sud-ouest. Il garde cette direction sur une longueur de trente kilomètres, et va se jeter dans la mer, après avoir arrosé la vaste et fertile plaine de la Cilicie. Le terrain que ce fleuve traverse, surpasserait les autres en fertilité, si le climat y était plus tempéré. Durant l'été il y fait une chaleur excessive et insupportable; la contrée est entièrement dépourvue de ces riches ombrages du Taurus; aussi dès le retour de la belle saison les habitants de la ville se hâtent à gagner leurs maisons sur les montagnes, et y restent la plus grande partie de l'année. Dans la plaine les caravanes campent durant la journée et se remettent en marche à la nuit tombante. Un séjour d'été ou pâturage du nom d'*Alachekhan-yaïla*, est cité dans un écrit en 1674. Au moyen âge ce pays, devait être bien cultivé, orné d'élégants édifices et peuplé de nombreux habitants. De nos jours on n'y rencontre que des Turcomans et des Afchars, qui errent çà et là avec leurs troupeaux.

A défaut de pins et d'arbres fruitiers, on trouve en grande abondance dans la plaine d'Adana, la *Ceratonia siliqua*, l'*Acacia*, le *Capparis spinosa*, deux sortes de *Robinia*, des plantes grasses et plusieurs espèces de fleurs, et le *Coton* qui en est le principal produit. On y voit encore des palmiers et des cannes à sucre. Parmi les animaux, les plus appréciés sont le chevreuil, et la cigogne grande et petite.

La position centrale d'ADANA, en a fait la capitale actuelle de la Cilicie, et son nom a passé à ce grand département du gouvernement turc اضنه : elle doit comprendre sous son autorité plusieurs villages et bourgades ; sur les cartes nous voyons indiqués une cinquantaine de villages des deux côtés du Sarus, mais nous ne savons rien de particulier sur ces localités. Grâce à sa position, cette ville autrefois la plus petite et la dernière parmi les autres, tient de nos jours la première place dans toute la Cilicie. Elle est sous le 37⁰ de latitude et sous le même méridien que Messis, presqu'à quinze milles à l'ouest de cette dernière, à 20 à l'est de Tarse, à 25 de la mer, à 30 de la Porte de la Cilicie et d'Anazarbe, enfin presque à 40 de Sis, en allant en ligne droite. Adana est sur la rive droite du fleuve, l'endroit où le Sarus quittant sa marche vers le sud, tourne au sud-ouest.

Le nom d'*Adana* n'est pas cité dans les auteurs anciens; il est mentionné pour la première fois un demi-siècle avant l'ère chrétienne, à propos de la guerre de Mithridate. Suivant l'opinion de quelques-uns, elle aurait reçu son nom d'*Adanus*, fils du ciel et de la terre, ou d'*Adam*, *le père* de l'humanité. D'autres croient le mot *Adan* dérivé du phénicien; dans cette langue ce mot signifie *saule*, car ces arbres croissaient abondamment sur les bords du Sarus. D'autres prétendent qu'Adana et Sarus étaient deux généraux, qui ont donné leurs noms à la ville et au fleuve. Selon d'autres, cette ville s'appelait d'abord *Chiranus*, χίρανος. On lui a attribué encore le nom de ANTIOCHIA AD SARUM, ΑΝΤΙΟΚΕΩΝ ΤΩΝ ΠΡΟΣ ΤΟΙ ΣΑΡΟΙ, en l'honneur des Séleucides, princes d'Antioche, deux siècles avant Jésus-Christ.

Les habitants d'Adana furent appelés (comme on le voit dans les monnaies) les *Adaniens* de *Maximinien*, ΜΑΞΙΜΙΑΝΩΝ ᾿ΑΔΑΝΕ'ΩΝ. Les anciennes monnaies de la ville durant son automie, portent la figure de Jupiter Victorieux, comme on peut le voir dans cette monnaie de bronze. Pompée fit transporter à Adana

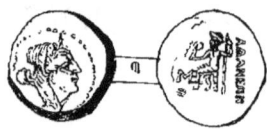

Ancienne monnaie d'Adana.

vent en butte aux attaques des ennemis, et durant la seconde moitié du IVe siècle, dévastée au point d'être appelée bourgade dans une inscription grecque contemporaine, Κώμη 'Αδανέων [1]. Lorsque les incursions eurent cessé, au VIe siècle, l'empereur Justinien embellit la ville, et y construisit un pont solide, en détournant temporairement le cours du fleuve; on n'aperçoit plus maintenant que quelques débris des fondements de ce pont.

Adana éprouva, comme les autres villes de la Cilicie, le contre-coup des guerres et

Adana, nouvelle capitale de la Cilicie.

les pirates de mer qu'il avait capturés et les obligea à se dédier à l'agriculture; plus tard la ville fut classée au nombre des cités romaines de second rang. Les incursions des Isauriens entravèrent son développement: privée de murailles, à l'encontre des autres villes bâties près des montagnes, elle fut très souvent des oppressions des Byzantins et des Arabes; ces derniers, dit-on, trouvèrent la ville presque déserte. Haroun-el-Rachid et son fils la restaurèrent entièrement, construisirent des châteaux, formèrent des tranchées, et élevèrent des murailles munies de huit portes. Selon le géographe Istahri, vers le milieu du Xe siè-

---

[1]. On a découvert à Trèves en France, une pierre sépulcrale avec cette inscription: « Εὐσεβία... απο Κώμης 'Αδανων ». Les parents de cette jeune Eusé- bie, morte à quinze ans, avaient peut-être échappé à l'une des incursions et s'étaient réfugiés en France, en 407.

cle, Adana était dans un état très prospère, bien que de la moitié plus petite que Mopsueste. De même deux siècles plus tard, au début du règne de Thoros, selon Edrisi, les arts, l'industrie et le commerce florissaient dans cette ville, fréquentée par une multitude d'étrangers.

Quelques années avant l'arrivée des Croisés, (1071-2), l'empereur romain Diogène qui avait échappé au carnage horrible de Manazguèrde et à la captivité, s'était enfui à Adana. Ayant apprit que Michel, fils de Ducas s'était emparé de la couronne, et que les partisans de ce prince arrivaient pour se saisir de lui et le mettre à mort, il revêtit le costume de moine, et s'étant rendu auprès de leur général, frère de Ducas, il lui dit : « Que je ne » vous inspire plus aucune inquiétude : je vais » aller m'enfermer dans un couvent de reli- » gieux. Que Michel règne sur vous, et que » Dieu soit avec lui[1] ! » Mais Diogène ne fut pas écouté ; on lui arracha les yeux et il mourut des suites de cet horrible supplice.

Durant la première croisade, en 1097, Guelf de Bourgogne arracha Adana des mains des Turcs ; il y trouva une grande quantité d'or, d'argent et de vivres ; il la céda peu après aux Grecs, mais Tancrède s'en étant rendu maître, l'attacha à sa principauté d'Antioche.

Les historiens des Croisés rapportent, que Adana était une ville forte et munie de tours, populeuse, riche en or et en argent et en toutes sortes de biens[2]. L'un d'eux attribue la seigneurie de la ville à *Ochine*, qui était probablement le seigneur de Lambroun : il place sur les lèvres de ce prince des discours emphatiques, comme si, retiré dans les montagnes, il eût réussi par son adresse et son courage à s'emparer seul de la ville, et après avoir massacré les mahométans, il eût fait cesser les *Allah-ékber*, (prières des musulmans), et célébrer la victoire du Christ. Après ce fade discours Tancrède prononce ces paroles : « Gloire soit rendue » au Seigneur » : il se sent inspiré, il prend courage, et après avoir fait la conquête d'Adana, il s'empresse d'aller soumettre la ville de Mamestie.

Léon, le Baron, arracha des mains des faibles successeurs de Tancrède la ville d'Adana, et plusieurs autres lieux ; mais il les reperdit tous ensemble lors de sa captivité. Son fils Thoros II, et son petit-fils, Roupin II, reprirent tour à tour Adana ; mais avant ce dernier il y avait toujours de l'inimitié entre les deux familles, entre les Héthoumiens et les Roupiniens ; les Turcs excités et encouragés par Ochine, père de Saint Nersès de Lambroun, dévastèrent les environs et réussirent à enlever d'Adana 500 filles vierges[3].

Sous le règne de la dynastie des Léoniens, comme aussi dans les temps anciens, la ville d'Adana semble avoir été classée parmi les villes secondaires ; et ce qui nous le fait supposer, c'est qu'on ne trouve mentionné l'évêque d'Adana ni dans la liste des autres évêques, (pas même à l'occasion du couronnement de Léon), ni dans le cours du XIIIe siècle. Mais comme il paraît impossible qu'une telle ville ait été dépourvue de siége épiscopal[4], je pense que son évêque résidait dans l'un de ces monastères indiqués sur la liste des quatorze évêques pendant le règne de Léon, mais dont les positions exactes sont inconnues ; nous ne les avons indiquées qu'approximativement ; ce sont Engouzoud, les Philippiens, les Sanvelantz, etc.

Après la première dévastation du territoire de Sissouan par les Egyptiens, Adana brille d'un nouvel éclat dans l'histoire. Pendant la grande incursion de Bibars ou Semelmoth, leurs hordes s'arrêtèrent aux portes de la ville ; ils auraient peut-être pu s'en emparer, mais la nouvelle de l'arrivée des Tartares les força à se retirer.

Vingt ans après (1286), Etienne d'Orbél élu ici évêque de Sunik, nous informe ; « qu'on » s'assembla en concile à Adana, et que » les délibérations durèrent quarante jours. » Après avoir élu le digne Constantin, on le » consacra patriarche des Arméniens, le samedi » de Pâques ; le jour suivant nous fûmes or- » donné évêque de Siunik ».

En 1310, à Adana fut signé le traité entre Henri II, roi de Chypre, prisonnier, et son frère Amaury, beau-frère du roi Ochine, avec l'assentiment de ce dernier et des Barons arméniens, en présence du nonce du Pape, Raymond de Pins[5].

C'est encore à Adana qu'eut lieu le synode

---

1. Mathieu d'Edesse, en 520 de l'ère arménienne.
2. Urbs munita turribus, populis capax, armis referta. — RAOUL DE CAEN. — Auro et argento, gregibus et armentis, frumentis, vino et oleo et omni commoditate abundantem. — GULIELMUS TYRENSIS.
3. Notre historien de la Cilicie.
4. Sous les Grecs, Adana était un évêché dépendant de l'archevêché de Tarsus, dépendant lui-même du patriarcat d'Antioche.
5. Maslatrie, Histoire de Chypre, I, 111.

national de 1316 sous le règne de ce même Ochine et le patriarcat de Constantin II. Comme c'est le dernier concile général arménien, dans lequel la noblesse et le clergé se trouvent unis, nous donnons ici les noms des principaux assistants, en y joignant les remarques d'un contemporain : « Ochine notre roi christophile
» et pieux, envoya une députation à Constan-
» tin, le vénéré catholicos, et (ayant obtenu son
» assentiment), il émana un ordre dans tout son
» royaume, afin que tous les évêques, les doc-
» teurs et les prêtres se réunissent en concile
» pour défendre la vérité et faire disparaître
» l'erreur... Alors nous tous, nous nous réunî-
» mes dans la *magnifique* et *royale* ville d'Adana,
» dans l'église de *Saint-Minas*, qui est dans
» le *palais royal*, le jour de la grande fête de
» l'Epiphanie de Jésus-Christ, Notre Seigneur.

» CONSTANTIN, catholicos de tous les Ar-
méniens.
» *Jean*, archevêque de Tarsus.
» *Constantin*, archevêque de Sis.
» *Etienne*, évêque d'Adana.
» *Jean* † de Taron.
» *Jean* † d'Anazarbe.
» *Jean* † de Mamestie.
» *Nersès* † de Molévon.
» *Etienne* † de Partzerpert.
» *Jacques* † de Gaban.
» *Grégoire* † de Marache.
» *Avédik* † de Neperguërde (Moufarghin).
» *Constantin* † d'Ancyre.
» *Marc* † de Cars.
» *Etienne* † de Colonie.
» *Jacques* † de Salamaste.
» *Constantin* † de Marantounik.
» *Etienne* † Assistant du catholicos.
» *Jean* Docteur.
» *Cyriaque* Docteur, ermite.
» *Grégoire* Docteur de Kermaghpure.
» *Grégorès*, le Docteur.
» *Mardyros*, le Docteur.
» *Haïrabied*, abbé de Turkit.
» *Basile*, abbé de Khorine.

» OCHINE, le pieux roi des Arméniens.
» *Alinakh*, frère du roi, seigneur de Tarsus et de Lambroun.

» Le Baron *Sempad*, maréchal, seigneur d'Asgouras.
» Le baron *Héthoum*, le généralissime des Arméniens.
» Le Baron *Bohémond*, sénéchal, seigneur de Mikaïl-cla.
» Le Baron *Ochine*, seigneur de Coricus.
» Le Baron *Sempad*, seigneur de Sempada-cla.
» Le Baron *Ochine*, seigneur de Gobidar.
» Le Baron *Lycus*, seigneur de Khentzorovide.
» Le Baron *Thoros*, Proximus, seigneur de Tchiofré-cla.
» Et encore d'autres princes et nobles
» Arméniens, et *Thoros* l'aumônier du
» roi, et grand nombre de prêtres et de
» religieux.

« Après avoir examiné et confirmé les canons
» et les définitions du concile de Sis, de l'an
» 1307, ils ajoutèrent : Or, pour la confirmation
» de ce canon, chacun de nous tous qui som-
» mes assemblés ici, a signé son propre nom,
» de sa propre main dans ce même livre du
» canon ; et nous l'avons scellé et confir-
» mé par serment sur le signe de la croix du
» Christ et du saint évangile ».
« Moi, Constantin, catholicos de tous les
» Arméniens, j'y souscris de mon plein gré ».
« Jean † de Tarse, et les autres, les ar-
» chevêques, comme ci-dessus ».
« De même signèrent l'acte du concile,
» Ochine, le pieux et christophile roi des Ar-
» méniens ; le théophile et le plein de sagesse
» Baron Alinakh, frère du roi, et le grand
» généralissime Héthoum ; et tous les plus
» nobles princes arméniens y apposèrent leur
» signature. Pour la gloire de J.-C., notre
» Dieu et notre espérance, qui est béni avec
» le Père et le Saint-Esprit, pour toute l'é-
» ternité. Amen ».
Il paraît que la ville d'Adana se trouvait dans un état de prospérité même aux temps de Léon IV, fils d'Ochine, quoique quelques exemplaires de la chronique de Samuel d'Ani, relatent que les Egyptiens incendièrent Adana, en 1322, et détruisirent son château. Cependant selon les exemplaires les plus certains, ces faits se rapportent à Ayas et non à Adana, comme nous en parlerons dans la

topographie de cette ville maritime. Nos derniers rois se réfugièrent à Adana, probablement à cause de la destruction de Sis et d'autres villes.

C'est encore d'Adana qu'en 1329, « le 26 » janvier, le jeune Léon, roi des Arméniens, » lança quelques princes et cavaliers, à la » poursuite du comte de Coricus (Ochine, » son beau-père) et du frère de ce dernier » (Constantin). Ils rencontrèrent le comte sur » le territoire d'Adana. Il se rendait chez le

» ils s'étaient emparés illicitement de plusieurs » forteresses, qui ne leur appartenaient pas. » Les gens de basse classe inventèrent encore » bien d'autres motifs afin de les faire tuer. » Dieu seul connaît la vérité ».

En 1335, quand Altoun-tache, le Naïb d'Alep, fit une incursion en Cilicie, ce même roi Léon se trouvait à Adana, vivant tranquillement et sans aucun soupçon ; il n'échappa qu'à grand' peine et se réfugia dans le château de Molévon.

Adana, le Djahan et les montagnes du Taurus.

» roi accompagné de cinq personnes ; ils se » saisirent de lui, le firent retourner en arrière, » et l'emprisonnèrent dans l'église de *Saint-* » *Maurote?* près d'Adana. Les cavaliers réussirent également à surprendre le frère du » comte, le Connétable, dans le village de *De-* » *gha-Léon* (Le jeune Léon), et le conduisirent » à Adana ; tous les deux furent mis à mort le » même jour. Pour motiver leur arrestation » on prétexta qu'après la mort du roi Ochine,

Nous avons parlé du palais royal et de son église, *Saint-Minas* ; à la même époque est mentionnée l'église de la Très-Sainte-Vierge appelée *Hampère* ou *Anhampère* (patiente ou impatiente), près de la maison de *Sir Siroun*, chambellan du roi Léon ; il offrit à l'église un évangile enluminé, écrit en 1297 ; lors de l'incursion du Naïb ce livre tomba dans les mains des barbares, mais racheté par *Basile*, secrétaire du roi, il fut rendu à l'église.

L'autre église, celle de *Maurote*, paraît avoir appartenu aux Syriens, sous le vocable d'*Atave* ou *Addé*, ou d'un autre saint syrien.

De nos jours on trouve encore deux églises à Adana : celle de la Très-Sainte-Vierge, restaurée, et celle de *Saint-Etienne*, aussi restaurée en 1649 ; mais je n'ai trouvé aucune mention ancienne, ni de cette dernière ni d'autres églises de la ville. Il devait cependant y en avoir encore d'autres ; car nous lisons dans le mémoire de l'évangile précité, qu'il fut offert pour l'usage *des Saintes églises*, et en particulier « pour le temple de la Très-Sainte- » Mère de Dieu ». Je crois que le couvent de *Saint-Dilly*, (Սուրբ Տիլի), mentionné par le catholicos Ephrem, ne doit pas être loin de la ville, si même il n'est pas dans son enceinte ; les murailles de ce lieu saint furent reconstruites en 1762, par le catholicos Gabriel. Suivant Ephrem, l'année où la peste ravagea Adana et ses alentours, Eliazar II, de la famille des Atchbah, fut enterré, dans ce couvent.

Les évêques d'Adana connus, (anciens, ou modernes), sont bien peu nombreux ; en voici la liste :

Etienne, 1307–16.
Jacques 1318.
Grégoire 1342.
Jacques de Constantinople † 1659.
Jacques Nordounghian † 1728.
Grégoire 1788.
Aristaguès 1864.

Adana paraît avoir embrassé le christianisme dès les premiers siècles, comme les autres villes de la Cilicie ; pourtant nous n'avons aucune mention de ses martyrs. Le premier évêque cité est *Paulinus*, qui assista au concile de Nicée ; ses successeurs sont regardés à la fin du VII⁰ siècle, comme des évêques diocésains de la métropole de Tarse.

Après la suppression du royaume arménien, en 1378, une tribu turque, conduite par Ramazan, fils de Yourker, s'empara de tous les lieux habités ; elle occupait déjà la plus grande partie du territoire et la garda jusqu'au moment où elle fut subjuguée par les Turcs-Ottomans en 1575 ; toutefois les descendants de cette tribu se révoltèrent plusieurs fois, et même jusqu'à ces derniers temps : maintenant ils sont connus dans ces parages sous le nom de *Ramadan-oghlou* ou *Béni-Ramazan*. Le voyageur Bertrandon, en 1432, mentionne cette tribu ; il attribue à Adana un commerce assez florissant et décrit la ville non loin de la mer, dans un district fertile près du grand fleuve, pourvue d'un pont long et très large ; il cite aussi les bains de la ville très hauts et voûtés, avec une ouverture circulaire au sommet, et des chambres et des bassins coquets et propres[1].

Trente-cinq ans après le passage de Bertrandon, Chah-Souar Zulkadrien conquit Adana (1467). Vers la fin du XV⁰ siècle les Egyptiens s'emparèrent de la ville, et en abattirent les murailles ; mais bientôt après par traité ils la restituèrent aux Ottomans. Alors les Ramazan y furent installés gouverneurs, et l'embellirent de plusieurs édifices ; ils rebâtirent les remparts et y transportèrent les portes du château et des murailles de Sis, qu'ils ajoutèrent aux portes du château d'Adana, et à celles du pont. Ils construisirent des *khans*, des *mosquées*, des *bains*, quatre *moulins* à eau, une grande *machine* pour tirer l'eau du fleuve ; deux *palais*, un *jardin d'orangers*, appelé *Sovoukh-bahdja*, des marchés et des magasins et plusieurs autres édifices. Tout cela suivant notre chroniqueur, qui ajoute qu'une grande partie de ces constructions avaient déjà disparu au temps où il écrivait.

La ville eut plusieurs fois à souffrir des tribus barbares, des tyrans ou des maraudeurs : et notre chroniqueur mentionne l'un de ces derniers du nom de *Thavil*, qui « fit » cruellement souffrir la ville d'Adana ». Ce tyran est cité aussi par le cathoticos Ephrem ; qui l'appelle *Davil*. Il raconte qu'en 1606, celui-ci « arriva à Adana après avoir assiégé » Sis et Mamestie ; les habitants ne purent » lui résister, et après plusieurs combats ils » furent repoussés jusqu'à la porte du pont » de la ville. Là les soldats de cette bête » féroce, formèrent des bastions et y posè- » rent leurs drapeaux ; ainsi protégés ils lan- » çaient leurs flèches. Les citoyens de leur » côté répondirent aux ennemis durant plu- » sieurs jours : mais ils ne parvinrent pas à » ruiner leurs remparts et à abattre leurs dra-

---

2. Bertrandon y vit deux jeunes mahométans, lesquels ayant fait le pèlerinage de la Mecque et ayant vu le tombeau de leur prophète, s'étaient arraché les yeux de leurs propres mains.

» peaux. Cependant le dimanche des Ra-
» meaux, après un combat terrible, dans le-
» quel les cadavres s'entassaient comme de
» petites collines, Davil s'empara de la ville,
» mais il n'y entra pas le même jour ; les
» chefs et les notables de la cité, abandon-
» nant leurs maisons et leurs biens, se réfu-
» gièrent dans le château. Le lundi il entra
» en maître dans la ville et la saccagea ; il y
» resta trente jours et partit après avoir im-
» posé un impôt de guerre aux chrétiens en-
» fermés dans le château ».

En 1622, le Sultan Murad IV, se rendant vers Erzéroum, passa par Adana, et on montre encore aujourd'hui la maison où il séjourna ; mais on a muré la porte de la chambre, comme si le respect ou la crainte interdisent d'entrer dans le lieu où un tel personnage a demeuré.

Durant la seconde moitié du XVIIe siècle, on trouve mentionnés comme personnages notables d'Adana, les seigneurs *Khatchadour Malaboulanentz, Sarkis Manoug, Youssouf* et d'autres. — Au commencement du XVIIIe siècle (1707), le voyageur français Paul Luc, séjournant dans les faubourgs de la ville, fait la description du château, « au bord du fleuve,
» ayant 300 pas de circuit, fortifié par des
» portes de fer, dépourvu intérieurement de
» tout appareil de guerre, et contenant une
» quarantaine de maisons, habitées par les fa-
» milles des soldats ». Ce voyageur fut surtout frappé de la terrible prison, une citerne profonde de 40 pieds, et d'une circonférence de 60. Une soixantaine de prisonniers, y étaient renfermés, parmi lesquels le patriarche des Syriens et trois évêques, pour des questions religieuses. Il mentionne aussi le grand pont avec ses quinze arches, et non loin l'aqueduc dévasté et presque ruiné de fond en comble. Le patriarche (arménien) Jacques Nalian parle aussi de ce pont, mais un peu différemment : « La chaussée, supportée par les arcades du
» pont construit par les Roupiniens, rois de
» Cilicie, est admirable ; comme ce pont est
» au milieu du vallon où la boue abonde, il
» porte, ainsi que la rivière, le nom de *Kerk-
» guétchid* (40 passages), et pendant la crue
» l'eau passe sous le pont Blanc ». Il semble que le patriarche confonde le pont du fleuve *Kerk-guétchid* et le pont *Ak-keupru* (Pont blanc), et qu'il place la ville d'Adana sur le Pyramus.

Au commencement de notre siècle, le P. Indjidji indique dans la ville d'Adana des hôtelleries, des marchés, des bains, et parmi les mosquées, celle qui a été construite par les Ramazans appelée *Oulou-djamie ;* les grilles de ses fenêtres ont de beaux ornements en relief. A côté se trouve une école ; il cite aussi la mosquée ancienne qui était d'abord une église dédiée à *Saint-Jacques ;* le palais du gouverneur près du fleuve, et « le château bâti sur un
» roc escarpé avec des remparts munis de py-
» ramides ; et un pont de pierre grandiose ».

Grille de fenêtre d'une mosquée d'Adana.

Au milieu du marché que nous avons cité, l'anglais *Kinneir* a aperçu (en 1814) une haute voûte byzantine. Sur le terrain des bains se trouvent les débris d'une ancienne église ; parmi ces restes antiques il y avait une pierre avec une inscription latine (ou grecque), écrite au Ve siècle ; un Italien, du nom d'Orta, l'enleva lors de la conquête d'Ibrahim. A cette même époque le château d'Adana fut démoli par ordre de Méhémed-Ali, qui ordonna d'y établir comme gouverneur le turcoman *Badnidjan-oghlou,* seigneur des régions montagneuses. — Dans un des souterrains du château on avait déposé l'ancienne porte ou grille, que Paul Luc mentionne, et que Texier même a vue ; c'était un ouvrage curieux de serrurerie, représentant des figures de lions et de léopards ; ce monument probablement n'existe plus.

Tous les voyageurs qui ont visité Adana, admirent son pont grandiose, qui a été restauré plusieurs fois ; de nos jours il compte 18 arches, au milieu desquelles il y a un kiosque élégant, soutenu par quatre colonnes. L'érection du pont paraît être plus ancienne que les constructions de l'empereur Justinien ; car l'explorateur allemand Otter y trouva une inscription grecque, d'un certain C. *Julius Léonidas*, athénien, soldat de la XVIe légion de Flavius Firmus, en train de faire des sacrifices aux dieux et à ses parents. On pourrait cependant admettre que cette pierre y eût été apportée d'ailleurs.

```
Γ. ΙΟΥΛΙΟϹ ΛΕΩΝΙ
ΔΗϹ ΑΘΗΝΑΙΟϹ ϹΤΡΑ
ΤΙΩΤΗϹ ΛΕΓΕΩΝΟϹ
Ιϛ ΦΛ. ΦΙΡΜΗϹ ΘΕΟΙϹ ΚΑΙ
ΤΑΧΘΟΝΙΟΙϹ ΚΑΙ ΤΟΙϹ ΓΟΝΕΥϹΙΝ.
```

On ne voit plus de traces du grand aqueduc, mais son souvenir est gravé en vers grecs sur une pierre carrée, qui nous a été conservée jusqu'à présent, car elle a été transportée et enchâssée sur l'autel de l'église des Grecs. Le poète célèbre l'habileté de l'architecte, un certain Auxence. Près du pont se voit le café appelé *Adjem-kahvé*.

On ne trouve dans cette ville que de rares inscriptions ; elles devaient pourtant être assez nombreuses aux premiers siècles, et même au commencement du XVIIIe, mais elles ont disparu, soit par la démolition des édifices, soit par le transport des pierres en d'autres lieux. Sur le mur d'une manufacture de coton est enchâssée une pierre, piédestal de la statue de Minerve de *Macarse ?* avec une inscription grecque ; elle a été transportée ici de Mallus.

En 1836, pendant que des Arméniens creusaient sous les murailles de la ville, ils découvrirent des débris de casques, de croix en bronze et autres objets, dont l'origine nous est inconnue.

Quoiqu'elle ait perdu son antique splendeur, et qu'il y fasse une chaleur excessive, ce qui en rend le séjour peu agréable, Adana est aujourd'hui reconnue pour la capitale de la Cilicie, et elle est encore la plus populeuse des villes du pays. Quelques-uns lui attribuent 10,000 maisons et 60,000 habitants ; d'autres diminuent ce nombre de moitié. Quelques-uns comptaient à Adana 2,000 maisons arméniennes, d'autres davantage. Davis, en 1875, y comptait 1,700 maisons arméniennes, non compris celles des Arméniens catholiques et Arméniens protestants. Les premiers ont deux églises et à côté d'elles leurs gymnases, et de plus deux autres écoles. Les protestants comptent 120 maisons ; les Grecs forment une communauté de 250 familles ; ils ont une église et une école ; de même les Syriens catholiques ont une église et une école. Les catholiques Arméniens, dont le nombre monte à 170 familles, ont entrepris la construction d'une grande église, encouragés par leur énergique évêque, Paul Terzian. Les Mahométans ont dix mosquées, dont la principale est celle d'*Ouloudjami*, construite par les Ramazans, elle est sans coupole, formée d'un double portique : la porte et le minaret octogone sont bâtis en blocs de marbre alternativement blancs et noirs. — Les maisons d'Adana sont presque toutes en briques, et plusieurs de deux étages : les rues sont assez larges. La ville dans son ensemble n'est pas plus élégante que Tarse, mais elle est plus avancée et plus prospère. De même la végétation y est assez riche, quoiqu'elle ne soit pas très variée ; on y voit de beaux palmiers, des cannes à sucre et de grands pistachiers. Le fleuve est très poissonneux, la pêche facile : de petits bateaux de Séleucie et de Chypre y peuvent naviguer.

Le commerce est plutôt concentré dans les mains des Grecs ; les Arméniens d'Adana sont des regrattiers et des agriculteurs. Parmi les matières exportées, citons d'abord le blé, dont on exporte plus de 30,000,000 de litres par année, quelquefois même le double et plus encore ; l'exportation se fait pour l'Angleterre ; puis la laine, le coton et l'huile de sésame ; le coton est envoyé à Smyrne et en Espagne ; la laine et le sésame à Marseille.

La ville a fait de grands progrès depuis l'établissement d'un chemin-de-fer, qui passe de Mersine, à Tarse et à Adana avec un parcourt de 68 kilomètres.

En face du fleuve à l'est d'Adana s'étend une vaste forêt, où se voient les débris d'édifices anciens. C'est un repaire pour les animaux sauvages, surtout pour les sangliers, et un pâturage pour les troupeaux des Turcomans.

Sur les frontières d'Adana, à une heure au sud-ouest, se trouve le village arménien de *Ghiavour-keuy*, il compte plus de 40 maisons. On cite encore un autre village arménien du nom de *Koz-olouk* ou *Kozalak* dont la position m'est inconnue ; il ne doit avoir du reste qu'une quinzaine de maisons, bien qu'un voyageur lui en attribue plus de soixante.

Sur les cartes géographiques on trouve indiqués plus de soixante villages, presque tous au sud de la ville, sur les deux rives du Sarus, jusqu'au bord de la mer. Comme je ne sais rien de particulier sur leur compte et que même leurs noms sont incertains, il est inutile de les citer ici; je fais exception pour le château et le village de *Kara-hadjiler*, à l'extrémité orientale d'une séries de collines; il mérite un examen; de même que vers le rivage de la mer, *Sibil*, dont le nom rappelle les reines de Sissouan, Sibil ou Zabel.

Dans les chroniques des Byzantins on trouve la mention d'une petite ville nommée *Géron*, que Basile Ier enleva aux Arabes en 875, et laissa piller à ses soldats, en récompense de leur valeur; car la ville était grande et fortifiée, et ils durent l'assiéger par deux fois, l'empereur ayant dû abandonner le siége à cause de l'hiver.

Un mémoire arménien mentionne à propos de la plaine d'Adana, un des faits les plus intéressants parmi les derniers événemens de notre histoire nationale: fait sur lequel il serait bon de trouver plus de détails, soit dans les mémoires soit dans les historiens. Selon cette chronique, *Héthoum*, le généralissime d'alors, « tua Eumer, le brave général des » Egyptiens, dans la *plaine d'Adana*, sous » le roi Constantin, et remporta une grande » victoire ».

Cette plaine est aussi connue dans nos annales par la victoire du courageux bailli Constantin, qui avec 300 soldats, battit les princes arméniens révoltés, qui marchaient sur la capitale avec 5,000 hommes armés. Après avoir encouragé les siens, « Constantin s'avança jus- » qu'au *petit pont* » il attaqua l'ennemi et » l'ayant mis en fuite, il le poursuivit jusqu'à » Tarse; ses soldats se contentèrent de la dé- » pouille des rebelles : ils leur prirent leurs » chevaux, leurs armes et même leurs vête- » ments, et les renvoyèrent dénués de tout ».

Je crois que c'est dans cette région que se trouve le champ de la grande bataille d'*Aghatchaïr*, entre Adana et Tarse, où se rencontrèrent le 16 août 1488, les Ottomans et les Egyptiens; le général des premiers était Ali-pacha, gouverneur de Rouméli, qui avait sous ses ordres Khalil-pacha, Sinan-beglerbeg, gouverneur d'Anatolie, et Yacoub-beglerbeg, gouverneur de Karaman. De leur côté les Egyptiens avaient pour généralissime Uzbek, accompagné des émirs de Damas et d'Alep. La bataille fut livrée, de part et d'autre, avec acharnement, les Egyptiens restèrent vainqueurs; Uzbek s'empara d'Adana, mais à son retour par le défilé de Baghras, son armée trouva la route barrée par les soldats de l'amiral ottoman; celui-ci avait fait débarquer sa troupe et avait occupé le défilé par où les Egyptiens devaient passer. Ces derniers furent réduits à s'ouvrir un passage, en abandonnant tout leur butin.

Nous trouvons des traces d'Arméniens d'Adana dans les pays étrangers, vers la fin du XVIe siècle. Quelques commerçants de Sis avec les Adaniens, *Dominique* et *Etienne, fils de Basile*, passaient avec un bateau crétois en Italie; un bateau de guerre de Messine captura le bateau des Grecs, vers les côtes de la Dalmatie (au mois de novembre, en 1583). On les prit pour des Turcs et on les fit esclaves. Dominique aussi fut mis dans ce nombre et on le torturait pour obtenir sa confession de turc; longtemps il résista à toute épreuve, persistant à confesser sa foi de chrétien; mais enfin se voyant à l'extrémité il fit comme on voulait et se dit turc. Lorsqu'il parvint à Venise, deux fois (le 5 et le 17 mars 1584) il fit sa profession de foi chrétienne et déclara devant les notaires, sous le témoignage des Arméniens et des Grecs qui se trouvaient avec lui dans le bateau, que sa prétendue abjuration lui avait été arrachée par la violence. Son nom se trouve encore indiqué dans les archives de Venise en 1587. Etienne son compagnon de commerce s'était rendu à Rome quelques années auparavant et avait choisi ce même Dominique pour son exécuteur testamentaire. De même à peu près à la même époque (le 22 mars 1585), un certain *Mardiros*, fils de Garabied d'Ourfa, ayant fait son testament, en avait nommé exécuteur ce Dominique. Ce testament se conservait clos depuis près de 300 ans, dans les archives des Notaires de Venise; sur notre demande le gouvernement italien accorda l'autorisation de l'ouvrir (le 27 août 1877).

III. — LA VALLÉE INFÉRIEURE DU CYDNUS

TARSE

Nous avons décrit les vallées moyennes et supérieures du Cydnus dès le début de notre topographie générale de Sissouan : après avoir traversé les défilés de la Cilicie, nous sommes parvenus à Mopsucrène et jusqu'à l'entrée de la plaine ; maintenant en descendant vers le sud il nous reste à explorer la vallée inférieure du fleuve qui s'étend jusqu'à la mer. La ville de Tarse n'est qu'à quelques kilomètres des montagnes du nord-ouest, et à quatre kilomètres de la mer. Ce qu'on appelle « la Plaine de Tarse » se trouve à l'est et au sud de la ville, et elle est coupée par le célèbre fleuve du Cydnus, qui coule directement vers le sud avec de petites déviations. La magnifique végétation de cette partie de la Cilicie a toujours été célébrée ; elle est surtout très riche aux alentours de la ville, qui est entourée de jardins et de vergers. Les vignes, les figuiers, les oliviers, les mûriers et les orangers y abondent, de même le coton, dont le commerce est si avantageux pour le pays.

Les monts à pentes rapides et à précipices abritent dans leurs buissons force gibier : des gazelles, des coqs et des oies sauvages, et d'autres oiseaux. Vu la fertilité du terrain, les habitants de cette partie de la Cilicie devraient être nombreux, comme ils l'étaient autrefois. Tarse a été en effet la première et la plus florissante des capitales successives de la Cilicie ; cette ville est connue depuis 2500 ans. Réduite maintenant au même état que toutes les autres villes de ce pays, elle n'a plus à ses alentours ni bourgs, ni villages importants. Toute la région de l'est jusqu'aux frontières d'Adana, et au sud, jusqu'à la mer, est presqu'un désert. Cependant ce manque d'habitants, est dû surtout au climat très chaud et malsain.

Cette partie du territoire de la Cilicie a subi depuis les temps anciens de curieuses et continuelles transformations : autrefois la ville de Tarse était presque maritime, en communication avec le golfe de *Rhegma* qui, à une lieue à peine des murailles de la ville, recevait un fleuve navigable, et les vaisseaux de la Méditerranée pouvaient ainsi arriver jusqu'aux portes de Tarse. De nos jours, comme nous l'avons dit plus haut, la ville reste à quatre ou cinq kilomètres de la mer, et son terrain marécageux a été formé par les dépôts du fleuve. Tous les anciens ports sont encombrés au sud de Tarse, et on est obligé maintenant pour en trouver un, d'aller jusqu'à Mersine, c'est-à-dire, plus de 20 kilomètres à l'ouest de la ville. Tarse devait donc fatalement perdre son prestige et son éclat, et Adana, comme nous l'avons vu, lui a été préférée et est devenue le siège du gouverneur. Pourtant Tarse est l'une des villes et l'un des points du terrain qui a conservé le plus intacts les souvenirs anciens et glorieux. Nous allons les explorer, avec d'autant plus de loisir que, comme nous l'avons indiqué, toute la vallée inférieure du Cydnus ne nous offre aucune autre construction que cette grande capitale isolée.

Quel fut le fondateur de Tarse ? Les mythologistes grecs avancent diverses affirmations : l'un d'eux, Athénodor, natif de Tarse, la fait remonter jusqu'aux Japhetionides ; selon lui cette ville aurait été construite par *Anchiale*, fille de Japhet, (laquelle avait déjà donné son nom à une ville maritime aussi célèbre que Tarse), et par son fils *Cydnus*, qui donna le sien au fleuve, et par *Parthénius*, fils de ce dernier, qui éleva aux environs une ville appelée *Parthenia*. Selon Josèphe et d'autres, ce serait *Tarsis* fils de Javan qui aurait fondé la ville. Ce nom de Tarse pourrait bien aussi provenir d' un mot grec qui signifie *Terre ferme*, peut-être aussi parce que ce furent ses habitants qui inventèrent la manière de sécher les fruits, ou parce que ce fut ce terrain qui fut visible le premier après le déluge ; ou, enfin, du mot grec ταρσος qui signifie *talon*, comme si le héros Bellérophon y eût laissé les traces de ses talons !

Abydénus l'attribue à Sennachérib, et notre historien Thomas l'Ardzerouni, admettant cette opinion repète : « Sennachérib construisit la » ville de Tarse à l'instar de Babylone, fai- » sant passer le fleuve par le milieu ».

Michel le Syrien apporte une autre version : « La vingtième année, dit-il, du gouverne- » ment de Tola (juge des Israélites) fut cons- » truite la ville de Tarse des Ciliciens par » *Brissus* (Persée), fils de Danaé ». Selon d'autres auteurs grecs, l'Argien Triptolème aurait bâti la ville pendant qu'il était à la recherche de Io. Quelques autres en regardent

Tarsus, ancienne capitale de la Cilicie.

Mais les savants attribuent plutôt l'origine de Tarse aux descendants de Sem qu'à ceux de Japhet. Ce qui est hors de doute c'est que ce lieu si florissant dans le passé, existait déjà du temps des souverains Assyriens ; dont le dernier, Sardanapale ou Thonos-Concoléros, selon le témoignage des historiens anciens (Eusèbe), fonda en un même jour les deux villes de Tarse et d'Anchiale, (820 ans avant J.-C), comme il le fit écrire sur son tombeau.

comme le vrai fondateur, *Perséus* (1326 ans avant J.-C.) et allèguent qu'elle fut appelée *Perséopolis*, Περσέως πόλιν. Quelques-uns enfin ont entrevu dans la ville de Tarse, la *Tarchiche* des Ecritures saintes, la grande ville commerçante ; mais les exégètes les plus autorisés placent cette dernière ville sur les côtes d'Espagne. Tant de divergences d'opinions sont une preuve de la grandeur et de la splendeur de cette ville qui a intéressé tant de monde. C'est pourquoi nous croyons devoir ajouter ici le témoignage de notre Saint Nersès de Lambroun, qui est pour nous, après Saint Paul, la plus grande gloire de Tarse : « Cette » ville, dit-il, appartient aux Ciliciens. Arrosée » des eaux du Cydnus, elle est située au pied » du Taurus, montagne très grande de la Ci- » licie. Elle fut construite par Sénnachérib, roi » des Syriens ; car, lorsqu'il apprit en venant de » l'Assyrie que les Grecs avaient fait une irrup- » tion dans le territoire des Ciliciens, il les at- » taqua. En jetant ainsi son armée en face de » l'ennemi, il souffrit une grande perte de » soldats, toutefois la victoire lui resta. Il fit » ériger sa statue à la même place. Une ins- » cription en lettres chaldéennes, devait trans- » mettre aux générations futures le souvenir de » sa bravoure et de sa force : et à la même » place il éleva une ville à l'imitation de Ba- » bylone, et l'appela *Tarsine*. L'histoire même » prophétique de Jonas fait allusion à cette » ville et non pas à la Tharsis d'Ethiopie [1] ».

Les Arméniens écrivent *Tarson*, Տարսոն, et rarement *Tarsous*, ainsi que les étrangers qui disent presque toujours Ταρσός, *Tarsus*, et quelquefois Τερσὸς. Comme il y avait encore dans les temps anciens une autre ville de ce même nom, on ajoutait pour la première, *près du Cydnus*, Ταρσός πρός τῳ Κύδνῳ. Les Turcs et les Arabes aussi l'appellent *Darsous* طرسوس. Au moyen âge les Latins écrivaient par corruption *Tursolt*. On trouve à Tarse des monnaies avec diverses effigies, la plupart avec des inscriptions grecques, quelques-unes avec des lettres phéniciennes, comme celle que nous reproduisons : on y voit l'image de Baal, et au revers un lion en train de tuer un taureau ou un cerf, symbole du Persan conquérant du Taurus ; d'autres représentent Sardanapale ou son tombeau pyramidal. Dans les fouilles que l'on a faites aux alentours de la ville, on a trouvé plusieurs terres-cuites et des pierres avec des inscriptions et figures mythologiques. Tout cela prouve clairement que Tarse eut des habitants de différentes religions et nationalités, mais surtout des Grecs. Ceux-ci au temps d'Alexandre réussirent à en faire une ville grecque, en y introduisant leur langue et leur civilisation.

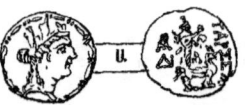

Monnaie grecque de Tarse.

Les données certaines sur la ville remontent à un siècle avant ce changement, c'est-à-dire 400 ans avant l'ère chrétienne, à Cyrus le Jeune, qui, dans sa marche contre son frère s'y reposa 20 jours, chez Syennis gouverneur ou roi du pays. Toutefois plusieurs la font remonter encore plus haut, en admettant que Tarchiche où s'enfuit le prophète Jonas n'est autre que Tarsus dont nous parlons : ils lui attribuent encore les paroles des lamentations d'Ezéchiel sur Tyr « *Syrus* » *negotiator tuus, propter multitudinem operum* » *tuorum* ». Quoiqu'il en soit, il est certain que Tarsus fut anciennement très florissante, par son commerce, grâce à son port sûr et commode, où il avait un mouvement, selon quelques historiens, de 3,000 bateaux par an. Tous ceux qui nous rapportent le passage d'Alexandre le Grand par la ville de Tarse, n'oublient point de mentionner son bain dans le Cydnus et sa maladie mortelle, que plusieurs veulent attribuer à la qualité des eaux, mais les auteurs sérieux rejettent

Ancienne monnaie de Tarse.

---

[1]. Nersès de Lambroun dans son Commentaire sur la prophétie de Jonas. — Ephrem aussi, catholicos de Sis, dans son Commentaire sur la même prophétie ajoute : « Elle fut bâtie par Sennachérib, roi » des Assyriens, après avoir battu les Hellènes. Il y » érigea sa statue en signe de triomphe, et y fit gra- » ver une inscription en lettres chaldéennes. Il la fit » construire semblable à Babylone. Jules César l'a- » grandit, augmenta son territoire, et l'appela Ju- » liopolis, permettant aux habitants de porter le » titre de Romains. C'est dans ce sens que Paul s'é- » cria : Vous est-il permis de flageller un citoyen ro- » main » ?

cette opinion. Alexandre délivra Tarse du joug des Perses qui y avaient alors établi pour gouverneur un certain *Archam*.

Durant la dynastie des Séleucides, sous l'autorité desquels elle tomba, la ville fit de grands progrès dans les arts, le commerce et les sciences, au point d'être estimée la première au point de vue intellectuel après Athènes et Alexandrie. Elle conserva cette prérogative durant six ou sept siècles au moins; elle surpassait toutes les villes de l'Asie Mineure. Peu à peu sa population s'augmenta, et Michel le Syrien rapporte que Séleucus força de s'établir à Tarse un grand nombre d'étrangers, car, à cause de son climat malsain, bien peu de personnes consentaient à y demeurer. Enfin comme les rois des Syriens ou des Séleucides portaient ordinairement le nom d'Antiochus, Tarse fut aussi appelée *la ville des Antiochiens*, avec le surnom de « *près du Cydnus* », comme on le voit sur les monnaies.

Cette ville fut la patrie ou le séjour de plusieurs personnages savants, comme les deux *Athénodor*, les stoïciens *Antipatrus*, *Archedamus* et *Nestor* l'académicien, et les grammairiens, *Artemior* et *Diodore*, le comédien *Dionyside* et d'autres.

Pompée fut le premier qui soumit Tarse à l'empire de Rome; il lui octroya des privilèges de liberté; elle fut encore plus honorée par César: dont elle s'était montrée partisan dans la guerre civile; on l'appela dès lors ville de César, *Juliopolis*; Antoine la favorisa encore plus, en l'exemptant d'impôt.

Tout le monde connaît la réception magnifique que fit Antoine à Cléopâtre, lorsque remontant le cours du Cydnus, dans un bateau garni de voiles de pourpre, cette reine, toujours pompeusement parée, vint le trouver dans la ville. Elle avait envie de gagner par ses charmes le cœur du voluptueux consul; mais cette entrevue n'aboutit qu'à leur perte commune. Leur vainqueur, César Auguste, accorda à Tarse les privilèges des villes libres, et l'on inscrivit sur les monnaies *Libera Civitas*. Nous pourrions dire que Tarse atteint l'apogée de sa splendeur, par la grâce du Dominateur suprême; car presqu'en même temps Dieu lui accorda la fortune de donner le jour à un homme incomparable, à *Saint Paul*, l'Apôtre universel, et vase d'élection; qui se disait lui même: « Juif de Tarse en Cilicie, » et citoyen de cette ville célèbre »; *libre citoyen romain* par naissance [1].

Or, la patrie d'un tel personnage, la capitale d'un grand territoire de l'Asie Mineure, devait être fournie d'un glorieux siège ecclésiastique; elle eut pour premier pasteur *Jason* disciple de Paul: elle devint ensuite un siège archiépiscopal ou métropolitain, dépendant du patriarcat d'Antioche, mais ayant pourtant sous sa propre juridiction sept sièges d'évêques [2]. Vers la fin du X° siècle on y établit un siège archiépiscopal arménien. Ce siège fut occupé pendant le dernier quart du XII° siècle, par l'immortel *Saint Nersès de Lambroun*, digne fils de Saint Paul, et l'un des flambeaux éclatants de notre église.

L'importance de la ville et le grand nombre de chrétiens qui y séjournaient excitèrent probablement les persécutions: on pourrait y citer plusieurs martyrs du Christ; les uns furent exécutés dans la ville même; les autres jugés seulement et envoyés ailleurs pour y verser leur sang; ainsi Sainte Aréthuse [1], sous Valérien; *Cyrianée* et *Julienne* sous Maximien; la vierge *Pélagie*, sous Dioclétien, *Saint Boniface* [3], et enfin *Taracus* et ses compagnons; *Zénaïde* et *Philonille*, parents et disciples de *Saint Paul*, versèrent aussi leur sang dès les premiers temps de l'Eglise. C'est après les persécutions seulement que le siège de Tarse fut élevé canoniquement au grade de siège métropolitain, et dans les conciles de l'église il est rangé parmi les plus importants. Un des plus fameux citoyens de Tarse, grâce à sa science, fut *Diodore*, maître

---

1. Actes des Apôtres XXI, 39. — XXII, 28.
2. Ces diocèses sont: Pompéiopolis, Sébaste, Coricus, Adana, Aloussia, Malcos et Zéphyrion. — Dans un autre cens diocésain du VI° siècle, on ne trouve indiqués que cinq diocèses de Tarsus, qui sont: Sébaste, Mallos, Thina, Coricus, Potandus ou Potératus. Mais l'archimandride Nile Doxopatrias, dans son traité des cinq patriarcats, traduit par Nersès de Lambroun, en indique six.
3. Celui-ci, prié par Aglayée, (noble et riche dame, avec laquelle il vivait scandaleusement à Rome), de lui procurer quelque corps des martyrs d'Orient, répondit en se moquant: « Et comment le recevriez-» vous si c'était mon propre corps qu'on vous por» tait »? Grondé par son amante, il partit avec ses domestiques: arrivé à Tarse, il fut touché de la grâce divine, se convertit, et souffrit le martyr. Son corps fut porté par les domestiques à Aglayée, qui l'ensevelit sur la voie Latine, et fit élever une chapelle sur son tombeau; elle y fut ensevelie elle-même et vénérée comme sainte, (8 ou 16 Mai).

de Théodore de Mopsueste, à qui il fit partager ses erreurs.

A mesure que leurs colonies se développaient dans cette région, les Croisés établirent à Tarse un archevêque latin, et Léon le Grand consentit à le recevoir ; il se brouilla cependant quelquefois avec lui et le chassa, puis l'invita de nouveau à revenir.

Nos historiens arméniens rapportent que vers le milieu du IV° siècle, Archélaüs, prince de la IV° Arménie, se réfugia à Tarse, après avoir tué *Saint Arisdacés*, fils de Saint Grégoire l'Illuminateur. Dans ce même siècle la ville vit les funérailles de Julien l'Apostat, puis celles de Jovien, son successeur. D'autres princes avaient été déjà enterrés à Tarse : les empereurs Tacite, Florien son frère, et Maximien. Tarse, n'était donc pas seulement estimée comme la ville principale d'un canton ou d'un pays, mais encore comme l'une des plus glorieuses villes du vaste empire des Romains et des Byzantins en Orient. Les empereurs y séjournaient quelquefois. Les prétendants à la couronne s'y retranchèrent aussi, comme *Léon* sous le règne de l'empereur Zénon (484), et *Athénodore*, au temps d'Anastase, (497).

Vers la fin du VI° siècle, l'empereur Maurice restaura le temple de *Saint-Paul*. Au commencement du VII° siècle Khorème, général persan, envoyé par Khosroès II, conquit la ville de Tarse, mais l'empereur Héracle ayant conclu un traité avec les Perses, la ville lui fut rendue. Peu après, de nouveaux conquérants, les Arabes, soumirent pour longtemps cette ville ; non seulement ils y instituèrent des gouverneurs comme dans les autres districts, mais quelques-uns de leurs califes vinrent s'y établir ; c'est là que mourut, le 31 Juillet, 833 Mémoun, dont le fils, né dans la même ville, combattit avec grand acharnement contre les Grecs. Quelques années après, en 865, l'empereur Nicéphore, avec l'aide de son général, Jean Zimisces, assiégea Tarse et la réduisit par la famine. Il la repeupla de chrétiens, transporta ses portes et celles de Mopsueste à Constantinople, en signe de sa victoire, et les attacha aux murailles et à la Porte d'or. Pantaléon, docteur arménien contemporain, rapporte ainsi cet événement : « L'empereur vainquit les » païens en plusieurs guerres et brisa le joug » qui pesait sur le cou des chrétiens ; il s'em- » para de plusieurs châteaux inaccessibles, » surtout de la grande, célèbre et magnifique » Tarse des Ciliciens... et il en emporta les » ornements de leurs chefs, les mages, pour » embellir Sainte-Sophie ». Il délivra de même les bannières chrétiennes que les Arabes avaient arrachées 90 ans avant (en 877), après avoir battu près de Tarse l'insoucieux général Stupiote. Basile II, le successeur de ces conquérants, eut soin de fortifier encore davantage la ville et ses alentours, pour y assurer la prédominance des Grecs ; il y séjourna une année (999-1000).

La domination des Grecs dura un siècle, leur gouverneur résidait à Tarse. Dans le troisième quart du XI° siècle leur représentant était un arménien, *Abelgharib Ardzerouni*, fils de Khatchig ; durant la présidence duquel ou quelque peu avant, le catholicos Georges, l'assistant du grand Martyrophile (Grégoire II) renvoyé par ce dernier, se retira à Tarse avec le repentir dans son cœur et y mourut.

A la première apparition des Croisés, avant la prise d'Antioche, la troupe de l'ardent Tancrède, parvint la première à Tarse ; grâce à la coopération des habitants arméniens, il en chassa la garnison turque et fit hisser sa bannière sur les murailles ; Baudouin, frère de Godefroy de Bouillon, arriva contre la ville, avec une troupe plus forte, et se crut en droit de remplacer le drapeau de Tancrède par le sien. Tancrède lui céda la place et alla conquérir la ville de Mamestie. Peu de temps après, 300 pèlerins se firent voir à la porte de la ville ; mais comme on ne leur permit pas l'entrée, ils furent tous massacrés par les Turcs. Ce fait irrita extrêmement tous les chrétiens contre Baudouin ; celui-ci s'excusa d'abord, en prétextant une alliance avec les Turcs ; mais à la fin pour apaiser l'excitation, il chassa tous les Turcs de la ville et crut avoir ainsi réparé sa faute. A partir de cette époque jusqu'à la fin du XII° siècle, Tarse fut un continuel objet de querelle entre les Grecs, les Latins et les Arméniens : ces derniers s'en emparèrent enfin définitivement et en devinrent maîtres absolus. D'abord ce fut l'audacieux Baron Léon, en 1130, qui, selon le Docteur Vahram,

« S'empara de Mamestie
Et parvint jusqu'à la grande Tarse ».

Après lui Thoros II, son digne fils, plus heureux que lui,

« Enrôla des soldats
Et conquit l'illustre Tarse ».

Durant les règnes assez courts, de son frère Méléh et de son neveu Roupin II, Tarse tomba sous la domination du prince d'Antioche ; aussi Léon, neveu de Méléh, s'y réfugia d'abord pour couper court aux calomnies de quelques uns auprès de son frère, de là, il passa à Constantinople (1181). Deux ans après, le prince d'Antioche revendit Tarse à Roupin ; car il n'espérait plus conserver sous sa domination cette grande ville si lointaine, perdue au milieu des possessions du grand prince des montagnes [1].

Arrivés à ce point de l'histoire de la ville, je crois convenable de jeter un coup d'œil sur les alentours de Tarse, avant d'exposer lon le témoignage de nos historiens Arméniens, parmi lesquels Etienne Assoligue. Or, la ville actuelle est à la droite, à l'ouest du fleuve. Quelques savants ont supposé que ce dernier avait changé son cour ; d'autres n'attribuent aucun changement ni au fleuve ni à la ville, supposant qu'elle n'était pas traversée par le fleuve, mais coupée par quelques canaux qui y aboutissaient, comme on en voit encore de nos jours ; en tout cas la partie la plus importante et surtout les murailles de la ville sont sur la rive droite du fleuve ; sur la gauche on ne voit rien de remarquable, on pourrait alléguer que la Tarse actuelle ne représente qu'un quart de l'ancienne.

Deunuk-tache, Tombeau de Sardanapale.

les faits historiques arméniens, et d'explorer les débris des édifices de ses premiers conquérants. Ces restes ont été de plus en plus détruits ; toutefois on en aperçoit les traces et les fondements. D'abord nous devons nous arrêter un peu sur la position de la ville qui a soulevé plusieurs discussions ; nous avons indiqué plus haut, que Tarse était coupée par le fleuve Cydnus, comme Babylone par l'Euphrate, se-

Parmi les constructions les plus anciennes, nous pouvons citer les remparts ; mais comme ils furent restaurés plusieurs fois, c'est à peine si sur les fondements on aperçoit les vestiges de son ancien style gigantesque. Tarse possède en outre une énorme construction d'un style particulier, appelée par les Turcs *Deunuk-tache* ou *Délik-tache* [2] ; on suppose que ce soit le *Tombeau de Sardanapale.* Elle se trouve

---

1. GUIL. TYR. XXII, 24. — Tarsum... quam... Graecis receperat, Rupino Armeniorum Satrapæ potentissimo, qui ejusdem regionis urbes reliquas possidebat, multarum pecuniarum tradidit, interventu, consulte id faciens : nam cum esset ab eo remota nimis, et prædicti Rupini terra in medio constituta, non nisi cum difficultate et infinitis sumptibus ejus curam Princeps gerere poterat, quod prædicto nobili viro erat facile.

2. *Pierre tournante* ou *trouée*. Selon une tradition transmise par certains Turcs, elle fut appelé ainsi parce que leur prophète l'ayant maudite, la construction se renversa, comme châtiment infligé au propriétaire qui l'avait insulté.

au sud-est de la ville près de *Démir-kapou* (Porte de fer), au milieu d'un jardin ; c'est un vaste parallélipipède mesurant 42 mètres de long, sur 20 mètres de large, et 3 pieds de haut. Il est formé d'un mélange de petits cailloux, de chaux et de sable. A ses deux extrémités il y a des fossés carrés maçonnés de la même matière, l'un est grand et comblé de terre, l'autre plus petit et vide ; on remarque encore trois autres petites fosses carrées, près desquelles on voit des cavités dans le mur, qui semblent indiquer la place des poutres qui supportaient le plafond de l'édifice, dont on ne distingue qu'une entrée large de 10 pieds, au nord-ouest. En face de cette construction, au nord-est s'élève un mur parallèle, plus un autre également parallèle à celui-ci, avec des restes d'un plafond voûté, presque entièrement ruiné. La masse de la construction est formée de couches horizontales d'environ 50 centimètres d'épaisseur, réunies à leur base par des débris de chaux blanche, comme dans les autres édifices ; mais elle est maintenant entièrement couverte de débris. Les trois parties de la construction prises ensemble ont une longueur de 115 mètres ; l'épaisseur des murs est de 6 mètres 50, la longueur du grand fossé carré de 23 mètres, la largeur de 16 m. 50 ; la longueur du petit fossé est de 18 mètres, sa largeur de 11 m, et la hauteur de tous les deux est de 7 m. 60. Les savants et les explorateurs ne sont pas d'accord sur la destination de cette édifice ; plusieurs y voient un tombeau, les uns de Sardanapale, les autres de Julien. Quelques-uns affirment que ce sont les ruines d'un temple ou d'un château, d'autres que c'est le tombeau non d'un seul, mais de plusieurs personnages de la noblesse ; enfin l'opinion la plus probable est que nous ayons là les restes d'un temple au dieu soleil de Tarse, auquel on offrait le feu sacré ; pourtant tous les savants témoignent que c'est une construction originale et d'un style tout à fait particulier [1].

L'*Aqueduc* en arcades est une construction romaine : il passe près du marché actuel de la ville, le long d'une rue. Il y a encore un autre petit aqueduc hors de la ville, à gauche du fleuve, et les habitants l'appellent à présent un château ; ces deux constructions sont entourées de masses de cailloux et de sable.

On a découvert au fond de la ville des égouts voûtés, le principal mesure 4 mètres de haut sur 2 m. 50 de largeur ; les autres 1 m. 50 sur 0,50 de largeur ; ils aboutissent au fleuve.

Le *pont* à l'est de la ville paraît une construction romaine, sans doute on l'aura restauré plusieurs fois.

A part cela on ne voit aucun autre édifice ancien debout à Tarse, ni temples, ni arcs de triomphe, seulement des inscriptions sur des pierres isolées enchâssées çà et là dans quelques constructions récentes ; ces inscriptions peuvent intéresser les archéologues savants, mais elles ne disent rien sur la construction de la ville.

Hors des murailles on trouve des traces de monuments romains ; au sud-est de la ville s'élève le monticule *Gueozluk-kalé* qui paraît avoir été dans les temps anciens une grande

Des fouilles de Gueozluk-kalé.

nécropole : dans des fouilles on a trouvé des statuettes d'argile et des sculptures païennes plutôt grecques que romaines. L'*arène*, mentionnée par Strabon, se trouvait sur la pente orientale de la colline : elle est semi-circulaire ; les fondements sont de pierres de taille, et la partie supérieure est formée d'un mélange de cailloux et de mortier. Actuellement on enlève toutes les grandes pierres pour de nouvelles constructions.

Au nord de cette arène était le *Champ de-*

---

1. Voici les paroles de Mme. de Belgiojoso. — « On éprouve, en parcourant cette mystérieuse enceinte, une incertitude vague et mélancolique, qui vous plonge dans les abîmes du passé sans vous enchaîner ni à une époque, ni à une nation définie ; incertitude qui n'est pas sans un charme singulier ».

Mars, transformé maintenant en terre labourable ; c'est là que se tenaient au temps des empereurs les jeux et les grandes réunions ; car la ville de Tarse était le lieu des assemblées de la régence administrative des villes d'Isaurie, de Carie et de Lycaonie. Les régences avaient été établies durant la domination des Grecs, avant la conquête des Romains ; l'assemblée portait le nom de Κοινόν Κιλικίας, Alliance cilicienne.

Parmi les monuments byzantins l'un des plus remarquables est la porte *Khandji-kapou* non loin de *Gueozluk-kalé*, au sud-est des murailles de la ville ; sur la gauche de cette porte, on voit une grande niche qui devait sans doute contenir une statue.

n'ai sur ces curieuses constructions aucune donnée précise ; j'en attends des **explorateurs** à venir.

Comme nous l'avons déjà indiqué, durant la deuxième moitié du XII° siècle, Tarse tomba sous la domination des premiers Roupiniens, qui ne la perdirent qu'après deux siècles. Les premiers souvenirs arméniens de cette ville appartenaient plutôt à l'église qu'au gouvernement civil. Des premiers évêques arméniens qui y résidèrent, de la fin du X° siècle jusqu'à la fin du XII°, nous n'avons ni les noms, ni le souvenir de leurs actes. Quand la population arménienne augmenta à Tarse, le catholicos Khatchig y établit un archevêque. A l'époque dont nous nous occupons, le premier

Khandji-Kapou.

La *forteresse* de Tarse était une construction byzantine, au sud-est de la ville. Elle était entourée d'une double muraille et de tranchées, sa porte regardait le sud. Sans doute on devait y trouver aussi des inscriptions arméniennes, mais l'explosion d'une poudrière durant la guerre égyptienne, ruina les murailles de fond en comble. On trouve dans les divers quartiers de la ville des restes de sculptures et de dalles romaines avec des mosaïques, mais très peu d'inscriptions. La plus précieuse des antiquités trouvées à Tarse, est un monument funéraire en marbre blanc, dans lequel on a trouvé intacts les ossements du mort. Le consul américain, envoya le tout à New-York, en 1871.

Peut-être tous les édifices remarquables que nous avons cités, sont-ils surpassés par les *Souterrains* ou *Catacombes* de Tarse ; mais je

archevêque connu fut *Grégoire Abirad* ; il fut nommé par son parent Grégoire Degha, lorsque ce dernier monta sur le siége patriarcal ; mais, comme il paraît, quand Abirad fut transféré au siége de Cappadoce, il fut remplacé par *Nersès de Lambroun*. Après la mort de celui-ci, le siége fut divisé en deux diocèses, dont l'un garda l'ancien titre (de Tarse), et l'autre fut appelé de Lambroun. A cette époque, la ville de Tarse fut plus fortifiée que jamais dans le passé. Avant le couronnement de Léon Ier, Grégoire le catholicos s'était rendu à Tarse, où il reçut (au mois d'octobre en 1185) les lettres du Pape Lucius, et le livre des règlements de l'église de Rome, le tout accompagné d'une mitre et d'un pallium ; ce fut Grégoire l'évêque de Philippopolis, qui les lui apporta. Le catholicos qui l'avait envoyé comme nonce auprès du Pape, fit traduire en arménien, par Saint Nersès, la lettre et le livre.

Cinq ans après, lorsque l'empereur Frédéric Ier traversa ces lieux, le catholicos se rendit de nouveau à Tarse pour aller à sa rencontre, se faisant précéder de saint Nersès son coadjuteur. A la nouvelle de l'accident fatal qui avait coûté la vie à l'empereur, près de Séleucie, Nersès retourna à son poste, plein d'affliction. « Il accueillit solennellement l'archevê- « que de la ville de Munster, qui était accompa- » gné de 1,000 cavaliers ». Il reçut de cet archevêque le canon latin de la bénédiction des rois et le traduisit en arménien ; quelque temps après Léon fut sacré roi suivant ce canon, et Saint Nersès prit part aux cérémonies. Cette solennité nous donne le droit d'appeler Tarse la première capitale des Arméniens. *Sainte-Sophie*, la grande église érigée par les Grecs et dédiée, selon leur idée, à la Sagesse Divine, fut choisie pour la célébration de cette fête solennelle ; elle portait de même le nom de *Saint-Pierre*, peut-être ajouté par Léon, à cause du drapeau de Saint Pierre qu'il avait reçu du pape.

Willebrand, qui visita la ville de Tarse douze ans après le couronnement de Léon, place au centre de la ville la cathédrale bâtie en marbre blanc et très élégante. A l'extrémité de l'église il y avait une statue sur laquelle avait été peinte par une main angélique, l'image de Notre-Dame, objet d'une grande vénération : on disait que cette image versait en abondance de grosses larmes, lorsque de graves périls menaçaient le pays[1]. Léon avait accordée cette église à l'archevêque des Latins, le jour de son couronnement, mais il la lui reprit plus tard.

« Hors de l'église, dans un coin, dit Wille- » brand, il y a le tombeau de la fille de Ma- » homet, très vénéré des mahométans » ; mais ce devait être celui de la fille de quelque émir ayant résidé à Tarse. Il ajoute pour la ville qu'elle était très peuplée et entourée de murailles assez délabrées ; mais elle avait encore un château fortifié en bon état, élevé à l'endroit où Saint Théodore subit le martyre, et la chapelle lui en était dédiée. Willebrand et l'ambassadeur du duc de l'Autriche, furent reçus solennellement dans cette ville par Léon qui les garda à la cour dix-sept semaines.

Dans la cathédrale de Tarse à *(Sainte-Sophie)* furent encore sacrés rois deux célèbres successeurs de Léon, Héthoum Ier, son gendre, et Léon II, son petit-fils, comme l'indique l'historien royal. L'an 1226, dit-il, « furent as- » semblés à Tarse le catholicos Constantin, » les évêques et les princes et ils sacrèrent » roi... le jeune Héthoum, et ce fut une joie » extrême pour les Arméniens ; tous manifestè- » rent une grande sympathie pour le pape de » Rome et pour l'empereur des Allemands[2] ».

Un autre historien dit: « Le 6 Janvier en » 1271, on sacra roi des Arméniens, Léon, » fils du roi Héthoum, dans la capitale de » Tarse, dans l'église de *Sainte-Sophie* ; plu- » sieurs personnages de diverses nations s'y » étaient réunis pour être témoins de la ré- » jouissance commune, qui était digne d'être » vue. Le même jour plusieurs citoyens fu- » rent honorés de dignités et plusieurs déli- » vrés de prison[3] ».

Le sacre d'Ochine eut aussi lieu à Tarse en 1308, et probablement d'autres encore. En considérant avec quelle pompe les chefs de la nation célébraient à Tarse la plus grande des fêtes nationales, nous déduisons que cette ville conserva toujours son titre et sa splendeur de capitale ; surtout étant un port maritime, elle se trouvait en de meilleures conditions que Sis, pour attirer le concours des étrangers et des hôtes dans les jours solennels.

---

1. In fine sui (ecclesiæ) habens quamdam statuam, cui imago Dominæ nostræ angelicis manibus est dipincta, quæ in maxima ab hominibus illius terræ habetur veneratione ; sicut enim multi et omnes videre consueverunt ; hæc imago dum aliquod grave periculum illi terræ imminet, coram omnibus et magna quantitate solet lacrymari. Hæc est illa quæ dicitur quæ Theophilum reformavit. — WILLEBRAND. — Ce Théophile était le gardien de l'église d'Adana ; il avait refusé la dignité épiscopale par humilité et crainte de n'être pas à la hauteur d'une si noble fonction. Mais le nouvel élu lui ayant enlevé la charge de gardien de l'église, il se révolta, renia sa foi, et tomba même dans des artifices magiques. Cependant après quelque temps il se repentit, pria avec ferveur devant l'image de la Sainte-Vierge, et non seulement obtint le pardon de sa faute, mais encore le pacte d'engagement qu'il avait donné au démon lors de son apostasie, lui fut retourné ; et s'étant confessé devant le peuple dans l'église, il la jeta au feu. Après quoi il fit pénitence le reste de ses jours, et mourut en 538. Les Grecs l'honorent parmi les Saints, le 4 Février.
2. Sempad l'historien.
3. L'historien de la Cilicie.

Sainte-Sophie paraît avoir disparu en même temps que le royaume des Arméniens ; depuis lors, ni son nom, ni son emplacement ne sont plus rappelés ; mais on croit qu'elle devait être située là où les Ramazans ont érigé leur mosquée d' *Oulou-djami*.

Ainsi que nous venons de le voir, Tarse a été toujours une ville très populeuse ; par conséquent lors de sa conquête par les Arméniens elle devait être peuplée en grande partie par des Grecs, comme le déclare notre Saint Nersès de Lambroun. Ces Grecs après la mort de Léon le Grand, se mirent d'accord avec le parti contraire au régent Constantin, le Bailli des Arméniens ; ils choisirent pour chef et commandant le grand prince Baron *Vahram*, et à la tête de 5,000 insurgés, pensèrent surprendre le Bailli. Mais celui-ci informé à temps, sut prévenir leurs intentions : les attaqua près d'Adana, les battit et les poursuivit jusqu'à Tarse, où ils se réfugièrent. « Ils fermèrent les portes et
» montèrent sur les remparts pour résister
» aux assaillants. Mais un homme de la vil-
» le, du nom de Basile, entra en négocia-
» tions avec le Bailli qui lui promit tout ce
» qu'il voulait. Pendant la nuit Basile ouvrit
» les *portes* et le Bailli, entrant avec ses sol-
» dats dans la ville, fit piller les maisons des
» *Grecs*. Les princes révoltés s'enfuirent de
» la ville et se réfugièrent dans la forteresse
» qui était inaccessible. Le sage Constantin
» réussit à les réduire sans coup férir, et après
» les avoir soumis, les mit en prison ; quel-
» ques-uns furent délivrés, mais d'autres y
» restèrent jusqu'à la fin de leur vie ». Tous ces faits sont rapportés par notre historien de la Cilicie.

Héthoum s'étant affermi sur le trône, en 1228, se mit à restaurer les murailles de Tarse, ce que Léon n'avait pas eu le temps de faire, étant occupé à d'autres constructions. Une pierre de couleur noirâtre, portant une inscription arménienne, sauvée par une heureuse chance, quoique usée en certains endroits, reste encore comme témoignage du passé. On l'a appliquée contre le mur extérieur de l'église de la *Sainte-Vierge :* elle est longue de 75 centimètres et haute de 55 ; en voici l'inscription :

« L'an 677 de l'ère arménienne (1238) les remparts de Tarse ont été renouvelés par la main de Héthoum roi des Arméniens ».

Vue de la porte Démir-kapou.

L'élégante porte ogivale de la ville, connue sous le nom de *Démir-kapou*, paraît avoir fait partie des murailles. La solidité de ces nouveaux remparts, fut bientôt mise à l'épreuve, durant les deux siéges de la ville par le sultan d'Iconium (1245-6). La seconde fois, dit le Connétable, les barbares au nombre de 260,000! « assiégèrent la ville de Tarse durant
» plusieurs jours, et le père du roi et moi
» Sempad le Connétable, nous entrâmes dans
» Tarse. Mais si nous devions écrire tout ce
» qu'on souffrit des balistes et de tant d'as-
» sauts, ce serait très long; surtout parce
» que du côté de l'*aqueduc* et de la sortie, sur
» une longueur d'un jet de flèche, les murs
» furent détruits. Beaucoup de monde tomba
» de deux côtés, mais les pertes des ennemis
» furent le centuple des nôtres: car nous avions
» dans l'intérieur de braves archers francs.
» Puis vint un messager des Tartares pour
» ordonner qu'on nous laissât libres de sortir;
» mais nous n'acceptâmes pas, car ils se se-
» raient rendus maîtres de la ville ».

La conclusion de Sempad est obscure, mais le fait est que sur ces entrefaites, le sultan Khiateddin mourut, et les Arméniens ignoraient sa mort: lorsque ses émirs demandèrent le château de Bragana, le roi consentit à le leur céder, sur quoi ils se retirèrent. « Durant tout le temps qu'ils nous tenaient
» assiégés, ajoute l'historien, nous n'eûmes pas
» même une goûte de pluie; la paix conclue
» il ne cessa de pleuvoir jour et nuit durant
» vingt jours de suite; le territoire fut chan-
» gé en une mer d'eau; les ennemis perdi-
» rent durant leur retraite 100,000 fantas-
» sins noyés dans les eaux; nous aurions
» pu leur causer beaucoup de perte, mais
» nous étions liés par un serment ».

Sous Léon II, en 1275, les Egyptiens firent une invasion et portèrent la ruine et la dévastation partout. Entre autres lieux, selon le Docteur Vahram,

« Ils ravagèrent Tarse
La grande, l'illustre ville ;
Incendièrent l'église de *Sainte-Sophie*,
Et saccagèrent la ville ».

La ville et l'église furent relevées sans doute, mais elles n'atteignirent plus leur splendeur primitive. La ville fut une seconde fois ruinée, et alors l'église disparut presque entièrement, comme nous l'avons dit plus haut.

A la fin du XIII° siècle et au commencement du XIV°, Alinakh, frère du roi Ochine, était seigneur de Tarse, lorsque celui-ci fut sacré roi dans cette ville (en 1308). Après la mort de sa première femme (Zabel) 1310-11, « Ochine fit conduire à Tarse pour l'épouser,
» la nièce de Robert, roi de Sicile, et le ma-
» riage fut bénit dans cette même église (1316) ». L'année suivante (1317) Alinakh, frère du roi, mourut par accident; « il se baignait dans
» le fleuve de Tarse; un cheval turc qui se
» trouvait à ces côtés, lui lança soudain un
» coup de pied à la tête, et lui fit une bles-
» sure mortelle; son corps fut déposé à Tra-
» zarg[1] ». Sa mort fut un grand deuil pour Ochine; non seulement il était son frère jumeau utérin, mais il était l'unique frère qui lui restât.

Avant la mort d'Ochine, (1318), le Karaman lança un grand nombre de cavaliers sur le territoire de Tarse[2], dévasta le pays, emmenant un grand nombre de captifs; toutefois à son retour il essuya une défaite aux environs de Pompéiopolis.

Après la mort de ce prince, un autre Ochine, seigneur de Coricus, ayant été institué par le roi Ochine, régent de son jeune fils Léon IV, eût sous sa juridiction la plus grande partie de la Cilicie et la ville de Tarse ; mais ensuite il fut tué par trahison et par ordre même de Léon, lorsque celui-ci fut parvenu à l'âge de gouverner personnellement (en 1329).

Il paraît qu'après Ochine le gouverneur de Tarse fut le prince *Baudouin*, le maréchal, qui fit élever de nouvelles fortifications pour garantir la ville contre les fréquentes incursions des Egyptiens.

Durant le règne des derniers rois de Sissouan, la splendeur de la ville de Tarse, ainsi que celle des autres villes, s'affaiblit et pâlit de plus en plus. Cependant en 1344, le pape Clément VI promettait au roi Guidon, par lettre spéciale (le 8 septembre), de s'occuper de l'église de Tarse, comme ce prince le lui avait demandé par son ambassadeur François de Pise. Le pape écrivit aussi à ce propos à son nonce, le patriarche de Constantinople.

Le successeur de Guidon, le roi Constantin

---

1. Le continuateur de la Chronologie de Samuel d'Ani. 2. Le continuateur de Sempad le Connétable.

III, fils de Baudouin, se trouvant incapable de garder la partie plaine de son territoire, abandonna ou vendit la ville de Tarse aux Egyptiens. Le gouverneur fut alors un certain *Komari*, et après lui, en 1363, *Mandjak-Youssouf*.

Voici la liste des archevêques de Tarse connus :

972-90. N.N. nommé par le catholicos Khatchig I.
1173. Grégoire Abirad (plus tard catholicos).
1175-1198. Nersès de Lambroun.

1365-70. N. N. sous Urbain V.
1373. N. N. ambassadeur de la reine des Arméniens, à Venise.
1393. N. N. à Chypre.

Et plus tard, dans les temps modernes :

1767-74. Jacques-Mesrob Sérabian.
1837. Jean.

Les archevêques latins connus sont :

1110. Roger.
1116. Etienne.

Eglise de la Sainte-Vierge, dite aussi de Saint-Paul.

1198. Etienne.
? Nersès.
1230?-50. Grégoire.
1307-16. Jean.
1320. Etienne.
1324. Basile.
1342. Vartan.

1190. Albert.
1214. Paul.
1279. Jean.
1327. Daniel de Tertona.
13.. Antoine, mort avant 1358.
1358-1366. Jean Pontius.
1366. Jean Pongherii.

Les églises mentionnées par les contemporains à Tarse sont, — sans compter *Sainte-Sophie* et *Saint-Théodore,* — l'église de la *Sainte-Vierge,* dite encore de *Saint-Paul,* car une tradition rapporte que cette église aurait été élevée par Saint Paul en l'honneur de la Mère de Dieu. On dit encore qu'il planta un caroubier, qui se trouve près de l'église dans le cimetière des Arméniens; le tronc de cet arbre a une circonférence que deux hommes peuvent à peine étreindre et il est entièrement creux : malgré cette apparence de vieillesse, des

Pierre tombale d'Etienne.

botanistes ont déclaré après examen, que cet arbre ne pouvait avoir plus de deux ou trois siècles. L'église porte des marques irrécusables d'une haute antiquité; elle se termine en hémicycle; deux portes latérales donnent seules accès dans l'intérieur, la porte principale ayant été murée. La voûte primitive fut ruinée par vengeance; elle a été remplacée par une toiture en bois formant terrasse, supportée par six colonnes surmontées de chapiteaux anciens. Cette église ne reçoit que fort peu de jour par des petites baies ménagées sur ses façades latérales, à la hauteur de la toiture. Les murs intérieurs de la nef sont ornés

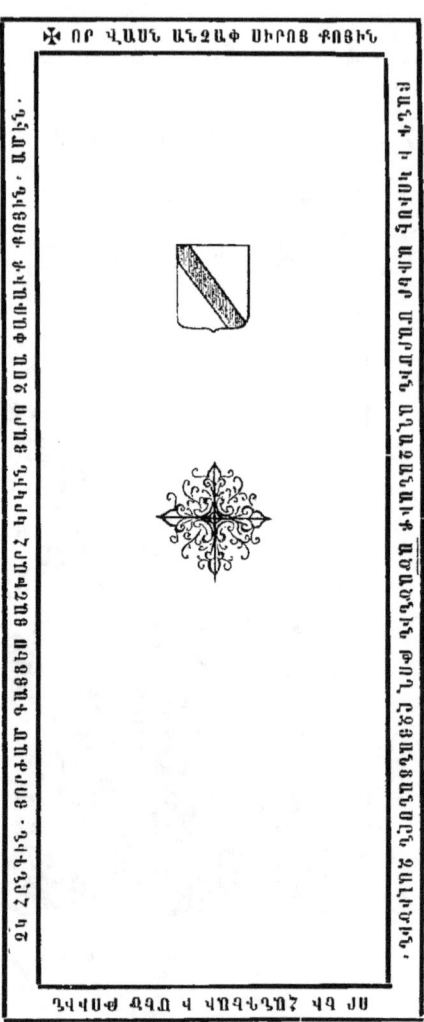

Dalle sépulcrale d'Alise.

de carreaux émaillés, entre lesquels est enchâssée une pierre tombale assez caractéristique; elle fut taillée en l'honneur d'un certain Etienne mort en 1262 ou 1270; nous la reproduisons ici. A l'extérieur sont encastrées des dalles et des pierres sépulcrales.

Au dessus de la porte de l'église il y a une dalle sépulcrale avec une inscription [1], en vers, gravée sur les quatre bords : elle porte la date de 1316, et un écusson :

Par votre amour infini, [de la Vierge,
Verbe de Dieu, qui avez reçu un corps
Par l'intercession de Votre Mère,
Pardonnez les péchés d'*Alize :*
Qui se reposa (en J. C.) dans la grande date
Sept cent soixante-cinq :
Quand vous reviendrez au monde,
Réssuscitez-la dans votre gloire ! Amen.

Le nom d'Alize ou Alise était, comme celui de Zabel, en grand usage durant la domination des Arméniens à Sissouan. Nous connaissons à cette époque *Alise*, sœur du roi Constantin, (fils de Baudouin), née (le sept février 1312), quatre ans avant l'érection de ce monument tumulaire, qui ne peut pas être le sien, vu le souhait de la rémission de péchés. On trouve aussi mentionnée la même année 1312, une autre Alise, la sénéchale de Chypre, fille de Héthoum, seigneur de Lambroun.

Un autre marbre noir d'une longueur de 0,82 m. sur 0,55 m. de large, est enchâssé à côté de l'autel ; l'inscription datée de 1319, en est importante :

Par la volonté de l'immortel Bienfaiteur
Qui est le principe de tout être ;
Le saint et le vaillant roi *Ochine*
Par la grâce de Dieu roi des Arméniens ;
Construisit ce grand château
Pour ceux qui s'y réfugient.
Le fondateur de ce château (fut)
Constantin, issu de famille royale,
Celui qui est le maître du grand château
Qu'on appelle *Téghine-kar :*
Il fut achevé par ses efforts,
En sept cent soixante-huit (1329).
Or, que ceux qui s'y réfugient

Ou qui le regardent de leurs propres yeux,
Disent pour récompense :
Que Dieu lui soit miséricordieux,
Et qu'il hérite le paradis d'Eden. Amen.

Ce qu'il y a de plus remarquable dans cette inscription c'est le nom du château de *Téghine-kar*, (Roche jaune), d'où elle fut transportée ; il ne devait donc pas être loin de Tarse. Il fut, à ce qu'on dit, renversé par un tremblement de terre avec plusieurs autres, en 1269 ; ce qui prouve que le château dut être érigé avant cette date. Or, nous ne trouvons pas auparavant d'autre Constantin de la famille royale que le célèbre Constantin père du roi Héthoum Ier, et Bailli des Arméniens. D'un autre côté si nous lisons dans l'inscription les noms d'Ochine et de Constantin, cités l'un comme restaurateur, l'autre comme fondateur et la construction terminée en 1329, cela nous fait présumer qu'une année avant sa mort, Ochine donna ordre à un autre Constantin de restaurer le château, et peut-être ce dernier était-il le fils de Héthoum le chambellan, seigneur de Neghir. L'historien Aboulfaradj, parmi les châteaux et les bourgades que Noureddin avait occupés, durant la captivité de Josselin II, mentionne aussi le fort de *Dacnakar*, qui pourrait être le même que celui de Teghine-kar.

Dans l'église de la Sainte Mère de Dieu, un tableau de l'autel représente la Vierge tenant dans ses bras l'enfant Jésus : ils portent chacun un diadème en argent, et la peinture est placée dans un cadre du même métal, offert par le peuple, comme l'indique l'inscription :

« Ce cadre d'autel en argent fut fait
» avec les offrandes du peuple de Tarse,
» l'an 600... (1151).

Au bord du cadre, on lit encore cette autre inscription gravée en relief :

« Ce tableau d'autel encadré en argent
» par les offrandes du peuple,..... l'église
» de la Sainte Vierge, de Tarsous, l'an
» 600... (1151) [1] ».

---

1. Cette inscription est d'après celle qu'a publiée Langlois ; elle mérite d'être vérifiée.

Jean Dardel, le dernier historien de Léon V, appelle cette grande église, *Notre-Dame de la Coulomgne*, et il ajoute que dans ce même édifice furent enterrés le roi Guy et son frère Bohémond ; ils avaient été d'abord enterrés dans une chapelle à Adana, et furent transportés ici par l'ordre de Constantin III, successeur de Guy.

L'église est tout entourée de tombeaux d'Arméniens et d'étrangers chrétiens. Outre ces dalles et inscriptions, on trouve encore d'autres ornements appliqués contre les murs de cette grande église, comme ces écussons :

Ecussons en bas-relief sur les murs de l'église de Tarse.

La quatrième église c'était *Saint-Paul*, aujourd'hui changée en mosquée sous le nom de *Kilissé-djami*. Cet édifice est rectangulaire et à trois nefs, bordées par des colonnes supportant des arceaux ; les deux nefs latérales aboutissent à une construction transversale divisée en deux pièces, ayant chacune une porte ; on y remarque la place de trois ouvertures, aujourd'hui murées. La porte principale est surmontée d'une tribune, destinée aux femmes ; sur les côtés sont pratiquées trois autres portes. Le minaret est à droite de la porte principale ; au-dessus de chacune des portes des sacristies sont gravées des inscriptions enchevêtrées difficiles à déchiffrer ; voici celle de la porte de droite :

Cette porte du Seigneur est pour les justes ;

Elle est l'habitation des (êtres) célestes.
Conservez Ochine, roi des Arméniens,
Accordez le pardon à toutes ses actions.

Les caractères enchevêtrés de celle de la porte de gauche sont très endommagés : il a été impossible de la déchiffrer, et malheureusement elle n'a pas été photographiée pour un examen plus certain. On voit encore une autre inscription sur une pierre noire, au-dessus de cette même porte :

Moi Héthoum roi, j'ai construit ce temple, placé sous le vocable de *Saint-Paul*... temple pour prier Dieu.

On voit encore aujourd'hui dans la cour du consulat américain, une citerne appelée : *Puits de Saint-Paul*. On a trouvé au fond, dans une petite cavité, une pierre noire avec une inscription grecque presque effacée, dans laquelle on a réussi à lire le nom de Paul, Παυλου ; à côté on a découvert enfoui sous terre un bassin en forme des fonts baptismaux, signe évident d'une ancienne église [1].

L'église de *Saint-Etienne* est mentionnée dans un évangile copié en 1215 [2].

L'église des *Saints-Apôtres*, fut construite au premier quart du XIVe siècle par le maréchal Baudouin, selon le témoignage d'un mémoire : « Remarquez les divers ouvrages de » celui-ci (Baudouin) : dans la grande et illus- » tre ville de Tarse qui était sa résidence, il » fit élever un temple sous le vocable des bien- » heureux Apôtres. Ce monument était sous » tous les rapports magnifique ; il avait une » forme très élégante, sa hauteur, son autel, » ses portes et ses voûtes étaient admirables ; » il était tellement éclairé que c'était une » consolation et un stimulant de dévotion » pour les fidèles, et Dieu lui-même devait » en être content. Ce prince y établit des » prêtres pour l'office, afin qu'ils priassent » incessamment le Seigneur et qu'ils y célé- » brassent le mystérieux sacrifice du Christ. » De même il fit préparer des habits de dif- » férentes couleurs et pourvut aux diverses

---

1. Davis, 141.
2. Cet évangile a été écrit selon le copiste dans le couvent de *Saghro*, qui doit-être le même couvent que le *Saghrou*, (Saghir ?), l'endroit où Saint Nersès de Lambroun a fait ses études, comme nous l'avons déjà mentionné.

» nécessités de l'autel et des prêtres. Il y fit
» apporter encore un recueil de livres, des
» testaments divins, des prophéties et des évan-
» giles, pour les besoins de l'église et pour
» la lecture aux grandes fêtes ». Je crois que
cette belle église fut aussi transformée en
mosquée.

L'église de *Saint-Jean Baptiste*.

L'église de *Saint-Sarkis* (Serge); ces deux
églises sont mentionnées dans le mémoire
écrit en lettres d'argent sur la couverture
d'un ancien évangile, conservée dans l'église
de la *Sainte-Vierge*. Saint Nersès y faisait retentir sa parole, « très fréquemment », selon
ses propres termes, et il y voyait accourir une
grande multitude, plutôt d'étrangers que
d'Arméniens:

« Nous les voyons (les Latins) entrer dans
» nos églises, dit-il, et s'y prosterner avec
» foi: ils y viennent les mains chargées de
» présents, avec des lampes, des parfums, de
» l'huile; et je rends témoignage devant
» Dieu, qu'avec tout ce qu'ils donnent ou
» offrent en cierges et en encens à l'image
» de la Sainte Mère de Dieu, on pourvoit aux
» besoins de l'église de Tarse, et à ce qui est
» journellement nécessaire à notre couvent;
» ces offrandes sont en harmonie avec leur
» foi et leur zèle ardents pour le service de
» Dieu et la splendeur du culte ». Ce saint
homme avait érigé à la porte de cette église
un autel ou une table pour distribuer des aumônes, et il disait: « Dans l'église de Tarse, nous
» avons décidé que le vendredi et le mercredi
» on distribuera à deux ou trois cents pau-
» vres, du pain et des fèves; et si Dieu même
» et votre bienveillance (Léon Ier) nous en
» donnent, nous augmenterons ces aumônes ».
C'est vraiment une fortune singulière de voir
cette église encore debout, après 700 ans et
au milieu de tant de désastres, et c'est une
fortune plus grande encore qu'elle soit restée
aux mains des Arméniens. Dernièrement elle
fut entièrement restaurée par l'architecte Avédik de Thalas.

Les Turcs ont à Tarse cinq ou six mosquées; l'une appelée *Kilissé-djami*, était autrefois l'église de *Saint-Paul*; l'autre *Oulou-
djami*, fut construite en 1385, par Eumer le
Ramazan; cet édifice est remarquable par son
ornementation, mais non par son élégance;
elle est flanquée de quatre tours aux quatre
angles et divisée en deux parties, l'une forme
un cloître avec des arcades et des colonnes
de granit, dont les chapiteaux sont en bronze
doré. L'intérieur est orné de colonnes carrées qui en soutiennent la toiture. Une cour
symétrique, pavée, sépare le cloître de la mosquée; le minaret assez grand se trouve isolé
du côté droit de l'édifice. Une autre mosquée,
dit-on, renferme le tombeau du prophète Daniel, et pour cette raison on l'appelle *Mehkem
hazréti-Daniel*. Les musulmans ont encore d'autres tombeaux vénérés et des lieux de pèlerinage, tels que le cimetière de *Beuyuk-Sini*, où
se rendent aussi les chrétiens, car ils prétendent
qu'il renferme le tombeau d'un saint,
un certain évêque *Pierre*; ensuite le pèlerinage
ou *tekké* de *Hassan*, qui vivait au XIIe siècle, selon la tradition des Turcs; son tombeau avait une dalle de marbre blanc, portant une inscription en lettres cufiques, et
se conservait au consulat d'Angleterre.

On ne voit pas d'autres monuments remarquables à Tarse, ni dans les marchés, ni dans
les caravansérails, ni dans les bains; mais
parmi ces derniers, il y en a un qui semble
très ancien, et c'est pour cela qu'il porte le
nom d'*Eski-Hamam*.

Nous ne pouvons indiquer l'emplacement
des habitations ni les églises des Latins, qui
s'établirent à Tarse lors de la première Croisade. En 1201 et 1215, Léon accorda aux Génois une rue entière à Tarse, leur permit de
construire une église, un four, des bains et
des jardins[1]. Dans les archives de Gênes, on
voit entre autres, une cédule légalisée le 14
novembre 1279 à Ayas, dans laquelle un
certain *Basile* déclare avoir reçu de *Manuel
Lercari* de Gênes, des draps d'une valeur
de 300 piastres byzanto-sarrasines, pour les
revendre à Tarse.

D'autres Italiens encore, à l'instar des Génois, durent fréquenter la ville de Tarse; ainsi, les Vénitiens, les Pisains et d'autres. La
principale échelle était Ayas; mais comme
cette ville tomba sous la domination des E-
gyptiens avant toutes les autres et fut entièrement ruinée, il est probable que les voyageurs
étrangers tournèrent leurs pas vers Tarse.

---

1. Dono... vicum unum in civitate Tarsensi, ha-
bendum et possidendum juro perpetuo et libere et
quiete, et unam *ecclesiam* et terram ad faciendum et
hedificandum in ea balneum et furnum, et at plantan-
dum in ea jardinum. — V. Langlois. — *Cartul. 127.*

Bertrandon fut le premier voyageur qui visita ces lieux après ce désastre (1432). Les alentours de Tarse lui parurent très fertiles, et il trouva plusieurs édifices anciens, encore debout. Le château même était en bon état, ceint d'un double rempart et en quelques endroits d'une triple muraille et de fossés. La même chose est rapportée par le Vénitien Barbaro, en 1471-2; le gouverneur de Tarse était alors le frère de Chah-Souar; le château était inaccessible de deux côtés, grâce à un mur de 15 brasses de hauteur, construit en pierres de tailles. Au devant il y avait une plate-forme carrée, où l'on arrivait par un escalier. Elle était si large et si longue que mille personnes y pouvaient rester ensemble [1]. Il cite aussi le pont de pierre en arcades.

Paul-Luc qui visita ces lieux en 1704, dit qu'il a traversé du côté de l'est le pont de pierre, auquel il donne le nom de *Mérikafa?* et une grande porte de 30 pieds de haut et de 20 pouces d'épaisseur, toute bardée de fer, pour entrer dans les ruines de l'ancienne ville de Tarse, à laquelle il donne quatre lieues de circuit. L'église des Grecs semblait une cabane, tandis que celle des Arméniens était en bon état, et construite selon la tradition, par l'apôtre *S. Paul*. Il attribue la ruine de la ville aux tremblements de terre.

L'anglais Kinneir qui se rendit à Tarse en 1813, évalua la ville d'alors comme le quart de l'ancienne, et dit qu'une partie de l'église des Arméniens était très antique. Suivant cet anglais la population de Tarse se montait à plus de 30,000 âmes pendant l'hiver. Dans ce nombre on comptait environ 200 familles arméniennes et 100 grecques. Durant l'occupation de la Cilicie par Ibrahim-pacha, (1832-39), le nombre des habitants s'élevait à 4,000 sans compter la garnison; Tchihatcheff comptait en 1853, à Tarse, 1,700 familles, parmi lesquelles 200 étaient arabes, 80 grecques et 50 arméniennes.

Je ne crois pas nécessaire de rapporter ici les différentes appréciations des voyageurs qui ont exploré ce territoire durant ces cinquante dernières années. Parmi les récits publiés, celui de Langlois est le principal et le plus détaillé, mais par rapport à l'exactitude on ne peut pas trop s'y fier. Suivant les dernières relations, le grand commerce de Tarse est anéanti, ainsi que tout autre progrès; c'est *Mersine*, regardée jadis comme le port de Tarse, qui est aujourd'hui le principal centre de commerce, et dans l'administration civile, c'est Adana qui a obtenu tous les avantages. Cependant Tarse n'est pas absolument dépourvue de commerce; on y voit encore plusieurs marchés, des auberges et des magasins importants. La nature qui rend le séjour de Tarse insupportable pendant l'été, lui prodigue abondamment les produits de la terre, surtout le blé, le coton, le premier rend ordinairement 10 à 20 pour un, et dans les années humides, jusqu'à 30 pour un.

Je n'ai découvert aucun renseignement certain sur les alentours de Tarse; j'indiquerai seulement ce que j'ai trouvé sur les cartes: je n'ai pas même rencontré dans les livres de nos ancêtres des noms de villages ou de lieux habités. Seulement l'Itinéraire de Jérusalem, (IVe siècle) indique entre Tarse et Adana, le village *Pargas* ou *Pargais*, à 13 milles romains de la première et à 14 de l'autre.

Au nord sur la route des Portes de la Cilicie, la première hôtellerie en partant de Tarse est située à 12 milles; c'est le bourg de *Mopsugrène* ou *Mansugrine*, près duquel se voient les villages *Bostanli* ou *Bostandjik* et *Mézar-olouk*. Entre ce dernier et la ville, on indique au nord, *Kodja-eurène*, dont le nom rappelle un peu celui d'*Eroï*, faubourg de Tarse, mentionné durant les Croisades, et dont la moitié de la dîme passait au couvent de Sion des Latins à Jérusalem, qui avait même à sa disposition un bateau sur le Cydnus [2].

On cite au nord-est sur le chemin d'Adana, à une petite distance de Tarse, le village *Yaramiche*, près duquel est creusée une ancienne citerne voûtée, appelée *Merdibali*, et le village de *Keuti-keuy*, en face duquel s'élève un monticule de terre. Il y a plusieurs de ces monticules dans la plaine, presque tous à la même distance les uns des autres; ce qui a fait supposer qu'on les avait élevés comme postes d'observation.

Au sud de Tarse le sol est assez bien cultivé; il doit y avoir plusieurs villages: le

---

1. In esso è un castello scarpato da due lati, di una scarpa alta passi 15, la quale è di pietre tutte lavorate a scarpello; davanti è un luogo piano, quadro et eminente, al qual si va per il castello con una scala, et è tanto lungo e largo, che terrebbe suso 1000 huomini. La terra è posta su un monticello non molto alto. — Jos. BARBARO, presso Ramusio, II, 100.

2. *Rey*, Colonies, 283.

plus proche de la ville s'appelle *Ghiavour-keuy*; on y voit une petite église : les habitants sont grecs pour la plupart. Un autre village, *Mantache*, est à une heure de la ville; on y a découvert des débris de constructions romaines, en briques et en pierres, entre autres un bain [1]. Plus loin, les villages *Pér-kén*, *Aliméli*, *Déliméni?* *Kéliméni-keuy*. Au sud-ouest, *Yaïla-keuy*, *Keumurlu* ou *Khamourlou* (*Homourlou*, *Chumurlu* ou *Chamarlije*), habités par les Turcs ; mais sur les mosquées on voit des inscriptions avec la croix, signe d'une origine chrétienne. *Karadja-yaïassi*, *Karadjilas*, *Youmouk-kalé*, selon d'au-

Nous avons déjà mentionné, comme aussi ancienne que Tarse, une ville citée par les historiens anciens, et qui ne devait pas être très éloignée de la précédente; c'est *Ankiale*, ou *Ankialos*, (Ἀνχιάλη, Ἀνχιάλος), regardée comme le port de Tarse, et toutes deux érigées le même jour par Sardanapale, mais les savants ne sont pas d'accord sur sa situation; les uns la rapprochent ou l'éloignent de la capitale, les autres la disent près du village *Kara-douvar*; quelques-uns pensent que *Deunuk-tache* faisait partie d'*Ankiale*; car on a cru retrouver en cet endroit le tombeau du roi assyrien. Mais comme les anciens affir-

Mersine.

tres *Houdoudés-kaléssi*, etc. Ce dernier paraît être le château ruiné mentionné par Beaufort (1812), situé sur une colline ronde à deux kilomètres de la mer; il formait un carré de 90 pieds de côté ; on y voit encore une tour ronde avec deux grandes chambres : c'était une construction bien fortifiée ; peut-être est-ce le château de *Budbeis* mentionné par Petermann [2]. On indique encore aux environs de Tarse, l'ancien village de *Nor-païd* (bois neuf) avec 100 familles arméniennes, mais je ne connais pas son emplacement.

ment que la ville se trouvait près de la rivière *Ankiale*, et que de nos jours on voit à l'ouest de Tarse, entre Kara-douvar et Kazanly, une rivière du nom de *Déli-sou*, il semble probable que ce soit l'emplacement d'*Ankiale*, d'autant plus qu'on y aperçoit des tumulus.

Nous parlerons bientôt de cette région maritime de la Cilicie; mais comme les mémoires qui concernent le port de Tarse sont inséparables de ceux de la ville, nous nous occuperons maintenant des plages maritimes du

---

1. Davis, 49. Nous avons déjà cité l'autre Mantache, page 241.

2. Petermann, I, 348.

district qui est entre Pompéiopolis et l'embouchure du fleuve Djahan.

Le village de *Kazanli*, près duquel s'en trouve un autre nommé *Yéni-keuy* (Village neuf), était autrefois le port de Tarse ; il est à vingt kilomètres à l'ouest de *Mersine*, port actuel. Ce dernier bourg est bâti à l'embouchure de la rivière *Guzel-déré* ou *Mersine-tchaï*, non loin des bords de la mer ; l'espace qui s'étend entre ce bourg et *Kazanli* est souvent submergé, car le sol n'est guère à plus d'un pied au-dessus du niveau de la mer.

C'est de la guerre de Crimée, que date la prospérité de *Mersine* ; elle fut alors dotée d'un port, que l'on construisit avec des débris de Pompéiopolis. Elle s'agrandit de jour en jour par son commerce tant du côté de la mer que de la terre. Elle reçoit et exporte les produits de la Cilicie et des pays voisins.

Pour faciliter aux bateaux l'accès pendant la nuit, on a construit un phare à un demi-kilomètre au sud-ouest de Mersine ; la tour a une hauteur de 15 mètres, les rayons lumineux se projettent toutes les deux minutes, jusqu'à 22 kilomètres dans les nuits claires.

Mersine est formée d'un assemblage de magasins, de factoreries, de maisons élégantes, pour les négociants aisés et pour les consuls, le tout mêlé avec les maisons pauvres du bas peuple. La plus grande partie des habitants est formée par des émigrés venus de la Syrie, parmi lesquels se trouvent aussi des Chypriotes, des Grecs, des Nègres, depuis les guerres Egyptiennes, et plus de 300 commerçants européens, qui ont une église desservie par des Capucins français. Les Grecs possèdent une église et une école ; parmi les citoyens de cette nationalité, le plus célèbre par ses richesses fut un certain Mauromati, qui voulait arroser à ses frais la plaine déserte et la rendre fertile, mais on lui en refusa l'autorisation. Les Turcs sont agriculteurs ou bergers.

Le nombre des habitants dépasse dix mille. Pendant les chaleurs de l'été les familles aisées se retirent sur les pentes des montagnes, dans les petits villages de *Guezna* et d'*Itchmé*, à cinq ou six heures au nord de la ville. Près d'*Itchmé* on remarque des thermes sulfureux et des traces de bains anciens.

Les alentours de *Mersine* riches en jardins, sont pleins d'agréments. Plusieurs espèces de jolies plantes et des arbres fruitiers, surtout le pêcher exquis, le poirier et l'abricotier, y abondent. Le myrthe y est très répandu, et c'est probablement de cet arbrisseau, appelé *Mersinie*, Μυρσίνη, par les Grecs, que vient le nom de la ville.

Nous donnons en note la liste de plusieurs espèces de plantes, sauvages ou cultivées, que Kotschy et d'autres botanistes ont cueillies aux alentours de Mersine ; nous y ajoutons les espèces qui croissent dans les voisinages du mont Bride[1]. Dans les bois et dans la

---

[1]. Dianthus axilliflorus.
Ranunculus trachycarpus.
Nigellaria stellaris.
Delphinium axilliflorum.
Papaver stylatum.
Peltaria angustifolia.
Thlaspi elegans.
Erucaria Aleppina polysperma.
Helianthemum lavandulæ-folium.
Fumana Spachij.
Silene Kotschij.
Cerastium fragillimum.
Hypericum polyphyllum.
Erodium gruinum.
Ochtodium ægyptianum.
Paronychia argentea.
Ononis adenotrica.
— brevifolia.
— reclinata.
— hirta.
— mitissima.
Trigonella fœnumgræcum.
— raphanina.
— halophila.
— monantha.
Trigonella Sibthorpij.
— cylindracea.
— plicata.
Medicago galitea.
Trifolium ochroleucum.
— arvense longisetum.
— xerocephalus.
— Petrisavij.
Lotus peregrinus.
Tetragonolobus palæstinus.
— conjugatus.
Coronilla montana.
Hippocrepis ciliata.
Colutea cilicica.
Glycyrrhiszopsis flavescens.
Astragalus tuberculosus.
— schizopterus.
Onobrychis gracilis.
Potentilla calycina.
Achemilla arvensis.
Umbilicus globulariæfolius.
Eryngium glomeratum.
Bupleurum glumaceum.
Scandix turgida.
Colladonia cilicica.

campagne le gibier pullule. Citons entre autres les tétrao-galio, la cigogne blanche, les sangliers, les daims, les lièvres syriaques. Dans les marécages on aperçoit de petites tortues et des mauritanes *(testudo mauritanica)*, et dans les plaines cultivées, on remarque souvent dans les labourages, des couples de différentes espèces, comme le chameau attelé avec l'âne, ou le chameau avec le buffle.

A cinq ou six kilomètres à peu près à l'est de Mersine, on voit dans la plaine une pierre massive haute de 7 mètres, appelée par les Turcs *Dirékli-tache* (Pierre à colonne) et qui rappelle les menhirs celtiques [1].

Tout près de cette plaine s'élèvent trois collines artificielles, qui servaient peut-être d'observatoires dans les temps anciens. Au sommet de l'une on remarque encore quelques traces d'un fort, mais la plupart des pierres ont été prises pour les constructions du bourg.

Strabon le géographe, en décrivant ces plages, après avoir mentionné Ankiale, place au nord de cette ville une forteresse ancienne et inaccessible, appelée *Kuinda*, Κύινδα : les Macédoniens y avaient caché leurs trésors; Eumène s'en empara, après avoir vaincu Antigone. Quelques explorateurs prétendent retrouver cette forteresse sur une colline derrière Anazarbe, mais c'est trop en reculer l'emplacement : il pourrait se faire qu'il y eût près de cette ville un lieu de ce nom, mais ce ne peut être le château mentionné par Strabon. La forteresse qui y répond le plus par sa position et par son nom, est le Synande, dans la province d'Héraclée.

Tordylium syriacum.
Ainsworthia trachycarpa.
Daucus Broteri.
Caucalis tenella.
Cornus australis.
Galium adhærens.
— Parisiense brachypodium.
— Cassium.
Cephalaria cilicica.
Scabiosa palæstina microcephala.
Filago gallica.
— spicata.
Anthemis arenicola.
Centaurea carneola.
— cilicica.
Catananche lutæa.
Scorzonera verrucosa.
— lacera.
Crepis Reuteriana.
— parviflora.
Campanula retrorsa.
Specularia speculum libanensis.
Periploca gracilis.
Ectium glomeratum.
Lithospermum hispidulum.
Verbascum lyratifolium.
Linaria lanigera.
— præalta.
Scrophularia xanthoglossa.

Veronica divaricata.
Siphonostegia syriaca.
Philippæa lavandulacea.
Salvia napifolia.
Rosmarinus officinalis.
Sideritis perfoliata.
— cretica.
Teucrium rosmarinifolia.
— Kotschij.
Euphorbia Cybirensis.
— aulacosperma.
Quercus Ehrenbergij.
Alnus orientalis.
Arum Dioscoridis spectabile.
Heliophyllum Rauwolfij.
Typha stenophylla.
Cephalanthera ensifolia.
Crocus cancellatus.
Colchicum Steveni.
Allium Gayi.
Bellevalia hispida.
Cyperus Monti.
Panicum cruciforme.
Phleum exaratum.
Corynephorus articulatus.
Avena pilosa.
— clauda.
Bromus brachystachys.
Lolium rigidum rottbollioides.

1. Selon Langlois la hauteur de cette pierre obélisque serait le double; quant à son volume, il l'évalue à 120 mètres cubes.

III.

CILICIE TRACHÉE

Les anciens géographes grecs et latins, comme nous l'avons déjà indiqué, donnaient le nom de TRACHÉE ou ROCHEUSE à toute la partie occidentale de la Cilicie, depuis les limites de Tarse jusqu'à la Pamphylie, région qui comprend la vallée du Calycadnus ou de la Séleucie. Le gouvernement ottoman l'appelle de nos jours Département d'ITCH-ÉLI.

Comme nous n'avons pas pour but d'examiner les divisions anciennes ou nouvelles du territoire suivant les étrangers, (qui ne sont pas même d'accord), mais selon l'ordre de l'époque arménienne, nous nous croyons autorisés de comprendre dans cette partie presque toute l'ISAURIE, que la configuration du sol et son voisinage de la Cilicie Trachée, rattachent nécessairement à cette dernière, de même qu'une partie de la *Lycaonie*, c'est-à-dire la province actuelle de *Laranda* ou de *Karaman*, que Léon avait autrefois conquise, et dont les frontières vont se confondre avec celles de l'Isaurie.

Rappelons en passant que les Byzantins avaient divisé tout ce territoire en trois départements, et l'appelaient le CANTON D'ISAURIE.

Notre histoire nationale nous offre peu d'informations sur cette région, surtout à cause du peu de durée de la domination arménienne, sur la plus grande partie de ce territoire; d'ailleurs elle n'eut point à souffrir, comme les régions de l'est, des incursions dévastatrices des Egyptiens et des conquérants de la Syrie.

Les voyageurs eux-mêmes et les explorateurs ne se sont pas hasardés non plus à y jeter un coup d'œil, car on n'y voit aucune trace de chemin. Je doute même que l'on réussisse jamais à y découvrir des souvenirs de nos ancêtres.

Pour moi j'attribue à la Cilicie Trachée arménienne, le territoire qui, de l'est de Tarse ou de Mersine, s'étend à l'ouest jusqu'aux frontières du district d'Attalie; au nord, il est limité par la chaîne occidentale des montagnes de la Haute Cilicie (les montagnes Boulghars et Dumbélég), et au sud par la Karamanie qui touche aux côtes de la Méditerranée.

Nous allons diviser toute cette région en deux provinces : I°. LA VALLÉE DU CALYCADNUS ou la SÉLEUCIE; II°. La province de LARANDA appelée aujourd'hui KARAMAN ou KARAMANIE, du nom des Turcs-Karamans; toutefois nous laisserons l'étude des plages de cette seconde province pour la topographie de la Cilicie maritime.

---

1. Les plantes remarquables citées par les savants qui ont visité cette contrée, sont : *Silene Capillipes, Sil. Caramanica, Gypsophila Curviflora, Gyp. Arrostii, Pelargonium Endelicherianum, Dianthus hypochlorus, Cornucopiæ cucullatum, Gastridium nitens, Arenaria Ledeburiana, Ar. Glutinosa*. On peut voir page 307 la reproduction de cette dernière, d'après un desssin de Tchihatcheff; c'est une espèce particulière à la Cilicie Pierreuse.

I. — LA VALLÉE DU CALYCADNUS

Toute la partie occidentale du département de la CILICIE TRACHÉE est comprise dans la vallée du fleuve Calycadnus, le troisième en grandeur parmi les fleuves de la Cilicie. Il ne descend pas comme les autres du nord au sud pour se jeter presque directement dans la mer; il vient de l'ouest, tourne vers l'est, et divise presqu'en deux une belle et vaste vallée circulaire, bordée de deux côtés par des montagnes rocheuses et escarpées et entrecoupées par des gorges. Les sommités du côté du sud sont à quelques lieues de la mer, et y envoient directement divers cours d'eau. La chaîne des montagnes du nord sépare les territoires de la Lycaonie et de l'Isaurie et touche à l'ouest, à la Pisitie et à la Pamphylie, à l'est, aux trois grandes parties de la Cilicie: c'est-à-dire à la Cilicie Trachée, à la Cilicie de Plaine et à la Cilicie Maritime.

Le Calycadnus dont la longueur est de 160 à 170 kilomètres, est formé de différents rameaux et reçoit divers affluents, dont le principal et le plus à l'est est le *Gueuk-sou*, (Eau bleue), qui prête aussi son nom au grand fleuve: il jaillit de la montagne *Gueuk-dagh*. Suivant quelques cartes topographiques, à l'ouest du bourg d'Erménég, il reçoit la rivière *Actari* ou *Ak-déré* qui descend des frontières de l'Isaurie et on pourrait la regarder comme la vraie source du Calycadnus, aujourd'hui communément appelée *Erménég-sou* du nom de la petite ville. De l'est de ce district descend la rivière *Bal-késsen*, (selon les uns *Bachelekan*), et à l'est de cette dernière et à l'ouest de Karaman, près de Moute, la rivière *Bouzaktchi-sou*, ces rivières sont toutes deux des affluents de la rive gauche du Calycadnus; sur la rive droite d'autres petits cours d'eau se confondent avec le fleuve: les principaux sont le *Bache-déré* et l'*Erig-déré*. Après avoir reçu tous ces affluents, le fleuve entre dans une vallée plus étroite et plus profonde; parmi les autres petites rivières qu'il reçoit encore, nous pourrions citer le *Sari-kavak*.

Le territoire est entièrement montagneux, et ces chaînes peuvent être considérées comme des rameaux du Taurus; elles ne s'y joignent cependant pas directement comme celles de la haute Cilicie, et ne dépassent point la hauteur de 2,000 mètres. Voici l'ordre des sommités: En commençant au nord-ouest, l'*Altchine-dagh*, le *Yelli-bel-dagh*, le *Katrame-dagh*, le *Toptché-dagh* ou *Top-guédik*, entre les rivières de Balkéssen et de Bouzaktchi; l'*Ali-beg-dagh*, le *Théké*, entre le Sari-kavak et la Séleucie. Au sud du fleuve, entre le *Gueuk-sou* et les plages de la mer, s'allonge la cime du *Thurèngli?* appelé *Imbaros* par les anciens. — Il faudrait chercher vers le sud de la Séleucie dans l'espace compris entre la vallée du fleuve et les côtes de la mer, les montagnes *Carmerdes* ou *Cathimerdes*, que traversa Philippe Auguste, en 1191, après avoir passé le fleuve Calycadnus. A l'est et vers la Séleucie, la vallée inférieure s'élargit et le fleuve devient plus majestueux. Vers le milieu de la vallée, il a de 15 à 30 mètres de large, il est peu profond et acquiert un cours rapide; toutefois dans sa partie supérieure il est quatre fois plus rapide à cause de la pente du terrain, qui par ses inégalités rend presque impossible toute route praticable et aisée; on n'aperçoit pas même un chemin qui conduise à Séleucie, ville principale de la province. Pourtant on a ouvert deux routes fréquentées sur les bords de la mer: elles partent de Kélénder et vont vers le nord, traversant le fleuve et les rivières et parcourant les défilés et les vallons, l'une se dirige à l'est, à Laranda, l'autre à gauche, à Erménég et de là à Iconium.

Il va sans dire que dans les endroits où le terrain est plat, il est très fertile et le séjour en est agréable; les vignes et les céréales y abondent. Nos ancêtres avaient creusé de petits canaux pour l'irrigation, car les bords du fleuve s'élèvent de beaucoup au-dessus du niveau de l'eau et les champs ne peuvent guère en être arrosés.

Comme nous l'avons indiqué ailleurs, au point de vue politique il est difficile de distinguer les limites entre la Cilicie Trachée et

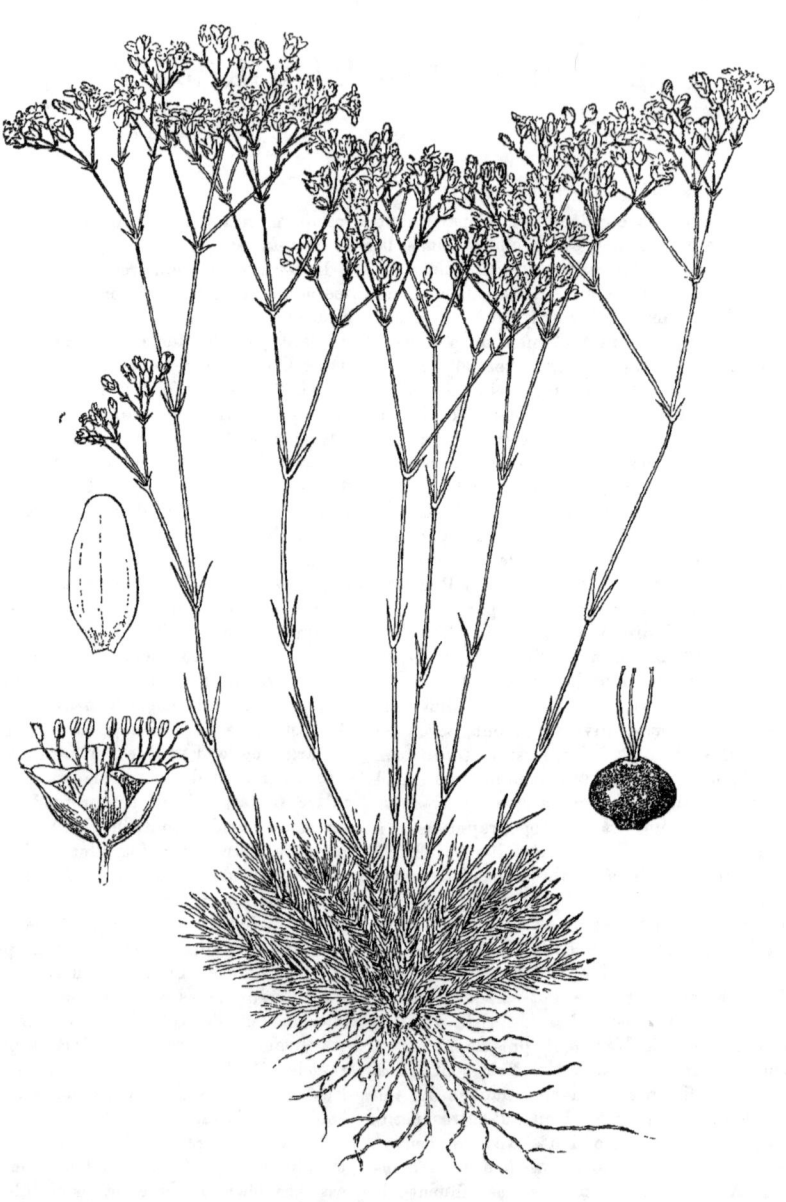

Arenaria glutinosa

l'Isaurie, qui, suivant plusieurs géographes, ne doivent pas être séparées l'une de l'autre. Les anciens écrivains, mentionnent comme provinces distinctes, dans la partie que nous regardons comme la Cilicie Trachée : à l'ouest, LALASSIS ou TALASSIS, (car ce nom est écrit de deux manières Λαλασίς ou Δαλασίς); à l'est, SÉLEUCIE; quant au milieu, aucune province n'y est indiquée, ce n'est pas tant à cause de l'inégalité du terrain que par suite des habitudes de brigandage des habitants, qui ne permettaient pas de fixer une limite stable. Lalassis et la province qui en dépendait est très souvent attribuée à l'Isaurie. Les Romains mêmes laissèrent ce pays libre; il s'y trouvait une tribu regardée comme sacrée ou sacerdotale dont nous allons parler.

Sous la domination des empereurs Byzantins, le *Canton de Séleucie* comprenait non seulement toute la vallée du fleuve Calycadnus, mais encore une partie de l'Isaurie; selon Porphyrogène, la partie intérieure et maritime s'appelait *Décapolis*, c'est-à-dire les dix villes, savoir: *Germanicopolis*, *Titiopolis*, *Tométiopolis*, *Zénopolis*, *Néapolis*, *Claudiopolis*, *Erinopolis*, *Césarée*, *Lausate* et *Dalasante*. Nous avons classé la plus grande partie de ces villes dans la Cilicie maritime, et nous en parlerons à temps voulu.

Avant l'établissement de la dynastie des Roupiniens, des Arméniens habitaient déjà dans la province de Séleucie; on en mentionne en 967, un certain nombre qui s'étaient mis en embuscade dans les montagnes de Séleucie ; ils attaquèrent les Sarrasins qui avaient ravagé les environs d'Iconium, s'emparèrent de leur butin et réussirent à les chasser le long des plages de la mer jusqu'en Syrie.

Durant la domination arménienne, ce fut d'abord Thoros II qui s'empara de la Cilicie et de l'Isaurie, puis de la Séleucie, d'où le roi Léon s'avança jusqu'à Attalie. Au commencement de son règne le gouverneur de ces lieux était *Sir Adan*, le premier parmi les barons; les limites de son domaine s'étendaient jusqu'à *Calonoros*, et tout le territoire portait le nom de *Territoire de Sir Adan*; on affirme que sa juridiction s'étendait de Séleucie jusqu'au susdit château, mais il est très probable que Séleucie était en dehors de ses possessions; et en effet, le Baron encore vivant, Léon, accorda cette ville aux Hospitaliers: mais le territoire propre dépendant de l'autorité du Baron Adan paraît s'être étendu au delà de la vallée du fleuve ; c'est pourquoi nous l'examinerons dans la partie maritime. Dans la liste des princes arméniens présents au couronnement de Léon, on trouve les noms des maîtres de châteaux qui sont connus dans la vallée du Calycadnus, et probablement il devait y avoir encore d'autres forteresses dont la situation et les noms sont aujourd'hui inconnus. Ces forts sont mentionnés aussi sous le règne de Léon II, chacun avec le nom de son maître. L'historien royal dit à ce propos : « Au commencement de » son règne (Léon II) se rendit à Saurie (Isau- » rie), pour visiter la province, et il s'en re- » tourna plein de joie »; évidemment il trouvait ces lieux selon son désir, dans la paix et la prospérité.

Aujourd'hui selon l'administration ottomane, la vallée du Calycadnus forme la plus grande partie de la province d'*Itch-éli* du département de Karaman, dans lequel sont compris les districts maritimes et douze tribus de Turcomans; je ne sais si elles habitent sur les plages de la mer ou dans la vallée même Voici les principales localités de cette vallée; *Erménég*, avec deux districts, *Belkéi-djébel* (Côté des montagnes), *Ziyné*, *Evkaf*, *Sari-kavak*, *Moute*. Quant aux tribus les voici: *Sinanli*, *Kécheli*, *Erémli*, *Bouladjli*, *Tatar*, *Kara-boudjoulou*, *Kara-hadjili*, *Bakeche*, *Gurdji*, *Sandallie*, *Khaïr-ili-kivartian*; et les trois *Belkéi-bouzeaghadje*, *Belkéi-Yorgane*, *Belkéi-Kériné*, qui paraissent habiter vers la mer, près de Kéléndrie, comme aussi celle de *Belkéi-Bazardjek*, près de Sélinounte. Laissant de côté ces lieux, nous partagerons la province de Séleucie, en remontant le fleuve et selon les vallées des rivières, en trois cantons: 1°. *Séleucie*, 2°. *Sarikavak et Moute*, 3°. *Erménéy*.

1. SÉLEUCIE

La ville de SÉLEUCIE est sous différents points de vue, l'une des places les plus remarquables du territoire de la Cilicie. Elle est située près de l'embouchure du Calycadnus, sur sa rive droite, à 15 kilomètres de la mer, où s'est formé de nos jours le petit golfe d'*Agha-liman*, comme nous le verrons dans la description des côtes. Elle est à 20 kilomètres à l'est de l'embouchure du fleuve, un peu au sud de l'embouchure du Perchembé, sur un plateau à 260 pieds au-dessus de la mer, dans une jolie vallée des montagnes. Les anciens géographes citent dans cette région une province du nom de *Citis* ou *Cetide* (Κητις), dans laquelle se trouvaient les deux villes d'*Olba*, et de *Hyria*.

On voit en effet un emplacement tout recouvert de ruines, parmi lesquelles on découvre des restes de tours, de temples, de théâtres, de fontaines, de citernes, de tombeaux et d'autres monuments. Le plus remarquable de ces édifices a été bâti par un prêtre, désigné sous le nom générique de *Teucer :* c'est un château, qui est au haut de la colline; il a quatre étages dont chacun contient cinq chambres. On voit aussi un beau temple assez bien conservé, converti en église aux premiers siècles du christianisme. Il mesure une quarantaine de pieds de haut et 200 à 210 pieds de circonférence.

On remarque encore les restes de deux théâtres, d'un temple de *Hyche* (?) et une inscription en caractères inconnus à l'explorateur (Bent), qui doit l'avoir publiée dans le Journal Hellénique. Sous ces débris et ailleurs on retrouve la trace des routes pavées conduisant vers le sud, à Séleucie, à Corycus, à Lamas, et vers le nord, à Iconium.

Aux frontières du territoire de cette ville et de la Cilicie, à quelques kilomètres au nord, une autre route pavée aboutit à *Mora*, où ont été découvertes d'anciennes ruines et des monnaies d'*Olba*. Cette place, habitée par les Yourouks, a pris ces derniers temps un certain développement, par suite du passage des caravanes.

A 300 kilomètres à l'est d'Olba, sur la rive droite du Lamas, à une altitude de 2,300 pieds anglais, se dresse sur un rocher une vieille forteresse, appelée *Piréné*; un escalier en zigzag, taillé dans le rocher, conduit du sommet au bord du fleuve, pour y puiser de l'eau. A deux kilomètres en aval du Lamas se trouve le petit village d'*Oran-keuy* (Village des ruines), près les restes de deux villes, et de deux autres qui sont sur la rive gauche du fleuve, où se trouve le village moderne de *Topourlou* ou *Ghiavour-bournou*, qui remplace, selon Bent, l'ancienne ville *Bémisos?* on voit aussi tout près un temple dédié à Mercure.

Le voyageur anglais, Théodore Bent, résolut en 1889 la question qui avait arrêté le savant russe Tchihatcheff : s'appuyant sur le témoignage des anciens écrivains et sur quelques inscriptions, il prouva que ces ruines près d'*Ouzoun-bourdje*, étaient les restes de l'ancienne Olba et de Hyria.

Ces deux villes se trouvaient en effet à une assez haute altitude, sur un plateau, à 1,500 mètres, près des sources du fleuve Lamas. Les Ciliciens ou les Grecs avaient choisi ces lieux retirés et solitaires, pour en faire le centre de leur culte, en particulier de celui de Jupiter; non seulement ils lui avaient érigé un temple, mais ils avaient encore établi une hiérarchie ou famille sacerdotale, qui devint maîtresse absolue de la contrée. Du lieu d'ori-

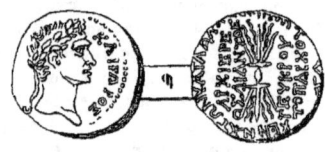

Monnaie d'Olba, sous Auguste.

gine de ses chefs, espèce de rois-pontifes, cette famille prit le nom de *Teucrienne* et sa juridiction s'étendit presque jusqu'aux rives de la Méditerranée, sur toute la vallée du fleuve Lamas qui passe au milieu de collines et de gorges, où l'on voit encore aujourd'hui les ruines d'anciennes villes grecques et quelques édifices romains et byzantins, qui mériteraient d'être mieux examinés.

A proximité de ces deux villes de Hyria et d'Olba, Séleucus Nicanor, en éleva une nouvelle grande et élégante et il l'appela Séleucie; mais, comme il y avait plusieurs autres villes du même nom, celle-ci porta le sur-

Monnaie de Séleucie, sous Gordien.

nom de *(Séleucie) Pierreuse* ou *Trachée*, d'où quelques-uns prirent l'habitude de donner à la ville le seul nom de Trachea; mais plus communément on fit suivre le nom de la ville du nom du fleuve, et on l'appela *Séleucie sur le Calycadnus*. Ainsi les monnaies de la ville portent souvent l'inscription Σελευκέων τῳν προς τῳ Καλυκαδνῳ. Les Arméniens conservèrent le nom de cette ville après l'avoir conquise, Սելեւկիա, et les Turcs le transformèrent un peu en l'appelant *Séléfkée*.

Ancienne monnaie de Séleucie.

Séleucie rivalisa avec Tarse non seulement pour la splendeur des édifices et le commerce, mais encore par le développement intellectuel : elle fut la patrie de plusieurs personnages illustres, parmi lesquels les philosophes académiciens *Athénée* et *Xénarcus*, sous le règne d'Auguste, et plus tard Alexandre, secrétaire de Marc-Aurèle.

Elle obtint le privilège de ville libre et elle devint le siége de l'archevêque d'Isaurie, dont la juridiction s'étendait sur vingt ou trente évêques. Ainsi à la solennité du couronnement de Léon, l'évêque de Séleucie est classé immédiatement après les archevêques des Arméniens. La ville conserva sa primauté ecclésiastique plus longtemps que son prestige civile, qui diminua au moyen âge, à cause des incursions et dévastations continuelles des Isauriens et des pirates, et disparut tout à fait après la conquête des Arabes et des Turcs ; car, s'il était difficile de pénétrer dans ces repaires rocheux et escarpés, il était aussi difficile d'en déloger ceux qui y avaient une fois pénétré.

Les ruines de l'ancienne ville attestent son antique splendeur : les débris de ses monuments magnifiques couvrent encore une vaste étendue. Le plus remarquable est le *théâtre* ou *amphithéâtre*, creusé en partie dans le roc, et tourné du côté du sud-est. Selon quelques-uns, c'était une arène de 450 mètres de long et de 100 mètres de large, avec une double rangée de gradins. C'est là qu'on célébrait les jeux olympiques qui attiraient dans la ville une multitude de gens des alentours. On voit encore aujourd'hui les ruines d'un portique à arcades dont les colonnes étaient d'un seul bloc, au dire du vénitien

Séleucie sur le Calycadnus.

Temple à Séleucie.

Josaphat Barbaro, en 1471 ; deux *temples* assez proches l'un de l'autre, dont l'un est orné à l'intérieur d'une frise représentant des Génies qui traînent d'énormes grappes de raisin, et de colonnes corinthiennes de quatre pieds de diamètre, dont une seule est restée debout ; peut-être est-ce le célèbre temple d'Apollon Sarpédon, où accouraient un grand nombre de pèlerins et de devins ; l'autre avec des colonnes de marbre rouge fut transformé en une église élégante, que les Turcs appellent *Ghiavour-kilisséssi*. Cette église est aujourd'hui en ruine ; on trouve à côté des débris de colonnes.

Près d'une carrière de marbre qui a dû fournir tous les matériaux pour la construction des édifices de la ville, il y a un réservoir carré de 45 mètres de long, sur 23 de large, et 10 de profond ; on y descend par un escalier tournant de 25 gradins pratiqués dans l'épaisseur des murailles. L'eau du ruisseau *Meriamlik* y était amenée par un aqueduc, près du rocher de *Tékir-ambar*. Il y a aussi un pont de six arches qui branle, mais qui n'est pourtant pas encore ruiné.

Au sud de la ville se trouve une vaste *nécropole*, creusée dans le rocher ; elle se compose de chambres carrées, dont chacune renferme des débris de sarcophages taillés dans le roc. Quelques-uns de ces tombeaux portent des inscriptions byzantines à moitié effacées, comme le sont aussi celles qui se lisent dans les petites niches triangulaires, creusées à leur côté et destinées peut-être, à recevoir des lampes. Les Turcs donnent à cette nécropole le nom de *Ghiavour-sini* (Cimetière des Ghiavours).

A quelque distance à l'est de ces ruines, on voit une autre *nécropole*, composée de chambres sépulcrales et de sarcophages monolithes avec des couvercles prismatiques, où sont gravés les noms des personnages. Sur l'un de ces tombeaux monolithes, on a trouvé une inscription grecque de *Marc Aurèle Bérénicien Athénodore*, qui défend de faire enterrer qui que ce soit dans son tombeau, sous peine de payer une amende au fisc.

ΘΗΚΗ Μ° ΑΥΡ° ΒΕΡΕΝΕΙΚΙΑΝΟΥ ΑΘΗΝΟΔΟΡΟΥ ΕΝ Η ΒΟΥΛΕΤΑΙ ΤΕΘΗΝΑΙ ΚΑΙ ΜΗΔΕΝΑ ΑΥΤΩ ΕΤΕΡΟΝ ΕΠΕΝΤΕΘΗΝΑΙ. ΕΙΔΕ ΤΗC ΕΤΕΡΟC ΕΠΕΝΤΕΘΗ ΔΩCΕ (Τ)Ω ΦΙCΚΩ.

Au milieu de ces nécropoles et de ces ruines, s'élèvent les maisons plates des Turcs et de quelques Grecs, au nombre de 40 à 50 selon Langlois et de 300 suivant Tchihatcheff : plusieurs sont bâties avec les pierres des monuments anciens, de même qu'un grand nombre d'édifices publics : la mosquée, le marché et l'hôtellerie. Dernièrement les Grecs repeuplèrent la ville et l'embellirent par de nouvelles constructions, parmi lesquelles un pont.

Le *château* de *Séleucie* qui couronne la montagne, surpasse par sa grandeur toutes les autres constructions ; il est à l'ouest de la ville ; on y arrive par un chemin escarpé rendu doublement difficile par des éboulements de terrain ; les murailles sont hautes et fortifiées par un double fossé. Le château est de forme ovale entouré de grandes tours, reliées entre elles par de fréquentes arcades ; on remarque dans l'enceinte, les ruines d'une chapelle, plusieurs constructions, des colonnes, un réservoir et des entrepôts taillés dans le roc. La porte de la muraille extérieure, qui n'est pas aussi haute que l'intérieure, est surmontée d'une croix, cantonnée de rosaces, au-dessous de laquelle il y a une pierre carrée, avec trois bordures, et une inscription arménienne de dix lignes ; mais elle est en partie effacée et n'a été que fort mal relevée par les explorateurs : elle ne peut donc pas satisfaire le désir des patriotes arméniens : l'amiral Beaufort dans sa topographie ne nous en offre, de même que Langlois, qu'une idée très imparfaite et obscure ; on ne peut déchiffrer dans les deux premières lignes que ces mots :

Dans l'ère des Arméniens 685, (1236).

Dans les troisième et quatrième lignes, il est parlé du *Roi Héthoum ;* les lignes suivantes doivent rapporter sans doute qu'il fut le constructeur, le restaurateur ou le conquérant de ces murailles ; sur la septième ligne on lit le nom de *Constantin*, père de Héthoum, et sur la dernière, le nom de *Léon*. Sur la bordure de droite on remarque le nom de *Sempad*, probablement du Connétable, frère de Héthoum ; au-dessus il est écrit, selon Langlois, *Jésus-Christ*.

Dès le commencement de son règne, Léon Ier, accorda Séleucie à *Chahanchah*, fils de Tchordouanel de Sassoun et de la sœur du catholicos Grégoire Degha. Après la mort de Chahanchah, en 1194, la ville passa au prince *Costantz*, à ce qu'il paraît parent de *Comartias* d'origine grecque ou latine ; car au couronnement de Léon, celui-ci est mentionné comme maître du château de Séleucie, et le château nommé de *Camartias* est regardé comme un fief de son père, le Sébaste *Henri*.

---

1. Quelques auteurs écrivent *Coumartias ;* Nersès Balon, écrit *Khoumartiache*.

Les historiens des Croisades citent en 1190, avec *Constantz*, son frère *Baudouin* de Camartias [1], comme envoyés tous deux par Léon à la rencontre de l'empereur Frédéric II, alors qu'il s'avançait pour délivrer Jérusalem, où il ne parvint pas, puisqu'il se noya en traversant le Calycadnus. *Henri* ou *Héri*, honoré du titre de *Sébaste*, était l'un des principaux Barons durant le règne de Léon. Son fils *Constantz*, comme nous l'avons dit, fut envoyé en ambassade à l'empereur Frédéric ; et comme il porte le surnom de *Coumardias*, nous pouvons croire qu'il devrait être le maître de ce second château sous la surveillance de son père ; en Latin on trouve écrit *Camardesium* ou *Camardius*, en italien *Camardo*. Ce nom paraît plutôt venir du grec que de l'arménien, Langlois le fait pourtant dériver du mot arménien *Gamar* (arcade) !

En 1207 « le roi Léon ayant eu quelque
» différend avec le sébaste Héri, se saisit de
» sa personne et de ses fils Contsantz Camar-
» dias, Josselin et Baudouin, et les mit en
» prison. Comme Héri était le gendre du ca-
» tholicos Jean, cet événement fut cause d'un
» désaccord entre le roi et ce dernier ». Héthoum, frère de Saint Nersès de Lambroun,
« parvint à les réconcilier et délivra aussitôt
» même les fils de Héri, Josselin et Baudouin ;
» le troisième (Constantz) était déjà mort ».
Ils étaient encore enfermés en prison, lorsque Léon accorda leurs châteaux aux Chevaliers, et fit confirmer cette donation par un bref du Pape. Probablement les Hospitaliers restèrent depuis lors les maîtres de Camardias, car ce château n'est plus cité dans notre histoire. Plus d'un siècle après ces événements, en 1317-20, seigneur de Nor-Pert était un certain *Etienne* qui fut envoyé comme ambassadeur par le roi Ochine au Pape et au roi de France.

Léon I*er*, dans la douzième année de son règne, accorda la ville de Séleucie avec ses alentours, ainsi que les châteaux de *Norpert* et de *Camartias*, aux Hospitaliers, qui l'avaient aidé grandement dans ses guerres et conquêtes ; il en investit leur commandeur *Garin* ou *Guérin* : *Garinus a Monte Acuto* en latin, *Guérin de Montaigu*, en français.

Léon informa le Pape Innocent III de cette donation et lui demanda de sanctionner son chrysobulle, (avril, 1210). Le Pape exauça sa demande par une bulle datée du 3 août de la même année. Ces lieux restèrent longtemps aux mains des Hospitaliers, alliés de nos Arméniens. Le premier gouverneur ou châtelain de Séleucie, nommé par les Chevaliers s'appelait *Haymericus de Pax*; en 1214 nous en trouvons un autre, *Frater Feraldus de Barras*, Castellanus *Selephii*, qui signa un autre édit de Léon.

Au commencement du règne de Héthoum, quelque temps après son mariage avec Zabel, cette princesse vint au château de Séleucie pour rendre visite à sa mère et séjourna chez les Hospitaliers. Excitée par cette dernière, Zabel ne voulait pas retourner chez son jeune époux ; mais Constantin père du roi, vint assiéger le château et intima aux Hospitaliers l'ordre de lui rendre la reine. Les Chevaliers résistèrent d'abord, mais ensuite, craignant d'un côté de s'attirer l'inimitié des Arméniens qui auraient pu s'allier avec les Iconiens et les chasser de leur place, ne voulant pas de l'autre avoir l'apparence de traîtres, et enfreindre les lois de l'hospitalité envers la fille de leur bienfaiteur, ils firent la réponse suivante : « Le roi Léon nous a donné cette for-
» teresse, nous ne pouvons pas dire à sa fille,
» quitte-la ; mais nous en sortirons ; et alors
» vous prendrez la forteresse et la reine. C'est
» ainsi qu'ils (les Arméniens) prirent Séleucie
» et la reine [1] ». A cette époque le commandant des Hospitaliers s'appelait *Bertrand*.

La même année Héthoum fit placer au fronton du château, l'inscription dont nous venons de parler. En 1248, le commandant de la place s'appelait *Guiscard* et portait le titre de Bailli, (Paoli, CCXIX). Ce qui précède montre que la place était très bien fortifiée, et qu'il était presque impossible de s'en emparer d'assaut, la preuve en fut donnée après la mort de Léon durant les invasions du sultan Alaïeddin. Celui-ci « conquit le territoire d'Isaurie
» jusqu'à la porte de Séleucie ; mais Séleucie
« était gardée par les Hospitaliers, aidés par
» des Arméniens. Le baron Constantin, étant
» un homme sage laissa prudemment s'écouler
» plusieurs jours », et au moment proprice il reprit tous les lieux dont les ennemis s'étaient emparés.

Cependant comme Séleucie se trouvait entre le territoire des Arméniens d'un côté et celui des Turcs de l'autre, elle fut un objet

---

1. D'après Sempad le Connétable.

de continuelles contestations, surtout lorsque la tribu des Karamans se fut rendue de plus en ce territoire par fraude. Ils rapportent qu'une grande foire des chrétiens eut lieu aux envi-

Château de Séleucie et tombeaux.

plus forte, après la moitié du XIII° siècle. Selon leurs historiens, ils réussirent à conquérir rons et que les gardiens du château de Séleucie aussi s'y rendirent. Alors quelques Turcomans, partisans des Karamans, changeant de costume, se déguisèrent en chrétiens, et se couvrant le visage entrèrent sans peine dans le château dont ils se rendirent maîtres. Nouré-Sofi, père de Karaman, et ami du sultan Alaïeddin, dont il était un des favoris, obtint sa protection et assura ainsi la possession du lieu à son fils[1]. Après cet événement, il est encore rapporté dans notre histoire, que Léon II au commencement de son règne visita l'Isaurie; mais on ne trouve plus cité le nom de Séleucie, ni durant le règne de ce Léon ni durant celui de ses successeurs. On ne trouve plus même mention des évêques; je n'en trouve que deux seuls dans le XII° siècle : *Basile*, assistant en 1175, au concile de Rome-cla, et *Thoros*, cité en 1198.

Un siècle après la suppression du royaume des Arméniens, le vénitien Barbaro visita Séleucie, en 1471, et en fit la description. « Au pied de la ville, dit-il, coule un fleuve qui se jette dans la mer; il est comparable par sa grandeur à la Brenta. Le théâtre est dans le genre de celui de Vérone, fort spacieux, entouré de colonnes monolithes et de plusieurs rangées de gradins. En escaladant la montagne pour aller au château, on voit un grand nombre d'arches, en partie d'un seul bloc, détaché du roc, en partie creusées à même le rocher. En montant toujours, on arrive aux portes de la première enceinte de la forteresse : ces portes situées presqu'au sommet de la hauteur et flanquées d'une grande tour de chaque côté, sont en fer : on n'y voit aucune trace de bois. Elles sont hautes de quinze pieds et larges de moitié; de plus, elles sont ciselées, comme si le métal était d'argent, grosses en épaisseur et très fortes. Le château est bâti sur un terrain en pente, qui a trois milles de tour à sa base, tandis qu'au sommet il n'a qu'un mille, ce qui le fait ressembler à un pain de sucre. C'est dans cette enceinte que se trouve le château de Séleucie, avec ses tours et ses murs, qui sont donc séparés de la première enceinte par une grande distance; le château se trouve à 30 pas des murailles. Dans l'intérieur on voit une cave carrée, creusée dans le roc, profonde de cinq pas, longue de 25 et large de 7 environ, dans laquelle on a emmagasiné une grande provision de bois. A côté de cette cave, il y a une grande citerne dans laquelle l'eau ne tarit jamais[2] ».

Les explorateurs venus quatre siècles plus tard, Beaufort, Laborde, Tchihatcheff, Langlois et d'autres, n'ajoutent rien de nouveau à cette description. Langlois assis sur le premier échelon du théâtre, contemplant à droite la mer de Chypre, se plut à décrire les montagnes du Taurus, dont le panorama se déroule magnifique : à sa gauche le Calycadnus roulait ses ondes dans une vaste plaine émaillée de fleurs, couverte de tentes des Turcomans. Les troupeaux de moutons et de bestiaux de la tribu de Yourouk paissaient aux alentours, sous la garde de cavaliers armés de fusils et de lances. De grands platanes couvraient de leur ombrage plusieurs familles : les femmes étaient occupées à tisser ou à tresser des nattes; les troncs des arbres avaient été transformés en métiers à tisser. Là le son des trombes, le beuglement des bestiaux, les murmures des eaux formaient une harmonie ravissante; de temps en temps on entendait un coup du fusil répété par les échos des montagnes; des cavaliers se faisaient voir dans le bois poursuivant une hyène ou un chien sauvage, affolé par la poursuite des lévriers du Taurus, semblables aux chiens-loups. Le même voyageur cite avec étonnement des pompes à roues et des canaux pour arroser les jardins potagers, où croissent de bons melons, des pastèques, différentes espèces de ci-

---

1. Georges : Histoire ottomane.
2. Ascendendo in monte per andare nella terra, a man manca si veggono assaissime arche, parte di un pozzo..., separate dal monte, e parte cavate nel proprio monte. Ascendendo più suso, si trovano le porte della prima cinta della terra, che sono quasi alla sommità del monte : le quali hanno un torrione per lato, e sono di ferro senza legname alcuno, alte circa quindici piedi, larghe la metà, lavorate politissimamente, non meno che se fossero d'argento, e sono grossissime et forti. Il muro è grossissimo, pieno di dentro con la sua guardia davanti, il quale di fuora è carico e coperto di terreno durissimo, tanto erto, che per esso non si potè ascendere alle mura, il qual terreno gli va d'ogni intorno, ed è tanto largo dalle mura, che da basso circonda t.e miglia, ed in cima il muro non circonda più di uno, ed è fatto a similitudine d'un pan di zuccaro : dentro di questa mura è il castello di Seleuca con le sue mura e torri piene, tr'al quale et le mura della prima cinta è tanto terreno vacuo, che a un bisogno faria da 300 stara di frumento : è distante la cinta dal castello passi 30 e più. Dentro del castello è una cava quadra fatta nel sasso, profonda passa cinque, lunga 25 e più, larga circa sette. In questa erano legne assai di munitione, ed una cisterna grandissima, nella quale non è mai per mancare acqua. — J. BARBARO, presso *Ramusio*, II, 100.

tronniers, des oliviers et des vignes. L'apiculture est aussi en honneur dans la contrée, et la cire est d'un grand rapport pour les montagnards.

Sur les environs de Séleucie, qui devaient être assez peuplés, je n'ai guère de données certaines ; je n'en ai trouvé aucune description; seul Tchihatcheff, indique à deux heures environ au nord, sur une petite colline, un petit temple corinthien orné de quatre colonnes, et un peu plus loin d'autres colonnes isolées; on y arrive par une route abandonnée. Il y a encore aux environs un autre temple avec une inscription grecque, mais il est presque inaccessible à cause du mauvais état du chemin, raboteux et couvert de buissons. Sur les cartes nous trouvons comme lieu, le plus proche de Séleucie, le village de *Valandise* ou *Varandice :* il se trouve à huit kilomètres au nord-ouest de la ville, sur la rive droite du fleuve; puis près de ce village, à l'ouest, *Gueuk-béli*, vers la source d'une petite rivière ; à la jonction de cette dernière avec le fleuve, se trouve le village *Képénék-keuy* et près de là, au nord-ouest *Kache-keuy*, (peut-être *Bache-keuy)*, bâti à 540 mètres de hauteur sur les flancs des rochers qui surplombent la rivière; il offre un magnifique coup d'œil ; car le regard embrasse en même temps le cours tortueux d'un torrent qui, bouillonne dans le fond d'une gorge étroite, et les massifs montagneux du Taurus, échelonnés en amphithéâtre, « rivalisant par leur aspect avec les chaî- » nes les plus grandioses des Alpes suisses, » transportées sous un ciel qui fait mûrir les » orangers », selon les paroles de Tchihatcheff.

A une lieue ou un peu plus au delà de ces villages, sur la rive gauche du fleuve, est situé le village de *Tchifdlig* : un peu plus loin la rivière *Sari-kavak* se jette dans le fleuve à trois ou quatre kilomètres au nord-ouest de ce village; sur les rives de cette rivière, on indique le village de *Hissar* (Forteresse) dont le nom semble indiquer l'existence d'un ancien château grand et fort. Pourtant il n'est pas cité par les derniers explorateurs, pas plus que le château *Déghirmén-kaléssi* qui est au sud. Ces châteaux nous font soupçonner qu'à leurs alentours on devrait chercher le fort *Nor-Pert*, (*Castellum Nuovum*), qui fut donné, en même temps que Séleucie, aux chevaliers de Jérusalem, par le roi Léon.

Le Bailli Ochine, qui s'était emparé presque de toute l'Isaurie, soumit aussi les possessions des chevaliers ou les en dépouilla. Quelques-uns affirment que le roi Ochine les avait déjà occupées au temps où les Chevaliers lui avaient résisté les armes à la main. Le Pape était intervenu et avait conseillé à Ochine de rendre aux Chevaliers ce qu'il leur avait pris; d'un autre côté il ordonna à ceux-ci de ne pas enfreindre les conditions auxquelles ces terres leur avaient été accordées. Grâce aux Hospitaliers, ces lieux restent mentionnés en leur pouvoir jusqu'à la moitié du XIVe siècle. En 1347, comme ils se trouvaient privés de leur commandeur, le pape leur conseillait de nommer comme supérieur Damario de Baucio.

N'oublions pas le château *Bounar*, cité avec Séleucie, parmi les possessions du prince Constantz lors du couronnement de Léon ; ce qui indique l'importance du lieu et sa proximité de la grande ville ; mais on n'en trouve pas d'autre mention dans l'histoire.

Je crois qu'il faut aussi chercher dans cette région l'emplacement de la ville de Diocésarée. Les ruines dont nous avons parlé au nord-ouest de Séleucie ou encore celles qui se trou-

Monnaie de Diocésarée.

vent au sud-est de Moute, en marquent peut-être l'emplacement. Ce lieu n'est pas très célèbre dans l'histoire, mais comme on a trouvé des monnaies frappées dans cette ville par les empereurs romains, elle doit avoir eu autrefois une certaine importance. Aux premiers temps de l'ère chrétienne Diocésarée devint un siége épiscopal et l'évêque était appelé tantôt évêque de Césarée, tantôt évêque de Bragana. Cette circonstance a fait supposer à quelques auteurs, que les deux villes n'en faisaient qu'une seule.

———

2. SARI-KAVAK ET MOUTE.

Le vallon de la rivière *Sari-kavak* forme un petit district très fertile, couvert d'oliviers et de champs de riz. Le bourg principal appelé aussi tout simplement *Kavak*, est à l'extrémité du vallon.

En descendant de la rivière du nord au sud, on rencontre les villages de *Tchoukour*, de *Narghine*, de *Savarlou* ou *Sakarlou*, de *Chahalar*, de *Bour-keuy* et de *Gueudjélère* à trois ou quatre kilomètres du village de *Hissar*.

Au nord-est de Sari-kavak et au sud-ouest de la grande montagne de Gougloug, il y aurait à examiner plusieurs endroits: d'abord un lieu appelé *Olouk* (tuyau), nom qui indique un défilé étroit; puis un château en ruine, *Tchomak-hissar*, et une montagne, au sud de laquelle on mentionne les ruines d'une porte ancienne; au nord le village ou hôtellerie de *Kara-tache yaïla*, (Pâturages de la pierre noire). Presque à deux lieues au sud du mont Tchomak-hissar est situé le bourg turcoman d'*Ouzoun-bourdj* ou *Ouzoundja-bourdj* (Pyramide longue) faisant partie du district de Belkéi-Djébel, dont nous avons déjà parlé.

A l'ouest de *Sari-kavak* s'étend le petit district de MOUTE, dont le chef-lieu presqu'à 20 kilomètres au sud-ouest de *Sari-kavak*, se trouve dans une vallée agréable à une altitude de 1100 m. près de la jonction d'un petit ruisseau avec la rivière Bouzakdji et non loin du confluent de cette dernière avec un fleuve plus grand. Le chemin public qui conduit à Laranda passe par ce village. De nombreuses ruines romaines nous révèlent d'une existence d'une vaste colonie, et selon les paroles d'un ancien auteur et une inscription qu'on y a trouvée, il est probable que ce soit l'emplacement de la ville de CLAUDIANOPOLIS, où l'empereur Claudius avait établi une colonie. Ritter identifie cette ville avec la ville sacrée d'Olba.

On voit tout près de là les ruines d'un *château* sur une colline: les remparts sont munis de tours carrées, et le donjon, grande tour ronde qui se trouve à l'ouest, a trois étages, et est protégé par une double enceinte. Les murs ont 14 pieds d'épaisseur à la partie inférieure: un escalier intérieur conduit au sommet, où les murs ont 6 pieds. On voit encore les débris d'un temple, une colonnade avec des voûtes, des socles et des débris de colonnes de marbre vert, des mosquées et des bains bâtis par les Karamans, et enfin le mausolée des chefs de cette tribu. Les ruines de la ville ancienne sont sur les collines au sud-est du village actuel. Davis y a compté 46 maisons en 1875, et l'année suivante, Colignon en vit 200! On peut encore voir à Moute des débris d'édifices anciens, plusieurs fragments de colonnes autour de la fontaine, près de laquelle il devait y avoir anciennement une place publique, et au sud du château sept colonnes encore debout et à côté, les seuils d'une grande porte-cochère.

Selon le récit d'un chroniqueur national, Moute doit être tombée sous la domination des Arméniens, lors de la rébellion de quelques princes, au commencement du règne de Léon II (1269-70); « parmi ces révoltés, dit-il, » Abelgharib de Moute et d'autres furent » pris et emmenés à Abagha-khan en Tar-» tarie ». Dans les dernières années du règne de ce Léon, quelques familles arméniennes et grecques vinrent s'établir à Moute. Les Grecs y construisirent une église et une autre à *Alakilissé* dans un lieu désert, à plus de 30 kilo-

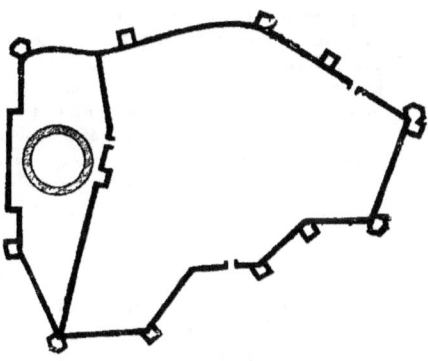

Plan de la forteresse de Moute.

mètres de la ville. A une demi-heure au nord-ouest du bourg actuel on remarque d'autres monuments en ruines; l'un date de l'an 461 de l'ère chrétienne, c'est une magnifique église du IV° ou V° siècle, près de laquelle se trouve le vaste couvent d'*Aladja*, appelé *Kodja-kalé* par les Turcs; suivant Hogarth ce serait l'*Adapta* des Byzantins. On voit encore au nord-ouest les ruines d'une autre ville, probablement de *Dalyssandus* des Byzantins.

Presqu'à sept kilomètres de Moute, on voit les ruines d'un pont ancien : un explorateur contemporain suppose que l'armée de l'empereur Frédéric Barberousse traversa le fleuve en cet endroit.

A quinze kilomètres au nord, on voit les restes d'un château appelé *Maougha-kaléssi* ; ces ruines couronnent un énorme rocher coupé et poli, semblable à une tour carrée, et inaccessible de trois côtés : du côté de la vallée du fleuve il tombe perpendiculairement d'une hauteur de 2,000 à 2,500 pieds. Davis voulut y entrer, le 23 juin 1875, et examiner la place ; l'ascension, dit-il, était des plus difficiles : on ne voyait que des abîmes et des précipices dont la vue seule était suffisante pour donner le frisson. Le seul moyen d'accès à la forteresse, est un étroit rebord de rocher du côté du sud-est. Ce rebord qui a de chaque côté un gouffre profond, a été coupé en travers à la profondeur de quelque vingt-cinq pieds, et ainsi a été formé une espèce de fossé extérieur, sur lequel les Yourouks ont jeté un faible pont de troncs d'arbres couvert de broussailles et de pierres. Ils y trouvent pour leurs troupeaux un refuge parfaitement sûr contre les animaux féroces.

Regardée par dessus le yaïla, à travers les deux grandes fentes qui séparent le rocher de Maougha du reste de la montagne, la vue de la plaine, avec la jonction des deux cours d'eau l'*Erménég* et le *Gueuk-sou* et les montagnes au-delà de la vallée du fleuve, est étrangement grandiose. En bas dans la vallée, les collines boisées de sapins, quoique d'une grande hauteur, n'apparaissent plus que comme des fourmilières.

Nous passâmes le pont, dit le voyageur, mais nous ne pûmes trouver aucun accès à la forteresse, qui surplombe d'effroyables précipices ; les rebords du rocher se projettent en saillie sur le gouffre, et montrent des profondes déchirures et des cavernes, qui doivent avoir servi de refuge à la garnison. Le rebord sur lequel nous étions passés, avait été autrefois défendu par un mur et une tour, maintenant en ruines, et la porte existe être en cet endroit. Mais même celle-ci ne conduit qu'à un redan isolé, espèce de plateau, qui en partie entoure le rocher du côté du sud. Il est possible de regarder de l'extrémité extérieure de ce redan jusqu'à sa base même : c'est un spectacle qui retient l'haleine, le gouffre au-dessous étant si épouvantable et le panorama si vaste et si grandiose. Après avoir exploré toutes les galleries accessibles et tous les passages, après des vaines tentatives pour monter à la partie la plus élevée du rocher, je trouvai enfin la vraie entrée. C'est une porte dans une seconde tour, bâtie derrière la première sur un rocher en saillie. Cette porte est à environ quarante pieds au-dessus du rebord sur lequel nous étions, et l'accès n'était possible qu'au moyen de cordages ; les marques des cordes sont encore visibles sur les pierres qui en forment le seuil. Cette porte est aujourd'hui barrée par les décombres, de manière que la place est maintenant complètement inaccessible.

Maougha était probablement un des repaires des anciens brigands de la Cilicie : plus tard il semble avoir été pris aux Grecs de Byzance par les Seldjouks. Davis trouva sur la tour une inscription arabe, datant de l'an 586 de l'hégire (1190), et relative au sultan Mahmoud.

Presqu'à la même époque, à la fin du XIIe siècle, ce lieu avait été conquis par Léon Ier ; car un de ses Barons liges, *Guir-Sag*, c'est-à-dire le Baron Isaac, seigneur de ce château, fut pris en 1217, au siége de Gaban par le sultan Kay-kaouze, avec Constantin le Bailli et d'autres princes, et ils furent délivrés par Léon qui paya leur rançon. Ce lieu était appelé par les Arméniens *Château de Maghva* : qui n'est probablement que le château de *Mélouos*, (Μελοῦος) des Byzantins. L'empereur Basile Ier s'empara de cette place, après avoir conquis le château-fort de Loulou, comme nous le dit Constantin Porphyrogène [1].

Du côté ouest de Moute, descend le *Bouzakdji*, le plus grand affluent du fleuve de Séleucie ; on trouve aussi plusieurs petites rivières et torrents, entre les montagnes *Topdji* ou *Topguédig*, *Ali-bey* et *Marache*. La principale localité de cette vaste vallée est *Graouvka* ? à l'ouest s'étendent les pâturages, appelés *Graouvka-yaïlassi*. Dans la partie supérieure de la vallée se voient les villages *Boudjak-kechela* et *Bostan-sou* ou *Bostan-euzu*, au pied de la montagne à une altitude de 500 mè-

---

[1]. Ἀφ' ου και τό Μελοῦος κάστρον προς αυτον εκουσίως μετέθετο. — Const. Porphyrogene.

tres, au bord du fleuve, qui devient impasse pendant l'hiver. Les habitants de cette contrée, où Tchihatcheff séjourna en 1848, (25 octobre), employaient des chameaux au lieu d'ânes pour transporter les fardeaux sur des chemins raboteux. La partie inférieure de la montagne Top-guédig est toute boisée, les sommets, dont la hauteur est de 2000 mètres, sont presque sans végétation; à la hauteur de 5 à 600 mètres, un chemin les traverse et le divise en deux, et descend vers le vallon de Balkéssen.

Au nord de ces villages se trouve un vallon, arrosé par une petite rivière et appelé *Katran-déréssi*: on l'appelle ainsi à cause des arbres résineux que les Turcs nomment *Katran-aghadji*. A quelques lieues à l'ouest du pont *Khodja*, est le village *Dorla* avec trente maisons, et un peu plus bas, *Tchifdlig*, et *Kadi-keuy*. On voit encore dans ce petit vallon, près de Dorla, les ruines d'une ancienne ville du nom de *Palaiapolis* (Παλαίαπολις) nommée *Balabole* au moyen âge, et aujourd'hui *Balabolou*; c'est un village de quelques maisons, situé à peu-près à égale distance d'Erménég, à l'est, et de *Maghoua*, à l'ouest. Les ruines sont à l'extrémité d'un long promontoire: on voit au nord, un grand nombre de sarcophages de marbre, sculptés assez grossièrement et portant des signes de croix, ils forment un amas de monuments et d'inscriptions abîmées: on voit sur quelques marbres des figures de lions et de léopards; on remarque encore des sarcophages taillés dans la simple pierre. La ville n'est plus qu'un amas de ruines: on distingue cependant les traces d'anciens remparts, presque entièrement couverts de grands genévriers, qui ont même un diamètre de 11 pieds. Le guide turc du voyageur anglais, qui visita ce lieu le 25 juin 1875, affirmait que les Arméniens étaient restés maîtres de la ville jusqu'en 1382: ce fut alors que les soldats de Karaman-oghlou vinrent l'assiéger avec des mangonneaux et s'en rendirent maîtres, après en avoir battu les murailles, de la colline voisine. Un grand nombre de mahométans perdirent la vie dans cette guerre, et grâce aux inscriptions de leurs tombeaux on est parvenu à vérifier la date de cet événement[1]. Cette ville n'est pas citée parmi les anciennes, mais dans la statistique ecclésiastique, elle est classée dans la province de Pamphylie; quelques-uns la croient près de Kéléndris, dont nous parlerons plus loin.

Dans cette contrée, la végétation et les fleurs sont en grande abondance; l'apiculture y est pratiquée sur une grande échelle, car elle rapporte beaucoup.

A l'ouest de Bouzakdji, s'ouvre l'étroite vallée de la rivière *Bal-késsèn* ou *Balekan*[2], entre la montagne Top-guédig et celles qui séparent ce district de celui d'Erménég. Le sol du vallon est formé de couches argileuses horizontales et contient de jolies coquilles pétrifiées. On y voit plusieurs cavernes avec de longs couloirs et des stalactites en forme de colonnes; le fond du vallon est couvert de mottes de terre. Dans la partie inférieure près de la jonction de la rivière avec le fleuve Gueuk-sou, on indique les villages *Moughallar* et *Esvénd*. Suivant les cartes, (car je n'ai pas rencontré la description de cette région), le côté supérieur au nord-ouest semble formé de plusieurs vallons et de petites vallées.

Au milieu des montagnes, près de Karamane au nord-ouest, on indique le grand hameau de *Perloughanda*, ou *Pilergonda*, ou *Pilavganda*; c'est le chef lieu du district de ce nom, appelé aussi *District de Khadem*. Cette localité qui ressemble à une ville, se dresse au milieu d'un espace inhabité; mais les environs sont agréables, riches en toutes sortes de fleurs et couverts de vignes et d'arbres fruitiers, parmi lesquels le pêcher: la terre rouge et noire fait croire à des mines de fer. Ce hameau paraît avoir fait partie de l'ancienne Isaurie; les habitants sont manufacturiers. Il est mentionné au XV° siècle, dans un livre italien sous le nom de *Pilarga*; ce livre a été traduit d'un historien grec, et il y est dit qu'une douane y existait alors. Une grande chaîne de montagnes sépare ce district de la province de Karaman. Les pâturages des Turcomans abondent aux alentours: on y rencontre des troupeaux de chèvres et de chameaux.

3. ERMÉNÉG.

La rivière d'*Erménég* descend au milieu d'une vallée circulaire, située entre celle du Balkéssène et du Gueuk-sou, et son cours est à peu près parallèle à celui de ces deux

---

1. Davis, 343-344.

2. Tchihatcheff et Kiepert.

dernières. La première localité importante que l'on rencontre en descendant la rivière est *Bache-keuy*, à l'extrémité nord de la vallée, dans un lieu charmant, bien ombragé. Un peu plus bas, vers le sud, se trouve *Lawsa*, avec un pont sur la rivière et des tombeaux creusés dans le roc. C'est assurément *Laüzad* des Arméniens, Λαύζαδος des Grecs : l'un des sièges épiscopaux de l'Isaurie ou de la Séleucie et de la Pamphylie. Du temps de Léon Ier, c'était l'un des châteaux-forts que la nature et l'art avaient à la fois rendus inexpugnables. Son maître, le Baron *Christophore*, était grec. Pendant les dernières années de son règne, Léon consentit à passer au sultan d'Iconium ce lieu important ainsi que Loulou, encore plus fort, pour la rançon de ses princes captifs ; mais ces places retombèrent peu après au pouvoir des Arméniens.

Le susdit Christophore était encore maître de la ville de *Dimitiupolis* ou *Dometiopolis* (Δομιτιούπολις), appelée ainsi du nom de l'empereur Domitien, qui y avait établi une colonie ; c'était un siége épiscopal. Elle ne devait pas être très éloignée de ces lieux ; quelques-uns de nos géographes contemporains la placent au sud dans la direction d'Anamore.

Vers les bords de la rivière, s'élève le bourg de *Kicheler*, où résidait le chef de 32 villages du district de *Nevahii-ermen*, (*Navahi-kechela* sur quelques cartes), entre les montagnes *Altoun-tache* au nord et *Chahén-nour* ou *nar*, au sud. Plus en aval, sont indiqués les villages de *Damdas* et de *Doundéval* ou *Dindébol*[1], qui paraît être la Dimitiupolis citée ci-dessus. Près de ce village, la rivière est traversée par un pont ; le grand village d'*Isvid* et le *Gourgara*, sont dans les environs.

A peu de distance, avant la jonction de la rivière avec le Gueuk-sou, près d'un autre petit ruisseau, on arrive à la petite ville d'*Erménég* qui passe son nom à la rivière et au district. Elle est à une altitude de 1,250 mètres ; c'est la résidence du kaïmakam (gouverneur) : elle n'a que 3 à 4,000 habitants. Les environs sont fertiles et couverts de vignes, quoique l'hiver y soit rude et prolongé. Notre P. Indjidji se basant sur l'étimologie du nom, l'a crue fondée par les Arméniens ; mais cette opinion n'est pas admissible, car cette ville n'est autre que *Germanicopolis*, Γερμανικόπολις, qui fut un siége épiscopal dans le département de la Séleucie ou d'Isaurie. Après la domination des Byzantins ce lieu passa à nos Roupiniens, qui l'appelèrent, avec un petit changement, *Germaniq*. Le maître de ce lieu, à la fin du XIIe siècle et au commencement du XIIIe, s'appelait *Halcam*, Հալքամ ; il possédait encore Lamos et Anamour. Le château, sur le plateau qui domine le mont, au pied duquel s'étend la ville, fut peut-être bâti par lui-même ou par quelque baron de sa famille. On y voit un escalier taillé dans le rocher, qui part du fond du vallon et mesure presque 1,500 pieds de long. Cet escalier a été ruiné et détruit en partie par un tremblement de terre, et le château est inaccessible, mais les chambres ou les refuges taillés dans le roc sont visibles d'en bas. De la cime d'un autre rocher jaillit une source dont les eaux traversent la ville. On voit à Erménég des restes de monuments romains. Les environs sont très agréables, grâce à une abondante végétation : nous citons en note quelques espèces de plantes[2].

Durant les premières invasions des Tartares, les Turcomans vinrent se réfugier dans les environs d'Erménég, et selon les historiens Turcs, demandèrent à leurs maîtres chrétiens, de s'y établir et de cultiver la terre, pro-

---

1. Peut-être c'est le même que celui que Davis écrit *Durndal*, p. 358.
2. Erodium pelargoniflorum.
Valeriana speluncaria.
Pterocephalus Caramanicus.
Inula Sarana.
Achillea falcata.
Chamaemelum decipiens.
Pyrethrum flabelliformum.
Xeranthemum longepappum.
Carlina longifolia.
Hieracium vulgata.
Campanula leucosiphon.
Trachelium myrtifolium.
Verbascum pycnostachyum.
Verbascum isauricum.
— leuconervum.
— rubricaule.
Origanum leptacladum.
— aucherianum.
Marrubium micranthum.
Phlomis armeniaca.
Acantholimon Perontini.
Euphorbia excelsa.
Poa diversifolia.
— Perontini.
Bromus macrostachys.
Juniperus excelsa.
— drupacea.

mettant de payer la dîme. Quelques années après (1228) Alaïeddin-Kaïkobat, sultan d'Iconium, s'empara de Germanig et en confia la garde à l'un de ses capitaines, Kémeruddin. Trente ans après, Karaman étant devenu le plus fort, conquit la place avec le consentement du sultan Azeddin-kaïkaûze II, et fut surnommé Bey d'Erménég. Ochine, maître de Coricus, s'empara, dit-on, de toute l'Isaurie, au commencement du XIVe siècle ; mais je ne saurais affirmer qu'il ait conquis Erménég.

L'allemand Schönborn traversa ce lieu en 1851, mais à cause d'une indisposition il ne put hasarder l'ascension au château. Il trouva le village très pauvre et délabré, les maisons de terre dépourvues de vitres, les étages tout en bois, les chemins très étroits et obscurs. Il y aperçut une seule mosquée et un minaret, peu de magasins et aucun marché. Il compte 2,700 habitants, parmi lesquels très peu d'Arméniens et trois Grecs seulement.

En 1876, un autre voyageur européen y a trouvé trois Arméniens et un seul Grec, tandis que Davis en 1875 y a compté 1,200 maisons avec 3 ou 4,000 âmes, ce qui ne s'accorde guère avec le nombre des maisons.

A l'est de ce village on voit d'anciens tombeaux portant des croix, une vingtaine de sarcophages creusés dans la pierre, quelques-uns ayant au devant des siéges en pierre et des cavités ; plusieurs restent découverts. Quelques-uns s'élèvent à une hauteur de sept pieds, d'autres sont très bas, d'autres encore sont creusés dans des endroits presqu'inaccessibles, sur les revers des rochers ; quelques-uns sont taillés en forme de voûte, les autres tout simples et plats. On a découvert seulement deux inscriptions grecques, presqu'entièrement effacées et illisibles. Sur la pente de la montagne on a taillé une espèce d'escalier pour monter aux sarcophages. Sur un rocher on remarque les restes d'une chapelle avec des peintures presque effacées.

Au sud-est d'Erménég, à mi-chemin de la mer, on peut citer un petit village au milieu des montagnes, appelé *Aourouk?* selon un voyageur européen ; c'est peut-être l'*Avérag* (ruine) arménien ; car près de ce village s'élève sur le sommet d'un rocher, un château en ruines, qui devait être bâti pour garder le passage étroit. — On distingue sur le rocher une inscription intacte de *Bassidius Lauricius*, qui entre 356 et 360, sous le règne de l'empereur Constance, arracha ce bourg des mains des barbares, et l'appela *Antioche*. - On indique encore près du ruisseau *Erig*, un lieu appelé *Kapoulou* (qui a une porte), nom qui appuie ce que nous venons de dire.

Une chaîne de montagnes assez longue à l'ouest du vallon d'Erménég, le sépare de celui d'*Aktar* ou de la rivière Gueuk-sou jusqu'à leur jonction. Le Gueuk-sou coule de l'ouest à l'est ; environ quinze villages y sont indiqués, la plus grande partie sur la rive droite du fleuve, c'est-à-dire au sud ; les principaux sont : *Sari-moussa, Gueurmèze, Tchavouchekeuy, Arnava, Iznébol* ou *Iynébol*. Vers le milieu de la vallée, la rivière reçoit le petit ruisseau de *Bache-déré* ; un peu plus bas, au pied du mont *Chahennar*, où paraît être un défilé, se trouve le village *Nédré-boghaze* et dans l'angle formé par la jonction des deux rivières, se dresse *Feriské*, village mentionné dans l'histoire arménienne, comme l'une des possessions les plus extrêmes du domaine de Léon ; car, à la solennité de son couronnement on trouve dans la liste des barons, *Nicéphore*, prince de *Védine* et de *Véresgui*, Վեդնի : ce dernier bourg doit être pour sûr Fériské, qui devait certainement avoir son château. Je ne sais pas si jamais un explorateur a visité ce lieu, car on n'indique pas même une trace de chemin dans cette vallée. Il y avait aussi peut-être aux alentours un autre château, celui de *Vèt*, Վէտն, dont le nom figure dans la chronique royale, mais une seule fois seulement.

Le fleuve Calycadnus grossi par la jonction du Gueuk-sou et de l'Erménég, ne reçoit plus que de très petits affluents ; on ne trouve pas non plus d'autres villages remarquables. Le défaut de connaissance de ces lieux est dû à leur accès très difficile : les cartes n'indiquent aucune trace de route, sauf au sud, un chemin qui, des plages d'Anamour et de Célendrie conduit à Erménég et Moute. Le premier cours d'eau, qui se jette dans le fleuve paraît porter le nom de *Zéyvé* comme le village qui est près de sa source ; on pourrait aussi écrire *Zyné*, car un district de la province d'Itch-éli porte ce nom. Près de Zéyvé sont situés les susdits villages d'Inébol, d'Arnava, et de Gueurmèze ; ce dernier sur un chemin pratiqué au milieu des vignes et des noisetiers, est habité par des Turcs. Près de là la rivière Aktar reçoit le ruisseau de Zéyné, qui, bien qu'il n'ait que fort peu d'eau, coule comme un torrent sur un lit rocailleux ; un pont de pierres massives jeté sur la rivière, conduit à gauche au village d'*Akhad?* qui est entouré de rochers escarpés.

L'*Erig-déré*, rivière un peu plus grande que la précédente et dont nous avons parlé, se trouve à l'est. — Un troisième cours d'eau, au sud de Moute, n'est pas cité par son nom, mais nous trouvons sur ses rives les noms des villages d'*Honas* ou *Gonous* et de *Harthou* ou *Orthou*. — Un quatrième affluent, plus petit que les précédents, se jette dans le fleuve vis-à-vis de l'embouchure du Sari-kavak, qui est à sa gauche, au nord; son nom aussi n'est pas indiqué sur les cartes, mais on trouve à la tête du vallon le village d'*Ouloughta?* et près de l'embouchure, celui de *Dongroul*. — Un cinquième cours d'eau encore plus petit est indiqué plus en aval, près du village de *Képénék*. Le sixième, à l'est de ce dernier, a près de sa source un village ou hameau, du nom de *Gueuk-béli* ou *Gueuk-bélèn*; je ne puis déterminer si ces vallons font partie du canton de Moute ou de celui de Séleucie. — Enfin un septième affluent passe non loin de Séleucie et à côté du village de *Valandize* ou *Balandize*, que nous avons déjà cité. Entre le cinquième et le sixième affluents s'élève le mont *Cozodjouk*, à l'ouest de Balandize, et entre ce village et Alakilissé on remarque des traces d'aqueducs et les ruines d'un village et d'un temple romains.

Fac-simile du manuscrit autographe de Jean, frère du roi, (Héthoum Ier)[1].

1. Traduction du fac-simile.

« Vous qui héritez de ce livre, ou qui en tirez des copies, rappelez vous du malheureux évêque Jean, frère du roi, qui l'a écrit et qui le possède: ainsi que de nos parents et de toute notre famille; car j'ai grand'peine à trouver l'exact. Et que le Seigneur se rappelle de vous. Amen ».

Ce fac-simile a été tiré d'un évangile écrit par ce même évêque. Dans la suite nous aurons l'occasion d'en voir encore d'autres, écrits de même par lui, tous remarquables par la beauté de la calligraphie.

Iconographie arménienne. — (Voir la note 1, p. 219).

II. — LARANDA-KARAMAN

LARANDA, chef lieu du district de ce nom, était jadis l'une des villes remarquables de la Lycaonie. Elle est située sur le revers des hautes montagnes de la Cilicie, près de l'Isaurie. Autrefois la province avait pour limites : à gauche du Calycadnus, les districts de la province de la Séleucie, situés au nord des montagnes Tchomak et Ali-bey ; et à l'ouest, le district d'Héraclée ; au nord-ouest, d'autres districts de la Lycaonie, qui est la Konieh actuelle. Selon l'administration ottomane, on lui a approprié quelques districts, dont l'un, formé par les environs de la ville, s'appelle encore *Karaman* ou *Laranda*, et occupe l'espace du milieu. Le pays environnant s'appelle *Karaman* ou *Baïbourt* et comprend l'espace borné, au sud et à l'est, par la vallée du Calycadnus et par l'Ivris, montagne d'Héraclée : au nord, par le *Karadagh*, et à l'ouest, par les montagnes *Hadji-baba*.

Il paraît qu'avec ses confins naturels, cette province fut jadis incorporée au royaume arménien, du moins pour un court espace de temps ; car, lorsque nos ancêtres eurent réussi à se rendre maîtres de toute la Cilicie et des monts Taurus, ce pays, vu sa proximité, dut naturellement les attirer.

Nous avons déjà vu que les Arméniens possédaient hors de la Cilicie proprement dite, des forteresses et des lieux fortifiés : du côté de la mer ils s'avancèrent jusqu'en Pamphylie, de même en étendant leurs conquêtes du côté de la terre, la première station qu'ils trouvèrent en dehors des deux Cilicies, de Tiana et d'Héraclée de la Cappadoce, ce fut Laranda, célèbre par son antiquité, par ses fortifications et son territoire fertile. Elle dut aussi séduire Léon le Conquérant, qui doit l'avoir soumise à son autorité ou du moins disputée aux sultans d'Iconium.

Dès les premières années de son règne, Léon avait conçu le projet, de se rendre maître de Laranda par surprise ; il avait même confié son projet à quelques-uns de ses intimes, ainsi qu'aux Chevaliers de Jérusalem : après leur avoir accordé Séleucie, il leur promit, en août 1210, d'ajouter encore Laranda, si lui ou ses successeurs réussissaient à l'arracher des mains des Sarrasins, et même il les autorisa à attaquer Laranda ou à conclure la paix avec ses habitants, tant qu'il ne l'aurait pas conquise[1].

Léon fit preuve d'une admirable fermeté de caractère dans cette affaire. Il ratifia sa volonté avec son sceau d'or, et fit appuyer sa déclaration de la signature de l'évêque latin de Tarse, des princes, des chevaliers et de ses premiers ministres ; la charte fut écrite par *Barthélemy*, secrétaire de la douane royale. Le roi prit enfin la ville, mais nous ne savons pas avec certitude s'il tint sa promesse envers les Chevaliers ; car Sicard, évêque de Crémone, qui s'était rendu presque à la même époque en Cilicie, avec deux cardinaux, nonces du pape, affirme que la ville de Laranda servait comme poste de séparation entre l'Arménie et Iconium, mais il ne dit pas à qui elle appartenait.

Cependant Ansperte qui accompagnait l'empereur Frédéric Ier, rapporte que le pays qui se trouvait en deçà de la ville était sous la do-

---

1. Concessimus et donavimus, quod si voluntate divina fuerit, ut auferatur Laranda, a manibus paganorum, per nos vel per heredes nostris, vel per alios christianos venturos, ut sit hereditas domus Hospitalis, cum omnibus pertinentiis et dominiis suis que habet et habitura erit. Similiter concessimus eidem domui plenariam et liberam potestatem ad faciendum guerram et treguam cum Laranda, etc.

mination de Léon ; et il ajoute : « L'armée quittant Laranda, nous vîmes dans un bourg arménien, et voyant que dans les champs on avait érigé des croix, nous ressentîmes une grande joie »[1].

Nos historiens nous disent que dans les dernières années de son règne, notre roi avait sous son autorité la ville de Laranda, et Sempad ajoute que durant la vieillesse et la maladie du roi, le sultan voulut se venger ; parce que Léon « avait prit Héraclée et Laranda » ; et dans la bataille qui eut lieu près de Gaban, ayant fait prisonniers plusieurs princes vassaux de Léon, il obligea ce dernier à lui céder comme rançons, plusieurs places fortifiées sur la frontière ainsi que le fleuve d'Isaurie. Le nom de Laranda ne figure pas dans la liste des places cédées au sultan ; mais par le « fleuve d'Isaurie », c'est-à-dire, la vallée, on pourrait entendre aussi cette ville.

Laranda n'a pas une origine mythologique : son nom, Λάρανδα, est indiqué dès les temps d'Alexandre le Grand ; elle était gouvernée par un prince autonome. Conquise par Perdicas, elle fut ruinée ; rebâtie plus tard elle devint une des villes principales de la Lycaonie, mais elle fut de nouveau dévastée par les brigands d'Isaurie. Elle donna le jour aux poètes Nestor et à son fils Pisandre ; aux premiers siècles du christianisme elle devint un siège épiscopal de la province d'Iconium.

On ne mentionne pas à Laranda d'antiquités grecques, ni romaines, seulement quelques restes de la domination sarrasine, comme des mosquées élégantes à demi-ruinées, surtout une de ces dernières d'une belle architecture, avec de très fines arabesques, une porte de marbre et quatre couples de colonnes, dont quelques-unes paraissent avoir été transportées d'ailleurs. Laranda a aussi un château qui couronne la colline plate et longue, sur les pentes de laquelle est construite la ville ; il a été bâti sur un plan carré : la plus grande partie des tours, sont aussi carrées et il est protégé à une certaine distance par une seconde muraille. Entre ce rempart et l'enceinte des tours il y a une centaine de maisons, sur lesquelles se trouvent des inscriptions turques et arabes, mais elles ont été transportées d'autres édifices et encastrées sur les murs ; on en voit d'autres sur les remparts, ce qui ferait croire à une reconstruction ou à une restauration de ces murailles. On attribue à la ville 2,000 maisons ou un peu moins, y compris celles des Arméniens, qui ont une église grande et élégante, qui doit être ancienne ; mais je ne sais en quel état elle se trouve.

Tchihatcheff passant par Laranda, en 1848, y trouva plusieurs Arméniens vendeurs de vin de Chypre. Quelques années plus tard en 1875, Davis confirme les paroles du voyageur russe, et il évalue la population à 1000 familles, parmi lesquelles une centaine d'arméniennes, et en outre un grand nombre de négociants étrangers, des Arméniens et des Grecs de Césarée. Dans les faubourgs, il y avait un khan appelé Patawan, qui appartenait à un Arménien.

Les rues de la ville sont pavées, mais obscures, à cause des balcons des maisons qui s'avancent en corniche au dehors et surplombent les rues ; les marchés n'offrent point de richesses. Les maisons sont en général entourées de jardins, ce qui fait croire la ville très vaste. Autrefois Laranda était la résidence du gouverneur de la province, aujourd'hui transférée à Iconium.

Le département qui renferme les provinces d'Isaurie, de Pamphylie et de Pisidie, est appelé aujourd'hui Karaman ; cependant l'appellation de Laranda n'est pas oubliée : dans les archives officielles du gouvernement on emploie encore ce nom.

Dans les siècles passés et jusqu'au commencement du nôtre, les parages maritimes de cette province étaient appelés par les Européens *Karamania;* de même nos anciens écrivains arméniens nomment *Kharaman* tant la région que la tribu. Cette province eut de nombreux rapports avec les Arméniens de la Cilicie, soit par suite de son voisinage, soit à cause des nombreuses guerres qui y eurent lieu.

Comme nous avons été obligé de mentionner plusieurs fois ce pays, je crois nécessaire de rappeler ici quelques événements qui s'y sont accomplis.

Nous avons dit plus haut que le sultan Alaïeddin, après avoir conquis la province d'Erménég sur les Arméniens, en confia le gou-

---

2. Dum exercitus movisset castra a Laranda, ubi vires aliquantulum receperat, venimus ad unam villam Armeniorum ; ibidem in campis Cruces a christiani fixas reperimus ; propter quod ingens gaudium et exultatio corda nostra exhilaravit. — ANSBERTUS, *Hist. de Exped. Frider.*

vernement à l'un de ses généraux, en 1228, et y établit des postes turcomans pour la garde du territoire. Parmi les soldats de ces postes, se trouvait un charbonnier, appelé *Nouré-Soufi* : (Hammer, le savant auteur de l'Histoire ottomane, affirme que ce Nouré-Soufi était arménien d'origine ; mais je ne sais d'où il tire cette information). Quoiqu'il en soit, ce personnage s'était enrichi beaucoup par son métier, et avait deux fils appelés, l'un

sultan, ils se lancèrent sur les possessions des Arméniens.

Notre historien presque contemporain de ces faits, et devant par conséquent connaître à fond tous les événements et les personnages, sans faire d'autres remarques sur leur nationalité, dit : « Un certain *Karaman* de la
» *tribu des Ismaélites*, se fit connaître, et plu-
» sieurs de la même tribu vinrent s'enrôler
» sous ses ordres ; il se proclama sultan, et

Noble Karaman.

Dame Karamane.

Karaman (d'où le nom de la tribu et du pays) et l'autre *Ongsouze* ou *Bonsouze*. A la suite des troubles occasionnés par la révolution des Tartares, ces deux frères réunirent des bandes de brigands et de voleurs, et se mirent à piller et à dévaster les alentours. Le sultan ne jugea rien de mieux à faire (1257) que de leur laisser Erménég comme fief et de nommer l'aîné, bey de la province ; il leur enlevait ainsi tout motif d'incursion sur ses terres. N'osant plus attaquer le territoire du

» devint si fort que le sultan des Roumains
» Rouknadin n'osa point lui résister. *Kara-*
» *man* s'empara de plusieurs lieux fortifiés et
» fit endurer de continuelles vexations aux
» villes d'Isaurie et de Séleucie dont il fit sou-
» vent prisonniers les habitants. Deux fois il
» battit les troupes du roi Héthoum, qui avait
» établi des postes militaires dans cette contrée;
» c'est dans un de ces combats que fut tué
» le très illustre *Halgam*, grec de nation » ;
(c'était probablement le petit fis de Halgam,

qui vivait au temps de Léon). « Karaman eut
» aussi l'audace d'attaquer Sempad, le frère
» du roi des Arméniens ; car Sempad, après
» de grands efforts et de riches présents, avait
» réussi à arracher des mains des barbares le
» château de *Maniaun*, qui avait déjà appartenu
» aux chrétiens, (Halgam en était le gouverneur
» à la fin du XII° siècle). Le généralissime Sem-
» pad fut assez brave pour le garder trois ans
» et pour repousser tous les assauts que lui

le sage Constantin, rassembla une troupe de
soldats, « et passa à Séleucie. Là se réunirent
» la cavalerie, l'infanterie et d'autres soldats
» chargés de porter mille mesures de froment
» au château. Lorsque les soldats chrétiens
» et le roi parvinrent en vue du château, les
» barbares qui tenaient assiégée la forteresse,
« se retirèrent. Le roi parvint au fort sans coup
» férir, il ravitailla la place et en renouvela la
» garnison. Pendant que les troupes s'en re-

Dame de l' Arménie Inférieure.

Noble de l' Arménie Inférieure.

» livrèrent ces hordes barbares L'orgueilleux
» Karaman fit énormément souffrir la garni-
» son et mit plus d'une fois Sempad en péril ;
» ce dernier dépensa beaucoup d'or et d'ar-
» gent pour les munitions et l'entretien des
» soldats. Karaman vint assiéger lui-même le
» fort, et le fit souffrir terriblement durant
» neuf mois consécutifs. Il envoya plusieurs
» messages insultants au roi Héthoum et le
» flétrissait dans ses insolents discours ». Mais
celui-ci, encouragé par les paroles de son père,

» tournaient sans souci, Karaman qui s'était
» mis en embuscade dans un lieu plein de *buis-*
» *sons, escarpé* et *étroit*, comme un *défilé*, les cri-
» bla de flèches et fondit sur elles, en poussant
» de grands cris. Ces clameurs arrivèrent aux
» oreilles du roi ; les plus courageux parmi
» ses soldats, quittant leurs rangs coururent
» au combat, firent face à l'ennemi et le mi-
» rent en fuite. Karaman lui-même fut blessé
» par un coup de lance et par une flèche ; il
» put rentrer dans ses terres, mais il mourut

» de ses blessures. Son frère Bonsouze et son
» gendre furent tués dans cette bataille. De
» leur côté les Arméniens perdirent le Bailli
» *Constantin de Soma* ; le prince *Grégoire*, sei-
» gneur de *Mazod-khatche* eut le pouce de la
» main droite emporté par un coup d'épée ; ce-
» pendant le nombre de leurs morts fut restreint.
» *Sempad*, frère de *Pagourin* et de *Constance*,
» grec d'origine mais parent du roi Héthoum,
» se distingua dans cette journée ; quoique jeune
» encore, il assaillit et laissa morts sur le ter-
» rain plusieurs des ennemis. Tous lui prodi-
» guèrent des louanges, et envoyèrent à Cons-
» tantin, père du roi, des messagers pour lui
» annoncer la conduite du jeune homme. Dans
» la grande joie dont son cœur fut rempli,
» Constantin renvoya le jeune homme dans sa
» famille auprès de ses frères et de sa mère
» *Chahan-toukhte* chargé de présents. Le roi
» put revenir plein de joie dans ses terres, après
» avoir réussi à chasser et à confondre son enne-
» mi avec si peu de pertes ». Ces paroles indiquent que le siége du château de Maniaun (qui
doit être à l'est du territoire de Laranda), eut
lieu en 1259, et que les faits importants relatifs
à la délivrance du château, aux guerres et à la
mort des deux frères fondateurs de la tribu des
Karamans, se passèrent vers 1262. Ces événements ne sont guère connus des Orientalistes ;
et les historiens de l'Orient n'en avaient pas
parlé peut-être à dessin ; voilà pourquoi il
nous a semblé bon de les insérer ici.

Après la mort de Karaman, le sultan d'I-
conium prit ses fils et les mit en prison, mais
les Tartares les délivrèrent peu après. L'aîné
Chemseddin-Mouhammed, succéda à son père ;
suivant l'exemple paternel, il profita de l'incursion de Beïbars, sultan d'Egypte, en Cilicie et en Asie Mineure, pour entrer à Iconium par fraude, et il massacra même l'une
des troupes de l'Egyptien ; mais ayant appris
l'arrivée des Tartares, il s'enfuit dans les
montagnes. Vers la fin du XIII° siècle, selon
Aboulféda, le maître du territoire de Karaman
s'appellait *Avad ;* il réussit probablement à
étendre ses frontières lors de l'extinction du
sultanat d'Iconium, en 1294. A la fin du
même siècle et au commencement du XIV°, le
maître était *Mohammed-Bédréddin.* L'un de
ses successeurs, en 1318, fit une incursion
sur le territoire de Tarse avec un grand nombre de cavaliers ; mais le bailli Ochine s'étant
mis à sa poursuite, surprit son arrière-garde
aux environs de Pompéiopolis, la battit et la
chassa. Sous le gouvernement du même prince
ou de son successeur, vers le commencement
de l'année 1336, selon un chroniqueur contemporain : « la tribu de Karaman entrant en Ci-
» licie y fit beaucoup de mal ». A la fin du
XIV° siècle, le prince régnant était *Alaïeddin*,
qui s'était marié avec Néphise, fille du sultan
Murad : il fut tué en 1391, à la prise d'Iconium,
par Bayazet, successeur de Murad. Du chef
de cette tribu, Nour-Sofi, jusqu'à la fin du
XV° siècle, on compte dix descendants qui
se succédèrent sans interruptions jusqu'à l'année 1486-7, pendant laquelle les Ottomans
supprimèrent cette principauté. Vers le milieu
du XV° siècle les Karamans commencèrent à
se faire connaître des Européens, et surtout des
Vénitiens ; ils se coalisèrent même avec ces derniers et avec les Persans, contre les Ottomans ;
ce qui fut la cause de leur perte.

César Vecellio, frère du célèbre Titien, dans
une série de gravures représentant les costu-
mes des diverses nations, donne aussi ceux des
Karamans et de leurs voisins, les Arméniens de
Cilicie, à laquelle il donne le nom d'Arménie
Inférieure.

En 1432, le Français Bertrandon passa par
Laranda et la trouva très prospère et dans
une position commerciale excellente ; il y avait
selon lui dans les temps anciens un château très
fort dont on voyait encore les jolies portes de fer,

---

1. L'auteur appelle *Arménie Basse* les côtes méridionales de la Petite et de la Grande Arménie. Comme
il classe ceux qui sont représentés dans ces deux figures, parmi les Karamaniens, il fait voir qu'ils demeuraient parmi eux, ou plutôt qu'ils étaient leurs
voisins : voici ses propres paroles :
DONNA DELL'ARMENIA INFERIORE. — Queste donne
dell'Armenia Inferiore, usano una acconciatura di
testa stravagante, con veli di colori diversi. Portano
sotto una sottana di bel lavoro, e sopra un rocchetto
bianco di bambagina. Poi hanno un panno simile ad
una patientia fratesca lavorato, ma alquanto più lungo di dietro che davanti, quale portano per vedere
et non esser vedute.

UOMO NOBILE DELL'ARMENIA INFERIORE. — Questa
sorte d'huomini porta un dulipano, c'ha del grave
assai, et è di color celeste et listato. Portano la zaz-
zera de' capelli lunga, et parimente la barba. Hanno
per veste una cocolla da monaco, o ad essa simile,
ma però di seta e ancora di lana o bambagia, di color per il più. Al collo ha una tovaglietta di seta fi-
nissima, listata di bianco et di rosso et d'altri colori ; il mezzo della quale si riposa sopra il petto, et
gli estremi pendono dietro alle spalle. Calzano scarpe
ferrate, come i Turchi. — CESARE VECELLIO, *Habiti
antichi et moderni*, etc.

mais les murailles étaient ruinées. Le voyageur trouva dans cette ville deux Chypriotes envoyés comme ambassadeurs au Karaman (probablement au célèbre Pir-Ibrahim), pour lui faire stipuler une convention de paix avec le roi de Chypre nouvellement élu : Bertrandon se joignit à eux pour aller le voir à Iconium. *Pir-Ahmed* avec l'aide des Ottomans réussit à chasser son frère Ibrahim et à se rendre maître du pouvoir pour quelques années, (1467-9). Mais s'étant révolté contre les Ottomans et dans l'impossibilité de se défendre contre eux, il prit la fuite et se réfugia chez Ouzoun-Hassan, roi de Perse, dont il reçut un corps d'armée assez fort, et il marcha contre Moustaffa, fils du sultan ottoman, qui par ordre de son père avait pris possession des terres du Karaman ; mais il perdit une bataille et dut se retirer avec son armée. Alors il demanda aux Vénitiens des canons et l'aide de leurs officiers et de leurs bateaux, pour délivrer des mains des Turcs les parages maritimes de la Cilicie, et pour rétablir sur son trône, Karaman fils d'Ibrahim, et son frère *Cassim-Beg*.

De 1471 à 1472, les Vénitiens réussirent à s'emparer de Séleucie, de Sig, de Corycus et d'Erménég, et les cédèrent aux deux frères. Mais les Persans ayant été vaincus par les Ottomans, près d'Erzenga, les affaires des deux frères en ressentirent le contre-coup. Pir-Ahmed, après avoir mis en sûreté ses biens et ses femmes dans le fort de *Minan*, (probablement Maniaun cité plus haut) vint camper près de Laranda, sur les collines *Yelli-tépé* ; mais Ahmed-Guédig-pacha prit Erménég, et Karaman dut se réfugier dans le château qui couronnait un rocher inaccessible et que l'on ne pouvait prendre qu'en portant des canons sur les sommités des rochers voisins très escarpés. Les Ottomans après de grands efforts réussirent à les y établir et à battre le château; Youssouf, chef de la garnison fut obligé de se rendre après une longue et courageuse résistance : quant à Pir-Ahmed, ayant perdu tout espoir, il se précipita du haut des bastions du château. Le pays une fois soumis, fut confié au malheureux Djem, fils du sultan.

Kassim-beg, frère de Karaman, mourut en 1483 ; son petit-fils *Mouhammed-beg Toghroud-oghlou*, le dernier descendant de la tribu rebelle, prit les armes et tenta de recouvrer le pouvoir ; mais serré de près par de nombreux soldats ottomans, il dut s'enfuir et se réfugia aux environs d'Alep. Ainsi prit fin la tyrannie des Karamans qui avait duré 230 ans, (1257-1487); plus tard on institua le gouvernement départemental (de Begler-beg) de Karamanie, qui de nos jours porte le nom de canton de Karaman : *Eyaléti-Karaman*.

Tous les faits rapportés par les chroniqueurs montrent clairement que la domination des Arméniens ne dura pas longtemps dans cette contrée. Un examen détaillé de ces lieux n'aurait pas une grande importance pour nous ; d'ailleurs les voyageurs mêmes ne les ont pas décrits minutieusement ; les cartes ne portent aucune trace du château de Maniaun, qu'*Ochine* avait hérité en 1265 de son frère Sempad.

Après la ville de Laranda, la principale place de ce district est le bourg de *Cassaba* à dix ou douze kilomètres à l'ouest, entre les montagnes Kara-dagh et *Hadji-baba*, à une altitude de 1,060 mètres ; Tchihatcheff aperçut aux environs une multitude de coqs et de canards sauvages qui n'avaient aucune peur des chasseurs. Le bourg est ceint de murailles demi-ruinées ; au lieu de tours il n'a que des redoutes à égale distance les unes des autres.

A un kilomètre au sud-est, on trouve le village *Ilisséra*, que des débris de colonnes et des pierres taillées ont fait prendre pour *Ilistra*, Ἴλιστρα, ville épiscopale de la province d'Iconium. A une assez courte distance de ce dernier bourg, dans la direction de Laranda, il y a le petit village *Massara-tchifdlig* ; on rencontre entre ces deux derniers villages des constructions anciennes.

Au sud de la ville, on remarque le lit d'un torrent désséché et un ruisseau appelé *Kourou-déré* ; puis d'autres petits villages, parmi lesquels, *Boyali* ou *Boyalar*, à 1,433 mètres d'altitude, près de la vallée du Bouzakdji.

Au sud-est de Laranda on cite plusieurs villages : *Fizandon, Hadine, Meydan, Lalé*, etc, et *Guédin* au *Coudène*, près du ruisseau du même nom, à une altitude de 1,576 mètres, à l'ouest des montagnes les plus hautes. Le territoire à l'orient de la ville est très vaste, et s'étend vers la Cilicie montagneuse jusqu'aux environs d'Héraclée et du lac Ak-gueul au nord ; mais il paraît entièrement nu sur les cartes géographiques ; peut être à cause de la difficulté d'escalader les pentes occidentales des montagnes Bulghars et du Dumbéléco, restées inaccessibles aux voyageurs, ou à cause des marécages ; car les eaux descendant des pentes des montagnes à l'ouest, ne se jettent pas dans un fleuve ni dans la mer, mais s'infiltrent dans le sol ou coulent dans le lac Ak-gueul à l'ouest d'Héraclée; durant l'hiver toute la plaine devient un grand lac, aussi les oiseaux aquatiques y abondent.

Au nord de ce vaste espace désert, au sud du lac Ak-gueul et à l'ouest du mont Ibriz, presque au centre du triangle formé par Héraclée, Laranda et les montagnes Bulghars, on indique le village de *Dévlé*, dans un enfoncement formé par les monts pierreux, près d'un ruisseau qui coule au nord vers le lac. On a remarqué près de ces lieux les ruines d'une église, des colonnes, et de vastes cavernes; ce qui fait supposer que c'est l'emplacement de la ville de *Derbé* (Δέρβι), appelée *Delvia*, (Δελβεία) (genévriers) au moyen âge: et située à peu de distance d'Iconium et de Lystra.

Avant la famine de 1873-4 on comptait à Dévlé 700 maisons; quelque temps après ce fléau on n'en comptait plus que 200, car plusieurs des habitants s'étaient dispersés çà et là, la moitié avait succombé au fléau, avec une grande partie des bestiaux et des moutons, dont presque 50,000 périrent.

Parmi les habitants il y avait encore des Arméniens, lorsque Davis y passa la nuit (15 juin, 1870). Un jeune Arménien lui proposa de lui montrer une ville en ruines, mais le voyageur ne s'y arrêta pas; car on lui disait qu'on n'y voyait que des restes de murs; il s'en alla à la recherche des ruines de Derbé, qui est située presque à dix-huit kilomètres au nord-ouest de Dévlé, près du village *Serpek*, sur la sommité et les pentes d'une colline pierreuse. On n'y voit que des amas de pierres calcaires brutes, les fondements de vastes murailles, mais point de théâtre, ni de places publiques, ni de colonnes, ni de sculptures, ni enfin de monuments remarquables, à part quelques sarcophages taillés dans la pierre. On a découvert un grand et beau sépulcre souterrain, encore en bon état, orné de statues et de sculptures, tout en marbre blanc, et mesurant onze pieds de long sur six de large:

Porte d'un temple de la ville d'Isaurie.

la hauteur exacte n'a pu être évaluée car il est encore à moitié comblé de terre ; à coté on a trouvé des squelettes et des urnes d'une hauteur d'un pied et demi: mais on n'y a découvert jusqu'a présent rien de précieux ni aucune inscription.

Cette ville était autrefois le centre des brigandages d'un certain *Antipatrus*, qui fut tué par Amyntas, ami des Romains, sous la préture de Cicéron. L'apôtre Saint Paul, y vint aussi avec Saint Barnabé : après avoir annoncé l'évangile à Derbé, ils retournèrent à Lystra, à Iconium et à Antioche, où S. Paul laissa Barnabé et se fit accompagner de Sylla : il revint à *Lystra*, (Λύστρά), où Timothée devint son disciple. Hélas! ces lieux qui ont jadis retenti de la voix du grand apôtre, restent aujourd'hui dans un morne silence!

Dans les premiers siècles du christianisme Derbé devint l'un des douze siéges de la province d'Iconium, ainsi que Lystra ou Ilistra, Laranda et *Isaura* ou *Isauropolis*, (Ἴσαυρα,), capitale de l'Isaurie, dont les ruines majestueuses se voient encore à l'ouest d'Ilistra, non loin de la vallée du Bouzakdji ; mais comme cette dernière ville est au-delà de ces montagnes et que les Arméniens peut-être ne parvinrent jamais à la conquérir, je n'en parlerai pas dans ma description.

Quelques auteurs affirment cependant que les premiers Roupiniens, et même Léon le Grand, s'emparèrent des environs d'Isaurie, mais aucun ne précise jusqu'à quel lieu. Cette affirmation vient d'être confirmée tout récemment par la nouvelle publication d'un document, à S. Petersbourg dans le tome IV de *Bysantina Xronaka* (p. 161-6), avec une notice de A. Paulov, qui vingt ans avant l'avait déjà publié dans les actes de l'université de la Nouvelle Russie. C'est une lettre concistoriale du Patriarche Œcuménique de Constantinople et de dix de ses évêques et archevêques, adressée à notre roi Léon le Magnifique, et concernant le mariage de sa nièce Philippine avec l'empereur de Nicée, Théodore Lascaris. Dans cette lettre Léon est salué avec le titre de Nobilissime Rex, (roi) d'Arménie, de Cilicie et d'Isaurie : Πανευγενεστατε Ριξ Αρμινίας, Κιλικίας και Ἰσαυρίας.

Le village turc à l'ouest de Laranda, entre cette ville et Dévlé, s'appelle *Ibrala* ; de ce lieu jusqu'au pied des montagnes Bulghars et du Dumbélec, le terrain est inhabité, noir et pierreux, sans aucun arbre ni maison : les Turcomans Yuruks viennent y faire paître leurs troupeaux. Leur principale station est au centre de ce lieu inculte, dans un endroit appelé *Kara-kouyou* (puits noir); ils y cultivent un peu de blé et d'orge ; le terrain n'est arrosé par aucune rivière, et on n'y voit que très peu de sources et de fontaines ; toutefois ces lieux escarpés sont émaillés de fleurs. Davis s'arrêta un jour près d'une fontaine, et demanda à un vieillard, pourquoi on ne plantait pas d'arbres à l'ombre desquels on pût se reposer : « Si Dieu voulait y voir des arbres, » lui répondit le brave homme, ne pourrait-il » pas les produire? ». Le chef de la tribu des Yuruks était alors (1875) Tékerleg Moustapha : il arffirmait qu'aux alentours poussait une plante analogue au thé, et qu'on en usait comme boisson. Il promit à Davis de lui montrer le lieu ou croissait l'arbrisseau, mais il ne tint pas sa promesse. Les femmes habitaient seules, séparément, sous des tentes de peau de chèvres ; les troupeaux de moutons et de chèvres étaient très nombreux. La station que nous venons de mentionner, est au sud du mont Ibris et au nord du mont *Mikhaïl*. On remarque encore ça et là dans ce désert, des collines rocheuses, aux flancs desquelles croissent des génévriers ; le chemin qui le traverse conduit au défilé de la montagne Dumbélec et aboutit à la Cilicie montagneuse.

Iconographie arménienne. — (Voir la note 1, p. 219).

Dormition de la Sainte Vierge.

IV.

CILICIE MARITIME

Pendant un certain temps les Arméniens furent maîtres de presque la moitié du littoral maritime sud-est de l'Asie Mineure, c'est-à-dire de la partie nord-est des bords de la Méditerranée. L'étendue du littoral arménien, en ligne droite, était à peu près de 260 milles, ou de 350, si on veut tenir compte des nombreuses sinuosités des côtes qui sont très découpées.

On dirait qu'une heureuse fortune en bornant les confins des Arméniens du côté de la terre par une série de montagnes, les avait placés tout près de la mer, dont l'incessant mouvement des ondes devait naturellement inspirer leur instinct d'activité. Ce beau rivage en demi-cercle, s'étend à l'est, du *Cap de Rhosos*, qui sépare la Cilicie du territoire des Syriens, jusqu'au *Cap Sacré* ou à l'île Kélidonienne, *Chélidan-adassi*, à l'ouest; ou, ce qui revient au même, du Golfe de l'Arménie (Issus) jusqu'au Golfe d'Attalia. Le milieu, qui forme le côté sud de la Cilicie Pierreuse, s'avance dans la mer, qui de son côté, forme deux grands golfes : celui de *Pamphylie* ou d'*Attalia* à l'ouest, et celui de *Tarsus* à l'est. C'est ainsi que j'aime appeler le grand sein de la mer qui est entre les deux Caps de *Sarpédon* (Lissan-el-kahbé) et de *Mégarse* (Kara-tache); car pendant deux cents ans ce littoral resta sous l'autorité des Arméniens. Quand au *Golfe* de l'Arménie ou des *Arméniens*, anciennement dit d'*Issus*, où se trouve *Alexandrette*, on devrait l'appeler plutôt *Golfe d'Ayas*, grand port de l'Arméno-Cilicie.

Cependant je crois devoir rappeler, que tout ce vaste littoral n'a pas été toujours assujetti à l'autorité de nos princes, et ne l'a jamais été pour un très long laps de temps; nos princes n'en ont guère occupé que la partie orientale, c'est-à-dire la moitié : quant à la partie occidentale, comme elle n'a été possédée que peu de temps, par les seigneurs de Sissouan, je ne crois pas devoir m'y arrêter; d'autant plus que je n'ai sous la main aucun document qui fasse allusion à la découverte d'anciens souvenirs arméniens. Malgré cela, j'ai cru devoir mentionner quelques noms; car, dans les parties occidentales les plus lointaines de cette portion de l'Arméno-Cilicie, sont situées quelques-unes des forteresses qui étaient sous l'autorité des princes liges de Léon le Grand, et dont quelques-unes restèrent en la possession de leurs seigneurs jusqu'aux dernières années du règne de Héthoum Ier, et peut-être même de son fils Léon.

Il est bien naturel à nous de ne pouvoir résister au charme d'un sentiment de joie et de regret, en nous promenant un instant, en pensée, le long de ces rivages, et en contemplant ces lieux où le commerce attirait tant de monde, et où florissaient sous l'autorité de nos princes, ces ports pleins de navires et de mouvement, tels qu'Ayas, Tarsus, Corycus, Coracésium, (Alaya), Satalia et Porto-Pali. Il est bon et en même temps triste, de se ressouvenir un moment de ce glorieux passé et de l'inconstance de la fortune: de se reporter par la pensée au temps de nos glorieux ancêtres qui, hélas! ont disparu comme les empreintes de leurs pieds qui foulèrent tant de fois ces sables baignés par les eaux inconstantes de la mer.

Le célèbre historien et géographe vénitien, Marino Sanudo Torcello, a inséré dans son livre un chapître sous ce titre: « Districts maritimes qui appartiennent au domaine du roi des Arméniens, des confins du Sultan (d'Egypte) et des côtés de la Turquie, qui est au nord ». Il commence à indiquer les ports, à partir des rives orientales du Golfe des Arméniens, avec la mesure itinéraire en milles: nous en donnons un abrégé dans la liste suivante; nous publions le texte en note.

Mesure itinéraire (en milles) des places maritimes de l'Arméno-Cilicie.

Selon Marino Sanudo		*Selon les mesures modernes.*	
De Karamel jusqu'au Mont Caïbo, milles . . .	20	35	Ayas
- à Ayas	15		
- à Porto Pali	10	20	17
- à l'Embouchure du Djahan	10		
- à Malo	10		
- à l'Embouchure du Sarus	20	50	37
- à l'Embouchure du Cydnus	20		
- à Corycus	40	40	42
- à l'Embouchure du Calycadnus	10	20	19
- au Cap di Pakachia (Lissan-el-kahbé) . . .	10		
- à Porto Pino	15	40	23
- à Cavalieri, Station de bateaux	10		
- au Port Provinçal . . .	15		
- à Sig ou Siguine . . .	*60?	110	22 ½
- à Stalimour	20		
- à Guélindris	30		
- à Salmot	25	90	80
- à Antioche (Craque) . .	20		
- au Fort des Lombards .	25		
- à Alaya (Kandélor) . .	10		
- au Rocher S. Phocas .	30	110	66 ½
- à Attalie l'ancienne (Sidé)	40		
- à Attalie la nouvelle .	*40		
- à Rhénathie	15	35	32 ½
- à Cyprinas	10		
- au Port des Génois . .	10		
- à Quibago	8	24	13
- à Cambrouxa (Cambousa)	6		
- au Cap de Kélidonie . .	10		
	574		
Supprimant la distance jusqu'à Ayas . . .	35		
d'Ayas jusqu'à Kélidon font milles . . .	529		352 ½

A côté des mesures de Sanudo nous avons ajouté les mesures nouvellement vérifiées par des marins français et anglais, en milles marins[1]. Il va sans dire que la distance de ces places est calculée d'après la ligne de navigation et non pas d'après la distance terrestre. Pour compléter la mesure du littoral arménien jusqu'au Cap Ras-khanzir, on y devrait ajouter encore soixante milles marins, ce qui feraient en tout environ 412 milles marins d'un bout à l'autre.

A ces mesures se rattachent aussi celles faites par le florentin Jean Uzzano, en 1460: il commence de Satalie et finit au cap Ras-khanzir; ainsi, de même que notre topographie, il va dans la direction de l'ouest qu'erreur dans l'original du Vénitien, comme il nous le fait comprendre lui-même; car lorsque l'espace marqué par lui est très long (là où nous avons mis un astérisque), Sanudo lui-même parle dans le doute, en disant *on dit* (dicuntur) tant de milles, tandis que par tout ailleurs il parle affirmativement. Il ne précise pas non plus les dernières limites des plages occidentales des Arméniens, il les prolonge au delà d'Attalia et de Kélidonie.

---

1. Le mille marin ou géographique vaut, comme on le sait, $1/_{60}$ de degré de circonférence latitudinale terrestre, (1855 m.). Quant au mille de Sanudo il en est de $1/_{75}$ (1481 m.), c'est-à-dire qu'il équivaut à peu près aux quatre cinquièmes du mille marin ou géographique; ainsi donc les 529 milles de Sanudo se réduisent à 430 milles géographiques. Malgré cela les mesures de Sanudo ne concordent pas avec celles des marins de nos jours; il faut qu'il y ait quel-

à l'est, indique chaque lieu et donne les mesures suivantes :

De Satalie jusqu'à Candélor, milles	60
— à la Forteresse des Lombards et Antioche	20
— à Staliméné	20
— à Sig	20
— à Papadouli	60
— à Camavlet (Cavalier?)	20
— à Léna della Pacussa	30
— à Fessa (?)	8
— à Pantessa	10
— à Cald (Cydnus?)	10
— à Sales (Sarus?)	50
— à Mallo	10
— à Fossa de Biosa (Djahan)	15
— à Blasse et frontières des Arméniens	10
— à Ayas	10
— à Montagne Carpo	15
— à Karamella	10
— à Alexandrette	15
— à Port Bonel	10
— à Ras-Khanzir	10
	413

C'est cet espace, compris entre Attalie et Ras-khanzir, que nous allons décrire, et que nous partagerons en trois parties, c'est-à-dire, en *Plages occidentales, orientales* et *moyennes*. La première partie s'étend d'Attalie jusqu'à Séleucie ou au promontoire de Sarpédon ; nous la diviserons en deux : en *Pamphylie* et en *Contrée de Sir-Adan;* nous appellerons la deuxième, qui occupe le milieu, *Parages du Golfe de Tarse;* elle comprend l'espace qui est entre les deux promontoires de *Sarpédon* et de *Mégarsus;* nous la subdiviserons aussi en deux : le territoire de *Varchak* et le *Golfe de Tarse* proprement dit. Enfin la troisième, qui forme la partie orientale de la Cilicie maritime, sera appelée *Pourtour du Golfe arménien*, et étudiée district par district. Nous indiquerons au commencement de la description de chaque partie la raison de ces dénominations.

---

* *Maritimæ contratæ cui Rex Armeniæ dominatur, a confinibus subiectis Soldano, ac etiam partibus Turchiæ a latere Septentrionis.*

A *Caramela* usque ad montem *Caybo*, per magistrum, viginti millia computantur. — A monte Caybo ad *Laiacium*, per occidentem versus garbinum navigando, spatium quindecim milium computatur. — A Laiacio ad *Portum Pallorum*, navigando inter garbinum et occidentem, millia sunt decem. Laiacium portum habet et *siccam* unam ante se, quæ scolium dici potest, ad quam quidem siccam prodenses figuntur, et ancoræ versus terram firmam. — A dicto autem Portu Pallorum, ad faucem fluminis *Malmistre*, millia sunt decem, navigando per garbinum. Et notandum est quod puncta dicti Portus Pallorum debet per dimidium milliaris honorari: et si ad præfatum portum qui accesserit, unum inveniet ibi pallum, quod super puncta dicti portus Pallorum fixum manet continue; et caveat sibi a pallo portus proxime antedicto. - A prædicta autem fauce fluminis Malmistræ usque ad *Malo* millia sunt decem, versus magistrum per occidentem navigando. *Malo* portum habet, qui coram se duas habet parvunculas insulas, quæ sunt distantes quarta milliaris a terra firma, et prodenses tenentur ad insulam; ancoræ vero versus terram firmam figuntur, ubi duorum passuum usque ad tres aquarum profunditas reperitur. — A Malo autem, quod est quoddam castrum, usque ad faucem *fluminis Adene*, navigando per occidentem versus magistrum, millia sunt viginti. — A fauce fluminis antedicti, usque ad faucem *fluminis Tarsi*, millia sunt viginti, navigando per occidentem versus ventum qui dicitur magister. — A fauce vero Tarsis usque ad *Curcum* versus, garbinum versus per occidentem, quadraginta millia esse dicuntur: coram autem dicto Curco, quædam insula invenitur. - A Curco autem usque ad punctam faucis *fluminis Saleffi*, millia sunt decem, cum garbino versus occidentem navigando. — A flumine vero de Saleffo usque ad *Lenam de Labagaxa*, millia sunt decem, a greco et a garbino : dicta autem puncta de Labagaxa est valde plana, et in fundo sunt arenæ, et parvam habet aquam in mari bene per unum milliare. — A Lena vero de Labagaxa usque ad *Portum Pinum*, millia sunt quindecim, a syroco et a magistro : prædictus portus, bonum habet spacium, et bonum fundum retinet. — A portu vero Pini usque ad portum *Cavalerium*, decem millia sunt, navigando per quartam ponentis versus garbinum. Dictus vero portus, bonum habet statium et bonum retinet fundum. — A portu autem Cavalerio usque ad portum *Prodensalium*, quindecim millia computantur, a levante similiter et ponente: dictus scolius habet statium intus, atque magnum fundum retinet: et in dicto scolio sunt quædam muralia, unde illic prope est statium. — A scolio vero Prodensalium usque *Sequin* millia sexaginta esse dicuntur, per quartam ponentis versus garbinum navigando: in dicto vero Sequin, possunt anchoræ figi, et inde coopertam recipit a ponente: similiter habet unum flumen quod labitur in mari. — A Sequin usque ad *Stallimurus*, millia sunt viginti, a greco et garbino: in dicto vero Stallimurio, possunt ancoræ figi, et similiter coopertum habet a ponente. — A Stallimuris usque ad *Calandro* triginta millia computantur, a syroco quoque et a magistro; et bonum portum retinet. — A Calandro autem usque ad *Salmode*, viginti quinque sunt millia, navigando per quartam magistri versus ponentem. — A Salmode vero usque ad *Anthiocetam*, viginti millia esse dicuntur, navigando inter ponentem et magistrum. — Ab Anthioceta usque ad *Castrum Lombardum* viginti quinque millia computantur, per quartam ponentis versus magistrum navigando. — A Castello autem Lombardo usque ad *Candelorum*, decem millia sunt, a levante siquidem et ponente. Prædictus Candelorus civitas est portum habens, et facit sibi operimentum usque garbinun. — A Candeloro ad *Scolium Sancti Fochæ* triginta millia computantur, navigando inter ponentem et magistrum. — A dicto autem scolio Sancti Fochæ usque ad *Sataliam* senem, millia sunt quadraginta, navigando per quartam magistri versus ponentem. - A Satalia vero Vetere usque ad *Sataliam Novam*, quadraginta millia esse dicuntur, a ponente et a levante. Item prædicta Satalia Nova est magna civitas, habens scolium ante se bene per octo milliaria foras in mari: qui quidem scolius proprie nominatur *Agiopendi*: et ibi bonum statium reperitur. — A Satalia quidem Nova usque *Renathıam*, milliaria sunt quindecim. Dicta Satalia bonum et securum ex parte terræ habet portum, in quem dilabitur quoddam flumen. — A Renathia usque *Cyprianas*, milliaria sunt decem. Prædicta Renathia bonum habet portum in insula, ex parte maris et terræ securum: habetque aquam fluminis copiose. — A Cyprianis ad *Portum Januensem*, milliaria sunt decem: portum securum habet, dum a Turchis sibi caveant illi de porto ex parte marina et terrestri, qui portus in plagia sufficienter fluminis habet aquam. - A porto Januensi usque *Chipascum*, octo millia computantur: bonum portum et flumen obtinet; tamen sibi caveant a gente ex parte terræ. — A Chipasco usque *Cambruxam* millia sunt sex: bonum habet paravegium et affluenter aquam: a quo porto quædam insula distat circa tria milliaria infra mare. — A Cambrux ad *Scolla de Childoniis* milliaria sunt decem, sed parua; habet enim paravegium, et ubi ancoræ infiguntur: videtur tamen statium timorosum ex parte maris, quamvis a gente ex parte terræ possit esse securum: etc. etc. — Marin Sanuto, *Secreta Fidelium*. II, IV, 26.

Giovanni da Antonio da Uzzano, *Compasso a mostrare a navicare dall' uno Stretto all' altro*; presso Pagnini, *Della Decima... della Mercatura*, IV, 234.

** *Da Satalias a Candelloro* a 60 miglia per scilocco verso levante: - dal Candelloro al *Castello Lombart* ad *Antiocheta* a 20 miglia per levante verso greco: — da Antiocheta ad *Stalimene* a 20 miglia per levante verso greco: — da Stalimene a *Sequin* a 20 miglia per greco verso levante: — da Sequin a *Papa-dominin* a 60 miglia per scilocco verso levante: - da Papa-dominin a *Camaulet* a 20 miglia per libeccio verso scilocco: — da Camaulet alla *Lena della Bagussa* a 30 miglia per quella via; e dalla Lena della Bagussa verso ponente 10 miglia è lo *Scoglio del Provinciale*: - dalla Lena della Bagussa alla *Fessa* a 8 miglia per greco verso tramontana: — dalla Fessa a *Pantessa* a 10 miglia per greco: — da Pantessa a *Calt* a 10 miglia per greco: — da Calt a *Sales* a 50 miglia per greco verso levante: — da Sales a *Mallo* a 10 miglia per levante: — da Mallo alla *Fossa di Biosa* a 15 miglia per levante: — dalla Fossa di Biosa alla bocca del *Porto di Plas ed Erminia*, a 10 miglia per greco. Lo porto di Plas è grande porto e largo, e a una montagna alta e grande per tramontana, ch' a nome d' *Acqua;* e di verso maestro un' altra montagna ritonda: — dal Porto di Plas a *Lajasso* a 10 miglia intra greco e levante: — da monte *Garbo* che è di levante a Lajasso 15 miglia sino a Lajasso a ponente e a levante. — Da monte Garbo a *Caramella* a 10 miglia per scilocco: — da Caramella ad *Alessandretta* a 15 miglia intra mezzogiorno e libeccio: — da Alessandretta al *Porto Bonel* a 10 miglia intra mezzogiorno e libeccio: — da Porto Bonel a *Rasatangir* a 10 miglia intra mezzogiorno e libeccio. — Da Rasatangir alla *Fossa del Soldin* a 7 miglia intra mezzogiorno e libeccio, etc.

Monnaie de Tarsus sous l' empereur Commode.

I. — LES PLAGES OCCIDENTALES

1. PAMPHYLIE

La Pamphylie ancienne comprenait une bande étroite du territoire qui forme un des départements actuels de l'Asie Mineure. Elle se trouvait à l'est de la Licie, au sud de la Pisidie, à l'ouest de l'Isaurie et de la Cilicie Trachée, et au nord d'un joli golfe qui portait alors, comme aujourd'hui, le nom de *Golfe d'Attalie*. Le territoire compris entre ces limites n'a qu'une longueur de presque 40 kilomètres, en ligne droite, et une largeur de quelques kilomètres seulement.

Si la Pamphylie, avec un territoire aussi restreint, fut admise à former un pays à part, c'est qu'elle devait jouir de quelque avantage spécial. On a dit en effet, que les Pamphyliens tirent leur origine de *Pamphylia* (Παμφυλία), fille des héros Rhacius et Mano. Cette origine douteuse importe peu; mais il convient de remarquer que les Pamphyliens ne se multiplièrent pas beaucoup, ou du moins ils se mélangèrent avec les tribus voisines, surtout avec les Ciliciens, et ensuite avec les Grecs.

L'exiguité du territoire de Pamphylie ressort aussi de ce fait, que lorsque Xerxès forma sa formidable flotte pour envahir la Grèce, la Cilicie lui fournit cent bateaux, la Licie cinquante, tandis que la Pamphylie ne put lui en fournir plus de trente, quoiqu'elle fût entièrement maritime et ses montagnes richement boisées; au point que quelques-uns ont cru qu'elle tirait son nom de l'abondance de ses bois, et le font dériver de ces deux mots grecs (Πας φύλλον) *tout en bois*.

Les jeux olympiques devaient être en grand honneur parmi les Pamphyliens, si l'on en juge par leurs monnaies qui ont pour effigie un athlète.

On ne trouve cité dans l'antiquité aucun fait remarquable se rapportant à ce petit territoire; le christianisme s'y répandit de bonne heure : les Juifs devait y avoir formé des colonies depuis longtemps. Les Actes des Apôtres rapportent en effet qu'au jour de la Pentecôte, plusieurs Juifs venus de la « Phrygie et de la Pamphylie » se trouvaient à Jérusalem, et que l'apôtre Saint-Paul vint avec ses disciples évangéliser Pergé de Pamphylie, la principale ville après Attalie [1]. Suivant la juridiction ecclésiastique, la Pamphylie fut instituée département archiépiscopal, ayant sous sa direction huit diocèses, auxquels furent ajoutés trois autres provinces avec 36 districts, qui comprenaient ensemble 48 siéges.

C'est au XIe siècle que les Orientaux commencèrent à se fixer en Pamphylie, après en avoir chassé ou soumis les Grecs. L'historien Michel rapporte que l'empereur Mikaël Stratiotique, craignant une invasion des Arabes ou des Turcs, fit transporter les Grecs dans les îles; puis il ajoute : « Les Turcs étant venus, trou- » vèrent le territoire d'Attalie, d'Oudje et » de Con (Iconium) sans habitants, et ils s'y » établirent, et le territoire fut appelé du nom » de cette dernière ville ». Il porte actuellement le nom de *Tékié*, et c'est l'un des sept départements de la province de Karamanie : il comprend les 12 districts suivants :

1. Attalie et Istanos.
2. Mortana ou Kurd–achiréti.
3. Ikdir et Kardidje–yaïla.

---

[1] Actes des Apôtres, XIII, 13.

4. Fénéké.
5. Kache.
6. Kalkanli.
7. Elmali.
8. Guérmégui ou Boudjak.
— Mili-kara-havouze.
9. Kezel-kaya.
10. Sérik et Kara-hissar-tékié.
11. Bèche-konak.
12. Achiréti-kénize.

un pays où les Arméniens étaient en grand nombre. Leur domination dans cette contrée, selon l'inscription du château d'Anazarbe et d'autres souvenirs, remonte à Léon le Grand qui étendit son pouvoir des bords de la mer *jusqu'à Attalie.* Cependant nous ne trouvons aucun monument qui nous indique d'une manière certaine la prise ou la perte d'Attalie par les Arméniens. Sur les murailles de la ville on voit une pierre encastrée, sur laquelle un lion est sculpté, semblable à ceux du roi Léon, mais il ne porte pas la couronne.

Vue de la ville d' Attalie.

Tous ces districts ensemble comprenaient deux cents soixante villages, en 1842, et on y comptait 100,000 habitants, selon les informations des voyageurs anglais.

C'est aussi vers le (XI°) siècle probablement que les Arméniens vinrent habiter dans ces lieux; car, lorsque les premiers Croisés arrivèrent en Asie mineure, Saint Nersès de Lambroun, cite encore la *Pamphylie*, avec la Cilicie, la Cappadoce et d'autres districts, comme

On y remarque encore d'autres signes chrétiens et des lettres latines. La conquête d'Attalie par les Arméniens restera une question douteuse et il faudrait une recherche bien minutieuse des débris et des inscriptions de la ville pour arriver à l'éclaircir; néanmoins nous rapporterons ici ce que nous savons sur cette ville. Si la force et les armes de Léon ne purent la conquérir, elles lui permirent du moins de s'avancer jusqu'à ses murailles, comme il le fit pour Césarée. Ses successeurs étendirent certainement leur domination de ce côté, et nous pourrions alléguer le témoignage des historiens d'Occident qui attribuent à Héthoum (II ?) cinq grandes victoires, dont la première dans la Pamphylie.

La ville d'Attalie (Ἀττάλεια) est construite dans une sinuosité du grand golfe, à l'angle nord-ouest, à 70 pieds au-dessus du niveau de la mer. Les anciens Turcs lui avaient conservé l'ancien nom grec; mais les navigateurs Italiens du moyen âge y ajoutèrent une lettre, et l'appelèrent *Satalia* ou encore *Satalion*. Les Turcs et les Arabes l'appellent actuellement *Antalié*, انطاليه. Ce nom lui vient de son fondateur Attale II Filadelphe, roi de Pergame (158 avant J.-C). Cette ville n'était donc pas ancienne; mais elle obtint la primauté, jusqu'alors privilège de la ville d'*Olba*. Quelques années après (132 av. J.-C.), s'étant soumise à l'autorité romaine, elle fut déclarée première ville de la Pamphylie. Pompée, vaincu à Pharsale, s'y réfugia avec sa femme, (48 av. J.-C.). Saint Paul, accompagné de Barnabé s'y embarqua pour Antioche. Puis Attalie devint le siège archiépiscopal dont nous avons parlé. Nous savons que Louis VII, roi de France, s'arrêta à Attalie, en 1148, alors que la ville était encore sous la domination des Grecs, et qu'il s'y rembarqua pour son pays. L'empereur Alexis l'éleva au rang de siège métropolitain, en lui donnant la juridiction sur les sièges épiscopaux des îles environnantes. Durant le règne de ce prince, Kelidje-Arslan, sultan Seldjoukide, se rendit maître d'Attalie, en 1207, et pour quelque temps elle souffrit beaucoup de la tyrannie de ses conquérants, jusqu'à la domination des Turcs d'Iconium. C'est sous ces derniers que les armes victorieuses de Léon parvinrent « jusqu'à Attalie ». L'auteur de la vie de Henri II, roi d'Angleterre, dans le récit du voyage de Philippe, roi de France, affirme que la nouvelle Attalie, restaurée par l'empereur Manuel, était encore aux mains des Grecs.

En 1361, Pierre Ier, roi de Chypre, s'empara d'Attalie et, selon l'historien Machau, la livra au pillage. Dans la première moitié du XVe siècle, les Turcs enlevèrent Attalie aux Karamans. Lorsque le sultanat d'Iconium eut pris fin, quelques princes indépendants d'abord, puis les Karamans s'emparèrent de la province et de la ville.

Quand le célèbre voyageur et géographe Ibn-Batuta, parcourait cette contrée, vers le milieu du XIVe siècle, le gouverneur était le sultan *Kheder*, fils de *Youssouf-bey*. Il trouva la ville assez grande et très jolie, ceinte de murailles et partagée en quatre quartiers, chacun avec ses propres remparts : l'un comprenait le port où habitaient les chrétiens de diverses nations, sans doute c'étaient des négociants; dans le second habitaient les Grecs, dans le troisième les Juifs et dans le quatrième, le principal, des Turcomans. La ville était entourée de grands jardins, et l'abondance des eaux la rendait un lieu délicieux; parmi les fruits, dit-il, l'abricot est le plus exquis; on le fait sécher et on l'expédie en Egypte; on l'appelle *Kamar-éddin*.

En 1422, selon notre chroniqueur, « le sul-
» tan Mourad marcha contre Mahomet (Kara-
» man): celui-ci se réfugia dans le château
» d'Entela; mais ayant voulu livrer bataille, il
» tomba sous les coups des canons, et son corps
» fut mis en pièces. Il avait trois fils; l'aîné
» Ibrahim obtint le gouvernement de Karaman,
» les deux autres, Hussein et Alaïeddin, eurent
» leur appanage du trésor royal ».

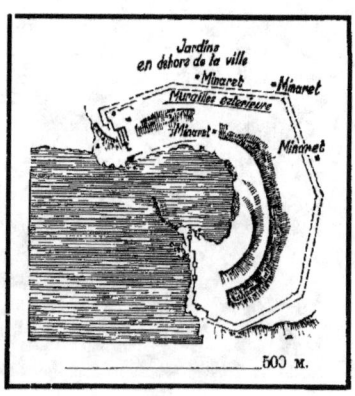

Plan d'Attalie.

Les chrétiens, sous la conduite des Vénitiens, en 1471, s'efforcèrent de reprendre Attalie aux Turcs, pour la restituer au Karaman. Forts de 85 galères, ils s'avancèrent, et après avoir rompu la chaîne du port à coups de mortiers, s'emparèrent de cette place, saccagèrent et détruisirent les faubourgs de la ville et les remparts extérieurs du château; mais la citadelle leur résista. Ils s'en allèrent emportant avec eux la chaîne, qu' ils offrirent à Saint-Pierre de Rome. Au commencement du XVI° siècle, Khourchoud, fils du sultan Bayazet II, était gouverneur d' Attalie.

Cette ville fut du XII° siècle au XV°, l' un des ports les plus fréquentés de la Cilicie ; on y apportait de l' Orient plusieurs espèces de matières utiles et les transportaient ailleurs par mer. On cite entre autres le commerce des draps ou *boukérame* ou *bokrans*, le *zéndale*, la canne à sucre, la gomme adragante, etc. Pegolotti parle en détail du commerce de ce port et de diverses matières qui en étaient l' objet, parmi lesquelles se distinguaient les draps et les étoffes qu' y portaient les Français et les Lombards, et les céréales. Il mentionne encore l' allumine qu' on apportait des environs de Kutahia (4,000 *kantars* par an) : le trajet durait 14 jours[1].

Dans la première moitié de notre siècle, plusieurs savants européens ont traversé Attalie, et presque tous parlent avec admiration de sa superbe position et de son château fortifié d' une double muraille et d'un grand nombre de tours, distantes de cinquante pas les unes des autres : ils citent aussi la porte de la ville, grande et belle, près de laquelle s' élevaient quatre grandes colonnes et d' autres plus petites de style corinthien, et une autre porte sur laquelle étaient sculptés un lion et quelques écussons, et tout près de là une

Ecussons trouvés dans les murs d' Attalie.

grande tour carrée. Plusieurs rues aboutissent au port, des deux côtés duquel on remarque encore de nos jours les piliers de pierre où l' on fixait les chaînes pour le fermer. Les murailles qui, du côté de la mer couronnaient le rocher, haut de 400 mètres, avaient un aspect formidable.

Parmi les monuments remarquables, il y a une mosquée avec une coupole et cinq minarets, qui semble être une ancienne église. On y voit encore dix autres mosquées, des marchés et d' autres lieux publics importants. Le nombre des habitants s' élève selon quelques-uns à 25,000. De même qu' il y a cinq siècles, aujourd' hui encore les quartiers des Grecs et des Juifs sont séparés. On y remarque partout des pierres sculptées, provenant des édifices anciens, avec des inscriptions latines. Les Grecs sont presque 3,000 ; ils ont sept églises et un archevêque. Le commerce est assez florissant parmi eux, ils transportent des bois et des chevaux en Egypte. Un des négociants les plus riches et les plus habiles était Hadji Stavros, agent du célèbre Méhemmed-Ali, vice-roi d' Egypte.

Le port d' Attalie est petit mais bien abrité ; pendant l' été les bateaux peuvent jeter l' ancre au large, car le golfe est profond de plus de 30 mètres ; un peu au sud-est, sur un cap élevé de 40 m. on a établi un phare toujours allumé, dont les rayons s' étendent jusqu' à 14 kilomètres ; mais c' est surtout au printemps que les bateaux des négociants de Rhodes, de Smyrne et d' autres lieux, fréquentent cette place. Au commencement de l' année 1884, une tempête épouvantable agita le port et fit sombrer plus de 40 bateaux ; quelques jours avant un incendie avait consumé 80 maisons.

Le lecteur lira, nous espérons, avec plaisir et intérêt, un article publié récemment dans *Le Mouvement Colonial* (I°r « février 1897), par M^r. *Léonidas Lattry*, agent consulaire de France, et qui traite de la ville d' Adalie, de son commerce et de sa situation économique.

« La ville d' Adalia située au fond du golfe de même nom, est bâtie sur des falaises d' une altitude moyenne de 30 mètres ; elle s' élève brusquement en amphithéâtre et commande une vue imposante sur l' immensité de la mer, et sur les hautes montagnes qui bornent son horizon à l' ouest.

« La petite rade, à ses pieds, abrite pendant l' été des voiliers, qui, à l' approche des vents d' automne, quittent cet ancrage peu sûr ; les navires à vapeur jettent l' ancre au large, exposés à tous les vents. Peu de notes nous sont restées des anciens et des Byzantins sur la

---

3. « Discende anche da 4000 cantara d' allume del Coltai a Setalia in Turchia, e vi è 14 giornate di vetturali per terra dal Coltai a Setalia ». — PEGOLOTTI, Cap. 92.

ville d'Adalia, ce qui semblerait témoigner de son peu d'importance, bien que sous l'empereur Alexandre Comnène, elle fut comprise parmi les grands centres commerciaux, cédés par traité aux Vénitiens, en échange de la protection et de l'appui que leur flotte devait apporter à l'Empire. Les restes des fortifications qui l'entourent, comme le port, aujourd'hui presque comblé, prouvent que, au temps des Vénitiens, la ville florissait et se livrait au commerce, avec profit. Les ruines des temples, théâtres et autres monuments publics, qui devaient exister avant l'occupation des Vénitiens, ont été utilisés par ces derniers.

« Parmi les matériaux employés pour la construction des remparts, on voit encore comme incrustés dans les murailles, des frontons, des cylindres, des lambeaux d'inscriptions.

« Il a même été mis à jour un triple portique enfoui sous ces murailles, et dont on fait remonter l'origine aux premiers siècles de l'ère chrétienne.

« Sa population actuelle est évaluée à 25,000 âmes, dont 18,000 musulmans et 7,000 grecs orthodoxes. Les quartiers compris dans l'enceinte sont habités par des musulmans aussi bien que par des chrétiens. Par contre, les quartiers extérieurs, celui du nord-ouest, est habité par des musulmans, et celui du nord-est, qui ne date que de quelques années, par des chrétiens.

« Les musulmans se composent d'Ottomans du temps des Seldjouks, d'Egyptiens et de Péloponésiens (Moriotes); ces derniers se sont réfugiés ici après la prise de Methone et de Corone; avec les Egyptiens leur chiffre s'élève à peine à 4,000. Les musulmans s'occupent d'agriculture et de négoce, ceux de la basse classe s'emploient comme portefaix. Leurs mœurs, leurs coutumes ne différent pas de celles du reste de l'Empire.

« Les chrétiens qui sont d'origine hellène ne parlent guère que le turc, qu'ils écrivent en se servant des caractères grecs: leurs mœurs et coutumes sont très arriérées. Ils s'occupent de négoce, quelques-uns s'emploient aux travaux de menuiserie et de maçonnerie.

« Les maisons d'habitation construites en bois, n'ont aucun caractère, elles sont percées d'une multitude de fenêtres et n'offrent qu'un maigre abri contre les chaleurs de l'été et les pluies torrentielles de l'hiver.

« Nous comptons à Adalia quatre écoles grecques, entretenues par les fidèles et placées sous la direction d'une éphorie que préside S. B. l'archevêque de Pisidie. L'enseignement élémentaire préparatoire se donne dans deux écoles, d'où l'on passe à l'école normale (skolarchion). Les filles reçoivent l'instruction dans une école spéciale. Les cours se font exclusivement en grec et ne comprennent pas l'étude de langues étrangères. Ils sont fréquentés par cinq cents élèves environ, pour une population de 7,000 âmes.

« Nous avons également quatre écoles turques avec huit cents élèves pour 18,000 âmes.

« Les négociants occupent deux bazars, l'un sis au bord de la mer à l'échelle, comprend les bureaux des négociants exportateurs, ceux de la douane, de la banque ottomane et de la régie; l'autre sis dans la haute ville hors des remparts, où sont établis les manufacturiers, les petits négociants de détail, les sarrafs (changeurs), etc.

« Les dépôts de céréales, de sésame, sont à l'échelle où sont entreposés, à leur arrivée, les céréales et les sésames qui forment avec les bois de construction, les seuls articles d'exportation de notre région. Il y a quelques années, avant l'établissement du chemin de fer qui relie Diner à Smyrne, notre échelle était en relations très actives avec l'intérieur. Actuellement, son importance est de beaucoup réduite. Son mouvement d'exportation porte principalement, comme je l'ai déjà dit, sur les sésames, très appréciés à Marseille et à Trieste, sur les bois que l'Egypte et la Syrie nous demandent encore, malgré la concurrence qui nous est faite par les provenances de la Bulgarie et de l'Amérique, et par l'emploi de plus en plus étendu des poutrelles en fer, et enfin sur les farines dont s'approvisionnent la Syrie et les îles de l'archipel. Nous comptons six moulins à moteur hydraulique (turbine) alimentés par les multiples bras par lesquels le Duden, qui arrose sur son passage plus de deux cents jardins potagers, se jette à la mer.

« Nous comptons encore une autre branche d'exportation, qui aurait eu son importance, n'était l'indolence des indigènes : l'élevage des vers-à-soie. Notre climat se prête admirablement à cette culture, de même d'ailleurs qu'à la plantation du cotonnier. Malheureusement l'initiative manque, et à ce propos, il est bon de constater l'état arriéré de notre agriculture, nos propriétaires s'entêtant à cultiver leurs terres d'après les méthodes primitives, se refusant à tout progrès et se rapportant à la richesse du sol qui est grande, pour augmenter leurs produits ; il serait à désirer que le gouvernement, à l'instar de ce qu'il a fait dans d'autres provinces, installât une ferme modèle, où la culture serait bien dirigée, et pratiquée à l'aide d'instruments aratoires même les plus simples, et, en s'inspirant des applications avantageuses des connaissances chimiques, arriver à l'amélioration et à l'enrichissement des terres.

« Puisque nous sommes aux désiderata, nous pourrions ajouter qu'avec un peu de bonne volonté et moyennant une direction sage, il serait facile de donner plus d'essor à la sériciculture et de créer des plantations de cotonniers, voire même des vignobles et des olivettes. Quelques années de travail et nous verrions surgir, sur un terrain très propre à les nourrir et aujourd'hui en partie en friches, de nouvelles plantations dont les produits trouveraient un placement avantageux à l'étranger.

« La petite industrie de tissage que nous avons et qui occupe une centaine de métiers, aurait peut-être quelque chance de s'étendre; dans tous les cas, elle n'aurait plus à s'adresser à Mersine ou à l'étranger pour la matière première. Pour vous donner une idée du peu d'importance de notre rade actuellement, je vous communique les chiffres du mouvement d'importation et d'exportation à 10 ans d'intervalle.

Importation.
1885   1895
L. T. 296,00   L. T. 96,500

Exportation.
1885   1895
L. T. 299,500   L. T. 136,000

« Notre pays est reconnu comme un pays essentiellement agricole, c'est-à-dire que toute sa richesse consiste dans la production du sol. C'est cette production qu'il faut augmenter et diversifier pour parer, dans la mesure du possible, aux pertes considérables que nous inflige la baisse constante, sur les marchés consommateurs, des prix des produits du sol.

« Nous devons ajouter que les montagnes qui nous entourent sont riches en minerais de toute nature, chrome, etc. Divers points sont en exploitation, mais à en croire les renseignements qui nous parviennent, ces richesses restent enfouies, le manque de communications seul en rendant l'exploitation très difficile ; comme routes nous en comptons une, celle qui nous relie à Koniah. Il existe d'autres projets à l'étude, mais leur mise à exécution paraît devoir tarder. Il a été question, ces derniers temps, de créer une voie ferrée d'Adalia à Eyerdir, près du lac du même nom. Le projet semble mort-né, les personnes qui l'ont avancé ne disposant pas, semble-t-il, des fonds nécessaires à sa réalisation ; il eût été cependant d'un grand avantage pour nous, d'être mis en contact direct avec Bourdour et Isparte, les deux grands centres de notre province ».

A une demi-heure de la ville, on voit une admirable cascade, qui d'une hauteur de 100 pieds se jette à la mer avec un bruit terrible ; elle est formée par un bras du fleuve qui traverse la ville et est appelé *Doudain* par les Turcs. On y voit encore d'autres petits ruisseaux qui servent aux moulins. Les alentours d'Attalie sont très agréables et fertiles, couverts de vignes, de figuiers, de mûriers, de citronniers et d'orangers ; on y trouve aussi plusieurs espèces de plantes et de fleurs qu'on rencontre dans les plaines et dans des positions montueuses, comme on le voit dans notre table[1], dressée d'après les rapports de divers explorateurs ; en y jetant un coup d'œil, on peut

---

1. Silene pamphyliana.
— Cappadocica.
— papillosa.
— Heldreichij.
Saponaria pamphylica.
Gipsophilla pillulifera.
Tunica pamphyliaca.
— hispidula.
Alsine sabulinea.
Arenaria pamphylica.
Paronychia macrosepala.
Hipericum Pestalozza.
Stellaria cilicica.

Mathiola bicornis.
Erodium Tmoleum.
— Jacquinianum.
Pistacea palestina.
Trigonella polycarpa.
— Smyrnea.
— hierosolymitana.
Medicago coronata.
— denticulata lappacea.
— disciformis.
— elegans.
Trifolium stellatum.
— pamphyliacum.

se rappeler la table des plantes que nous avons donnée page 195, pour le mont Bride, près de Zéithoun.

A sept ou huit kilomètres à l'est d'Attalie, on remarque les ruines d'une autre ville ou d'un port en un lieu nommé *Laara*. Le port est de forme allongée, garni de remparts, avec des accès de côté ; ces remparts sont à moitié écroulés et les ruines sont amoncelées au bord de la mer ; sur les plages on voit une chaussée où l'on se promène. Du côté opposé le terrain se hausse, couvert de restes de colonnes et de débris d'édifices anciens, dont une partie est demeurée debout; on remarque aussi des aqueducs voûtés et quelques arcades au bord de la mer. Quelques-uns[1] ont pensé retrouver dans ces ruines la ville de *Magydos* (Μάγυδος, Μάσηδος, Μάτυδος) qu'on trouve citée dans divers auteurs ; les monnaies, soit durant l'indépendance de la ville, soit sous l'empire d'Auguste et de Septime Sévère, portent l'inscription : ΜΑΙΥΔΕΩΝ et on y distingue les figures de Pallas, d'Apollon, et de Mercure sous diverses formes symboliques, même celle d'un fleuve déifié. Magydos était en outre classé parmi les districts épiscopaux de la Pamphylie.

On y remarque un canal naturel, formé comme un tuyau par les matières pétrifiantes de l'eau ; dans certains endroits ce canal a une profondeur de 3 mètres. Les habitants disent que l'eau n'est pas potable à cause de la grande quantité d'argile qu'elle contient ; mais que mélangée avec l'eau de la mer, elle est un bon remède contre le refroidissement. Cette eau paraît provenir du *Kara-sou* qui est une petite rivière, à l'est de laquelle une autre rivière plus forte descend des montagnes de Pisidie; appelée autrefois *Cestrus*,

Tryfolium subterraneum.
— nidificum.
— nervulosum.
— suffocatum.
Lotus pusillus.
Colutea melanocalyx.
Astragalus Pamphyliacus.
Poterium verrucosum.
Umbilicus globulariæfolius.
Sedum littoreum.
Saxifraga hederacea.
Bupleurum pulchellum.
Pimpinella Cretica.
Tordylium lanatum.
— brachytænium.
— Pestalozzæ.
— Apulum.
Torilis triradiata.
Rubia Ollivieri elliptia.
Asperula tenuifolia.
Galium serotinum.
— dumosum.
— peplidifolium.
— hispida.
Valerianella costata.
— corymbifera.
Valerianella turgida.
Chrysophtalmum dichotomum.
Phagnalon græcum.
Heliochrysum niveum.
Micropus supinus.
Evax e.iosphæra.
Anthemis carnea.
— chia.
Senecio leucanthemifolius.
— vernalis.
Cirsium cinaroides.
Camæpeuce alpini.

Picris campylocarpa.
Zacyntha verrucosa.
Campanula propinqua.
Podanthum lobeloides.
— linifolium.
Anchusa hybrida.
— limbata.
Simphytum Palæstinum dentatum.
Onosma strigosissimum.
— oreodoxum.
Alkanna Pinardi.
— macrophylla.
Mandragora officinalis.
Verbascum leptocladum.
— myriocarpum.
Linaria longipes.
Scrophularia Pinardi.
Veronica syriaca.
Nepeta Cadmea.
Sideritis erythrantha.
— condensata.
Stachys aleuritus.
Lamium tenuifolium.
Teucrium Montbretij.
Euphorbia thamnoides.
— Sibthorpi.
Urtica membranacea.
Quercus coccifera palestina.
Arum Dioscoridi.
Orchis sancta.
— simia.
— punctuata.
Gladiolus illiricus.
Fritillaria lycia.
Ornithogalum oligophillum.
Scilla hyacinthoides.
Bellevalia trifoliata.
— Heldreichij.

---

1. LEAKE, Numismata Hellenica-Asiatica, 79-80.

elle porte aujourd'hui le nom d'*Ak-sou* (eau blanche); elle a 100 mètres de largeur à son embouchure et 3 à 4 de profondeur.

Monnaie de Pergé.

fera, enfin d'autres superbes monuments sculptés, des traces de rues, de tours, de portes, d'arcades, et plusieurs colonnes. On indique parmi les plantes des environs de Pergé le *Hippomarattrum crassilobum* et le *Rammus Heldreichij*.

A quelques kilomètres au nord-est de Pergé, on désigne sur une colline rocheuse les ruines de la ville de Sullion, Syllium ou Sylleion, (Συλλιον ou Συλλουον) à côté de la rivière de ce nom; on y voit des restes de temples, de palais et un grand château avec colonnades, et muni d'une forte tour carrée de plusieurs étages.

Théâtre de Pergé.

Sur sa rive droite (à l'ouest) près du bourg de *Mourtana*, qui est à plus de 30 kilomètres de la mer, on voit les débris de la ville de Pergé, ou Perga, (Πέργη), où prêcha l'apôtre saint Paul. On remarque encore le théâtre grandiose formé de 17 rangées de gradins et aujourd'hui transformé en étable à chameaux; le château qui couronne le promontoire, et dans lequel se trouvait le célèbre temple de Diane Luci- Aujourd'hui ce lieu porte le nom de *Hissar-keuy*. Alexandre le Grand conquit cette ville après avoir soumis Asbendus, dont les habitants adoraient Men, dieu des mois ou de la lune, et Apollon Musagète, comme nous le témoignent les monnaies qui portent l'inscription : ΣΥΛ-ΛΙΕΩΝ, ΣΙΛΛΥΕΩΝ. Entre cette ville et Pergé se trouvent les villages de *Stauros*, de *Tchakallou*, de *Solak*, d'*Aghali-keuy*, etc. Plusieurs ponts anciens et nouveaux ont été jetés sur le fleuve.

A vingt-cinq kilomètres à l'est du Cestrus, coule le *Kueupru-tchaï*, l'*Eurimédon* des anciens; il descend des montagnes de la Pisidie et de la Lycaonie, au milieu de deux lacs, appelés aujourd'hui *Eguerdir* ou *Eyerdir* et *Beg-chéhir*, du nom d'un bourg. Le bord de la mer entre l'embouchure de ces deux fleuves est marécageux. L'Eurimédon était autrefois navigable : c'est dans ce fleuve qu'eut lieu le grand combat naval entre les Grecs et les Persans, sous le règne de Xersès, 466 ans avant J.-C. Quelques-uns disent que les Persans avaient 600 bateaux ou du moins 350; les Grecs n'avaient que 200 trirèmes. Cimon les rendit plus larges, en y ajoutant des ponts de planches, capables de recevoir un grand nombre de combattants : il put ainsi les lancer plus redoutables contre les ennemis. On connaît l'issue de la bataille.

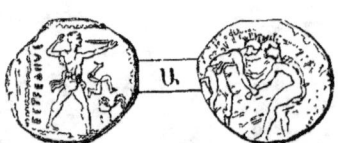

Ancienne monnaie d'Asbendus.

Cimon, vainqueur en un seul jour dans deux combats, qui avaient effacé sur mer la gloire de l'exploit de Salamine et sur terre celui de Platées, surpassa encore ses propres victoires.

Monnaie d'Asbendus.

Quel prêtre d'Armavir[1], aurait pu alors présager que 1700 ans après cet événement mémorable ce lieu tomberait sous la domination de Léon ? 280 ans après ce fameux combat naval,

40 bateaux Rhodiens se retirèrent dans ce golfe après un combat contre Annibal sur les côtes de Sidée. Sur la rive droite du fleuve à 12 ou 14 kilomètres, près du village de *Balkhize*, on voit les ruines de l'ancienne ville d'*Asbendos*, (Ἄσπενδος); selon l'opinion de quelques-uns, elle fut fondée par les Argéens; elle était riche et florissante et des bateaux de com-

Monnaie d'Asbendus sous l'empereur Maxime.

merce la fréquentaient. Sous les murs de cette ville périt Thrasibule, le vertueux et brave général des Athéniens, en 389 avant J.-C.,

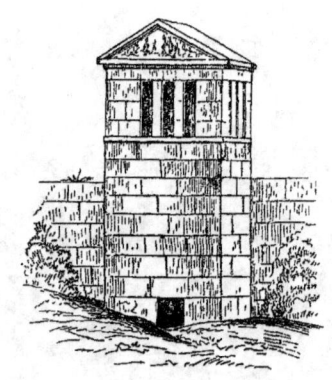

Tour parmi les ruines d'Asbendus.

après quoi la ville se rendit, pendant qu'Alexandre le Grand se disposait à l'assiéger.

Tout autour du sommet et aux flancs de la montagne on trouve de vastes espaces, couverts de monceaux de ruines, sur lesquelles on retrouve les traces du style romain, avec un

---

1. Première capitale de la Grande Arménie dans les temps héroïques, près d'Arax.

double rang d'arcades et de colonnes ; les aqueducs présentent le même style. L'espèce de château qui se trouve au sommet est d'un style grossier, l'agora est splendide ; le grand théâtre romain a 21 rangées de gradins ; il est resté presque entièrement intact, mais il n'a rien de remarquable.

Sur les monnaies anciennes où l'on voit la figure d'athlètes combattants, le nom de la ville est changé étrangement en *Estfétus*, ΕΣΤΦΕΔΗΥΣ. Au moyen âge cette ville fut appelée *Primoupolis* ou *Trimoupolis* (Πριμούπολις, Τριμούπολις). On remarque encore aux environs d'Asbendus des débris d'édifices anciens, comme aussi sur une colline pierreuse, des tours grecques et des colonnes.

A l'est, un peu au delà de l'embouchure de l'Eurymédon, coule une petite rivière près de grands amas de pierres. Beaufort, qui en 1812 traversa ce lieu, signale à un kilomètre de cette rivière, un village désert avec des maisons et une église. C'est dans les environs de cette contrée qu'il faudrait rechercher les restes de la ville de *Séleucie Pamphylienne*.

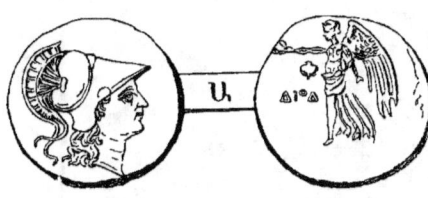

Monnaie de Sidé. [1]

A quelques kilomètres à l'est se trouvent au bord de la mer les ruines d'*Esqui-Atalia*, ainsi nommée par les Turcs. Au moyen âge les Italiens et les Grecs l'appelaient *Satalia Vecchia*, (Παλαιά 'Ατταλεία) ; c'est, selon les savants, l'ancienne et remarquable ville de Sidée (Σίδη), fondée par les Cuméens.

Hadji-kalfa qui cite le nom ancien, l'appelle *Seydi*. Les mythologistes croient que ce nom provient de *Sida*, femme d'Orion. Sur les monnaies de *Sidé* on voit souvent représentées les figures de Minerve, de Pallas, de la Victoire ou une grenade, comme on peut le voir dans nos reproductions ; et en effet *Sidi* en grec signifie pomme grenade. Les monnaies portent l'inscription ΣΙΔΗΤΩΝ, du nom des habitants ; quelquefois ce nom est associé à celui de Pergé, d'Attalie, etc ; d'où nous pouvons déduire que la ville de *Sidé* devait jouir d'une certaine renommée. Cependant on dit que les habitants oublièrent de bonne heure leur langue paternelle et qu'ils en inventèrent une autre spéciale. Ainsi que les habitants d'Asbendus qui étaient leurs ennemis, ils se rendirent à Alexandre le Grand.

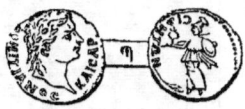

Monnaie de Sidé sous l'empereur Domitien.

Près du port de *Sidé* les Rhodiens remportèrent une victoire navale contre la flotte d'Antiochus le Grand, qui avait pour auxiliaire le fameux Annibal (186 avant J.-C.). Les pirates ciliciens y avaient établi le centre de leur commerce d'esclaves et de leurs pillages. Après sa soumission aux Romains, *Sidé* fut placée à la tête de la Première Pamphylie, et à l'introduction du christianisme, elle devint siège métropolitain[2]. Elle donna le jour, vers le milieu du IVe siècle, à Eustathe, évêque d'Antioche, célèbre dans l'histoire ecclésiastique, et au VIe siècle à Tripionanus, le grand légiste du règne de Justinien.

La ville est située sur une presqu'île et entourée de murailles, avec trois portes du côté de la mer et une quatrième du côté de la terre. Les remparts étaient très forts, construits avec art, et avaient presque douze mètres de haut ; ils étaient munis d'une double rangée de créneaux et de tours carrées, espacées de 65 mètres. La grande rue pavée, qui traversait la quatrième porte, aboutissait à une place publique carrée, d'environ 60 mètres de côté, entourée de deux rangées de colonnes, dont on ne voit plus aujourd'hui que les bases ; au milieu s'élève un grand piédestal qui supportait une statue

---

1. De belles monnaies de Sidé ont été trouvées en quantité, en 1845, c'est pourquoi leur valeur a diminué.

2. Dans la statistique ecclésiastique, le diocèse de Sidé a la priorité dans sa province.

colossale, et d'un côté on remarque un temple avec une porte ceintrée. Le plus remarquable entre ses monuments, est le grand théâtre, situé sur une pente ; il est à moitié creusé dans le roc et à moitié artistiquement construit en demi-lune ou fer à cheval ; le nir 15,000 spectateurs. Aujourd'hui le sol y est couvert d'amas de pierres et de buissons : on retrouve en creusant des restes de sculptures, et des statues ; l'édifice est presque entièrement intact, mais le proscenium est complètement démoli. Près du théâtre on voit les dé-

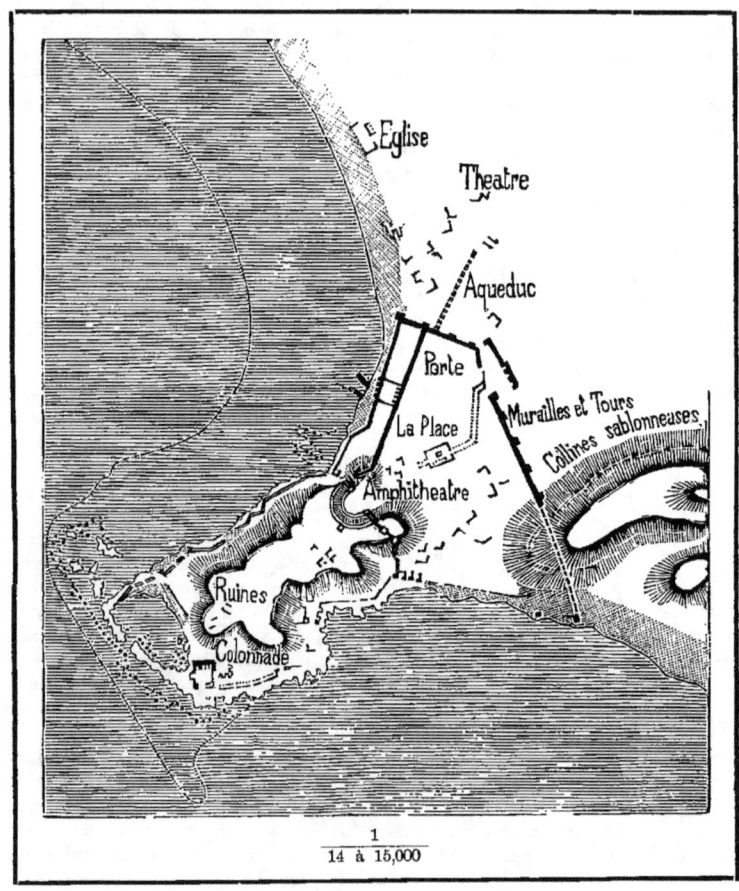

Plan de la ville de Sidé.

diamètre du pourtour extérieur mesure 130 mètres, et celui de l'intérieur 40 ; la bâtisse est haute de 25 mètres. On compte 49 rangées de gradins divisées en deux séries : celle d'en bas en compte 26, celle du haut 23, la plupart construits en marbre blanc poli ; il pouvait contenir bris d'un petit édifice rond, qu'on croit un observatoire, à cause des signes du Zodiaque qui y sont tracés. En face de la porte de la terre ferme, s'élèvent les restes d'un édifice en pierres polies et sculptées, et dans les amas de ruines on a trouvé des statues ; ce fut probablement un bain, car il y a un aqueduc un peu plus loin. De plus, les géographes turcs mentionnent à Sidé des bains connus sous le nom de Bains d'Orkhan.

A l'extrémité de la presqu'île, au nord-ouest, on avait construit deux ports, aujourd'hui presque comblés par les alluvions et le sable charrié par le fleuve. Pourtant une partie des constructions, formée de pierres massives soudées ensemble, est encore intacte. Beaufort pense que ces deux ports n'en formaient qu'un seul à l'origine, et ils devaient être assez vastes pour contenir toute la célè-

médon, on aperçoit sur une colline plate, les débris d'une autre ville appelée par les Turcs *Tache-chéhir* (ville en pierre); jusqu'à présent elle est restée inexplorée.

A deux heures de chemin, ou un peu plus, à l'est, les plages de la mer sont couvertes de buissons et de marécages qui infectent les environs durant l'été, aussi ces lieux sont-ils déserts; on y remarque cependant les ruines de plusieurs constructions anciennes, surtout sur les lieux élevés; de même on y voit l'emplacement du village de *Dolbazar*, qui se trouve, je crois, dans la vallée du *Ménougad*.

Aqueduc à Asbendus.

bre flotte des Sidéens. Il semble que cette ville fut peu à peu abandonnée par ses habitants, à cause du manque d'eau; car il n'y a aux environs de la ville, ni rivière, ni sources. On a copié plusieurs inscriptions grecques dans la ville; sur l'une d'elles, près de la porte du théâtre, on lit le nom de l'empereur Claudius Tibère.

Entre les ruines de Sidé, au nord-ouest, les ruines d'Asbendus, à l'est, et le fleuve Eury-

Ce fleuve est l'un des plus puissants de la Pamphylie et de la Pisidie; il est navigable à sa partie inférieure où il mesure 35 mètres de large sur 4 de profondeur; il se jette dans la mer à deux ou deux lieues et demie à l'est des ruines de Sidé. Ses eaux sont claires et rapides; autrefois il s'appelait *Mélas*. On voit sur ses rives les débris d'édifices anciens, et à quelques kilomètres de son embouchure une tour ruinée.

Sur la rive droite, on trouve le bourg de *Ménougad-bazar* ou *Manoughad*, et la douane ; sur la rive gauche, un château ancien d' une forme irrégulière, appelé *Ménougad-kaléssi* ; il est entourée de fortes murailles et de tours de diverses formes ; il n' a pour habitants que quelques Turcs qui y demeurent comme gardiens. Sur une plaque de pierre au nord du mur est écrit une maxime arabe : « Ne te » vantes pas de ta belle apparence ; moi » aussi j' ai passé par cette vaine illusion ; » le monde est ouvert et libre devant toute » classe humaine ». Je préférerais qu'on y eut découvert des souvenirs ou des inscriptions arméniennes ; car c' est un des châteaux qui sont indiqués par leur nom comme dépendant de notre roi Léon I. Au commencement du règne de ce prince, le seigneur de ce lieu était un certain *Mikhaïl*, d' origine grecque qui possédait encore Alar ; notre historien l' appelle *Manaughad* (Մանուղադ). Les bateaux chypréens peuvent remonter le fleuve encore au delà de cette bourgade ; il a en cet endroit environ deux mètres de profondeur et plus de 60 de large.

On désigne dans la vallée supérieure du fleuve, le bourg de *Marla*, à l' ouest du lac *Soghla* et au sud de la ville *Sidi-chéhr*. Sur sa gauche (à l' est), le Manoughad reçoit comme affluent un torrent descendant d' un vallon étroit ; on y a jeté un pont, restauré depuis avec de vieilles pierres taillées : les Turcs lui ont donné le nom de *Késsig-keupru* (pont coupé). A une petite distance d' ici on voit la rivière *Névrit-sou*, dont le lit est marécageux vers son embouchure ; sa partie supérieure est rocheuse. Un peu plus loin, à l' est, coule la rivière *Karpouze-ermak*, près de laquelle, presque au bord de la mer, on voit le village *Tchavouche-keuy*.

A l' est s' étend une belle vallée avec une enceinte de collines arrondies ; en passant de ce lieu au vallon rocheux, on rencontre le ruisseau *Alara* qui descend des pentes du *Gueuk-dagh* et se jette dans la mer à quelques kilomètres de l' embouchure du premier ; un pont de bois jeté sur cette rivière, relie le village de *Kara-kaya*, sur la rive droite, au bourg d'*Alara* sur la rive gauche (*Allar* selon les voyageurs européens). On remarque près de ce bourg les ruines d' anciens édifices carrés ; sur la rive droite du fleuve, au sommet d' un roc escarpé, au milieu d' un bois verdoyant, se dresse la forteresse d'*Alara-kaléssi*, ainsi appelée aujourd' hui, et déjà mentionné par notre historien.

Ce château, comme nous l' avons déjà dit, appartenait à Mikhaïl, maître de Manaughad, un des barons liges du roi Léon ; mais ce personnage, ainsi que le château, n' est cité dans notre histoire qu' une seule fois. Aucun souvenir ancien relatif à sa construction : les Turcs l' attribuent au sultan Alaïeddin, confondant peut-être ce château avec celui d' A-laya. Les alentours d' Alara sont très pittoresques et très fertiles, les palmiers mêmes y croissent. Les produits des champs sont le coton, le tabac, le sésame, le maïs. Parmi les plantes à haute futaie, on voit l' olivier, le chêne, le laurier, le laurier-rose, etc. Dans les bois abondent les sangliers. C' est dans ce bourg qu' en 1845, (19 octobre), séjourna le Comte de Pourtalès.

Près du bourg et de la mer, quelques voyageurs citent les ruines d' une forteresse qu' ils appellent *Yelan-kaléssi* (Château du serpent) : je ne sais s' il faut l' identifier avec celui d' Alara ou s' il s' agit d' un autre château. A l' est d' Alara, se trouve *Indjir-keuy*, (Village aux figues).

A l' est de la rivière d' Alara, il y a un bras de terre couvert de broussailles qui s' avance dans la mer, les Turcs l' appellent *Kara-bouroun* ; c' est le *Promontorium Leucotheum* des anciens, *Leucolla*, selon Pline, où l' on avait élevé un temple à Leucothée, divinité de la mer. Selon la mythologie grecque, Ino, fille de Cadmus et d' Harmonie, s' était jetée à la mer, pour échapper à la fureur de son mari Athamas, et avait reçu des dieux le surnom de Leucothée, c' est-à-dire toute blanche.

Près du promontoire, à l' écart d' autres rochers, s' élève un îlot plat d' une longueur de 270 mètres ; il dépasse à peine de quelques pieds le niveau de la mer, et en est quelquefois recouvert durant la tempête, au dire des habitants des alentours. On y remarque des fondements d' édifices et de vieux murs.

Un peu à l' ouest de Leucothée se trouvait *Cibyra*, chef lieu du petit district maritime des Cibyriens, (ἡ Κιβυρατῶν παραλία τῶν μικρῶν). Il y avait encore un autre district plus grand dans l' intérieur, et tout près duquel, à l' ouest, s' élevait un temple dédié à Diane ; aujourd' hui on le suppose sur le bord de la rivière *Dalamon*, près de laquelle se trouve le village de *Hordzoum*. Sous les Byzantins, cette région de la Pamphylie, avec les lieux limitrophes au nord, était un grand diocèse (ou une vaste province) portant le nom de *Cibyréens*, en latin *Cibyratica*.

A deux lieues ou plus encore, à l'est du promontoire de Leucothée, on en voit un second identifié avec le cap *Ptolémaïs*, (Πτολεμαΐς) des anciens ; on y trouve, avec beaucoup d'autres ruines de monuments, des traces de constructions cyclopéennes. De deux côtés on avait formé des rades pour les bateaux ; aujourd'hui les remparts ruinés se voient sous les eaux et empêchent l'entrée des navires. Certains voyageurs croient que l'emplacement de Ptolémaïs se trouvait dans l'intérieur de la terre ferme, et que sur les plages de la mer se trouvaient celui d'*Augae* et d'*Aunesis ;* toutefois ces lieux restent mal connus ; on n'indique aucun village près des bords de la mer en deçà d'Alara, si ce n'est *Yurouk-keuy* et *Afcharlar,* sur les rives du *Karga-tchay* (Rivière au corbeau), qui forme un vallon profond entre Alaya et Alar.

Un peu plus à l'est, Tchihatcheff indique une autre rivière qui se jette dans la mer et s'appelle *Erdgine ;* un autre auteur lui donne le nom de *Kerdize ;* sur les bords de ce cours d'eau on voit une élégante construction ancienne. Un peu plus à l'est, se trouve l'embouchure de la rivière *Djin-tchay,* près de laquelle on remarque dans une vallée ovale les restes d'anciens monuments.

Les côtes de la mer sont très découpées et forment une quantité de petits ports naturels, l'un de ces derniers s'appelle *Aï-Nicolas ;* les Italiens au moyen âge l'appelaient *San Nicolò* et c'était sans doute alors un port très commerçant.

Hamaxia ou *Anaxium,* (Ἀμαξια) petite ville maritime avec un bon port, d'où on transportait du bois de pins pour la construction des bateaux, se trouvait à peu de distance à l'ouest d'Alar ; on a retrouvé des monnaies de bronze de cette ville, avec l'inscription ΑΜΑΧΙΩΝ et l'effigie d'une jeune tête et un triangle formé par des bâtons.

Beaufort qui a visité ces lieux, dit dans son récit : « Et comme nous nous approchions » d'Alaya, nous traversâmes plusieurs villages, » châteaux et églises, quoique tous ruinés et » déserts ; ils étaient apparemment de cons- » truction récente, et le rapide appauvrisse- » ment de cette partie de l'empire turc était » un spectacle frappant ».

Sanudo, dans sa description des plages de la mer, de Satalie jusqu'à Candélor (Alaya), compte 70 milles, et mentionne entre ces deux villes, le rocher de *Saint Phocas* (*Scolium Sancti Fochæ*) ; mais sur sa carte, au lieu du rocher Phocas, il marque deux autres localités, *Saint Grégoire* et *Saint Nicolas :* ce dernier sera sans doute celui dont nous avons parlé. Quelques voyageurs du moyen âge placent Saint Grégoire à l'endroit où s'élevait la petite *Cibyre ;* quant à la Grande, un fort tremblement de terre l'avait déjà ruinée dès l'an 417 (20 avril).

2. PAYS DE SIR ADAN.

La seconde et principale partie des plages occidentales de la Cilicie, s'étend des frontières de la Pamphylie, c'est-à-dire, du sud des monts Imbar et du cap de Coracésium, jusqu'au cap Sarpédon, aux frontières de la Séleucie. Elle occupe l'espace moyen le plus vaste et le plus méridional de cette terre, qui en forme d'arc s'enfonce dans la Méditerranée et elle est elle-même le point le plus méridional de toute l'Asie Mineure.

A deux ou trois lieues au sud-est du promontoire de Leucothée, on en trouve un autre plus grand, en forme de presqu'île, qui sépare la Pamphylie de la Cilicie Pierreuse, et marque le commencement de cette dernière ; c'est le cap *Coracésium* (Κορακήσιον). Ce nom paraît provenir d'une racine arienne, *Corax* ou *Corak.* Les monnaies anciennes portent avec les effigies impériales le nom des habitants de la contrée, ΚΟΡΑΚΗϹΙΩΤΩΝ. Le pays est remarquable par sa position et par sa beauté naturelle ; nous rapportons ici les propres paroles de l'amiral Beaufort, voyageur anglais :

« The promontory of Alaya forms a natur- » al fortress, that might be rendered impregn- » able, and the numerous walls and towers » prove how anxiously its former possessors » laboured to make it so. It is separated from » the adjacent mountains by a broad plain, » and a low sandy isthmus, from which it » abruptly rises. Two of its sides are cliffs of « great height, and absolutely perpendicular, » and the eastern side, on which the town is » placed, is so steep, that the houses seem to » rest on each-other. Its present importance, » however, is not great, though the capital of » a pashalik : the streets and the houses are » miserable ; there are but few mosques, and » they are very mean ; there were no signs of » commerce ; nor can the population exceed fif-

» teen hundred, or two thousand at the al-
» most. The bay is open to southerly winds;
» the anchorage is indifferent; and there is
» no harbour or pier. But, wherever the ind-
» ustrious colonists of ancient Greece formed
» a maritime settlement, they endeavoured by
» art to supply the deficiencies of nature;
» and it is not probable that a place of such
» strength and consequence should have been
» destitute of some shelter for its vessels. The
» situation in which a mole might have been
» placed was obvious; but it lay so immediate-
» ly in view from the houses, that a scrup-
» ulous anxiety not to give offence to the
» peevish prejudices of the inhabitants, re-
» strained me from searching for its remains.

» schistus base rises up from beneath the lime-
» stone ».

Il faut noter dans ce passage de Beaufort que s'il n'a pas osé trop s'approcher du port pour examiner ces débris, ce fut parce qu'ils étaient très proches des maisons, ce qui lui fit craindre de faire naître les soupçons des habitants.

La mer semble vouloir se jouer du travail persévérant et courageux des hommes qui ont élevé sur des fortifications naturelles des forteresses redoutables; elle a creusé par les coups continuels de ses vagues, des antres et des cavités, au pied de ces masses de roc, comme si elle voulait en faire un séjour pour les nymphes

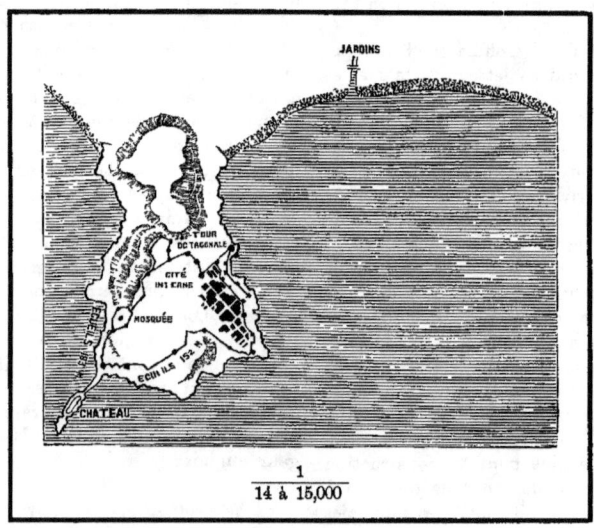

Promontoire de Coracésium-Alaya, et plan de la ville.

» The cliffs of Alaya are from five to six
» hundred feet high above the sea, and con-
» tinue equally perpendicular to sixty or sev-
» enty feet below it. At a little distance
» from the shore they are lost under the
» lofty mountains of the interior; but close
» in, they have a magnificent appearance.
» They consist of a compact white limestone,
» tinged by a red drip on the outside; thus
» agreeing in character with the rocks to the
» westward of the gulf of Adalia: on the
» north side of the promontory the brown

ou les dieux de la mer, selon l'expression d'un voyageur. Le rocher est encore couronné par les ruines de murs cyclopéens et des débris de colonnes; mais on n'y trouve aucune inscription grecque. Celui qui le premier pénétra dans ces parages et y éleva des places fortes nous est inconnu. L'histoire mentionne qu'Antiochus, roi des Syriens, assiégea cette forteresse, mais il ne réussit pas à s'en emparer, à cause de l'opposition des Rhodéens. Le rebelle Triphon s'y réfugia quelque temps (144 av. J.-C.). Les pirates de la Cilicie abritaient aussi leur bateaux sous les murs de ce repaire ; et c'est de là qu'ils s'élançaient le plus souvent sur les navires de passage ; toutefois ils ne purent résister bien longtemps à la force romaine de Pompée, et c'est ici, sous les rochers de Coracésium, qu'ils furent entièrement anéantis (65 av. J.-C)[1].

Il serait intéressant de savoir à qui appartenait ce château durant le règne de Léon, dans la liste des châteaux et de leurs seigneurs présents à son couronnement, ni ailleurs, pas plus sous le nom de Coracésium que sous celui d'*Alaya*, comme on le nomme aujourd'hui, ou sous les divers noms que lui donnaient les commerçants italiens et les marins au moyen âge : *Candélor, Calandros, Scalandros, Calanders*, quelquefois *Castel Ubaldo* ou simplement *Baldo*. Je suis persuadé de

Alaya — forteresse et tour.

alors que la domination de ce prince s'étendait sur tous les parages maritimes jusqu'à Attalie. Nous ne le trouvons pas mentionné l'identité de Calandros avec le *Calonoros* des Arméniens. Daniel Heguémon, voyageur russe écrivait en 1106-7 : « Il y a 100 verstes d'An-

---

1. Dans cette bataille dix-mille pirates furent tués, et vingt mille emmenés captifs ; leurs 1200 bateaux furent détruits et 120 stations maritimes subjuguées ; tout ceci fut exécuté en cinquante jours. Sur terre les pirates avaient à peu près quatre cents forteresses, dont quelques-unes furent soumises par Servilius Puplius, d'autres par Pompée et Cicéron ; mais plusieurs durent rester aux mains des barbares.

» tioche à Laodicée », après quoi il cite Antiochette, puis *Galinoros* ou *Ganinoros*, *Mauronoros*, Satalie, etc.

Les écrivains accrédités qui rapportent les faits et gestes de Léon le Grand, nous informent que cette forteresse appartenait à Sir Adan, le premier et en même temps le chef des barons du royaume, qui fut aussi bailli, et que Léon, vers la fin de sa vie, nomma tuteur de sa fille Zabel, princesse héritière, en lui donnant pour assistant un deuxième bailli, Constantin, son frère de lait. Sir Adan, vu l'importance de ses fonctions, devait avoir un patrimoine plus vaste que celui des autres barons ; en effet, selon l'historien royal, « Il » était maître de *plusieurs châteaux et provin-* » *ces* de la Séleucie jusqu' à *Galonoros*, et la » contrée s'appelle encore maintenant *Pays de* » *Sir Adan* ; il était Sénéchal des Arméniens ». Nous conservons aussi pour ces plages maritimes, cette appellation de Pays de Sir Adan, comme une tradition nationale.

Lorsque l'historien nous affirme que la suzeraineté de Sir Adan s'étendait *jusqu' à* Galonoros, il est vrai qu'il ne dit pas si cette place doit être prise inclusivement; cependant il ne l'attribue à aucune autre personne de différente nationalité. Suivant le même historien et son continuateur Sempad, le maître de ce lieu et d'autres châteaux était *Kir-Vart*, fils ou petit-fils de ce même Adan; évidemment ce dernier lui avait passé ces lieux de son vivant. Après la mort de Sir Adan (survenue peu avant celle de Léon), durant les troubles de l'interrègne qui précéda l'avènement de Héthoum, Alaïeddin, nouveau sultan d'Iconium, trouva les circonstances favorables, et selon Sempad, il « ravit le château de Golo- » noros, à Kir-Vart, petit-fils de Sire Adan, » et demanda la main de sa fille ; mais la » jeune fille ne put vivre en paix avec lui à » cause de la différence de leurs religions ». Il est à regretter que l'on n'ait pas davantage de détails sur ces faits, ni une connaissance plus certaine de ce château de Galonoros, (beau mont, καλόν ὄρος, en grec). La confrontation des récits des historiens arabes et turcs avec ceux des nôtres, nous offre la conviction de son identité avec Alaya. Les premiers affirment que Kéikobad-Alaïeddin y éleva une ville et lui donna son nom, qu'elle porte encore de nos jours, (sans la terminaison *eddin*) لاية. Le sultan y avait amassé ses trésors[1] ; il y habitait souvent, de même son fils Ghiatheddin, qui y mourut. Notre historien rapporte ce fait : « Pendant que ses soldats as- » siégeaient la ville de Tarse, dit-il, (en 1246), » il se trouvait à Galonoros dans son château, » et s'enivrait ; tout à coup il s'écria : - A moi ! » à moi ! - et il mourut. » — Son frère s'empara du trône d'Iconium, et le fils de Ghiatheddin, son héritier légitime, encore tout jeune, se contenta du sultanat d'Alaya. Ses successeurs en firent un port pour leur armée navale.

Laissons les étrangers pour revenir à notre histoire nationale. Que nous serions heureux de découvrir l'époque de l'établissement des Arméniens dans une place si forte et si remarquable, et de connaître mieux Sir Adan, qui laissa son nom à tout ce territoire ! Quelques européens, versés dans la langue arménienne, ont supposé Adan d'origine française, car on trouve mentionnées durant les Croisades, des seigneurs français du nom d'Adam, qui traversèrent la Syrie et l'Arménie ; mais notre historien Cyriaque, rapporte que, *celui-ci était grec de religion* : il n'était donc ni Latin, ni grec, mais arménien de rit grec. Son nom aura probablement été transformé par les Grecs, mais en réalité on devrait écrire *Adom*, comme le fait Sempad. S'il était maître d'un si vaste territoire, les empereurs byzantins devaient le lui avoir laissé comme héritage de famille. Mais qui pouvaient être ses ancêtres, sinon les descendants royaux de Sennachérib[2] l'Ardzerouni, qui avaient émigré de Vaspouracan et étaient venus s'établir avec une colonie aux alentours de Sébaste. Traqués et persécutés par les Grecs, une partie put résister, une autre se soumit au rit de leur église ; or nos historiens les appellent tous grecs, sans distinguer la confession de la nationalité ; comme le fait l'historien royal pour un certain Baron Sempad, qu'il dit pourtant de la famille du père du roi Héthoum. Le même historien cite encore d'autres barons dont le nom est évidemment arménien ; pourtant il les dit Grecs, (on confondait déjà la confession

---

1. Un historien d'Occident dit pour ces trésors du sultan : « Est autem in ejus regno fortissimum ca- » strum quod *Candelaria* dicitur, ubi thesaurus ejus: » et dicitur quod ibi sunt sexdecim pythaciæ plenæ » auro depurato in ipsis liquato, exceptis lapidibus » prætiosis et pecunia multa nimis. Hæc autem om- » nia per Francos acquisivit «

2. Pays situé autour du lac de Van.

avec la nationalité et la langue, et on déterminait la nationalité par la confession). Avant sa conquête par les Roupiniens, cette région était probablement gouvernée par les Adoméens; leurs parents, les Abelgharibiens, possédaient la troisième partie de la Cilicie Maritime, c'est-à-dire Tarse et la région montagneuse, et avaient pour voisins et alliés les Héthoumiens et les Nathanaëliens. Michel le Syrien rapporte, « qu' à la fin du XI° siècle, durant

core les forts de Sainte Sophie, de Joudapé ou Yudapé, de Naghlon et de Cotrate.

En 1340, lorsque la dynastie des Roupiniens touchait presque à sa fin, le célèbre géographe arabe Ibn-Batouta arriva à Alaya : il appelle cette ville, le commencement du territoire des Grecs, et l' une des parties les plus belles de la terre, où le Seigneur a amassé les diverses délices des autres pays. Les habitants sont, dit-il, beaux, très propres

Vue de la ville d' Alaya.

» le règne de l' empereur Basile, la famille
» royale des Arméniens émigra du département
» de Vaspouracan; peu à peu sa puissance
» diminua, à cause de la perfidie des Grecs,
» et elle finit par être considérablement affai-
» blie. Cependant elle passa dans le territoire
» de la Cilicie et s' empara de plusieurs pro-
» vinces avec leurs châteaux et places fortes ».
On cite comme du domaine de Kir-Vart, non seulement le château de Galonoros, mais en-

dans leurs vêtements, très délicats dans leur nourriture, et doux de caractère. C' est à eux que s' applique le dicton suivant : « La bé-
» nédiction dans la Syrie, la bonté dans le ter-
» ritoire des Grecs ». Les hommes et les femmes sont hospitaliers et honorent les étrangers; les femmes ne se couvrent pas avec un voile. Après quoi, le voyageur s' étonne de l' habitude des habitants de ne cuire le pain que tous les huit jours, ainsi que de préparer les

différents mets. On lui apporta à manger encore chaud et on lui dit: « C'est un don que te font les femmes ». Il décrit la ville au bord de la mer, la dit vaste, habitée par les Turcomans et fréquentée par les commerçants d'Alexandrie, du Caire et de la Syrie. On y fait un grand commerce de bois de construction, qu'on transporte à Alexandrie et à Damiette, et de là dans toute l'Égypte. A l'extrémité supérieure de la ville se dressait une forteresse imtan du lieu était *Youssouf*, fils de Karaman; son palais était à dix-huit kilomètres, sur une colline près de la mer. Lorsque le voyageur lui fut présenté, Youssouf était assis, à ses pieds se trouvaient les émirs et les officiers, et les soldats étaient rangés à sa droite et à sa gauche; le voyageur fut honoré de plusieurs cadeaux et partit pour Attalie.

A cette époque Alaya était très fréquentée par les commerçants européens, les Vénitiens

Forteresse d'Alaya.

prenable et magnifique, bâtie par le sultan Alaïeddin-er-Roumi; le cadi de la place à cette époque était Djélal d'Erzenga, avec qui il fit ses prières dans le château. Il cite encore Chemseddin, fils d'Arrédjihan, fils d'Alaïeddin, qui mourut à *Melli;* le seigneur ou sul-
et les Génois, les Catalans et les Majorquins[1] d'Espagne et les Lombards. Ces derniers l'auraient appelé *Castello Lombardo*, *Castrum Lombardum*, mais certains auteurs placent plus loin le lieu connu sous ce nom. De même le nom d'*Ubaldo* que l'on donnait quelquefois à la

1. En 1300, on trouve mentionnés des marchands de la Majolique, qui avaient un bateau appelé le *Saint-Jean*, et qui fréquentaient Alaya; ils y apportaient des marchandises de Chypre.

ville, est lombard : évidemment cette ville était tombée sous la puissance des Lombards : une de ses mosquées a dû à l'origine servir d'église. Les Lombards firent un dernier effort en 1471-3 ; ils occupèrent les plages de la mer et soutinrent les Karamans contre les Turcs ; mais lorsque ces derniers eurent vaincu les Persans, les Occidentaux se retirèrent. Alors (1471) le célèbre Guédig-Ahmed-pacha fut envoyé pour conquérir Alaya, où dominait *Klidj-Arslan*, de la famille des premiers sultans d'Iconium: celui-ci se soumit et fut conduit au sultan des Turcs, qui lui accorda un lieu d'habitation, mais quelque temps après il s'échappa en Egypte. Les 300 soldats, que Jacques, roi de Chypre, avait envoyés pour la défense de la ville, furent réduits en captivité.

La position d'Alaya est très pittoresque : les petites maisons de bois grimpent le long de la pente escarpée, séparées par des ruelles parallèles : chaque rangée de toits sert de terrasse aux maisons de la file supérieure, et la ville, selon l'expression d'un voyageur, s'étage ainsi, comme un troupeau de chèvres accrochées aux aspérités d'un roc. Les rayons d'un soleil de feu y dardent pendant l'été, tandis que l'hiver souvent des tempêtes effroyables y mugissent. Il n'y a rien de remarquable dans la ville, et le château est presque désert. Les voyageurs européens dans les premières années de notre siècle n'y aperçurent que deux canons. Les mosquées sont peu nombreuses et petites, à l'exception de celle qui était autrefois une église. Les remparts ruinés sont formés de pierres massives, de même que la porte. De nos jours on a construit une dizaine de maisons au milieu de grands figuiers.

Parmi les habitants d'Alaya, on compte environ 1,500 Turcs et 500 Grecs. La ville sert de résidence à un pacha. Près du port on a élevé une large tour octogonale appelée *Kisil-kalé* ; elle a un diamètre de 30 mètres, et une hauteur à peu près égale. On y trouve encore un souvenir d'Allaïeddin : une inscription arabe en deux lignes, sous un chapiteau corinthien, avec des sculptures de fleurs et une tête ailée.

Les botanistes modernes citent aux environs d'Alaya entre autres produits, le *Vitis orientalis*, le *Silene Oreades*, le *S. Heldreichij*, le *Gypsophila serpilloides*, le *Cerastium macranthum*, le *Lathyrus Stenophyllus*, la *Valerianella obtusiloba*, le *Pyrethrum fructiculosum*, le *Chamæpeuce alpini*, l'*Alkanna*, *macrophylla*, le *Verbascum stenocarpum*, l'*Ayuga bombycina*, la *Philipæa axyloba*, etc.

A six kilomètres au nord d'Alaya, sur une haute colline conique, on voit les ruines d'une ville fortifiée, celles d'un joli temple, des sculptures et des inscriptions, qui n'ont cependant pas fait découvrir le nom de la ville. Plusieurs croient y retrouver *Laërte* (Λαέρτης), où naquit Diogène ; car les anciens géographes la posent près de Coracésium au nord, et la description de Strabon offre de la ressemblance avec la colline où sont ces ruines.

A quelques lieues à l'est d'Alaya, Beaufort remarqua les ruines de huit villes et villages, analogues à ceux de l'ouest ; presque tous au sommet de collines plates et entourés de faibles murailles. Dans plusieurs, on trouvait des maisons encore debout, avec des ornements en rouge, et des pierres de taille enchâssées dans les murs des maisons même les plus ordinaires ; ce qui indiquait qu'elles avaient été bâties sur des villes plus anciennes. Une de ces localités est à vingt kilomètres à l'est d'Alaya, sur une colline plus haute et difficile à gravir ; selon les géographes anciens, elle doit être la ville de *Syedra* ou *Sydrée*, (Σύεδρα), dont le nom a été conservé jusqu'aujourd'hui pour la rivière et le village de *Sédra*. Cette ville de Syedra fut un des sièges épiscopaux de la province de Pamphylie. Dans notre division, nous la considérons, ainsi que d'autres auteurs, comme actuellement en dehors de la Pamphylie : d'ailleurs les frontières des deux pays, de Pamphylie et de Cilicie, ne furent jamais fixes, et les savants mêmes ne sont pas d'accord.

Entre les villes de Laërte et de Syedra, on indique plusieurs rivières : à l'embouchure de l'une d'elles se trouve le village de *Navli*, à 120 stades de Sélinte, suivant un auteur ancien ; ce doit être sans doute le bourg ou le château de *Naghlon*, dont le seigneur était Kir-Vart, que nous avons déjà cité comme possédant encore le château de *Yotapée*.

Les savants modernes indiquent à l'est de Syedra, les ruines de la ville de *Yotapée*, (Ιωτάπη) : suivant nos anciens auteurs elle était près de Sélinte. On y trouve aujourd'hui des monnaies de cette ville frappées du temps des empereurs Philippe et Valérien, avec l'inscription ΙΩΤΑΠΕΙΤΩΝ. On croit qu'elle fut ainsi appelée du nom d'une reine qui était à la fois sœur et femme d'Antiochus IV, roi des Comagéniens, dits aussi Euphratéens. Leur fille Youtape épousa Alexandre, fils de *Tigrane*, de la famille des Hérodes. Je ne sais par quelles relations avec les Arméniens, ce nom de Tigrane étaite ntré dans leur famille. Les empereurs romains avaient accordé à ces derniers (Alexandre et Youtape) la principauté des lieux que nous sommes en train de décrire[1].

Quelques-uns pensent trouver dans ces parages le Château des Lombards, que nous avons nommé plus haut; mais les lieux les plus importants pour nous, sont les châteaux de *Naghlon* et de *Youtape*, car c'étaient les places les plus à l'ouest parmi les possessions des Arméniens de Sissouan.

Youtapée, reine des Euphratéens.

Youtapée la Jeune et Alexandre, fils de Tigrane.

Outre ces deux châteaux, Kir-Vart possédait encore le château de *Sainte-Sophie*, dont la position m'est entièrement inconnue: toutefois il ne devait pas être loin des précédents, ni de Calonoros.

Près de Syedra et de Youtapée passent les rivières qui descendent des monts Imbarus. La première s'appelle *Dim-tchay*, suivant Tchihatcheff; son cours est très rapide; on y a construit un pont de pierre. Derrière cette rivière se dresse la montagne *Djébel-Réis*, et l'on aperçoit plusieurs débris d'édifices anciens sur les collines des environs. La deuxième se nomme *Thestel-tchay* (?); la troisième, un peu plus loin, *Thédéré-tchay* ou *Carkidjag?* Le cours de cette dernière est plus fort et son lit plus large: l'espace qui les

sépare est sabloneux et couvert de ruines de monuments anciens. La quatrième est le Sidaré : après vient un petit ruisseau qui forme un étroit vallon couvert de verdure, près duquel on voit *Imamlou*, village de la province Itch-éli, et à l'ouest un autre village maritime appelé *Dumalan*. A l'est de ces deux villages, coulent le *Boutchak* ou *Délidjé* et le *Kutchuk-tchay* ; ces deux ruisseaux forment des vallons étroits au milieu de rochers escarpés où logent des oiseaux de proie et des aigles.

Près du dernier de ces ruisseaux coule le *Séléndi-sou*, qui passe près du village du même nom à une demi-heure de la mer. On remarque près de là les ruines de l'ancienne *Sélinus*, Σελινοῦς, dont les habitants sont appelés *Selinontins* (ΣΕΛΙΝΟΝΤΙΩΝ), sur les monnaies. Les ruines de cette ville couronnent un pro-

Monnaie de Sélinus.

montoire escarpé, dont le château d'un aspect morne, surplombe verticalement la mer. L'extrémité occidentale du rocher est séparée par une muraille, munie d'une tour à chacun de ses angles ; elle descend du château jusqu'à l'embouchure du fleuve; au delà des murailles on voit des traces d'anciennes maisons ; et entre le pied de la colline et la rivière, on remarque les ruines de quelques vastes constructions dont la plus remarquable est un édifice massif, voûté et carré, presque de 70 pieds long sur 50 de large. Un escalier étroit parallèle au mur conduit à une plate-forme, sur laquelle on ne voit point de ruines, mais tout porte à croire que cette construction fut autrefois l'emplacement d'un édifice splendide, dont il ne reste que des fragments de colonnes habilement travaillées. Un autre monument de construction postérieure était sans doute joint à l'autre; on en voit encore les

---

1. Visconti, *Iconographie grecque*, III, 223.

restes, et sur l'une des façades on déchiffre l'épitaphe d'un certain Christion, fils de Rhestus. On remarque encore d'autres monuments funéraires, et un édifice carré près de la rivière, ayant de chaque côté une rangée de 30 colonnes brisées, et dont le péristyle mesure presque 255 pieds de diamètre. Plus en aval de la rivière on trouve les restes d'un petit théâtre, de bains et d'un long aqueduc ruiné, dont les arches traversent la rivière et aboutissent à une colline : sans doute l'eau de la rivière n'étant pas bonne, parce qu'elle passe au milieu de sédiments calcaires, on en aura fait venir de loin. Parmi ces ruines on pourrait peut-être retrouver le mausolée en l'honneur de l'empereur Trajan, qui, selon plusieurs tanes, de lauriers-roses, de citronniers, d'orangers, de palmiers, de différents arbres fruitiers et de vignes avec des raisins à gros grains et très doux, dont se nourrissent les oiseaux, surtout les faisans. Au milieu des jardins et des vignes, apparaissent plusieurs maisonnettes blanches ; leur position et la beauté du panorama ont fait comparer ces lieux, par un explorateur, aux plages admirables d'Amalfi près de Naples. C'était aussi l'avis de Corancez : de même le sobre Beaufort frappé de la beauté de ce spectacle, écrit, après l'avoir vu pour la première fois : « The evening was clear, and » this spot afforded a beautiful prospect. We » could trace the coast that had been already explored, to an immense distance ; the

Sélinus = Trajanopolis.

auteurs, mourut dans cet endroit, en 117 : de là le nom de *Trajanopolis* donné depuis à la ville : cependant dans la statistique ecclésiastique un des diocèses d'Isaurie ou de Pamphylie s'appelait siége de Sélinus. Il est certain que les cendres de l'empereur furent transportées à Rome, où il fut enterré sous la magnifique colonne qui aujord'hui encore porte son nom. Dans cette vallée de Sélinte, sur la rive droite de la rivière, il y a encore les villages d'*Ekmék-kuey* de *Madjar-kuey* et de *Bazardjik*.

Toutes ces localités, qui se trouvent entre la mer et les monts de marbres blancs ou noirs de la Cilicie Trachée, sont très agréables et très fertiles. Le sol est couvert de myrtes, de caroubiers, de figuiers, de lentisques, de pla-

» plain, with its winding rivers and ruins, » was spread out like a map at our feet and » behind all, a prodigious ridge of mountains, » whose black sides, having already lost the » evening sun, formed a singular contrast » with their snowy tops. We had also a distinct view of the island of Cyprus rising » from the southern horizon, though not less » than seventy miles distant ».

Beaufort remarqua encore au sud-est du rocher sur lequel est bâtie la ville, plusieurs tombeaux avec des inscriptions grecques, dont quelques-unes sont enrichies de bas-reliefs et de lettres rouges de forme ancienne. On y voyait encore des sarcophages voûtés, et dans l'un il y avait une niche qui portait un buste d'homme et un lion, et entre les deux, une inscription. Il trouva aussi les monuments élevés par un certain Julius Céler et celui de Julienne de Brimille et de sa famille. Quelques géographes placent dans ce lieu le château des Lombards.

La rivière la plus proche à l'est de Sélinte, est un affluent du fleuve *Délidjé*. Sur les bords de cette rivière on rencontre *Guné*, village de 25 ou 30 maisons, entouré d'orangers et de citronniers: des ruines d'édifices anciens y forment des amas considérables. C'est probablement la ville d'*Antioche sur le Crague*, Ἀντιοχεία ἐπὶ Κράγῳ, *Antiochia ad Cragum*. Les anciens rapportent qu'elle était située entre Sélinte et Karadre, sur un rocher appelé Κράγος, haut de 300 pieds. Au milieu de ces ruines on voit des colonnes massives de marbre rouge, hautes de 12 pieds, et un rocher carré,

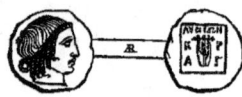

Monnaie de Crague.

dont le sommet est fortifié et surplombe la mer; des escaliers taillés dans le roc conduisent à la porte du château. Sur un autre rocher on voit une cavité profonde et un aqueduc, qui devait servir au ravitaillement des bateaux.

Jusqu'au commencement du règne de Léon, cette ville resta aux mains des Grecs: les Italiens d'alors lui donnèrent le nom d'*Antiochetta*: lorsque Léon s'en empara, il le avait pour seigneur *Kir-Sag* (Sir Isaac), d'origine grecque, dont dépendaient encore Malva et Sig. Un certain Kanaki, pirate grec, vint lui demander un bateau armé, avec lequel il se rendit à Chypre. La reine des Lusignans et ses fils, se trouvaient sur les bords de la mer pour y passer la saison des bains; il s'en empara et les conduisit à cette Antioche. A peine Léon eut-il connaissance de cet événement, qu'il obligea, même par des menaces de mort, le prince Kir-Sag à rendre la liberté le plus tôt possible aux illustres captifs et à les conduire à Corycus, où il s'empressa d'aller lui-même; de là il invita le roi Amaury à venir y chercher la reine.

Corycus resta sous la domination des Arméniens jusqu'à la moitié du XIVᵉ siècle. Sanudo étend les frontières du territoire des Arméniens de cette ville d'Antiochette jusqu'aux monts Amanus [1].

Les géographes anciens citent près de Crague la ville d'*Anticrac*; quelques-uns la disent dans la Cilicie, d'autres en Lycie. Vu la ressemblance des noms, je cite ici la *Cragga* ou *Cracca* arménienne; des mémoires récemment découverts, nous indiquent que cette Cragga se trouvait vers les régions montagneuses de l'intérieur de la Cilicie. Il y a même deux Cracca; la seconde porte le nom de *Cragga inférieure* ou *Crac*, près de la rivière Paradis. La première s'appelle bourg ou ville; elle fut dévastée en 1254 par Islam-beg, turcoman de la tribu des *Afchars*, qui l'incendia et emporta grand nombre de captifs. Peu de jours après il mourut, et ce pays montagneux recouvra sa tranquillité. Quelques années après, en 1258, un autre turcoman, nommé Saroum, rassembla quelques aventuriers et attaqua Cracca à l'improviste et fit aussi plusieurs prisonniers.

En 1328, un écrivain donne d'importantes informations relativement à ce lieu et à ses alentours; il dit: « A Cracca, on exploite différentes espèces de pierres et de métaux, et » on en fait des pots et des vases ». Ces paroles indiquent que Cracca ne devait pas être éloignée des mines ou des carrières; une exploration de ces lieux serait donc intéressante, tant par rapport au minerai qu'à l'industrie des habitants.

Vers la même époque, (1334), un certain prêtre Jean, fils de *Siroun* et de *Ghira*, fit copier une Bible par un autre prêtre, dans le bourg de Cracca, dans l'église de *Saint Grégoire*. On cite encore l'église de *S. Siméon*, où fut écrit un autre livre. L'année suivante (1335) un certain *Nersès* du clergé de Cracca, écrivant à Jérusalem une histoire des Saints, mentionne souvent sa patrie et les événements de la Cilicie, avec des paroles touchantes; mais il n'est pas flatteur pour les habitants de Cracca [2]. Sous

---

1. Voici le texte en ancien italien: « Più oltra dal » lado inverso tramontana dai confini de la terra del » bon Re de Armenia, da una *so terra* la quale se » chiama *Anthyogeia*, andando per la riviera de la » Turchia, antigamente fo Grecia, rivolgendo fra in » Aman, etc. ». — SANUDO. (IV. 4).

2. Il écrit naïvement: « O vous, mes frères; si vous » y trouvez quelque faute, veuillez la corriger avec

le règne de Gui, on cite *Jean*, évêque de Cracca, qui fut envoyé en ambassade à Rome, pour des questions religieuses (1343).

Les Turcomans ayant soumis à leur autorité la vallée du Calycadnus et les régions d'alentour, s'efforçaient de se rendre maîtres aussi des châteaux d'Antiochette et de Sig qui restaient ainsi isolés ; ils proposaient même à Léon de les acheter, mais le roi ne voulait ni les vendre aux Turcomans ni les détruire de fond en comble, comme le lui conseillaient ses princes; il désirait les vendre ou plutôt les accorder en fief aux chevaliers de Jérusalem : à cet effet il écrivit au pape Jean XXII, le priant de se faire intermédiaire pour l'arrangement de cette affaire. Le pape écrivit aux Chevaliers (2 août 1332), les exhortant d'acheter ces châteaux et de les garder[1] : mais j'ignore le résultat de ces démarches.

A quelques kilomètres à l'est de Cracca se trouve la ville de KARATROS, (Κάραδρος), *Charadrus*, près de l'embouchure de la rivière du même nom, avec un château fort et un petit port pour les bateaux. C'est un bourg ancien, cité par Hécatès, six siècles avant l'ère chrétienne ; son nom est remarquable, il ne semble pas grec; aujourd'hui il s'appelle *Karatran* ou *Kalandran* et improprement *Kalé-déré*. Les environs doivent être très rocailleux et très escarpés, comme l'indique Strabon, qui nomme ces lieux *Platanistos* (Πλατανιστοῦς, platanèes). La vallée de la rivière est entourée d'une chaîne de montagnes rocheuses, appellée *Antriclus* par les anciens. Les Italiens au moyen âge appellaient ce bourg *Calandro*, ou encore en ajoutant un *s* au commencement, *Scalandro*. On n'y remarque aucune trace de grands travaux, les maisons sont peu nombreuses ; toutefois la fortification naturelle du lieu permet de supposer qu'il devait être un des châteaux maritimes les plus forts durant le règne de Léon, mais je ne le trouve pas mentionné sous ce nom. Le chroniqueur qui a écrit sur l'expédition de Philippe Auguste, qui parvint à ces parages, en 1191, rapporte que le fleuve Scalandros séparait la terre des Arméniens, appelée alors *Terre de Roupin des montagnes*, du territoire de l'empereur de Constantinople[2]. Il mentionne en outre, de ce côté du fleuve, sur le territoire des Arméniens le château *Isanci* et de l'autre côté sur celui des

---

» bienveillance et sans aucun blâme, car mon cer-
» veau est de Cracca. Un docteur chargea son disci-
» ple d'aller acheter une tête ; ce dernier s'en alla
» et en acheta ; mais il en mangea l'oreille, la langue
» et la cervelle, et il apporta le crâne, et le lui pré-
» senta. Le Docteur lui demanda; Où est l'oreille ? - Le
» disciple lui répondit: Il n'en avait point, car il était
» sourd. - Où est la langue ? - Il n'avait point de langue,
» on la lui avait coupée. - Où est la cervelle ? - Il n'a
» vait point de cervelle, parce qu'il pâturait à Cracca»

1. Lettre de Jean XXII, 1332, 2 Août. — JOHANNES EPISCOPUS, etc. Dilectis filiis... Magistro et fratribus Hospitalis Sancti Johannis Jerusalemitani, salutem... Nuper siquidem carissimi in Christo filii nostri *Leonis Regis* Armenie Illustris ad nostri Apostolatus auditum informatio devota perduxit, quod ipse duo Castra situata in marchia paganorum Turchorum, quorum unum *Siquinum* prope mare ad miliare, et aliud *Anthioceta* in rupe supra mare posita nuncupantur, obtinet, qui progenitores sui et idem Rex usque ad hec tempora sorvaverunt: sed cum propter destructionem terre illius, ex cuius redditibus castra eadem servabantur, nequeant Castra ipsa ulterius conservari ; sintque pagani aliqui de Turchia, qui castra prefata emptures se offerunt, pro certa pecunie quantitate : quorum verbis consentire super hec ipsius Regis conscientia contradicit, et aliqui de consilio Regis predicti suadeant, quod dicta Castra funditus diruantur; idemque Rex paratus existat Vobis libere donare in perpetuum dicta Castra cum iuribus et pertinenciis eorumdem, ut recipiatis donationem Castrorum predictorum, illaque custodiatis et ut vestra propria inhabitetis, et defendatis, ne ad manus dictorum pervenient paganorum, idem Rex humiliter supplicavit, ut Vobis super hijs scripta nostra dirigere, seu circa ea ordinare aliud vel dicto Regi deliberare consulere, quid agere debeat in premissis, iuxta Sedis apostolice providentiam dignaremur... Nos devotum et sincerum predicti Regis in hac parte zelum digne ratum et gratum habentes, et cupientes pro tranquillo et securo statu Christianorum illarum partium eum votivum effectum prosperum et votivum, quodque ad hoc per vos iuxta vestre facultatis suppetentiam sese ad id extenderit, salubris et utilis executionis opera impendatur, discretionem vestram attente requirimus, monemus et hortamur in domino Jhesu Christo vobis nichilominus iniungentes, quatenus si vobis visum fuerit, quod Castra possitis defendere supradicta, huiusmodi eorum donatione cum omnibus juribus et pertinentiis ipsorum liberam et perpetuam pro vobis et successoribus ac Hospitali vestris recipiatis a Rege predicto, ipsaque donatione recepta, et observatis super hoc illis iuris solemnitatibus et cautelis, quas natura et conditio contractus dicte donationis hinc et inde fore observandum requirent, ut vestra Castra custodiatis, et ut vestra propria inhabitetis ac defendetis, ne ad manus eorumdem perveniant paganorum...

Datum Avinione III. Nonas Augusti, Pontificatus nostri Anno sextodecimo. — EPIST. JOHAN. XXII.

2. *Scalandros* fluvius ille dividit terram Armeniorum, quæ est *Terra Rupini de la Muntaine*, a terra Imperatoris Constantinopolitani : et ibi ex una parte illius fluvii in terra prædicti Rupini secus mare est

Grecs, le château d'Antiochette, qui, quelque temps après, fit partie du domaine de Léon.

A sept ou huit kilomètres à l'est de Karatre, un petit ruisseau descend vers la mer en traversant des vallons bordés de rochers. Le village *Oudjari*, bâti à une altitude de 340 mètres, surplombe ce ruisseau. On a de là une vue magnifique sur la mer et l'île de Chypre, et si l'on se tourne vers le nord, on voit se dresser devant soi un vrai rempart de hautes montagnes, d'un aspect sauvage. Le chemin rocailleux qui conduit à ce village est très raboteux. - Citons encore aux environs les villages de *Kévraze* et de *Nasreddin*; dont l'un d'eux était peut-être couvert de platanes et donna son nom au district qui s'étend de Karatre à Anémour.

A deux lieues à l'est de l'embouchure du ruisseau dont nous venons de parler, est situé le célèbre promontoire d'*Anémour* ou d'*Anémourion* (Ανεμούριον), aujourd'hui *Anamor*, à 51 milles de Coracésium. C'est le point le plus méridional de toute l'Asie Mineure, à 36° 0′, 50″, de latitude et 30°, 29′, 55″ de longitude de Paris ; c'est aussi l'endroit le plus

Promontoire d'Anémour.

Château d'Anémour.

proche de l'île de Chypre, en face du promontoire de *Crommion*. La distance qui sépare ces deux caps était, selon les anciens, de 350

---

castellum quod dicitur *Isanci*, et ex altera parte fluvii illius in terra imperatoris Constantinopolitani est castellum quod dicitur *Antiochet*. — BERNARDUS PETROBURGENSIS.

stades, c'est-à-dire 70 kilomètres, mais les modernes la font monter à 80. Le bras de mer compris entre la Cilicie et Chypre est appelé par l'historien Fl. Boustron, *Stretto di Cilicia*.

Le promontoire d'Anémour se termine par une croupe haute et circulaire, dont l'un des côtés est inaccessible et l'autre a été bien fortifié par un château entouré de remparts. Une muraille flanquée de tours et descendant jusqu'au rivage, sépare le château du reste du promontoire. Une autre muraille, sans tours, mais d'une épaisseur de six pieds, s'avance parallèle à la précédente, et semble avoir été construite plus tard. Deux aqueducs à ni-

qui a un diamètre d'environ 200 pieds, est de forme ordinaire; il est en partie proéminent sur la pente de la colline, et du sud-est regarde la mer. On en a enlevé toutes les colonnes; à peine en voit-on quelques traces. Beaufort croit qu'elles ont été portées à Chypre.

A six milles à l'est, se trouve l'extrémité du promontoire avec le château sur une saillie du rocher, garni de tours de formes diverses, long de 800 pieds et large de 300. Les remparts et les tours sont crénelés et percés de meurtrières qui évidemment sont postérieures à la construction des murailles. Le château possède trois

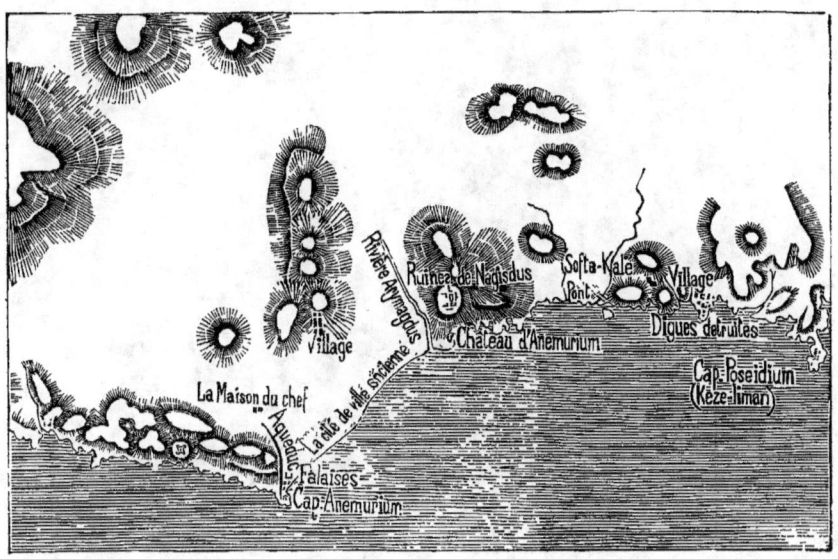

Les plages d'Anémour et de Nagidus.

veaux différents, qui longent la colline durant plusieurs milles, fournissaient l'eau à la forteresse. Dans l'enceinte de la seconde muraille fortifiée se trouvent plusieurs réservoirs à eau, qui sont comblés aujourd'hui par les décombres provenant d'anciennes constructions. Entre les deux murailles on remarque de grandes constructions: deux théâtres dont le mieux conservé a 100 pieds de longueur sur 70 de largeur; il est entouré d'un simple mur et contient six rangées de gradins semi-circulaires; c'était probablement un odéon. L'autre

portes voûtées; la plus grande est à l'ouest sous une grosse tour, sur laquelle est enchâssée une plaque de marbre avec une inscription arabe, qui rappelle la prise du château par Toumdji-chérif, général d'Alaïeddin et la remise du gouvernement du château à Esmer Moustapha. Au dehors du château, une quantité considérable de tombeaux forment une espèce de grande nécropole, au milieu desquels se perdent les quelques maisons des vivants. Bien que ces tombeaux aient été ouverts et fouillés, ils restent encore debout; ce sont de pe-

tits édifices séparés l'un de l'autre, presque de même grandeur, mais de différentes formes ; ils sont voûtés et maçonnés avec du plâtre et de la brique rouge. Chacun de ces tombeaux contient plusieurs cellules ou caveaux funéraires pour les cadavres ; à l'extérieur il y a des niches destinées à recevoir les offrandes, ou à placer les vases contenants les cendres : aucun de ces tombeaux ne porte d'inscriptions. Ces ruines attestent l'existence d'une an-
illustres princes, Halcam, était seigneur d'Anémour, et probablement de Lamus, de Jermanic et de Maniaun. Après la mort du roi, le sultan Alaïeddin s'empara d'Anémour et d'Alaya, mais peu de temps après ces deux places repassèrent probablement aux Arméniens, suivant un chroniqueur de l'an 1284, c'est-à-dire du règne de Léon II. Le chroniqueur ne dit malheureusement, que ces quelques mots : « Les Arméniens reprirent Anémour

Rocher aux bords d'Anémour.

cienne ville à l'extrémité du promontoire, que les Turcs appellent *Eski-Anamour* (Vieil-Anémour). Près du château on voit sur la mer un petit îlot d'un peu moins de 200 pieds de long, où l'on aperçoit des traces de constructions et de réservoirs taillés dans la pierre.

Durant le règne de Léon, l'un de ses plus
» aux Turcs ». Ce fut sans doute un événement important ; mais la manière dont il s'effectua nous reste cachée.

Aujourd'hui, outre les habitants turcs de ce bourg, on y compte presque 100 Grecs. Dans les archives turques, Anémour est appelé *Mamourié ;* les Italiens du moyen âge le nommaient *Stalimore*. L'auteur de la vie de Henri II, écrit *Staméné*, et il affirme qu'en 1191 les Grecs y avaient un couvent célèbre[1]. Le même auteur cite, entre Anémour et Karatre, un château abandonné, nommé *Roto*[2].

Dans ces lieux aujourd'hui presque déserts, au milieu des ruines de superbes constructions, les explorateurs ont trouvé différentes espèces de jolies plantes communes, parmi lesquelles : la *Campanula phrygia*, la *Scabiosa hispidula*, la *Phlomis linearifolia*, le *Teucrium Kotschij*, le *Daphne gnidioides*, la *Sideritis condensata*, le *Thymus cilicicus*, la *Scorzonera glabra*, le *Galium græcum*, *Hierosolymitanum*, l'*Allium Olympium*, la *Ballota Larendana*, etc.

Tout près du château d'*Anémour* est l'embouchure du fleuve du même nom, large de 150 pieds, appelé par les Turcs *Direk-ondessi?* ainsi que le rapporte Beaufort, qui ne parvint pas à trouver la signification du second mot; quant au premier il signifie colonne. Cependant sur quelques cartes il est cité sous le nom de *Kuetudjé-tchay* (méchante rivière). Le village de *Tchorak*, que les Turcs nomment *Guiavour-kuey*, à cause de ses habitants Grecs, est dans le voisinage de cette rivière. En bas, près du promontoire, s'élève le village *Tchardak*; à l'ouest de la vallée, celui de *Kalvéré?* plus loin *Kezel-kilissé* (Eglise rouge); à l'est

Monnaie de Nagidus.

Baghtché? et *Emézéré;* au nord de ces villages un château sur les bords de la même rivière.

A quatre kilomètres à l'est d'Anémour, au sommet d'une colline on a trouvé les ruines d'une ville; Beaufort la croit la ville de *Nagidus*[3], (Νάγιδος), construite par les Samiens et mentionnée par Strabon. Une petite île portait son nom *Nagidusa*, et paraît être l'écueil qui se dresse à 200 pieds du rivage, près d'Anémour. Strabon place Nagidus en face de Lapath, ville de Chypre[4]. Il paraît qu'avant l'expédition d'Alexandre, la ville de Nagidus

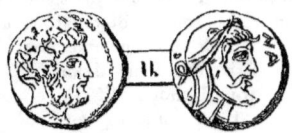

Monnaie du gouverneur persan de Nagidus.

était une des plus célèbres parmi les villes de la Cilicie maritime; on le présume d'après les monnaies que les satrapes persans y avaient fait frapper, comme nous le montre la monnaie d'argent ici reproduite, tandis que l'autre monnaie nous la représente comme une ville libre ou autonome.

Strabon indique entre Anémour et Célendris deux villes : *Arsinoé* avec un petit port et *Mélanie*, (Μελανια). Quelques-uns confondent cette dernière avec Kezel-liman; on la place encore plus au delà, à 25 milles à l'est d'Anémour; elle s'appelait aussi *Méléné* (Μέλαιναι), et elle avait un port pour les petits bateaux.

On voit deux cours d'eau dans cet espace, l'un très petit, l'autre plus à l'est, assez profond, du nom de *Softa-tchay* ou *Sigui-tchay*, ou encore *Sartchou-tchay*; c'est peut-être le fleuve d'Anémour que les anciens avaient nommé *Arimagdus*. Dans la région supérieure du vallon formé par le fleuve, on trouve les villages de *Tchaklar* ou *Saklar?*, de *Hadji-Bayandour-yaïlassi*, de *Gulépak* ou *Gulévik*, et de *Kara-zilli;* en bas, le village *Bidli*, le grand et le petit *Softa*, et au milieu d'eux, sur

---

1. .. Villam bonam quæ dicitur *Stamene*, in qua nobilis abbatia est Grifonorum.
2. Castellum desertum quod dicitur Castellum *de Roto*.
3. Beaufort écrit par méprise *Agidus*. La ressemblance des noms Nagidus et Magidus, aurait pu faire croire qu'il s'agissait d'une seule et même ville; d'autant plus que les géographes ne les citent jamais ensemble; les uns citent la première et d'autres la seconde. Cependant les deux lettres différentes, M et N, empreintes clairement sur les monnaies, et la différence des positions, (l'une étant citée près d'Anémour, et l'autre plus loin vers l'ouest, près de Sidé et d'Attalie), me donnent la conviction qu'il y avait deux villes, distinctes l'une de l'autre.
4. Λάπαθος .. καθ᾽ ἣν ἡ Νάγιδος. — STRABO, XIV. VI.

la rive gauche du fleuve, à l'est, sur le sommet d'une colline, le château ruiné de *Softa-kalessi*, demi-gothique, avec des portes ogivales et cinq tours. Peut-être c'est la forteresse de *Sig*, (Σύχη, *Syce* ou *Sycœ*), dont on cite un évêque au VIII° siècle. Au moyen âge les Italiens lui donnaient le nom de *Sequino*, *Sequin* ou *Sig*. Durant le règne de Léon, ce château avait pour gouverneur *Kir-Sag* (Isaac), le même qui fut fait prisonnier par le sultan d'Iconium au siège de Gaban. Ce lieu resta sous la domination des Arméniens, jusqu'en 1332, comme nous le savons par la lettre du Pape Jean XXII. Avant 1261, le roi Héthoum Ier l'avait repris au sultan: en 1265, son frère, le Connétable Sem-

mer avec une flotte de 60 galères, débarquèrent 440 cavaliers avec leurs pages; ils trouvèrent le château bien fortifié, sur le sommet du roc, mais la garnison y était peu nombreuse, elle s'élevait à peine à 25 hommes. Le Karaman avait confié le commandement de ses troupes à un certain Theminga?. Le commandant de la forteresse, nommé Moustapha, était aussi natif karaman: il voulut se rendre. Josaphat-Barbaro, célèbre ambassadeur et écrivain, qui nous a laissé une relation de ses voyages, se présenta à la porte du château, au-dessus de laquelle était pratiquée une fenêtre carrée; et quand il promit aux assiégés de les laisser partir libres avec leurs meubles et leurs biens, on lui ouvrit la porte. Cent cinquante

Mélanie, (1/14 ou 15,000).

pad, se rendit maître de Sig et d'autres châteaux aux alentours. Il me semble que Sig est le même château que celui de *Nessekim*, dont il est question dans la vie de Henri II, roi d'Angleterre. Philippe-Auguste y passa aussi en allant de Séleucie à Attalie; car après Sig, est indiquée la station de Staméné, qui est Anémour.

Sig joua un rôle important même cent ans après l'extinction du royaume des Arméniens, pendant la guerre des Karamans et des Vénitiens leurs alliés, contre les Turcs. Durant le siège de Corycus, les Vénitiens assiégèrent aussi Anémour, et s'approchant du côté de la

personnes sortirent du château avec tous leurs bagages; mais les marins indisciplinés et désobéissants, les dépouillèrent tous et les firent même prisonniers. Pourtant les commandants ordonnèrent la restitution des biens à leurs propriétaires, et les prenant dans leurs bateaux ils les conduisirent où ils voulurent. Quant à Moustapha, ses deux frères le prièrent de descendre à terre; ce que ce dernier ayant fait, ils le tuèrent, pour se venger de ce qu'il s'était emparé de tous les biens de leur père, dont la fortune était très grande.

Peut-être est-ce encore Sig que décrit le voyageur Collignon, lorsqu'il dit: « A quel-

» ques heures d'Anémour, nous laissons sur
» la droite les belles ruines d'un château turc,
» de l'époque Seldjoukide : à l'intérieur, c'est
» une véritable petite ville ; rien n'y manque,
» ni la mosquée, ni le konak, ni le harem et
» ses vastes dépendances. Les murs épais et
» crénelés, les portes disposées obliquement,
» pour éviter toute surprise et mettre l'as-
» saillant à découvert, montrent un savant
» appareil de défense ».

Un peu plus loin, à l'est, s'élève une pe-

pelait *Posidion*, Ποσείδιον. De là jusqu'à Cé-
léndéris, la mer est bordée de falaises hautes
et escarpées, coupées de vallons étroits qui
ne sont pourvus que de quelques cabanes.

A l'est du promontoire il y a une petite
presqu'île, ceinte de tous les côtés de murailles, au milieu de laquelle on voit des ruines qui n'ont pas l'air d'être très anciennes.
Sur l'un des côtés on aperçoit une petite baie
ronde, et sur l'autre les restes d'un rempart.
Sur la terre-ferme attenante se trouvent plu-

Vue de Célendéris.

tite presqu'île qui contient plusieurs ruines
de monuments anciens, c'est probablement
Mélanie, citée par Strabon ; Beaufort n'osa y
entreprendre des fouilles, ni même l'examiner,
craignant d'exciter l'inimitié des habitants
du village voisin. A quelques milles au sud-
est de ce lieu, un beau promontoire s'a-
vance dans la mer avec une pente à pic, formée par un rocher calcaire à couches superposées, appelé *Kezel-liman*, selon d'autres
Kez-liman ; dans les temps anciens il s'ap-

sieurs tombeaux, semblables à ceux d'Anémour, et quelques ruines qui ont un caractère antique. Beaufort croit trouver ici la ville
de Mélanie, mais il est plus probable que ce
soit là les restes de la ville de *Mandanie* ou
Myandé, Μανδάνη, a sept stades à l'est de
Possidion. Aujourd'hui il y a à côté un village
appelé *Ak-saze* (Blanc roseau d'eau).

A l'est de ce village et de la baie, coule le
ruisseau appelé *Sovouk-sou*, (Eau froide). Au
bord du vallon et de la mer on voit des tours

du moyen âge, qui portent le même nom que le ruisseau.

Non loin, à l'est du ruisseau, on trouve le petit port renommé de *Kéléndrié* ou *Tchilindré* ; c'est ici que s'embarquent pour Chypre les courriers de Constantinople. Ce nom correspond à celui de la ville de *Célénderis* (Κελένδερις), qui passe pour avoir été fondée par le

dans un entrepôt de marchandises qui servait en même temps de douane, il trouva plusieurs commerçants arméniens qui attendaient un bateau afin de s'embarquer pour Chypre.

Au nord de Célénderis, dans un vallon étroit, on voit les villages de *Boulghourlou* et de *Bayandourlou*, et plus en amont, vers les montagnes, *Alibache, Tchoghoumour* ou *Chahoumour*,

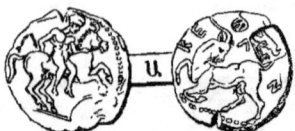 

Monnaies de la ville de Célénderis.

phénicien Santac, fils d'Astynoée ; elle reçut ensuite une colonie de Samos et devint célèbre par son temple de Junon. Les monnaies indiquent qu'elle fut tantôt libre et autonome, tantôt soumise aux rois des Syriens ou aux Romains. Cneius Pison s'y réfugia après le meurtre de Germanicus ; il y fut assiégé par les fidèles amis de l'assassiné, qui repoussèrent la troupe cilicienne du rebelle, parvinrent jusqu'à la forteresse et la réduisirent à capituler. Le nom de la ville passa au district qui fut appelé par les Latins *Celenderitis*. Dans la statistique ecclésiastique, son siège épiscopal est placé au premier rang parmi les sièges archiépiscopaux de la Séleucie pamphylienne.

Dans la ville on ne voit que quelques débris des monuments anciens et un château ruiné, avec une tour hexagonale portée par quatre colonnes corinthiennes et à moitié détruite comme par un tremblement de terre.

D'un côté de la ville on trouve plusieurs voûtes formées d'élégantes arcades, et de l'autre un grand nombre de sarcophages dont les inscriptions ont été effacées par le temps. Près de la mer on voit un grand cénotaphe, garni de chaque côté d'un arche qui supporte un toit pyramidal, formé de pierres massives ; il semble avoir été orné autrefois d'une statue. La plupart des ruines qui couvrent la baie et une partie du promontoire, sont romaines, et quelques-unes byzantines. Aujourd'hui les Turcs appellent ce lieu *Gulnar*.

En 1815, Kinneir, voyageur anglais, y compta à peine quatre ou cinq cabanes turques ; mais

et *Béréketh* ; enfin, au nord ouest, sur le chemin qui conduit à Erménég : *Kourdoulou, Hadjibaba, Drouhan ? Gueuzindi ?* etc.

En face de ces derniers villages il y a trois petites îles, dont l'une est peut-être l'Ile des Oliviers, *Insula Olivarum* de Sanudo ; les deux autres à deux milles à l'est, sont appelées *Papadoula* ; l'une d'elles, très élevée au-dessus du niveau de la mer, offre un aspect singulier ; on y voit un grand rocher dont le sommet surplombe la mer, et des restes de voûtes et des débris de monuments. Beaufort les trouva inhabitées et inconnues aux géographes : il les visita en 1812. Il y aperçut des aigles qui n'étant pas accoutumés à la voix humaine, s'élevèrent dans l'air au-dessus des bateaux. Une carte maritime italienne du moyen âge les désigne sous le nom de *Papadora* et plus justement *Papadoula*. Notre historien royal du XIVᵉ siècle les appelle Պապադոլ *(Papadol)* ; le gouverneur en était alors Sempad, le Connétable, vers les dernières années du règne de son frère Héthoum.

En face de ces îles, au bord de la mer, près d'une petite rivière, s'élève une station du même nom, *Papadoula* ; elle ne contient que quelques maisons. Presque avec le même nom, et tout près de Célendris, la même carte maritime italienne indique *Paliopoli*, ou mieux encore *Paléapolis*, Παλαιάπολις : ainsi qu'elle est aussi désignée dans la statistique ecclésiastique de la province de Pamphylie. Les Arméniens s'étant emparés de la vallée du Calycadnus, connaissaient un lieu appelé Պալաբոլ, *Palabol*, dans la province de Séleucie. Les anciennes cartes marines indiquent dans cette contrée le havre de *Figuero*, *Porto Figuero*, (port des figuiers), que le voyageur Olivier (1798) trouve à une heure de Célénderis.

Toutes ces côtes jusqu'au promontoire remarquable de *Zéphyrion*, sont très stériles, rocheuses, calcaires et inhabitées. Les falaises sont entrecoupées par de petits vallons formés par les rivières et les torrents; on y voit plusieurs forêts, dont les bois sont envoyés en Syrie et en Egypte. Il faudrait chercher dans cet espace, les lieux suivants, indiqués par les anciens géographes: *Sinus Berenicee*, Βερενίκη, peut-être le même que le havre de Figuero; *Crambousa*, Κράμβουσα, indiqué à cinquante milles à l'est de Bérénicée, et presqu'à la même distance de Crambousa, le promontoire de *Craouni*, Κραῦνοι.

Le *Promontoire Aphrodisias*, Ἀφροδισίας, du nom de Vénus, à laquelle on y avait élevé un temple, indiqué à 500 stades du promontoire *Avlion* de l'île de Chypre, paraît avoir son emplacement près de la petite baie de la mer, où nous avons mentionné les restes dispersés des ruines et des colonnes rappelant une ville ancienne, près du célèbre promontoire qui est entre les îles de Papadouli et une autre au sud-ouest du golfe de Séleucie. Ce promontoire, portait anciennement le nom de *Zéphyrion* (Ζεφύριον), et c'est le dernier de ceux qui sont au sud de la Cilicie. Tous ces promontoires, qui ne sont que des rochers de marbre blanc, d'une hauteur de 6 à 700 pieds, disposés par couches horizontales, forment une vaste péninsule; ceinte de murailles de tous les côtés faibles, et même du côté de la terre ferme, elle semble avoir été défendue par des tranchées. L'isthme qui joint cette péninsule au continent, a presque 365 mètres de large, et est bordé des deux côtés d'étangs ou de bas marécages, joints à la mer par une digue ou des écluses, qui paraissent avoir été construites dans le but d'une inondation militaire en cas de guerre ou de siège. Du côté occidental, on voit un petit port couvert d'un toit, et aux alentours croissent les lauriers; la surface de cette presqu'île ne fut pas explorée par Beaufort, à défaut de temps. Depuis le moyen âge jusqu'à nos jours, les Italiens et les occidentaux ont attribué à ce promontoire le nom de *Cap Cavaliere*, et on l'a ainsi nommé, dit-on, à cause d'une petite île à 4 ½ milles à l'est du promontoire, et qui fut jadis une station de l'ordre des Chevaliers; elle s'étend sur une longueur de deux milles et s'appelle de même, *Porto Cavaliere*. Je crois que l'île de *Dana-adassi* (Ile du veau) des Turcs est la même.

A quelques milles au nord-est on remarque une autre île rocailleuse dont les falaises s'élèvent à pic sur la mer; vers la terre ferme on voit une profusion de monuments ruinés, d'églises, de colonnes et de sarcophages; parmi ces ruines on trouve les restes d'un grand édifice, qui semble avoir été un gymnase. Une citadelle est bâtie au sommet du pic le plus haut, et l'île entière est munie de tous côtés de remparts artificiels ou naturels. Evidemment ce devait être autrefois une station stratégique très importante et elle devait posséder une forte garnison. On y avait creusé des citernes et des réservoirs pour suppléer au manque de sources. Cette île est à présent entièrement inhabitée. Les habitants des plages voisines lui donnent le nom de *Manavate*, les Occidentaux la connaissent sous le nom de *Provençale, Isola Provenzale*, ou *Scojo Provenzal*, et la terre en face, sous le nom de *Porto Provenzale*. Tout cela montre que pendant la domination des Arméniens ces lieux, ces stations et ces havres servaient de ports aux commerçants de Montpellier et à d'autres Français de la Provence. Ils ont conservé dans leurs archives les chrysobulles des privilèges que Léon IV leur avait accordés dès le commencement de son règne, en 1321; ces documents sont semblables à ceux donnés par son père Ochine, qui leur avait octroyé les mêmes privilèges, et dont les originaux sont perdus. Ce nom de *Provençale* (*Ile Provençale*, *Portus Pordensalium*), vient assurément des Français. Notre catholicos Grégoire Degha parle de ces Français dans ses Lamentations sur Jérusalem, et se plaint de ce qu'ils ne vinrent pas à son aide.

« Ni le roi des Grecs,
Ni mes soldats des Français,
Ni le *Provençale* et le Venaissin,
Ni le Constant?, ni le Limousin [1] ».

---

[1] Provence, Venaissin, Limousin désignent probablement ces provinces de la France ou quelques seigneurs qui en étaient originaires. Comme Venise n'est pas mentionnée, il est fort probable que *Venetzin*, Վենետիկ, désigne les Vénitiens. De *Constan*, on pourrait bien tirer le nom de *Toscane*.

Les nombreuses traces de chapelles que l'on trouve dans cette île, sont un argument en faveur de ceux qui la croient une ancienne station des chevaliers de Rhodes.

Au lieu d'hommes on y voit aujourd'hui une grande multitude d'oiseaux aquatiques ; les rochers abondent en canards d'une grandeur et d'une beauté extraordinaires. Le plumage de ces oiseaux est blanc avec des taches orangées et noires. Ils sont difficiles à chasser mais l'abondance de leurs œufs rem-

nous ne puissions trouver ni un nom clairement arménien, ni le moindre souvenir, pas même une mention parmi les châteaux dont les noms sont énumérés dans la relation du couronnement de ce roi.

En face de l'île de Provençale, au nord-est, les plages de la mer sont coupées par des criques et de petites vallées ; chacune a son ruisseau ou ses ruines d'édifices qui paraissent modernes, ou en tous cas, sont différentes de celles que nous avons rencontrées sur les côtes

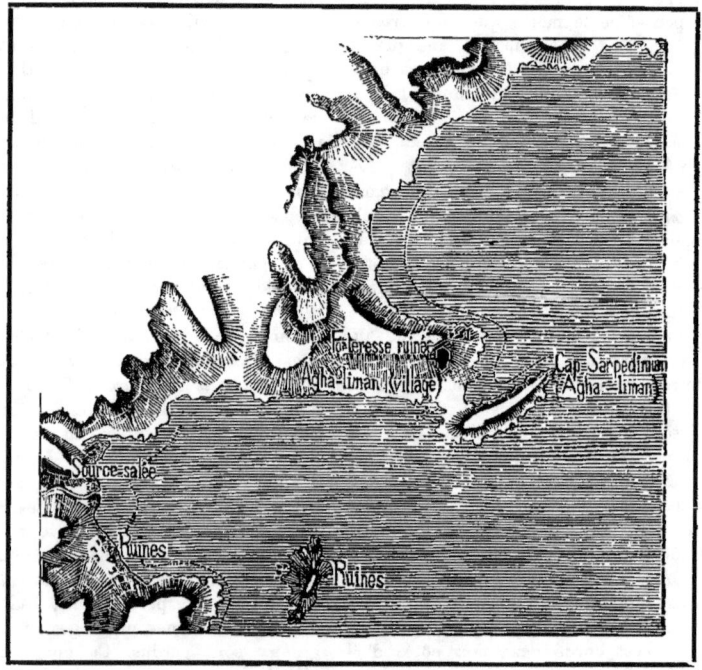

Sarpédon = Agha liman, (1/15,000.)

place le défaut de leur chair. Cette espèce de canards ne se voit que dans ces parages, et Beaufort donne pour cause le singulier motif, qu'en Cilicie chaque espèce d'oiseaux est cantonnée dans un district particulier : la perdrix ne dépasse point les limites d'Attalie ; les anfractuosités des rochers de Célénderis abritent les pigeons ; les rochers, sont les nids des aigles.

Il est triste que dans cette île remarquable, qui sans doute passa sous la domination de Léon,

de la Pamphylie. Les maisons sont construites avec des pierres calcaires grises, taillées et travaillées, jointes les unes aux autres avec un peu de ciment.

Plusieurs des rochers et des îles près de la mer sont recouverts de ruines semblables ; les collines sont couronnées de châteaux et de tours de guet. D'assez hautes montagnes partent des bords de la mer et se prolongent dans l'intérieur du territoire ; la plaine s'élargit et atteint une hauteur moyenne entre la Cilicie montagneuse et la Cilicie de plaine. Dans la région que nous venons de décrire on cite un village du nom d'*Ovadjik*, (petite plaine), à 110 mètres au-dessus du niveau de la mer.

Les bords de la mer se dirigent en cet endroit vers le nord, puis tournant vers le sud, forment le célèbre promontoire de *Sarpédon*, et au milieu, la baie semi-circulaire appelée de nos jours *Agha-liman* ou *Ak-liman*, à seize kilomètres de Séleucie, à laquelle elle sert de port. Sur le bord occidental de cette baie on remarque d'Holmi abandonnèrent cette ville pour se transférer dans la nouvelle.

Au commencement du XVII° siècle, les pirates s'étant multipliés dans la Méditerranée, les navires italiens se virent dans la nécessité de se battre avec eux. En 1612, les chevaliers de Malte et les Toscans leur donnant la chasse, s'emparèrent de l'île de Κόως ou Κώς (l'actuelle Stanco ou Stanchio). Les pirates ayant fait prisonniers dans une bataille, une quarantaine de Florentins, leur avaient coupé la tête et les avaient exposés sur les murailles

Chéhir - Houran.

actuellement le village turc d'*Agha-liman-iskélessi*. Ce bourg a un port et du côté du nord on remarque un petit château demi-ruiné, en forme d'octogone irrégulier, avec d'épaisses murailles et des tours aux angles. Une partie de l'enceinte de ce château est occupée par de misérables cabanes.

Autrefois, avant la fondation de Séleucie, il y avait là une ville, appelée ville de *Holmi*, Ὄλμοι, à 80 stades à l'ouest de l'embouchure du Calycadnus. Le district s'appelait de son nom, *Holmia*, et selon d'autres *Hormia* ; après la construction de Séleucie, les habitants d'*Agha-liman*. A cette nouvelle le duc de Toscane, Cosme II, entra dans une grande colère ; il envoya six navires de guerre sous la conduite de l'amiral Inghirmani, avec 40 chevaliers de l'ordre de Saint Etienne, et un renfort de soldats, dont une partie était formée par des volontaires de différentes nations. En 1613, ils attaquèrent la forteresse, ils s'en rendirent maîtres et délivrèrent 240 chrétiens prisonniers : trois cent cinquante pirates furent faits prisonniers et huit navires capturés, dont deux de guerre.

A une demi-heure à l'est d'Holmi, sur un

petit promontoire qui s'avance dans la mer, on voit les débris d'un grand édifice, nommé aujourd'hui *Chehir-Houran* ou *Chour-eurén;* il est formé par de grandes pierres de taille; on y voit au milieu une grande salle et des fenêtres voûtées, et sur le pavé on trouve des restes de mosaïques : quelques-uns l'ont jugé un palais, d'autres un couvent, d'autres enfin un château.

En face de ce lieu est le promontoire de *Sarpédon*, Σαρπεδών ou Σαρπηδώνια ἄκρα, considéré comme limite des deux Cilicies. Dans le célèbre traité d'alliance des Romains avec Antiochus le Grand, il fut reconnu comme frontière du domaine de ce dernier et des villes libres de l'Asie Mineure. Comme on peut le voir sur les cartes, ce promontoire s'allonge vers le sud en forme de langue : d'où le nom vulgaire de *Lissan-el-kahbé* (Langue de mauvaise femme); les Italiens l'appelaient *Lingua di bagascia*, et quelquefois simplement : *La Bajaxia*, ou *Lena de Labagea*, suivant Sanudo: celui-ci le dit très plat et sablonneux et la mer très peu profonde sur une longueur d'un mille. Les Français lui donnaient le nom de *Langue de Bagasse*. Quant à la baie d'*Ayha-liman*, on l'appelait, *Portus Pinum*, ou *Porto di Pinto*, ou *Porto di San Clemente*. Presqu' à 150 mètres de l'extrémité du promontoire on a élevé un phare sur une maison située à une hauteur de 15 mètres au-dessus du niveau de la mer; ce phare rayonne sur un espace de huit milles.

Nous finissons ici la description des plages maritimes de la Pamphylie et de la vallée du Calycadnus, ainsi que du pays de Sir Adan; nous nous sommes avancés parfois un peu dans l'intérieur des terres, où nous avons remarqué les châteaux des princes ou des barons liges de nos rois Roupiniens.

Parmi les principaux châteaux cités dans la relation du couronnement de Léon, il en est plusieurs dont la position nous est entièrement inconnue et dont nous ne trouvons le nom dans aucun autre mémoire, par exemple *Covas* et *Sinite*, qui avaient pour maître le baron *Romanus;* selon l'ordre de l'énumération, ils paraissent être dans la partie inférieure de la vallée du Calycadnus ou aux environs; et comme parmi les diocèses de Pamphylie, on trouve mentionné celui de *Colvassa*, Κόλβασσα, on pourrait peut-être l'identifier avec Covas: le nom de ce château ne se trouve pas dans la relation de Sempad, pas plus que celui de Sinite, mais seulement dans la chronique de l'historien royal.

Celui-ci place après les châteaux de Norpert et de Camartias, et avant Maghva et Sig, les châteaux d'*Andauchedza* (Անդաւչեձա), et de *Coupa*, (Կուպա), dont le maître était le baron Baudouin : c'est donc là qu'on devrait les chercher. Dans l'énumération des châteaux de l'ouest on trouve entre Manovghad, Alari et Galonoros, le château de *Lagravéni* sous la dépendance des deux princes *Constantin* et *Niciphore*, peut-être père et fils; les noms de ces lieux aussi bien que ceux de leurs maîtres sont grecs: on doit chercher leur emplacement à l'ouest de la Pamphylie. Nous indiquerons ici parmi les noms incertains, *Atarus* et *Astrus;* le premier est donné par Sempad dans la liste des places qui étaient sous l'autorité de Romanus, tandis que l'historien royal attribue à Romanus les châteaux de *Sinite* et de *Covas:* ce même historien attribue au connétable Sempad l'*Asteros* et d'autres châteaux; je ne puis affirmer si Asterus est écrit correctement et s'il forme un lieu distinct; ou s'il ne faut voir dans ce nom qu'une corruption d'Asgouras, que nous avons déjà cité.

A cette même époque le frère de Sempad, Ochine, était, dit-on, maître de Corycus, de Manion, de Gantchi et de *Mitizon*, lieu inconnu. Toutes ces places dont nous venons de rapporter les noms pour compléter notre histoire nationale, solliciteraient de nouvelles et patientes recherches.

Selon les étrangers et les anciens géographes, il y avait encore dans ces parages qu'on appellait jadis pays de Sir Adan, d'autres petites villes maritimes et commerçantes, auxquelles nous avons jugé inutile de nous arrêter, car, ou elles n'ont pas été visitées par les explorateurs des côtes ciliciennes, ou ils n'y ont rien découvert de remarquable. Parmi ces lieux nous pouvons citer : *Pisorgie*, Πισόργια, entre Célénderis et Crambousa, que les anciens géographes indiquent à 45 stades du cap de *Craunie*. — *Mylé* ou *Mylas*, Μύλας, entre Zéphyrion et Sarpédon : c'est une petite ville sur un petit promontoire. *Néssulion*, Νεσσούλιον, petite rade à l'ouest à Mylas, vis-à-vis de laquelle se trouve la petite île de *Pitioussa*, Πιτιούσα, probablement l'une de celles qui étaient près de Zéphyrion, etc.

II. — CÔTES DU GOLFE DE TARSE

Cette région de la Cilicie Maritime comprend le sud des vallées des quatre grands fleuves du territoire cilicien : elle s'étend de l'embouchure du Calycadnus jusqu'à celle du Djahan, entre lesquelles se trouvent les embouchures du Cydnus et du Sarus. Les côtes qui la bordent sont comprises entre le promontoire de Sarpédon et celui de Mécarsus ; elles se divisent en deux parties : l'une, l'occidentale, que nous appelons Province de *Varchak*, offre le caractère de la Cilicie pierreuse et montagneuse, car elle se trouve à leur pied et les torrents et les ruisseaux descendent de ces montagnes, y forment plusieurs petits vallons ; l'autre est entièrement plane, et s'étend à droite et à gauche de l'ancienne province de Tarse et de ses ports : aussi attribuerons nous à ces dernières côtes le nom de GOLFE DE TARSE.

1. VARCHAK.

L'étroite région maritime comprise entre les vallées du Calycadnus et du Cydnus, mesure environ 75 kilomètres de long, de l'ouest à l'est, et presque 46 kilomètres de large, du pied des montagnes à la mer. Plusieurs ruisseaux descendent de ces sommités, le principal est le *Lamus*, qui dans les temps anciens, a donné son nom à une partie de la région. Quant à nous, nous avons jugé plus à propos de l'appeler FARCHAK en nous conformant aux paroles de Bertrandon, voyageur français de la première moitié du XVe siècle ; « Le prince de Karaman, » dit-il, tient les côtes maritimes des *Farsats*, » qui s'étendent de Tarse jusqu'à Coryous, » dont les maîtres sont les Chypriotes, et jus » qu'au port de *Zabari* » (Zéphyrion). Ce nom de *Farsats* correspond sans doute à celui de Varchak, car jusqu'à présent cette contrée s'appelle *Varchak* ou *Varsak-dagh*, peut-être à cause des léopards assez abondants sur les montagnes ; car cet animal s'appelle en turc, *vachak*, et Hamilton rapporte que pendant son voyage on lui apporta la peau d'un léopard fraîchement tué. Telle est l'étymologie probable de ce nom que nous croyons devoir adopter.

Pendant l'excursion de Tamerlan, la tribu tartare de Varchak, s'empara, dit-on, de ces lieux : un de leurs aïeux appelé *Oyouz*, s'étant mis en embuscade, dans ces montagnes, avait attaqué soudain l'armée des Turcs ottomans, (en 1470-1), et après en avoir massacré la moitié, avait mis en fuite leur général, le grand visir Mohammed-pacha.

Parmi les différentes vallées du district, la plus occidentale et la plus près du fleuve de Séleucie (Calycadnus), est celle de la rivière de *Perchembé* ; puis à côté, il y a la petite vallée du ruisseau qui porte le nom de *Tatli-sou* (Eau douce) ; de là à la vallée du Lamus, la plus grande parmi les rivières de la province, c'est-à-dire sur un espace de 27 à 36 kilomètres, nous ne trouvons aucune rivière indiquée sur les cartes.

La rivière *Tatli-sou* qui se jette dans le golfe est très poissonneuse et traverse un vallon rocailleux ; au nord-est de sa source on voit deux pans de murs, derniers restes d'une construction carrée. Langlois croit voir dans cette source l'eau de *Nous* (Νοῦς), à laquelle on attribuait la vertu de communiquer du génie à ceux qui en buvaient.

Presqu'à une lieue à l'ouest, au bord de la mer, s'élève le bourg de *Perchembé*, à l'embouchure du ruisseau du même nom. Le rocher sur lequel il est construit, semble être le *Péguili* des anciens, (Ποιϰίλη πέτρα), mais d'autres pensent retrouver dans ce village le *Calo-Coracésium* et d'autres prétendent que Coracésium, correspondait au lieu appelé aujourd'hui *Tchok-véran* (plein de ruines), presqu'à un mille de Perchembé. On y remarque les ruines d'une ville assez grande, mais peu ancienne, car une inscription grecque sur la porte orientale, indique que ce lieu fut bâti aux frais de Florien ou Flavius Ouranus, gouverneur d'Isaurie, sous le règne de Vales, de Valentin, et de Gratien, entre les années 367 et 375, la voici :

un marécage couvert de roseaux, jusqu'à la mer. Parmi ces ruines on remarque des églises[1], des portails voûtés, un aqueduc avec dix-sept arches, des réservoirs, des tombeaux, etc. Aujourd'hui la ville est encombrée par des buissons et des broussailles.

Aux environs, dans la partie montagneuse au nord-est de Séleucie, on devrait chercher un lieu important, le grand bourg et château-

Ruines d'une église près du bourg de Perchembé.

ΕΠΙ ΤΗΣ ΒΑΣΙΛΕΙΑΣ ΤΩΝ ΔΕΣΠΟΤ[Ω]Ν ΗΜΩΝ
ΟΥΑΛΕΝΤΙΝΙΑΝΟ[Υ] ΚΑΙ ΟΥΑΛΕΝΤΟΣ ΚΑΙ ΓΡΑΤΙΑΝΟΥ
ΤΩΝ ΑΙΩΝΙΩΝ ΑΥΓΟΥΣΤΩΝ
ΦΛ. ΟΥΡΑΝΙΟΣ Ο ΛΑΜΠΡΟΤΑΤΟΣ ΑΡΧΩΝ
ΤΗΣ ΙΣΑΥΡΩΝ ΕΠΑΡΧΙΑΣ ΤΟΝ ΤΟΠΟΝ
[ΚΑΙ] ΕΡΗΜΟΝ ΟΝΤΑ ΕΞ ΟΙΚΕΙΩΝ ΕΠΙΝΟΙΩΝ
ΕΙΣ ΤΟΥΤΟ ΤΟ ΣΧΗΜΑ ΗΤΑ[Γ]ΕΝ ΕΚ [ΤΩΝ] ΙΔΙΩΝ
ΑΠΑΝ ΤΟ ΕΡΓΟΝ ΚΑΤΑΣΚΕΥΑΣΑ[Σ]

La ville s'élève en amphitéâtre sur les versants de deux collines, entre lesquelles il y a fort de *Pracana*, Πρακανὰ. L'historien Nicétas l'appelle *Praca* ou *Pracan*, Πρακᾶν, et le classe parmi les villes de la Séleucie[1]; Cinnamus, dans celles d'Isaurie[2]. Cette ville est mentionnée pour la première fois sous le règne de l'empereur Manuel, à son passage de Cilicie en Isaurie, en 1143, alors qu'il accompagnait à Constantinople la dépouille mortelle de son père. L'empereur, arracha cette place des mains

---

1. Nicétas, biographie de l'empereur Manuel. I. 1.
2. Jean Cinnamus, dans son Livre des Histoires. II. 5 et 11.

des Turcs, mais deux ans après, ceux-ci la reprirent avec tous ses alentours et les saccagèrent. Deux ans plus tard, Manuel marcha contre les Turcs ; mais le sultan d'Iconium (Massoud) s'empressa de lui envoyer comme messager un certain Suléiman, pour lui offrir Pracana ; l'empereur se déclara satisfait et rentra paisiblement à Constantinople. délivrance. Quelques années après, à son retour en Cilicie, Manuel appela Tigrane auprès de lui. Le petit-fils de ce dernier qui portait le même nom que son aïeul, était maître de la place lors du couronnement de Léon (1199). Dix ans auparavant (1188) Pracana se trouvait au pouvoir des Turcs, mais je ne sais depuis combien d'années. Sir *Baudouin*, connétable,

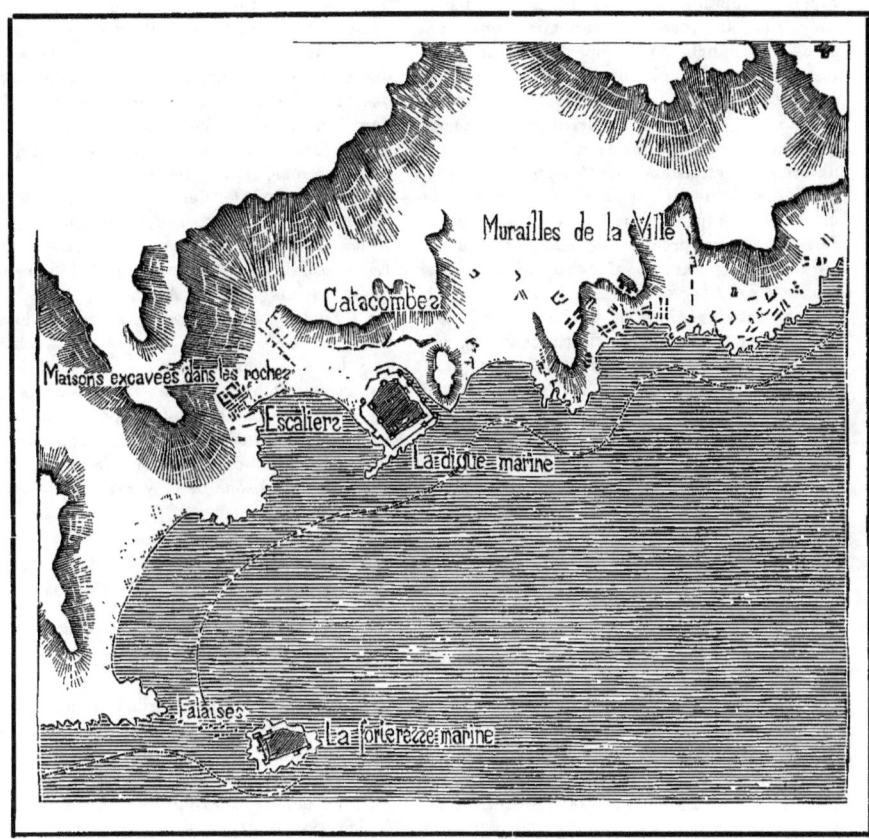

Plan de l'emplacement de la ville de Corycus.

ple. Il commit probablement la garde de cette place à *Tigrane*, arménien, mais sujet de l'empereur, car en 1151, on cite celui-ci comme seigneur de Pracana : mais il fut pris par le brave Thoros II dans la grande bataille de Messis et dut payer une forte rançon pour sa de famille noble, voulut s'en emparer par surprise, mais loin de réussir il fut tué lui-même. Le brave Léon ne tarda pas à le venger ; « deux mois après il conquit Pracana » et tua le commandant du château, l'émir » *Tiphli*, qui avait fait mourir Baudouin avec

» 200 personnes ». Pendant le règne de Héthoum Ier, le sultan Khiateddin organisa une grande expédition et vint assiéger la ville de Tarse avec plusieurs milliers de soldats. Il mourut durant cette campagne ; mais avant que la nouvelle de sa mort ne se fût répandue, les émirs cherchèrent à traiter avec Héthoum, et « lui demandèrent Pracana, comme prix de » leur retraite ; le roi y consentit et ils retour» nèrent chez eux », ainsi que nous l'avons rapporté ailleurs [1]. Lorsque les Arméniens découvrirent la ruse des ennemis, ils firent tous leurs efforts pour reprendre leur forteresse, mais n'y réussirent qu'au bout de deux ans, et après avoir eu recours à maints stratagèmes. Selon les historiens, ils cachèrent des hommes entre les rochers, ce qui indique la nature des environs de Pracana. Après ce dernier événement, ce lieu resta probablement longtemps aux mains des Arméniens. Lors de la suppression de leur royaume, en 1374, le seigneur de Corycus était *messire Constant* de *Braganna*, selon Dardel.

Dans cette région se trouvait aussi sans doute le château *Pertag*, (Petit château), cité par notre historien, avant Pracana et après Manache. Vers la fin du XIIe siècle, le maître de ce château était *Mikhaël*, probablement grec de nationalité ou de confession. Est-ce le même lieu que l'historien arabe appelle château de *Berin*, sur lequel marcha une partie des soldats de Beibars lors de sa grande invasion, en 1274 [2] ?

Après Mikhaël on trouve cité comme seigneur de Pertag et de *Mokhrod* (cendreux), un certain Léon, dont la sœur s'était mariée avec le maréchal Vahram, qui la répudia en 1220, pour se remarier avec Alice, princesse « très belle et très pieuse », fille de Roupin, prince d'Antioche. En 1304, le maître de Pertag était un jeune baron, *Léon*, fils du baron Grégoire et de la dame Agatz (Agatha) : celle qui avait dans la même année racheté un évangile tombé aux mains des infidèles. Le chroniqueur ajoute que peu après cet évangile devint la propriété d'un certain *Ochine* d'*Oghormig* (Ոզորմկաց), mari de Zabloun et père de *Tefano* (Théophanée) et de Grégoire.

Il faudrait de même chercher sur ces frontières le château de *Sivil* dont le maître était *Ochine*, à la fin du XIIe siècle. Dans l'énumération des châteaux, il est classé entre Pracana et Corycus. Dans une statistique ecclésiastique du VIe siècle, on trouve indiqué parmi les sièges épiscopaux du département de la Séleucie Cilicienne, le siège de *Sevila*, après *Dalisantus* et avant Célénteris et Anémour déjà connus. Les explorateurs modernes placent Sévila près de Moute.

A une lieue de l'embouchure de la rivière *Tatli-sou*, se trouve le célèbre Corycus, avec son château, son île et ses cavernes rocheuses. Cette place est fortifiée par la nature, par des falaises qui surplombent la mer comme des murailles, et par des rochers qui s'étendent sur la terre. Sur toute la longueur des plages maritimes on trouve des débris de constructions, entre les ondes de la mer et le pied des monts, derrière lesquels s'élèvent les montagnes, qui sont probablement les *Arimi* ou *Arimos*, Ἄριμος, des mythes grecs. La ressemblance du nom a fait penser à quelques-uns que les Araméens, c'est-à-dire les Syriens, avaient été les anciens habitants du territoire et qu'ils en avaient été chassés par les Ciliciens, à leur retour de la guerre de Troie. Comme Homère mentionne ce lieu ou cette nation au datif (εἰν Ἀρίμοις), les Latins ont joint ensemble la préposition et le nom et l'ont appelée *Inarime*, ainsi que nous le lisons dans Virgile, (Enéide IV, 715-6) :

Fremuit .... cumque cubita
Inarime Jovis imperiis imposta Thyphoeo [3].

Ce vers est ainsi commenté : Typhon, géant à cinquante ou cent têtes, l'un des révoltés contre Jupiter, fut seul délivré du massacre général, mais pris par ce dieu il fut enchaîné et emprisonné dans une caverne des montagnes d'Arima ; jadis ce même Typhon dans un accès de passion avait poursuivi Vénus jusqu'aux bords de l'Euphrate ; deux dauphins étaient venus transporter la déesse au bord opposé, et ils furent placés, en récompense, parmi les douze constellations du zodiaque. Les anciens poètes et géographes cherchent et posent les montagnes et la caverne d'Arima en divers endroits ; beaucoup opinent pour la Cilicie. Pindare dit que le géant ha-

---

1. Selon l'historien Sempad le Connétable.
2. D'Ohson, Histoire des Mongols. III. 473.

3. Virgile tire cette tradition de l'Iliade.

bitait autrefois dans les célèbres cavernes de la Cilicie.

Laissant de côté les fables, examinons les traditions plus certaines qui se rattachent aux fameuses cavernes de Corycus, Κωρύκιον ἄντρον. Elles sont au milieu des montagnes, creusées dans un rocher calcaire par des torrents lit un ruisseau d'eau limpide, mais après un cours d'une lieue il disparaît sous le sol et va se jeter dans la mer : on l'appelle Πικρόν ὕδωρ, (eau amère). Ces informations sont de Strabon; un autre géographe (Méla), décrit ces lieux avec admiration. Les voyageurs modernes qui les ont examinés, n'y ont

Vue des forteresses de terre et de mer de Corycus.

souterrains, à deux kilomètres et demi (vingt stades selon Strabon) du promontoire de Corycus; le sol de la grande caverne est irrégulier, raboteux, mais les plantes le rendent verdoyant : on y trouve en quelques endroits des crocus, du nom desquels dérive peut-être le nom du lieu. De l'une des petites cavernes jaillit trouvé ni crocus, ni autres plantes. Selon eux le sol est humide et marécageux, et de la voûte pendent des stalactites : la grande a en moyenne une hauteur de 50 mètres, et près de l'entrée 80 mètres; sa longueur est de 270 mètres et sa largeur, de 20.

Suivant Théodore Bent, dernier explorateur

Monnaies de Corycus sous l'empereur Philippe

connu (1890), la caverne est longue de 886 pieds anglais, large de 65 en moyenne, haute de 98 du côté nord, et de 228 au sud; la profondeur de 200. Sur les parois de la caverne principale, on remarque des inscriptions grecques, et par endroits sur le sol, les traces d'eau. A peu de distance de l'entrée des grottes, on voit une petite église avec des peintures byzantines, aujourd'hui on l'a

Bas-reliefs à Cheytan-déré.

transformée en mosquée; on y arrive par un couloir étroit. Presqu'à un kilomètre de la caverne de Typhon: sur le plateau, on re-

Restes d'un château près des cavernes de Corycus.

d'un pavage en pierres polygonales. Tout ce que nous venons de dire regarde la principale caverne; car il y a encore d'autres plus petites où l'on entend des murmures marque les ruines d'un temple à Jupiter, et sur le piédestal d'une statue, l'inscription : ΔΗ ΚΟΡΥΚΙΩΝ, comme sur les monnaies ΚΩΡΥΚΙΩΤΩΝ. Dans une autre place on voit inscrit 162 noms de Ciliciens primitifs et de Grecs [1]. On voit une autre caverne plus loin, sur le bord du vallon ; elle est appelée *Cheytan-déré* ou *Chéytanlyk*. Naturelle à l'origine, elle a été agrandie artificiellement et garnie à l'intérieur de 13 bas-reliefs et d'autels, emblèmes de la mort : c'était peut-être une caverne funéraire ou un lieu de sacrifices. Aujourd'hui le sentier est très difficile et escarpé, mais autour de l'autel on a formé des degrés taillés dans la pierre. Nous reproduisons une partie des sculptures, suivant Bent, qui nous donne aussi le croquis des restes d'un fort près de la grande caverne de Corycus.

Le ruisseau indiqué par Strabon paraît être découvert, car il coule près de ce lieu et se nomme *Déli-sou* (eau folle), et on y trouve du crocus ; la végétation y est assez abondante, quoique le chemin soit rocailleux. Une source remarquable celle de *Nousse,* est citée dans cette contrée par Pline ; cette source, comme nous l'avons dit, fortifiait et rendait prudents et sages ceux qui buvaient de son eau. Les historiens latins du moyen âge rapportent, qu'on préparait avec le *crocus* de Corycus, la couleur rouge dont se servaient leurs copistes pour enluminer leurs livres manuscrits.

A une heure à l'est de ces cavernes et à une même distance au sud d'Ayache, on voit encore, vers les bords de la mer, les débris célèbres et importants des deux châteaux et du

Forteresse de terre de Corycus.

---

1. Selon Bent ces noms sont ceux des prêtres-rois d'Olbie, de Romains, et enfin celui d'Archélaüs, roi de Cappadoce.

bourg de *Corycus*, (Κώρυκος), *Coricus, Culchus, Curchus*, au moyen âge ; les Français et les Italiens l'appelaient *Courc, Corc, Curco, Colco* ; aujourd'hui les Turcs le nomment *Corgos*. Dans les auteurs anciens, ce nom semble plus particulièrement attribué à un promontoire, mais comme on ne voit actuellement dans cette place rien qui rappelle un promontoire, quelques-uns ont pensé que ce nom se rapporte à l'île sur laquelle est construit le *Château maritime* de Corycus. D'autres pensent au contraire que cette île est celle de Crambousa, placée, selon Strabon, dans cette région. Quoiqu'il en soit, la position du bourg actuel situé au centre d'une enceinte de rochers, semble justifier le nom de Corycus : car dans la langue grecque ce mot signifie un lieu creux et profond ou un vase. Dans les temps anciens Corycus était une ville très commerçante, servant de port à Séleucie. Les Grecs l'avaient consacrée à Mercure, dont l'image était gravée sur les monnaies de la ville : plus tard elle devint un repaire de pirates, comme les autres villes maritimes de la Cilicie.

Sous les Byzantins Corycus était un siège épiscopal, dépendant de la province de Tarse. On mentionne alors la restauration des bains, et de l'hôpital, par l'empereur Justinien ; mais elle n'est pas citée avec les autres villes durant les guerres des Byzantins contre les Arabes, ni non plus à propos d'autres faits historiques. Cela montre la décadence où était tombé cette ville, qui n'a plus comme témoignage de son éclat primitif que les ruines de ses nombreux monuments, de ses sarcophages et de ses inscriptions. Pendant les Croisades, Corycus fut restauré : le prince Bohémond projetait de la prendre, mais l'empereur Alexis le prévint et envoya plusieurs navires sous les ordres d'Eustathe, général eunuque, pour restaurer la ville et fortifier le port[1].

Quelque temps après les Arméniens étendirent leur domination jusqu'à Corycus et aux plages maritimes, et les conservèrent jusqu'à l'extinction du royaume.

Benjamin de Toudel, voyageur juif, venant de Chypre débarqua à Corycus, en 1163 ; il la représente comme une ville frontière du territoire des Arméniens, et il cite Thoros II, *roi des montagnes*. A la fin du XII° siècle, le seigneur de Corycus, que l'historien écrit *Coricaus*, était le Baron *Simoun* ; peut-être que ce Simoun descendait d'une famille princiaire grecque, ou arménienne devenue grecque. A la même époque (en 1190, 15 juin) une partie de l'armée de Frédéric[1] — cinq jours avant sa mort dans le fleuve du Calycadnus, — s'y embarqua pour Antioche ; car Corycus était alors un port important. C'est encore dans cette ville que quelques années plus tard, (1195), Amaury, roi de Chypre, vint pour reprendre sa femme et ses enfants qui avaient été enlevés par le pirate Kanaki ; Léon avait menacé Kir-Sac (Isaac, qui dans cette affaire avait soutenu le pirate), des châtiments les plus sévères, si les captifs n'étaient pas immédiatement rendus. Il alla même en personne pour l'attendre Amaury ; il le reçut solennellement et lui offrit un festin magnifique : mais au milieu du repas, l'amiral du roi, Raymond de Bone-Done, prévoyant une grande tempête, vint prier Amaury de partir sans perdre de temps. Léon contrarié de ce contre-temps imprévu, ordonna de transporter sur le navire la table toute servie. Ils eurent juste le temps d'arriver au port sans danger.

Ce même Léon entreprit la restauration de Corycus et y construisit de nouvelles fortifications ; ainsi que le rappelle une inscription du château maritime, datant de l'an 1206. La copie de cette inscription est très imparfaite, on parvient cependant à déchiffrer que Léon avait construit la grande *tour*, ce qui indiquerait qu'une partie du château était déjà construite. Willebrand qui avait passé de Tarse à Corycus, en 1212, ne mentionne pas le château, mais seulement la ville *in mari sita*, avec un bon port et des ruines de construction magnifique, qui semblaient dater de la domination romaine. De 1210 à 1212 le maréchal *Vahram* était maître de Corycus, ainsi que le déclare Léon dans son chrysobulle aux Génois, les informant qu'il ne pouvait les exempter de l'impôt qu'ils devaient payer au seigneur de ce district. Ce Vahram, possesseur d'un autre château du nom de *Schechadi*, selon Aboufaradj, voulut après la mort de Léon, épouser Alice, nièce du roi et mère de Roupin-Raymond ; il se fit partisan de ce dernier pour le faire régner, et excita les habitants de Tarse à la révolte. Mais Constantin le bailli à force d'adresse et d'énergie, réussit à les attraper ; il les fit jeter en prison, et peut-

---

1. ANNA COMNENA, dans Alexiade, XII, 266.

être périr par l'épée comme coupables de trahison. Le père de Vahram s'appelait *Gofred*, je ne sais pas s'il était français de nom seulement ou aussi de nationalité : il est appelé, *Baharam, filius Gofredi de Corcs*[1] ; sa fille Marie fut mariée à Philippe, fils de Balian Ibelin[2]. Le bailli Constantin confisqua le domaine de Vahram, comme celui d'un rebelle et d'un traître ; et lorsqu'il fit monter sur le trône son fils Héthoum, il distribua à ses autres fils des titres et des terres, et voulut passer Corycus à Ochine ; Sempad son aîné s'opposa à son père en prétendant que ce lieu devait lui revenir de droit d'aînesse, d'après les lois des Assises de Jérusalem. Constantin demanda conseil à son gendre[3], Jean Ibelin, fils de Philippe, savant jurisconsulte[4]. Celui-ci examina la question avec d'autres experts, et donna raison à Constantin, alléguant comme motif que Corycus n'était pas un patrimoine héréditaire, mais acquis par la force, et que par conséquent, Constantin était maître de l'accorder à qui bon lui semblait. Ochine devint ainsi maître et héritier de cette place ; il y entreprit plusieurs restaurations et y ajouta de nouveaux édifices, terminés en 1258. Nous avons déjà cité, qu'en 1255 au commencement de mai, Rubrouk, célèbre voyageur, religieux, messager et auteur d'un Itinéraire, y vint à son retour de la Tartarie, en même temps que parvenait la bonne nouvelle que le roi Héthoum aussi était heureusement revenu du même pays. Alors son père, Constantin le bailli, rassembla tous ses fils et leur fit un grand festin, auquel ne

Forteresse de mer de Corycus.

---

1. Chrysobulle de Léon, en 1210. — *Cartulaire*, 116.
2. Ce Philippe, fils de Balian d'Ibelin, fut durant l'enfance de Henri Ier, roi de Chypre, régent du roi et du royaume ; † en 1227-8.
3. Par sa fille Marie.
4. Jean Ibelin, auteur des Assises de Jérusalem, rapporte, Chap. CXLV : « Celui qui a fié conquis, le peut doner, par l'assise ou l'usage de cest roiaume, auquelque il viaut de ces heirs, mais que ce soit par l'otroi de celui de qui il tient le fié. Et ce me distrent le Seignor de Seete, Mesire Bellian*, et Sire Nicolle Antiaume, desquels Dieu ait les armes : et je lor enquis ce, por ce que le Baill d'Ermenie me manda, preant que je lor enqueysce c'il poreit, par l'assise ou ousage dou reiaume de Jerusalem, doner le fié, que il avoit de son conquest, au-

* Balian, l'un des deux conseillers de l'auteur, était Seigneur de Sidon et père de Julien, qui épousa Fimie, fille du roi Héthoum.

manquait qu'Ochine, occupé à la *construction d'un château*, probablement l'un des deux de Corycus, que les Turcs appellent aujourd'hui *Korcos-kaléléri*.

L'un de ces châteaux est situé sur la terre ferme, non loin des bords de la mer, près des ruines de l'ancienne ville, en partie sur un rocher escarpé ; il est ceint d'une double muraille, de remparts et de tours et d'un fossé de 30 pieds de profondeur, creusé dans le rocher même, comme on en voit encore des traces du côté du nord et de l'est ; une source remplissait ce fossé d'eau, le trop-plein coulait à la mer par des canaux.

On avait pratiqué des escaliers entre les tours et les remparts. Ces derniers ont deux portes : l'une au nord, où l'on entrait par un pont-levis ; l'autre plus grande, à l'est, du côté de la mer ; on y voyait d'anciennes inscriptions arméniennes, que ne surent pas déchiffrer les Arméniens qui accompagnaient Josaphat Barbaro, ambassadeur vénitien, en 1471. Ce voyageur parle de l'épaisseur et de la solidité des murailles et des tours, bâties en partie sur un rocher et en partie au bord de la mer ; elles étaient si fortes que les boulets ne pouvaient les entamer. Il évalue au tiers d'un mille l'enceinte du château : dans toutes les chambres on voyait des puits d'eau douce, et dans les endroits publics il y avait encore quatre puits très profonds, remplis d'une eau excellente qui aurait pu suffire à une grande cité. Au sortir de la porte de l'est, jusqu'à la portée d'une flèche, des deux côtés, le chemin était bordé d'arcades supportées par des colonnes de marbre monolithes ; à cette époque les colonnes de l'un des deux côtés étaient brisées et renversées. La rangée de colonnes conduisait vers une grande église, éloignée seulement d'un demi-mille ; elle était solidement construite et ornée de grosses colonnes de marbre et de belles sculptures.

Machau, chroniqueur français, faisait ainsi la description de Corycus, vers la fin du XIV° siècle, pendant que ce lieu était encore habité :

Comment le chastiaus est assis
De Courc, qui est grans et massis
De tours, de creniaus et de murs,
Qui sont haus, fermes et seurs.
Courc siet en pais d'Ermenie,
Et s'est assis par tel maestrie
Que la mer li bat au gyron,
Et non mie tout environ.

Devant la porte a une place
Qui tient deux archies d'espace,
Et puis une haute montaigne
Qui est moult rote et moult grifaigne ;
Et se n'i a que trois entrées
Qui sont rotes et si polées
Qu'il n'i peut monter nullement
Q'un homme ou deus tant seulement.

On compte aujourd'hui, selon Langlois, trois chapelles dans ce château ; dans la principale, les parois intérieures sont ornées de fresques, représentant divers saints ; les colonnes et les arceaux sont embellis de différents ornements ; le toit est écroulé. Les deux autres chapelles sont entièrement encombrées de débris. On voit encore à leurs côtés des greniers, des prisons et des caveaux souterrains.

Une digue joignait le château du bord de la mer avec l'îlot sur lequel est construit le *Château de mer*, appelé par les Turcs *Kezlar-kaléssi*, (forteresse des fillettes) : suivant d'autres, *Pambouk-kaléssi* (forteresse de coton). La jetée qui reliait le château de terre à celui de mer, est rompue, et il n'est plus possible de visiter ce dernier sans barque ou sans un radeau. Au commencement de notre siècle une partie de ces constructions restait encore debout, et Beaufort affirme que c'étaient de grosses pierres massives unies ensemble, sur une longueur de 90 mètres ; à l'extrémité du mur on voyait une construc-

---

quelque il vodreit de ces enfans, par l'otroi dou seignor, de qui il teneit le fié. Et ce qu'il me manda que je lor enqueysce por le *Corc*, que il diseit que il aveit conquis et que il voleit doner à Baron *Oissin* son fiz ; et que Baron *Sembat*, le Conestable d'Ermenie, son ainzné fiz, contredisoit cel don, et diseit que il ne le poeit faire. Et por ce me manda il, que je lor enqueysce ce il le poreit faire. Et il me distrent que oy bien : car aussi come le conqueror dou fié le peut rendre et quiter au seignor de qui il le tient, et que, ce il le fait, ces heirs n'i pevent puis recouvrer le fié par l'assise ou l'usage de cest reiaume, le peut il par la dite assise ou par le dit usage doner auquelque il viaut de ses heirs par l'otrei de celui de qui il tient le fié, ou à l'un de ces heirs, seit à son droit heir ou à autre... Et je, ensi come il le me distrent, le mandai au dit Baill d'Ermenie, et il dona à Baron Oissin le Corc, qu'il ot et tint tant come il vesqui, l'oiant et le veant dou dit Conestable, son ainzné frere qui eust mit contredit et chalonge, c'il faire le peust par raison ».

tion de 20 pieds carrés, garnie de poutres à ses angles; probablement cette espèce de piédestal servait à porter une statue ou une colonne; il se pourrait bien aussi que ce fût un phare; mais on n'y remarque aucune trace d'escalier pour arriver au sommet: le fond de cette espèce de tour s'est en grande partie effondré soit par l'action de la mer, soit artificiellement. Toute la surface de l'îlot est oc-

en ogive et orné d'une jolie sculpture; il donne accès à un portique voûté.

Si ce château est resté jusqu'aujourd'hui assez bien conservé, c'est grâce à son isolément au milieu des eaux de la mer, qui ont arrêté les barbares dans leurs invasions.

Langlois le dit endommagé de ses trois côtés et à l'intérieur: malheureusement on n'y remarque pas de monuments importants; sur

Inscription sur la tour de la forteresse de mer de Corycus.

cupée par le château ovale ou presque triangulaire; les murailles ont une épaisseur de huit pieds et sont hautes de 25. Chaque angle est muni d'une tour de 60 pieds de haut, entre lesquelles on voit cinq autres tours basses et rondes. Le donjon se dresse à l'ouest; la porte est ornée d'inscriptions arméniennes. Le portail principal au nord-ouest est taillé

les murs on voit des lettres grecques: ΛON, et des latines: S. B. M. — M. A. B. Deux grands réservoirs ont été creusés au centre du fort, sur la porte duquel est sculptée une grande croix, sur laquelle on voit deux inscriptions arméniennes en relief, avec des lettres enchevêtrées, l'une de Léon, qui, selon l'usage adopté pour les inscriptions de monuments importants, porte différentes dates, comme celles d'Adam, d'Alexandre, du Christ, des Arméniens, etc. Nous aurions pu peut-être vérifier ainsi la date de sa construction; mais par malheur aucune bonne copie ne nous en est parvenue jusqu'à présent; celle de Langlois, faite en 1852, ne reproduit aucun chiffre exactement: celle de Beaufort, en 1812, était sans doute la plus sûre, mais il m'a été impossible de me la procurer.

L'autre inscription, longue et carrée, est gravée sur une table sculptée, formée de six grosses pierres; elle se compose de quatre lignes en grandes lettres: on y voit le nom du roi Héthoum avec la date encore visible de 700 de l'ère arménienne, (1251 de J. C.); peut-être devrait-on ajouter à ce nombre la lettre, է, *sept* en arménien, selon la copie altérée de Langlois. Cette inscription a été photographiée par les explorateurs plus récents, Favre et Mandrot, comme on le voit par notre gravure (p. 400), malheureusement les lettres ne se distinguent plus bien; dans la troisième ligne on remarque pourtant une erreur de Langlois. On y lit:

« Le commencement de la construction » de cette forteresse... Par le pieux grand » Prince des Arméniens ».

On trouve encore dans ce château, d'autres inscriptions grecques et des sculptures, mais elles y ont été transportées d'ailleurs. Dans les murailles extérieures, surtout du côté du sud, on remarque des trous et des lézardes causés par les boulets de canons.

De vastes pans de murailles sont encore debout dans la *cité de Corycus*, de même que plusieurs autres constructions; parmi lesquelles on voit des édifices publics, et surtout des tombeaux et des sarcophages de diverses formes, avec des inscriptions grecques. Une de ces constructions a attiré tout particulièrement l'attention des explorateurs; c'est un monument sépulcral en forme de mausolée de style cyclopéen, mais construit avec des pierres plus petites et portant en haut la croix grecque, et une inscription du bain d'un certain *Dionisius Christianus*.

On n'y découvre pas de traces d'églises, à part une seule en ruines, ni non plus de souvenirs arméniens; il paraît que bien longtemps après l'évacuation de ce lieu par les habitants on continua de restaurer et de maintenir les forteresses en bon état.

Machau qui écrivait à la fin du XIVe siècle son poème sur la « *Prise d'Alexandrie* », dit:

« Jadis y ot une cité
Qui fut de grant auctorité;
Mais elle est toute confondue,
Destruite à terre et abatue [1] ».

Pourtant à cette époque, une partie de la ville ancienne ou au moins les châteaux devaient être habités; car c'était le lieu de résidence d'un des plus grands barons des Arméniens, et il demandait au Pape d'y établir un siége épiscopal.

Ochine, frère du roi Héthoum Ier, et le premier de la famille des Héthoumiens qui fut maître de Corycus, possédait encore les châteaux de Manion, de Midizon, de Gantchi et d'autres plus petits. Il mourut en 1265, le 26 décembre, et fut enterré à Tarse, à côté de son père. Son fils *Grégoire*, élevé au rang de bailli [2], lui succéda; je ne l'ai pas trouvé mentionné dans notre histoire, mais la dédicace d'un livre écrit en 1280, porte sous son nom, dont les lettres sont altérées, les deux dernières lettres du mot de bailli; et il me semble qu'elles sont en rapport avec la dignité de ce même Grégoire: « Souvenez-» vous en J.-C., du possesseur de ce livre... Ili » le fils d'Ochine, seigneur de Corycus et » frère de Héthoum Ier, roi des Arméniens [3] ».

A Grégoire succéda son frère, le célèbre *Héthoum*, *l'Historien*, le généralissime, qui devint après religieux et chanoine, et suivit ainsi l'exemple de ses oncles, le roi Héthoum et le Connétable Sempad, et de l'autre Héthoum

---

[1]. Machau en citant la petite île, suppose que Jason soit venu ici à la recherche de la Toison d'or, et dit:
Et devant Courc a une yslette,
Où jadis ot une villette.
L'isle est apellée Curcos;
Et dest li lieus, bien dire l'os,
Où enciennement Jason
Conquist la dorée toison.

[2]. C'est l'opinion de notre P. Tchamtchian; mais je ne sais de quel mémoire il a tiré ce renseignement. Il se trompe pourtant quand il dit que ce Grégoire était fils d'Ochine, seigneur de Lambroun.

[3]. On a trouvé ce mémoire dans le livre du Nouveau Testament, conservé au Musée Britannique.

II, son contemporain, qui l'égalait dans la bravoure, dans les lettres et dans la piété. Divers livres écrits pour lui et parvenus jusqu'à nous, en sont un témoignage. D'abord un Calendrier, rédigé par le prêtre *Etienne*, fils du prêtre Jean, « par ordre du prince royal, » prince des princes, du pieux Héthoum, sei- » gneur de Corycus... dans l'année arménienne et à la fin du livre des **mémorandums**, dont nous représentons ici les fac-similés. Ajoutons les ouvrages originaux de Héthoum lui-même ; parmi lesquels nous est parvenue et a été publiée, une « *Chronique* de 301 ans, compilation » en abrégé de *différentes* histoires, *arméniennes, françaises* et *syriennes*, composée par le » Baron Héthoum, seigneur de Corycus, l'an

Fac-similé des mémorandums du livre de médecine, copié par ordre de Héthoum l'Historien, en 1294.

» 736 (1287) » ; ce livre se conserve aujourd'hui dans la Bibliothèque du Vatican : — Un traité de médecine sur parchemin, traduit en partie de l'arabe, et en partie composé par Mekhitar de Hér, copié en 1294, sur l'ordre de Héthoum, par le vieillard *Varte de Merdiche*? On trouve au commencement, au milieu » 745 de l'ère arménienne, et de l'Incarna- » tion du Seigneur, 1296 ». Mais nous trouvons dans ces mémoires le récit plus récent, de l'assassinat de Héthoum II et de Léon III, en 1307. Cet ouvage n'est que de peu de pages, mais comme c'est un résumé des historiens de trois langues, il nous montre l'érudition et le bon choix qu'a su faire l'auteur; nous pensons même qu'à côté de ce résumé, il a dû composer la chronique détaillée des faits qu'il rapporte. Son ouvrage le plus remarquable, l'*Histoire du Grand Empereur de Tartarie*, ou la *Fleur des Histoires d'Orient*, fut écrit en français sous sa dictée par un certain *Falcon*, à Poitiers ; l'original arménien n'est pas encore découvert ; nous tium Orientis[1]. Cet ouvrage fut plusieurs fois réimprimé depuis la première moitié du XVIe siècle et même en diverses langues. Il est partagé en deux parties, dans la première, divisée en 46 ou 54 chapitres, il donne de courtes informations sur tous les royaumes d'Orient ; il en ajoute de plus détaillées sur les Arméniens, et surtout sur les Tartares,

Monument funéraire turc à Corycus.

n'avons qu'une traduction moderne faite du latin; cette version latine a été faite d'après le texte original français par *Jehan d'Ypre*, et porte le titre de *Liber Historiarum par-* d'où le titre du livre. Héthoum rappelle l'alliance de ces deux dernières nations pour chasser les Égyptiens ; il prit lui-même part à la guerre, en compagnie de Héthoum II. Dans

---

1. Ce titre, soit en français, soit en latin, est d'après l'édition de 1529. Dans la latine Héthoum est appelé *Hayton*; dans la française, *Haycon* ou *Aycone*. Cette dernière porte de plus la note suivante : « Et fut ce traicté premierement fait en latin par tres noble et tres hault homme Monsieur *Aycone* Seigneur de *Courcy*, chevalier et nepveu du roy d'Armenie la Grande (!) : lequel Aycone apres ce qu'il eut longtemp suivy les armes avec son oncle et veu presentement toutes les choses que il racompte en cest livre, se rendit en l'ordre de Presmostré moyne blanc, au royaume de Chipre, en l'abaye de l'Epiphanie, en laquelle il fist cest liure, come dit est : puis l'an de grace mil trois cens et dix et fut ce livre translate de latin en francoys par frere Jehan de Long dit de Ypre, moyne de l'abbaye de Saint Bertin en Saint Omer de l'ordre de Saint Benoit de l'Euesche de Therouenne, en l'en de l'Incarnation Notre Seigneur mil trois cens cinquante et ung ». — On trouve encore d'autres éditions de la même époque en français, mais avec des variantes; de même une traduction anglaise publiée entre 1520 et 1530 : une traduction italienne a été publiée aussi au XVIe siècle ; et en 1595 une traduction espagnole. Mais le plus intéressant, l'original de Falcon, qui fut dicté par Héthoum, ne fut publié que longtemps après, à Paris, en 1877, par Louis de Backer, sous le titre de L'EXTRÊME ORIENT AU MOYEN AGE. Dans la préface il cite les paroles du savant Paulin Paris, qui déclarait que la publication de ce livre était comme nécessaire afin d'éclaircir les points obscurs du voyageur vénitien Marco Polo. « Le livre d'Hayton se lie utilement à l'étude du livre du grand voyageur vénitien Marco Polo, et peut servir à dissiper quelques-unes de ses regret-

la seconde partie, il traite du Passage des Occidentaux en Orient, ou d'une nouvelle croisade pour la délivrance de la Terre Sainte et la conquête de l'Egypte ; à ce propos il écrivit aussi plusieurs lettres, dont une fut insérée par le Pape Clément V, dans sa bulle. Il écrivit toutes ces lettres à la demande du même pontife, pendant qu'il se trouvait a Avignon. Il y donna aussi des informations sur les Templiers, dont on faisait alors le fameux procès.

Héthoum dit avoir recueilli la plus grande partie de ses renseignements sur les Tartares, de la bouche de ses deux oncles, Héthoum Ier et le Connétable Sempad, qui étaient allés en personne chez les Tartares, et il termine son histoire en 1308, après la grande victoire sur les Egyptiens, à laquelle il avait pris part. Il remercie le Seigneur pour la paix de sa patrie sous l'administration de Héthoum II et la minorité de Léon III, fils de Thoros, (frère de Héthoum II).

Enfin Héthoum renonça à la gloire du monde et à son domaine de Corycus ; se rendant à Chypre, il entra dans l'ordre des Prémontrés et changea son nom contre celui d'*Antoine*. Deux ans après, le pape Clément l'appela à Avignon pour la question citée plus haut ; c'est là qu'il reçut la dignité de chanoine, et selon quelques-uns, d'abbé ; il séjourna dans le couvent de son ordre à Poitiers ; mais l'époque de sa mort est restée inconnue. Son dernier acte connu est celui que rapporte l'historien Bustron : en 1310 il se trouvait en Cilicie, de retour de Chypre, et il conseillait au roi Ochine, de recevoir chez lui Henri, roi de Chypre, détrôné par son frère Amauri[1].

On dit que Héthoum écrivit aussi un *Commentaire de l'Apocalypse*, et d'autres livres religieux, et traduisit du latin une *Chronique* : toutefois ces assertions n'ont pas encore été vérifiées. On trouve beaucoup d'exemplaires manuscrits de son Histoire de l'Orient. Un des plus célèbres est une copie française qui fait partie d'un livre enluminé : « *Les Merveilles du monde* », conservé dans la grande bibliothèque nationale de Paris. La première page est ornée d'une enluminure représentant Héthoum-Antoine aux pieds de Clément V, et lui offrant son livre ; l'en-tête est ainsi conçue : « Ci commence le Livre de la Fleur des Histo-

---

tables obscurités... Cette Relation curieuse paraît avoir excité un vif intérêt en Europe et surtout en France, à une époque où cependant la passion des Croisades était entièrement amortie. C'est qu'indépendamment des plans de conquête soumis à la décision de Clément V et de Philippe-le-Bel, l'auteur éclairait d'une lumière nouvelle l'histoire de ces conquérants Tartares, dont chacun des mouvements était depuis cinquante ans un objet incessant d'inquiétude et d'épouvante ».

Pendant que j'étais en train d'écrire le présent ouvrage, (en 1884), un italien, Vittore Bellio, trouva dans la Bibliothèque de Palerme, un manuscrit de ce livre de Héthoum en latin, et il le publia avec un intéressant commentaire dans l'Archivio Storico Siciliano, Nuova Serie, année VIII, 1884.

1. Quelle fut la fin de ce brave homme ? Peut-être, assez adroit dans les affaires du monde, il s'y mêla trop et finit comme il vécut. Peut-être passa-t-il ses dernières années dans un monastère des Prémontrés et mourut en odeur de sainteté.

Je dois faire remarquer aux étrangers, (dont la plupart ne connaissent pas les détails de notre histoire et confondent les faits et leurs auteurs) : que nous avons eu dans le XIIIe siècle quatre Héthoum, dont trois sont parents entre eux, et tous distingués par leur bravoure, leur science et leur piété ; tous devenus également religieux vers la fin de leur vie, et ayant pris, avec l'habit monacal, de nouveaux noms. Le premier de ces quatre immortels est le vertueux frère aîné de notre grand saint Nersès de Lambroun, *Héthoum*, qui devint en religion l'abbé Hely. Le second est le glorieux roi *Héthoum Ier*, en religion *Macaire*. Le troisième est son petit fils, le confesseur *Héthoum II*, — *frère Jean*. Enfin le quatrième est notre historien *Héthoum*, qui fut particulièrement favorisé du ciel et prit le nom d'*Antoine*. Le premier de ces quatre Héthoum est peu ou point connu des étrangers : quant aux trois derniers, quoique suffisamment célèbres durant leur vie, ils ont été étrangement confondus après leur mort. Les Bollandistes (27 du mois de mai) et leurs copistes, (Migne entre autres), confondant leurs noms et leurs actes, n'en font qu'un seul et même personnage *Bienheureux*, qu'ils appellent *Haiton*. En effet, du premier (Héthoum Ier) ils prennent le nom de religion *Macaire* ; du second (Héthoum II) ils prennent aussi le nom de religion et l'identifient au premier, disant : Macaire — Frère Jean. Du dernier, ils prennent le lieu de retraite, l'île de Chypre.

Nous savons positivement que notre Héthoum Ier, sur la fin de sa vie, se retira du monde, reçut avec l'habit, le nom de Macaire, et rendit son âme le 29 octobre, 1270. Héthoum II, roi et moine tout à la fois, mentionné aussi dans quelques Bréviaires franciscains comme *Bienheureux*, mourut tragiquement, avec son neveu, le jeune roi Léon IV, la nuit du 16 au 17 novembre 1307. Quant à notre Historien et Seigneur de Corycus, *Héthoum — Antoine*, qui prit l'habit des Prémontrés, dans leur couvent de Chypre, je ne sais quand ni comment il mourut ; mais sa fin, qui fut probablement paisible, doit être survenue vers le 11 décembre, date donnée par les Bollandistes à leur unique Héthoum le Bienheureux.

» ries de la terre d'Orient. Lequel Livre
» *Hayton* seigneur du Corc, cousin germain du
» Roy de Arménie compila par le commen-
» dement du pape Climent Quint (année de
» J.-C.), mil troys cens sept, en la cite de
» Poitiers. - Cestuy livre est divise en quatre
» parties. La premiere partie parle de la terre
» d'Asie qui est la tierce partie du monde, et
» divise queins royaumes a en celle partie, et
» comment l'un royaume marchist a l'autre et
» quel gent y habitent. La seconde partie parle
» des emperours et des roys ».

Tombeau à Corycus.

Entièrement différente fut la politique et la fin du fils aîné de Héthoum, qui s'appelait *Ochine*, du nom de son grand père. Il était brave, magnanime et ami du progrès, mais très ambitieux; ce fut la cause de sa perte. Pendant le règne du roi Ochine son homonyme, il resta modéré et le servit avec fidélité : ainsi en 1318 avec trois cents soldats, il battit les incurseurs Karamans près de Pompéiopolis. Le roi Ochine à sa mort (1320) lui commit la régence de son fils héritier, Léon IV; Ochine devint par le fait même *bailli*, et parvint à marier sa fille Zabel ou Elize avec le jeune roi : il se maria lui-même avec la marâtre du roi, la reine *Jeanne* ou *Irène*, fille de Philippe, prince de Tarente. Il devint ainsi comme un second père du roi, et éleva son frère *Constantin* au rang de connétable.

Peu à peu il occupa la plus grande partie du territoire de le couronne, comme s'il eût été son propre patrimoine. Nous pouvons évoquer ici le témoignage de l'abbé Isaïe de Nitche dans une lettre adressée à Ochine ; « A toi, écrit-il :
» par la grâce de J. C. enrichi de courage
» et de sagesse, né de la famille héritière du
» trône, Comte et gouverneur du département
» entier d'Isaurie et de la magnifique Tarse,
» Baron et gouverneur de tous les Arméniens,
» à toi Ochine », etc. Cette lettre du docteur Isaïe traite des questions de foi et de l'union avec les Latins. Ainsi Ochine fut célébré comme le premier personnage dans le royaume de Léon IV, et, tant que celui-ci ne fut pas parvenu à sa majorité, ce fut lui qui signa les décrets royaux; il recevait des lettres du pape, identiques à celles adressées au roi, comme la lettre de condoléance, écrite en 1323, le 18 mars, après la dévastation d'Ayas, et une autre qui contient la promesse du pape de venir au secours des Arméniens.

Dans une de ses lettres, en 1323, le 21 juillet, Jean XXII demandait à son nonce Pierre, (patriarche de Jérusalem), d'examiner si la ville de Corycus était assez importante pour nécessiter la création d'un nouveau siège épiscopal, comme le demandait Ochine. Il paraît que cette demande fut exaucée et qu'un évêque fut placé à Corycus; mais la nationalité du prélat n'est pas mentionnée. Comme le même Pontife transféra au siège de Cafa l'évêque de *Curquensis*, quelques-uns ont cru retrouver dans ce dernier nom celui de Corycus. Dardel dit plus distinctement, que Léon le dernier, en 1374, appela l'évêque de Corycus et le pria d'intercéder auprès des chefs de ce château afin qu'ils lui prêtassent un navire pour le transporter hors de l'île.

Le même pape Jean demandait dans une autre lettre, le 17 mars 1323, si Léon avait accordé réellement à Ochine le château de Babéron. Il écrivit encore deux autres lettres, en 1326 et en 1329, et il accordait à Ochine, par une bulle, des indulgences à son profit, *in articulo mortis*. Je ne sais si ces dernières arrivèrent à temps. Ochine enorgueilli par ses dignités et ses succès, voulut vivre un peu trop à sa guise, même pendant la majorité du roi. Celui-ci, peut-être aussi excité par des calomniateurs, envoya, au commencement de l'an 1329 (26 janvier), quelques princes et une troupe de cavaliers pour se saisir du Comte de Corycus et de son frère *Constantin*. Tous les deux furent pris, l'un sur les frontières d'Adana, l'autre dans le village de *Léon-Degha*. « On les conduisit à Adana, et tous les deux » furent exécutés le même jour »[1], comme nous l'avons rapporté ailleurs. « La vérité dans » cette affaire est connue de Dieu seul, ajoute » l'historien ; Léon semble n'être pas coupa- » ble de leur sang. Que Dieu ait pitié d'eux

musicales. Il est richement enluminé et date de 1325, année où mourut *Héthoum*, fils d'Ochine.

Après la mort d'Ochine il paraît que le château de Corycus fut légalement confisqué par la couronne, avec d'autres possessions : car, l'héritier d'Ochine, comme nous venons de le dir

Fac-similé[2], *tiré de l' Hymnaire écrit en 1325, pour Constantin le Connétable* [3].

» et qu'il conserve pour longtemps notre roi » Léon ».

Un souvenir de Constantin nous est parvenu : c'est un joli livre, un Hymnaire, recueil des chants de l'office, avec des notes

tout à l'heure, était mort prématurément ; cette perte lui causa une extrême douleur, car il n'avait pas d'autre fils, du moins nous n'en avons aucune mention. Léon accorda le château de Corycus à *Bohémond* de Lusignan,

---

1. Le troisième frère d'Ochine, *Guiautin*, (Գիտաւդին, Gui ou Guide), seigneur de Gantchi, « fut bléssé par les impies et… mourut », en 1320, pendant qu'il repoussait l'invasion des Egyptiens dans le territoire d'Ayas, selon le témoignage d'un historien contemporain.

2. Traduction du fac-similé.

« Jésus-Christ, mon Seigneur, par votre sainte nais- » sance, par votre saint baptême, et par l'interces- » sion de la Sainte-Vierge, ayez pitié du propriétaire » de ce (livre), du Baron Constantin, Généralissime » des Arméniens, et de son frère le Baron Ochine, » et de son fils le Baron Héthoum ; que Jésus-Christ » les conserve pour de longues années. — Je vous sup- » plie encore, ô vous qui rencontrerez ce notre livre, » de bien vouloir vous souvenir, en Jésus-Christ le » Bon, de ces deux frères ; et que ses parents et son » frère Guiautin, morts en Jésus-Christ, puissent trou- » ver miséricorde et le pardon auprès de » Jésus. Que le Christ Dieu, qui est béni pour l'é- » ternité, ait pitié d'eux et de moi malheureux ».

3. Le Docteur Sérapion, plus tard catholicos, restaura ce livre, en 1603.

qui était français par son père (fils d'Amaury, fils du roi de Chypre), et arménien par sa mère, Zabloun, fille de Léon II. Ce Bohémond était frère du roi Gui, avec qui il fut tué en 1344, le 17 novembre. Leur frère *Jean* était mort à Sis, trois ans avant, laissant une jeune veuve, *Soldane*, fille du roi des Géorgiens, et ses deux fils en bas âge, *Bohémond* et *Léon* (V) qui fut le dernier roi des Arméniens. La princesse et ses fils furent exilés, par le roi Constantin, à Corycus; redoutant une catastrophe, elle se sauva en Chypre avec ses enfants

L'historien français Dardel, qui nous rapporte ces faits, ajoute que Constantin se contentant de la partie montagneuse du territoire, laissa de côté Corycus. Les habitants de la ville de peur de tomber dans les mains des Egyptiens, se livrèrent aux Chypriotes, préservant ainsi ce lieu important de l'invasion des ennemis, au moins pour un siècle encore.

La ville de Corycus était célèbre non seulement pour ses fortifications, mais encore pour son commerce. On trouve dans les archives de Gênes un écrit du 22 octobre 1268, dans lequel il est affirmé que Lucchetto Grimaldi, amiral des Génois, avait capturé dans le port de Corycus (*in porto Curchi*) un navire marchand, dont l'équipage était composé de marins de diverses nationalités, parmi lesquels se trouvaient aussi des Arméniens, entre autres l'arménien « Monsor Erminium hominem re- » gis Armeniæ et habitatorem Ayacij, in no- » mine suo proprio et nomine *Vasachi, Baha- » ram, Barsomi, Michaeli, Macheroti, David* et » *Joseph Azizi* et *Musant* fratrum de Ayacio, » hominum dicti Regis, quorum dicit se pro- » curatorem »[1]. Les Génois durent payer une indemnité de 22,797 besants arméniens et 7 *kardèze*, après quoi ils reçurent une quittance à Ayas, le 6 octobre, 1271, dans la chancellerie royale, avec le témoignage des Barons *Sébé* (Sempad?) et *Michel*.

On cite encore durant le règne de Léon II et de Héthoum II, des navires de commerce de l'Occident dans le port de Corycus. A un autre navire qui transportait des tapis, spécialités de Corycus (*Carpita di Curcho*), on déroba une balle appartenant à Quatrelingue commerçant marseillais (1294-5). Selon un autre manuscrit, le 2 septembre 1295, le même armateur fut dépouillé par quatre galères vénitiennes, qui stationnaient dans le port de Corycus.

Le droit de douane que nous avons mentionné durant le règne de Léon le Grand subsista aussi sous les autres maîtres de Corycus, comme l'indique Héthoum II dans son Chrysobulle aux Vénitiens, en 1307. De même lorsque les Arméniens eurent livré Corycus aux Chypriotes, un certain *Sempad*, en 1367, demanda à Pierre, roi de Chypre, l'administration de Corycus, pour recevoir les impôts, qu'il faisait monter à trois ou quatre mille ducats par an.

Après l'abandon de Corycus par le roi Constantin, la tribu de Karaman, aidée par d'autres princes maritimes coréligionnaires, s'empara de cette place, et ruina les faubourgs de la ville ; les habitants s'enfuirent dans les deux châteaux fortifiés et appelèrent à leur secours Pierre Ier, roi de Chypre (1361). Machau raconte ainsi l'événement:

La prist, par force et par maestrie,
Un chastel qu'on appeloit Courc.
Si vous en dirai brief et court:
Li chastiaus fut subjet au Turs,
Grans et puissans, fors et seurs
De foséz, de tours, de muraille.
Mais à l'espée qui bien taille
Versa tout, comble et fondement.
Là se porta si fièrement
Que tout fu mort, quan qu'il trouva.

Les habitants de Corycus célébrèrent une grande fête pour avoir recouvré la liberté, et introduisirent dans l'église Robert de Lusignan, messager du roi. Dans cette église on honorait une image miraculeuse de la Sainte Vierge, qui, dit-on, avait guéri le Karaman, aveuglé par la colère divine.

Les Karamans firent une nouvelle invasion au commencement de l'an 1367 ; au nombre de 45,000 hommes ils vinrent assiéger le château de Corycus. Un Arménien s'empressa d'en avertir le roi Pierre, qui envoya son frère Jacques; celui-ci aperçut les Karamans qui, campés sur les monts voisins, battaient le châ-

---

1. C'est ainsi qu'il est écrit dans l'acte notarié à Gênes, le 22 octobre 1268. Dans un autre document écrit le 6 octobre, 1271, à Ayas on trouve les signatures à Mansor, de Mansor, Vasac, Daud, Barsoma, Vaaram, Phatios (Thadée ?) Michel Mathias, Joseph Altusbochet ?, Nichifor, Stefam Aachim, Soliman Benerazim, Georges Musant, Abdolazis ; on voit bien que ces derniers étaient des Syriens et des Arabes. — MAS LATRIE, *Hist. de Chypre*, II, 74-9.

teau avec des balistes. Le chef de la garnison avait envoyé six fois des messagers pour demander le secours du roi. Jacques avait avec lui six navires bien armés, 600 soldats, 300 archers, et de nombreux chevaliers, dont Machau donne les noms. A leur vue les Karamans firent descendre la moitié de leur armée entre le château et la montagne. Les Chypriotes débarquèrent, le 28 février, et entrèrent dans le château ; durant deux jours les deux camps se battirent et bien des hommes tombèrent des deux côtés. Pendant que les Chypriotes envoyaient leurs navires pour embarquer d'autres troupes, les Karamans se hâtèrent d'approcher les balistes du château : les assiégés sans perdre de temps se partagèrent en trois corps, assaillirent l'ennemi et s'emparèrent de leur camp, le 7 mars. Les Karamans revinrent à la charge le jour après, mais après avoir combattu avec acharnement, ils furent forcés de céder le terrain. Jacques renouvela la garnison du château et retourna à la cour de son frère. Machau raconte au long et au large tous ces faits en 1200 vers. Un autre historien, Strambaldi, dit qu'avant l'arrivée des Chypriotes, les Karamans s'étaient rendus maîtres de la grande tour qui était construite sur le rocher près du *puits*[1]. Un autre historien, Bustron, ajoute que parmi les Chypriotes un certain *Cavalli* voulut se révolter et remettre les clefs du château aux Karamans ; mais à l'arrivée des 32 galères du roi de Chypre, le traître fut pris et décapité à Satalie.

Les premiers jours d'avril 1374, Léon de Lusignan, élu roi des Arméniens, venant de Chypre, débarqua à Corycus, acompagné de sa mère et de sa femme. *Constantin*, commandant du château et seigneur de Pragana, les reçut avec bonheur, et selon l'ordre du roi de Chypre, les laissa séjourner dans l'île. Il chercha cependant à les livrer aux Turcs, qui étaient alors maîtres de la ville de Tarse; et fit en outre parvenir d'étranges nouvelles au roi de Chypre, sur le compte de Léon. Celui-là envoya sans retard un navire pour reprendre ce prince et le ramener en Chypre. Les marins trouvèrent Léon entouré de braves gens et furent obligés de retourner en arrière pour prendre un autre navire armé. Mais pendant ce temps Léon pria le chef du château de lui prêter une galère ; celui-ci refusant d'accéder à ses demandes, Léon s'adressa à l'évêque et aux notables du bourg et fut enfin exaucé ; il partit pendant la nuit et débarqua vers l'embouchure du Sarus, et de là il se rendit à Sis. L'historien Dardel rapporte que le château était alors muni d'un grand nombre d'archers et de soldats capables de manier les balistes. Léon lui-même, après sa captivité, racontait aux Français, à Paris, que le château de Corycus était fort et inexpugnable, et qu'on ne pourrait s'en emparer que par la trahison ou la famine[2].

Après l'extinction du royaume des Arméniens, alors que Corycus dépendait des Chypriotes, il fut visité par plusieurs voyageurs français: de *Caumont*, en 1418, et de *Bertrandon* en 1432 ; celui-ci l'appelle un château maritime à 60 milles de Tarse. En 1425, les Egyptiens firent une irruption en Chypre et firent prisonniers un certain *Andronic* de Corycus et un autre, et les emmenèrent en Egypte ; ils voulurent les obliger à renier leur foi ; sur leur refus ils furent décapités. En 1448 ou 1454, le gardien du château, *Philippe Attar*, livra Corycus aux mains d'Ibrahim, seigneur de la Karamanie, puis il revint en Chypre et s'excusait en disant qu'il s'était évadé de captivité; mais cette excuse ne lui servit guère : il fut jugé traître et commandé à mort, avec d'autres officiers supérieurs, arméniens et chypriotes. Karaman craignant la colère du sultan d'Egypte, lui céda ce château inaccessible. Quelques années après les Turcs réussirent à le prendre, mais les Karamans, alliés aux Vénitiens (1471-2), assiégèrent Corycus et le bombardèrent : s'étant rendus maîtres des murailles externes, les Turcs furent obligés de capituler. Josaphat Barbaro, alors ambassadeur vénitien près de Ouzoun-Hassan, souverain de la Perse, décrit le château, ainsi que nous l'avons vu plus haut. Il indique aussi un autre château à peu de distance à l'ouest de Corycus ; les ruines qu'on en voit encore témoignent de la solidité de ses

---

1. Trovarono il castello assediato con gran multitudine di Turchi, e havevano preso la Torre, che era fabricata sopra la rocca, appresso il pozzo, fuori del Castello. — STRAMBALDI.

2. Adonc fut demandé au Roi... Et cette ville de Courch, en Arménie, est-elle forte ? — M'aist Dieu, ois, dit le roi d'Arménie, elle ne fait pas à prendre si ce n'est pas long siège ou qu'elle soit trahie ; car elle sied près de mer à sec, et entre deux roches, lesquelles on ne peut approcher ; et si est Courch très-bien gardée. — FROISSARD.

fortifications et de son élégance; il mesure environ 330 mètres de tour. Barbaro a trouvé illisible l'inscription arménienne, gravée au-dessus de la porte. Il dit que le château était bâti en partie sur le roc et en partie au bord de la mer, et il décrit la première partie sans faire aucune remarque sur la seconde. Les environs étaient, selon ses paroles, montueux et pierreux, semblables aux campagnes de l'Istrie, mais le terrain produisait en abondance du blé, du coton et différentes espèces de fruits; les animaux y étaient en grand nombre, surtout le grand bétail et les chevaux. Il donne au château le nom de *Churco*; d'autres Ita-

zenga, le dernier parmi les plus versés dans la littérature arménienne. Il a fait retentir plusieurs fois sa parole dans les principales églises de Sissouan. Sur l'invitation d'*Etienne*, également docteur à Corycus, et auteur probable d'un calendrier, Jean fit un discours [1] auquel il donna le titre d'*Exhortations sur l'Eglise*; c'était à l'occasion de la dédicace d'une église, ou pour la fête de la Mère de Dieu, dont il cite l'image que nous avons mentionnée plus haut: « Oh! Toi, mère spi-
» rituelle, célestement mystérieuse, toute claire,
» toute lumineuse, qui es appelée du nom de
» la Mère de Dieu, dont tu possèdes l'*image*

Eleusa = Ayache.

liens l'appellent également *Curco* ou *Chourco*; les Français, *Courc, Curc, Court, Cort, Courcy*; dans les manuscrits latins on trouve *Curcus, Culcus, Culchus, Corc.*

Jusqu'à la fin du XVII° siècle, Corycus non seulement était habitée par des Arméniens, mais ces derniers y avaient aussi un siège épiscopal, au dire d'un clerc : toutefois cette assertion me paraît douteuse.

En terminant la topographie de Corycus, citons les paroles de l'éloquent Dr. Jean d'Er-

» peinte... mon espoir est réalisé; mon désir
» est exaucé: j'ai vu les portes de la Jérusalem
» céleste; des ondes agitées du monde je suis
» arrivé au port... Reçois ces pauvres louan-
» ges de ton faible serviteur; ces paroles ne
» sont pas assurément dignes de ta grandeur,
» pourtant elles m'ont coûté beaucoup de
» sueurs. Qu'à l'ardeur de mon amour s'as-
» socie aussi l'indulgence de ces *pères spiri-*
» *tuels*, et de ces *vieillards* et *frères* communs,
» et de ces nobles amis ».

---

1. Nous serions heureux de retrouver ce discours, dont nous ne possédons malheureusement que la péroraison.

A une lieue au nord-est de Corycus on voit l'emplacement d'une cité ancienne, aujourd'hui remplacée par le village d'*Ayache,* bâti sur le sommet d'un rocher, d'où l'on a une belle vue sur la mer; l'ancienne ville s'appelait ELEUSA ou *Eléoussa,* Ἐλεούσα ou Ἐλαιούσα; elle fut nommée plus tard *Sébaste,* Σεβάστη, en l'honneur de la déesse Cérès. Le rocher sur lequel elle se trouvait, formait autrefois une île non loin du rivage; mais par l'accumula-

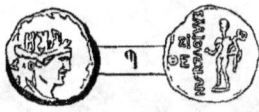

Monnaie (en bronze) de la ville d'Eleusa.

tion du sable, l'île a été peu à peu transformée en péninsule. Archélaüs, roi de Cappadoce, (dont la fille Claphyra s'était mariée avec Antipatre fils d'Hérode), avait bâti un château, quelques années avant l'ère chrétienne. Les ruines attestent de grands monuments, parmi lesquels, sur le penchant d'une colline, un *temple* orné de colonnes d'ordre composite, cannelées

thiennes, et assez bien conservés. On voit en outre les ruines d'un théâtre et de grands monuments, dont le plus remarquable est le *grand aqueduc,* car il y en a encore deux autres plus petits et des réservoirs. Les petits à l'ouest de la ville, entourent le rocher d'une double rangée d'arcades: le grand longe la colline, traverse les vallons sur des arches et va jusqu'au fleuve du Lamus; sa longueur en ligne droite est de plus de deux lieues. De l'autre côté de la ville on remarque une route pavée avec de grandes pierres taillées à la manière romaine, qui conduit jusqu'à Séleucie.

Les monnaies impériales de cette ville portent l'inscription ΣΕΒΑΣΤΗΝΩΝ, jusqu'à l'empereur Valère, et durant l'autonomie de la ville, le mot ΕΛΑΙΟΥΣΙΩΝ; on y voit d'un côté la figure d'une femme couronnée d'une tour, et au revers la figure de Mercure avec son caducée et sa coupe.

A trois lieues au nord d'Eleusa, se trouve l'ancienne ville non moins remarquable de LAMUS, vers le bord de la mer, près de l'embouchure du fleuve du même nom. Ce fleuve est le plus rapide de tous ceux de Varchak; l'eau en est douce. Il a toujours conservé son nom, seulement l'ancien Lamus a été légèrement transformé en *Lamas:* on le regar-

Tombeau à Eleusa.

et d'environ quatre pieds de diamètre et sept et demi de hauteur; une partie seulement de ces colonnes restent debout; il semble qu'elles aient été renversées par un tremblement de terre. Près de la mer, à côté d'une caverne, semblable à celles de Corycus, il y a un mausolée isolé, en forme de pyramide, dont le faîte est à douze côtés; la porte est surmontée d'une inscription que l'on croit arabe, mais que personne n'a été capable de déchiffrer. En face de la ville il y a nombre de tombeaux et de beaux mausolées ornés de colonnes corin-

dait comme frontière entre la Cilicie Trachée et la Plaine cilicienne.

Suivant les cartes géographiques, des monts allongés qui rejoignent la chaîne du Taurus, contournent la vallée de deux côtés: ce sont le *Tékié* au sud et le *Tchomak-hissar* au nord; sur leurs cimes plates croissent les chênes et les genévriers. On voit dans la vallée une caverne naturelle fermée d'une porte ancienne, ainsi que les traces d'une ancienne route. La source du Lamas, selon Bent, est dans la montagne, non loin d'Olba, au nord-ouest, tout près du bourg de *Mara* à une altitude de 2,000 pieds. Il coule parmi les rochers, du nord-ouest au sud-est, sur une longueur de 45 kilomètres.

cienne *Kanygelli*, selon Bent; Langlois a pensé y retrouver la *Néapolis* d'Isaurie. Grâce à

Ruines de vieilles constructions à Kannidéli.

A cinq heures de Lamas on voit des ruines célèbres pour leur antiquité, dans un bourg appelé *Kannidéli*, *Kamidouani* ou l'an-

sa position isolée et cachée, et à l'abondance de matériaux que fournit la carrière voisine, ce lieu n'a pas été entièrement ruiné. Au sud on remarque une grotte carrée de

Monument funéraire grec à Kannidéli.

deux mètres de haut, de quatre de large avec six figures en relief, deux assises, les autres cite Tchihatchef, a été ouverte et fouillée et on n'y voit aujourd'hui que des débris de

Ruines d'une église à Kannidéli.

debout et les mains sur la poitrine, vêtues à la mode romaine. A l'entrée il y a une inscription tombeaux ; plusieurs monuments et sarcophages sur le chemin de la ville ont aussi été

Rochers près de Kizil-véran.

grecque, mais étant en grande partie effacée on n'en a pu découvrir le sens. On pense que c'était un caveau funéraire. La pyramide que détruits par les fouilles : il ne reste que quelques sculptures et quelques inscriptions à demi-effacées. On y a découvert cinq églises dont la principale est au nord de la carrière. On n'y voit plus aujourd'hui que le maître-autel, la grande nef et quelques autres parties; sur la porte, une inscription grecque, et sur les murs, des peintures à la fresque. La seconde église est plus petite, mais elle est beaucoup mieux conservée, il ne lui manque que le toit. Les autres sont plus petites encore et tout en ruines. Au sud des carrières, on trouve une haute tour carrée, construite avec des pierres massives.

Sur le chemin qui conduit à Lamus, on voit plusieurs tours et petits forts tels que, *Sou-* tre kilomètres à l'ouest de ce dernier et au nord de *Chéitanlik*, (demeure des diables), on indique les ruines de *Kizil-bagh*, (vigne rouge), que Bent dit avoir été autrefois *Eabasis*; je ne sais dans quel auteur il a puisé cette opinion.

Près de là s'élève un temple dédié à Mercure, et un autre à deux lieues au nord-est. A 2 kilomètres plus au sud, on trouve le bourg de *Méydan* avec un grand nombre de ruines. Au sud également, un peu plus en aval, on voit des ruines en un lieu appelé *Pambouklou*, situé à deux lieues au nord de la ville de Séleucie. Au nord de ces débris

Aqueduc à Lamas.

vérané-kaléssi et *Asséli-kuey*; ce dernier est muni d'un portail voûté, haut de quatre mètres, d'un style ancien et sans art, construit en molasse. Sur l'attique du côté de l'ouest sont sculptés des instruments emblématiques, et qui révèlent une époque antérieure à l'art grec. Parmi ces emblèmes, il en est deux de forme conique qui représentent, suivant Langlois, les deux bonnets des deux frères Dioscures, et toutes les sculptures prises ensemble semblent faire allusion à leur culte.

A 2 ou 3 kilomètres environ au sud-est de ce bourg et à une égale distance des bords de la mer, on voit le village *Kizil-véran*, dont le nom fait allusion à des *ruines rouges*. A trois ou qua- et au sud du vallon de Lamus, sur un petit plateau, Bent indique un village du nom de *Gubéri*, contenant vingt familles de Youruk; au sud de ce dernier, les ruines du village d'*Eukuzlu-kuey*, (village aux bœufs), si on peut interpréter ainsi le nom d'*Ukuslukü* que lui donne Bent. Ajoutons encore les grandes ruines d'une ville à cinq kilomètres à l'ouest, en un lieu appelé *Jambasli*. La partie supérieure de la vallée offre aussi un grand nombre de ruines de villes restées inconnues, de châteaux, de mausolées et de sarcophages; ils sont tous perdus au milieu des buissons, des bois et des rochers.

A droite de l'embouchure du fleuve, qui

est presqu'à 40 kilomètres à l'ouest de Mersine, on trouve le bourg de *Lamas* ou *Lamus*, Λάμος ; on prétend que ce mot dérive du mot phénicien *lahama*, signifiant manger, consumer, à cause d'un monstre anthropophage. Beaufort, en 1812, n'y trouva rien de remarquable et il demanda seulement au chef du bourg la permission d'examiner l'extrémité d'un grand aqueduc, (long de presque 8

Porte à Asséli, près de Lamus.

kilomètres) qui allait des bords du Lamus jusqu'à Ayache : le gouverneur y consentit d'abord, puis retira sa parole. Peut-être est-ce l'extrémité du même aqueduc que Tchihatcheff et Langlois mentionnent quarante ans plus tard (1853). Ils le posent à l'ouest de Lamas, avec une double rangée d'arcades, chacune munie de huit à douze voûtes[1]. Le premier dit ce lieu entièrement désert ; le second y compte la même année, 25 maisons.

A peu de distance à l'ouest de Lamas s'élève le château ruiné de *Lamas-kaléssi*, dans un lieu isolé, au milieu d'une vallée pleine d'arbres, mais sablonneuse ; il est flanqué de nombreuses tours. D'après les souvenirs historiques, vers le milieu du XIIᵉ siècle, ce château était sous la domination des Arméniens. L'empereur Manuel s'en empara alors, et peu après de celui de *Kistram*, Κίστραμον[2] ; toutefois après son départ, les Arméniens soumirent de nouveau ce lieu qui devint un patrimoine de *Vassag*, père de Constantin, grand-père du roi. On pense qu'après lui ce lieu passa en héritage à son frère *Halcam* ; car, celui-ci est appelé seigneur de Lamus en 1197, lorsqu'il fut envoyé par le roi Léon à Constantinople, en compagnie de Saint Nersès de Lambroun ; il assista aussi au couronnement du roi au commencement de l'année 1199.

Sur les bords du fleuve Lamus, en 945, Courcouas, le brave général des Grecs, gouverneur de Tarse, conclut un traité de paix avec les Arabes, et fit une échange de prisonniers, par ordre de l'empereur Constantin Porphyrogène.

Sur la rive droite du fleuve, sur la plateforme d'un rocher inaccessible surplombant la vallée, et appelé par les Turcs *Tufêng-kaléssi* (forteresse du fusil), on aperçoit dans une excavation, au moyen d'une longue-vue, un arc, deux flèches et un sabre. Langlois les suppose des ex-voto d'un prince ; mais un certain Cilicien attribue ce trophée aux maîtres arméniens de ce château, qui obligés d'abandonner leur manoir, à la chute du royaume, en auraient obstruée l'entrée et auraient suspendu leurs armes dans ce lieu désormais inaccessible comme par mépris des futurs envahisseurs.

A un mille au sud-ouest de Lamus, on voit sur les bords de la mer un autre château appelé *Ak-kalé*, dans lequel il y a deux édifices construits en pierres de taille. Le sol rude et très raboteux, est formé en grande partie de rochers calcaires et de pierres dures mêlées à du gravier et au sable. A quatre kilomètres plus au-delà, au pied d'un rocher du bord de la mer, se trouve un havre pour les petits bateaux : un aqueduc y transportait de l'eau d'une colline ; le réservoir creusé dans la pierre a 30 mètres de long, 15 de large et 8 ½ de profondeur, il est entouré de murs épais et muni d'un plafond de poutres. A côté on avait construit un château, aujourd'hui écroulé, à part quelques arcades de balcons, de petites tours et des escaliers. On y voyait aussi une longue inscription grecque, que Beaufort ne parvint pas à copier.

La rivière *Sorkoun-déré* forme aussi un vallon au nord du Lamus ; c'est une rivière très étroite et longue, qui descend probablement

---

1. Un ruisseau passe sous ces arcades ; Langlois lui donne le nom incompréhensible de *Saïsoufat-kaché*.
2. Selon Cinnamus, historien byzantin, IV, 17, qui dit qu'après Lamus il soumit Anazarbe ; Βασιλεὺς δὲ τῇ ὑστεραίᾳ ἐς τὴν Κιλίκων εἰσελάσας αὐτὸν μὲν εὗραν οὐδαμοῦ, τὸ ἐν Λάμῳ δὲ φρούριον ἀμαχητὶ παρεστήσατο ἑρμενὸν μάλιστα ὄν. Εἶτα Κίστραμον καὶ Ἀνάζαρβον πόλιν εἷλε περιφανῆ.

du mont *Soumakh* ou *Thoumak*, à l'ouest du *Gouglouk*, au sud-ouest de l'extrémité des vastes et hautes plaines de la Cilicie ; un col qui passe à 1954 mètres, descend jusqu'à la source de la rivière, dans les pâturages *Achelou-oghlou* des Turcomans. Du nom de leur ancien maître, ces lieux, à la hauteur de 2,040 mètres, sont appelés *Ali-beg-yaïlassi*. Les Turcomans y font paître leurs troupeaux pendant l'été,

parmi lesquels le plus grand et le plus intéressant est le village qui porte le nom de *Char*, village situé non loin de celui de *Tchifdlik*, qui se trouve sur la route côtoyant le rivage de la mer et conduisant à Pompéiopolis.

Au nord de tous les vallons du district de Varchak et au sud de la vallée *Guzel-déré*, près de Mersine, s'étend le vallon de *Mézédli*, situé au pied des hautes montagnes Dumbé-

Ak-kalé — (château blanc).

mais durant trois mois seulement, à cause du froid précoce. Tchihatcheff y passa à la fin de juin, 1853.

On indique encore aux alentours d'autres pâturages de la tribu d'*Aïvanly*, et vers le milieu de la vallée, ceux de *Karadja-yaïla*. De là au bord de la mer, on rencontre les villages d'*Oghoudj*, de *Képhès*, d'*Oughoud*, de *Daghli* et d'*Alata*, et près de l'embouchure de la rivière, sur la rive droite, *Erdamlou*, qui paraît-être le principal; on indique encore près de ce dernier le *Kalé-kuey*. On trouve aux environs d'*Oghoudj* et de *Karadja-yaïla*, au milieu des broussailles et des rochers, les ruines d'un grand village avec des débris de grandes colonnes.

Entre Lamas et Thoumak on remarque de vastes espaces couverts de ruines de villages,

leg. Il s'appelait d'abord *Libaris*: son nom actuel lui vient du village Mézédli, près de son embouchure ; à la droite du fleuve (à

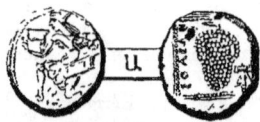

Monnaie de Soles (en argent).

l'ouest) on indique le village *Chévlig*; à la gauche, *Kara-Hadjili*.

Toutes ces localités, ainsi que leurs vallons respectifs, n'ont pas été explorées: pourtant elles jouissaient autrefois d'une certaine renommée : ainsi le bourg *Zéphirium*, près de Mersine et d'Ankiale, où l'on alliait ensemble de l'argent et du plomb pour en faire du *molubdène*[1], espèce d'emplâtre que l'on appliquait sur les plaies. Mais la plus célèbre de toutes ces localités est celle qui se trouve à droite de l'embouchure près du Mézédli : l'ancienne ville de soles, Σόλος ou Σῶλοι (*Soloï* ou *Solopolis*), connue déjà du temps de Cyrus le Jeune. Quelques-uns prétendent que ce nom lui a

avec l'exposition de systèmes étranges. Ces trois philosophes vécurent trois siècles avant J.-C. A Soles naquirent encore les deux *Phylémon*, père et fils, comédiens. Le premier mourut, dit-on, par un éclat de rire, dans un âge très avancé. Il ne faut pas oublier non plus *Aratus* qui vivait au IIIe siècle, célèbre par son ouvrage : de l'Astronomie ou des *Phénomènes*, que d'anciens auteurs ont commenté, et que Cicéron et Germanicus ont traduit en vers latins ; son tombeau est, dit-on, sur une petite colline au nord-est de la ville.

Ancienne monnaie de Soles.

Tombeau d'Aratus.

été attribué en l'honneur de Solon, par le roi Phylochyprus, son ami.

Soles était autrefois une ville florissante et son commerce, très actif, grâce à la colonie grecque qui s'y était établie, et attribuait la fondation de la ville à des colonies argiennes ou rhodiennes.

Sous le règne de Darius, durant la guerre, les citoyens de Soles se mirent du côté des Perses ; c'est pourquoi Alexandre les obligea à payer une indemnité de guerre de 200 talents, preuve que la ville devait être riche. Après la fameuse bataille d'Issus, le vainqueur traversa la ville, y fit des sacrifices à Esculape, ordonna des représentations théâtrales et des jeux olympiques.

Bien que les habitants de Soles eussent la langue lourde, il en fut parmi eux qui acquirent une grande renommée dans les sciences et furent la gloire de leur ville natale. Ainsi le philosophe péripatéticien *Cléarque*, disciple d'Aristote et auteur d'une vie des hommes illustres, dont le texte est perdu ; *Crantor*, disciple de Xénophon, philosophe, auteur du livre : *Consolation dans les peines*, dont Cicéron dit avoir beaucoup profité. *Chrysippe*, stoïcien, disciple de Cléanthe et rival d'Epicure ; il écrivit, dit-on, plus de trois cents discours

Pendant la guerre de Mithridate, son allié et son beau-père, *Tigrane*, le conquérant, ennemi comme lui des Romains, mit à feu et à sang toute cette région de la Cilicie, et ruina Soles de fond en comble. Quelques années après, Pompée marcha contre ces deux rois, occupa la ville, la releva entièrement et lui donna le nom de *Pompéiopolis*, Πομπηϊούπολις ; il la munit de murailles et de remparts et l'orna de différentes constructions élégantes ; il construisit aussi un beau port ovale de 460 mètres de long sur 220 de large, profond d'un peu plus de deux mètres, et garni d'un rempart de 15 mètres d'épaisseur ; à l'est se trouve creusé un réservoir. Presqu'à 90 mètres au loin dans la mer on voit un piédestal qui devait, sans doute, porter une statue de ce général, ou une idole. Pompée établit dans la ville une partie des pirates, ses prisonniers, et d'autres colons.

La ville progressa rapidement et devint un

---

1. « Est et *molubdena*... vena argenti plumbique communis... Laudatissima quæ in Zephyrio fiat ». — Pline, *Hist. Nat.* XXXIV. 53.

siége épiscopal dépendant de la province de Séleucie. On trouve beaucoup de monnaies frappées dans cette ville, soit du temps de son autonomie soit sous la domination romaine. Elles portent souvent les figures de Pallas et de Diane ou de Baal, ce qui indique son origine sémitique; de même les figures du soleil, de grappes de raisins, ou bien de Pompée son restaurateur, etc; comme on le voit dans

vellement retrouvée, qui porte le nom de la ville dans un croissant[1].

Un grand tremblement de terre, en 524, désola entièrement la ville, qui ne recouvra plus sa grandeur primitive, dont il nous reste encore de si remarquables témoignages. Le principal est une double rangée de 200 colon-

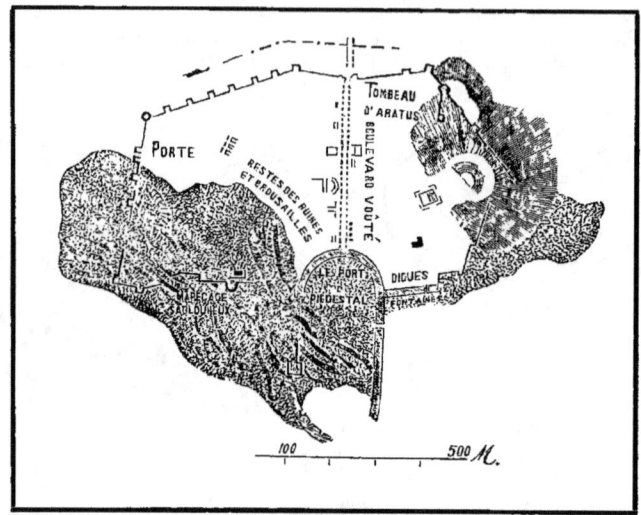

Plan de la ville de Pompéiopolis.

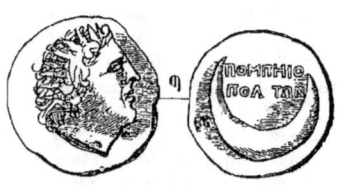

Monnaie de Pompéiopolis.

les reproductions ci-jointes. La plus remarquable est la grande monnaie de bronze nouvellement retrouvée, qui porte le nom de la ville dans un croissant.

nes parallèles et distantes de 15 mètres; elle commence au port et va aboutir au milieu de la ville, au nord-est, ce qui fait une longueur de 450 mètres; une route pavée se prolonge dans la même direction jusqu'à un pont en ruines. Ces colonnes se réduisent aujourd'hui au nombre de 45 dans la rangée orientale; celles de l'ouest sont entièrement renversées; elles ont une hauteur de 5 mètres 50, et un diamètre de 95 centimètres: chacune est composée de quatre pièces cimentées; une moitié est d'ordre corinthien, l'autre d'ordre composite. On remarque que le dessin des feuillages varie dans les chapiteaux de même ordre; entre les volutes sont placés des bustes d'hommes et des figures d'animaux. Sur quelques-uns de ces chapiteaux on remarque des vic-

---

1. Cette monnaie conservée dans le musée impérial de Vienne, a été publiée par Fried. Kenner et par Boutkowsky.

toires tenant des palmes et des couronnes en mémoire des triomphes de Pompée[1]. A l'est de la ville, adossé à une colline, se trouve le *théâtre* ou *amphithéâtre*, dont les fondements étaient de marbre blanc ; mais il ne reste plus aujourd'hui que quelques gradins ; quant aux murailles qui entourent toute la ville, elles sont dans un état presque parfait, avec plus de 30 tours carrées. Hors des murs, on voit des tombeaux, des mausolées et des débris d'autres constructions, qui prouvent que le pays était habité par une population nombreuse. L'un des mausolées de marbre, cons-

ques vieux châteaux sur les monts. Durant leur domination, les Arméniens appelaient la ville *Pampolson*. Le catholicos Grégoire d'Anazarbe écrit dans l'histoire de saint *Calippus* : « Le martyre eut lieu le 5 avril, dans la ville » de *Pompioupolis* des Ciliciens, c'est-à-dire à » *Baumpalis* », où ce saint fut condamné au supplice de la croix, après avoir été torturé. Sa mère *Théoglée* paya 500 piastres aux exécuteurs pour que son fils fût crucifié la tête en bas ; à peine avait-on descendu le cadavre que la mère l'embrassant tendrement rendit son âme : tous deux furent ensevelis ensemble. Dans

Allée de colonnes à Pompéiopolis[1].

truit avec assez de goût, fut transporté à Tarse ; l'épitaphe grecque indique un certain chrétien *Dionisius*, âgé de 70 ans, et sa femme *Ammia*, morte à 44 ans. On voit encore des traces de bains et de réservoirs, des aqueducs et des églises, dont l'une, d'une forme oblongue, est au centre de la ville.

Entre le rivage de la mer et les montagnes, paissent dans la plaine des troupeaux de brebis et des bestiaux ; les alentours sont inhabités jusqu'à Mézédli : on remarque quel-

l'histoire du martyre de *Phocas* II, le 25 juin, le même Grégoire d'Anazarbe écrit : « Près » de *Pompioupaulis*, près du mont, où il fait » beaucoup de miracles ».

Vers la fin du royaume des Arméniens, en 1318, les Karamans avaient fait une incursion à Tarse ; au retour, ils campèrent près des aqueducs de *Bampolson:* « Le Baron Ochine, » comte de Corycus, à la tête de trois cents » soldats les surprit et les massacra. Il retourna » sur ses pas le cœur plein de joie ».

---

1. Les voyageurs presque contemporains (Beaufort, Barker, Langlois, Tchihatcheff, Petermann, Davis), qui parlent des colonnes qui restent encore debout, ne sont pas d'accord quant à leur nombre ; chacun nous en donne un différent : 40, 41, 42, 43, 45. Ce fait n'augmente ni ne diminue le mérite de leur antiquité : mais cela démontre que les explorations ne se font pas avec la précision rigoureuse désirable.

Les aqueducs étaient construits sur les hauteurs : l'on distinguaient de loin leurs longues rangées de colonnes. Le port de Pompéiopolis devrait être alors très commerçant, car sur une carte maritime italienne, du moyen âge, on trouve indiqué un certain *Porto Bombilico*, quoiqu'assez distant de Lamas.

Sur les confins de Pompéiopolis, selon Pline guerre égyptienne, découvrit ces sources et sut en tirer parti. L'endroit où elles se trouvent est appelé *Bikhardy?*, par Beaufort. Près de la mer jaillit une source d'eau douce.

Les environs du port et les rives de la mer de Pompéiopolis sont appelés *Hakhmoun* par les indigènes, qui attribuent à un Juif la fondation de la ville.

Colonnes de Pompéiopolis.

l'Ancien, on voyait des sources de bitume ; cela fut confirmé par le maire d'un village, devant Beaufort, au commencement de notre siècle ; il les signalait à six heures au nord-est de Mersine. Ibrahim-pacha, lors de la

Dans les environs de Pompéiopolis, on a découvert une nouvelle espèce de silène que l'on a nommée *Silene pompejopolitana* ; on y indique aussi d'autres plantes : la *Centaurea glauca* et l'*Orobanche camptolobis*.

2. LES PLAGES MARITIMES DU GOLFE DE TARSE

Nous avons déjà décrit la région occidentale de cette partie du territoire maritime des Arméniens, qui formait le propre territoire de Tarse, jusqu'aux embouchures du Cydnus et de Mersine.

L'espace oriental, compris entre les embouchures du Sarus et du Pyramus, jusqu'au promontoire de *Kara-tache*, n'a presque rien de remarquable, bien que cette région soit à proximité de la capitale de la Cilicie, et près de la si célèbre plaine d'Alaya. La principale cause de ce défaut de monuments est sans doute la continuelle transformation de la surface du terrain par les alluvions des fleuves; ceux-ci charriant, comme nous l'avons dit, de la terre et de la bourbe, détruisent ou ensevelissent les constructions qui les bordent. On n'y remarque même aucune construction récente; car le rivage de la mer est marécageux et n'offre aucun sûr fondement. Autrefois l'embouchure du Pyramus était très voisine de celle du Sarus; peut-être mêlaient-ils leurs eaux avant d'entrer dans la mer; mais aujourd'hui cette embouchure est à plusieurs lieues à l'est, dans le Golfe arménien.

Ce changement rend très difficile, ou du moins très incertaine la découverte des lieux indiqués par les anciens, entre autres d'*Antiochia ad Pyramum* ou *Antiochia maritima*, entre l'embouchure du Sarus et celle du Mécarsus, où l'on croit que le Pyramus se jetait autrefois dans la mer; car on a découvert des monnaies portant le nom d'*Antiochia sur le Sarus*, Ἀντιοχέων τῶν πρὸς τωι Σαρωι; ce qui indique son voisinage au Sarus, mais en quelque endroit qu'ait été son emplacement, nous n'en trouvons plus aucune trace. L'historien de Léon V, dit que ce prince s'embarqua à Corycous pour l'embouchure d'Adana (Sarus), et parcourut en mer 30 lieues, jusqu'à la localité dite *Gontaslas*, près de *Saint-Ciprien*[1], qui paraît être la Καλανθία du Stadismus, et la *Calamia* des portulans italiens. Il y fut rejoint par sa mère et la reine sa femme; ils continuèrent leur route à cheval pendant trois jours et trois nuits, et arrivèrent à Anazarbe, sains et saufs.

Non loin de ces places on a cru retrouver le second *Zéphyrion*, à l'extrémité d'une petite presqu'île sablonneuse. Toutes les côtes jusqu'à Kara-tache, sont sablonneuses et marécageuses; plus loin on désigne des amas de sable dans la plaine déserte. On y indique aussi des lacs, dont l'un communiquait avec la mer par un canal de 20 kilomètres de long. Lors de la visite de Beaufort, en 1812, on voyait au milieu de ce canal, un îlot avec des ruines. L'eau salée avait une profondeur de trois pieds, les poissons et les oiseaux aquatiques y abondaient. Comme ce lac n'avait aucune relation avec les autres, ni avec aucun fleuve, il est probable qu'il était rempli par l'eau de la mer. C'est sur les bords de ce lac que fut découvert une espèce de papillon, le *Panorca Coa*, aux ailes jaunes tachetées de noir. Dans l'îlot ou au bord du lac, on voit une église en ruines sous le vocable de *Saint-André*[2]. L'un des gouverneurs d'Adana avait bâti un chalet dans cette îlot pour se livrer au plaisir de la pêche.

Le cap de *Karatache-bournou* est un rocher calcaire blanc, haut de presque 125 pieds, qui s'élève perpendiculairement à la surface de la mer. De Lamas jusqu'à ce rocher le bord de la mer paraît entièrement plat. De petites collines se joignent au cap en rayonnant vers la terre ferme; elles sont couvertes de chênes bas, qui atteignent une végétation plus forte et une plus grande hauteur du côté qui descend vers Adana. On aperçoit plusieurs ruines sur le cap, et, au nord, une chapelle dédiée, dit-on, à *Saint Nicolas*. Elle est divisée en trois nefs, la voûte est supportée par quatre colonnes surmontées de chapiteaux; l'in-

---

1. « Vers la dite rivière d'Adanés… sur la dite rive en une plaice qui se nomme *Gondaslas*, près de Saint Ciprien ». — J. DARDEL, 72.
2. V. Langlois, Itinéraire, 422-423.

térieur est orné de fresques. A côté de ces édifices gisent des couvercles de sarcophages. A quelques pas de là on voit les restes d'un ancien bain avec des citernes, et au sud, une construction carrée en forme de château avec des arcades; sur la voûte de la porte du nord était sculpté un blason, portant deux lions opposés, que Beaufort a jugé un emblème espagnol(?). Langlois au contraire le croit d'origine arménienne. Plusieurs ruines de constructions arméniennes encore plus anciennes couronnent le sommet du rocher, où l'on a établi un phare pour éclairer le port.

Suivant la description des anciens auteurs, ce cap était *rongé* continuellement par la mer et les anciens l'appelaient *Megarsus* Μέγαρσος ou Μάγαρσα; la Pyramus a peu de distance se jettait dans la mer. On y avait érigé un temple à Minerve, connu sous le nom de Minerve de Mégarse : Alexandre y fit des sacrifices. Les monnaies frappées à Mégarse sont rares, elles portent la figure d'une femme coiffée d'une tour, et celle d'un fleuve, avec l'inscription, « près du Pyramus », ΜΕΓΑΡΣΩΝ ΤΩΝ ΠΡΟΣ ΤΩ ΠΥΡΑΜΩ comme pour la distin-

nom de *Kara-tache*. Vers le milieu de ce siècle, un certain Djin Youssouf, de cette même nation, exerçait une véritable tyrannie dans la contrée.

On trouve aussi des monnaies d'une ville de la Cilicie, appelée *Hiéropolis* qui n'est pas la même que Hiérapolis. On ne sait rien à l'égard de cette ville si ce n'est sa situation, « près du » Pyramus », indiquée par les monnaies mêmes. Cette coïncidence a fait supposer à quelques savants, que ces deux villes n'en formaient qu'une seule. Sans partager cette opinion nous présentons tout simplement ici une de ces monnaies.

A quelques kilomètres au nord de Mégarse, on devrait chercher sur un lieu élevé, autrefois à l'est du Pyramus, non loin de son embouchure, les ruines de la ville ou de la forteresse de *Mallo* ou *Mallos*, Μαλλός ou Μαλεός, et même Μαρλός, sur les monnaies, élevée par les héros Argiens, Mopsus et Amphiaraüs. Alexandre après son entrée dans cette ville, avait jeté un pont sur le fleuve du côté de Mégarsus. Il honora l'autel d'Amphyloque par

Kara-tache khan.

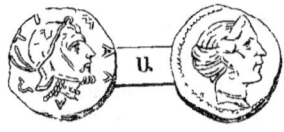

Monnaie persane de Mallos.

guer d'une autre ville du même nom, qui peut-être existait ailleurs.

A l'est du promontoire on aperçoit deux îlots

des sacrifices, et exempta la ville d'impôts. A cette époque Mégarsus était regardé comme le port de Mallos qui devait être une ville

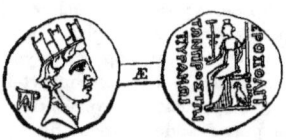

Monnaie d'Hiéropolis.

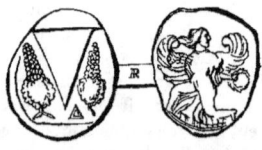

Autre monnaie de Mallos.

couverts de ruines, aujourd'hui lieux de refuge pour les marins. On a construit un grand *khan* ou hôtellerie sur le rivage. Les Syriens Ansaris y ont fondé un village de 50 maisons du

florissante, car c'était le chef-lieu de la province appelée Province de *Mallo*, Μαλλώτις.

On y frappait aussi des monnaies, (comme on le voit sur la figure ci-jointe), pendant que ce lieu était sous la domination des Persans. Sur les médailles impériales, on voit l'effigie d'une femme assise sur le rocher près du fleuve, avec l'inscription ΜΑΛΛΩΤΩΝ. Ce nom est indiqué aussi dans l'Ancien Testament, (II.

Syriens qui avait donné leur territoire, comme patrimoine, à sa concubine, se révoltèrent; mais ils furent subjugués. Au moyen âge aussi ce lieu est mentionné avec le nom de *Mallo* ou *Malo*. — Suivant quelques savants, Mallo serait

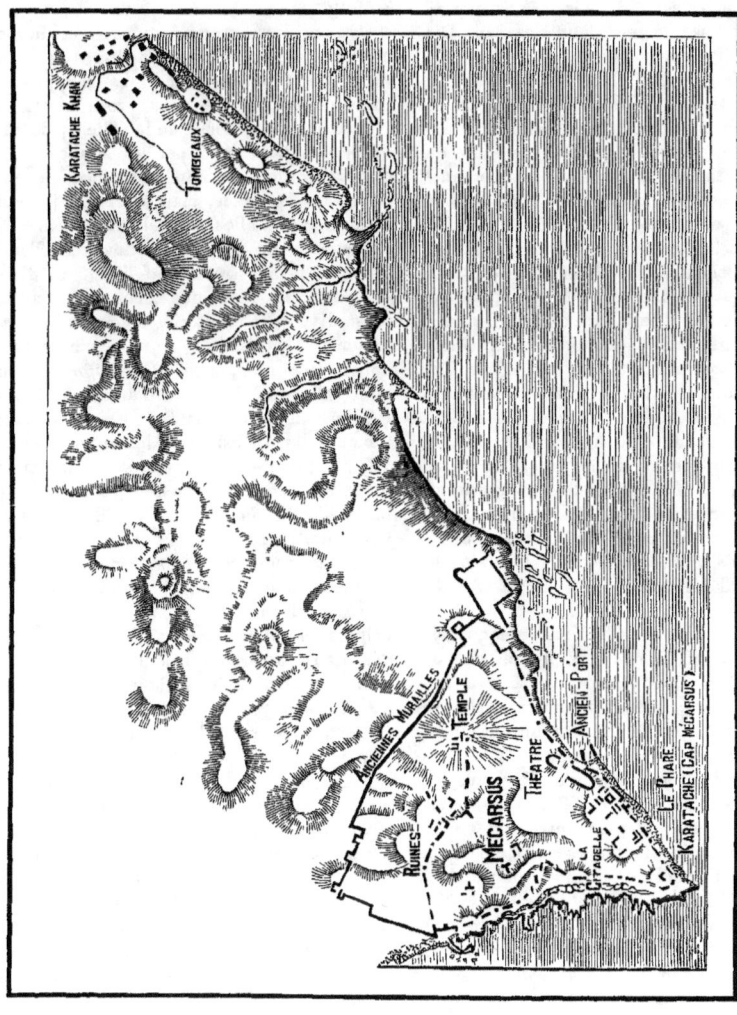

Mégarsus = Kara-tache et ses alentours. (1/15,000).

Machab. IV. 30) : « Et cum haec agerentur, » contigit Tarsenses et Mallotas seditionem mo- » vere, eo quod Antiochii regis concubinae, » dono essent dati ». C'est-à-dire les habitants de Tarse et de Mallo irrités contre le roi des

Antioche sur le Pyramus, ainsi appelée durant la domination des Séleucides ; car on y a trouvé la statue d'un certain Ermocrate, avec l'inscription suivante : « Le peuple d'Antioche, à » *Ermocrate*, fils de Dimé, bienfaiteur public ».

Une autre statue d'Amphiloque, vainqueur aux jeux olympiques, a de même été érigée au nom des Antiochéens; Ὁ δῆμος ὁ Ἀντιοχέων ou Ἀντιοχέων ὁ δῆμος.

Le géographe arabe Edrissi, semble nommer ce lieu *El-Moulavvé;* car il affirme que le fleuve Djahan, après avoir traversé Messis, passe par cet endroit et se jette dans la mer. Quelques-uns pensent que *Nicanor*, l'un des Sept Diacres, évangélisa cette ville.

Au nord-est de Mallo on voit un pont ancien, qui se trouve aujourd'hui au milieu des terres. Entre le cap de Kara-tache et les ruines de Mallo, on trouve, sur une colline, des sarcophages turcs supportés par des colonnes, et qui sont honorés comme des tombeaux de martyrs; ce sont peut-être ceux des Egyptiens massacrés en 1320; car selon le continuateur de l'historien Sempad, « Les Arméniens taillèrent » en pièces les soldats de l'Egyptien, devant » *Parikargue?*, sur le territoire d'*Ayas*. Le grand » prince, seigneur de Gantchi, le baron *Guiau-* » *din*, fut blessé à mort dans ce combat ». On désigne encore d'autres massacres qui ont eu lieu dans les environs d'Ayas. — Au nord de Mallos à quatre ou cinq heures de trajet, les Turcomans ont construit des khans et un village du nom d'*Aghdan*. Selon quelques auteurs, on trouverait dans les environs, non loin du village de *Turkichène*, les ruines de *Séleucie près du Pyramus*, selon la légende des médailles : ΣΕΛΕΥΚΕΩΝ ΤΩΝ ΠΡΟΣ ΤΩ ΠΥΡΑΜΩΙ.

Un ancien stadismus maritime indique dans ce district, à 120 stades (six heures) à l'est de l'embouchure du Sarus, un lieu appelé *Céphale* ou *Yonie*, Ὑονια, ou mieux encore selon d'autres *Pania*, Πανια, car un auteur récent cite une baie de ce nom. Ce mot de Céphale désigne l'embouchure du Pyramus, qui coulait alors très près du Sarus ou même conjointement avec lui; un autre auteur appelle ce même lieu *Capita Sari*. D'ici à Antioche sur le Pyramis, on compait un trajet de 70 stades ; d'Antioche jusqu'à Mallos de 150, de Mallos jusqu'aux îlots *Didyme*, de 100 ; ces îlots paraissent être les mêmes que ceux que nous avons cités à l'est de Kara-tache; Sanudo aussi les mentionne et les place devant Mallus[1].

A trente stades de ces îles, s'élevait un cap du nom de *Januaria;* quelques-uns croient que c'est le même que Mégarsus; près de là on indique la petite ville de *Sérrépolis*, Σερρέπολις, selon d'autres *Seretilis*. A partir de cette ville commence le territoire d'Ayas ou le Golfe des Arméniens; mais avant de passer à la description de ce dernier, examinons les faits et les souvenirs arméniens qui se rattachent à Mallo.

Ce nom ne se trouve pas écrit, ou du moins n'a pas été découvert dans les livres de nos écrivains; on trouve des noms qui s'en approchent, comme *Molévon*, que nous avons décrit dans la partie montagneuse de la Cilicie; de même *Meloun*, appelé aussi par les Arabes الملون, que je confondais dans mon original arménien avec Molévon; mais à présent j'identifie Meloun avec Mallos. Ce Meloun est cité dans le chrysobulle de Léon aux Chevaliers Teutoniques; ce devait être le chef-lieu d'un district, car parmi les lieux que Léon leur accordait, il est dit : « In territorio Meloni, aliud casale » nomine Cumbettifor » : que leur hôte, le chanoine Willebrand, appelle *Cumbetfort*. Il y passa pour aller de Messis à Tarse, et il écrit : « Transeuntes Cumbetfort, ubi domus est et » mansio bona Hospitalis Alemanorum, venimus » Tursolt (Tarsus) ». Un chroniqueur arménien du XVIIe siècle affirme que les Turcs l'appelaient alors *Ilidja*, et qu'il y jaillissait de l'eau thermale. Le roi Léon décrit les frontières du bourg avec soin, mais à cause des changements de noms, nous n'avons pu vérifier les lieux. A la page 229 nous en avons reproduit le texte original ou plutôt une ancienne copie conservée dans les archives de Berlin.

La distinction de Meloun et de Molévon est affirmée par un contemporain, l'an 1335, (le 25 ou 26 mai), lorsqu'il écrit : « Altoun-» bougha gouverneur d'Alep, fit une irruption » dans notre pays, passa par Meloun et Ada-» na, et vint jusqu'à Tarse... parvenu a Moli-» von il y resta neuf jours et retourna en ar-» rière ». Douze ans avant, il avait écrit : « Le » Turc fit une incursion ; tous les habitants » de Meloun en général, grands et petits, fu-» rent faits prisonniers ; il incendia deux for-» teresses, et plusieurs chrétiens y furent brû-» lés ». Le continuateur de la chronique de Samuel, rappelle aussi cette incursion: « Dans » toute *la région de Melon*, dit-il, les Turcs » envoyèrent des cavaliers; après une marche » d'une nuit et d'un jour, ils parvinrent à

---

1. Malo portum habet, qui coram se duas habet parvunculas Insulas. – Sanuto, *Secreta Fidelium*, II. IV. 26.

» Mamestie, et à Adana et à la résidence » royale... espérant s'emparer de la personne » du roi Léon (IV) ». Sous le nom de résidence royale, selon un autre chroniqueur, on doit entendre la ville de Tarse. Les paroles du D^r. Vanagan confirment, que Meloun devait être situé près de la mer, quoique le récit qu'il fait soit un peu fantasque. Mallos était un port très commerçant durant le règne d'Ochine.

Dans le chrysobulle de Léon Ier, on trouve aussi cité le lieu *Bagnigun*, qui est sans doute *Baghnigaunk* mentionné en 1292, et indiqué non loin de de la ville d'Adana; c'était un village.

Aux environs de Meloun, on pourrait aussi chercher *Vancoun* et *Ayoun*, également accordés aux Chevaliers Teutoniques par Léon.

Meloun était un lieu remarquable durant la domination des Roupiniens, il devait avoir comme les autres provinces, des couvents célèbres; nous avons en faveur de notre assertion le témoignage du catholicos d'Anazarbe; il dit dans son Ménologe, que le solitaire Georges était à *Maléon*, au couvent « qu'on dit » qu'il se trouve à Vaner ». Par cela on devrait supposer que tout le district s'appelait également Maléon, Meloun ou Vaner, վանէր. Durant le règne de Léon, il dépendait du Maréchal *Basile*, à la mort duquel 1214 tout ce territoire fut confisqué par la cour. La même année lorsque Léon maria sa fille Rita (selon d'autres, *Stéphanie*), avec Jean de Brien, roi de Jérusalem, il emprunta 10,000 besants d'or aux Hospitaliers, pour compléter la dote de sa fille, et pour gage leur donna Vanère avec ses dépendances, les villages et les fermes, les terrains cultivés et incultes; parmi lesquels sont cités les lieux maritimes avec les champs et les ports; « Totam terram... et maritimam; « cum portu et introitibus et exitibus suis », excepté les deux lieux de pêche, (exceptis duabus pescationibus) Corim et Laobias; Léon les leur donna plus tard. Ce contrat fut signé entre autres, par le connétable Constantin, le maréchal Vahram et son frère Josselin, Léon de Bimbus, et par huit chevaliers, le 23 avril, dans la ville de Tarse.

Voir page 219.

III. PARAGES DU GOLFE DE L'ARMÉNIE

Cette dernière partie de la Cilicie Maritime, et en même temps dernière partie du pays des Arméniens de Sissouan, comprend le sein nord-est de la Méditerranée. Son territoire est formé à l'ouest, au nord et à l'est, par une étroite bande de la terre ferme, limitée par les montagnes. A l'ouest, d'abord s'allongent les montagnes de Messis et celles qui leur sont attachées; au nord, la direction des montagnes est incertaine, et l'espace assez vaste s'étend dans la direction de Thil; à l'est, on n'a que les *Montagnes Noires*, les *Monts Amanus* et les *Monts Pieriens*, auxquels on pourrait attribuer aussi le nom général d'*Amanus*. Ces chaînes qui entourent le Golfe, sont en grande partie calcaires; les couches sont variées par des éruptions volcaniques; leur configuration extérieure est très élégante. Enfin au sud, ce canton est borné par la mer, qui pénètre entre le promontoire de Mégarsus et le Cap de *Rhossicus scopulus*, appelé *Raskhanzir* (hure de sanglier), par les Arabes. Ces deux caps ont une direction presque parallèle, et il y a une distance de 25 milles entre l'un et l'autre; le golfe aussi a presque cette même largeur jusqu'à son extrémité, vers ses rives orientales; mais du sud-ouest vers le nord-est, le golfe s'allonge en forme de sac sur une longueur de 45 milles.

Ces mesures de la longueur et de la largeur du Golfe, montrent clairement son étendue médiocre, et en font l'un des plus petits de ceux que la Méditerranée forme en divers autres points; par contre, les montagnes circonvoisines l'abritent des vents, et il est peut-être le plus beau par ses eaux bleues, par sa forme ovale, et surtout par les souvenirs séculaires qui s'y rattachent. Car, mainte fois dans ces parages étroits eurent lieu des événements qui décidèrent de la fortune ou de la mort des nations, et surtout de nos Arméniens, comme nous le verrons dans la suite. Aujourd'hui après dix siècles d'événements et de transformations, la principale ville de ces côtes orientales est Alexandrette, qui se trouve vers le milieu des plages maritimes de l'est; son nom est attribué aussi au golfe; car, on dit aussi bien, *Golfe d'Alexandrette*. Anciennement on l'appelait *Golfe d'Issus*, Ἰσσικὸς κόλπος, du nom de la ville d'Issus, située au nord-est à quelques lieues de la mer. Le père des historiens, Hérodote, le nomme, *Golfe de Myriandrus*, du nom d'une ville commerçante près de Rhosus; pour nous c'est le *Golfe de l'Arménie* ou *des Arméniens*. C'est ainsi que durant la dynastie des Roupiniens, les nations de l'Occident et les commerçants nommaient ce coin de la Méditerranée. Déjà au IV° siècle, l'historien Ammianus Marcellus l'avait nommé *Armenicus Sinus;* ce qui nous fait supposer que depuis ce temps les Arméniens s'étaient répandus dans ce pays. Non seulement le golfe, mais encore tous les parages où s'étendait la domination des Roupiniens, furent désignés, au moyen âge, sous le nom de Mer d'Arménie, *Mare Armeniæ*. Les Français l'appelaient *Mer d'Herminie*, ou bien Côtes de l'Arménie; en latin, *Riperia Armeniæ:* même jusqu'à la fin du XV° siècle, dans les archives et dans les historiens de Venise, on trouve l'appellation de *Marine del l'Armenia*. Au moyen âge, il était encore connu sous un autre nom: on l'appelait *Golfe d'Ayas*, principal port de l'Arméno-Cilicie, et par altération du mot, *Golfo delle Giazze*. Ce nom lui fut donné non seulement au XIII° et au XIV° siècle, époque de prospérité pour la ville d'Ayas et son port très fréquenté, mais encore plus tard; jusque vers la fin du XVIIᵉ siècle, 1621-1623, c'est le nom que lui donnent les voyageurs italiens, entre autres, Pesenti. Aujourd'hui l'embouchure du Djahan se trouve sur les bords occidentaux de ce golfe, tandis que autrefois ce fleuve aboutissait à plus de 36 kilomètres plus à l'ouest, au delà du promontoire de Mégarsus Pendant ces vieux temps l'oracle avait, dit-on, fait cette prédiction [1].

Le Pyrame à la côte ajoutant d'âge en âge,
De Chypre quelque jour atteindra le rivage.

Ce fleuve charrie continuellement de la terre et des cailloux des montagnes de la Cataonie et de la Cilicie. De nos jours il s'est incliné vers l'est, et a formé des amas de sable, qui s'élèvent sur les plages de la mer et recouvrent, suivant certains observateurs, les ruines du bourg de *Serepolis*, dont on suppose l'emplacement à l'est du promontoire; ces espèces de dunes se prolongent jusqu'à 15 kilomètres au sud-ouest de l'embouchure du fleuve, qui mesure en cet endroit environ 500 pieds de large, mais il est peu profond, et la navigation en est aujourd'hui impraticable, tandis qu'au commencement du XVᵉ siècle des navires parvenaient jusqu'à Mamestie. La forme des bords de la mer fait supposer que les bancs de sable ont gagné environ huit kilomètres. Les oiseaux aquatiques abondent près de son embouchure et les sangliers au milieu des roseaux. Strabon pense que le fleuve *Carmalus*, charriant aussi du terrain et des cailloux, a comblé les plages des environs de Mallos; mais comme il semble indiquer plus au loin le même fleuve ou un autre du même nom, la question reste indécise. On ne voit plus de rivières remarquables à l'est du Djahan; on désigne seulement un petit ruisseau à l'angle du golfe. Du côté est des montagnes Amanus descendent deux rivières : le *Dely-tchaï*, le *Pinarus* des anciens, et le *Merkèze*, appelé autrefois le *Carsus*

L'extrémité ou la partie intérieur du golfe au nord-est, où cette petite rivière se verse dans la mer, et où l'on croit que fut l'emplacement d'Issus, se trouve presque sous le même méridien qu'Amissus (Samsoun) au bord de la Mer Noire, et la ligne qui passe entre ces deux villes est regardée comme la plus courte largeur de toute l'Asie Mineure, ou de son isthme.

Tout ce pays riverain du golfe des Arméniens était, sous la domination de nos rois, divisé en trois parties.

1.º à l'est, *Djegher*, y compris *Payas*, et probablement aussi les *Monts Noirs*.

2.º à l'ouest, la côte occidentale devait être appelée *Ægias*, ancien nom de la ville d'Ayas.

3.º Le côté au sud de *Djegher*, c'est-à-dire la partie inférieure des côtes orientales, jusqu'à Antioche, devait-être appelé *Arsous* ou *Rhossus*, du nom de la ville qui est au nord du promontoire de ce nom. Suivant la statistique ottomane, tout ce territoire dépendant d'Adana, est partagé en différents cantons; le côté occidental et Ayas, font partie de la province propre d'Adana; le côté moyen et Payas, appartiennent à la province d'*Azir;* le côté sud-est, à celle de *Bilan*. Quant à nous, nous suivrons notre méthode, en commençant de l'ouest, où nous avons laissé la topographie, près de Mallos et de Mégarsus; en longeant les frontières du côté du nord, nous parviendrons à l'est du golfe de l'Arménie jusqu'aux frontières de la Syrie.

1. AYAS

A l'occident comme à l'orient, Mégarsus est entourée d'une plage désolée. Le fleuve Djahan, vers son embouchure, traverse une vaste plaine de sable mouvant. Ce n'est que quelques lieue avant d'arriver à Ayas que le rivage se trouve être de la terre ferme; une étroite bande de terre s'avançant dans la mer y forme comme une presqu'île.

C'est là que se trouve le village appelé *Youmourtalik* (village aux œufs). Il y a une quinzaine d'années, un grec du nom de Spiraki, avait proposé au gouvernement ottoman d'y établir un port. Quelques années auparavant on y avait découvert une riche mine de houille, que l'on avait creusée jusqu'à cinquante mètres. Cette mine paraissait devoir produire grande quantité de charbon, mais le gouvernement n'en permit pas l'exploitation.

Entre le fleuve Djahan et Ayas, presque à quatre lieues de distance à l'est du fleuve et

---

1. *Gosselin*, dans sa traduction de Strabon.

à trois heures de marche au nord-ouest de la ville, on voit les ruines d'une cité que quelques géographes ont cru être *Castabala*. Tout auprès se trouve un village habité par les Turcomans. Langlois lui donne le nom de *Caranlik*; Kinneir, qui l'a visité en 1813, l'appelle *Kartanlik*.

ment assise sur une langue de terre, qui s'avance dans la mer, *Ayas-kaléssi*; la célèbre et antique ville d'ÆGÆAS ou AYAS; dont le nom a été conservé aux alentours, par le gouvernement ottoman. Le canton où elle est comprise a été réuni à celui de Missis.

Beaufort a noté les diverses espèces d'oi-

Ayas.

A trois heures de là, au nord-ouest, on trouve, au milieu d'une forêt, un autre village d'une cinquantaine de maisons à peu près, qui est habité par des Nègres. Ces Nègres s'occupent de la pêche des sangsues et du commerce des noix de galle. On rencontre encore d'autres villages, mais la plupart me sont inconnus. Le plus important est *Chamlik* (cannaie), sur les côtes de la mer. Il a donné son nom à la baie, large d'une lieue environ et située à l'est.

C'est à trois ou quatre lieues à l'est de ce village, et à une égale distance au sud des ruines de Castabala, que se trouve, humble-

seaux, de cygnes, de plongeons, d'oies, de canards, de poules d'eau, qui abondent dans

Monnaie d'Egée.

cette partie du littoral et qui sont plus rares sur les autres points des côtes de la Cilicie.

Il a remarqué également des tortues colossales, pesant jusqu' à 75 kilog. Vers le nord de cette région, le terrain s'élève de 10 à 20 pieds au-dessus de la mer; c' est une plaine herbue et cultivée dans certaines parties.

La ville d' *Egée* ou *Egéa*, Αἰγαί, Αἰγαῖαι, Αἴγεαε, *Aegœ*, fut probablement fondée par les Grecs, mais on ignore quel fut son fondateur. Le nom de cette ville semble lui avoir été donné à cause de la grande quantité de chèvres, qui paissaient dans l' endroit où elle fut bâtie; ou à cause de la forme du pays ressemblant à une chèvre. Le nom de la chèvre en arménien, Այծ, *Aïdz*, a presque la même consonnance que l' Αἴξ du grec, dont le pluriel est Αἰγαί. D' autres font venir le nom de cette ville, des ondes de la mer. D' autres enfin prétendent qu' il lui fut donné par une amazone appelée *Aegea*, ou par *Egée* père de Thésée. Remarquons aussi que la ville fut appelée Πολίχνιον, à cause de la grande quantité de poissons que l' on pêchait dans le golfe et dans les cours d' eau qui s' y jettent.

Egée ou *Ayas*, ne comptait pas parmi les villes célèbres du pays, mais elle avait néanmoins une certaine importance. Elle était petite, mais son port assez large et bien fréquenté. Il paraît que sous la domination romaine, elle avait dédié un temple ou une statue aux dieux pour la prospérité de son port. On a retrouvé l' inscription suivante au milieu de ses ruines:

ΘΕΩ ΣΕΒΑΣΤΩ ΚΑΙΣΑΡΙ ΚΑΙ
ΠΟΣΕΙΔΟΝΙ ΑΣΦΑΛΕΙΩ ΚΑΙ
ΑΦΡΟΔΙΤΗ ΕΥΠΛΙΟΑ.

Il y avait aussi à Egée un temple célèbre dédié à Esculape, qui fut détruit par l' ordre de Constantin. Le poète Lucain cite (III, 227) le port d' Egée :

Mallos et extremæ resonant navilibus Aegae.

En l' an 55 de l' ère vulgaire, Corbulon, le général qui remporta tant de brillantes victoires en Arménie, et Quadratus, gouverneur de la Syrie, réunirent leurs armées à Egée pour chasser de l' Arménie le roi Parthe, Valarche. Au commencement du II° siècle, cette ville fut appelée *Hadriana*, en l' honneur de l' empereur Adrien, comme elle fut appelée aussi *Macrinopolis* et *Alexandropolis* en l' honneur des empereurs Macrin et Alexandre. Dès le commencement, elle fut déclarée ville *libre*: aussi Pline (V. 22) l' appelle: *Oppidum Aegae liberum*.

A l' introduction du christianisme, Egée devint un siège épiscopal dépendant de l' archevêque de la Cilicie Inférieure. Son premier évêque fut *Saint Zénobe*, qui y fut martyrisé avec sa sœur Zénobie, en 303, par odre du gouverneur Lycias; ils furent inhumés dans le même tombeau[1]. Par ordre du même gouverneur et la même année, furent aussi martyrisés deux frères, les célèbres « *Médecins sans argent* », les saints *Côme* et *Damien*. Un de nos historiens du XIV° siècle, appelle le lieu précis de leur martyre: « La fontaine de *Khotza-* » *téghe*, Խոցատեղի, (Baume de blessures), à la » *sortie* de la ville d' Ayas ». C' est ici encore que furent martyrisés les trois frères *Antimus*, *Léontius* et *Euprepius*, ainsi que les autres trois frères *Claudius*, *Astérius* et *Mévon*, et les Saintes *Domina* et *Déonilla*.

Tout cela nous prouve que non seulement Egée se faisait remarquer par l' ardente foi de ses chrétiens, mais qu' elle était encore une des villes principales, puisqu' elle servait de siège au gouverneur de vastes contrées. On ne peut nier non plus qu' elle eut une grande importance aux yeux des empereurs qui voulurent lui léguer leurs noms.

On cite les évêques grecs d' Egée qui se sont succédé jusqu' au milieu du VI° siècle. Vers la fin du même siècle un certain Théodore, écrivait dans son voyage en terre Sainte, en 538: « In provincia Ciliciæ Egea dicitur » civitas, ubi quadraginta dies comercia gerun- » tur, et nemo de eis aliquid requirit: sed post » 40 dies qui inventur negotium facere, fis- » cali redit[2] ».

Ce n' est que vers la moitié du XIII° siècle, que les évêques arméniens commencent à occuper le siège épiscopal de cette ville, et avec ces derniers y commencent aussi des nouveaux événements politiques.

---

1. Ce Lycias est le même qui ordonna plus tard le supplice des Quarante martyrs de Sébaste. Dans les martyrologes, la ville d'Egée est dite ville de la baie d'Ionie(?). On l' aura sans doute prise pour une autre ville du même nom. En effet, il existait une Ægée en Eolie et une autre en Macédonie. On pourrait plutôt supposer qu' elle est dite ainsi à cause du nom du Cap Ionia, situé près de Mallos.

2. Théodor, *De situ Terræ Sanctæ*.

Egée ou Ayas, après sept siècles passés sans bruit, mais non sans gloire pourtant, sortit tout à coup de son obscurité. Une ère nouvelle et brillante s'ouvrit pour elle, mais qui n'eut malheureusement que la durée de la fortune passagère des souverains arméniens Roupiniens. Ce fut alors que cette ville se remplit de vie et de mouvement, et qu'elle devint une des plus comerçantes du monde. Tant que la dynastie arménienne fut au pouvoir, c'est-à-dire pendant tout un siècle, elle fut le rendez-vous de tous les peuples : elle fut en quelque sorte le cœur du pays et du royaume, tandis que Sis en était la tête, comme capitale. Ayas fut même supérieure à Sis, car sa renommée était universelle. Elle l'emporta sur les premières villes commerciales du pays, rivalisa et surpassa celles de la Syrie et de l'Egypte. Depuis le milieu du XIII° siècle, mais surtout après l'effondrement de la principauté d'Antioche, en 1268, et la prise de Ptolémaïs (Acca ou Accon) par les Egyptiens, jusqu'à la moitié du XIV° siècle, Ayas fut en Asie le premier port et l'entrepôt commercial des antiques pays de la Perse, des Indes, de la Chine même, ainsi que des pays occidentaux de l'Italie, de la France, de l'Espagne, des Flandres et autres.

Dès que les Arméniens eurent fondé leur royaume, les occidentaux commencèrent à affluer en Cilicie. Le premier décret de Léon en faveur de ceux-ci, porte la date de la première année du XIII° siècle. Alors les ports du pays étaient Tarse, Corycus et d'autres, mais on en parle moins souvent, parce que la grande voie du trafic avec le Levant n'était pas encore ouverte, et la Syrie avait sur ses côtes des villes anciennes qui se prêtaient davantage aux transactions commerciales avec les orientaux. Mais lorsque ces dernières villes furent tombées dans les mains des Sarrasins, cet important commerce dut se chercher un autre centre de refuge qui fût à l'abri des pirates, et en même temps tout proche de l'antique route suivie par les marchands de l'Orient. C'est alors qu'Ayas, à laquelle la nature avait déjà donné une position qui la mettait à l'abri de la fureur des vents, acquit sa célébrité. Les voyageurs modernes affirment que, sur les côtes de Karamanie et de la Syrie, il n'existait pas de port plus sûr que celui d'Ayas. C'est-là, du reste, que, ces dernières années, une grande partie de la flotte anglaise vint hiverner.

L'histoire ne nous a pas révélé l'époque précise ni le nom du génie qui fit d'Ayas ce qu'elle a été ; à quel moment il a creusé son port, planté ses digues, élevé ses forteresses de terre et de mer, agencé ses dépôts et magasins, créé ses douanes, installé, enfin, tout ce qui était indispensable pour en faire l'un des principaux et l'un des plus grands ports d'un royaume, qui donna l'hospitalité aux sujets de tant d'autres royaumes. L'histoire ne nous dit pas quel est cet homme qui a droit à de grandes louanges pour avoir apporté tant de richesses au trésor du royaume de l'Arménie. Mais je crois que ce ne put être que celui qui, après le roi Léon, eut le plus ardent amour pour sa patrie et brilla au premier rang parmi ses concitoyens ; je veux nommer *Constantin*, le père du roi Héthoum. C'est lui qui mit la vie dans Ayas. Car on ne peut contester que c'est de son vivant, pendant les dernières années si bien remplies, si méritoires de son existence, qu'Ayas brilla de tout son éclat comme ville commerciale. Le célèbre voyageur contemporain Rubruquis l'atteste formellement : « Ipse autem (Constan-
» tin) fecit me deduci usque ad mare ad *por-*
» *tum* qui dicitur *Auax ;* et inde transivi in
» Ciprum ». Cela est attesté aussi par le décret du roi Héthoum aux Vénitiens, daté de novembre, 1261 [1]. Ce décret accorde aux étran-

---

1. Ni Langlois, ni personne d'autre n'a eu connaissance de ce Chrysobulle, qui n'est qu'une répétition, avec peu de changements, du décret de 1245. C'est pour cela que le savant Bibliothécaire de Stuttgard, Heyd, (qui a écrit : *Le colonie Commerciali* degli Italiani in Oriente, etc. I, 301.), croit qu'il n'est fait mention d'Ayas pour la première fois qu'en 1271, dans le décret de Léon II. Tandis qu'alors même, en 1271. il existait déjà des documents d'archives à Ayas, entre autres celui où il est parlé d'une *Logia Januensis*; ce qui prouve que les Génois devaient s'y être installés depuis quelques années au moins. Voici ce que dit Jean, curé de Ptolémaïs, relativement à ce décret : « Ego Johannes » presbiter et plebanus Sancti Marci de Accon, Notarius
» et Ducalis aule Veneciarum Cancellarius, auctenti-
» cum hujus exempli sigillo aureo sigillatum vidi, et
» coram me legi feci litteris Arminorum; et sicut in
» auctentico continebatur ita vidi in aliud exemplum
» sumptum litteris latinis, per manum Archiepiscopi
» Torso, sicut dicebatur ; quod et meo signo proprio
» ipsum corroboravi de mandato domini Johannis
» Belligni Bajuli in Accon, Tyro et in omnibus parti-
» bus Cismarinis, et ejus consiliarium, pro Domino
» nostro Duce ; Currente anno ab Incarnatione Domini
» Nostri Jhesu Christi millesimo duecentesimo sexa-
» gesimo primo, mense februaris, die sexto, exeunte

gers liberté de résidence et de trafic, non seulement à Tarse, à Sis et à Messis, dont nous venons de parler, mais également à Ayas. Dans la traduction latine de ce privilège, — car l'original est perdu, — Ayas est appelée *Iatia*; il se peut que le copiste ait oublié d'écrire les lettres initiales de ce mot : *A* ou *La*. Voici ce qu'on y lit: « Et apud *Iatiam* dabimus eis » locum ad fatiendum domum »; la permission de bâtir une *maison* à Ayas était, donc accordée aux Vénitiens. Dans un décret antérieur, publié en 1245, Héthoum leur accordait une maison à Messis, ce qui fait voir qu'Ayas n'était pas encore complétement édifiée; il est donc probable que cette nouvelle reine de la Mer arménienne ne s'élevait que depuis peu devant les flots qui la baignaient.

Pendant le court espace de 80 ou 90 ans qu'Ayas resta sous la domination arménienne, elle accumula plus de richesses par son commerce avec tous les points du monde, que bien d'autres ports et villes commerciales d'autres pays n'avaient réussi en plusieurs siècles: car Ayas ne fut pas seulement une simple station de la route commerciale de l'orient, elle fut le chef-lieu de toutes ces stations.

Marco-Polo, le plus célèbre et le premier des voyageurs et des écrivains de voyages pendant le moyen âge, Marco-Polo, dont le père et l'oncle étaient venus avec lui, en 1269, de l'extrême Orient à Ayas, partit de là pour son célèbre voyage à travers la Tartarie, les Indes et la Chine : et c'est sur un vaisseau arménien qu'il a fait la traversée d'Ayas à Ptolémaïs. Au commencement de son livre, il prétend que tous ceux qui veulent accomplir un voyage vers le fond de l'Asie, doivent partir d'Ayas. Je trouve à propos de citer ce passage parce que c'est un document authentique : « Sopra il mare è una città detta *Giaza*, » terra di *gran traffico*. Al suo porto vengono » molti mercanti da Venetia, da Genova, et » da molti altri regioni, con molte mercantie » di diverse *speciarie*, *panni* di *seta* et di *lana*,

» et di altre *pretioze richezze*; et anoho quelli » che vogliono intrare più dentro nelle terre di » Levante, vanno primieramente al detto porto » della *Giazza* ». Outre ceci, les actes commerciaux des Génois de l'année 1274, portent formellement : *Portus Ayacii Domini* Regis *Ermenie*.

C'est à Ayas qu'étaient importés du fond de l'Asie, les épices, les aromates, les pierres précieuses, les étoffes et toutes les marchandises de prix qu'achetaient ordinairement les *Vénitiens*, les *Génois* et les *Pisans*. A ces derniers vinrent se joindre les citoyens de presque toutes les villes libres de l'Italie, et l'on cite en particulier non seulement les habitants des villes maritimes, mais aussi ceux des villes de l'intérieur [1]; par exemple ceux de *Florence*, de *Plaisance*, de *Pavie*, de *Mantoue*, de *Livourne*, de l'*Apulie*, de la *Corse*, de *Malte*, du *Négrepont*; ainsi que de *Chypre*, de *Rhodes*, de la *Crète* et d'autres îles de la Méditerranée. Des gens d'autres pays de l'occident affluèrent aussi à Ayas. Il y venaient des Espagnols de la *Catalogne*, de *Séville*, de *Barcélone*, de *Saragosse*, et de l'*Ile Majorque*; des Français, les *Marseillais* y arrivèrent dès l'an 1228, avec d'autres commerçants de diverses villes de la *Provence*, de *Nîmes*, de *Narbonne* [2], de *Montpellier*, que nos ancêtres appellent les marchands de *Mounpouzlère*, Մունպուզլերցի, comme dans l'édit arménien de Léon IV, de 1321. On cite comme y étant venus également les *Chevaliers* du *Temple* et ceux de l'*Hôpital*. Les vaisseaux de l'*Evêque latin de Tarse* se trouvaient aussi dans le port d'Ayas.

Parmi les Orientaux, ce sont d'abord les sujets des empereurs de *Constantinople* et de *Trébizonde*; les *Egyptiens*, les habitants des côtes de la Syrie [3], les *Danischmends de Sivas*, et les sujets du grand Empire des *Tartares*, qui y descendaient du fond de l'Asie.

Quant aux nations d'Occident, bien que je n'aie trouvé aucun document concernant l'*Angleterre*, la première nation marchande de notre

---

» Indictione quinta. Accon ». — Cet archevêque *Torso*, est certainement *Thoros* le chancelier.

1. En 1315, se trouvaient à Ayas *Michel Sala* de *Sienne* et sa fille Juanne. En 1316 une dame, fille de Marc *milanais*.

2. On rapporte qu'en 1300, des Espagnols achetèrent, à Famagouste de Chypre, d'un marchand *Narbonnais*, 15 quintaux d'*amandes* cassées et menues, pour les emporter à Ayas, et qu'ils payèrent chaque quintal 100 pièces arméniennes. En 1316, des Barcelonais apportèrent à Venise du *Coton* d'Arménie.

Sur la demande de Jacques II, roi d'Aragon, en 1293, Héthoum II, accorda aux trafiquants de la Catalogne, immunité de taxes et droit d'établir un entrepôt à Ayas. Le décret qui leur accorde ces privilèges n'a pas été retrouvé, mais le fait est incontestable. En 1274, parmi les négociants, on cite comme banquier à Ayas un certain Jacques, *Jacobus Rex*, qui n'était qu'un simple citoyen de Gênes.

3. En 1314, Simon de Rama et Nicola de Nazareth se trouvaient à Ayas.

époque, on ne peut cependant pas douter que les vaisseaux anglais n'aient fréquenté le port d'Ayas, puisque le florentin Pegolotti, qui parle du Commerce des Arméniens avec les autres nations, compare leurs poids et mesures avec ceux de *Londres*; il doit en avoir été de même des *Flamands* de *Bruges* qui, à cette époque, était regardée comme la première ville commerçante de l'Occident, allant de pair avec *Anverse*[1].

Les Allemands ne sont pas cités comme ayant fréquenté le port d'Ayas. Il me semble pourtant impossible qu'il n'en soit point venus de leur célèbre centre de commerce, la Ligue hanséatique : et nous verrons bientôt l'une des portes d'Ayas portant leur nom : d'autant plus, que du temps de Léon Ier, les Allemands et les Arméniens avaient grandes relations d'amitié, et qu'il reçut même des ambassadeurs de l'Autriche.

C'est à cause du grand nombre d'occidentaux qui sont venus à Ayas, qu'un des auteurs modernes a voulu l'appeler une ville plutôt européenne qu'arménienne ; car elle était devenue comme le grand centre de tout le commerce du Levant[2]. Aux Archives de Gênes' dans les *Comptes* de quelques années qui y sont conservés, on cite plus de vingt-cinq peuples et habitants de différentes villes qui avaient des relations de commerce avec Ayas ; mais les Génois et les Vénitiens y sont en plus grand nombre. Les Archives de Venise, contiennent une immense quantité de décrets, bulletins, actes de comptes, sentences, et permis de naviguer et trafiquer[3].

En 1881, la Société pour la publication des textes relatifs à l'histoire et à la géographie de l'Orient Latin, a publié 180 pièces de ces actes des consuls de Gênes à Ayas, donnés dans les deux seules années 1274 et 1279. On peut juger du nombre extraordinaire de leurs pièces, et de celles des Vénitiens[4] et autres, qui furent échangées aux jours de la prospérité d'Ayas.

Chaque année, à une époque fixe, les Vénitiens y envoyaient une flottille de sept à huit vaisseaux ; quelquefois même, ils en envoyaient deux, l'une pendant le mois d'août, l'autre plus tôt, pendant le mois d'avril, ou vers la fin du mois de juin, selon d'autres. Chaque navire avait vingt-cinq matelots : chaque année, le sénat réglait le départ de cette flottille et le temps qu'elle devait séjourner à Ayas[5]. Ces décrets vont de 1280 à 1337 ; néanmoins, jusqu'en 1374, on trouve encore des ordres relatifs à la navigation pour l'Arménie.

Quel spectacle merveilleux et imposant nous offre Ayas, si nous réunissons en un seul groupe cette foule de Vénitiens, de Génois et des autres peuples que nous citions tout à l'heure ; les habitants de la ville, les marins, les étrangers venus de tous les pays ! Quelle diversité de types, de mœurs, d'allures, de langues ! Quelle bigarrure d'accoutrements ; quel miroitement de couleurs ; quel entrechoquement d'êtres et de choses dissemblables ! Comme tout cela devait amener dans ce port un prodigieux mouvement continuel, une exubérance de vie, et devait bien en faire une cité unique et l'un des premiers marchés universels de cette époque ! Certain Thomas, docteur arménien qui a fait la description du pays de la

---

1. Les décrets de nos rois pour les Flamands n'ont pas encore été retrouvés ; mais M. Emile Van den Bussche, le savant archiviste de Bruges, sur notre demande et avec un soin tout particulier, a fait des recherches, et a trouvé des relations de voyages et des actes de commerce passés entre ses compatriotes et les Arméniens. Ces écrits nous donnent la liste des centres commerciaux où se rendaient les Flamands. C'était l'Arménie, Chypre et Jérusalem : « Die steden » ende poorten van coopmanscepe untten Ooste die » mette die van Brueghe coopmanscepe doene; ende » syn de *Hermeniers*, ende die van Cypre, ende van » Jherusalem ». Dans un autre document français il est dit que les Flamands recevaient : « Dou royaume » de Hermenie vient *Contons* et tote autre *Espicerie* » dessus dite » (Poivres, Brésil, etc.). — Dans les livres de comptes du couvent de Saint Obert de Bruges, il est noté, en 1369, que *Nicolas des Arméniens* (qui devait être un personnage envoyé en ambassade), donna au prélat qui l'accompagnait, de la nouvelle étoffe, et à ses compagnons, qui passèrent avec lui par la porte de la Sainte Croix, *12 lires :* « Betaelt Niclaise, den » Hermenier, ene nieuen lakine voor den Prelate. » ende oordene die quamen ten Cruuspoorte inne » t'eenre dachvaert XII. lb ». — Tous ces documents ont été publiés par le susdit savant archiviste en partie dans la revue « La Flandre » (1880, I), et en partie dans une brochure séparée qui a pour titre: *Une Question d'Orient au Moyen-âge* (1878 à Bruges). En outre dans une lettre particulière M. Van Den Bussche, m'a signalé tout ceci.

2. Archives de l'Orient-Latin, I.

3. Voir notre ouvrage l'*Armeno-Veneto*, II° partie.

4. On trouve aussi un grand nombre de ces écrits dans les actes des Notaires de Venise, mais je n'ai pas pu les voir, non plus que d'autres qui sont aux Archives Publiques.

5. D'abord ce fut un laps de 8 jours, puis de 13 et 15 même.

Cilicie, en parlant de ses produits et de son commerce, ne dit au sujet d'Ayas, que deux mots qui expriment tout : « Et Ayas, ce port » d'une foule de vaisseaux ». Un autre écrivain est plus laconique encore, et par conséquent plus expressif : après avoir raconté les événements du temps, après avoir vanté la grandeur de cette ville et plaint sa fin, il s'écrie : « Hélas ! cette glorieuse Ayas ! ».

On voudrait savoir quelle était l'étendue de ce port célèbre et quelle sûreté de refuge Ayas offrait aux flottes; mais nos docteurs, ces vieux écrivains si concis et quelquefois inexacts, ne nous disent rien à ce sujet. Pour nous, nous exposerons l'état actuel des côtes d'Ayas; nous décrirons ses ruines; nous parlerons de tout ce qui reste de ses digues et de son *mina* ou port circulaire, des débris qu'ont épargnés les flots et la rage des ennemis, d'après les dessins et les croquis des amiraux français et anglais.

Nous savons par nos ancêtres qu'il y avait deux citadelles ou forteresses à Ayas, l'une dominait la *campagne*, l'autre veillait sur la *mer*. Cette dernière était construite nécessairement sur un îlot, que les documents appellent *Insula Ayacii*. L'îlot sur lequel elle reposait, devait avoir été exhaussé par la main des hommes. Elle était bien loin d'être aussi formidable que la forteresse de la plaine; presque tout sa force résidait dans les flots qui l'entouraient. Au sud-est, une digue réunissait les deux forteresses, et formait un port de refuge pour les navires. Comme le représente la petite carte que nous avons placée en regard, la citadelle maritime avait la forme d'une demi-lune et se trouvait à l'est de la ville, vis-à-vis de la terre. La forme du port d'Ayas lui fit donner le nom arabe de *mina*, (lune), et, en arménien, mieux encore *manyag*, մանեակ, collier. Actuellement son étendue est évaluée à un kilomètre; bien que son bassin soit ensablé et par endroits comblé de pierres, la profondeur en est de deux, trois et quatre mètres. Le Vénitien Sanudo qui a vu Ayas à l'époque de sa grandeur et de sa prospérité, dit : « Lajacium habet portum et *siccam* unam au- » te, quæ *scolium* dici potest : ad quam quidam » *siccam* prodenses figuntur et anchora versus » terram firmam » (II, IV, 26). Il paraît qu'en outre il y avait des *anneaux*, fixés aux murs de la forteresse de mer. C'est à ces anneaux que les Vénitiens demandèrent, en 1320, à attacher leurs navires; ce qui leur fut accordé par décret royal, entre autres faveurs.

Le fort terrestre était situé au bout de la langue de terre qui s'avançait dans la mer. Il était bâti en pierres de taille, mêlées à des morceaux et à des tronçons de colonnes provenantes de vieilles constructions : c'est pourquoi l'on y voyait des lambeaux d'inscriptions grecques. Ce fort, plusieurs fois détruit par les Egyptiens, et toujours relevé par les Arméniens, fut saccagé une dernière fois après l'effondrement du royaume : c'est alors que les Ottemans entreprirent de le rétablir autant que possible en son état primitif. Il est muni de deux bastions; l'un, l'intérieur, est plus élevé et fortifié de tours circulaires; l'autre, l'extérieur, est plus bas; il est en partie écroulé et entouré d'une tranchée remplie de décombres et des blocs de pierres qui ont été lancés contre ses murs pour les abattre. Au nord de ce fortin et près de la plage, se trouve le cimetière de la ville.

Dans la mer, on voit les ruines de la digue qui, du sud-est, conduisait au fort de mer, au nord-est. C'est dans ce fort qu'on remarque une grande tour en rotonde, dont le côté tourné au sud est garni d'une longue série de cellules voûtées, qui reçoivent le jour par une petite fenêtre carrée pratiquée dans le plafond. On trouve encore d'autres salles voûtées du côté qu'on peut appeler le devant de la tour, mais ces salles sont toutes encombrées maintenant.

Entre le fort de terre et un mince ruisseau qui descend des montagnes au nord de la ville, se trouvent les ruines de la plus ancienne partie d'Ayas. On y voit des restes d'églises, de maisons, de bains, de ponts, etc : toutes ces constructions étaient faites en briques. De l'autre côté du ruisseau, à l'ouest, sont les ruines de la nouvelle Ayas. Elles consistent en monceaux de briques et de pierres, en débris de terres-cuites et en éclats de beaux marbres.

Actuellement le fort est habité par quelques familles de Turcomans qui y ont planté des petites cahules : selon Langlois, leur nombre arrivait en 1852, à 75. Ce sont comme de faibles ombres et tout ce qui reste de demeures de l'ancienne multitude des indigènes et des étrangers de tant de nations et de langues différentes !

A travers ces ruines, se trouvent peut-être celles des murs extérieurs de la ville, dont nos aïeux n'ont point parlé, non plus que de leurs portes. Une seule de ces dernières est mentionnée dans un document resté aux archives de Gênes; elle est appelée *Porta Alamanorum*.

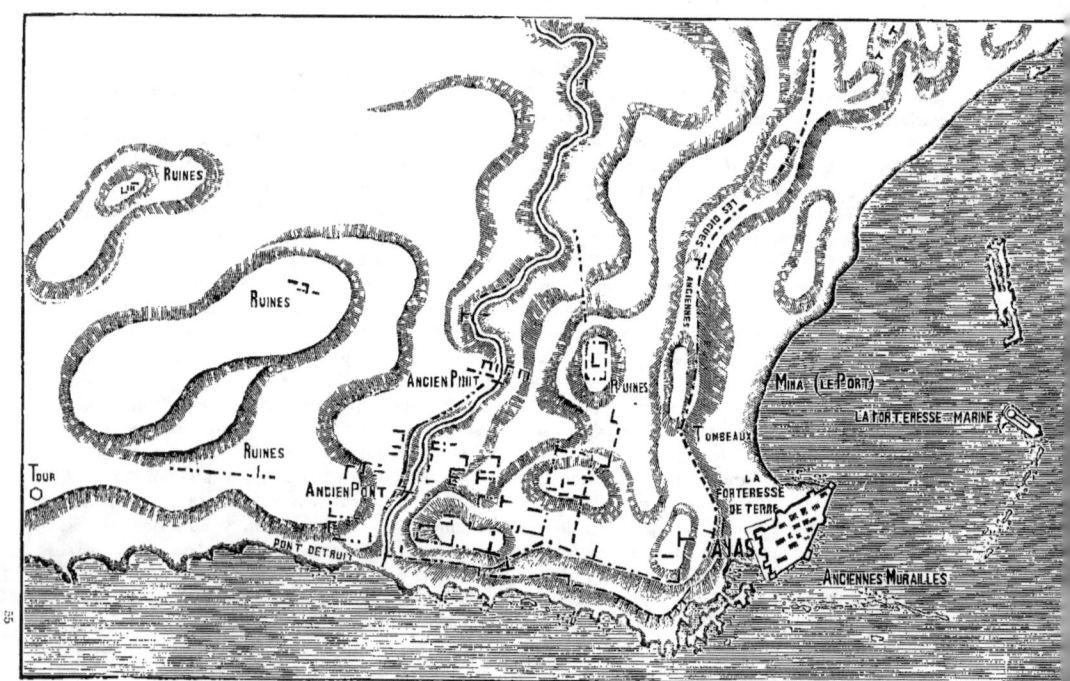

Plan d'Ayas et des deux forts.

C' est là que se trouvait la *logia* d' un certain Jean surnommé *Tortorelle*.

Chacune des nations que nous avons désignées plus haut, avait son quartier et sa paroisse. Quelques-unes avaient leur église, leur four, leurs magasins et le palais du chef de leur nationalité, qu' on appelait *Consul*, mot qui fut adopté par les Arméniens et transformé en *Kountz*, գունց, ou *Vicaire*, վիգար. L' habitation des consuls s' appelait *Logia* ou *Lobium*, et l' endroit où ils rendaient leurs jugements était désigné sous le nom de *Curia*. Il est fait particulièrement mention des palais des consuls génois, vénitiens et placentins.

Les Génois avaient une église sous le vocable de *Saint Laurent*, où, plus tard, le pape Jean XXII, voulut transférer l' archevêque latin de Mamestie, sous l' autorité spirituelle duquel étaient les occidentaux ou latins de la Cilicie : c' était en 1322; mais les Génois s' y opposèrent formellement, alléguant que ce temple était leur propriété. On cite quelques-uns des prieurs de cette église *Priores Sancti Laurentii :* le prêtre *Michel*, en 1274; *Jacques*, en 1279; et les prêtres *Jean* et *Jacques*, dans la même année. C' est dans cette église qu' étaient enterrés les Génois décédés à Ayas, ainsi que l' attestent leurs testaments. Ils payaient pour le terrain de leurs tombes, 20 *nouvelles pièces arméniennes*.

Les consuls Génois à Ayas qui ont signé les testaments connus et d' autres documents d' archives, sont les suivants :

1270. Giacomo Pallavicino.
1273?. Gregorio Ocelli. † mort avant l' an **1274.**
1274. Filippi Tartaro.
1279. Leonin de Nigro.
1288. Benetto Zaccaria.

Ce dernier est nommé dans le décret de Léon II, qui lui accorda de grandes faveurs et diminua les taxes, comme nous le verrons plus loin dans l' original, en faveur « de son vrai » et fidèle *cher Sir Benetto Zaccaria* pour les » marchands génois ».

Au nombre des constructions, on cite encore, en 1279, le *Magassenum Communis Janua*, et les fours des particuliers; par exemple, celui d' un certain *Bacon Zebe*, celui de *Guilielmo Grifon*, et celui de la femme d' un Guglielmo *Strejaporco* ou *Stregghiaporto* ou *Salvatico*[1], en 1289, que Héthoum II, au commencement de son règne, restitua aux génois, sur la demande de Benetto Zaccaria[2].

Les Vénitiens avaient aussi leurs *Domus Communis Veneciarum*[3], à Ayas. Elle leur avait été offerte d' abord par Héthoum Ier, en 1261, comme nous l' avons vu plus haut. Ils avaient aussi leurs *marchés* et tous les bâtiments qui étaient nécessaires à leur nombreuse colonie de marchands, qui faisaient continuellement des échanges commerciaux avec les Arméniens, les autres peuples de l' orient et leurs concitoyens. Leur église était dédiée à *Saint Marc* et leur avait été donnée, en 1271, par Léon II, afin qu' ils y prient pour lui et pour ses défunts, comme le dit le roi lui-même, dans le décret qui leur en confère la propriété[4]. Leur *cimetière* se trouvait probablement près de cette église. Ce cimetière étant devenu insuffisant, en raison du grand accroissement des membres de la colonie, en 1320, ils demandèrent à y ajouter une partie d' une *maison*[5], ce qui leur fut accordé par la Cour. Le gouverneur et chef des Vénitiens portait le titre de *Balio*; il remplissait ses fonctions avec l' aide de quelques conseillers qui lui étaient adjoints, et, tant qu' Accon demeura ville libre, il dépendit du bailli de cette dernière, duquel il recevait aussi un traitement de 400 ou 600 be-

---

1. Sa fille, appelée la Comtesse, vendit en 1300, la moitié de cette propriété et mit en location l' autre moitié, pour subvenir à la célébration des noces de sa fille.
2. Dans les Archives de l' Orient-Latin (Tome I, p. 434-534), un savant génois, le chev. Cornelio Desimoni, a publié une collection de 170 Actes notariaux génois, passés à Ayas dans les seules années 1274 et 1279 ; dans lesquels sont cités des centaines de personnages de plus de 40 villes d' Italie, de France, d' Espagne, Malte, Chypre, Candie, Négropont, etc.
3. J' ignore si c' était cette maison ou une autre qu' habitait le bailli. Le Sénat de Venise avait plusieurs fois décrété la restauration de cette demeure;

il envoya même pour en payer les frais, une fois 5, une fois 6, une autre fois 12 *liras grossorum*, dont chacune valait 10 de leurs pièces d' or. Un des baillis avait porté de Venise les bois et charpentes nécessaires à la construction de cette maison, en 1299.
4. « Et nos octroyons et donons en Layas la Cité, » une yglise, et che il tiennent prestre à servir l' i-» glyse, en memoire de nos et de nos morts ». — Pour la restauration de cette église, en 1314, le Sénat vénitien décréta de donner 10 grosses de lires, presque douze cents francs de notre monnaie actuelle.
5. Le mot est écrit *masenum* dans le décret de Léon IV ; et dans les Archives latins, *Masgnellum*, *Mansionile*, et, dans les Archives français, *Maisnil*.

sants. Lorsque le bailli était obligé de se rendre auprès du roi des Arméniens, il recevait un besant d'or de plus par jour.

Voici quels sont ces baillis d'Ayas qui sont nommés dans les décrets du Sénat de Venise et dans divers autres documents[1], de l'an 1274 à l'an 1334.

1282-3.	Marino Badoero.
1285.	Leonardo Gizi.
1288.	Marco Siniolo.
12...	Giovanni de Canali.
1290.	Pancrazio Giustino.
1293.	Enrico Delfino.
1296-99.	Marino Siniolo.
1300.	Paolo Quirino.
1302-3.	Andrea Sanudo.
1304.	Giovanni Premarino.
1306-9.	Nicolò Morosino.
1310-12.	Gregorio Dolfin.
1312-14.	Thomaso Soranzo.
1313-16.	Giustino Giustinian.
1317-18.	Filippo Barbarigo.
1318-19.	Beletto Dandolo.
1320-22.	Giovanni Caroso
1326.	Biagio Malipiero.
1327.	Marco Erizzo.
1328-30.	Pietro Bragadin.
1333.	Le même.
1333-34.	Marino Grimani.

On retrouve encore des pièces postérieures de dix ou quinze ans concernant les relations des Vénitiens avec les Arméniens; mais aucune d'elles n'est particulièrement relative à Ayas. Pendant ces soixante années d'administration des procureurs ou baillis vénitiens à Ayas, bien des faits se sont accomplis. Les Arméniens et les Vénitiens y resserrèrent leurs liens d'amitié, cependant des actes et des démonstrations d'hostilité troublèrent aussi de temps à autre la bonne harmonie qui existait entre ces deux peuples, et il nous serait pénible de les approfondir et de les rappeler tous ici. Nous nous croyons obligés cependant de parler de ceux qui intéressent l'histoire d'Ayas,

afin de faire apprécier l'état de ses relations avec les étrangers qui s'y étaient fixés.

La ville d'Ayas ayant été presque complétement détruite et aucune inscription arménienne n'y ayant été retrouvée, nous ne pouvons préciser la situation des palais et des autres principaux édifices des *Vénitiens* et des *Génois*, bien que l'on sache exactement qu'ils se trouvaient près du port et de la Citadelle. Nous pouvons en dire autant quant à ceux des colonies des autres peuples des Villes Libres; on cite entre autres une *Lobia Placentinorum*, dès l'année 1279.

C'est à cette époque que *Guglielmo Nigro*, procureur de la *Societas Bagarotorum de Placentia*, donna en présence de six ou huit de ses compatriotes, un récépissé de la dite Société à un autre compatriote *(Durans)*; et qu'un certain *Manfredus Napacius*, délivra à un certain *Palmerio Coadagnello* l'acquit d'une livraison de savons et d'étoffes, se montant à la somme de 172 ½ besants sarrasins arméniens. En 1295, le consul des Placentins s'appelait *Ioannes Bordi*. En 1294, un certain *Giacomo Fontana*, marchand de Plaisance, fut dépouillé par les Vénitiens dans le port d'Ayas.

Parmi les Consuls de Pise, on nomme de 1300 à 1304, *Bindon Seccamerende* ou *Sichamengi*. Il est bien évident que tous ces consuls avaient des résidences fixes. Trente ans avant, en 1274, il est fait mention d'un certain nombre de négociants de Pise à Ayas, dont la plupart résidaient dans la maison d'un *Nicoloso de Murta*, dont l'épouse *Francha Dighina*[2], paraît être arménienne.

Les *Pisans* empruntaient les nouvelles monnaies arméniennes et s'engageaient à les changer contre des besants égyptiens, lorsqu'ils se rendraient en Egypte avec des chargements de bois ou d'autres marchandises.

Dans les Archives et dans les mémoires on retrouve les traités que ces divers peuples ont conclu avec nos rois, et les privilèges dont ceux-ci les favorisèrent. On retrouve, par exemple, les souvenirs des traités passés avec les *Florentins* en 1335; avec les Siciliens en 1331; avec les marchands de *Montpellier* en 1314 et 1321, et ceux de la *Catalogne*, en 1293. Ces derniers avaient leur bailli ou consul à Ayas, et, dans une pièce d'ar-

---

1. Dans les documents de deux seules années (1327-8) j'ai noté les noms de 80 Vénitiens à l'Ayas.
2. Frank-khatoun (Dame ou Dighine, Ֆռանկ խաթ. ֆռանկ ou Սիկի) est un nom propre en usage dans la Grande Arménie et veut dire Dame Franque ou Française.

chive, écrite au palais du consul des Génois, en 1274; le prêtre espagnol *Pierre-Jean* a signé de son nom. Ce prêtre n'était pas venu là, sans doute, comme un simple voyageur, il s'y était établi.

Ce sont les *Siciliens*, à cause de la grandeur et de la puissance de leur royaume, qui furent les plus honorés et les plus favorisés par nos rois, à Ayas. On leur a mandé des ambassades à plusieurs reprises. Lorsque Léon IV devint parent de la famille royale de Sicile, en épousant la fille de Philippe, prince de Tarente, qui était devenue veuve du Roi de Chypre, il exempta d'impôts, en 1331, les marchands siciliens [1].

---

1. Nous avons assez de preuves et de documents pour ne pas douter des relations amicales de nos rois avec la cour de Sicile. Ces relations ont dû commencer déjà sous le règne de Léon Ier. On trouve en effet cette phrase dans un court compte-rendu de la mission de Héthoum-Héli, envoyé par Léon comme ambassadeur auprès de l'empereur d'Allemagne : « *Quand nous naviguions vers les Pouilles* » ; on comprenait alors sous ce nom, la Sicile et la Pouille.

Ces relations se resserrèrent de plus en plus sous la dynastie des princes de la maison d'Anjou, et dans la suite. On ne trouve pas moins de trois ambassades spéciales mentionnées dans le court espace de cinq années (1278-1283). La première, fut confiée à *Vahram Latif*, majordome (*Dapipherus*) de la maison du roi d'Arménie, Léon II. Le roi de Sicile lui remit pour son maître quatre destriers de guerre avec leur complet harnachement et des chiens : — *Cum quatuor equis ad arma, canibus, quos etiam Regi transmittimus:* — le tout représentant une valeur de 60 onces d'or ; à cette époque l'once d'or équivalait à peu près, comme métal, à quatorze francs.

Le roi de Sicile donne à Léon le titre d' « *Illustris Regis Armenie et carissimis affinis nostris* » ; je ne sais la raison de cette dernière appellation ; peut-être le roi fait-il allusion au mariage de Narjaud de Toucy, amiral sicilien, avec Lucie, fille du prince d'Antioche et de Sibile, fille de Héthoum Ier.

La seconde ambassade fut conduite par *Vassaq*, et la troisième, par *Guillaume d'Antioche*, avec trois compagnons: ils séjournèrent plus de six mois à Naples, aux frais de la cour de Sicile, qui eut à payer 23 onces d'or pour leur entretien. A leur départ il leur fut octroyé, comme à leurs devanciers, libre choix des ports et des navires sur lesquels ils désireraient s'embarquer.

Ces relations devinrent encore plus intimes par plusieurs alliances de famille. Après la mort de sa première femme, notre roi Ochine épousa la princesse Jeanne (*Anne* ou *Irénée*), fille de Philippe, prince de Tarente ; Léon IV étant resté veuf de Zabel, fille du bailli Ochine, suivit l'exemple paternel et épousa en secondes noces *Constance* ou *Eléonore*, fille de Frédéric Ier, roi de Sicile, et veuve aussi de son premier mari, le roi de Chypre : c'est pourquoi dans son privilège aux Siciliens, Léon donne à Frédéric le titre de *pere*. Le texte original arménien du dit privilège se conservait avec sa bulle d'or dans les archives de Messine ; j'ai peur cependant qu'il n'ait été détruit ou perdu dans les dernières révolutions de cette ville, mais nous l'avons heureusement publié dès 1847, dans notre journal le *Polyhistore*, et aussi dans le Cartulaire de V. Langlois, avec la traduction française. Maintenant nous allons reproduire ici, l'ancienne traduction latine, avec les noms du chancelier et de l'ancien traducteur (l'évêque *Frère Thadée*) et d'autres témoins. Cette charte ou privilège était connue vers la fin du XVIIe siècle, par notre Chroniqueur, le Clerc Malachie, qui nous écrit: « L'an 780 (1331), le roi » Léon IV, fit des conventions et des traités avec les » Francs Siciliens, pour le commerce, et pour leur » exemption de la taxe due au roi » (d'Arménie).

---

* In nomine Patris et Filij et Spiritus Sancti. Amen.

LEO fidelis in Jesu X̄p̄ō, per gratiam et misericordiam ejus Rex omniun Armenorum, filius bonæ memoriæ Regis Armeniæ Ossini Primi, potens et alterius de præclara et bona radice Armenorum [1]. — Notumsit omnibus nobis presentibus et futuris ; quia sicut est et fuit consuetudo primorum Regum fidelium in X̄p̄ō Jesu beatorum parentum nostrorum et nostrarum, honorare omnes largis gratijs, estraneos et intrinsecos sive intraneos, de abundantibus Gratijs Nobis datis et concessis de super, illis qui petunt a Nobis, dare et concedere volumus Gratias ; Eodem autem modo venerunt coram nobis dilecti et famosi habitatores Siciliæ, et petierunt Gratias Regiæ Mayestati Nostræ dispergere inter nostros communiter. — Nos autem reputavimus dignum facere eis Gratias fidem spem eorum ; et de his quæ petierunt a nobis et concessimus omnibus Sicilianis sive Siculis qui sunt veri Siculi et filij Siculorum, et qui venturi sunt. Quod sint dilecti honorati conservati salvati provisi ipsi personaliter, et eorumdem bona a Nostra Regali Mayestate et ab omnibus obedientibus Nobis ; et quod habeant et habere debeant libertatem et franchitiam in Regno

---

1. Sans doute faute du copiste ; car le texte arménien porte: Rupinorum.

On ne peut douter qu'à part les associations commerciales et les colonies dont nous venons de faire mention, il n'y ait eu encore d'autres trafiquants particuliers et qu'il ne soit venu à Ayas des navires d'autres nations. A l'appui de ce que nous avançons, nous rapporterons ici un passage d'une chronique de l'an 1271 :

« Un grec portant le nom de *Bedinafente,* nom
» qui, — au dire de l'auteur de la chronique
» où nous puisons, — signifie (l' *Enfant-sei-*
» *gneur*)... homme rempli de piété, de sagesse
» et d'amour pour Dieu, marin et *capitaine*
» accompli, nous entretint à Ægéa (Ayas), dans
» l'église de Dieu, qui est appelée *Saint La-*
» *zare...* de la question du mélange de l'eau

Nostro : Videlicet, quod quicquid de Mari sive per mare ad terras Nostras portabunt, et quicquid de Terra extrahent et portabunt per mare vendendo et emendo in terra Nostra, scilicet de illis mercimojis, mercantijs et rebus quæ intrabunt sive ponderabunt in bilancijs sive statera ponderis, dabunt et solvere debeant duos pro quolibet centenario, et nihil plus dabunt; quia donavimus eis et illis rebus sive de illis rebus ac omnibus alijs quæ non intrabunt in bilancijs sive ad pondus bilanciarum, et non ponderabuntur in vendendo et emendo, liberi sint et esse debeant franci et exempti ab omni drictu et dohana, præter Senceragium, quem volumus quod dent et solvant et dabunt.

Et volumus sub promissione et pacto, quod si aliquis Sicilianus sive Siculus venerit ad terram Nostram cum aliqua navi, sive cum a ligno alio ligno ejus manerciei (?) sit et portabit aliquas res sive mercantias alterius universitatis sive Communitatis, francando et expediendo illas mercantias et res tamquam de mercantijs et rebus Siciliani sive Siculi, quod si reperiatur et inventus fuerit, ille talis Siculus faciens talia, perdat et perdere debeat suam franchitiam et libertatem.

Et si erit discordia sive comptentio inter Siculos sive Sicilianos, vel inter Siculum et Armenum seu aliam nationem, cognoscant et justitiari faciant per Curiam Nostram contra delinquentes.

Et si aliquis Sicilianus fecerit aliquod damnum in terra Nostra sive in populo nostro et nostris habitationibus, explorando et expoliando, vel aliquod alium damnum faciendo, si damnificatus erit Burgensis aut habitator terre Nostre, vadat et ire debeat coram Curia Nostra, et ostendat et ostendere debeat damnum sibi datum, per querimoniam; tunc Nostra Curia vocet de Siculis illis qui reperiuntur in terra nostra, et probato quod damnum passum contra Siculum damnificantem, tunc Siciliani sive Siculi inventi in Terra nostra, obligati sint quod ipsi debeant describere in Siciliam et mictere literas in hunc modum dicendo :

Quod, talis Siculus sive Sicilianus fecit tale damnum tali homini in tali loco, et quod damnum, et nominet quantitatem rerum ; et detur terminus unius anni istis inventis in terra Nostra, vel quod restituant infra terminum damnum passo sive damnificato, vel quod faciant coram damnificante, duci personaliter coram Curia Nostra tum rebus, aut restituant damnum passo, aut faciant tantum quod ille qui fecit damnum respondeat coram Curia Nostra habente de presenti : et quando significata fuerit per Sicilianos predicta indictio, et infra terminum nec damnificator compareat aut res acceptas mictat, tunc dicti Siculi sive Siciliani qui invenierunt in Terra Nostra tunc temporis, erunt obligati et satisfacient damnum passo, tantum quantum eorum Siculum fecerit et commisivit damnum dicto habitatori Nostro dictæ Terræ Nostræ, in presentia Curiæ Nostræ.

Et illi dilecti Siculi habitatores Terræ Nostræ qui sunt et qui erunt Siciliani et filij Siculorum, qui etiam sunt et venturi sunt, obligati erunt observari nobis fidelitatem et erga Regiam Mayestatem Nostram, et post Nos heredibus et successoribus Nostris ; et nunc prout ex tunc Nostra recta et integra dilectio et fidelitas toto posse suum in Terra et in Mari Nobis et populo Nostro ubicumque inventi fuerint, sit et esse debeat sine aliquo dolo et fraude : ex nunc nullus habeat potestatem de his qui obediunt Regiæ Mayestati Nosæ ad minorem usque ad mayorem facere contra aliquos Sicilianos aut violentias aut injuriam inferre, vel petere alicui Siculo, aut exigere aliquod tributum sive damnum ; sed obedire omnibus mandatis regalibus nostris. Et remaneant firma omnia et singula, sicut superius concessimus, contrarietate nulla opposita ab iliquo.

Preterea concessimus eis Nostrum eccellens Sigillum et gratiosum Privilegium ; et propter majorem firmitatem manu subscriptum per nostrum chirografum rubeum Sigillum aureum per Regalem Bullam auream in honorem Dei. Datum a Nativitate Domini Nostri Jesu Xri,

» dans le Calice de la messe... tout ce qu'il
» nous dit, il l'avait vu de ses yeux et en-
» tendue de ses oreilles, dans la ville royale,
» depuis son extrême jeunesse jusqu'à son âge
» avancé. Lorsqu'il nous parla, il était fort
» vieux. Cet homme prenait grand soin des
» pauvres, les traitait avec affection et humi-
» lité et leur distribuait des larges aumônes.
» Il était de Constantinople. C'est, les larmes
» aux yeux, qu'il nous raconta de tristes évé-
» nements, etc. ». Cette modeste chronique
nous donne au moins le nom d'une église,
Saint Lazare, à Ayas.

Quelques-unes de ces colonies de trafiquants

anno M.° CCC.° XXX. et a mayore computo Armeniæ Septingentesimo octuagesimo, Inditione Romanorum Decimaquinto, mensis Novembris die XXIIIJ.° *Anni Settisato*[1], per procurationem *Basilij* Servi Dei Concessoris Gratijs suprascriptis.

✠ LEO REX OMNIUM ARMENIORUM (in rubeo)[2].

Suprascriptum et extractum fuit predictum Privilegium de armenico in latino per me Nuncium *Deotisalvi de Callio* Notarium publicum, secundum interpretationem factam per Dominum Fratrem *Thadeum* Episcopum Occichensem, fidelem Interpretem, de verbo ad verbum interpetrantem et dicentem mihi et narrantem omnia et singula supradicta, nihil addito vel diminuto quod sensum variet et mutet intellectum predicti Domini Fratis Thadei : in presentia Testium infrascriptorum ; Qui Dominus Frater Thadeus Episcopus Occichensis sedens pro tribunali, quia dictum Exemplum cum Originali in omnibus concordare invenitur, suam authoritatem imposuit atque decretum, ut ubique hoc Exemplum plenam fidem faciat sicut Originale predictum.

Acta fuerunt hæc in Civitate Sissij, in domo habitationis dicti Domini Fratris Thadei ; anno Domini a Nativitate ejus M. CCCXXXIJ°, Inditione XV.ª, die VI.ª mensis Januarij : Presentibus...

(Desunt nomina).

Ego Nuncius Diotisalvi de Callio, Imperiali authoritate Notarius ac Judex ordinarius, predictum Exemplum de originali, hic ✠ fideliter transumpsi et exemplari, ut predictum est, et interpositione dictæ authoritatis et decreti una cum dictis Testibus interfui, et ea omnia de verbo ad verbum in hanc publicam formam redegi, meoque solito signo signavi, et robur plenissimum omnium predictorum, etc.

Ex originali conservato in Thesauro Privilegiorum Senatus nobilis Urbis Messanæ, Regni Siciliæ primariæ, extracta est præsens copia, solitoque Senatus inpsius sigillo in pede munitum.

Messanæ, secundo Martij, 3.° Inditionis, 1605.

Don Franciscus Papardo pro Regio Magistro Notario.

Et ego Doctor *Petrus de El Hoyo* Inquisitor contra hereticam pravitatem, vidi Privilegium seu Salbaguardiam Originalem de qua istud sumtum fuit, cum suo Sigilo aureo pendente Regis Leonis Armenorum, Missane, et scio reconditum fuisse in archivo scripturarum civitatis Missanæ.

Facta hec certificatio mea manu propria, Messane, tercio die marci, milesimi sexcentesimi quinti.

Doctor Petrus de El Hoyo Hispanus contra...

Moi Don Barthélemy Abgarien,[*] descendant de la souche de ce roi, affirme ce qui est écrit.

A la fin de la copie on lit :

Siculorum Franchitia in Armenia de rebus emendis et vendendis.

---

1. Pro Hanes (Johannes) Iritzantz.
2. Le notaire, probablement le même Diotisalvi, au bas du document fait la description de la bulle d'or du roi Léon, en ces termes : « In nomine Domini » Nostri, etc. Hoc est exemplum cujusdam Privilegij » scripti in armeno, cum quandam Bulla aurea pen- » denti in filo serico ; in qua quidem Bulla ab una » sculpta (sic) erat quædam imago Regis et litere di- » centes : LEO REX OMNIUN ARMENORUM, et ab altra » parte erat sculptus quidam *leo* cum quadam cruce » super dorsum, et hæc litere dicentes, LEO PER DEI » GRATIAM REX ARMENORUM. — Cujus Privilegij tran- » sumpti de armenio in latino tenor talis est ».

* C'est-à-dire *Abgar* de Tokat, le célèbre éditeur arménien du XVIᵉ siècle. Barthélemy était un prêtre distingué à la cour de Rome, au commencement du XVIIᵉ siècle ; je ne sais comment il se trouvait d'être d'origine royale : mais aussi son parent *Sultanchah*, fils d'Abgar, est intitulé de la *souche* ou d'*issue royale*.

avaient en même temps des « *Discargatorium (Templi)* »[1], c'est-à-dire des échelles à eux propres, sur les quais d'Ayas; ainsi les chevaliers du Temple en possédaient un. Les Vénitiens qui y venaient en si grand nombre et avec de fortes cargaisons de marchandises, voyant que la place qui leur avait été assignée dans le port, devenait trop exiguë et ne leur suffisait plus, furent obligés de demander la faveur, qui leur fut accordée, en 1320, de décharger leurs vaisseaux sur la *splaja*, que les Arméniens appelaient le *Yalon*, Եալոն ou *Yalou*, Եալու, ainsi que le désigne le décret de Léon IV, en employant le mot grec. C'est ce nom qui est actuellement en usage chez les Turcs : ces derniers disent *yali*.

Comme édifices, monuments et lieux publics d'Ayas, — à part une place où se trouvaient, dit-on, les maisons d'un nommé Guiglelmo *Strejaporchi*, — on ne trouve de cité ni dans les pièces des Archives de l'occident, ni dans celles de nos rois, que le palais royal : « *Domus » Regis Armeniæ, in castro, ante Portam* »[2]. C'est là que se faisaient les offres d'achat, que se concluaient les ventes ; c'était là aussi que se trouvaient les Palais de justice : le premier était appelé « *Curia Regis Armeniæ* ». Ce tribunal, à ce qu'il paraît, était divisé en deux départements, l'un appelé *Curia Ducalis* et l'autre *Balia Regis*. A Ayas, le mot *duc* paraît avoir été en usage à la place du mot *Connétable* des Arméniens. En effet, dans un écrit de 1304, dans le texte latin (car l'original arménien est perdu), *Baron Toros* est signé de cette manière : *Baronus Torocius, Conestabuli Ducha, pro domino Rege, in Lajacio*.

Dans cette *Curia* royale, il y avait outre les ministres, secrétaires et interprètes, une école de la langue latine, où les édits qui se conservaient dans les archives, presque toujours étaient traduits de l'arménien dans cette langue, alors universellement comprise des Occidentaux. Il y avait aussi des interprètes pour le français, l'italien et l'arabe, ainsi qu'en témoignent les décrets, édits, etc, écrits en ces dernières langues. En 1274, le professeur de langue latine, ou plutôt, comme il est dit, de grammaire latine, était le Magister *Filippus Soldanus, doctor gramatice ;* il demeurait dans le palais. Dans le cours de la même année, on cite un autre italien, nommé *Pierre*, comme maître de grammaire. Quelques années après, en 1318, le pape Jean XXII y envoya quelques Dominicains pour enseigner la langue latine, ainsi que nous l'atteste sa lettre écrite d'Avignon, le 8 juin de cette même année, au roi Ochine[3]. Parmi les secrétaires pour la langue latine à Ayas, on trouve, en 1274, *Guillelmus*, *Canzelerius Domini Regis Armenie*. Le même ou un autre du même nom est encore cité, en 1304, *Guillelmus Drugomanus Curie, Thoma de Tripolis*, dragoman du roi Ochine. L'évêque *Thadée* qui devait appartenir, lui aussi, à l'ordre des Frères-Prêcheurs, est cité également comme secrétaire, en 1331.

Les deux principaux fonctionnaires d'Ayas étaient les deux gouverneurs des forts, appelés dans les vieux documents *Chevitaines* ou *Cevetaines*, en français, et *Capitani* en latin. En 1304, les *Chevitaines* étaient le Baron *Licus* et le baron *Calojan* ; le premier avait le commandement du fort de terre, le second, celui du fort maritime. Celui-ci était appelé *Minaban*, du mot arabe *mina* qui signifie Intendant du port. On choisissait pour occuper cette charge des hommes les plus fidèles et les plus capables, car la prospérité du pays dépendait de leur administration.

La même année, je ne sais pour quelle cause, les Vénitiens vinrent à se brouiller avec les Arméniens et surprirent ceux-ci au dépourvu et à l'improviste. Les matelots des deux galères d'Andrea Sanudo et de Paolo Morosini, assaillirent le fort de terre, le pillèrent et lui prirent tout ce qui s'y trouvait déposé, entre autres, les effets (robes) du précité Bindon Seccamarende, consul de Pise, évalués à 1214 nouvelles monnaies. Les Vénitiens furent contraints, le 5 septembre 1307, par ordre royal, à restituer le tout à la Curie, en présence du duc *Toros* et des deux gouverneurs des forts et d'autres témoins, dont l'un était *Vassil le Tabernarius*. L'acte de restitution fut légalisé par « *Gabriel de Perone*, Notarius pu- » blicus Communis Janue et Domini Regis Ar-

---

1. Dans un édit écrit à Ayas, le 11 février 1279.
2. « In castro ante *portam*, loco ubi Curia tenetur ». Langlois a pris *Portam* pour *Portum*, croyant qu'il s'agissait du port. Dans un autre document, il est écrit : *prope Portam*.
3. Proponimus viros religione claros, devotione gratos, et scientiæ decoræ venustos ; videlicet Fratrem *Raimundum Stephani*, Ordinis Prædicatorum, et quosdam alios suos socios ; qui subjectum tibi populum verbo salutiferæ prædicationis instruant... et *latini sermonis* peritiam, functi præceptoris in officio, gratis atque copiose diffundant. — *Epist.* JOHAN. XXII.

» menie ». Parmi les biens appartenant au Trésor royal et qui avaient été emportés du fort, il y avait des baldaquins de haute valeur, (car on exigea pour les rembourser 18,535 pièces de monnaie), des armes et des armures, pour 1096 pièces, et d'autres objets appartenant à différents personnages [1]. Tout l'acte qui contient la liste des objets à rembourser, fut rédigé en langue italienne, et le roi d'Arménie (Léon III ou Héthoum II) l'envoya aux Vénitiens. Le Reçu est en français ; il porte la date du 30 mai 1307, et la signature du *Grant Signor*, qui paraît être Héthoum II, le tuteur du Roi-Enfant.

Après cela, les Vénitiens demandèrent, dans la même année, de nouvelles faveurs, qui leur furent accordées par la Cour. On dit qu'ils n'avaient pas encore d'église à Sis. Le roi leur promit qu'aussitôt l'arrivée du bailli, il leur désignerait un endroit convenable pour la construire [2]. Ils demandèrent aussi la permission de faire transférer quelque chose de Sis à Ayas. Je crois qu'il s'agissait simplement du transfert d'un procès pendant au tribunal de Sis: *La cosa de Sisa debbia vegnir a Lajaza*. Le roi promit de faire également droit à cette demande, au retour du bailli.

Dix ans auparavant, en 1294, un autre acte de piraterie avait été commis dans les eaux d'Ayas par quatre galères vénitiennes qui avaient dépouillé le navire d'un marchand de Marseille nommé *Pierre Quatrelingue*. Cela avait donné lieu à des longs procès et occasionné bien des écritures [3].

Un événement qui fit encore plus de bruit ce fut le combat qui eut lieu entre les Vénitiens et les Génois, que notre historien Héthoum dit avoir eu lieu le 2 juin 1293: « Douze » galères des Génois assaillirent, devant Ayas, » trente-deux galères et des *taritas* vénitien-» nes. Les Génois prirent (aux Vénitiens) vingt » quatre galères ». Les Vénitiens s'en vengèrent quelques années plus tard, en détruisant le comptoir des Génois.

Quelques années après que le roi Henri de Chypre eût été délivré de captivité, en 1310, alors que la haine des Arméniens n'était pas encore éteinte, un Génois nommé *Emmanuel Marabot*, après avoir commis des vols dans la ville de Paphos, dans l'Ile de Chypre, se réfugia à Ayas. Les Chypriotes le poursuivirent et exigèrent du *Minaban* arménien qu'il le leur rendît. Mais quand ils virent que celui-ci prenait le parti du Génois, ils n'osèrent plus insister, et s'en retournèrent chez eux.

---

2. LA DOUANE D'AYAS.

Il y avait encore à Ayas, le grand bureau du *Proximus* des Arméniens. Ce nom tiré du grec, n'indique pas les mêmes fonctions que celles du Πρόξιμος des Grecs, qui était, lui, l'adjoint ou le *proche* de l'intendant des Archives, ou du Grand Prince. Les *Proximus* des Arméniens correspondaient plutôt aux Πρόξενοι Grecs, intendants du commerce ; ils étaient des fonctionnaires de la grande *Douane royale* de Sissouan. On pourrait les mettre sur la même ligne que les *Consules Mercatorum et Marinariorum* des Italiens, et les *Consuls de Mer* des Français. Le Baron *Ochine* occupait cette charge en 1288; *Toros*, seigneur de Jeoffrégla, en 1307 ; *Ochine Ehannentz*, en 1314: *Pierre Khebdentz* (?), en 1321. Le chef ou le directeur de la Douane à Ayas, qu'on appelait *Capitanus*, était sous les ordres du Proximus. Les plus connus de ces chef, de la douane, sont : *Pagouran et Pierre*, en 1228 ; *Sir Toros Mikaïlentz*, en 1314 ; *Constantz*, en 1321.

Dans les Archives de Montpellier, on conserve deux décrets royaux en arménien, et une signature d'ordres du Proximus ou chef de la douane. Le premier décret, écrit en 1314, pendant qu'Ochine était proximus, est ainsi conçu :

---

1. Par exemple: ceux d'Ochine, frère du roi et seigneur de Gahan, et plus tard roi ; ceux d'Ochine, Vassilentz, de Vassil Kir-Sahaguentz, du prêtre Vassil, de Tros Joachim, de Theros Paitarus, de Grégoire Lazare, de Constance Vassarabam, de la princesse Rita, etc. — Il s'y trouvait aussi un *coopertorium* blanc, un *guarnacium*, une *çupam de çendato carmesi*, et des *messara*, qu'un certain *Guérin Pantaléon* avait donnés à *Toros Janni*, pour 300 pièces de monnaie qu'il lui devait. — Marino Sinioli, devait au baron Ochine, pour le compte des Vénitiens, quarante sept mille et quelques dizaines de pièces de monnaie.

2. Un décret du Sénat de Venise, 12 août 1814, acquiesça à la demande du bailli et offrit une somme d'argent pour la restauration de l'église.

3. On fait encore mention d'une plainte, en 1331, d'un *Tomasino Fontana* de Plaisance, qui avait été volé par les Vénitiens, à Ayas.

« D'*Ochine Ehanentz* proximus. Sache,
» Sir Thoros Michaïlentz, Capitaine de la
» douane d'Ayas ; que lorsque tu auras
» reçu le haut *ordre* écrit par le roi, tu
» auras à te rendre à la douane, à la
» section du pesage, et agiras comme il est
» écrit et ordonné sur l'autre côté (de
» l'ordre ».

Le second est à peu près conçu de même.
Il a été donné en 1321, au commencement
du règne du jeune Léon IV, par le proximus
Pierre, à *Constantz*.

Dans les *brevets* qui contiennent les privilèges royaux, on trouve encore mentionnés les *Quaterni* ou livres de comptes de la douane d'Ayas[1].

Cette douane, appelée *pagedoun*, պագետուն, était renommée à si juste titre, que les Occidentaux qui en avaient entendu parler souvent, adoptèrent non dans la traduction latine des décrets et des privilèges, où l'on trouve en effet *Pasidonium* ou *Pacistonium*. Elle entassait les droits d'entrée continuels des caravanes venues par terre ou par mer, et composées d'un très-grand nombre de voyageurs de l'Occident et de l'Orient, qui allaient de Byzance à Pékin, des golfes de la Mediterranée jusqu'aux Indes. La douane d'Ayas suffisait presqu'à elle seule à maintenir les finances du royaume, souvent accablé par les sultans d'Egypte ; et ce pays tant de fois ruiné, si souvent à deux doigts de sa perte, fut relevé par la persévérance et les sacrifices des seigneurs de cette contrée. Ayas résista jusqu'à la fin, et se débattit de milles manières pour subvenir non seulement aux besoins du royaume, mais, on peut le dire, pour l'intérêt aussi du commerce universel, et particulièrement pour l'intérêt de quelques royaumes de l'occident. Car, sa ruine aurait nécessairement obligé le commerce à se porter sur un autre point et à ouvrir une autre route.

Les noms des principales stations d'une partie du chemin d'Ayas à Tabris, nous ont été conservés par le florentin Pegolotti[2]. Il y en avait trente-quatre pour les caravanes. Cependant, malgré tous nos soins, nous n'avons réussi qu'à préciser les situations de quelques-unes seulement. Ce qui est incontestable, c'est que toutes ces stations se trouvaient dans la Petite et dans la Grande Arménie. Dans le pays de Sissouan, il n'y avait que les deux premières : *Ayas* et *Copitar*. De ce dernier lieu à la septième station, *Salvastro*, (*Sivas*), les cinq noms nous sont inconnus ; nous savons seulement que le chemin suivi montait directement vers le nord jusqu'à Salvastro, et que là il tournait à l'est, vers *Arzinga*, *Arzerone*, et *Polorbeech*, Փոլորպաղչակ ; (Polorabahag, le Pont du berger), puis il allait *Alle tre chiese* (Bagrevant), enfin il passait *sotto l'arca di Noe* (Bayezid) ; et tournant encore vers le sud-est, il allait aboutir à *Tabris*, capitale de l'Azerbedjan.

Les frais de route, pour chaque bête de somme, chameau ou âne, d'Ayas à Tabris, se montaient alors à deux cent neuf *takvorines*, (monnaie arménienne), ou *aspres* de Tabris de la même valeur. Dans le pays de Sissouan, c'est-à-dire d'Ayas à Copitar, on devait payer quarante et un takvorines, 3 ½ *denars* ou *cartèz*, կարտէզ ; (nous verrons bientôt la valeur de ces monnaies) ; le reste du chemin jusqu'à Tabris, coûtait un peu plus de cent francs.

Il y avait une autre route commerciale au sud-est de notre pays, du côté de la Syrie ; elle partait d'Alep ou d'Antioche. Cette route devait passer par les fameuses *Portes de la Syrie et de la Cilicie*, qu'on appelait *Portella*, sous la dynastie de nos rois arméniens, comme nous le verrons plus loin. Il y avait, de ce côté aussi, une douane près du fort de *Sarvantikar*, par où devaient passer les caravanes qui se rendaient à Ayas, ou qui devaient passer par Missis[3] et l'autre Porte non moins fameuse du fort de Gouglag, pour entrer dans le territoire du Sultan d'Iconium et se rendre vers le Pont-Euxin ou à Constantinople. A leur retour, les caravanes de Tabris rapportaient des marchandises de la Perse et des Indes, et de la lointaine Chine. En même temps, les navires européens déchargeaient leurs cargaisons dans les magasins ou sur les quais d'Ayas, ou

---

1. « Extrahere fecimus de dictis nostris *Quaternis* de » l'Ayacio », écrit Léon IV au doge de Venise, à propos du compte du coton que les Vénitiens avaient acheté aux Egyptiens, moyennant la somme de 24,107 takvorines, mais ceux qui le leur avaient livré, en avaient exigé 27,000, et Léon les leur avait payés.

2. BALDUCCI PEGOLOTTI, *Pratica della Mercatura*, Ch. VI.

3. Le géographe Edrizi, cite les stations des caravanes entre Alep et Ayas ; les voici : Hazarte (Azaze), Curis, le passage d'Amanus par le défilé de Sarouantikar, Missis, d'où l'on se rendait à Adana et à Tarse.

les transportaient dans d'autres pays, après avoir enrichi la douane de la ville.

Les taxes prélevées sur le trafic des marchandises et les achats faits sur la place d'Ayas, faisaient entrer dans le trésor royal une grande somme d'argent et d'or. Ces *taxes*[1] n'étaient pas énormes, elles étaient réglées d'après la qualité des marchandises. On n'exigeait que 2 ou 4 pour cent, à l'entrée et à la sortie des marchandises vendues, selon leur qualité. A cause de leur fréquentation continuelle, les Vénitiens, les Génois et les Florentins étaient presque exemptés de taxes; des traités leur avaient accordé cette faveur. C'est pour cela aussi que tant de lettres furent échangées; le temps m'en a épargné une trentaine en différentes langues[2]. Malgré ces concessions, les revenus royaux ne diminuaient pas, ils augmentaient plutôt; car les marchands chrétiens abandonnaient l'Egypte où les taxes étaient très considérables, et se rendaient volontiers à Ayas.

Les marchandises orientales qui payaient de plus grand droits et qui enrichissaient le pays, étaient à peu près les mêmes que celles que l'Orient envoie encore de nos jours à l'Occident. C'étaient diverses espèces d'épiceries, mais surtout du *sucre*, du *brésil*, du *gingembre* et du *gros poivre*[3]. Quelques économistes modernes voudraient faire reprendre au commerce son ancienne route, et amener les grandes caravanes des Indes, à ce Golfe arménien de la Méditerranée, en face de l'Ayas abandonnée, à Alexandrette, ou à une autre station voisine.

Le pays de Sissouan et son port d'Ayas se trouvant par leur situation, comme un point central entre l'orient et l'occident, il nous importe de savoir quels étaient les produits que le pays pouvait offrir lui-même aux étrangers. Les principaux étaient : la *laine*, le *poil* de *chèvre*, duquel on se servait pour tisser les *cambellotto* ou *zambelotti;* (il paraît qu'on exportait aussi le *poil* de *chameau* dont on fabriquait le *cilice);* de la *flanelle*, du *coton*[4], et du *lin*[5], des *boucrans* ou *bouquerans*[6], des *métaux:* tels que du *fer* et du *cuivre;* de l'*alun;* des *bêtes de somme;* des *chevaux*, des *mulets*, des *ânes;* des *bêtes de boucherie;* mais surtout des *fourrures*, que la Grande Arménie fournissait en abondance, ainsi que des *peaux* de *buffle*[7] et d'autres animaux et des *cornes* de buffle ; des céréales et des conserves alimentaires ; du *blé*, du *raisin sec*, du *vin* et du *moût*, de la *volaille* et des *œufs;* du *bois brut*, des *fourrages*, des *cordages*, de la *soie*, du *sel*, et après tout cela, des *esclaves*. Ce commerce abominable était alors un des plus florissants. Un sacristain Génois vendit une musulmane nommée *Fatma* pour 400 pièces de monnaie arménienne. Dans la même année, un autre occidental vendit un musulman, qui

---

1. Un peu plus loin, on trouvera la liste et l'énumération de ces taxes, d'après le décret de Léon II.
2. Ces lettres qui ont été recueillies par V. Langlois et imprimées à l'Imprimerie de notre monastère sous ce titre: *Trésor des Chartes de l'Arménie* ou *Cartulaire de la Chancellerie royale des Roupiniens*, vont de 1201 à 1341. Toutes se répètent à peu de chose près. Elles sont écrites sur le ton d'un édit de privilège de Léon Ier aux Vénitiens et aux Génois, l'an 1201. Léon a pris pour modèle les libelles des privilèges accordés par les rois de Jérusalem, de 1111 à 1123, aux mêmes trafiquants à Ptolémaïs.
3. Dans les documents conservés aux archives de Venise, il est souvent parlé de ventes et d'achats de *poivre* à Ayas. Ainsi, l'an 1330, un certain *Rubeo* en avait emporté 300 livres. Ce qui donne à supposer, ou que les Arméniens l'apportaient des Indes, ou que ce fut un monopole. Quant au *brésil*, il est dit qu'en 1279, à Ayas, il en fut vendu par les Génois 510 rottoli, pour près de 2850 besants arméniens.
4. Une recette des archives de Gênes, écrite à Ayas, le 14 novembre, 1278, fait voir qu'un sensal du nom de *Vassil*, acheta au génois *Emmanuel Lercari* des tissus *(draperia)* de coton, pour 313 besants sarrasins arméniens, pour les revendre à Tarse, en l'échangeant contre 200 rottoli de *laine*, avant la fête de Noël. Quelques années auparavant, en 1274, le Sénat de Venise avait décrété que son bailli à Ayas, d'accord avec ses conseillers, y achèterait de la laine. Dans les archives de Venise, on trouve, qu'en 1263, une société de marchands vénitiens acheta à Ayas de la laine, du *cambelotto*, et du *poivre*. Un autre document dit qu'en 1298, le rottolo de laine d'Alep coûtait à Ayas 13 pièces de nouvelle monnaie, et que 26 rottoli formaient une *balle*. En 1344, un nommé *Zambon*, de Mantoue, qui faisait le trafic en Arménie et à Chypre depuis vingt ans, avait importé à Venise quatre mille balles de laine. Marino Sanudo lui-même affirme (Liv. Ier, c. V, 3), que les Arméniens retiraient de grands bénéfices de la vente du coton que l'on récoltait en grande abondance dans leur pays.
5. En 1316, des marchands de Barcelone achetèrent en Arménie un ballot de *lin* qu'ils portèrent à Venise.
6. On suppose que ce nom vient de Boukara, grande contrée de l'Asie Orientale.
7. L'an 1332, *Jean Dandolo* avait emporté en cachette d'Ayas à Venise, 85 balles de *peaux*. On ne voulut pas lui en tenir rancune. Soixante ans auparavant, un autre vénitien avait acheté à Ayas 24 peaux de buffle, pour 860 pièces de monnaie nouvelle; le prix ordinaire de chaque peau était d'environ 36 monnaies.

avait été baptisé et avait reçu le nom de *Guirardin*, pour 200 pièces de la même monnaie[1].

Des occidentaux, Ayas recevait de la soie ouvrée, des cambelotti, des étoffes de laine, des tissus d'or[2], du sucre, de l'encens, du savon, de l'huile, du vin, des étoffes, du cuivre, de l'étain, de l'or, de l'argent, de l'indigo, du mercure, des coraux, des épices, des joujoux, des bois de charpente[3], des agrès de navire, des rames[4], des ancres et même des vaisseaux, que les Arméniens achetaient aux Vénitiens[5]. Les occidentaux apportaient probablement aussi des armes, car il est rapporté, dans les Archives de Venise qu'en 1330, le gouverneur du fort d'Ayas, demanda au noble Marco Bembo, qui avait chargé de blé sa *tarita* et s'en retournait, 40 cuirasses, *(coratia)*, 18 *balistes* et 20 flèches (*panesios*). Ce dernier n'osa pas les lui refuser, parce qu'il eut peur qu'autrement le gouverneur ne lui prît de force et les armes, et le blé qu'il avait chargé[6].

Autant que les économistes, nous serions désireux de savoir quels étaient à cette époque, les prix des diverses marchandises que nous venons de citer, comme de celles dont nous n'avons pas parlé; nous pourrions alors le comparer avec celui de nos jours. Or, il est fort difficile de les apprécier exactement; car la quantité de ces marchandises, aussi bien que le prix de vente, souvent n'est pas indiqué et nous ne pouvons guère en déduire la valeur moyenne. Voici pourtant ce que nous avons trouvé dans la liste des objets de trafic, qu'en 1306, Léon III et Héthoum II, envoyèrent à Venise pour réclamer le prix des objets que les Vénitiens avaient pris lors du pillage de la forteresse de terre d'Ayas. Nous avons relevé aussi les différents prix notés dans les comptes des marchands, et ceux que nous avons découverts dans les pièces d'Archives. Ces prix sont indiqués en monnaies arméniennes par *besants sarrasins*, par pièces de *monnaie nouvelle* et par *takvorines*. Nous indiquerons plus loin la valeur de ces monnaies, comparées avec le *franc* moderne.

Valeur et prix des objets de trafic à Ayas et dans le pays de Sissouan, pendant les années 1274-1330.

ANNÉE	EFFETS	VALEURS
1279	Un rottolo[7] de gingembre de l'espèce de *Bélédi*	26 mon. nouv.
1307	Poivre, 10 quintaux[8]	1799 » »
1307	Brésil, 510 rottolis et 7 onces.	2830 1/2 bes. sar.
1279	Coton, un rottolo	9 mon. nouv.
1298	Idem[9]	13 » »
»	Samitti, une pièce	800 » »
1279	Etoffe bleue, verte, noire, etc., 32 pièces[10]	1395 7/8 bes. sar.
1279	Etoffe *terlixiani*[11], 3 pièces	500 mon. nouv.
1307	Etoffe, 30 aunes	90 » »
»	» 9 coudées	36 » »
»	Trois habits de *Fraxeti*	45 » »
»	2 habits de Bouqueran	40 » »
»	12 aunes d'étoffe chamarrée	24 » »
»	Soutane (sclavina) de prêtre	16 » »
»	Gilet de femme	15 » »
»	» coton	12 » »
»	» Chypre	20 » »
»	Chemise de coton	8 » »
»	» lin	25 » »

---

1. Léon l'Africain cite dans sa Chronique (VIII) pour les temps de Saladin : « Gli schiavi di Circassia, che allora li re d'Armenia usavan di pigliar » et mandar a vendere nel Cairo ».

2. Pendant les années 1297 et 1298, le roi Sempad acheta par l'entremise de son ambassadeur Emmanuel, au vénitien Lo-Tataro, neuf pièces de *Samitti* pour 7300 pièces de nouvelle monnaie, pour les offrir au sultan d'Egypte. (ARCHIVES DE VENISE. Libri Gratiarum, Vol. III, 51).

3. Dans les Archives de Venise, on trouve maint document parlant du bois de charpente qu'on envoyait tout façonné à Ayas, pour les réparations de la maison du bailli de la république.

4. L'an 1314, l'ambassadeur du roi Ochine à Venise, emporta cinq cent soixante rames, sans payer aucune taxe. Ceci lui avait été accordé par faveur du Sénat.

5. En 1284, Léon acheta au bailli une *tarita* pour 600 besants. En 1333, l'on donna ou l'on vendit à Léon IV, un vieux navire de l'Arsenal de Venise; ainsi qu'en font mention les décrets : « Concedatur et detur Domino Regi Hermenie unum *lignum* » vetus de nostris Arsenatus, de Banchis XX, condu- » condum ad partes Hermenie, cum cordis necessariis » pro illo : pretio quo fuerit estimatum. Et hoc consu- » lunt Patroni arsenatus ». - *Libri Gratiarum*, VII, 100.

6. Les consuls de mer de la République, considérant ce fait comme une action criminelle, infligèrent une amende au propriétaire du navire; mais le gouvernement ne le poursuivit pas d'avantage.

7. A propos de cette mesure, il est dit quelque part, que 40 rottoli de gingembre se contenaient dans un seul cabas.

8. 10 quintaux de ce temps équivalent à 338 kilogrammes.

9. En tout, il avait acheté 486 rottoli, pour 6323 1/2 pièces de monnaie nouvelle.

10. La pièce était longue de dix aunes et large d'une palme de canne.

11. Peut-être terbisiani, c'est-à-dire de Tébris ou Tauris.

1307 Chemise fine	30 mon. nouv.	
» Tunique ou surtout	50 » »	
» Manteau de femme	50 » »	
» Habit de prêtre	15 » »	
» Habit d'enfant, brodé	20 » »	
» Gilet d'enfant en soie	6 » »	
» » » de cendalo	20 » »	
» Linteamina (drap de lit ou quelque chose de semblable	8. 10 et 15 »	
» Couverture de Chypre	40 » »	
» Serviette	1 » »	
» Cerveleria, (calotte)	8 » »	
» Habit Ciambellatus	50 » »	
» Robe chamarrée	25 » »	
» » ordinaire	16 » »	
» Une paire de chaussures	10 » »	
» Une bourse en soie et fil d'or	30 » »	
» Une valise	8 » »	
» Un sac en coton	1 1/2 et 2 »	
» Un matelas	8 » »	
» Taies d'oreilles	2. 8. 10. 15 »	
» Tapis	10. 16. »	
1279 24 peaux de buffle	860 » »	
1307 Un vase en cuivre	10 » »	
» 1 chaudron	10 » »	
» 1 casserole	10 » »	
» 1 capellus (vase à eau)	14 » »	
» Un vase en or	200 » »	
» Une Croix en argent	20 » »	
» Une cuillère »	6 » »	
» Une fourchette »	3 » »	
» Une bague en or	20. 25 » »	
» » » argent	4 » »	
» Collier en or	20 » »	
» » » argent	10. 6 » »	
» Casque de fer	20 » »	
» Une caisse de fers à cheval	30 » »	
» Un boutoir de maréchal-ferrant pour tailler le sabot du cheval	2 » »	
» Un marteau de maréchal-ferrant	2 » »	
» 1700 clous	22 » »	
» Bougie, 2 onces	2 » »	
» Jambon, 1 pièce	3 » »	
1274 Bois de (chêne) Robor, 25 perches	442 » »	
» 260 poutres	650 » »	
1307 Une cotte de mailles de fer	30 » »	
» Corselet	40 » »	
» Baliste a pectora	100 » »	
» Baliste de corne	25 » »	
» Arc et carquois	15 » »	
» Epée (spata)	10 » »	
» Poignard	20 » »	
» Hache d'arme (manere)	2 » »	
» Massue (maza)	3 » »	
» Lances, (Piloni) 4000	461 » »	
» Bannière	15 » »	
1284 Tarita (navire de charge) achetée par Léon II	600 besants	
1279 Vaisseau de l'archevêque de Tarse	221 bes. sar.	
» Quart d'un navire	50 bes.	
1274 Un tiers d'une Gamella	460 mon. nouv.	
» Les 4e et 8e d'un navire	428 bes.	
1279 Fret (d'un navire) pour un quintal	8 »	
1274 Fret (d'un navire) pour 470 perches de bois	235 bes. égyp.	
1335-1340 Louage d'une bête de somme d'Ayas à Copitar	41 1/2 takv.	
» Louage d'une bête de somme d'Ayas à Tauris	209 »	
1332 Salaire à l'Avak, chef de Caravane [1], pour chaque charge	1 denier (0.50 centimes)	
1310 Maison achetée à Ayas (par le bailli)	700 bes.	
1312 Autre maison	1500 ou 1700 m.	
1307 Location d'un magasin à Ayas [2]	30. 60. 77 1/2 m.	
1274 Deux ans de salaire d'un esclave baptisé [3]	50 n. m et 25 bes.	
1327 Huile 60 vases	87 l. g. 10,400 fr.	
1279 Dot d'Alice	250 bes	
1252 Dot de Fimie, fille de Héthoum Ier	100,000 bes. arm.	
1215 Part de la dot de Rita, fille de Léon Ier	30,000 bes. d'or.	
1098 Dot d'Arta, fille de Thoros Ier	60,000 »	
1279 Sépultures des Génois à Ayas	20 m. n.	
1310 Frais du bailli vénitien pour demander au roi un nouveau privilège	300 bes.	
1314 Cadeau du Doge de Venise au roi d'Arménie	12 l. gr. 1440 fr. [4]	
1316 Cadeau à l'ambassadeur du roi à Venise	4 » » 480 »	
1329 » » » »	2 » » 240 »
1316 Cadeau au roi Ochine à l'occasion de son mariage	30 » » 3600 »	

Il est donc bien évident que non seulement il y avait des marchands étrangers qui passaient par Ayas mais qu'il y en avait aussi un grand nombre qui s'y étaient établis, et surtout des Italiens; parmi ceux-ci la plus grande partie étaient des Vénitiens et des Génois, et il y en avait même qui étaient devenus *bourgeois* de Sis. Il se trouvait aussi des artisans et des manufacturiers, parmi lesquels, en première ligne, des *Cambellotti*, des *Tabernarini*, des *Charpentiers (magister asie)*, des *serruriers*; un de ces derniers, d'après ce qu'il est dit, habita à Ayas pendant 25 ans; des tisserands, des tanneurs, *(pelliparii)*, des calfats, *(calafatti)*,

---

1. Il s'appelait *Khalamatchi*, selon les Tartares; ce mot signifie *interprète*. Il paraît qu'il conduisait sa caravane de Trébizonde à Tabris.
2. La durée de cette location n'est pas indiquée, mais elle ne devait être que d'une année.
3. Sa nourriture payée.
4. C'est-à-dire Libra grossorum, qui valait à peu près 120 fr.

des *monnayeurs* royaux, des *tailleurs*, parmi ceux-ci il est fait mention, en 1274, de *Manchetta* et *Obertino*, fils de *Pietro Calafatto* ; des rouliers ou charretiers, *(curlus)*, et des *marins*.

La principale industrie des indigènes et des étrangers était celle des *cambelotti*, dont nous avons déjà parlé, et des *samitti*, tissus de soie et d'or. Le roi Sempad, en 1298, acheta des pièces de ce tissus pour en faire présent au Sultan ; son frère, le roi Ochine, en 1310, envoya au Doge de Venise des draps d'or, *(ad aurum)*, et de soie, *(setae)*, de la valeur de 20 livres de grosses. C'est à cette dernière sorte, sans doute, que devaient appartenir les pièces d'étoffe que, le roi Constantin II, envoya au pape en 1346 et que son ambassadeur cacha au fond du navire en passant par Venise. Le gouvernement de cette ville fut informé de cette fraude, toutefois il n'en fit pas payer la taxe [1].

De tout ce que nous venons de dire, on peut présumer qu'à Ayas on ne parlait pas seulement plusieurs langues, mais qu'à cause de la diversité des peuples qui y vivaient, il dut s'y contracter des liens de famille entre les Arméniens et les occidentaux et que ceux-ci et ceux-là demeuraient souvent, dans les mêmes maisons. Plus haut nous avons déjà parlé de la Dame *Franque*, ainsi que d'*Alice*, femme de *Jannino de Domo*, génois, mort en 1279, dans les premiers jours d'avril. Alice, le 9 de ce même mois, avait requis un procureur arménien pour se faire délivrer sa dot de 250 besants arméniens, ce qui fait croire que sa lettre était écrite en arménien. Nous trouvons encore un nom qui paraît aussi arménien, *Astexana*, porté par l'épouse d'un certain *Guillaume Lavorabene* [2].

Nous voudrions savoir si, en échange de tous les navires qui affluaient d'Europe à Ayas,

---

[1]. « *Certe pecce Cembeletorum* et *Pannorum ad aurum*, quas portat (ambaxator) ad Dominum Papam, ex parte dicti regis ». — LIBRI GRAT. XI.

[2]. Je crois que nos lecteurs nous sauront gré de connaître les alliances conclues par le mariage entre les familles nobles arméniennes de Sissouan et celles des gentilshommes étrangers, surtout avec celles des Français. Nous allons en donner une liste qui fera juger de la grande quantité des unions qui durent aussi avoir lieu entre les bourgeois et le bas peuple :

Maris arméniens : Femmes françaises ou étrangères :

Baron Léon Ier. = Ire femme : Marie, fille d'Isaac Comnène.
   2e femme : N... N... fille de Baudouin, Comte d'Edesse.
Roupin II. = Isabelle, fille de Humfery, seigneur de Karak.
Léon Ier, roi. = Zabel l'Antiochéenne.
   2e femme : Sibile, fille d'Amauri, roi de Chypre.
Licus, frère de Héthoum Ier. = Agathe, fille de ....
Thoros, le roi. = Marguerite, fille de Hugue, roi de Chypre.
Sempad, le roi. = Isabelle, fille de Guy d'Ibelin, nièce de Marie fille de Héthoum Ier.
Ochine, le roi. = 2[e] femme : Jeanne, fille de Philippe de Tarente, nommé empereur de Constantinople.
Léon III. = Agnès ou Marie, fille d'Amauri, seigneur de Tyr, et de Zabel fille de Léon II.
Léon IV. = Eléonora ou Corstanzia, fille de Frédéric, roi de Sicile.
Héthoum, seigneur de Corycus, l'historien = Isabelle, fille de Guy d'Ibelin et de Marie sœur de Héthoum Ier.
Héthoum, le Maréchal. = Fimie, fille de Balian, seigneur de Sidon, et nièce de Fimie fille de Héthoum Ier.

Femmes Arméniennes mariées à des étrangers.

Arta, fille de Thoros Ier. = Baudouin Ier, roi de Jérusalem.
N... N... fille de Léon le Baron. = Josselin Ier, Comte d'Edesse.
Talitha, fille de Stephané. = Bertrand, seigneur de Jiblé.
Philippine, fille de Roupin II. = Théodore Lascaris, empereur de Nicée.
Alice, fille du même Roupin II. = Raymond, prince héritier d'Antioche.
Rita, fille de Léon Ier. = Jean de Brien, roi de Jérusalem.
Zabel, fille du même Léon Ier. = Philippe, prince héritier d'Antioche.
Stephania (Emilia), sœur de Héthoum Ier. = Jean d'Ibelin, seigneur de Jaffa.
Sibile, fille de Héthoum Ier. = Bohémond VI, prince d'Antioche.
Marie, fille de Héthoum Ier. = Guy d'Ibelin, sénéchal de Chypre.
Fimie, fille du même Héthoum Ier. = Julien, seigneur de Sidon.
Zabloun, fille de Léon II. = Amaury, frère du roi Henri II, seigneur de Tyr.
Rita, fille du même Léon II. = Michel Antronicus, empereur de Constantinople.
Tephano-Théodora, fille de Léon II. = Fiancée à Ange Comnène.
Alice, fille de Héthoum de Lambroun. = Philippe d'Ibelin, sénéchal de Chypre.
Zabel, fille d'Ochine, seigneur de Sarouantikar. = Thoros, fils de Guy d'Ibelin et de Marie fille de Héthoum Ier.
Zabel, fille d'Ochine le Maréchal. = Balian d'Ibelin.
Rémie, sœur de Constance II. = Bohémond, seigneur de Corycus, fils de Jean de Lusignan.

celle-ci n'envoyait-elle pas à son tour des vaisseaux arméniens, arborant leur pavillon national, sur tous les points de la Méditerranée, du Pont-Euxin et de la vaste mer des Indes ; ou si, à l'exemple des étrangers qui s'étaient fixés à Ayas, à Sis et à Missis, les Arméniens à leur tour n'allaient, eux aussi, s'établir dans des ports étrangers, principalement dans ceux du double littoral de la belle Italie ?

Cela est très probable ; car, à partir du XIIIe siècle, lorsqu'Ayas commençait à peine à se développer, jusqu'au milieu du XIVe siècle, nous retrouvons leurs traces et les restes de leurs hospices et de leurs églises arméniennes, non seulement sur les côtes mais dans les villes du centre de l'Italie. Et comme ces édifices ont été, pour la plupart, élevés par suite de l'activité et de la richesse d'Ayas, je n'hésite pas à dire, que ces colonies arméniennes se sont formées dans un but de transactions commerciales. La résidence d'Arméniens, les passages continuels et les retours fréquents dans ces parages, ont peut-être aussi eu pour cause les liens de parenté qu'ils avaient contractés avec des familles du pays, et c'est pour cela qu'ils durent construire des églises et des demeures à côté de celles des Italiens. Leurs maisons se nommaient *Maisons-arméniennes*, հայ-տունն, ou *maisons-spirituelles*, հոգե-տունն [1], c'est-à-dire Hospices

Mais avec tout cela, nous ne pouvons pas

---

1. Dans un autre ouvrage, nous avons publié les noms des villes d'Italie, où l'on cite des maisons, des hospices et des églises arméniennes pendant le XIIIe et XIVe siècles, c'est-à-dire pendant la royauté de la dynastie des Roupiniens. Nous citerons ici les noms des villes où se trouvaient ces églises du rite arménien, avec les dates de leur fondation autant que nous avons trouvé inscrites.

Rome (*a*)	1240, S.te Marie et S. Grégoire.	Osano	1496, S. Basile, Notre-Dame du Carmel.
»	» Hospice à S. Paul.	Ferrare	1304-1442, S.te Anne.
Florence	1250-1491, S. Basile.	Gênes	1307, S. Barthélemy.
Rimini	1254, S. Jean et S. Mathieu.	Padoue	1308, Notre Dame de Nazareth.
Ancone	1246, Saint-Esprit (*b*), plus tard S.te Anastasie.	Fasioli (Manfredonia (*c*)	1312, N. N.
		Gubbio	1318, S. Ange, S. Anne.
Sienne	1270, Notre Dame, S. Simion et S. Thadée.	Lucque	1319, S. Paul.
		Fabriano	1319, Saint-Esprit, (hospice)
Pérouse	1271, S. Mathieu et S. Barnabé.	Parme	1319, S. Basile.
Salerne	1283, S. Jean-Baptiste (et Saint Côme).	Pise	1320, S. Antoine.
		Milan	13..., S. Côme et S. Damien.
Orvieto	1288, . . N. N.	Naples	1328, Saint-Esprit.
Viterbe	1290, SS. Simon et Jude.	Pistoja	1340, S. Basile et S. Onophre.
Bologne	1308, Notre Dame, S. Jean-Bap. Saint-Esprit.	Venise (*d*)	1348, S. Jean-Baptiste.
			1434, S.te Croix.
		Faenza	1372, S. Thomas (S.te Marthe).
		. . . .	...., S. Etienne (*e*).
		Civita-Vecchia	...., Saint-Esprit.
		Forli	...., S.te Anne ou S. Benoît.
		Imola	...., ? . . .
		Pesaro ou Pescara (*f*)	...., . . . ? . . .

a). La fameuse église de Sainte Marie l'Egyptienne, fut accordée aux Arméniens l'an 1565. De nos jours, en 1832, elle fut échangée avec celle de Saint-Blaise. Dans l'ancien temps, c'est-à-dire au XIIIe siècle, les Arméniens avaient deux églises, l'une près du Vatican ou à Saint-Pierre ; l'autre, hors de Rome, à Saint-Paul.

b). A l'étranger, les Hospices arméniens se nommaient հոգետուն (maison d'âme, c'est-à-dire maison de charité), aussi leurs chapelles n'avaient d'autres titulaires que le Saint-Esprit. հոգի (hoki) en arménien signifie tant l'âme que le Saint-Esprit.

c). Elle avait été bâtie par *Samuel* le Docteur, mais elle fut bientôt fermée et même détruite, par ceux qui trouvaient la doctrine de Samuel suspecte d'hérésie. J'ignore ce qui advint après l'enquête faite au sujet de sa doctrine, qui fut justifiée.

d). Dès l'an 1253, il avait été accordé aux Arméniens une maison à Venise, et, comme ils faisaient un grand commerce avec la République, ils devaient s'y être établis longtemps auparavant et y avoir bâti une église. Nous n'avons pas pu retrouver les traces de l'église de Saint Jean-Baptiste, et nous ignorons absolument dans quel quartier de la ville elle se trouvait.

e). On ne peut douter que cette église soit l'une des plus anciennes ; la preuve nous en est fournie par l'antiquité d'un livre qui y fut copié et dont on a effacé le nom de la ville et la date. Ce livre donne pourtant comme prélat de cette église, le docteur *Sukias*, qu'on pourrait prendre pour un évêque.

f). Il y avait des couvents sous le nom de Pères Arméniens, à Pavie et à Ponte-Corona, mais d'institution italienne et habités par des élèves italiens d'anciens moines arméniens. Ces couvents et deux autres, à Milan et à Gênes, furent supprimés par ordre du pape, en 1650.

La plus belle des églises arméniennes en Italie est celle de Livourne, *Saint Grégoire l'Illuminateur*. Elle fut érigée au commencement du XVIIIe siècle. L'église de la *Sainte-Croix*, à Cava, près de Salerno, ne paraît pas très ancienne. Elle fut formée dans le premier quart affirmer absolument que les Arméniens aient passé les mers avec leurs propres vaisseaux. La puissance maritime de Sissouan, soit pour le commerce, soit pour la guerre, reste encore pour nous un point obscur. On doit admettre cependant que le commerce et le gouvernement de Sissouan ont dû posséder chacun leur marine. Quelques mémoriaux dont nous avons parlé dans ce livre, nous l'attestent. Nous avons, du reste, cité les batailles navales de nos compatriotes, et les achats de vaisseaux et de rames aux Vénitiens; nous avons aussi cité les célèbres voyageurs vénitiens, les *Poli*, qui s'étaient embarqués sur un vaisseau royal arménien pour se rendre à Ptolémaïs. Nous ajouterons à ceci, l'anecdote du bienheureux *Oderico da Pordenone* qui, en 1321 ou 1322, côtoyant les Indes, après avoir recueilli près de la ville de Dana (Bombay) les reliques de quatre religieux de son ordre, qui y avaient été martyrisés, vit le vent tomber tout à coup. Les païens et les sarrasins supplièrent leurs dieux et le prophète de leur envoyer le vent favorable, mais ils ne l'obtinrent pas. Le capitaine du navire qui était arménien, dit, dans sa langue, à Oderico, (car Oderico connaissait la langue arménienne, ayant fait un long séjour en Arménie), et à son compagnon de voyage, de prier Dieu de leur envoyer le vent qui devait pousser les voiles, ou sinon il jetterait à la mer les reliques des saints martyrs. Oderico pria longtemps le Seigneur, puis, ayant jeté aux flots une partie de ces reliques, il fut exaucé. La brise enfla les voiles du navire qui arriva à sa destination à Polumbo ou Columbo [1].

Léon le Grand qui s'était emparé des côtes d'Attalia jusqu'à Rhosus, ne pouvait protéger toute cette longue étendue de littoral ni maintenir le pays en paix sans une force navale. Nous savons même qu'une fois, il fut forcé de combattre les pirates et de leur donner la chasse en mer. Il me semble impossible qu'il n'ait pas songé à établir dans son royaume le trafic par la navigation, lui qui favorisa si généreusement le commerce maritime des autres peuples qui affluaient dans les ports de ses états. Il faudrait donc rapporter à Léon les paroles de l'homme vénérable qui avait tant de déférence pour lui, du grand Catholicos Grégoire IV. Cet éloquent pontife, dans une lettre de reproches à Toutéordi [2] qui se plaignait de son siècle, comme s'il était le soir et la fin des temps, alors que Léon par ses travaux en faisait comme une magnifique journée : « Abandonnerons-nous donc, lui écri- » vait-il, l'impulsion de la navigation ? ».

Mekhitar Koche [3], qui ne connaissait pas le génie de Léon, car il écrivait en 1184, avant que celui-ci montât sur le trône, mais qui ne désespérait pas de la puissance maritime future de sa nation, dictait des lois et recommandait d'agir avec charité dans les cas de naufrages ou d'échouages de vaisseaux : « Car, disait-il, » les Romains manquent souvent dans ces cir- » constances ; pourvu que nos nationaux aient » la chance *de dominer sur la mer!* ».

Contemporain de ces deux illustres écrivains et de beaucoup supérieur, Nersès de Lambroun, dans ses commentaires sur les Prières de St Grégoire de Nareg [4], au passage où il fait la description d'un naufrage, (à la prière XXV), décrit les différentes parties composant un vaisseau, qui se trouvait dans le port de Tarse [5].

J'espère qu'on ne me reprochera pas d'a-

---

de notre siècle, en même temps que l'église *Saint Jean-Baptiste* à Amsterdam ; elle avait été fondée, paraît-il, vers le commencement du XVIII° siècle.

1. Poscia fue comandato a me et al compagno, che noi facessimo oracione a Dio, ciò che noi avessimo vento : e che se noi lo potessimo avere, che ci farebero grande onore : et acciò ch'altri non potesse questo intendere, *quello che regeva la nave, favelò a modo d'Armenia*, dicendo : Se 'l vento non si può avere, noi gittaremo l'ossa in mare, etc. — Dans l'original latin la chose est dite ainsi : Et ne alij hoc audirent, dum nobis dixit *rector ille navis armenice*: Si ventus haberi non poterit, ossa hæc proiiciemus in mari. — VIAGGI DEL BEATO ODORICO DA PORDENONE, Cap. XXIV.

2. C'est-à-dire *fils de Touté* (Smunt), prince arménien, dans la Grande Arménie. Grégoire Toutéordi était un docteur célèbre, mais en même temps défenseur obstiné de ses croyances contraires aux églises grecque et romaine.

3. Célèbre et savant écrivain, auteur d'un livre de droit sur « Les lois et les coutumes arméniennes », contemporain et compatriote de Toutéordi.

4. Orateur et poète très distingué, vers le commencement du XI° siècle, et fils d'un digne et savant évêque (Khosrov) ; son surnom vient du lieu de sa demeure, le couvent de Nareg, bâti aux bords du lac de Van, dans la Grande Arménie. Son ouvrage le plus renommé, et qui est encore lu, se compose de presqu'une centaine de prières élégiaques, commentées par son admirateur et en même temps imitateur, S. Nersès de Lambroun.

5. Le même auteur, dans ses commentaires de la prière XXXII, dit : « Le mât est cette longue pièce » de bois qui sert à porter les voiles ». Un autre auteur donne une plus longue description : « Ceux qui

Comparaison des Poids, Mesures et Monnaies d'Ayas.

D'après ce que nous venons de dire jusqu'à présent, on a pu se faire une idée de l'importance qu'eut Ayas pour le commerce depuis le milieu du XIII° siècle jusqu'au milieu du XIV°. Mais pour rendre plus palpable cette assertion, je crois à propos de rappeler ici tout ce que Balducci Pegolotti, le procureur des Compagnies de trafic de Florence, écrit dans son traité de commerce, au chap. XI, qui traite des années 1336 à 1340, lorsque le commerce d'Ayas, par terre et par mer, commençait à s'affaiblir, à cause des invasions incessantes des Egyptiens. Nous allons en donner le texte italien comme un précieux document et souvenir d'Ayas, précieux surtout pour l'étude de comparaison et de vérification des mesures et des poids des diverses villes avec lesquelles les Arméniens étaient en relations commerciales. Ensuite, je dresserai la liste des poids et des mesures d'Ayas, comparés avec ceux du système décimal actuel.

» construisent le navire, le font avec un bois léger et
» sec, et y mettent les poutres et l'*armion*, qui est rem-
» pli par le vent. Lorsqu'on veut arrêter le navire, on
» jette de tous les côtés des ancres de fer, et l'on s'y
» cramponne. Lorsqu'on veut aborder un port et qu'on
» ne le peut pas, on jette l'ancre du côté de la terre
» et l'on s'y attache bien, et derrière le vaisseau on
» tire à soi la corde de l'ancre, ainsi l'on s'appro-
» che avec le navire au bord de la terre... Ceux qui
» veulent choisir un vaisseau, pour savoir s'il est
» solide et sûr, regardent avant tout l'*armion* qui est
» au milieu du navire ; si celui-ci est résistant et fort,
» et s'il n'a aucune fêlure et s'il n'est pas cassé....
» car tout l'équipement et le cordage des navires dé-
» pendent de cette longue pièce de bois.... Les soldats
» qui craignent les pirates, construisent une tour car-
» rée derrière le vaisseau et le timonnier s'y place as-
» sis. car s'il se met devant, il ne peut plus diriger le
» navire. et les deux ailes du vaisseau sont dans ses
» mains, la droite et la gauche ; si l'un des deux cô-
» tés penche, il tire de l'autre côté et lâche celui-là,
» et dirige le navire de cette façon ».

ERMENIA

Ermenia *per se medesimo, cioè in Lajazzo d'Ermenia, ove si fa il forzo della mercatanzia, perchè ene alla marina, ed ivi dimorano del continovo i resedenti mercatanti.*

Pepe, e Gengiovo, e zucchero, e cannella, e incenso, e verzino, e lacca, e cotone, e tutte spezierie grosse, e ferro, e rame, e stagno, tutte si vendono in Ermenia a *Ruotoli* d'Occhia 15 per uno ruotolo, e di ruotoli 33 per uno Catars d'Erminia.

Sete, e tutte spezie sottile vi si vendono a occhia 12 per uno ruotolo, e chiamasi *Occhia della piazza*.

Oro si vende a Pesi, che gli 50 pesi fanno 1 Mars d'Erminia.

Argento si vende a mars, ch'è 50 pesi.

Pelle si vendono a peso del marchio, e dassi 40 de' detti pesi per una ara grande di pelle

Tele line, e canovacci si vendono a centinajo di Canne, e a pregio di tanti Bisanti e Denari : 10 Taccolini per bisante.

Sapone, e lana, e ciambellotti si vendono a Ruotoli, d'occhie 15 per uno ruotolo.

Biado si vende all'Ajazzo in Erminia a Moggio, e a Marzapanni, cioè in grosso, e a moggio a minuto a marzapanni, e gli 10 marzapanni fanno 1 moggio.

Seta chermisi si vende a occhia ch'è pesi 110 di diremo.

Non moins intéressant est ce que dit Arakiel, évêque de Sunik (au commencement du XV° siècle), dans ses Commentaires, où il désigne les différentes espèces de navires : « La carène (ողնափայտ) du vaisseau est » ce bois intérieur, très gros, qui ressemble à l'épine » dorsale de l'homme et de tous les animaux, et au- » quel tout le reste est relié. Quant au mat (կայմ) » c'est cette haute poutre (գերան) du milieu du vais- » seau, qui soutient la voile de l'armion qui recueille » le vent. Le *chèvre-forme* (այծանման) c'est le *navi- » re-forteresse* (galère), բերդանաւ, qui est très grand » et a trois ponts l'un sur l'autre, l'inférieur, celui » du milieu et le supérieur. Le *lampiforme* (?) (լըպա_ » ման) est un petit navire qui a les deux bords en forme » de lampe ». Le vaisseau de guerre ou navire-forte- resse, dont parle l'auteur, est à peu de chose près la *Galée* ou galère ou *Galeone* : tels étaient les noms que l'on donnait en ce temps là aux grands vaisseaux, et que l'historien Héthoum, ainsi que d'autres, ap- pellent *Khalé*, խալէ; les *trois-ponts* nous représen- tent les *trirèmes*.

Zafferano si vende a occhia, ch' è pesi 112 di diremo.

Olio si vende a botte tale come ella ene.

Il bisante di Romania si conta 10 Taccolini d'argento, e il taccolino vale Denari 10 d'Erminia, e il denaro vale 4 Folleri.

Quello, che la Zecca d'Erminia da dello Mars dell'argento a chi il mette nella detta Zecca.

Di Sardesco.... taccolini 114, denari 1.
Di piatte della Bolla di Vinegia, taccolini 113 e denari 1.
A lega di Tornesi grossi, taccolini 111.
A lega di Gigliati taccolini 110 e denari 5.
Di Bracciali, cioè Buenmini, taccolini 109 e denari 2.
Di Sterlini, taccolini 109, denari 5.
Di verghe della bolle di Genova, taccolini 109, denari 5.
Di verghe della bolla di Vinegia, taccolini 109, denari 5.
Di Raonesi d'argento di Cicilia, taccolini 109, denari 5.

Batte la detta Zecca una moneta d'argento, che si chiama taccolini, che sono di lega d'once 8 di argento fine per libbra, e vannone per marchio come escono della Zecca, 91 de' detti taccolini a conto.

Diritto di mercanzia, che si paga in Erminia.

Genovesi, e Viniziani sono franchi, e Ciciliani, che non pagano niente, nè traendo, nè uscendo, salvo di Mars, che si pesasse, pagano uno per cento di pesaggio.

La compagnia de' Bardi è franca, che non pagano niente per tutto lo reame d'Erminia nè traendo, nè uscendo, per nulla detta, nè rappresaglia, che Fiorentini, od altre gente di che lingua si fussino non puote, nè dee essere detto niente, nè in avere, nè in persona della detta compagnia, se non fusse per propria detta, o per proprio misfatto della detta compagnia. E di ciò hanno Privilegio con suggello d'oro pendente del suggello del Re d'Erminia dato in Erminia a dì 10 del mese di gennajo, anno della natività del nostro Signore Gesù Cristo 1335; la quale franchigia per la detta Compagnia, la procacciò Francesco Balducci, essendo nel detto tempo a Cipri per la detta Compagnia.

Pisani pagano 2 per cento entrando, e 2 per cento uscendo, di ciò che vale la mercatanzia.

La Compagnia de' Peruzzi di Firenze, e Catalani, e Provenziali pagano 2 per cento traendo, e 2 per cento uscendo.

E tutte altre maniere di gente pagano 4 per cento entrando, e 4 per cento uscendo.

Come i Pesi, e le Misure d'Erminia tornano in diverse terre, e quelle con Erminia, e primieramente con Vinegia.

Ruotoli 1 di Spezierie d'Erminia, torna in Vinegia libbre 20, e once 3 e 1/4 sottili. — Ruotoli 49 di Cotone d'Erminia tornano in Vinegia libbre 9 sottili. — Occhia 1 di Seta, e di Spezierie sottile d'Erminia torna in Vinegia libbre 1 e once 4 sottili. — Il migliajo grosso di Vinegia torna in Erminia ruotoli 76 in 78, o vuogli Catars 20 1/2 d'Erminia. — Mars cento dars al peso di Vinegia, fa in Erminia mars 106 1/2. — Braccia 315 di tele line alla misura di Vinegia, torna in Erminia Canne 100. — Libbre 11 sottile di Vinegia tornano all'Ajazzo d'Erminia libbre 10. — Costano le mercatanzie a conducere da Vinegia in Erminia, e d'Armenia a Vinegia per nolo di Comune ordinato per lo comune di Vinegia in Galee armate, come dirà qui a piede, e diviserà inanzi a una carta. — Tele grosse, e Canovacci per soldi 6 di grossi dars di Vinegia alla balla, a peso 350 al peso grosso di Vinegia. — Panni lani sottili, panni lini sottili soldi 6 di grossi dars la balla di peso libbre 260 al peso grosso di Vinegia. — Rame, e Stagno, e Ferro soldi 6 di grossi dars il migliajo grosso di Vinegia. — Argenti in pezzi 1 per cento. — Oro filato, Argento filato, e altre simile cose dee avere di casse 3 per cento. — Tutte spezierie soldi 13 di grossi dars del migliajo sottile. — Cotone soldi 13 di grossi dars del migliajo sottile.

Ciambellotti 2 per cento in Galee armate, in legno disarmato 1 1/2 per cento.

Zucchero soldi 10 di grossi dars del migliajo sottile.

Con Genova.

Ruotoli 1 di spezieria al peso d'Erminia, torna in Genova libbre 20. Libbre 5 d'argento al peso di Genova, fae in Erminia mars 7. — Ruotoli 7 1/2 d'Erminia fanno in Genova Catars 1.

Con Nimissi, e con Monpolieri.

Ruotoli 20 di Lajazzo d'Erminia fanno in Nimissi e in Monpolieri cariche 72, e Ruotoli 6. — Occhie 8 di Lajazzo fanno in Nimissi e in Monpolieri Catars uno. — Mars uno d'argento al peso di Nimissi e di Monpolieri torna in Lajazzo mars uno e Ster. 3. — Ruotoli 1 di Lajazzo, torna in Nimissi libbre 15 grosse. — Occhie una di Lajazzo grosse a chi si vende spezierie sottili, fae in Nimissi libbre una, e once 3 sottili di Nimissi. — Occhie una di Lajazzo sottile, a che si vende seta torna in Nimissi libbre una grossa. — Pesi 55 di Lajazzo a chi si vende le perelle fanno in Nimissi mars uno.

Con Majolica.

Ruotoli 21 meno un quarto d'Erminia, fae in Majolica carica una. — Mars 1 dars al peso di Majolica torna in Lajazzo mars 1 e Starlini 3.

Erminia con Sibilia di Spagna.

Ruotoli 9 e un quarto d'Erminia di spezierie fanno a Sibilia catars uno. — Cafisso uno di biado alla misura di Sibilia fae a Lajazzo di Erminia moggia 3, e marzapani 8. E i 10 Marzapani per uno moggio d'Erminia.

Con Bruggia di Fiandra.

Ruotoli uno d'Erminia di spezieria fae in Bruggia libbre 14. — Marchi uno d'argento al peso di Bruggia, fae a Lajazzo in Erminia once 6 e Ster. 13.

Con Londra d'Inghilterra.

Ruotoli 8 d'Erminia fanno a Londra una centina, che si vende la Spezieria, che è libbre 104 di Londra. — Il centinaio dello Stagno a che si vende lo stagno in Londra che è libbre 112 di Londra, fae in Lajazzo d'Erminia Ruotoli 9 e due terzi di Ruotolo.

Con Puglia.

Ruotoli 1 di Spezieria d'Erminia, fae in Puglia libbre 17 e once 1 e mezzo. — Salme cento di Formento di Puglia fanno in Lajazzo moggia 188. — Mars 1 d'argento al peso di Puglia fae in Lajazzo d'Erminia mars 1 e starlini 7.

Con Messina di Cicilia.

Ruotoli 1 di Spezieria al peso d'Erminia, fae in Messina e in Palermo, e per tutta Cicilia Ruotoli 7 e libbre 1 e once 1, d'once 12 per una libbra, e di libbre 2 e mezzo per 1 ruotolo generale di Cicilia. — Marz 1 d'argento al peso di Messina, fae in Lajazzo d'Erminia mars 1, starlini 7. — Salme cento alla misura generale di Cicilia, fanno in Lajazzo d'Erminia moggia 198.

Erminia con Salvastro (Sebaste) di Turchia.

Ruotoli 75 di Lajazzo fanno a Salvastro Ruotoli cento. — Mars 1 d'argento al peso di Lajazzo fae a Salvastro... — Salme cento di Formento alla misura di Salvastro fanno a Lajazzo...

Colla Camera di Creti.
Colle Fiere di Campagna di Francia.
Con Londra d'Inghilterra.

Torisi coll'Ajazzo d'Erminia.

Mene cento di Spezierie di Torisi fanno in Lajazzo Ruotoli 15. — Mene uno di Seta di Torisi fae in Lajazzo once 3 ³/₄ d'occhia, e d'occhie 12 per uno Ruotolo di Lajazzo. — Marchi uno d'ariento al peso di Lajazzo fae in Torisi saggi 52.

Acri con Lajazzo d'Erminia.

Moggia 5 di Formento alla misura di Lajazzo fanno in Acri moggia 3. — Cantaro 1 d'Acri fae in Lajazzo di spezeria ruotoli 37.

Famagosta con Lajazzo d'Erminia.

Cantaro uno di Famagosta fae a Lajazzo ruotoli 37. — Mar. 1 d'argento al peso di Famagosta fae in Lajazzo mar. 1. — Cafissi 3 e un terzo di biado alla misura di Cipri, fanno in Lajazzo uno marzapane, di 10 marzapani per un moggio di Lajazzo.

Liste des poids et Mesures d'Ayas comparés avec les poids et mesures du système décimal.

Once[1], Ունկի . . . . Grammes:		25,102
Drachme ou direm, Զուզմ, ¹/₁₀ d'once . . . . »		2,510
Dank, Դանկ, ¹/₄ de drachme. »		0,627
Coude, Կուտ, ¹/₄ du Dank. »		0,156
Grain (de blé), Ցորհնաս, ¹/₄ du Coude,		0,039
Drachme, ¹/₁₁₀ de Vakia »		3,651
Litre[2], Լիտր ou Լիտրա . . »		331,356
Vakia, Վակիա, (oque) ou grande once, ¹/₁₂ du rotole . »		527,910
Vakia petite, ¹/₁₅ du rotole »		422,333
Rotole, Ռոտլ, Ռօտլի, petit. »		4,820
Rotole grand, 15 Vakias . . »		6,335
Quintal, Կենդենար, 33 grands rotoles . . . . . »		209,055
Marc, Մարկ, d' argent, . . »		226,250
Pesus drachme, Դրամականին, ¹/₅₀ de Marc . . . . »		4,525
Modus, Մոդ, (10 Marzbans). Litres		129,407
Marzban, Մարզպան ¹/₁₀ de modus. »		12,940
Kilag, Կիլակ, Kor, Կոռ, ¹/₆ de Marzban. . . . . . . »		2,157
Canne de laine, Եղեգն Mètres		2,153
Canne de Soie . . . . »		2,012

Les mesures pour le bois sont indiquées dans les édits commerciaux de nos rois par perches, Պարզունակ, *parzounag*, (pertica) et *filakh*, Ֆիլախ, en latin *jancono*, qui semble le Կանգուն, *cangoun* arménien. Il y avait aussi le *Double filakh*. J'en ignore la valeur, aussi que celle des mesures de distance que l'on rencontre dans les itinéraires de Sissouan.

Monnaies arméniennes de Sissouan.

La connaissance des différentes espèces de monnaies en usage chez les Arméniens de Sissouan et de leur valeur nous semble non moins intéressante et même plus utile que la comparaison des poids et mesures d' Ayas avec ceux des autres pays, car c' est par le moyen de ces monnaies que s' effectuaient toutes les transactions commerciales d' Ayas, soit entre gens du pays, soit avec les étrangers de toutes langues. Ce que nous avons cité de Pegolotti a déjà fait connaître quelques-unes des monnaies arméniennes et leur valeur comparée avec les monnaies étrangères. Malgré cela, ce que nous allons entreprendre est bien difficile ; car nous voulons les comparer avec les monnaies du système décimal actuel. Nous rapporterons donc ce que nous avons trouvé dans les archives, dans les manuscrits, dans les actes et les feuilles de compte des trafiquants génois et vénitiens, à propos des monnaies de Sissouan et de leur valeur à cette époque, exposant ce que nous avons pu en déduire et laissant aux chercheurs plus actifs et plus savants l' achèvement de cette étude.

Avant que le faible domaine des Roupiniens ne fût devenu un royaume, les monnaies les plus répandues en Cilicie, ainsi que dans la majeure partie de l' Asie occidentale et même en Afrique, étaient celles des Byzantins et des Sarrasins. Lorsque nos souverains de la Cilicie prirent la liberté de battre monnaie à leur nom et effigie, et de leur donner cours forcé, ils imitèrent autant que possible les pièces alors en usage. Nous ne savons pas encore au juste quel fut le premier parmi eux qui accomplit cette œuvre que les rois de la Grande Arménie, leurs ancêtres, n' avaient point osé tenter dans leur royaume, qui appartenaient pourtant à une bien plus grande et bien plus puissante dynastie; car nous ne savons pas qu'ils aient jamais battu monnaie. Si l' on retrouve des pièces Arsacides de Tigrane et de son fils Artavazde, ou d' autres princes de la même dynastie, ce sont des pièces d'argent et de bronze, leur légende n' est pas en arménien, et le nom de l' *Arménie* n'y figure même pas. On n' a pas retrouvé de monnaies propres aux Bakratides, si ce n' est toutefois une pièce en bronze, portant cette légende arménienne: Տր ովնէ Կորիկէ կորա . . . Ա. . . Seigneur, protège Coricos Cura.... I... On ne pourrait dire à quel Coricos cette légende fait allusion. Est-ce à un roi Arméno-Géorgien ou à un *Curopalate?*

Il est fort probable que les ancêtres de Léon le Grand aient battu monnaie dans leur nouvel

---

1. Dans la traduction latine des chartes ce mot est souvent écrit: *Winchia* et quelquefois aussi par erreur: *Michia*.
2. Dans un de nos livres de médecine, on lit : « Entends par litre, 120 direms ». Jean d'Erzenga dit: « Le petit litre équivalait peut-être à cent drachmes », (Դրամականին).

état. Un de nos derniers historiens, dit à propos de Constantin, fils de Roupin: « il fut nommé roi et battit monnaie »: cependant, jusqu'à présent, on n'a pas retrouvé parmi toutes les monnaies de son époque, une seule pièce qui portât son nom. Son fils Thoros Ier, ou son petit-fils Thoros II, aura sans doute fait frapper la monnaie de bronze qui porte la légende:

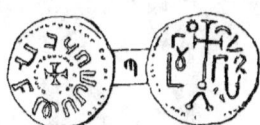

Monnaie du Baron Thoros.

« Թորոսի է Ռպի: *c'est de Thoros Rp* », c'est-à-dire des Roupiniens. Le revers de cette pièce présente divers signes mystérieux et des lettres grecques. La monnaie de bronze que nous reproduisons ci-dessous, est peut-être plus ancienne encore; elle ne porte aucun nom, mais on y lit cette légende qui commence sur l'une des faces et se continue sur l'autre: « Շնորհաւր » Այ է: *c'est par la grâce de Dieu* »; au centre

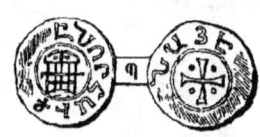

Ancienne monnaie Roupinienne.

est représentée une porte, peut-être la porte de la ville d'Anazarbe que le brave Thoros laissa à la garde de ses soldats contre les ennemis, tandis que lui entrait dans la ville et en sortait par une brèche qu'il avait fait pratiquer de l'autre côté dans les murs d'enceinte. C'est peut-être aussi une allusion à la forteresse de Vahga, que Constantin surprit par la ruse et dont il fit sa capitale. Nous verrons plus tard quelle fut la première monnaie du fortuné Léon, qui la fit frapper avant même d'être roi. Quant aux monnaies qu'il battit pendant son règne, on en retrouve en or, en argent et en bronze.

La pièce d'*or* appelée communément *Dahécan*, ou *Décan* (դահեկան), et aussi կարմիր, à cause de sa couleur *rouge*, parut d'abord avec le nom de Léon; elle était d'or pur et d'assez grand format, telle que la représente le N.° 1 de la planche ci-contre; elle pesait sept grammes, donc un peu plus que la pièce d'or de Napoléon, qui pèse 6,452 grammes; sa valeur était de vingt et un francs. Elle égalait l'*aureus* des Romains, mais celui des premières années de l'ère chrétienne; car l'aureus s'éleva plus tard jusqu'à vingt-cinq francs et garda cette valeur jusqu'au temps de l'empereur Valérien, puis il redescendit et finit par ne valoir que 15,50; il prit alors le nom de *solidus* (aureus), d'où la dénomination des nouvelles monnaies, *soldo*, *sol* et *sou*. Sous les empereurs de Byzance, cette pièce d'or diminua encore de valeur et au XIIe siècle elle ne fut plus que de 12 francs. On l'appela alors *Bisantius* du nom de la capitale, d'où ce nom *Byzantin, Bisanti, Besant*; elle s'étendit partout, dans les pays étrangers et même chez les Arabes qui donnèrent aussi ce nom à leurs pièces d'or. Mais il fallut bientôt distinguer par des épithètes les pièces de ces différents pays.

La première fut appelée *besant des Grecs*, ou encore, ἡπέρπερος, *hyperperus, hyperpre, perperus, yperperi*, etc, passé par le feu. C'est ce mot que notre Connétable Sempad, dans son livre des lois, Chap. Ier, écrit *Berberad*, Բերպերատ.

Le *Besant Sarrasin* était égale en poids et en valeur à celui des Grecs. Les Arabes l'appelaient *Dinar* دينار. Les Occidentaux qui sous le nom général de Sarrasins comprenaient les Arabes, les Turcs, les Seldjoukides, les Egyptiens et, enfin, tous les mahométans qui habitaient la Syrie, donnèrent aussi à leurs pièces d'or l'épithète générale de sarrasines: *Bisantius-Sarracinus*. Cependant il y avait une différence dans le poids et la valeur des pièces de ces divers royaumes. La plus grande était celle des Califes de Damas; elle s'appelait *Eyoubi*, et pesait 4,54 gr. et valait 15 francs. Celle des Egyptiens ou d'Alexandrie, appelée *Fatimi*, était réputée la plus fine; elle pesait 4,10 gr. et valait 14 francs. La plus petite était celle de la Syrie qui pesait 3,93 gr. et valait 12 francs; on l'appelait encore *Soury*, du nom de la ville de Sour, ou Dzour, ou Tyr des anciens. Mais cette dernière pièce doit avoir eu le même poids et la même valeur que celle d'Egypte, à moins que celle-ci n'ait été appelée aussi *soury*, pendant un certain temps, car notre Connétable Sempad affirme, dans ses Assises, que le *dégan* d'*Andak*, (Դեկան ան-

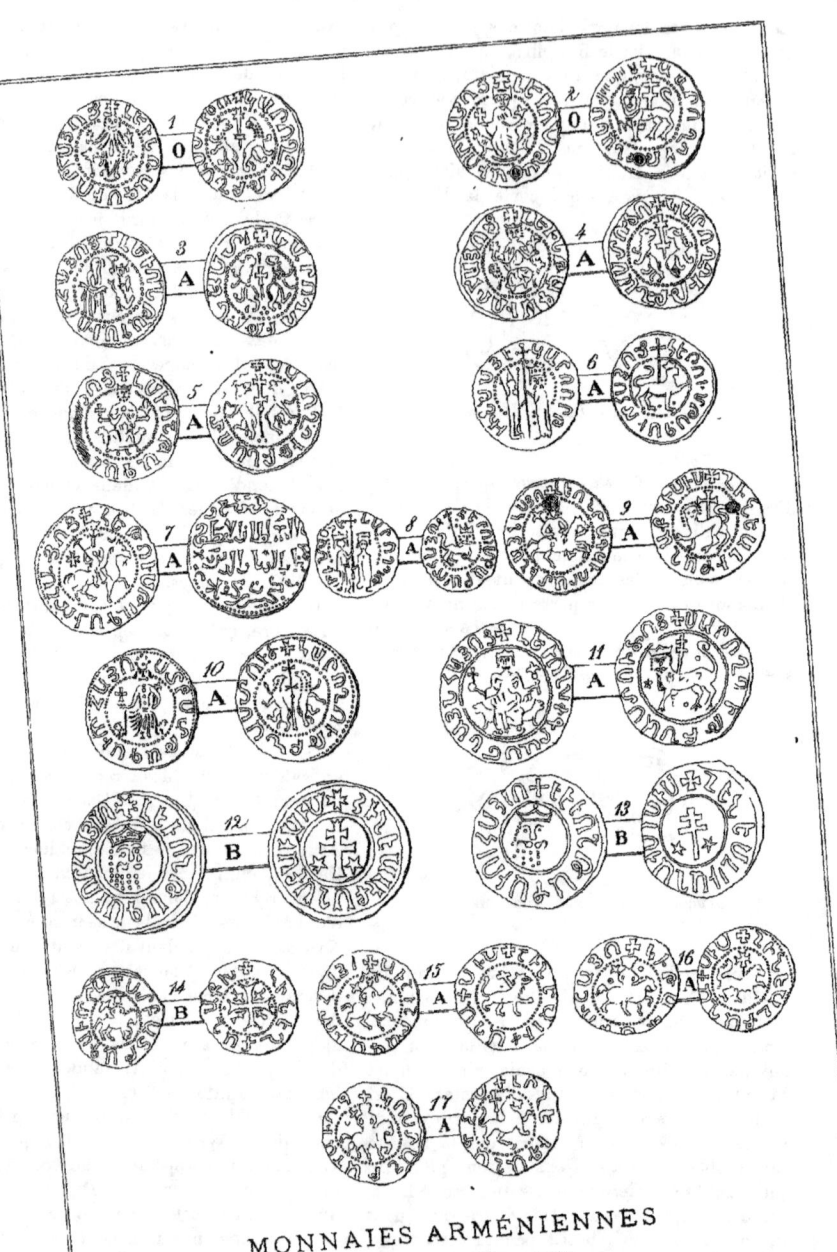

MONNAIES ARMÉNIENNES
des Rois de Sissouan

ադրի, la *pièce d'or d'Antioche*, avait la valeur de la *Rouge de Soury*, Կարմիր Սուրի ; et, de nos jours, des recherches nouvelles ont prouvé que la petite pièce d'or d'Antioche valait 7 francs ; c'est précisément la valeur de la *demi-fatimi*.

Il fallut aussi que les monnaies des Croisés occidentaux, quand ceux-ci se furent fixés en Orient, correspondissent aux monnaies grecques et sarrasines répandues partout. Il n'y a pas lieu de s'étonner s'ils s'y sont pris pour cela ; mais ce qui est plus singulier et qu'on ne s'imaginerait guère, c'est que les Croisés ne donnèrent pas seulement à leurs pièces la valeur et le format de celles des Sarrasins, mais ils y firent graver en lettres arabes des légendes arabes et musulmanes ; ce n'est que par exception qu'ils y mirent quelque signe rappelant leur religion. Ils ne firent pour distinguer leur monnaie de celle des Sarrasins qu'employer le mot *sarrasin* non pas substantivement mais adjectivement : *Bizantius sarracinatus, Sarracinas, Sarrazinats, Sarcenats*, etc. Cette similitude des monnaies était bien commode pour le commerce avec ces orientaux ; mais cette concession parut peu chrétienne aux gens scrupuleux, qui anathématisèrent ceux qui avaient fait frapper ces pièces à Tyr, à Tripoli et principalement à Ptolémaïs ou Saint-Jean d'Acre. Ce ne fut que bien plus tard, vers le milieu du XIIIe siècle, lorsque saint Louis se rendit en Syrie, qu'il fit graver des légendes et des figures chrétiennes sur les monnaies, mais en conservant toujours néanmoins les lettres arabes ; et cette coutume se perpétua jusqu'à l'effondrement de tous les royaumes chrétiens de la Syrie, c'est-à-dire jusqu'à la fin du XIIIe siècle.

Parmi les Besants-sarcenats des chrétiens, le plus fin et le plus en cours était celui de Saint-Jean d'Acre. Il était plus petit que le vrai *Sarrasin* : il ne pesait que 3,45 ou 3,50 gr. et sa valeur variait légèrement entre 8 francs 43 ou 8 francs 90 et même 9 francs ; car un écrivain rapporte que deux de ces besants équivalaient à une *livre tournois*. Or cette *livre* est reconnue valoir aujourd'hui 18 francs.

C'est avec ces deux monnaies fort peu différentes entre elles, les besants sarrasins et les besants sarcinats que s'effectuèrent tous les payements dans l'Asie occidentale pendant deux siècles. Les marchands d'Italie y introduisirent les premiers une nouvelle monnaie d'or. D'abord les Génois, au milieu du XIIe siècle appelèrent leur *lira : januinus, genuine* ; ensuite, les Toscans ou les Florentins, au milieu du XIIIe siècle, nommèrent leur or pur : *florins, fiorini* ; et, plus tard, en 1284, les Vénitiens désignèrent sous les noms de *ducat d'or, (ducato d'oro), de sequin, (zecchino)*, l'or pur et fin qu'ils conservèrent jusqu'à la fin, et bientôt ces pièces furent les plus répandues dans le commerce. Après plus de 600 ans, on en retrouve encore en Orient qui servent de parure aux dames. Leur poids était de 3 gr. 452 et leur valeur ordinaire de 12 fr., égale à celle du florin d'or. Vers la fin du XVIIIe siècle, lors de la suppression de la République de Venise, le *sequin* valait 11 francs 89, de nos jours quelques-uns lui donnent une valeur de 12,60 et d'autres, de 13 francs [1].

Avec la pièce d'or de Léon dont je viens de parler, je connais encore d'autres petites pièces, dont l'une porte le nom du roi Constantin (on en trouvera la reproduction ci-après). Elle a été frappée vers le milieu du XIVe siècle ; son poids de 3,600 gr., ainsi que la pureté du métal, permettent de supposer qu'on a voulu la rendre égale au ducat et au florin ; l'imitation est assez bien réussie. L'autre, plus grande, (voir le n.º 2 de la pl. ci-contre), porte le nom de Léon, probablement de Léon II, fils de Héthoum Ier ; elle se trouve actuellement dans la collection du savant numismate Schlumberger et pèse, selon ce qu'il a écrit dans les Archives de l'Orient latin (I, 678) : 4,80 gr. et vaut près de 15 francs. Elle égalait donc en valeur l'eyoubite sarrasin, et surpassait même quelque peu cette dernière pièce d'or.

Voici tout ce que nous pouvons dire sur la valeur et le poids des monnaies de Sissouan. Quant aux légendes qu'on y lit et aux figures qu'elles portent, elles diffèrent tout à fait des pièces dites besants-sarrasins ; elles se rapprochent plutôt, mais bien peu, des besants

---

1. Luc de Vanant, écrivain arménien du XVIIe siècle, appelle cette pièce *Zekine*, Զեկին, et la dit égale à 1200 *dinars*. Selon les poids anciens, elle pesait 68 grains 52/67, et était le 1/67 du marc d'or, c'est-à-dire que 67 ducats d'or pesaient un marc d'or. Le marc se divisait en 8 onces = 24 dinars = 1151 carats = 4608 grains. Le nom du *ducat* apparaît dans notre littérature arménienne, presque dès les premiers jours de son apparition.

grecs. Léon le Grand paraît avoir voulu imiter les Allemands, de l'empereur desquels il avait reçu la couronne royale; car dans leurs monnaies de cette époque on remarque les mêmes figures : c'est-à-dire un lion qui tient dans ses pattes un globe surmonté d'une croix et un sceptre surmonté d'une fleur de lys. Presque toutes les monnaies d'argent de Léon reproduisent ce même type, (voir les n.° 4 et 5 de la pl.). Il n'y a que très peu de pièces qui représentent ce roi à genoux, pour recevoir de Jésus-Christ la couronne (n.° 3). Ces monnaies furent battues au commencement de son règne. La même effigie se retrouve encore sur les monnaies des autres souverains presque contemporains, comme sur celles des Vénitiens. Sur le revers de la pièce on voit la figure de deux lions debout ayant au milieu d'eux une croix placée sur une longue hampe; on y voit aussi un lion en marche, tenant dans sa patte une croix qui lui repose sur l'épaule. Ce dernier type se retrouve sur le sceau même de Léon et sur les monnaies de son petit-fils Léon II (voir les n.° 2 et 9).

Je crois que le type de la face de ces monnaies a été recopié par les souverains turcs voisins de Léon, tels que les sultans de Saroukhan, de Méntéché et de Aïdin, au XIV° siècle. On retrouve, sur les monnaies de ces derniers, le trône, la couronne et les emblèmes que le roi tient dans ses mains : cependant le revers des monnaies de ces mêmes princes ressemble plutôt aux pièces dites *gigliati* des Napolitains. Henri II, roi de Chypre, imita aussi les Arméniens, à son retour de Lambroun ou de Partzerpert, où il avait été emprisonné par eux sous le règne d'Ochine : avant lui ce type arménien ne se rencontre pas sur les monnaies de Chypre.

La légende de la face des monnaies de Sissouan se compose généralement du nom du Roi ; par exemple : *Léon, roi des Arméniens,* (Լեռն թագաւոր Հայոց). Il y en a quelques-unes qui portent : *de tous les Arméniens,* ամենայն Հայոց. Ce sont celles de Léon I°ʳ, et de Léon II. Au revers, les plus anciennes portent : *par la puissance de Dieu,* կարողութեամբն Աստուծոյ [1]; mais après Léon le Grand, on trouve souvent : *fabriqué dans la ville de Sis* ou *à Sis*, Շինեալ (ou շինած) 'ի քաղաքն Սիս ou 'ի Սիս ; très rarement au lieu de *fabriqué*, il est dit métaphoriquement, հատայ, *coupée* (frappée); comme dans cette pièce ci-dessous où la légende de la face est au génitif : *de Léon*

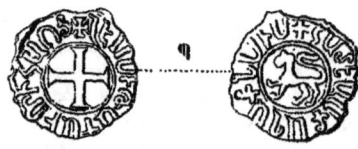

Monnaie de Léon, roi des Arméniens.

roi des Arméniens, (Լեռնի թագաւորի Հայոց). Le premier mot de la légende du revers est quelquefois au nominatif : (կարողութիւն, *puissance,* ou կարողութիւն Աստուծոյ է, *la puissance, est de Dieu*. Mais dans la monnaie d'or de Constantin, la légende est tout à fait nouvelle :

Monnaie de Léon II.

Կարողութեամբն Աստուծոյ թագաւոր, *par la puissance de Dieu, Roi*. Ici il faut remarquer que cette monnaie a été battue dans un autre hôtel de la monnaie, comme l'indique le reste de l'inscription : Շինեալ 'ի քաղաքն Տար(սոն), *faite*

---

[1]. Je crois qu'il appartient plutôt à la numismatique qu'à notre histoire, de traiter de la forme et du nombre des lettres des légendes, de l'exactitude ou inexactitude de leur orthographe ou encore des variantes que l'on rencontre dans bien des pièces. Le seul mot : Աստուծոյ, *de Dieu,* qu'on ne trouve que dans les monnaies de Léon, se trouve écrit de huit ou dix manières, et cela la plupart du temps, à cause, du plus ou moins de talent ou d'instruction des artisans chargés de la frappe de ces monnaies, et qui, je n'en doute pas, étaient réellement des Arméniens et non pas des Vénitiens ou des étrangers, comme on l'a prétendu. Ces derniers faisaient battre leurs monnaies à l'hôtel de la monnaie de Sis, pour leur propre compte, et l'or et l'argent leur venaient de leur patrie. Ils payaient dans ce cas un droit au trésor royal, mais si l'or et l'argent qu'ils apportaient dans notre pays n'étaient pas destinés à être convertis en monnaie, ils n'avaient plus rien à payer.

dans la ville de Tar(se)[1]. Il faut remarquer encore une adjonction aussi rare que l'effigie de cette monnaie de Léon II ; la voici : Եւ նեալ ՚ի քաղաքն Սիս ՚ի փառս Աստուծոյ, fabriquée dans la ville de Sis, à la gloire de Dieu.

Il n'y a pas, je crois, de date exacte sur les monnaies de Sissouan ; celles qu'on y trouve, par exemple celle-ci : գձգ, 333 (?), non seulement ne signifient rien, mais n'existent que sur les monnaies fausses dont nous possédons quelques échantillons. Nous possédons aussi une grande monnaie de bronze doré (N°. 13), mais elle paraît être une contrefaçon, ou avoir été fabriquée par quelque artiste qui n'a suivi que son inspiration.

Nous avons eu soin de conserver, dans nos reproductions, la forme des lettres et des doubles lettres et les fautes qui sont dans les légendes. Nous mettons ci-dessous, pour qu'on puisse les voir dans un coup d'œil, toutes les légendes qui se lisent sur ces différentes pièces de monnaies[2].

Les monnaies d'argent de Léon ont la même face que celles d'or ; celles de ses successeurs varient. Les plus remarquables sont les monnaies de Héthoum Ier dont quelques-unes portent, avec son effigie, celle de son épouse Zabel, comme vraie héritière de Léon Ier. D'autres pièces du même temps portent à la face l'effigie de Héthoum et, au revers, la légende en arabe du sultan d'Iconium : « *El sultan-el-* » *Azim-Ghiat-ed-duniay-ve-eddin-Kei-Khosrou-* « *ben Kykobad* ».

السلطان الاعظم
غياث الدنيا و الدين
كيخسرو بن كيقباد

Ce qui veut dire, *Le grand sultan, le refuge de la terre et de la foi, Keikhosrov, fils de Keikobad*, suivie de la date de l'ère musulmane : 636-641, (1240-1245, de l'ère vulgaire). A cette époque, un traité de paix et d'alliance avait été conclu entre les deux royaumes limitrophes, mais il fut rompu en 1245 ; la paix fut rétablie sous la suzeraineté des Tartares.

Ainsi que dans les monnaies étrangères, on rencontre aussi quelquefois dans les nôtres, un

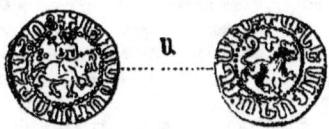

Monnaie avec cercle pointillé.

cercle qui en fait le tour. Toutes les monnaies d'argent de Sissouan que nous appelons *dram*, դրամ, sont presque de la même grandeur. Les mieux conservées pèsent 2 g. 900 et valent, selon ce poids, 0,60 centimes ; celles des derniers rois du XIVe siècle, contiennent moins

---

1. Bien que cette nouveauté soit peu importante pour la numismatique, elle est assez intéressante au point de vue de l'histoire de Sissouan, car Constantin a certainement dû l'introduire pour une raison politique. Nous ne connaissons pas encore au juste cette raison ; mais le meurtre de son prédécesseur Guy de Lusignan, (17 novembre 1344), et le fait que Constantin était d'une maison étrangère et n'appartenait pas à la famille royale, motif pour lequel Dardel l'appelle le Grand Tyran, nous font supposer qu'il eut part au complot contre Guy de Lusignan ; que ses complices lui donnèrent d'abord la couronne à Tarse, et que, ce n'est que plus tard, qu'il put s'emparer aussi de Sis, la capitale.
2.
  1. LÉON, ROI DES ARMÉNIENS
     PAR LA PUISSANCE DE DIEU.
  2. LÉON, ROI DES ARMÉNIENS
     PAR LA PUISSANCE DE DI(EU).
  3. LÉON, ROI DES ARMÉNIENS
     PAR LA PUISSANCE DE D(IEU).
  4. LÉON ROI DES ARMÉNIENS
     PAR LA PUISSANCE DE DIEU.
  5. LÉON, ROI . . . . NIENS
     PAR LA PUISSANCE DE D . . . .
  6. LA PUISSANCE EST DE DIEU,
     HÉTHOUM ROI DES ARMÉNIENS.
  7. HÉTHOUM ROI DES ARMÉNIENS.
     (Voir l'inscription arabe, ci-dessus).
  8. LA PUISSANCE EST DE DIEU,
     HÉTHOUM, ROI DES ARMÉNIENS.
  9. LÉON, ROI DE TOUS LES ARMÉNIENS
     FAITE DANS LA VILLE DE SIS.
  10. SEMPAD, ROI DES ARMÉNIENS
      PAR LA PUISSANCE DE DIEU.
  11. LÉON, ROI DE TOUS LES ARMÉNIENS
      PAR LA PUISSANCE DE DIEU.
  12. LÉON, ROI DES ARMÉNIENS
      FAITE DANS LA VILLE DE SIS.
  13. LÉON, ROI DES ARMÉNIENS
      FAITE DANS LA VILLE DE SISSIS.
  14. SEMPAD, ROI DES ARM . . . .
      FAITE DANS LA VILLE DE . . .
  15. OCHINE, ROI DES ARMÉN . . . .
      FAITE DANS LA VILLE DE SIS.
  16. GUY, ROI DES ARMÉNIENS
      FAITE DANS LA VILLE DE SIS.
  17. CONSTANTIN ROI . . . .
      FAITE DANS LA VILLE DE S . .

d'argent pur et sont mal frappées. On pourrait les classer parmi les pièces de *billon*.

Comme les monnaies d'argent ou de billon étaient les plus employées et qu'on les trouve très souvent citées dans les actes du XIII° siècle, il importe d'en préciser la valeur. Nous pouvons nous baser pour cela sur ce qui a été dit, par Héthoum lui-même, dans un acte écrit en français, l'an 1252, acte qu'il fit dresser lors du mariage de sa fille avec Julien, seigneur de Sidon, auquel il promettait une dot de vingt-cinq mille *besants sarrasins* aux poids et cours d'Acre [1]. Nous avons vu plus haut que le besant de cette ville pesait 3,800 gr. et valait près de 9 francs ; or, notre roi Héthoum qui en parle, compare ce besant avec la pièce arménienne qui était plus petite et ne valait que le quart de cette pièce : « Qua» tre besans de nos Staurats por un besans » Sarrazinas, al pois d'Acre ». Ce passage nous apprend aussi que le besant arménien s'appelait *Staurat*, (croisé). Nous voyons en effet *la croix* figurer sous diverses formes sur les monnaies arméniennes, ainsi qu'on le voit également sur presque toutes les monnaies chrétiennes de ce temps-là. Comme les leurs, les nôtres s'appelaient aussi besants : *Bisantios Sarracinales Armenie*, et *Bissantios Stauratos*. Dans un privilège de Léon II aux Génois en 1288, au lieu d'écrire le mot besant on a tracé ce signe.ㅏ., que l'ancienne traduction latine a changé en *bissancios stauratos*. Mais nos chroniqueurs sont muets sur ce qu'il nous importerait le plus de savoir, c'est-à-dire la nature du métal employé pour ce besant qui valait environ fr. 2,25 ou un peu plus que celui d'Acre. Il devait être d'argent, car autrement la pièce eut été trop grosse ; et, d'ailleurs, tous les besants contenaient de l'or, même celui de Chypre qui s'appelait *Bysantius albus*, besant blanc, parce qu'il ne contenait d'or que le cinquième de son poids ; il est pourtant classé parmi les pièces d'or par tous les savants numismates [2]. On peut donc supposer que le *besant staurat* arménien était une petite pièce d'or, ou une pièce, comme celle de Chypre, faite avec un alliage d'or et d'argent. Jusqu'à présent on n'en a retrouvé ni en or, ni en argent. Il ne faut pas s'en étonner, car nous n'avons pas retrouvé non plus les anciennes pièces d'argent, les drachmes des Croisés, dont il n'est pas possible de contester l'usage. Toutefois tout ce que rapporte le roi Héthoum et la fréquente citation du besant arménien, dans les actes de comptes et de marchés, prouvent clairement que c'était réellement une monnaie courante et non pas une monnaie nominale. Peut-être était-ce cette pièce *rouge*, que les Egyptiens trouvèrent par centaines de mille, à la prise de Sis, en 1266, dans le trésor secret de Héthoum.

Comme le besant de Chypre, le *Staurat* arménien se divisait, probablement, en 22 Carats. Un contrat passé avec les Génois et signé à Ayas le 27 novembre, 1279, dit : « *bissantios* » *sexingentos octuaginta, charatos viginti unum* » *Sarracinales de Armenia* » [3].

Le demi-besant d'argent staurat me semble une grosse pièce d'argent (voir le N°. 11) qui fut frappée au nom de Léon II et qui valait 1,13. Le fac-simile que nous en donnons, montre une pièce assez bien conservée, mais elle est trouée et ne pèse que 5 grammes : c'est le poids du *franc*. Cette monnaie, neuve ou en bon état, valait plus d'un franc, quoiqu'elle ne fût pas d'argent aussi pur que la pièce d'un franc ; le *sol* de Chypre valait un peu plus.

Après la pièce d'or et le besant sarrasin arménien, cités dans les actes et feuilles de compte, venait le *nouveau dram arménien*, qui devait valoir la moitié de la pièce que nous venons de décrire, avec le format et le poids des monnaies reproduites dans notre planche, (N°, 4, 5, 6 et 9), il ne valait peut-être que 57 centimes ; son nom fait voir que ce drachme

---

1. Les Occidentaux, dans leurs actes, disent également : « Besans bien pesés au droit poids d'Acre », et en latin : « Ad rectum pondus Accon ».
2. D'après l'analyse, le *besant blanc* de Chypre, au dire des experts, contient 3 1/4 d'or, 4 1/4 de bronze et 14 d'argent, en tout 22 carats. Le Comte de Mas-Latry, dans son histoire de Chypre, a cru que le besant de Chypre était en argent et qu'il valait 2,37, mais M. Schlumberger et Lambros, le numismate d'Athènes, insistent pour lui attribuer une valeur double, c'est-à-dire : 4, francs 80. Or, le besant était *schyate* de forme, comme la pièce d'or de Byzance, et valait, au milieu du XIV° siècle, les trois quarts du ducat vénitien ; en 1410, il n'en valait que le sixième et en 1489, après la prise de Chypre par les Vénitiens, il n'en valait plus que le huitième.
3. Un autre acte génois compte le besant arménien comme équivalant à 10 soldi de leur monnaie ; chaque soldo pesait 2, gr. 92, et valait 62 centimes. C'était le vingtième de leur lire : la lire valait 12, fr. 45. Cependant cette comparaison nous indique un autre besant d'or arménien, dont la valeur était la moitié du ducat et du florin. Ceci est fort embrouillé et nécessiterait une étude spéciale.

fut frappé dans les derniers temps, et c'est pour cela que la monnaie précédente s'appelait *vieille* monnaie. Mais comme les pièces d'argent les plus anciennes de Héthoum Ier et de Léon II sont de même dimension que ces derniers drams, je ne saurais préciser à quelle époque on commença à distinguer ces deux monnaies et à nommer celle qui nous occupe, *nouveau-dram* arménien; je n'en trouve le nom pour la première fois que dans la traduction des Assises d'Antioche par notre connétable Sempad, c'est-à-dire dans la seconde partie du XIIIe siècle.

Les monnaies les mieux conservées sont celles de Léon Ier et de Héthoum (avec Zabel et le sultan); elles pèsent 2,900 gr. Sempad nous dit qu'à cette époque trente-six sols faisaient quarante-quatre *nouveaux-drams*. Donc le *nouveau-dram* valait les $9/11$ du sol. Mais il reste à savoir de quel *sol* Sempad a voulu parler: est-ce de celui de Chypre ou du sol tournois qui valait à peu près 90 centimes [1].

Dans quelques actes commerciaux génois, signés à Famagouste en Chypre, pendant les années 1299 et 1300, le *nouveau-dram* arménien est compté pour un peu plus que le quart du besant arménien, car 100 nouveaux drams arméniens équivalaient à 27 besants de Chypre, et 6,157 drams à 1,708 besants. On peut par là se faire une idée de la pureté de l'argent arménien de cette époque, puisqu'il avait plus de valeur que celui de Chypre; et si, comme nous l'avons déjà dit, le besant valait 2 fr. 40, (ou 2 fr. 87, selon Mas-Latrie), notre nouveau-dram qui en était le quart, devait valoir environ 60 centimes.

Toutefois d'après ce qu'on nous dit de cette monnaie, nous voyons que sa valeur et son poids variaient suivant les circonstances et l'époque, selon le titre de l'alliage avec lequel elle était frappée; ainsi les contrats ou actes les plus anciens des Génois, en 1274, nous apprennent que le besant-sarrasin valait à peu près 8 *nouveaux-drams*. « Computato quo-
» libet Bisancio in *Daremos* octo *Novos*, minus
« denariis quatuor ». Si le besant sarrasin va-
lait 9 francs, comme nous l'avons vu plus haut, et équivalait à 8 nouveaux-drams comme il vient d'être dit, le nouveau-dram valait donc 1 fr. 12 et une petite fraction, c'est-à-dire un demi-besant arménien.

La même année, les Génois, dans un de leurs actes, confrontant le nouveau-dram avec leurs pièces d'argent, disent que 177 nouveaux-drams valent 200 soldi ou 10 lires. Quelques années après, le 10 mars 1279, 702 nouveaux-drams arméniens sont évalués 78 besants-sarrasins de la Syrie, c'est-à-dire qu'un besant égalait 9 nouveaux-drams. La même chose est confirmée par un autre acte de la même année, qui dit que 12,000 *nouveaux-drams* égalent 1333 besants sarrasins et 8 carats. Ceci nous fait voir encore que le besant égalait 9 nouveaux-drams; donc cette nouvelle monnaie équivalait à 1 franc juste.

Quelques mois après, un nouvel acte portant la date du 10 mai 1279, rapporte qu'il fallait 10 nouveaux-drams, au lieu de 9, pour un besant. Vingt ans plus tard, un vénitien venu à Ayas pour y acheter du coton et du gingembre pour 11,024 *nouveaux-drams*, dit que cette somme équivalait à 1,102 besants-sarrasins, dont chacun équivalait à 10 nouveaux-drams, et par conséquent ce dernier à 90 centimes.

En 1284, la République de Venise, ne considérait pas seulement le besant comme valant moins que 10 nouveaux-drams, mais même moins que 9 nouveaux-drams; le nouveau-dram était donc devenu le $1/8$ du besant. Un acte de cette même année compte 600 nouveaux-drams comme équivalant à 75 besants-sarrasins.

Cinq ans après, en 1289, la même République de Venise donnait à 35 de ses soldi la valeur de 10 nouveaux-drams, c'est-à-dire que chacune de ces dernières pièces valait 1 fr. 05 [2]. Puis cette même République compta le besant comme valant 10 drams arméniens ou 32 de leurs soldi. Ainsi donc le nouveau dram ne valait déjà plus que 0,95 ou 0,96. Quelques années plus tard, 12 nouveaux drams équi-

---

1. Le fameux Sire de Joinville, contemporain et en même temps camarade de notre connétable Sempad, disait que le besant-sarrasin valait 10 sols et était égal à une demi-livre tournois, laquelle se divisait en 20 sols; un sol correspondait donc à 90 centimes.

2. A cette époque et plus tard encore, le soldo d'argent valait 1/40 du ducat vénitien, que nous avons

dit valoir 12 francs de la monnaie actuelle; donc le soldo valait 0,30: or, 0,30×35 donne 10,50 qui, divisé par 10 donne 1,05.

On trouve dans un décret de la République de Venise, portant la date du 18 août: « Debeat . . . .
» habere in Venetiis solidos 35 de uno Bisancio Sar-
» racinato, ad Deremos decem pro Bisantio uno ». — *Deliber. del Maggior Consiglio, Zanetta, f.° 329.*

valaient à 32 soldi, la valeur du nouveau-dram était donc tombée à 0,80. En 1316, le sénat décréta [1] que 12 nouveaux-drams seraient acceptés pour 30 soldi, ce qui fit encore descendre le nouveau-dram à 0,75. A partir de cette époque la valeur de cette pièce tomba de plus en plus, à cause des crises politiques de l'Arménie, en butte aux coups des Egyptiens, et à cause de la ruine d'Ayas. Elle arriva à ne plus valoir que 0,57, à peu près la moitié de sa valeur primitive.

Le lecteur s'apercevra bien, que dans tous ces actes, comptes et traités de commerce, comme aussi dans les décrets du sénat de Venise le besant dont il est question n'est pas celui des Arméniens, le *besant staurat*, mais bien le *besant-syrien* ou le *besant-sarrasin*. Je trouve une dernière citation de notre besant chez nos auteurs, dans un privilège accordé en 1288 par Léon II. Dans les chroniques étrangères, c'est en 1279 que notre besant est cité pour la dernière fois. C'est aussi cette même année — j'en juge du moins par les ouvrages qui me sont connus[2], — qu'il est parlé pour la première fois de la dernière monnaie en cours chez les Arméniens: la *Takvorine* ou monnaie *royale*.

La *takvorine*, cette dernière souveraine des maisons de banque et de trafic de la ville d'Ayas, citée dans les livres des auteurs arméniens, mais seulement, dans les traductions des chrysobulles de nos derniers rois, où l'on trouve écrit plus correctement *Tacorin*, est souvent appelée aussi dans les feuilles de comptes et par Pegolotti: *Taccolino*. Les Arabes l'ont connue sous le nom de: *El Takfourié*, التاكفورية. Sa valeur se rapprochait alors de celle du *real* espagnol. C'est sous le nom de *takfourié* que le sultan d'Egypte exigeait de Léon II, en 1285, le tribut annuel de 500,000 pièces, au dire de l'historien Macrizi. Le traducteur de ce dernier, le français Quatremère, croit que cette somme correspondait à 700,000 francs. Cette comparaison concorde avec la valeur de 1 fr. 05, attribuée au *nouveau-dram*, par les Vénitiens et les Génois, pendant cette même année, mais la *takvorine* valait sûrement moins que le nouveau-dram, avec lequel elle est citée dans les feuilles de comptes. Dans l'une de ces dernières, écrite en 1307, 100 takvorines sont évaluées à 77 nouveaux-drams, c'est-à-dire que la takvorine vaut quelque chose de plus que les deux tiers du nouveau-dram. Si donc celui-ci valait alors 0,80, la takvorine devait valoir 0,62. C'est ce qu'on trouve aussi dans un protocole des délibérations du sénat de Venise, en 1333. Comparées aux monnaies vénitiennes, 13 takvorines équivalent à 12 *grosses*[3]; or, comme le grosse équivalait à $1/_{18}$ de ducat d'or de 12 francs, c'est-à-dire à 0,66; on aura donc pour la valeur de 12 grosses: $12 \times 0,66 = 7,92$: ce qui divisé par $13 = 60\ ^{12}/_{13}$, donc la takvorine valait à peu de chose près 0,61; c'est-à-dire, comme nous l'avons vu plus haut, le quart d'un besant staurat arménien. D'après le rapport de Pegolotti, on peut supposer que de son temps, c'est à dire vers la fin de 1339, la takvorine était une petite pièce qui valait le $1/_{16}$ du besant grec[4]. Le même auteur nous dit encore, qu'un marc arménien contenait 8 onces d'argent pur, avec lequel l'hôtel des monnaies

---

1. Voici le texte du décret du Sénat: « Super facto mercatorum Armenie ita deffinitum fuit quod solvebant Comuni de X Deremis pro quolibet Bizancio ad rationem de soldis 32 pro Bisancios; sic solventur de 12 Deremis pro Bisancio ad dictam rationem de Soldis XXXII pro Bizancio ». — *Senato Misti*, IV, 184.

2. Dans une pièce écrite à Ayas le 24 février 1279, les trois espèces de monnaies qui avaient cours alors, sont désignées en même temps: le *besant-staurat*, *nouveau-dram* et la *takvorine*, comme représentant le passé, le présent et l'avenir de cette ville maritime. Il est fâcheux qu'on n'y indique pas la valeur respective de ces mêmes monnaies.

3. Car les monnaies des autres villes avec lesquelles les Arméniens étaient en relation d'affaires, sont également comparées dans le même décret du Sénat. Je crois devoir transcrire ici le passage qui s'y rapporte: « Cum sepissime questiones veniant inter patronos galearum et navium et mercatores, de restis nabulorum, et occasione mensarum; vadat Pars, quod si dictis patronis restaret aliquid habere de naulis in Constantinopoli, aut occasione mensarum, debeant recipere in solutionem *Yperpera* I. pro Grossis XIII ÷ Et similiter in Tana et pro totam Gazariam debeant recipere *Asperos* XV pro Grossos XII. Et similiter recipiant in Trapesunde *Asperos cavalarios XIII* pro grossis XII. — Et hec scribantur Rectoribus nostris ad quod spectant, ut jus tribuant habentibus, si questio coram *eos* moveant.

« Capta. Et simili modo observetur in Cypro et Hermenia de nabulis et mensa, quod accipi debeant in Cypro pro grossis XII Bisancios albos II ÷, et in Hermenia pro grossis XII *Taculinos* XIII ». — *Senato Misti*, XV, f.º 66.

4. Ce besant paraît avoir alors diminué de valeur et être descendu à 7 francs.

fabriquait 91 takvorines. Quant aux autres marcs des différentes nations, ils fournissaient 109 et même 115 takvorines, c'est-à-dire un cinquième de plus que le marc arménien; et, comme ordinairement un marc de ce temps-là correspondait à 59 ou 60 francs, si nous prenons le minimum de la valeur intrinsèque des takvorines chacune de ces pièces correspondrait à 53 centimes.

Ce résultat semble confirmé par un fait historique. En 1323, le sultan d'Egypte, après avoir ruiné Ayas, imposa aux Arméniens un tribut de 1,200,000 pièces; et, comme la pièce qui avait cours alors était la takvorine, les Occidentaux et le pape Jean XXII, dans leurs lettres, réduisent cette somme à 50,000 florins d'or; ce florin équivalait donc à 24 takvorines; comme il valait 12 francs, cette dernière valait donc un demi-franc, Dans un ordre et une lettre authentique datés du 17 juin 1333, le Doge de Venise, mande à son ambassadeur auprès du roi Léon, de prier ce dernier de bien vouloir accepter le ducat d'or pour 24 takvorines, à cause du manque d'argent, la takvorine ne valait donc plus qu'un demi-franc, si l'on compte le ducat pour 12 francs [1].

Les pièces d'argent qu'on a trouvées aux noms de nos derniers rois, sont assurément des takvorines. Ces pièces sont défectueuses soit dans leur poids, soit dans leur format et contiennent moins d'argent que les monnaies correspondantes de nos premiers rois qui sont plus pures. Le n°. 8 de notre planche, représente une pièce d'argent plus petite, portant les noms de Héthoum et de Zabel. Elle paraît valoir un demi-dram ou un huitième de besant staurat. Elle porte en effet, sur sa face, une croix que tient le lion dans sa patte. Elle pèse 1 gr. 50 et pouvait valoir environ 30 centimes comme le soldo du ducat vénitien.

Pour en finir avec la takvorine, je rappellerai encore que, dans le même décret de l'an 1279, année où il est parlé pour la première fois de la takvorine, les deux noms de dram et de takvorine se trouvent joints ensemble, l'un qualifiant l'autre : « Habuit a me... da-

» remos quindecim tacorinos ». — Ajoutons encore que Pegolotti croit que la takvorine équivalait à l'aspre [2] de Tabris qui était le $1/6$ du besant de cette capitale de l'Aderbedjan, et comme cette petite pièce était, dans les derniers temps, très répandue dans le commerce à Ayas, on peut se faire une idée de la quantité de takvorines mises en circulation [3].

On retrouve de grandes et de petites pièces de bronze de Sissouan. Les plus grandes, comme poids et comme format, sont presqu'aussi grandes que les pièces de deux sous modernes, cependant elles sont plus minces. Les meilleurs spécimens, que nous possédons pèsent 6 grammes 600, tandis que la pièce de deux sous pèse 7 gr. 700. Les Occidentaux donnaient le nom de Carats à leurs pièces de bronze ainsi qu'aux nôtres; nos ancêtres les appelaient Kardèze քարդէզ. C'est le nom que leur donne Sempad dans ses Assises, où il les compare avec d'autres pièces et dit : « 18 kardèzes font » un sol et demi »; donc le sol équivalait à 12 kardèzes et chaque kardèze à un denar, դենար, arménien, denier des Français, qui valait 0,05 ou 0,04 $4/5$. Le nouveau dram des Arméniens se divisait en 12 kardèzes. En 1279, à Ayas, un Génois écrivait dans son testament : « Confi- » teor me habere in pecunia numerata Dare- » mos mille sexcentos decem et octo, et De- » narios decem et dimidum novos de Arme- » nie »; c'est-à-dire des kardèzes arméniens. On appelait encore cette petite monnaie : Siliqua, ou comme les Arabes, Kharoub, au pluriel : Kharerib; c'est le Cherate grec, dont les Latins ont tiré leur Cratonia, (noyau de caroube). Les Occidentaux ont fait du mot arabe leur mot Charublos ou Karubius, par abréviation Chros, que l'on trouve dans un acte relatif aux Génois, portant la date de 1271 et dans lequel il est dit que ces derniers volèrent à Coricus 22,797 besants et 7 Chros. De même le privilège arménien de Léon II, en 1288, porte : քր. kr. (kardèze), que la traduction latine a rendu par Karubius et quelquefois aussi à tort par deremos.

La takvorine se divisait en 10 deniers, selon

---

1. Committetur etiam dicto ambaxatori, quod procuret obtinere, suo posse, quod ducata auri recipientur pro Taculinis XXIV pro quolibet. — Senato Misti, XVI, 14-15).

2. La monnaie la plus courante de cette époque était l'aspre qui avait différentes valeurs selon les lieux : à Tana, (sur la mer d'Azof), elle valait 39 cent., d'après Cibrario; à Trébizonde, où elle s'appelait aussi

Cavalli, elle en valait 42. Celle de Tabris paraît avoir été la plus grande, bien que le décret de Venise (voir la note) dise que celle de Trébizonde valait davantage.

3. Un marchand vénitien, nommé Servo-Dei, déclare en 1380, dans un de ses comptes, que les Arméniens lui étaient redevables, entre autres monnaies, de la somme de 46,601 takvorines, en cinq sacs.

Pegolotti, ce qui prouve une fois de plus que la takvorine était les 5/6 de la monnaie nouvelle qui se composait de 12 deniers. En regardant cette dernière et la takvorine comme 60 ou 50 centimes il faut tenir le kardèze, comme valant à peu près 5 centimes et par conséquent la grande pièce de bronze (n°. 12 de notre pl.) pour un *double kardèze*. Mais si nous prenons le dram pour un demi-besant, il faut prendre aussi le kardèze pour 10 centimes.

Il existe encore d'autres petites pièces de bronze : des quarts de kardèze que nous appelons *pogh*, (փող, sous). Enfin, la petite pièce de bronze de Sempad [1], correspond au *Tung* des Arabes, qui se divisait en 4 *roub* ou *raba*, (voir le n°. 14).

Pour récapituler tout ce que nous venons de dire, je vais dresser un tableau de toutes les monnaies arméniennes avec leurs formats, poids et valeur en les comparant avec quelques monnaies étrangères ; mais je fais des voeux pour que l'on puisse retrouver encore d'autres monnaies de Sissouan, et les étudier plus à fond et plus sûrement.

MONNAIES	POIDS EN GRAMMES	VALEUR EN FRANCS	
Or. - Pièce de Léon Ier.	7	21	
» » Héthoum Ier, et			
» » Léon II	4,80	15	
» » Constantin II	3,60	12	
Besant-sarrasin d'Alexandrie	4,10	14	
» Eyoubite de Damas	4,54	15	
» Soury (Syrie)	3,93	13	
» Sarrasin d'Acre	3,30	9	
» Blanc de Chypre	3,87	4,80	
» Sarrasin-staurat arménien		2,25	
Argent. - Le grand pogh ou le gros de Chypre	6	2,37 ou 2,40	Cette monnaie, contient plus de 7/10 d'argent pur. Les pièces bien conservées, sont au titre de 0,420.
Double dram, arménien ancien	4,65	1,13	
Nouveau-dram moyen			
» jusqu'en 1316	2,90	0,85	
» après 1316		0,75	
» plus tard		0,57 ou 0,60	
Takvorine primitive	2,48	0,62	De Simoni, le savant génois, croit trouver dans la takvorine 1/65 de plus d'argent pur que dans la pièce de 0,50. Dans cette petite pièce, l'argent est au titre de 0,21.
» plus tard		0,49 ou 0,50	
Le 1/2 dram de Héthoum et de Zabel	1,56	0,30	
Drachme des Croisés	2,60		
» » petit	1,20		
Bronze. - Kardèze ou grand denier	6,70	0,10	
» » petit denier		0,04 9/10	
Pogh		0,01 1/4	

1. Mekhitar Koche, qui écrivait quelques années avant le règne de Léon-le-Grand, dit, dans son code de lois, au chapitre CIV. 250, que la pièce d'or vaut 6 deniers, ou 24 *tassous*, ou 72 grains ; c'est-à-dire que la pièce d'or se divisait en 6 deniers de 4 *tassous* et le tassou en 3 *grains*. Dans quelques manuscrits il est écrit *kardèze*, au lieu de *denier*. D'autres auteurs après Mekhitar Koche, disent que le dram, au lieu du besant, équivalait à 6 deniers. Je citerai en passant, tous les noms des monnaies en usage dans la Grande Arménie au milieu du XIVe siècle ; un de nos écrivains cite : le *Pogh*, փող, le *dram*, դրամ, l'*Abaghi*, ապաղի, le *Ghazani*, ղազանի, (noms des khans Tartares) ; le *rouge*, կարմիր, et l'*araphadi*, արափադի (?). Le même auteur cite la *pièce d'or*, et dit qu'elle valait 10 poghs. Dans les derniers temps, le *Ghazani*, était regardé comme le 1/14 du besant grec *yperpérus*. L'un de nos chroniqueurs dit en 1299 : « Les Grecs ont inventé une nouvelle » monnaie qu'ils nomment *Ghazanine*, et la monnaie » du sultan n'a plus cours chez eux ». — Pegolotti cite la pièce d'or *Casanini* et dit qu'elle valait un peu moins que le ducat qui valait 28 carats, tandis que le Casinini n'en valait que 23 1/8.

Après avoir comparé les anciennes monnaies avec les nouvelles, il nous reste à indiquer leur valeur réelle, depuis les premiers jusqu'aux derniers temps. Les économistes y ont trouvé de grandes différences, mais il faut remarquer que l'agio de l'or et de l'argent était bien plus considérable pendant le moyen âge; non parce que ces métaux précieux étaient rares, mais parce que souvent on s'en servait pour faire des vases et autres ustensiles. En revanche tous les autres objets étaient à bon marché; les prix de la nourriture, les vêtements et du reste étaient très peu élevés. Cependant tous les écrivains ne sont pas d'accord dans l'estimation, soit de la monnaie, soit des marchandises, sous le règne des Roupiniens. Quelques-uns prétendent que l'or et l'argent valaient sept fois plus qu'aujourd'hui, et ont une mauvaise opinion du prix des marchandises de cette époque. Ils disent, par exemple, que si, maintenant, avec une pièce d'or on peut acheter un quintal de blé, dans les XIII° et XIV° siècles, on pouvait en acheter sept quintaux. D'autres affirment que l'or et l'argent ne valaient alors que le double d'aujourd'hui. Dans ce cas-là, le tableau que nous avons dressé, serait assez exact.

Quoi qu'il en soit, si l'on pouvait retrouver les comptes des entrées et des sorties des marchandises, pour Ayas et pendant une année seulement, je ne doute pas qu'on ne fût très étonné. Les Archives de Venise renferment quelques pièces qui nous en donnent une idée. Un de leurs baillis, Grégoire Dolfin, écrivit, en 1312, au doge, que vingt-sept ou vingt-huit marchands de la république avaient trafiqué pour 385 ou 400 mille *nouveaux-drams*, et il indiquait la part de chacun prise dans ce trafic. Le même bailli nous fournit un autre exemple avec plus de détails; c'était le droit du bailli de prélever le 0,50 pour cent; sur toutes les ventes conclues; au bout d'un an et demi, ou de deux ans au plus, il avait déjà reçu 60 lires grosses. Or, la lire grosse valait 10 ducats d'or, et le ducat, 12 francs: $10 \times 60 = 600 \times 12 = 7200$; il avait donc reçu 7200 francs, en percevant une demi pour cent sur le prix des ventes effectuées. D'où nous pouvons estimer que les marchandises vendues représentaient plus de deux cents fois cette valeur, c'est-à-dire 1,440,000 francs. Ce n'était encore là que le trafic des Vénitiens; si nous y ajoutions celui de toute cette multitude de peuples que nous avons nommés déjà ailleurs, à combien de millions ne devaient pas s'élever les sommes perçues par Ayas pour les droits d'entrée et de sortie de ces quantités prodigieuses de marchandises, inscrites sur les livres de la Douane! Quelle variété de monnaies devaient être apportées à Ayas! Quelle quantité de marchandises devait s'amonceler sur les quais et dans les dépôts de cette ville [1]!

J'ai trouvé peu de notices concernant les droits et les revenus; tout ce que je cite je l'ai puisé dans le privilège de Léon II aux Génois, donné en 1288. Dans ce privilège il n'exige, pour bien des espèces de marchandises, que le seul droit de courtage, մակսորդութիւն. Les droits perçus pour les objets dont nous donnons ci-dessous la nomenclature, sont cités séparément en monnaies arméniennes.

---

1. Nous n'avons pas à nous occuper ici spécialement des revenus royaux, aussi ne dirons nous seulement, d'après ce que nous savons et d'après ce qu'en ont rapporté les Occidentaux au pape, en 1325, qu'on avait établi à Sissouan une taxe personnelle: chaque homme au-dessus de 20 ans devait payer un besant sarrasin d'or. Au dire du connétable Sempad, les céréales étaient soumises à la dîme: « Les terres, dit-il, rendent un pour dix ». Parmi le bétail, il ne mentionne de taxe que pour le mouton: « le Baron en reçoit » un pour dix », et il ajoute en général pour toute » autre marchandise: « voici l'étendue réelle des con- » tributions; de tout ce que Dieu a donné, il (le » baron) en retire le un pour cinq ». Cet impôt régulier nous fait voir la régularité avec laquelle la taxe des marchandises avait été composée; car d'après les paroles du législateur: « le tarif règle tout » et il appartient au roi », c'est-à-dire que ce sont les rois qui doivent l'établir. Mais de quelle manière? — « Le roi doit convoquer les gouverneurs de » toutes ses provinces, et tous ses princes, chaque » automne, vers la fin de l'année, afin de pouvoir » se rendre compte de l'année qui vient de s'écou- » ler, et fixer, pour l'année nouvelle, les divers ta- » rifs des marchandises qui vont entrer dans le com- » merce enfin pour comparer les années de disette et » les années d'abondance, afin que ni les vendeurs » ni les acheteurs ne soient lésés, et que tout le » pays soit équitablement administré ».

Le même législateur, dit pour toutes les marchandises en général: « Il faut savoir que c'est le baron » qui fixe les taxes pour les trafics et les marchandises, » soit dans la ville, soit hors de la ville, leur droit » (à payer), leur volume (ou leur quantité) et leur » poids, et, enfin, tout ce qui s'y rapporte. Ce sont » le duc et le *Moutkhassib* (l'intendant) qui exercent » les poursuites si tout n'a pas été effectué régulière- » ment et fidèlement ».

Chaque cheval ou mulet
(vendu et retiré) était
taxé de . . . . 4 Bes. Staur.
Âne . . . . 5 nouv. drams
Bétail . . . . 3 bes. et 1 kar.
Mouton . . . . 4 kardèzes.
Peau de buffle et autres . 6 »
Tonneau de vin ou d'huile . 1 bes. stau.
Pièce de bois, au passage
d'un fleuve . . . . 2 »
Bois, par perche . . . . 18 kardèzes
  » par filakh . . . . 4 »
  » par double-filakh . . 13 »
Charge au passage par bateau . . . . ½ besant.

Passage par Ayas et Gouglag.

Soie filée, la charge d'un chameau 25 kardèzes
Indigo, Epiceries, etc. . . . . 25 »
  » » la charge d'un mulet 19 »
  » » » » âne . 16 »
Poivre, gingembre et brésil, la
  charge d'un chameau . . 20 »
Toile des Francs, la charge
       d'un chameau. 20 »
  » » » » mulet . 15 »
  » » » » âne . 20 »
Coton, sucre, mercure, (կապիճ),
  bronze, corail, la charge
       d'un chameau. 15 »
        » mulet . 12 »
  » » » âne . 9 »
Savon, la charge d'un chameau 10 »
  » » » » mulet . 8 »
  » » » » âne . . 7 »
Blé et orge . . . . . . 4/100 »
Fer . . . . 1/100 »

Pour ne pas désigner toutes les marchandises soumises aux droits arméniens, je ne mentionnerai que ce qui a été établi par les Assises de Jérusalem, à la fin du XIIe ou au commencement du XIIIe siècle, (Assise de la Cour des Bourgeois, ch. 242), où l'on voit qu'en général l'impôt était prélevé à raison de 10 pour %, ou d'après Sempad, à raison du dixième.

100 Besants de Poivre, 11 Besants 5 karoubs
 » » Coton, 10 » 18 »
 » » Laine, 11 » 10 »
 » » Encens, 8 » 19 »
 » » Soie, 11 » 5 »
 » » Gingembre 4 » 4 »
 » » Cire 11 » 5 »
 » » Blé 10 » 5 »

Parmi les marchandises au poids, Sempad ne parle que du sucre; on payait 4 besants-sarrasins pour la charge d'un chameau, et un *rabouin*, c'est-à-dire un tiers de besant, pour la charge d'un mulet. Le droit sur le sucre qui entrait par mer était du ^{10}%, comme nous l'avons dit tout-à-l'heure.

Cinquante-deux ans après que Léon II eut publié son décret, son petit-fils Léon IV, fait voir dans la liste des sommes que lui doivent les Vénitiens, que le droit pour chaque rotole de coton qui sortait du pays, était d'une takvorine, en moyenne. Le même Léon, en 1333, fixe l'impôt des marchands de vin à une takvorine, par semaine, mais il en exemptait les Vénitiens. On devait payer encore un *nouveau-dram* pour chaque *veges* (vase de vin ou de vin doux), soit qu'on le vendît, soit qu'on l'achetât, et deux drams quand on le faisait sortir du pays. Les Vénitiens étaient encore exemptés de ce droit.

Tous les documents dont nous parlons suffisent pour faire comprendre les sommes que rapportaient à la douane d'Ayas et au trésor royal, les entrées et les sorties des marchandises; c'est ce qui nous en a fait parler si longuement. Pour finir nous allons rapporter le Privilège de Léon II aux Génois, et nous reviendrons ensuite à Ayas pour la saluer une dernière fois.

Voici ce privilège selon l'ancienne traduction latine, dont l'original est conservé dans les archives de Gênes et auquel il ne manque que le titre et le sceau d'or.

[Hoc est exemplum cujusdam exemplari privilegii, seu convencionis regis Armeniorum scriptum in quondam papirum].

In nomine Patris et Filii et Spiritus Sancti, Amen. Hoc est altum preceptum nostrum regale, et privilegium celsitudinis [1] quod ego,

---

1. certitudinis, dans le *Liber jurium*, des Archives de Turin.

Leo, legalis servus Dei et per gratiam ipsius, rex Armenie; ex eo quod damus potenti comunis Janue, ad requisitionem honorabilis et prudentis [viri[1]], et nobilis vicarii comunis Janue, citra mare, et specialis et legalis amici nostri, domini[2] Benedicti Zacarie[3], pro mercatoribus Januensibus, quod debeant esse eorum consuetudines in hunc modum : Primo, civitates nostre que sunt in manibus nostris, drictus noster erit sicut in Layacio, preter in illis locis qui nominantur in privilegio. Et omnia que venduntur[4] in platea cum censario, vel domo, non solvant aliquid nisi censariam. Vinum possent vendere in vegetis vel in parge, et specialiter oleum vendent in vegetis vel jarris, quod venditur sine pondere, nichil ex predictis solvant, nisi censarie *I* daremum, *I* pro vegete. Item, de sclavis quos[5] emebant et extrahebant extra regnum et solvebant drictum, non inde debeant solvere dricturam ; sed si emunt sclavum qui sit christianus, quod jurent ipsum non vendere Sarracenis, vel aliqui persone quod credant quod ipsum vendant Sarracenis. Item de lignamine, ex quo dabunt drictus de barzana[6], daremos[7] *xviij*, et *de jancono*[8] daremos *iiij*, et de duplicio daremos *xiij*, et ultra hoc, unum per centum; id quod solvebunt unum per centum, non solvant, sed residuum solvant. Item de frumento et ordeo[9] quod ferebatur per mare, accipiebatur ab illis *iiij* per centum, et ultra censaria ; id quod solvebatur *iiij* per centum, non solvant, sed solum censaria. Item de bestiis quas extrahebant extra Armeniam, solvebant de equo bissancios stauratos *iiij*, et de mullo bissancios *iiij*, de asino daremos *v*, de bove daremos *iij* et karobius *I*, de montono, daremos *iiij*, de corio bufali daremos *vj*, de corio bovino daremos *cj* ; istas dictas dricturas non debeant solvere. Et omnes gallinas et ova que emant et extrahant, non debeant solvere dricturam. Et illos arboragios[10] quos accipiebant ab illis ad fuces[11] daremos *ij* pro omni arbore non debeant accipere ab illis[12]. Specialiter bestie, id quod emunt, quod non debeant solvete, nisi censariam. Et ferrum ubi emunt, non debeant solvere nisi *I* per centum. In passagiis barcarum debeant solvere dar. ¹/₁ de sauma. Et hec, Januensis quod[13] furetur et sit latro de qua lingua velit, et rauba inveniatur, quod non debeant accipere tzarcam[14]. Et de mercatoribus quando veniebant, aperiebant esis capsias et scribebant eorum raubam ; non debeant aperire eorum capsias, nec sigillare, nec scribere eorum raubam. Et pro mercatoribus Januensibus qui non recognoscantur quod sint Januenses neofilios Januensium, consul, cum suis bonis hominibus debeant videre probas, si est Januensis vel filius Januensis[15], et mittat suum nuncium cum suo baculo, ad pasidonum[16], quod debeant ipsum expedire ad presens, et quod debeant scribere nomen consulis et testium in nostra curia ; et ex eo quod ipsi retinebant raubam mercatoris quousque ibat apud Tarso ad passidum, ad apportandum literas ad minaban[17], non debeant retineri. Et si Januensis decedat sine testamento, quod nostri officiales[18] non debeant ponere manus in suis rebus, sed comune debeat accipere suas res et facere secundum consuetudinem eorum. Item de passagio, quod debent solvere inter Aiacium et Gogulat[19] sit in istam mayneriem[20] quod

---

1. Ce mot manque dans les msc. du *Liber jurium*. On trouve dans le texte arménien le mot իշխան, « prince », dans le recueil: *Historiæ patriæ monumenta*, celui de *comandante*. Le mot *vir*, que nous y avons substitué, est la traduction adoucie du mot arménien du texte original.
2. Ce mot manque dans le *Liber jurium* de Turin.
3. Zacharie, dans le *Liber jurium* de Gênes.
4. vendunt, dans le *Liber jurium* de Gênes.
5. quod, dans le *Liber jurium* de Turin.
6. պարզանակ, dans le texte arménien.
7. քր. que St. Martin avait traduit par *khori*, en arménien, քորի ; ce mot n'est pas arménien. Il est probable que l'abréviation քր. s'applique au kardèze ou au kharoube, comme cela a été dit précédemment.
8. կանգուն, dans le texte arménien, signifie une coudée.
9. hordeo, dans le *Liber jurium* de Turin.
10. alboragios, dans le *Liber jurium* de Turin.
11. Lisez: fauces.
12. non debeant solvere nisi 1 per centum, dans les *Historiæ patriæ monumenta..*
13. Et hec Januensibis qui, dans le *Liber jurium* de Turin.
14. tierciam, dans le *Liber jurium* de Turin.
15. Januensium, dans le *Liber jurium* de Turin.
16. բաժանք, dans le texte arménien, « péage »,
17. Les capitaines du port de Lajazzo sont plusieurs fois cités dans les actes des rois d'Arménie.
18. ufficiales, dans le *Liber jurium* de Turin.
19. Կուկլակ, dans le texte arménien. Le fort de Gouglag est mentionné par Sempad, comme un des fiefs du royaume. Il appartenait, à l'époque de Léon II, au baron Sempad. Les ruines de ce château se voient à présent encore sur le rocher qui domine le passage des Portes de Cilicie, appelé aujourd' hui Kulek-boghaze. C'est le mot Gouglag, qui est resté dans l'appellation actuelle de Kulek. *(Voy. en Cilicie*, pg. 302.
20. in ista meynerie, dans le *Liber jurium* de Turin.

dent de serico, de sauma gamelli, daremos *xxv*; et de pannis de seta, de sauma gamelli, daremos *xxv*; et de endico et de speciariis [21], preter de pipere, gingibere et de brazili, dent de sauma gamelli daremos *xxv*, et de sauma muli daremos *xviij*, et de sauma asini daremos *xvj*, et de pipere, zinzimbre et brazilli, de sauma gamelli daremos *xx*, et de omnibus pannis qui inde exeunt, grossi et subtiles, et omnes telle que exeunt inde, grosse et subtiles, solvant de sauma gamelli daremos *xx*. Et iste dicte res que solvunt daremos *xx* de sauma gamelli, solvant de sauma muli daremos *xv*, et de sauma asini daremos *xij*. De cotono, de zucharo, de argento vivo, de corallo, de stagno, de ramo et de omnibus aliis rebus, dent de sauma gamelli daremos *xv*, et de mulo daremos *xij*, et de asino daremos *ix*. De sapone de sauma gamelli daremos *x*, de sauma muli daremos *viij*, de sauma asini daremos *vij*. Et penes hec nullus habeat segnorias de illis qui sunt obedientes nostro regno, nec de magnis, nec de parvis, contra nostrum preceptum regale contradicere, nec comuni Janue forciam facere, nec destinenciam nec dricturam petere, sed in illa manerie debeat remanere stabiliter sicut precepimus. Ideo donamus nostrum altum preceptum regale, et nostrum nobile privilegium, et per specialem certidudinem posuimus scriptum de manu nostra, sicut consueti sumus scribere, in M^o [22] Armeniorum $DCC^o\ XXX^o\ VII^o$ in parvo $M^o\ II^o$ [23], in mense decembri, die *xxiij*, et est confirmatum voluntate Dei.

Scriptum fuit per manum *Aitoni* cancellarii, servi Dei et sancti regis, qui fecit hoc donum.

Item si aliquis Januensis qui sit habitator terre [nostre] et accipiat heritagium cum uxore, ex parte uxoris sue, vel qui habuerit in donatione, et ipse decesserit ab intestato et sine herede, omnes sue res, preter heritagios, debeant reddire in manus comunis, et heritagium debeat reddire in manus curie.

✠ Leo, Rex Armenie.

De *Ossino*, proximo: Sciatis, honorate capitane pasidonii de Ayacio, barono *Pagorano*, et *Bedrois* [24] camerlingo et scribe, quod rex, Deus sibi det vitam! dedit privilegium honorabili communi Janue, et sicut vobis stabilitum est quod non deberetis expedire aliquem qui haberet privilegium, ipsi portaverunt michi privilegium, et legimus illud et intelleximus, et precepimus quod esset scriptum nobis: illi portant vobis privilegium; precepimus vobis quod debeatis accipere et intelligere et facere scribi vobis, et duca [25] similiter debeat scribere sibi, et debeatis facere sicut precepi, ut est preceptum in privilegio.

كتاب الملك ابن العباس ابن ماهر. [26]

Ego Rollandinus de Richardo, sacri palatii notarius, hoc exemplum...

Autographe authentique de Léon II, roi des Arméniens.

21. speciarum, dans le *Liber jurium* de Turin.
22. Modo, dans le *Liber jurium* de Turin; il faut lire sans doute *millesimo*.
23. Cette expression a ici le sens d'indiction; en effet l'indiction constantinopolitaine commença en 1288, le 1ᵉʳ septembre.
24. Պետրոս, «Pierre».
25. Le duc de la connétablie, ou assesseur du connétable.
26. Écrit par Mélik, fils d'Abbas fils de Maher.

Plus les Arméniens s'enrichissaient par cet immense trafic avec les Occidentaux et plus leurs relations avec ceux-ci devenaient intimes, plus s'envenimait la haine des Egyptiens contre eux. La nouvelle reine de la Mer arménienne, Ayas, commençait à faire une terrible concurrence à Alexandrie. Les sultans essayèrent mainte fois d'entraver sa prospérité, ou de s'en emparer par les armes, ou au moins de conclure des traités qui leur eussent donné droit à des parts de bénéfices.

Ce fut d'abord le sultan Bentoukhtar qui dévasta Ayas, pendant les années 1274 et 1275. Deux mille habitants de cette ville ayant voulu se sauver sur des vaisseaux, furent engloutis dans un naufrage. Quelques années plus tard, vers la fin de 1281, le sultan Kélaoun-Mansur, envahit le territoire d'Ayas ou permit aux Turcomans et aux Kurdes d'y faire une incursion, enhardi par la victoire qu'il avait remportée le 30 octobre, devant Hems, sur les Tartares dont les Arméniens étaient des alliés. A l'approche de l'ennemi qui dévastait tout, les habitants d'Ayas se retirèrent dans le fort de mer de leur ville, qu'un historien appelle la Nouvelle forteresse[1]; mais le pays fut entièrement saccagé. Comme les envahisseurs s'en retournaient avec un grand butin vers les régions de Thil Hamdoun, les Arméniens, embusqués dans les défilés, tombèrent sur eux et non seulement leur arrachèrent leur butin, mais les mirent en pièces, et envoyèrent au Khan Abagha les armes de leurs ennemis communs, ainsi que leurs têtes non rasées[2]. En même temps, les chrétiens alliés des Arméniens, ayant appris que la ville d'Ayas était en grand péril, dépêchèrent à leur secours cent Chevaliers; mais j'ignore s'ils arrivèrent à temps et s'ils firent quelque chose.

Vingt ans après, le 19 juillet 1305, au dire du continuateur de l'historien Sempad, « l'ar» mée arménienne et le baron des Grecs Kha» zandjoukh, (gouverneur des Tartares), taillè» rent en pièces, près d'Ayas, l'armée égyp» tienne qui avait une cavalerie de 14,000 hom» mes ». Selon d'autres, ces cavaliers n'étaient qu'au nombre de sept mille. Après ce hardi coup de main Héthoum II, celui qui plus tard devint religieux, s'excusa auprès du sultan,

l'apaisa et fit si bien qu'il l'amena à conclure la paix.

Quinze ans plus tard, en 1320, « il y eut » des troubles; car des troupes égyptiennes » dévastèrent la Cilicie, et les soldats armé» niens mirent en pièces les soldats égyptiens » près de Parikarg (?) et aux alentours de » Ayas ». La même année, le roi Ochine vint à mourir, et ce fut le jeune prince Léon IV qui lui succéda; alors les Egyptiens firent, à trois ou quatre reprises, des invasions dans différentes régions du pays de Sissouan. Deux ans après, pendant le mois d'avril 1322, renforcés par le Tartare Dimourdache et les Turcs, ils arrivèrent comme un ouragan et se ruèrent sur Ayas, avec une armée de 30,000 hommes, ainsi que le rapporte le pape Jean,[3] et, après un siège rigoureux, ils s'emparèrent du fort de terre. Le fort de mer ne fut pris, le 23 avril, qu'après une lutte acharnée et bien des assauts; car ce château, que les historiens arabes appellent *Atlas*, avait selon leur propre dire, des bastions épais de douze aunes, et des portes de bronze doublées de plomb.

Un de nos chroniqueurs écrit à ce propos, en parlant des Egyptiens: « Ils vinrent avec » beaucoup d'hommes dans le pays des Armé» niens, et, après avoir saccagé *la grande et » célèbre* ville d' *Aegéas*, ils mirent le feu *au fort*. » Ils en emmenèrent un grand nombre de » chrétiens et passèrent le reste au fil de l'é» pée ». Cependant bien des gens d'Ayas purent s'échapper et allèrent se réfugier à Chypre, en s'embarquant sur des vaisseaux chypriotes, que le roi Henri avait envoyés à leur secours, sans vouloir se rappeler qu'il avait naguère été le captif et le prisonnier des Arméniens. L'auteur de la fin de l'histoire de Sempad dit brièvement: « Ils assiégèrent » (Ayas) et occupèrent le mina (le port)[4]; où » ils firent prisonniers beaucoup de chrétiens ». Un autre chroniqueur contemporain dit également en quelques mots, mais plus exactement: « Dans le mois d'avril, les troupes du » sultan d'Egypte pillèrent le mina d'Ayas, » et, douze jours après, le fort *Djezor*, Ճզր ». Il n'écrit pas ce dernier mot tout entier, et je pense qu'il veut signifier l'île par le mot arabe *djéziré*.

Nersès Balon, historien et traducteur de

---

1. Castellum Novum ascenderunt in medio mari extructum.
2. D'Ohson, Histoire des Tartares. III, 585.
3. Lettres de Jean XXII; Liv. 20, Décembre 1322.

4. L'éditeur Chahnazar a pris par erreur le mot *mina*, qui ne désigne que le port, pour la ville elle-même. Dulaurier a reproduit d'après lui cette même erreur.

cette époque, fait un récit plus détaillé de la prise d'Ayas, bien qu'il n'y ait pas beaucoup d'ordre dans tout ce qu'il raconte : « Après » la mort du pieux roi d'Arménie, Ochine.. » Damourdache, à la tête de plus de trente » mille cavaliers et de nombreux fantassins, » c'est-à-dire avec toute son armée, entra » par force dans le pays d'Arménie, en Cili- » cie, tua, pilla et se fit un immense butin. » Malgré ses efforts pour se rendre maître de » quelques forteresses, il ne put y réussir. Tou- » tefois ce Tartare eut à essuyer bien des » pertes de la part des Arméniens, au passage » des défilés, et si Damourdache n'avait pas » dit : Je viens en ami et pour rendre une vi- » site, et si les Arméniens n'avaient pas eu » peur de les attaquer ouvertement, ils les » auraient tous exterminés. Damourdache par- » vint donc à s'échapper des mains des Ar- » méniens ; comme on était en hiver, mais » que le printemps approchait, vers le 20 du » mois d'avril, l'armée du sultan, qui comp- » tait 40,000 cavaliers et autant de fantassins, » entra dans le pays des Arméniens et se di- » rigea sur la ville d'Egéa, qui est Ayas. Le » lendemain, jour de la Saint-Georges, le 23 » avril, ils s'emparèrent des forts du mina ; » car la mer s'était retirée et l'eau était bas- » se, et les Arabes, qui étaient venus du côté » de la mer, coupèrent le chemin qui condui- » sait dans le fort intérieur ; aussi personne ne » pouvait passer de ce côté ; ils firent donc un » grand nombre de prisonniers et prirent un » immense butin. Ensuite ils assiégèrent le don- » jon du château, dressèrent des balistes et le » détruisirent complètement. Ayant abattu tou- » tes les portes et les *betchkaïats* (ou *betchknu-* » *tes*)[1] de la ville, ils en firent un pont qui » s'avançait dans la mer, jusqu'auprès du fort, » et de là ils lancèrent des flèches ardentes » (rougies au feu) sur les hommes qui se lais- » saient voir sur les crénaux ou aux portes ; » aussi le combat fut-il meurtrier des deux cô- » tés. Le roi de Chypre envoya neuf galères au » secours (des assiégés), mais elles causèrent » plutôt leur perte qu'elles ne servirent à les » sauver, car tous ceux qui s'enfuyaient du » fort, ces galères les recevaient avec tout » ce qu'ils emportaient ; si bien qu'il ne resta » plus aucun des habitants dans la forteresse, » car tous s'étaient réfugiés avec leurs biens » sur les vaisseaux. En même temps que tout » cela s'accomplissait, pendant la nuit, ils » mirent le feu au fort, l'abandonnèrent et » gagnèrent le large. C'est ainsi qu'Ayas, avec » ses deux châteaux, tomba aux mains des » Arabes. — La triste nouvelle en étant parve- » nue au pape Jean, il envoya trente mille » florins d'or pour reconstruire les châteaux » d'Ayas. Les Arméniens ayant reçu cette som- » me et y ayant ajouté *encore beaucoup*, réé- » difièrent leurs remparts, les rendant *plus soli-* » *des et plus* hauts encore qu'auparavant ». Mais seize ans plus tard, dans le cours de 1340, les Arabes revinrent, plus menaçants, pour exterminer les Arméniens. Ceux-ci effrayés li- vrèrent facilement la ville d'Ayas, toutes les forteresses et le pays qui était de leur côté (c'est à dire au delà du fleuve Djahan) ».

Le même chroniqueur ajoute autre part à propos des sommes qu'avait envoyées le Pape : « Le même pape Jean, lui et son collège de » cardinaux se cotisèrent entre eux ; les car- » dinaux versèrent ensemble douze mille flo- » rins et le pape dix-huit mille, ce qui fit » trente mille, que le pape envoya pour la » reconstruction d'Ayas. Ce que les Armé- » niens exécutèrent : ils reconstruisirent le fort » d'Ayas plus fort et plus beau ». Dans un autre manuscrit du même historien, il est dit plus clairement : « Le 23 avril, ils (les Egyp- » tiens) s'emparèrent du fort, du mina (du port) » et de la ville d'Ayas, et firent un grand nom- » bre de prisonniers ; après 23 jours (de siège), » ils se rendirent maîtres du fort de la mer. » que les Chrétiens avaient abandonné en s'en- » fuyant. Deux ans après cela les Arméniens » et les Arabes firent la paix ».

Le docteur Basile du couvent de Macheguévor, qui écrivait pendant ce temps là ses commentaires de l'Evangile de Saint Marc, traite, dans quelques passages de ses discours, des calamités de cette époque ; il voudrait en même temps ranimer le courage des Arméniens. Voici un passage remarquable de son livre, bien que nous ne sachions pas au juste de quels lieux il veut parler : « Là, où une si grande multitude » de fidèles furent massacrés par les infidèles, » considère, combien ces lieux sont agréables » à Dieu. Les *forteresses* d'*Elia* et de *Djan-* » *galèse* ne sont pas moins célèbres que l'é- » glise de Nicomédie, où vingt mille mar-

---

1. Ce mot turc signifie, les volets des fenêtres ou les contrevents des maisons, ou encore les bagages ; il est dérivé des deux mots *badja* et *Kincth*.

» tyrs donnèrent leur vie sur le bûcher, pour
» Jésus-Christ ». Ne pourrait-on pas supposer
que le copiste ait commis une erreur en écrivant
Elia au lieu d'*Egéa?* Après avoir décrit la destruction et l'incendie d'Ayas, ce même auteur
raconte aussi l'invasion des Turcs à *Meloun*
où ils « mirent le feu à *deux forteresses* et brû-
» lèrent un grand nombre de chrétiens ». Sans
nous arrêter plus longtemps à ces deux nouveaux endroits, situés probablement entre Ayas
et Meloun, revenons à la reine de la mer arménienne, pour déplorer sa destruction, et nous
citerons les paroles du même docteur Basile
qui, voulant ranimer le feu de ses compatriotes, s'écrie : « Lorsque Ayas fut prise,
» nous crûmes que la terre allait être boule-
» versée et que nous allions être tous massa-
» crés, et nous en fûmes profondément affli-
» gés ». Dans la suite de son livre, parlant de
ce qui se passait un an après cette catastrophe, il dit avec plus d'énergie : « Maintenant
» le pays de la Cilicie paraît plus beau et plus
» attrayant dans son affliction..... surtout
» dans cette contrée où se commirent tant
» de meurtres et de carnage, et d'où se ré-
» pand à présent un parfum si odorant, que
» le Seigneur et Créateur de toutes choses,
» se complaît à cette douce odeur ».

Ces paroles sont consolantes : il ne les aurait
pas écrites s'il n'avait pas vu se relever au
bord des flots bleus sa chère Ayas, à la réédification de laquelle ne s'était pas opposé
le sultan dévastateur, Nassir. Fut-il touché du
sort de cette ville? ou bien la laissa-t-il relever par intérêt ou par crainte de représailles
de la part des Arméniens, dont une colonne
composée de 600 hommes s'était battue trois
fois dans la même journée, et avait si bien
résisté à une grande troupe, que celle-ci avait
été forcée d'appeler en aide les dévastateurs
des forteresses d'Ayas?

Une autre colonne de deux cents vaillants
Arméniens embusqués dans les défilés des montagnes, avait, elle aussi, tenu tête à dix-huit
mille cavaliers et en avait tué plus de six mille,
au dire du pape Jean, dans son bref, par lequel
il exhortait les chrétiens à courir au secours
des Arméniens. Non seulement le sultan Nassir permit de relever Ayas, mais il voulut
contribuer de ses trésors à son relèvement.
Il ne posa qu'une seule condition, celle de ne
pas reconstruire le fort de mer. Il exigea en
outre qu'on lui payât cent mille drams de
plus pour Ayas, outre le tribut annuel du
pays, qui se montait déjà à douze-cents mille
drams, ou cinquante mille florins d'or. D'autres disent, qu'il exigea la moitié des revenus de la douane d'Ayas. Si cela est vrai,
Ayas devait avoir alors un revenu de 200,000
drams, ce qui me semble bien peu ; je sais
bien que l'argent avait alors une plus grande
valeur : au cours de l'époque, cette somme représenterait 350 à 400 mille francs ; mais les
revenus des douanes royales, d'après ce que
nous en avons dit plus haut, devaient être
bien plus considérables.

Les encouragements du pontife romain et
les paroles consolantes qu'il adressa en particulier au jeune roi Léon, au bailli Ochine,
au clergé et au peuple, ainsi que ses subsides
en monnaies, — car il ordonna à ses nonces
de faire de sa part à la société des Florentins, un emprunt de trente mille pièces d'or,
et d'en attribuer une partie à la reconstruction
du fort maritime d'Ayas, sur quoi insistait beaucoup le Vénitien Sanudo, l'ami des
Arméniens[1], — tout cela, disons-nous, en
même temps que sa promesse d'envoyer une
autre croisade et sa recommandation de résister aux Egyptiens, tout cela encouragea les
Arméniens qui s'empressèrent de reconstruire
les deux forteresses d'Ayas. Ce qu'ils exécu-

---

1. Sanudo écrivit bien des lettres pressantes au Pape, à ses cardinaux et à d'autres grands personnages de l'Eglise, ainsi qu'aux Princes, qui pensaient envoyer une nouvelle croisade en Orient, pour les engager à venir en aide aux Arméniens, en même temps qu'à tous les chrétiens de l'Orient. Et, comme il disait aux cardinaux que, dans les cas difficiles, il fallait empêcher tout d'abord de plus grandes catastrophes ; il les priait d'envoyer plutôt des secours aux Arméniens écrasés par des tributs énormes, que de venir en aide aux Croisés pour la délivrance des lieux saints, et de mettre les Arméniens en état de fortifier leurs côtes. Sanudo priait encore d'autres personnages d'intervenir auprès du Sultan pour lui faire diminuer les impôts dont il écrasait les Arméniens et pour lui faire reconstruire Ayas. Il demandait au pape de recevoir avec bienveillance les ambassadeurs du roi d'Arménie, (le Frère Thadée entre autres), il le suppliait de se hâter d'accorder sa protection aux côtes de la mer, pour que les Arméniens trouvassent le moyen de reconstruire les forteresses d'Ayas, et il apportait comme preuve Notre Sauveur, qui bien qu'il ait livré les forteresses, avait voulu conserver la capitale des Arméniens, pour faire voir sans doute que les chrétiens ne devaient ni perdre courage, ni désespérer et considérer leur ruine comme complète, que Dieu avait permis aux musulmans de s'emparer de cette contrée pour que

tèrent d'ailleurs en peu d'années, ne faisant pas cas du traité d'alliance qu'ils avaient conclu pour 13 ou 15 ans et par lequel ils s'engageaient à ne plus recommencer les hostilités. Or, les deux parties adversaires s'accusaient réciproquement de l'inobservance du traité. Pendant huit années ils s'étaient mutuellement soupçonnés et avaient temporisé par une fausse politique. Nos compatriotes comptaient toujours sur les lents secours et les belles promesses du pape. Cela dura jusqu'en 1330 ou 1331, époque où l'hostilité des Egyptiens se manifesta tout entière [1], puis éclatèrent des troubles, dont nous ignorons les causes, et en même temps des querelles entre les Arméniens et les Vénitiens. On rapporte que les Arméniens avaient coupé les poignets à un certain *Pietro Pizzolo*, pour avoir aidé un de ses compatriotes, nommé *Marco Contarini*, à s'évader de la prison, où il était enfermé pour dettes. Le Sénat de Venise envoya des ambassadeurs pour engager le roi à rétablir la bonne harmonie entre les Arméniens et les Vénitiens. Les deux peuples se réconcilièrent enfin, et Léon IV accorda un nouveau privilège aux Vénitiens, le 10 novembre, 1333.

Un autre chroniqueur dit qu'en 1331, Ayas et son port retombèrent au pouvoir des Egyptiens, mais il confond ce fait avec le premier. On assure que les Arméniens firent de fréquents appels et adressèrent de nombreuses lettres aux peuples d'Occident, pour demander leur appui. Selon quelques historiens, Léon lui-même se serait rendu auprès de Philippe de Valois, roi de France, dont il reçut un subside de 10,000 florins, pour la reconstruction des forteresses d'Ayas. Je ne crois pas que Léon se soit rendu en personne à la cour de France, mais il dut y mander des ambassadeurs recommandés par le pape Jean, à ce dernier roi. C'est ce que nous atteste une lettre que le pape écrivit à Léon, le 16 août 1332. Les ambassadeurs étaient arrivés à Paris deux mois auparavant; car Philippe prescrivit à son trésorier le 11 juin, de leur accorder la somme de dix mille pièces d'or [2], somme qui serait consignée au roi d'Arménie dans le cour de trois ans, en raison de deux acomptes dans l'année.

Le même pape Jean, ne se contenta pas d'expédier au roi les trente mille pièces d'or que l'on sait; il fit prêcher une nouvelle Croi-

---

les chrétiens missent plus de zèle à garder les côtes de la mer. Sanudo disait encore au pape, qu'il aurait plus d'intérêt, lui, le pape, à garder ces côtes qu'à conserver les sommes que cela lui coûterait. Ensuite, il envoya une lettre au jeune roi Léon IV, qui lui avait écrit; en voici le texte : «Serenissimo et Excellentissimo Domino suo, Domino LEONY, Dei gratiæ Armeniæ Regis, suus humilis et devotus, *Marinus Sanutus* dictus *Torcellus*, de Venetiis, se totum promptum et avidum ad beneplacita regalia et mandata.
Regia noverit Celsitudo quod vestras recepi litteras cum gaudio, de quibus quamplurimum extiti consolatus. Et quia plus labor ex prosecutione continua commendatur, Magnificentiæ Vestræ significo, Deo cui nullum latet secretum, Ambaxiatoribusque vestris ad Papam, ac Domino Baldo de Spinola, attestantibus, quod pro succursu ac quiete bonæ Regni Vestri, meis expensis personalibus, cum magnis laboribus corporalibus, Dominum Summum Pontificem ac Cardinales, dominum etiam Regem Franciæ et sui regni consilij Comites et Barones, ac dominum Comitem Hannoniæ visitavi. Et quia secundum Beatum Jeronymum, Labor improbus omnia vincit, non adhuc cesso ipsos omnes prædictos ac etiam dominum Regem Angliæ, pro dicti Regni Vestri adjutorio, per meas acutissimas litteras visitare : prout dominus ac Frater *Tadeus* et socij sui Vestri nuncij, modo actualiter in Romana Curia, Vobis cum ad Vos redierint, referre poterunt viva voce. In quibus scripturis meis, sicut novit lator præsentium, *Frater Ugo* ordinis Prædicatorum, qui illas scripsit, informari omnes prædictos dominos solicite, de modo et ordine debito procedendi. Et illos ac alios

prælatos et principes, ad Dei honorem et gloriam Vestramque ac Regni Vestri consolationem, intendo quantum in me est pulsare continue, donec misericordiarum et Deus totius consulationis effectum aliquem concesserit oportunum. — Conservet Vos Altissimus in Regnum Vestrum in omni fertilitate bonorum, per tempora longiora. — Si qua possum facere Vestræ grata Celsitudini, prom'o animo sum paratus. Non miretur Regalis quod ei a diu non scripserim: expectabam enim meliora transmittere, quæ nondum ad libitum evenerunt».
Datæ Venetiis, anno D. N. J. C. circa M. CCC. XXVI.
1. Sur ces entrefaites, c'est-à-dire pendant les années 1330 et 1331, quelques historiens de l'occident disent que les Arméniens déployèrent un courage extraordinaire et qu'ils tuèrent presque cinquante-huit mille Egyptiens, et qu'eux ne perdirent que sept hommes! — *(Art de vérifier les Dates).*
2. «PHILIPPES par la grâce de Dieu, roy de France, à nos amés et féaus les gens de nos Comptes et nos Tresoriers à Paris, salut et dilection. — Pour ce que nostre très chier cousin le Roy d'Arménie nous a segnefié que les Sarrasins de par de là le guerroyoient efforciement, nous voulons le faire aide, pour ce qu'il puisse mieux garder ses chastiaux et son pays, et resister aus dis Sarrasins; si que le diot pays d'Arménie, qui est pays convenable, si comme l'on dit, a recevoir nous et nos gens, se nous nous y transporterons pour le saint voyage d'Outremer, duquel faire, Dieu aydant, nous avons grant devotion et desir, soit retenu et ne puisse estre prins ou grevé par les Sarrasins mescreans; Avons donné au dit Roy et

sade qui devait porter secours aux Arméniens. Après bien des lettres, envoyées l'une sur l'autre par le pape, les rois de France, de Navarre, de Bohême et d'Aragon, adhérèrent à la croisade. Mais une question d'argent s'éleva entre ces rois, et, le roi de France ne se décidant pas, l'affaire traîna en longueur et finit par échouer. Cette lenteur dans la formation de l'expédition et la nouvelle d'une autre croisade, exaspéra le sultan et ses coréligionnaires, les Turcs et les Karamans, et les décida à porter encore une fois l'invasion en Arménie. Les habitants d'Ayas, de leur côté, exaspérés de la piraterie continuelle des musulmans, massacrèrent, en 1335, les paysans et les esclaves qui se trouvaient dans la contrée [1]. Ce massacre rendit furieux les Egyptiens qui dirent aux Arméniens : « Vos Ayassiens » ont tué nos paysans et nos esclaves, nous » nous vengerons contre vous tous ; et nous » vous massacrerons tous ». En même temps le bruit courait que « cent mille Turcs marchaient contre Sis [2] ».

En effet, la même année, au mois d'août, mois pendant lequel le roi Philippe de France devait s'embarquer pour l'Orient, les Egyptiens entrèrent en Sissouan et s'emparèrent de presque toutes les villes. Pendant deux ans ils semèrent la désolation sur le territoire arménien, jusqu'à ce que Léon se fut déterminé à envoyer des ambassadeurs au sultan pour lui demander s'il voulait lui laisser le pays en échange de tributs et de sommes d'argent. L'Egyptien, excité par l'émir d'Alep, commandant de ses armées, ne voulut rien entendre. Enfin Léon, fort affligé, et — d'après les paroles de son ministre Vassil — « réduit » au désespoir, se soumit à la volonté du sul- » tan et lui livra toute la contrée à l'est du » fleuve Djahan, avec ses forteresses et la glo- » rieuse *Ayas* qu'il avait reconstruite avec tant » d'or ». Ce fait désastreux s'accomplit l'an 1337 ou 1338. Les deux forts d'Ayas et les forteresses de Haroun, de Covara, de Sarouantikar, de Hamousse, et celle de *Noudjéiman*, passèrent aux Egyptiens par traité. Le chroniqueur contemporain, Nersès Balon, s'exprime ainsi : « Les troupes du sultan d'Egypte et le tyran » émir qui s'appelait Mélik-omar, vinrent en » Cilicie, avec seize mille cavaliers et assiégè- » rent la ville d'Egéa, c'est-à-dire Ayas. Ils » ne s'en allèrent pas avant qu'on leur eût » livré la ville et tout le pays compris entre » le fleuve Djahan et le territoire des Arabes, » pays où se trouvaient des châteaux ou pla- » ces fortes, au nombre de *quatorze*, ayant » chacune leur seigneur. On les abandonna » aux Arabes volontairement et par traité ». Un autre auteur d'annales prétend qu'il y avait *seize* châteaux dans cette contrée.

Les mémoires et les livres de comptes des marchands occidentaux à Ayas s'arrêtent là. On sait qu'ils s'étaient sauvés à la hâte de la ville. Les Vénitiens, avaient fui sans s'acquitter de leurs dettes envers les marchands égyptiens, à qui ils avaient acheté du coton; comme les contrats de vente étaient restés à la douane, Léon fut obligé de payer pour eux et même de payer plus qu'ils ne devaient pour se débarrasser des Egyptiens. Il écrivit ensuite au doge de Venise, le 1er mars 1341, et lui envoya le compte des dettes qu'il avait été obligé de solder. La somme se montait à seize mille takvorines.

Mais Ayas, comme un dragon caché sous les eaux, semblait réunir toutes ses forces pour échapper à ses oppresseurs ; contre lesquels elle dut se battre encore une fois [3] pen-

---

donnons de grace especiale par ces Lettres *diz mille florins d'or de Florence*, pour estre convertis en la garde de dicts chastiaux et pays ; lesquels nous voulons que li soient payés, ou à son certain mandement, en trois ans — Si vous mandons que le dix mille florins dessus dis vous li assenez sur aucunes de nos receptes, et mandés à noz receveurs, sur lesquels vous les assenerés, qui les paient au certain mandement dout dit Roy, en trois ans prochains venans, à deux termes en l'an ; c'est à sçavoir, à Noël et à la St. Jehan, le premier terme en commençans à Noël prochain venant. Et nous volons et vous mandons que iceuz diz mille florins ainsi paiés vous aloés ez comptes des ditz receveurs qui les paieront, en vous raportant les lettres par quoy vous les y aurez assenés, et quittance de ceuls qui les recevront pour le dit Roy, qui auront de li pouvoir de recevoir. —

Donné à Paris le 11 jour de Juign, l'an de grâce Mil CCC trente deux ».
A la fin du décret on lit : Collatio hujus transcripti facta fuit in Camera Computorum, tertia die Julij, anno Domini M° CCCXXXII°, cum Originali signato sic : « Par le Roy, a la relation de vous, de *Martin de Essars*, de Mons. *Guy Chevrier*, et des Tresoriers, *Ja. de Boulay*, par me *J. de Noeriis*, et me *J. Aquilœ*.
1. *Khadimi* Turcs, selon le chroniqueur.
2. C'est un moine du couvent arménien de Jérusalem, qui écrit cela.
3. Le compilateur d'annales, le Docteur Malachias, transcrivant ce même fait deux fois, d'après d'autres auteurs, et le rapportant à la date de 1340, a pu faire supposer qu'Ayas avait été reprise une deuxième fois. Mais il se trompe et confond la date de la prise d'Ayas arrivée réellement en 1337.

dant les années 1341-1342. C'est cette même guerre qui causa la mort subite de Léon, décédé tout jeune et mort peut-être de frayeur. C'est alors que les querelles des royaumes occidentaux entre eux et les questions religieuses qui divisaient Rome et Sis, achevèrent de briser pour toujours les dernières forces de notre nation. Pour une dernière fois, Ayas releva son front, orné du diadème arménien, au-dessus des flots qui voulaient l'engloutir. Je ne saurais dire au juste quand ce fut; mais elle était libre pendant les premières années du règne de Constantin II. Peu de temps après, les Gunduzes, peuplade turkomane, qui faisait paître leurs troupeaux dans les environs, livrèrent Ayas aux Egyptiens. Mais Constantin la délivra encore une fois, en 1347, avec l'aide des Chevaliers de Rhodes

Monnaie de Dieudonné Gozon.

dont le grand-maître était alors Dieudonné de Gozon.

Louis Philippe, fit peindre, en 1844, au musée royal de Versailles, dans la salle particulière appelée Salle des Croisades, la délivrance d'Ayas par les Chevaliers de Rhodes (ou de Jérusalem). C'est la reproduction héliotypique de ce tableau que nous présentons ici; il porte la légende suivante : « Le royaume chrétien d'Ar-
» ménie était près de succomber sous l'inva-
» sion des Sarrasins qui l'occupaient en grande
» partie. Le roi Constant avait envoyé deman-
» der du secours en Europe; le Grand-maître
» Dieudonné de Gozon répondit à son appel. Il
» envoya les troupes de la religion en Armé-
» nie et les Sarrasins furent complètement
» chassés de ce pays ». L'auteur de ce tableau (M.r Henri Delaborde, membre de l'Institut, secrétaire perpétuel de l'Académie des Beaux-Arts), qui vivait encore à l'époque ou j'écrivais ce livre, en (1881), nous répondit, sur notre demande, à propos de cette toile, qu'il avait été fort contrarié au moment où il composait son tableau, de ne connaître personne qui pût le renseigner sur les costumes des Arméniens.

La perte d'Ayas fut une blessure fatale pour le royaume d'Arménie; jusqu'aux dernières années de ce royaume, nos princes firent tout leur possible pour recouvrer cette ville. Le roi ou les seigneurs, envoyèrent en 1367, une ambassade à Pierre Ier, roi de Chypre; les ambassadeurs s'étaient même donné rendez-vous à Ayas pour en reprendre la forteresse. Voici ce que dit à ce propos le biographe du roi de Chypre :

> Alayas est un chastiaus
> Qui est fors et puissans et biaus.
> Ville y a eu siet sour la mer;
> Et si vous vueil bien affermer
> Qu'ads Ermins a fait maint ahan.
> C'est l'eritage dou Soudan,
> Et si est assis en la marche
> D'Ermenie, et aux Ermins marche.

Pierre se rendit à Ayas avec des vaisseaux. Ayant aperçu sur les côtes d'Arménie cinq

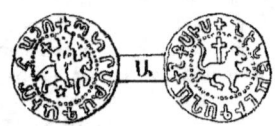

Monnaie de Pierre Ier, roi de Chypre,
au nom des Arméniens.

mille cavaliers et un grand nombre de fantassins du sultan, il se jeta sur eux intrépidement, et les poursuivit. L'ennemi se retrancha dans les rochers et là il commença à faire subir des pertes sérieuses aux cavaliers du roi de Chypre; celui-ci donna l'ordre de descendre de cheval et d'assaillir à pied l'ennemi, qui fut taillé en pièces. Pierre marcha contre le château d'Ayas qui lui opposa une résistance acharnée. Comme ses troupes étaient exténuées, que les provisions manquaient, que l'hiver approchait et que les Arméniens n'arrivaient pas, Pierre ne resta là que huit jours, et après avoir pillé la ville d'Ayas, il s'en revint dans ses États. Les Vénitiens et les Génois l'engagèrent alors à conclure la paix. Pierre exigea des Egyptiens les frais de son expédition à Ayas et à Tripoli, en 1368. Son successeur, Pierre II, parvint, paraît-il, au bout de dix ans, à se rendre maître d'Ayas au nom des Arméniens et des chrétiens; car, sur la tombe de son secrétaire, Philippe de Maizières (que Léon, le dernier roi des Arméniens, fit son exécuteur testamentaire), dans l'église des Célestins, où il fut inhumé, on avait tracé cette inscription : « Print » par bataille et à ses frais les cités d'A-» lexandrie en Egypte, Tripoli en Surie, La-» yas en Arménie, Sathalie en Turquie, etc. » Mais n'y a-t-il pas ici confusion entre les actes de Pierre II et ceux de Pierre Ier. ?

C'est le dernier souvenir se rattachant à Ayas, ville chrétienne. Sa renommée, égale à celle des anciennes et des plus célèbres villes maritimes d'Orient, se perpétua bien longtemps encore dans la mémoire et l'imagination des occidentaux. Le premier prosateur des Italiens Boccaccio, contemporain de nos derniers rois, (il naquit en 1318 et mourut en 1365), s'est plu à faire venir d'Ayas deux de ses héros. Il raconte qu'un enfant, appelé Thoros (Théodore), jeune captif amené par les Génois qui le croyaient turc, avait été vendu au Sicilien Amerigo qui le fit baptiser et nommer Pierre. Devenu jeune homme, Thoros se prit de passion pour la fille de son maître, *Violante* ; Amerigo voulut alors le faire mettre à mort. Mais les Ambassadeurs du Roi d'Arménie, qui se rendaient à Rome, passèrent par la ville de Trapani en Sicile. L'un d'eux, nommé Fineo, reconnut dans Thoros son fils, le délivra et, avec le consentement d'Amerigo, lui fit épouser Violante, et « montati in galea, seco ne » menò a Layazzo, dove con riposo e con pace » de' due amanti, quanto la vita loro durò, » dimorarono »[1]. Les commentateurs de Boccace pensent que le fond de cette histoire est véridique, toutefois, le temps indiqué par l'auteur ne correspond pas avec l'époque où eut lieu cette ambassade. Boccaccio dit que cette aventure arriva sous le règne de Guillaume-le-Débonnaire, roi de Sicile ; or Ayas n'existait pas encore en ce temps-là.

Dans un autre conte, Boccace raconte les aventures de Melisse, jeune homme noble, « del-» la Città di Lajazzo, onde egli era e dove egli » abitava », qui dépensait beaucoup et donnait de grands festins à ses convives, mais qui, n'étant pas aimé dans cette ville, se rendit à Jérusalem pour consulter Salomon (!) qui lui dit : « Aie de l'amour ! » car il ne faisait pas ses grandes dépenses par amour mais par ostentation.

Philippe de Maizières, dont nous venons de parler, qui était en même temps écrivain, cite dans son *Songe du Vieil Pèlerin* : « La grant » cité de Leas en Arménie ». Arioste, fait aussi promener ses héros à Ayas et dit pour Aquilante :

« A Tortosa de Tripoli, e alla Lizza
E al golfo di Lajazzo il camin drizza ».

Son héros revenant avec d'autres compagnons, parle des deux forteresses qui gardaient le port :

Nel Golfo di Lajazzo in ver Soria
Sopra una gran città si trovò sorto,
E sì vicino al lito, che scopria
L'uno e l'altro castel che serra il porto.

Nous n'avons pas à citer les autres pensées bizarres du poète qui dit aussi que, certaines femmes de la ville faisaient une espèce de chasse aux hommes, en se promenant sur les côtes qui avoisinent la cité.

Un des pères de la poésie anglaise, contemporain aussi de nos derniers rois, Chancer, (1328-1400) qui, probablement, avait vu Léon V à Londres, fait aller son héros « Black Knight » à Ayas et à Attalie ; « At Leyes was he and » at Satalie ».

Nous avons rapporté toutes ces citations pour mieux montrer la renommée dont jouissait Ayas ; son nom fut même défiguré et écrit de diverses manières. Ainsi, on disait : en latin, *Lajacium, Ajacium, Glacia, Layaz, Alleas* ; en italien, *Ajazzo* et plus souvent *Lajazzo*, et même *Lagiazza* ou *La-Giazza*, ou simplement *Giazza, Lajaza* ou *La Jaza, Lajozo, Jazza, La Glaza* ; en français et en anglais : *Layas, Leyas, Leas, Leyes*, etc. Ayas n'était pas seulement un port réservé au commerce, mais toutes les classes de la société devaient s'y donner rendez-vous et les voyageurs devaient y affluer autant que les marchands.

Un des plus célèbres parmi ceux qui ont visité Ayas, fut le philosophe *Raymondo Lullio*, génie bizarre, qui voulait soumettre les infidèles, non par les armes, mais par des arguments théologiques. Il fut lapidé en Tunisie, en 1325. Ce philosophe était venu à Ayas au commencement de

---

[1]. BOCCACCIO, IV, 7.

l'année 1301; il avait été informé que Ghazan-khan approchait et c'est alors qu'il écrivit son livre : « De iis quæ homo de Deo de- » bet credere ». Mais la rigueur de la saison et les embarras politiques des Arméniens le forcèrent de s'éloigner.

Un de nos derniers auteurs et peut-être le dernier de nos historiographes d'Ayas, parle de cette ville mais en mêlant les faits anciens avec les récents. Nous voulons nommer Jacques de Crimée qui écrivait au milieu du XV° siècle. Il dit dans son Commentaire du calendrier arménien : « Un géant, nommé Héracle, après avoir sillonné tout l'Océan, trouva une petite rivière qui, coulant comme un fleuve du côté de l'occident, arrivait jusqu'à *Ayas* et coulait dans les environs de la ville jusqu'à » Ephèse et à Nicée, d'où elle se détournait » et se partageait en deux, etc ! ».

Un siècle après les derniers événements survenus à Ayas, c'est-à-dire après l'arrivée de Pierre Ier, en 1367, Chah-Souar le Zulkadrien, s'empara, entre autres villes et forteresses, de « la ville maritime d'Ayas », ainsi que le rapporte notre dernier chroniqueur arménien de cette ville. Quelques années après, en 1473, les Vénitiens, alliés avec les Karamans et les Persans et d'autres peuples du littoral de la Cilicie, se rendirent maîtres encore une fois d'Ayas. De Lucca da Molin, l'un des chefs de leur flotte, écrit, en parlant de la prise du fort de *Sigue*, qu'ils transportèrent à Ayas 150 Janissaires de la garnison. Mais enfin les Turcs victorieux des Persans, envahirent la Cilicie, et s'emparèrent aussi d'Ayas. Le général Ali-Pacha beglerbeg de la Roumélie, en fit reconstruire le fort, q' un autre général, paraît-il, avait détruit dans une guerre contre les Karamans.

Dans les Archives de Venise et les décrets du Sénat, Ayas est qualifiée encore, dans la première moitié du XVIe siècle, comme une ville et un port très-fréquentés : « Quelli che » condurranno robbe in questa nostra città di » la Soria, intendendo da La Yaza, Zaffo, fino » a Gazara inclusa, etc. »[1].

En 1510, le Sultan d'Egypte écrivait à Louis XII, Roi de France, pour se plaindre des chevaliers de Rhodes (ou de Jérusalem), qui avaient assailli ses marins et les marchands qu'il avait envoyés au Golfe d'Ayas pour prendre du bois. Il lui disait que les Chevaliers les avaient massacrés et volés, et que, par représailles, il avait ordonné de dépouiller tous les chrétiens d'Egypte et de leur causer un préjudice de 500 mille ducats et qu'il voulait encore détruire les couvents de Jérusalem et le Saint Sépulcre, mais que, cédant aux instances du consul, il attendrait l'arrivée de l'ambassadeur pour s'entendre avec lui.

Le Sultan Suléiman, qui reprit ces contrées après 1522, voulut achever la reconstruction d'Ayas : il fit élever une tour octogonale à l'ouest de la ville, au bord-de la mer. On voit encore sur cette tour une inscription arabe inachevée :

امر بعمارة هذه القلعة التصقة السلطان
سليمان بن السلطان سليم خان سنت ثلاث...

Quand Ayas fut au pouvoir du vaste empire ottoman, elle eut le sort des autres villes maritimes : elle se dépeupla et tomba peu à peu en ruines ; elle prit bientôt l'aspect désolé de ses compagnes et chaque année elle perdit un peu de ce qui lui restait de sa beauté.

Comme Ayas était propriété immédiate de la couronne, on ne parle point de ses seigneurs ou de ses princes. On cite parmi ses habitants, un certain *Nicolas* qui, en 1274, était propriétaire d'une maison qui servait d'habitation à plusieurs marchands génois; on cite encore un *Edouard* d'Ayas qui, en 1311, fut ambassadeur d'Ochine à Chypre. On dit aussi qu'en 1310, il y avait à Ayas le palais d'un certain Jean, surnommé *de Spagu*, qui paraît-être un des Européens qui s'y étaient établis. On raconte qu'après la longue captivité du roi de Chypre, Henri II, en Arménie, lorsque son frère, l'usurpateur Amaury eut été tué et que les Arméniens eurent consenti à remettre en liberté le roi captif, on mit pour condition que Zabloun, sœur d'Ochine, roi d'Arménie, et veuve d'Amaury, se rendrait à Ayas et qu'elle habiterait le palais de Spagu, jusqu'à ce que le roi Henri II fût sorti du port. Ce qui fut exécuté en effet et, bien que quelques mauvaises gens eussent tramé un complot contre Henri, celui-ci ne leur laissa pas le temps de l'exécuter, car il s'embarqua à la hâte et s'éloigna d'Ayas.

Avec Zabloun, cette fière fille de Léon II, nous citerons la généreuse et bienfaisante *Fimi*, l'épouse de Vahram ; c'est elle qui vers

---

1. Cottimo di Damasco, anno 1522.

la fin du XIII° siècle ou au commencement du XIV°, — écrivit de sa propre main, à la fin de l'Evangéliaire de Lambroun, après la prise de cette localité et lorsqu'on emporta ce saint livre à Ayas : « Moi, Fimi, j'ai acheté ce saint » évangile par amour pour Jésus-Christ, en » souvenir de mon âme et de celle de mes pa- » rents ». Après cette phrase, elle souhaite qu'on se souvienne dans les prières, de sa mère *Rhipsimé.*

Joseph Tebrig, (le petit clerc), qui avait copié ce livre, ajoute, avec la permission de la princesse : « Ce dernier mémorial a été écrit... » par ordre de notre maître, Monseigneur *Si-* » *méon,* .... Les prêtres qui se trouvent ici » sont, *Vassil* et *Etienne* ».

Siméon était évidemment l'évêque de la ville et du diocèse d'Ayas. Cette ville avait compté bien d'autres évêques, au temps de sa splendeur, parmi lesquels : *Jean,* qui assista en 1307 au concile de Sis, et un autre *Jean,* en 1342, qui fut le contemporain du catholicos Mekhitar. Cette dernière date vient confirmer ce que nous avons avancé plus haut, que, cette année-là, Ayas appartenait encore aux Arméniens. Longtemps après, vers la fin du XVI° siècle, en 1584, on trouve le nom d'un autre évêque d'Ayas parmi ceux des prélats qui signèrent une lettre adressée au pape par le catholicos *Azaria.*

Voilà tout ce que j'ai pu trouver sur la glorieuse et riche ville d'Ayas.

De toutes les villes de Sissouan, sous les rois de la dynastie roupinienne, aucune n'a rendu autant de services à notre pays, la capitale mise à part. *Sis* et *Ayas!* ces deux noms retentissent encore à l'oreille des savants et dans le cœur des Arméniens. Quand la première fut perdue, nous avons vu quelle immense affliction en ressentit l'évêque Zacharie et comment il l'a pleurée dans son patriotisme ; mais quand la seconde tomba, qui donc a fait entendre de pareils cris de douleur !

On pourrait appliquer à Ayas les paroles d'Ezéchiel sur la ruine de Tyr, cette autre reine des mers voisine d'Ayas ; on n'aurait qu'à changer les noms et à retrancher les quelques lignes, où le fils de Bouze pleure l'infidélité et l'impiété de Tyr; car, Ayas resta chrétienne jusqu'à sa fin; aussi Celui qui relève les empires, fera-t-il peut-être un jour revivre cette glorieuse cité du royaume de Sissouan, dont le souvenir du moins, ne s'effacera jamais ni de la mémoire de ceux qui s'intéressent aux questions historiques, ni surtout du cœur des Arméniens.

Rappelons ici qu'avant le développement et le renom d'Ayas, sous l'influence des Arméniens, un autre port célèbre était fréquenté par les Occidentaux ; il se trouvait entre Ayas à l'ouest, et l'embouchure du Djahan à l'est, à égale distance, environ 15 kilomètres de ces deux points. On lui donnait le nom latin de *Portus Palorum* ou *Portus de Pallibus* ; en italien, *Porto Pali* ou *Palli, Altipalli;* en fran-

Galère du célèbre voyageur Marco-Polo.

çais, *Pals* ou *Port des Paus* et même *Plas.* Il est mentionné dans tous les itinéraires du XIV° siècle; mais comme toutes les cartes maritimes ne l'indiquent pas, aujourd'hui plusieurs explorateurs doutent de son existence. Toutefois les archives de Gênes l'ont certifiée: on a trouvé dernièrement la mention de ce lieu dans des actes notariés datant du milieu du XIII° siècle, et même de l'an 1300. C'était un port florissant, et les commerçants italiens y faisaient de grandes importations et exportations. Sanudo dans sa description des côtes arméniennes indique distinctement sa position. Ce port était, au dire d'un français du XIII⁰ siècle, si vaste et si sûr que tous les navires du monde y auraient pu hiverner [1]. Certains Italiens l'ont appelé *Porto Paglia* (Port de la Paille). Dans les actes mentionnés ci-dessus, il est appelé clairement, « Port des Ar-» méniens ou du roi des Arméniens, *Portus* » *regis Armeniæ*[2] ou *Portus de Pallibus Er-» méniæ*[3] ».

Il y avait encore un autre port près d'Ayas, appelé *Porto de Pagani*, dans lequel en 1310, les Arméniens obligèrent les navires des Chypriotes de s'arrêter pour attendre, leur roi Henri. Le roi Ochine alla à la rencontre de ce dernier jusqu'au village d'*Armavounie*. (Fl. Bustron).

Les environs d'Ayas, autrefois si peuplés et florissants, sont aujourd'hui déserts. Tout autour s'étend un vaste espace plat presque inculte, surtout du côté oriental. Cette plaine est désignée sous le nom d'*Ayas-ovassi* ou *Touchoum-déré-ova*; les Turcomans y ont quelques pâturages, des champs d'orge et des plantations de coton.

A quelques heures de distance au nord, en face des montagnes de Messis, on rencontre une chaîne de collines, qui ceint la plaine, et de laquelle descendent plusieurs petites rivières qui se jettent dans la mer. On n'indique au milieu de ces collines qu'un seul village arménien, (*Magaré?*, selon M. Favre).

Le territoire à l'ouest d'Ayas jusqu'à l'embouchure du fleuve Djahan, est aussi inculte ; on n'y voit que des artichauts sauvages. Non loin de Magaré, on trouve d'autres villages, tels que : *Ayvalic* et *Haï-lazélie* (?) A l'est d'Ayas jusqu'à l'extrémité du golfe, sur un espace de vingt kilomètres, on ne voit aucune habitation. Par contre, ces landes sont peuplées de gibier ; on y trouve des perdrix, des lapins, des sangliers et aussi des bêtes sauvages, des hyènes et des chiens-loups, surtout pendant l'hiver, et près des côtes de la mer, des tortues et des poissons en abondance.

On cite un lieu remarquable à une lieue environ de l'extrémité du golfe et à 12 kilomètres au nord-est de Magaré, au milieu des passages des montagnes, qui côtoient la mer et conduisent à Messis et à Adana ; ce lieu aujourd'hui appelé par les Turcs de diverses manières : *Kara-kapou*[4], *Démir-kapou* et *Kourdkolak*, est tenu par les savants pour les *Portes d'Amanus*, (Ἀμανιδες ou Ἀμανικαι Πύλαι, *Portæ Amani montis* ou *Amanicæ Pylæ*). Cependant on donne aussi ce nom au passage de Beylan, qui s'appelle souvent Porte des Syriens. La Démir-kapou (Porte de fer) est une grande porte en arc, construite avec d'immenses pierres cyclopéennes ; à l'ouest se trouve كورد قولاى, le hameau de *Kourde koulak* avec une hôtellerie d'une construction élégante, où séjourna Ainsworth, explorateur anglais (le 3 ou 4 décembre, 1839). Ce lieu qui devait être jadis florissant, vu sa situation près des Portes d'Amanus, est actuellement désolé. En 1842, Derviche-Ahmed, général turc envoyé par le gouverneur d'Adana (Suléyman-pacha) contre Mestek-bey, fit camper son armée dans ces lieux ; mais il ne put empêcher ce dernier de franchir la montagne et de s'y réfugier. Près de cette Porte passe une petite rivière qui se jette dans la mer.

L'un des mamelons avoisinants, au bord de la mer à 25 kilomètres d'Ayas, s'appelait *Mons Caibo*, et paraît avoir abrité un petit port ou formé un promontoire. Le géographe Uzzano appelle ce lieu *Carbo*, nom dont s'approche celui de *Carpasso* (Capo Carpasso), près d'Ayas, dit-on. C'est là qu'en 1303, l'amiral génois *Percivalle della Turca*, s'empara d'un navire vénitien. On cite de même un autre lieu qui se rapproche du précédent, et par sa position et par son nom, dans le département d'Anazar-

---

1. « Là ou toutes les naves dou monde porroient yverner. »
2. Acte notarié, scellé à Ayas, le 27 février 1274.
3. Acte notarié, scellé en février de 1300, à Famagouste, en Chypre, d'où un certain Salvino Bava devait transporter sur son bateau, nommé Branca de Castro, au dit port des Arméniens, 100 sommes de blé, évalués à 11,500 drams arméniens.
4. M.me de Belgiojoso le traduit par *Porte des Ténèbres*. « Cette Porte est un ancien arc de triomphe, dont les ruines figurent admirablement dans le paysage. L'arc s'ouvre au fond d'un ravin dont la riche végétation contraste avec les pentes arides par lesquelles on y descend. Les arbres qui entourent la Porte des Ténèbres, sont assez touffus pour éteindre en quelque sorte la clarté du soleil et ne laisser parvenir jusqu'aux vénérables arceaux que quelques pâles rayons. Du haut des collines qui encadrent le ravin, la vue s'étend sur la mer de Syrie, dont les vagues mugissent à peu de distance, et sur les lignes bleuâtres de ces côtes. Le spectacle est magnifique, surtout pour les yeux qu'ont attristés jusque là les ombres sinistres des premiers défilés du Djaour-daghda. — BELGIOJOSO, 89.

be ; c' est *Cavissos*, Καβισσος. Quelques-uns plaçaient Carbo au voisinage de Démir-kapou.

A 25 kilomètres à l' est, Sanudo indique le port de *Canamella*, ou *Calamella* et *Caramilla*, qui devait être florissant et a dû rivaliser avec Ayas, car le golfe portait alors le nom de *Golfe de Caramilla ;* Willebrand en parle aussi dans son voyage en Cilicie, durant le règne de Léon. Notre roi lui-même, dans un édit de 1214, cite ce lieu avec d' autres

takh? près desquelles se jette dans la mer la petite rivière de *Bournase*, ainsi appelée du nom d' un village où l' on trouve des constructions romaines, des arcades et des portes. Le voyageur Edib appelle ce lieu *Bournase-kœuprussu*, du nom d' un pont.

A l' extrémité supérieure d' un petit vallon, au nord, on remarque de nombreuses ruines de remparts et d' habitations, un grand temple, une acropole, au centre de la ville sur

Porte d' Amanus=Démir-kapou.

et dit spécialement. « .... etiam Portus de Canamella », c' est-à-dire qu' il donnait aussi ce lieu en gage, aux Hospitalliers, pour l' argent qu' il leur avait emprunté. Plusieurs auteurs pensent que le nom de ce lieu provint de *Canne* et *miel* à cause de la grande culture qu' on y faisait des cannes à sucre.

A l' angle oriental du golfe, on trouve de grands bancs de sable et les ruines de *Ma-*

une éminence ; en dehors une longue arcade, des aqueducs se dirigeant à l' est et à l' ouest, jusqu' aux environs de Démir-kapou ; toutes les constructions sont de basalte ; car les collines des alentours sont riches en cette espèce de roche. Suivant l' examen des experts et les paroles des géographes anciens, ce lieu est le même que la ville d' *Epiphanie*, appelée, dit-on, à l' origine, *Æniandos*. Cicéron y campa pendant la guerre de Cilicie[1], et Pompée y fit loger une partie des pirates qu'il avait soumis. Epiphanie devint un siége épiscopal de la II° Cilicie dès les premiers siècles du christianisme et fut la patrie de *Georges*, évêque d'Alexandrie, tué durant les troubles des Ariens et des païens égyptiens.

Au sud de ces ruines, près de *Kara-kaya* (Roche-noire), on en trouve d'autres; quelques explorateurs ont pensé qu'elles appartenaient à *Castabala* ou *Castabolum*, par où fertiles et bien ombragés; au sud de ce dernier, *Alkhanly*; et plus près de Kara-kaya, *Saabrouk*. La petite rivière *Kara-sou* côtoie ces lieux et se jette dans la mer au nord-est du golfe.

Sur les confins des deux anciennes provinces, d'Ayas et de Djeguère, les explorateurs cherchent ISSUS, célèbre par la grande bataille qu'Alexandre y livra à Darius, le 29 novembre, 333 ans avant J.-C. Quelques-uns placent ce champ de bataille un

Environs d'Issus.

passa Alexandre le Grand, en allant de Mallo à Issus. Quant à nous, d'accord avec plusieurs autres historiens, nous avons placé ce lieu plus à l'ouest. Actuellement cette place est appelée *Thil-arakli*.

Dans le voisinage, à l'est, on remarque le village populeux d'*Erzoun*, avec ses champs peu au sud-est du *Déli-tchay*, qu'ils regardent comme le Pinarus, et pensent retrouver Issus dans la ville de Payas; d'autres opinions plus probables le placent aux environs des villages et des ruines cités plus haut; d'autres enfin, près d'Arakil ou de Kara-kaya. Selon Xénophon, Issus, Ἰσσός ou Ἰσσοί, était

---

1. D'après Cicéron, elle est située à une journée de distance d'Amanus : — « Abuissemque ab Amano iter unius diei, et castra apud Epiphaniam fecissem. CICERO, *Epistolæ*.

considérée comme la ville la plus extrême de la Cilicie sur les plages de la mer, dans un état florissant, et cela quatre ou cinq siècles avant l'ère chrétienne. De cette ville, on comptait cinq lieues jusqu'aux frontières de la Cilicie et de la Syrie, et à l'ouest, jusqu'au Pyramus, quinze lieues. Bon nombre de savants placent Issus à l'extrémité du golfe, au sud de *Toprak-kalé*, où l'on indique le village *Guezeneh* et aussi des ruines. Ce village n'est pas justement au bord de la mer, comme les anciens nous le disent à propos d'Issus ; mais nous sommes en droit de supposer que le rivage a été reculé comme dans les autres lieux par de continuels dépôts d'alluvions.

chemin fut suivi par Alexandre ; il traversa Issus, y laissant les soldats malades qui furent cruellement massacrés par les Persans quand ceux-ci arrivèrent après avoir passé les défilés des monts Amanus, à gauche du Djahan, près de Bahtché, où l'on désigne sur les cartes un passage du nom d'*Arslan-boghaze*. Alexandre apprit cette triste nouvelle tandis qu'il s'avançait vers la Syrie ; aussitôt il revint sur ses pas et trouva Darius avec son immense armée au nord, c'est-à-dire sur la rive droite du Pinarus, dans une plaine inégale et très étendue. Suivant Polybius, qui l'avait examinée en dé-

Environs du champ de bataille d'Issus.

Quoiqu'il en soit, Cyrus le Jeune, traversa cette espace de vingt lieues, et après lui, l'historien philosophe, avec ses dix mille. Le même

tail, c'était une plaine de la longueur de quatorze stades, s'étendant du pied des monts Amanus jusqu'à la mer, distante à peine de deux kilomètres ; mais on pourrait regarder les mamelons de la plaine comme de petites montagnes[1]. D'après les descriptions des auteurs

---

1. En prenant en considération cette mesure, quelques-uns croient impossible que Darius ait pu placer son immense armée dans un espace aussi peu étendu. Cependant d'autres le croient possible ; d'au-

les plus sérieux, il est certain que Darius occupait le nord de la plaine et en se tournant vers le sud, ses soldats avaient à leur droite la mer et à leur gauche les montagnes. Alexandre arrivant du sud, avait à gauche la mer et à droite les montagnes. Comme il avait une armée relativement peu nombreuse, il était favorisé par la configuration du terrain ; tandis que pour Darius, embarrassé par son immense armée et un grand nombre de cavaliers, la manœuvre devenait difficile, surtout en face d'un général aussi habile, intrépide et fougueux que son adversaire. Laissant de côté les descriptions des auteurs anciens et récents, j'estime plus à propos de transcrire ici les paroles de l'ancien traducteur arménien de la Vie d'Alexandre. Dans ce livre, composé d'après différents manuscrits il est dit, qu'Alexandre traversa la Palestine et parvint en *Asie*, qui est la ville d'*Ayas*, près de la Cilicie. Mais Darius campa en face d'Alexandre près de la rivière du *Pindarus* : ses soldats espéraient vaincre l'ennemi, « avec des chariots
» garnis de faux [1], et étant arrivés les pre-
» miers, ils occupèrent les pentes des colli-
» nes ; les chariots passèrent en avant, occu-
» pèrent le front, se rangèrent en ordre de
» bataille et ne permirent pas à la cavalerie
» de passer entre eux, ni aux soldats de
» s'élancer contre l'ennemi. La plupart de
» ces lourds chariots se heurtant les uns aux
» autres, se mirent eux-mêmes hors de combat.
» Alexandre se retrancha sur les pentes raides
» et se disposa à l'attaque, conduisant la droite
» de l'armée : puis sautant sur Bucéphale, il
» ordonna aux trompettes, de sonner la charge
» pour exciter les soldats à la guerre. Le son
» des trompettes se mêlant aux cris des com-
» battants, excita les soldats qui, se précipi-
» tant, engagèrent l'action sur plusieurs points
» à la fois. Une confusion générale régna dans les
» deux armées. Des deux côtés on combattit avec
» une grande intrépidité, durant de longues
» heures. Après un grand combat, les ailes des
» deux armées se trouvèrent en face l'une de
» l'autre, les lances à la main. La garde d'A-
» lexandre, de son côté, chassait les soldats de
» Darius et les taillait en pièces : une grande
» confusion régna parmi eux, à cause de leur
» grand nombre; ils se massacraient l'un l'autre;
» ainsi ils souffraient plutôt par eux-mêmes
» que par les ennemis. On ne voyait plus que
» des soldats terrassés : il était impossible de
» distinguer entre le Persan et le Macédonien,
» entre le général et le satrape, entre le cava-
» lier et le fantassin ; la poussière était si
» épaisse qu'on ne voyait plus ni ciel ni terre...
» Enfin, après des pertes considérables, les Per-
» sans se virent obligés à une fuite précipi-
» tée.... Le jour déclinait. Darius lui-même
» saisi de terreur, quitta son char à cause
» des aspérités du terrain.... et montant à
» cheval prit la fuite ». Notre historien et d'autres font monter la perte des Persans à cent-dix ou cent-ving mille hommes ; les Grecs eurent une perte relativement insignifiante.

Quoique Darius ne soit pas mort dans cette bataille, c'est cependant là que c'en fut fait de sa fortune et de celle de toute l'Asie; car Alexandre le poursuivit et ne cessa de le harceler jusqu'en Perse ; grâce à ses victoires ininterrompues, il conquit la Perse, supprima ce grand empire oriental et y établit le sien ou celui des Grecs.

Le champ de bataille d'Issus fut appelé *Nicopolis*, Νικόπολις, par les Grecs, c'est-à-dire ville de la victoire. Ils y érigèrent un trophée, et peut-être sommes-nous ici en présence de l'emplacement des Autels d'Alexandre, *Aræ Alexandri*, où Cicéron campa pendant quatre jours, au pied des mons Amanus. C'est ici près encore, à sept kilomètres des plages de la mer, que l'on voit les ruines d'une grande ville, près du *Kam-keuy* (peut-être, *Kam-kouh*), montagne volcanique ; quelques-uns croient y voir les ruines de Nicopolis [2].

Le bienheureux Nersès de Lambroun dit dans son Commentaire de Zacharie, qu' « A-
» lexandre le Macédonien, tua dans la *plaine*

---

tant plus qu'Alexandre, au dire des historiens, profita de cette circonstance, qui ne permettait pas aux nombreuses troupes de Darius, et surtout à sa cavalerie, de se déployer. Ils soutiennent encore leur opinion en ajoutant, que le champs de bataille de Lipsie n'était pas si étendu non plus, et cependant 500 milles hommes purent s'y placer vis à vis.

1. Un des copistes de la vie d'Alexandre, ajoute : « Les chariots étaient formés ainsi : chacun était at- telé à quatre chevaux, et garni de chaque côté de lames tranchantes semblables à deux faux très af- filées. Quand les chevaux s'élançaient, entraînant le chariot à travers les guerriers, les tranchants de deux côtés moissonnaient les soldats comme des gerbes de froment. Ainsi étaient faits tous les cha- riots de Darius, qui croyait vaincre Alexandre ».

2. BRIANO. — La Siria et l'Asia Minore, 446.

» *de la Cilicie*, Darius, roi des Perses, qui ré-
» sidait à Babylone, et supprima le royaume
» des Perses ». Il éloigne ainsi vers l'ouest
l'emplacement de la bataille ; puis, plus loin
il cite un monument et une inscription très
importante et dignes de l'examen des archéologue. C'est ainsi qu'il dit : « L'inscription
» qui est près de la ville de Mamestie est ainsi
» conçue :

» Devant les portes de Mamestie,
» Près des ondes roulantes, dans la Cilicie,
» (Gisent) les ossements des milliers de Persans ;
» Œuvre d'Alexandre le Macédonien....
» Pour nous qui alors suivîmes le roi Darius
» Ce fut ici notre dernière étape.

» Près de cette inscription on trouve encore
» aujourd'hui un amas d'ossements ». Nersès ne nous dit pas si cette inscription, à demi
effacée, était en grec ou dans une autre langue ; toutefois son antiquité est manifeste.

Quelques-uns parlent d'une autre bataille
acharnée livrée au même endroit, 500 ans plus
tard ; c'est-à-dire l'an 194 de l'ère chrétienne,
entre Septime Sévère et Pescennius Niger, son
compétiteur au trône impérial. Septime remporta la victoire et Niger s'enfuit à Cysique,
où il fut tué. Mais cette bataille ne décida
que de la fortune d'une seule personne : de
l'avénement d'un empereur.

Une lutte plus grande et désastreuse pour
notre nation arménienne, eut lieu également
dans la plaine d'Issus. Les étrangers ne connaissent pas assez ce fait pour le placer à
côté des deux grands événements que nous
venons de rappeler. Pourtant le souvenir de ce
désastre ne doit pas seulement être douloureux
pour les Arméniens, mais devrait aussi exciter
l'intérêt de tous ceux qui se sont voués à l'é-
tude des événements qui ont eu lieu en Orient
durant l'époque des Croisades. Il s'agit de la
première et grande bataille des Egyptiens contre les Arméniens. Ces derniers essuyèrent une
défaite glorieuse, il est vrai, mais en même
temps terrible. L'éclat de Héthoum Ier en fut
éclipsé après quarante ans d'un règne fortuné, et pour la première fois l'Arménie consentit à se déclarer tributaire des étrangers,
qui avaient ravi la victoire en attaquant par
surprise le petit nombre de ses défenseurs.

Héthoum avait signé une alliance avec les
Tartares : le sultan d'Egypte le regardait de
mauvais œil, prévoyant une intrigue, pareille
à celle qui venait d'avoir lieu à Babylone
(Baghdad), et attendait avec anxiété l'occasion
favorable de prendre sa revanche.

A peine eut-il appris la mort de Houlaghou-
khan, (en février, 1265), il marcha contre les
Syriens, et après avoir reconquis un à un les
châteaux et les villes que les Tartares lui
avaient ravis, il s'avança vers la Cilicie. Le
roi Héthoum prit toutes les précautions possibles, et voyant le désarroi des affaires des
Tartares, après la mort de son ami Houlaghou,
se hâta de proposer un traité de paix au
sultan (Bibars), pendant que celui-ci se trouvait
encore à Damas. « Le sultan (dit un de nos
» historiens), ne rejeta pas sa proposition; mais
» il demanda au roi, des châteaux et d'au-
» tres lieux limitrophes de son territoire. Le roi
» ne put céder aux exigences de son adversaire
» pour deux motifs : d'abord parce qu'il crai-
» gnait que les Tartares, ne pussent dire que
» le roi Héthoum était d'accord avec le sul-
» tan d'Egypte, et qu'il lui avait donné en
» compensation les lieux et les châteaux qu'ils
» avaient délivrés ; ensuite parce qu'il ne vou-
» lait pas se mettre sous l'autorité des Egyp-
» tiens, lui, qui depuis longtemps était roi,
» vainqueur et jouissant de sa renommée; tan-
» dis que ce sultan, serf d'un vil serviteur,
» était devenu peu à peu assez formidable
» pour être craint de tous ses voisins. Le roi
» (Héthoum) lui envoya donc plusieurs fois des
» personnages honorables avec des dons pré-
» cieux, afin de gagner son affection ; mais
» le sultan ne se laissa pas fléchir, et per-
» sista dans la demande de ces lieux et des
» châteaux. Puis avec son armée il vint jus-
» qu'à Alep, où il la partagea en trois corps
» sous trois commandants : c'étaient Semel-
» moth, Alphi et le sultan d'Alep. Il les en-
» voya contre le roi Héthoum dans le terri-
» toire de la Cilicie et il resta lui-même dans
» la ville ».

Les historiens sarrasins attribuent le commandement en chef à El-Mansour, émir de
Hamat, et placent sous ses ordres Izzuddin
Ayghan et Seyféddin Calavoun, qui pénétrèrent dans la Cilicie, au mois d'août 1266.

Héthoum s'empressa d'enrôler ses troupes
et de demander l'aide des Tartares. Escorté
de quelques troupes, il se rendit en toute hâte
chez un de leurs chefs qui résidait entre Albistan et Cocussus ; mais le Tartare ne consentit
pas à lui donner des soldats sans le consentement du grand khan Abaghas. Héthoum

sans perdre de temps envoya à ce dernier des messagers, et en même temps remit le commandement des deux autres corps de son armée, forte d'environ 15,000 hommes, à chacun de ses deux fils, Léon et Thoros et à d'autres princes, parmi lesquels se trouvait peut-être son frère, le connétable Sempad, mentionné par les historiens arabes ; mais les Arméniens ne le citent pas, et il est probable que les premiers se trompent. L'un de ces deux corps occupa le célèbre passage proprement appelé *La Porte*, au nord d'Alexandrette, dont nous parlerons plus bas ; l'autre se massa plus au nord au lieu appelé *Mari*, où il y avait encore un autre passage étroit, non loin de celui qui fut le champ de bataille de Darius et de Niger. L'historien Malachie rapporte que le sultan envoya sa cavalerie « par la *route de Mari* », ce qui montre que ce lieu et ce passage étaient d'une certaine importance. Cela est confirmé par le témoignage d'Aboulféda, historien arabe, qui dans le récit de l'incursion de 1296, nomme ce passage *Derbénd-el-Merry* ; دربند المرّي ; il le place à un demi-jour de chemin à l'est de Sarouantikar, et il ajoute, que l'espace qui sépare ces deux lieux était couvert de hauts sapins, formant une épaisse forêt, comme on n'en voyait guère de semblable ailleurs. Les Arméniens, retranchés dans ces passages se croyaient capables d'empêcher les Egyptiens d'entrer dans leur territoire jusqu'au retour du roi Héthoum, d'autant plus que le roi plein de prévoyance, avait érigé de fortes tours sur les sommets des montagnes, partout où il croyait possible une attaque des Egyptiens [1]. Ceux-ci déjouèrent ses prévisions : car, au lieu de suivre la route ordinaire, ils escaladèrent les montagnes dans les lieux difficiles et réussirent à « parvenir en cachette » à Nicopolis, au pied des Montagnes Noires, » et y posèrent leur camp ». Ces renseignements sont puisés dans notre historien ; les savants ne sont pas d'accord sur la position de Nicopolis ; mais les données de notre historien concordent avec celles de Ptolémée, qui pose ce lieu à dix kilomètres à l'est d'Issus.

Or, les Arméniens avaient à peine posé leur camp à Mari, lorsqu'ils apprirent la soudaine apparition de l'ennemi, avant le retour de Héthoum. Ils furent d'abord tout consternés, mais ensuite reprenant courage, ils se décidèrent à attaquer l'ennemi avec leurs avant-postes. C'était le lundi, 23 août. Quelques auteurs affirment que la bataille dura deux jours entiers ; mais l'historien royal dit que la vraie lutte eut lieu le mardi à Mari, et se termina le même jour. Cette bataille fut à la fois humiliante et glorieuse pour les Arméniens ; humiliante « parce qu'après la première » attaque plusieurs soldats chrétiens prirent » la fuite, sans essayer de résister » ; (n'oublions pas cependant que le nombre des ennemis était de 45,000). Suivant un autre historien : « ils abandonnèrent les deux héritiers, » fils du roi (Héthoum), dans les mains des » loups impies, et ils se retirèrent dans leurs » forts ». Elle fut aussi glorieuse, parce que « les fils du roi, le prince Léon et son frère » Thoros, assaillirent les ennemis avec un » grand courage ; Thoros fut tué dans la mê- » lée, et Léon fait prisonnier, et avec lui *Vas-* » *sil*, surnommé le *Tartare*, fils du connéta- » ble Sempad, et *Djilardom* (Jirardin?) et *A-* » *dom*. Les Egyptiens les conduisirent jus- » qu'à Sis et les mirent en prison dans leur » mosquée ». Les historiens arabes disent que Sempad eut plus d'un fils fait prisonnier dans cette bataille, et qu'il y perdit aussi un de ses frères ; mais cette assertion n'a rien de certain, car nous avons la liste des frères de Héthoum et de Sempad avec la date de leur mort. Les Sarrasins affirment de même que douze princes ou barons se trouvaient présents dans l'armée arménienne. Laissons ces récits particuliers ; il est certain en tout cas « que la perte de *Thoros, fils du roi* fut la plus » cruelle parmi les morts. Il était dans la fleur » de l'âge, encore imberbe, chaque bouche » louait sa valeur, aucune vertu ne lui man- » quait et, par sa virginité, il jouissait de la » plénitude des grâces du Seigneur. Il consen- » tit de bon gré à verser son sang ; car lorsqu'on

---

1. Un voyageur qui explora ce champ de bataille et les alentours, rapporte que dans tout le voisinage, on trouve des restes de constructions et de places fortes ; on voit aussi, au sommet de la montagne de Kam, des murailles construites avec des pierres volcaniques. Du côté nord, un étroit passage, gardé par une porte, et une tour de briques, traverse la montagne calcaire ; on voit au milieu de ce passage une grande et belle arcade, appuyée aux deux parois des rochers volcaniques. Cette arcade est probablement l'arc de triomphe, érigé par les Romains en l'honneur de Germanicus, selon Tacite, II, 83. « Arous edi- » ti... et in monte Siriæ Amano cum inscriptione re- » rum gestarum ». — Cependant aucune inscription n'y a été découverte.

» lui demanda qui il était, il cacha le nom
» de son père ; afin de ne pas tomber captif
» et de ne pas être un autre souci pour son père
» et sa patrie, avec son frère aîné, Léon. Ce der-
» nier fut réellement le premier parmi les pri-
» sonniers à causer une douleur cruelle à no-
» tre pays et à la nation. Que la main du
» Seigneur qui nous a frappés dans sa colère,
» nous guérisse par sa miséricorde, et ferme
» notre grande plaie, en nous rendant les cap-
» tifs qui nous furent emportés. Les Egyptiens
» restèrent quinze jours dans notre pays, le rem-
» plirent de désolation, faisant endurer aux
» captifs de cruelles souffrances ; pour nous,
» nous ressentîmes une indicible douleur à la
» triste nouvelle du désastre ». Telles sont les
paroles touchantes de l'historien Vartan, témoin
oculaire et bien connu à la cour de
Héthoum. Un autre historien contemporain,
Malachie, non moins touché de ces malheurs,
décrit ces événements et le deuil déchirant de
Héthoum ; et il ajoute que le sultan même « s'at-
» trista à la nouvelle de la mort du Baron
» Thoros, et se mit en colère contre ses meur-
» triers ; mais ceux-ci lui répondirent qu'ils
» ne connaissaient pas le fils du roi, et que
» Thoros de son côté, avait tué plusieurs des
» leurs, en avait blessé un grand nombre, et
» qu'à la fin ils avaient été obligés de faire
» tous leurs efforts pour se rendre maîtres de
» lui[1] ».

Nous avons jugé à propos de mentionner
ces détails particuliers, qui sont en connexion
avec ce lieu ; le reste appartient à l'histoire
générale. Qu'il nous soit permis d'ajouter que
la mort ou la captivité des fils du roi ne furent
pas les seules conséquences de cette funeste
bataille, mais après ce désastre le territoire
et la capitale de Sis furent dévastés pour
la première fois, et pour la première fois aussi,
les Arméniens se soumirent au joug de leurs
puissants ennemis.

De nouveaux explorateurs anglais et des
missionnaires américains placent Nicopolis près
de la bourgade d'*Islahié*, dans l'endroit où
l'on trouve des ruines et une inscription grecque,
entre la vallée des montagnes Ghiavour
et Kurde ; cette bourgade fut fondée récemment
par les montagnards de Kara-dagh. De
même ils placent les célèbres défilés d'Amanus
à l'ouest du même bourg, près du lieu
appelé *Khazan-ali*, à côté du village *Karabaghtché*,
au sud des pentes rapides d'une montagne ;
on voit tout près de là une forte muraille
de pierre formant un angle et fermant
complètement le passage.

---

1. Deux ans après ces tristes événements, l'écrivain, Georges de Lambroun, nous en laissait le récit suivant : « Ici mon chagrin m'oblige de m'arrêter, avant de faire ce malheureux récit ; car l'année dernière... le sultan d'Egypte, comme envoyé par la colère de Dieu, entra dans la Cilicie avec une grande armée, un appareil de guerre considérable et de nombreux officiers mahométans. Les troupes arméniennes incapables de faire opposition au sultan, écrasées par le nombre, firent volte-face, se débandèrent et se dispersèrent. Les deux fils du roi furent pris par les ennemis, le cadet tomba sous » les coups d'épée, l'aîné fut emmené en captivité » Les soldats étant dispersés, et le roi se trouvant » absent du pays, les ennemis se livrèrent sans crain- » te au carnage et à la dévastation. Ils incendièrent » plusieurs villes avec leurs faubourgs, ils détruisi- » rent les églises, ils brûlèrent les livres saints. Sis » même, la ville royale n'échappa pas à la destruction ; » le magnifique palais royal fut incendié, avec la glo- » rieuse église de Sainte-Sophie. Un grand nombre » de citoyens furent passés au fil de l'épée, et un » plus grand nombre encore emmenés en captivité ; le » butin qu'ils emportèrent fut immense ».

Autographe de Héthoum Ier, en 1252.

2. — DJEGUÈRE ET LES MONTAGNES NOIRES.

Le DJEGUÈRE appartient à ce petit nombre de pays qui dans nos livres sont mentionnés sous le nom de provinces; situé à l'extrémité du Golfe arménien, ce district se prolonge directement du nord-ouest au sud-est, ou encore s'étend du fleuve *Kara-sou* jusqu'à la ville d'Alexandrette et aux frontières du territoire de Beylan. Sa longueur est d'environ 40 kilomètres en ligne droite, mais sa largeur, des plages de la mer jusqu'aux monts Amanus, est très restreinte, surtout au sud où elle mesure à peine deux ou trois lieues, et moins encore. Comme cette province, ainsi que celle de Rhosus qui lui est limitrophe au sud, et même celle d'Ayas au nord-est, sont entourées par les monts Amanus, je crois à propos de donner d'abord un aperçu sur ces montagnes.

Les géographes anciens considèrent les monts Amanus (ὁ Ἀμανὸς, τὸ Ἀμανόν) comme un rameau détaché de la chaîne du Taurus. Ils se prolongent de la Cataonie au nord, jusqu'aux plaines de la Syrie au sud, et vers l'est, jusqu'à l'Euphrate. Ces chaînes de montagnes sont formées par des sommités continues, ne laissant que d'étroits passages ou gorges, parmi lesquels se distinguent les Portes d'Amanus.

Au moyen âge, les Occidentaux et les Arméniens les appelaient *Montagnes Noires (Kara-dagh)*, sans doute à cause de la couleur obscure des sapins qui couvrent leurs pentes. Toutefois Sanudo, rapportant le nom de *Montagna Neros*, en fait remonter l'étymologie au mot grec νερό, *eau*, alléguant que ces montagnes abondent en sources d'eau; mais c'est une opinion inadmissible [1]. Les Turcs aussi les appellent aujourd'hui *Kara-dagh*, or *kara* veut dire noir; les Grecs mêmes autrefois disaient de même Μαῦρος ὄρος, et les Syriens *Toura ou chama*.

Lorsque la puissance de la dynastie arménienne commença à s'affaiblir, les Karamans s'établirent dans ces montagnes, et les Arabes les appelèrent alors *Djébel-el-Karaman*, جبل الكرمان. De nos jours on leur donne le nom de *Guiavour-dagh*, à cause des nombreux chrétiens qui y habitent. La partie septentrionale de la chaîne est appelée *Akma-dagh*, la moyenne *Kezel-dagh* ou *Beylan-dagh*, et la méridionale, *Kesrig-dagh* ou *Djébel-Moussa;* elle aboutit au cap *Ras-el-khanzir*, dernière limite des frontières de la Cilicie. Les montagnes qui se prolongent au delà étaient appelées Piériennes dans les temps anciens.

Parallèlement aux montagnes Guiavour, s'étend à l'est, une chaîne de montagnes d'une moindre élévation, dont la plus haute sommité et la plus étendue s'appelle *Montagne du Kurde*, et pourrait donner son nom à toutes les autres. Dans la grande vallée formée par ces deux chaînes descendent des rivières, dont les unes se mêlent au fleuve Djahan, les autres se jettent directement dans le Golfe de l'Arménie; quant à celles qui descendent du flanc oriental des Montagnes Noires, elles se jettent dans les fleuves de la province d'Antioche.

La conformation de ces montagnes n'est pas encore bien connue, à cause des brigands et des mauvais sujets qui de tout temps y ont établi leur séjour, et qui, déjà durant la domination romaine, à l'exemple des pirates de la mer, dépouillaient les voyageurs et les habitants des alentours. Cicéron marcha contre eux, 51 ans avant J.-C., et il écrivit à Caton qu'il avait combattu ces maraudeurs et ruiné grand nombre de leurs repaires, dont les principaux étaient *Erana, Sepyra* et *Commorin* [2] et

---

1. Est enim totus fontibus et rivulis irrigatus: ideo dicitur Mons Aquosus: *neros* enim grece aqua dicitur: licet rudes pro nigro accipiant. — SANUTO, III. V. 4.

2. Eranam autem, quæ fuit non vici instar sed urbis, quod erat Amani caput, itemque *Sepyram* et *Commorin*, acriter et diu repugnantes, Pomptinio illam partem Amani tenente, ex antelucano tempore usque ad horam diei decimam, magna multitudine hostium occisa, cepimus, castellaque sex capita complura incendimus. His rebus ita gestis, castra in radicibus Amani habuimus apud *Aras Alexandri*, qua-

six châteaux. Celui de *Pindenisus* qui était le plus solide ne devait pas être bien éloigné du lieu que nous étudions; en tous cas, on ne peut pas le placer aux environs de Sis, comme le prétendent quelques-uns. Les montagnes septentrionales, plus distantes de la mer sont les plus-hautes; quelques unes atteignent 10,000 pieds; celles qui sont les plus voisines du golfe, atteignent à peine la moitié de cette hauteur.

Les rivières de cette contrée n'ont pas un long cours; on peut citer le *Pinarus* dans la province de Djeguère, c'est le *Déli-tchay* de nos jours, qui se divise en diverses branches. Au sud on indique encore d'autres rivières, comme le *Baba-tchay*, et une autre près de Payas, et une troisième, la *Merkèze*, nom qui lui vient d'un village qu'elle traverse; on la considère comme l'ancienne rivière *Kersus*. Au sud de la province de Rhossus se voient deux rivières : le *Beylan* et l'*Arsous*. Quant à celles qui descendent à l'est des montagnes, elles se trouvent hors des frontières de la Cilicie.

Comme les autres régions montagneuses de la Cilicie, celle-ci aussi produit une grande variété d'espèces de plantes, parmi lesquelles les botanistes indiquent, la *Fumaria officinalis, F. asepala, Alyssum macrostylum, Al. hirsutum, Thlaspi Taurica, Isatis latisiliqua, Is. callifera, Is. Aucheri, Viola odorata suavis, Hoplophyllum myrtifolium, Scleranthus verticillatus*, etc, etc.

Les défilés et les passages sont plus célèbres que ces montagnes et leurs rivières; on en cite surtout deux, mais il y en a un grand nombre. Les uns sont appelés du nom des montagnes Amanus, d'autres du nom des territoires de la Cilicie et de la Syrie, ainsi ceux que nous avons décrits: l'*Arslan-boghaze* et d'autres près de *Bahtché*, le *Démir-kapou* (Porte de fer) ou *Kara-kapou* (Porte noire); et ceux que nous décrirons plus bas: les *Portes* ou *Passages Syro-Ciliciens* au sud de Payas; le *Déguirmèn-déréssi*, et le *Youk-béli-déré*, à l'est de Payas; les *Portes Syriennes* à l'est d'Alexandrette, près de Beylan; le *Baghras-béli*, ou *Défilés de Baghras*, et d'autres de différents noms. Au milieu de ces défilés, au nord-est, doit se trouver celui de *Nicopolis*; j'attribue ce nom au passage étroit resté longtemps inconnu, par lequel les Egyptiens entrèrent en Cilicie et livrèrent aux Arméniens la funeste bataille de Mari.

Cicéron dans une lettre à Caton[1], désigne seulement deux portes donnant accès en Cilicie, du côté de la Syrie; elles paraissent être celles de Payas et de Baghras, ou celle du nord appelée *Arslan-boghaze*. Le général français Marmier, s'appuyant sur les paroles de Cicéron s'efforce, dans son livre des *Routes de l'Amanus*, à démontrer, qu'aucune de celles que nous avons citées, ne saurait être la vraie Porte ou Passage d'Amanus; c'est, selon lui, le défilé étroit et long, parallèle au rivage de la mer, à peu de distance de *Myriantus* ou *Myriantrus*, ancienne ville ruinée, entre Rhosus et Alexandrette, et qui se dirige au nord sur toute la longueur orientale du Golfe de l'Arménie. Il démontre qu'Alexandre arriva par ce défilé et non par celui de Beylan, qui selon lui n'était pas praticable à cette époque; car Alexandre l'aurait traversé avec ses troupes et aurait empêché la fuite de Darius après la bataille d'Issus. Des renseignements plus détaillés et plus exacts seraient à désirer, car, comme je l'ai déjà dit, toute cette région des montagnes n'est que très peu connue. De nos jours encore ces lieux sont habités par des hommes farouches, qui ne se font pas scrupule de dépouiller les voyageurs et les caravanes. Ils forment une peuplade de diverses tribus turcomanes et kurdes, et peut-être de peuples plus anciens, parmi lesquels doivent se trouver aussi des Arméniens. Ces derniers font en général partie de la tribu *Bozan*, et ils sont ennemis implacables de la tribu *Hayoug*, qui habite aux environs de Messis. Le botaniste Kotschy n'osa pas s'aventurer dans ces dédales, ni sur les hauteurs lorsqu'il longeait ces montagnes.

Vers la fin du siècle dernier et au commencement du nôtre, *Kutchuk-Ali* ou *Khalilbeg*, se distingua par ses violences et ses déprédations; il soumit Payas et ses environs et y régna en maître pendant 30 ou 40 ans. D'abord il n'était que simple chef de brigands, et sa bande comptait trente à quarante individus, avec lesquels il saccagea la ville de Payas; il forma ensuite une troupe de

---

triduum; et in reliquis Amani delendis, agrisque vastandis, quæ pars ejus montis meæ provinciæ est, id tempus omne consumpsimus. — CICERO, *Epistolae*.

1. Duo sunt enim aditus in Ciliciam ex Syria; quorum uterque parvis præsidiis propter angustias intercludi potest. — CICERO, *Epistolæ*.

deux cents personnes et non seulement il se fit payer un tribut par Payas, mais encore il osa obliger la grande caravane de la Mecque, qui devait traverser la contrée, à lui payer un droit de passage. Il rendit vain tous les efforts des gouverneurs ottomans pour l'attraper; enfin il obtint grâce et fut élevé à l'honneur de pacha à trois queues; toutefois malgré son titre et son rang, il continua à dépouiller les passants et souvent les navires européens. Il exigeait de fortes rançons de tous ceux qui tombaient entre ces mains ou les emprisonnait, et ensuite il s'excusait de ses faits avec hypocrisie et arrogance. Il bâtit plusieurs tours sur les montagnes et à l'entrée des défilés; il occupa aussi les Portes Syriennes; mais ces tours excitaient plutôt l'effroi par leur apparence que par leur solidité réelle. Il avait aussi la barbare coutume de pendre deux personnes près de la porte de Payas, lors du passage de la caravane de la Mecque. Il arrriva qu'une fois il n'avait personne dans les prisons et la caravane approchait; il demanda à son officier de lui trouver un moyen, et pendant que celui-ci s'efforçait de le détourner de son triste propos, il porta la main à sa barbe: « J'ai trouvé, lui dit-il, fais apporter ici le » chrétien Jacques, tourmenté de la fièvre depuis » quatre mois, il ne pourra du reste pas s'en » tirer ». Et il le fit pendre immédiatement. Pourtant après s'être joué du gouvernement, après avoir vexé les étrangers et tué plusieurs innocents, il mourut paisiblement (1808). Son fils aîné *Dédé* ou *Dada-beg*, lui succéda; le consul de Hollande lui ayant réclamé des dédommagements pour des pertes que son père lui avait causées, il lui fit la réponse suivante : « Si j'étais obligé de restituer tout ce que mon père a pris, toutes les pierres de Payas changées en or ne suffiraient pas ». Pendant dix ans, il vécut comme son père dans l'indépendance et le libertinage, échappant à tous les pièges des gouverneurs de l'empire, et souvent même il battit leurs soldats. Il finit pourtant par être pris par trahison en 1817, et fut décapité par ordre de Moustafa, pacha de Beylan, et son cadavre fut brûlé. Son frère *Mesdek-bey* avait alors douze ans, il s'enfuit à Marache. Dix ans après il retourna à Payas, pendant que *Hadji Ali-bey*, de la tribu de Karadja, dominait avec tyrannie sur la plus grande partie de la Cilicie. Ce tyran s'opposa d'abord à Mesdek; mais enfin il finit par faire la paix avec lui dans le but de soumettre d'autres rivaux. Lorsque Hussein-pacha dut marcher contre Ibrahim, (1832), Hadji-Ali s'empressa d'aller à sa rencontre, dans les défilés de la Cilicie, pour faciliter le passage de l'armée turque, voulant ainsi se montrer sujet fidèle de la Porte ottomane. Il fut envoyé en tant que commandant à Costantinople, où il fut, dit-on, secrètement mis à mort : d'autres croient qu'il put s'échapper en se déguisant et qu'il se réfugia en Europe[1]. Quant à Mesdek, après les victoires d'Ibrahim, il s'attacha à lui et reçut en échange la juridiction sur trente seigneurs, *dérébeghi*, des alentours. Ahmed-Izzed pacha, gouverneur d'Adana, voulut le soumettre, mais ne réussissant pas à s'emparer par ruse de sa personne, il ordonna de saccager Payas et de massacrer cruellement la famille de Mesdek. Celui-ci s'enfuit d'abord à Marache et après à Constantinople avec le gouverneur. Revenu en Cilicie l'année suivante, il recouvra peu à peu sa puissance primitive; se déclarant tantôt sujet ottoman, tantôt libre brigand, s'étant associé son fils *Eumer-agha* et son cousin. Tous trois étaient déclarés rebelles en 1862, tandis que Kotschy parcourait cette région; le gouverneur d'Adana s'efforçait en vain de soumettre Mesdek. Celui-ci termina sa vie paisiblement, pendant ou après la soumission des Kozans[2].

La même année (1862), on comptait seize

---

1. Barker nous donne le récit des faits et gestes du tyran Kutchuk-Ali et de Hadji-Ali, dans son ouvrage bien connu (Lares and Penates), p. 76-80, 89.

1. M.me Belgiojoso, qui vers la fin de 1852 se rendait à Jérusalem, logea dans la misérable maison de Mesdek, qui la reçut avec beaucoup de respect. Dans ses mémoires elle dit : « Mustuk-Bey, le prince du » Djaour-Daghda (Guiavour-daghi), a passé les bornes » de la première jeunesse. C'est un homme d'une » quarantaine d'années, grand et bien fait, d'une » physionomie qui serait un peu commune, si elle » n'était éclairée par de beaux yeux bleu clair, limpides, souriants, et perçants comme deux épées. » Rien en lui ne décèle le feudataire ambitieux et » rusé qui résiste constamment aux ordres de son » souverain, tout en conservant les apparences du respect et de la soumission. Il y a du bonhomme » dans Mustuk-Bey, ou du moins dans ses manières » et dans son langage. Il n'affecte pas le luxe oriental des pachas et des chefs de sa tribu. Son costume, sa tenue, sa maison, sa table, tout respire » chez lui la plus extrême simplicité. — Derrière la » maison du Bey se trouve une petite cour carrée entourée de bâtiments bas, formant un seul étage; la » cour étant un carré long, les deux bâtiments de » côté couvrent une superficie double environ de celle

villages arméniens dans ces montagnes, avec 600 familles, vivant de la même vie que les montagnards turcomans. Ils doivent avoir certainement conservé d'anciennes traditions, et des recherches sur les lieux amèneraient peut-être d'intéressantes découvertes.

LES COUVENTS DES MONTAGNES NOIRES

Il est intéressant d'étudier, ou plutôt, admirable, de voir les différents aspects que ces montagnes ont offerts tour à tour. Repaires de bandits et théâtres de crimes à l'époque actuelle et sous la domination romaine, elles furent des asiles de paix et de prière durant la période chrétienne; la foi y opéra de telles merveilles qu'elles furent surnommées Saintes, et c'est sous ce titre qu'elles sont célébrées par nos historiens, du XIe au XIIIe siècle. Dans ces retraites sûres et tranquilles pour les amateurs de la solitude religieuse des différentes nations, on vit principalement des Arméniens, des Syriens et des Grecs; car ces lieux se trouvaient aux confins des territoires de ces trois peuples; on y vit aussi des Géorgiens, et même des Latins durant les Croisades. Ils avaient choisi pour retraites les cavités de ces montagnes comme les moines du Liban, du mont Sinaï ou du mont Athos, ceint par la mer. Ils ne s'occupaient pas toujours uniquement de la prière: ils savaient au besoin marcher les armes à la main contre les maraudeurs ou les envahisseurs étrangers.

A l'approche des invasions sarrasines ou des Turcs, on se réfugiait sur ces montagnes. L'un de nos historiens du commencement du XIe siècle[1], dit à propos de l'empereur Romain, que lorsque au début de son règne (1028), il marcha contre Alep, « il arriva à la Monta-
» gne Noire, et y rencontra une *multitude de*
» *monastères et de couvents habités par des ana-*
» *chorètes*, qui, sous une forme corporelle,
» avaient l'apparence d'êtres incorporels,
» contents d'être couverts tout simplement
» d'une peau de chèvre ou d'une tunique, la
» bêche de fer à la main, se fatiguant à semer
» l'orge pour se préparer la nourriture jour-
» nalière. Quant aux viandes, aux apprêts va-
» riés, aux mets savoureux et à la joyeuse li-
» queur que fournit le fruit de la vigne, ils
» les abandonnaient aux amis du monde. Reti-
» rés au sommet de la montagne, imitant le
» premier des prophètes, (Moïse), ils étaient en
» colloque perpétuel avec Dieu.

« En les apercevant, l'empereur demanda
» à ses officiers, quelle était cette multitude
» d'hérétiques. Ils lui répondirent: Ce sont des
» troupes d'hommes qui font sans cesse des
» prières pour la paix du monde et la conser-
» vation de votre existence. — Je n'ai point
» besoin de leurs prières, répliqua l'empereur;
» dans tous ces couvents enrôlez des archers
» pour le service de mon empire... Telle était
» la grossière impiété de ce prince... C'est pour-
» quoi les justes jugements de Dieu ne tardè-
» rent pas à l'atteindre. Une troupe d'Arabes,
» de huit cents ou mille hommes au plus, fondi-
» rent sur les troupes qui l'accompagnaient,
» les massacrèrent, s'emparèrent de ses trésors
» et de ceux de sa suite et s'en retournèrent
» chargés de butin. Romain, accablé de honte,
» s'enfuit dans sa capitale de toute la vitesse de
» son cheval ». Ce que n'avait pu réaliser ce prince insensé, fut accompli environ quarante ans plus tard, par l'émir persan Auchin, encore plus insensé (1066). Après avoir fait plusieurs incursions et pillé d'autres contrées, « il se mit
» en marche avec des forces considérables et vint
» poser ses quartiers d'hiver dans les Monta-
» gnes-Noires. Les populations de toute cette
» province furent massacrées. Une multitude
» de moines périrent par le fer ou le feu.
» Leurs cadavres, privés de tombeaux, devin-
» rent la pâture des animaux féroces et des
» oiseaux de proie, parce qu'il n'y avait per-
» sonne pour leur donner la sépulture. Nom-
» bre de couvents et de villages furent incen-
» diés, les traces de ces dévastations sont en-
» core apparentes de nos jours. Les Montagnes-
» Noires, et tout le pays furent inondés, d'un
» bout à l'autre, du sang des religieux et des

» qu'occupent les constructions placées aux extrémi-
» tés. L'une de ces dernières, n'est que le mur mi-
» toyen qui sépare le harem de la maison du Bey, et
» où l'on a pratiqué la porte d'entrée. Deux petites
» portes, flanquées chacune de deux fenêtres, commu-
» niquent avec chacun des bâtiments latéraux de la
» cour, pavée de larges dalles. Le corps de logis du fond
» n'a qu'une porte et deux fenêtres, et il est impos-
» sible d'entrer dans ce cloître sans se rappeler l'in-
» térieur d'un couvent de Chartreux ». — BELGIOJO-
SO, *Asie Mineure et Syrie*, 111.

1. Aristacès de Lastivert, VI.

» prêtres, des hommes et des femmes, des
» vieillards et des enfants [1] ».

Peu à peu de nouveaux religieux vinrent remplacer les morts ; les couvents se multiplièrent, les déserts furent repeuplés, et trente ans plus tard, lorsque les Croisés arrivèrent dans ces régions, non seulement les princes Roupiniens et Héthoumiens, mais « aussi les » religieux des couvents de la Montagne Noire » les secoururent en leur procurant les vivres » nécessaires [2] ». Les historiens mêmes de l'Occident mentionnent le grand nombre des couvents de la Montagne-Noire où demeuraient aussi des Latins [3]. Parmi ces nombreux ermitages, dont les débris méritent d'être explorés, nous ne retrouvons les noms que d'une douzaine de monastères avec des souvenirs presque insignifiants. Je les enregistrerai ici suivant l'ordre des faits, ces débris sacrés sont comme des îles surgies soudainement des abîmes de la mer. La plupart de ces mémoires appartiennent au XIIe siècle, à l'époque du catholicat de Grégoire le Martyrophile et du bienheureux Nersès. Le premier qui parle de ces couvents est Grégoire II, le grand Martyrophile, qui les visita pendant les dernières années de sa vie, poursuivant ses recherches sur les Vies des Saints. Mathieu, son coopérateur et son disciple, écrivit sous sa dictée en 1102, dans la préface de la traduction de la vie de Saint Jean Chrysostome : « Nous parvînmes à la sainte » Montagne, appelée Noire, dans nos *propres* » *églises* ; et au *saint couvent* qui, en syriaque, » s'appelle *Bar-laho* et se traduit *Paradis de* » *Dieu*. Ici enfin, la trente-sixième année de » mon patriarcat, j'ai traduit avec la coopération d'un grec du nom de *Théophiste*, la vie » du grand et admirable homme de Dieu, Saint » Jean Chrysostome, patriarche de Constantinople. Après je l'ai fait corriger et rédiger » par le prêtre *Mathieu*, élevé et nourri sous » notre direction ». De son côté Mathieu ajoute une adresse au Catholicos : « Autant que dans » ma faiblesse je le pouvais faire, j'ai terminé » votre commande, ô Saint Catholicos... Recevez » ceci avec bonté sans m'accuser d'arrogance, et si je suis tombé dans quelques fautes, » corrigez-les selon votre grande sagesse », etc.

C'est de ce monastère assurément qu'il est parlé dans les archives des Chevaliers de Jérusalem, sous le nom d'*Abbatia Montis Parlerei* ou *Parleri*, près de laquelle se trouvaient les villages de *Casnapor*, Կզնափոր? de *Cozconei*, de *Meuaserac* [4], etc.

Un autre couvent, celui d'*Ariki*, Արիքի, donna l'hospitalité au même catholicos l'an 1103. C'est là que Grégoire reçut les messagers que la ville d'Ourha, lui avait envoyés pour connaître son avis sur la célébration de Pâques, car ils craignaient en se séparant des Grecs, d'avoir à souffrir de leur inimitié. Le catholicos les encouragea à s'armer de patience et il leur proposa son propre exemple : « Mon patriarcat compte déjà quarante ans, et c'est » pour la paix que j'ai quitté la maison » paternelle et me suis retiré dans celle-ci ; » me serais-je donc trompé ? J'ai posé mon » espoir en Dieu et dans les témoignages des » livres saints ; car, je garde ma foi catholique et sans tache », etc.

Il visita encore d'autres couvents de ces montagnes, imitant, dit un historien, son ancêtre, le grand Illuminateur ; « celui-ci aussi » habitait dans les solitudes de la Montagne » Noire, plongé dans l'étude des Saintes Ecritures et des livres de dévotion, et il y mena » durant plusieurs années une vie de mortification ». Le petit-neveu de Grégoire II, Nersès le Gracieux, écrit à ce propos :

« Arrivé à la montagne du Taurus,
» Là où sont les habitations des Saints,
» Et où vivant dans un corps on devient ange ;
» C'est dans ce beau lieu qu'il parvint
» Le sage et pieux patriarche,
» Dans cette montagne appelée *Noire* et obscure ;
» Où se trouvent les âmes éclairées,
» Qui ont abandonné la vie des troubles
» Qu'on a démontré être un rêve.
» Là il réunissait les amateurs des lettres
» Et les abritait chez lui.
» Lisant sans cesse les livres inspirés du Saint-Esprit
» Et causant toujours avec eux ».

De même aussi son successeur : « Le catholicos Basile alla dans le pays de la Cilicie et » entra dans la Montagne Noire, où il y avait » grand nombre de *couvents* et d'*ermitages*. » Alors les Ismaélites suscitèrent une persécution contre les Arméniens ; plusieurs provinces et couvents furent ravagés, et les » survivants se réfugièrent dans les lieux inac-

---

1. 2. Mathieu d'Edesse, XCVI.
3. Montagna Nigra dicitur in quo multi sunt heremitæ ex omni genere et natione, et plura monasteria monachorum, tam Græcorum quam Latinorum. — SANUTO, III, V. 4.
4. Bibl. de l'Ecole franç. XXXII. p. 161.

» cessibles », ou sur le territoire de Vassil le Voleur, près de la Cilicie et de Marache.

Entre ces deux lieux et les montagnes se trouvait un très célèbre couvent, celui de *Chougher*, Շուղր, où se retirait habituellement le catholicos Basile, et où, malade et près de mourir, il voulut être transporté ; il y rendit en effet son âme et c'est là qu'il fut enterré. Nous ne saurions affirmer si ce couvent était dans les Montagnes Noires, cependant quelques-uns sont de cet avis, et l'historien de la vie de Nersès le Gracieux rapporte, que « le saint » couvent de Chougher est entouré de mon- » tagnes ». Nersès lui-même dit dans son récit en vers :

« Il habita dans un ermitage
» Appelé Chougher, dans les montagnes ».

Un autre auteur le place entre Marache et Sis ; un autre, près de Kessoun. Enfin un écrivain plus ancien nous donne des indications plus précises, en disant : « Près de la » *Nouvelle ville* ». Mais, hélas ! l'emplacement de cette Nouvelle ville nous est complètement inconnu. Grégoire (IV) Degha qui en a parlé avant lui, place Chougher encore plus loin, au sud d'Antioche ; mais il en fait une forteresse et non un couvent, car en décrivant l'invasion de Saladin : « Après Laodicée et d'au- » tres lieux il s'empara, dit-il,

De *kar* (roche ou château) au nom admirable,
Qu'on appelait Chougher ;
Puis ils passèrent de l'autre côté
Au nord d'Antioche ».

Le château de Kar est connu de nos jours sur un rocher inaccessible, au sud du village *Djezer-éche Chougher*, dans la vallée d'Oronte, et s'appelle *Kalaat-Mirzé*. N'ayant pas de données précises sur la position de ce lieu, nous laissons ce dernier point et nous nous bornons à rapporter les souvenirs qui s'y rattachent, d'autant plus que les deux successeurs du catholicos Basile, Grégoire le Martyrophile le Jeune, et son frère Nersès le Gracieux, y ont demeuré ; c'est ici en effet qu'ils furent élevés soigneusement tant par lui, Basile, que par des précepteurs que lui-même avait choisis. Un de ces derniers était le *prêtre Etienne*, qui bien que jeune encore, jouissait d'une parfaite sagesse ; c'était un de ceux qui s'étaient enfuis de l'Arménie Orientale et s'étaient réfugiés dans les couvents de ces lieux.

C'est ici que le jeune catholicos Grégoire III, fixa d'abord son siége (1113) ; et quand les Orientaux se plaignirent de son jeune âge et que l'évêque David, de la province de Vaspouracan, s'étant révolté, eut fondé le siége autonome d'Aghtamar, c'est encore ici que, selon les graves paroles de Nersès le Gracieux, « se rassemblèrent, sur la *Montagne Sainte* » avec grande solennité, les personnages ver- » tueux et saints de la nation, au nombre de » *deux mille cinq cents* : des évêques, des doc- » teurs, des prêtres et des solitaires de la » sainte Montagne ; les dissidents furent ex- » communiés et rejetés de l'église de Jésus, » et, par le glaive de la parole de Dieu, ils fu- » rent tranchés et rebutés », etc. Ainsi donc ce grand écrivain religieux témoigne que le couvent de Chougher, devait être sur cette Sainte montagne, où eut lieu la réunion du concile ; or, dans quel couvent une telle assemblée pouvait-elle se réunir, si ce n'est dans la résidence même du catholicos ? Une chose à remarquer pour nous, c'est le nombre des assistants : 2,500 personnes, dont la plupart devaient être des religieux et des solitaires de la Sainte montagne, car le saint homme ne fait pas mention de peuple. Il faut donc compter environ 2,000 religieux, provenant des divers couvents de la montagne. Grégoire par sa bulle de bénédiction, témoigne du grand nombre des religieux et de la supériorité de ces couvents ; car suivant l'historien Vartan, il la fit sanctionner par la « signa- » ture des abbés de *tous les couvents* des » Montagnes Noires et des évêques des envi- » rons ». De même il est mentionné que le catholicos Grégoire IV (Degha) dans le concile de Rom-cla (1201) envoya aussi une invitation « à la Montagne sainte appelée Noire », comme le dit Nersès de Lambroun. Ce dernier aussi quelques années auparavant, peu après son ordination sacerdotale, avait été envoyé par Saint Nersès le Gracieux, « aux » couvents de la Montagne Noire, où il s'ins- » truisait soit en s'occupant d'ouvrages pra- » tiques, soit s'exerçant dans la vie contem- » plative, et s'efforçant à atteindre la perfec- » tion de la vertu et la charité du Christ », selon les paroles de son biographe.

Deux autres couvents sont mentionnés à cette même époque, vers 1114. Le *couvent des Basiliens* et celui de *Vartig*, tous deux fort éprouvés par le grand tremblement de terre qui ravagea le pays, depuis l'Euphrate jusqu'à Marache et à Sis : « Il arriva que

» dans le célèbre couvent des Basiliens situé
» sur la Montagne Noire, se trouvaient ras-
» semblés pour la bénédiction de l'église, des
» saints moines et des docteurs arméniens.
» Tandis qu'ils célébraient l'office divin, l'é-
» difice tomba sur eux, et trente moines, ainsi
» que deux docteurs, restèrent sous les décom-
» bres, et leurs corps n'en ont jamais été ré-
» tirés ». Selon le même historien, ce tremblement de terre ruina le couvent des *Jos-
suéens*, près de Marache, et l'illustre docteur
arménien, Grégoire de Macheguévor y périt.
L'historien de la Cilicie, Sempad, rappelant
la mort des moines de ce couvent, ajoute : « Et
» le grand docteur Macheguévor mourut au
(couvent de) *Vartgoug* ». Un second tremblement de terre se fit sentir environ 150 ans plus
tard, au mois de mai, 1269, dans tout le territoire de la Cilicie, mais selon l'historien,
« plus encore près de la montagne appelée
» Noire ». Ce couvent des Basiléens paraît
avoir été l'un des principaux ; son nom lui
vient-il du grand patriarche Basile ou d'un
autre, je ne le sais pas ; mais je ne puis admettre qu'il soit le même que Chougher,
comme l'affirme Dulorier.

Ce dernier couvent était surpassé peut-être
par l'autre, le couvent de *Macheguévor* ou
Machegavor, cité plusieurs fois, et probablement fondé par l'illustre docteur Grégoire,
qui rencontra une mort malheureuse au début
du XII⁰ siècle ; je dis *probablement*, car Vahram en attribue la fondation à Thoros I^(er),
qui s'empara peu à peu de la Cilicie, et construisit :

« Des couvents très illustres ;
» Dont l'un s'appelle *Trazarg*,
» Un autre *Macheguévor* ».

Ce témoignage montre que ce devait être
l'une des fondations les plus anciennes des
Roupiniens, et l'une des plus illustres. Un peu
plus tard, c'est-à-dire vers le milieu du XII⁰
siècle, un manuscrit intitulé : « Choix de Sermons » et écrit moitié en lettres majuscules,
moitié en lettres rondes, fut copié dans ce
couvent ; le copiste cite souvent : « Le pro-
» priétaire, le *Père David*, et son oncle qui
» le firent écrire avec un ardent désir et de bon
» cœur. Que le Seigneur leur accorde de gran-
» des récompenses... » et souvenez-vous de-
» vant le Seigneur de son frère « Grégoire qui
» est déjà mort ». — Peut-être ce Grégoire
est-il le même que le docteur de Macheguė-

vor. Ce lieu n'était pas seulement un couvent, mais encore la résidence de l'évêque
du diocèse, suivant une liste des évêques, remontant au XIV⁰ siècle. Au commencement
de ce même siècle (1307) *Thoros*, évêque-abbé-
de ce couvent, assista au concile de Sis. En
1324, Basile mentionne le supérieur du « cou-
» vent, l'évêque *Hayrabiet* : Personnage affable
» et doux, dit-il, plein de sollicitude pour
» nous, et qui nous procurait tout le nécessaire
» à la vie ; comme un père, il nous encoura-
» geait spirituellement et nous consolait dans
» nos afflictions et dans nos souffrances. C'est
» pourquoi je vous prie.... souvenez-vous de
» lui bénignement ».

Après lui est cité *Grégoire*, en 1342, à ce
qu'il paraît, envoyé par le roi Guy, au pape,
en compagnie d'autres personnages pour un
accord sur les questions religieuses. Dans la
lettre latine on trouve *Mascare*, au lieu de
Macheguévor. Le copiste d'un évangile daté
de 1269, année qui précéda le tremblement
de terre, dit qu'il l'a commencé, « Dans l'il-
» lustre couvent de Macheguévor, près de
» l'église de *Saint Garabiet* », nous connaissons
ainsi le nom de l'église.

Dans la première moitié du XIV⁰ siècle, dans
ce couvent, alors sous la direction de Hayrabiet, se signala, le docteur *Basile*, un de nos
bons écrivains qui a composé le commentaire de l'évangile de Saint-Marc : dans le
mémorial duquel il écrivit : « Moi, Basile, doc-
» teur, mais de nom seulement, j'ai terminé
» le Commentaire de l'évangile de Saint Marc,
» autant que m'a aidé et fortifié, en me don-
» nant de l'intelligence et des paroles, le
» Saint-Esprit de Dieu.... J'en suis venu
» à bout après un pénible labeur et de gran-
» des fatigues... Il fut écrit dans le couvent
» qui s'appelle Macheguévor ». Après quoi il
cite le supérieur Hayrabiet, etc. Il mêle souvent à ses interprétations et à ses exhortations le souvenir des accidents contemporains,
comme la prise d'Ayas ; il souhaite aussi
que le Seigneur par son amour et dans sa
miséricorde, protège et conserve le petit reste
de la communauté, l'augmente et le multiplie :
« Qu'il nous accorde de nouveau, écrit-il, de
» voir se relever les ruines et se peupler les
» lieux déserts, jusqu'au point de leur faire
» dire : Ce lieu nous est étroit, agrandis-
sons-le ». Basile ne rapporte pas seulement les
événements présents, mais encore ceux qui les
avaient précédés, comme l'invasion des Egyptiens ; leur passage aux environs des Montagnes

Noires en 1276, est cité par lui très clairement. Nous ne possédons pas la première partie ou le premier volume du Commentaire ; cependant Basile peut être classé au nombre des meilleurs écrivains qui aient brillé au XIV° siècle, dans les monastères de la Sainte Montagne.

Vahram, surnommé de la *Montagne-Noire*, qui, durant le règne de Héthoum Ier, écrivait sans discrétion contre les Latins, est loin de mériter le même éloge.

Un des couvents les plus anciens parmi ceux dont les noms nous sont parvenus, est celui où *le Gracieux Docteur Sarkis*, le commentateur des Epîtres Catholiques, acheva ses études. Garabiet, auteur d'une courte biographie de Sarkis, nous dit, que ce couvent portait le nom syrien de *Karachitave* ou *Karachitou*. « C'est un saint couvent de solitaires, dit-il ; » Sarkis y fixa sa demeure... il y termina » son œuvre (l'an 1156), et c'est là que repo- » sent ses restes mortels ». Le biographe écrit encore : « Sarkis, le Docteur arménien, avait » mérité les grâces du Saint-Esprit ; ce bien- » heureux orateur de l'église aux paroles » douces, était bien éloquent ; c'était un philo- » sophe invincible, un savant éminent et un » grand docteur ; il avait des vues claires et » commentait avec habileté et abondance. Il » interpréta le texte des deux Testaments, » Ancien et Nouveau, les livres tant des Rois » et des Prophètes, que des Apôtres et des » Evangélistes, et encore (les traités) des » docteurs catholiques et des historiens de la » vérité ».

Comme son Commentaire était très volumineux, l'auteur lui-même craignant que son ouvrage ne fut laissé de côté, en fit un abrégé, en 1166. « Je vous prie mes frères, dit-il, vous » qui êtes chers à Dieu et aimés de Dieu et » de J. Christ, je vous supplie les larmes aux » yeux de ne pas mépriser un travail qui m'a » coûté de longues années ; acceptez-le comme » une rose fleurie au milieu des épines, comme » une figue produite par les chardons, comme » du raisin parmi les ronces, ou comme une » pierre précieuse trouvée dans un vallon, ou » encore comme de jolies perles produites par » des coquillages. Et qu'à moi malheureux, » vos larmes et vos soupirs soient ma récom- » pense... oui, à moi Sarkis l'infortuné. Quand » j'ai terminé ce résumé, on était à l'année » 615 de l'ère arménienne, (1166). Je le voue » à ma mémoire et à celle des miens, et à » l'étude des enfants du nouvel époux de notre » mère la Jérusalem céleste ». Toutes ces recommandations ont été répétées par tous les copistes de ce livre, qui de leur côté ajoutent des épithètes de louanges à l'adresse de l'auteur. En vérité, avec Nersès et son frère Grégoire catholicos, et avec le Docteur Ignace, Sarkis compte parmi les quatre glorieux disciples du savant docteur *Etienne*, le plus célèbre entre les docteurs des couvents des Montagnes-Noires. Peu après, ces personnages glorieux, se virent remplacés dans ces mêmes lieux, d'abord par le célèbre Nersès le Lambroun, puis par Basile de Macheguévor que nous avons cité plus haut. Une septième célébrité des Montagnes-Noires fut celui qui fut appelé le

Evangile copié au couvent de Macheguévor[1].

---

1. Traduction du fac-similé. « O vous, fils honorables de la Sainte-Sion, souvenez-vous dans vos prières du possesseur de ce livre et de tous les religieux » du couvent de Macheguévor ».

490

Grand Docteur, c'est-à-dire *Mekhithar Koche*. Il ne se contenta pas de la science des docteurs de son pays, l'Arménie orientale ;

Evangile copié au couvent de Macheguévor[1].

« il partit vers l'occident, dans le *pays* qu'on
» appelle la Montagne Noire, près des docteurs
» qui y enseignaient ; puis, sans dire que lui
» aussi avait gagné le titre honorofique de

» Docteur, il suivit leurs leçons et en profita
» beaucoup » ainsi que le rapporte un de ses disciples.

Les biographes qui s'occupent de Sarkis parlent presque toujours aussi de son condisciple, le Docteur *Ignace*, auteur du *Commentaire de l'évangile de Saint Luc* ; son style, contrairement à celui de Sarkis, est plus concis, plus solide, plus serré, plein d'une clarté classique. Si nous mentionnons Ignace ici, c'est qu'il reçut son instruction dans les écoles de ces montagnes. Le commentaire que nous venons de citer, le seul ouvrage qui nous soit connu de cet auteur, a été écrit dans le couvent de *Chapirin*. Le docteur Vanagan, disciple de Mekhithar Koche, nous a laissé une tradition relative aux motifs qui décidèrent Ignace à composer ce Commentaire : « Il avait
» vu, dit-il, dans une vision, une maison éclatante de lumière, où étaient assis des théologiens et des docteurs ; il s'efforçait d'y entrer, mais on l'en empêchait en lui disant :
» Sois aussi un commentateur et tu entreras.
» Déjà auparavant le catholicos Grégoire qui
» résidait à Rom-cla, l'avait plusieurs fois
» instamment prié de composer un ouvrage,
» mais lui n'avait pas voulu y consentir, se
» disant d'abord indigne et incapable ; cependant à la fin il céda ».

Un autre couvent qui porte un nom bizarre et auquel se rattache le souvenir d'un événement encore plus ancien, quoique d'une tradition peu vraisemblable, se trouvait aussi dans la région de ces montagnes ; c'est le couvent appelé *Baghag-tziag*, dont on lit le nom dans la légende de la Croix qui aurait détourné le cours du fleuve. L'empereur Basile ayant été témoin d'un fait miraculeux et de la vertu de la Sainte Croix, « à quelque temps de là,
» en compagnie de trois personnes, se rendit à
» la Montagne-Noire et entra dans le couvent
» appelé *Baghag-tziag*, (selon un autre manuscrit *Baghag-tzak*), et déclara sa volonté de
» recevoir le baptême des mains de l'abbé. Dès
» lors il devint comme le père de la nation
» arménienne et accorda au couvent douze
» villages ». L'historien Cyriaque prêtant foi à cette tradition, la rapporte lui aussi : « L'empereur, dit-il' étant venu dans le territoire
» de la Cilicie, y reçut le baptême des mains

---

1. Traduction du passage reproduit ci-dessus.

« Durant le patriarcat de Monseigneur Jacques, en
» l'année 758 (de l'ère arménienne), on a commencé
» à écrire ce saint livre dans le célèbre couvent de
» Macheguévor, près de l'église du Saint Précurseur.
» Il fut terminé dans le monastère très renommé
» d'Andréassank, près du château inexpugnable, appelé Partzer, (le Haut) ».

» des Arméniens dans le couvent appelé *Ba-*
» *ghag-tziag*, auquel il accorda des villages
» et plusieurs autres choses ».

A ces couvents, ajoutons celui de *Saint Georges*, habité par des Bénédictins latins, dont l'abbé *Angerius* est cité l'an 1140. *Bertrand* (fils de Renaud de Masserie, seigneur du château de Marcade et de la ville de Valène) avec l'assentiment de Bohémond, prince d'Antioche, accorda ce lieu en fief aux chevaliers de Jérusalem, en 1186, avec des villages, des hameaux et plusieurs fermes : « Abbatiam *Sancti*
» *Georgii*, quæ est in Montana Nigra, cum ca-
» salibus et guastinis et divis et pertinentiis
» suis ». Dans la bulle d'Urbain III, donnée pour la convalidation du testament de Bertrand, le couvent est appelé Abbaye de *Saint Grégoire*: « Casale, aliis abbatiam S. Gregorii ».

Les Latins possédaient un autre couvent sur ces montagnes, appartenant aux religieux Cisterciens ; c'était le couvent de *S. Serge*, surnommé *de Jubino*, et cité au XII° siècle.

Les Arméniens avaient eux aussi un couvent du nom de *Saint Georges* ; quoiqu'il ne soit pas dit expressément qu'il fût dans les Montagnes-Noires, il est pourtant très probable qu'il s'y trouvait. Je crois qu'il eut pour supérieur un docteur *Nersès* qui, après la mort du roi Constantin II, en compagnie d'un religieux du nom de *Jacques*, se rendit en pèlerinage en Occident, peut-être pour faire appel à la charité des chrétiens en faveur de la reconstruction et de la restauration des églises et des couvents dévastés par les barbares. Etant parvenu à Londres, au commencement de 1364, il reçut du roi Edouard III (le 7 février), l'autorisation par écrit, de parcourir le royaume pendant un an. Comme un dernier souvenir des relations de Sissouan avec les royaumes de l'Europe, nous jugeons à propos d'insérer en note l'original de cet édit royal [1].

A tous ces couvents des Montagnes-Noires nous devons en ajouter encore un, dont le nom nous est inconnu ; mais dont les pauvres religieux étaient continuellement tourmentés par les invasions des Egyptiens. Au commencement du XIV° siècle, sous le règne de Héthoum II, leur supérieur *Mardiros*, se rendit à Gênes à bord d'un bateau génois, avec l'un d'eux appelé *Guillaume*, par les Latins, car c'est chez eux qu'on trouve le récit de ce voyage. Les habitants de cette ville leur firent un bon accueil, et Mardiros, encouragé par tant de bonté, supplia le pape Clément V, de lui permettre de fonder dans cette ville un couvent. Le pape y consentit par une bulle du 20 février (1307). Mardiros ne trouvant pas un lieu convenable dans la ville, choisit, hors des murs, à une petite distance, la ferme d'un pieux personnage qui la lui céda, et il y construisit un couvent et une petite église dédiée à l'apôtre saint Barthélemy. Cela fait, il pria de nouveau le Pape de confirmer son œuvre ; ce que ce dernier fit par une bulle spéciale, lui permettant en même temps d'ajouter à l'église un petit cimetière. Tous ces faits sont notifiés par un autre bref du même pape Clément, daté du 2 avril 1309, et adressé à *Mardiros, supérieur de la confrérie du couvent des Arméniens de la Montagne Noire, de l'ordre de Saint Basile*[2]. Ce fut la maison mère d'autres couvents bâtis dans différentes villes d'Italie, et connus sous le nom général de *Couvents des Basiliens* ou des *Frères Arméniens (Frati Armeni)*. Mais peu à peu ces religieux

---

1. Rex (Edoardus) omnibus Ballivis et fidelibus suis, ad quos, etc. salutem.
Venientes ad nos religiosi viri, Fratres *Nersis* abbas Monasterij *S. Georgij* in Armenia Minori, et *Jacobus* ejus commonacus, nobis cum instantia supplicarunt, ut cum regnum Armeniæ, in quo christiana fides vigere solebat integra et devota, jam per Saracenorum nefandam rabiem sit hostiliter occupatum, qui sanctuarium Dei prophanantes, dictum Monasterium, inter alios ecclesias, submiserunt incendio, arasque destruunt in dies et subvertunt, ac, quod deterius est, omnes Christianos comprehendos, diversis affectos contumelijs, interficiunt, non parcentes ordini vel ætati ; et sic ibidem christiana religio proscribitur, Christoque fideles in fugam per timore conversi, per orbem terrarum mendicantes, ducunt in miseria dies suas. Velimus ipsis, Abbati et Monacho, sic in dispersionem abeuntibus, et vitam ducentibus peregrinam, licentiam concedere gratiose, quod ipsi in regno nostro Angliæ, sub alis nostræ protectionis aliquandiu morari valeant, limina visitaturi Sanctorum ; Nos intuitu summi Regis, qui se vult in peregrinis et advenis honorari, volentes eosdem Abbatem et Monachum favore prosequi gratioso, licentiam illam eis duximus concedendum, suscipientes, ex uberiori dono gratiæ eos et eorum res et bonas quæcumque... (ut in Litteris de conductu).

In cujus, etc. Per annum unum duraturus.
Teste Rege apud Westm. VII. die Februarij.

2. *Clemens Episcopus*, etc. Dilectis filiis, Fratri *Martino* Priori, et Conventui *Domus Armenorum de Montanea Nigra*, ordinis Sancti Basilij, Salutem. Religionis vestre meretur honestas, ut vos speciali diligentes in Domino caritate, illa vos prosequamur gratia, etc.

arméniens ne pouvant guère se recruter parmi leurs propres connationaux, durent admettre l'élément italien, qui avec le temps prévalut, et ainsi les Italiens remplacèrent peu à peu les Arméniens. Toutefois dans tous ces couvents, les règles de l'ordre et le nom de Basiliens ou de Frères Arméniens, furent conservés jusqu'à l'extinction complète de l'ordre, en 1650.

Un riche personnage de la noblesse de Gênes ayant rapporté de l'Orient l'Image miraculeuse de Jésus-Christ, en fit don aux religieux arméniens, comme descendants d'une nation qui avait précédé toutes les autres dans la croyance en Jésus-Christ. Cette image est encore de nos jours l'objet d'une grande vénération, et l'église où elle se trouve porte encore le nom de « Chiesa degli Armeni »; on y voit même un tombeau avec une inscription arménienne, mais de date récente, puisqu'elle est de 1687.

Le voyageur Corancèz parle d'un couvent de la Montagne Noire, appelé *Saint Siméon*, occupé par Noureddin, et dont tous ses alentours, et dont les ruines se trouvent, dit-il, sur le lieu appelé *Gébur?*. Ces quelques citations suffisent pour montrer combien les Montagnes-Noires étaient riches en maisons religieuses; nous souhaitons que de nouvelles recherches nous apportent encore d'autres noms et d'autres souvenirs se rattachant à cette heureuse et malheureuse contrée.

Redescendons maintenant vers les plages de la mer, dans la plaine de Djeguère, si nous pouvons ainsi nommer cet espace étroit et resserré entre la mer et les montagnes.

Le nom de Djeguère n'est mentionné que sous le règne de Léon le Grand ; il doit provenir d'un château inexpugnable, dont l'emplacement reste aujourd'hui inconnu ; on n'en a plus entendu parler depuis plusieurs siècles ; cependant un nom se rapproche de celui de Djeguère : c'est celui de *Djaver* qu'on donne à une montagne, située au nord d'Alexandrette.

Le château de Djeguère est mentionné pour la première fois vers la fin du règne de Roupin, frère de Léon : Roupin dut donner ce lieu pour sa rançon, avec Thil et Sarvantikar. Lors du couronnement de Léon, le seigneur de Djeguère, était un certain *Aust* de Tibérie ou seigneur de Tibériade ; ce devait être évidemment un Français ou un Allemand. Dans l'histoire imprimée de Sempad, on trouve écrit *Oster*, dans le texte latin des Chrysobulles de Léon, de 1214, nous trouvons *Hostius de Tibériade*. Durant cette même année, Djeguère dut être confisqué par la cour ; car Léon donna en gage aux Hospitaliers, toute cette province pour deux ans, comme garantie des 20,000 besants qu'il leur avait empruntés, afin de doter sa fille Ritha, fiancée au roi de Jérusalem, Jean de Brienne. En 1216, dans un mémoire, la province de Djeguère est dite « sur les rivages » de la mer ». Dans l'acte d'engagement de Léon (scellé à Tarse le 23 avril), on trouve désignées par leurs noms dix places qui furent cédées aux Hospitaliers avec la province, comme patrimoine propre du roi et de ses barons, « Quæ mea sunt et fidelium Baronum ac » aliorum hominum meorum ». Ces localités, en grande partie inconnues, sont : *Payas* ou *Abaessa*, *Agnias*, *Lacrat*, *Gardessia*, *Jucuteman*, *Jugmelic*, *Keniz*, *Jugmarzeban* et le port de *Calamella*, que nous avons déjà décrit. Le dernier de ces villages seul est connu maintenant par son nom et sa position, et il est appelé *Chouk-Mérzivan* ou *Tchok-Merzémén*, ce qui indique qu'on devrait prononcer *Chouk* ou *Djoug* et non point *Youg* ; je ne connais pas la signification de ce mot. Ce village est bâti au pied des montagnes, au bord du fleuve Déli-Tchay ; on dit qu'il est formé par un groupe de 150 maisons d'Arméniens. On y voit aussi des ruines, comme dans la bourgade d'*Odjacli*[1] au nord, où se trouvent 120 maisons arméniennes et aussi au sud près du village de *Kuzali* ou *Guzelli* ; encore plus au sud, se trouve la principale bourgade de cette région, *Yuzerlik* ou *Yuzler*, avec 120 maisons arméniennes ; cette bourgade tire peut-être son nom de celui du district d'*Azir*, عزير qui comprend toute une province selon l'administration ottomane. Je crois qu'elle peut être identifiée avec la bourgade *Assarlek* ; elle fut attribuée par Yurker, père de Ramazan, à la tribu turque de *Kouzoun* comme station d'hiver[2]. Au nord on voit le village de *Tchay-kuey*, avec une population arménienne de presque 100 maisons. Selon les voyageurs arméniens, dans les quatre villages susdits : Erzen, Odjakli, Tchok-Merzémén, et Yuzerlik, et les deux bourgs de *Bahtché*

---

1. Favre et Mandrot écrivent *Anjakle*, et croient que l'autre village fut appelé *Guzelli* à cause de la beauté de ses environs.

2. Hammer, Histoire ottomane, XX.

et d'Eybèze, on compte en tout environ 1200 maisons d'Arméniens.

D'après l'édit de Léon, le chef-lieu de la province de Djeguère, était *Nigrinum*, en arménien, *Neghir*. C'était l'un des châteaux les plus remarquables; il n'est cependant pas énuméré dans la chronique du couronnement de Léon le Grand; peut-être le roi en était-il suzerain immédiat. Willebrand qui y passa, la douzième année du règne de Léon, l'appelle château du roi: *Castrum Regis, Nigrum*. Dans l'édit de Léon, il n'est pas appelé château, mais village ou bourgade. Comme la date de sa fondation et l'origine de son nom sont incertaines, je ne saurais dire si le nom arménien a été traduit en latin ou viceversa. Nigrinum ou Negrinum, comme il est écrit en latin, signifie noire ou noirâtre; ce nom alors lui viendrait peut-être des montagnes. Les Arabes auront emprunté aux Latins le nom de *Nougheir*, qu'ils donnaient à ce même château; nous le trouvons mentionné dans leurs chroniques, l'an 1274; le sultan Béibars envahit le territoire de Sis et de Messis, traversa Thil de Hamdoun et de là, passa au château de Neghir.

Le premier seigneur arménien connu de Neghir fut *Constantin* († 1308), fils présumé du grand Constantin, père du roi. » Il eut, » dit un chroniqueur, trois fils, qui occupent » aujourd'hui (1319) des charges honorifiques, » sont dans la gloire et en même temps fidè- » les. L'un de ces trois fils est *Baudouin*, » jouissant à présent du titre de maréchal des » Arméniens ».

La mère de ce Baudouin paraît être la fille du roi de Chypre (Hugue); car Edouard II, roi d'Angleterre, dans sa lettre à Léon III, appelle Baudouin son cousin germain (consobrinus); la mère de Léon était Marguerite, fille de Hugue.

Le second fils de Constantin était *Vassag*, dont je ne connais ni le rang ni les fonctions; toutefois la date de sa mort est indiquée par son frère Baudouin : « En 1328, le 29 octobre,

» samedi, au coucher du soleil, mon frère *Vas-* » *sag* mourut dans le Seigneur ». Son fils aîné *Héthoum*, héritier de Neghir, devint chambellan des Arméniens. Après la mort du roi Ochine, il fut nommé régent de Léon IV, encore enfant, avec deux autres princes, Ochine, le grand bailli, et Constantin le connétable. Suivant Basile de Macheguévor, en 1325, « il (Hé- » thoum) leur était uni comme l'esprit avec » l'âme et le corps, et il gouvernait toute la » maison royale, comme aussi le bon esprit » dirige l'âme et le corps ». Une lettre de ratification de Héthoum, avec sa propre signature est conservée dans les Archives de Montpellier; c'est une lettre patente au nom du roi enfant, donnée le 16 mars en 1331, et qu'il a signée avec l'autre Héthoum: « Nous Hé- » thoum chambellan et Héthoum sénéchal, a- » vons donné au roi la relation de cet ordre ; » *Héthoum, Héthoum* ».

La signature de Héthoum en latin indique également ses fonctions : « Aytonus de Negri- » no camberlanus et Gubernator regni Arme- » nie ». Déjà durant le règne d'Ochine, Héthoum avait été élevé à la dignité de chef magistrat du roi et de la cour, il signait alors : « Aytonus, dominus Nigrini, capitanus Curie » regis Hermenie ». Alors qu'il remplissait ces fonctions, en 1312, le 13 mai, Gradenigo, doge de Venise lui envoya une lettre d'introduction pour le Bailli Grégoire Delfino[1]. On ne sait pas quelle année il mourut, mais il paraît qu'il est mort après *Vassag*, et avant Baudouin, son frère cadet.

Ce dernier est souvent cité et déjà sous le règne de Héthoum II et celui de Léon III; il devait remplir de hautes fonctions à la cour. En 1307, il fut envoyé en ambassade avec Thoros, chantre de Trazarg, et un officier, nommé Léon, en Angleterre auprès d'Edouard I, qui mourut avant leur arrivée. Le roi et l'oncle du roi des Arméniens furent assassinés avant leur retour.

Toutefois le nouveau roi d'Angleterre, Edouard II, les croyant encore vivants, leur

---

1. PETRUS GRADONICO, etc. Barono AYTHONO Domino de Nigrino Capitanis Curie Domini Regis Armenie.

Cum per virum nobilem *Nicolaum Mauroceno* civem et fidelem nostrum dilectum, quam per alias veridica relatione dedicimus, quod Vos in nostris nostrorumque virorum agendis, semper Vos benignos et favorabilis prebuistis, de quo Vobis gracias referrimus copiosas et inde nos vestris beneplacitis obligandos sentimus. Verum cum presentialiter virum nobilem *Gregorium Delfino* ad partes Armenie in nostrorum Venetorum Bajulum transmittamus, Magnitudinem et amicitiam vestram affectuose procamur, quatenus Vobis placeat nostri amoris intuitu, Dominum Bajulum et alios nostros fideles habere favorabiliter commendatos, ut vestris beneplacitis teneamur.

Dat. XIII Mad. VIII Indic.

écrivait une lettre, en les informant de la réception de leurs ambassadeurs ; mais comme il venait à peine de monter sur le trône et était occupé par des affaires importantes et difficiles, il déclare ne pas pouvoir accomplir immédiatement leur demande ; cependant il ordonna au gardien du château de Douvre, le 14 mars, 1308, de donner libre passage aux ambassadeurs, à leur suite et à tous leurs bagages et de leur compter 50 marcs sterlings[1].

Durant le règne de Léon IV, le premier des barons paraît-être Baudouin, et après le meurtre des princes Ochine et Constantin, il semble avoir continué à remplir la charge de maréchal (1336) : « Mais il considérait toute » la gloire du pouvoir et toutes les richesses » du monde, comme une pure vanité... les » désirs de son âme se portaient toujours vers » Dieu, et il n'aimait que les biens éternels » et immuables... il n'accomplissait que des » actes qui pouvaient laisser un bon souvenir » après sa mort. Parmi les œuvres qu'on » lui doit, il faut remarquer le bel établisse- » ment et la belle église qu'il fit ériger au » nom des saints et bienheureux Apôtres, dans » la grande et célèbre ville de Tarse, où il » avait sa résidence », etc. Comme nous l'avons déjà rapporté d'après une inscription de cette ville, il paraît avoir hérité du poste d'Ochine le Bailli. Parmi les châteaux, il avait sous sa propre dépendance le célèbre Partzerpert. Le chroniqueur fait aussi la description des richesses et des ornements d'église, entre autres des *Livres Saints*, qu'il déposa tant dans cette église qu'ailleurs ; et ayant trouvé les *Chroniques* que le grand-père de sa femme, le Connétable Sempad, avait fait copier, il les fit restaurer et corriger selon les règlements de son temps, par *Constantin*, prêtre du couvent de Khorine. A la fin du livre, Baudouin marque de sa propre main la naissance des enfants qu'il eut (de 1312 jusqu'à 1333), de sa femme *Marioun*, fille de Léon le connétable, fils de Sempad[2].

Deux ans après (1335), au temps de l'invasion soudaine d'Altoun-bougha, émir d'Alep, qui dévasta et saccagea les environs d'Adana et de Meloun, le roi Léon, envoya le maréchal Baudouin et Vassil, secrétaire du roi, comme ambassadeurs au sultan d'Egypte, pour se plaindre, de la violation du traité de paix, qu'il avait signé. Comme ces messagers traversaient Alep, l'émir soupçonneux les prit et les emprisonna dans le château de la ville. Cela fait, « à la tête de ses cavaliers il en- » vahit de nouveau notre territoire et s'empara » de Neghir », patrimoine de la famille de Baudouin dont il voulait se venger : « Après sept » mois de tortures dans la prison, le maréchal » mourut ; son corps fut transporté en Armé- » nie ». Sa mort est indiquée dans la chronique de la cour, le 12 décembre 1336 ; il fut inhumé dans le couvent d'Agner.

Quelques années plus tard, en 1344, après le meurtre du roi Gui de Lusignan (petit fils de Léon II par sa mère), le fils aîné de Baudouin, de la branche de Neghir, *Constantin*, fut élu roi des Arméniens ; il fut le premier des rois qui ne descendît pas directement de la famille des Héthoumiens, c'est pourquoi Dardel, auteur français, le nomme tyran ; mais il n'indique pas comment il devint roi, si c'est par la force ou par élection ; il raconte seulement qu'il persécutait les cousins de Gui et leur mère. Nos historiens en parlent pourtant avec beaucoup d'éloges et disent qu'il a régné paisiblement durant dix-neuf ans († 1363). Sempad son frère, paraît être mort avant lui, comme aussi les enfants qu'il eut de Marie, fille d'Ochine le Bailli. Parmi ses sœurs, Dardel mentionne *Rémy*, (ce doit être probablement *Fimie*), née en 1326 et mariée avec *Bohémond*, fils de *Djivan*, frère du roi Gui ; après la mort de son époux, lorsque Léon V monta sur le trône, il la remaria avec son confident Sohière, qui devait partager plus tard sa captivité en Egypte.

Du frère aîné du maréchal Baudouin, chambellan du roi Héthoum et seigneur de Neghir, on mentionne deux fils : *Constantin et Joufré*.

---

1. Mandamus vobis quod *Leonem* et *Baldenynum* nuncios Regis Armeniæ, nuper in Anglia ad nos missos, ad partes Transmarinis, cum familia, equis, harnesiis, ciphæ suis argenteis, ac quinquaginta marcis sterlinorum in porto Dovor transire libere permittatis. — RYMER.

2. Ce sont les suivants : L'aînée Alise, née le 7 février, 1312.
Constantin II, roi, né le 17 avril, 1313 † 1363.
Fimie, née le 17 mai, 1326.
Sempad, né le 25 décembre 1333 ; « c'était, dit-il, la » fête de Noël, un samedi ». Suivant l'exemple de son père Baudouin, l'aîné Constantin, (qui, plus tard fut roi), mentionne la naissance de son premier fils, Ochine, le 15 août, 1338, dans le château de Partzerpert que nous avons cité comme propriété de sa famille.

Ce dernier mourut jeune et son frère Constantin nous le fait connaître par ces vers pleins d'émotion :

« Mère de Dieu, Vierge Sainte et bonne,
Tu es la gloire du monde entier;
C'est à toi que mon frère est recommandé,
Lui, le fils du seigneur Héthoum,
Chambellan du roi des Arméniens.
Il portait le nom de Baron Joufré;
Son visage était beau;

Après la mort de son cousin Constantin II, ce fut lui, qui, sous le nom de Constantin III, hérita du trône des Arméniens; l'historien Dardel l'appelle le petit tyran et nous dépeint son règne comme une période de décadence ; il est vrai que ce prince donna une grande partie du territoire aux Egyptiens et aux étrangers. Ce fut peut-être la cause de son meurtre par ses sujets, au mois d'avril 1373 ; quinze mois après, on élut son successeur, le dernier roi arménien, Léon V de Lusignan.

Mosquée à Payas.

Il était bon envers les pauvres,
Aimé des étrangers ;
Il vécut trente-quatre ans,
Il fut enlevé au monde le 21 de mai,
En 807 de l'ère arménienne.
Moi Constantin j'ai écrit ceci,
Moi, qui suis le frère qui vient après lui.
Chaque fois que je me souviens de mon frère,
Les larmes coulent de mes yeux.
Que Jésus Dieu ait pitié de lui !.

Le château de Neghir, après la mort de Baudouin, avait été enlevé aux Arméniens, par Altoun-bougha; Léon IV fut encore obligé par un funeste traité de laisser aux Egyptiens toute la rive gauche du fleuve Djahan, où se trouvait ce château, la province de Djeguère et même Ayas. Ces souvenirs ne suffisent cependant pas pour nous faire retrouver l'emplacement exact de Neghir dans cette province de Djeguère ; je crois pourtant le retrouver dans l'un des deux châteaux ruinés, de *Tchardak-kalé* et de *Freng-kalé*, à l'est du bourg Osmanié, vers la source d'*Aghatchay*, affluent du Djahan.

La localité la mieux connue dans la province de Djeguère, soit dans les temps anciens, soit de nos jours, c'est PAYAS, qui se trouve près d'un petit ruisseau, portant le même nom, et que les Turcs aussi appellent *Payas*; les Grecs et les Romains lui attribuaient le nom de *Baïae, Baiae*. Cette ville par sa position et son nom, rappelle la magnifique cité italienne de la Campanie; elle est entourée d'arbres, et comme la ville italienne, elle avait dans les temps anciens des bains, dont elle a tiré son nom. Cependant ni sur les monuments, ni dans les livres, nous ne trouvons de souvenirs

Fac-similé tiré d'un rituel écrit à Payas en 1216[1].

Fac-similé[2], *tiré d'un rituel écrit à Payas*[*].

---

1. Traduction du fac-similé reproduit ci-dessus.
« En 655 de l'ère arménienne, durant le catholicat
» de Monseigneur Jean, et durant le règne de Léon
» roi des Arméniens; sur les rivages de la mer, dans
» la province appelée Djeguère, dans le village qui
» porte le nom de Payas, sous la protection de la
» toute-bénie Vierge Mère de Dieu et d'autres saints;
» dans l'année où Léon le Vainqueur, roi des Armé-
» niens, conquit Antioche, la grande ville de la Syrie ».

2. Traduction du passage reproduit ci-dessus.
« Prière à réciter à la fin des enterrements, compo-
» sée par saint Basile, patriarche de Césarée de Cap-
» padoce.
« Nous vous rendons grâces, Seigneur, père de
» notre Seigneur Jésus-Christ, qui avez visité, etc. ».
* L'oiseau forme la lettre arménienne, Գ. G.

anciens. On y remarque deux châteaux, mais ils ne sont pas cités avec ceux de notre roi Léon.

On pourrait aussi se demander s'il ne faudrait pas identifier Payas avec Djeguère[1]. Dans le mémorial d'un rituel, écrit dans cette même localité, il est dit : « Aux plages de l'océan » ... dans le *village* appelé Payas, sous la » protection de la *Très-Sainte Mère-de-Dieu* » et d'autres Saints ». Aujourd'hui Payas est une bourgade petite mais jolie, avec un château fort et une mosquée ancienne assez remarquable; on y voit aussi un marché construit en pierre et couvert d'une toiture, des bains, et une hôtellerie avec une fontaine. Le petit château est une élégante construction polygonale, bien fortifiée, et bien conservée; on le dit construit au XVIᵉ siècle, par le pacha Khanzadé-Sakalli-Mehemmed, vizir du sultan Soliman II. A une demi-lieue de distance se trouve le port, près duquel il y a un petit château carré et un hameau. Mais il y a encore un autre village du même nom, à une lieue au nord du bourg, près d'un petit ruisseau; c'est actuellement la résidence du gouverneur des environs. On dit que l'empereur Héraclius débarqua dans ce port quand il marchait contre les Perses, et que c'est aussi là qu'il se rembarqua.

Nous avons déjà rapporté plus haut ce que fit à Payas le tyran des montagnes, Kutchuk-Ali. Le patriarche Nalian écrivait dans le siècle passé au sujet de cette localité : « Payas est une » ville maritime au sud de la province d'Adana; » elle est dans un état florissant, forte et mu- » nie de remparts; elle possède aussi des mos- » quées et des hôtels, pour les marchands... » quoique l'air y soit humide, il s'y fait un » commerce actif; les citronniers et les orangers » y abondent. Une montagne domine la ville».

Un voyageur italien, au commencement du XVIIᵉ siècle, mentionne avec admiration le marché du coton et de la laine de Payas[2].

Entre Payas de la terre ferme (*Kourou-Payas*) et Payas maritime, se trouve le village de *Kourétour ?* (selon certaines cartes géographiques, et *Couratas* selon Barker); à côté, un autre village habité par des Syriens. A Payas et dans les trois villages voisins, les uns comptent 500 maisons d'Arméniens, d'autres jusqu'à 800. Le village de *Charmasnimi* est aussi indiqué près de Payas, sur un monticule escarpé; les soldats d'Ibrahim-pacha le ruinèrent en 1889. L'ancien port de Payas est aujourd'hui à moitié encombré par les sables, et on y distingue quelques ruines, comme aussi du côté de la terre au pied des montagnes. Une route qui passe à travers les deux Payas, et conduit directement à l'est, traverse la partie des Montagnes Noires appelée *Ak-kaya*, et aboutit à la vallée qui est entre Ak-kaya et les montagnes *Kourde*, dans le district appelé *Cheykhler*. Au sud de Payas et au nord d'Alexandrette, le lieu le plus connu est une petite rivière, qu'on croit être le *Kersos* ou *Karsos*, Κέρσος, des anciens; on l'appelle aujourd'hui le *Merkèze*, مركز, ce qui veut dire *centre ;* cette rivière coupe en deux un village du même nom et passe au pied d'un château appelé *Merkèze-kalessi*. Quelques-uns ont cru y voir des ruines de style sarrasin, d'autres d'un style apporté par les Croisés et analogue à celui de la plupart des autres châteaux arméniens de ce territoire; mais personne ne les a décrites en détail; d'autres croient que le nom de *Merkèze* a été remplacé par celui du village de *Sari-saki ;* mais ce dernier est indiqué par d'autres au sud de Merkèze, et ils donnent encore ce même nom au ruisseau. Derrière ces villages s'élève un rocher escarpé qu'un explorateur croit être la montagne que Pline appelle *Mons Crocodilus*, et on dit en outre que le mot *Kersus*, en langue éthiopienne et syrienne a cette même signification; selon le même naturaliste le ruisseau s'appelait *Andronicus*.

Un peu au sud du village de *Sari-saki*, à trois ou quatre kilomètres de Payas, et au nord d'Alexandrette, se trouve l'un des célèbres passages des montagnes, appelés *Portes de la Cilicie et des Syriens,* (Πύλαι τῆς Κιλικίας καὶ τῆς Συρίας), *Pylæ Ciliciæ*, ou aussi *Pylæ Syriæ Ciliciæ*. Au moyen âge, les Européens les appelaient *Piliers de Jonas*, et quelques Arabes *Porte d'Alexandrette ;* on affirmait que le prophète Jonas avait été rejeté de la gueule du poisson en cet endroit. On y voit encore quel-

---

[1]. Les historiens des Croisades mentionnent ce château non seulement sous le nom de *Baiesses*, mais aussi sous celui de *Castrum Puellarum*, près duquel, disent-ils, se trouvait le château de *Castrum Adolescentium*, qui s'appelait aussi château des *Bakelers* ou *Bachelers*. Près de ces châteaux se trouvait encore le *Castrum Pastorum*, que Tancrède, en 1097, arracha des mains des Turcs, avec plusieurs autres.

[2]. « Vi si fa un bel mercato ad un loco chiamato il *Bajasso*, e si vende assai cottone filato e lane buonissime per far matarazzi ». — PESENTI.

ques ruines, parmi lesquelles une porte à voûte ogivale, que les Sarrasins appellent *Sakal-toutan*, صقال طرنان, comme si celui qui passe par cette porte étroite devait, dans son angoisse, porter sa main à la barbe. Quelques-uns croient que cette construction n'est autre que les Autels d'Alexandre, dont nous avons déjà parlé ; en tout cas il ne faudrait pas lui donner le nom de Porte de la Cilicie, puisqu'on désignait habituellement par ce nom toute la partie étroite du chemin maritime, que Sanudo appelle aussi plus justement *Passage* de la Porte, *Passus Portellæ*.

A une demi-lieue environ de cet endroit, à deux lieues au nord d'Alexandrette, et au sud de Kersus, la route est pavée, et des deux côtés on remarque les traces des murailles d'un fort, peut-être construit par le roi Héthoum. Les historiens arabes le citent, et ils rapportent que Béibars, dans sa grande inva-

Sakal-toutan, Porte de la Cilicie Syrienne.

sion, y campa pendant quelque temps en 1274, lorsqu'il parcourut la contrée jusqu'à *Mancab*, lieu qui m'est tout à fait inconnu. A l'extrémité des murs, sur la plage, on remarque deux tours l'une en face de l'autre.

Cyrus le Jeune et Alexandre franchirent ce passage ; nous l'avons déjà rappelé. Mille ans après, l'empereur *Justinien* le fit élargir, dit-on, en brisant les rochers au marteau. Ce lieu nous intéresse par les souvenirs de Léon et de Héthoum, qui, maîtres de ce passage, le gardaient avec un soin jaloux : ils y avaient établi une douane très productive, qui devint avec Ayas une source de prospérité pour Sissouan. Les Occidentaux l'appelaient *Portella*, et les Arméniens tout simplement *Porte*, comme l'indique l'historien royal dans le récit de la bataille de Mari : « La moitié des soldats » arméniens se trouvait au lieu qui s'appelait » *Porte* ». C'est là que 110 ans auparavant, en 1156, leurs pères avec l'aide des Chevaliers, avaient remporté une grande victoire sur les Iconiens : tandis que le sultan excité par l'empereur Manuel marchait contre Thoros II. Ne parvenant pas à le soumettre, « il » confia à son gendre Yaghoub Arslan, personnage cruel et méchant, une grande armée » et lui enjoignit de dévaster le territoire » d'Antioche. Lorsque cette armée traversa le » défilé appelé *La Porte*, tout à coup, comme » par miracle, les soldats chrétiens des Frères, » de même que Stéphané, le frère du généralissime Thoros, survinrent et infligèrent une » sanglante défaite aux ennemis. Yaghoub, leur » général, fut tué d'un coup de lance, et exhala son dernier soupir en poussant un » grand cri. A cette nouvelle toute l'armée » fut saisie d'une grande frayeur » ; de plus, une épidémie sévit dans les rangs de leurs chevaux et contribua à accélérer leur fuite[1].

Willebrand, le premier parmi les étrangers qui ait donné à ce lieu le nom de Portella, nous le dépeint comme un beau village, à côté duquel on voit une porte de marbre blanc, sur le chemin au bord de la mer. On raconte, dit-il, qu'Alexandre avait ordonné qu'on l'ensevelît sur cette porte, et que tous les rois et les princes qui se trouvaient de son vivant sous son empire, fussent obligés à passer au-dessous après sa mort[2].

Léon, qui par son premier chrysobulle aux Vénitiens, en 1201, les exemptait des taxes dans les autres régions du territoire, obligeait cependant ceux qui demeuraient dans ces lieux à payer les impôts ordinaires comme tous les autres chrétiens qui allaient et revenaient[3] ; cela

---

1. C'est Mathieu d'Edesse qui rapporte ce fait en 605 de l'ère arménienne. Le même fait est mentionné aussi par Aboulfaradj le Syrien : « les Sarrasins, dit-il, ne purent pénétrer dans les défilés des montagnes, car ils étaient occupés par les Arméniens qui les surveillaient ».
2. « Venimus ad Portellam : hoc est casale bonum, prope se habens *1 ortam*, a que ipsum denominatur : hæc sola sita est in strata publica, in ripa maris, et est ornatissima, albo et valde politi marmore composita : in cujus summitate, ut dicitur, ossa Alexandri prænominati requiescunt » ; etc. — WILLEBRAND.
3. « Venetici habitantes in Cismarinis partibus, et transierint per Portellam, tenentur ibi persolvere dric-

nous montre qu'avant le XIIIe siècle ces lois étaient en vigueur, et que les Arméniens y avaient une douane. Les Génois étaient aussi soumis à cette obligation, quoique on n'en trouve pas mention dans l'édit qui leur a été octroyé. Ces ordonnances furent confirmées aussi par Héthoum Ier (1245) et par Léon II (1271) dans leurs édits. Dans un autre édit de Léon II aux Génois, en 1288, la Porte n'est plus mentionnée; car vingt ans avant Béïbars s'en était emparé, après la conquête d'Antioche. Mais son petit-fils Léon III, la cite de nouveau et dans les mêmes termes que ceux du chrysobulle de 1291 (en français)[1]; car elle avait été reprise aux Egyptiens par son oncle Héthoum II. Léon IV la cite également dans ses traités d'alliance avec les Vénitiens, en 1321; après cette date, on n'en trouve plus aucune mention.

Au bord de la route, Edib cite un joli village du nom d'*Ilik* ايليك, où l'eau manquait. Au sud de la Porte, vers le rivage de la mer on indique les villages d'*Aghadjli*, de *Kerkib*, d'*Abadilié?*, de *Court-kuey* ou *Kourdlou-kuey* et de *Kara-bouroun*; de là on arrive à la petite ville d'ALEXANDRETTE, (entre le 36° 35′ 31″ de latitude et le 33° 55′ 45″ de longitude, méridien de Paris). L'ancien itinéraire romain place cette ville à 16 milles d'Issus et de Baghras. C'est une des localités dont la construction est attribuée à Alexandre le Grand, en mémoire de sa victoire sur

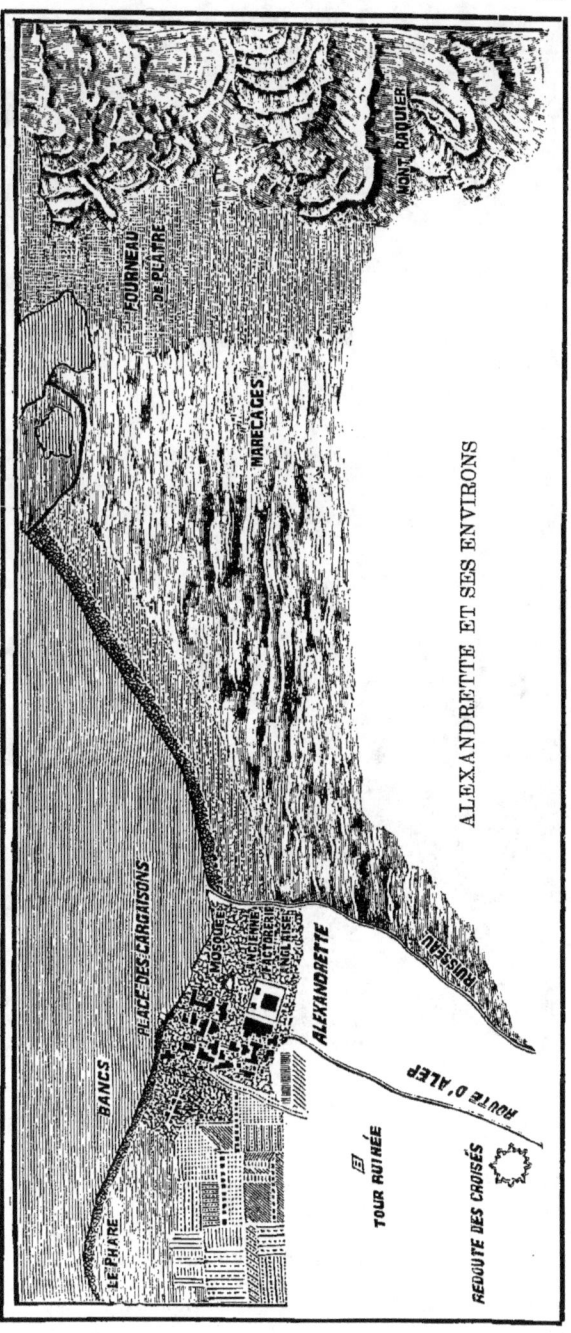

ALEXANDRETTE ET SES ENVIRONS

---

turam, sicut solitum est ab omnibus christianis transeuntibus et retrumcuntibus persolvere». - *Cartulaire*, 110.

1. «Sauf les Venetiens che demorans sont deçà mer, se il passent par la *Portele*, che il soient tenus de paier droiture, si cum est usage dou leus». — *Cartulaire*, 152.

les Perses, et pour la distinguer des autres villes du même nom, on l'appelait autrefois

Monnaie de la ville d'Alexandrette.

Alexandrie près d'Issus, ᾽Αλεξάνδρια ἡ κατ' ῎Ισσον ; voilà pourquoi les Latins l'ont appelée improprement Catisson ou Alexandrie de la Cilicie, ᾽Αλεξάνδρα Κιλικίας. De même, dans notre ancienne traduction de la vie d'Alexandre, on trouve : « Dans le Golfe d'Issus, j'ai cons- » truit Catisson, ville d'Alexandrie ». Les Latins lui donnaient encore le surnom de Scabiosa. Au moyen âge on l'appelait générale- ment Alexandria Minor, Alexandretta et Alexandriola ; les Turcs l'appellent Iskéndéroun, اسكندرية. Elle est presqu'à cinq milles au sud de la Porte. Quelques-uns croient qu'elle occupe l'emplacement d'une ville plus ancienne ou d'un port phénicien très fréquenté, que Xénophon appelle Myriandre, Μηριάνδρος, et Hérodote Μυρίανδος ; ce dernier attribue même ce nom au golfe, Μυριανδικοῦ κόλπου.

Cependant d'autres écrivains modernes, comme aussi Marmier, placent cette ville plus au sud. Alexandre y séjourna avant la bataille d'Issus. Ces deux villes (Alexandrette et Myriandre) n'atteignirent jamais une bien grande renommée : elles ne sont pas même citées durant la domination de nos rois Arméniens. Pendant la première Croisade, (1097), Tancrède s'empara d'Alexandrette ; à cette nouvelle les Arméniens des montagnes voisines aussi bien que les Turcs, lui portèrent des présents. Un peu avant la chute du royaume des Arméniens, en 1347, durant le

Golfe d'Alexandrette.

règne de Constantin II, aidés par les Chevaliers de Rhodes, comme disent les historiens de ces derniers, les Arméniens réussirent à arracher cette ville aux Egyptiens. L'historien arabe Makrizi, regarde Alexandrette comme la première ville que l'on rencontre sur le territoire de Sissouan, en y arrivant du côté sud-est. De nos jours Alexandrette est une ville assez commerçante; elle est ornée de jolies maisons en pierre, et en même temps sert de résidence à neuf consuls européens et à de nombreux négociants. Elle possède deux églises, dont l'une est desservie par des Carmes. Elle est très fréquentée par les caravanes, puisqu'elle se trouve entre les deux Portes des Monts Amanus.

La baie qui porte aujourd'hui le nom de *Golfe d'Alexandrette* est l'ancien golfe des Arméniens; toutefois le port est petit, et ne peut pas donner accès à de grands bateaux. Le climat est malsain, à cause des marécages des alentours; cependant depuis quelques années on travaille à leur assainissement [1]. A force de travail et d'industrie, ce port se développe et progresse peu à peu; mais pour faciliter le commerce il serait à propos de construire un port plus vaste ou plutôt d'agrandir celui qui existe déjà, car sa position est très sûre et convenable. La population de la ville s'élève à 4 ou à 5,000 habitants.

La comtesse de Belgiojoso qui passa, il y a 46 ans (1852), par Alexandrette, y resta deux jours; loin de lui donner le nom de ville, elle l'appelle « un lieu d'où l'on part ».

A l'extrémité du golfe, à 20 mètres de la mer, s'élève le phare, haut de quinze mètres et dont les rayons se projettent jusqu'à la distance de 15 kilomètres. Quand Ayas cessa d'être port commercial, Alexandrette la remplaça dans les trois ou quatre derniers siècles; surtout quand le commerce se développa à Alep par le concours des Occidentaux; Alexandrette servit alors comme station de bateaux. Les tombeaux des commerçants qu'on y trouve en sont la preuve. Les inscriptions de ceux des Anglais, dans le cimetière des Grecs, ont été relevées dernièrement. Citons comme exemple le tombeau d'un Londonien, *Martin Loe*, et de sa famille, lequel mourut en 1677; son épitaphe est en latin [2].

A un quart d'heure au sud de la ville actuelle se voient les ruines de l'ancienne; près d'elles s'élève un château polygonal, qui porte le nom de *Godefroi*, et est regardé comme bâti par le héros de la première Croisade. Un peu plus loin on rencontre une fontaine, appelée par quelques-uns *Fontaine de Jacob*, par d'autres, *Puits de Joseph*. Les eaux de la mer en se retirant ont agrandi la plage; car autrefois ses vagues frappaient le pied du château de Godefroi: on voit encore les anneaux de fer qui servaient à attacher les bateaux. Je crois que c'est à ce château qu'un voyageur au commencement du XVIIe siècle, (1612), donne le nom de *Tour des Amazones*, *Torre delle Amazone*. Il le place au milieu de marécages; une tradition veut en effet, que dans les temps anciens, ce lieu ait été habité par des Amazones. Le même voyageur dit qu'Alexandrette était fréquentée par des négociants de la Karamanie et de l'Asie Mineure, mais qu'à cause de son air malsain un très petit nombre de personnes étaient exemptes de maladies [3].

A un kilomètre ou un peu plus à l'est de la ville, une montagne s'avance dans la mer formant deux caps inégaux, au milieu desquels souffle quelques fois pendant l'hiver un vent très fort, qui fait déferler les vagues écumeuses, mais l'eau reste presque au même niveau; ce lieu et ce vent sont appelés *Raguier*; quelques minutes avant le commencement de la bourrasque on voit de gros nuages blancs qui se meuvent en forme de crêtes. Les vents sont très variables dans les petites baies que forment les montagnes près de la mer. Jusqu'à Ras-khanzir les rivages sont bordés de collines boisées.

---

1. Un certain Martinelli, de nationalité italienne, agent des commerçants d'Alep, entreprit le drainage de ces marécages, sous la domination d'Ibrahim-pacha, mais ne recevant aucun encouragement de ce dernier, il abandonna l'entreprise. — BRYANO, 435.
2. « Martinus Loe Londinensis, Anglorum per tria fere lustra accurate curans; Alexandriæ qui loc adeo insaluberrimo, tot sæcula audiant! cum officio et negotiis, si quis alius nequaquam impar Spartam quam nactus est semper ornans, immaturo fato quadrigenarius licet, 24 novembris A. D. 1677, conterraneis suis et externis, indigenis et advenis, universis equi-dem miseris præsertim et pauperibus, flebilis occidit; nulli flebilior quam Luciæ viduæ afflictissimæ binisque infantibus Martino et Mariæ, quæ optimo marito hoc monumentum sacravit ».
3. « Porto di Alexandretta, chiamato ancora di *Scalderona*... Questo è quel porto che si dice essere stato anticamente habitato dalle donne Amazzone, e vi è ancora una torre in mezzo a certe paludi chiamata la *Torre delle Amazzone*. Qui vengono portate molte robbe dalla Caramania e Natolia, lochi assai vicini. L'aria vi è pestifera, e pochi vi stanno che non s'amalino ». — PESENTI.

A quelque distance d'Alexandrette, à l'est et au sud, je trouve plusieurs villages indiqués sur les cartes, mais je ne puis rien affirmer de particulier sur ces localités, dont voici les noms: *Amoudjig*, *Kara-aghadje* et plus au sud, *Chékéré;* au pied des montagnes à l'est, *Karadji*, *Kezel-tchoukour*, *Achekiarbaghtché* ou *Achekiar-béli*, *Kaïmk? Sakout*, *Yari-kaïa*, *Akdjaya*, peut-être *Ak-kaya*, entre lesquels s'élève la montagne *Déli-békir* à une hauteur de 1,200 mètres. Vis à vis, à l'est de la chaîne des Montagnes Noires, s'élèvent les monts *Alan-dagh* et *Guèze-bel;* à partir de ces montagnes, la route qui conduit de la Porte à Alexandrette, tourne au sud-est et traverse les défilés de *Kesrik* et de *Kezeldagh*, qui font partie des montagnes Amanus. Presqu'à douze kilomètres au sud-est d'Alexandrette, il y a un autre passage méridional: ce sont les *Portes Syriennes* proprement dites, (αἱ Συρίαι πύλαι, *Pylæ Syriæ*), aujourd'hui appelées *Portes de Beylan*, du nom d'une bourgade située un peu plus bas, à une hauteur de 686 mètres; le col du défilé se trouve à 8 ou 900 mètres, et le sommet de la montagne, à 1,200 mètres au-dessus du niveau de la mer[1]. Sanudo, qui venait du côté d'Alexandrette, l'appelle du simple nom de *Passage des Montagnes Noires*: « Et inde transitur Montagna Nigra ». Aux alentours on remarque des débris d'édifices anciens, des aqueducs et des restes d'une route romaine encore en assez bon état en quelques endroits. La route est frayée sur un long parcours, entre des rochers d'une pierre très dure; elle est pavée à son extrémité où se trouvent, (c'est du moins l'opinion générale), les bases de la *Porte* proprement dite, construite à l'instar de la Porte Arménienne du nord, d'où l'on s'introduisait en Cilicie; celle-ci conduit à la Syrie, du côté sud, et à la vallée de l'Euphrate, du côté de l'est. Marmier considère cette route comme plus récente que celle des côtes qui traverse Payas, Alexandrette, Myriandus et Arsous, et, à l'est de ce dernier lieu, passe les montagnes et aboutit aux environs d'Antioche. Cependant jusqu'à nos jours la plupart des savants considéraient le passage de Beylan, comme l'ancienne route publique, parcourue par tous les peuples et par les conquérants, assyriens, persans et romains, toutes les fois qu'ils accouraient de l'est et du sud à la conquête de l'Asie Mineure; puis par les Arabes, les Byzantins et les Turcs, et enfin par les armées des Croisés qui accouraient à la délivrance des Lieux Saints. On ne peut douter que cette route soit l'une des plus anciennes du monde, et de celles qui ont le plus livré passage à la grande multitude de différents peuples; en un mot, c'est un étroit canal par où se précipitèrent des flots humains. Aujourd'hui même, c'est la route que parcourent sans cesse les caravanes avec de longues files de chameaux et d'ânes, qui transportent d'un côté à l'autre, les produits des vallées fertiles de l'Euphrate et de l'Asie Mineure, ainsi que les marchandises européennes. Le spectacle dont on jouit de ces hauteurs est magnifique; devant et derrière soi, on a les monts Amanus, et plus au nord, la vue s'étend sur les sommets du Taurus; à droite et à gauche se déroulent les vallées de l'Euphrate et les eaux bleu foncé du Golfe des Arméniens. L'un des derniers explorateurs qui aient admiré ce spectacle du haut de ces montagnes, s'imaginait voir le lac de Genève, quand on y jette le regard du haut du Jura.

Parmi les plantes de cette région, un voyageur récent indique le *Daphne Seriaca* et le joli *Arum Dioscoridis*, de forme conique, velouté, rouge sombre, mais d'une odeur fétide. Au milieu des ruines rampent d'innombrables gros lézards, *Stellio vulgaris*, au dos chargé d'excroissances hideuses. Cependant encore plus rebutants que ces animaux sont les Kurds et les Turcomans: toujours enclins au vol, ils tendent leurs pièges aux alentours pour dépouiller les caravanes, n'ayant rien à craindre des gardes du passage. — Une petite rivière du nom de *Kara-sou*, (Eau noire), descendant du nord, parcourt le vallon de *Buyuk-boghaze*, (Grand détroit), passe près du poste de la douane, non loin duquel, à l'entrée du passage, sont construits des khans et une petite caserne. A quelque distance de la Porte on voit un village appelé *Tchakal*. Au nord, près de Beylan, s'élèvent des masses granitiques, détachées et ondulentes, signe évident de l'origine volcanique du terrain.

Le petit faubourg de *Beylan* ou *Bilan*, appelé *Béleng* par les Turcs, paraît être l'ancien *Pictanus*[2], de l'ancien itinéraire de Jérusalem, indiqué à neuf milles d'Alexandrette et à huit de Baghras; il est construit sur les

---

1. Quelques-uns rapportent que le passage se trouve à la hauteur de 686 mètres et le bourg à 500.

2. Ce lieu important n'est pas mentionné dans notre histoire, du moins il n'est cité ni sous ce nom

Beylan et les Montagnes Noires.

Défilé de Beylan.

deux pentes d'un étroit vallon qui forme comme un plateau à 600 mètres de hauteur. Les maisons sont construites par degrés sur le versant, au milieu de jardins, qui en rendent l'aspect charmant[1]; en bas coule une petite rivière qui descend de la montagne *Taas* et porte le même nom; les eaux en sont limpides; l'air est frais et salubre; c'est pourquoi les habitants d'Alexandrette en ont fait leur séjour d'été. De la partie supérieure de la petite ville descendent des conduites d'eau pour arroser les jardins; le surplus se reverse torrentiellement et met en mouvement les roues des moulins. Les habitants, Arméniens, Grecs, Turcs et Européens, se montent à 2,000 ou un peu plus; quelques Arméniens évaluent le nombre des maisons de leurs connationaux à 3 ou 400; mais les voyageurs européens plus récents n'en comptent que 100. Les mahométans ont 150 maisons, dont la moitié sont habitées par de riches familles, appelées *Beylan-beyléri*, et qui ont d'immenses possessions jusqu'à Antioche et Arsous.

Edib, le pèlerin de la Mecque, il y a deux siècles, trouva Bilan dans un état florissant, orné de plusieurs khans, de bains et d'un grand nombre de maisons. Il indique parmi les marchandises le raisin, les fruits, et une espèce de saucisson qu'on appelle *kuffère*. Parmi les constructions, il cite la mosquée du sultan Sélim, au bout du marché, et le khan de Suleyman.

En 1629 (16 avril) un missionnaire carmélite, le *P. Philippe*, traversa Beylan et logea chez un Arménien nommé *Arnavoud*; il loue l'état prospère de la ville et il admire l'abondance de ses eaux. De nos jours encore les Carmes possèdent à Beylan un couvent et une école.

Ce qu'il y a de plus remarquable dans cette ville de montagne, ce sont les aqueducs; ils ont en plus d'un point jusqu'à trois rangs d'arcades superposées les unes sur les autres, et servent aussi comme pont de communication entre les deux parties de la ville à travers l'étroit vallon. Le ruisseau descend en zig-zag à travers ce vallon qui aboutit à la mer à huit kilomètres d'Alexandrette.

Jacques Nalian appelle *Béleng* ce lieu et en donne la description suivante: « Près de Payas, dit-il, il y a une montagne dont le sommet est couronné par le *grand village* de *Béleng*, où les Arméniens sont en grand nombre.... un torrent d'eau descend de la montagne; il formerait certainement un fleuve très profond s'il coulait lentement. Ce bourg est sur le chemin qui conduit à *Iki-kapoulou*, (*à deux-portes*) et de là à la grande Antioche. Sur cette montagne le passage de Payas est très beau, les habitants honorent leurs hôtes et les visiteurs pendant l'été, en leur offrant des mets préparés aux œufs, cuits de différentes manières ».

Un de nos Pères mekhitaristes, le P. Paul Méhérian, qui avait traversé Payas en 1773, et demeuré chez le consul français, parle différemment des habitants: « Les mahométans aussi bien que les Arméniens, dit-il, sont en général des brigands; c'est pourquoi le consul nous accompagna lui-même à Beylan, en nous précédant à cheval. Pendant que nous montions la montagne escarpée par le chemin raboteux de Beylan, les muletiers parlaient entre eux, mais personne ne comprenait leur language; ce n'était ni l'arabe, ni le syrien, il n'avait pas même de ressemblance avec l'arménien. Nous étions tout étonnés de leur savoir linguistique; je leur demandai enfin en turc, de quelle nationalité ils étaient; ils me répondirent qu'ils étaient des Arméniens et qu'ils parlaient l'arménien..... Nous prêtâmes une oreille attentive à leur discours, et nous nous apperçûmes qu'ils prononçaient parfois quelques mots arméniens... Un jour vinrent nous trouver, chez le consul, six personnes armées, qui nous demandèrent un livre de psaumes et un évangile... Je leur demandai ce qu'ils en voulaient faire. L'un d'eux me répondit qu'il était prêtre. — Je lui demandai alors comment un prêtre pouvait être armé comme il l'était. — Le prêtre de ce lieu, me répondit-il, est comme ça. — Sur quoi j'ajoutai: Vas-tu à l'église ainsi armé ? — Oui, me répliqua-t-il, mais à mon entrée

---

ni sous un autre, tant que nous sachions. Je trouve cependant cité un lieu dont le nom se rapproche de celui-là; c'est celui de *Biulum*, dont le seigneur était Léon, *Levonium de Biulum*, l'un de ceux qui ont signé le contrat du roi Léon Ier, par lequel ce prince donnait comme garantie aux Hospitaliers, le district de Djeguère.

1. M.me Belgiojoso, qui en 1852, y passa la nuit, l'appelle *Beinam*: « La petite ville de *Beinam* .... éparpille ses maisons depuis le fond du ravin jusqu'au sommet des montagnes, occupant ainsi un plus vaste espace qu'il ne convient à sa chétive condition ». — BELGIOJOSO, 129.

» dans l'église, j'enlève mes armes et je les
» reprends à la sortie, après la messe ».

Quelques jours après, l'occasion se présentant, ils firent voir leur mauvais instinct. Comme notre Père se mettait en route avec son compagnon, douze hommes bien armés se présentèrent devant eux pour les empêcher de continuer leur chemin, exigeant d'eux de l'argent. Cependant le Père refusait; alors l'un d'eux, s'élançant devant les autres vint vers eux; c'était un Arménien. — « Mes Pè-
» res, leur dit-il, ceux-là sont des chiens; il
» faut bien leur jeter quelques os et ainsi vous
» pourrez continuer ». Le Père suivit ce conseil et leur jeta quelques pièces d'argent; « malgré cela, dit-il, ce n'est qu'à grande
» peine que ces barbares nous laissèrent aller [1] ».

Au milieu de la montagne, au nord, se dresse un château appelé *Beylan Costanté* ou *Boustanta;* dans l'une des chambres il y a un monument funéraire et des faisceaux de flèches anciennes. Il y a encore du côté d'Alexandrette le village de *Kurdlou*, mais c'est une vraie tanière des brigands; près du même se trouve le village d'*Attyk*, où l'on voit les ruines d'une église construite avec des pierres de taille.

C'est à Beylan et aux alentours qu'eut lieu la grande bataille décisive entre les Turcs et les Egyptiens, en 1832, le 19 juillet. Après la défaite des premiers à Hems, le généralissime Husséin, s'empressa d'occuper le passage de Beylan et s'y fortifia. De même Ibrahim, après son entrée triomphale à Alep, se hâta d'y venir, et ayant divisé son armée en deux, il tenta de forcer des deux côtés le passage des Portes d'Amanus; pourtant les feux continuels des Turcs le mirent en grand danger; ils s'étaient fortifiés sur les hauteurs et dans les défilés, et se battaient avec acharnement. Enfin les Egyptiens réussirent à faire cesser le feu des batteries turques, et descendant des montagnes, se précipitèrent sur leurs troupes, les mirent en déroute et les obligèrent à une fuite précipitée; l'acharnement des Egyptiens d'un côté, la difficulté des lieux de l'autre furent cause du massacre d'un grand nombre des fuyards. On dit que les Turcs perdirent dans cette bataille 13,000 hommes, sans compter les prisonniers, et quarante canons. Par cette victoire Ibrahim s'était rendu maître en un jour de toute la Syrie; le grand bourg de Beylan souffrit beaucoup des bombardements des deux armées ennemies.

L'année suivante un voyageur anglais traversant cette contrée, parvint à Beylan pendant la nuit; mais il le trouva désert. Un autre voyageur italien rapporte ainsi ses sentiments à la vue de ce lieu: « Inoltrata
» era la notte, e la luna già da parec-
» chie ore alzata sull'orizzonte, versava i suoi
» argentei raggi sulle case e sul colle: tutto
» era silenzio all'intorno, se non che tratto
» tratto si udiva il grido del vigile muezzim,
» che dall'alto della meschita indicava la pre-
» ghiera. Era una delizia pel viaggiatore pas-
» sare una simil notte a Beilan. Lentamente
» salendo il rapido e tortuoso sentiero del
» colle, scorgeva al di sotto, all'intorno, le
» sparse abitazioni, alle cui finestre brillava
» tratto tratto un ultimo lume che spegnevasi
» tosto. Alcuni momenti ancora ed anche pel
» viaggiatore sarà deposto sull'ospitale pavi-
» mento il semplice letticiolo; il fuoco gitterà
» una viva fiamma, gli si porrà in mano la
» tazza del bollente caffè, e la pipa rilucente
» di egregio lavoro. Allora come è bello il
» riposo anche su di un letto di terra! Ma i
» suoi occhi potranno essi chiudersi al sonno,
» mentre che la luna splende di tutta la sua
» luce sui precipizi, sui boschi e sulle vette
» dell'Amano?

» Da manca è il cimitero dove riposan le
» ossa di chi sa quante generazioni; a destra
» la moschea col suo spiccato comignolo e il
» fiancheggiante minaretto, e sopra, il kan mag-
» giore della città quasi addossato alla rupe.
» Raggi di luce trapelano dalle sue piccole fi-
» nestre; un antico acquedotto attraversa il
» torrente, e l'acqua del monte scorre sotto
» il suo arco. Il nostro viaggiatore provò il
» piacere che dà un sì fatto asilo in un paese
» selvaggio, in una tal notte e con tal tempo.
» La sua guida erasi smarrita, ogni passo che
» dava innanzi, invece di avvicinarlo, parea
» che più il portasse lontano dall'abitato; le
» macchie nere dei boschi e le rupi si accu-
» mulavano da ogni parte; quando l'abbaiar
» di un cane lontano sulla sinistra, li trasse
» entrambi alla sua volta, e giunsero ben
» presto alle sospirate case. Ebbero buona ac-
» coglienza e cortese ospizio. Le giovani donne
» della casa ammanirono e portarono loro in-
» nanzi una modesta cena che fu seguita da

---

[1]. Ce P. PAUL MEHÉRIAN, qui écrivit son autobiographie, était du village d'Arindj, dans le canton de Mouche, (Grande Arménie). Il est mort nonagénaire, en 1814.

» una canzone montanara, specie di poesia po-
» polare che non era priva di grazia. Aveano
» vino eccellente come a Beilan : le donne
» erano ben fatte, fresche, ridenti ; capelli in-
» trecciati e ricadenti sulle spalle. La parola
» cortese, il viso gioviale rallegrano ovunque
» gl' incontri; ma se questa parola è posta sulle
» gentili labbra che il pudore non ispogliò delle
» sue grazie primitive, quali tenere commo-
» zioni non vi si destano in petto, alle più
» leggiere attenzioni, ai minimi cenni di
» quelle creature, che la prima volta in vostra
» vita avete veduto, e che vedrete forse l' ul-
» tima ! La fiamma che scopietta sull' ardente
» focolare, la pietosa canzone del montanaro,
» la nettezza, la comodità di quella casa, le

» bianchi monumenti, che vestiti del mesto rag-
» gio della luna, rendevan l' immagine di donne
» biancovelate e piangenti sui sepolcri de' loro
» cari. Le iscrizioni onde son pieni quei mo-
» numenti, apparivan pure chiare e distinte
» all' occhio. Non le leggevamo, eppure il sa-
» pere ch' erano i segni di un affetto che un
» dì era vivo in terra, ne commoveva soave-
» mente l' anima, e ciascuno nel suo segreto,
» qualunque fosse quel nome che era stato
» inciso sui marmi, qualunque fosse la mano
» che ve lo aveva inciso, pregava pace a quelle
» ossa, e mite la giustizia di Dio sovra quei
» sepolti.

« Quando cogli occhi pregni di pianto con-
» templiamo la vita del mondo, oh! come ne

Vue d' une partie d'Alexandrette.

» cortesi persone che l' abitavano, venivano
» a formare un dolce contrasto col muto ed
» oscuro deserto che ne circondava. Fra il
» piacere del riposo, dell' udire e del vedere,
» trascorsero alcune ore, ci staccammo a ma-
» lincuore dai nostri ospiti per coricarci, non
» presso il focolare tuttavia vivo ed ardente,
» ma al chiaro di luna sul letto di terra, dal
» quale il lago, la valle, il monte, il conven-
» to, ne si mostravano tanto chiari, come se
» fosse dì alto. Magnifica scena che quasi sa-
» rebbesi detta una visione! Il piccolo cimi-
» tero di Beilan scoprivasi anch' esso co' suoi

» appare oscura! Vane speranze! inutili timo-
» ri! affanni eterni, ecco la scena che ci si
» para innanzi ! Un piccol cimitero a sommo
» di un colle alpestre, da cui si ode il lontano
» mormorare del solingo ruscello, che scende
» di sasso in sasso dalla cima del monte ; che
» suono tranquillo, che invito di riposo ! La
» voce dell'eternità par ch' in esso si celi. Le
» fresche ombre di alberi ospitali coprono la
» metà delle oscure tombe, mentre l' altra si
» apre a ricevere il raggio che il cielo, giusto
» con tutti, le manda dall' alto della sua glo-
» ria ». — BRIANO, 409-11.

Quelle différence entre ce dernier récit et celui de notre Père Méhérian, et les appréciations de ces deux voyageurs, sur le même peuple, mais à soixante ans d'intervalle [1] !

Un peu à l'écart, du côté nord, sur la montagne, on voit les ruines d'une belle église ancienne, de style antique et de forme oblongue, ornée d'une double rangée de colonnes, avec un plafond supporté par des arcades.

montre les ruines d'un château sarrasin, appelé *Ibn-abi-Davoud*, et un peu à l'est, le *Khan Karamoud* [2], qui n'est qu'un amas de ruines d'une hôtellerie. Suivant la signification du mot arménien, Karamoud indique l'entrée du chemin dans les défilés rocheux; car en plusieurs endroits la route s'engage dans des gorges étroites creusées au milieu des rochers; l'un de ces défilés dure cinq minu-

Karamoud.

Le sanctuaire est demi-circulaire et la coupole en forme de croissant. Au sud du bourg on

tes, un autre, qui est plus près d'Alexandrette, dure dix minutes.

---

1. Les naturalistes qui ont exploré le territoire de Beylan y ont remarqué diverses espèces de plantes, telles que l'*Anemone blanda*, l'*Helleborus vesicarius*, le *Thlaspi perfoliatum*, la *Viola bracteolata*, l'*Alcea Lacatereflora*, l'*Adenocarpus divaricatus*, le *Gonocytisus pterocladus*, le *Doryclinum Kotschij*, le *Cytisopsis doryclinifolia*, l'*Astragalus Andrachne*, l'*Onobrychis gracilis*, l'*On. aurantiaca*, l'*Orobus grandiflorus*, le *Sorbus trilobata exyloba*, le *Sedum stoloniferum*, le *Chærophyllum libanoticum*, la *Serratula cerintiflora*, l'*Ainsworthia trachycarpa*, l'*Asperula libanotica*, le *Galium Pamphylicum*, le *Ptosimopappus bracteatus*, la *Centaurea lycopifolia*, l'*Origanum lævigatum*, le *Thesium heterophyllum*, le *Salix nigricans*, l'*Arum Dioscoridi Philisteum*, le *Colchicum Decaisnei*, le *Biarum Bovei*, etc.

2. Sur les cartes géographiques on trouve écrit Karamouth ou Karamourth.

Suivant la statistique ottomane, Karamoud est un district de la province d'Antioche, du département d'Alep.

Près du khan, sur la cime d'un rocher escarpé et buissonneux, on remarque un château ancien, où l'on montait par un escalier creusé dans le roc, mais impraticable aujourd'hui. C'était probablement un des châteaux servant

Fac-similé du Mémoire tiré de l'évangile copié par Jean, Frère du roi [1].

1. Traduction du fac-similé : « Ce saint évangile, (co-
» pié) d'un bon exemplaire, a été terminé par la grâce
» et la miséricorde de Dieu, pour le pieux prince sei-
» gneur Sempad, fils du feu et pieux prince le baron
» Constantin, et pour sa mère, la feue Dame Chahan-
» doukhde, et ses frères défunts, les barons Pagouran
» et Constant.

« Cet évangile fut écrit par le saint et dévot arche-
» vêque du couvent de Kerner, Monseigneur Jean,
» fils du dévot et pieux prince des princes, le Baron
» Constantin, Père du roi, qui se reposa dans le Sei-
» gneur.

» Il fut écrit durant le patriarcat du catholicos
» Jacques et sous le règne du dévot et pieux Léon II,
» roi des Arméniens, l'an 727 de la grande ère ar-
» ménienne (1278).

» Or, vous qui le lisez, ou qui en tirez des copies,
» souvenez-vous de nous, de nos parents et de nos
» frères. Et que Jésus-Christ (pour une de vos priè-
» res) vous rende le centuple dans sa miséricorde,
» Lui, qui est béni pour toute l'éternité. Amen.

» Souvenez-vous en Jésus-Christ aussi de moi
» grand pécheur qui ai enluminé ce saint évangile ».

à la défense des frontières durant le règne des Roupiniens; un petit ruisseau coule à ses pieds, et parmi les arbres touffus on distingue le beau sapin d'Italie.

Avant de quitter la province de Djeguère, dont je ne puis préciser les limites, je ne veux pas laisser sans mention un lieu, autrefois d'une certaine importance, qui se trouvait près du rivage : c'est *Bonel* ou *Bounel*, dont la position est incertaine, il se trouvait probablement au sud d'Alexandrette. C'était un port situé à l'extrémité des possessions des Arméniens, ou à l'entrée de leur territoire du côté de la Syrie, *juxta introitum Armeniæ*, selon Sanudo ; à *l'entrée d'Erménie*, suivant un historien français, et *all' entrar dell' Armenia*, selon Boustron. On l'appelait ordinairement *Portus Bonelli* ou *Bounelli*, d'où les Français ont fait *Port Bounel* ou *Port de Bonelle*, et par corruption *Portus Præbonelli* et *Præbonellum* ou *Borbonellum*.

Si ce lieu est mentionné assez souvent dans les chroniques, c'est moins pour le port qu'il offrait aux navires, que pour avoir été le prétexte d'un long désaccord entre Léon le Grand et les Templiers. Ces derniers possédaient Bonelle, je ne sais depuis quand; mais au commencement du XIII° siècle, lorsqu'ils se déclarèrent partisans du prince de Tripoli, le roi le leur enleva. Pendant plus de dix ans Léon s'obstina à ne pas restituer ce château aux Chevaliers, ainsi que d'autres possessions qu'il leur avait enlevées. Cependant il est probable que lorsqu'il se réconcilia avec eux, en 1218, il les réintégra dans la possession de tout ce qu'il leur avait enlevé. Le port de Bounel resta sous leur domination jusqu'en 1268, époque où Beïbars s'étant rendu maître d'Antioche, les Chevaliers durent aussi abandonner ce port avec d'autres forteresses. Quelques-uns ont cru que Myriandus, l'ancienne ville que nous avons mentionnée plus haut, se trouvait sur cet emplacement ; toutefois de nos jours on croit généralement que Myriandus était construite sur l'emplacement occupé à présent par le village de *Bourounlou*.

Au sud-ouest de Beylan, s'élève la montagne de *Navlou*, et sur un plateau dont la partie septentrionale s'appelle *Houd*, à 4,000 pieds de hauteur, on voit ordinairement un campement de bergers arméniens, qui font paître leurs troupeaux près de la vallée de *Karadja-khan*.

Actuellement dans la même province d'*Azir*, outre le district qui porte le même nom et celui da Payas, sont compris les districts de *Djérid*, de *Tadjirli*, et le territoire de la tribu de *Kayali* et enfin *Alous*, dont je ne connais pas la situation. Cependant Alous est cité comme village, en 1186, dans le chrysobulle d'un certain *Renaud*, surnommé *Mazoère*, qui accorda ce lieu ainsi que les villes de Valéni et de Marcate, toutes deux au sud d'Antioche, aux Hospitaliers, avec plusieurs autres lieux, dont une partie du moins devait se trouver dans les environs. Comme ces noms ont quelque ressemblance avec certains mots arméniens, nous croyons devoir en citer ici quelques-uns, tels que: *Come*, et le château et le village de *Bobos ;* de même les villages de *Casnapor*, de *Colcas*, de *Corconai*, de *Mounsarac*, qui sont indiqués sur la montagne *Palmeris*, et ceux de *Potama, Pangeregun, Gorrosie, Mastabe,* etc, placés au contraire dans la vallée de *Roussé*. Au nombre de ces derniers sont aussi compris les couvents de *Saint Georges*, et de *Parleri*, que nous avons cités parmi ceux des Montagnes-Noires.

3. — RHOSUS ET LES FRONTIÈRES D'ANTIOCHE.

Les Portes Syriennes ou Portes de Beylan sont ordinairement considérées comme la limite extrême de la Cilicie ; toutefois nos rois arméniens étendirent leurs frontières jusqu'à Ras-khanzir vers le sud, ce qui paraît en effet une frontière plus naturelle, puisqu'elle est marquée par l'extrémité de la chaîne principale des Monts Amanus. Quelques-uns de nos rois poussant leurs conquêtes encore plus au delà, réussirent à s'emparer du versant oriental des montagnes, versant défendu par des châteaux importants. Ils s'approchèrent ainsi d'Antioche, occupèrent même un territoire qui jadis dépendait de cette ville et le gardèrent sans opposition ultérieure jusqu'à l'invasion des Egyptiens.

Thoros et Renaud, prince d'Antioche, furent les premiers à prendre ces lieux aux Grecs ; mais bientôt après, Renaud se brouilla avec Thoros ; il exigeait ces forts disant qu'ils devaient lui appartenir comme limitrophes de ses états. Une guerre eut lieu entre ces deux princes, et des deux côtés les pertes furent graves ; mais enfin Thoros resta vainqueur, chassa le prince d'Antioche, et « accorda de plein gré aux
» Templiers le château qui était limitrophe
» d'Antioche ; ceux-ci lui jurèrent de prêter
» main-forte aux Arméniens, dans toutes leurs
» nécessités, jusqu'à la mort, et de partager
» leur sort[1] ». Cependant lorsque plus tard, au commencement du règne de Léon, un différend s'éleva entre les Arméniens et les Antiochéens, les Templiers se rangèrent du côté des Francs ; c'est pourquoi le roi les bannit et confisqua leur château au profit de la couronne, ce qui fut cause de longues querelles. Léon, non seulement reconquit tous ces lieux, mais encore, selon Vahram, qui emprunte ce fait à une chronique plus ancienne :

« Il parvint jusqu'à la province d'*Arassous*
» Et s'empara du château de *Baghras* ».

Sanudo dit que BAGHRAS, qui est presque à une demi-lieue du khan Karamoud, ainsi que *Tarbessag*, sont environ à une demi-journée de distance d'Alexandrette et d'Antioche. La *Porte d'Andak*, ainsi appelée par notre historien royal, est située à deux ou trois lieues au sud-est de Beylan, et presque à vingt milles au nord-est d'Antioche, au pied des monts Amanus, près du passage des Portes Syriennes, qui, de nos jours est en partie appelée *Baghras-béli*. Un peu plus haut que cette Porte, entre Beylan et Baghras, se trouve le village de *Karoul* ou *Kara-yole*, presque à 500 mètres d'altitude. Ce passage est nommé *Défilé de Sem*, par notre catholicos Grégoire Degha, dans ses Lamentations sur Jérusalem ; où il rapporte, qu'après la prise de *Saraï*, c'est-à-dire de Tarbessag, les troupes de Saladin y firent une irruption :

« En retournant, ils marchèrent sur l'autre roc,
Auquel on donne le nom de *Défilé de Sem* ;
S'en étant emparés, ils se réjouissaient
De l'avoir conquis également. »

Une année avant cette invasion désastreuse, en 1266, Beïbars avait déjà projeté une expédition, mais le roi Héthoum l'ayant pressentie, « leva une grande armée et parvint jusqu'à
» un lieu appelé *Porte d'Antioche*, et y attendit
» son ennemi ». Le sultan arriva jusqu'au bord du *Fleuve Noir* d'Antioche ; mais ayant appris par ses espions les préparatifs du roi, « il eut
» peur d'entrer dans le territoire de la Cilicie,
» et s'en retourna en Egypte ». L'année suivante, après la bataille de Mari, ses troupes ravageant le pays « passèrent par la Porte
» d'Antioche et s'en allèrent chargées de bu-
» tin ». Peut-être est-ce près de cette Porte que fut tué Yaghoub-Arslan, dont nous avons parlé plus haut.

La ville de *Baghras* était considérée dans les temps anciens, comme faisant partie de la

---

[1]. Ceci est rapporté par l'historien Michel le Syrien, dans sa célèbre Histoire chronologique.

province d'Antioche; les Grecs l'appelaient *Baghré*, Πάγραι; elle se trouve près d'une rivière, affluent du fleuve Oronte, appelée *Syéida*, peut-être serait-ce l'*Arceuthus* des anciens, qui coule au pied d'une montagne trapezoïdale. C'est là que le général romain Ventidius força Rhanigat (?), général des Parthes, à se rendre. Les historiens arabes qui, comme les nôtres, donnent le même nom à la ville de Baghras, بغراس, la placent pourtant sur une montagne couronnée par un château, à l'ouest de la vallée de *Karem* (?) ce lieu était bien fortifié et presqu' inaccessible; les Croisées y avaient posé leur camp, le 12 septembre, 1097, avant la prise d'Antioche. Les princes de cette dernière ville devinrent, après leur réconciliation avec Thoros, les maîtres de Baghras. Durant leur domination, Girard d'Eustache, prince de Sidon, expulsé par le roi de Jérusalem, à cause de ses brigandages et déprédations, se réfugia chez le prince d'Antioche, qui lui passa le château de Baghras. Ayant recommencé ses pirateries sur mer comme sur la terre, il fut chassé et la place fut commise à la garde des chevaliers[1]. Après la prise de Jérusalem, le conquérant Saladin s'étant emparé des villes de la Syrie, s'avança jusqu'à Baghras, vers la mi-septembre, 1189, et prit d'abord Tarbessag, puis assiégea Baghras. Les autres chefs se plaignaient de son obstination à assiéger ce lieu inexpugnable, tandis qu'il aurait pu marcher sur la grande ville d'Antioche, qui eût été aussitôt assiégée et prise et le château se serait rendu; le sultan tira au sort et se décida à presser le siège contre le château; laissant une partie de son armée devant la ville, avec l'autre il alla en personne contre le château, et se mit à battre les remparts avec des balistes. Cependant il ne put les entamer à cause de leur épaisseur et de leur hauteur; d'un autre côté ses soldats se plaignaient fort du manque d'eau. Le sultan ordonna de creuser de grands bassins et les fit remplir; sur quoi l'armée s'apaisa. A cette nouvelle, les assiégés craignant, s'ils continuaient à résister, d'avoir à subir la vengeance du sultan, lui envoyèrent des messagers pour lui offrir leur soumission. Celui-ci leur proposa les mêmes conditions qu'il avait posées à la prise de Tarbessag; c'est-à-dire, que laissant armes et bagages, ils partissent avec le seul habit qu'ils portaient. En même temps, il envoya avec les messagers ses enseignes afin qu'on les hissât sur les murailles. Les gardes du château quittèrent donc la place en abandonnant tous leurs biens et les munitions. Saladin ayant tout enlevé, ordonna de raser la forteresse. L'historien arabe El-Athir qui, paraît-il, se trouvait dans l'armée, le blâme de cet acte; car, dit-il, le fils de Léon, prince des Arméniens[2] étant revenu aussitôt, reconstruisit Baghras avec beaucoup de soins, et y laissa une garnison assez forte pour faire des razzias aux alentours : « Baghras, ajoute-t-il, est toujours dans les mains des Arméniens, et les environs d'Alep souffrent beaucoup de leurs incursions[3] ».

Un autre événement important du règne de Léon se passa dans ce château, peu après l'an 1193. Le prince d'Antioche voulait s'emparer par ruse de sa personne. Léon, averti secrètement par la princesse, se rendit à Baghras, et les invita tous deux à l'y venir voir: « Ils y vinrent de bon gré; Léon alla à leur » rencontre, et les ayant reçus avec de grands » honneurs, les conduisit à Baghras. Là il s'em- » para du prince et l'emprisonna dans le châ- » teau de Sis... Le prince royal d'Acca, le » comte Henri, vint alors lui demander de » remettre en liberté le prisonnier ou de le lui » donner comme un présent, ce que Léon lui » accorda[4] », etc.

Dès lors Baghras devint château gardefrontière du royaume, et c'est par ce dernier que notre historien commence l'énumération des châteaux et places fortes dont les seigneurs assistèrent au couronnement de Léon; le plus honoré de ces princes était le seigneur de Baghras, Sire Adan, qui en même temps, avait de vastes possessions dans la vallée du fleuve Calycadnus. Seize ou dix-sept ans plus tard, vers 1235, le sultan d'Alep envoya son oncle Tourau-chah avec l'ordre d'assiéger et de prendre Baghras, alors sous la domi-

---

1. Ce fait aussi est rapporté dans l'histoire de Michel le Syrien.
2. ابن ليون صاحب الارمن, Ibni Livoun Saheb-el-Arman: « Fils de Léon, Seigneur des Arméniens ».
3. Ici, notre historien, dit brièvement à propos de Saladin: « Il marcha contre Baghras et la soumit à » son obéissance. Puis montant vers Tarbessag, il la » prit d'assaut, la ruina, et se rendit ensuite à Damas ».
4. L'historien royal de la Cilicie. Nous en parlerons encore dans la suite.

nation des Templiers, qui l'avaient reçu de Léon où de Héthoum. Mais l'émir ne réussit pas, comme le dit Sempad, « bien qu'il ait » marché sur Baghras avec un grand nombre » de cavaliers ». Toutefois le grand chroniqueur arabe Aboulféda, dit, qu'il aurait pu s'en emparer s'il n'eût signé un traité de paix avec le prince d'Antioche.

Après la prise d'Antioche, Beïbars envoya des troupes contre Baghras, le 27 mai 1268; celles-ci trouvèrent le château abandonné, la garnison s'étant enfuie après la prise de la ville. L'Egyptien y plaça des gardiens et remplit la place d'armes et de munitions pour en faire un château garde-frontière. Après ce fait, on ne trouve plus qu'une fois dans l'histoire, le nom de Baghras, deux cents ans plus tard, en 1407, à propos de l'irruption de Chah-Souar le Zulcadrien. Il faut espérer pourtant qu'il ne soit pas encore tout à fait disparu et qu'il réserve aux recherches des explorateurs quelques curieux débris.

Un sort analogue fut le partage du château de Tarbessag, auquel les Arabes donnent ce nom même درسك, les Latins l'appellent *Trapasa*[1]. Dans l'histoire, Baghras et Tarbessag sont mentionnés toujours ensemble, à cause de leur voisinage. Sanudo les place à une demi-journée du passage de la Montagne Noire et au pied de cette dernière, et les appelle « Duo castra » Bagaras et Trapasa, ad pedem montis ». Une carte topographique moderne place Tarbessag à l'ouest de Karamoud et au sud de Baghras; mais les paroles de notre historien nous le font supposer au nord de Baghras et dans une position plus élevée: car il dit pour Saladin, qu'après la prise de Baghras « il monta et » se battit contre Tarbessag ». Cependant un autre historien qui le place à dix milles au nord-est de Baghras, se trompe un peu trop. Puisque ce château appartenait aux Arméniens, son vrai nom (avant les Croisades), devait être *Tarbessag*, et ce n'était pas seulement un château-fort, mais il y avait aussi à côté une bourgade, à laquelle les Arabes donnaient le nom de *Saraï*, et dont parle Grégoire Degha, dans ses Lamentations sur la prise de Jérusalem; il place ce lieu au nord du grand lac d'Antioche. Les troupes de Saladin étaient venues du côté de la Syrie.

« Elles passèrent ensuite de l'autre côté,
Au nord d'Antioche.
Puis descendirent dans la vaste plaine,
Près du grand lac de ce lieu.
Elles entourèrent la place forte qui défendait le pays,
Et à laquelle on donnait le nom de *Saraï*[2].
Elles l'assiégèrent, ouvrirent des tranchées,
Et y posèrent des machines formidables,
Qui ensevelirent la ville sous les pierres,
Et ils y firent pleuvoir des volées de flèches.
A la fin, criblés de blessures
Ceux qui demeuraient dans la forteresse,
Voyant leurs murailles abattues,
A contre-cœur se rendirent à l'ennemi;
Ainsi les Sarrasins se rendirent maîtres de cette place ».

Saladin avant de marcher sur Baghras s'arrêta à Tarbessag, le 2 septembre, 1189, suivant les historiens arabes, qui regardent cette place comme un des châteaux les plus fortifiés des Templiers. Le siège dura dix jours: les assiégés résistaient avec acharnement; les balistes des Egyptiens avaient ruiné une partie des murailles, sans que ceux-ci eussent pu pénétrer dans la place. Le sultan alors ordonna à ses soldats de donner l'assaut et d'expulser la garnison. Aussitôt les béliers furent mis en action; une grande brèche fut ouverte et l'une des tours ruinée. Le jour suivant sous la conduite de Bohaëddin, l'historien apologiste des faits de Saladin, ils se précipitèrent vers cette brèche pour entrer dans le château; mais, à leur grande surprise, les assiégés avaient restauré les murailles et fermé la brèche. De plus, ces derniers envoyèrent un messager à Bohémond, prince d'Antioche, lui demandant s'il pouvait venir à leur aide; enfin ne recevant pas de réponse, et n'ayant plus d'espoir, ils se rendirent à l'ennemi à la condition de se retirer avec les seuls vêtements qu'ils portaient, laissant sur place armes et vivres; c'est ainsi qu'ils se rendirent à Antioche, le 13 septembre.

Léon, qui après le départ des Egyptiens, s'était emparé de Baghras et l'avait restauré, vint aussi en aide aux Chevaliers et leur rendit de nouveau Tarbessag. Cependant ce lieu retomba aux mains des Sarrasins; car, en 1236, les Alépins marchèrent sur Baghras et l'assiégèrent, mais n'ayant pas pu réussir à le prendre, ils se retirèrent découragés. Les Francs alors se jetèrent sur Tarbessag et en ravagèrent les faubourgs; mais ils ne réussirent

---

1. D'après les annotations du traducteur français du Ier volume des Historiens Arabes des Croisades.

2. En effet Տարբսակ (Tarbessag) en arménien et *Saraï* en arabe, signifient palais.

pas à s'emparer du château, bien plus, ils subirent une sanglante défaite ; beaucoup furent faits captifs, et les têtes des morts furent portées triomphalement à Alep. Aboulféda dit qu'on peut considérer cette victoire comme l'une des plus remarquables des croyants de l'Islam. Peu après, les Tartares soumirent la principauté d'Alep et Tarbessag, ainsi que plusieurs autres lieux, furent accordés aux Arméniens, leurs alliés. Tarbessag resta toujours en possession de ces derniers même après leur défaite à Mari ; car Beïbars en 1268, en vertu de son traité de paix avec Héthoum, exigea de lui Tarbessag avec quatre ou cinq autres châteaux, dont l'un était *Marzeban*.

Entre ces deux châteaux, de Baghras et de Tarbessag, Beïbars, en 1274, assembla son armée, lors de sa seconde et grande incursion ; de là il divisa cette immense armée en plusieurs corps qui, par divers passages entrèrent dans Sissouan ; de son côté il s'avança jusqu'à *Mancap*, lieu aujourd'hui inconnu. L'autre château que réclamait le sultan était *Chih-el-hadid*, شيخ الحديد (Plage limitrophe) ; il était en effet situé à l'extrémité des possessions de Héthoum et confinait aux terres des Egyptiens. Ce château est certes le même que le *Cheh* de notre historien royal, quoiqu'il l'appelle « un lieu ruiné ». Le sultan disait à notre roi : « Donnez-moi cette localité afin
» que j'en fasse un marché pour nous et pour
» vous ; le roi ne consentit pas », etc. Quelques-uns des princes blâmèrent Héthoum pour ce refus ; ils lui disaient ensuite : « A quoi nous
» a-t-il servi de garder Chih, maintenant
» que tu as perdu tes fils pour cela, et que
» tu nous a accablés de remords ; n'aurait-il
» pas été mieux de l'avoir abandonné, au lieu
» de nous couvrir de ridicule et de nous ex-
» poser au mépris de tout le monde ? — Le
» roi leur ordonna de mettre fin à ces remon-
» trances inutiles », etc. S'il avait refusé de rendre ce lieu, c'était moins par ambition, que par crainte de se rendre suspect aux Tartares et de leur faire croire à une entente avec les Egyptiens. Ses amis les plus fidèles et les princes de l'Arménie orientale lui conseillaient de rester ferme dans son projet, et même après son malheur et la ruine du pays, ils lui écrivaient : « O saint roi,
» il vaut encore mieux ce qui est fait, bien
» qu'un de tes fils soit mort pour les chré-
» tiens et que l'autre soit en captivité, puis-
» que les Turcs qui se trouvent ici à la cour
» (du khan des Tartares), sont restés confon-
» dus ; autrement ton royaume eut été sup-
» primé, ton territoire ravagé et les chrétiens
» massacrés... Si par malheur tu t'étais trompé
» et avais abandonné, comme ils le préten-
» daient, non pas un village florissant, mais une
» simple maison vide, alors ton royaume eut été
» entièrement anéanti et nous serions plongés
» dans la honte. Quand les autres princes en-
» tendirent ceci de la bouche même du roi, ils
» restèrent confondus, et lui demandèrent par-
» don de n'avoir pas prévu ces intentions ».

Aujourd'hui, selon l'administration ottomane, un district de la province d'Antioche dans le département d'Alep s'appelle *Cheikh-ul-Hadid*. Il y a aussi un village qui porte le nom de *Cheikh-kuey*, et qui se trouve au nord-est du lac d'Antioche, au delà des Montagnes Noires, c'est-à-dire à l'est au delà de Baghras.

Dans cette même région devait se trouver une autre place fortifiée, qui fut cause d'une inimitié de dix ans entre Léon et les Templiers, et par suite avec le Saint-siège : c'est le château de *Gastime, (Gaston, Gast, Guast* ou *Guaston)* selon les textes latins. Nous ne trouvons point ce nom en arménien et ne connaissons pas sa situation. Willebrand, qui arriva dans les possessions arméniennes du côté d'Alep, après avoir traversé le bourg fortifié de *Hareng*, au sud du lac d'Antioche, et en se dirigeant vers Alexandrette, parvint à Gastime. Il évalue à quatre milles la distance qui sépare ce dernier lieu d'Antioche ; il entend probablement parler de milles allemands[1]. C'était selon lui un château très fort, muni d'une triple muraille et défendu par de fortes tours. Situé à l'extrémité des montagnes des Arméniens, il défendait l'entrée et la sortie du territoire et était depuis un temps assez long au pouvoir de leur roi[2]. Les Templiers, à tort ou à raison, en revendiquaient la possession.

Il fut bâti par les Grecs, en 1061. Durant la première Croisade, il tomba au pouvoir de Tancrède[3] ; je ne sais comment il passa à un autre possesseur ; car en 1142, l'em-

---

1. Quelques-uns, entendent par ces milles un voyage de quatre jours.
2. « Hoc est castrum quoddam fortissimum, tres habens muros circa se fortissimos et turritos, situm in extremis montibus Hermeniæ, illius terræ introitus et semitas diligenter observans, et possidetur a Rege illius terræ, scilicet a Rege Hermeniæ ». - WILLEBRAND.
3. C'est ainsi que quelques-uns croient expliquer le

pereur Jean s'y arrêta avec son armée, le 15 septembre, exigeant le serment d'obéissance de Raymond, prince d'Antioche. Les Antiochéens s'y étant opposés, l'empereur se retira en ravageant les alentours et en pillant les couvents[1]. Melèh, oncle de Léon, occupa aussi ce château, puis les Arméniens ou les Antiochéens le passèrent aux Templiers[2]. Saladin s'en empara en même temps que de Baghras et de Tarbessag; mais après son départ, Foulques de Buillon[3], cousin germain du roi Léon, le reprit et avec le consentement de ce dernier, en resta suzerain durant vingt ans. Les Sarrasins l'avaient quitté à la nouvelle de l'approche de l'empereur Frédéric. Les Templiers le redemandèrent comme l'une de leurs anciennes possessions : Léon promit de le leur rendre après la solution de la querelle qu'il avait avec le prince de Tripoli, au sujet de la possession d'Antioche. N'ayant pu se mettre d'accord avec ce prince, il entra de vive force à Antioche, et choisit le patriarche comme arbitre. Les Templiers, qui avaient souvent joui des faveurs de Léon et s'étaient emparés de Tarbessag grâce à lui, se tournèrent pourtant contre notre roi, et après avoir battu ses soldats, hissèrent leur drapeau sur les murailles de la ville et appelèrent le sultan d'Alep à leur aide. Léon entra alors dans une grande colère : revenant sur ses pas, il attaqua et prit tous les châteaux et toutes les possessions des Chevaliers, et les chassa du territoire de son royaume. Incapables de résister par les armes, ceux-ci protestèrent auprès du Souverain-Pontife, Innocent III, de qui Léon avait reçu le drapeau de Saint Pierre.

Le pape exhorta Léon à rendre ces localités aux Chevaliers, comme biens intangibles d'un ordre religieux. Léon promit de les leur restituer s'ils consentaient à se désister de leur alliance avec les Antiochéens; il fit toutefois remarquer que ces lieux n'appartenaient plus aux Chevaliers, puisqu'ils les avaient perdus selon les lois de la guerre, et que ce n'étaient pas eux, mais bien son oncle Melèh qui les avaient délivrés des mains des Sarrasins. Les querelles et les froissements durèrent longtemps; il n'entre point dans notre plan de les raconter ici en détail; Léon eut à ce sujet une longue correspondance avec le Pape.

En 1207, lorsque les Antiochéens eurent accepté Roupin, comme prince de leur ville, Léon restitua ces châteaux aux Chevaliers; mais lorsque le comte de Tripoli eut repris Antioche, les Templiers se tournèrent de nouveau de son côté. Léon alors les rechassa de son royaume; cependant il ne parvint pas à les déloger de deux de leurs châteaux; il en dévasta les environs, brûlant les récoltes et soumettant à la torture tous ceux qui tombaient entre ses mains. En 1213, il se réconcilia avec eux, leur rendit leurs châteaux qui restèrent cette fois en leur pouvoir jusqu'à la grande invasion de Beïbars, en 1268 : c'en fut fait alors de l'autorité des Latins, qui perdirent toutes les terres qu'ils avaient conquises dans cette région.

Quelques années après, les Tartares firent une grande incursion aux alentours de ce château, sans toutefois parvenir à s'en emparer, du moins la prise n'en est pas citée dans les chroniques.

Selon un chroniqueur français, une source remarquable jaillissait près de Gastime, où Léon attira le Prince d'Antioche, dans un guet-apens, en 1193. L'ayant invité à un festin, il le conduisit à la forteresse et là le fit jeter en prison avec tous les officiers de sa suite. Cependant, comme nous l'avons vu plus haut, d'après l'un de nos historiens, ce fait eut lieu dans le château de Baghras; le désaccord entre les deux chroniqueurs nous prouve le voisinage de ces deux châteaux.

Suivant un voyageur moderne[4], le château

---

passage où l'auteur de la biographie de ce brave chevalier normand, dit que ce dernier avait traversé les passages difficiles qui se trouvent entre Alexandrette et Gastone : « Montes qui medij Alexandriolam » Guastonumque oppidulam dirimunt, conscendit ». VITA TANCREDI, 144.

1. Le Beau, Histoire de l'Empire d'Orient. XVI, 54.
2. « Si Sarrasin qui tenaient le Chastel de Gaston, que Saladin avait pris aprez la prise dou roiaume de Jerusalem, l'abandonnerent. Fouques de Buillon, cosin germain dou devant dit Livon, entendi que li Sarrasin avoient guerpi le devant dit chastel, il entra dedens le chastel et le saisi et le tint XX ans ». — ERACLES, XXIV. 25. XXXI, 6.

3. C'est ainsi qu'écrit un vieil historien des Croisades, et il est probable que ce nom est mis pour celui de *Bouillon*. Il aurait donc été parent de Geoffroi de Bouillon. Il n'est pas mentionné parmi les seigneurs français qui passèrent la mer; pour être cousin germain de Léon il devait être fils de sa tante, c'est-à-dire de la fille de Sempad, seigneur de Babéron.

Levonius de Biulum, l'un des Barons du roi Léon, dont la signature figure, à la suite d'autres, dans le chrysobulle donné en 1214, était peut-être aussi son parent.

4. LORTET, La Syrie d'aujourd'hui, etc.

de Gastime couronne un monticule et ne serait autre que le *Château de Godefroy*, à l'ouest de Beylan. Le même voyageur cite encore près de Beylan une belle source, jaillissant du fond d'un tombeau, à l'ombre d'un vieux caroubier, au pied d'une colline ; l'eau se déverse dans un grand bassin, plein de roseaux et de poissons. C'est dans ce lieu qu'il dîna avec le gouverneur de Beylan, et il trouve que les environs présentent une grande analogie avec la description que l'historien des Croisés nous a laissée de Gastime.

L'un des châteaux les plus forts de cette contrée, était celui de *Guinouk* ou *Keinouk*, كينوك, selon les chroniqueurs arabes. On ne trouve cependant aucun nom analogue dans nos auteurs arméniens. D'après les descriptions qui nous en ont été laissées, ce château devait dominer l'un des défilés des Portes Syriennes, car la garnison arménienne avait l'habitude d'assaillir les caravanes et de dépouiller les Turcs. Léon II qui régnait alors, n'y regardait pas de trop près, et laissait faire. Souvent même les Arméniens revêtaient le costume des Tartares pour se livrer à ces razzias. Aussi en 1273, l'émir d'Alep envoya-t-il le général Hussameddin-el-Aïntabi avec l'ordre de raser ce château, qui fut pris au mois de juillet, après un long siège, et ruiné de fond en comble. On en attribuait la construction à Seyf-ed-dœvlé, appelé aussi *El-hadat El-hamra*.

Dans les environs devait se trouver une ville que les Croisés nommaient *Artasia* ou *Arthesia;* ils la placent à dix milles au nord d'Antioche, à l'est du fleuve Oronte. Les habitants arméniens avaient été subjugués par les Sarrasins ; à l'arrivée des premiers Croisés, du côté de Marache, ils massacrèrent leurs oppresseurs et ouvrirent leurs portes à l'armée chrétienne.

Un explorateur moderne indique dans ces montagnes, près de la mer, la vallée de *Mesgidou*, dans laquelle se trouvent la plupart des jardins et des campagnes des habitants de Beylan, et celle de *Bekschidschik*, probablement *Bahdjédjik*, à deux heures de Beylan. Cette vallée, arrosée par de nombreux cours d'eau, est bien ombragée par de grands arbres et d'innombrables espèces de fleurs, parmi lesquels notre botaniste, qui y passa en juin 1862, mentionne la *Melissa altissima*, le *Neprodium pallidum*, la *Scutellaria albida*, l'*Althea digitata*, la *Scabiosa calocephala*, le *Convolvulus scammonea*, l'*Asperula stricta*, le *Poterium glaucescens*, ainsi que des peupliers, des cyprès et d'autres arbres du même genre.

A deux heures de là, se trouve le village de *Tchakal*, et un peu plus loin le vallon d'*Aridéré*, où à 3,000 pieds d'altitude, on rencontre le petit village de *Yapraclik*, (Feuillé) près duquel on voit les ruines d'un aqueduc et d'autres édifices.

Plusieurs rivières descendent du versant occidental de la chaîne méridionale des monts Amanus, chaîne à laquelle les géographes et les cartes donnent différents noms : ainsi les uns l'appellent *Moussa*, d'autres *Kezel*, d'autres encore *Kesrig* ou *Elma*. Dans les petites vallées formées par ces rivières on indique plusieurs villages, mais les géographes ne sont guère d'accord ; nous citerons cependant quelques-uns de leurs noms, ainsi que ceux des cours d'eau.

La première et la plus grande de ces rivières est celle qui se trouve le plus au nord ; on l'appelle *Eau de Beylan*. Dans la vallée, à quelques lieues au nord de ce dernier bourg, on trouve le village de *Sakou*, *Sakoud* ou *Sakoub* ; à l'ouest, sur la rive droite, *Kechela*; un peu plus en aval, près de la mer, *Karakache*; enfin au sud, sur la rive gauche, *Kachemour*; au bord de la mer, *Beuyuk-déré*, et encore plus au sud (peut-être aussi dans un autre vallon), *Kara-kouchelou*, *Arab-tarassi? Choung.* — Près de l'embouchure d'une autre rivière, se trouve le village de *Kesrig*, qui tire son nom des montagnes et paraît être le même que *Kisli*, cité sur quelques cartes. A quelque distance de cette localité se trouve le village d'*Akbar*, à moins qu'il n'y ait erreur et qu'on ne doive l'appeler *Akbache* ou *Akbase;* autrement il y aurait deux *Akbar*, le premier se trouvant près d'Alexandrette, au pied des montagnes, où une compagnie française acheta, en 1882, un vaste terrain, avec l'intention d'y conduire 60 Trappistes pour s'y occuper d'agriculture.

Enfin deux autres petites rivières sont encore indiquées, toutes proches l'une de l'autre ; à l'embouchure de la plus méridionale, se trouve l'emplacement de l'ancienne ville d'Arsous qui a donné son nom à toute la province ; aujourd'hui ce n'est plus qu'un village. On l'appelait autrefois *Rhosus*, Ῥῶσος, et au moyen âge *Arsus*. Les anciens itinéraires la placent à 90 stades au sud de Myriandus, et à 80 au nord du cap *Rhossicus*. D'après ces mesures, Myriandus devait se trouver un peu au sud de l'embouchure de la rivière de Beylan, là où devait se trouver également le Port *Bonel*.

Corancez croit que Léon le Grand fonda la ville d'*Horminia*, mentionnée par Willebrand, sur l'emplacement du Rhosus, qui fut jadis un siége épiscopal du département d'Anazarbe.

A une petite distance du village maritime, où l'on voit une mosquée et un tombeau de pierre blanche, vers l'est, se trouve l'emplacement de l'ancien château appelé de nos jours *Arsous-kalessi*; on y indique encore d'autres ruines, mais je ne sais de quels édifices. Selon Vahram, notre historiographe royal et un autre historien, Léon s'était emparé de ce château ainsi que de la province. Le château de ce qu'il surplombe la mer. Trompés par la ressemblance des noms, quelques-uns ont cru que ce lieu pouvait être identifié avec Bonel, qui s'appelait aussi *Porbonel*. On y remarque en effet les traces d'un port, une église en ruine, des monceaux de décombres, auxquels sont mêlés des scories de verre. Corancez indique aux environs de Rhosus, au milieu des montagnes, un volcan éteint. Outter rapporte la même chose. « On m'a dit qu'il » y avait à environ neuf heures de chemin d'A- » lexandrette, une montagne nommée *Arsiz- » daghi*, (montagne fougueuse) d'où il sort du » feu depuis quelques années ».

Promontoire de Ras-khanzir et Alexandrette.

fut plus tard accordé aux Templiers qui le gardèrent jusqu'aux temps des incursions de Beïbars, en 1268. C'est alors qu'ils perdirent encore Gastime et Bonel, ainsi que le rapporte le continuateur de l'histoire de Guillaume de Tyr[1]. Quelques-uns placent au sud d'Arsous le village de Kesrig, cité un peu plus haut; d'autres citent encore le village d'*Alhope* (?).

Plus au sud, près de la rivière *Koucheloutchay*, on rencontre deux villages, dont l'un porte le même nom que la rivière, l'autre est appelé *Siradache*. Enfin au bord de la mer, *Karacheli* et *Bourounlou;* ce dernier est à quatre milles au sud de *Rhosus;* son nom lui vient

A deux ou trois lieues au sud, un haut rocher s'avance dans la mer : c'est le cap Rhossicus (*Scopulus Rhossicus*). Les Arabes lui donnèrent, à cause de sa forme, le nom de *Ras-el-khanzir*, c'est-à-dire *hure de sanglier;* *Raxacamzir* selon les cartes du moyen âge.

Les Arabes occupèrent ce cap dès les premiers siècles de l'islamisme, et le conservèrent jusqu'en 964, époque à laquelle l'empereur Nicéphore les délogea de ce lieu et de tout le territoire avoisinant le Golfe arménien. Le rocher, qu'on pourrait appeler une montagne, s'élève jusqu'à 1,656 mètres au-dessus du niveau de la mer; c'est le point

---

[1]. « Li Templiers abandonnerent lor chastiaus II, *Gaston* et *Roche* de *Rusol*, et la terre de Port Bounel à » l'entrée d'Erminie ». — ERACLES.

extrême de la chaîne des Monts Amanus: son aspect est d'une ravissante beauté.

Un seul village m'est connu, sur les pentes de cette montagne: c'est celui de Betias. William Burkhardt Barker, élève du grand explorateur du même nom, y construisit une villa, et il demeura cinquante ans dans cette région, limitrophe de la Cilicie et de la Syrie. Sa principale résidence était *Syedia* ou *Syvedia*[1], au bord de la mer, près d'Antioche; cette localité est appelée *Sévodi* ou *Sévodine* par nos historiens, par les Grecs, Σουέτιον ou Σουδεί. C'est là qu'il mourut dans sa quatre-vingtième année, en 1850.

Durant ce séjour prolongé, il se fit connaître dans toute la contrée par ses bienfaits et se montra toujours très hospitalier et affable envers les Occidentaux; il s'occupa aussi activement d'agriculture et introduisit dans le pays plusieurs plantes étrangères et diverses espèces d'arbres fruitiers[2].

Le promontoire de Rhosus ne fut pas seulement un lieu glorieux, mais ainsi que les montagnes Noires, il vit des asiles sacrés s'étager sur ses pentes, dès les origines de la vie cénobitique. Au commencement du Ve siècle, cette montagne servit de retraite au célèbre ermite S. *Théodose le chevelu*, ainsi surnommé de ce que ne se coupant pas les cheveux, ils s'allongèrent démesurément. Il

Pedias et maison de Barker Burkhardt.

---

1. En 1086, le conquérant Mélik-chah, selon nos historiens, parvint dans cette région: « S'étant rendu maître d'Antioche, il vint à *Sévodi*, sur le rivage de la mer de l'océan (!): il poussa son cheval dans l'eau, comme pour lui faire fouler les flots; puis tirant son sabre, il frappa cette eau par trois fois. Mettant ensuite pied à terre, il pria et rendit grâces à Dieu, qui l'avait rendu plus fort que son père et qui l'avait fait maître d'un empire qui s'étendait de la mer des Persans jusqu'à la mer de l'Océan ». Au moyen âge cette localité était aussi appelée *Port de Saint Simon*.

2. W. Burkhardt Barker était aussi grand archéologue: il recueillit dans les environs de Tarsus une collection d'antiquités de l'époque païenne et composa une description historique de la Cilicie, dans laquelle il rapporte aussi les divers événements qui s'y sont passés dans les temps anciens et modernes. Il y donne également la description des statues, des bas-reliefs et des divers objets en terres-cuites qu'il a découverts. Cet ouvrage ne fut publié qu'après sa mort, par son compatriote Will. Francis Ainsworth, voyageur distingué, sous le titre de: *Lares and Penates, Cilicia and its Governors*. J'ai profité de ce livre pour mes recherches, et reproduit quelques-unes des figures qu'il contient.

portait des anneaux de fer au cou, aux poignets et à la ceinture, travaillait à confectionner des corbeilles et des paniers et cultivait un petit jardin. Attirés par son renom de sainteté, plusieurs solitaires vinrent se placer sous sa direction et fondèrent des couvents, imitant en tout sa manière de vie. S'étant procuré une petite barque, ils allaient vendre les produits de leur industrie sur les bords du golfe. Des corsaires d'Isaurie, en 441, eurent des égards pour eux, consentant à ne prendre que ce que ces solitaires voulurent bien leur offrir. Les évêques des environs, craignant des pirates plus violents et moins généreux, obligèrent le vieillard à s'éloigner de sa retraite et le conduisirent à Antioche, où il mourut en paix.

Au temps des Croisades, les couvents prospérèrent de nouveau sur les flancs de cette montagne. L'Arabe Edrizi en cite un des plus grands à la frontière du territoire des Arméniens et des Syriens. Vingt ans avant le couronnement de Léon, en 1179, ce lieu fut illustré par la présence de notre glorieux Nersès de Lambroun : « Me trouvant, écrit-il, à la recherche
» de la science et du bon ordre, dans les cou-
» vents, près de la grande ville d'Antioche,
» sur la montagne appelée Ras-khanzir, dans
» le voisinage de la mer, j'admirais, plein d'é-
» tonnement, la vie de solitude, de vertu et de
» mortification des religieux romains, qu'on
» appelle aujourd'hui des Francs. Emerveillé
» de voir des choses aussi peu communes, je
» demandai à un religieux grec, nommé Basile,
» d'où pouvait venir tant de grâce à ceux qui ac-
» complissaient de telles œuvres, par lesquel-
» les ils nous surpassaient eux et nous. Le Grec
» répondit : C'est du Bienheureux Père Be-
» noît, dont la vie a été racontée par le pape
» Saint Grégoire ».

Encouragé par ces paroles, il se mit à la recherche de ce livre précieux et le trouva enfin, ainsi que les Règles de Saint Benoît, et les traduisit tous deux en arménien. La même année, il trouva dans un autre couvent de cette contrée le livre tant désiré : Le Commentaire de l'Apocalypse de Saint Jean. Il raconte ainsi sa découverte : « En sortant de la
» ville d'Antioche, je me rendis à la *Sainte*
» *montagne* qui est au nord, à un couvent des
» Romains dont le nom était *Bethias*, près d'un
» solitaire du nom de *Basile*, et après bien des re-
» cherches je trouvai le livre tant désiré, écrit
» en langue et caractères grecs, dans un style
» correct et élégant. Il appartenait à Atha-
» nase, patriarche de la même ville ; l'ayant
» demandé avec instance à ce pieux soli-
» taire, je l'obtins et je m'empressai de le
» porter au saint Catholicos Grégoire », etc.

Qui pourrait nous dire les profondes méditations de Nersès, quand du haut des sommités du Rhossicus sa vue et son coeur se portaient vers l'occident, « sur cette belle mer
» de l'Océan », (selon l'expression de son grand oncle), et en haut sur l'immense voûte où reposait tout son espoir ! quand, son regard admirait au nord, cette longue chaîne du Taurus, où les gigantesques sommets semblent se succéder sans fin ; ou quand tourné vers le sud, il voyait se dérouler à ses pieds les vastes plaines de la Syrie ? Qui pourrait nous rapporter de quelles aspirations divines son coeur était rempli, quand il redescendait de ces lieux sublimes, asiles de la prière ; de cette montagne, qui plus tard devait devenir la frontière des domaines de sa famille, alors éprouvée par le malheur, mais dont la puissance allait bientôt s'accroître grâce au jeune et ardent Léon (Ier), son proche parent ? Ce prince fortuné, devait juste un siècle après le conquérant Melik-chah, chevaucher comme lui victorieux sur ces mêmes plages, et rendre grâces à Dieu, de l'avoir rendu plus fort que ses ancêtres, de lui avoir accordé les moyens d'étendre le domaine des Arméniens, du Golfe de Pamphylie jusqu'à cet autre golfe auquel les étrangers contemporains donnèrent alors le nom de *Golfe Arménien*.

Qui pourrait dire quel nom lui réserve pour l'avenir la fortune inconstante et mystérieuse des temps et des peuples ?

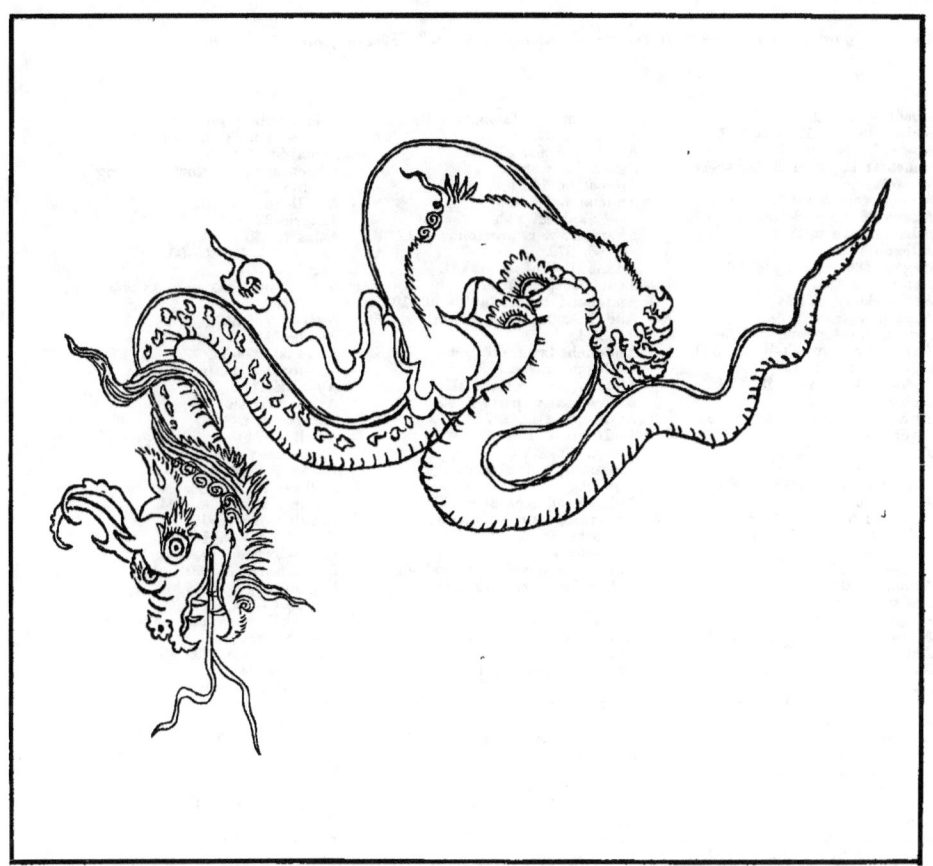

Iconographie Arménienne.

TABLE

DES NOMS GÉOGRAPHIQUES

Signes. c. couvent. — f. forteresse. — m. montagne. — r. rivière, fleuve. — v. village.

Abadilié v. 499.
Abiche-kar m. 11. 145. 149.
Ac-Séki, district, 30.
Achekiar-kaya ou Achekar-béli v. 502.
Adalia, voir Attalie.
Adana 36. 63. 296-304.
Adirmoussan m. 182.
Adjemli v. 232.
Aegéas 465, voir Ayas 428.
Aeniandos 475.
Afchar-keuy v. 169.
Agamir v. 238.
Agantz ou Aguener c. 162-5.
Agha-liman ou Ak-liman 388.
Aghadjar r. 195. 197.
Aghadje-kissé r. 8. 13. 126.
Aghadjli v. 499.
Aghios Nicolas v. 184.
Aghpurov r. 197.
Aguener, voir Agantz.
Aïdzou-gaban, col. 125.
Aïjoudab ou Joudabe f. 65.
Aïradz m. 196.
Ak-dagh m. 10. 139. 182.
— kalé f. 66. 181. 414.
— kaya m. 497.
— sou r. 14.
Akbar v. 514.
Akdaména v. 235.
Akdjaya v. 502.
Akharcha ou Akhardjé v. 170. 174.
Akher-dagh m. 135.
Akma-dagh m. 5. 482.
Akrave m. 120.
Ala ou Allah-Dagh m. 4. 149.
Alabache v. 209.
Alabozan v. 160. 211.
Aladja v. 149.
Alagouga r. 14.
Alan-dagh m. 502.
Alar f. 65.
Alara f. 367.
Alaya ou Alayé, distr. 30.
— voir Coracésium 369-74.
Alénkache ou Alnakache f. 151-65.
Aléous r. 168.
Alep 46 &.
Alexandrette 37. 499-501.
— Golfe d'. 425.
Alexandria Scabrosa 36.
Alhope v. 515.
Alichar m. 194. 215.
Ali-hissar kaléssi f. 146.
— hodja r. 14.
Alkhanly v. 476.
Alous v. 503.
Alpha v. 135.
Amanus m. 5. 474. 482. &
Amayk, district 217.
— Portes d' 478.

Amaxium ou Hamaxia ville 868.
Amorium 37.
Amouda f. 65. 225.
Amoudjig v. 502.
Anabad c. 105.
Anacha f. 66. 139.
— kaléssi 139.
Anamour f. r. promont. 2. 12. 30. 65. 379.
Anananli-tépéssi m. 131.
Anazarbe 36. 272-83.
Andabalis ou Andavilis 36. 184.
Andal, Andal-kalé, Antoul, v. f. 66. 264.
Andouchedza f. 65. 389.
Andricus mons. 3.
Andréassank c. 158. 211.
Andréassantz-perte f. 65.
Andronicus m. 497.
Androun v. 181.
Ané f. 65. 217.
Anémour, voir Anamor.
Ani 39.
Ankiale ou Ankialos 322.
Antavale, voir Andabalis.
Antioche 34. &
Antitaurus 5.
Antouchedzi voir Andouchedza.
Aphrodisios, promontoire 386.
Apisoh-kar, voir Abiche.
Ara r. 233, 240.
Arabe-tarlassi v. 514.
Arabie 33. &
Araclie (Héraclée) 137.
Aræ Alexandri 478.
Arassous p. 509.
Aravan v. 184.
Arékni ou Arékine c. 65 193.
Argée m. 14.
Arghadi, district 30.
Arimactus m. r. 3. 12.
Ariki c. 486.
Arimes m. 3.
Ariudz-perte f. 50. 65.
Arkagaghine v. 474.
Armadjique m. 139.
Armavounie v. 474.
Armén m. 6. 82. 103.
Arménie 41. &
Arméno-Cilicie 1. &
Arpa-outchouroumou m. 11.
Arpalik m. 145. 181.
Arsal, distr. 72.
Arsinoé 382.
Arslan-boghazi m. 477.
Arsous r. v. 483. 514.
Arsus 500.
Artasia, Arthesia v. 514.
Asbendos 363.
Asdouadzachèn m. f. 194.
Asdros ou Adaros f. 65.

Asers, voir Asgouras.
Asgouras f. 43. 65. 118.
Asmabéon 185.
Asmentzoug ou Anztmentzoug, défilé, 15.
Asséli-kuey v. 418.
Assyrie 33.
Atlas f. 465.
Attalie 28. 41. 355-60.
Attyk v. 504.
Avakal ou Avak-gal, Avakénk. v. 211.
Avérag v. 340.
Ayache 410.
Ayas 36. 429-74.
— ovassi, plaine 474.
Ayvalik 474.
Azaz, ville 46.
Azemanéti f. 181.
Azizli v. 240.
Baba-tchay r. 488.
Babéron f. 42. 65. 72-6.
Bache-kuey v. 339.
Bache-olouk m. 4. 124.
Bachlek-déré f. 12.
Badem-kuey v. 149.
Badje-derbend, hameau 148.
Baghagtziag c. 490.
Baghuigun v. 424.
Baghras f. 42 65.
— béli m. et mines 6- 149. 488.
— v. 509.
Bahadourlou v. 238.
Bahdjé v. 241.
Bahdjédjig v. 169.
Baïbourt, district 342.
Baie 36.
Baïramly v. 124.
Bakelers ou Bachelers f. 497.
Baker m. 170.
Balabolou ou Balapol ville 65. 338.
Balekli-sou r. 179.
Baradoun m. 5.
Bardala v. 189.
Bar-laho c. 486.
Barzama v. 150.
Barzenga ou Bérzénghian m. 196.
Baudanté v. Bozanti.
Bayan-déréssi 148.
Bayasso, voir Payas.
Bazardjek, distr. 30.
Begler v. 119.
Béhésni, ville 52.
Beinam, voir Beylan 503.
Bektik v. 191.
Bélamalig ou Bélémédji-boghazi 139.
Bélén 171.
Beleng ou Bilan, voir Beylan.
Belias v. 516.
Bélil ou Billeli f. 65.

Bentoukh v. 212.
Berdal r. 13.
Béréketly m. mines 10. 14. 141. 148.
Bersberd. voir Partzerperte 156. 167.
Bertousse f. 52.
Beyouk-déré v. 514.
Bey-dagh m. 168.
Beylan v. 483. 502-5.
— Portes de- 502.
Beylan Costanté, voir Boustanta.
Beythimour 215.
Bilad-el-Armen 41.
— es-Sis 41.
Bilan, voir Beylan.
Billéli-béli m. 241.
Bimbougha m. 14. 168.
Binag f. 65. 119.
Binbir-kilissé 192
Bingul-gueul, lac 150.
Bir, ville 46.
Biulum f. 503.
Bizou 179.
Bobos v. 508.
Bochelar v. 133.
Bodrentrot, vallon 136.
Bodrom, voir Boudroum.
Boghaze-madène, mines 11.
Boghazly-déré 122.
Bor ou Bour, bourg 184.
Boudanté, voir Bozanti.
Boudbaïs 65.
Boudjak m. 265.
Boudroun ou Bodrom, Modroum f. 65. 229.
Boulghar m. 3. &
Boulghare-maghara, mines 10.
Bounar f. 65. 335.
Bournase r. v. 475.
— kœuprussu, pont 475.
Bouroumlou v. 515.
Boustanta f. 504.
Bouzaghad,e, district 30.
Bouzakdji r. 12.
Bouze-dagh m. 124.
Bouze-kaya m. 4.
Boya-maghara, mines 12.
Bozanti f. 14. 65. 140.
Boze-madène, mines 11. 141. 149.
Bragana, voir Praguna 65.
Brid ou Béait m. 5. 194.
Burdunuz ou Ordunuz v. 184.
Buyuk-boghaze, vallon 502.
Byzance 37.
Cadra 35.
Caena 36.
Cafardan 238.
Caïbo, m. 474.
Caïou ou Calou c 228.
Calamella ou Canamella 475.
Calonoros 65.
Calote 228.
Calycadnus r. 12. 326.
Camartias 832.
Campus Aleus 15.
Cappadoce 37.
Caput Rhosicus 2.
Cara, voir Kara.
Cara-tache 30.
Carga-ghetchmèze 5.
Carmalas 15.
Caramilla 475.
Carpasso 474.
Carpouze 241.
Carsus 15.
Casnapor v. 436. 508.
Castabala ou Castabolum 173. 476.
Castal 230.
Castalon 40. 174.
Castavala, voir Castabala.

Castrum Adolescentium f. 497.
— Puellarum f. 497.
— Pastorum f. 497.
Cataonie 15.
Catavolo 36.
Caucase 3.
Cavissos 475.
Célénderis 30. 385.
Césarée 41.
Chahab f. 65. 214.
Chamlik v. 427.
Chapirin c. 490.
Char-déréssi 177.
Charmasnini v. 497.
Chégad f. 65.
Chéhir-houran v. 389.
Chéker-bounar r. 14. 141.
Chékéré v. 502.
Chéléndré, voir Célénderis.
Chembeg m. 211.
Chevelghi ou Chibilghi v. 212.
Cheykhler distr. 497.
Chlorus r. 15.
Choghagan f. 65. 210.
Choubla f. 65.
Chougher c. 487.
Chouk ou Youk-mérzéban v. 65. 492.
Choung v. 514.
Chourar v. 237.
Chusa 36. &
Chypre 17. &
Cibyra 367. &
Cilicie 1. &
I. - Montagneuse 71-222.
II. - Champêtre 34. 223-324.
III. - Trachée 3. 34. 325-350.
IV. - Maritime 351-5.
Circus 117.
Co (île) 24.
Coc, Cocussus ou Coghisson 15. 135. 160. 173. 196.
Col de Gouglag, voir Gouglag 5.
— de Podande 5.
— - Molévon 151.
Colcus v. 508.
Colomozole ou Coromozole f. 40. 180.
Colvassa, diocèse 389.
Come v. 503.
Cona, ville ancienne 36.
Constantinople 23. &
Coracesium 3. 368-74.
Corconai v. 508.
Corycus 36. 393-409.
Coupa 389.
Covara f. 469.
Covas 389.
Cozconei v. 486.
Cracca, ancienne ville 28. 179.
Crague (Cracca), voir Krak 377.
Crocodilus mons m. 497.
Cucuse, voir Cocussus 217.
Cybistra ou Kybistra 187.
Cydnus r. 12. 95. 305.
— Cascade du- 121.
Dacnakar f. 318.
Dadjegui-kar f. 53. 120.
Dadjig, rocher 119.
Dallar 177.
Dansid-kaléssi 119.
Daoura f. 35.
Darghouche 6.
Davan-déréssi 120.
Davouthi f. 65. 228.
Decapolis 328.
Délé-dagh m. 177.
Déghirmen-boghazi, col. 5.
— déréssi, vallon 13. 71. 77. 483.

Déli-békir m. 502.
Déli-tchaï r. 13. 15. 241. 476. 483.
Délidjé-sou r. 13.
Délik-kaya ou -tache col. 4. 8. 150.
Démir-kapou, défilé 5. 474.
Derbénd-el-Merry, défilé 480.
Deunguel v. 210.
Dévé-tépé m. 4. 124.
Dévlé (Derbé) 348.
Dévricheli, défilé 241.
Dil-moussoun m. et v. 184.
Dimidoubol 65.
Diocésarée 335.
Djafar-dédé m. 293.
Djahan, voir Djihan.
Djamili v. 240.
Djandji f. 65. 214.
Djangalèse, château 466.
Djébél, distr. 30.
Djébel-el-Kéhfe ou Ashab-el-Kéhfe 71.
Djébel-el-Messis m. 5.
— Nour m. 6. 284.
— Tarakimyne m. 3.
Djeguère 65. 482. 492.
Djéhennem-déréssi f. 13. 119.
Djémnig v. 170.
Djenneth-déréssi 119.
Djerdjoum f. 65. 140.
Djezr-èche-Chougher 487.
Djezor 485.
Djihoun, Djahan, ou Djihan 14. 193. 225. 238.
Djoua v. 117.
Djourag v. et lac. 8.
Dometiopolis 339.
Dorak f. 130.
Douchembé, district. 30.
Douguia v. 42. 52.
Doulek (Gulek) 146.
Dourak v. 285.
Duldul m. 6.
Dumbélek m. 4.
Durbun m. 232.
Dzovig, lac 8.
Dzovk m. 194
Ebradi, district. 30.
Edesse 43.
Eféler v. 133.
Eghéghetziatz-poghe, col. 5.
Eglénidjenk ou Ghalédjenk v. 211.
Egypte 19, &
Eléoussa 410.
El-kodja r. 8. 14. 142.
Eleudjélé, voir El-kodja.
Elmali-olouk ou Elmalik m. 5. 128.
Emirler v. 146.
Emlig m. 11.
Engouzèg ou Én-yuksèk v. 194. 215.
Engouzoud c. 65.
Eödjémiche-tchaï r. 14.
Epiphanie 34. 475.
Erdjé-ghédik m. 4. 126.
Erégli ou Héraclée 182. 186.
Ermak-gueuzy, source 120.
Erménég ou Germanig 30. 339.
Ermon 15.
Er-Roub f. 65.
Erzeroum 17.
Erzoun v. 476
Esghi-Antaval, ville 184.
— gumuche v. 182.
— madén, mines 149.
— tache, ruines 151.
Espagne 33.
Eudjémiche ou Adjémiche r. 147. 148.
Eunly-sou r. 148.
Euphrate 46.
Eurimédon r. 363.

Eynerli, bourg 149.
Farache v. 169.
Farkhnotz ou Farkhnik f. 65.
Faustinopolis 36.
Féng 211.
Ferdék v. 184.
Feriské v. 340.
Fernouze, bourg 193. 211-3.
Feyline v. 174.
Firmassou ou Freng-déréssi v. 184.
Fornos ou Fernous, voir Fernouze.
Freng-kalé f. 496.
Gaban, f. et distr. 43. 198. 209.
Gadire v. 238.
Gaïdén ou Gadén c. f. 156.
Gaïdzaron 103.
Galatie 44.
Galinoros f. 371.
Gandzag 42.
Ganguerod m. 194.
Gantchi f. 65. 213.
Gantzé f. 5.
Garbouljí? v. 72.
Garmala r. 14.
Garmir m. f. c. 194.
Garmir-kedagni (Turcs ou Perses) 155.
Garmrakiugh v. 80.
Gasdaghou f. 65.
Géants (Forteresse des) 102.
Germanig ou Erméneg 389.
Géron, ville 304.
Gharsi, pont 197.
Ghédigly v. 12. 264.
Ghédim-béli m. 168.
Ghéïk-tépé m. 4.
Gheliok f. 146.
Ghendjé (Gandzag) 42.
Ghendrosgave. f. 44. 179.
Ghensine f. 122.
Ghiavour-dagh m. 5.
— bahdjéssi v. 82. 119.
— kuey v. 150. 263.
Ghizistra, voir Guizistra.
Ghulek, voir Gulek, mines.
Ghulnar, district. r. 30.
Ghuzel-tépé m. 12.
Gobidara ou Copitar f. 42. 167.
Goguisson, voir Cocusus.
Goksoun r. 5.
Golfe d'Alexandrette f. 425.
— Arménien 1. 425.
— d'Issus, voir Issus 1. &
— d'Attalie 355.
Gonguernade m. 196.
Gorigos, voir Corycus 65.
Goromozol ou Golmozola f. v. 168.
Gorrosie v. 508.
Gossidar f. 40. 167. 180.
Gotrate f. 65.
Gouba f. 65.
Goudaph ou Goud f. 65. 228.
Gouglag, défilé et f. 130-7.
Gouglouk m. 4.
Goumardias f. 65.
Goumarsik? 214.
Gousgouta r. f. 13. 127.
Govara f. 65. 240.
Govas f. 65.
Grèce 33. &
Guéma-teghiag (château de Ghem) 65.
Gmendroscavi v. f. 44.
Guernichène v. 172.
Gueubèze v. 140.
Guek-sou r. 12.
— déré r. 167.
Gueval-oghlou ou Moscou? f. 66. 293.
Guèze-bel m. 502.

Gueuzlug-khan 130.
Guezeneh v. 477.
Guiechat c. 253.
Guinoug f. 514.
Guisdram f. 65.
Guizistra 65. 179.
Gulék r. 127.
— boghaze, défilé 130.
— kalé f. 130.
— maghara, caverne, mines 126.
— sou r. 13.
— tépé m. 130.
Gulluchène v. 174.
Gumru-tchaï r. 182.
Guné v. 377.
Guœzlér f. 66.
Guzel-déré r. 13.
Hadji-beli m. 231.
Hadjiman, vallon 150.
Hadjine 62. 174-7.
— dagh m. 6.
Hadjiler v. 232.
Haï-lazéli? 474.
Hakmoun-kaléssi f. 66.
Hamouda f. 50. 225. 227.
Hamousse f. 65. 235. 469.
Hamzali v. 120.
Hanga ou Hange (Gantchi) 213.
Hareng, bourg 512.
Har-khan. v. distr. 192.
Haroun f. 65. 236. 460.
Hémédié, voir Hamouda.
Hodja-kalé f. 151.
Holmie 388.
Hordoun m. 12.
Horminia, ville 515.
Horos ou Oros r. 141.
Houd ou Koud 174. 508.
Hovani-acarag 103.
Hyria, ville ancienne 329.
Ibn-abi-dav ud f. 506.
Ibrize 189.
Iconium 28. &
Iki-kapoulou, hameau 503.
Ilik v. 499.
Ilisdra, Ilissera (Lysdra) 347.
Imbarus m. 3.
Ineg-tépé m. 4. 124. 174.
In-keuy v. 133.
Isantci ou Issantchy f. 66. 378.
Isaurie 34.
Islahié, bourg 481.
Ismael-beg v. 293.
Issus 34. 476
Itch-éli, district 28. 30. 325.
Izdi? 210.
Jamenga-perte f. 65.
Jéraghir ou Jéragri r. 13. 95. 116.
Jermangan-perte f. 65.
Jérusalem 36. &
Josuéens (couvent des) 488.
Judée 33.
Kaba-kéchiche pont à Zeithoun 197.
Kabour-kalé f. 66.
Kachemour v. 514.
Kaïa-alty-khan 148.
Kaïche 232.
Kaïmk v. 502.
Kalaat-mirzé 487.
Kalé-dagh m. 168.
— déréssi 171.
— keuy v. 131.
— sou r. 13. 80. 119.
Kamechely, r. et hameau 14.
Kam-keuy v. 478.
Kandil-dagh m. 134.
Kannidéli, ancienne ville 411.
Kantzé-teghiag, château 64. 123.
Kapoudjouk-déré, m. et vallon 122.

521

Kapoulou m. 122. 285.
Kara-aghadje v. 502.
Kara-baghtché 481.
— bounar 14.
Kara-bouroun v 499.
Karacheli v. 515.
Kara-dagh. r. m. 482.
— gueul 127.
— hadjiler 304.
— kapou m. 5. 120. 474.
— kaya m. 476.
— kèsmèze 5.
— kouchelou v. 514.
— Sis ville 34. 264.
— sou r. 14. 147. 476. 502.
— tache m. 15. 420.
— yole ou Karoul v. 519.
Karachitave c. 489.
Karadji v. 502.
Karamanie (Laranda), district, ville 30. 342-9.
Karamoud 506.
Karatros 378.
Karavad ou Karabad v. 160.
Karavedag c. 199.
Kardizguenotz c. 164.
Karendja v. 141.
Karga m. 4.
Karli-boghaze m. 4. 124.
Kars-Bazar 224.
Karsand-oghlou, hameau 149.
Karsi-Zulkadrié, bourg 224.
Karsos r. 497.
Kartal-dagh m. 12.
Kastal 173.
Kavkirt m. 194.
Kavourma 195.
Kavtzor ou Cabtzor 160.
Kaya-bachi v. 183.
Kazeklar v. 177.
Kazik-bache v. 130.
Keirdunus v. 184.
Keléndrié (Céléndris) 385.
Kémertzeker c. 117.
Kenoug ou Keinuk, voir Guinoug 65. 514.
Kerache ou Khyrache f. 181.
Karem, vallée 510.
Kérès ou Kirèze m. 173.
Kerinné, district 30.
Kerk-bounar-dagh m. 147.
— ghétchid, vallée. col 5. 14. 28. 141. 146.
— gueuze v. 211.
Kerkib v. 499.
Kerkidly r. 13.
Kermaghpiour c. 117.
Kermès ou Kèrmèze m. 150. 168.
Kernér c. 151-6.
Kersus r. 483. 497.
Kesrig v. 514.
Kesrig-dagh m. 482.
— tache ou Kessig-dagh m. 120.
Kestughine v. 173.
Kétchi-béli m. 4, 124.
— kalé f. 66, 148, 182.
Kétchin, station 133.
Keupek-kalé f. 234. 241.
Koupru-dérbénde, défilé 5.
Keutune v. 171.
Kezel-bache v. 72, 155.
— dagh m. 5, 168. 482.
— ermak v. 14.
— tchoukour v. 502.
— tépé m. 141.
— véran, v. 413.
Kezeldjé r. 14.
Kezlar-gueul. lac 185.

66

Khalal?, ville 244.
Khalendja-kar f. 65.
Khalidj, ancien district 217.
Khanzir-dagh m. 168.
Khazan-ali 481.
Khéli v. 211.
Khentzorovid, voir Elmali 128.
Khnekhoze, pâturage 194.
Khopoug m. 194.
Khorine c. 160-2.
Khourma r. 15. 193.
Khozetzor, défilé 160.
Khozeguerde v. 124.
Kiafir-sindi 146.
Kiavitly-déré r. 122.
Kila-kuey v. 146.
Kilissé-boghazi ou Kétchi-boghazi, défilé 77.
Kiradji-oghlou v. 2 /9.
Kirkitly-sou r. 122.
Kirpis f. 65.
Kisli v. 514.
Kochan m. 4. 127.
Koche-dagh m. 194.
Korkoun r. 14. 147. 168.
Kouchelou v. 514.
Kouchelou-tchay r. 515.
Kouléli v. 174.
Koum-kalé 66. 233.
Koumpét-por f. 65.
Kourde m. 497.
Kourd-kaléssi f. 66. 293.
— koulak, défilé 474.
— sivri m. 148.
Kouretour ou Kou_atas v. 497.
Kourt-kuey ou Kourdlou 499.
Kouyou maghara, voir Gulek-maghara 126.
Kouzoun-dagh m. 168.
Krag, Anti-krag m. 3.
Kuinda (Anazarbe) 324.
Kurdlu v. 504.
Kutchiuk-sou r. 14.
— kalé f. 66. 124.
Kuzali o Guzelli v. 492.
Lachian? 65.
Ladjig 181.
Laërte 374.
Lagravéni 65.
Lamas 65.
Lamas-sou 13.
Lambroun 61. 81-102.
Lamos 13. 413-5.
Lamus ou Lamas, bourg 410. 414.
Laodicée 17.
Laranda, voir Karaman 342.
Latium 34.
Laura 361.
Lavzad, ou Lozade 65. 339.
Léante 177.
Léon-cla 160.
Leucothée 367.
Lève 118.
Levonia 238.
Liban 17.
Licanton 179.
Limoussoun 184.
Lissangan c. 162.
Longhinac 213.
Loulou f. 117.
Lycandon, district 37.
Lycaonie 34.
Lydie 33.
Macheghévor c. 45. 63. 433.
Madén m. 177.
— chéhir, bourg 192.
— tépé m. 126.
Magaré? 474.
Maghara v. 177.

Maghva f. 65. 337.
Magydos 361.
Mahmourié, voir Anamour.
Maidzar 136.
Malico, passage 6.
Mallos ou Mallus 33. 427.
Malte 17.
Mamante 117.
Mamestia ou Messis 36. 284-90.
Manache, Manas ou Manaz f. 80.
Manavate, île 386.
Manavghade f. 65.
Mandanie, ville ancienne 384.
Mangana (en Chypre) 116.
Manion f. 65. 345.
Mankap 512.
Manouchag r. 127.
Mansista, voir Mamestia 36.
Mantache f. 12. 242. 322.
Mara 411.
Maraba, Marba 62. 167. 277.
Marache 45. 265.
Mari 489.
Mariza 135.
Marniche f. 65.
Marzéban f. 512.
Mastab v. 508.
Ma'akh 475.
Maucheréph v. 124.
Maugha-kaléssi, voir Maghva 337.
Mavoulou 196.
Mavrian v. 157.
Mazod-khatche f. 65. 217.
Meddessize m. 4. 124.
Médéora c. 171.
Mèles 63.
Méditerranée (mer) 32. &
Médz-kar c. 65. 216.
Mégarsus 421.
Mekhal ou Moughal 211.
Mélanie 382-4.
Mélas 366.
Mélémendji-khan 130. 147.
Melidje c. 68. 76.
Mélitine 43.
Meloun 467.
Mélvous 118.
Ménévché-sou r. 4. 13. 124.
Menoughal f. et district 30. 366.
Mériémchir f. 181. 214.
Merkèze ou Merketz r. f. 15. 483. 497.
Merkèze-kalessi f. 497.
Mersine 323.
Mésopotamie 28.
Messis voir Mamestia 47.
Meusaserac 486.
Meydan m 119.
Mézarlek r. v. 13. 130
Mézetly r. v. 13
Misghetzer c 162.
Midizon f. 65. 389.
Mikael-cla f. 139.
Mintas-kalessi f. 191.
Modrig f. 66.
Mokhrod f. 66.
Molévon f. 66 150.
Mons Caibo 474.
Montagne de la Fortune 235
Montagnes Noires 5. 482-5.
— Rouges 49.
— Kurde ou Kurdlu 3. 482
— Couvents des- 484-90.
Mopsucrène 36. 130.
Mopsueste, voir Mamestie 36
Mora, ville ancienne 329.
Mounsarac v. 508.
Mountas c. 191.
Mourandine, district 192.
Mourtadlar v. 211.

Mouserat 233.
Moute 336.
Myriandus 483. 508. 514.
Myssie 32.
Naghechig v. 171.
Naghlon f. 66. 375.
Nagidus 342.
Naulon m. 508.
Nédéré-sou r. 126.
Nédjim ou Nédjmié f. 66
Neghir f. 66. 493.
Nemrod ou Nemroun, voir Lambroun 80. 102
Neviragan ou Noriragan 215.
Nicée 37.
Nicopolis 478. 483.
Nigdé 182.
Ninive 33.
Nor-perte f. 177.
Noudjéiman f. 469.
Nousse, fontaine 396.
Océanus 13.
Odjacly v. 492.
Olba 329.
Opodando, voir Podante 36.
Orontes r. 24.
Osgouhan ou Osguihan m. 173.
Osmanié (Hiérapolis) 173.
Oudjari v. 379.
Oudje 28.
Oulache v. et distr. 72.
Oulou-kechela v. 146.
Oupli? 233.
Ouroumlou v. 168.
Ouroum-nahiéssi, distr 170.
Ovadjek v. 147. 333.
Pachemakdji (Faustinopolis) 147
Paghras ou Pagrius f. 36.
Paléapolis 385.
Palestine 17.
Palmeris m. 508.
Palmyre 35.
Pals ou Port des Paus 473.
Pambouk-déressi r. 5. 13.
Pamphylie 19. 354. 355.
Pandjergoun v. 508
Papadoula 385.
Paparon, voir Babéron 6
Paradis r. 15. 44. 179.
Pargais ou Pargas 36.
Parikargue? 465.
Partzer-perte f. 40 61. 156-9
Paxemati c. 253.
Payas 496.
— Kourou 497.
Pazéi-perte f 66.
Pedias ou Betias v 516.
Perchembé, bourg 390.
Perdjèr o. 162.
Pergé, ville ancienne 362
Périclyton, ville ancienne 49.
Péri-kalé f. 66
Perse 35.
Pertag, château 393.
Portgan-perte f. 66
Pértousse f 66. 215.
Phékiler v. 119.
Phrygie 32.
Pictanus, voir Beylan 36.
Pilarganda, hameau 338.
Piliers de Jonas (Portes) 497.
Pinarus r. 15. 433.
Pindarus r. 478.
Pindenisus ou Pindenissus 34 483.
Pisidie 34.
Plastentia, ville ancienne 135.
Platan, défilé 6
Platanus, voir Pictanus 36.
Podante 130. 140.

Pompéiopolis 34. 416-9.
Pont 34.
Porsouk v. 146. 147.
— tchaï r. 14.
Porte d'Antioche 6. 509.
— Arménienne 502
Portes d'Amanus, voir Amanus 5.
— de la Cilicie 5. 127.
— d'Alexandrette 497.
— de Judas 130.
— Syriennes 5. 497. 502.
Portella 5. 498.
Porto de Pagani 474.
Potama v. 508.
Pouilles 17.
Pounar-koulé-dadjig, sources 119.
Pragana ou Bragana f. 51. 391.
Provençale 386.
Pylæ Syriæ, voir Portes 502.
Pylæ, voir Portes 36.
Pyramis r 15 23.
Quemerquecon, Quemertzeker 117.
Raban 50.
Raguié m. 501.
Ranan ou Roran? f. 66
Raskhanzir ou Rass-el-Kanzir, promontoir 2. 425. 482. 509. 515.
Réga v. 285.
Rhecma, port 13.
Rhosus 42. 514.
Romo 34.
Rome-Cla 110. &
Rossieus cap. 505.
Roto f. 382.
Rousse, vallée 508.
Rusghiar-dagh m. 127.
Saabrouk v. 476.
Safran, lac 126.
Saghdaly m 194.
Saghir c. 116.
Saghmossavank c. 108.
Saïhoun, voir Sihoun.
Sakal-toutan, défilé 5. 498.
Sakoub ou Sakont v. 502. 514.
San-dagh m. 168.
Sandekly f. 141.
Santough, défilé 211.
Sapan-déré, vallon 170.
Saraï, voir Tarbessag 511.
Saran-sou r. 14. 168.
Saravan, Saravantan, Saravanti-kar 9. 66. 238. 469.
Sari-guzél v. 211.
Sari-kavak r. v. 12. 80. 336-41.
Sari-saki v. 497
Sarmachik-khan 130.
Sarpa-tchay r. 13.
Sarpédon 388.
Sarus r. 14. 168. 296.
Sasima r 36
Sascoun 40.
Sauveur-Saint- c. 78.
Savrian f. 21.
Séleucie 24. 61. 328-35
{Selindi, ville 30.
}Sélinonte 61.
}Sélinounte 35.
{Sélinus 36 375
Sóma-gaban, défilé 509
Sembos r. et vallée 265.
Sempada-cla f. 79.
Sener, district 30.
Sérépolis 426
Soughudly r 15
Sév-avérag f. 66.
Séve-aghpure, fontaine 194
— bourdj, château 239.
— tchour r. 197.
Seydi, voir Sidee

Sevodi, voir Syedia.
Sghévra c. 104-116.
Sibil v. 304.
Sicile 17.
Sidée. ville 364.
Sig ou Sigue f. 66. 383. 472.
Sihoun r. 14. 168.
Sih-ul-hadid f. 66.
Simana-cla f. 50. 227.
Siméon-Saint- c. 492.
Sinab-kalé f. 102.
Sinid f. 66. 389.
Siradache v. 515
Sis v. 241-265.
Sissouan 1. &
Sinil f. 66 393.
Solakh m. v. 197.
Soles, Soli ville, voir Pompéiopolis.
Sophie-Sainte- f. 66. 375.
Soumak m. 4.
Souvérané-kalessi f. 413.
Sullion, ville ancienne 362
Suluglu-guel, lac 194.
Syedia v. 516.
Syedra ou Syeida, ville ancienne et r. 374. 510.
Syrie 29.
Taas m. 503
Tache-dibi, v. 173
Tache-kuepru v. 173.
— olouk, défilé, r. 4. 125. 145.
Tadjerli, district 508.
Tahtadji v. 122.
Tahta-kuepru, hameau 169.
Takhtaly v. 233.
Tarbasse 14. 145.
Tarbessag 66 509-13.
Tardequia 36.
Tarse 57. 61. 82. 305-20.
— Golfe de- 390. 420.
Tatly-sou r. 390.
Taurus m. 3 &
Tchahan, voir Djihan
Tchakal v. 502.
Tchaked-tchay r. 14 168.
Tchander-kalé, voir Babéron f. 72.
Tchardak v. 239.
— kalé f. 496.
Tchatal v. 514.
Tchatal-olouk m. 5.
— gueuze r. 168
— tchèchemé, hameau 130.
Tchavdar m. 194.
Tchay-kuey v. 492.
Tchayan v 186.
Tchayer-ghédik m. 4.
}Tchelganly.
{Tchelganotz v. 117. 282.
Tchoralik 163.
Tchert-kaléssi f. 177.
Tcheuk-gnedik m 127.
Tcheurégli v 282.
Tchevlig c. 117
Tchidémé v. 171.
Tchidem-gueul, lac 4. 126.
Tchifdlik v. 189.
Tchifté-khan, hameau 142
Tchilindré, voir Céléndris 385.
Tchoban-kouvou m. 145.
Tchofré-cla f. 66.
Tchokhakh. m. v. 265.
Tchoukhourlouk m. 194.
Tchordan-Kaléssi f. 66.
Tchoukour-bagh 131.
— ova 15.
Téghénik c. 108.
Téghin-kar f 66 318.
Ték-kala m 145.
Tékir, plaine 131.

Télchén, hameau 133.
Tesbisséki, fontaine 122.
Thamour v. 210.
Thapan v. 173.
Thékéli v. 120.
Thénkerli v. 173.
Thil-arakli 476.
Thil de Hamdoun 51 62. 233.
Thil-Sabeau f. 64.
Thokmakly v 173
Thoumla f 283
Tiana ou Tyana 36 182.
Tigranocerte ou Tigranoguert 34.
Tipi-déréssi v. 169.
Tont v. 189.
Toprak-kalé f. 66. 477.
Tornega-perte f. 66. 215.
Torre delle Amazone 501.
Toubni? 232.
Toukar f. 66.
Toumlou-kalé f. 66. 283.
Touroun-ovassi 168.
Tozlou m. 194.
Traianopolis 36. 376.
Terazarg c. 45. 265-72.
Trébisonde 17.
Trizivi? f. 137.
Troie 32.
Turkety ou Turkit c. 166
Tyr 33.
Tzakhoud, district 162.
Tzeghentchour, district et r. 14 179.
Utch-kapou m. 147.
— tépé m. 4 124. 145.
Vahga f. v. 47. 172.
Valéni, ville 508.
Vanér f. 66. 424.
Varchak, district 390.
Vartavéroun v. 210.
Vartgoug ou Vartig c. 487. 488.
Védé f. 66.
Vénk c. 173.
Véresgui ou Vorguis f. 66
Virab c. 108
Yaïladjik, hameau 170.
Yamanly v. 177.
Yanar 8.
Yanipha f. 66. 124.
Yapraklik v. 514.
Yarameze-tchechemé 130.
Yari-kaya v. 502.
Yédi-kardache m. 195.
Yelan v. 146.
— dagh m. 146.
— kalé ou Chahimaran f. 66. 291.
— ovassi 126.
Yelanli Panaïa v. 184.
Yeng i-keuy v. 122.
Yéni-keuy v. 169.
Yenidjé-kalé f. 213.
Yérébakan v. 171.
Yorgan, district 30.
Yossounlou-khan, hameau 147.
Yotapée, ville 374.
Youk-bélidéré, vallon 483.
Youmourtalik v. 426.
Younna-kalé f. 66.
Yugler v. 492.
Zamanti r. 14. 168.
Zamentavo ou Zamenti f 62.
Zanapa 189.
Zavardjik f. 66. 124.
Zéithoun 62. 194-209.
Zeitine v. 130.
Zéphyrion, promontoir 386.
Ziaret m. 126.
Zig, voir Sig 181.

TABLE

DES NOMS PROPRES

Abagha-khan 336. 465. 479.
Abbas, fils de l'émir El-Mamoun 117.
Abdellah, général arabe 274.
Abelgharib Ardzerouni. 42. 45. 73. 76. 80. 151. 287. 306.
Abelgharib l'eunuque 37.
Abelgharib, gouverneur d'Oulni 212.
Abelgharib, maréchal 228.
Abelgharib de Monte 336.
Abelgharib, seigneur de Bir 46. 277.
Abirad (Grégoire), Catholicos 83.
Abirad, seigneur d'Ochine 84.
Ablassath, prince 46.
Abou-békir, chef des Egyptiens 260.
Abraham, grammairien grec 220.
Abraham le solitaire 110.
Abro, de Smyrne 154.
Abydenus 306.
Achik-Timour ou Aïchekhour 260.
Achir-pacha, de Marache 202.
Achod, seigneur de Gantchi 213.
Adan (Sir) 63. 210. 258. 328. 568. 571. 389. 510.
Adelphe, évêque de Cocuse 216. 219.
Adom, noble 480.
Adrien, empereur 35. 132. 286. 428.
Agathange 165.
Agathe 445.
Agatz (dame) 593.
Agénor 32.
Aglaé, martyre 36.
Aglaé, dame romaine 508.
Agnès, fille de Josselin II. 45.
Agnès, fille d'Amauri, seigneur de Tyr 445.
Ahmed Ier, sultan 183. 184.
Ahmed-agha, afchar 172. 178.
Ahmed-Guedig pacha 547.
Ahmed Izzed, gouverneur d'Adana 486.
Ajarus, seigneur de Meloun 131.
Akéménides (Perses) 32.
Alaïeddin, sultan 332. 334. 340. 343. 367. 374. 380.
Alaïeddin, fils de Mahomet 337.
Alaïeddin, prince de Karamanie 346.
Alaïeddin-er-Roumi 375.
Albert, archevêque de Tarse 316.
Alexandre Comnène 37. 43. 358.
Alexandre le Macédonien 13. 34. 121. 133. 183. 245. 307-8. 343. 362-3. 364. 382. 416. 421. 476-9. 482. 483. 498-9.
Alexandre, secrétaire de Marc Aurèle 330.
Alexandre Sévère 290. 428.
Alexandre, fils de Tigrane 275.
Alexis, empereur 75. 80. 83. 118. 197. 337. 397.
Alexis le Solitaire 124.
Ali-bey, gouverneur de Bélén 172.
Ali-bey, voyageur 188.

Ali bey, sultan des Zulkadriens 224.
Ali pacha, gouverneur de Roumélie 131. 304. 472.
Ali, pacha d'Iconium 142.
Alice, fille de Baudouin, roi de Jérusalem. 45.
Alice ou Alise, fille de Roupin II. 58. 287.
Alice, fille de Héthoum de Lambroun 88. 445.
Alice, princesse 593. 597.
Alinakh, fils de Léon II 81-7. 156. 161. 267. 299. 513.
Alise, soeur du roi Constantin 318.
Alise, la sénéchale de Chypre 318.
Alise, fille de Baudouin de Partzerpert 494.
Alize, mère de Sempad le connétable 74.
Alphi, général égyptien 479.
Altoun-bougha, émir d'Alep 137. 423. 494-5.
Altoun-tache, naïb d'Alep 500.
Amaury Ier, roi de Jérusalem 43.
Amaury, roi de Chypre 397.
Amaury, frère du roi Henri II de Chypre 81. 88. 298. 404. 445. 472.
Amirchah 124.
Ammianus Marcellinus 423.
Amphiaraus, héros 421. 425.
Amphion, évêque d'Epiphanie 67.
Amyntas, roi de Galatie 35. 349.
Anastas, empereur 37. 509.
Anchialée, fille de Japhet 303.
André, l'Apôtre 113.
André, évêque de Crète 93.
André, évêque de Hadjine 175.
André (S.) le général 114. 139. 160.
André le Scythe 140.
André II, roi des Hongrois 234.
Andronic, cousin de l'empereur Manuel 31. 37. 58. 287.
Andronic Comnène 34.
Andronic, gouverneur de la Cilicie 254.
Andronic d'Ephèse, martyr. 216.
Andronic Euphorpène 32. 33.
Angerius, abbé 491.
Anne Comnène 13. 118. 197. 443.
Annibal 363. 364.
Anno ou Hanon Sangershausen 259.
Ansberte, historien 342.
Antigone, capitaine grec. 34. 324.
Antiochus, Epiphane 34.
Antiochus, fils de Démétre 34.
Antiochus, fils de Grand 34. 364. 389.
Antiochus IV, roi de Comagénie 374.
Antiochus, roi des Syriens 369.
Antiochus Théos 34.
Antipatrus, brigand 349.
Antipatrus, le stoïcien 308.

Antoine, archevêque de Tarse 316.
Antoine le triumvir 35. 308.
Apollon Sarpédonien 24.
Apollonius, imposteur 183.
Appius Claudius Pulcher 34.
Arakel, évêque de Sunik 110
Arakel, frère du catholicos Paul 253.
Arakel, l'historien 265.
Arakel, religieux 161.
Aratus 416.
Arcade, empereur 219.
Archam, gouverneur de Tarse 508.
Archedamus, stoïcien 308.
Archelaus, prince de la IVe Arménie 309.
Archelaus, roi de Cappadoce 410.
Aréthouse (Ste.), martyre 508.
Aristacès, fils de l'Illuminateur 309.
Aristacès de Lastivert 483.
Aristacès, évêque d'Adana 301.
Aroutiun (Pascal) Boyadjian 176.
Arta, fille du baron Thoros Ier 43. 444. 445.
Artaphernès, général de Darius 33.
Artavazde, fils de Tigrane 451.
Artaxerxes II Longuemain 33. 133.
Artémidor le grammairien 508.
Arzanès, général persan 133.
Asbied, gouvern. de Mamestie 287.
Asdouadzadour, catholicos 201.
Asdvadzadour, écrivain 161.
Asdvadzadour év. de Medz-kar 216.
Asdouadzadour Papazian, diplomate 114. 116.
Asdouadzadour Yéni-dunia, notable de Zeithoun 204.
Assar, médecin arménien 16.
Assel-beg 261.
Aster, martyr 36.
Astinoé 383.
Athanase (Saint) 91. 100. 108.
Athanase, évêque syrien 30.
Athénée, accadémicien 330.
Athénodore, prétendant 330.
Athénodore de Tarse 303. 308.
Attale II, Philadelphe 337.
Auchine, émir persan 483.
Auguste, empereur 35. 275. 508. 530. 361.
Aurélien, empereur 35.
Auxence, architecte 305.
Auxence (Saint) 117.
Avad, seigneur Karaman 346.
A. édik de Neperguerde 299.
Avédik, relig'eux 105. 117.
Avédik de Thalas 320.
Avédik de Tigranoguert 167. 229.
Azarie, catholicos 199. 212. 236. 263. 473.
Azeddin-kaïkaouze II 340.
Azibe ou Yezid arabe 243.

Azil d'Auxence, prince 210.
Aziz-pacha, de Marache 205.
Badnidjian-oghlu 302.
Balducci Francesco 448.
Balian, fils de Fimie 134.
Balian d'Ibelin 445.
Bardizbanian 172.
Barnabé, l'apôtre 95. 349. 357.
Barthélemy, l'apôtre 113.
Barthélemy, prêtre de Zeithoun 205.
Barthélemy, secrétaire de la douane 342.
Barzaphran Rechedouni 35.
Basile d'Amasie (Saint) 220.
Basile, archevêque de Tarse 75.
Basile, archevêque de Trazarg 132. 316.
Basile, catholicos 487.
Basile, docteur 105.
Basile, docteur de Macheguévor 409. 466. 488. 489. 495.
Basile, docteur de Marache 266.
Basile, écrivain 161.
Basile Ier, empereur 28. 37. 117. 140. 274. 304. 337. 372. 490.
Basile II, empereur 274. 309.
Basile, évêque d'Ani 37. 98.
Basile, évêque de Gaban 210.
Basile évêque d'Iconium 214.
Basile, évêque de Partzerpert 138.
Basile, évêque de Séleucie 334.
Basile, évêque de Sis 268. 269.
Basile (Vassil), frère du Catholicos Grégoire III 84.
Basile, frère de Héthoum Ier. 267. 269.
Basile, gouvern. de Partzerpert 31.
Basile, Instructeur à Medz-kar 217.
Basile, le maréchal 424.
Basile, prêtre de Khozguèrde 124.
Basile (Saint) 108. 183. 405.
Basile, secrétaire du maréchal Baudouin 266.
Basile, secrétaire du roi Léon IV. 500.
Basile, abbé du couvent de Khorine 161. 162 299.
Basilewsky, numismate 115. 116.
Bassidius Lauricius 340.
Baudouin Ier, roi de Jérusalem 37. 45. 309. 443.
Baudouin II, roi de Jérusalem 43.
Baudouin III 45. 55.
Baudouin IV 45. 55.
Baudouin (de Bourg) 43. 47. 136.
Baudouin, comte d'Edesse 46. 445.
Baudouin, seigneur de Coupa 389.
Baudouin de Comartias 332.
Baudouin (Baghdin) connétable 266. 392.
Baudouin, comte de Marache 266.
Baudouin, gouvern. d'Engouzoud 215.
Baudouin, maréchal, père de Constantin II 102. 137. 164. 259. 270. 281. 315. 319.
Baudouin, maréchal, frère de Héthoum Ier. 493. 494. 495.
Bavon, interprète 238.
Bayazet I 346.
Bayazet II 72 131.
Bazouni, prince 42.
Béatrix, femme de Constantin le Régent 78. 132.
Beibars, ou Bibars, sultan d'Egypte 174. 291 346. 395. 479. 495. 498. 499. 508. 509. 511 312.
Beimont, voir Bohémond.
Bekir-beg 176.

Bélisaire 37.
Bélléophon 306.
Benoît (Saint) 95. 227.
Bentoukhtar, sultan 255. 289. 465.
Berenger, moine 95.
Bérénice, veuve d'Hérode 55.
Bernard l'Etranger 197.
Bertrand, commandeur des Hospitaliers 332.
Bertrand, seigneur de Jiblé 445.
Bertrand, seigneur de Marcade 491.
Bilarghou 215. 255. 259. 280.
Bizar, général égyptien 278.
Bohaéddin 311.
Bohémond (ou Bemound) II, prince d'Antioche 45. 47. 49. 295.
Bohémond III. 54. 58. 229. 238. 243. 260. 295.
Bohémond IV. 443.
Bohémond, frère du roi Guy 319.
Bahémond, seigneur de Corycus 443.
Bohémond, fils de Djivan 407. 494.
Bohémond de Lusignan 406. 407.
Bohémond, sénéchal, seigneur de Mikaïl-cla 229.
Boundoukhtar, voir Bentouktar 255.
Boniface (Saint) 308.
Bonsouze, frère de Karaman 346.
Boudakh-meghdéssi, 265.
Bozan Turcs 286. 292.
Br'ssus, fils de Danaé 306.
Brocart, dominicain 258.
Cadmus 52. 367.
Cala-Marie, Comtesse 107.
Calojan, Baron 439.
Cassim-beg Karaman 347.
Caton 189. 482. 485.
Cécile, princesse de Tarse 293.
Cédrénus, l'historien 118.
César 34.
Césare Vecellio, frère de Titien 346.
Chahanchah, fils de Tchordvanel 331.
Chahenchah, frère de S. Nersès de Lambroun 84. 118. 287.
Chahantoukhte, mère de S. Nersès de Lambroun, 84. 93.
Chahantoukhte, femme du baron Constantin 135. 346.
Chahar-oghlu, turcoman 239.
Chah-Souar Ier zulkadrien 158. 167. 224. 262. 281. 290. 301. 321. 472. 511.
Cham 52.
Cheïkh-Mandou, seigneur d'Arékni 210.
Chemavon, prince 135.
Chemseddin-Mahmoud, 346.
Chemseddin, fils d'Arrédjihan 375.
Chrysus 189.
Cicéron 34. 64. 95. 189. 243. 286. 349. 370. 416. 478. 482. 485.
Cilicie ou Cilix. fils d'Agénor 52.
Cimon 565.
Cinnamus 172. 391.
Claphyra, femme d'Antipater 410.
Claude 56.
Claudius Tibère 366.
Cléantre 416.
Cléarque, philosophe 416.
Clément III, pape 41 95.
Clément V 25. 404. 491.
Clément VI 513.
Clément Sibilian, mekhitariste 72. 76. 77.
Cléopatre 428.
Cneus Pison 385.
Côme, martyr 428.
Comidas, prêtre, martyr. 250.

525

Constance, empereur 36. 130. 340. 283. 289. 443.
Constance Euphorpène, général 36.
Constance Caloman, gouverneur de Tarsus 34.
Constance Caloman le jeune 36.
Constant, Baron, frère du roi Héthoum Ier 133. 214.
Constantin le Grand 36. 124. 217. 289.
Constantin Ier, roi, 167. 172. 247. 273. 277. 493.
Constantin II 210. 242. 255. 259. 445. 460. 470. 491. 494. 501.
Constantin III 259. 260. 261. 504. 519.
Constantin IV de Lambroun 137. 281. 313. 434-5.
Constantin Ier, catholicos 106. 134. 137. 138. 139. 163. 267. 294 313.
Constantin II, catholicos (de Césarée) 88. 107. 110. 114. 162. 235. 298. 299.
Constantin III, catholicos 267. 269. 270.
Constantin IV, cath. de Vahga 172.
Constantin VI, catholicos 255.
Constantin, archevêque d'Anazarbe 175.
Constantin, archevêque de Sis 299.
Constantin, évêque d'Ancyre 299.
Constantin, évêque de Marantounik. 299.
Constantin, copiste 104.
Constantin fils de Héthoum, seigneur de Lambroun 86. 210. 240.
Constantin, seigneur de Lambroun 87. 106. 118. 156. 213.
Constantin, fils de Roupin Ier 40. 42. 43. 44. 62. 156. 167. 168. 452.
Constantin, fils de Sempad le Connétable 75.
Constantin, fils de Thoros Ier 273.
Constantin, frère de Hethoum de Tchelganotz 117.
Constantin, frère d'Ochine le Bailli 405. 494.
Constantin, seigneur d'Asgouras 75. 119.
Constantin, seigneur de Babéron 86.
Constantin, seigneur de Bragana 393. 408.
Constantin de Corycus, connétable 88. 406. 424. 493. 494.
Constantin, seigneur de Djandji 214.
Constantin, seigneur de Gobidar 167.
Constantin, seigneur de Partzerpert 137. 138.
Constantin, seigneur de Sarvantikar 259.
Constantin, prêtre de Khorine 494.
Constantin de Soma, bailli 346.
Constantin Mozon, Bailli, Régent, Père du roi 77. 87-8. 118. 152. 15. 160. 162. 254. 287. 514. 318. 331. 352. 337. 343. 346. 371 397. 429.
Constantin, seigneur de Vahga 175.
Constantin, fils de Léon II 81.
Constantin Porphyrogène 117. 140. 337. 414.
Constantz, seigneur de Séloucie 331.
Constanzia, reine 443.
Constanzia, épouse de Léon IV 443.
Corbulon 428.
Cornelius Lentulus 34.
Cosme II, duc de Toscane 388.
Courcouas, général 414.

Couyner (Sir), chevalier 239.
Couyner Etienne 6. 103. 108.
Crator, philosophe 416.
Crésus, roi de Lydie 33.
Cyrianée, martyre 308.
Cyriaque, l'historien 83. 86. 88. 97. 98. 136. 162. 237. 371. 490.
Cyriaque de Rome-cla 138.
Cyrille 74.
Cyrille, patriarche d'Alexandrie 91. 94. 108. 109.
Cyrus le Jeune 33. 133. 183. 307. 477. 498.
Dada-beg 484.
Dada-pacha de Marache 204.
Dalitha, sœur de S. Nersès de Lambroun 93. 113.
Damario de Baucio 333.
Damien, martyr 428.
Damourdache 466.
Danichemand-el-Ghazi 47.
Daniel, prophète 94. 100. 133. 320.
Daniel de Tortona, archevêque de Tarse 316.
Darius, fils d'Hysdaspe 33.
Darius Codoman 34. 243. 416. 476.
Datis, général 33.
David, d'Arkagaghine 294.
David, évêque de Zeithoun 201.
David, patriarche d'Aghthamar 487.
David de Pérdjer 162.
David, l'Invincible 90. 110.
Davit 263.
Davoud-beg 260.
Denis l'Aréopagite 74. 91. 93.
Derviche-pacha 173. 176. 178. 282. 474.
Dieudonné, prêtre écrivain 161.
Dieudonné de Gozon. grand maître 470.
Dioclétien, empereur 33. 308.
Diodore le Grammairien 308.
Diodore de Tarsus, sectaire 36.
Diodore, savant 308.
Diogène, empereur 298.
Diogène, le philosophe 374.
Dioniside, le comédien 308.
Dioscoro, docteur, de Cocusus 218. 219.
Dioscures, les frères 413.
Diradour, (Dieudonné) prêtre 234.
Diratzou, évêque 161.
Djavie ou Djović, fille de Baudouin de Bourg 43.
Djelal d'Erzenga, cadi 373.
Djem, fils du sultan Mahomet II 347.
Djilardom 486.
Djin-Youssouf, brigand 421.
Djofri, frère du régent Constantin 238.
Dominique d'Adana 304.
Domitien, empereur 480.
Doudêorti, Dr. Grégoire 97. 98.
Doulas, martyr 189.
Ducas, Père de Michel Ducas 298.
Dzeroun, évêque de Zeithoun 199. 200. 201.
Ebou-Nasser, sultan 261.
Edib, écrivain turc 141. 146. 147. 283. 290. 473. 499. 303.
Edmond Pevron 421.
Edouard Ier, roi d'Angleterre 493.
Edouard II 270. 493.
Edouard III 491.
Edouard d'Avas, ambassadeur d'Ochine 472.
Edrisi, géographe 273. 298. 423. 441. 517.
Eléonore ou Constance, fille de Frédéric Ier, roi de Sicile 436. 443.
Eliazar, catholicos 301.
Eliazar prêtre, grand-père des Atchbahiens 242.
Eliazar, docteur 231.
Élie, évêque 249.
Elie, le prophète 113.
Emmanuel, ambassadeur du roi Sembat 443.
Emmanuel, empereur 136. 137.
Emmanuel Lercari 442.
Enoch de Vahga, lettré 172.
Ephrem (St.) 91. 93. 94. 108. 109. 164.
Ephrem Catholicos 242. 231. 236. 263. 301. 307.
Ephrem, le Moine 277.
Epiache ou Epiaxa, reine 133.
Epicure 416.
Erianus de Khorine 161. 162.
Eschive, fille du prince Rupin 81.
Esmer Moustapha 380.
Etienne, abbé d'Aguenèr 164. 163.
Etienne, abbé de Miaghetzer 162.
Etienne, archevêque de Tarse 76. 77. 316.
Etienne Assolic, historien 310.
Etienne, évêque d'Adana 299. 301.
Etienne, évêque d'Anazarbe 278.
Etienne, évêque assistant 209.
Etienne, évêque de Pertousse 216.
Etienne, évêque de Colonie 299.
Etienne, évêque de Hadjine 173.
Etienne évêque de Partzerpert 138. 299.
Etienne, évêque de Sébaste 271.
Etienne, évêque de Zeithoun 202.
Etienne le clerc 110.
Etienne, Dr. à Corycus 409.
Etienne, Dr. aux Montagnes-Noires 489.
Etienne, fondateur du couvent de Khorine 101.
Etienne, fils de Basile 504.
Etienne. comte de Blois 36. 287.
Etienne d'Orbel, archevêque de Sunik 184. 248. 298.
Etienne d'Oulni 196. 198. 199. 212. 213.
Etienne, seigneur de Nor-pert 332.
Etienne, seigneur de Tornega 213.
Etienne, prêtre d'Iconium 110.
Etienne, prêtre de Vahga 172. 234.
Eumène 324.
Eumer-bey ou agha, maître de Bélen 172. 178. 484.
Eumer, capitaine égyptien 260. 304.
Eumer-Melik, gouverneur de Sis 261.
Eumer Ramazan 320.
Eusèbe, l'historien 306.
Eusiukios, évêque d'Alexandrie 68.
Eustache, général 397.
Eustato, évêque d'Antioche 364.
Eustrato, soldat macédonien 48.
Ezéchiel, prophète 307. 473.
Fatima, fille du sultan Ahmed Ier, 183.
Fervandé, général des Tartares 131.
Fimie, épouse de Vahram 89. 472. 473.
Fimie, fille de Baltan 443.
Fimie, fille de Héthoum Ier 81. 133-4. 236. 287. 444. 443.
Fischer, général allemand 142.
Florien, empereur 33. 309.
Flovien ou Flavius Uranus, gouverneur d'Isaurie 391.
Foulques, comte d'Anjou 43.
Foulques de Bouillon 313.
François de Pise 313.
Frater Feraldus de Barras 332.
Frédéric Ier Barberousse 41. 313. 337. 342. 397. 436. 313.
Frédéric II, empereur 236. 332.
Frédéric Ier, roi de Sicile 443.
Gabriel, catholicos de Sis 301.
Gabriel, docteur 294.
Gabriel, gouverneur de Mélitine 43.
Gada, grand' mere de Padloun 267.
Garabied, chambellan du roi Ochine 233.
Garabied, chef Zeithounien 203.
Garabied écrivain 489.
Garabied Keutcheg, évêque de Zeithoun 193. 196. 197. 200-4.
Garabied d'Oulni, catholicos 201-2.
Garabied, petit fils du roi Constantin 261.
Garabied, prêtre 163. 166.
Garabied, le scribe 234.
Garin ou Guérin de Montaigu 332.
Georges, catholicos 309.
Georges, évêque 139.
Georges, évêque d'Alexandrie 476.
Georges, fils de Zarmanouin 198.
Georges, frère du catholicos Constantin 139.
Georges, Dr. de Lambroun 104-3. 107. 109. 133. 481.
Georges Meghreg 160. 266. 268. 269.
Georges (Saint) 176. 273.
Georges, seigneur de Partzerpert 137.
Georges, le Solitaire 424.
Germaine, abbé à Nicosie 116.
Germanicus, empereur 480.
Germanicus, gouverneur de Célénderis 383.
Germanicus, traducteur des Phénomènes 416.
Ghalib-bey, gouverneur de Hadjine 176.
Ghiatheddin, fils d'Alaïeddin 371.
Ghir Anna, reine 81. 88.
Ghir Marie, sœur de Héthoum Ier 88.
Ghiv-Sag, seigneur de Sig 210. 337.
Ginsberg, métallurgiste 11.
Girard d'Eustache 310.
Godefroi Ier 43.
Godefroi ou Jeofroi, seigneur de Haroun 236.
Godefroi, prince de Choghagan 211.
Gofred, père de Vahram 398.
Gostantz (Sir), chevalier 239.
Gradenigo, doge 493.
Gratien, empereur 391.
Grégoire l'Illuminateur 76. 89. 93. 93. 111. 112. 161. 164. 172. 219. 220. 248. 249. 230. 233. 239. 309.
Grégoire Ier, Moussabeghentz, catholicos de Sis 230.
Grégoire II, le grand Martyrophile 84. 266. 309. 486. 489.
Grégoire III, catholicos, frère de S. Nersès le gracieux 84. 487. 490.
Grégoire IV, (Degha) 41. 37. 97. 116. 244. 267. 312. 331. 386. 447. 487. 309.
Grégoire V, Karavège 167. 267.
Grégoire VI, Abiral 294. 312. 316.
Grégoire VII, d'Anazarbe 106. 164. 174. 213. 216. 217. 233. 278. 279. 418.
Grégoire d'Aguener 164. 163.
Grégoire Apartian, évêque de Zeithoun 202. 206-8.

Grégoire, archevêque de Bedjeni 107.
Grégoire de Datève 97.
Grégoire, évêque d'Adana 301.
Grégoire, évêque de Marache 299.
Grégoire, évêque de Philippopolis 312.
Grégoire, évêque de Tyana 186.
Grégoire, évêque de Zeithoun 201.
Grégoire Dolfin, bailli vénitien 461. 493.
Grégoire, envoyé par le roi Gui au Pape 488.
Grégoire, frère du catholicos Constantin 139.
Grégoire, fils d'Ochine, Bailli 401.
Grégoire, frère de Nersès de Lambroun 84.
Grégoire, le Magistros 84.
Grégoire de Kermaghpure 299.
Grégoire, seigneur de Mazad-khatch 217. 346.
Grégoire de Nareg 90. 95. 98. 100. 106. 137. 447.
Grégoire de Nysse 74. 95.
Grégoire I‍er Pape 93.
Grégoire IV, pape 269.
Grégoire XIII, pape 199.
Grégoire de Pertousse 216.
Grégoire, seigneur de Sis 110.
Grégoire de Sghévra 103.
Grégoire le Sourd, harmoniste 212. 237. 264.
Grégoire le Taumaturge 278.
Grégoire le Théologien 108. 109.
Grégoire de Macheguévor 488.
Grégoire de le Medz-kar 217.
Grégoris, évêque de Gaban 209. 210.
Guedig-Ahmed pacha 226. 374.
Guelf de Bourgogne 298.
Guiautin, seigneur de Gaban 213.
Guiautin, de Gantchi 406. 423.
Guy, frère du bailli Ochine 213.
Guy ou Guidon Lusignien, roi 315. 319. 407. 435. 488. 494.
Guy d'Ibelin 81. 239. 443.
Guillaume d'Antioche 436.
Guillaume le Débonnaire, roi de Sicile 471.
Guillaume, patriarche de Jérusalem 227. 228.
Guillaume de Tyr, historien 32. 39. 107. 287. 298. 313.
Guiragos I‍er, catholicos de Sis 202. 249. 254.
Guiragos, fondateur de Trazarg 266. 268. 269.
Guiragos l'historien, voir Cyriaque.
Guiran, voir Ghir-Anna.
Guiscard, commandeur 532.
Hadji-Ali-bey le Karadja 484.
Hadji-bey, gouvern. de Hadjine 176.
Hadji-beg, chef des Varchaks 178.
Hadji-kalfa, géographe, 364.
Hadji-Stavros 338.
Hagopig, le clerc 200.
Haïrabied, abbé d'Aguener 166.
Haïrabied, abbé de Macheguévor 488.
Haïrabied, abbé de Trazarg 269.
Haïrabied, abbé de Turkit 299.
Halcam ou Halgam, gouverneur 42
Halcam, seigneur de Germanig 339.
Halcam, gouverneur de Maniaun 343.
Halcam, seigneur d'Anémour 381.
Halcam, frère de Vassag de Lamas 414.
Haroun-el-Rachid 256. 243. 271. 283. 297.
Hassan, prince 42.
Hassan-agha, chef. 124.

Hassan-bey, chef Zulghadrien 224.
Hassan-pacha 131. 209.
Hassan-Timour-Gurdji 235.
Hassan, sainton turc 320.
Haymérious de Pax 332.
Hayrabied, voir Haïrabied.
Helvis, (Heloise), fille du roi Aimery de Chypre 81.
Henri, Comte d'Acre 310.
Henri Delaborde, peintre 470.
Henri II, roi d'Angleterre 337. 383.
Henri II, roi de Chypre 23. 88. 137. 298. 382. 404. 440. 434. 463. 472. 474.
Henri ou Heri, le Sébaste 332.
Henri ou Hery, seigneur d'Ané 217.
Héracle, empereur 37. 309. 497.
Héracle, général 244.
Herman, maître des chevaliers Teutoniques 236.
Hérode 107. 410.
Hérodote 33. 33. 423. 300.
Héthoum I‍er 2. 23. 27. 73. 74. 77. 78. 81. 86. 87. 135. 137. 163. 164. 191. 233. 235. 237. 264. 288. 313. 319. 331. 332. 343. 385. 395. 401. 430. 433. 436. 437. 479. 480. 509. 312.
Héthoum II (Frère Jean) 81. 88. 108. 110. 111. 112. 114. 157. 164. 213. 248. 251. 253. 257. 259. 279. 280. 337. 401. 402. 404. 407. 414. 413. 430. 434. 440. 445. 463. 491. 493. 499.
Héthoum-Héli, frère de S. Nersès de Lambroun 51. 83-6. 172. 267. 268. 269. 287. 288. 294. 318. 406. 434.
Héthoum, seigneur de Corycus 402. 404.
Héthoum, seigneur de Lambroun 61.
Héthoum Sébaste 56.
Héthoum (Baron), seigneur de Neghir 73. 239. 318.
Héthoum, époux de Zarmantoukht 260.
Héthoum, seigneur de Tchelganotz 117. 282. 290.
Héthoum, fils de Tchourdouanel 287.
Héthoum (Antoine), l'Historien, seigneur de Coryous 40. 43. 49. 88. 157. 179. 213. 401. 402. 404. 406. 443. 448.
Héthoum, fils de Marie, sœur du roi Héthoum I‍er 159
Héthoum, prince de Messis 287.
Héthoum, sénéchal 493.
Héthoum, chambellan 493. 493.
Héthoum, le maréchal 443.
Héthoum, le généralissime 198. 299. 304.
Héthoum, fils d'Ochine, seigneur de Marniche 88.
Héthoum IV, seigneur de Lambroun 88.
Hodiarde, fille de Baudouin de Bourg 43.
Holopherne 33.
Homère 393.
Horses (Nersès), fils du roi Livon II 81.
Houlaghou-khan 187. 479.
Houssan ou Oscan, moine 172.
Houssig, prêtre Atchbahien 248.
Hussammeddin-el-Antabi 314.
Hussein, gouverneur de Hadjine 176.
Hussein, fils de Mahomet 337.
Hussein-pacha 484.
Hussein, général 304.

Hugues, roi de Chypre 443. 493.
Humfroi, seigneur de Kerak 38. 443.
Ibn-Batuta, voyageur 337. 372.
Ibrahim, fils de Mehemmed-Ali 12. 124. 133. 137. 139. 140. 203. 293. 302. 321. 419. 484. 497. 504.
Ibrahim, seigneur de Karaman 337.
Indjigian, P. Luc 173. 182. 183. 212. 246. 234. 264. 263. 293. 302. 395.
Ignace, Patriarche syrien 233.
Ignace (Saint) d'Antiocho 113.
Ignace Docteur 489. 490.
Innocent II 94.
Innocent III 67. 83. 227. 332. 313.
Ino, fille de Cadmus 367.
Isaac I, catholicos 36. 89. 94. 213.
Isaac Keutcheghian, évêque de Zeithoun 202.
Isaac, prêtre de Zeithoun 203.
Isaac, frère de l'empereur Alexis 47.
Isabeau, fille de Heinffroy de Thoron 81.
Isabeau, fille de Héthoum I‍er 81.
Isabeau, fille de Livon II 81.
Isabelle, fille de Léon I‍er 81.
Isabelle, fille de Guy d'Ibelin 443.
Isabelle, fille de Humfery 443.
Isaïe, fils d'Abud, écrivain 170.
Isaïe de Nitche, abbé 403.
Isaïe, prophète 108. 113.
Isichius, commentateur de Job 137.
Islam-beg 377.
Ismaïl-pacha 170. 177. 178.
Issa d'Edesse, médecin 233.
Isthahri, géographe 297.
Izzuddin-Ayghan 479.
Jacques II, roi d'Aragon 430.
Jacques, roi de Chypre 574.
Jacques, fils du roi Pierre I‍er roi de Chypre 407. 408.
Jacques I, catholicos 166. 174. 229. 254.
Jacques II, catholicos 133. 163. 214. 278.
Jacques Barmaghi-kessig, évêque de Zeithoun 202.
Jacques Serabian, archevêque de Tarse 316.
Jacques, évêque de Castalon 107. 173.
Jacques, évêque de Gaban 210. 299.
Jacques Nordounghian, évêque d'Adana 301.
Jacques, évêque de Salamaste 299.
Jacques de Constantinople, évêque d'Adana 301.
Jacques Bosdanian, évêque de Zeithoun 201.
Jacques Nalian, patriarche 113. 137. 291. 302. 303.
Jacques D‍r. de Crimée 472.
Jacques le Syrion 93.
Jacques, gardien de l'église du St. Illuminateur 236.
Jacques, chef Zeithounien 203.
Japhet 303. 306.
Jason, disciple de S. Paul 308.
Jean XXII, Pape 75. 116. 290. 378. 383. 403. 434. 459. 439. 461. 467. 468.
Jean IV, le philosophe 94.
Jean VII, catholicos 106. 216. 267. 268. 269. 294. 332.
Jean de Thelgouran, catholicos 239.
Jean, catholicos de Sis 116. 201. 248.
Jean évêque, Frère du roi (Héthoum I) 61. 109. 130. 131. 132. 133. 134. 135. 136. 137. 138. 164. 341.

Jean, évêque d'Anazarbe 278· 299·
Jean, évêque de Cracca 378·
Jean, évêque de Mamestie 290· 299·
Jean, évêque de Sis 167· 266· 269·
Jean, évêque de Taron 299·
Jean, évêque de Tarse 299· 316·
Jean, évêque de Zeithoun 201·
Jean D'. Docteur 109· 257· 278· 295· 409· 431·
Jean Orpelian, archevêque 257·
Jean, archevêque de Kerner 133·
Jean D¹. instructeur de S. Nersès de Lambroun 116·
Jean Chrysostome 84· 89· 97· 108· 109· 113· 164· 165· 166· 218· 219· 220· 221· 280· 294· 486·
Jean Baptiste (Saint 93· 106· 227·
Jean Alexis Porphyrogène 277· 278·
Jean, Docteur de Zeithoun 201·
Jean Djelouze 164·
Jean, prêtre, fils de Siroun 377·
Jean de Brien, roi de Jérusalem 43· 424· 445· 492·
Jean d'Ibelin 107· 140· 213· 398· 445·
Jean de Lusignan 443·
Jean, frère du roi Guy 407·
Jean Alexis, empereur 162· 315·
Jean Comnène, empereur 48· 49· 50· 85· 172·
Jean Zemisces, empereur 37· 140· 282· 309·
Jean Porphyrogène, empereur 172· 217·
Jean, l'Apôtre 93· 94· 95· 98· 100· 109·
Jean, Docteur de Gantchi 198·
Jean de Spagu 472·
Jeanne, épouse d'Ochine 73·
Jeanne, fille de Philippe, prince de Tarente 403· 436· 443·
Jean Dandolo 442·
Jean du Puits (Saint) 189
Jean Uzzano 332· 534·
Jehan d'Ypre 403·
Jérémie, prêtre 108·
Joinville (Sir de) 437·
Jonas, prophète 307· 497·
Josaphat Barbaro 330· 383· 399· 408·
Joseph, musicien 269·
Joseph Tebrig (le clerc) 473·
Josselin II 43· 47· 50· 229· 318·
Josselin I¹, comte d'Edesse 43· 45· 49· 266· 443·
Josselin III 34·
Josselin, fils du sebaste Heri 332·
Josselin, chambellan arménien 254·
Josselin, frère de Constantin le connétable 424·
Joufré, neveu du maréchal Baudouin 494· 495·
Jouffroy, interprète 238·
Jules César 307·
Julien l'Apostat 36· 309· 311·
Julien, seigneur de Sidon 81· 287· 443· 449·
Julienne, martyre 308
Julius Leonidas athénien 303·
Justin, empereur 274·
Justinien, empereur 10· 37· 231· 253· 289· 297· 303· 364· 397· 492·
Kakig, roi Bagratide 39· 40· 44· 73· 176· 172·
Kakig, roi de Cars 180·
Kaloust Chimazanian 268·
Kanaki, pirate 377· 397
Kantardji Giorgi 144·

Karaman 23· 28· 42· 72· 118· 313· 383·
Karaman, fils d'Ibrahim 347·
Karamanoghlu 358·
Kassim-beg, frère de Karaman 347·
Kay-kaouz, sultan 187· 337·
Kay-khosrov, sultan d'Iconium 76· 436· 433·
Kélavoun, sultan d'Egypte 42· 463·
Kelidje-Ar-lan, sultan Seldjoukide 337· 374·
Kémer-uddin, capitain 340·
Keykaous sultan d'Iconium 118· 210·
Keykobad-Alaïeddin 371·
Khalil-pacha 262· 304·
Khalil-beg 483·
Khanzadé-Sakalli Mehemmed 497·
Khatchadour, général 43·
Khatchadour, catholicos de Sis 199· 236·
Khatchadour II, catholicos, le Musicien 201·
Katchadour, archeveque 212·
Khatchadour, disciple de S. Nersès 89· 98· 100· 104· 105· 109·
Khatchadour, évêque de Hadjine 176·
Khatchadour Malaboulanentz, seigneur d'Adana 302·
Khatchig Ardzrouni 287·
Khatohig I⁰¹, catholicos 312· 316·
Khazan-khan 255·
Khazandjoukh, tartare 465·
Kheder, sultan 337·
Kheloug, copiste 110·
Khiateddin, sultan 87· 313· 593·
Khorème, général persan 309·
Khosroès II 309·
Khosroès II Abrouèze 37·
Khosroès Anoucheravan 37·
Khosroyan, notable des Zeithouniens 206· 207· 208·
Khoul Khatchig 42· 110·
Khourchoud, fils du sultan Bayazet II 358·
Khourseddin Djelal 262·
Khousrev-chah, sultan d'Iconium 216·
Khozan-oghlou 249·
Kir-Sag (Isaac) 37· 377· 383· 597·
Kir-Vart, seigneur de Calonoros 371· 372· 374· 375·
Komari, gouverneur de Tarse 316·
Kourd, prince arménien 108·
Kourd-Derviche-pacha 470· 172·
Kutchiuk-Ali 497·
Labienus 33·
Lavant-Satherdji 263·
Lazare, catholicos de Sis 201·
Lazare de Djahoug 201·
Lazare, notable de Zeithoun 204·
Lazare, père de S. Etienne d'Oulni 198· 199·
Léon, empereur 96·
Léon l'Africain 443·
Léon, le Baron 2· 40· 46· 47· 49· 50· 174· 234· 298·
Léon I⁰¹, dit le Grand ou Magnifique 21· 40-5· 59· 60· 65· 81· 85· 97· 106· 118· 151· 160· 162· 165-6· 164· 167· 187· 243· 255· 258· 266· 268· 276· 287· 309· 313· 320· 325· 328· 332· 349· 356· 377· 397· 431· 442· 443· 447· 434· 437· 493· 508· 511· 513·
Léon II 23· 39· 81· 88· 135· 151· 154· 160· 214· 217· 227· 238· 256· 313· 328· 334· 381· 407· 434· 436· 442· 453· 455· 456· 458· 462· 499· 514·

Léon III 235· 239· 270· 271· 280· 402· 404· 440· 443· 443· 493· 499·
Léon IV 10· 27· 68· 73· 88· 113· 116· 161· 165· 213· 228· 235· 253· 259· 269· 274· 299· 313· 386· 403· 406· 424· 430· 436· 444· 445· 453· 459· 462· 464· 465· 467· 468· 469· 470· 493· 494· 495· 499·
Léon V 260-61· 405· 471· 494-5·
Léon, frère de Héthoum I⁰¹ 88·
Léon, le connétable 494·
Léon, seigneur de Gaban 210·
Léon, seigneur de Haroun 236·
Léon, seigneur de Pertag 395·
Léon, seigneur de Pertousse 216·
Léon Abelhassanantz 191·
Léon, officier (en ambassade) 493·
Léon, fils du prêtre Mathieu 198·
Léon, supérieur de Quemerquecon 117·
Léonard, nonce du Pape 230· 233·
Léonidas Lattry, agent consulaire de France 358·
Libaride 242· 259· 260· 263·
Licinien, empereur 36·
Licinius 286·
Lious, fils de Constantin régent 73· 443·
Licus, seigneur de Ghizistra 181·
Licus, commandant à Ayas 459·
Licus, seigneur de Khentzorovide 299·
Livon, fils de Heïton et d'Isabeau (Léon II) 81·
Livon, fils de Thoros et de Marguerite (Léon III) 81·
Lockman, savant arabe 17·
Longinus Cassius 34·
Louis VII, roi de France 337·
Louis IX (Saint) 433·
Louis XII, roi de France 472·
Louis Philippe 470·
Luc (Saint) 138· 271·
Luc, D¹. de Zeithoun 198· 212·
Luc de Vanant 465·
Luc (Père), voir Indjidjian.
Lucain, poète 428·
Lucas, catholicos 248· 256·
Lucchetto Grimaldi, amiral 407·
Lucius II, pape 93· 432·
Lycius, gouverneur 428·
Lucie, fille du prince d'Antioche 436·
Macaire, patriarche d'Antioche 8· 209·
Macaire, abbé de Mangana 116·
Macaire (Héthoum I⁰¹) 267·
Macédonius, évêque de Mamestie 68·
Machaud 337· 399· 401· 407· 408·
Macheras Léon, historien 64·
Macrin, empereur 428·
Macrizi, historien 5· 304·
Madathie, évêque de Zeithoun 202·
Mahmud, sultan 337·
Mahommed-beg Toghroud-oghlou 347·
Mahomet, Karaman 337·
Maksoud, sultan 46· 47· 51· 52· 64· 480· 481·
Malachie, l'historien 165· 213· 469· 480· 481·
Malachie, le clerc 81· 250· 261·
Mamoun, emir 37· 117· 140·
Managhre Rechedouni 36·
Mandjak-Youssouf, gouverneur 316·
Mandou, pythonesse 286·
Mansour (El-) 479·
Mantalé 44· 274·

Manuel, empereur 28· 49· 51· 52·
53· 55· 56· 84· 119· 254· 277·
287· 337· 391· 392· 414· 498·
Marc, moine 173· 196·
Marc-Aurele, emper. 124· 147· 330·
Marc, Docteur de Sghévra 110·
Marc, évêque de Cars 299·
Marcille, épouse de Baudouin de
Bourg 43·
Marco Bembo 443·
Marco Contarini 468·
Marco Polo 430·
Marcus Trebellius 55·
Mardiros, Docteur 110· 299·
Mardiros, évêque de Zeithoun 202·
Mardiros, notable de Zeithoun 204·
Mardiros, fils de Garabied d'Ourfa 304·
Mardiros, abbé à la Montagne Noire 491·
Margroun, petite fille de Héthoum Ier 434·
Marguerite, soeur de Héthoum Ier 77·
Marguerite, fille du roi Hugues 81· 445· 493·
Mariam, femme du roi Constantin III 261·
Marie, fille de Héthoum Ier 81· 259· 443·
Marie, soeur du roi Héthoum Ier 107· 140· 213· 287· 445·
Marie, fille du prince Rupin 81·
Marie, épouse de Constantin III 269·
Marie. fille d'Amauri 443·
Marie, fille d'Ochine le bailli 494·
Marie, fille d'Isaac Comnène 443·
Marie, femme de Sirouhi, maître de Davouth 228·
Marie, fille d'Ochine de Lambroun 84·
Marie, fille de Vahram 598·
Marino Sanudo Torcello 352· 442· 467-8·
Marioun, mère du roi Constant 113·
Marioun, petite fille du connétable Sempad 138·
Marioun, femme du maréchal Baudouin 281·
Marmier, général 483· 500· 502·
Massoud, sultan 59· 254·
Mathieu d'Edesse 41· 42· 44· 43· 46· 51· 52· 62· 68· 97· 155· 165· 167· 175· 179· 196· 198· 213· 216· 220· 234· 238· 244· 266· 275· 274· 298· 486·
Mathieu, disciple de Grégoire II 486·
Maurice, empereur 232· 309·
Maximien, empereur 36· 308· 309·
Meghrig Georges, Docteur 43·
Meguerditch évêque de Zeithoun 200·
Meguerditch Atchbahian 230·
Meguerditch Kefsizian, catholicos de Sis 231·
Meguerditch Hagopian, notable de Zeithoun 204·
Mehemed II, le conquérant 118· 146·
Mehemmed-Ali d'Égypte 129· 141· 302· 358·
Mehemmed, le vizir 131·
Mehemmed-bey Tchaderdji 169· 171· 178·
Mekhitar, catholicos 132· 133· 135· 136· 138· 163· 186· 217· 269· 473·
Mekhitar d'Airivank 40·
Mekhitar de Her (médecin) 402·
Mekhitar, évêque de Molévon 131· 155·

Mekhitar, évêque d'Engouzoud 213·
Mekhitar d'Ani 172·
Mekhitar Koche 74· 237· 447· 460· 490·
Meléh, frère de Thoros II 23· 40· 49· 50· 52· 54· 53· 56· 37· 59· 73· 81· 83· 172· 244· 277· 287· 310· 317· 313·
Mélémendji-oghlu 148·
Mélik, fils d'Abas Maher 464·
Mélik-Ahmed Danichemend 49·
Mélik-Mahmoud, sultan 215·
Mélik ou Eumer 261-2· 469·
Mélissinde, fille de Baudouin de Bourg 43·
Mélite, archevêque d'Antioche 220·
Mémorius, gouvern. de la Cilicie 36·
Mémoun, calife 309·
Mesdek-bey 474· 484·
Michel Andronicus, empereur 245·
Michel III, empereur 117·
Michel VI, empereur 28·
Michel, catholicos syrien 28· 39· 50· 52· 54· 140· 136· 164· 306· 308· 372·
Michel, évêque de Zeithoun 201·
Michel, fils de Ducas empereur 298·
Michel Vrana, général 56·
Michel, officier arménien 407·
Mikaël, frère de Lucas, catholicos de Sis 251· 264·
Mikael Stratiotique, empereur 553·
Mikael, seigneur de Pertag 393
Mikael, seigneur de Menougad 567·
Minas de Sghévra 110·
Minas de Garin, cathol. de Sis 231·
Misser-chah 263·
Mithridate, roi de Ponte 54· 293· 396· 416·
Mohammed Bedreddin Karaman 346·
Mohammed-pacha, vizir 390·
Mohli-oghlou 263·
Moïse, le prophète 92· 113·
Moïse de Khorène 6· 12· 22· 36· 64· 90· 274·
Moïse, Docteur 80· 109· 153·
Moïse, évêque de Hadjinc 176·
Moïse, évêque de Castabala 67·
Moïse, évêque de Zeithoun 201·
Moltké 146· 188· 214·
Monaster, général 197·
Monfaucon 219·
Mopsus, fils d'Apollon 286· 421·
Mortaz-agha 27· 283·
Moslim, général arabe 140·
Motassem 177·
Mourad III, sultan 295· 337·
Mourad IV, sultan 302· 346·
Mourad d'Alep 150· 172·
Mourtaz-agha 178·
Moustafa, fils de Mehemmed II, sultan 347·
Moustapha, commandant de Sig 383·
Moustapha-pacha de Beylan 484·
Moustapha-agha 178·
Moutassim, émir 37·
Mutovakel 274·
Nabuchodonosor 35·
Nahabied, catholicos 201·
Nalian, (Jacques), patriarche 497·
Napoléon Ier 432·
Napoléon III 206·
Narcise évêque de Néroniade 67·
Narcisus, évêque d'Elinopolis 68·
Nassir, sultan 467·
Nersès de Lambroun 2· 4· 36· 40· 41· 62· 69· 73· 74· 76· 80· 81· 84· 89· 107· 110· 113· 116· 117· 122· 132· 133· 172· 183· 219·

227· 240· 233· 236· 267· 268· 274· 307· 308· 312· 313· 314· 316· 319· 320· 352· 356· 414· 447· 478· 479· 487· 489· 517·
Nersès Ier, le Grand, Catholicos 94·
Nersès IV de Cla ou le Gracieux 53· 56· 84· 89· 94· 103· 109· 164· 173· 217· 220· 486· 487· 489·
Nersès Ier et II, évêques de Gaban 210·
Nersès, évêque de Motévon 131· 299·
Nersès, évêque de Zeithoun 201·
Nersès Balon ou Balientz 133· 214· 463· 469·
Nersès, abbé de S. Georges 491·
Nersès, neveu de S. Nersès de Lambroun 86· 105-6·
Nersès, évêque de Tyane 186·
Nersès, martyr 169·
Nerva, empereur 10·
Nestor, l'académicien 308·
Nestor, poète 343·
Névon, martyr 36·
Nicanor Séleucus 34
Nicanor, diacre 423·
Nicéphore, prince 589·
Nicéphore Phocas, empereur 37· 137· 163· 228· 274· 282· 287· 309· 513·
Nicétas, l'historien 172· 391·
Nicolas (Saint) 115· 172· 230
Nicolas, Ier empereur de Russie 230·
Nicolas d'Ayas 472·
Nicolas Davidian, évêque 212·
Nicolas, évêque de Fernouze 204·
Nicolas Aslan, de Tripolis 281·
Nicolas Howiantz 83·
Nicolas Kazandjian 176· 178·
Nicole de Bars, interprète 238·
Niger, v. Pescennius.
Nighedèsse, évêque de Palavide 67·
Nile Doxopatrias 308·
Noureddin, sultan 50· 52· 53· 54· 55· 56· 518· 492
Nouré-Sofi, père de Karaman 334· 344· 346·
Ochine, chef de la famille Héthoumienne 42· 73· 80-4· 88·
Ochine, roi 136· 131· 137· 161· 233· 259· 259· 267· 271· 298· 299· 300· 313· 315· 318· 319· 352· 353· 386· 404· 445· 463· 466· 474· 493·
Ochine, bailli et régent 213· 333· 346· 403· 467· 494·
Ochine, sénéchal et connétable 281· 313·
Ochine, frère de Héthoum Ier, 107· 213· 389· 398· 399· 401· 494·
Ochine, seigneur de Marniche 88·
Ochine, neveu de Héthoum Ier 213·
Ochine, père de S. Nersès de Lambroun 31· 53· 84-6· 93· 97· 103· 298·
Ochine, (Baron), seigneur de Gobidar 167· 299
Ochine, seigneur de Corycus 73· 299· 300· 313· 340· 510·
Ochine, seigneur de Gantchi 213· 271· 278·
Ochine, seigneur de Sarouantikar 443·
Ochine, seigneur de Maniaun 347·
Ochine, seigneur de Sivil 393·
Ochine Ehanentz, proximus 440-1·
Ochine d'Oghormig 393·
Ochine, fils du connétable Vahram Lodig 290·
Ochine, évêque de Sébaste 236

Odénat, roi de Palmyre 33.
Oderico di Pordenone 447.
Olympie, diaconesse 218.
Oscan, le moine 93. 172.
Osman-bey 178. 214.
Othon, empereur 83.
Ouzoun-Hassan, roi de Perse 347. 408.
Pacre, époux de Phelippine, fille de Rupin II 81.
Padlouu, gouverneur d'Ani 267.
Pagouran, seigneur de Babéron 37. 38. 133
Pagouran, parent de Héthoum Ier. 346.
Palac, sultan d'Alep 46.
Pamphylia, fille du héros Rhacius 333.
Pamphylie 2. 332. 335-68.
Panig de Chirag 179.
Pantaléon, Docteur arménien 309.
Paolo Morosini 439.
Pascal, évêque de Zeïthoun 201-2.
Paul, Apôtre 33. 92. 97. 121. 200. 307. 308. 317. 321. 349. 335. 357. 362.
Paul, catholicos 233.
Paul Terzian, évêque d'Adana 303.
Paul, archevêque de Tarse 316.
Paul, évêque de Zeïthoun 201.
Paul, évêque de Hadjine 176.
Paul, religieux à Arkaghine 294.
Paul, neveu de Toukhan 162.
Paul, P. Méhérian 303.
Paulinus, évêque d'Adana 301.
Paumier, interprète 258.
Pavlov, savant russe 349.
Pegolotti Balducci 16. 17. 42. 167. 358. 431. 439.
Pélagie, la vierge 308.
Perdiccas 345.
Perséus 306.
Pescennius Niger 33. 133. 479. 480.
Pesenti, voyageur 426.
Philippe (Saint), Apôtre 113. 114.
Philippe, empereur 374.
Philippe d'Antioche, époux de Zabel 253. 258. 443.
Philippe, prince de Tarente 403. 436. 443.
Philippe Auguste 326. 357. 378. 383.
Philippe de Valois 469.
Philippe de Montfort, sire de Tyr 81.
Philippe de Maizière 471.
Philippe Ibelin, sénéchal de Chypre 88. 443.
Philippe, fils de Balian d'Ibelin 398.
Philippe Attar 408.
Philippine, fille de Rupin II 88. 81. 349. 443.
Philonille, martyre 308.
Philopator Ier 33.
Philopator II 33.
Philostrate 18.
Philotas, général d'Alexandre 34.
Philoxène 34.
Phylemon comédien 416.
Phylochyprus, roi 416.
Pie V, pape 114.
Pierre, Apôtre 107. 112. 243.
Pierre Ier, roi de Chypre 357. 407. 470. 471. 472.
Pierre II, roi de Chypre 471.
Pierre, patriarche de Jérusalem 73.
Pierre, évêque de Hadjine 172. 176. 178.
Pierre, évêque de Tarse 160.
Pierre, nonce du pape 403.
Pierre, abbé de Khorine 161.

Pierre Melkonian, évêque de Zeïthoun 175.
Pierre Calondérian, évêque de Zeïthoun 176.
Pierre Khebdentz, proximus 440.
Pierre, douanier d'Ayas 441.
Pindare 393.
Pir-Ahmed 347.
Pir-Ibrahim Karaman 347.
Pisandre, poète 343.
Pline 12. 13. 16. 18. 19. 21. 367. 396. 419. 428. 497.
Plistarque, général d'Alexandre 34.
Plutarque 273.
Polémon roi 33.
Polybius 477.
Pompée 34. 297. 308. 337. 370. 416. 417. 476.
Pompée Servilius dit Isauricus 34.
Pourtalès (Comte) 367.
Probe, empereur 33.
Probus de Pamphylie, martyr 216.
Procopus 36.
Ptolémée 6. 177. 182.
Quadratus 428.
Quatremère, 438.
Ramazan 248. 261.
Ramazan, fils de Yourker 301.
Ramedan 137.
Raymond de Saint-Gilles 258
Raymond, prince de Tripoli 34.
Raymond d'Antioche 85. 443. 513.
Raymondo Lullio, philosophe 471.
Rédouan, émir d'Alep 295.
Rémie, sœur de Constance III 260. 494.
Remound, sénéchal des Arméniens 107. 139.
Remzi-pacha, vali de Marache 205.
Renaud, prince d'Antioche 32. 33. 309.
Renaud Mazoère 308.
Renaud de Masserie, seigneur de Marcade 491.
Rhamadan-oghlu 223.
Rhanigat, général 310.
Rhipsimé dame d'Ayas 473.
Rita, fille de Léon Ier, 424-5. 492.
Rita, fille du roi Héthoum Ier. 81. 239.
Rita, fille de Léon II 81. 443.
Rita, Dame des Dames, mère de Léon I 37. 73. 86.
Robert Guiscard 486.
Robert de Lusignan 407.
Robert, roi de Sicile 313.
Robert, seigneur de Thil 234.
Roche (Sire de la), époux de Rita 81.
Roger, prince d'Antioche 46. 47.
Roger, archevêque de Tarse 316.
Romain, empereur 483.
Romanus, seigneur du fort Hamia 233.
Romanus, seigneur de Covas et de Sinite 589.
Rostom turcoman 244
Rouknoddin 187. 191.
Roupin Ier, chef de la dynastie 39. 40. 41. 136. 156. 167. 168. 172. 173. 180. 273. 432.
Roupin II, fils de Stéphané 40. 57. 58. 59. 73. 81. 83. 172. 210. 234. 258. 266. 276. 277. 287. 299. 310. 378. 443. 492.
Roupin, fils de Thoros II 33. 36.
Roupin, fils de Meléh 81.
Roupin, prince d'Antioche 81. 83. 290. 393. 397. 313.

Rustème, conducteur turcoman 258.
Sadik-pacha de Tarse 142.
Saladin ou Salaheddin 64. 443. 487. 509. 510. 513.
Salih effendi de Tripoli 188.
Salih effendi, gouverneur de Hadjine 176.
Salih-pacha, vali de Marache 204.
Salmanasar 33.
Salomon 33. 94. 100. 103.
Salvatore (Padre), Franciscain 221.
Samara-beg 174. 178.
Samuel d'Ani 3. 81. 87. 109. 110. 131. 179. 266. 286. 299. 423.
Samuel, Docteur 73.
Samuel, abbé de Trazarg 269. 270.
Samuel de Sghévra 89. 90. 92. 94. 98. 99. 103. 107. 116.
Sanon (Livon), fils de Meléh 81.
Santac, le phénicien 383.
Sanuto Torcello 9. 23. 368. 377. 385. 389. 423. 432. 467. 474. 473. 482. 486. 498. 502. 508. 511.
Sapor, roi de Perse 33. 169.
Sardanabal 306. 307. 511. 522.
Sargavac (Jean), Docteur 110.
Sarkandli, chef des Afchars 169.
Sarkis (Serge), Docteur 108.
Sarkis le Gracieux, Docteur 489-90.
Sarkis d'Aguener 164.
Sarkis Manoug, notable d'Adana 302.
Sarkis Bidzag, peintre 271. 272.
Sarkis, évêque de Hadjine 176.
Sarkis Koulighian, évêque de Zeïthoun 202.
Saroum, turcoman 28. 377.
Saül 33.
Schlumberger, numismate 433. 436.
Schultz ou Youssouf-agha, colonel 134.
Sébé (Sempad), Baron 407.
Sébéus l'historien 5. 37.
Séleucus, général 159. 160.
Séleucus, fils d'Antiochus Grypus 286. 308.
Séleucus Nicanor 329.
Selim Ier 224. 303.
Semelmot 246. 298. 479.
Semiramis 184.
Sempad le Connétable 6. 47. 49. 64. 72. 73. 74. 73. 80. 83. 133. 136. 140. 152. 158. 162. 179. 187. 192. 211. 213. 221. 223. 229. 237. 240. 246. 258. 259. 267. 271. 281. 313. 531. 343. 371. 383. 385. 589. 398. 401. 404. 425. 432. 437. 461. 488. 494.
Sempad, roi 137. 233. 259. 443. 443. 433.
Sempad, le maréchal 119
Sempad, oncle de S. Nersès de Lambroun 73. 81.
Sempad, frère de Pagouran 546.
Sempad, seigneur de Sempadacla 299.
Sempad, seigneur d'Asgouras 299.
Sempad, seigneur de Gouglag 136.
Sempad, seigneur de Pinag 88.
Sempad, frère du régent Constantin 258.
Sennechérib, roi d'Assyrie 33. 306. 307.
Sennechérib, roi de Vaspouracan 42. 374.
Septime Sévère, empereur 33. 133. 361. 479.

Sérapion, Docteur 406.
Serge, prêtre 108.
Serge v. Sarkis (Saint) 113.
Servilius Puplius 370.
Sévère, v. Septime
Seyfeddin Calavoun 479.
Seyf' eddeuvlé 314.
Sibeg ou Yeche-beg 262.
Sibile, femme du roi Léon 81. 239.
Sibile, femme de Bohémond IV d'Antioche 287.
Sibile, fille d'Amauri 443.
Sibile, fille de Héthoum Ier 81. 443.
Sibilian, (P. Clément) 102.
Sicard, évêque de Crémone 67. 342.
Silvestre, Pape 172. 230.
Siméon, catholicos 201.
Siméon, le Stylite 243.
Siméon, évêque d'Andréassank 138.
Siméon, évêque d'Ayas 473.
Siméon, copiste 124.
Siméon, seigneur d'Amouda 223.
Siméon, seigneur de Mazod-khatch 217.
Siméon, évêque de Gobidar 167.
Simoun, seigneur de Corvous 397.
Sinan-beglerbeg d'Anatolie 304.
Sion, évêque 294.
Sirouhi, maîtresse de Simanacla 227.
Sirouhi, seigneur de Davouth 228.
Siroun (Siro), chambellan de Léon IV 500.
Socrate 199.
Sohier Doulcart 260. 261. 494.
Soldane, fille du roi des Georgiens 407
Soliman II, sultan 197.
Solon 416.
Sosthonès, Docteur 234.
Stéphané, fils du baron Léon Ier 49. 30. 31. 32. 34. 73. 81. 223. 236. 267. 276. 282. 294. 443. 498.
Stéphanie, fille de Constantin régent 77. 443.
Strabon 13. 273. 311. 324. 574. 578. 582. 584. 394. 396. 397.
Studiote, général 309.
Suidas 23.
Sukias, Docteur 446
Suleyman, messager 392.
Suleyman, pacha d'Adana 474.
Suzanne, sœur de Nersès de Lambroun 93. 115
Syenneris, roi de la Cilicie 33. 307.
Sylla 34.
Sylla, disciple de S. Paul 349.
Szlabey, métallurgiste autrichien 11. 170.
Tacite, empereur 309. 480
Talitha, fille de Stéphané 443.
Talitha, sœur de S. Nersès de Lambroun 84
Tamerlan 390.
Tamour-dache 239.
Tancrède 57. 43. 156. 210. 211. 258. 287. 293. 298. 309. 300. 312.
Taracunde, évêque d'Aegias 68.
Taracus d'Isaurie, martyr 216. 308.
Tarcondimus Ier et II, rois 33.
Tarsis, fils de Javan 306.
Tatien, Toulas de Zéphyrium, martyrs 36.
Tchahan, assassin 37.
Tchamtchian (P. Michel) 42. 69. 117. 160. 162. 173. 213.
Tchakam, (Baron) 262.
Tcherkèze-beg 176.
Tchihatcheff 6. 21. 23. 120. 143. 147. 148. 150. 168. 169. 170.

171. 172. 176. 178. 187. 321. 323. 329. 331. 334. 335. 338. 343. 347. 368. 373. 412. 414. 415.
Tchordouanel 287. 331.
Tékéh-oghlu 178.
Tekerleg Moustapha 349.
Tephano-Théodora fille de Léon II 445.
Terentius Ciliciarches 36.
Thaddée, Apôtre 142.
Thaddée, (le Frère), évêque 439. 467.
Thaddée, Docteur 77. 78.
Thathoul, ministre 48.
Thavil, tyran 301. 302.
Théodora, impératrice 274
Théodore, catholicos 249. 261.
Théodore (Saint), martyr 313.
Théodore Lascaris, empereur de Nicée 81. 349. 443.
Théodore de Mopsueste 36. 286.
Théodoret 218. 243.
Théodoros, évêque de Tarse 67.
Théodose II. 274
Théodose sébaste 273.
Théophile, empereur 37. 117
Théophile, abbé d'Aguener 164.
Théophile, patriarche d'Alexandrie 219.
Théophile, gardien de l'église d'Adana 313.
Théophiste, interprète 294. 486.
Théphano, femme de Sempad le Connétable 74.
Thoas, roi de Taurus 183.
Thomas (Saint), apôtre 113. 114.
Thomas de Rome-cla 161.
Thomas l'Ardzerouni 306.
Thomas, bailli 30. 36.
Thomas, Docteur 10. 13. 16. 17. 21. 22. 23. 24. 52. 431.
Thomas, duc 234. 287.
Thonos Concholeros 306.
Thorgom 199.
Thoros Ier, le Baron 13. 40-6 81. 136-7. 172. 179. 180. 244. 266. 274. 273. 277. 444. 452. 488.
Thoros II, (baron) 23. 40. 41. 42. 49. 50. 31-6. 39. 73. 84. 85. 118. 119. 120. 172. 216. 223. 227. 234. 277. 287. 298. 309. 328. 392. 397. 452. 498.
Thoros, fils de Héthoum Ier, 227. 480-1.
Thoros, roi 73. 81. 187. 277-8. 481.
Thoros, fils de Guy d'Ibelin 239. 445.
Thoros Tchakerian 241.
Thoros (Sir) Mikaïlentz 440. 441.
Thoros, seigneur de Tchofré-cla 299. 440.
Thoros, seigneur de Telsabo 229.
Thoros, archevêque de Trazarg 269.
Thoros, évêque de Séleucie 334.
Thoros, évêque de Macheguévor 488.
Thoros, supérieur du sanctuaire de S. Thoros 166.
Thoros, abbé de Mcdz-kar 217.
Thoros, aumônier du roi Ochine 299.
Thoros, écrivain 270
Thoros, prêtre parent du catholicos Constantin 299.
Thoros, abbé d'Agantz 164. 165.
Thoros Thaprontz, le musicien 270. 271. 493.
Thoros Korkatsi 268.
Tibère 192.
Tigrane, le conquérant 34. 416. 451

Tigrane ancien roi arménien 392.
Tigrane, gouverneur de Pragana 31.
Timothée, Disciple 349.
Tipli, émir 392.
Tola, juge des Israélites 306.
Toumdji-cherif, général 580.
Touroumchah, oncle du sultan d'Alep 310
Toutéorli, Dr Grégoire 447.
Trajan 33. 376.
Thrasibule, général 363.
Triphon, bandit 34. 64. 369.
Triponianus, légiste 461.
Triptolème l'Argien 306.
Trosophore 33.
Urbain III 491.
Urbain IV 107.
Urbain V 306.
Uzbek général égyptien 304.
Vahan ou Jean, archevêque de Nicée 106.
Vahan de Zeithoun, calligraphe 200. 201.
Vahram Docteur 39. 40. 41. 47. 83. 84. 85. 163 173. 180. 217. 225. 246 234. 274. 294. 309. 313. 488. 309.
Vahram, frère de Constantin catholicos 139.
Vahram, époux de Fimie 89. 472.
Vahram de Hamousse 191. 236
Vahram de Coryco, maréchal 393. 397. 398. 424.
Vahram (Baron), grand prince 314.
Vahram Lodig, connétable 290.
Vahram Latif, majordome de Léon II 436.
Vahram de la Montagne Noire 489.
Valarche, roi parthe 428.
Valence, empereur 140.
Valentin, empereur 391.
Valère, empereur 410.
Valerien, empereur 274. 308. 574. 452.
Valès, empereur 391.
Vanagan (Jean), Docteur 424. 490
Vartan (Saint), Mamiconien 114. 116.
Vartan l'historien 28. 49. 31. 64. 108 246. 257. 264. 481.
Vartan, Docteur d'Aguener 164. 165.
Vartan, géographe 132. 156. 167.
Vartan de Partzerpert 115.
Vartan, archevêque de Tarse 316.
Vartan l'Arménien (Haycazen) 117.
Varte de Merdiche, copiste 402.
Varus (Saint) 36.
Vassag le Pahlavien 46.
Vassag, frère de Pagouran 73.
Vassag, père de Constantin régent 119. 414.
Vassag, seigneur de Djandji 214.
Vassag, seigneur de Bir 277.
Vassag de Neghir 493.
Vassag, ambassadeur de Léon II 436.
Vassil, diacre 6.
Vassil, seigneur de Partzerpert 157.
Vassil le Voleur 44. 46. 216. 486.
Vassil, ministre de Léon IV 469. 494.
Vassil le Tartare, fils du connétable Sempad 74. 76. 480.
Ventidius, général romain 33. 510.
Vespasien 33. 184.
Virgile 393.
Vonipace, martyr 36.
Water, voyageur suédois 190.
Willebrand 21. 24. 41. 42. 225. 226. 227. 234. 244. 246. 233. 278. 285. 287. 289. 289. 313. 397. 425. 473. 493. 498. 312.

Xénarcus, philosophe 350.
Xénophon 133. 183. 416. 476. 500.
Xerxès 33. 333. 363.
Yacoub-beglerbeg de Karamanie 304.
Yacoub, général 51.
Yaghoub-Arslan 498. 509.
Yaghoub-chah 261.
Yourker, père de Ramazan 301.
Youssouf, seigneur d'Adana 302.
Youssouf sultan, fils de Karaman 373.
Youssouf, chef des Kozans 171. 174. 176. 178.

Youssouf, chef de garnison 347.
Youtapée, reine 573.
Zabel fille de Léon Ier, 42. 63. 234–6. 246. 253. 256–8. 264. 267. 304. 352. 371. 443. 439.
Zabel, fille d'Ochine, épouse de Thoros d'Ibelin 239. 443.
Zabel, femme du roi Ochine 313.
Zabel, fille du bailli Ochino, femme de Léon IV 405. 436.
Zabel ou Zabloun, fille de Léon II 88. 407. 443. 472.
Zabloun, fille du Sire Grégoire 76.
Zacharie, sénéchal 98.

Zacharie, catholicos 106.
Zacharie, évêque 261. 473.
Zacharie, prophète 478.
Zanghi, émir d'Alep 47.
Zarmanouhi 198. 211. 212. 260
Zemisces ou Tchemeshghig (Jean), empereur v. Jean.
Zénaïde, martyre 308.
Zénob, évêque d'Ayas, martyr 36. 428.
Zénobie, femme d'Odénath 53.
Zénobie, martyre 428.
Zénon, empereur 57. 72. 309.

Iconographie Arménienne. (v. page 219).

TABLE
BIBLIOGRAPHIQUE

ABULFARADJE. — Histoire Universelle. Traduction latine. *Oxford*, 1663.

ABULFÉDA. — Livre de la position des pays, traduit par Reinaud. 1848-52.

AINSWORTH F. — Travels and Researches in Asia Minor, Armenia, etc. *London*, 1841.

ARCHIVES DE L'ORIENT LATIN, publiées sous le patronage de la Société de l'Orient Latin. 2 vol. *Paris*, 1881. 1884.

BARKER WILL., BURCKHARDT. — Lares and Penates, or, Cilicia and its Governors. Edited by William Francis Ainsworth. *London*, 1853.

BEAUFORT FRANCIS. — Karamania, or, a Brief description of the South coast of Asia Minor. *London*, 1817.

BENT THÉODORE. — Exploration in Cilicia Tracheia. — Publiée dans les Proceedings of the Royal Geographical Society. vol. XII. august, 1890. *London*.

BELGIOJOSO (Princesse). — L'Asie Mineure et Syrie. Deuxième édition. *Paris*, 1861.

BERAL M. E. — Notes sur les Mines de Plomb argentifère et non argentifère de Bulgar-dag-mahden, etc. Extraites d'un Rapport adressé au gouvernement ottoman, etc. *Constantinople*, 1866.

BERTRANDON DE LA BROCQUIERE. — Voyages (en 1432-3). Traduction englaise, dans la collection, Early Travels in Palestine, by Thom. Wright. *London*, 1848.

BOISSIER EDMOND. — Flora Orientalis: sive Enumeratio Plantarum in Oriente, a Grecia et Ægypto ad Indiæ fines. — *Genevæ et Basileæ*, 1866-84.

BOUTKOWSKI ALEXANDRE. — Dictionnaire Numismatique. *Leipzig*, 1877-84.

BRIANO GIORGIO. — La Siria e l'Asia Minore, illustrate. *Torino*, 1841.

COLLIGNON MAXIME. — Notes d'un voyage en Asie-Mineure. *Revue des Deux Mondes*. Tomes XXXVII-VIII. 1880.

M. de COURTIVRON. Bassin oriental de la Mer Méditerranée. *Paris*, 1880.

DAVIS D. E. — Life in Asiatic Turkey. A Journal of Travel in Cilicia Pedias and Trachæa, Isauria, and parts of Lycaonia and Cappadocia. *London*, 1879.

EDIB BEN MEHEMMED. — Itineraire de Constantinople à la Mecque, etc. Traduit par M. Bianchi. 1816.

FAVRE C. et MANDROT B. — Voyage en Cilicie. *Paris*, 1878.

Gesta et Epistolæ INNOCENTIJ III. — *Migne*, Patrologie. Tomes CCIV-VII.

HAMILTON J. WILLIAM. — Researches in Asia Minor, Pontus and Armenia, with some account of their antiquities and geology. 2 vol. *London*, 1842.

HEYD V. WILHELM. — Gescihte der Levanthandels in Mittelalter. *Stuttgart*, 1879.

HOGARTH D. G. — Modern and ancient Roads in Eastern Asia Minor. Publié dans les Supplementary Papers (of the) Royal Geographical Society. Vol. III. Part 5. 1893.

ISAMBERT et AD. CHAUVET. — Itinéraire... de l'Orient: Syrie, Palestine, comprenant le Sinaï, l'Arabie Pétrée et la Cilicie. *Paris*, 1882.

KIEPERT H. — Lehrbuch der Alten Geographie. *Berlin*, 1878.

KINNEIR. — Journéy trough Asia Minor, Armenia, etc. *London*, 1818.

KOTSCHY D. THEODOR. — Reise in den Cilicischen Taurus über Tarsus. *Gotha*, 1858.

LANGLOIS VICTOR. — Voyage dans la Cilicie et dans les Montagnes de Taurus. *Paris*, 1861.

—— Trésor des Chartes d' Armenie, ou Cartulaire de la Chancellerie royale des Roupiniens, etc. *S. Lazare*. 1863.

LEONARDO DI SIDONIA. — Relazione di quanto ha trattato il vescovo di Sidonia nella sua Missione in Oriente, data alla Santità di N. S. Sisto V. alli 17 aprile, 1587.

LÉON PAUL. — Journal de voyage. Italie, Egypte, Judée, ... Tarsus Cilicien, etc. *Paris*, 1865.

LORTET. — La Syrie d' aujourd' hui. (*Le Tour du Monde*), 1880-83.

MAGGIORE NICOLÒ. — Adana città dell' Asia Minore. *Palermo*, 1842.

MARMIER S. — Les routes de l' Amanus (8 pages). *Macon*.

MAS LATRIE, COMTE LOUIS. — Histoire de l' Ile de Chypre. 3 vol. 1852-61.

VON MOLTKE. — Briefe über Zustande und Begebenheiten in der Turkei, aus den Jahren 1835 bis 1839. *Berlin*, 1841.

NIEBUHR CARSTEN. — Etat politique et militaire de l' empire turc.

PAUL LUCAS. — Voyage dans la Grèce, Asie Mineure, la Macédonie et l' Afrique. *Amsterdam*, 1712.

—— Voyage fait en 1714 dans la Turquie, l' Asie, Sourie, Palestine, etc. 3 vol. *Rouen*, 1744.

RAMSAY W. M. — The historical Geography of Asia Minor. *London*, 1890.

RECUEIL DES HISTORIENS DES CROISADES. — Historiens Occidentaux. Tomes I-III. 1844-66.

—— Historiens Orientaux. Tomes I et II. 1869-72.

REY H. — Les Colonies Franques de Syrie. *Paris*, 1883.

RHODE THEODOR. — König Leon II von Kleinarmenien. Inaugural Dissertation. *Göttingen*, 1869.

RITTER C. — Erdkunde. Theil. XIX *Berlin*, 1859.

RUSSEGER. — Geognostische Karte des Taurus und seine Nebezweige in den Paschalik Adana und Marasch, &. (Carte). *Wien*, 1842.

SCHLUMBERGER GUSTAVE. — Numismatique de l' Orient Latin. *Paris*, 1878.

SCHUBACH —— Besondere und bisher grössentheils unbekannt gebliebene Nachricht von Rupino, welchen Kaiser Otto IV zum Könige von Armenien gemacht hat. *Hanoverische Gelehrte Anzeigen*, 1852.

SMITH WILL. — Dictionary of Greek and Roman Geography. 2 vol. *London*, 1854-7.

TEXIER CH. — Description de l' Asie-Mineure. Beaux arts, monuments, &. 3 Tomes. *Paris*, 1839-49.

TSCHIHATSCHEFF PIERRE. — Asie-Mineure; Description physique, statistique, &. *Paris*, 1853-60.

—— Reisen in Klein-Asien und Armenien (1847-63). Itinerare redigirt und mit einer nueun Construction der Karte von Kleinasien begleitet von KIEPERT. *Gotha*, 1867.

WEIL D. GUSTAV. — Geschihten des Abbasiden Chalifats in Egypten. *Stuttgard*, 1860-2.

WILSON W. — Notes on the physical and historical Geography of Asia Minor, made during Journéys in 1879-82. (Dans les) Proceedings of the Roy Geog. Society. *London*, 1884.

QUELQUES AUTEURS ARMÉNIENS.

SEMPAD LE CONNÉTABLE, (voyez la Table des noms propres. Sa *Chronologie abrégée*, a été traduite en français par V. Langlois. Pétersbourg.

L'HISTORIEN ROYAL. C'est ainsi que je nomme l'auteur anonyme, (peut-être le Connétable même) qui a écrit l'histoire de l'Arméno-Cilicie: cette chronique a été continuée jusque vers la fin du XIII° siècle; les dernières pages de l'unique manuscrit qui nous reste, ont été perdues.

L'HISTOIRE DE LA CILICIE; j'ai nommé ainsi une sorte d'Annales du même pays, écrites par un prêtre du XVII° siècle, qui raconte en détail les événements de son époque.

MATHIEU D'EDESSE: remarquable chronographe de XII° siècle, riche en notices sur l'Arménie et la Syrie sous les premiers Croisades; traduit en français par Ed. Dulaurier et inséré parmi les historiens Orientaux de ces mêmes Croisades.

VARTAN, auteur du XIII° siècle: son Histoire chronologique de la création jusqu'à son temps, avec des details intéressants de son époque, a été traduit en russe (1862) par Emin. *Moscov.* 1861.

CYRIAQUE (Guiragos), contemporain et collègue de Vartan: a écrit les événements de l'Arménie de son époque, en particulier sur les conquêtes des Tartares. Traduit en français par Brosset.

HÉTHOUM (Haiton) de CORYCUS. Voyez sur ses écrits, les pages 401-4 de notre livre.

MALACHIE. Historien du XIII° siècle: a écrit de l'origine et des conquêtes des Tartares. Taduit par Brosset. *Petersbourg*.

MALACHIE LE CLERC: auteur du XVII° siècle: a composé une Chronologie abrégée, surtout des faits relatifs à sa nation arménienne.

CAMCIAN, P. MICHEL, Mekhitariste. Histoire generale de l'Arménie. 3 vol. *S. Lazare*, 1784-6.

INDJIDJIAN P. LUC. Géographie de l'Arménie moderne. *S. Lazare*, 1806.

TABLE DES MATIÈRES

PHYSIOGRAPHIE

I. Les montagnes »	3
Antitaurus et Amanus »	5
II. Hypsométrie »	6
III. Formation des montagnes. Fossiles »	7
IV. Produits minéraux »	10
V. Fleuves »	12
VI. Produits végétaux »	15
VII. Aperçue zoologique »	21
VIII. Climat »	24

HISTORIQUE

I. Aperçu éthnographique »	27
II. Administration et divisions actuelles du pays »	30
III. La Cilicie avant les Roupiniens »	32
IV. Conquête de la Cilicie par les Arméniens »	39

DIVISIONS ADMINISTRATIVES

De l'Arméno-Cilicie sous les Roupiniens »	61
Les Forteresses »	63
Les Diocèses et les Monastères »	66
Archevêchés et évêchés »	67

TOPOGRAPHIE

I. LA CILICIE MONTAGNEUSE »	71
I. LES HAUTS PLATEAUX DE LA CILICIE »	71
Nembroun ou Lambroun »	72-88
Saint Nersès de Lambroun »	89-102
Le couvent de Sghévra et son Reliquaire »	102
Ermitage de Saghrou. — Couvent de S. Georges »	115
Forteresses de Loulou et d'Asgouras »	117
Forteresses de Binag et de Dadjgui-kar »	119
Sources et cascades du Cydnus »	121
Vallée de Kantzé, Kirkitly »	123
Les environs de la Forteresse la de Cilicie. Mines de plomb »	125
Les portes de la Cilicie »	127
Les passages de Gouglag »	129
LES VALLONS OCCIDENTAUX DU SARUS »	138
Anacha, forteresse et village »	139
Podandé, villages et mines »	141
Mines de plomb à Boulghar »	143
Couvent de Kerner et environs »	145
LA VALLEE DE KERK-GHÈTCHID »	146
LA VALLÉE DU KORKOUN »	147
LA VALLEE D'EUDJÉMICHE »	148
LIMITES DES MONTAGNES ALA-DAGH »	149
Molévon, forteresse »	150
Le couvent de Kerner-L'évêque Jean Frère du roi »	152
Partzerpert, forteresse »	156
Couvent d'Andréassank »	159
Couvent de Khorine »	161
Couvents de Perdjer et d'Aguener »	163
Couvent Turkety — Forteresse de Copitar »	167
VALLÉE DU ZAMANTI ET DU SARUS »	168
Farache »	169
Couvent Médéora, dans les monts Kermèze »	171
Vahca ou Vahga »	173
HADJINE ET SES ENVIRONS »	174
Castalon. Mines de fer. Ville de Hadjine »	175
Les Kozans et les Turcomans »	177
Forteresse de Ghizistra »	179
Ghendroscavi, Gossidar, Coromozol »	181

II. LE REVERS DE LA CILICIE MONTAGNEUSE

Tyana - Nigdé »	182
Eregli ou Héraclée — Cybistra »	186

Environs d'Héraclée. Ibrize	»	189
Forteresse de Mountas	»	191
LES HAUTES VALLÉES DU FLEUVE DJAHAN		
— Gaban ou Capan	»	193
I. Zeithoun ou Oulni	»	194
II. Gaban. Arékine. Alabache. Gaban, bourg et forteresse	»	209
III. Fernouz ou Fernousse	»	211
Gantchi	»	213
Djandji. — Pertousse	»	215
Couvent de Medz-kar. Cucuse	»	217
S. Jean Chrysostome à Cucuse	»	219

II. CILICIE DE PLAINE OU CHAMPÊTRE » 223

1. Vallée du djahan. - Rive droite du Djahan	»	224
Kars-bazar — Les Turcomans Zulkadriens	»	225
Amouda et autres lieux donnés par Léon Ier aux Chevaliers Teutons	»	227
Forteresses de Telsabo et de Baudroum	»	229
Forteresses de Deunguel et d'Androun	»	233
2. Rive gauche du Djahan		
Thil de Hamdoun	»	233
Forteresses de Hamousse et de Haroun	»	237
Forteresse de Sarvanti-kar	»	239
Sis — Capitale de l'Arméno-Cilicie	»	241
— Données historiques	»	245
— Les édifices	»	247
— Résidence patriarcale	»	249
— Les Catholicos de Sis	»	251
— Eglises et couvents de Sis	»	253
— Progrès intellectuels	»	257
— Évènements divers	»	259
— Conquête de Sis par les Egyptiens. — Captivité de Léon V	»	261
— Derniers évènements. Etat actuel	»	262
Les environs de Sis	»	263
Trazarg (le couvent)	»	265
Anazarbe	»	272
— Le catholicos Grégoire d'Anazarbe	»	278
Les environs d'Anazarbe	»	283
Mamestie ou Messis	»	284
Environs de Mamestie	»	291
Chahi-Maran. - Montagne de Djebel-en-Nour	»	292
Couvent d'Arkagaghine	»	293

II. La vallée du sarus

Adana	»	296
— Concile national à Adana	»	299
— Derniers évènements	»	301
Les alentours d'Adana	»	303

III. La vallée inférieure du Cydnus

Tarse	»	305
— Evènements divers	»	315
— Églises et évêques de Tarse	»	317
Environs de Tarse	»	321
Mersine, Port de Tarse	»	323

III. CILICIE TRACHÉE

I. La vallée du Calycadnus	»	326
1. Séleucie	»	328
Olba et Hyria, villes sacerdotales	»	329
Séleucie ancienne	»	331
— Séleucie sous les Roupiniens	»	333
Environs de Séleucie	»	335
2. Sari-Kavak et Moute	»	336
Forteresse de Maghoua	»	337
3. Erménég	»	338
District et ville	»	339
Laüzad		
Le bourg Erménég	»	341
II. Laranda — Karaman	»	342
Disctrict et ville	»	343
La tribu des Karamans	»	345
Pays et ville de Laranda-Karaman	»	347
Les villes de Derbé, Lystra et Isaurie	»	349

IV. CILICIE MARITIME

Côtes de la Cilicie Maritime	»	353

I. Les plages occidentales

1. Pamphylie	»	355
Attalie	»	357
Maara. Magydos	»	361
Asbéndus	»	363
La ville de Sidé	»	364
Forteresses de Manaughad et d'Alara. - Promontoire de Leucothée	»	367
2. Pays de Sir-Adan	»	368
Alaya — Coracésium	»	369
Calonoros	»	371
Laëtre. Syedra. Yotapée. Selinus	»	375
Crague et Cracca	»	377
Karatros. — Anémour	»	379
Promontoire d'Anémour	»	381
Nagidus. — Mélanie	»	383
Posidion. — Céléndéris	»	384
Promontoires de Zéphyrion et d'Aphrodisius. — Ile de Provençale	»	387
Promontoire de Sarpédon	»	389

II. CÔTES DU GOLFE DE TARSE

1. Varchak	»	390
Pracana. — Pertag. — Sivil	»	393
Corycus	»	395
— Bourg et Château de Corycus	»	397
— La Forteresse de mer	»	401
— Seigneurs de Corycus. — Hethoum l'historien et son fils Ochine	»	403
— Le port et le commerce de Corycus	»	407
— Derniers souvenirs de Corycus	»	409
Eleusa — Ayache	»	411
Kannideli. — Kezel-véran	»	413
Les forts Lamus, Ak-déré et autres	»	415
Soles — Pompéiopolis	»	417
2. Les plages maritimes du golfe de Tarse	»	420
Cap de Kara-tache. Mégarsus	»	421
Séleucie de Pyramus. - Mallo. Molévon	»	423

III. Parages du golfe de l'Arménie » 425

1. Ayas	»	426
Castabala, ancienne ville	»	427
Ayas, l'ancienne Aegea	»	429
— Commerce d'Ayas	»	431
— Consuls ou Baillis des Républiques d'Italie à Ayas	»	435
— La cour royale à Ayas	»	439
La douane d'Ayas	»	440
— Produits, taxes : Prix des marchandises		443
— Les étrangers à Ayas	»	445
— Hospices et églises arméniens en Italie		447
— Valeur des poids, mesures et monnaies arméniennes (et étrangères)	»	449
— Privilège de Léon II aux Génois	»	463
— Ayas envahie par les Egyptiens	»	465
— Destruction et reconstruction d'Ayas	»	467
— Le Pape et les rois occidentaux s'intéressent pour Ayas	»	469
— Derniers souvenirs d'Ayas	»	471
— Fin de la prospérité d'Ayas	»	473
Les Portes d'Amanus	»	475
Issus. — Bataille d'Alexandre et de Darius	»	477
Bataille des Egyptiens et les Arméniens à Mari	»	479
2. Djeguère et les montagnes noires	»	482
Amanus	»	483
Les couvents des Montagnes Noires	»	485
— Choughre. — Macheguévor et autres couvents	»	487
Villages de Djeguère	»	493
Le château de Neghir et ses seigneurs	»	495
Payas	»	496
Portes de la Cilicie syrienne	»	499
Alexandrette — Iskendéroun	»	501
Beylan	»	503
— Une visite à Beylan	»	505
Karamoud	»	507
3. Rhosus et les frontières d'Antioche	»	509
Les forts de Baghras et de Tarbessag	»	511
Gaston ou Gastine	»	513
Cap Rhossicus — Ras-el-Khanzir	»	515
Pedias. — Syedia, et la residence de l'anglais Barker Burkhardt	»	516
Les Ermitages de Rhosus et la visite de S. Nersès de Lambroun	»	517

QUELQUES ERRATA — CORRIGE

PAGE.	LIGNE		
4b.	4	on pieds, remarque	pieds, on remarque
6	8	Malice	Mallos
9b.	17	désert	l'ermitage
10	7	VI	IV.
10	16	i parle	il parle
17b.	20	medécine de	de médecine
37b.	8	coûta la vie	sauva la vie
41	26	Puys	Pays
44b.	10	est d'avoir	est-il?
45b.	16	précepteur	abbé
54b.	20	de Syrie	syrien
57	8	l'archevêque	le patriarche
60	27	d'endroits habités	villes et villages
61	31	prince	pasteur
61b.	2	provinces	districts
63	37	Léon	Adan
63	43	Lui-même	Léon
63	45	de Léon	d'Adan
65	11	Ալսքսսոս	Ալսսսսս
65	40	Gaïdeni château	Gaïdèn, château
67b.	43	Gasdabla	Castabala
71	5	dont la partie	dont une partie
72b.	19	Παπούστου	Παπούρτου
75	35	Gorigos	Corycus
76b.	53	au frère	au père
78b.	8	Giandje	Djandji
88	49	Léon frère aîné	Léon II, fils aîné
89	19	patriarches	prélats
90	1	dans son vivant	de son vivant
95	3	du couvent	d'un couvent bénédictin
100	29	la Vision	ta Vision
100	32	j'ai perdu un maître semblable à toi	comme toi j'ai perdu un maître

PAGE.	LIGNE		
119	10	pour nos successeurs	par nos successeurs
146	45	XVIIe siècle	XVIIIe
149b.	6	ces montagnes	cette montagne
151	16	s'unit-il	il s'unit
172 (note)	7	teau	château
178b.	27	Foursakh	Varchakh
177	20	été de 1865	en été de
195	19	La première édition	Le premier volume
216b.	8	suggéra	Jean suggéra
218	21	devaient être	devait être
220 no.	40	soit représenté	soit ainsi représenté
240	52	de a Cilicie	de la Cilicie
248	6	ou l'élégance	en élégance
268	15	la rosée, bénite	la rosée bénite ;
296b.	15	l'endroit	à l'endroit
296-7		auto- mie	autonomie
319b.	5	il a été est impossible	il a été impossible
360	34	296,00	296,000
372	2	sa conquête	la conquête
377b.	4	Coryous	Crague
385	28	XIVe siècle	XIIIe siècle
397b.	45	Schechadi	Chécadi
420b.	27	cette îlot	cet îlot
434		(La parenté d'Ochine et de Léon avec les Siciliennes, doit être corrigée dans le texte, selon ce qui est inséré dans la note).	
463 n. 16.	43	péage	douane
463		(La note 19 est de V. Langlois, qui cite ici son ouvrage La CILICIE).	
510b.	44	seize ou dix sept ans	quarante deux ans